경 영 학 총 서

제6판 증보

경영학 연습

法 文 社

머리말

제5판 경영학연습이 출간된 후에도 경영 · 경제환경은 지속적으로 변화되어 왔으며, 이에 발맞춰 경영학 분야에서는 효과적이고 효율적인 경영활동을 위한 다양한 이론과 새로운 연구가 계속 소개되어 왔다. 또한 공인회계사(CPA)시험이나 각종 고시, 한국은행 등 주요 공기업, 7급 감사직 입사 · 승진시험, 프랜차이즈 전문과정 등 각종 시험에서도 새로운 분야가 계속 다루어져 왔고, 새로운 유형의 문제도 지속적으로 출제되었다. 특히 2004년도부터 공인회계사 시험에서 경영학 문제가 25문제에서 40문제로 늘어남에 따라 더 넓고 더 깊은 분야에서 출제가 예상되고 있다.

이에 따라 경영학을 공부하는 많은 수험생들이 이론 부분의 보강과 다양한 형태의 문제유형을 요청해 왔고, 이것이 제6판 개정을 결심하게 된 배경이 되었다.

그 동안 수험생들과 현장에서 함께 호흡하며, 수험생들의 요구사항을 되도록 성실하게 반영하려고 노력해 온 본인은 개정을 함에 있어 다음과 같은 점에 초점을 두었다.

첫째, 최근에 소개된 주요 교과서에서 공통적으로 다루고 있는 신 이론들을 체계적으로 정리하여 각론별로 기존의 흐름에 맞추어 추가하였다.

둘째, 기존의 중요 이론들은 새로운 그림과 표를 이용하여 더 풍부하게 설명하였고, 중복되는 부분은 과감하게 삭제하였다.

셋째, 첫 회부터 2007년까지의 CPA시험 기출문제를 각 장에 연도별로 배치하여 그 동안의 출제경향을 시계열적으로 분석할 수 있게 하였고, 미래 시험에서 다루어질 분야를 예측할 수 있게 하였다.

넷째, 책의 편집체제를 바꾸어 수험생의 가독성을 높였고, 그 페이지의 이론을 공부할 때 주의할 사항과 핵심내용을 본문에 표시하였다.

기존 책의 문제점을 보완하고, 필요한 부분을 대폭 보강한 이 책은 수험생들이 빠른 시간 안에 안전하게 수험준비를 할 수 있도록 돕는 길잡이가 될 것으로 믿는다.

이 책이 나오기까지 많은 분들의 도움과 사랑이 있었다. 따뜻한 사랑을 베풀어 주시는 이만우 교수님, 이필상 교수님, 어윤대 교수님, 법문사의 배효선 사장님, 못난 아들을 위해 눈물로 기도하시는 부모님, 사랑하는 아내 서지영, 그리고 이 책을 보시는 모든 수험생들께 감사드리며, 이 분들이 늘 건강하시고, 주어진 자리에서 빛을 발하며, 목표를 향해 꾸준히 나아갈 수 있도록 기도한다.

2008년에 새로운 비전과 많은 깨달음을 주신 하나님께 감사드리며 …

2008. 8
저자 씀

CONTENTS

차 례

C · O · N · T · E · N · T · S

C·O·N·T·E·N·T·S

제 4 편 조직행위이론

C·O·N·T·E·N·T·S

C · O · N · T · E · N · T · S

C · O · N · T · E · N · T · S

경영전략, 경영관리, 국제경영

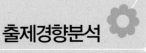
1. 출제빈도분석

1990년대에는 경영학의 일반론 분야에서 주로 출제되었으나, 2000년도 이후에는 경영전략 분야에서 경영전략의 기본개념과 전략적 의사결정, 그리고 경영자의 사회적 책임을 묻는 문제 등이 주로 나왔다.

	분 야	출제내용 및 연도	출제문항수
제 1 장	경영전략의 과정	SWOT분석(2001) Porter의 산업구조분석(2006) Porter의 가치사슬(1998, 2005) 핵심역량(2000)	5
	기업전략 및 사업부 전략	성장전략(1989) M&A(2001) 마일즈와 스노우의 전략유형(2007)	3
	지식경영	학습조직(1999), 지식경영(2007)	2
제 2 장	경영관리론의 역사	패욜(1993), 테일러(1992, 2006), 호손공장실험(1994), 시스템론(2007), 미국경영학 발전과정(2008)	6
	인간본성에 대한 가정	X이론, Y이론(1996)	1
	기업형태론	공기업(1989), 콘체른(1992), 지주회사(1993), 컨글로머리트(1987)	4
	경영관리론	현대경영의 특징(1991), 전략적 의사결정(1993), 경영자(2000), 조직화(1991), MBO(1998)	5
	기업의 사회적책임	기업의 사회적 책임(1989), 경영자의 전횡방지(1998), M&A(2001), 대리인 비용(2002)	4
	경영혁신기법	벤치마킹(1994), ERP(1999)	2
제 3 장	해외직접투자이론	해외직접투자이론의 특징(2000), OEM 수출(2005)	2

2. 수험대책

최근 경영학 분야에서는 경영전략과 전략적 의사결정이 강조되고 있다. 그러므로 추후의 시험에 대비하기 위해 경영전략 분야에서는 경영전략수립의 전체틀을 이해한 후 신이론을 포함하여 각 부분을 골고루 정리해야 하고, 경영학 일반론 분야에서는 기업형태론과 기업의 사회적 책임분야를 집중해서 정리하고, 날로 관심이 커지고 있는 국제 경영이론의 기본적 사항도 정리해야 할 것이다.

경영전략, 경영관리, 국제경영

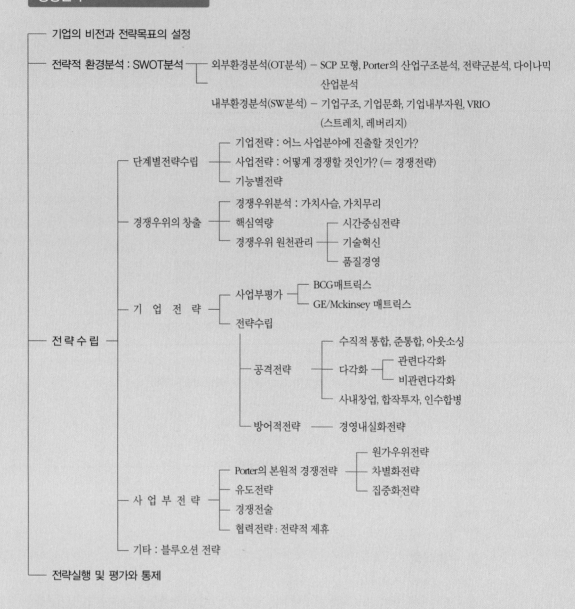

경영전략

— 기업의 비전과 전략목표의 설정

— 전략적 환경분석 : SWOT분석 ┬ 외부환경분석(OT분석) − SCP 모형, Porter의 산업구조분석, 전략군분석, 다이나믹 산업분석
└ 내부환경분석(SW분석) − 기업구조, 기업문화, 기업내부자원, VRIO (스트레치, 레버리지)

— 전략수립 ┬ 단계별전략수립 ┬ 기업전략 : 어느 사업분야에 진출할 것인가?
│ ├ 사업전략 : 어떻게 경쟁할 것인가? (= 경쟁전략)
│ └ 기능별전략
│
├ 경쟁우위의 창출 ┬ 경쟁우위분석 : 가치사슬, 가치무리
│ ├ 핵심역량
│ └ 경쟁우위 원천관리 ┬ 시간중심전략
│ ├ 기술혁신
│ └ 품질경영
│
├ 기 업 전 략 ┬ 사업부평가 ┬ BCG매트릭스
│ │ └ GE/Mckinsey 매트릭스
│ └ 전략수립
│ ┬ 공격전략 ┬ 수직적 통합, 준통합, 아웃소싱
│ │ ├ 다각화 ┬ 관련다각화
│ │ │ └ 비관련다각화
│ │ └ 사내창업, 합작투자, 인수합병
│ └ 방어적전략 ─ 경영내실화전략
│
├ 사 업 부 전 략 ┬ Porter의 본원적 경쟁전략 ┬ 원가우위전략
│ ├ 유도전략 ├ 차별화전략
│ ├ 경쟁전술 └ 집중화전략
│ └ 협력전략 : 전략적 제휴
│
└ 기타 : 블루오션 전략

— 전략실행 및 평가와 통제

지식사회와 지식경영

사업구조론적 전략경영 → 자원기반론적 전략경영 → 경영혁신 → 학습조직 → 지식경영

경영관리

- 경영관리의 역사 : 전통적 관리 → 인간관계 관리 → 근대조직론 → 현대조직론 (시스템론, 상황이론, 복잡성 이론)
- 기업형태와 기업결합
  - 기업형태 : 개인기업, 합명회사, 합자회사, 유한회사, 주식회사 등
  - 기업결합 : 카르텔, 트러스트, 콘체른, 지주회사, 콤비나트, 컨글로머리트
- 경영환경 : 일반환경(제조물책임), 과업환경(소수주주권, IR)
- 경영관리 : 계획 → 조직 → 지휘 → 조정 → 통제(ABC, EVA, MVA, 사전통제, 동시통제, 사후통제)
- 기업의 사회적 책임 → 기업윤리 제고방안
- 경영혁신기법
  - 경영의 장을 변화시키는 기법 : 비전 만들기(VM), 리스트럭처링, 학습조직, 기업아이덴티티(CI), 벤치마킹
  - 경영프로세스를 변화시키는 기법 : 장기전략계획(LSP), 경쟁전략, 영기준예산, 신인사제도(NP), 리엔지니어링, 다운사이징, 시간중심경쟁, 전사적품질경영, 전략평가시스템
- 신경영 패러다임
  - 정보기술 기반 경영 : ERP, SCM, CRM
  - 지식기반 경영 : KM
  - 가치기반 경영 : VBM, ABM, BSC, RM, VBA, EVA

국제경영

- 글로벌 경영 환경
  - 무역이론 : 절대우위론, 비교우위론, 제품수명주기이론, 신무역이론, 포터의 경쟁이론
  - 국제기구 : GAAT → 우루과이라운드 → WTO
  - 지역경제통합 : FTA → 관세동맹 → 공동시장 → 경제연합 → 정치통합
- 국제 금융 환경
  - 국제통화제도 : 고정환율제, 변동환율제
  - 외환시장
  - 글로벌 자본시장 : 유로통화시장, 유로사채시장
- 국제 문화 환경 ─ 홀의 분석, 홉스테드의 분석, 클러크혼과 스트러드벡의 분석
- 해외직접투자 이론
  - 국제자본이동측면 : 이자율 격차이론, 립진스키 정리, 포트폴리오 이론, 통화지역 이론
  - 산업조직론입장 : 독점적 우위이론, 과점적 경쟁이론, 제품수명주기이론
  - 거시경제적 접근 : 고지마이론, 오자와이론
  - 기업성장이론, 행태이론, 순위이론, 내부화 이론
  - 더닝의 절충이론
- 해외시장 진출전략
  - 계약에 의한 진출 : 라이센스, 프랜차이즈, 생산계약, 위탁경영, 서비스 공급계약, 턴키공사
  - 해외직접투자 : 다국적기업, 초국적기업

제1장 ▪ 경영전략

1.1 경영전략의 기초개념

1. 경영전략의 의의

$$기업의 성공 = f(\qquad)$$

　경영전략이란 날로 치열해지는 다른 기업들과의 경쟁에서 이기고, 자신이 설정한 경영목표를 달성하기 위해, 기업에 영향을 주는 환경요인들의 변화를 고려하고, 그에 대한 대응책을 강구하려는 활동이다.

2. 경영전략의 특징

① 경영전략은 대개 기업 전체를 관심의 대상으로 한다.
② 경영전략은 주로 최고경영자의 입장에서 수립된다.
③ 경영전략은 선례가 없으며 파급효과가 크다.
④ 경영전략은 다른 모든 결정들을 통제하는 한계를 정해준다. → 즉, 전략적인 결정을 먼저 하고 난 후, 그것을 구체적으로 실행하기 위한 하위결정을 해야 한다.
⑤ 전략적 의사결정은 상당한 자원의 재배분을 가져오며, 여러 부서를 망라하여 동시에 관여하는 것이 보통이다.

> **○ 참 고**
>
> 경영전략의 주요 요소
> ① 장기적인 안목 : 남보다 먼저 미래를 내다볼 수 있어야 한다.
> ② 지속적인 경쟁우위
> ③ 발상의 전환 : 기존의 경쟁방식을 탈피하여 새로운 게임의 법칙을 만든다.
> ④ 전략적 리더십 : 최고경영자의 가치를 극대화시킨다.

1.2 경영전략의 수립과정

● 도표 1-1 경영전략의 과정

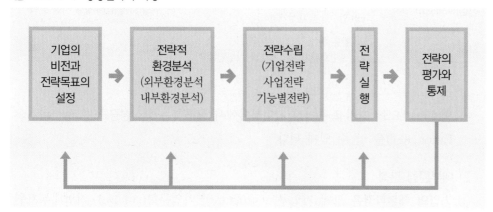

1. 기업의 비전 설정

기업의 비전이란 '앞으로 우리 회사는 어떤 기업이 될 수 있는가'를 결정하는 것으로, 눈에 보이는 현재를 관리하는 것이 아니라 눈에 보이지 않는(또는 현재는 존재하지 않는) 먼 미래를 상상하고 예측하는 것을 말한다.

2. 전략적 환경분석과 SWOT분석

전략수립을 위해 기업이 고려할 환경으로 외부환경과 내부환경이 있다.

1) 외부환경 분석
① 기업의 외부환경에는 경쟁자, 공급자, 소비자 등의 산업환경(미시환경, 과업환경)과 경제적, 정치적, 기술적 환경 등의 기업환경(거시환경, 사회적 환경)이 있다.
② 기업이 처한 외부환경을 분석함으로써 기업에 주어지는 **기회**(opportunity)와 위

● 도표 1-2 기업의 외부환경과 내부환경

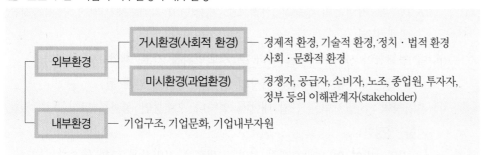

◈ 미션과 비전
미션>비전

◈ 비전의 3요소
방향성, 차별성, 가치

(2001 CPA)
★ 출제 Point
SWOT Matrix의 이해와
관련 전략의 수립

● 도표 1-3 SWOT 분석

내부요인 \ 외부요인	기회(Opportunity)	위협(Threat)
강점(Strength)	기회 활용 위해 강점 사용 전략 ex) 인수합병, 내부개발	위협 극복 위해 강점 사용 전략
약점(Weakness)	기회 활용 위해 약점 보완 전략 ex) 조인트벤처, 수직계열화, 비관련 다각화	위협 극복 위해 약점 보완 전략

협(threat)요소, 그리고 주어진 사업분야에서 요구하는 **핵심성공요인**(Key Success Factor ; KSF)을 알 수 있게 된다.

2) 내부환경 분석

① 기업의 내부환경은 크게 기업구조(structure), 기업문화(culture), 기업내부자원(resources)으로 나눌 수 있다.

② 기업의 내부환경의 분석을 통하여 기업의 **강점**(strength)과 **약점**(weakness), 그리고 **자원**(resources)과 **역량**(competencies)을 파악할 수 있게 된다.

3) SWOT 분석

① 기업의 외부환경과 내부환경의 분석 결과 SWOT(strength, weakness, opportunity, threat) 분석이 가능하게 된다.

② SWOT 분석은 강점을 이용하여 주어진 기회를 기업에 유리하게 만들거나, 위협에는 적절히 대처하고, 약점을 최대한 보완하는 전략을 수립할 수 있게 한다.

(1) 기업의 외부환경분석 기법

1) SCP 모형 : Scherer

(2008 CPA)
★ 출제 Point
시장매력도와
SCP 모형의 관계

① 구조(structure) - 행동(conduct) - 성과(performance) 모형은 산업조직론에 바탕을 둔 환경위협 분석 틀이다.

② 산업구조의 속성은 기업이 직면하게 될 선택대안과 제약요인의 범위를 결정한다.

ⓐ 완전경쟁 산업 : 기업들의 행동선택의 폭은 매우 좁고, 제약요인이 많다.

→ 대부분 기업들의 행동은 전적으로 제한(단지 가격수용자)되며, 사회복지는 최대가 됨

ⓑ 덜 경쟁적인 산업 : 기업들은 더 큰 선택범위를 갖고, 제약요인이 적다.

→ 기업은 경쟁우위와 평균 이상의 경제적 성과를 얻게 됨

ⓒ 진입장벽 : 진입장벽은 산업 내에서 얼마나 오랫동안 성과를 달성할 수 있는지를 결정한다.

→ 진입장벽이 없다면 경제적 성과는 새로운 진입자에 의해 급속히 사라짐

● 도표 1-4 구조-행동-성과(SCP) 모형

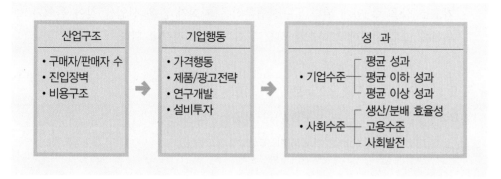

2) 산업구조분석 : Michael Porter

① 산업구조분석은 특정기업의 **과업환경(미시환경)**에서 중요한 요인들을 이해하고자 하는 기법이다.

② 산업구조분석틀(5-force모델)에 의하면 다섯 가지의 요인에 의해 산업 내의 경쟁정도나 산업의 수익률이 결정된다.

③ 이 다섯 가지 요인 중 세 가지는 수평적인 **경쟁요인**으로 대체재, 잠재적 진입자, 기존사업자가 있고, 나머지 두 가지는 수직적인 **경쟁요인**으로 공급자와 구매자가 있다.

④ 이 다섯 요소의 힘이 강하면 그 기업에 위협(threat)이 되고, 요소의 힘이 약하면 기회(opportunity)가 되는 것이다. 즉, 이 다섯 요소로부터 오는 힘이 강할수록 각 기업이 가격을 올리거나 이윤을 실현할 여지는 줄어들게 된다.

(2006 CPA)
★ 출제 Point
5-force의 영향력

● 도표 1-5 Porter의 산업구조분석모형

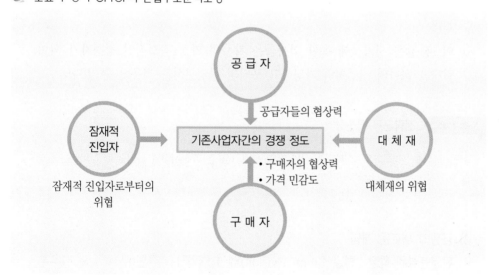

※ Porter의 산업구조분석 모델을 5-Force 모델이라 하는데, 이는 이 다섯 요소들의 강약에 따라 산업 내 잠재적인 이윤수준이 결정되기 때문이다.

⑤ 개별기업은 이 다섯 요소를 이용하여 산업환경을 분석·이해함으로써 전략결의 기초로 삼을 수 있게 된다. 즉, 산업분석은 기회가 많은 산업을 찾아 들어가고, 위협이 많은 산업에서 나오게 하므로 그 자체가 전략이 된다.

● 도표 1-6 Porter의 다섯 요소의 분석

◈ 퇴거장벽
어떤 기업이 사업을 포기 하고 빠져나가고자 할 때, 퇴거를 어렵게 하는 요인 을 말하며
① 특수목적 자산을 보유 한 경우
② 고정비가 높은 경우
③ 다른 사업부와 연계되 어 있는 경우
④ 경영자의 감정적인 반 응 등의 이유로 존재하 게 된다.

다섯 요소	영향을 주는 요인	결 과
경쟁정도	경쟁자의 수(↑), 경쟁자의 규모(비슷), 산업의 성장률(↓), 혁신의 정도(↓), 고정비 비율(↑), 퇴거장벽*(↑)	경쟁정도↑ (위협)
잠재적 진입자	규모의 경제(↑), 제품차별화(↑), 자본투자 요구수준(↑), 구매자의 제품 전환비용(↑), 기존유통경로 확보(↑), 정부규제(↑)	진입장벽↑ (기회)
구매자	구매자의 대량구매(↑), 구매자의 후방수직계열화 가능성(↑), 제품표준화(↑), 차별화(↓), 공급자 교체(전환)비용(↓), 구매제품의 중요도(↓)	구매자의 협상력↑ (위협)
공급자	공급자의 수(↓), 공급자 교체전환비용(↑), 대체재(↓), 공급자의 전방수직계열화가능성(↑), 공급자 입장에서 제품의 중요도(↓)	공급자의 협상력↑ (위협)
대체재	대체재로의 전환비용(↓)	대체재의 영향력↑ (위협)

3) 전략군 분석

① 전략군(strategic group)이란 산업분석의 범위가 너무 넓어 경쟁상대를 확실하 게 파악할 필요가 있을 때 사용하는 개념이다.

② 전략군은 한 산업 내에서 유사한 자원을 이용하여 유사한 전략을 사용하는 기 업들의 집단을 나타내며, 대개 전략군 지도(strategic mapping)를 그려서 파악 한다.

③ 이 때 같은 전략군에 속한 회사들은 자사의 가장 직접적인 경쟁자가 되며, 전 략군을 하나의 산업처럼 가정하고 포터의 산업분석을 적용할 수 있다.

Key Point 전략군과 이동장벽

어떤 산업에 진입하고자 할 때 진입장벽이 있는 것처럼, 전략군 사이를 옮겨갈 때 나타나는 장벽 을 이동장벽(mobility barrier)이라 한다.

4) 경쟁의 새로운 개념

① **환경분석의 확장 : 터널시**(tunnel vision)**에서 레이다 스크린**(radar-screen)**으로**

전통적으로는 한 산업 내에서 유사한 제품을 생산하는 기업을 경쟁자로 보았으

● 도표 1-7 전략군지도의 예

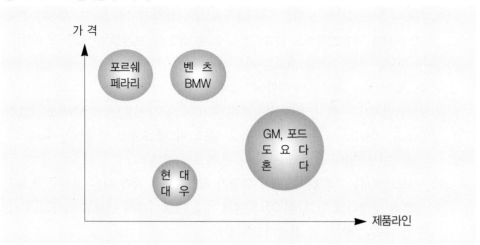

◈ 같은 산업이라도 특정 전략군에 속해 있는 기업간에는 유사성도 높고 더 직접적인 경쟁을 하게 된다.

나, 최근에는 소비자의 동일한 욕구를 충족시켜 주는 다양한 개념을 경쟁자로 보아야 하므로 기존의 산업들을 넘어서는 안목이 필요하다.

② **경쟁개념의 수정 : 시장점유율**(market share)**에서 기회점유율**(opportunity share)**로**
    진정한 경영전략은 현재의 경쟁상황에서 승리하는 것(M/S의 극대화)뿐만 아니라, 아직 존재하지 않는 시장(미래시장)을 예측하고 거기서 경쟁우위를 차지하려는 것(O/S의 극대화)에 두어야 한다.

③ **6-force모델**

　　ⓐ 포터의 5-Force모델에 한 가지를 더 포함시켜서 분석하자는 것으로, 이해관계자(stakeholder)집단의 영향력을 드는 예도 있지만, **보완자**(complementor)로 보는 것이 더 일반적이다.

　　ⓑ 예전에는 보완자가 경쟁위협을 가하지 않는 요소로 보았었지만, 이제는 보완관계에 있는 제품이나 기업을 적극적으로 관리하는 것이 중요한 전략적 요소가 된다.

④ **경쟁과 협력의 통합 : 코아피티션**(Co-opetition)

　　경영전략적 입장에서 보면 경쟁자간에 시장을 만들어내는 데는 협력(cooperation)하고, 그 시장을 분할하는 데는 경쟁(competition)할 필요도 있다.

> **Key Point**　lock-in효과와 lock-out효과
>
> 연구개발비가 천문학적으로 드는 첨단산업에서, 경쟁기업간의 협력에 의해 공동기술을 개발하고 이를 산업의 표준화하여 시장의 이윤을 참여사끼리만 나눠가지는 효과를 lock-in효과라 하며, 산업표준 결정에 참여하지 못해 시장에서 소외되는 효과를 lock-out효과라 한다.

◈ 5-force 모델의 문제점
한 산업 내의 경쟁자들은
같은 장소에서 같은 방식으
로 경쟁하며, 같은 경쟁룰
을 적용받는다고 가정하는
것

⑤ **다이나믹 산업분석 모델**(dynamic model for industry analysis)

ⓐ 다이나믹 산업분석 모델은 5-force model의 약점(정적인 분석도구임)과 전략군 분석의 약점(정확하고 의미있게 그릴 수 없음)을 보완할 수 있는 모델이다.

ⓑ 이 모델은 산업구조를 새로운 각도(특히, 시간상의 변화와 한 산업 내의 다양한 세그멘트를 고려)로 이해할 수 있게 한다.

ⓒ 이 모델에서는 한 산업을 구성하는 주요 요소로 제품/서비스(what), 고객(who), 기술(how) 등 3가지를 들고 있고, 이 세 요소로 만들어진 3차원 공간을 '경쟁공간(competitive space)'이라고 하였다.

ⓓ 이 모델에서는 '경쟁공간'에서 다양한 경쟁자들이 각각 다른 차원에 초점을 맞추며 경쟁하고 있고, 이 세 차원의 내용도 계속해서 변하고 있다고 보고, 산업 내의 경쟁패턴을 분석하고자 한다.

◈ 다이나믹 산업분석의 예
① 기술차원 확장을 통한
  진입
  예) 아마존
② 기술-제품차원 확장을
  통한 진입
  예) 도요타 자동차
③ 기술-제품-고객차원
  확장을 통한 진입
  예) 애플컴퓨터

● 도표 1-8 '경쟁공간'으로 표현되는 산업환경

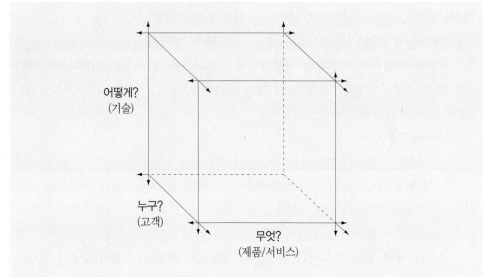

◈ 일반적으로 내부환경 분
석이 외부환경 분석보다 더
어렵다.

(2) 기업의 내부환경분석 기법

1) 조직구조

① 명령전달체계나 의사소통경로로서의 조직구조는 기업의 중요한 내부환경요소가 된다.

② 기업의 성장방향과 적합한 조직구조는 강점으로 작용되나, 그렇지 못한 조직구조는 약점으로 작용한다. → 구체적인 조직구조의 분석은 제4편 조직행위론에서 다룸

2) 조직문화

① 어떤 가정이나 사회에 속한 개인들이 그 가정의 문화나 사회의 문화에 영향을 받아 행동하는 것처럼, 조직의 구성원들은 그 기업의 문화(가치관)에 영향을 받아 행동하게 된다.

② 기업문화(corporate culture)는 대개 설립자나 최고경영자의 영향을 받아 형성되며, 그 기업을 독특하게 하고, 종업원들이 **긍지**와 **소속감**을 갖고 일하게 하는 역할을 한다.

③ 그러므로 기업전략은 기업문화에 맞게 설정되어야 한다.

④ 개인주의가 팽배한 기업문화 아래에서 협동을 필요로 하는 기업목표를 추구한다면 이러한 전략은 성공하기가 매우 어려울 것이다.

> **Key Point** ▶ 전략적 근시안
>
> 전략적 근시안(strategic myopia)이란 외부환경이 변했는데도 불구하고, 과거의 성공요인이었던 강력한 문화로 인하여 그 변화의 중요성을 인식하지 못하는 현상을 말한다.

3) 기업내부자원

① 기업의 자원은 크게 물적자원, 재무적자원, 인적자원으로 나눌 수 있다.

② 내부환경분석을 위해서는, 이러한 회사 내의 각 기능(자원)별로 강점과 약점을 분석해야 한다.

③ VRIO : 자원기반 관점의 두 가정(ⓐ 자원의 이질성, ⓑ 자원의 비이동성)에 기초하여 자원/능력의 가치(value), 희소성(rareness), 모방가능성(imitability), 조직화(organization)의 수준에 따라 강점·약점을 파악하는 것을 VRIO 분석틀이라 한다.

4) 스트레치와 레버리지

① 미래의 경쟁에서 중요한 것은 얼마나 많은 자원을 가지고 있는가(resource)가 아니고, 가지고 있는 **자원을 얼마나 잘 활용하는가**(resourcefulness)가 된다.

② 이 때 자원의 활용능력을 극대화하기 위해 현재의 기업상황에서 볼 때 불가능해 보일 정도의 야망있는 목표를 세우고 그것을 달성할 수 있는 기발한 전략을 수립하는 것을 **스트레치**(stretch)라 한다.

③ 한편, 주어진 자원 중 가장 핵심적인 요소를 **창의적으로 활용**하여 스트레치를 완성하는 것을 **레버리지**(leverage)라 한다.

◆ 창의성 적합성
발상의 전환을 통해 제한된 자원을 전략적 기회에 집중하는 능력

내부환경의 분석방법으로는 기능별 분석과 포터의 가치사슬 분석, VRIO 분석 등을 들 수 있다.

◆ 내부환경 요소들은 시간이 지남에 따라 축적되고 상호작용하는 경향이 강하다.

5) 내부환경 분석결과의 통합

① 내부환경 분석의 결과들을 일목요연하게 정리하기 위해 '자원경로지도(resource path mapping)'를 그릴 수 있다.

② 자원경로지도는 주요 사건이나 그 사건의 발생 요인들의 진행 경로를 시간적 흐름에 따라 그림으로써 자사의 내부를 종합적으로 살펴볼 수 있게 한다.

3. 기업의 전략수립과 경쟁우위

(1) 전략의 단계

경영전략은 어떠한 수준에서 설정할 것인가에 따라 기업전략(corporate strategy), 사업부전략(business strategy), 기능별전략(functional strategy)으로 나눌 수 있다.

◆ 기업전략의 주요결정
(기업의 방향성 결정)
① 성장전략 : 다각화, M&A
② 안정전략 : 사업구조조정
③ 축소전략 : 매각, 투자회수, 퇴거

1) 기업전략

① 기업전략은 어떤 사업분야에 들어가서 경쟁할 것인가를 결정하는 것이다. 즉, 자사가 경쟁할 시장을 결정하거나 산업의 범위를 결정하고자 하는 것이다.

② 기업전략에 의해 특정기업은 ⓐ 성장/확장할 것인가, ⓑ 안정을 추구하며 현재의 기업을 정리/정돈할 것인가, 또는 ⓒ 축소/탈퇴할 것인가를 결정하게 된다.

('93 CPA)
★ 출제 Point
전략적 의사결정시의 고려사항

③ 그러므로 기업전략에서는 다각화, 수직적 통합, 기업인수합병, 해외진출과 같은 결정이나, 기업 전체의 조직구조형태를 결정하는 데 관심이 있다.

④ 기업전략은 여러 사업영역을 포괄하는 경우가 많으므로, 기업전략성과의 측정

🔵 도표 1-9 전략의 단계

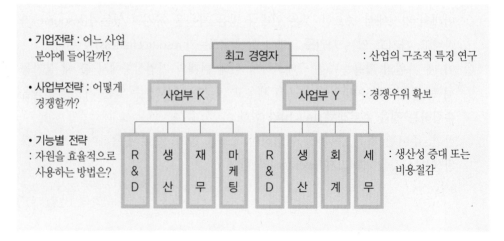

기준은 기업의 생존·성장이나 기업 전체의 이윤 등이 될 것이다.

2) 사업부전략

① 사업부전략은 각 사업분야에서 **어떻게 경쟁할 것인가**를 결정하는 것이다.

② 각 사업부가 각 시장에서 경쟁하고자 하는 구체적 방법을 다루게 되므로 **경쟁전략**(competitive strategy)이라고도 한다.

③ 사업전략의 성과 측정은 주로 시장점유율이나 이윤 등으로 하게 된다.

3) 기능별전략

기능별전략은 주어진 자원을 효율적으로 사용하고자 하는 방법을 찾는 단계이다.

(2) 경쟁우위

1) 경쟁우위의 창출

① 경영전략의 궁극적인 목적은 경쟁우위를 갖는 것이다.

② 경쟁우위를 창출하기 위해서는 그 기업의 경영자원이나 핵심기술이 다른 경쟁기업에 비해 **독특한 것**이어야 하며, **산업환경과 부합**되어야 한다.

③ 경쟁우위는 정부규제의 완화, 환율의 변동과 같은 기업외부환경의 변화에 적절히 대처하거나, 기업 내부의 새로운 혁신을 통해 창출될 수 있다.

◈ 기업이 가진 자원들이 핵심자원이 되기 위해서 지녀야 할 속성
① 가치
② 희소성
③ 대체자원의 부재
④ 모방 불가능성

○ 참 고

지속적인 경쟁우위의 확보

환경분석을 통한 경쟁우위의 확보나 물질적 자원에 의한 경쟁우위의 확보는 한계가 있다. 왜냐하면 환경적 정보는 모든 기업에 동일한 정도로 노출될 가능성이 많고, 물질적 자원은 모방도 쉽고 안정된 환경에서나 가치가 있기 때문이다. 불확실성이 점점 높아지고 있는 경영환경에서 지속적인 경쟁우위는 **무형의 자원**(특히, 인적·조직적 자원)을 통해 얻어질 가능성이 높다. 예를 들면, 강하면서도 변화를 추구하는 문화, 모범을 보이는 리더십, 종업원 훈련에의 적극 투자, 권한의 이양 등을 통한 경쟁우위는 장기간 지속될 수 있다.

---

2) 경쟁우위의 유지

① 기업이 높은 수익률을 얻기 위해서는 경쟁우위를 창출하는 능력도 중요하지만, 이 경쟁우위를 일정기간 이상 유지하는 능력도 중요하다.

② 경쟁우위의 지속성은 대개 경쟁우위를 창출하는 **자원의 획득가능성**이나 **모방가능성**에 달려 있다. → 즉, 경쟁우위를 창출하는 자원을 경쟁기업들이 쉽게 구매할 수 없거나, 브랜드 이미지와 같이 경쟁자가 쉽게 모방할 수 없을 때, 그 기업들은 일정 기간 이상 경쟁우위를 유지할 수 있게 된다.

> 자원준거관점(resource-based view)이란 경쟁우위가 적절한 수준의 물질적 자원과 월등한 인적 · 조직적 자원에서 온다는 견해를 말한다.

4. 경쟁우위의 구체적인 창출방법과 핵심역량

(1) 가치활동과 경쟁우위

('98, 2005 CPA)
★ 출제 Point
가치사슬모형의 기본구조

1) 가치창출 활동

① 경쟁우위는 소비자에게 혜택을 줄 수 있는 **가치창출활동**을 통하여 달성될 수 있다.

② 그러므로 경쟁우위의 원천을 분석하기 위해서는 기업의 가치활동을 점검해보고, 이 활동들 간의 상호작용을 체계적으로 살펴보아야 한다.

③ 기업의 여러 활동들의 전략적 중요성과 연계성을 고려하고 자사의 경쟁우위를 파악하기 위해 가치사슬(value chain)접근법이 사용된다.

2) Porter의 가치사슬

① 가치사슬접근법은 기업을 제품의 디자인 · 생산 · 판매 · 운송 그리고 지원 등을 포함하는 제반 활동의 집합체로 가정하고, 이들 활동들의 연결관계를 나타낸 것이다.

② 포터(Porter)에 의하면 기업의 활동은 가치활동과 이윤으로 구분할 수 있고, 가치활동은 크게 본원적활동(primary activities)과 지원활동(support activities)으로 구분된다.

③ 본원적 활동
ⓐ 투입요소를 구입 · 저장 · 운반하는 물류투입활동(inbound logistics)
ⓑ 투입요소를 최종제품으로 만드는 운영활동(operation)
ⓒ 제품을 구매자에게 유통시키기 위한 수집 · 저장 · 물적 유통과 관련된 물류산출활동(outbound logistics)
ⓓ 구매자가 제품을 구입하도록 하기 위한 광고 및 판매촉진 등과 같은 마케팅활동
ⓔ 제품가치를 유지 · 증진시키기 위한 서비스활동

④ 지원활동 : 본원적 활동 및 다른 지원활동을 보조해 주는 활동이다.
ⓐ 투입요소를 획득하는 활동
ⓑ 기술개발활동
ⓒ 인력관리활동
ⓓ 일반관리 · 기획업무 · 자금관리 · 회계 · 대정부관리 · 품질관리 등을 포함하는

기업하부구조활동(firm infrastructure)

3) 포터의 가치사슬의 주요내용

① 포터의 가치사슬상의 가치활동들은 서로 밀접하게 관련되어 있다. 즉, 특정한 가치활동이 수행될 때 다른 가치활동과 비용 및 성과면에서 관련성을 가지게 된다.

② 경쟁우위는 각각의 가치활동에서 발생하기도 하지만 가치활동 간의 연계(즉, 가치사슬)로부터 발생되기도 한다.

③ 그러므로 기업들은 개별가치활동과 가치활동 간의 연결관계에 의해 창출되는 시너지효과를 파악하여, 기업의 사업활동들에 높은 부가가치를 제공하면서 동시에 활동들 간의 공유정도가 높은 것이 무엇인지를 밝혀냄으로써 기업의 경쟁우위와 핵심역량을 규명할 수 있게 된다.

Key Point 가치무리

가치창출활동을 기업 내부에만 국한하지 않고, **외부의 다른 조직과의 창조적인 상호작용이나 관계설정에까지 넓힌 개념**으로 '가치무리(value constellation)'라는 개념이 새로이 등장하고 있다. 오늘날 경쟁우위를 창출하는 가치활동은 자사의 독립적인 활동만으로는 부족하므로 공급자, 고객, 동업자 등 기업을 둘러싸고 있는 다양한 외부경제 주체들과 협력하여 새로운 '가치창조 시스템'을 구축해야 하는데, 이와 관련된 활동을 가치무리라 한다.

● 도표 1-10 Porter의 가치사슬

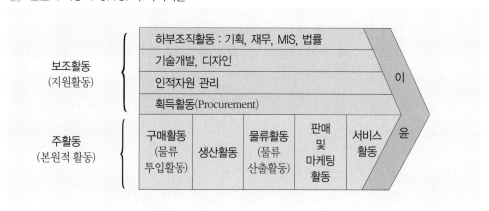

(2) 핵심역량과 경쟁우위

1) 핵심역량의 의의

① 특정기업이 특정산업에서 다른 경쟁기업에 비하여 특정제품 생산시에 높은 효율성과 효과성(즉, 상대적으로 낮은 원가나 높은 기술력)을 유지할 수 있는 내부

◈ 핵심역량이란?
소비자에게 특별한 효용을 제공할 수 있게 하는 기술이나 지식의 묶음

능력을 보유하고 있다면, 이러한 경쟁우위를 창출할 수 있는 능력을 핵심역량(core competence)이라 한다.

② 핵심역량은 대개 기술적 우위를 의미하기도 하지만, 고객서비스나 유통경로의 관리능력일 수도 있으며, 정보처리능력이나 인적자원 관리능력일 수도 있다.

③ 핵심역량은 다른 기업에 의해 **쉽게 모방되지 않는다.** 그러므로 이러한 핵심역량을 통하여 특정기업의 경쟁력이 제고되며, 고객에게 특별한 가치를 제공할 수 있게 된다.

④ 핵심역량은 하나의 제품을 의미하지 않고 **여러 제품들의 바탕이 되는 핵심적인 노하우나 기술을** 의미한다.

⑤ 그러므로 핵심역량의 개발이나 획득에 실패하게 되면 광범위한 시장기회를 상실하게 되는 것이다.

2) 핵심역량의 파악

◆ 핵심역량의 조건
① 고객에게 주는 혜택의 크기
② 차별화 여부
③ 다양한 제품에의 적용 가능성
④ 능력의 구체적인 표현

① 기업의 핵심역량을 파악하고 발전시키는 것은 경쟁우위의 확보에 필수적이다.

② 핵심역량은 **가치사슬**이나, 기업조직의 **기능별 분야에 따라** 분석할 수 있다. 이를 통해 기업의 활동을 자세히 나누어서 살펴보고 핵심역량을 찾게 된다.

③ 핵심역량은 경쟁기업에 대해 우위에 있는 능력이 되므로 다른 기업과 자세한 비교를 통하여 자신의 역량을 파악하는 **벤치마킹**(benchmarking) 기법도 이용한다.

④ 핵심역량 선택시의 주요 고려사항으로 ⓐ 다양한 시장진출가능성, ⓑ 소비자에 대한 편익(만족감) 증대, ⓒ 경쟁자의 모방의 어려움 등이 있다.

3) 핵심역량의 개발

(1999 CPA)
★ 출제 Point
학습조직의 개념

(2000 CPA)
★ 출제 Point
핵심역량 개발 개념의 확장

① 기업의 핵심역량은 대개 생산기술이나 유통과 같이 각 기능별 분야에서 나오기보다는, 이러한 **여러 가지 기능별 능력들을 종합하고 활용할 수 있는 조직상의 능력**(organizational capability)에서 나온다.

② 그러므로 핵심역량을 발전시키기 위해서는 벤치마킹을 통해 경쟁기업에 대한 자사의 강점과 약점을 객관적으로 평가하여 자신의 핵심역량을 더욱 향상시켜야 하며, 기업 전체의 관점에서 기능별 핵심역량을 잘 조합하고 적절히 통합시킬 수 있도록 조직을 운용해야 한다.

③ 이러한 활동은 **조직의 집단적인 학습과정을** 통하여 달성할 수 있는데, 조직 내 학습을 위해서는 집단 내의 원활한 의사소통이나 사람과 자원과의 상호작용, 개인들의 동기부여나 도전적 자세 등이 필수적 요소가 된다.

4) 핵심역량과 기업전략

◆ 핵심역량은 오랜 기간에 걸쳐(Slow) 꾸준하게 (Persistent) 조금씩 축적되는 학습과정(Cumulative learning)을 통해 구축된다.

① 핵심역량은 경쟁우위 원천의 역할뿐만이 아니라 기업전략 수립시의 방향제시의 역할도 담당한다.

② 핵심역량은 다각화, 사업구조개편(restructuring), 전략적 제휴, 한계사업정리 등의 전략수립에 중요한 역할을 하게 된다.

5. 경쟁우위의 원천관리

① 경쟁우위를 창출하기 위한 원천을 구체적인 용어로 표현하면 가치활동(value activities)과 핵심역량(core competence)을 들 수 있다.
② 핵심역량은 기업의 자원이라 할 수 있고, 가치활동은 기업활동이라 할 수 있는데, 이 둘은 서로 밀접하게 관련되어 있다.
③ 기술적 우위와 같은 기업의 자원(핵심역량)은 연구개발활동과 같은 기업활동(가치활동)을 통해 획득되어지며, 기업의 활동은 자원을 기초로 이루어진다.

● 도표 1-11 경쟁우위의 두 원천

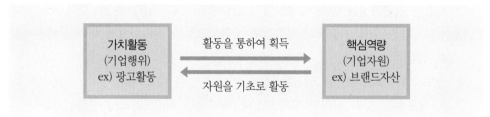

6. 구체적인 경쟁전략

(1) 시간중심전략

1) 시간중심전략의 의의
① 시간중심전략은 특정제품을 제공하기 위하여 기업이 사용하는 총시간을 단축시키는 데 관심을 둔다.
② 또한 시간중심전략은 소비자가 욕구를 인식하는 순간부터 실제 소비하여 욕구를 충족시키는 데 걸리는 총소요시간을 단축하고자 하는 것이다.

2) 시간중심전략의 대상
① 시간중심전략은 소비자의 욕구에 신속히 반응함으로써 **신제품·신시장개발에 중요한 역할**을 한다.
② 기업이 시간중심전략을 사용하기 위해 주로 관심을 가져야 할 주요활동으로 ⓐ 제조주기의 단축, ⓑ 유통주기의 단축, ⓒ 신제품개발주기의 단축 등을 들 수 있다.

대부분의 기업들은 그 동안 품질과 비용에 초점을 맞추어 경쟁하여 왔다. 그러나 극심한 경쟁으로 인하여 비용절감에 초점을 두는 전략은 한계에 도달했으며, 소비자들은 낮은 가격·높은 품질과 함께 신속한 소비를 점점 더 원하고 있다. 그러므로 시간을 고려한(time-based) 전략이 필요하게 되었다.

3) 시간중심전략의 유용성

시간중심전략은 생산성을 높이면서 품질향상에도 기여한다. 즉 작업준비시간(set-up time) 등을 감소시켜 이용에 불필요한 시간을 제거하게 되고, 그로 인해 생산성도 높아지고 단위당 제조원가도 낮아지게 된다.

(2) 기술혁신

① 기업은 기술혁신을 통해 특정산업의 선발주자(선도기업)가 될 수 있다.
② 선도기업은 우선 기술적인 리더십을 발휘함으로써 지속적으로 이익을 연장시킬 수 있다.
③ 선도기업은 희소자산을 선점함으로써 이점을 얻을 수도 있다.

◈ 선도기업의 기술적인 리더십은 대개 학습곡선이나 지속적인 연구개발, 특허 등을 통해 발휘된다.

  ⓐ 새로운 기술과 관련된 투입요소나, 매력적인 시장, 최적의 공장입지를 선점하여 후발기업의 진입을 효과적으로 저지할 수 있다.
  ⓑ 이로 인해 후발기업들은 기존시장의 소비자들을 자사의 소비자로 교체시키기 위한 비용이 막대하게 들게 될 것이고, 소비자들의 경우에도 새로운 후발기업으로 교체시의 불확실성으로 인해 교체에 부담을 느끼게 될 것이다.

(3) 품질우위

1.3 기업수준에서의 전략수립

1) 다수의 전략사업단위(SBU)를 운영하고 있는 대기업의 경우 기업전략을 설정하기 위해서는 우선 각 사업부(SBU)를 분석하여 균형있는 포트폴리오를 구성해야 한다.
2) 기업의 사업포트폴리오를 분석하기 위한 대표적인 기법으로 BCG매트릭스, GE/Mckinsey 매트릭스 등이 사용된다.

1. 각 사업부의 평가

(1) BCG매트릭스

BCG매트릭스는 상대적 시장점유율(RMS : relative market share)과 시장성장률(MGR : market growth rate)을 기초로 하여 각 전략사업단위를 분석하는 기법이다.

→ 자세한 내용은 제6편 마케팅관리론에서 다룸

(2) GE/Mckinsey매트릭스

① GE/Mckinsey매트릭스는 산업의 매력도와 개별사업단위의 강점이라는 두 차원에서 전략사업단위를 평가하는 기법이다.

② 이 두 차원은 여러 요인들을 종합적으로 고려하여 결정되기 때문에 BCG매트릭스보다 발전된 기법이라 할 수 있다.

→ 자세한 내용은 제6편 마케팅관리론에서 다룸

2. 기업전략의 수립

① 기업의 각 사업부에 대한 평가를 하게 되면, 기업이 보유하고 있는 사업부의 포트폴리오가 바람직한 형태인지, 바람직하지 못한 형태인지가 파악된다.

② 만약 바람직하지 못한 형태의 포트폴리오를 가지고 있다면, 경영성과를 극대화하기 위해 전망이 좋고 수익성이 높을 것 같은 새로운 사업영역으로 진입하거나, 사양사업부문을 축소하든지, 철수하든지의 추가적인 의사결정이 필요하게 된다.

③ 이와 같이 그 기업이 어느 시장에서 경쟁을 할 것인가를 정하는 기업전략은 대개 ⓐ 공격/진입전략(사업확장전략), ⓑ 안정전략, ⓒ 방어전략(경영 내실화전략) 등으로 나눌 수 있다.

◈ 기업전략
① 공격전략 : 성장전략
② 안정전략 : 사업구조조정(리스트럭처링)
③ 방어전략 : 축소전략

🔵 도표 1-12 SWOT 매트릭스와 경영전략의 수립

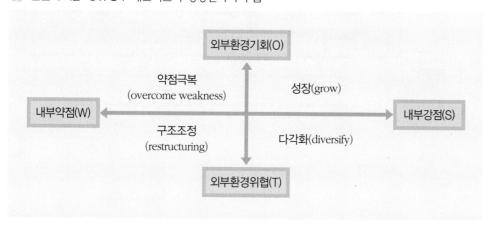

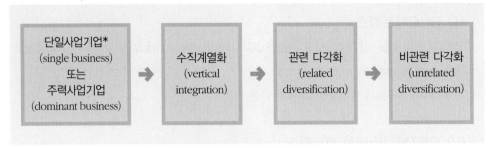

* 매출의 100%가 한 개의 사업에서 창출되면 단일사업기업이라 하고, 복수의 사업을 가지고 있으나 한 개의 사업
  에서 75% 이상의 매출이 창출되면 주력사업기업이라 한다.

④ 진입 또는 성장을 위해서는 대개 내부개발, 다각화, 수직적 통합, 전략적 제휴,
   합병(M&A)의 방법을 사용한다.
⑤ 방어 또는 내실화를 위해서는 투자환수, 수확 및 청산 등의 방법을 사용한다.

(1) 수직적 통합과 아웃소싱전략

1) 수직적 통합

① 수직적 통합의 의의

◈ 수직적 통합은 핵심사
업의 보호와 강화를 목적
으로 한다.

　ⓐ 기업이 수직적으로 어떠한 분야에 참여할 것인가, 즉 부품생산에서 유통까
　　지 수직적 활동분야의 참여정도를 결정하는 것을 수직적 통합(vertical
　　integration)이라 한다.
　ⓑ 수직적 통합은 다각화의 한 종류로 볼 수도 있다.

● 도표 1-14 여러 가지 형태의 수직적 관계

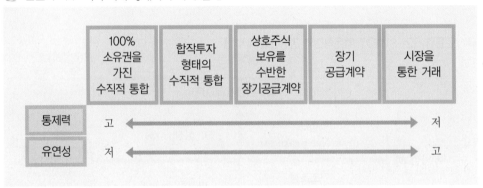

내부화, 전방통합과 후방통합, 완전계열화와 부분계열화

- **내부화**

  기업이 전방 또는 후방으로 자신의 가치활동을 확대하는 것을 수직적 통합 또는 내부화라 한다.

- **전방통합과 후방통합**

  수직적 통합은 원재료 → 생산 → 유통의 연결고리에서 전단계인 원재료나 공급업자를 통합하는 후방통합과, 다음 단계인 도 · 소매업자를 통합하는 전방통합으로 나눌 수 있다.

- **완전계열화와 부분계열화**

  최종소비자의 손에 제품이 전달될 때까지의 모든 과정을 통합하면 완전계열화(full integration)라 하고, 그 과정 중 일부만 통합하면 부분계열화(partial integration)라 한다.

② 수직적 통합의 장점

ⓐ 수직적 통합은 여러 단계의 시장거래를 내부화함으로써 세금을 줄일 수도 있으며, 생산비용이나 시장비용을 절감할 수 있고 품질통제가 가능해진다.

ⓑ 수직적 통합은 수요독점 · 공급독점시장에서 끊임없는 협상으로 인하여 발생하는 가격의 불안정을 피할 수 있게 한다.

ⓒ 한 고객만을 위한 투자가 필요한 경우 수요독점시장을 통한 거래활동은 실패하기 쉽기 때문에 수직적 통합을 통한 기업내부화가 효과적인 방법이 될 수 있다.

③ 수직적 통합의 단점

ⓐ 수직적 통합은 성격이 다른 사업분야를 효과적으로 경영해야 하는 문제와, 기업 내부의 각 사업부 간의 갈등을 해결해야 하는 등의 부담이 존재한다.

ⓑ 수직적 통합(즉 내부화)을 하고 나면 기업의 유연성(flexibility)이 떨어지고, 경쟁의식의 감소로 기술혁신의 인센티브가 줄어드는 문제도 있다.

④ 수직적 통합의 수준결정

수직적 통합을 할 것인가 시장에서 구매할 것인가의 결정은 두 경우에 부담하는 비용의 상대적 크기에 따라 달라질 것이다.

◆ 수직적 통합의 기타 문제점
① 비효율적인 생산비용의 발생
② 더 가치있는 투자기회의 상실
③ 경쟁영역이 넓어짐
④ 계열사슬 내 한 부분의 진부화가 전체 사슬의 진부화를 가져옴
⑤ 각 단계 간의 규모의 불균형

준통합

100%의 소유권을 갖는 수직적 통합은 수직적 거래관계에서 통제력(control)이 높아지지만, 유연성(flexibility)이 낮아지는 문제가 있다. 이를 해결하기 위한 준통합형태로 부품공급업자와 장기공급계약을 체결하는 방법, 상호주식보유를 수반한 장기공급계약(계열화), 합작투자에 의한 수직적 통합 등이 사용될 수 있다.

완벽한 수직적 통합이 아니더라도 준통합(즉, 부분적 통합)을 하게 되면 하청업체의 부품의 비용구조에 대한 정확한 정보를 얻을 수 있기 때문에 부품생산공정을 내부화할 것인지 외부하청에 맡길 것인지의 결정에 도움을 받을 수도 있고, 하청업체를 효율적으로 관리할 수 있는 이점이 있다.

2) 아웃소싱

① 아웃소싱의 의의

ⓐ 수직적 통합과 반대되는 개념으로 아웃소싱(outsourcing)이 있다.

ⓑ 아웃소싱(외주)은 자신의 핵심부문만 내부화하고, 기타의 비핵심부문은 분가, 매각시키고 시장을 통해 조달하려는 것이다.

② 아웃소싱의 장점

ⓐ 비용절감효과와 유연성을 확보할 수 있게 한다.

ⓑ 계약을 통해 능력있는 외부전문가를 활용할 수 있다.

ⓒ 외부업자의 규모의 경제와 범위의 경제를 이용할 수 있다.

ⓓ 내부화 시에 나타나는 비능률(특히, 조직 내 정치)을 피할 수 있다.

<aside>◆ CRO(Chief Relational Officer)
아웃소싱만을 관리하는 새로운 최고경영진</aside>

③ 아웃소싱의 단점

ⓐ 외주에 의존하다보면 **자신의 핵심역량이 점차 축소되어 상실될 우려가 있다.**

ⓑ 아웃소싱을 함으로써 기업 내부의 여러 기능 간의 밀접한 상호협조관계를 상실할 수도 있다.

ⓒ 외부공급업체에 대한 통제력도 상실될 우려가 있다.

3) 거래비용 이론과 수직적 통합의 정도

<aside>(2007 CPA)
★ 출제 Point
거래비용이론과
유통경로구조의 설계</aside>

① **거래비용의 이론**(transaction cost theory)**의 의의** : Coase → Williamson

ⓐ 기업은 시장을 통한 거래비용(transaction cost)과 내부화를 통한 기업활동 관리비용(administrative cost)을 비교하여 비용을 줄이는 방향으로 경제활동을 한다.

ⓑ 시장의 불완전성으로 인해 거래비용이 관리비용보다 높을 경우 내부화가 나타난다.

② **거래비용의 원천**

ⓐ 소수거래관계 : 시장에 소수의 거래자만이 참여할 때(ex. 독과점시장) 시장실패의 원인이 되며, 시장을 통한 거래는 효율적이지 못하다.

ⓑ 자산의 특수성(asset specificity) : 특정 고객만을 위한 기업 특유의 투자가 필요하거나 거래당사자 간의 기회주의적 행동(opportunism)이 존재할 경우, 시장거래 관계는 실패하게 되므로 내부화가 더 효율적이다.

ⓒ 정부의 조세정책 : 부가가치세가 존재할 경우 시장거래 가격이 상승하여 시장실패의 원인이 된다.

③ **관리비용의 원천**

ⓐ 경영관리의 비효율성 : 내부화하게 되면 성격이 다른 사업부 간의 갈등이나 비효과적 운영으로 실패할 가능성이 높아진다.

ⓑ 유연성의 감소 : 내부화는 기업의 유연성을 떨어뜨린다.

ⓒ 기술혁신 인센티브의 부재

Key Point

- **시장의 불완전성과 거래비용이론**
  내부화는 시장의 불완전성 때문에 발생하는 거래비용을 회피하기 위해서 나타나는데, 주로 중간재 시장, 지식 및 기술시장, 자본시장이 불완전성이 높다.

- **가상기업**
  전략적인 아웃소싱을 더욱 적극적으로 활용하여 극히 제한적인 핵심분야만을 소유하고, 이외의 나머지 부분을 외부기업들에게 외주를 주는 극단적 형태의 기업을 가상기업(virtual corporation)이라 한다.
  가상기업은 생산활동을 시장에서의 거래활동을 통해 조직하는 하나의 네트워크관리회사로, 여러 생산활동과 협력업체들을 효과적으로 관리함으로써, 수직적 통합보다 **훨씬 낮은 비용으로 유연하게 생산활동**을 할 수 있다.

(2) 다각화

1) 다각화의 의의 및 분류

① 다각화(diversification)란 한 기업이 여러 다른 산업에 참여하는 것이다.

② 다각화는 현 사업과 관련 있는 사업에 진출하려는 '관련다각화'와 관련이 없는 산업에 진출하려는 '비관련 다각화' 또는 컨글로머리트 등으로 나눌 수 있다.

2) 다각화의 구체적 내용

기업은 성장추구, 위험감소, 범위의 경제성, 시장지배력의 행사, 내부시장의 활용 등을 위해 다각화를 추구하게 된다.

① **범위의 경제성**

    ⓐ 범위의 경제성이란 한 기업이 두 가지 이상의 제품을 동시에 생산할 때 소요되는 비용이, 별개의 기업이 각각 한 제품씩 생산할 때 소요되는 비용의 합보다 훨씬 작은 것을 의미한다.

    ⓑ 범위의 경제성은 여러 제품의 생산과정에서 공통적으로 투입되는 생산요소가 있기 때문에 나타난다.

    ⓒ 이미 보유하고 있는 유통망이나, 특정기업의 브랜드 자산, 기존의 효율적인 관리능력을 활용할 때 범위의 경제에 의해 '**시너지효과**'가 나타날 수 있다.

② **내부시장의 활용**

    기업이 다각화되었을 경우 여러 산업분야에서 **손쉽게 자본**(내부자본시장)이나 인력(내부노동시장)을 조달할 수 있게 되는데, 이를 내부시장의 활용이라 한다.

('93 CPA)

◆ 다각화의 이유
① 기존 사업의 성장둔화에 대한 방어를 위해
② 여유자금을 공격적으로 투자하기 위해

◆ 다각화를 결정짓는 기준
① 해당 산업의 매력도
② 진입비용의 크기
③ 부가가치의 창출가능성

◆ 다각화로 더 큰 수익을 얻기 위해서는 범위의 경제성, 시장지배력, 내부시장의 활용을 통해 새로운 가치가 창출되어야 한다.

3) 다각화의 문제점

① 성장추구나 위험분산을 위한 다각화는 주주를 위한 것이라기보다는 최고경영자를 위한 다각화가 된다.

② 다각화가 **성장과 위험감소만**을 위해서 행해졌다면, 실패확률이 높아진다.

4) 관련다각화와 비관련다각화

① **관련다각화**

ⓐ 장 점

ⅰ) 관련다각화는 기업의 일체성을 유지하게 한다.

ⅱ) 기술이전과 비용절감을 통한 경쟁우위를 확보할 수 있다.

ⅲ) 높은 범위의 경제를 누릴 수 있게 한다.

ⓑ 단 점

한 분야에서의 문제가 다른 분야로 전달되는 **도미노효과가 나타나는** 문제가 있다.

② **비관련다각화**

ⓐ 장 점

ⅰ) 비관련다각화는 **재무적인 위험**을 여러 비관련사업들에 분산시킬 수 있다.

ⅱ) **수익보다 안정적** 일 수 있다.

ⅲ) **기회가 많은 곳으로 재무적 자원을 집중**할 수 있게 한다.

ⓑ 단 점

ⅰ) 다양한 비관련사업들을 합리적으로 관리하기가 어렵다.

ⅱ) 각각의 비관련사업들은 **전략적 적합성**(strategic fit)이 없다.

ⅲ) 서로의 경쟁우위를 높일 수 없다면 오히려 기업의 성과를 끌어내릴 가능성이 있는 문제가 있다.

5) 다각화된 기업의 관리와 운영

① **다각화된 기업의 관리기법**

ⓐ 어떤 기업의 다각화가 이루어지면, 단일기업일 때와 다른 관리방법이 요구된다.

ⓑ 즉, 더 이상 매력적이지 않은 사업을 철수 또는 매각하거나, 한정된 자원의 투입 우선순위를 정해야 하는 등 각 사업부의 평가 및 관리활동을 필요로 한다.

ⓒ 이를 위해 사용되는 기법으로 **기업포트폴리오분석**(BCG매트릭스 등)과 **기업양육론**이 있다.

◆ 관련다각화는 일종의 '전략적 적합성'을 가진 사업으로 확장하는 것을 말하며, 상승효과(synergy effect)를 일으킬 수 있는 장점이 있다.

● 도표 1-15 기업양육전략의 개발과정

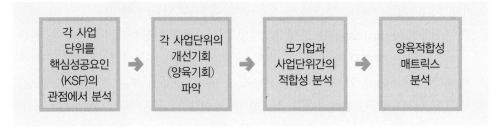

| 각 사업 단위를 핵심성공요인 (KSF)의 관점에서 분석 | → | 각 사업단위의 개선기회 (양육기회) 파악 | → | 모기업과 사업단위간의 적합성 분석 | → | 양육적합성 매트릭스 분석 |

② **기업양육론** ; Campbell
ⓐ 기업전략을 수립하기 위해 그 동안 많이 사용했던 포트폴리오분석이나 핵심역량 분석은 '각 산업단위 사이의 관계'에 집중한 방법이다.
ⓑ 기업양육(parenting) 개념은 사업단위 간의 관계가 아닌 한 단계 위의 모기업의 역량에 초점을 둔 방법이다.
ⓒ 기업양육론은 모기업 입장에서 각 사업단위에서 필요로 하는 자원을 적절히 공급하고, 각 사업단위 사이에 존재하는 기술과 역량을 이전시키며, 기업 전체의 관점에서 범위의 경제를 이루도록 하여, 각 사업단위 간의 시너지 효과를 만들어낼 수 있는 능력을 중시하는 개념이다.
ⓓ 훌륭한 모기업은 이를 통해 경쟁기업보다 더 많은 가치를 만들어 낼 수 있는데, 이를 양육우위(parenting advantage)라고 한다.

● 도표 1-16 양육적합성 매트릭스(Parenting-Fit Matrix)

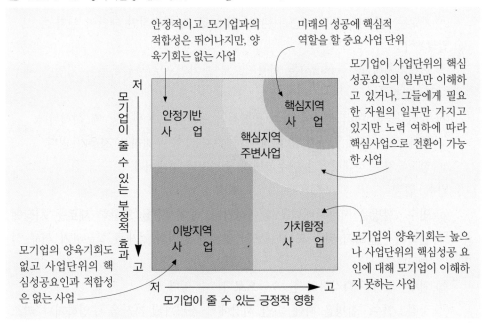

안정적이고 모기업과의 적합성은 뛰어나지만, 양육기회는 없는 사업

미래의 성공에 핵심적 역할을 할 중요사업 단위

모기업이 사업단위의 핵심성공요인의 일부만 이해하고 있거나, 그들에게 필요한 자원의 일부만 가지고 있지만 노력 여하에 따라 핵심사업으로 전환이 가능한 사업

모기업이 줄 수 있는 부정적 효과

저 ← → 고

안정기반 사업

핵심지역 사업

핵심지역 주변사업

이방지역 사업

가치함정 사업

모기업의 양육기회도 없고 사업단위의 핵심성공요인과 적합성은 없는 사업

저 → 고
모기업이 줄 수 있는 긍정적 영향

모기업의 양육기회는 높으나 사업단위의 핵심성공 요인에 대해 모기업이 이해하지 못하는 사업

출처 : Campbell. A., Goold, M., & Alexander, M. 1995. "Corporate Strategy : The Quest for Parenting Advantage," *Harvard Business Review*, March-April : 129

6) 퇴출전략

지나친 다각화로 기업의 성과가 떨어질 경우 택할 수 있는 전략이다.

① 구조조정(restructuring)을 통해 몇 개의 핵심사업으로 돌아가거나 업종을 전환하는 전략을 수립할 수 있다.

② 매각(divestment), 투자회수(disinvestment 또는 harvest) 또는 청산(liquidation) 등의 퇴거전략(exit strategy)을 수립할 수도 있다.

Key Point 다각화와 M&A의 차이점

다각화 : 어디로 갈 것인가의 결정
M&A : 어떻게 진입할 것인가의 결정

---

7) 다각화의 방법

① '어디로 다각화할 것인가'가 결정되면, 다음으로 '어떻게 진입할 것인가'를 결정해야 한다.

② 새로운 산업에의 진입방법으로 사내창업, 조인트벤처, 인수·합병(M&A) 등이 있다.

③ **사내창업**

ⓐ 기업 내부에서 새로운 회사를 만드는 것이다.

ⓑ 제품이나 서비스의 아이디어가 회사 내부로부터 나와 상용화에 성공하면, 그것을 하나의 기업으로 독립시키는 과정을 거치게 된다.

ⓒ 새로운 사업이 기존의 사업과 관련성이 높을 때 매력적인 대안이 된다.

④ **합작투자**

ⓐ 합작투자(joint venture)는 법률적으로 모기업으로부터 독립된 기업을 세우는 방법이다.

ⓑ 기업활동의 여러 분야에 걸쳐 종합적인 협력관계가 필요할 때 실시된다.

ⓒ 대개 두 기업이 합작시 50 대 50이나 49 대 51로 투자하는 경우가 많다.

ⓓ 합작투자는 사내창업과 인수합병의 중간적인 형태이다.

⑤ **인수·합병**

(2001 CPA)
★ 출제 Point
적대적 M&A와 그 효과
의 이해

ⓐ 인수·합병은 시장지배력을 확대하거나, 해외시장을 포함한 **새로운 시장에 신속히 진입하기 위해** 또는 규모의 경제와 범위의 경제를 활용하기 위해 실시된다.

ⓑ 인수·합병은 다각화의 한 수단으로 볼 수 있다.

ⓒ 장점 : 인수·합병을 하게 되면 시장에서 저평가된 자산을 구입하거나 리스

	사내창업	인수합병
장 점	· 전체적인 비용이 저렴 · 관련분야로의 진입용이 · 기존조직과의 통합문제 적음	· 진입장벽을 우회할 수 있음 · 낮은 개발비용 · 진입시간의 단축
단 점	· 진입장벽의 극복문제 · 높은 개발비용 · 많은 시간, 낮은 성공률	· 높은 인수비용 · 조직통합의 문제

트럭처링을 통해 그 기업의 가치를 높일 수 있다.

ⓓ 단점 : 피인수기업의 가치를 과대평가하거나, 기업문화의 차이로 인한 갈등 등의 이유로 통합과 운영과정에서 실패한다면, 어떠한 가치도 창출할 수 없게 된다.

> **Key Point ▶ 인수합병의 다양한 기능**
>
> 인수합병은 다각화의 수단으로만 사용되는 것이 아니다. 즉 동일산업 내라 하더라도 ① 성장하는 산업에서는 짧은 시간에 대규모성장을 위한 방법으로, ② 성장이 둔화된 산업에서는 경쟁자의 수를 줄여 경쟁강도를 낮추기 위한 방법으로도 사용된다.

1.4 사업부전략

1. Porter의 본원적 경쟁전략

1) 사업부 수준에서는 기업전략에서 선택된 특정 산업에서 어떻게 경쟁하여 경쟁우위를 확보할 것인가를 정하게 된다.

2) Porter에 의하면 경쟁우위를 확보하기 위한 전략으로 원가우위전략, 차별화전략, 집중화전략 등을 들고 있다.

1) 원가우위전략

① 의의 및 특징

　ⓐ 경쟁기업보다 더 낮은 원가로 제품을 생산할 수 있는 경우 더 낮은 가격으로 소비자에게 공급할 수 있고, 치열한 가격경쟁에서도 승리할 수 있으므로 평균 이상의 수익이 가능하다.

		경쟁우위의 요소	
		낮은비용	차별화
경쟁 범위	넓은 범위	원가우위 전략	차별화 전략
	좁은 범위	(원가우위 집중화) 집중화 전략	(차별화우위 집중화)

ⓑ 원가우위전략(cost-leadership strategy)을 쓰기 위한 차별역량은 대개 **제조와 자재관리분야**에서 나타난다 → 즉 규모의 경제나 학습효과, 생산프로세스의 혁신, 제품설계의 개선 등이 기업의 비용을 낮추는 데 중요한 역할을 한다. → 이러한 경험효과는 생산공정 및 제품의 개선에서 발생하므로 생산공정이 복잡할수록, 부품 수가 많을수록 커지는 경향이 있다.

ⓒ 비용측면에서 경쟁우위를 창출하기 위해서는 기업의 비용구조를 분석해 볼 필요가 있는데, 가장 대표적인 방법으로 Porter의 가치사슬(value chain)기법을 이용한다.

ⓓ 또한 기업의 효율성을 증대시켜 비용절감에 기여하고자 하는 기법 중 최근에 많이 이용되는 것으로 품질경영(TQM), 리스트럭처링(restructuring), 리엔지니어링(BPR : business process reengineering) 등이 있다.

② 문제점

일반적으로 차별화를 추구하는 데는 비용이 많이 들기 때문에 원가우위전략은 대개 차별화 수준이 낮게 되며, 같은 이유로 시장세분화도 무시하게 되는 문제가 있다.

2) 차별화전략

① 의의 및 특징

ⓐ 차별화전략(differentiation strategy)은 소비자의 욕구를 만족시키기 위하여 독특한 제품·서비스를 공급하거나, 그 제품·서비스를 독특한 방법으로 전달하려는 것이다.

ⓑ 차별화우위는 소비자에게 독특한 가치를 제공하여 줌으로써 차별화에 소요된 비용 이상으로 높은 가격프리미엄을 얻을 수 있게 된다.

ⓒ 많은 기업들이 비용우위보다 차별화우위를 더 선호하는 이유는 차별화에 기초한 경쟁우위가 외부환경의 변화에 민감하지 않으며 경쟁자가 쉽게 모방할 수 없기 때문이다.

ⓓ 차별화의 기회는 제품의 특성과 소비자의 선호체계에 달려 있으며 차별역량은 대개 R&D기능이나 마케팅기능에서 주로 나타난다. → 그러므로 차별화를 위해서는 제품기획, 광고, 유통전략 등에 관심을 두어야 한다.

ⓔ 차별화 전략을 위해서도 Porter의 가치사슬은 기업의 생산활동을 단계별로 구분하여, 어떻게 그 기업이 독특한 방법으로 소비자에게 더 큰 가치를 제공해 줄 것인지 분석하는 데 도움이 된다.

② 문제점

ⓐ 차별화우위를 추구하거나 유지하는 데는 많은 비용이 든다.

ⓑ 경쟁자가 차별적 역량을 모방하게 되면 차별화를 유지하기 위한 높은 비용구조가 그 기업에 부담으로 작용할 수도 있는 문제가 있다.

● 도표 1-19 가치사슬활동과 각 전략의 이윤

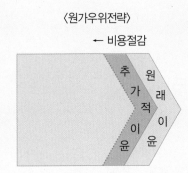

〈원가우위전략〉
← 비용절감
추가적 이윤 원래 이윤
전체적인 가치는 그대로 두고 비용을 줄이면 이윤이 늘어난다.

〈차별화전략〉
가치증진 →
원래 이윤 추가적 이윤
같은 비용을 들이더라도 독특한 제품을 제공하여 프리미엄 가격을 받을 수 있다면 이윤이 늘어난다.

● 도표 1-20 원가우위전략과 차별화우위전략의 비교

본원적 전략	원가우위전략	차별화우위전략
주요전략 요소	① 효율적인 규모의 설비투자 ② 제작이 용이한 제품 ③ 간접비와 연구개발비 통제	① 브랜드, 디자인 강조 ② 광고 강조 ③ 서비스와 품질의 강조
핵심역량과 조직적 특성	자본력, 공정엔지니어링기술, 엄격한 비용 통제, 양적 관리 시스템	마케팅, 창조성, 제품엔지니어링기술, 질적 관리시스템

3) 집중화전략

① 집중화전략(focus strategy)은 특정시장, 특정소비자집단, 일부제품 등을 집중적으로 공략하려는 것이다.

② 집중화전략은 특정한 목표만을 집중적으로 겨냥하면서 모든 기업활동을 이에 맞추어 나가는 특징이 있으므로, 독특한 욕구를 가진 소비자나, 특정 산업의 제품과 색다른 제품이나, 유통 등에서 고유의 특성을 지닌 세분시장이 존재할 때 가능하다.

● 도표 1-21 본원적 경쟁전략의 특성

	원가우위전략	차별화우위전략	집중화전략
제품차별화	낮 음	높 음	낮음 또는 높음
시장세분화	낮 음	높 음	낮 음
핵심역량	제조와 자재관리	연구개발, 판매마케팅	양쪽 모두 가능
진입장벽 수단	원가우위 규모의 경제	상표충성도 차별화	소비자충성도

Key Point 산업구조와 경쟁전략

집중도가 낮은 산업(PLC상 초기) : 집중전략 사용
집중도가 높은 산업(산업이 성숙됨) : 원가우위전략, 차별화전략
최근의 산업 : 원가우위와 차별화전략의 통합

● 도표 1-22 본원적 경쟁전략과 시장점유율 · 수익률의 관계

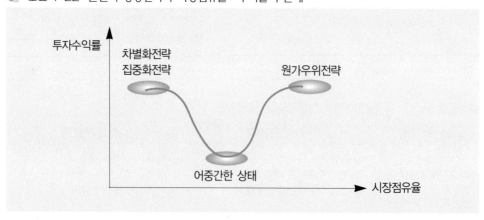

2. 원가우위전략, 차별화전략, 집중화전략의 관계

① 일반적으로 보면 원가우위전략과 차별화전략은 서로 상반되는 전략이다. → 즉 원가우위전략은 표준화된 제품의 대량생산을 통해 달성되므로, 이때 차별화는 희생될 가능성이 많다.

② 그러나 원가우위와 차별화우위를 동시에 추구할 수도 있다.

    ⓐ 즉 최근에 등장한 새로운 생산기술인 유연생산시스템(FMS) 등을 이용하면 원가우위와 차별화의 동시추구가 가능하다.

    ⓑ 또한 JIT시스템을 도입한 Toyota 자동차회사 등 일본기업은 비용을 낮추면서도, 불량률을 줄이고, 품질을 개선해 차별화를 성공적으로 달성하여 왔다.

③ 그러므로 원가우위전략과 차별화우위전략은 **상호 보완적인 관계**로 이해할 수 있다.

④ 그러나 두 전략을 동시에 추구하느라고 어느 하나의 전략도 제대로 수행하지 못하는 경우, 즉 어중간한 상태에 있는 경우 오히려 수익성도 낮아지고 실패할 가능성이 높아진다.

● 도표 1-23 차별화전략과 원가우위전략을 동시추구

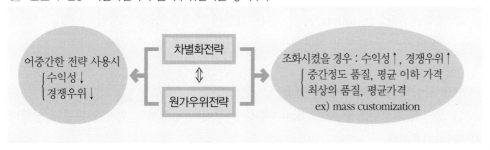

1.5 기타의 전략과 경쟁전술

1. 유도전략

(1) 의의 및 특징

1) 유도전략(judo strategy)은 운동경기 유도에서 따온 전략으로 경쟁자와 정면으로 맞대응하는 대신 상대의 무게와 힘과 강점을 역이용하려는 전략이다.

2) 이 전략은 중소기업이 대기업을 상대로 사용했을 때 효과가 있는 전략이지만, 대기업이 사용하면 더 가공할 힘을 발휘할 수 있는 전략이다.

(2) 유도전략의 3가지 기본적 원칙

1) 경쟁이 없는 지역이나 시장으로 신속하게 이동(rapid movement)하여 정면대결을 피한다.

2) 상대방이 우세한 힘으로 정면으로 공격할 때는 유연성(flexibility)을 살려서 회피한다.

3) 상대방의 강점과 힘을 역이용한다(leverage).

2. 경쟁전술(competitive tactics)

1) 전술은 언제, 어디서, 어떻게 전략을 실행할 것인지를 정하는 세부실행계획이다.

2) 경쟁전술은 전략의 수립과 실행 사이를 연결시켜주는 역할을 한다.

(1) 경쟁의 타이밍과 관련된 전술

1) 선발진입자(first mover)는 ① 산업의 리더로서의 명성을 획득할 수 있으며, ② 학습효과를 통해 원가우위를 빨리 달성할 수 있고, ③ 제품을 높게 평가해주는 구매자들로부터 높은 수익을 올릴 수 있고, ④ 그 산업의 기술 표준을 세울 기회를 잡을 수 있다.

2) 후발진입자(late mover)는 ① 다른 기업의 기술을 쉽게 모방할 수 있고, ② 새로운 시장이 안정될 때까지 기다림으로써 위험을 최소화 할 수 있다.

(2) 시장의 위치와 관련된 전술

1) 공격적 전술(offensive tactics) : 주로 시장에서 경쟁자의 위치가 확립된 상황에서 많이 사용한다.

2) 방어적 전술(defensive tactics) : 경쟁사의 잠재적인 공격에 방어하고자 할 때 많이 사용한다.

Key Point 경쟁전술(Competitive tactics)

① 타이밍과 관련된 전술
선두진입자 : 리더로서의 명성, 학습효과, 빠른 원가우위달성으로 시장 선점
후발진입자 : 쉬운 모방, 최소의 투자, 위험 최소화

② 시장 위치와 관련된 전술
공격전술 : 경쟁자의 위치가 확립되었을 때
방어전술 : 경쟁자의 잠재적인 공격에 대한 방어가 필요할 때

---

3. 협력적 전략(cooperative strategies)

(1) 전략적 제휴

1) 의의 및 특징

① 전략적 제휴(strategic alliance)는 경쟁관계에 있는 기업이 일부사업 또는 기능별 활동부문에서 경쟁기업과 **일시적인 협조관계**를 갖는 것을 의미한다.

② 그러므로 다른 경쟁기업과 제휴를 한다는 것은 경쟁기업과 협조체제를 구축하려는 것보다는 제휴관계 이외의 기업들과 효과적인 경쟁을 하기 위해 일시적으로 협조하는 것으로 이해해야 한다.

③ 그러므로 전략적 제휴의 근본적인 목적은 경쟁에 있지 협조에 있는 것이 아니다.

2) 전략적 제휴의 유용성

① 전략적 제휴는 정보통신산업, 생명공학산업, 신소재산업 등 연구개발비와 생산비가 막대하게 드는 산업에서 두드러지게 나타난다.

② 대개 기업들은 전략적 제휴를 통해 ⓐ 자원과 위험을 공유하게 되며, ⓑ 신제품개발과 시장진입속도를 단축시키고, ⓒ 산업표준의 선택에도 유리하며, ⓓ 유연성을 확보할 수 있게 된다.

> **Key Point ▶ 기술제휴**
>
> 기술제휴 또는 기술제휴라이센싱(technology licensing)은 한 기업이 다른 기업에게 생산기술을 공여하거나 자신의 기술을 바탕으로 신제품을 개발할 권리를 공유하는 것으로 대개 일정액의 로얄티를 받는 형태이다.

🌐 도표 1-24 제휴관계의 밀접도

* 컨소시엄 : 유사한 산업에 있는 유사한 기업들이 독자개발시에 발생할 높은 비용을 피하고 이익을 높이기 위해 자원을 공유하는 것
* 조인트벤처 : 둘 이상의 기업이 전략적 목적을 위해 별도의 사업체를 형성하고 소유권 등을 분배하는 것
* 가치사슬상의 파트너십 : 특정기업이 주요공급업자나 유통업자와 서로의 이익을 위해 장기적인 계약을 맺는 것

출처 : Wheelen T.L. & Hung J.D

3) 전략적 제휴와 유사개념

① 전략적 제휴의 느슨한 형태로 연구개발 컨소시엄, 기술제휴, 라이센스협정, 상호마케팅협정 등이 있고, 긴밀한 형태로 합작투자와 상호주식보유를 통한 제휴가 있다.

② 또한 최근에는 아웃소싱의 개념에 전략적 제휴를 접목한 공동아웃소싱(co-outsourcing)의 형태도 나타나고 있다.

> **Key Point** 제휴의 성공 포인트
>
> 제휴의 성공 여부는 제휴파트너가 보유한 경영자원과 핵심역량을 얼마나 신속하게 자기 것으로 만드느냐에 달려 있다.

4. 블루오션 전략

(1) 블루오션 전략의 필요성

기업이 미래에 부상할 신시장을 포착하고 창조하기 위해서는 블루오션 전략이 필요하다.

(2) 블루오션 전략의 의의

1) 전체 시장을 레드오션(red ocean)과 블루오션(blue ocean)으로 구성된 바다로 가정한다.

2) 레드오션은 오늘날 존재하는 모든 산업을 뜻하며 이미 세상에 잘 알려진 시장 공간이다. → 이곳에서는 명확하게 그어진 산업간 경계 내에서 기업들이 경쟁자들로부터 서로 시장을 빼앗기 위해 유혈경쟁을 벌이게 된다.

3) 반면 블루오션은 현재 존재하지 않는 모든 산업을 나타내며 우리가 아직 모르고 있는 시장 공간이다.

4) 게임의 규칙이 아직 정해지지 않은 블루오션에서는 새로운 수요 창출과 고수익 성장의 기회를 누가 먼저 발견할 것인가가 무엇보다 중요한 이슈로 부각된다.

(3) 기존 전략과의 비교

1) 과거에도 기업혁신 전략, 산업구조 분석 등 이름만 달랐을 뿐 유사한 개념을 지향한 이론들은 존재했었다. → 그러나 기존의 5-Forces 모델과 같은 방법론들은 레드오션 분석에 주로 유효한 것으로, 기업들이 어떻게 블루오션을 창출해야 하는가에 대한 구체적인 실천 프로그램을 제안하지는 못했다.

2) 또한 대부분의 경쟁 전략들은 기업이 차별화나 저비용 가운데 하나만을 추구

하도록 하여 현존하는 시장에서 창의적 경쟁 전략을 만들어 내는 것을 어렵게 만드는 경향이 있었다.

(4) 블루오션 전략을 추진하기 위한 분석적 툴과 프레임워크

1) 전략 캔버스

① 전략 캔버스는 블루오션 전략을 구축하기 위한 진단 도구로 가로축에는 업계가 경쟁하고 투자하는 요소 범위를, 세로축에는 구매자들이 느끼는 경쟁 요소들의 수준 정도를 표시하여 기업이 고객에게 제시하는 가치의 구조를 명확하게 나타낸다.

② 따라서 전략 캔버스는 경쟁자들이 지금 어디에 투자를 하고 있으며, 업계가 제품과 서비스, 유통에서 경쟁하는 요소가 무엇인지를 이해할 수 있게 할 뿐만 아니라, 고객들이 기존 시장의 경쟁 상품으로부터 얻는 것이 무엇인지를 보여준다.

2) 액션 프레임워크

① 전략 캔버스를 그리는 데 도움을 주는 네 가지 액션 프레임워크는 차별화와 저비용이라는 상쇄관계를 깨고 새로운 가치곡선을 창출하기 위해서 기업의 전략적 논리와 비즈니스 모델에 도전하는 네 가지 중요한 질문들로 구성되어 있다.

ⓐ 제거(eliminate) : 업계에서 당연한 것으로 받아들이는 요소들 가운데 제거할 요소는 무엇인가?

ⓑ 감소(reduce) : 업계의 표준 이하로 내려야 할 요소는 무엇인가?

ⓒ 증가(raise) : 업계의 표준 이상으로 올려야 할 요소는 무엇인가?

ⓓ 창조(create) : 업계가 아직 한 번도 제공하지 못한 것 중 창조해야 할 요소는 무엇인가?

Key Point 액션 프레임워크

> 제거와 감소에 관한 처음의 두 질문은 경쟁자에 비해 비용구조를 낮추는 방법에 대한 통찰력을 제공해 준다. 마지막의 두 질문은 어떻게 구매자의 가치를 향상시키고 새로운 수요를 창출하는가에 대한 통찰력을 심어준다.

② 이 네 가지 요소들이 총괄적으로 작용하면 기업은 비용구조를 낮게 유지하면서도 전혀 새로운 경험을 제공하는 구매자의 가치요소를 재구축하는 방법을 찾을 수가 있다.

③ 어떤 기업이 자사의 전략 캔버스에 액션 프레임워크를 적용한다면 오랫동안 당연하게 받아들여졌던 것들에 대해 새로운 시각을 가질 수 있다.

1.6 지식사회화와 지식경영

미래에는 기업들이 지식과 정보를 효율적으로 처리하는 것뿐만 아니라 새로운 지식과 정보를 지속적으로 창출하는 것이 더욱 중요한 과제가 되는 지식사회(knowledged society)가 될 것이며, 지적 자본의 창출과 관리력이 기업의 경쟁력을 좌우하게 될 것이다.

1. 지식경영의 기초개념

(1) 지식경영의 등장배경

1) 1970년대부터 공급초과 현상이 나타나고 경쟁이 극심해지면서, 매력적인 시장을 찾아 수익률을 극대화하려는 '전략경영'이 나타났다.

2) 그러나 1980년대에 들어 정보가 일반화되고 누구나 신규사업에 진출할 수 있게 되자 자신만이 보유하는 차별적 핵심역량을 획득하려는 노력이 나타났다. 이때 BPR, 벤치마킹 등의 수많은 '경영혁신기법'이 나타났는데, 이러한 혁신기법들이 일부 조직에는 상당한 효과를 주었지만, 쉽게 정착되지 않는 기업들도 나타났다.

3) 이 때부터 경영자들은 위로부터의 일방적 혁신노력은 큰 효과가 없으며 현장 종업원들에게 혁신이 체질화되지 않고서는 혁신은 결코 완성될 수 없다는 인식을 갖

🔵 도표 1-25 신경영이론의 흐름

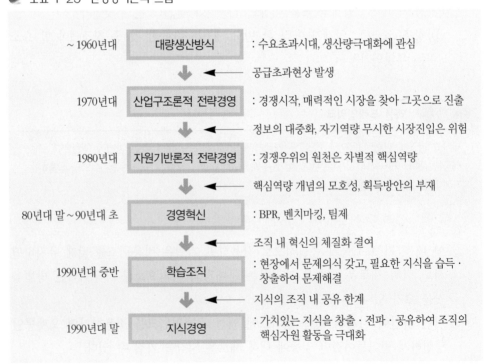

게 된 것이다. 현장에 있는 모든 구성원들이 끊임없이 문제의식을 갖고 필요한 지식을 습득하고, 자기 담당 분야의 문제를 스스로 해결하려는 시도가 모여야 곧 경영혁신이 될 수 있다는 것이다. → 이것은 위에서 아래까지 기업 경영의 근본적인 체질개혁을 의미한다. 그 결과, 핵심역량화할 수 있는 지식의 창출을 용이하게 하기 위한 자율경영, 조직학습의 개념이 등장하였다.

(2) 지식경영의 목표 및 의의

1) 한 부문의 핵심역량이 전체 조직의 가치창출 극대화에 있어 충분한 가치가 있다면, 이를 전체 조직의 핵심역량으로 전환시키는 것이 중요하다. → 지식은 더 이상 개인이나 부서의 것이 아니라, 조직 전체의 것이 되어야 한다. 이것이 바로 '지식경영'이 추구하는 바이다.

2) 그러므로 지식경영이란 지식을 지속적으로 획득·창출, 축적하고, 전파·공유하여 이를 활용해서 고객에게 뛰어난 가치를 제공함으로써 높은 기업성과를 달성하려는 것이다.

(3) 지식경영의 달성방법

기업으로서는 ① 지식의 중요성과 가치를 구성원들이 인식하도록 하고, ② 지식의 공유, 탐구, 전파 등을 장려하는 조직문화와 보상시스템을 구축하고, ③ 정보시스템, 구성원간 네트워크 등의 지식하부구조를 구축하는 등 총체적인 접근을 통한 기업경영의 패러다임 변화가 필요하다.

(4) 지식경영의 문제점

1) 지식의 개념정립이 불확실하여 지식이 무엇을 의미하는지가 불분명하다.
2) 지식경영의 실현을 위한 구체적 조치들이 경영혁신의 일환으로 강구되고 있다.

2. 지식순환 프로세스 : 노나카

(1) 형식지와 암묵지

1) 지식의 종류는 형식지와 암묵지로 나눌 수 있다.

2) 암묵지(tacit knowledge)는 말로 표현할 수 없는 주관적·신체적으로 체화된 지식으로 학습과 경험의 반복에 의해 숙련된다. → 타인에게 이전이 어려운 감성적이고 직관적인 지식

3) 형식지(explict knowledge)는 문장과 말로 표현할 수 있어 문서, 매뉴얼, 파일 등과 같이 외부로 표출되어 보관되거나 전달될 수 있는 형태를 띤다. → 객관적, 이성적, 논리적 지식

(2) 지식순환 프로세스

1) 암묵지는 형식지는 조직 내에서 상호작용하면서 지식을 획득, 공유, 표현, 결합, 전달하는 지식변환 프로세스를 형성해 나간다.

2) 이러한 지식변환은 개인을 출발점으로 하여 개인의 집합인 집단(부문, 부서, 팀) 나아가 조직 차원까지 나선형으로 회전하면서 공유되고 발전해 나가는 과정이다.

도표 1-26 지식순환 프로세스

	암묵지	암묵지	
암묵지	공동화 (socialization)	표출화 (externalization)	형식지
암묵지	내면화 (internalization)	연결화 (combination)	형식지
	형식지	형식지	

■ 기출문제 ■

01 오늘날 기업은 장기목표와 목표달성을 위한 활동노선을 정하는 등 여러 가지의 경영전략들을 수립하고 있다. 다음 중 기업을 성장·발전시키기 위한 경영전략의 대안으로서 가장 관련이 적은 것은? *('89. CPA)*

① 내부개발　　　　② 전략적 제휴　　　　③ 계열화
④ 다각화　　　　　⑤ 기업의 매각처분

✎ 해설　⑤ 기업의 매각처분은 성장·발전전략으로 보기 어렵다.

02 다음 중 Porter의 가치사슬모형과 관계가 없는 것은? *('98. CPA)*

① 기업의 활동을 가치활동과 이윤으로 구분하고, 가치활동은 다시 본원적활동과 지원활동으로 나눈다.
② 인적자원관리, 기술개발은 지원활동에 속한다.
③ 경쟁우위는 기업의 소비자를 위해 창출하는 가치에서 발생한다.
④ 기업의 하부구조는 본원적활동에 속한다.
⑤ 이윤은 제품이나 서비스의 생산, 판매 등에 소요된 비용과 소비자가 지불한 대가의 차이를 말한다.

✎ 해설　④ 기업의 하부구조는 지원활동에 속한다.

03 학습조직(learning organization)에 대한 설명으로 가장 거리가 먼 것은? *('99. CPA)*

① 학습조직은 지속적으로 지식을 창출하고 획득하고자 노력한다.
② 학습조직은 조직의 전반적인 행위를 변화시키는 데 능숙하다.
③ 학습조직은 시스템적 사고와 팀학습을 강조한다.
④ 학습조직을 설계할 때에는 사전에 상세한 청사진을 만들어야 한다.
⑤ 학습조직은 조직의 비전을 관리하고 구성원들이 이를 공유하도록 한다.

✎ 해설　학습조직은 지식을 창출하고 획득하며 이전하는 데 능숙한 조직을 말한다. 즉 새로운 지식과 통찰력을 반영하도록 행동을 변화시키는 데 관심이 있으며, 시스템적 사고와 팀학습을 중시하고, 조직의 비전을 종업원들이 공유하도록 한다.

정답 1 ⑤　2 ④　3 ④

4 핵심역량과 관련된 다음의 설명 중 가장 적합하지 않은 것은?　　　　　　(2000. CPA)

① 핵심역량은 조직에서의 집단적 학습과정을 통하여 배양된다.

② 핵심역량은 다양한 시장으로 진출할 수 있는 기회를 제공한다.

③ 현재의 효과적인 전략은 미래핵심역량 형성의 토대가 된다.

④ 핵심역량은 타기업과 공동으로 개발할 수 없다.

⑤ 핵심역량을 기준으로 사업철수와 사업확장을 결정한다.

✎ **해설** 핵심역량은 기업 내부에 공유된 기업 특유의 능력·지식·기술 등을 의미한다. 기업은 핵심역량을 통해 경쟁 기업에 대해 개별사업단위의 경쟁우위와 차별성을 유지할 수 있게 된다.

　　　　이처럼 핵심역량은 대개 기업 내부에서 창출되는 것이 일반적이지만, 최근에는 급변하는 환경에 신속히 대처하기 위해 타기업과 공동으로 개발할 수 있다.

5 강점－약점－기회－위협(SWOT) 분석의 결과 W-T상황이라고 판단되는 경우에 가장 적당하지 않은 전략은?　　　　　　(2001. CPA)

① 철　수　　　　　　　　　　② 핵심역량개발

③ 전략적 제휴　　　　　　　　④ 벤치마킹

⑤ 집중적 다각화

✎ **해설** ⑤ 다각화는 성장전략(공격적 전략)에 해당된다.

6 기업 매수 및 합병(M&A)에 관한 다음 서술 중 가장 타당하지 않은 것은?　　　　　　(2001. CPA)

① 적대적 M&A의 경우 피인수기업 주주는 손실을 본다.

② 보유지분이 불충분하더라도 백지위임장투쟁(proxy fight)을 통해 경영권을 획득할 수 있다.

③ 공개매수제의(tender offer)시 피인수기업 주주들의 무임승차현상(free-riding)은 기업매수를 어렵게 한다.

④ M&A 시장의 활성화는 주주와 경영자간 대리문제를 완화시키는 역할을 한다.

⑤ 우리사주조합의 지분율을 높이는 것은 M&A방어를 위한 수단이 된다.

✎ **해설** ① 적대적 M&A가 나타날 경우, 주가가 상승할 가능성이 있어 피인수기업의 주주가 반드시 피해를 보는 것은 아니다.

　　　　④ M&A시장의 활성화는 무능력하고 효과적이지 못한 경영자들을 제거하는 효과가 있다.

07 포터(Porter)의 가치사슬 모형(value chain model) 중 본원적활동(primary activities)으로 가장 적절하지 않은 것은?　　　　　　　　　　　　　　　　　　　　　　(2005. CPA)

① 기계, 설비, 사무장비, 건물 등의 자산과 원재료, 소모품 등의 요소를 구입하는 활동

② 투입요소를 최종제품 형태로 만드는 활동

③ 제품을 구매자에게 유통시키기 위한 수집, 저장, 물적 유통과 관련된 활동

④ 구매자가 제품을 구입할 수 있도록 유도하는 활동

⑤ 제품 가치를 유지, 증진시키기 위한 활동

> 해설　① 투입요소의 구매는 본원적활동에 해당하지만, 자산의 획득(procurement)은 지원활동으로 본다.
> ② 운영활동(operation)
> ③ 물류산출활동(outbound logistics)
> ④ 마케팅활동
> ⑤ 서비스활동

08 Porter의 경쟁전략이론에 의하면, 산업의 수익률은 5가지 동인(Forces)에 의해 영향을 받는다고 한다. 다음 중 가장 옳지 않은 것은?　　　　　　　　　　(2006. CPA)

① 산업의 수익률은 보완재의 유무에 의해 영향을 받는다. 보완재가 적을 때 산업의 수익률은 높아질 것이다.

② 산업의 수익률은 기존 기업간들 간의 경쟁에 의해 영향을 받는다. 기업간의 경쟁이 치열할수록 산업의 수익률은 낮아질 것이다.

③ 잠재적 진입자의 시장진출 위협정도가 낮다면, 즉 진입장벽이 높다면 산업의 수익률은 높아질 것이다.

④ 구매자의 교섭력이 강할수록 산업의 수익률은 낮아질 것이다.

⑤ 원자재 공급자의 제품이 차별화되어 있거나 제품의 공급이 소수기업에게 집중되어 있어 공급자의 교섭력이 강할 때 산업의 수익률은 낮아질 것이다.

> 해설　① 보완재는 Porter의 5가지 동인(Forces)에 해당되지 않다. 한편, 보완재의 양을 가지고는 산업의 수익률을 논할 수 없으며, 보완재와 자사 제품의 관계, 즉 상호적합성이나 시너지 관계에 따라 자사 제품의 수익률을 판단할 수 있다.

09 전략에 관한 다음의 설명 중 가장 적절하지 않은 것은?　　　　　　　　(2007. CPA)

① 포터(Porter)에 따르면 차별화(differentiation)전략은 새로운 기술이나 제품개발, 우월한 서비스를 통하여 소비자에게 자사의 제품을 경쟁제품보다 독특하게 하는 것이다.

② 전략의 수준은 의사결정의 수준과 범위에 따라 기업수준의 전략(corporate strategy), 사업수준의 전략(business strategy), 기능수준의 전략(functional strategy)으로 나눌 수

있다.
③ 마일즈와 스노우(Miles and Snow)의 전략 유형에서 방어적(defender) 전략을 구사하는 조직은 생산효율성보다는 창의성과 유연성을 강조하고 분권화되어 있다.
④ 조직의 전략은 조직규모, 기술, 문화와 함께 조직구조에 영향을 미치는 요소이다.
⑤ 후방통합(backward integration)은 공급업자의 사업을 인수하거나 공급업자가 공급하던 제품이나 서비스를 직접 생산, 공급하는 방식의 전략이다.

✎ 해설 ③ 공격형 또는 개척형 전략을 설명하는 내용이다. 방어적 전략은 제한된 제품라인을 유지하되 운영의 효율성 개선에 초점을 둔 전략이다. → 더 자세한 해설은 연습문제 5번 참조.

10 지식경영에 대한 다음 설명 중 가장 옳지 않은 것은?   (2007. CPA)

① 지식경영은 기업의 내·외부로부터 지식을 체계적으로 축적하고 활용하는 경영기법을 말한다.
② 지식은 더 많은 사람이 공유하면 할수록 그 가치가 더욱 증대되는 수확체증의 법칙을 따른다.
③ 지식은 형식지(explicit knowledge)와 암묵지(tacit knowledge)로 구분된다.
④ 암묵지는 학습과 체험을 통해 습득되지만 외부로 드러나지 않는 지식이다.
⑤ 형식지와 암묵지는 독립적인 지식창출 과정을 거쳐 각각 저장되고 활용된다.

✎ 해설 ⑤ 암묵지와 형식지는 조직 내에서 상호작용하면서 지식을 획득, 공유, 표현, 결합, 전달하는 지식변환 프로세스를 형성해 나간다.

정답 10 ⑤

연습문제

01 경영전략에 대한 다음의 용어 중 성격이 다른 하나는?

① 발상의 전환
② 스트레치
③ 창의적 적합성
④ 외부환경과 내부자원의 적합성
⑤ 레버리지

✎ **해설** 과거 전략경영에서는 외부환경과 내부자원의 적합성(fit)을 강조해왔다. 그러나 자원과 전략의 단순한 적합성만을 강조하게 되면, 각 기업은 자사의 자원수준에 맞는 전략만을 수립할 수 있게 되고, 이는 자원이 적은 기업은 절대 자원이 풍부한 기업을 따라잡을 수 없다는 논리가 된다.
　　최근에는 창의적 적합성이란 용어가 강조되는데, 이는 주어진 자원으로는 도저히 달성하기 어려운 원대한 계획을 세우고, 발상의 전환을 통한 창의적 방법으로 제한된 자원을 전략적 기회에 집중, 그 효과를 극대화하고자 하는 스트레치와 레버리지의 개념으로 볼 수 있다.

02 Porter의 산업구조분석기법에 대한 설명으로 옳지 않은 것은?

① 전환비용(switching cost)이 높다면 그 산업의 매력도는 증가한다.
② 최고경영자의 감정적인 장벽도 퇴거장벽의 역할을 한다.
③ 산업이 집중되어 있을수록 그 산업의 전반적인 수익률은 상대적으로 높다.
④ 동일산업 내의 기업들이 이질적인 경우 동질적인 경우에 비하여 수익률이 높다.
⑤ 차별화된 산업일수록 수익률이 높고 차별화가 적은 산업일수록 수익률이 낮아진다.

✎ **해설** ① 전환비용이란 구매자가 특정 제품을 쓰다가 다른 제품으로 바꿀 때 발생하는 비용을 말한다. 전환비용이 높을 경우 새로운 진입자가 산업 내 기존의 소비자를 끌어들이기 위해 많은 비용을 지불해야 하므로 이는 산업의 진입장벽 역할을 하고, 그 산업의 매력도는 높게 된다.
② 특정산업에 열의를 가지고 진출한 사업이 객관적으로 낮은 성과를 내고 있는 것이 분명해도, 최고경영자가 자기의 실수를 받아들이지 않고 당분간 투자를 계속하면 곧 정상화 될 것으로 믿고 있다면 이 사업에서 빠져 나오기가 쉽지 않게 된다.
③ 집중도(concentration)란 동일산업에 속하는 기업의 수와 그 개별기업의 규모를 말한다. 우리나라에서는 공정거래위원회에서 상위 3개 기업들의 시장점유율을 더하여 3사 집중도(firm concentration)라는 지표를 발표한다. 어느 산업에 한 기업만이 존재한다면 이러한 산업 내에서는 경쟁이 있을 수 없고 지배적인 기업이 가격을 마음대로 조정할 수 있을 것이다. 한편, 산업 내에 소수의 기업들이 경쟁하는 과점산업에서는 대개 가격경쟁을 자제하고 기업들끼리 암묵적인 가격담합을 하는 경우를 볼 수 있다. 이러한 과점기업들의 명시적 또는 묵시적인 가격담합행위 또는 독점기업의 시장지배력남용행위는 공정거래법에 저촉이 되지만 실제로는 많이 이루어지고 있다. 이와 같이 산업이 집중되어 있을수록, 즉 그 산업에 참여하고 있

는 기업의 수가 적을수록 산업의 전반적인 수익률은 상대적으로 높아지게 되며, 그 산업이 경쟁적일수록, 즉 많은 기업들이 경쟁에 참여할수록 산업의 수익률은 낮아지게 된다.

④ 동일산업 내에서 기업들간의 경쟁을 피하기 위하여 담합할 수 있는 가능성은 단순히 기업의 수에만 의존하지 않고 그 기업들의 전략, 목적에 따라 상당히 다양하다. 일반적으로 기업들의 전략, 목적 등이 유사할 경우에 훨씬 명시적이거나 암묵적인 담합을 하기가 쉬워진다. 동질적인 국내 기업들끼리는 담합에 의하여 가격경쟁을 자제하면서 상당히 높은 수준의 수익률을 누릴 수 있다. 그러나 국제경쟁이 심화될수록 이질적인 목표나 전략을 가진 국제기업들과 경쟁을 하기 때문에 기업들간에 상호 암묵적인 담합을 하기가 점차 어려워진다. 예를 들어 국내의 기업들은 다른 국내기업들의 가격과 행동, 자신이 가격을 낮추었을 때 그에 대한 상대 기업의 보복 등은 상당히 정확히 예측할 수 있는 반면, 외국 기업들이 어떻게 행동할지는 예측하기 어렵다. 그러므로 동일산업 내의 기업들이 이질적인 경우 이질적인 국제기업들간의 경쟁이 심해져서 수익률을 저하시키는 요인이 되고 있다.

⑤ 산업 내에서 경쟁하는 기업들의 제품이 디자인이나 품질면에서 동일하다면 소비자들은 특정회사제품을 선호할 이유가 없어질 것이다. 따라서 기업입장에서 동질화된 제품들에 대해서 가격 외에는 경쟁할만한 수단이 없어지게 된다. 이와 반대로, 제품차별화가 많이 된, 즉 소비자들의 제품브랜드에 대한 선호도가 높은 산업일수록 가격으로 경쟁하는 것을 피하고, 광고나 신제품발매 등의 차별화 기법으로 경쟁을 하게 된다.

이렇게 차별화된 산업일수록 수익률이 높고, 차별화가 적은 산업(즉, 일상재에 가까운 산업)일수록 수익률이 낮아지게 된다.

03 Porter의 산업구조분석에 대한 설명으로 옳지 않은 것은?

① 자본집약도가 높은 산업일수록 가격경쟁은 더 치열하다.

② sunk cost가 없는 경우 기업들의 진입·탈퇴가 용이하며, 가격이 경쟁적인 수준으로 낮아진다.

③ 수직적 통합을 할 수 없는 경우 구매자의 교섭력은 훨씬 강화된다.

④ Porter의 모형은 산업 전체의 수익률이 왜 높고 낮은지를 효과적으로 설명하는 유용한 도구이다.

⑤ Porter의 모형은 경쟁과 산업구조가 동태적으로 변한다는 사실을 충분히 고려하지 못한 문제가 있다.

✎ 해설 ① Porter의 산업구조분석 중 '기존기업과의 경쟁'에 대한 내용이다. 퇴거장벽이 높은 산업에 있는 기업은 불황기에도 계속 시설을 가동하기 위하여 대폭적인 가격인하를 감행하고 종업원 수를 줄이기도 한다. 자본집약도가 높은 산업일수록, 즉 거대한 생산설비가 필요할수록 불황기의 기업들은 고정비용을 줄이기 위하여 가격을 인하해야 할 필요성을 느낀다. 이러한 불황기의 유휴설비로 인한 가격인하는 산업의 수익률을 급격하게 악화시킨다. 이와 같이 불황과 호황의 기복이 심한 산업일수록, 그 산업에서의 경쟁은 훨씬 치열하게 된다. 즉, 경기순환이 완만한 산업, 예를 들어 외식산업이나 생활필수품산업에서는 가격경쟁이 치열하지 않으나, 경기순환에 굉장히 민감한 산업, 특히 자본재나 기계설비를 이용하여 생산하는 산업일수록 산업 내에서의 가격경쟁은 훨씬 더 치열하기 마련이다.

② Porter의 산업구조분석 중 '잠재적 진입자와의 경쟁'에 대한 내용이다. 진입장벽이 없는 산업에서는 가격이 경쟁적인 수준으로 낮아지고, 이윤 역시 시장 내 기업의 수와 상관없이 정상이윤밖에 얻지 못하는 경우가 있다. 준경쟁적 시장의 정도는 산업에 sunk cost의 존재유무에 따라서 결정된다. sunk cost가 있는 경우에는 기업들이 쉽게 진입할 수도 없고 쉽게 빠져나갈 수도 없다. 즉, sunk cost가 없는 경우에만 기업

정답 3 ③

들의 진입과 탈퇴가 용이하며, 가격이 경쟁적인 수준으로 낮아진다.

③ Porter의 산업구조분석 중 '구매자의 교섭력'에 대한 내용이다. 어떤 산업에 있는 기업이든 궁극적으로는 소비자들에게 제품이나 서비스를 공급한다. 구매자의 교섭력을 결정하는 데에는 다음이 중요하다. 첫째는 구매자들이 얼마나 가격에 민감한가의 정도이고, 둘째는 공급자에 대한 구매자들의 상대적인 교섭능력이다. 수직적 통합을 할 수 있는 경우 구매자의 교섭력은 훨씬 강화된다. 만일 공급자가 터무니 없이 높은 가격을 요구할 경우 구매자는 자기가 직접 그 부품사업을 하겠다고 위협하여 가격을 인하시킬 수도 있다. 수직적 통합은 주요 공급자를 견제하고 상대적인 교섭력을 높이는 주요한 수단이 된다.

④ Porter모형의 유용성 : Porter의 모형은 산업구조를 보다 잘 이해할 수 있게 하고, 산업 전체의 수익률이 왜 높고 낮은지를 효과적으로 설명해 주는 유용한 분석틀을 제공해 준다. 각 개별산업의 추세를 예측할 수 있다면 그 산업의 미래 수익성의 높낮이를 예측할 수도 있다. 또한 포터의 산업구조분석틀을 응용하여 어떤 산업의 구조적인 특성을 이해할 수 있다면, 그 산업의 구조적인 특성을 자사에 유리한 방향으로 바꾸는 것도 기업의 노력으로 가능해진다.

⑤ Porter모형의 문제점 : Porter모형에 대한 가장 큰 비판은 산업구조분석기법이 기본적으로 정태적인 모형이며, 경쟁과 산업구조가 동태적으로 변한다는 사실을 충분히 고려하고 있지 못하다는 점이다. Porter의 분석에 따르면 산업구조가 그 산업 안에 있는 기업들의 경쟁방식을 결정하고, 이러한 기업들의 행동이 산업 또는 기업의 수익률을 결정하는 요인이 된다는 것이다. 그러나 산업구조는 고정되어 있는 것이 아니라 항상 변화하고 있다. 실제의 산업구조는 그 산업 내 기업들의 전략적 의사결정과 기업들 간의 경쟁에 따라서 얼마든지 다양하게 변화할 수 있는 것이다. 따라서 Porter의 분석방법의 가장 큰 맹점은 기업의 전략과 산업구조가 상호작용을 하면서 계속적으로 변화하고 있다는 점을 명시적으로 고려하지 못한다는 점이다.

04 다음 중 구매자에 대한 기회와 위협의 분석 결과 중 결론이 다르게 나오는 것은?

① 구매자의 대량구매행동의 증가
② 구매자의 후방수직계열화 가능성 증가
③ 제품표준화정도의 증가
④ 차별화정도의 증가
⑤ 공급자 교체비용의 감소

✎ 해설 차별화 정도의 증가 시 기회, 나머지는 모두 위협

05 Miles와 Snow의 전략형태에 대한 다음의 설명 중 옳지 않은 것은?

① Miles와 Snow는 한 산업 내에서 경쟁하는 기업들의 전략적 성향을 네 가지로 분류하였다.

② 방어형(defender)은 제한된 제품라인을 유지하되 운영의 효율성 개선에 초점을 둔 전략이다.

③ 공격형(prospector)은 광범위한 제품라인을 가지고 제품혁신과 신시장 개척에 초점을 둔 전략이다.

④ 분석형(analyzer)은 제품이나 시장의 수익성이 확인되면 즉시 진입할 수 있는 능력을 갖추고자 하는 전략이다.

⑤ 반응형(reactor)은 모방(imitator)전략으로 볼 수 있다.

✎ 해설 ③ 공격형 또는 개척형전략은 효율성보다는 창의성을 더 강조하며, 발빠른 제품개발을 통해 초기 진입자의 우위를 누리고자 하는 전략이다.
④ 분석형 전략은 모방전략으로 볼 수 있다.
⑤ 반응형 또는 방임형은 문제가 깊어져서 더 이상 기다릴 수 없을 때 움직이는 전략부재상태를 의미하며 예외없이 낮은 수익률을 나타낸다.

06 다음의 핵심역량에 대한 설명으로 옳지 않은 것은?

① 핵심역량은 특정기업이 보유하고 있는 우월적인 내부역량으로 차별화되고 독특하다는 특징이 있다.
② 핵심역량은 고객에게 어떤 특별한 가치를 제공할 수 있어야 한다.
③ 핵심역량은 시간이 경과하면서 가치가 상실될 수도 있다.
④ 핵심역량의 개념은 비관련다각화 기업들의 성공은 설명하지 못하는 문제가 있다.
⑤ 가치사슬에서 경쟁우위는 가치활동간의 연계로부터 발생하지 않고 각각의 가치활동에서 주로 발생한다.

✎ 해설 ⑤ 가치활동들은 서로 밀접하게 관련되어 있다. 즉, 특정한 가치활동이 수행될 때 다른 가치활동과 비용 및 성과 면에서 관련성을 가지게 된다. 따라서 경쟁우위는 각각의 가치활동에서 발생하기도 하지만 가치활동 간의 연계(즉, 가치사슬)로부터 발생하기도 한다. 그러므로 기업들은 개별가치활동과 가치활동간의 연결관계에 의하여 창출되는 시너지효과를 파악하여 기업의 사업활동들에 높은 부가가치를 제공하면서 동시에 활동들간에 공유정도가 높은 것이 무엇인지를 밝혀냄으로써 기업의 핵심역량을 규명할 수 있게 된다.

07 다음 중 핵심역량을 파악하기 위한 방법으로 적당하지 않은 것은?

① 즉흥적인 과정은 피하되 정치적인 과정은 중시한다.
② 기존의 제품이나 서비스로부터 출발하여 핵심역량을 찾는다.
③ 핵심역량과 비핵심역량을 구분한다.
④ 개별기술을 의미있는 몇 가지 역량으로 묶어낸다.
⑤ 모두가 이해할 수 있고 동의할만한 명칭을 붙인다.

✎ 해설 ① 핵심역량을 파악하기 위해서는 즉흥적이거나 정치적인 과정을 피해야 한다. 왜냐하면 핵심역량 파악시 각 부서의 이해관계가 무분별하게 반영(정치적 과정의 반영)되면, 각 부서의 파워 싸움에 의해 잘못된 핵심 역량을 정의할 수 있다.

08 다음 중 성격이 다른 용어는?

① 시장상승효과(market synergy)
② 비용상승효과(cost synergy)
③ 관리적합성
④ 전략적 적합성
⑤ 비관련다각화

정답 6 ⑤ 7 ① 8 ⑤

✎ 해설 ⑤ 관련다각화는 '전략적 적합성(strategic fit)'이 있는 사업으로의 확장을 의미한다. 즉, 두 사업이 가치사슬 상에서 연관성(전략적 적합성)이 있을 경우, 두 사업을 독립적으로 운영하는 경우보다 통합운영할 경우 시너지효과가 나타날 수 있는 것이다. 전략적 적합성은 ① 시장관련적합성(여러 사업의 고객이 같거나, 유통 망이 같은 것 등 : market synergy), ② 생산적합성(비용의 공동부담, 기술이전 가능성 : cost synergy), ③ 관리적합성(관리노하우의 이전 등)으로 결정된다.

09 다음 중 단일사업기업의 특징이 아닌 것은?

① 자원과 에너지의 집중　　　　　　② 경험과 전문성의 축적
③ 경쟁우위의 축적　　　　　　　　④ 산업성장 둔화시 높은 위험
⑤ 낮은 기회비용

✎ 해설 ③ 단일사업기업의 경영자는 단기적 이익보다는 장기적 경쟁력 강화를 추구하는 경향이 있다. 그러므로 장기 적인 경쟁우위나 지식들이 명확히 파악될 수 있고, 이를 활용하여 시장에서의 주도적인 위치를 접할 수 있게 된다.
⑤ 단일사업기업이 축적한 기술과 지식을 새로운 영역에 적용하여 추가적인 수익과 성장이 가능한 경우, 단 일사업기업은 그 기회를 놓치게 되므로 높은 기회비용이 발생한다.

10 수직적 통합에 대한 설명 중 옳지 않은 것은?

① 후방통합의 경우 생산비용을 절감할 수 있다.
② 유통기능을 내부화하면 관료적 지배구조에서 기인한 비능률이나 조직 내 정치현상이 나타 날 수 있다.
③ 수직적 통합으로 기업의 활동범위가 넓어지면 경쟁 등 위험요소가 더 커진다.
④ 수직적 통합시 낙후된 기술이나 생산시설을 고수하게 되는 문제가 있다.
⑤ 후방통합의 경우 시장비용은 절감할 수 없다.

✎ 해설 ① 수직적 통합을 통해 비용절감이 되려면, 공급자가 가지고 있던 규모의 경제에 맞출 수 있는 정도로 필요 한 부품이 많거나 공급자의 생산효율에 맞출 수 있어야 한다.
⑤ 후방통합의 경우 부품 등을 공급받을 때 존재하던 중간업자들의 이윤이 없어지므로 그만큼 시장비용을 절 감할 수 있다.

11 다음 중 기업수준에서의 사업재구축(restructuring)에 대한 설명으로 옳지 않은 것은?

① 공격적 사업재구축전략을 성장전략(growth strategy)이라고 한다.
② 공격적 전략 중 다각화전략은 진출방법의 결정문제이며, 진입전략은 진출사업의 결정 문제이다.
③ 진입전략(entry strategy)으로는 내부개발전략, 인수·합병전략, 전략적 제휴전략이 있다.
④ 내부개발전략은 진출하고자 하는 사업에서 새로운 사업단위를 독자적으로 창조하는

전략이다.

⑤ 전략적 제휴는 단독으로 새로운 사업에 진출하는 것이 어려운 경우에 고려되는 전략
이다.

✎ 해설 ② 사업확장전략은 끊임없이 수익성 있는 새로운 사업기회를 추구함으로써 새로운 사업으로서 다각화를 추
구하는 전략이다. 사업확장전략을 추구하는 기업들은 크게 두 가지의 전략적 과제를 해결해야만 한다. 하
나는 어떤 사업에 진출해야 할 것인가 하는 진출사업의 결정문제(다각화전략)이며, 다른 하나는 새로운
사업에 어떻게 진출할 것인가 하는 진출방법의 결정문제(진입전략)이다.
④ 내부개발전략(internal development strategy)은 기업이 기존사업으로부터 확보한 자본과 능력, 자원을 바
탕으로 하여 새로이 진출하고자 하는 사업에서 새로운 생산시설, 새로운 유통관계, 새로운 판매력 등을
포괄하는 새로운 사업단위를 독자적으로 창조하는 전략을 말한다. → 사내창업전략

12 인수 · 합병전략(M&A)에 대한 다음의 설명 중 옳지 않은 것은?

① 내부개발전략에 비하여 상대적으로 저렴한 비용으로 새로운 사업에 신속히 진출할 수
있다.

② 진입장벽을 쉽게 뛰어넘을 수 있다.

③ 경쟁사와의 마찰이 거세진다.

④ 부족한 기업능력을 보완할 수 있다.

⑤ 조세절감효과를 얻을 수 있다.

✎ 해설 ① 인수 · 합병전략은 내부개발전략에 비하여 상대적으로 저렴한 비용으로 새로운 사업에 신속히 진출할 수
있도록 한다.
② 매수기업의 상표인지도, 유통경로 등을 이용함으로써 진입장벽을 보다 손쉽게 뛰어넘을 수 있다.
③ 인수 · 합병전략을 사용하여 신규진출을 하는 경우 해당 산업에 새로운 사업이 추가되는 것은 아니기 때
문에 경쟁사와의 마찰을 피할 수 있다.
④ 동종기업을 매수(수평적 통합)함으로써 규모의 경제를 확보하여 시장지배력을 확대하거나 매수대상 기업
의 능력을 활용하여 부족한 기업능력을 보완할 수 있다.
⑤ 타기업을 인수 · 합병하는 경우 이월결손금, 상속세, 증여세 등의 세금이 경감되는 등 조세절감의 효과를 얻
을 수도 있다.

13 다음 중 방어적 사업재구축전략에 대한 설명으로 옳지 않은 것은?

① 방어적 사업재구축전략은 경영내실화전략이라고도 한다.

② 수익성이 없는 사업은 축소한다.

③ 수익성이 있다고 판단되는 기존사업은 더욱 유지 · 강화한다.

④ 방어적 전략에는 기존사업의 강화전략과 기존사업의 축소전략이 있다.

⑤ 기존사업의 강화전략은 안정전략과 사업집중전략으로 나눌 수 있는데, 시장침투전략은
안정전략에 해당된다.

사업재구축(리스트럭처링)			기업전략
공 격 적 (경기확대시 사업확장) 신규사업 대상	어떤 사업	다각화(수직적 통합, 관련다각화, 비관련다각화)	성장 전략
	진출 방법	진입전략(내부개발, 인수·합병, 전략적 제휴)	
방 어 적 (경기축소시 경영내실화) 기존사업 대상	기존 사업 강화 =유지 전략	사업집중(시장침투, 시장개발, 제품개발, 수평통합)	안정 전략
		안정전략	
	기존 사업 축소	비용절감(우회전략, 포획전략)	축소 전략
		사업부 제거(매각, 청산, 투자환수) (= 퇴거)	

14 경영전략에 대한 다음의 설명 중 옳지 않은 것은?

① 포터의 산업구조 분석에 의하면, 구매자의 공급자 전환비용이 낮을 때 구매자의 협상력이 낮아지므로 기회가 된다.

② 6-force 모델에서는 보완재를 추가로 고려하기도 한다.

③ 다이나믹 산업분석 모델은 제품, 고객, 기술 등 3요소로 만들어진 3차원 공간을 '경쟁공간'으로 보았다.

④ 핵심역량은 경쟁우위의 역할을 할 뿐만 아니라 기업전략 수립 시의 방향제시의 역할도 한다.

⑤ 기업양육론은 다각화된 기업의 관리기법이다.

✎ 해설 구매자의 공급자 전환비용이 낮을 때 구매자의 협상력이 높아지므로 위협이 된다.

15 양육적합성 매트릭스 상에서 모기업이 줄 수 있는 긍정적 영향과 모기업이 줄 수 있는 부정적 효과가 모두 낮을 경우에 해당하는 사업은 무엇인가?

① 안정기반사업   ② 핵심지역사업   ③ 이방지역사업

④ 가치함정사업   ⑤ 핵심지역주변사업

16 경쟁우위와 경쟁전략에 대한 다음 설명 중 옳지 않은 것은?

① Porter에 의하면 경쟁우위전략으로는 비용우위와 차별화우위전략을 들 수 있다.

② 전환비용이 낮을 경우 원가우위전략을 쓰는 것이 유리하다.

③ 차별화 전략이 원가우위전략보다 더 수익성이 높다.

④ 게임이론에 의하면 죄수의 딜레마(prisoner's dilemma)는 게임이 반복될 경우에도 해결될 수 없다.

⑤ 순차적인 게임을 할 때에는 대개 의사결정수를 그려서 해결하는 것이 편리하다.

✏ 해설 ① 어느 기업이 다른 경쟁기업에 비해서 높은 수익률을 얻는 데에는 크게 두 가지 방법이 있다. 첫째방법은 동일한 제품을 훨씬 낮은 비용에 만들어 싸게 파는 방법이고, 둘째방법은 다른 경쟁기업과 차별화된 제품을 제공함으로써 소비자로 하여금 차별화를 하는 데 소요된 비용 이상의 가격 프리미엄을 받는 것이다. 전자를 비용우위(cost-based advantage)라고 말하고, 후자를 차별화우위(differentiation advantage)라고 말한다. Porter는 위의 두 가지 경쟁우위전략(즉, 비용우위와 차별화우위전략)의 선택과 그 기업의 제품의 폭(또는 경쟁범위)이 얼마나 넓은가에 따라서 기업의 전략을 비용우위, 차별화, 집중화(focus)의 세 가지로 나누었다.

〈porter의 본원적 전략의 유형〉

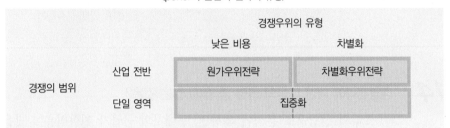

② 전환비용이 낮은 경우 구매자들이 낮은 가격을 찾아 구매처를 바꿀 수 있는 유연성이 높기 때문에 원가우위전략으로 많은 고객을 확보할 수 있다.

③ 차별화전략은 대개 원가우위전략보다 더 효과적으로 진입장벽을 형성하게 된다. 그러므로 일반적으로 보면 차별화전략의 수익성이 더 높으며, 원가우위전략은 시장점유율을 높이는데 더 효과적인 것으로 알려져 있다.

④ 게임이론(game theory)은 기업의 경쟁전략을 분석하는 좋은 분석틀을 제공한다. 즉 기업이 경쟁기업의 행동에 대하여 어떻게 반응할 것인가에 대한 보다 구체적인 해답을 제시해 줌으로써 기업간의 경쟁행위와 협조행위를 분석할 수 있게 해 준다. 게임이론에서 묘사하는 기업들의 행동은 크게 두 가지로 나누어 볼 수 있다. 첫째는 기업들간의 행위가 순차적(sequential)인가 아니면 동시적(simultaneous)인가 하는 점이다. 장기나 바둑은 순차적인 게임이다. 장기를 두는 사람은 상대편의 수를 보고, 이에 대응하여 자기에게 가장 유리한 방향으로 다음 수를 둔다. 이에 반하여 우리가 흔히 사용하는 가위바위보와 같은 게임은 동시적인 게임이다. 즉, 둘 이상의 사람이 동시에 가위바위보를 냄으로써 승자를 결정한다.

동시적 게임에서 나타날 수 있는 죄수의 딜레마(prisoner's dilemma)라고 하는 것은 비협조적인 게임(non-Cooperative game)의 일종이다. 비협조적인 게임에서 죄수의 딜레마는 이러한 게임이 1회로 끝나는 것이 아니라 무한히 계속될 경우에는 해결될 수 있다. 예를 들어, 먼저 죄수의 딜레마와 같은 상황에서 만일 어느 한 강도가 공범자를 밀고하였을 때 이러한 배신행위에 대하여 출감 후 보복할 수 있는 가능성이 존재한다면, 두 강도들은 공범자를 밀고하는 행위를 자제하려는 경향을 보일 것이다. 따라서 단일기간에 행하여지는 게임이 장기적으로 연장될 경우 이 게임에 참가하는 사람들은 장기적인 안목을 가지고 서로 협조하는 체제로 갈 가능성이 있다. 실제로 소수의 기업들이 경쟁하고 있는 경우나 경쟁사들이 여러 시장에서 동시에 경쟁하는 경우 기업들은 훨씬 더 협조적인 체제를 만들고 암묵적인 카르텔을 형성하기가 더욱 쉬워진다.

⑤ 많은 경우 한 기업의 행동과 경쟁기업의 반응은 시차를 두고 나타나는 순차적인 행동이 되기가 쉽다. 이러한 순차적인 게임에는 우리가 어떤 행동을 할 때 경쟁기업이 어떤 반응을 보일지를 미리 예측하여 보고, 그 기업의 반응을 보고 난 후 의사결정을 하게 된다. 이와 같이 순차적인 게임을 할 때에는 보통 의사결정수(decision tree)를 만들어서 생각하는 것이 편리하다. 이러한 의사결정수는 기업들이 취할 수 있는 여러 가지 행동들을 나열하고, 그 행동들에 따라 경쟁기업이 어떠한 선택을 하게 될 것인지를 나누어 분석함으로써 각 행동에 따른 결과를 살펴볼 수 있다.

17 다음 중 포터의 본원적 경쟁전략에 대한 설명으로 옳지 않은 것은?

① 원가우위를 확보한 기업은 산업평균 이상의 수익을 얻을 수 있다.

② 차별화전략은 일반적으로 많은 비용을 필요로 한다.

③ 차별화전략을 추구하는 기업들은 가격할증 형태의 보상을 받을 수 있는 방법을 탐색해야 한다.

④ 기업이 차별화를 성취하더라도 그 기업은 평균 이상의 수익을 올릴 수 없다.

⑤ 집중화전략은 독특한 욕구를 갖는 세분시장이 존재할 때 가능하다.

✎ **해설** ① 원가우위전략(overall cost leadership strategy)이란 원가절감을 위한 여러 가지 기업활동을 통해서 해당 산업에서 우위를 달성하는 전략이다. 원가상의 우위를 확보한 기업들은 시장에 강력한 경쟁적 요인들이 있다 할지라도 산업평균 이상의 수익을 얻을 수 있다.

② 차별화전략(differentiation strategy)이란 구매자가 중요하다고 여기는 속성을 선택해서 그 요구에 맞추어 기업이 판매하는 제품이나 서비스를 경쟁기업과 차별화시키는 기업의 전략적 경영활동을 말한다. 일반적으로 차별화전략을 추구하는 기업들은 차별화를 성취하기 위하여 광범위한 연구개발이나 제품디자인, 양질의 원자재 사용, 고객들의 선호를 유도하기 위한 광고 및 판매촉진활동 강화 등을 위하여 많은 비용을 필요로 한다.

③ 차별화전략의 성공은 바로 이러한 비용상의 부담을 극복하기 위하여 고객들이 더 비싼 가격을 지불하고서라도 그 제품을 구매할 만한 가치가 있다고 느낄 수 있을 정도로 차별화를 달성할 수 있느냐에 달려있다. 즉, 차별화전략을 추구하는 기업들은 다른 제품이나 서비스와 구별되는 독특한 제품서비스를 제공하는 대가로 가격할증형태로 보상을 받을 수 있는 차별화 방법을 탐색해야만 한다.

④ 기업이 일단 차별화를 성취하면 그 기업은 산업내에서 평균이상의 수익을 올릴 수가 있다. 왜냐하면 차별화는 가격이 다소 비싸더라도 구매자들이 기꺼이 지불하고자 하므로 가격면에서 경쟁기업에 비하여 유리한 위치를 차지할 수 있으며, 신규진출을 노리는 기업들에게는 진입장벽의 구실을 함으로써 이들의 위험을 감소시켜 주기 때문이다. 또한 차별화전략의 성공은 높은 수익을 얻을 수 있게 해 주어서 원자재 공급회사들에 대하여 유리한 위치를 갖게 될 뿐만 아니라, 대체할 수 없는 독특한 제품특성때문에 대체재와의 경쟁에서도 우위를 점할 수 있다.

18 Porter의 본원적 경쟁전략에 대한 다음의 설명 중 옳지 않은 것은?

① 집중화는 비용우위에 기반한 저가시장에서도 가능하고, 차별화 우위에 기초한 고가의 특수제품시장에서도 가능하다.

② 시장점유율이 높을 때에는 차별화전략이나 집중화전략을 사용할 경우 투자수익률이 높아진다.

③ 원가우위전략이나 집중화전략은 시장 세분화를 많이 하지 않는다.

④ 원가우위전략은 제조와 자재관리분야에서, 차별화전략은 연구개발분야에서 차별역량을 결정한다.

⑤ 원가우위전략에서는 대개 제품차별화 수준을 낮게 유지하고, 집중화전략에서는 제품차별화 수준이 낮거나 높게 유지될 수 있다.

✎ 해설 ① 경쟁우위확보전략(본원적 경쟁전략)

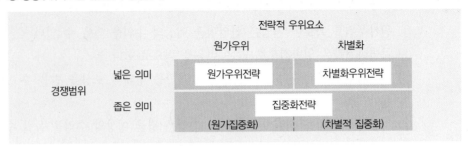

② 시장점유율이 높을 때에는 저원가전략이 투자수익률을 높일 수 있는 수단이 된다.

〈본원적 경쟁전략, 시장점유율 및 투자수익률간의 관계〉

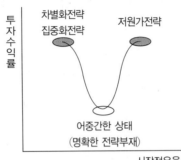

③, ④, ⑤ 제품·시장·차별역량 결정과 본원적 경쟁전략

본원적 전략 결정사항	원가우위전략	차별화전략	집중화전략
제 품 차 별	낮 음	높 음	낮거나 높음
시장세분화	낮 음	높 음	낮 음
차 별 역 량	제조와 자재관리	연구개발, 판매와 마케팅	어떤 것도 좋음

19 전통적으로 경영전략은 경쟁우위의 기초로서 비용에서의 우위를 강조하여 왔다. 다음 중 비용우위와 가격경쟁의 내용으로 옳지 않은 것은?

① 비용우위는 제품이나 서비스가 일상재화된 산업에서 경쟁우위를 가져오는 중요한 원천이다.

② 기업의 비용을 결정하는 중요한 요소인 규모의 경제는 기술적 특성, 투입요소의 비분할성 등에서 발생한다.

③ 경험효과에 근거한 가격경쟁은 시장점유율을 사용하는 BCG기법의 이론적 배경을 제시한다.

④ 산업에서의 경험곡선과 기업에서의 경험곡선은 항상 같다.

정답 19 ④

⑤ 기업의 비용우위를 가져다 주는 요인으로 투입요소비용이나 생산시설의 활용도 등을 들수 있다.

✎ 해설 ① 비용우위는 제품이나 서비스가 일상재화된 산업에서 경쟁우위를 가져오는 아주 중요한 원천이기도 하다. 일상재(commodity)는 비용 이외의 다른 측면으로 경쟁할 수 있는 가능성이 극히 제한되어 있다. 또한 기업들이 제품차별화에 집중하여 경쟁을 한다고 하더라도 비용을 낮출 수만 있다면 훨씬 더 수익률을 높일 수 있다.

②~⑤ 기업의 비용을 결정하는 중요한 요소로는 먼저 규모의 경제, 학습효과, 생산프로세스의 혁신, 제품설계의 개선 등이 있다. 그리고 경쟁자에 대한 상대적인 비용구조에 영향을 미치는 요소로서 투입요소의 비용, 생산시설의 활용도, 운용상의 효율성과 같은 것들을 살펴볼 수 있다.

② 규모의 경제는 기술적 특성에서 비롯된다. 우리가 흔히 자연독점(natural monopoly)이라고 부르는 전력 · 통신산업은 기술상의 특징 때문에 하나의 기업이 전국의 전력과 통신의 네트워크를 운영하는 것이 효율적이다. 또한, 규모의 경제는 투입요소의 비분할성에서 발생한다.

비분할성(indivisibility)이란 생산에 필요한 투입요소를 일정량 이하로는 구매할 수 없는 경우를 말한다. 예를 들어, 트럭은 한 대 또는 두 대 단위로 구입할 수 있는 것이지 트럭의 반 또는 1/3을 구입할 수는 없다. 이와 같이 고정비와 연구개발비에 많은 투자가 필요한 산업에서는 중소기업보다 비싼 설비를 구매할 여력이 있는 대기업이 유리하다.

한편, 규모의 경제는 전문화의 이득을 살리기 위하여 나타나기도 한다. 대량생산체제는 많은 투입요소를 필요로 하고, 이는 개별생산활동에서 전문화(specialization)를 촉진시켜 주기도 한다. 전문화로 인한 규모의 경제는 전통적인 조립생산체제의 산업에서 두드러지지만, 지식 및 정보집약적인 산업에서도 나타난다. 예를 들어, 대형 투자신탁회사나 컨설팅회사, 소프트웨어 개발회사에서는 직원들을 특정분야로 특화시킬 수 있기 때문에 소규모기업에 비해서 전문화에서 생기는 기술을 훨씬 더 많이 활용할 수 있다.

③ 경험효과(experience curve effect) 또는 학습효과(learning curve effect)는 기업의 비용우위를 결정하는 아주 중요한 요인이다. 또한 경험효과는 실제 경영전략의 수립에도 중요한 영향을 준다. 경험곡선과 같이 생산량이 누적됨에 따라서 비용이 체계적으로 감소한다면, 경쟁기업에 비하여 비용우위를 가질 수 있는가 여부는 누가 먼저 산출량을 늘릴 수 있는가에 달려 있다. 즉, 생산량을 더 빨리 증가시켜서 경험효과를 최대한 활용하는 기업이 낮은 비용을 발판으로 가격을 낮추면, 후발기업은 결국 비용상의 불리함으로 인해서 그 기업과 경쟁할 수 없게 된다. 이와 같이 경험효과에 근거한 가격경쟁은 BCG가 시장점유율(market share)을 강조해 왔던 이론적 배경을 제시하여 주고 있다.

④ 경험곡선은 산업뿐만 아니라 기업수준에서도 그릴 수가 있다. 기업수준에서의 경험곡선은 산업에서의 경험곡선보다 훨씬 복잡하다. 왜냐하면 기업의 회계방식이 자주 변화하고 여러 제품을 생산할 때 비용을 각 제품별로 할당하는 문제가 있고, 제품의 성격 자체가 자주 변화하기 때문이다. 그리고 기업들은 자신의 경험에서 나온 경험효과로 비용을 줄일 수도 있지만, 다른 기업의 경험으로부터 배우는 측면도 있기 때문에 산업에서의 경험곡선과 기업에서의 경험곡선은 차이가 날 수도 있다.

20 비용우위가 경쟁우위의 중요한 요소로 평가되는 이유는 궁극적으로 낮은 비용이 기업들의 가격경쟁에 유리하게 작용하기 때문이다. 다음 중 가격인하를 주경쟁수단으로 하게 하는 요인이 아닌 것은?

① 초과설비 보유시
② 군소경쟁자의 경우
③ 신규진입자의 경우
④ 여러 시장에서 경쟁기업과 경쟁시
⑤ 비밀리에 행하는 거래가 많을 때

① 초과설비와 재고량의 증가는 가격경쟁을 유발시킨다. 산업에 초과설비(excess capacity)가 있는 경우 기업은 가격인하를 통하여 생산량을 늘리려는 경향을 갖는다. 또한 재고가 많이 쌓이면 가격인하를 해야 할 필요성을 더욱 크게 느끼게 된다.

② 가격경쟁은 시장지배적 사업자보다는 군소사업자에게 훨씬 유리한 전략이다. 만일 규모가 작은 기업이 시장점유율을 늘리기 위해서 가격인하를 감행한다면 그 효과는 산업 전반에 큰 영향을 미치지 못한다. 따라서 그 산업의 지배적인 기업은 작은 기업의 가격인하에 대해서 보복을 하지 않을 가능성이 높다. 그러나 경쟁자인 대기업의 가격인하는 상당히 큰 위협으로 작용할 수 있으므로 이에 민감하게 대응한다.

②, ③ 가격인하는 본질적으로 당사자들에게 큰 손해를 가져다 준다. 만일 오랜 기간 동안 가격경쟁을 할 때 시장점유율이 큰 회사는 작은 회사보다 훨씬 큰 비율로 손해를 감수할 수밖에 없다. 시장점유율이 작은 기업은 자신의 시장점유율만큼 손해를 보지만, 시장점유율이 큰 기업은 가격인하로 인하여 자신의 모든 시장에서 손해를 보기 때문에 손실폭이 크게 마련이다. 따라서 산업 내의 지배적인 기업은 가격 이외의 다른 방법으로 경쟁하려는 경향을 갖고 있는 반면, 신규기업과 같은 작은 기업들은 시장점유율을 늘리기 위하여 가격을 인하하려는 경향을 보인다.

④ 여러 시장에서 경쟁자와 만나는 다각화된 기업일수록 가격인하를 자제하려는 경향을 보인다. 만일 두 기업이 열 개의 시장에서 동시에 경쟁하고 있을 때(multimarket competition) 어느 한 시장에서라도 가격경쟁이 시작되는 경우에는 나머지 아홉 개의 시장에서도 가격경쟁이 일어날 소지가 있다. 특히, 상대방 기업이 가장 취약하다고 느끼는 시장에서 가격경쟁을 감행하면 그 기업이 느끼는 고통은 훨씬 클 것이다. 따라서 여러 시장에서 경쟁하는 기업들은 경쟁기업과의 가격경쟁을 자제하는 경향이 있다.

⑤ 가격인하의 효과는 가격인하가 경쟁자에게 빨리 알려질수록 감소하게 된다. 그러나 만일 기업이 어느 특정 고객에게만 비밀리에 가격인하를 해 주면서 그 특별가격인하를 다른 기업들에게 알려지지 않게 할 수 있다면, 이러한 비밀리에 행하는 가격인하는 공개적인 가격인하보다 시장점유율을 늘릴 수 있다.

〈가격경쟁을 유발하는 요인과 억제하는 요인〉

가격인하를 주경쟁수단으로 하는 경우	가격인하를 자제하는 경우
• 가격탄력적인 수요 • 높은 고정비용 • 비용우위 • 초과설비 • 군소경쟁자 • 신규진입자 • 단일품목기업 • 비밀리에 행하는 거래가 많을 때	• 비탄력적인 수요 • 낮은 고정비용과 유연한 생산방식 • 비용에서 열위 • 설비부족 • 지배적 사업자 • 시장에서 오랜 경험을 가진 기업 • 여러 시장에서 경쟁기업과 경쟁하는 경우 가격이 쉽게 노출된다.

21 특정 산업구조에 따라 적합한 경쟁전략은 달라질 수 있다. 이에 대한 다음의 내용 중 옳지 않은 것은?

① 많은 중소규모의 기업들이 전체시장의 일부를 두고 경쟁하는 상태를 집중도가 낮은 산업이라 한다.

② 집중도가 낮은 산업은 제품수명주기상 초기에 해당되며 진입장벽이 상대적으로 낮은 특징이 있다.

③ 집중도가 낮은 산업에서는 집중전략이 더 효과적이다.

④ 시장이 성숙되어 감에 따라 집중도는 점점 높아진다.

⑤ 시장이 성숙되면 제품의 질은 향상되고 가격은 높아진다.

✏ 해설　⑤ 시장이 성숙되어 감에 따라 시장은 몇몇의 거대기업에 의해 지배되는 구조를 가지게 되며, 산업의 집중도
는 높아진다.
이때 많은 기업들은 틈새시장의 한계를 벗어나고 시장점유율을 높이고자 노력하게 되며, 경쟁면에서는 비
용과 서비스를 강조하게 된다. 또한, 연구개발의 초점을 제품개발에서 공정이나 프로세스의 개선쪽으로
옮겨가게 되고, 이를 통해 제품의 질은 향상되고 가격은 낮아지게 된다.

22 SWOT 분석에 대한 다음의 설명 중 옳지 않은 것은?

① 외부환경 위협과 내부강점의 상황에서는 다각화를 모색할 필요가 있다.
② 외부환경 위협과 내부약점의 상황에서는 구조조정을 모색할 필요가 있다.
③ 외부환경 기회와 내부강점의 상황에서는 인수합병을 모색할 필요가 있다.
④ 외부환경 기회와 내부약점의 상황에서는 내부개발을 모색할 필요가 있다.
⑤ 5-force 모델은 외부환경 분석도구이다.

✏ 해설　④ 외부환경 기회와 내부약점의 상황에서는 조인트벤처나 수직적계열화, 비관련다각화 등을 모색할 필요가
있다.

23 다이나믹 산업분석모델에 대한 다음의 설명 중 옳지 않은 것은?

① 5-force 모델의 약점을 보완할 수 있는 모델이다.
② 한 산업을 구성하는 주요요소로 제품이나 서비스, 고객, 시간을 들고 있다.
③ 다이나믹 산업분석모델에서 만들어진 3차원의 공간을 '경쟁공간'이라 한다.
④ 다양한 경쟁자들이 각각 다른 차원에 초점을 맞추며 경쟁하고 있다고 보았다.
⑤ 다이나믹 산업분석모델의 세 차원의 내용은 계속해서 변한다고 보았다.

✏ 해설　② 다이나믹 산업분석모델은 한 산업을 구성하는 주요요소로 제품이나 서비스, 고객, 기술 등을 들고 있다.

24 핵심역량에 대한 다음의 설명 중 옳지 않은 것은?

① 조직의 집단적 학습과정을 통해 달성
② 기업전략 수립 시 방향제시 역할을 함
③ 단기간에 구축될 수 있음
④ 여러 기능별 능력을 종합하는 것
⑤ 벤치마킹을 통해 역량 파악

✏ 해설　③ 핵심역량은 오랜 기간에 걸쳐 꾸준하게 조금씩 축적되어 구축되는 것임.

정답　22 ④　23 ②　24 ③

제2장 ■ 경영관리

2.1 경영관리론의 역사

1. 전통적 관리론

(1) 테일러시스템

('92, 2006 CPA)
★ 출제 Point
테일러시스템의 특징

(2008 CPA)
★ 출제 Point
미국 경영학의 발전과정

1) 테일러(Taylor)는 근로자의 생산성과 효율을 극대화시키기 위해 과학적 관리법(scientific management)을 전개하였다.

2) 과학적 관리법을 통해 기업은 비효율을 줄임으로써 전체적인 **노무비의 절감**과 동시에 근로자에게 **고임금의 지급**이 가능하게 하였다.

3) 표준작업량의 불명확성이 고쳐져야 한다는 관점에서 시간연구와 동작연구를 실시하여 근로자의 하루 적정작업량을 과학적으로 결정하였다(표준과업량).

4) 임금유형을 두 가지로 나누어 목표량을 달성한 자에게는 높은 임률을 적용한 반면, 달성하지 못한 자에게는 낮은 임률을 적용함으로써 능률의 증진을 꾀하였다(차별성과급제).

> **Key Point**
>
> • **테일러시스템의 공헌**
> 19세기 말 효율적 기계를 개발해 생산방법을 개선하고자 하는 노력에 비해, 테일러는 기계도 중요하지만 기계를 다루는 인간도 고려되어야 한다고 보았으며, 조직구성원이 효율적으로 일할 수 있도록 설계(시간연구와 동작연구)하는 데 관심을 가지고 있었다. 이것이 추후의 조직연구에서 인간적 측면을 고려하게 하는 분위기를 제공한 셈이다.
>
> • **과학적 관리법의 관점**
> ① 조직구성원들은 직무별로 신중히 선발되고 훈련되어야 한다.
> ② 작업상황에 있어서 경제적 보상을 통한 동기유발이 중요하다.

(2) 포드시스템

1) 포드(Ford)는 시간연구나 성과급제도와 같은 인위적인 방식에만 국한하지 않고 더 나아가 (테일러시스템을 바탕으로) 자동적인 기계의 움직임을 종합적으로 연구함으

● 도표 2-1 경영학의 발달과정

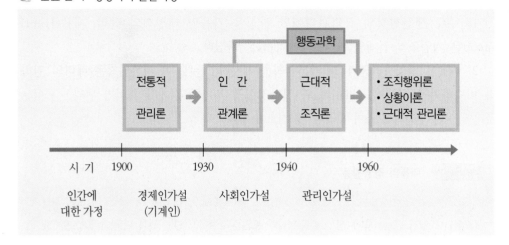

로써 컨베이어시스템에 의한 대량생산방식을 개발하였다.

2) 그는 T형 차를 이상적 설계라고 생각하고 **규격의 표준화**(standardization), 제품구조의 **단순화**(simplification), 제조공정의 **전문화**(specialization)라는 3S 개념을 정립하여 저가격의 자동차를 생산하고자 했다.

3) 대량생산으로 높은 성과를 올린 포드는 사회적 책임에 생각을 돌리게 되어 '포디즘(Fordism)'이라고 불리는 경영철학을 제시하였다. → 이 포디즘의 근본은 기업의 목적을 '이윤동기'로부터 '봉사동기'로 전환하는 것이다.

(3) 베버의 관료제

1) 산업혁명 이후 유럽에서는 조직의 효율성을 높이기 위한 설계에 관심을 둔 많은 연구가 나타났다.

2) 그 중 베버(Max Weber)는 관료주의를 조직효율성을 강화하는 이상적 설계로 주장하였으며, 조직의 구조화원칙의 효과를 높이기 위해 조직 내 합법적 권한의 중요성을 강조하였다.

○ 참 고

관료주의의 특징

① 규칙의 명확화 : 모든 인간을 동일하게 취급하여, 조직의 질서와 영속성을 가져옴
② 노동의 분화
③ 기술적 훈련, 역량 전문성에 근거한 인사 : 객관적 기준 적용
④ 전문경영 : 소유와 리더십(관리시스템)의 분리
⑤ 계층의 원칙 : 의사소통은 수직적
⑥ 문서화

(4) 패욜의 관리과정론

('93 CPA)
★ 출제 Point
패욜의 관리순환과정

1) 주로 생산현장의 작업관리에만 관심을 기울인 테일러와 달리, 패욜(Henri Fayol)은 기업조직 전체의 관리문제에 관심을 가졌다.

2) 패욜은 경영관리의 14개 기본원칙을 제시하였는데, 이 기본원칙은 베버의 원칙과 비슷하지만, 주도성(initiative)과 집단정신을 추가한 점에서 차이가 난다. → 이는 조직에 있어 인간적 요소가 고려된 첫 시도가 된다.

Key Point 패욜의 경영활동

패욜은 경영활동에는 ① 기술적 활동(생산 · 제조), ② 상업적 활동(구매 · 판매), ③ 재무적 활동(자본의 조달과 운용), ④ 보전적 활동(재화와 종업원의 보호), ⑤ 회계적 활동(대차대조표 · 원가 · 통계), ⑥ 관리적 활동(계획 · 조직 · 지휘 · 조정 · 통제)의 여섯 가지 종류의 활동이 있다고 주장하고 이 중 가장 중요한 것은 여섯 번째의 관리적 활동이라고 하였다.

2. 인간관계론

◈ 호손실험
1920년대 중반 시카고 외곽의 웨스턴 전기회사의 호손공장에서 진행된 조명실험 등을 말한다.

('94 CPA)
★ 출제 Point
호손공장실험의 결과

1) 인간관계론은 생산현장에서 인간의 행동이나 인간관계를 무시하고 있는 문제점을 보완하여 조직론으로 발전하는 기초를 제시하였다.

2) 메요(Mayo)가 중심이 된 하버드그룹이 호손실험을 함으로써 성립되었다.

① 메요 등은 호손실험을 통하여 생산성을 높이려면 직무설계와 동기도 중요하지만, 사람의 감정, 태도, 배경, 욕구, 사회적 관계, 리더십스타일, 공정성지각 등이 매우 중요하다는 사실을 알게 되었다.

② 또한 종업원들 상호간의 관계에서 형성되는 사회적 관계가 '비공식조직'을 만들고, 이는 공식조직만큼 생산성에 영향을 미친다고 주장하였다.

참 고

메요의 실험결과

① 기업조직은 기술적 · 경제적 시스템일 뿐 아니라 사회적 시스템이다.
② 개인은 경제적 유인뿐 아니라 다양한 사회심리적 요인에 의하여 동기화된다.
③ 생산성은 회사가 정한 기준보다는 작업집단이 비공식적으로 설정한 규범 내지는 기준에 달려 있다.
④ 권위적 리더십 형태보다 민주적 리더십 형태를 강조한다.
⑤ 일반적으로 만족의 증가가 조직의 유효성을 가져온다.
⑥ 조직 내의 여러 계층 사이의 효율적 의사소통경로(특히 수평적 관계)를 개발하는 것이 매우 중요하다.

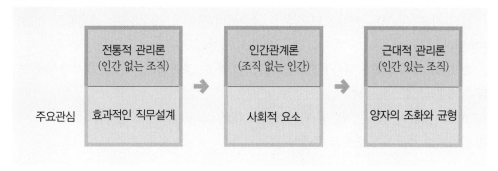

3. 근대적 관리론

전통적 관리론은 인간성을 경시하였고, 인간관계론은 공식조직의 문제를 경시하고 어느 일면만을 강조한 것에 반하여, 버나드(Barnard) 등의 근대적 관리론자들은 양자를 종합하고 균형을 유지하고자 하는 근대적 관리론을 제시하였다.

(1) 버나드

1) 버나드(Barnard)는 조직을 개인의 한계를 극복하고 목적달성을 위하여 형성하게 되는 협동시스템으로 보았다.

2) 즉 개인은 생물학적 한계 때문에 서로 협동하지 않으면 안 되며, 이 협동이 얼마나 지속될 수 있느냐 하는 것은, ① 협동의 목적이 어느 정도 달성되는가 하는 유효성과 ② 참여한 개인의 동기가 얼마나 충족되는가 하는 능률에 의하여 결정된다는 것이다.

3) 공식조직이 공헌의욕을 확보하기 위해서는 각 개인에게 유인을 능률적으로 제공하여야 하며, 충분한 유인을 제공하지 않는다면 조직은 존속할 수 없다.

4) 이러한 **공헌과 유인의 균형**은 조직을 존속시키는 조건이 되며, 이러한 균형을 유지하여 조직의 계속적인 존속을 도모하는 것이 경영자의 기능이라 하였다.

● 도표 2-3 조직균형의 이원적 측면

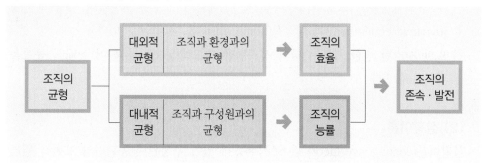

(2) 사이몬

1) 사이몬(Simon)은 버나드의 이론을 계승하여 통합적 조직이론을 개발하는 데 기여하였다.

2) 또한 관리과정을 의사결정과정으로 인식하고, 조직에 있어서의 의사결정에 관하여 체계적으로 연구하였다.

3) 그 결과 사이몬은 제한된 합리성(bounded rationality), 즉 관리인가설을 가정하여 만족해를 추구해야 한다고 주장하였다.

4. 최근의 이론

(1) 시스템이론

('91 CPA)
★ 출제 Point
현대경영의 특징

(2007 CPA)
★ 출제 Point
시스템론의 특징

1) 의 의

① 시스템이론의 기본 아이디어는 전체는 부분의 합 이상(전체론 또는 시너지)이라는 것이다.

② 그러므로 시스템이론은 조직을 세분화해서 살펴보는 것(요소주의 : elementalism)보다는 조직 전체(전체론 : holism) 또는 부분의 상호작용에 초점을 둔다.

2) 시스템이론의 기본원리

◆ 시스템이론은 인간행동의 영향요소들(직무설계, 사회적 요인) 간의 복잡한 상호작용을 중시한 이론이다. 또한 인간에 대해 긍정적이나 부정적으로 보지 않고 중립적 자세를 취한다. 즉 인간과 환경의 부합을 강조

◆ 엔트로피=무질서도

① 개방시스템(open-system)의 관점 : 시스템은 외부와 환경·정보·에너지·물질을 교환한다.

② 투입-변환-산출 모형 : 시스템은 외부에서 다양한 투입을 받아들여, 어떤 방식으로 변환하고 환경에 산출한다.

③ 시스템경계(system boundaries) : 시스템은 환경과 자신을 구분하는 경계를 가지고 있는데, 개방적 시스템은 통과하기 쉬운 경계를 가진다.

④ 엔트로피(entropy) : 폐쇄시스템은 엔트로피가 항상 증가하지만, 개방시스템은 자원이나 에너지를 외부(환경)로부터 받아들일 수 있기 때문에 엔트로피가 중지되거나 감소될 수 있다.

⑤ 개방시스템은 높은 수준의 분화, 내부 정교화(internal elaboration), 조직화 될 수 있으며, 지속적으로 외부로부터 물질, 에너지, 정보를 받아들여, 역동적 균형(dynamic equilibrium)과 항상성(homeostasis)을 유지할 수 있다.

⑥ 또한 시스템 변환 결과는 다시 시스템에 피드백(feedback)되어 동태적 균형을 유지하게 한다.

(2) 상황이론

상황이론(contingency theory)은 조직행동에 있어 구성원 행동관리의 보편적 원리

는 없으며 모든 상황에 동일하게 적용되는 규칙은 없다고 보는 것이다.

(3) 복잡성이론

1) 복잡성이론의 의의

① 복잡성이론(complexity theory)은 무질서와 질서의 변증법적 상호작용을 통한 시스템의 창조에 주된 관심이 있는 이론이다.

② 이 이론에서 시스템 창조는 질서와 혼돈의 중간 영역에서 이루어진다.

Key Point 주류조직이론과 복잡성이론의 차이점

지금까지의 개방시스템이론이나 상황적합이론과 같은 주류 조직이론에서는 조직을 경영자의 의도에 따라 정해진 목표를 달성하고, 평형을 유지하며, 조직 내외부의 힘에 의해 변화되는 기계와 같은 존재로 보아왔다. 그러나 복잡성이론은 조직을 마치 생명체처럼 **스스로 더 나은 상태로 진화**하나 그 결과는 예측할 수 없는 자기조직적 질서의 존재로 보고 있다.

● 도표 2-4 주류조직이론과 복잡성이론의 비교

이 론 비교요소	주류조직이론	복잡성이론
세계관	단 순	복 잡
조직원리	의도적 설계	자기조직화
기본 가정 및 특성	① 요소 - 전체 분리 ② 선형성 ③ 단선적 인과성 ④ 평형/안정성 ⑤ 외생성/내생성 ⑥ 공학적 접근	① 요소 - 전체통합 ② 비선형성 ③ 상호 인과성 ④ 비평형/불안정성 ⑤ 자생성 ⑥ 생물학적 접근

2) 자기조직화

① 복잡시스템에서 질서가 만들어지는 원리는 자기조직화(self-organizing)이다.

② 자기조직화란 어떤 시스템이 외부로부터의 강제력 없이도 구성요소 간의 복잡한 상호작용을 통해 질서를 연속적으로 만들어내는 현상을 가리킨다.

3) 자기조직화의 특성

환경 불확실성과 자기조직화 수준과의 관계를 구명하는 연구에서는 자기조직화의 특성을 자율적 동요창조, 자기초월, 초협력성, 목적지향성의 4가지 요인으로 구분한다.

① 자율적 동요 창조(autonomous creation of fluctuation) : 조직 내의 다양한 개체의 관점에서 기존 질서에 대한 의문과 기존 사물의 의미나 견해에 대한 혁신

◈ 자율적 동요 창조 수준이 높은 조직에서는 구성원들이 다양한 창조적 사고나 혁신적 발상에 앞장서며, 미래지향적 행동을 스스로 설계해 나가게 된다.

적 시각 등이 제기되는 것을 의미한다.

② 자기초월(self-transcendence) : 시스템 내부의 상호작용이 비선형적으로 증폭되어, 기존의 정보와 지식에 의해 유지되던 안정상태의 **질서가 창조적으로 파괴됨**으로써, 평형상태의 경계를 넘어서는 것을 말한다.

평형상태에서는 조직문화가 개인행동에 영향을 주듯이 거시적 움직임이 미시적 움직임을 지배하지만, 비선형 상태에서는 나비효과(butterfly effect)처럼 **미시적 움직임이 거시적 움직임을 지배**하게 된다.

③ 초협력성(meta cooperation) : 개별 요소의 무작위적 움직임이 전체적으로는 일정한 발현적(emergent) 패턴을 형성하고, 미시(micro)와 거시(macro)가 공진(共振)·공명(共鳴)하는 관계를 말한다. → 여기에서 발현적이라는 것은 외생적 또는 내생적 요인에서가 아니라 **자생적으로 생긴 질서**를 말한다. → 이러한 미시수준의 비결정성과 거시수준의 발현성을 혼돈 또는 카오스(chaos)라고 부른다.

④ 목적지향성(teleonomy) : 조직이 나가야 할 방향으로서의 핵심가치, 즉 비전의 설정과 그것에 대한 조직 전체의 추구의지를 말한다. → 조직은 비전을 통해 구성원들에게 필요한 사고나 행동방향을 제시하고, 구성원들의 조직에 대한 일체감을 유발함으로써 혁신을 위한 조직의 상승적 통합(synergistic integration)을 도모해 나갈 수 있다

4) 자기조직화의 문제와 해결방안

① 자기조직화 과정에서는 과정 자체가 계속 진화되어 가기 때문에, 기존의 과정에 기초한 초기 목적대로 결과가 산출되지 않는다.

② 그러므로 조직은 새로운 비전을 계속 창출하면서 관행과 관습을 깨고 새롭고 도전적인 목적을 제시할 수 있어야 한다.

◯ 참고

계획적 학습과 발현적 학습

조직시스템의 형성은 개체간의 상호작용에 의해 자생적으로 형성되기도 하지만, 시간이 지남에 따라 조직행동 결과를 피드백받고, 검토하며, 또한 경험을 반복해 감으로써 지식을 증가시키는 과정으로서의 학습활동을 수행하기도 한다.

① 계획적 학습(planned learning)이란 특정 목적을 달성하기 위해 정해진 절차와 질서를 통해 만들어지는 지식의 증가과정을 말하는데, 의도적 학습으로도 불린다.

② 발현적 학습(emergent learning, 자생적 학습 또는 창발적 학습)이란 조직 내의 개체가 각자의 이해관계에 따라 타 개체의 행위와 환경자극에 반응하는 가운데, 조직 전체 수준에서는 특정한 질서가 창출되고, 이러한 질서를 더 나은 질서로 발전시키는 가운데 이루어지는 지식의 증가과정을 가리킨다.

③ 계획적 학습과 발현적 학습의 관계 : 계획적 학습은 계획했을 때만 간헐적으로 이루어지

◆ 자기 초월 수준이 높은 조직은 성공을 거둘 때마다 그것을 부정해나가는 자기부정의 반복을 통해 초비약(quantum leap)을 실현해 나가게 된다.

◆ 초협력성이 높은 조직은 부문을 초월한 협력, 지위를 떠난 건설적 대화, 그리고 기능 부서간의 정보교류가 활발하게 된다.

◆ 목적지향성이 높은 조직은 미래에 대한 비전과 현재의 상태를 비교해 가면서 창조적 긴장과 실험을 통해 미래 환경에 사용될 행동대안들을 개발하면서 스스로를 발전시켜 나간다.

지만 발현적 학습은 특수한 상황에서 나타나는 학습형태가 아니라 활성화된 조직이라면 항상 나타나는 유기체적 속성으로 볼 수 있다. 그러므로 발현적 학습은 항상 계획적 학습과 동반되며, 인위적으로 분리하는 것은 불가능하다. 또한 외부로 나타나지는 않지만 계획적 학습의 결과는 항상 발현적 학습의 결과와 결합되어 나타나게 된다.

5) 복잡성 이론의 관리적 응용

① 복잡성 이론에서는 과거의 경험에 근거한 합리적 조직활동 양식을 구성원들에게 기계적으로 강요하는 지시통제방식은, 각 개체들의 창조적 변화와 혁신 활동을 지원하는 자율적 관리방법으로 전환되어야 한다.

② 이러한 자율적 관리의 우선 과제는 조직구조의 슬림(slim)화, 플랫(flat)화, 소규모(small)화를 통하여 기능이나 계층의 벽을 뛰어넘는 수평적 조직구조를 구축하는 것이다. 이렇게 함으로써 조직 내에서는 공진화(共振化 : coevolution)가 일어나게 된다.

③ 복잡성 이론에서는 동일한 상황과 동일한 시점에 두 개 이상의 모순된 조직형태가 공존할 수 있다고 본다. → 즉 작으면서도 크고, 크면서도 작은, 그리고 집권화와 분권화가 동시에 존재하는 혼돈(chaos) 상태에서의 소사장제, 분사제, 네트워킹조직, 가상복합기능팀제, 조각조직 등이 그 예이다.

◈ 공진화
공진화란 조직이 개체와 개체, 혹은 개체와 전체가 상호작용하면서 진화해 나가는 것을 말한다. 공진화가 일어나는 조직에서는 창조적 변화와 혁신의 원천인 부서간의 복잡한 상호작용과 구성원들의 독특한 개성이 존중된다.

Key Point 　가상복합기능팀제와 조각조직

가상복합기능팀제(virtual cross-functional team)는 가장 혼돈스러운 조직구조로서 그때그때 필요한 업무를 완수하기 위하여 수시로 생성, 발전, 소멸하며, 그 규모나 기능도 시시각각 변하게 된다. '조각조직'(patches organization)은 시스템을 전체로서 최적화시키지 않고 각자 독립적으로 최적화를 도모하는 '조각' 부서로 분할 운영하게 된다.

2.2 인간의 본성에 대한 가정

1. 맥그리거의 X이론 · Y이론

1960년 맥그리거(D. McGregor)는 X이론과 Y이론에 의해 조직 내 인간에 대한 관점을 소개하였다.

(1) X이론(Theory X)

1) 가정 : 비관적, 정태적, 경직적, 외재적 통제

① 인간은 일하기를 싫어하며, 가능하면 일을 회피하려 한다.

② 지휘받기를 좋아하고, 책임회피를 원하며, 야망도 없고 안전을 원한다.

2) 관리적 행동에 미치는 영향
① X이론에 의하면 조직목표의 달성을 위해 구성원의 노력을 유발시키려면 처벌로 강제하고, 통제·위협을 해야 한다.
② 상위자는 목표설정과정에서 지시적·권위적 역할을 수행해야 한다. → 즉 부하에게 참여의 기회를 부여하지 않고, 상위계층에서 수립하여 하위계층에 일방적으로 전달한다.
③ 독재적 리더십을 발휘하고, 권한과 명령에 의해 지휘하며, 자기지시의 기회를 부여하지 않는다.
④ 통제와 평가는 외재적으로 부과된 표준에 의해 경직적으로 실시하고 **과거의 잘못을 발견**하는 데 중점을 둔다.

(2) Y이론(Theory Y)

1) 가정 : 낙관적, 동태적, 유동적, 자기지시적 통제
① 인간은 일하는 것을 자연스러운 것으로 받아들이며 적절한 조건하에서는 책임을 수락하며 책임을 추구한다.
② 자신에게 부과된 목표를 위하여 봉사하는 과정에서 자기지시적이다.

('96 CPA)
★ 출제 Point
Y이론의 가정과 동기부여
이론과의 관계

2) 관리적 행동에 미치는 영향
① Y이론에 의하면 관리자는 부하의 참여를 통한 계획수립을 하며 참여적 리더십을 발휘하고, 팀워크를 강조하며, 다양한 의사소통과 피드백을 통해 전달된 정보의 정확성을 확보하게 된다.
② 통제와 평가는 내재적으로 자기통제에 의해 실시하며, 환경의 변화에 따른 표준의 조정과 **미래의 편차를 방지**하기 위한 문제해결을 강조한다.

🔵 도표 2-5 X이론과 Y이론의 특징

	X이론(Theory X)	Y이론(Theory Y)
가 정	• 원래 인간은 일을 싫어하기 때문에 가능하다면 피하려고 한다. • 인간은 책임감이 결핍되어 있고 야망이 없으며 무엇보다도 안전을 추구한다. • 일을 시키기 위해서는 지시, 강압, 위협 등의 수단을 사용하여야 한다.	• 일은 놀이나 휴식처럼 자연스런 것이다. • 인간은 적절한 조건만 갖추어지면 책임을 받아들일 뿐만 아니라 적극적으로 책임을 수용하려고 한다. • 인간은 자신의 목표를 달성하기 위하여 스스로 통제하고 관리한다. • 인간은 잠재력을 가지고 있다. 적절한 조건하에서는 상상력과 창의력을 작업에 적용하고자 한다.
경영자 임무	조직구성원을 강제하고 통제하는 것이다.	조직구성원의 잠재력을 개발하고 공통의 목적을 위하여 잠재력을 발휘하도록 돕는 것이다.

2. 샤인의 모형

샤인(Shein)은 인간의 유형을 아래의 네 가지로 분류하였다.

1) 경제인(rational economic man) → 합리적 경제인
① 인간은 본질적으로 경제적 이익이 최대가 되도록 행동하는 존재이다.
② 인간은 수동적 존재이므로 조직에 의한 조종, 외재적 동기부여, 통제가 가능하다.

2) 사회인(social man) → 사회적 인간
① 인간은 사회적 욕구를 충족시키기 위하여 행동하는 존재이다.
② 인간은 수동적 존재이므로 외재적 동기부여가 가능하다.

3) 자기실현인(self-actualizing man) → 자기실현적 인간
① 인간은 자신의 자질과 잠재적 능력을 생산적으로 활용하고, 성장하려는 욕구를
   지닌 존재이다.
② 인간은 자율규제능력을 지니고 있으므로 내재적 · 자율적으로 동기부여해야 한다.

4) 복합인(complex man) → 복잡한 인간
① 인간은 복잡하고 변동적일 뿐 아니라, 다양한 욕구와 잠재력을 지니고 있으며,
   그 욕구나 잠재력의 발현은 시기와 장소에 따라 달라질 수 있는 존재이다.
② 그러므로 인간은 상황적응적으로 관리해야 한다.

3. 마일즈의 이중모형이론(dual-model theory)

1) 마일즈(Miles)는 인간에 대한 세 가지 가정에서 출발하여 관리이론 모형을 제시
하였다.
2) 관리직무 : 관리직무는 조직적 변수(목표, 기술, 구조 등)와 인간적 변수(능력, 태
도, 동기 등)를 효과적인(그리고 효율적인) 사회기술적 시스템(sociotechnical system)으
로 통합시키는 것이라 하였다.
3) 마일즈의 인간에 대한 가정
① 전통적 모형 : 직무 및 절차가 명시되고 적절하게 선발 · 훈련되고, 보수가 적정
   할 때, 사람들이 순응한다는 가정으로 관리자의 통제와 지휘를 강조하였다.
② 인간관계모형 : 인간은 이기적이며 사회적 욕구에 관심이 있다는 가정으로 역시
   관리자의 통제를 강조하였다.
③ 인적자원 모형 : 인간은 자신이 협조해서 설정한 목표에 공헌하고자 한다는 가
   정으로, 관리자는 개발자나 촉진자(facilitator)가 되어야 함을 강조하였다.

● 도표 2-6 인간에 대한 관점에 의한 이론 분류

부정적(X이론)	긍정적(Y이론)	중립적
전통적 이론 • 관료제 • 경영관리론 • 과학적 관리	• 인간관계 이론	• 시스템 이론 • 상황 이론

2.3 기업형태의 발전

1. 기업형태

(1) 합명회사와 합자회사

1) 역사적으로 가장 오래된 형태인 **개인기업**은 단독의 출자자가 무한의 책임을 지고 자본을 투자하여 경영하게 되므로, 그 개인이 성취감을 느끼게 되고, 운용시 일관성과 신속성을 유지할 수 있는 등의 장점이 있지만, 개인의 능력에는 한계가 있고 자금력 등에도 문제가 있기 때문에 성장·발전에는 한계가 있다.

2) 그러므로 다른 자본가와의 결합에 의한 기업형태의 발전이 불가피하게 되는데, 이 때 자기와 같은 무한책임을 지고 투자하여 연대책임을 지고 공동기업을 운영하는

● 도표 2-7 기업형태의 발전

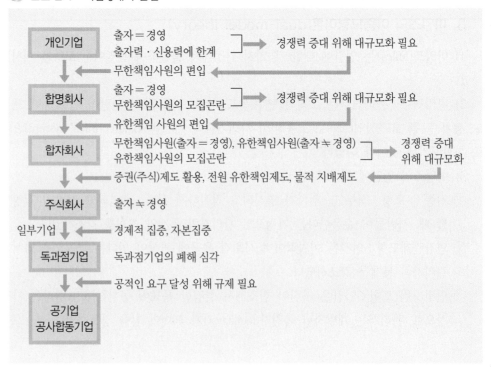

합명회사(ordinary partnership)나, 무한책임사원 외에 유한의 책임을 지기로 하고 투자하되 경영활동에 관여하지 않고 이윤의 일부만 배당받기로 하는 유한책임사원도 참여시키는 **합자회사(limited partnership)**가 등장하게 되었다.

3) 그러나 이러한 합명회사나 합자회사의 형태는 무한책임사원의 신용도에 문제가 있고, 유한책임사원의 모집도 용이하지 않다는 문제가 있다.

(2) 유한회사와 주식회사

1) 이러한 한계를 극복하기 위해 **유한회사와 주식회사(joint stock company)**의 형태가 등장하게 되었다.

2) 주식회사제도는 모든 출자자가 유한책임을 지게 되고, 출자자의 지분을 증권화하여 자유롭게 매매 · 양도할 수 있게 되므로 거대한 자본을 조달할 수 있는 장점이 있다. 또한 출자자인 주주가 경영권을 위임하여 소유와 경영을 분리시키는 특징이 있다.

> **Key Point** 유한회사(limited company)
>
> 사원 전원이 간접유한책임을 지는 자본단체라는 점에서는 인적회사와 다르고 주식회사와 같지만, 소규모에 폐쇄적이고 지분의 양도에 제한이 있으며, 자본형성방법에 관하여 법의 규제가 완화되어 있다는 점에서는 주식회사와 다르고 인적회사와 유사한 형태이다.

2. 기업의 집중과 공기업의 필요

(1) 기업집중

1) 기업집중의 등장

① 기업 간의 끝없는 경쟁은, 시장 내 모든 기업의 수익성을 떨어뜨릴 수도 있으며, 이러한 기간이 길어지고 시장의 규모가 축소될 경우, 도산하는 기업도 나타나게 된다.

② 이런 무한경쟁상황을 회피하고 도산의 위험을 방지하기 위해 시장에 존재하는 기업끼리 결합하기도 하는데, 이를 기업집중이라 한다.

2) 기업집중의 분류

기업집중은 결합의 방향을 기준으로 나누어 보면 수평적 결합, 수직적 결합, 다각적 결합 등으로 분류할 수 있다.

① **수평적 결합** : 동종 또는 유사업종 기업 간의 결합으로, 주로 시장의 독점적 지배를 목적으로 하고 있다.

② **수직적 결합** : 동일 제품의 생산단계를 달리하는 기업간의 결합으로, 생산 및 유통과정의 합리화를 목적으로 해서 행해지는 경우가 많다. → 그 결과 시장경쟁

력·지배력을 강화하기 위해 경쟁자를 위협하든가 신규기업의 참여를 방해할 수가 있다.

③ **다각적 결합** : 자사의 생산과 관계가 없는 다른 업종 간의 결합으로, 자본관계에 의하는 경우가 많고 위험분산이나 기업의 지배력을 강화하기 위해 사용된다.

3) 참가기업의 독립성 정도에 따른 기업집중 형태

('89, '92 CPA)

◆ 카르텔의 특징
① 동종기업간의 수평적 결합
② 계약에 의한 결합체
③ 내부간섭 배제
④ 다수결에 의한 의사결정
⑤ 계약기간 만료시 자동 종료

① **카르텔**

ⓐ 카르텔(cartel, kartel)은 기업연합이라고도 한다.

ⓑ 각 기업은 각각 **법률적, 경제적으로 독립성을 유지**하면서 협약에 의해 결합하는 형태이다.

ⓒ 이 협약은 상호경쟁을 제한하면서 **시장통제를 목적으로** 한다.

ⓓ 그러나 카르텔은 신사협정이기 때문에 결합력이 약하다는 문제가 있다.

ⓔ 카르텔에는 구매조건을 협정하는 구매카르텔, 생산량의 제한이나 생산분야의 협정을 하는 생산카르텔, 판매가격이나 판매량 또는 판매지역을 협정하는 판매카르텔 등이 있다.

> **Key Point** 신디케이트
>
> 신디케이트(syndicate)는 시장통제가 용이한 카르텔의 일종으로 시장통제를 위한 공동판매기관을 뜻한다. 신디케이트 가맹기업은 독립성을 가지고 독자적인 생산활동을 영위하나, 모든 제품을 중앙의 공동판매기관을 통해 판매한다. 신디케이트는 대외적으로 공급제한과 가격지배를 강력히 할 수 있고, 기업과 고객간의 직접적인 거래관계는 없게 된다.

('89, '92, '93 CPA)

◆ 트러스트 특징
① 독점적 기업지배
② 동종·이종기업간의 결합
③ 강력한 내부간섭
④ 조직해체 시까지 존속

② **트러스트**

ⓐ 트러스트(trust)는 기업합동이라고도 한다.

ⓑ 독립적으로 기능하던 각 기업이 **시장독점을 목적**으로 완전히 하나의 기업으로 합병되어 소유권과 관리권을 하나로 합치는 것이다.

ⓒ 이것은 카르텔보다 강력한 기업집중형태로, 카르텔의 한계를 극복하기 위해 몇 개의 동일 산업부문의 기업이 하나의 통일된 의사를 바탕으로 합동하여 성립되는 것이다.

ⓓ 즉 트러스트는 참가기업의 자본적 결합을 통해 이루어지기 때문에 필연적으로 각 기업은 **법률적·경제적 독립성을 잃게** 되고, 보다 고도의 자본결합체가 되는 것이다.

③ **콘체른**

ⓐ 콘체른(financial group, konzern)은 기업연휴라고도 한다.

ⓑ 카르텔이나 트러스트와 같이 단순히 동일 산업부문 또는 기술적으로 관련된 수직적인 산업부문만의 자본지배가 아니고 산업부문에 관계없이 산업과 금융의 융합에 의한 자본지배를 일반화하려는 형태이다.

ⓒ 콘체른 지배방법 중에서 가장 기본적이고도 중요한 것은 **주식소유에 의한 지배**이다. → 현대의 기업은 대부분 주식회사형태이므로, 콘체른에 의한 기업지배도 주식을 소유함으로써 이루어지는 경우가 많다. 특히 주식이 고도로 분산된 상황에서는 기업지배를 위해 주식의 과반수 소유가 필요없게 된다. 다시 말해서 적은 자본으로도 기업의 지배가 가능하게 되는 것이다. 그리하여 기업지배를 위한 주식수의 절약, 즉 자금의 절감은 하위기업에 의한 추가 지배를 가능하게 하여 피라미드형태로 기업의 지배력을 촉진시킬 수 있다. 지주회사제도는 이러한 주식소유에 의한 지배를 가능하게 하는 제도이다.

ⓓ 그 외의 지배방법으로 융자나 중역파견에 의한 인적결합 등의 형태가 있다.

◆ 콘체른의 특징
① 산업의 합리화
② 기업의 지배력 강화
③ 법률적 독립성 유지
④ 경제적 독립성 상실
⑤ 수직적 결합, 다각적 결합
⑥ 자본적 결합체
⑦ 전 경영활동을 구속
⑧ 본사의 단일의사에 의한 지배

('89, '92 CPA)
★ 출제 Point
콘체른의 지배방법

● 도표 2-8 지주회사에 의한 콘체른의 형태

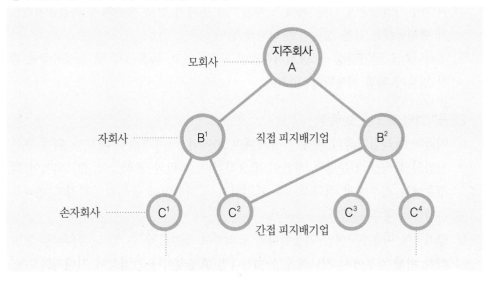

모회사 ········· 지주회사 A

자회사 ········· B¹   직접 피지배기업   B²

손자회사 ········· C¹   C²   C³   C⁴

간접 피지배기업

Key Point ▶ 지주회사

지주회사(holding company)는 타기업의 주식을 소유하여 타기업을 지배하고자 하는 회사로 기업집중에 있어 아주 유리한 형태이며, 콘체른 형성에 주도적인 역할을 하고 있다.

◆ 지주회사는 다른 회사를 지배할 목적만을 위해 존재하는 '순수 지주회사'와 독자적인 사업을 하면서 다른 회사도 지배하는 '사업 지주회사'로 나눌 수 있다.

('93 CPA)
★ 출제 Point
지주회사의 정의

4) 기타의 기업집중

① 콤비나트(kombinat) : 다각적인 결합공장이란 뜻으로 기술적 측면에서 유기적

◈ 콤비나트의 예로 울산석
유화학단지를 들 수 있다.

◈ 컨글로머리트의 예로 우
리 나라의 재벌을 들 수
있다.

('89, '92, '93 CPA)
★ 출제 Point
콤비나트와 컨글로머리트
의 정의

으로 결합된 다수기업의 집단을 의미한다. → 이것은 원료의 연속가공이나 부
산물의 제품화 및 동력 등을 서로 유리하게 이용함으로써 동일 지역 내의 각종
기업이 생산기술적인 관점에서 유기적인 결합을 목적으로 한다.
② 컨글로머리트(conglomerate) : 이종기업간(비관련산업에 걸친)의 다각적 결합을
의미하는데, 대개는 기존기업의 주식을 매입하여 형성이 된다.
  ⓐ 사업부제 조직의 변형인 이 형태는 법적으로 독립된 기업들의 집합이다.
  ⓑ 하나의 기업이름으로 운영되지만 각 계열사의 이사회를 통해 통제된다.
  ⓒ 계열기업 간에 관련성이 없으므로 시너지 효과를 추구하지는 않는다.
  ⓓ 이 형태가 더 발전하면 지주회사가 될 수 있다.

(2) 공기업의 등장

1) 기업집중의 폐해 및 방지 노력

('89 CPA)
★ 출제 Point
공기업의 존재목적

① 기업집중 등에 수반되는 경제력의 집중, 즉 독점은 그 개별기업으로 보아서는 여
러 가지 이점이 있을 수 있으나, 독점기업의 서비스가 나빠지고, 독점이윤에 의해
가격이 인상되어 소비자가 손해를 보게되는 경우가 생길 가능성이 많아진다.
② 따라서 기업집중에 의한 폐해를 제거하기 위해서 정부 차원에서 독점금지라든
가 폐해규제와 같은 정책이 마련되게 된다.
③ 우리나라도 물가안정 및 공정거래법이 제정되었고, 독점규제 및 공정거래에 관
한 법률이 제정 시행되고 있다.

2) 공기업의 필요성 및 특징

① 이러한 독과점기업의 폐해는 규제해야 하지만, 국제경쟁력 확보를 위해 또는
산업의 특성상 천문학적 자본이 필요하거나, 국민의 공익성이 강조되어야 할
경우에는 정부에서 적극적으로 개입하여 공기업이나 공사합동기업의 형태로
운영하는 경우도 있다.
② 공기업이 이윤추구에만 치중한다면 공익성이 등한시될 수 있고, 공익성을 보장
하기 위해 정부에서 지나치게 통제한다면 효율성이나 기업성이 저해되므로 이
양자의 조화가 중요한 관심이 된다.

2.4 경영관리의 일반론

1. 경영환경과 기업환경

1) 조직은 개방시스템(open system)으로서 생물체처럼 환경으로부터 영향을 받고
끊임없이 상호작용한다.

2) 환경에 민감하게 반응하며 적응을 잘하는 조직과 그렇지 못한 조직의 성과의 차이는 불을 보듯 명확할 것이다.

3) 그러므로 기업이 처한 환경은 그에게 기회(opportunity)가 되기도 하고 위협(threat)이 되기도 한다.

(1) 일반환경과 과업환경

1) 기업이 처하게 되는 경영환경은 크게 일반환경과 과업환경으로 나눌 수 있다.

2) 일반환경(general environment)

① 사회 전체적으로 모든 기업에 공통적으로 영향을 주는 환경으로, 기업입장에서는 관리가 힘들기 때문에 이에 잘 적응하는 것에 초점을 맞추게 될 것이다.

② 일반환경의 예로 경제적 환경, 정치적·법률적 환경, 기술적 환경, 사회적·문화적 환경, 국제적 환경 등을 들 수 있다.

3) 과업환경(task environment)

① 기업과 매우 밀접한 관련을 맺고 직접적으로 기업에 영향을 미치는 환경으로, 그 대상이 명확하여 기업이 이에 영향력을 행사하며 관리할 수 있다.

② 과업환경의 예로 종업원, 주주, 노동조합, 소비자, 경쟁자, 정부, 지역사회, 공급자, 금융기관, 언론기관, 지역사회(community) 등을 들 수 있다.

● 도표 2-9 경영환경

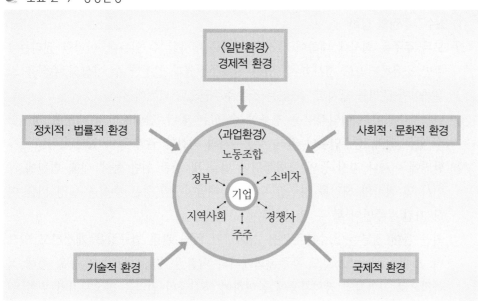

(2) 일반환경의 예 : 제조물책임법

1) 제조물책임(PL : product liability)은 자동차, 가전제품, 의약품 등 공업적 제조 및 가공을 거친 제조물의 결함(① 설계결함, ② 제조결함, ③ 경고 및 표시 결함)에 의해 소비자의 생명, 신체 또는 재산에 발생한 손해에 대하여 그 제조물의 제조업자 혹은 유통업자가 지게 되는 손해배상책임을 말한다.

2) 일반적으로 제품에 결함이 있을 때 이를 수리, 교환, 환불해 주는 것이 제조자의 기본의무라는 것은 당연하지만, 제조물책임은 제품의 결함으로 발생한 인적·물적 피해는 물론 **정신적 피해까지 제조업자가 배상**해야 하는 한 단계 높은 손해배상제도이다.

3) 장점 : PL법은 기업 내 연구개발 부문이 더욱 중요해지고, 고객친화적 연구개발이 가속화된다.

4) 단점 : PL법은 기업의 과도한 배상책임과 소송가능성의 증가에 대한 우려로 가격이 인상되고, 신제품 개발 활동이 위축되게 된다.

Key Point ▶ PL법과 리콜제도

> 제조물책임은 사후적인 피해구제를 통해 간접적으로 소비자의 안전을 확보하는 기능을 하는 것이므로, 제품으로 인한 피해를 사전에 예방하기 위해 실시하는 리콜제도와도 다르다.

---

(3) 과업환경의 예

1) 소수주주권의 강화

① 모든 주주는 회사에 대하여 일정한 권리를 행사할 수 있는데, 이러한 권리는 1주만 소유하더라도 행사할 수 있는 단독주주권과 일정한 수 이상의 주식을 소유해야만 권리를 행사할 수 있는 소수주주권으로 나뉘어진다.

② 단독주주권에는 이익배당을 청구할 수 있는 권리, 잔여재산의 배분을 청구할 수 있는 권리, 신주인수의 권리, 주총에서의 의결할 권리 등이 있다.

③ 반면에 이사나 감사 등의 불법행위나 법률 및 정관 위반 등에 대해 법원에 그 이사 및 감사의 해임을 청구할 수 있는 해임청구권 등은 주식을 일정 비율 이상 가진 주주만이 할 수 있는 소수주주권이다.

④ 최근 들어 정부는 소수주주권을 강화하기 위해 관련 법규정을 개정하고 있으며, 소수주주들 스스로도 주주총회에서의 의결권 대리, 대표소송 등을 통해 적극적으로 기업경영 감시활동에 참여하여 자신들의 권익을 신장시키기 위한 권리를 적극적으로 행사하고 있다. → 이와 같은 적극적인 주주권 행사는 이사회의 현 경영진에 대한 경영감시·감독체제가 구축되도록 함으로써 외부지배구조

로서의 감시와 규율을 강화시킬 전망이다.

⑤ 이제는 경영의 투명성 제고, 공정성 확립 및 경영효율화 실현을 통해 소액주주뿐만 아니라 일반주주, 대주주 및 잠재적주주에게까지 관심을 두는 주주 중심의 경영을 실현해야 할 때가 된 것이다.

2) 주주관계활동(IR)

① 기업이 현재의 주주나 잠재적인 투자가들과 보다 밀접하고 우호적인 관계를 맺기 위해서는 주주나 잠재적인 투자가들에 대한 보다 체계적이고 적극적인 활동이 필요하다.

② 기업이 주주나 주식투자자 혹은 증권분석가들을 대상으로 펼치는 전사적 홍보 및 재무활동을 '주주관계활동(IR : investor relations)'이라 한다. → 즉 IR은 기업의 재무기능과 커뮤니케이션 기능을 결합하여 주주나 투자자에게 자사 관련 정보를 적극적으로 제공해주는 새로운 재무관리활동을 말한다.

③ 기업의 IR은 주주들로 하여금 자사의 주가를 적정하게 평가할 수 있도록 적절한 정보를 적기에 능동적으로 제공하여, 결과적으로는 안정적으로 높은 주가를 유지시키는 데 도움을 주게 되며, 이는 원활한 자금조달을 가능하게 하고 자금조달비용을 낮추는 효과를 가져오게 한다.

④ IR활동은 안정적이고 우호적인 주주기반을 확보함으로써 예상되는 적대적 M&A의 위험이나 비우호적인 주주들의 경영간섭을 최소화하는 효과를 가져온다.

Key Point 소비자주의(consumerism)

소비자의 권리를 보호하기 위해 소비자가 적극적으로 전개하고자 하는 운동.

2.5 경영자

1. 경영자의 분류

조직의 특성에 따라 경영활동이 달라져야 하는 것처럼, 조직의 성장과 발달에 따라 요구되는 경영자(manager)의 역할도 달라질 수밖에 없다.

(1) 소유권의 변화와 경영자

1) 기업 내의 소유권과 경영권의 집중 정도에 따라 나누어보면, 소유경영자, 고용경영자, 전문경영자의 개념이 등장하게 된다.

2) 기업의 규모가 방대해지면 자연스럽게 소유권이 주식의 형태로 분산되고, 거대

● 도표 2-10 소유와 경영의 분리와 경영자

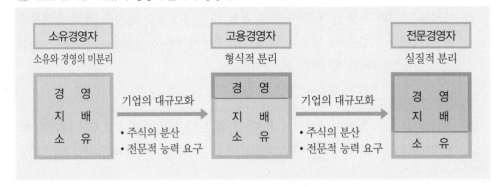

한 기업을 운영하는 전문적 능력이 필요하게 되므로, 소유경영자보다는 전문경영자의
형태가 각광을 받게 된다.

(2) 계층에 따른 경영자

경영관리의 기능을 수행하는 계층에 따라 나누게 되면 최고경영층, 중간관리층, 하
위관리층의 개념이 필요하다.

◈ 최고경영팀

(top management team)
CEO와 중역들로 구성된
팀으로 CEO와 하부관리
자를 연결하고, 혁신적인
의사결정을 유도하며, 유
사시에 최고경영자를 승계
관리한다.

1) 최고경영층

① 전략적 의사결정자로 불리우는 최고경영층(top management)은 조직의 전반적
   인 방향과 운영에 대한 권한과 책임을 가지고 있는데, 주로 계획수립에 시간을
   많이 보내게 될 것이다.
② 최고경영층은 맡고 있는 기능이나 역할에 따라 다시 수탁경영층, 전반경영층,
   사업부문책임자 등으로 구분되기도 한다.

2) 중간관리층

① 전술적 경영자로 불리우는 중간관리층(middle management)은 최고경영층과

● 도표 2-11 계층에 따른 경영자의 구분

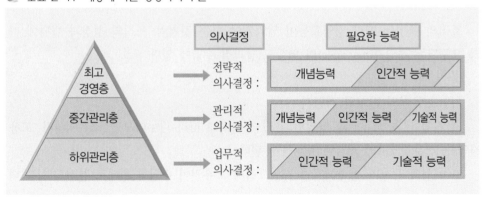

하위관리층의 중간에서 이들을 연결해 주는 연결핀(linking pin)역할을 담당한다.

② 중간관리층은 최고경영층의 경영정책에 따라 하위부문을 관리하는 역할을 담당한다.

③ 중간관리층은 주로 구매, 생산, 재무, 인사, 마케팅 활동들을 관리하게 되므로 전문성이 많이 요구된다.

● 도표 2-12 최고경영자와 이사회의 주요역할

	주 요 역 할
최고경영자	① 일상적 역할 ┌ 조직 내 인간관계의 조정 ├ 조직 내 정보흐름의 조정 └ 의사결정 ② 전략적 리더십 발휘 ┌ 비전의 제시 └ 발상의 전환 주도 ③ 전략적 경영을 실현할 인재의 확보 ④ 자원배분의 우선순위 결정 및 시간과 관심의 할당
이 사 회	① 기업자산 관리자들을 감독 ② 경영진의 각 계획을 승인 ③ 회사의 성과 평가 ④ 최고경영진의 고용 · 해고 및 보수결정 ⑤ 신의성실 의무(due care)

('93 CPA)
★ 출제 Point
전략적 의사결정 시의 고려사항

(2000 CPA)
★ 출제 Point
경영자의 분류 및 주요역할

● 도표 2-13 경영자 계층의 변화

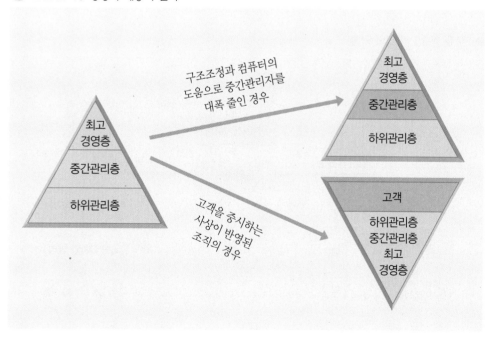

2.6 경영관리

경영관리(management)란 조직의 목적을 달성하기 위하여 분화된 각 부문이 최소비용으로 최대효과를 올리도록 하면서(효율성), 조직 전체의 목적을 효과적으로 달성하기 위해(효과성), 각 부문을 통합하여 일관성 있게 다루는 것이다.

1. 경영관리의 과정
1) 패욜에 의하면 경영관리는 대개 [도표 2-14] 단계를 거친다.
2) 이 과정 중 가장 핵심이 되는 기능은 계획과 통제이다.

● 도표 2-14 경영관리과정

(1) 계획수립
1) 모든 관리활동은 계획수립(planning)으로부터 시작된다. → 계획수립을 통하여

● 도표 2-15 계획의 단계

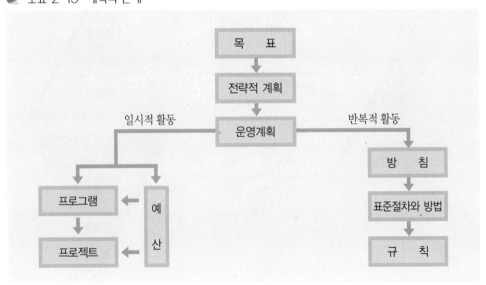

조직구성원의 활동을 조정할 수 있고, 미래의 변화에 대비할 수 있으며, 성과달성의 의욕을 자극하고, 통제를 용이하게 할 수 있다.

2) 계획수립은 적용범위에 따라 전략과 운영계획으로 나눌 수 있고, 기간구분에 따라 장기계획(long-term plans)과 단기계획(short-term plans)으로 나눌 수 있다.

3) 전략은 기업의 기본적 방향(전반적 목표)을 정하는 거시적 의사결정이고, 운영계획은 생산계획, 재무계획, 마케팅계획, 인사계획 등을 결정하는 세부적, 전술적(tactic) 계획이다.

4) 계획수립단계에서는 전략을 달성하기 위한 여러 가지 대안을 개발하여, 가장 적합한 대안을 선택하고, 수요 등 미래를 예측하고, 예산을 편성하는 등의 활동을 한다.

Key Point 영기준예산법(ZBB)

영기준예산법(zero-base budgeting)은 예산을 편성할 때마다 각 지출항목에 대해 항상 다시 검토를 한 후 확정짓는 방법이다. 이 경우 전통적 방법의 경우 나타날 수 있는 문제점, 즉 한 번 책정된 예산이 줄어들지 않는 폐단을 방지할 수 있다. 그러나 이 방법은 작성해야 할 서류가 많고, 적용에 시간이 많이 필요하며, 근거 정보 제시가 어려운 등의 문제점이 있다.

---

(2) 조직화

1) 의 의

① 계획이 수립되면, 이를 효과적으로 달성하기 위해 조직의 체계를 짜임새 있게 갖추게 된다. 이런 활동을 조직화(organizing)라 하는데, 조직화의 가장 중요한 의사결정은 일의 분할(division of work)이다.

② 즉 조직 전체 업무를 개인이나 집단에 할당하고, 구성원들을 업무의 성격에 따라 집단화(departmentalization)한 후, 맡겨진 일을 수행하는 데 필요한 권한을 적절히 배분(delegation of authority)한다.

③ 조직화는 경영의 인적 · 물적 요소를 형성하고, 상호관계를 설정하는 것이다.

2) 조직화의 요소

조직화의 요소로는 직무, 권한, 책임, 직위 등이 있다.

('91 CPA)
★ 출제 Point
조직화의 정의 및 각 요소의 이해

① 직무(job) 또는 직능(function) : 조직구성원들에게 분할된 업무의 기술적 단위 또는 업무의 총체를 말한다.

② 권한(authority) : 일정한 직무를 스스로 수행하거나 타인으로 하여금 수행하도록 하는 데 필요한 공식적인 힘 또는 권리를 말한다.

③ 책임(responsibility) : 일정한 직무와 권한을 일정한 기준에 따라 수행해야 할 의무를 말한다.

④ 직위(position) : 조직의 구성원인 개인에게 부여된 조직상의 지위를 말한다.

(3) 조정과 통제

1) 조직의 여러 자원들을 효율적으로 활용하기 위해 여러 전문화된 기능별로 나누게 되면, 각 부서 간에 이질성이 부각될 가능성이 있다. → 이를 효과적으로 극복하기 위해 조정(coordination)활동이 필요하다.

2) 경영관리의 마지막 단계인 통제는 여러 가지 일들이 계획대로 이루어지고 있는지를 확인하고, 편차가 있다면 그 편차를 수정하는 활동이다. → 그러므로 통제는 성과측정, 목표(계획)와 비교, 편차수정 등의 순서로 진행된다.

🔵 도표 2-16 계획과 통제의 관계

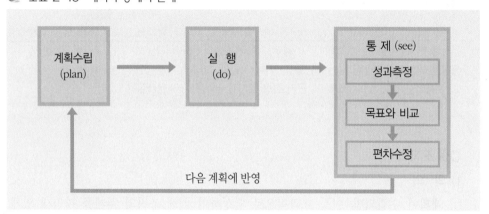

2. 구체적인 통제기법들

(1) 통제방식과 통제시스템

1) 통제방식의 분류

① 통제 방식은 크게 행동의 통제와 결과의 통제로 나눌 수 있다.

② 행동의 통제(behavior control)는 조직의 정책, 규칙 등을 통해서 일의 **수행방법**을 미리 정해 놓고 통제하는 방식이다.

③ 결과의 통제(output control)는 어떤 행동의 최종결과에 초점을 두고 **무엇을 달성할 것인지**를 정해놓고 통제하는 방식이다.

④ 행동의 통제가 어떤 성과의 원인이 되는 행동에 관심이 있다면, 결과의 통제는 실제 성과에 관심이 있다.

2) 통제시스템과 그 분류

① 경영자가 관심을 갖고 있어야 할 통제기능은 관점에 따라 다양하게 나눌 수

◈ 대표적인 행동통제의 예로 품질경영에서 등장하는 ISO9000 시리즈를 들 수 있다.

있다.

② 경영활동의 진행상황과 관련한 시간적 관점에서 보면 ⓐ 경영활동이 이루어지기 전에 실행되는 사전통제(feedforward control), ⓑ 업무활동이 구체적으로 진행중에 실시되는 동시통제(concurrent control), ⓒ 업무활동이 완전히 끝난 후 실시하는 사후통제(feedback control) 등으로 나눌 수 있다. → [도표 2-17]

③ 기능부서별로 나누어보면 생산통제(재고통제), 마케팅통제, 인사통제, 재무통제, 품질통제 등으로 나눌 수 있다.

④ 경영계층에 따라 구분하면 [도표 2-18]과 같이 나눌 수 있는데, 대개 최고경영층은 경영상태 전반에 대해, 하위관리층은 담당업무에 대해 통제활동을 하게 될 것이다.

● 도표 2-17 통제시기에 따른 통제유형

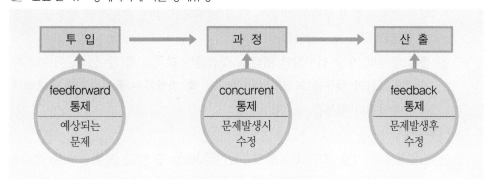

● 도표 2-18 경영계층과 시점별 통제유형

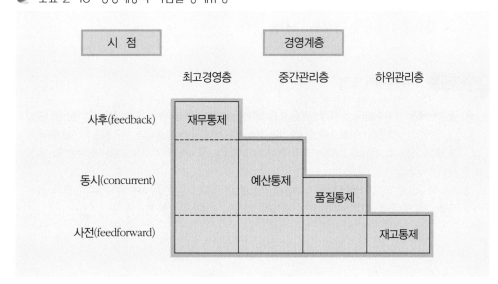

3) 통제시기에 따른 통제시스템

① 사전통제

ⓐ 통제시기에 따라 통제시스템을 분석해보면 가장 바람직한 통제는 예상되는 문제를 사전에 예방하는 사전통제(feedforward control)방식이다.

ⓑ 이것은 업무가 실제로 진행되기 이전에 실시하는 통제이므로 미래지향적 통제라고 할 수 있다.

ⓒ 따라서 사전통제의 핵심은 문제가 발생되기 전에 예방적인 관리행동을 취한다는 점이다.

ⓓ 그러나 이 통제유형이 효과적으로 수행되기 위해서는 적시에 그리고 정확한 정보를 얻을 수 있어야 한다.

② 동시통제

ⓐ 동시통제(concurrent control)는 업무활동의 진행중에 실시되는 통제로서 경영자는 문제가 발생되어 비용이 크게 발생되기 전에 수정적인 행동을 취할 수 있도록 되어 있어야 한다.

ⓑ 동시 통제의 가장 전형적인 형태는 직접적인 감독을 들 수 있다. → 경영자가 부하직원의 행동을 직접적으로 감독할 때 경영자는 동시적으로 문제발생이나 종업원의 행동을 감시할 수 있다.

③ 사후통제

ⓐ 경영통제의 가장 보편적인 통제유형이라고 할 수 있는 사후통제(feedback control)는 모든 활동이 종결된 후에 취해지는 통제이다.

ⓑ 여기서는 실제로 나타난 조직의 성과가 의도했던 목표와 어떻게 다르며, 그리고 실시과정에서는 어떠한 문제들이 있었는지 사후적으로 검토하여 차기 계획수립에 유용한 정보를 제공해 준다.

Key Point ▶ **사후통제의 장점**

① 경영자에게 계획수립의 노력이 얼마나 효과적이었는가에 대한 의미 있는 정보를 제공해 준다. 만약 피드백 결과가 표준과 실제 성과간에 차이가 없다면 경영자의 계획활동이 정확하다고 할 수 있으며, 반대로 차이가 크다면 이 피드백 정보를 다음의 새로운 계획수립에 보다 유용하게 이용할 수 있다.

② 피드백 통제는 종업원들에게 동기부여를 촉진할 수 있다. 사람들은 자신들이 얼마만큼의 업적을 이룩했는가를 알고 싶어하는데, 피드백 통제는 이러한 정보를 제공해 준다.

(2) 현대적인 통제기법

1) 목표에 의한 관리기법

① 종업원의 개인적 목표와 조직의 목표가 일치하지 않을 때, 종업원들을 회사의 방침에 맞게 관리하고 통제하기는 쉽지 않다. 그러므로 효과적인 종업원관리를 위해서는 종업원의 목표와 조직의 목표를 일치시켜, 종업원 스스로 최선을 다 하게 하는 것이 중요하다. → 이런 목표 통합의 원칙에 의해 등장한 방법이 목표에 의한 관리(MBO : management by objectives)기법이다.

② 목표에 의한 관리(MBO)는 종래의 통제에 의한 관리(management by control) 와는 달리 기업의 **목표 설정과정에 종업원을 참여**시켜 종업원 스스로 자기가 실행할 실행목표를 결정하게 하고, 각자 자기통제(self control)를 통해 자발적으로 목표달성에 이바지하도록 하는 새로운 관리방법이다.

③ 목표는 기간을 확정하여 구체적으로 결정하게 되는데, 단기간의 수리적 목표를 결정하는 경우가 일반적이다.

④ 또한 그 단기간의 수리적 목표의 달성 여부를 평가하여 부하를 관리하게 되는데, 중간평가가 가능하면 지속적으로 중간평가를 통하여 Feedback시켜 준다. → 이를 통해 종업원으로 하여금 목표를 달성하고자 하는 동기를 부여할 수 있다.

⑤ MBO의 단점

    ⓐ 실제 목표설정이 어려울 수도 있다.

    ⓑ 개인을 강조하기 때문에 조직 전체의 목표가 무시될 수 있다.

    ⓒ 단기적 목표나 숫자만을 중시한다.

2) Activity-Based Costing(ABC)

① ABC는 고정비와 간접비를 각 제품이나 제품라인에 더 정확히 분배하고자 하는 새로운 회계처리시스템이다.

② 이러한 회계처리방식은 가치사슬분석에 근거하여 기업 내 각종 활동들을 분석하는 데 유용하다.

③ 또한 ABC는 비용이 많이 들어가는 활동을 찾아 아웃소싱하는 결정을 하도록 도움을 줄 수도 있다.

3) 경제적 부가가치(EVA) : Stern Stewart & Company

① EVA(Economic Value Added)는 최근 기업 전체와 사업부의 성과측정방법으로 각광받고 있는 방법으로 전통적인 ROI(투자수익률) 평가방법을 대체할 것으로 보인다.

② EVA는 세후 영업이익에서 그 이익을 내기 위해 사용된 자금을 끌어들이는 데 들어간 비용(즉, 총자본비용)을 빼서 결정하는 것으로, 기업이 수립한 전략의 실

('98 CPA)
★ 출제 Point
MBO의 정의 및 장 · 단점

◆ EVA=세후 영업이익–
총자본비용

행전 가치와 실행후 가치의 차이를 측정하게 한다.

③ 이익이 총자본비용보다 크면, 그 전략은 주주에게 가치를 창출한 것이 되고, 이익이 비용보다 작으면 주주의 가치를 파괴한 것으로 해석할 수 있다.

4) 시장부가가치(MVA : Market value Added)

① EVA가 상대적으로 단기적인 성과를 측정한다면, MVA는 기업이 과거에 투자했거나 미래에 투자할 프로젝트의 현재가치를 시장이 어떻게 평가하는가를 측정하는 장기적 평가도구이다.

② 주주, 채권자, 유보금 등의 조달비용과 연구개발비 등 미래의 수익을 위해 투자된 모든 비용의 합인 '총투자자본'이 주식가치와 부채가치를 합한 '시장가치'보다 작으면 그 기업의 시장부가가치는 높은 것이고, 경영자가 사용한 전략은 가치를 창출한 것으로 이해할 수 있다.

2.7 기업의 사회적 책임

1. 사회적 책임의 필요성

1) 세계적인 초우량 기업들은 단순히 그 이해관계자나 정부의 요구를 따르는 단계를 넘어서 적극적으로 사회적 책임을 이행하기도 한다.

2) 기업이 사회적 책임을 이행할 때 나타나는 이점으로는 다음과 같은 것이 있다.

◈ Lubricant bribery
경직된 정부관료 시스템하에서 업무를 원활히 돌아가도록 하기 위해 지급하는 소액의 뇌물, 즉 '급행료'나 '떡값'

① 높은 수준의 윤리성을 유지하는 기업은 사회 또는 고객으로부터 두터운 신뢰와 좋은 평판을 얻어서 매출액도 높아지고, 자금조달도 원활해져 성장·발전이 용이해진다.

◈ White mail
영향력있는 정부의 고위층을 매수하기 위한 고액의 뇌물

② 기업이 비윤리적인 행동을 하게 되면, 사회적 불신이 높아지고 여론이 나빠져서 이러한 비윤리적 행동을 규제하고자 하는 법규가 나타나게 될 것인데, 이런 법규를 준수하기 위한 비용이 증가하게 된다.

🌑 도표 2-19 사회 내의 기업역할의 변화

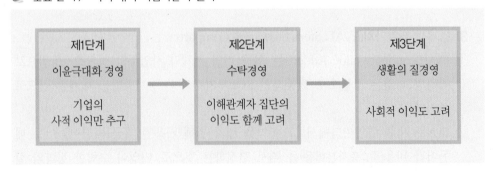

③ 기업에서 종업원의 양심이나 신념에 어긋나는 행동이 강요되는 경우, 그 종업원은 윤리적 갈등과 스트레스를 느끼게 되어 근로의욕이 상실될 것이고, 이직률도 높아질 것이다. 반면 높은 수준의 윤리성이 유지되는 기업에서 근무하는 종업원의 경우 **자부심과 보람**을 갖고 열심히 일하게 되어 생산성도 높아지고, 회사에 대한 **귀속의식** 및 **애사심**이 강화될 것이다.

2. 기업의 사회적 책임의 유형

(1) 대외적 윤리

1) 주주와 경영자 간의 대리인 문제

('89 CPA)
★ 출제 Point
경영자의 사회적 책임

① 대규모 기업에서 주주들은 그들의 대리인으로서 기업을 경영할 수 있는 경영자를 고용한다. 즉 경영자가 일상적으로 기업을 통제하게 되는데, 이 때 경영자는 주주의 부가 아닌 자신의 이익에 보다 관심을 가질 수 있다. → 다시 말하면 소유와 경영의 분리에 의해서 주주와 경영자의 목표가 서로 달라질 수 있다.

('98 CPA)
★ 출제 Point
대리인 문제의 이해

② 경영의 주체(principals)인 주주로부터 대리인(agents)인 경영자로의 의사결정권한의 위임으로 인하여 발생하는 주체와 대리인의 갈등을 대리인 문제(agency problems)라 한다.

2) 대리인 문제의 발생 원인

(2002 CPA)
★ 출제 Point
대리인 비용

① 경영자들은 주주 부의 극대화보다 호화스러운 사무실, 최고급승용차 구입 등 자신의 특권적 소비(perquisite consumptions)를 위하여 기업재산을 사용하거나, 기업의 외형적 확장에 열중할 수 있다.

② 경영자들의 재임기간은 주주들에 비해서 보다 짧으므로 장기적인 이익보다 단기적인 이익에 치중하는 경향이 있다.

③ 경영자와 주주의 위험에 대한 주관적인 평가가 서로 다를 수 있다. → 경영자는 위험을 초래할 수 있는 투자안에 대해서 과민할 정도로 회피하려는 경향이 있다. 즉 경영자는 무사안일주의에 빠져 자신의 직위에만 연연하는 경향이 있다.

3) 소비자에 대한 윤리문제

① 기업은 소비자에게 안전한 제품을 제공할 의무가 있으며, 제품의 하자에 대해서는 A/S나 교환 등 사후적인 책임도 져야 한다.

② 한편 자사제품에 대해 허위광고나 과대광고 등도 삼가해야 한다.

③ 이를 위해 정부에서는 소비자 보호법, 제조물책임법(PL법), 공정거래법 등을 제정하여 기업의 윤리행위에 영향을 주고 있다.

4) 정부와 사회에 대한 책임

① 기업은 경영활동과정에서 대기오염이나 소음공해, 수질오염 등이 발생하지 않도록 주의해야 한다.

② 또한 세금포탈을 하거나 뇌물을 통해 부당이익을 취하려는 행위는 그 기업뿐만이 아니라 사회 전체의 경제질서를 무너뜨리게 한다.

(2) 대내적 윤리

기업의 대내적 책임으로는 종업원을 공정하게 대우해야 할 책임, 부당노동행위를 하지 않는 등의 노조에 대한 책임 등이 있다.

도표 2-20 사회적 책임의 유형

	소극적 윤리	적극적 윤리
대내적 윤리	• 불공정 인사 · 임금체불 · 부당노동행위 여부 • 부실경영 · 허위보고서 작성 · 기업재산 유용 여부	• 산업재해예방 · 복리후생 향상 여부 • 인간중심경영 · 품질 향상 · 생산성 향상 여부
대외적 윤리	• 공해유발 · 유해식품제조 여부 • 가격조작, 매점매석, 허위과대광고 여부 • 세금포탈, 불성실한 회계보고(공시) 여부 • 상표도용 여부 • 정경유착 여부	• 환경보호 · 자원보전 여부 • 소비자만족경영 · 교육학술지원 여부 • 생활의 질 향상, 사회복지 향상 여부

3. 기업윤리의 제고방안

(1) 기업 스스로의 노력

1) 경영자의 역할

① 기업의 윤리의식을 높이기 위해서는 우선 최고경영자의 도덕성과 경영철학이 전제되어야 한다. 최고경영자가 솔선수범하여 윤리적 행동을 하고, 기업 내에서 이를 강조할 경우, 이는 조직문화에 영향을 미쳐 전반적으로 기업의 윤리의식을 높일 수 있다.

② 또한 이를 위해 종업원 평가시에도 윤리적 항목을 중시하여 가중치를 높이고, 기업윤리규정을 제정하여 지속적으로 교육시킬 필요가 있다.

2) 제도적인 보완

① 기업에 사외이사제도나 공익대표이사제도를 도입하여 외부의 객관적인 인사를 이사회에 참여시킴으로써 기업의 윤리수준을 높일 수 있다.

② 공익대표이사제도는 이해관계자 집단의 대표를 기업의 이사회에 참여시키는 제

도로 소비자단체, 환경보호단체, 지역대표 등의 요구와 기대를 신속히 경영활동에 반영할 수 있게 한다.

(2) 외부이해관계자의 역할

1) 외부이해관계자

① 기업의 윤리 또는 사회적 책임의 수준을 결정하는 외부이해관계자로는 정부, 소비자단체, 환경보호단체 등의 공익단체를 들 수 있다.

② 정부는 주식회사법, 증권거래법, 노동관계 제 법규, 공정거래법, 소비자보호법, 환경보호법 등 각종 법규를 제정하여 기업윤리를 제고하고 대중, 소비자, 종업원의 권리를 보호하고자 한다.

③ 소비자는 안전에 대한 권리, 정보를 얻을 권리, 피해보상을 받을 권리 등을 보장받기 위해 다양한 소비자보호운동을 전개하고 있다. → 소비자보호운동을 돕기 위한 대표적인 단체로 소비자보호원, YMCA, 경실련, 참여연대 등을 들 수 있다.

2) 대리인 문제의 해결방안

① 주주들은 주주총회에서 이사회의 구성원을 선출하고 경영자들은 이사회에서 선출되므로 주주들은 이사회를 통하여 경영자들을 간접적으로 통제할 수 있게 된다.

② 주식옵션(stock options)과 같은 유인제도를 이용함으로써 경영자들로 하여금 주식가격을 높이려는 노력을 하도록 할 수 있다.

③ '기업인수(takeover)'가 일반화된다면, 경영자들은 기업인수에 의한 직업상실에 대한 불안 때문에 주식가격을 높이려는 노력을 할 것이다.

④ 경영자 인력시장에서의 경쟁 때문에 경영자들은 주주의 이익을 위해서 노력할 것이다. 그렇지 않으면 그들은 새로운 경영자에 의해서 교체될 것이기 때문이다.

◈ 경영자 감시를 위한 3대 기구
① 주주총회
② 이사회
③ 감 사

◈ 이사회의 존재 목적
① 대리인 문제의 해소
② 경영진 보조
③ 경영진 견제

Key Point 이사회의 여러 형태

① 미국식 이사회 = 사내이사 + 사외이사 + 관련이사(사내이사와 사외이사의 중간적 성격)
② codetermination = 하부관리자나 노조의 대표를 포함시킨 이사회 = 경영협의회
③ interlocking directorates = 다른 회사의 CEO를 포함시킨 이사회

---

3) 사회감사를 포함한 외부감사의 강화

① 사회감사(social audit)란 기업의 사회적 책임을 이행하기 위해 벌이는 노력을 평가하는 것이다.

② 사회감사는 경제적 책임, 법적 책임, 도덕적 책임 등을 완수하는지에 관심을 두

고 있다.

　ⓐ 경제적 책임은 건전한 영업활동을 통해 이익을 창출하는지 또는 그 기업이 부실화될 가능성은 없는지를 살펴보는 것이다.

　ⓑ 법적 책임은 그 기업에 주어진 법률을 준수하고 있는지를 살펴보는 것이다.

　ⓒ 특정 기업이 법에서 정한 기준보다 더 엄격한 내부기준을 정해놓고 이를 준수한다면 도덕적 책임도 완수하고 있는 것이다.

2.8 경영혁신기법

1. 경영혁신기법의 활용

　1) 경영혁신기법은 실제경영활동(즉, 프로세스)을 변화시키는 기법과 경영활동이 일어나는 장(場)을 변화시키는 기법으로 나눌 수 있다.

　2) 경영할동을 변화시키는 기법은 수준에 따라 기업 전체, 사업부, 기능별로 나눌 수 있고, 경영내용에 따라 계획, 실행, 평가로 나눌 수 있다.

(1) 경영의 장을 변화시키는 기법

　1) 경영의 장을 변화시키는 경영혁신 기법으로 비전만들기(VM : vision making), 리스트럭처링(RS : restructuring), 학습조직(LO : learning organization), 기업 아이덴티티(CI : corporate identity), 벤치마킹(BM : benchmarking) 등이 있다.

　2) 이 기법들을 기업 전체 차원에 영향을 미치며, 경영 프로세스 조건을 변화시키는 근본적인 혁신기법들이다.

　3) 이 중 비전만들기(VM)가 혁신과정의 첫 단계라 할 수 있다.

(2) 경영프로세스를 변화시키는 기법

　1) 경영활동을 변화시키는 기법들은 장기전략계획(LSP : long-term strategy planning), 경쟁전략(CS : competitive strategy), 영기준예산(ZB : zero-base budgeting), 신인사제도(NP : new personnel planning), 리엔지니어링(RE : reengineering), 다운사이징(DS : downsizing), 시간중심경쟁(TBC : time-based competition), 전사적 품질경영(TQM : total quality management), 전략평가시스템(SES : strategic evaluation system) 등이 있다.

　2) 이 기법들을 기능, 사업부, 기업 전체와 같은 특정적용대상에 영향을 미친다.

　3) 경영활동을 변화시키는 기법들은 그 내용도 계획, 실행, 평가 차원으로 구분될 수 있다.

2. 벤치마킹

(1) 의 의

('94 CPA)
★ 출제 Point
벤치마킹의 정의

벤치마킹(benchmarking)이란 어느 특정 분야에서 우수한 상대를 찾아 성과 차이를 확인하고, 이를 극복하기 위해 그들의 뛰어난 운영 프로세스를 배우면서 부단히 자기 혁신을 추구하는 기법을 말한다.

(2) 벤치마킹의 장점

1) 자사의 현 수준과 극복해야 할 폭을 명확히 알 수 있으며, 혁신에 대한 조직 내 공감대를 쉽게 이룰 수 있다.

2) 혁신전개과정에서 입증된 상대의 우수한 운영 프로세스를 활용하기 때문에 적시에 효율적인 혁신 방향과 수단의 설정이 가능하다.

3) 우수 기업들에 대한 정보가 회사 내에 축적되기 때문에 초일류를 향한 도전적인 기업문화의 형성은 물론, 지속적인 조직학습효과를 노릴 수 있다.

● 도표 2-21 경영혁신 기법의 통합모델

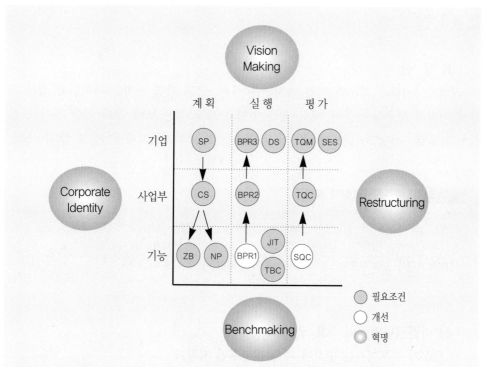

BPR1 : cost improvement BPR. BPR2 : competitive BPR. BPR3 : break-point BPR.
CS : competitive strategy. DS : downsizing. JIT : just-in-time manufacturing.
NP : new personnel system. SES : strategic evaluation system. SP : strategic planning.
SQC : statistical quality control. TBC : time-based competition. TQC : total quality control.
TQM : total quality management. ZB : zero-base budgeting

3. 리엔지니어링(Reengineering)

(1) 의 의

('94 CPA)
★ 출제 Point
리엔지니어링, 리스트럭처링

1) 기업의 규모가 커지고 경영이 복잡해지게 되면, '분업의 원리'에 의해 기능별로 분화되어 수행되는 업무들이 매끄럽게 통합되지 못하는 경우가 있다.

2) '비지니스 프로세스 리엔지니어링(BPR : business process reengineering)'이란 이러한 기존의 업무수행방식을 근본적으로 재설계하여 개선 이상의 혁신적인 효과를 달성하려는 신경영기법이다.

3) 즉 리엔지니어링은 기능별로 나누어진 기존의 경영 구도를 모두 허물어뜨리고 이를 전혀 새로운 각도에서 고객을 만족시키는 구조로 재설계해 기업에 새로운 생명과 힘을 불어 넣는 것을 말한다.

(2) 특 징

'기업 재창조'라고도 할 수 있는 리엔지니어링은 종래의 인원 삭감이나 부서 또는 부문 폐쇄 등에 의존해 온 '리스트럭처링(restructuring)'과는 달리 무의 개념에서 출발하여 기업 전략에 맞추어 사업의 모든 업무 과정을 프로세스를 중심으로 재설계하는 것을 주안점으로 하고 있다.

(3) 장 점

리엔지니어링은 기존의 기업 가치관은 물론, 모든 경영 원칙을 타파하고 업무 흐름의 혁신적 재구성을 통해, 보다 적은 인원과 보다 적은 노력, 보다 적은 투자로, 생산성과 품질, 서비스와 속도에 혁신을 가져오는 기업의 재창조과정이라고 할 수 있다.

> **Key Point** 리엔지니어링의 특징
>
> 리엔지니어링의 목적은 불필요한 정보와 비효과적인 업무과정을 제거하여 업무의 흐름을 단순화함으로써 기업의 장기적인 성장을 도모하는 데 있다. 따라서 부서별로 혁신을 꾀하지 않고 기업 목표와 관련된 전체 프로세스를 대상으로 혁신을 꾀한다는 특징을 가진다.

(4) 리엔지니어링의 주요 구성요소
1) 업무가 이루어지는 방식에 대한 근본적인 재평가
2) 수직적 계층을 다기능팀을 중심으로 재편
3) 새로운 정보시스템과 측정시스템
4) 고객을 중시하는 가치체계

4. 시간중심경쟁(TBC)

(1) 등장배경

1) 1990년대에 들어서면서부터는 값싸게 만드는 능력이나, 기능, 디자인 또는 품질에서 차별화된 제품을 만드는 기술은 경쟁사의 모방 속도가 너무 빨라졌기 때문에 지속적인 경쟁우위를 가져다 주지는 못했다.

2) 그러므로 성능이나 기능, 디자인이 유사한 제품이라 하더라도 누가 남보다 신속하게 개발하고, 남보다 먼저 생산하여 소비자에게 빨리 전달할 수 있느냐 하는 신속성(speed)이 차별화의 요소로 부각되고 있다.

3) 이런 시대 흐름을 파악해 '시간단축'에서 차별화 요소를 발견하고 이를 효율적으로 창출할 수 있는 능력을 구비함으로써 시장에서 선도적 지위를 향유할 수 있다.

(2) 시간중심경쟁의 방법

기업 내에서 '시간단축'을 통해 경쟁우위를 확보할 수 있는 영역은 크게 세 부문으로 나눌 수 있다.

1) 생산부문에서의 시간단축

① 기존의 생산시스템은 생산라인이 길고 공장의 레이아웃도 공정기술 중심이며 공정계획을 중앙집중식으로 수립한다는 특징을 가지고 있다.

② 반면 시간단축형 생산시스템에서는 가능한 한 생산라인을 짧게 하고 레이아웃도 제품 중심으로 설계하며, 공정계획을 현장에서 직접 수립하게 함으로써 생산시간을 단축한다.

2) 영업이나 유통부문에서의 단축

이를 위해서는 생산부문과 영업부문을 합병하거나 고객의 주문을 일괄취합해 보내던 것을 영업사원과 공장의 공정관리부문을 직접 연결하는 컴퓨터시스템을 구축함으로써 고객이 주문한 시점부터 배달되는 시간까지를 획기적으로 단축할 수 있다.

3) R&D부문에서 신제품 개발 사이클의 단축

신제품을 출시하기 위해서는 여러 관련 부서의 협조와 상부층의 결재를 받아야 하는데 이 때 소요되는 시간이 길수록 타이밍을 놓치게 된다. → 따라서 관련 부서들이 한꺼번에 모여 의사결정을 할 경우 그 만큼 출시기간이 짧아질 수 있다.

(3) 시간단축형 조직의 특징

1) 조직계층이 단축되어 의사결정에 걸리는 시간이 짧다.
2) 제품이나 시장을 중심으로 조직이 나뉘어져 있기 때문에 고객과 밀착할 수 있다.
3) 시간단축을 가져오는 정보시스템이 구축되어 있다. 본사와 부품 공급업자, 유통

업자, 본사 내 부문간 정보의 신속한 공유는 시간단축을 위해서 필수적이기 때문이다.

> **○ 참고**
>
> **동시공학(CE : concurrent engineering)**
> 동시공학은 제품의 설계, 기술, 생산, 마케팅, 서비스 등의 전과정을 거쳐 서로 다른 여러 부서로부터 다기능팀을 구성하고, 팀워크를 중시하며 함께 협력하는 경영방식이다.
> 이는 제품의 설계단계에서부터 가능한 빨리 기업의 자원과 설계, 개발, 생산, 마케팅 및 서비스의 경험을 적절하게 사용함으로써 제품개발기간의 단축, 비용절감, 품질향상을 동시에 달성하면서 성공적인 신제품을 개발하고자 하는 것이다.

2.9 디지털 시대의 신경영 패러다임

1. 디지털 시대의 경영환경 및 경영기법

(1) 경영환경의 변화

1) 기존의 경영관리 : 시간과 공간의 개념은 중요한 제약 요인
2) 디지털 시대의 경영관리 : 인터넷으로 대변되는 네트워크 시대에 있어서는 이의 한계가 극복되어 시간과 공간을 초월한 경영이 가능

● 도표 2-22 신경영패러다임

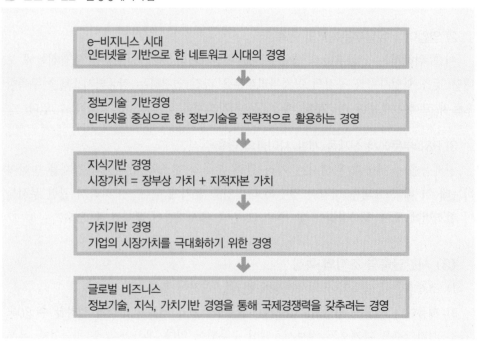

(2) 신경영 패러다임의 등장

신경영 패러다임을 실제로 가능하게 하기 위하여 [도표 2-23]과 같은 새로운 관리 기법들이 개발되어 활용되고 있다.

● 도표 2-23 새로운 관리 기법

신경영 패러다임	새로운 관리기법
정보기술기반 경영	전사적 자원관리(enterprise resource planning : ERP) 공급사슬 관리(supply chain management : SCM) 고객관계 관리(customer relationship management : CRM)
지식기반 경영	지식경영(knowledge management : KM)
가치기반 경영	가치중심 경영관리(value-based management : VBM) 활동중심 경영관리(activity based management : ABM) 균형 성과표(balanced scorecard : BSC) 리스크 관리(risk management : RM) 가치기준회계(value-based accounting : VBA) 경제적 부가가치(economic value added : EVA)

2. 정보기술기반 경영

1) 정보기술은 기업경영의 중요한 자원 중의 하나이고, 이를 어떻게 기업경영에 활용하느냐에 따라 경영의 효율성이 좌우된다.

2) 정보기술의 활용에 의한 새로운 경영관리기법에는 ERP, SCM, CRM 등이 포함된다.

(1) 전사적 자원관리

1) 정 의

① 전사적 자원관리(ERP : enterprise resource planning)는 구매와 생산관리, 물류, 판매, 회계 등의 기업활동 전반에 걸친 업무를 통합하여 경영자원을 최적화하려는 활동이다.

② ERP는 1970년대의 생산과 재고관리기법인 MRP(자재소요량계획 : material requirements planning)에서 시작, MRPⅡ(생산자원계획 : manufacturing resource planning Ⅱ)로의 발전을 거쳐 현재의 정보시스템으로 확장된 개념이다.

③ MRP와 MRPⅡ를 통해 자재의 수요량과 시기를 예측하게 되어 모든 제조활동과 관리활동이 정확한 계획에 근거하여 움직이게 되었고, 따라서 자원의 불필요한 낭비를 제거하고 생산활동을 최대한 효율적으로 운영하게 되었다.

④ ERP는 이러한 생산관리활동을 기업활동 전반의 경영자원을 대상으로까지 확대시킴으로써 붙여진 이름이다.

('99 CPA)
★ 출제 Point
ERP의 정의 및 적용과정

2) ERP의 필요성

① 세계화에 따른 표준 비즈니스의 수행 및 다국적, 다통화, 다언어를 수용할 수 있는 시스템

② 제조 위주의 기능에서 전사적인 기능을 포함하고, 실시간으로 통합된 정보처리를 가능하게 하는 시스템

③ 새로운 경영기법과 새로운 정보기술이 반영되어 정보자원의 효과를 극대화할 수 있는 시스템

④ 변화에 유연하고 신속하게 대응할 수 있는 구조의 지원

3) ERP와 기존의 정보시스템 비교

도표 2-24 ERP와 기존의 정보시스템 비교

구 분	기존의 정보시스템	ERP
개 발 과 정	• 장시간 소요 • 기술 · 방법론 도입 한계 • 상향식(bottom-up) 도입	• 상대적 시간 단축 • 선진기술 · 방법 도입 • 하향식(top-down) 도입
운영 · 유지 · 보수	• 시스템 변경 · 확장 곤란 • 운용 · 유지 · 인력 다수	• 신규버전 지원 • 기술변화에 신속대응 • 변화에 대한 위험극복
사 용 자	• 세밀한 요구 구현 가능 • 중간검증 곤란	• 업무혁신 활동과 연계 • 프로토타이핑 검증

4) ERP의 발전과정

① MRP I : 재고 및 자재관리

② closed-loop MRP : ① + 생산능력 계획관리

③ MRP II : ② + 제조자원 계획(인력, 자금 등 포함)

④ ERP : 전사적 자원관리(생산, 재고, 물류, 판매, 회계, 인사 등 모든 업무데이터와 정보를 데이터베이스화 하여 일원적으로 관리)

⑤ eERP(extended ERP) : ERP + SCM + CRM 등

⑥ TEI(total enterprise integration : 전사적 통합시스템) : eERP + eSCM + e-비즈니스 등

5) 특 징

① ERP는 기업으로 하여금 글로벌환경에 쉽게 대응할 수 있도록 해준다. → 왜냐하면 다국적, 다통화, 다언어를 지원해주는 소프트웨어 패키지로 국제적 경영환

경에 쉽게 적응할 수 있도록 지원해 줄 수 있기 때문이다.

② ERP는 판매, 생산, 재고관리 등의 시스템들이 상호 연동하여 사용자가 요청하는 작업을 즉시 수행할 수 있도록 해주는 통합시스템이다. → 그러므로 정보시스템을 통해 회사의 경영에 필요한 조기경보체제를 구축할 수 있다.

③ 업무의 표준화, 자료의 표준화에 의한 시스템 통합으로, 전사 차원에서 통합된 데이터베이스를 구축하여 정보의 일관성 유지 및 관리의 중복을 배제할 수 있다.

④ 기업혁신으로 리엔지니어링의 지원이 가능하다. ERP설치 과정에서 기업 프로세스를 재설계할 수 있을 뿐 아니라, 리엔지니어링을 추진하는 동안 기업환경의 변화로 인하여 도출된 프로세스에 적절히 운용될 수 있도록 유연성을 갖추고 있어 리엔지니어링과 병행하여 도입이 가능하게 한다.

⑤ 오픈시스템을 지향한다. → 특정 하드웨어 및 소프트웨어 업체에 의존하지 않고, 다양한 하드웨어업체의 컴퓨터와 소프트웨어를 조합하여 사용할 수 있어 정보시스템을 쉽게 확장 사용할 수 있다.

(2) 공급사슬 관리(SCM)

1) 정 의

고객에게 제공되는 제품의 사이클 타임의 최소화에 의한 경영혁신을 목적으로 공급자로부터 소비자에게 이르는 일련의 공급사슬을 ⓐ 정보의 흐름, ⓑ 제품의 흐름, ⓒ 재무의 흐름을 중심으로 통합화한 경영체계이다.

● 도표 2-25 물류의 발전사

구 분	'80년대 중반 이전	'80년대 중반 이후	'90년대 후반
변혁 대상	수송, 하역, 보관, 포장	생산, 판매, 물류의 통합	공급자, Maker, 도매점, 소매점, 고객
관리 범위	물류기능 비용	가치사슬의 관리	SCM
목 적	물류부문 내의 효율화	사내의 유통 효율화 + α	공급사슬 전체의 유통 효율화
변혁 기간	단 기	단기, 중기	중기, 장기
적용 Tool	기계화, 자동화 및 물류부문 내의 시스템	POS, VAN, EDI 등의 기업 내의 정보시스템	SCM 소프트웨어, 기업간 정보시스템, ERP 등
변혁 과제	(전문화, 분업화) 부문 효율화	다품종, 소량, 다빈도, 정시 물류비용 및 서비스 수준	소비자 가치, 정보 기술의 활용 및 SC의 최적화

2) 유사 개념과의 비교

① SCM vs 물류관리

ⓐ 물류관리는 단순히 기업 내부의 흐름을 통제하고 관리하는 것

ⓑ SCM은 소비자 중심의 리엔지니어링을 통해 내부통합 뿐만이 아니라, 공급 사슬상의 비즈니스 요소(거래기업들) 간의 통합을 구현하는 것

② SCM vs EDI

ⓐ EDI는 기업간 거래에서 문서정보 교환을 담당하는 좁은 범위의 역할을 담당

ⓑ SCM은 조달, 생산, 운송, 전달 등 공급원천에서 소비자까지 전달되는 전 과정을 계획, 통제

ⓒ EDI는 기업간 거래를 지원하는 기술이므로, 전자상거래의 핵심전략인 SCM 의 하위요소가 됨

③ SCM vs CALS

ⓐ CALS는 정보화를 통한 효율성의 증진을 강조하지만, 어떻게 전략적인 측면에서 모든 상거래 정보를 이용하여야 하는지에 대한 측면이 약하다.

ⓑ CALS는 동시공학, 통합 데이터베이스, 정보통신 기술의 사용, 표준화 등 기술적 측면의 성격을 띤 개념이다.

ⓒ SCM은 기업 간의 상거래를 전략적으로 통합하기 위한 경영철학 측면의 성격을 띤 개념으로 경쟁우위 확보를 위한 전략이다.

ⓓ SCM은 정보공유, 정보기술을 포함한 경영전략 기법이므로 CALS는 기업간 거래를 지원하는 정보화 기술로서 SCM을 위한 하위요소라 할 수 있다.

ⓔ 그리고 SCM과 CALS 모두 EDI 및 거래 기업 간의 정보공유를 기반으로 하고 있으며, 제품수명주기 전반에 관련된 정보를 통합하는 정보화 전략이라는 점에서 매우 유사.

④ SCM vs EC

ⓐ EC는 거래가 이루어지기 직전까지의 거래를 위한 도구를 제공한다.

ⓑ SCM은 서로 떨어진 기업 간의 정보시스템을 연결해 생산일정, 계획 및 부품, 재고현황을 실시간으로 파악해 전달함으로써 업무효율을 극대화하고자 하는 정보기술 기반의 경영기법이다.

ⓒ SCM은 기업간 전자상거래에 해당하며, 이를 전략적으로 추구하려는 방식이 된다.

3) SCM의 새로운 개념

① e-비즈니스하에서의 SCM(e-SCM)

기존의 SCM은 공급체계의 최적화를 통해 기업 내부의 성능 개선에 초점을 두었으나, e-SCM은 인터넷으로 지칭되는 네트워크를 중심으로 한 정보기술을 활

용하여 하나의 가상기업 공동체를 형성하여 기업경영의 효율성 제고시킴(즉 공급사이클 타임을 단축시킴)을 목표로 하게 된다.

② GSCM

GSCM(global supply chain management)은 기업이 세계화 됨에 따라 나타나는 개념임.

(3) CRM

1) 정 의

① 고객과의 관계를 바탕으로 평생고객 가치인 LTV(life time value)를 극대화하기 위한 고객, 정보, 사내 프로세스, 전략, 조직 등 경영 전반에 걸친 관리체계이다.

② 인터넷을 비롯한 정보기술이 밑받침된다.

2) CRM의 단계

고객 데이터의 세분화를 실시하여 ⓐ 신규고객 획득, ⓑ 우수고객 유지, ⓒ 고객가치 증진, ⓓ 잠재고객 활성화, ⓔ 평생고객화와 같은 사이클을 통하여 고객을 적극적으로 관리하고 유도하며 고객의 가치를 극대화시키려는 전략을 실시.

3) CRM의 주요 이슈

고객맞춤 서비스 전략 → 고객 이탈 방지를 통한 우수고객의 유지가 기업의 수익성 증대에 도움이 됨.

4) CRM 프로세스

① 고객별 전략의 정의

② 가용자원의 최적화

③ 고객과의 모든 접점(channel)을 통한 최상의 서비스 제공

④ 선별된 고객에 전사적 자원을 집중함으로써 효과를 증대시키고자 하는 리엔지니어링으로 확장

3. 지식기반 경영

(1) 지식기반 경영의 의의

1) 지식기반 경영

지식기반 경영은 무형자산, 즉 지적자본을 기본으로 하여 신정보기술, e-비즈니스에 적합한 인적자원 등을 활용한 기업의 성장발전을 직접 추구하는 새로운 경영체계이다.

2) 기존 경영과의 차이점

기존 경영은 유형자산을 기본으로 하여 TQM, BPR 등에 의한 경영혁신으로 제품의 품질향상, 생산성 향상 등에 의한 기업의 성장발전을 추구하는 경영체계였다.

(2) 지식기반 경영의 구축

1) 지식기반 경영을 위한 5대 요소

① 비즈니스 가치, ② 프로세스, ③ 지식 및 평가, ④ 정보기술, ⑤ 변화관리

2) 지식기반 경영을 위해서는 기업의 경영가치 극대화를 목적으로 정보기술을 통한 지식과 프로세스가 결합되어야 하며, 이의 효율적 시행을 위한 조직변화관리가 시행되어야 한다.

3) 지식순환 프로세스 : 노나카

4) 지식경영시스템(knowledge management system : KMS) : 지식을 잘 관리하기 위하여 지식경영을 시스템화 한 것

(3) 지식경영에 대한 새로운 인식과 접근

1) 지식경영은 지적자산을 중심으로 한 새로운 경영방식을 의미한다.

2) 그러므로 지식개념의 재정립이 지식경영의 출발점이다.

Key Point 지식경영의 중요성

기업의 가치는 장부상의 투하자본과 그 기업이 보유하고 있는 지적자산, 즉 무형자산을 합친 것이며, 무형자산이 기업의 가치에서 차지하는 비중이 투하자본보다 훨씬 크기 때문에 지식경영이 현대 경영의 새로운 패턴이 되고 있는 것이다.

---

3) 지식경영은 계획-집행-통제라는 경영관리 사이클을 통하여 수행된다. → 즉, 지식경영계획-지식경영집행-지식경영통제의 과정을 거쳐서 수행된다.

4) 지식경영을 수행하기 위해서는 지적자산의 측정 및 관리를 위한 관리지표가 개발되어 이에 의한 계획의 수립-집행-통제가 수행되어야 한다.

5) 지식경영의 효율적인 운영을 위해서는 일련의 지식관리를 위한 별도의 조직을 신설하여 이를 전담토록 해야 한다. → 국내에 있어서는 CIO(chief information officer)가 CKO(chief knowledge officer)를 겸하고 있는 경우가 많으나 CKO는 CIO와는 달리 전사적 차원에서 임명되어야 한다. 왜냐하면 지식경영은 전사적인 차원에서 수행해야 할 새로운 경영 패러다임이기 때문이다.

4. 가치기반 경영

1) 가치기반 경영은 기존의 외형 위주의 양적 경영에 대체되는 개념으로, 내실 위주의 질적 경영으로 정의될 수 있다.

2) 지식기반 경영에 의하여 기업경영은 궁극적으로 기업의 가치를 극대화하게 된다.

◈ 지식기반 경영에 의하여 가치기반 경영이 가능하다.

(1) 가치중심 경영관리(VBM)

1) 정 의

가치중심 경영관리(value-based management : VBM)란 기존의 이익중심 경영(profit-based management : PBM)에 대한 상대적 개념으로 기업의 이익 대신 기업의 가치를 중심으로 한 경영관리를 말한다.

2) 가치란?

① VBM에서 가치란 다양하게 정의할 수 있으나, 기업의 시장가치 혹은 비즈니스 가치로 정의할 수 있다.

② 즉, 주주의 관점에서 주주의 부를 극대화시킬 수 있도록 기업의 가치를 지속적으로 개선시키고자 하는 것이 VBM의 핵심이라 할 수 있다.

3) VBM의 실행수단

VBM을 실행하는 수단으로 경제적 부가가치(EVA), 균형성과표(BSC), 활동중심 경영관리(ABM), 리스크 관리(RM), 그리고 가치기반회계(VBM) 등이 활용되고 있다.

4) 가치경영 관리의 3대요소

가치경영관리의 3대 요소는 전략, 조직, 평가이며 이들 상호간의 관계는 다음과 같다.

① 가치중심 전략 : 가치창조 영역별 관리지표를 중심으로 하여 기업의 가치(즉, 시장가치)를 극대화하기 위한 전략을 수립함

② 가치중심 조직 : 가치중심점을 기준으로 조직을 구성하며, 성과에 따른 인센티브제도가 병행됨

③ 가치중심 평가 : 가치창조 전략의 구현 여부를 체크하는 시스템으로 가치중심점별로 EVA 등을 측정함

(2) 활동중심 경영관리(ABM)

1) 의 의

① 지금까지 경영관리의 가장 큰 문제점 중의 하나는 경영관리를 위한 경영정보와 그 정보의 근원이 되는 기업경영 활동이 상호 연계되지 않아 정보의 효용성이 떨어질 뿐만 아니라 경영관리 자체의 효율성이 만족스럽지 못한 것이다.

② 이러한 문제점을 해결하기 위하여 활동기준원가계산(activity based costing : ABC)에서 출발한 활동기준정보를 활용한 활동기준 경영관리(activity based managemant : ABM)기법이 개발되었다.

③ ABM은 VBM과 결합하여 활용된다.

● 도표 2-26 ABM과 VBM의 관계

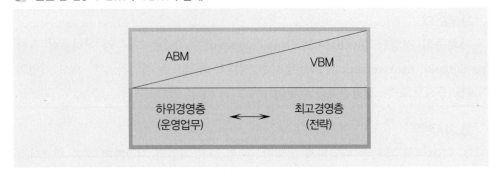

2) 활동중심 경영의 변천과정

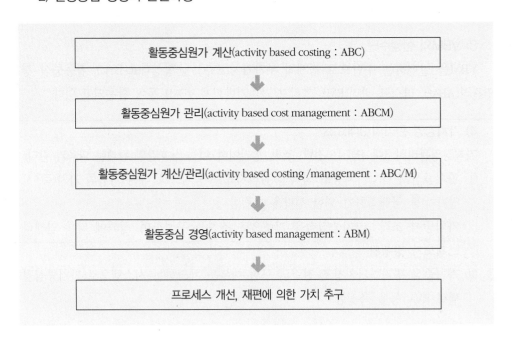

3) 활동중심 경영과 가치중심 경영의 비교

① 가치중심 경영은 가치라고 하는 성과지향의 'what'에 대한 방법론

② 활동중심 경영은 활동이라고 하는 가치를 창출하는 원인을 분석하고 개선하고자 하는 과정지향의 'how'의 방법론

(3) 균형성과표(BSC)

1) 정 의

① 균형성과표(balanced scorecard : BSC)는 전통적인 회계나 재무시각만으로 기업경영을 보지 말고 ⓐ 재무, ⓑ 고객, ⓒ 내부 프로세스, ⓓ 학습·성장 등 네 가지 관점 간의 균형잡힌 시각에서 기업경영을 바라보아야 한다는 관리시스템이다.

② 이러한 4가지 관점은 전략적 성과측정 시스템에 대한 체계를 제공한다. → 즉, 기업의 비전은 재무관점의 성과를 통해 달성됨을 의미하며, 이러한 관점의 성과는 내부 프로세스 관점의 성과를 통해 달성되고, 내부 프로세스 관점의 성과는 학습과 성장관점의 성과를 통해 달성됨을 의미한다.

2) 기존의 평가제도와 균형성과표(BSC)의 차이점

① 기존의 성과평가 제도가 측정시스템이라면, 균형성과표(BSC)는 기업들의 핵심적인 관리시스템으로서의 역할을 수행하고 있다.

② 균형성과표(BSC)는 사업단위의 사명과 전략들을 조직구성원들이 이해한 후 이를 구체적인 목표와 측정지표들로 전환시켜 주는 것이다.

③ 또한 균형성과표(BSC)에서는 측정지표들을 외부적인 측정지표인 재무적 관점과 내부적인 측정지표인 고객의 관점, 비즈니스 프로세스 관점, 그리고 학습과 성장의 관점 간의 '균형'(balanced)으로 본다.

3) BSC와 EVA의 비교

BSC와 EVA는 모두 기업들을 어떻게 경영할 것인가에 대한 문제를 해결하기 위해 등장하였다.

① EVA는 재무적 시각이 강하고, BSC는 핵심역량을 강조한다.

② EVA는 최종 결과물을 중시하는데 반해, BSC는 이를 달성하기 위한 과정을 중시한다.

③ EVA는 단순지표인 반면, BSC는 다양한 지표 간의 통합을 추구한다.

④ EVA는 기업 전체(CEO평가) 혹은 사업부 이상의 조직단위에 적용되는데 비해, BSC는 하위조직 단위까지 적용할 수 있다.

4) BSC와 EVA의 통합 방안

① 사업부 이상의 조직단위에는 EVA 지표를 중심으로 평가제도를 구축하고, 사업부 이하의 조직단위에서는 BSC에서 제시하는 각종 지표를 중심으로 평가제도를 구축한다.

② EVA 지표를 출발점으로 하여 다른 지표로 점차 개선시켜 나가는 방향으로 평가제도를 구축한다.

③ 평가지표가 주주가치를 높이는 데 어떻게 기여하고 있는지를 주주들에게 적극적으로 홍보한다.

(4) 리스크 관리(RM)

1) 리스크 관리의 의미

① 기업이 소유하고 있는 금융자산 또는 금융부채가 시장의 여건변화 또는 내부관리의 비효율성에 따라 야기시키는 위험을 리스크라고 하며, 이를 사전, 사후에 효율적으로 관리함으로써 기업의 리스크에 관련된 코스트 부담을 최소화함을 목적으로 하는 경영관리 방법을 리스크 관리(risk management : RM)라 한다.

② 이러한 리스크 관리는 보통 금융기관을 대상으로 발전되어 왔으나 일반기업의 자금관리 차원에서도 고려해야 한다.

2) 리스크의 종류

① **시장리스크**(market risk)

금융자산이나 금융부채가 이자율, 환율 등의 불리한 변동에 따라 손실을 볼 수 있는 위험을 의미한다. 이자율 변동위험, 환율 변동위험, 유가증권 가격변동위험 등이 전형적인 예이다.

② **신용리스크**(credit risk)

재무거래의 계약 상대방이 계약조건을 이행하지 못함으로써 발생하는 리스크이다. → 예를 들면, 대여금을 만기일에 상환받지 못하는 경우, 또는 유가증권 발행자가 도산하여 그 원리금을 상환받지 못하는 경우가 있다.

③ **유동성리스크**(liquidity risk)

기업이 채무지금을 위한 유동성을 충분히 확보하지 못하여 지급불능 상태에 빠지거나 높은 자금조달 코스트를 부담하게 되는 경우이다.

④ **운영리스크**(operation risk)

경영의 부실, 직원의 비리 등에 의하여 발생 가능한 리스크를 의미한다. → 예를 들면, 거래자료의 분실, 오류 등에 의한 금융리스크가 있다.

⑤ **기타 리스크** : 법률리스크, 경제불안리스크, 그리고 경제정책리스크 등이 있다.

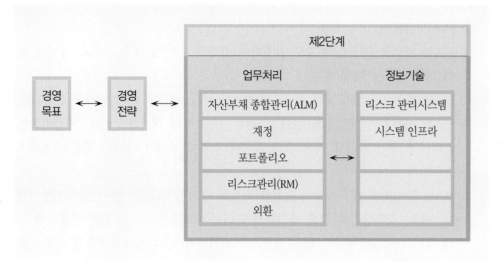

● 도표 2-27 리스크 관리의 체계

3) 리스크 관리모형

① 기업의 경영목표에 따라 경영전략이 수립되며, 이를 기초로 하여 리스크 관리가 수행된다.

② 리스크 관리는 업무처리(business process)와 관련 정보기술의 활용에 의하여 수행된다.

(5) EVA경영

1) 정 의

① 경제적 부가가치(economic value added : EVA)경영이란 기업경영의 궁극적인 목표를 회계상의 이익 개념에서 경제적 부가가치의 창출로 옮긴 것이다.

② 경영전략, 조직구조 및 업무 프로세스 등을 EVA극대화방향으로 재편하는 '가치경영'을 말한다.

2) EVA경영의 매력

① EVA경영은 경영자 또는 기업의 세 가지 필수불가결한 의사결정의 기능을 통합하는 데 있다. → 세 가지 기능이란 ⓐ 성과평가의 척도, ⓑ 성과에 대한 보상 기준, 그리고 ⓒ 투자기회의 평가를 말한다.

② 원래 이들 기능 모두 경영자의 행동을 궁극적으로 통제하기 위한 것이지만, 기존의 방법하에서는 많은 경우 이들 기능이 서로 충돌하여 경영자들이나 투자가를 혼란시켜 왔다. 그러나 EVA경영에 기초한 경영관리를 생각해본다면 기업의 목표는 EVA를 창출하는 것이 된다.

③ EVA의 증가로 기업의 성과를 측정하고 경영성과에 대한 보상도 EVA에 따라 결

정된다면 그것은 명확하고 단순하여 누구나 쉽게 이해할 수 있을 것이다.

3) EVA의 유용성
① EVA는 임의적 지출을 투자로 간주하여 경영진이 이에 대한 수익을 올려야 보다 나은 평가를 받게 한다.
② EVA는 회수 가능성이 낮은 채권이라 하여도 이들 채권이 투하자본으로 간주된다.
③ EVA를 사용하면 영업권과 같이 기업의 인수합병의 대가도 기업의 자금지불에 의하여 이루어진 만큼 이에 대한 적절한 수익이 있어야 한다는 것을 경영진에 요구하게 된다.
④ EVA는 수익비용 대응원칙의 엄격한 적용의 결과인 퇴직급여충당금, 이연법인세 대, 제품보증충당금과 같은 추정부채에 의하여 왜곡된 자기자본을 조정하여 투하 자기자본 실질에 근거한 경영성과를 평가하게 하여 기업경영에 있어서 계획 통제의 기능을 효과적으로 수행할 수 있게 된다.
⑤ EVA는 이상적인 기업의 목표지표로서 사용될 수 있다.
⑥ EVA는 전문경영자의 보상평가기준(incentive plan)으로 사용될 수 있을 뿐만 아니라 대리인 비용(agency cost)을 줄일 수 있다.
⑦ EVA는 투자안의 경제성 평가기준으로 사용될 수 있다.
⑧ EVA는 투자자가 투자대상기업 선정 시 사용할 수 있다.

4) EVA의 한계
① 회계적 이익의 영향을 배제하기 어렵다.
② 계열사 간의 내부거래 문제를 제거하기 어렵다.
③ 정확한 자기자본 비용 산출 불가
④ EVA 결과는 실체를 잘못 읽게 할 소지도 있다.

5) 경제적 부가가치와 시장부가가치
① EVA는 기업의 내재적 시장가치와 연관되어 있다. 경제적 부가가치를 예측하고 그것을 현재가치로 할인하면 그것이 곧 현재의 투하자본에 반영될 가치가 된다. 이를 시장부가가치(market value added : MVA)라 하며 그것은 기업의 시장가치와 투하자본과의 차이이다.
② EVA가 특정 연도의 정보를 바탕으로 한 단기적 성과측정 지표라는 한계를 가지고 있으므로 수익에 따른 위험의 감안과 화폐의 시간가치 개념을 충분히 반영하지 못할 수 있다. 그러나 MVA는 미래의 경제적 이익을 근거로 측정되므로 EVA가 가지는 한계를 보완해 줄 수 있다.
③ MVA는 시장에서 형성된 기업가치에서 주주와 채권자의 실제 투자액을 차감한 금액이다. 주가는 미래의 모든 예상 현금흐름을 반영하므로, 효율적 시장에서는

모든 미래의 초과이익(EE), 또는 경제적 부가가치(EVA)의 현재가치의 합계가 MVA로 나타나게 된다.

④ MVA는 미래의 여러 기간에 대한 예상 초과이익의 할인가로서 주식시장의 영향을 받는 반면에, EVA는 매기간 초과이익을 나타내므로 경영관리 분야에서 유용한 수단으로 각광받고 있다.

(6) 가치기준회계(VBA)

1) 정 의
가치기준회계(value-based accounting : VBA)란 전통적인 회계절차를 통해서는 측정할 수 없는 숨겨진 기업가치(즉, 지적자본)를 찾아내어 이를 객관적으로 평가하고자 하는 것이다.

2) 시장가치의 측정
① 과거 : 재무적 지표 중심
② 현재 : 고객관점, 인적자원관점, 내부프로세스관점 함께 사용
③ 미래 : 혁신과 개발이라는 새로운 지표 개발

● 도표 2-28 각 경영관리 기법의 특징

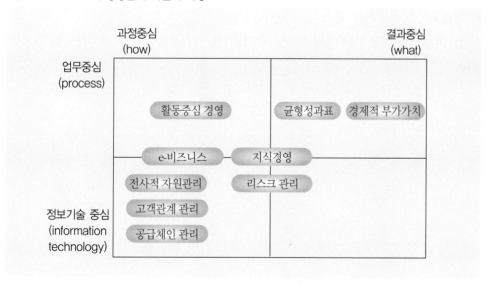

(7) 각 경영기법의 도입순서

1) 경영기법의 도입 시 먼저 업무중심적이고 과정중심적인 경영관리기법을 정착시켜서 거래처리프로세스를 안정되게 만든다.

2) 그 다음 업무중심적인 경영관리기법을 정착시켜서 1단계의 내역을 평가하고

● 도표 2-29 각 경영관리 기법의 도입 순서

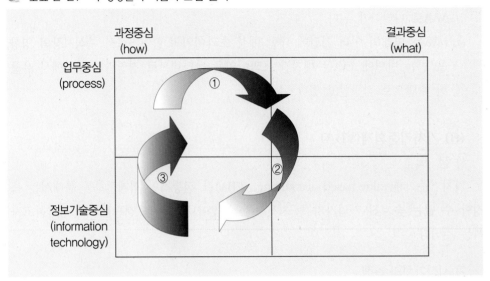

조정하며 기획할 수 있도록 한다.

　3) 업무중심의 경영관리기법이 정착되면 거래처리프로세스를 정보시스템화하여 정보기술중심의 경영관리기법을 정착시키도록 한다.

　4) 이러한 경영관리기법의 한 사이클 적용이 끝나면 다시 첫 번째 단계로 넘어가서 경영혁신을 추진하게 된다.

　5) 대개 일반적인 제조업의 3~5년 주기로 한 사이클을 적용하게 되는 것이 보통이다.

01 오늘날 기업은 사기업의 형태뿐만 아니라 공기업의 형태로도 운영된다. 사기업은 영리를 목적으로 운영되지만 공기업은 공공의 목적 등으로 운영된다. 다음 가운데 공기업의 존재이유로서 적절하지 않은 것은? ('89. CPA)

① 국가재정수입의 증대를 위한 재정정책상의 이유

② 산업육성이나 경제통제 등 경제정책상의 이유

③ 규모의 경제를 꾀하며 창의적 운영을 위한 경영정책상의 이유

④ 실업자 구제나 의료보험 등의 사회정책상의 이유

⑤ 공공서비스 증대를 위한 공익목적상의 이유

✎ 해설 ③ 창의적 운영을 위한 경영을 위해서는 공기업보다는 사기업이 유리하다.

02 기업의 결합은 여러 가지 형태로 나타난다. 새로운 기업결합형태의 하나로서, 상호관련이 없는 다종다양한 이종기업을 매수 또는 합병하여 하나의 거대한 기업체를 이루는 기업의 결합형태는 다음 중 어느 것인가? ('89. CPA)

① 콤비나트   ② 트러스트   ③ 카르텔 또는 콘체른

④ 벤처캐피탈   ⑤ 컨글로머리트

✎ 해설 ① 다각적 종합공장
　　② 기업합동 : 법률적 · 경제적 독립성을 상실한 강력한 결합형태
　　③ 카르텔(기업연합) : 법률적 · 경제적 독립성을 유지하고 협정사항만 결합유지
　　　콘체른(기업연휴) : 법률적 독립성을 유지, 경제적 독립성 상실
　　④ 모험자본 회사

03 다음 중 기업 내지 경영자의 사회적 책임의 내용과 가장 관련이 적다고 볼 수 있는 것은? ('89. CPA)

① 재화와 용역의 제공을 통해 소비자들의 생활수준을 향상시켜야 하는 경제적 책임

② '결과는 수요를 정당화시킨다'라는 신조를 갖고 수익성을 높여 기업을 유지 · 발전시키는 책임

정답 1 ③ 2 ⑤ 3 ②

③ 기업에 관련된 여러 이해자 집단간의 이해관계조정에 대한 책임

④ '기업이익의 사회적 환원'이라는 차원에서의 지역사회사업에 참여하는 책임

⑤ 공해방지와 생활환경의 보호를 위한 책임

✎ 해설 ②는 경영자의 사회적 책임과는 거리가 멀다.

04 다음 조직화에 대한 설명으로 바르지 못한 것은?   ('91. CPA)

① 조직화란 조직구성원들이 기업의 목표를 달성하기 위하여 가장 효과적으로 협력할 수 있도록 수행하여야 할 업무(직무의 내용)를 명확하게 편성하고, 또 그 직무수행에 관한 권한과 책임을 명확하게 함과 아울러 이것을 위양하여 상호관계를 설정하는 과정을 말한다.

② 조직화의 요소로서 직무(job)는 조직의 구성원들에게 각각 분할된 업무(work)의 기술적 단위 또는 업무의 총체를 말한다.

③ 조직화의 요소로서 권한(authority)은 일정한 직무를 스스로 수행하거나 또는 타인으로 하여금 수행하도록 하는 데 필요한 공식적(formal)인 힘 또는 권리(right)를 말한다.

④ 조직화의 요소로서 책임(responsibility)은 일정한 직무와 권한을 일정한 기준에 따라 수행하여야 할 의무로서 직무와 책임은 적절히 하위자에게 위양될 수 있다.

⑤ 조직화의 요소로서 직위(position)란 조직이 개인에게 부여한 직무상의 지위를 말하는데 이는 기업의 목표달성에 필요한 기업에서의 하나의 기관이다.

✎ 해설 ④ 상위자가 직무를 위양할 때 권한을 위양할 수 있지만 책임은 위양해서는 안 된다.

05 현대의 경영은 급변하는 환경에서 존속과 성장을 추구한다. 다음 중 현대경영의 특징으로 적절하지 않은 것은?   ('91. CPA)

① 현대경영의 활동원리로는 생산성, 공익성, 조직성 등을 들 수 있다.

② 현대경영학의 경영이념은 사회적 사명의 달성에 그 바탕을 두고 합리성 추구, 인간성 존중, 혁신 등을 그 내용으로 한다.

③ 환경과의 동태적 균형을 추구하는 시스템이론에 입각한다.

④ 조직의 목표달성을 위한 상황적응적 조직구조형태를 취한다.

⑤ 문제해결에 계량의사결정방식은 많이 이용하지 않는다.

✎ 해설 ⑤ 계량의사결정방식의 이용은 현대경영의 특징이다.

06 과업관리로 불리는 과학적 관리론은 테일러(Taylor)에 의해 제시되었다. 다음 중 테일러시스템의 특성이 아닌 것은?　　　　　　　　　　　　　　　　　　　　　　('92. CPA)

① 하루 일할 수 있는 최고의 과업결정　　② 기초적 시간연구

③ 차별적 성과급제의 직능식 조직　　　　④ 저가격 · 고임금의 원리

⑤ 성공시 우대, 실패시 상대적 손실을 부담시킴

✎ 해설　④는 포드시스템의 특성이다. 테일러는 고임금 · 저노무비의 원칙

07 기업은 여러 가지 목적으로 기업집중을 시도한다. 기업이 중소기업을 지배하는 방법으로 자금대여 등을 이용하는 기법은?　　　　　　　　　　　　　　　　　　　　　('92. CPA)

① 카르텔　　　　　　② 콘체른　　　　　　③ 트러스트

④ 컨글로머리트　　　⑤ 조인트벤처

✎ 해설　콘체른의 지배방법으로는 지주회사에 의한 지배, 융자, 중역파견에 의한 인적결합 등이 있다.

08 다음 중 지주회사(holding company)로 볼 수 있는 것은?　　　　　　　　　　('93. CPA)

① 개별기업들이 경제적 · 법률적으로 독립성을 상실하고 하나의 기업이 되는 것이다.

② 상호보완적인 역할을 하는 여러 생산부문이 생산기술적 입장에서 결합하는 것이다.

③ 상호관련이 없는 이종기업간의 합병 · 매수에 의해 다각적 경영을 행하는 거대기업이다.

④ 타회사를 지배할 목적으로 주식으로 매입하여 보유하고 있는 종합금융회사를 말한다.

⑤ 종래 운영하고 있던 업종 이외의 다른 업종에 진출하여 이를 동시에 운영하는 것이다.

✎ 해설　① trust, ② kombinat, ③ conglomerate, ④ holding company는 콘체른의 한 방법이다. ⑤ 다각화

09 경영자가 전략적 의사결정시 고려해야 할 사항으로 가장 부적절한 것은?　　　　('93. CPA)

① 환경변화에 대한 적응성

② 종업원의 장기적인 복지증진 및 임금수준

③ 최고경영자의 경영철학 내지 신념

④ 기업의 사회적 책임의 수행 여부

⑤ 자원의 합리적인 배분

✎ 해설　② 전략적 의사결정은 최고경영층의 의사결정으로서 환경변화에 적응하기 위한 의사결정이라 할 수 있다. 이런 의미에서 종업원의 장기적 복지증진이나 임금수준의 결정은 전략적 의사결정이라기보다는 하위계층의 의사결정 개념이다.

정답　6 ④　7 ②　8 ④　9 ②

10 관리론의 시조라 불리는 패욜(Fayol)은 일반관리론의 중요성을 지적하고 6단계의 관리 과정을 제시하였다. 다음 중 패욜의 관리순환과정을 올바르게 나열한 것은? ('93. CPA)

① 계획-조직-지휘-조정-통제   ② 계획-조정-조직-지휘-통제

③ 조직-지휘-조정-통제-계획   ④ 계획-지휘-통제-조정-조직

⑤ 계획-조직-조정-지휘-통제

✎ **해설** Fayol은 기업의 6가지 직능 중 관리직능이 가장 중요하며, 관리직능은 계획-조직-지휘-조정-통제의 순환과정을 거친다고 하였다.

11 다음 중 호손실험의 결과로서 옳은 것은? ('94. CPA)

① 과학적 관리의 모태가 되었다.

② 만족한 조직이 능률적인 조직이라는 사실을 알게 되었다.

③ 심적 요소보다 물적 요소가 작업능률 개선효과가 있다는 것을 알게 되었다.

④ 물적 작업조건은 작업능률에는 영향을 미치지 못한다.

⑤ 조직의 운영에는 비용의 논리가 주로 적용된다.

✎ **해설** ②, ④ 호손실험의 결과에서 주의할 것은 물적 작업조건도 작업능률에 영향을 미치지만, 그보다는 종업원들의 만족 등 심리적 요인이 더 조직의 능률에 영향을 미친다는 것이다.

12 업계에서의 선두기업을 표본으로 삼아 이를 능가하려는 노력을 통해 경쟁력을 제고하려는 기업의 혁신 방법은? ('94. CPA)

① 리엔지니어링(reengineering)   ② 기업재구성(restructuring)

③ 기업합병인수   ④ 리모델링(remodeling)

⑤ 벤치마킹(benchmarking)

✎ **해설** ① 조직효율성의 재고를 위한 업무흐름 및 조직의 재구축 전략

13 다음 중 Y이론의 가설에 대한 설명으로 옳지 않은 것은? ('96. CPA)

① 조직의 목표를 달성하는 데 자기통제는 불가피하다.

② 동기부여는 생리적 욕구, 안전욕구 계층에서만 가능하다.

③ 조직의 문제를 해결하기 위한 창의력은 누구에게나 있다.

④ 일이란 작업조건만 잘 정비되면 놀이를 하거나 쉬는 것 같이 극히 자연스러운 것이다.

⑤ 사람은 적절한 동기가 부여되면 일에 자율적이고 창의적이다.

14 다음 중 기업경영자의 전횡을 방지하는 것이 아닌 것은? ('98. CPA)

① 사외이사제도   ② 주식소유의 분산 및 대중화

③ 적대적 M&A   ④ 기관투자자와 대주주

⑤ 백지위임장 투쟁(proxy fight)

✎ **해설** 조심해야 할 문제이다.

대개 대리인문제(또는 기업경영자의 전횡)는 외부주주의 지분율이 많아지고, 경영자 지분율이 낮아질 때 또는 부채의 사용이 많아질 때 나타난다. 그러므로 ②의 주식소유의 분산 및 대중화는 외부주주의 지분율이 많아지므로 경영자의 전횡을 방지하기가 어렵게 된다. 최근 '참여연대'에서 하는 소액주주운동도 이런 이유에서 나타난 것이다.

반면 ④의 기관투자자와 대주주는 충분히 기업경영에 간섭할 수 있으므로 경영자의 전횡 방지가 쉬울 것이다. 기타 경영자의 전횡을 방지하고자 하는 방법으로 사외이사제도, 외부감사위원회의 설립, stock option 등의 경영자보상제도, 공개매수나 합병(즉, 적대적 M&A), 백지위임장투쟁, 부채계약의 체결 등을 들 수 있다.

15 다음 중 목표에 의한 관리와 관계가 없는 내용은? ('98. CPA)

① 드러커

② 맥그리거

③ 조직구성원이 스스로 일에 가치를 느껴 적극적 의욕을 갖게 하려는 개념으로서 조직은 단순히 수동적으로 적응한다.

④ 해당 종업원이 직속상사와 협의하여 작업목표량을 결정한다.

⑤ 도입 및 실시에 시간, 비용, 노력이 많이 들고 목표가 단기적·부분적 효과에 치우치기 쉽다.

✎ **해설** 목표에 의한 관리(MBO : management by objective)는 조직의 각 구성원이 조직의 목적과의 유기적 관계를 고려하여 상위관리자와의 협의에 의해 스스로 측정 가능한 형태로 행동목표를 설정하고, 상사의 지도·원조와 본인의 자기통제에 의해 이 목표를 수행한 다음, 목표의 달성도에 비추어 각 구성원의 업적과 공헌도가 평가되도록 하는 관리제도이므로 조직도 적극적으로 반응해야 한다. 즉 MBO가 다른 관리활동과 보완적으로 적용되도록 해야 하며, 개인간 또는 조직과 환경간의 의사소통과 피드백과정도 원활하게 해야 하며, 분권화와 자율적 통제절차가 구비되도록 노력해야 한다.

16 ERP(enterprise resource planning)에 관한 다음 설명 중 가장 거리가 먼 것은? ('99. CPA)

① 기업으로 하여금 글로벌환경에 쉽게 대응할 수 있도록 한다.

② 사용자가 요청하는 작업을 즉시 수행할 수 있도록 해 주는 통합시스템이다.

③ 경영에 필요한 조기경보체제를 구축할 수 있다.

④ 효과를 극대화하기 위해서는 ERP도입 후 BPR(business process reengineering)을 실시하여야 한다.

⑤ 통합된 데이터베이스를 구축하여 정보의 일관성을 유지하고 관리의 중복을 배제할 수 있다.

✎ 해설 ERP(전사적 자원관리)는 구매와 생산관리, 물류, 판매, 회계 등의 기업활동 전반에 걸친 업무를 통합하여 경영자원을 최적화하고자 하는 노력을 말한다. ERP는 1970년대의 생산과 재고관리기법인 MRP에서 시작·발전을 거쳐 현재의 정보시스템으로 확장·변혁되어 왔다. ERP는 대개 BPR과 병행하여 실시하는 것이 효과적이다.

17 경영자에 대한 다음의 설명 중 가장 적절하지 않은 것은? (2000. CPA)

① 기업이 대규모화되면서 기업경영의 문제가 복잡해지고, 자본이 분산됨에 따라 전문경영자가 출현하게 된다.
② 소유경영자가 지배하는 기업에서 자본출자와 관련성이 없으면서 최고경영층으로 활약하는 사람은 고용경영자이다.
③ 전문경영자는 단기적 기업이익을 추구하는 성향을 보인다.
④ 전문경영자는 자율적 경영과 경영관리의 합리화를 도모하는 성향을 보인다.
⑤ 수탁경영층은 최고경영층으로부터 경영기능을 위임받아 업무를 수행하는 중간경영층을 지칭한다.

✎ 해설 수탁경영층은 주주로부터 경영기능을 위임받아 업무를 수행하는 최고경영층을 말하며 이사회를 예로 들 수 있다.

18 대리비용(agency costs)과 관련된 다음 서술 중 옳은 것은? (2002. CPA)

① 위험유인(risk incentive)이란 소유경영자와 외부주주간에 발생하는 이해 상충에서 파생하는 대리비용이다.
② 위험유인은 소유경영자의 지분율이 높을수록 위험한 투자안을 선택하려는 유인이다.
③ 과소투자유인(under-investment incentive)은 부채의 대리비용으로, 수익성 투자 포기 유인이라고도 한다.
④ 특권적 소비(perquisite consumption)는 주주와 채권자간에 발생하는 대리비용으로, 타인자본의존도에 비례하여 증가하는 경향이 있다.
⑤ 감시비용(monitoring costs)이란 대리인이 자신의 의사결정이 위임자의 이해와 일치한다는 것을 입증하기 위해 지불하는 비용이다.

✎ 해설 ①, ② 위험유인은 주주와 채권자간에 발생하는 대리비용으로, 위험이 큰 투자안을 선택하게 되면, 채권자의 부는 감소하고 주주의 부는 증가하게 되어, 주주 입장에서는 위험이 큰 투자안을 채택하고자 하는 유인이 존재한다. 그리고 이 유인은 부채비율이 높을수록(즉, 소유경영자 지분율이 낮을수록) 더 강해진다.
③ 과소투자유인은 투자안의 NPV가 0보다 크더라도 그 값이 충분히 크지 않아, 채권자의 부는 증가해도 주주의 부가 감소하는 상황에서 나타나는 현상이다.

정답 17 ⑤ 18 ③

④ 특권적 소비는 경영자(또는 내부주주)와 외부주주 간에 발생하는 대리비용이므로 외부주주 지분율에 비례한다.

⑤ 는 확증비용(bonding costs)에 대한 설명이다.

19 테일러(Taylor)의 과학적 관리법에 관한 설명 중 가장 적절한 것은?   (2006. CPA)

① 보상은 생산성과 연공(Seniority), 팀워크와 능력에 비례하여 주어져야 한다.

② 임파워먼트(empowerment)와 상향적 커뮤니케이션을 중시하였다.

③ 동작연구, 감정연구, 인간관계연구가 활발히 진행되었다.

④ 능률적 작업과 생산성 향상을 주된 목표로 하였다.

⑤ 직무설계가 전문화, 분권화, 개성화, 자율화되었다.

✎ 해설 ① 연공과 팀워크 제외
　　　　② 하향적 또는 일방적 커뮤니케이션
　　　　③ 감정연구, 인간관계연구 제외
　　　　⑤ 분권화, 개성화, 자율화 제외

20 시스템(system)에 대한 다음의 설명 중 가장 적절하지 않은 것은?   (2007. CPA)

① 하나의 시스템은 다수의 하위시스템으로 구성된다.

② 하위시스템들은 각각의 목적을 달성하기 위하여 서로 독립적으로 운영된다.

③ 시스템은 투입(input), 처리(process), 산출(output), 피드백(feedback)의 과정을 포함한다.

④ 기업은 개방시스템의 속성을 지니고 있다.

⑤ 시스템은 피드백을 통하여 균형을 유지한다.

✎ 해설 ② 하위시스템들은 전체의 목적을 달성하기 위하여 서로 유기적으로 결합된다.

21 지식경영에 대한 다음 설명 중 가장 옳지 않은 것은?   (2007. CPA)

① 지식경영은 기업의 내·외부로부터 지식을 체계적으로 축척하고 활용하는 경영기법을 말한다.

② 지식은 더 많은 사람이 공유하면 할수록 그 가치가 더욱 증대되는 수확체증의 법칙을 따른다.

③ 지식은 형식지(explicit knowledge)와 암묵지(tacit knowledge)로 구분된다.

④ 암묵지는 학습과 체험을 통해 습득되지만 외부로 드러나지 않는 지식이다.

⑤ 형식지와 암묵지는 독립적인 지식창출 과정을 거쳐 각각 저장되고 활용된다.

✎ 해설 ⑤ 형식지와 암묵지는 서로에게 영향을 주며 지식을 증가시키는 순환과정을 거친다.

정답 19 ④ 20 ② 21 ⑤

▪ 연습문제 ▪

01 테일러의 과학적 관리법과 인간관계론의 차이점에 대한 다음의 설명 중 옳지 않은 것은?

과학적 관리법	인간관계론
① 공식적 조직의 중시	비공식적 조직의 중시
② 시간연구	호손 실험
③ 인간의 합리성 중시	인간의 감정 중시
④ 경제인 가설	사회인 가설
⑤ 노조의 불인정	노조의 역할 중시

✎ 해설 ⑤ 과학적 관리법이나 인간관계론 모두 노조를 고려하지 않았다.

02 다음은 테일러시스템과 포드시스템을 비교한 것이다. 옳은 것은?

테일러시스템	포드시스템
① 시간연구	과업관리
② 연속생산공정	단속생산공정
③ 지도표제도	이동조립방식
④ 저가격 - 고임금	고임금 - 저노무비
⑤ 차별성과급제	할증급제

✎ 해설

Taylor system		Ford system	
• 과업관리	• 단속생산공정	• 동시관리	• 연속생산공정
• 고임금 - 저노무비	• 차별성과급제	• 저가격 - 고임금	• 일급제
• 지도표제도		• 이동조립방식	

03 다음 중 맥그리거의 X이론, Y이론과 관련하여 성격이 다른 것은?

① 외재적 통제   ② 일방적 의사소통   ③ 피드백 과정
④ 자기지시 기회 부여 않음 ⑤ 과거의 잘못 발견

✎ 해설 ③ 피드백 과정을 통해 정보의 정확성을 평가하는 것은 Y이론의 입장이다. 나머지는 X이론의 입장

04 샤인(Shein)의 인간 본질에 대한 가정 중 옳지 않은 것은?

① 경제인은 자신의 경제적 이익을 극대화하도록 행동하는 존재이다.

② 사회인은 능동적 존재이므로 내재적 동기부여를 해야 한다.

③ 자신의 잠재적 능력을 생산적으로 활용하고 성장하려는 욕구를 지닌 존재를 자기실현 인이라 한다.

④ 복합인은 그 욕구 등이 시기와 장소에 따라 달라질 수 있다.

⑤ 복합인은 상황적응적으로 관리해야 하고, 자기실현인은 내재적 동기부여를 해야 한다.

✏ **해설** ② 사회인은 수동적 존재로 외재적 동기부여가 가능하다.

05 다음은 무슨 이론에 대한 가정인가?

> a. 일이란 본래부터 싫은 것은 아니다.
> b. 사람들은 자신이 협조해서 설정한 의미있는 목표에 공헌하려 한다.
> c. 대부분의 사람들은 현 직무가 필요로 하는 것보다 훨씬 더 창조적이고 책임있는 자기통 제, 자율성을 발휘할 능력이 있다.

① 전통적 모형   ② 사회인 모형   ③ 인간관계 모형
④ 인적자원 모형   ⑤ 경제인 모형

✏ **해설** Miles에 의하면 인간에 대한 가정은 전통적 모형, 인간관계 모형, 인적자원 모형으로 나눌 수 있는데, 이 문 제는 인적자원 모형의 가정이 된다. 가정에 의해서는 중요한 문제에 부하들을 완전히 참여시키고, 계속적으 로 부하들의 자율성, 자기통제를 확대하도록 해야 한다.

06 버나드의 조직이론에 대한 다음 설명으로 옳지 않은 것은?

① 조직은 2인 이상의 힘과 활동을 의식적으로 조정하는 협동시스템이다.

② 인간의 인지적 측면을 조직론에 도입하였다.

③ 조직이 존속 · 발전하려면 참여자들의 공헌과 만족이 균형을 유지해야 한다.

④ 조직목표의 달성 정도를 유효성으로, 개인동기의 만족도를 능률로 측정한다.

⑤ 권한은 상급자들의 지위에 달려 있다.

✏ **해설** ⑤ 권한은 기본적으로 상급자의 지위에 달린 것이 아니고 명령에 응하는 하급자의 수용의사에 따라 좌우된 다 : 권한수용설

07 다음 중 시스템이론과 관련이 적은 용어는?

① 개방시스템   ② (−)엔트로피   ③ 시스템경계

④ 요소주의   ⑤ 동태적 균형

✎ 해설 ④ 시스템이론은 조직을 세분화해서 보는 것보다 조직 전체와 각 부분의 상호작용에 초점을 둔 이론이다. 그러므로 요소주의보다는 전체론에 입각한 이론이다.

08 복잡성이론에 대한 다음의 설명 중 옳지 않은 것은?

① 자기조직화   ② 자율적 동요 창조   ③ 초협력성

④ 목적지향성   ⑤ 평형/안정성

✎ 해설 ⑤ 복잡성이론은 비평형/불안전성의 특징이 있다.

09 복잡성이론에 대한 다음의 설명 중 옳지 않은 것은?

① 복잡성이론에서는 기존의 시스템 상황에서 발견된 법칙이 소멸된다.

② 어느 시대의 특정상황에 적합한 방식은 다른 상황에서는 쓸모가 없다.

③ 모든 지식은 그 당시에만 유용한 일회성 지식에 불과하다.

④ 복잡성이론에서는 조직구조와 슬림화, 플랫(flat)화, 소규모화를 추구한다.

⑤ 동일한 상황과 동일한 시점에서 두 개 이상의 모순된 조직형태는 공존할 수 없다.

✎ 해설 ⑤ 복잡성이론하에서는 상호 모순된 조직형태가 동시에 공존할 수 있다.

10 주식회사의 기본적 특징에 해당되지 않는 것은?

① 자본의 증권화   ② 규모의 경제 실현   ③ 중역제도

④ 주주의 유한책임   ⑤ 증권대위

✎ 해설 ⑤ 증권대위란 자사의 채권이나 증권을 매각하여 조달된 자금으로 타회사의 주식을 취득하는 것으로 타회사 지배방법 중 하나이다.

11 기업집중과 관련된 다음의 내용 중 옳지 않은 것은?

① 기업집중은 시장에서 불필요한 경쟁을 배제하고, 기술향상 및 경영의 합리화를 촉진시키는 순기능이 있다.

② 기업집중이 강화되면 독점적 지위에 있는 기업이 독점가격을 강요하는 등 공정경쟁을 저해하는 경우도 나타난다.

정답 7 ④ 8 ⑤ 9 ⑤ 10 ⑤ 11 ⑤

③ 정부는 부정경쟁을 규제하고 공익을 확보하기 위해 공정거래법을 제정 시행하고 있다.

④ 카르텔은 독점적 경향이 있어 금지대상이나, 불황카르텔, 합리화카르텔은 예외적으로 인정되고 있다.

⑤ 거액의 자본을 고정설비에 투자한 기업은 트러스트보다는 카르텔에 의해 기업집중을 시도하는 것이 유리하다.

✎ 해설 ⑤ 거액의 자본을 고정설비에 투자한 기업의 경우, 생산설비의 고정도가 높으므로 경영의 탄력성이 매우 낮고, 환경변화에 쉽게 적응할 수 없다. 그러므로 이를 극복하기 위해서는 자본적 결합에 의해 시장을 독점적으로 지배하는 것이 유리하다. 즉, 트러스트가 유리.

12 다음 중 cartel의 목적과 관련이 없는 것은?

① 경쟁의 배제　　　　② 시장통제　　　　③ 기업의 안정 도모
④ 생산공정의 합리화　　⑤ 수평적 결합

✎ 해설 ④ 카르텔은 시장통제를 목적으로 동종 · 유사 기업간에 독립성을 유지하면서 일정한 범위 내에서 상호경쟁을 제한하는 수평적 결합이다. 생산공정의 합리화는 수직적 결합.

13 concern의 특징에 대한 설명으로 옳지 않은 것은?

① 법률적으로는 독립성을 유지하나 경제적으로는 독립성을 상실한다.

② 개별기업의 이익을 고려하지 않는다.

③ 산업합리화를 목적으로 하여 관계기업을 수직적으로 결합하는 것을 산업형 콘체른이라 한다.

④ 콘체른으로 결합된 기업간에는 자본적 통일체가 형성된다.

⑤ 주요 목적은 시장통제에 있다.

✎ 해설 ⑤ concern은 주로 경영합리화, 출자관계를 통한 기업지배력 강화가 목적이다.

	카르텔	트러스트	콘체른
목 적	① 시장경쟁방지, 시장통제 ② 독점적 이익 확보	① 시장독점을 통한 초과이윤 ② 독점적 기업지배	① 산업합리화 ② 기업지배력 강화
독 립 성	경제적 · 법률적 독립성 유지	경제적 · 법률적 독립성 상실	법률적 독립성 유지 경제적 독립성 상실
의사결정	다수결에 의한 공동의사결정	단독의사결정	중앙기관(지주회사)의 의사결정
결합형태	동종기업간 수평적 결합	동종 · 이종업종간의 결합	수평 · 수직적 결합, 다각적 결합

14 다음 중 틀린 설명을 골라라.

① 지주회사는 콘체른형 복합기업의 대표적인 형태이다.

② kombinat는 다각적 종합공장, 기업집단화의 특징이 있는 자본적 결합체이다.

③ spin-out전략은 기업의 다각적 성장추구전략이라고 할 수 있다.

④ 모회사가 수익성이 낮은 자회사를 매각하여 체질을 개선하려 할 때 divestiture전략을 선택한다.

⑤ 각 기업이 독립성을 유지하면서 각 기업의 공급량, 가격, 이익분배 등을 협정하고 공동계산하는 형태를 pool이라 한다.

✎ 해설 ② kombinat는 러시아에서 생성 발전된 형태로 비자본적 결합체라는 특성이 있다.
　　　③ spin-out은 spin-off라고도 하며, 사내의 유능한 인재를 독립시키는 기업분할전략으로 일종의 다각화 전략이다.
　　　⑤ pool은 고도화된 카르텔로 신디케이트와 유사한 의미로 사용된다.

15 경영자 지배 및 기업지배와 경영활동에 관련된 다음의 설명 중 옳지 않은 것은?

① 경영자 지배란 소유와 경영의 분리에 따른 전문경영자의 출현으로 나타난 용어이다.

② 이권자 지배란 기업의 이해관계자집단이 지배하는 유형으로 주로 은행이 지배한다.

③ 테크노스트럭처란 기업의 의사결정에 참여하는 지식인 집단을 의미한다.

④ 테크노스트럭처는 관료제를 지지하는 이론적 근거를 제시한다.

⑤ 사이먼의 법칙이란 일상적 업무와 긴급한 업무의 과중으로 중요한 업무수행이 등한시되는 현상을 말한다.

✎ 해설 ② 은행에 의한 지배를 '금융지배'라고 한다.
　　　④ 테크노스트럭처는 관료제가 빠지기 쉬운 기능마비현상을 극복하기 위한 방법으로 제시된 것이다.

16 기업의 성장과정과 리더의 유형을 연결한 것 중 옳은 것은?

① 초기-관리형　　② 성장기-외과의사형　　③ 성숙기-위험부담형

④ 성숙기-관리형　　⑤ 쇠퇴기-장의사형

✎ 해설

기업성장과정	초기	성장기	성숙기	쇠퇴기
리 더 유 형	위험부담형	관리형	외과의사형	장의사형
특　징	공격적이고, 시장점유율과 시장 내 위치를 확보하려 함	체계적이고, 지속적인 성장을 위해 필요한 시스템을 체계화시킴	조직의 불필요한 부분을 제거하고 라인을 정리하고, 새활력을 심어줄 수 있도록 리스트럭처링을 함	신속하게 청산 절차를 밟음

17 ZBB에 대한 설명으로 옳지 않은 것은?

① 예산통제기법이다.

② 예산편성에 있어 전년도 예산은 없는 것으로 한다.

③ 한정된 기업자원을 효과적으로 배분하기 위한 예산편성 방식이다.

④ 전년도로부터의 변동사항만을 고려하여 예산을 편성하는 전통적 방식의 문제점을 해결할 수 있다.

⑤ 기업의 환경이나 목표에 변화가 있는 경우에는 적합하지 않다.

✎ 해설 ⑤ ZBB(0기준예산)는 기업의 환경변화, 목표변화 등에 능동적으로 대처하기 위한 예산통제기법이다.

18 다음 중 경영의 투명성을 제고하는 것과 관련이 적은 용어는?

① 대표소송제　　　　② 집단소송제　　　　③ 집중투표제

④ 사외이사제　　　　⑤ 분식회계방식

✎ 해설 ① 소액주주가 이사·감사 등의 책임추궁을 위해 제기하는 소송으로, 상장기업의 경우 증권거래법에 따라 상법의 요건(5%)보다 완화된 요건(0.5% 또는 1%)으로 소를 제기할 수 있음

② 이해관계가 유사한 다수의 피해자 집단의 대표가 소송을 제기하고 그 판결의 효력이 피해자 중 별도의 제외신고가 없는 한 전체 피해자에게 미치게 하는 제도

③ 주주총회에서 각 주주가 선임예정이사의 수와 동일한 수의 의결권을 갖고 그 의결권을 이사후보자 1인 또는 여럿에게 집중투표하게 하고, 다수결로 이사를 선임하는 제도

⑤ 회사의 실적을 좋게 보이기 위해, 고의로 자산이나 이익을 부풀려 회계장부를 조작하는 것

19 다음 중 MBO에 대한 설명으로 옳은 것은?

① 측정 가능한 목표의 설정　　　　② 리더의 역할 강조

③ 결과에 의한 관리　　　　　　　　④ 조직목표의 명확한 제시 가능

⑤ 통제에 의한 관리

✎ 해설 ② 리더보다는 구성원의 참여를 통한 목표달성 및 관리가 강조된다.

③ MBR의 설명으로 조직 전체의 기대 결과를 각자에게 할당하고 관리하는 방법이다.

④ MBO는 조직목표의 명확한 제시가 어렵다는 단점이 있다.

⑤ 전통적 관리법으로 MBO와 대비되는 개념이다.

20 다음 중 목표에 의한 관리(MBO)에 대한 설명으로 옳지 않은 것은?

① 통제기준으로서의 목표를 명확히 제시함으로써 효과적인 통제에 기여한다.

② 효과적인 계획을 촉진함으로써 보다 나은 관리를 돕는다.

③ 자기통제에 의한 자기개발과 능력개발을 촉진함으로써 목표달성에의 의욕을 향상시킨다.

④ 신축성 있는 목표변경을 허용하기 때문에 환경에의 적응이 용이하다.

⑤ MBO 실시의 결과로 상·하 간의 의사소통이 증진된다.

✎ 해설 ④ MBO는 목표의 변경이 신축적이지 못한 것이 단점이 된다.

21 다음은 기업의 사회적 책임에 대한 찬성론과 반대론을 나열한 것이다. 이 중 반대론에 해당되는 것은?

① 도덕적 이유(Morality)

② 자신의 이익을 추구하는 현명한 방법(Enlightened self-interest)이라는 논리

③ 건전한 투자(Sound investment)논리

④ 자율권을 지키는 방법(Retain autonomy)이라는 논리

⑤ 경제적 주체(Economic entity)논리

✎ 해설 ① 기업의 사회적 책임은 도덕적으로 당연하다는 논리
② 기업이 사회적 책임을 다할 때 이는 단기적·장기적으로 기업에 도움이 된다는 논리
③ 기업이 사회적 책임을 다할 때 더 높은 이윤과 주가가 실현된다는 논리
④ 사회적 책임을 다하지 않으면 강제적으로 부담이 지워질 수 있다는 논리
⑤ 프리드만의 주장으로 기업의 경제적 책임이 가장 중요하므로 다른 사회적 문제에 신경쓰지 않는 게 좋다는 논리

22 최근 OECD에서 '기업지배구조의 기본원칙'을 확정하여, 회원국에 권고하는 등 기업지배구조에 대한 관심과 중요성이 날로 커지고 있다. 우리 나라에서 진행중인 기업지배구조 개선작업에 대한 설명 중 옳지 않은 것은?

① 사외이사제 도입   ② 감사의 독립성 제고

③ 회계제도의 선진화(공시 및 투명성 제고) ④ 주주권리의 강화

⑤ 금융감독 체계의 완화

✎ 해설 ⑤ 기업지배구조는 기업소유구조보다 더 넓은 개념으로, 소유구조뿐만이 아니라 의사결정시스템, 이사회와 감사의 역할, 경영자와 주주의 관계, 금융감독체계 등을 망라하는 구조를 말한다.
최근 선진국에서는 우수한 지배구조가 기업경쟁력의 원천이라는 인식이 확산되어, 기업지배구조에 대한 국제규범을 요구하기에 이르렀고, OECD가 기본원칙을 제시하게 된 것이다.
우리 나라에서는 기업지배구조의 개선을 위해 ①~④ 외에 금융감독체계의 강화를 추구하고 있다.

23 다음 중 정부의 재벌규제정책이 아닌 것은?

① 상호출자의 금지   ② 상호채무보증의 제한

③ 부동산 취득의 제한   ④ 부당내부거래 방지

⑤ 출자총액의 제한

정답 21 ⑤ 22 ⑤ 23 ③

✎ 해설 ③ 정부의 재벌규제는 여신규제를 통한 차입경영억제(재무구조개선)와 공정거래법을 통한 기업집중억제를 두 축으로 한다.
①, ②, ④, ⑤와 금융보험회사에 대한 의결권의 제한은 공정거래법에 의해 재벌의 경제력 집중을 막고, 소유의 분산을 유도하는 조항들이다.

24 미 국방부가 80년대 초반 컴퓨터에 의한 물자구매 및 병참지원 목적으로 만든 개념으로 컴퓨터를 이용한 생산(CAD, CAM), 컴퓨터 통합 생산(CIM), 자동화된 자재수급계획(MRP), 마케팅 의사결정지원시스템(MDSS), 최고경영층에 대한 경영정보시스템(EIS) 등 개별기업의 정보화 수단을 모두 합친 산업 내 통합정보시스템을 의미하는 것은?

① reengineering　　　　② restructuring　　　　③ CALS
④ downsizing　　　　　⑤ CIO

✎ 해설 ① reengineering(Hamer & Champy)은 조직효율성의 제고를 위한 업무흐름 및 조직의 재구축 전략이다. 즉, 정보기술을 통해 기업경영의 핵심적 과정을 전면 개정함으로써 경영성과를 향상시키려는 경영기법을 말한다.
② restructuring은 환경변화에 대처하기 위해 기업구조를 근본적으로 변화시키는 것을 말한다.
③ CALS(computer aided acquisition & logistic support)는 통합물류·생산시스템을 말한다. CALS와 유사한 용어로 '공급사슬관리'가 있다.
공급사슬관리(SCM : supply chain management)란 '공급사슬'을 시장상황에 맞도록 최적화해 경영 효율성을 높이려는 활동으로 흔히 공급망관리로 통한다. 즉, SCM은 불확실성이 큰 시장환경(예측 불가능한 다품종 소량생산시대로의 변화)에 기민하게 대응하기 위해 등장한 새로운 경영기법이다.
④ downsizing은 컴퓨터를 이용한 정보처리기법으로 벤치마킹보다 더 구체적인 개념이다.
즉, 대형컴퓨터를 중심으로 한 중앙집권적 정보관리에서 탈피하여, 정보에 대한 주도권을 최종사용자들에게 분산시키는 것으로 워크스테이션이나 PC 등을 통신망으로 연결해 대형컴퓨터를 대체함으로써 달성될 수 있다. 이는 인간 중심의 정보화 실현, 비용절감효과가 있다.
⑤ CIO(chief information officer)는 정보중역으로 기업의 정보통신시스템 전략을 전담하기 위해 새로 만든 고위직을 말한다.

25 리엔지니어링 도입시 고려할 요소에 대한 설명으로 옳은 것은?

① 한꺼번에 조직 전체를 대상으로 실시한다.
② 리엔지니어링 프로젝트는 그 전부를 미리 계획할 수 있어야 한다.
③ 최단시간에 완성되도록 해야 한다.
④ 고객의 입장은 고려하지 않아도 된다.
⑤ 조직 내 문화적 수용성을 검토해야 한다.

✎ 해설 ① 리엔지니어링은 워낙 큰 변화를 가져오므로 한번에 전체 기업을 대상으로 실시하는 것 보다는 조직 일부에 시험적으로 운영해 보고, 이를 조직 전체에 확산시키는 점진적 접근법이 필요하다.
② 리엔지니어링 프로젝트는 그 전부를 미리 계획할 수 없다.
왜냐하면 한 부분에서 변화가 일어나면, 그 변화는 조직의 다른 부분에 영향을 미쳐 다시 변화를 일으키기 때문이다.

정답 24 ③　25 ⑤

③ 리엔지니어링의 완성은 대개 3년에서 5년 이상이 걸린다.
　왜냐하면 리엔지니어링의 목표가 지속적으로 변화하는 조직에 있기 때문이다.
④ 리엔지니어링은 항상 고객으로부터 시작해야 한다.

26 다음의 용어 중 리엔지니어링과 가장 관련이 적은 것은?

① 기본적인(fundamental)　　　　　② 극적인(dramatic)

③ 리스트럭처링(restructuring)　　　④ 과정(process)

⑤ 근본적인(radical)

✎ 해설　리엔지니어링(reengineering)이란 비용, 품질, 속도와 같은 핵심적인 경영요소를 극적(②)으로 향상시키기 위해, 업무과정(④)을 기본적(①)으로 다시 생각하고, 근본적(⑤)으로 재설계하는 것을 말한다.

27 다음 중 기업전략과 이에 적합한 경영자의 유형을 옳게 연결한 것은?

① 성장/집중전략 – 포트폴리오관리자형

② 안정전략 – 이윤관리전문가형

③ 성장/다각화전략 – 산업전문가형

④ 구제전략 – 청산전문가형

⑤ 포기전략 – 기업회생전문가형

✎ 해설

		사업단위의 경쟁력	
		높다	낮다
산업의 매력도	높다	성장 / 집중전략 '산업전문가형'	구제전략 '기업회생전문가형'
	중간	안정전략 '이윤관리전문가형'	
	낮다	성장 / 다각화전략 '포트폴리오관리자형'	포기전략 '청산전문가형'

제3장 ■ 국제경영

3.1 글로벌 경영환경

1. 국제무역 질서의 변화과정

(1) 무역이론의 기초

1) 절대우위론(absolute advantage theory) : Adam Smith

① 무역을 제로섬게임으로 본 중상주의적 사고를 비판하였다.

② 각국이 생산성이 높은 재화에만 집중하고, 국제무역을 통해 재화를 교환(즉, 국제무역)하면, 두 나라의 전체 생산량이 증가한다.

③ 한 나라가 다른 나라에 대해 모든 재화의 생산에 있어 절대우위가 있을 경우 무역이 발생하지 않는다.

2) 비교우위론

① 한 나라가 다른 나라에 대해 모든 재화에 대해 절대우위 또는 절대열위에 처해 있어도, 상대적인 효율성이 높은 산업에 전문화함으로써 두 나라 모두에 무역의 이익이 발생한다.

② 리카도(David Ricardo) : 비교우위가 발생하는 근본 원인을 각국의 생산성 차이로 설명하였다.

③ 헥셔-올린(Eli Heckscher & Bertil Ohlin) : 각국의 비교우위의 원천이 서로 다른 요소부존자원에서 발생한다고 설명하였다.

3) 제품수명주기이론

① 선진국 기업들이 신제품 개발 후 성숙기에 들면, 이 제품의 생산비용이 낮은 개발도상국으로 이전하는 무역패턴이 나타나고, 이로 인해 도입기에는 해외 수출을 하지만, 성숙기에는 그 제품을 수입하는 현상이 나타난다는 이론이다.

② 이 이론은 최근에 나타난 적극적인 글로벌 아웃소싱 패턴을 설명할 수 없다.

4) 신 무역이론

산업조직이론과 국제무역이론을 결합한 이론으로, 산업(예, 규모의 경제가 있는)의 특성에 따라 선점효과(first mover's advantage)와 정부의 전략적 무역정책에 따라 국제무역패턴이 일어난다고 설명하는 이론이다.

5) 포터의 경쟁우위이론

포터는 경쟁우위의 근본을 크게 ⓐ 부존생산요소, ⓑ 관련 및 보조산업, ⓒ 수요조건, ⓓ 기업전략, 구조, 경쟁 등 네 가지 요소(즉, 네 개의 다이아몬드)에 의해 결정된다고 보았다.

① 부존요소 : 각국의 경쟁력 있는 사업을 결정하는 가장 중요 요소(특히, 고급요소)

    ⓐ 기본요소 : 자연자원, 기후, 인구분포 등

    ⓑ 고급요소 : 통신, 인프라스트럭처, 기술인력, 연구시설, 기술 노하우 등

② 수요조건 : 경쟁우위 발전에 자극 주는 국내 수요의 존재 여부

③ 관련 및 보조산업 : 특정 산업에 필요한 중간재 공급산업 및 관련 산업의 기술 진보

● 도표 3-1 Poter의 국가경쟁력 모형

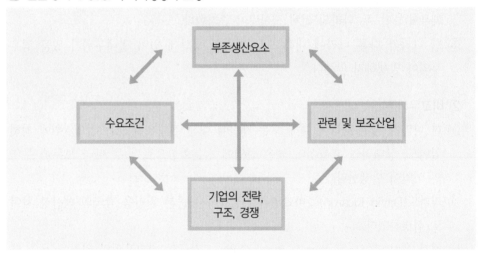

＊출처: Michael. E. Porter, "The Competitive Advantage of Nations," *Harvard Business Review*, March-April 1990. p.77.

(2) 정부의 무역규제

1) 무역규제의 목적

① 자국민의 일자리와 산업보호

② 군수산업의 보호 · 육성

③ 외국기업의 불공정거래행위에 개입 필요

④ 유치산업보호론(infant industry argument)

⑤ 규모의 경제가 크고 선점효과가 큰 산업에 정부가 보조금 지급으로 육성

2) 무역규제 방법

① 관세(tariff)에 의한 무역장벽

② 비관세 무역장벽 : 수입할당(quota), 보조금, 자율수출규제, 현지화비율규정, 행정절차에 의한 규제

(3) WTO하의 국제무역환경

1) GATT의 출범 : 1947

① 2차대전후 미국 주도하에 '관세와 무역에 관한 일반협정'(general agreement on tariffs & trade : GATT)이 체결되었다.

② 관세, 보조금, 수입할당, 이와 유사한 보호무역장벽을 철폐하여 무역을 자유화하려는 다자간협정이다.

③ 최혜국원칙(most favored nation : MFN)에 의해 GATT에 참여한 모든 국가에 동등한 지위를 보장하고자 하였다.

④ 수입할당과 다른 비관세장벽보다 관세를 선호.

⑤ 평균적으로 관세율은 하락했으나, GATT의 예외규정인 긴급수입제한조치의 남발로 효과는 매우 낮음.

2) 우루과이라운드

→ GATT의 위축된 영향력 회복 및 보다 체계적인 국제무역질서 확립 목적

① 공산품과 원자재에 국한되었던 GATT에 대해 서비스의 국제무역까지 범위를 넓힘.

② 지적재산권 문제, 농업부문 보조금 삭감 문제, 위반국에 대한 제재능력 확대가 주요 안건임.

③ GATT위반국에 대한 제재조치를 실행한 무역기구(world trade organization : WTO)를 창설.

3) WTO(세계무역기구)

① 무역분쟁해결에 전원합의제를 채택.

② WTO 중재안에 대해서는 거부권(veto)을 행사할 수 없음.

③ Green Round(환경라운드) : 각국이 환경보호 범위 내에서 산업활동을 하도록 함.

④ Blue Round(노동라운드) : 저임금국가에서 노동자 인권 유린시 무역제재.

⑤ 현지화 비율 등 각종 규제 철폐 추진.

(4) 지역경제 통합의 유형

한 지역 내의 여러 국가들이 상호간에 관세 및 비관세장벽을 철폐하여 재화 및 서

비스와 생산요소가 자유롭게 이동하도록 보장하는 협정.

1) 자유무역지역(FTA : free trade area)

이 지역 내에 있는 모든 국가간에 각종 무역장벽을 없애고 비회원국에 대해서는 각 나라마다 독자적인 무역규제를 하는 것.

① 유럽연합(EU) : 유럽 25개국
② 북미자유무역협정(NAFTA) : 미국, 캐나다, 멕시코
③ ASEAN(동남아 국가), APEC(태평양 지역 18개국)
④ 유럽자유무역지역협정(EFTA) : 노르웨이, 아이슬란드, 스위스
⑤ 한미 FTA

2) 관세동맹(customs union)

회원국간의 무역장벽을 없애는 것과 동시에 비회원국에 대해서도 공통의 관세정책을 취하는 것.

3) 공동시장(common market)

재화뿐 아니라 생산요소까지도 자유로운 이동 보장.

4) 경제연합(Economic Union)

공통의 통화, 공통의 세율, 공통의 재정금융정책.

5) 정치통합

단일 행정부, 단일 의회, 단일 사법부.

2. 국제금융환경

(1) 국제통화제도

1) IMF체제 : 고정환율제

① IMF(international monetary fund) : Bretton Woods시스템을 유지하기 위하여 회원국에게 단기 운영자금 조달 목적으로 설립.
② IBRD(international bank for reconstruction & development) : 개발도상국에 장기 투자자금 제공 위해 설립.

2) 변동환율제

① 각국의 통화정책이 자국 사정에 따라 독자적으로 운영될 수 있음.
② 국제무역수지의 흑자 또는 적자의 해소를 위해 환율이 자유롭게 변동될 수 있음.
③ 환율 변동에 따른 불확실성 증가.

3) 관리 변동환율제 : 환율의 변동폭을 제한

(2) 외환시장

1) 외환시장의 기능

① 각 국 화폐의 교환 기능

② 변동환율제에서 환위험에 대처하는 기능

2) 환위험에 대한 대처

① 현물환율과 선물환율 간의 스왑(currency swap)

② 통화옵션 또는 선물거래

(3) 글로벌 자본시장

1) 유로 통화시장

2) 유로 사채시장

● 도표 3-2 글로벌 자본시장의 분류

	국내 자본시장	국제 자본시장	
		외국자본시장	유로자본 시장
직접금융	내국채시장	외국채시장	유로채시장
간접금융	국내여신시장	해외여신시장	유로통화시장
	대내시장	대외시장	

● 도표 3-3 금융거래의 유형

		표시 통화	
		국내통화	외국통화
거래자의 거 주 지	거래쌍방 국내	국내금융시장	유로 금융시장
	거래일방 외국	외국금융시장	
	거래쌍방 외국	순수역외시장	

3. 국제 문화 환경

(1) 홀의 분석

1) 홀(Hall)은 각 국의 문화를 고배경문화(high context culture)와 저배경문화(low context culture)로 구분하였다.

2) 고배경문화는 생활의 배경(context)과 상황이 중시되고, 저배경문화는 언어(language)나 문서가 중시된다.

● 도표 3-4 고배경문화와 저배경문화의 비교

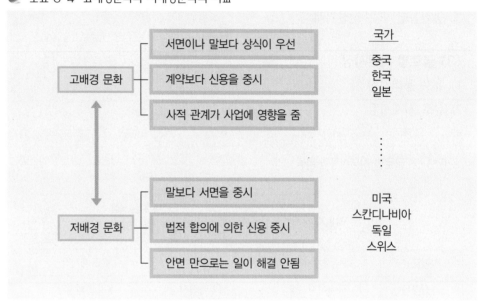

(2) 홉스테스의 분석 : Hofstede

1) 개인주의 대 집단주의

① 개인주의적 문화 속성을 가진 국가에서는 개인의 성취도와 자유도가 높게 평가된다.

② 집단주의적 국가에서는 외부집단보다는 내부집단에 대해 절대적인 충성을 갖는다.

2) 남성다움 대 여성다움

① 남성과 여성의 역할을 명확히 구분하고자 하는 정도로 나누어진다.

② 남성다운 사회는 남·여의 역할 구분이 명확하며, 업무에 대한 인식과 완수, 도전적인 사고방식이 강하다.

3) 권력 간격

① 권력 간격은 사회 내의 권력 불평등(또는 독재)에 대해 수용하는 정도로 측정된다.

② 권력 간격을 수용하는 국가는 권위주의적이며, 수용하지 않는 국가는 평등주의적이다.

③ 일반적으로 교육수준이나 사회적 지위가 낮은 직업 보유자들의 권력 간격이 크다.

4) 불확실성의 회피

① 모호한 상황이나 불확실성을 용인하는 정도로 구분된다.

② 불확실성 회피성향이 높은 문화에서는 직업의 안정성이나 승진규칙, 명확한 지시를 선호한다.

③ 불확실성 회피성향이 낮은 문화에서는 변화를 두려워 하지 않고 위험을 극복하려 한다.

● 도표 3-5 홉스테드의 문화적 분석

네 가지 문화적 차원	문화적 차원의 수준		
	높음/강함 ✕ ◀-------	중간 ✕ -------▶	낮음/약함 ✕
개인주의	미국	일본　　한국	과테말라
권력간격	말레이시아　한국　일본	미국	오스트리아
불확실성 회피	그리스　일본　한국	미국	싱가포르
남성다움	일본	미국　　　　한국	스웨덴

＊출처: G. Hofstede, "National Cultures in Four Dimensions: A Research-Based Theory of Cultural Differences Among Nations," *International Studies of Management and Organization*, Spring-Summer 1983.

(3) 클러크혼과 스트러드벡의 분석

클러크혼(Kluckhohn)과 스트러드벡(Strodbeck)은 인간본성, 자연과의 관계, 인간관계, 행동양식, 시간, 공간개념 등의 문화지향성 또는 가치지향성의 관점에서 분석하여 서양식(미국식) 문화지향과 동양식(대비적) 문화지향으로 구분하였다.

3.2 해외직접투자이론

1. 국제자본이동의 측면에서 본 해외직접투자이론

(1) 이자율 격차이론 : McDougall, Kemp

이자율격차이론(differential return theory)이란 국가 간의 자본의 한계수익률 차이 때문에 국제적으로 자본이 이동한다는 이론이다.

● 도표 3-6 해외직접 투자이론

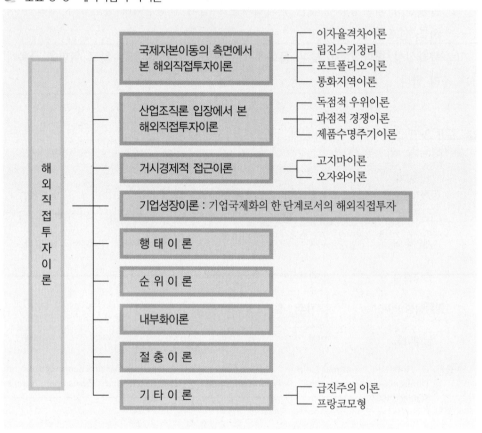

(2) 립진스키(Rybczynski)정리

1) 어느 생산요소의 공급이 증대되면 그 **생산요소**를 보다 집약적으로 사용하는 산업의 생산량은 증가하고, 반대로 그 생산요소를 집약적으로 사용하지 않는 산업의 생산량은 감소한다.

2) 해외직접투자에 의해 생산요소가 이동하게 되면, 투자대상국의 생산요소의 부존상태에 변화가 일어나며 이는 피투자국의 산업구조를 변화시키게 될 것이다.

(3) 포트폴리오이론 : Stevens, Ragazzi

1) 포트폴리오이론(portfolio theory)은 투자자가 투자를 행함에 있어 이자율 또는 수익률뿐만 아니라 투자에 따른 위험도 고려한다는 것이다.

2) 자본이동은 위험, 즉 분산(variance)을 고려한 기대수익률의 함수이며, 따라서 투자는 상대적으로 기대수익률이 높고 수익률의 분산이 낮은 지역에서 이루어지게 된다.

(4) 통화지역이론 : R. Aliber

통화의 과대평가(overvaluation)는 해외직접투자의 유출과 관련이 있는 반면, 과소평가(undervaluation)는 해외직접투자의 유입과 관련이 있게 된다.

2. 산업조직론 입장에서 본 해외직접투자이론

산업조직론은 각 산업의 시장불완전성 때문에 해외직접투자가 나타난다고 설명하는 이론이다.

(1) 독점적 우위이론

1) Hymer는 현지기업에 비해 **독점적 우위**를 지니고 있는 기업들이 불완전한 시장을 지배할 목적으로 해외직접투자를 하게 된다고 설명했다.

2) 시장의 불완전성을 초래하는 주요원인은 그 기업 특유의 지식(제품차별화, 경영능력, 자본조달능력, 규모의 경제)과 정부정책 등을 들 수 있다.

3) Caves는 독특한 신제품의 개발(신제품은 제품차별화 때문에 그 자체가 독점화될 수 있음)과 수직적 통합(vertical integration)도 기업의 독점적 지위를 강화시킨다고 주장하였다.

(2) 과점적 경쟁이론 : F. Knickerbocker

과점산업에 속한 한 기업이 해외에 직접투자를 하게 되면 경쟁기업도 같은 국가에 자회사를 설립하려는 **방어적 투자**를 하게 되고, 이러한 과점적 경쟁의 결과 동일산업의 기업들이 특정국에 집중적으로 몰리기도 한다.

(3) 제품수명주기이론 : R. Vernon, S. Hirsh, Wells

선후진국 간의 기술격차와 제품수명주기(product life cycle)에 따른 시장의 변화와 관련하여, 국내외의 기존시장을 빼앗기지 않기 위해 방어적 기업전략을 사용하는 과정에서 해외직접투자가 일어난다고 설명하는 동태적 생산입지이론이다.

3. 거시경제적 접근이론

(1) 고지마이론

1) 해외직접투자는 투자국과 피투자국간의 잠재적 내지는 현시적 비교생산비를 기초로 하여, 투자국에서는 비교열위이나 피투자국에서는 비교우위인 산업에서 이루어져야 한다.

2) 이때 양국간 산업구조의 고도화는 조화있게 촉진되며, 따라서 양국 간의 무역은 확대되는 방향으로 작용한다.

3) 즉, 이 이론은 국제분업의 원리에 입각한 해외직접투자를 행하여야만 양국의 산업구조가 고도화되고 경제의 효율이 제고되며 국민후생이 향상된다고 주장하고 있다.

(2) 오자와이론

◈ 밴드웨건(band wagon)
효과
과점적 경쟁의 결과로 특정국가에 집중적으로 몰리는 현상

1) Ozawa이론은 고지마의 이론을 확장한 것으로, 경쟁적인 산업에 있어서 어느 한 기업이 개발도상국에 투자를 하면, 이에 자극을 받아 각 기업들은 좀 더 유리한 부존요소가 있는 개발도상국가에로 해외직접투자를 감행하게 되고, 그에 따라 어느 특정 개발도상국에 일본 기업의 해외직접투자가 집중되는 소위 **밴드웨건현상**이 발생하게 된다는 것이다.

2) 다시 말해서 일본의 경우 어느 특정 산업이 경쟁적일수록, 즉 산업의 과점적 성격이 약할수록 해외직접투자가 활발하게 일어난다는 것이 오자와의 주장이다.

4. 기업성장이론 : 성장동기이론

기업은 성장함에 따라 자연발생적으로 그 사업영역을 국내시장에서 해외시장으로 확대하고, 수출기업, 다국적기업, 세계기업의 단계를 거치면서 발전해 가는데, 이렇게 해외부문의 비중이 높아지는 과정에서 해외직접투자활동이 활발히 이루어진다고 보는 이론이다.

5. 행태이론 : 행동과학적 접근이론

1) 해외직접투자는 반드시 경제성이나 합리성에 의해 이루어지는 것은 아니며, 어떤 강한 외부적 자극에 따른 조직 내부의 의사결정과정과 독특한 기업행태적 반응 때문에 나타난다고 보는 이론이다.

2) Aharoni는 이러한 외부적 자극으로 ① 외국정부나 기업의 고객과 같이, 기업내부와는 관련이 없는 원천으로부터의 제안, ② 시장상실의 위험, ③ 밴드웨건(band wagon) 효과, ④ 해외로부터의 강력한 경쟁 등을 들고 있다.

6. 순위이론

1) G. Hufbauer에 의하면 각국은 특정 제품을 처음으로 생산하게 되는 시기에 따라서 그 순위가 정하여질 수 있으며, 현재 그 제품을 생산하고 있는 국가들은 그 순위에 따라 보다 낮은 순위의 국가에 대해 수출 및 해외직접투자를 행하게 된다.

2) 따라서 선진국이 특정 제품에 대한 최초의 해외직접투자를 하게 되고, 그 뒤를 이어 선발 개발도상국이 하위순위에 있는 국가들에 대해 해외직접투자를 행하게 된다.

7. 내부화 이론 : Coase, Williamson, Buckley, Casson, Rugman

기업은 외부시장이 불완전할 경우 내부화를 통해 이익을 극대화 시키려고 하며, 이를 위해 해외직접투자를 하게 된다는 이론이다.

8. 더닝의 절충이론

1) 해외직접투자는 기업 특유의 독점적 우위요소(ownership-specific advantages) 외에도, 내부화의 우위(internalization incentive advantages)와 입지 특유의 우위 (location-specific advantages)가 있어야 한다는 이론이다.

(2000 CPA)
★ 출제 Point
더닝의 절충이론의 정의

2) 그러므로 더닝의 이론은 **독점적 우위이론, 내부화 이론, 입지이론을 포괄**하고 있는 **절충방식의 이론**이다.

3) 더닝(Dunning)은 기업이 독점적 우위를 외부시장에서 판매하는 것보다 내부화하는 것이 유리하다고 판단하면, 라이센싱 방식 대신 수출이나 해외직접투자를 한다고 하였다.

● 도표 3-7 더닝의 절충이론 체계

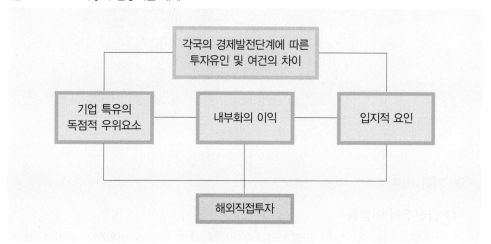

4) 또한 자본·기술·경영기법 등을 해외로 이전하여 현지의 생산요소와 결합하는 것이 국내생산보다 유리할 때(즉, 입지 특유의 우위가 있을 때)에는 수출 대신 해외직접투자를 한다고 하였다.

● 도표 3-8 우위요소와 해외진출방법

		우위요소		
		기업특유 우위	내부화 우위	입지특유 우위
해외 진출 방법	해외직접투자	○	○	○
	수 출	○	○	×
	라이센싱	○	×	×

● 도표 3-9 절충이론의 체계에 따라 분류한 해외직접투자의 제(諸) 이론

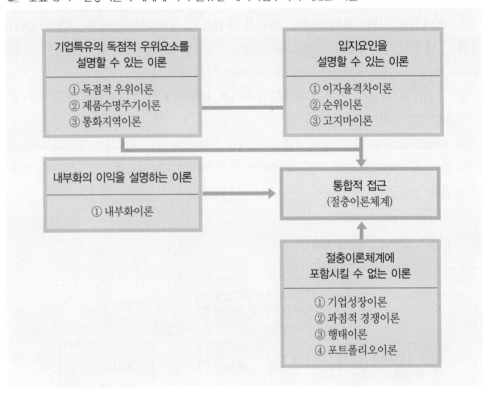

9. 기타 이론

(1) 급진주의 이론들

이 이론들은 다국적기업의 해외직접투자활동에 관해 극도의 비판적인 입장을 취하

고 있는 이론들이다.

1) 모두 다국적기업의 해외직접투자에 관한 신고전학파 경제학이론의 낙관주의적
견해를 거부하고 있다.

2) 정도의 차이는 있지만 다국적기업을 선진국들의 정치적 제국주의 실현을 위한 새
로운 하부 실행기관으로 보고 있다.

● 도표 3-10 개발도상국 기업의 해외직접투자를 설명하는 제(諸) 이론의 접근방법

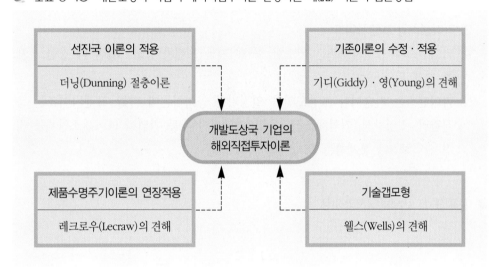

(2) 프랑코 모형

프랑코는 유럽형 해외직접투자모형의 특징을 유럽 기업의 본사국인 유럽 제국의
제반 투자조건, 유럽 기업들의 투자패턴 및 유럽 다국적기업의 조직구조 등 세 가지
측면에서 설명하려고 시도하였다.

3.3 해외시장진출전략

1) 해외시장진출전략은 기존의 사업분야에서 해외시장으로 진출하여 시장을 확대
하려는 것으로 다각화전략과 유사하다.
2) 성공적인 해외시장 진출을 위해서는 해외사업운영에 대한 경험과 투자대상국의
정치·경제·문화적 환경에 대한 이해가 전제되어야 한다.
3) 기업들은 수출, 계약에 의한 진출, 해외직접투자 등의 방법으로 국제화되어
간다.

◈ 수출은 일회성 거래의
성격을 띠며, 단기적이고
위험이 낮은 형태로, 직접
수출과 종합무역상사나 수
출대행업자를 통한 간접수
출로 나눌 수 있다.

(1) 계약에 의한 진출

1) 의의 및 형태

① 계약에 의한 진출방식은 대개 외국의 현지법인과의 계약에 의해 해외사업을 운영하는 방식이다.

② 라이센스(licence), 프랜차이즈(franchise), 생산계약(manufacturing contract) 등이 대표적인 형태이다.

③ 수출보다는 장기적인 관계이다.

2) 라이센스와 프랜차이즈

① 라이센스와 프랜차이즈는 비슷한 형태이지만 프랜차이즈가 훨씬 더 강한 통제를 하게 된다.

② 라이센스는 기술이나 브랜드만을 일정기간 공여하는데 비해, 프랜차이즈는 품질관리, 경영방식, 기업체조직·운영, 마케팅지원 등 기업이 라이센스업체를 직접 관리하거나 통제하는 형태이다.

도표 3-11 기업의 국제화 과정

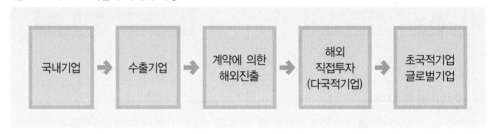

도표 3-12 해외진출방식의 선택

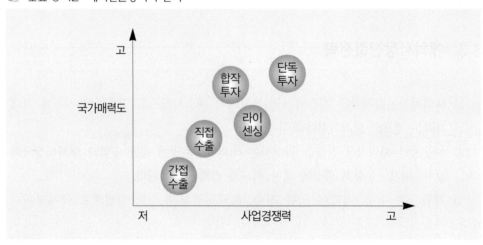

3) 생산계약

① 생산계약은 하청업자에게 생산기술과 품질관리기술을 공여하고 특정 제품을 납품하도록 하는 방식이다.

② 장점 : 생산계약은 자신이 직접 공장을 운영하지 않고서도 **신속하게 시장진입이 가능하고**, 시장환경이 불리해질 때 **신속히 철수할 수 있다.**

③ 단점 : 생산계약은 품질을 지속적으로 관리하기가 어렵고 경쟁자를 키울 수 있다.

4) 기 타

① 그밖의 국제계약방식으로는 위탁경영이나 서비스공급계약, 턴키공사(turn-key operation) 등이 있다.

② 턴키공사는 생산플랜트를 일괄적으로 만들어 주는 것을 말한다.

(2) 해외직접투자

1) 해외직접투자의 의의 및 특징

① 해외직접투자는 해외에 있는 법인체의 20% 이상의 주식을 소유하는 것으로 정의된다.

② 해외직접투자는 기술, 브랜드 등 자신이 갖고 있는 경쟁우위를 해외시장에서 활용하기 위해 나타난다.

③ 해외직접투자는 지적자산과 원자재 등을 해외로 이전하고자 할 때 시장거래를 이용하는 것보다 **내부화(internalization)를 통해 수행하는 것이 효율적일 때** 실시된다.

④ 기업들은 보호무역장벽에 대한 우회수단으로, 환위험을 회피하기 위해, 국가 간의 제품수명주기의 시차를 이용하기 위해 해외직접투자를 하고 있다.

⑤ 해외직접투자는 해외사업에 대한 통제력은 커지겠지만, 자금과 인력을 많이 투입해야 하고 그 만큼 위험도 높은 형태이다.

2) 해외직접투자의 방법

해외직접투자방법은 합작투자(joint venture)와 단독투자로 나눌 수 있다.

① **합작투자**

ⓐ 장점 : 합작투자는 투자자금과 위험을 분담하고, 합작파트너로부터 현지정보를 빨리 파악할 수 있고, 현지의 네트워크 형성에도 유리하다.

ⓑ 단점 : 합작파트너와 의견을 일치시키기가 어려울 수도 있고, 자신의 기술이 합작파트너에게 이전되어 장차 경쟁기업을 만들 수도 있다.

② **단독투자**

  ⓐ 종류 : 단독투자는 신설투자(green field investment)와 인수합병(M&A)으로 나눌 수 있다.

    ⅰ) **신설투자**는 현지에서 필요한 인력만 유연하게 선택할 수 있지만 조업재 개시까지 상당히 많은 시간을 필요로 한다.

    ⅱ) **인수합병**은 시장에 빠르게 진입할 수 있지만, 인수합병에 상당한 프리미엄을 지급해야 하는 경우도 있다.

  ⓑ 장점 : 완전한 통제가 가능하고 경영이 단순하다.

  ⓒ 단점 : 단독투자는 투자기업이 모두 위험을 부담해야 하고, 스스로 현지 네트워크를 만들어야 한다.

Key Point   **해외 진출방식**

해외직접투자는 한 번에 달성하기보다는 순차적으로 이루어지는 경향이 있다. 즉 문화가 비슷한 국가로부터 시작해서 차이가 많은 국가로 넓혀나간다든지, 경쟁우위가 강한 사업부 먼저 진출하고 경쟁우위가 낮은 사업부가 따라서 진출하는 경우 등을 예로 들 수 있다.

또한 경쟁우위가 있는 사업부가 진출할 때는 신설투자방식이 주로 선택되고, 경쟁우위가 낮을 경우 외국의 경쟁우위를 흡수하기 위해 인수합병이나 합작투자가 주로 선택된다.

---

(3) 다국적기업과 초국적기업

1) 다국적기업

① 다국적기업(multinational enterprise)은 둘 이상의 국가에 현지법인을 갖고 있는 기업을 말한다.

② 다국적기업의 분류

  ⓐ **본국중심주의**(ethnocentrism) : 출신국가에 있는 본사가 주요 의사결정을 하고 해외자회사에게 본국의 가치관과 경영시스템을 강요

  ⓑ **현지중심주의**(polycentrism) : 현지인이 현지에 맞는 방법으로 자회사를 운영하게 함.

  ⓒ **세계중심주의**(geocentrism) : 본사와 자회사 간의 쌍방향의 정보교환과 협조적 의사결정을 통해 상호의존적인 활동

2) 초국적기업

① 세계중심주의의 다국적기업에는 본사와 자회사라는 개념이 사라진다. → 즉 해외의 자회사가 특정 사업분야에서 주도적인 입장을 취할 수 있으며, 특정 업무를 잘 수행할 수 있는 사람은 국적을 불문하고 채용한다.

② 이렇게 세계를 하나의 단위로 파악하여 수립된 전략을, 각 국가에서 수행하기 위하여 각 국가의 환경에 맞는 현지화 전략을 수립하고자 하는 기업을 초국적 기업(transnational enterprise) 또는 글로벌기업이라 한다.

도표 3-13 국제화전략과 초국적기업

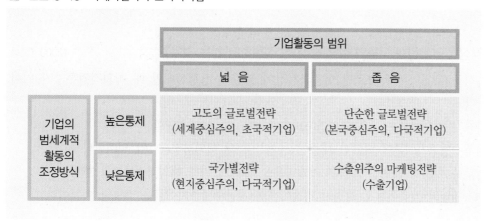

		기업활동의 범위	
		넓 음	좁 음
기업의 범세계적 활동의 조정방식	높은통제	고도의 글로벌전략 (세계중심주의, 초국적기업)	단순한 글로벌전략 (본국중심주의, 다국적기업)
	낮은통제	국가별전략 (현지중심주의, 다국적기업)	수출위주의 마케팅전략 (수출기업)

01 해외직접투자에 관한 다음의 설명 중 가장 적절하지 않은 것은? (2000. CPA)

① 독점적 우위이론에 따르면 현지국시장이 불완전 경쟁상태일 때 해외직접투자가 일어난다.

② 과점적 경쟁이론으로 '밴드웨건(band wagon)' 효과를 설명할 수 있다.

③ 제품수명주기이론에 따르면 제품이 성숙기일 때 해외직접투자가 일어난다.

④ 내부화 이론에 따르면 기업은 거래비용을 줄이기 위해 해외직접투자를 한다.

⑤ Dunning의 절충이론은 과점적 경쟁이론과 제품수명주기이론을 절충한 이론이다.

✎ 해설 ① 독점적 우위이론은 현지국시장이 불완전할 경우, 외국기업이 현지기업이 갖고 있지 못한 특유의 우위를 가지고 있을 때 해외직접투자가 이루어진다는 이론이다.

② 과점적 경쟁이론은 한 기업이 해외에 직접 투자할 경우, 경쟁기업도 같은 국가에 자회사를 설치하는 방어적 투자를 하게 된다는 이론으로, 이런 과점적 경쟁의 결과 같은 산업의 기업들이 특정국에 집중적으로 몰리는 현상, 즉 밴드웨건(band wagon) 효과가 나타난다.

⑤ Dunning의 절충이론은 독점적 우위요소와 내부화우위 및 입지 특유의 우위요소를 절충한 이론이다.

02 다음 중 독점이나 특수기술 등을 보유하지 않은 일반적인 경쟁상황에서의 OEM(주문자상표부착방식)수출 방식이 갖고 있는 단점에 해당되는 항목들을 가장 잘 포함하고 있는 것은? (2005. CPA)

> a. 보편적으로 마진율이 낮다.
> b. 상대국 화폐가치의 변화에 따른 위험이 높다.
> c. 시간이 경과해도 자신의 상표이미지를 구축하기가 힘들다.
> d. 주문하는 바이어에게 크게 의존하는 경우가 많다.
> e. 상품의 제조과정을 통제하기 어렵다.
> f. 생산기술의 유출위험이 있다.

① b, c, e   ② b, c, d   ③ a, c, d

④ a, d, e, f   ⑤ a, b, e, f

연습문제

01 최근 전세계적으로 대부분의 기업들은 글로벌화(globalization)를 추진하고자 노력하고 있다. 다음 중 글로벌화를 촉진시키는 요인이 아닌 것은?

① 전세계적으로 소비자의 수요가 차별화되고 있다.

② 자본집약적인 생산기술이 발전하고 있다.

③ 규모의 경제의 중요성이 더욱 강조된다.

④ R&D 투자의 규모가 증대되고 있다.

⑤ 무역장벽과 같은 인위적인 제약요소가 감소하고 있다.

✍ 해설 ① 글로벌화를 촉진시키는 요인으로 소비자 수요의 동질화를 들 수 있다. 소비자 수요의 동질화로 인하여 기업들은 전세계를 단일시장으로 보고 빠른 시간에 전세계 소비자들의 수요에 부응할 수 있는 제품을 만들어야 성공할 수 있게 되었다. 소비자 수요의 동질화를 이루게 한 요인으로는 커뮤니케이션 기술의 발전과 전세계적인 소득수준의 향상을 들 수 있다. 즉 커뮤니케이션 기술의 발달로 전세계 사람들이 동일한 것을 보고 느끼고 경험할 수 있게 되었으며, 경제개발을 이룩한 신흥공업국 국민들의 소득수준이 오름에 따라 그들도 선진국에서 소비되는 제품을 선호할 수 있게 되었다.

②, ③ 자본집약적인 생산방식과 규모의 경제가 주요한 관심사항이 되면서 자본재에 대한 투자를 회수하려면 대규모 생산체계를 갖추지 않으면 안 되게 되었고, 전세계시장을 목표로 삼고 투자결정을 할 수밖에 없는 상황이 되었다.

02 글로벌라이제이션과 국제경영전략에 대한 설명으로 옳지 않은 것은?

① 기업의 국제화 과정은 대개 수출기업 → 다국적기업 → 세계기업으로 나타난다.

② 다국적기업은 주로 수출비용의 감소나 해당 국가의 규제를 회피하기 위하여 나타난다.

③ 해외투자란 다른 국가의 기업에 자본을 투자하는 활동을 말한다.

④ 원청단계의 해외건설이란 다른 기업이 시공을 맡은 공사의 하청을 받아 노동력만을 해외로 이전시키는 것을 말한다.

⑤ 글로벌기업은 생산요소 조달이 쉬운 국가에서 생산하여 수요가 있는 국가에 판매하는 등 다각적 생산·판매의 네트워크를 형성한다.

✍ 해설 ③ 다국적기업들이 수행하는 대표적인 국제경영활동으로 해외투자가 있다. 해외투자란 다른 국가의 기업에 자본을 투자하는 활동이다. 해외투자는 다른 국가의 기업이 발행하는 주식이나 채권 등을 구매함으로써 배당금이나 이자수익 획득만을 목적으로 하는 해외간접투자와 자국 내의 자본·생산기술·경영기술 등과 현지국의 생산요소인 노동·토지 등을 결합하여 현지에서 직접생산·판매활동을 할 수 있는 공장이나 법

인을 설립하여 이에 대한 소유권을 지니게 되는 해외직접투자가 있다. 해외직접투자는 100% 전액 출자하는 단독투자와 여러 개의 기업들이 공동투자하는 합작투자로 나누어진다.

④ 다국적기업은 다른 국가에서 이루어지는 공사에 참여하는 해외건설활동을 수행한다. 해외건설은 크게 하청단계의 해외건설과 원청단계의 해외건설로 나누어지는데, 하청단계의 해외건설이란 단순히 다른 기업이 시공을 맡은 공사의 하청을 받아 노동력만을 해외로 이전시키는 형태이다. 원청단계의 해외건설은 기업이 시공을 담당하고 이를 다시 하청을 줌으로써 기술자원만을 이전하거나 공사의 설계부터 완성까지 전과정을 담당하는 이른바 일괄수주방식(turnkey base)의 계약형태로 참여하는 방식이다.

03 기업의 글로벌라이제이션과 관련된 국제경영전략 중에서 해외시장 진출방식에 대한 다음의 그림을 옳게 채운 것은?

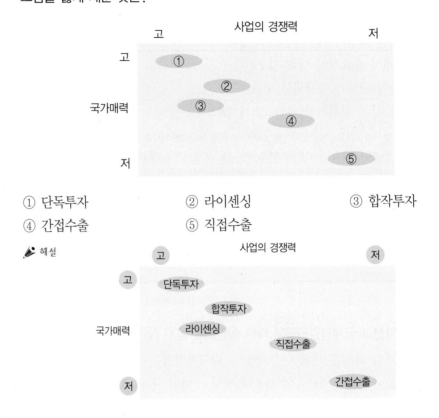

① 단독투자　　　　② 라이센싱　　　　③ 합작투자
④ 간접수출　　　　⑤ 직접수출

✎ 해설

04 글로벌전략과 국가별 전략에 대한 다음의 표를 바르게 채운 것은?

		기업활동의 범세계적 배치	
		지역적으로 넓게 퍼짐	지역적으로 집중화됨
기업의 범세계적 활동의 조정	높은 강도	A	B
	낮은 강도	C	D

정답 3 ① 4 ③

① A-단순한 글로벌전략　　　　② B-수출 위주의 마케팅전략

③ C-국가별 전략　　　　　　　④ D-고도의 글로벌전략

⑤ A-수출 위주의 마케팅전략

✏ 해설

		기업활동의 범세계적 배치	
		지역적으로 넓게 퍼짐	지역적으로 집중화됨
기업의 범세계적 활동의 조정	높은 강도	고도의 글로벌전략	단순한 글로벌전략
	낮은 강도	국가별 전략	수출위주의 마케팅전략

(1) 우하향에 위치하는 기업(D)은 지역적으로 집중화되어 있으나 전체적인 기업활동의 조정이 약한 수출 위주의 마케팅전략을 사용하는 것을 의미한다. 예를 들어 과거의 수출지향적이었던 한국기업은 한국에서 생산한 후 자신의 브랜드 없이 주로 주문자상표부착방식(OEM)으로 수출하는 형태로 해외영업을 해 왔다.

(2) 우상향에 위치한 기업(B)은 기업활동의 배치가 지역적으로 집중되어 있고, 기업의 범세계적인 활동을 본사에서 강하게 통제하는 전략을 구사하고 있다. 이는 전세계 주요 지역에 소수의 자회사를 설치해 두고 이러한 소수의 자회사를 본국의 본사가 조정·통제하는 체제를 의미한다. 그 대표적인 예로 일본의 다국적기업들은 미국과 유럽을 중심으로 한 주요 국가에 자신의 자회사를 설립해 두고 이러한 소수의 자회사를 일본 본사에서 강력하게 통제하여 왔다.

(3) 좌하향의 기업(C)은 국가별 전략(multidomestic strategy)을 추구하고 있다. 대표적으로 유럽이나 미국의 전통적인 다국적 기업이 여기에 해당된다. 이 전략을 추구하는 기업들은 대체적으로 각국에 자회사를 설치해 두고, 자회사의 운영은 자회사에 일임하고 본사와 자회사간의 긴밀한 협조관계가 없는 형태이다.

(4) 좌상향의 기업(A)들은 세계 여러 지역에 직접투자를 통하여 자회사를 설립한 후 강력한 통제로써 이들을 하나의 기업으로 묶는 방법을 취하고 있다. 이러한 기업은 고도의 글로벌전략을 추구하고 있으며, 초국적기업(transnational corporation)이라고 볼 수 있다.

05 기업의 해외 진출과 관련된 다음의 설명 중 옳지 않은 것은?

① 사업의 경쟁력이 높고 국가매력도가 낮을 경우 라이센싱 전략을 택한다.

② 세계중심주의는 초국적기업형태를 지향한다.

③ 기업활동범위가 넓고 범세계적 활동조정을 낮은 통제방식을 택하는 경우 국가별 전략이 적합하다.

④ 생산계약이나 턴키공사는 계약에 의한 진출방식에 해당한다.

⑤ 해외직접투자 방식 중 신설투자는 조업재개 시까지 시간이 단축되는 장점이 있다.

✏ 해설　신설투자는 현지에서 필요한 인력만 유연하게 선택할 수 있는 장점이 있지만, 조업재개 시까지 시간이 많이 드는 문제가 있다.

06 글로벌 경영 환경 및 무역이론에 관한 다음의 설명 중 옳지 않은 것은?

① 신무역이론은 정부의 전략적 무역정책을 중시한다.

② 포터의 경쟁우위 이론에 의하면 경쟁력 있는 사업 결정에 가장 중요한 요소는 부존요소이다.

③ GATT는 보호무역 장벽을 철폐하려는 다자간협정이다.

④ WTO의 위축된 영향력을 회복하기 위하여 GATT가 체결되었다.

⑤ 관세동맹이란 회원국간의 무역장벽을 없앰과 동시에 비회원국에 대해서는 공통의 관세를 적용하는 것을 말한다.

✎ 해설 ④ GATT의 위축된 영향력 회복을 위해 WTO 창설

07 국제 문화 환경 연구에 대한 설명 중 옳지 않은 것은?

① 홀은 각국의 문화를 고배경 문화와 저배경 문화로 나누었다.

② 홉스테드의 분석 중 남성다움이란 남성과 여성의 역할을 명확히 구분하는 사고방식을 말한다.

③ 홉스테드의 척도 중 권력간격이란 사회내의 권력에 대해 수용하는 정도로 측정된다.

④ 권력간격을 수용하는 국가는 권위주의적이다.

⑤ 집단주의적 국가에서는 외부집단에 대해 절대적인 충성을 보인다.

✎ 해설 ⑤ 외부집단 → 내부집단

제 **2** 편

계량의사결정론

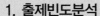

1. 출제빈도분석

계량의사결정론(OR)은 경영학 과목이 CPA시험에 채택된 이래 매년 1~2문제 정도씩 출제되어 오다, 2004년부터 3년간 출제되지 않았으나, MIS와 더불어 2007년도부터 다시 출제가 되기 시작했다. 그 동안의 출제경향을 살펴보면 OR의 각 분야에서 고르게 다루어졌으나 그 중 선형계획법(LP)의 출제빈도가 두드러지게 높은 것을 알 수 있다. 또한 계산문제 보다는 이론을 철저하게 이해하고 있는가를 묻는 문제가 많았다.

	분 야	출제내용 및 연도	출제문항수
제1장	의사결정유형	의사결정기법의 분류(1992, 이론), 관리인 모형(1998, 이론), 의사결정에 유용한 정보(2007, 이론)	3
	선형계획법(LP)	심플렉스해법[여유변수(1989, 이론), 심플렉스법(1994, 계산), 그림자가격(1994, 계산), 기저가능해(1996, 이론), 그림자가격(1998, 계산), LP풀이(2000, 계산 ; 2003, 계산)] 민감도 분석(1997, 계산)	8
제2장	확실성하의 의사결정	수송법(MODI법)(1992, 이론), 목표계획법(1993, 이론), 동적계획법(1994, 이론)	3
제3장	위험하의 의사결정	PERT-CPM(1995, 이론), PERT(2000, 2008, 이론 ; 2002, 계산), EVPI(2001, 계산)	5
제4장	불확실성하의 의사결정	유감준거(1991, 이론), Maximin(1995, 계산), 후르비츠준거(1999, 계산)	3
	상충하의 의사결정	게임이론[(1997, 계산), (2001, 계산)]	2
	기 타	확률계산(1991, 계산)	1

2. 수험대책

계량의사결정론에서는 다른 모든 의사결정의 기초가 되는 선형계획법에 초점을 맞추어 정리해야 한다. 복잡한 계산문제보다 간단한 이론문제로 다루어질 가능성이 높으므로, 기본적인 내용을 잘 정리해 둘 필요가 있으며, 그래프나 표를 해석하는 문제 유형도 대비해야 한다. 즉, 계량의사결정론은 일부 분야를 깊게 정리하기보다는 모든 분야를 폭 넓게 정리하고 기본문제로 확인하는 것이 수험준비에 도움이 될 것이다.

계량의사결정론

확실성하의 의사결정

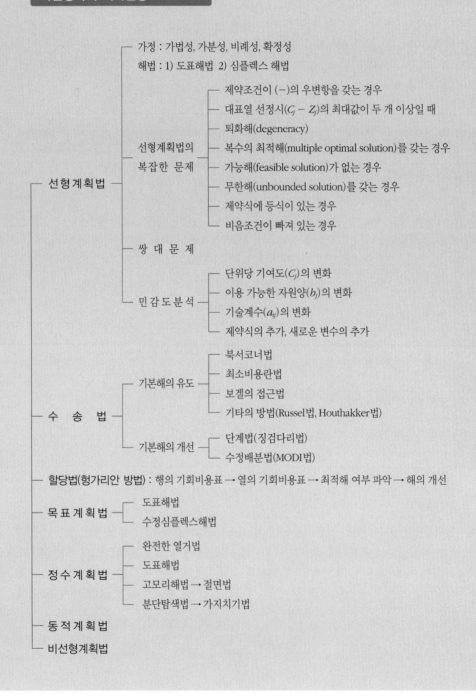

선형계획법 ┬ 가정 : 가법성, 가분성, 비례성, 확정성
│ 해법 : 1) 도표해법 2) 심플렉스 해법
│
├ 선형계획법의 ┬ 제약조건이 (−)의 우변항을 갖는 경우
│ 복잡한 문제 ├ 대표열 선정시($C_j - Z_j$)의 최대값이 두 개 이상일 때
│ ├ 퇴화해(degeneracy)
│ ├ 복수의 최적해(multiple optimal solution)를 갖는 경우
│ ├ 가능해(feasible solution)가 없는 경우
│ ├ 무한해(unbounded solution)를 갖는 경우
│ ├ 제약식에 등식이 있는 경우
│ └ 비음조건이 빠져 있는 경우
│
├ 쌍 대 문 제
│
└ 민 감 도 분 석 ┬ 단위당 기여도(C_j)의 변화
├ 이용 가능한 자원양(b_j)의 변화
├ 기술계수(a_{ij})의 변화
└ 제약식의 추가, 새로운 변수의 추가

수 송 법 ┬ 기본해의 유도 ┬ 북서코너법
│ ├ 최소비용란법
│ ├ 보겔의 접근법
│ └ 기타의 방법(Russel법, Houthakker법)
│
└ 기본해의 개선 ┬ 단계법(징검다리법)
└ 수정배분법(MODI법)

할당법(헝가리안 방법) : 행의 기회비용표 → 열의 기회비용표 → 최적해 여부 파악 → 해의 개선

목 표 계 획 법 ┬ 도표해법
└ 수정심플렉스해법

정 수 계 획 법 ┬ 완전한 열거법
├ 도표해법
├ 고모리해법 → 절면법
└ 분단탐색법 → 가지치기법

동 적 계 획 법

비선형계획법

위험하의 의사결정

- 사전정보를 이용한 의사결정 ─ 기대가치기준
                          └ 기대기회손실기준
- 사전정보와 표본정보를 이용한 의사결정(사후확률의 이용) ─ EVPI
                                                └ EVSI
- 의사결정수
- 시뮬레이션
- 마아코브연쇄모형
- PERT-CPM
- 대기행렬이론

불확실성하의 의사결정

- 라플레이스준거 : 각 상황에 동일한 확률 부여
- 맥시민준거 : 비관적 견해
- 맥시맥스준거 : 낙관적 견해
- 후르비츠준거 : 낙관계수
- 유감준거 : 기회비용 고려

상충하의 의사결정

게임이론 ─ 순수전략
        └ 혼합전략

제1장 ■ 선형계획법

1.1 계량의사결정의 의의 및 분류

1. 계량의사결정의 의의

계량의사결정론(OR : operations research)이란 의사결정환경을 수리적으로 나타내어 최적화하는 기법을 말한다.

2. 의사결정상황에 따른 분류

('92 CPA)
★ 출제 Point
의사결정 상황의
분류와 구체적인 기법

(1) 확실한 상황하의 의사결정(decision making under certainty)

1) 의사결정 대안에 따른 발생 가능한 유일한 결과에 대하여 **확실히 알고 있는 상황**하에서의 의사결정을 말한다.

2) 확실한 상황하의 의사결정기법으로는 손익분기점분석(원가회계 참조), 선형계획법, 수송법, 할당법, 목표계획법, 정수계획법, 동적계획법, 비선형계획법 등을 들 수 있다.

(2) 위험한 상황하의 의사결정(decision making under risk)

1) 의사결정 대안에 따른 발생 가능한 결과와 이들 각각의 결과가 나타날 **확률을 알고 있는 상황**하에서의 의사결정을 말한다.

2) 위험한 상황하의 의사결정기법으로는 사전정보를 이용한 의사결정, 사전정보와 표본정보를 이용한 의사결정, 의사결정수, 재고모형이론(생산 및 운영관리 참조), PERT-CPM, 대기행렬이론, 시뮬레이션, 마아코브연쇄모형 등을 들 수 있다.

(3) 불확실한 상황하의 의사결정(decision making under uncertainty)

1) 의사결정 대안에 따른 발생 가능한 결과의 전부를 알 수는 있지만, 이들 각각의 결과가 나타날 **확률을 알 수 없는 상황**하에서의 의사결정을 말한다.

2) 불확실한 상황하의 의사결정기법으로는 라플레이스준거, 맥시민준거, 맥시맥스준거, 후르비츠준거, 유감준거 등을 들 수 있다.

(4) 상충하의 의사결정

1) 둘 이상의 의사결정자가 상호간에 **경쟁적 이해관계에 놓여 있는** 상황하에서의 의사결정을 말한다.

2) 상충하의 의사결정기법으로는 게임이론을 들 수 있다.

3. 의사결정의 성격에 따른 분류 – 사이몬(H.' A. Simon)

(1) 정형적 의사결정

정형적 의사결정(programmed decision making)이란 규칙화가 쉽고, 반복적이며 구조화되어 있는 의사결정으로 프로그램화가 가능하다는 특징이 있으며, OR기법이나 컴퓨터를 이용하여 해결할 수 있다.

(2007 CPA)
★출제 Point
의사결정에 유용한 정보

(2) 비정형적 의사결정

비정형적 의사결정(non-programmed decision making)은 개인의 경험·판단·능력에 의해 문제를 해결하게 되는 방법으로 프로그램화가 불가능하며 휴리스틱 방법에 의해 문제를 해결하게 된다.

4. 수리적 모형의 분류

(1) 규범적 모형과 기술적 모형

1) 규범적 모형(normative model) : 최적화 모형, 분석적 모형

① 의사결정자가 목적을 가장 효율적으로 달성하기 위해 어떻게 결정을 내려야 하는가를 규정(prescribe)하는 모형이다.

② 이를 위해서는 최적대안을 선정할 결정기준(decision criterion)이 있어야 한다.
   → 반복적 연산절차인 알고리즘에 의존한다.

③ 가정 : 의사결정자는 개인 목적을 극대화하는 합리적 경계이다. 모든 대안과 이들의 결과를 알고 있으며, 대안의 결과를 나열할 수 있는 선호의 순위가 주어져 있다.

④ 주요 모형 : LP, 수송법, IP, 네트워크모형, DP, GP, 게임이론, 재고모형 등

2) 기술적 모형(descriptive model)

① 의사결정이 실제로 어떻게 이루어지는지를 기술(describe)하는 모형이다.

② OR에서는 여러 대안의 결과를 조사하기 위해 사용된다.

③ 규범적 모형을 적용할 수 없는 상황에서 사용하며, 특히 여러 가정하에서 시스템의 행태를 예측하는 데 사용된다.

④ 만족해를 제공한다.

⑤ 주요 모형 : 마아코브분석, 대기행렬모형, 시뮬레이션모형

(2) 기타분류

1) 확정적 모형과 확률적 모형

2) 분석적 모형과 시뮬레이션 모형

('98 CPA)

★ 출제 Point

관리인모형의 의미 및
관련기법

> **Key Point** Simon의 관리인 모형
>
> Simon에 의하면 조직이나 개인은 의사결정시 대개 최적해보다는 못하지만 상당히 만족스런 해에 의존하는 경향이 있다. 그 이유는 ① 필요한 자료의 수집시간·비용이 부족하거나, ② 자료 자체가 불완전하거나, ③ 의사결정자가 완전한 합리성(perfect rationality)보다는 제한된 합리성(bounded rationality)밖에 갖고 있지 못하여 분석 능력이 결여되어 있기 때문이다.

1.2 선형계획법

1. 선형계획법의 의의

선형계획법(LP : linear programming)은 제한된 자원을 합리적으로 사용하여 목적(이익의 최대화, 비용의 최소화)을 달성하고자 하는 기법이다.

◆ 선형계획법이 되기 위해서는 목적함수와 제약조건이 1차방정식 또는 1차부등식이어야 한다.

(1) 선형계획법의 가정

1) **가법성(additivity)** : 투입과 산출에는 가법성이 존재한다. → 즉, 총이익은 각 제품의 이익의 합이며, 총 투입자원은 각 제품에의 투입자원의 합이다.

2) **비례성(proportionality)** : 사용되는 자원과 산출량 간에는 비례관계가 존재한다.

3) **가분성(divisibility)** : 해가 소수의 값을 취할 수 있다.

4) **확정성(deterministic)** : 모든 계수와 상수(목적함수의 계수, 기술계수, 사용 가능한 자원의 양 등)는 정확한 값으로 알려져 있다.

> **Key Point**
>
> ① 위의 가법성과 비례성을 합하여 선형성(linearity)의 가정으로 표현하는 경우도 있다.
> ② LP모형에 가분성 대신 불가분성을 가정하면 정수계획법(integer programming)이 된다.
> ③ 비례성이 성립할 경우 한계이익과 평균이익이 일정하며 이는 어떤 생산수준에서도 동일하다. 또한 규모의 경제나 규모의 비경제가 존재하지 않는다.

(2) 선형계획법의 구성요소

1) 목적함수
목적함수(objective function)의 최적화 기준으로는 이익이나 효용의 최대화, 비용이나 시간의 최소화 등이 있으며, 1차방정식으로 구성된다.

> **Key Point**
>
> 선형계획법에서 목적함수는 최대화 아니면 최소화이지 절대로 이 둘을 포함할 수 없다.

2) 제약조건(constraints)
제약조건식은 이용할 수 있는 자원에 대한 제약식으로 1차방정식 또는 1차부등식으로 나타낼 수 있다.

3) 비음조건(non-negativity constraints)
모든 의사결정변수와 여유변수, 잉여변수, 인공변수는 0보다 크거나 같아야 한다.

4) 의사결정변수(decision variable)
복수의 의사결정변수가 존재하며, 그들간에는 상호관련성이 존재한다.

> **Key Point**
>
> 선형계획법은 단하나의 목적만을 달성할 수 있는 기법이다. 다수의 목적을 갖는 의사결정문제는 해결할 수 없다.

2. 선형계획모형의 작성(formulation)

(1) 최대화문제
n개의 의사결정변수와 m개의 제약조건으로 이루어진 최대화문제의 경우 수학적 모형으로 나타내면 다음과 같다.

◈ 목적함수의 계수
(coefficient of objective function)

$$
\begin{aligned}
Max \ Z = \ & C_1 X_1 + \ C_2 X_2 + \cdots + \ C_n X_n & : 목적함수 \\
St. \quad & a_{11}X_1 + \ a_{12}X_2 + \cdots + \ a_{1n}X_n \leq b_1 & : 제약조건 \\
& a_{21}X_1 + \ a_{22}X_2 + \cdots + \ a_{2n}X_n \leq b_2 \\
& \qquad\qquad\qquad \vdots \\
& a_{m1}X_1 + \ a_{m2}X_2 + \cdots + \ a_{mn}X_n \leq b_m \\
& X_1, \ X_2, \ X_3 \cdots \qquad \cdots X_n \geq 0 & : 비음조건
\end{aligned}
$$

단, C_j : 목적함수계수(단위당 기여도) a_{ij} : 기술계수(투입−산출계수)
X_j : 의사결정변수 b_i : 이용 가능한 자원의 양

◈ 기술계수
(coefficient of constraint)

◈ 우 변
(right hand side : RHS)

(2) 최소화문제

n개의 의사결정변수와 m개의 제약조건으로 이루어진 최소화문제를 수학적 모형으로 나타내면 다음과 같다.

$$Min\ Z = C_1X_1 + C_2X_2 + \cdots + C_nX_n$$
$$St.\quad a_{11}X_1 + a_{12}X_2 + \cdots + a_{1n}X_n \geq b_1$$
$$a_{21}X_1 + a_{22}X_2 + \cdots + a_{2n}X_n \geq b_2$$
$$\vdots$$
$$a_{m1}X_1 + a_{m2}X_2 + \cdots + a_{mn}X_n \geq b_m$$
$$X_1,\ X_2,\ X_3 \cdots X_n \geq 0$$

 예제 1-1

(주) JOY는 제품 X와 Y를 생산하고 있다. 이 두 제품을 생산하기 위해서는 기계 Ⅰ과 기계 Ⅱ를 사용해야 한다. 제품 X 한 단위를 생산하기 위해서는 기계 Ⅰ을 4시간, 기계 Ⅱ를 4시간씩 사용해야 하고, 제품 Y 한 단위를 생산하기 위해서는 기계 Ⅰ과 기계 Ⅱ를 각각 5시간과 3시간씩 사용해야 한다. 기계 Ⅰ과 기계 Ⅱ의 사용가능시간이 28시간과 20시간이고, 제품 X와 제품 Y의 단위당 이익이 500원과 600원일 때, 총이익을 최대화하는 X와 Y의 생산량을 결정하는 선형계획모형을 작성하면?

기 계 \ 제 품	X	Y	기계사용 가능시간
기계 Ⅰ	4시간	5시간	28시간
기계 Ⅱ	4시간	3시간	20시간
제품단위당 이익	500원	600원	

해답

$$Max\ Z = 500X + 600Y$$
$$St.\quad 4X + 5Y \leq 28$$
$$4X + 3Y \leq 20$$
$$X,\ Y \geq 0$$

3. 선형계획의 도표해법

도표해법(graphical method)은 의사결정변수가 2개인 간단한 문제에 적용이 가능하다.

(1) 도표해법의 과정

1) 우선 제약조건을 그래프상에 표시하여 실행가능영역(feasible region)을 도출한다.

2) 다음 목적함수를 그래프상에 동일한 기울기로 평행이동시킨다. → 이 때 최대화문제인 경우 원점으로부터 가장 먼 등이익선(목적함수)과 접하는 꼭지점이 최적해가 되고, 최소화문제인 경우 원점으로부터 가장 가까운 등비용선(목적함수)과 접하는 꼭지점이 최적해가 된다.

(2) 복수해

목적함수의 기울기가 실행가능영역을 형성하고 있는 제약식의 기울기와 같을 때는 복수해가 된다.

(2000, 2003 CPA)
★ 출제 Point
LP문제의 풀이

◆ 실행가능영역
선형계획법의 문제에서 제약조건과 비음조건을 만족하는 모든 점들의 집합

◆ 실행가능해
실행가능영역에 속한 각각의 점들

> **Key Point** 도표해법과 심플렉스법의 차이점
>
> 도표해법에서는 두 개의 꼭지점을 이은 직선상에 최적해가 무수히 존재하게 되지만($\because$ 가분성), 심플렉스(simplex)법에서는 두 개의 꼭지점만이 최적해를 나타냄에 유의하여야 한다.

● 도표 1-1 LP의 도표해법

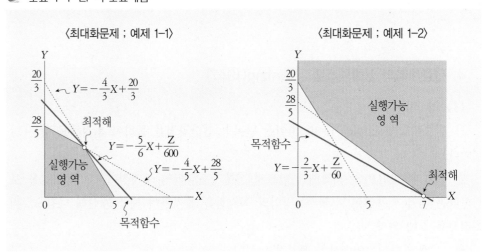

〈최대화문제 ; 예제 1-1〉 〈최대화문제 ; 예제 1-2〉

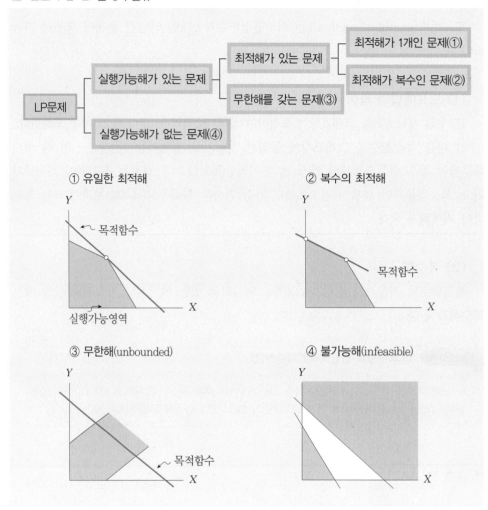

4. 선형계획의 심플렉스법 : Dantzig(1947)

(1) 의 의

('96 CPA)
★ 출제 Point
실행가능기저해의 의미

1) 심플렉스법(simplex method)이란 반복적 연산과정을 통하여 최적해를 찾는 방법이다.

2) 선형계획법(LP)의 최적해는 반드시 실행가능영역의 꼭지점이거나 꼭지점을 포함한다는 점을 이용하여, 실행가능영역의 꼭지점을 옮겨가며 해를 개선해 나감으로써 최적해를 찾게 된다.

3) 이 때 실행가능영역상의 꼭지점을 실행가능기저해라 한다.

(2) 심플렉스법의 과정

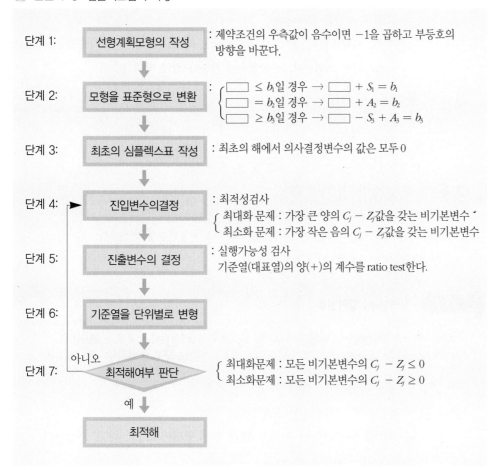

(3) 최대화문제의 풀이

$$Max \ Z = 500X + 600Y$$
$$4X + 5Y \le 28$$
$$4X + 3Y \le 20$$
$$X, \ Y \ge 0$$

[정리 ❶]
LP모형에서 최적해가 존재한다면 실행가능영역의 꼭지점 중의 하나가 최적해가 된다.

1) [순서1] 식의 변환(= 모형을 표준형으로 변환한다)

〈단계 1〉 여유변수(잔여변수)를 도입하여 제약조건을 방정식으로 전환한다.

('89 CPA)
★ 출제 Point
여유변수의 의미

식의 변환방법
$$\boxed{} \le b_1 \rightarrow \boxed{} + S_1 = b_1$$
$$\boxed{} \ge b_2 \rightarrow \boxed{} - S_2 + A_2 = b_2$$
$$\boxed{} = b_3 \rightarrow \boxed{} + A_3 = b_3$$

→ 이 때 여유변수(slack variable)는 사용되지 않은 자원의 양을 나타내며 제약조건의 수만큼 필요하다.

→ 한편, 제약조건이 등식(=)일 때와 (≥)의 부등식일 때는 인공변수(artificial variable)를 도입한다. (인공변수는 가능해 영역 밖의 값)

예 (≤)의 부등식일 때 : 여유변수를 도입한다.

$$\left.\begin{array}{l} 4X + 5Y \le 28 \\ 4X + 3Y \le 20 \end{array}\right] \text{에서} \qquad \left.\begin{array}{l} 4X + 5Y + S_1 = 28 \\ 4X + 3Y + S_2 = 20 \end{array}\right] \text{로 변환한다.}$$

$$X, \ Y \ge 0 \qquad\qquad\qquad X, \ Y, \ S_1, \ S_2 \ge 0$$

예 등식일 때 : 인공변수를 더해 준다.

$$4X + 5Y = 28 \rightarrow 4X + 5Y + A_1 = 28$$

예 (≥)의 부등식일 때 : 여유변수(잉여변수)를 빼주고 인공변수를 더해준다.

$$4X + 5Y \ge 28 \rightarrow 4X + 5Y - S_2 + A_2 = 28$$

Key Point 잔여변수, 잉여변수

잔여변수(slack variable) : '≤'형 제약조건을 등식으로 만들기 위해 더해 주는 변수이다.
잉여변수(surplus variable) : '≥'형 제약조건을 등식으로 만들기 위해 빼 주는 변수이다.

〈단계 2〉 목적함수에 여유변수를 도입한다.

→ 이 때 여유변수는 이익도 비용도 발생시키지 않는다고 가정한다.

$$Z = 500X + 600Y + 0S_1 + 0S_2$$

〈변환전〉
Max $Z = 500X + 600Y$
St. $4X + 5Y \le 28$
       $4X + 3Y \le 20$
       $X, Y \ge 0$

→

〈변환된 식〉
Max $Z = 500X + 600Y + 0S_1 + 0S_2$
St. $4X + 5Y + S_1 = 28$
       $4X + 3Y + S_2 = 20$
       $X, Y, S_1, S_2 \ge 0$

('94 CPA)
★출제 Point
심플렉스해법의
풀이과정 및 원리의 이해

2) [순서2] Iteration(해를 개선한다)

〈단계 1〉 최초표(initial table)를 작성하고 최초의 실행가능기저해를 구한다.

   ⓐ 최초의 해는 어떠한 제품도 생산하지 않는 원점에서 시작한다.

   ⓑ 이 때 의사결정변수의 값은 모두 0이고 기저변수는 여유변수 또는 인공변수이므로, 해는 제약조건식의 우변항 값이 된다.

(2000 CPA)
★출제 Point
LP문제의 풀이

〈단계 2〉 최적해여부판단

   ⓐ $(C_j - Z_j)$가 모두 0 또는 (−)의 값이면 현재의 해가 최적해이다.

   ⓑ (+)값이 있으면 〈단계 3〉으로 넘어간다.

〈단계 3〉 **진입변수의 결정** : 대표열(pivot column or key column : 추축열 또는 기준열) 선정

ⓐ $(C_j - Z_j)$에 (+)의 값이 존재하면 $(C_j - Z_j)$값이 가장 큰 열을 대표열로 선정한다.

ⓑ 이 때 대표열에 해당하는 변수가 기저변수로 진입(incoming variable)한다. (예제의 Table 1에서는 Y가 진입변수로 선정된다)

〈단계 4〉 **진출변수(탈락변수)의 결정** : 대표행(pivot row or key row : 추축행 또는 기준행) 선정

ⓐ ratio test(최소비율검사) : 대표열에 있는(+)의 계수로 RHS값을 나눈 값 중 최소의 비음(非負)의 값을 갖는 행을 대표행으로 선정한다. → 이는 모든 제약조건을 동시에 충족시키기 위함이다. 이 때 대표행에 해당하는 기저변수가 탈락변수(outgoing variable)가 된다(예제의 Table 1에서는 S_1이 탈락변수가 된다).

ⓑ 대표열에 (+)의 값이 없으면 무한해(부정)를 갖는다.

ⓒ 위의 〈단계 3, 4〉에 의해서 추축요소(pivot element)는 대표열과 대표행의 교차점에 있는 값이 된다(예제의 Table 1에서는 5가 pivot element 이다).

● 도표 1-4 최초표의 작성

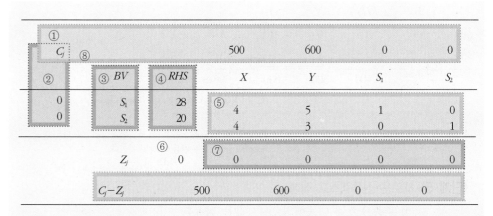

① C_j행 : 각 변수의 단위당 기여도를 나타낸다.

② C_j열 : 기저변수의 단위당 기여도를 표시한다.

③ BV : 기저변수(basic variable)

④ 기저변수행의 RHS : 기저변수의 값

⑤ 기저변수행의 값 : 기저변수와 각 변수와의 대체비율(교환비율)

⑥ Z_j행의 RHS값 : 주어진 해에 해당하는 목적함수값=(기저변수의 C_j×RHS열의 값)

⑦ Z_j행의 값 : 각 상태에서의 각 변수의 단위당 발생비용=(기저변수의 C_j×각 변수의 열)

⑧ $C_j - Z_j$행의 값 : 각 변수의 단위당 변화에 대한 이익의 변화

Table 1

C_j			500	600	0	0	ratio test
	BV	RHS	X	Y	S_1	S_2	
0	S_1	28	4	⑤	1	0	28/5
0	S_2	20	4	3	0	1	20/3 ← 대표행
	Z_j	0	0	0	0	0	
	$C_j - Z_j$		500	600	0	0	

대표열

Table 2

C_j			500	600	0	0	ratio test
	BV	RHS	X	Y	S_1	S_2	
600	Y	28/5	4/5	1	1/5	0	(28/5)/(4/5)
0	S_2	16/5	8/5	0	-3/5	1	(16/5)/(8/5) ← 대표행
	Z_j	3,360	480	600	120	0	
	$C_j - Z_j$		20	0	-120	0	

대표열

Table 3

C_j			500	600	0	0	
	BV	RHS	X	Y	S_1	S_2	
600	Y	4	0	1	1/2	-1/2	
500	X	2	1	0	-3/8	5/8	
	Z_j	3,400	500	600	900/8	100/8	
	$C_j - Z_j$		0	0	-900/8	-100/8	최적해($\because C_j - Z_j \leq 0$)

※ 최적해 : $X = 2$, $Y = 4$, $Z = 3,400$

이와 같이 심플렉스법은 기저변수에 대하여 단위행렬 (identity matrix)을 만들게 되는 것이다.

〈단계 5〉 새로운 심플렉스표 작성

ⓐ 추축요소로 대표행의 모든 값을 나눈다.

ⓑ 대표열의 나머지 값들이 모두 0이 되도록 나머지 행을 변환시킨다.

ⓔ 새테이블의 S_2행 = 구테이블의 S_2행 - 새테이블의 Y행 × 3

〈단계 6〉 단계 2로 돌아간다.

Key Point ratio test시 유의사항

대표열에 있는 계수(교환비율, 한계대체율)가 0 또는 음수인 경우 대표행 계산시 반드시 제외되어야 한다. 왜냐하면 이는 제품을 생산하더라도 자원에 영향이 없거나 자원이 오히려 증가한다는 뜻이 되기 때문이다.

$0Y + S_1 = 28 \rightarrow Y$제품 생산하더라도 자원에 영향 없음
$-5Y + S_1 = 60 \rightarrow Y$제품 생산시 자원이 오히려 증가함

(4) 심플렉스해법의 분석

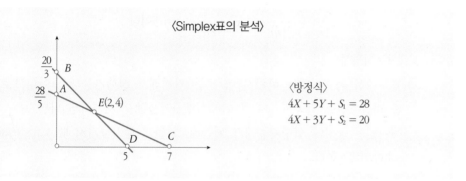

〈Simplex표의 분석〉

〈방정식〉
$4X + 5Y + S_1 = 28$
$4X + 3Y + S_2 = 20$

1) 기본해의 도출(기본해＝기저해)

번호	꼭지점	X	Y	S_1	S_2	비기저변수	기저변수	불가능해	가능해	목적함수 값
1	0	0	0	28	20	$X=0, Y=0$	$S_1=28,\ S_2=20$		V	0
2	A	0	28/5	0	16/5	$X=0, S_1=0$	$Y=28/5,\ S_2=16/5$		V	3,360
3	B	0	20/3	−16/3	0	$X=0, S_2=0$	$Y=20/3,\ S_1=-16/3$	V		
4	C	7	0	0	−8	$Y=0, S_1=0$	$X=7,\ S_2=-8$	V		
5	D	5	0	8	0	$Y=0, S_2=0$	$X=5,\ S_1=8$		V	2,500
6	E	2	4	0	0	$S_1=0, S_2=0$	$X=2,\ Y=4$		V	3,400*

2) 기저해, 실행가능기저해, 실행가능해의 관계

① 비기저변수

    ⓐ 위의 방정식에서 미지수는 4개인데 제약조건은 2개이므로 2개의 변수의 값을 0으로 두고 나머지 2개의 변수의 값을 계산하여 해를 구하여야 한다.

    ⓑ 이 때 0의 값을 갖는 변수를 비기저변수(nonbasic variable)라 하며 이는 의사결정변수의 수와 동일하다.

② 기저변수와 기저해

    ⓐ 한편, 0이 아닌 변수를 기저변수(basic variable)라 하며 이렇게 해서 구한

('96 CPA)
★ 출제 Point
실행가능기저해의 의미

◈ 기저해
$n-m$개의 변수의 값을 0으로 놓고, 나머지 m개의 변수를 미지수로 하여 구한 해

해를 기저해(basic solution)라 한다.

ⓑ 기저해는 도표법에 나타난 모든 꼭지점에 해당되며 기저변수는 제약조건식의 수와 동일하다.

③ 기저해의 수

기저해란 n개의 변수와 m개의 제약조건(단, $n > m$)을 가진 선형계획모형의 표
<u>방정식의 수</u>

준형에서 $(n-m)$개 변수를 0으로 놓고 나머지 m개의 변수의 값을 찾기 위하여 m
<u>비기저변수가 됨</u> <u>기저변수가 됨</u>

개의 방정식을 풀어 얻은 해로서 기저해의 수는

$$_nC_m = \frac{n!}{(n-m)!m!} = \frac{4!}{(4-2)!2!} = 6개이다.$$

[정리 ❷]
임의의 실행가능기저해는 고유의 모서리점을 표시한다.
또 각각의 모서리점에 대해서는 이 점을 나타내는 하나 이상의 실행가능기저해가 존재한다.

④ 실행가능기저해

ⓐ 도표에서 볼 수 있는 바와 같이 모든 기저해가 실행가능해는 아니므로 이 중 비음조건을 만족시키지 못하는 실행불가능해를 제외하면 나머지는 기저해이면서 동시에 실행가능해가 되는데, 이를 실행가능기저해(basic feasible solution)라 한다.

ⓑ 최적해는 반드시 실행가능영역의 꼭지점인 실행가능기저해에 존재한다.

⑤ 실행가능해

ⓐ 실행가능해(feasible solution)는 제약조건과 비음조건을 동시에 만족시키는 모든 해를 말한다.

ⓑ 따라서 실행가능영역의 둘레 내지 그 안에 있는 모든 점을 포함하므로 실행가능해는 무수히 많이 존재한다.

3) 인접모서리점을 구하는 방법(pivoting)

① 임의의 두 실행가능기저해가 1개의 기저변수만 교체되고 나머지 기저변수는 공통일 때 두 기저해는 인접(adjacent)해 있다고 한다(단, 공통인 기저변수의 값은 다를 수 있다).

② 그러므로 〈정리 2〉에 의하면 인접모서리점으로의 이동은 ⓐ 비기저변수 중 기저변수로 될 변수의 선택(진입변수의 결정), ⓑ 기저변수 중 비기저변수로 될 변수의 선택(진출변수의 결정), ⓒ 이에 따른 변수값의 계산의 단계를 따른다.

4) LP문제는 볼록계획법(convex programming)문제이므로 인접모서리점으로 이동할 때 목적함수 값이 개선되지 않는다면 이동후 어떤 경로를 따르더라도 목적함수 값을 개선할 수 없다.

• 기저해, 실행가능기저해

기저해(기본해) : 원점 + 모든 꼭지점 + 제약식의 접점
실행가능기저해 : 실행가능영역 내의 꼭지점

기저해 = 기본해

• 속박제약조건, 비속박제약조건, 여분제약조건

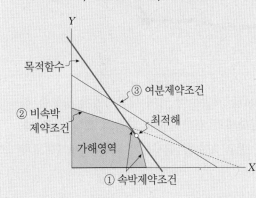

① 속박제약조건(binding constraint)은 잔여(slack)가 0인 제약조건, 즉 모든 자원을 소모한 제약조건을 의미한다. 이는 최적해와 만나는 제약조건이다.

② 비속박제약조건(nonbinding constraint)은 잔여가 0보다 큰 제약조건이다. 다시 말하면, 가해영역의 형성에는 영향을 미치고, 최적해와는 만나지 않는 제약조건이다.

③ 여분제약조건(redundant constraint)은 비속박제약조건 중에서 최적해는 물론 가해영역에도 아무런 영향을 미치지 않는 제약조건이다. 이 제약조건은 LP모형에서 제거되어도 최적해에 아무런 영향이 없다.

(5) big M method

1) 제약조건식에 '≥'형이나 '='형의 조건이 포함된 모형의 경우 모든 결정변수를 0으로 놓고 최초해를 구하는 방식이 적용되지 않는다. → 그래서 인공변수(인위변수 : artificial variable)를 도입하게 된다.

2) 인공변수는 계산상 편의를 위해 도입된 변수이므로 기저로부터 빨리 빠져나가도록 하기 위해 M(최소화문제의 경우) 또는 −M(최대화문제의 경우)을 부여하는데, 이를 'Big M method'라 한다.

M의 의미

인공변수가 해로 채택되지 않도록 하기 위하여 목적함수의 인공변수에 부여되는 매우 큰 값

제약조건	조 정	목적함수계수	
		최대화문제	최소화문제
$\leq$	$+S_i$	$+0 \cdot S_i$	$+0 \cdot S_i$
$\geq$	$-S_i + A_i$	$+0 \cdot S_i - M \cdot A_i$	$+0 \cdot S_i + M \cdot A_i$
$=$	$+A_i$	$-M \cdot A_i$	$+M \cdot A_i$

(6) 최소화 문제

 예제 1-2

(주) Joycampus는 새로운 개념의 PDA를 개발하여 남여 대학생에게 광고를 하고자 한다. 각 방송매체당 남·여 대학생의 시청비율이 다음의 표와 같을 때, 총광고비용을 최소화하는 각 매체의 광고 횟수를 결정하기 위한 선형계획모형을 작성하고 심플렉스 해법으로 풀어라.

목표소비자	1회 광고당 시청건수		최소의 필요시청건수
	스포츠TV	패션TV	
여대생	4만명	5만명	28만명
남대생	4만명	3만명	20만명
광고 1회당 가격	40만원	60만원	

풀이

i) 선형계획 모형

$$\text{Min} Z = 40X + 60Y$$

$$St. \quad 4X + 5Y \geq 28$$
$$4X + 3Y \geq 20$$
$$X, \ Y \geq 0$$

ii) 최소화 문제의 심플렉스 해법

〈1단계〉 모형을 표준형으로 변환

① 제약조건의 변환(Big-M method)

$$4X + 5Y - S_1 + A_1 = 28$$
$$4X + 3Y - S_2 + A_2 = 20$$
$$X, \ Y, \ S_1, \ S_2, \ A_1, \ A_2 \geq 0$$

② 목적함수의 변환

$$Z = 40X + 60Y + 0S_1 + 0S_2 + MA_1 + MA_2$$

〈2단계〉 해를 개선

최소화문제에서는 $(C_j - Z_j)$가 모두 0 또는 (+)값이면 현재의 해가 최적해이다. 반면 $(C_j - Z_j)$에 (−)의 값이 존재하면 (−)값 중 절대값이 가장 큰 열을 대표열(key column or pivot column)로 선정하고, 나머지 단계는 최대화문제와 동일한 방식으로 진행한다. 만약 가능영역에 원점이 포함되어 있으면, 원점이 해가 된다.

iii) 심플렉스표

Table 1

C_j			40	60	0	0	M	M	ratio test
	BV	RHS	X	Y	S_1	S_2	A_1	A_2	
M	A_1	28	4	5	-1	0	1	0	28/4
M	A_2	20	④	3	0	-1	0	1	20/4
	Z_j	$48M$	$8M$	$8M$	$-M$	$-M$	M	M	
	$C_j - Z_j$		$40-8M$	$60-8M$	M	M	0	0	

Table 2

C_j			40	60	0	0	M	M	ratio test
	BV	RHS	X	Y	S_1	S_2	A_1	A_2	
M	A_1	8	0	②	-1	1	1	-1	8/2
40	X	5	1	3/4	0	$-1/4$	0	1/4	5/(3/4)
	Z_j	$200+8M$	40	$30+2M$	$-M$	$-10+M$	M	$10-M$	
	$C_j - Z_j$		0	$30-2M$	M	$10-M$	0	$-10+2M$	

Table 3

C_j			40	60	0	0	M	M	
	BV	RHS	X	Y	S_1	S_2	A_1	A_2	
60	Y	4	0	1	$-1/2$	①/②	1/2	$-1/2$	
40	X	2	1	0	3/8	$-5/8$	$-3/8$	5/8	
	Z_j	320	40	60	-15	5	15	-5	
	$C_j - Z_j$		0	0	15	-5	$M-15$	$M+5$	

Table 4

C_j			40	60	0	0	M	M	
	BV	RHS	X	Y	S_1	S_2	A_1	A_2	
0	S_2	8	0	2	-1	1	1	-1	
40	X	7	1	5/4	$-1/4$	0	2/8	0	
	Z_j	280	40	50	-10	0	10	0	최적해
	$C_j - Z_j$		0	10	10	0	$M-10$	M	($\because C_j-Z_j \geq 0$)

※ 최적해 : $X=7$, $Y=0$, $Z=280$, $S_2=8$

Key Point

최소화문제는 목적함수의 모든 계수의 부호를 바꾼 후 이 문제를 최대화문제로 보고 풀어도 된다. 단, 목적함수값을 구한 후 부호를 바꾸어야 함에 주의할 것.

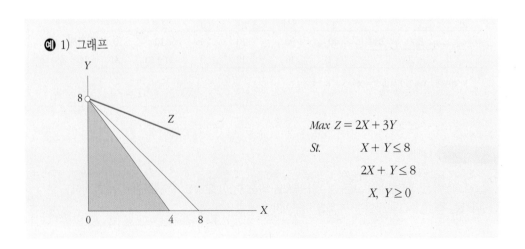

	의사결정 변수 값	목적함수의 값
최대화 문제	(0, 0)	0
최소화 문제	(0, 0)	big M

5. 선형계획법의 복잡한 문제

(1) 제약조건이 (−)의 우변항을 갖는 경우

양변에 (−1)을 곱해 주고 여유변수와 인공변수를 도입한다.

예 $-4X + 5Y \leq -28 \rightarrow 4X - 5Y \geq 28 \rightarrow 4X - 5Y - S_1 + A_1 = 28$

(2) 대표열 선정시 ($C_j - Z_j$)의 최대값이 두 개 이상일 때

1) 최대값을 갖는 모든 변수가 의사결정변수이거나 여유변수일 때는 임의로 하나를 선택한다.

2) 그러나 최대값을 갖는 변수에 의사결정변수와 여유변수가 섞여 있을 때는 의사결정변수를 선택한다.

(3) 퇴화해(degeneracy)

1) 퇴화는 목적함수값은 바뀌지 않고 기저변수만 바뀌는 현상(cycling)이 반복되는 것으로, 최적해가 아닌 집합 사이를 왕래하면서 최적해에 이르지 못하는 것을 말한다.

2) 퇴화는 대표행 선정시(ratio test시) ① 비음의 최소치가 두 개 이상일 때, 즉 두 개의 비율이 같을 때나 ② 최적해를 구하기 전에 기저변수의 값이 0일 때, 즉 정(正)의 값을 갖는 기본변수의 수가 제약조건의 수보다 적을 때 발생한다.

3) 퇴화현상은 그래프에 의해 모형을 풀 때는 아무런 문제가 되지 않는다.

[정리 ❸]
만일 심플렉스과정에서 나오는 실행가능 기저해 중 퇴화가 발견되지 않는다면 심플렉스 해법은 언제나 유한회의 반복 후에 LP모형을 풀 수 있다.

예 1) 그래프

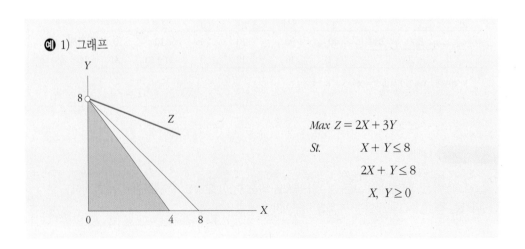

$Max\ Z = 2X + 3Y$

$St.\qquad X + Y \leq 8$

$\qquad\qquad 2X + Y \leq 8$

$\qquad\qquad X,\ Y \geq 0$

2) 심플렉스표

C_j			2	3	0	0	ratio
	BV	RHS	X	Y	S_1	S_2	test
0	S_1	8	1	1	1	0	8
0	S_2	8	2	1	0	1	8
	Z_j	0	0	0	0	0	
	$C_j - Z_j$		2	3	0	0	

◈ ratio test시 비율이 둘 이상 같은 경우 탈락 변수로 선택되지 않고 남은 변수는 그대로 기저에 남게 되나 '0'의 값을 가지게 된다.

(4) 복수의 최적해(multiple optimal solution)를 갖는 경우

1) 최종표에 비기저변수의 $(C_j - Z_j)$값이 0이 될 때 복수의 최적해를 갖게 된다.

2) 도표법에서는 두 개의 꼭지점을 연결하는 직선상에 해가 무수히 존재하게 되지만, 심플렉스 해법으로 풀면 두 개의 꼭지점만 해로 나타나게 된다.

예 1) 그래프

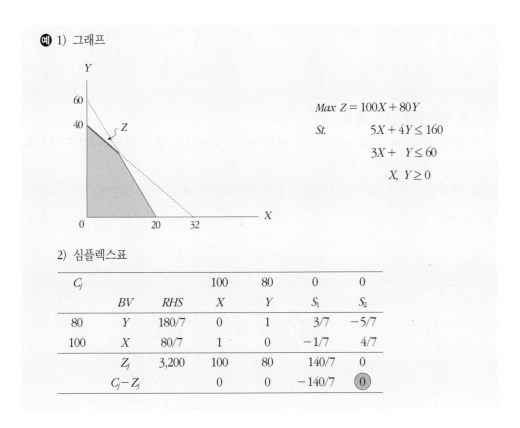

$Max\ Z = 100X + 80Y$

$St.\qquad 5X + 4Y \leq 160$

$\qquad\qquad 3X + \ Y \leq 60$

$\qquad\qquad X,\ Y \geq 0$

2) 심플렉스표

C_j			100	80	0	0
	BV	RHS	X	Y	S_1	S_2
80	Y	180/7	0	1	3/7	−5/7
100	X	80/7	1	0	−1/7	4/7
	Z_j	3,200	100	80	140/7	0
	$C_j - Z_j$		0	0	−140/7	0

(5) 가능해(feasible solution)가 없는 경우

1) 제약조건 및 비음조건을 동시에 만족하는 영역이 없는 경우로 최종표에서 기저변수에 양의 값을 갖는 인공변수가 포함되어 있는 경우이다.

2) 이는 그래프로 그릴 경우 더 빨리 발견할 수 있다.

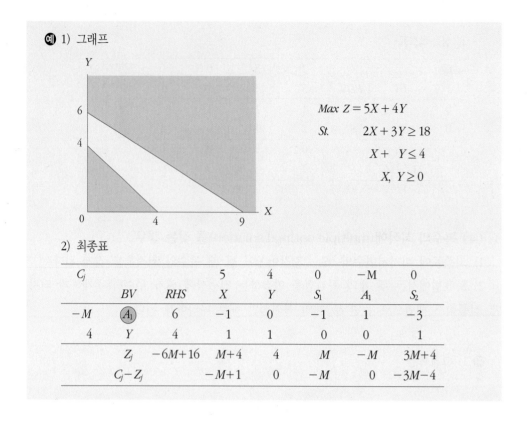

예 1) 그래프

$$Max\ Z = 5X + 4Y$$
$$St.\quad 2X + 3Y \geq 18$$
$$X + Y \leq 4$$
$$X,\ Y \geq 0$$

2) 최종표

C_j			5	4	0	$-M$	0
	BV	RHS	X	Y	S_1	A_1	S_2
$-M$	A_1	6	-1	0	-1	1	-3
4	Y	4	1	1	0	0	1
	Z_j	$-6M+16$	$M+4$	4	M	$-M$	$3M+4$
	$C_j - Z_j$		$-M+1$	0	$-M$	0	$-3M-4$

(6) 무한해를 갖는 경우

1) 무한해(unbounded solution)란 제약조건을 위반하지 않고 목적함수값을 무한히 향상시킬 수 있는 경우를 말한다.

2) 대표열의 모든 값이 0이거나 음수일 때이며 이 때는 해를 무한히 개선시킬 수 있다.

◆ 실직적으로 의미있는 LP모형은 대부분 무한해를 갖지 않는다. 그러므로 무한해가 발견되면 이는 모형의 하자가 있는 것으로 이해하고 하자를 수정해 주어야 한다.

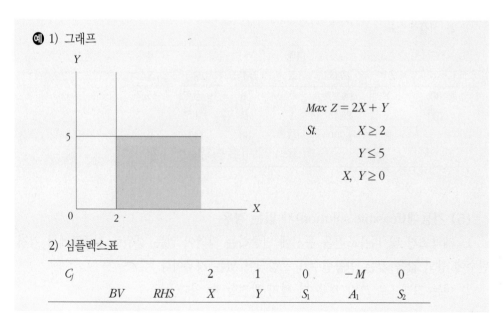

예 1) 그래프

$$Max\ Z = 2X + Y$$
$$St.\quad X \geq 2$$
$$Y \leq 5$$
$$X,\ Y \geq 0$$

2) 심플렉스표

C_j			2	1	0	$-M$	0
	BV	RHS	X	Y	S_1	A_1	S_2

2	X	2	1	0	-1	1	0
0	S_2	5	0	1	0	0	1
	Z_j	4	2	0	-2	2	0
	$C_j - Z_j$		0	1	2	$-M-2$	0

(7) 제약식에 등식이 있는 경우

인공변수를 더해 준다.

$$4X + 3Y = 20 \rightarrow 4X + 3Y + A = 20$$

(8) 비음조건이 빠져 있는 경우

비음조건이 없는 변수를 X'와 X''로 분리 치환한다.

예 $Max\, Z = X + 3Y$

$St.$ $\quad -X + 4Y \leq 1$

$\qquad\qquad X + \ Y \leq 2$

X는 부호무관, $Y \geq 0$

풀이 : ① 우선 $X = X' - X''$으로 바뀐다.

② 식의 변환

$Max\ Z = X' - X'' + 3Y$

$St.$ $\quad -X' + X'' + 4Y \leq 1$

$\qquad\quad X' + X'' + \ Y \leq 2$

$\qquad\qquad X',\ X'',\ Y \geq 0$

③ 변환된 식을 풀고난 후 $(X' - X'')$를 X로 바꾼다.

6. 선형계획법의 쌍대성

(1) 의 의

1) 선형계획법의 쌍대성이란 모든 LP문제는 두 개의 다른 방법으로 분석될 수 있다는 특징을 말한다.

2) 즉, 이익의 최대화문제는 비용의 최소화문제로 볼 수도 있다.

3) 본원적 문제가 자원의 할당문제를 다룬다면 쌍대문제는 할당된 자원의 가치문제를 다룬다.

(2) 본원적 문제(=원본문제)와 쌍대문제와의 관계

〈본원적 문제〉

$Max\ Z = C_1X_1 + C_2X_2 + \cdots\cdots + C_nX_n$
$St.\quad a_{11}X_1 + a_{12}X_2 + \cdots\cdots a_{1n}X_n \leq b_1$
$\qquad a_{21}X_1 + a_{22}X_2 + \cdots\cdots a_{2n}X_n \leq b_2$
$\qquad \vdots \qquad\qquad\qquad \vdots \qquad \vdots$
$\qquad a_{m1}X_1 + a_{m2}X_2 + \cdots\cdots a_{mn}X_n \leq b_m$
$\qquad X_1, X_2 \cdots\cdots, X_n \geq 0$

변환 →

〈쌍대문제〉

$Min\ Z' = b_1U_1 + b_2U_2 + \cdots\cdots + b_mU_m$
$St.\quad a_{11}U_1 + a_{21}U_2 + \cdots\cdots a_{m1}U_m \geq C_1$
$\qquad a_{12}U_1 + a_{22}U_2 + \cdots\cdots a_{m2}U_m \geq C_2$

$\qquad a_{1n}U_1 + a_{2n}U_2 + \cdots\cdots a_{mn}U_m \geq C_n$
$\qquad U_1, U_2 \cdots\cdots, U_m \geq 0$

본원적 문제(Primal problem)	쌍대문제(dual problem)
① 최대화문제(최소화문제)	① 최소화문제(최대화문제)
② 의사결정변수의 수(n) ③ 제약조건의 수(m)	② 제약조건의 수(n) ③ 의사결정변수의 수(m)
④ 목적함수의 계수 ⑤ 제약조건식의 우변항	④ 제약조건식의 우변항 ⑤ 목적함수의 계수
⑥ 제약조건식의 i번째 행의 계수	⑥ i번째 열의 계수
⑦ 부등호($\leq$)	⑦ $\geq$
⑧ i번째 제약조건이 방정식 ⑨ j번째 변수의 부호에 제약 없음	⑧ i번째 변수의 부호에 제약 없음 ⑨ j번째 제약조건이 방정식

예제 1-3

〈예제 1-1〉의 최대화 모형을 쌍대문제로 모형화 하여라.

 해답

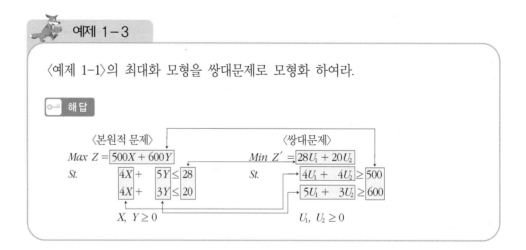

예제 1-4 혼합제약조건을 갖는 경우

다음의 최대화 모형을 쌍대문제로 모형화 하여라.

① (≥)의 부등호를 (≤)의 부등호로 바꾼 후에 쌍대문제로 변환한다(정준형으로 바꾼다).
② i번째 제약조건이 방정식인 경우, 쌍대문제의 i번째 변수는 부호에 제약이 없다.

〈본원적 문제〉

$Max\ Z = 200X_1 + 100X_2$

$St.$

$3X_1 + 2X_2 = 150$

$X_1 \leq 30$

$X_2 \geq 10$

$X_1, X_2 \geq 0$

〈쌍대문제〉

$Min\ Z' = 150U_1 + 30U_2 - 10U_3$

$St.$

$3U_1 + U_2 \geq 200$

$2U_1 - U_3 \geq 100$

$U_2, U_3 \geq 0$

(U_1은 부호에 제약이 없다)

(3) 쌍대문제의 특징

1) 원본문제가 최적해를 가지면 쌍대문제도 최적해를 갖고 그 목적함수값은 같다.

2) 쌍대문제의 쌍대문제는 원본문제이다.

3) 쌍대문제의 의사결정변수값은 원본문제의 그림자가격(shadow price)과 동일하다.

◆ 원본문제와 쌍대문제가 최적해가 아닌 상태에서 실행가능해를 가질 때 일반적으로 원본문제가 최대화 문제인 경우

원본문제의 목적함수의 값 ≤ 쌍대문제의 목적함수의 값

이고 최소화 문제인 경우에 부등호가 반대로 나타난다.

Key Point 쌍대문제의 특징

쌍대문제 ＼ 원본문제	최 적 해	가능해이나 무한해	실행불가능해
최적해	○	×	×
가능해이나 무한해	×	×	○
실행불가능해	×	○	○

원본문제가 가능해지만 무한해를 가지면 쌍대문제는 불가능해를 갖는다. 그리고 원본문제가 불가능해를 가지면 쌍대문제는 불가능해를 갖는 경우도 있고 가능해이나 무한해를 갖는 경우도 있다.

(4) 그림자가격

1) 그림자가격(shadow price or imputed cost)은 자원 1단위의 한계비용 또는 자원 1단위의 증가가 가져다 주는 이익에의 기여도를 의미하며, simplex해법의 최종표상에 여유변수의 $-(C_j - Z_j)$값으로 발견할 수 있다.

2) 또한 그림자가격은 쌍대문제의 해가 되며, 그림자가격 이하의 비용으로 생산능력(자원)을 확장할 수 있다면 생산능력을 확장하는 것이 유리함을 뜻한다(즉, 자원 1단위 추가시의 지불할 수 있는 최대금액을 의미).

('94 '98 CPA)
★ 출제 Point
그림자가격의 도출

(5) 쌍대문제의 해석

〈예제 1-3〉의 쌍대문제를 심플렉스법으로 풀면 다음과 같다.

① 식의 변형

$$Min\ Z = 28U_1 + 20U_2 \xrightarrow{\text{식의 변형}} Min\ Z = 28U_1 + 20U_2 + 0 \cdot S_1 + 0 \cdot S_2 + M \cdot A_1 + M \cdot A_2$$

$St.$ 　　$4U_1 + 4U_2 \geq 500$ 　　$St.$ 　　$4U_1 + 4U_2 - S_1 + A_1 = 500$

　　　　$5U_1 + 3U_2 \geq 600$ 　　　　　　$5U_1 + 3U_2 - S_2 + A_2 = 600$

　　　　$U_1,\ U_2 \geq 0$ 　　　　　　　$U_1,\ U_2,\ S_1,\ S_2,\ A_1,\ A_2 \geq 0$

② 심플렉스표

C_j			28	20	0	0	M	M	
	bv	rbs	U_1	U_2	S_1	S_2	A_1	A_2	
M	A_1	500	4	4	-1	0	1	0	$500/4 = 125$
M	A_2	600	⑤	3	0	-1	0	1	$600/5 = ⑫⓪$
	Z_j	$1,100M$	$9M$	$7M$	$-M$	$-M$	M	M	
	$C_j - Z_j$		$28-9M$	$20-7M$	M	M	0	0	
M	A_1	20	0	$8/5$	-1	$4/5$	1		$100/8 = ⑫.⑤$
28	U_1	120	1	$3/5$	0	$-1/5$	0		$600/3 = 200$
	Z_j	$20M+3,360$	28	$\frac{84}{5}+\frac{8}{5}M$	$-M$	$-\frac{28}{5}+\frac{4}{5}M$	M		
	$C_j - Z_j$		0	$\frac{16}{5}-\frac{8}{5}M$	M	$\frac{28}{5}-\frac{4}{5}M$	0		
20	U_2	$\frac{100}{8}$	0	1	$-\frac{5}{8}$	$\frac{1}{2}$			
28	U_1	$\frac{900}{8}$	1	0	$\frac{3}{8}$	$-\frac{1}{2}$			
	Z_j	3,400	28	20	-2	-4			
	$C_j - Z_j$		0	0	2	4			

③ 본원적 문제와 쌍대문제의 최종표

〈본원적 문제〉 　　　　　　　　　　〈쌍대문제〉

C_j			500	600	0	0
	bv	rbs	X	Y	S_1	S_2
기저변수의 해						
600	Y	4	0	1	$\frac{1}{2}$	$-\frac{1}{2}$
500	X	2	1	0	$-\frac{3}{8}$	$\frac{5}{8}$
	Z_j	3,400	500	600		
	$C_j - Z_j$		0	0	$-\frac{900}{8}$	$-\frac{100}{8}$

C_j			28	20	0	0
	bv	rbs	U_1	U_2	S_1	S_2
기저변수의 해						
20	U_2	$\frac{100}{8}$	0	1	$-\frac{5}{8}$	$\frac{1}{2}$
28	U_1	$\frac{900}{8}$	1	0	$\frac{3}{8}$	$-\frac{1}{2}$
	Z_j	3,400	28	20	-2	-4
	$C_j - Z_j$		0	0	2	4

$-(C_j - Z_j)$

$(C_j - Z_j)$

④ 본원적 문제와 쌍대문제의 관계

본원적 문제(primal problem)	쌍대문제(dual problem)
의사결정변수	잉여변수(S)
여유변수 (S)	의사결정변수
$-(C_j - Z_j)$	기저, 비기저변수의 해
기저, 비기저변수의 해	$(C_j - Z_j)$
기저변수	비기저변수
비기저변수	기저변수

7. 민감도분석

(1) 민감도분석의 의의

1) 민감도분석(sensitivity analysis)이란 현재의 상태에서 각 변수가 변화할 때 최적해가 어떻게 변화하는가를 살펴보는 것이다.

2) 예를 들어 ① 단위당 기여도(C_j)의 변화, ② 이용 가능한 자원의 양(b_i)의 변화, ③ 기술계수(a_{ij})의 변화, ④ 제약식의 추가, ⑤ 새로운 변수의 추가 등이 이루어질 때의 최적해의 변화를 민감도분석이라 할 수 있다.

('97 CPA)
★ 출제 Point
b_i변화에 대한 해석

(2) 단위당 기여도(C_j : 목적함수의 계수값)의 변화

이 때 목적함수의 한 계수만이 변하고 다른 계수들은 불변임을 가정한다.

 예제 1-5

〈예제 1-1〉의 현재 최적제품조합이 불변인 제품 X의 단위당 이익의 범위는?

해답

→ 이 경우 최대화문제의 최종표에 $C_1 = 500$ 대신 $C_1 = 500 + \delta$로 놓고 새로운 표를 작성한다.

C_j			$500+\delta$	600	0	0
	BV	RHS	X	Y	S_1	S_2
600	Y	4	0	1	$1/2$	$-1/2$
$500+\delta$	X	2	1	0	$-3/8$	$5/8$
	Z_j	$3,400+2\delta$	$500+\delta$	600	$(900/8)-(3/8)\delta$	$(100/8)+(5/8)\delta$
	C_j-Z_j		0	0	$(-900/8)+(3/8)\delta$	$(-100/8)-(5/8)\delta$

현재의 제품조합이 최적이 되기 위해서는 $(C_j - Z_j)$행의 값이 모두 0보다 작거나 같아야 하므로 이를 만족시키는 δ와 C_1의 범위를 구한다.

① S_1열 : $(-900/8) + (3/8)\delta \leq 0$에서 $\delta \leq 300$

② S_2열 : $(-100/8) - (5/8)\delta \leq 0$에서 $\delta \geq -20$이므로 $-20 \leq \delta \leq 300$ $\quad \therefore \ 480 \leq C_1 \leq 800$

Key Point $(C_j - Z_j)$값의 의미

한 변수의 $(C_j - Z_j)$값은 그 변수 한 단위가 기저에 들어올 때 목적함수값이 얼마나 증가 또는 감소하는가를 나타낸다.

(3) 이용 가능한 자원의 양(b_i)의 변화

('2003 CPA)
★ 출제 Point
b_i변화에 따른 새로운 최적해

1) b_i가 $b_i + \delta$로 변하는 경우의 새로운 최적해

$$\begin{pmatrix} 새로운 \\ 최적해 \end{pmatrix} = \begin{pmatrix} 현재의 \\ 최적해 \end{pmatrix} + \delta \begin{pmatrix} S_i\ 또는 \\ A_i의\ 열 \end{pmatrix}$$

 예제 1-6

〈예제 1-1〉에서 기계 1과 기계 2의 가동시간이 각각 3시간과 5시간 증가하면 최적해는 어떻게 변화하겠는가?

해답 $\begin{pmatrix} Y' \\ X' \end{pmatrix} = \begin{pmatrix} 4 \\ 2 \end{pmatrix} + 3\begin{pmatrix} 1/2 \\ -3/8 \end{pmatrix} + 5\begin{pmatrix} -1/2 \\ 5/8 \end{pmatrix} = \begin{pmatrix} 3 \\ 4 \end{pmatrix}$

2) 새로운 기본해가 최적해로 유지되기 위한 자원의 양(b_i)의 범위

① 우변상수 1단위 변화당 목적함수값의 변화는 $-(C_j - Z_j)$이다. → 그러나 이 값은 b_i의 변화가 현재의 해를 불가능해로 만들지 않고 최적해로 유지하는 경우에 한한다.

② 현재의 해의 최적값에 변화를 초래하지만 이 최적해를 불가능해로 만들지 않는 b_i의 범위를 가능범위(range of feasibility)라 한다.

 예제 1-7

〈예제 1-1〉에서 기계 1의 가동시간(b_i)의 가능범위는?

해답

$\begin{pmatrix} Y' \\ X' \end{pmatrix} = \begin{pmatrix} 4 \\ 2 \end{pmatrix} + \delta\begin{pmatrix} 1/2 \\ -3/8 \end{pmatrix}$에서 '모든 $RHS \geq 0$'이어야 하므로

$Y' = 4 + (1/2)\delta \geq 0$ 에서 $\delta \geq -8$

$X' = 2 - (3/8)\delta \geq 0$ 에서 $\delta \leq 16/3$ 이므로 $-8 \leq \delta \leq 16/3$ ∴ $20 \leq b_1 \leq 100/3$

(4) 기술계수 (a_{ij})의 변화

1) 비기저변수의 a_{ij}의 변화

① 가능조건을 검토할 필요는 없고 최적조건(즉, $C_j - Z_j \leq 0$의 여부)만 검토한다.

② 그러므로 현재의 최적해가 불변이려면 새로운 $C_j - Z_j \leq 0$이어야 한다.

2) 기저변수의 a_{ij}의 변화

기저변수의 기술계수 a_{ij}가 $a_{ij} + \delta$로 변하면 아래의 식에 의해 현재의 X_{ij}열을 새로운 X_j열로 바꾸고 다시 표를 작성한다.

$$\begin{pmatrix} \text{새로운} \\ X_j\text{열의} \\ \text{계수} \end{pmatrix} = \begin{pmatrix} \text{현재의} \\ X_j\text{열의} \\ \text{계수} \end{pmatrix} + \delta \begin{pmatrix} S_i\text{의 열의 계수} \\ \text{또는} \\ A_i\text{의 열의 계수} \end{pmatrix}$$

 예제 1-8

〈예제 1-1〉에서 a_{21}이 1만큼 증가했을 때 새로운 해는?

해답

$\begin{pmatrix} X \\ \text{열} \end{pmatrix} = \begin{pmatrix} 0 \\ 1 \end{pmatrix} + 1 \begin{pmatrix} -1/2 \\ 5/8 \end{pmatrix} = \begin{pmatrix} -1/2 \\ 13/8 \end{pmatrix}$을 구하여 $\begin{pmatrix} 0 \\ 1 \end{pmatrix}$ 대신 $\begin{pmatrix} -1/2 \\ 13/8 \end{pmatrix}$을 대입하고 최적해가 나올 때까지 다시 심플렉스표를 개선한다.

C_j						
	BV	RHS	X	Y	S_1	S_2
600	Y	4	0	1	1/2	−1/2
500	X	2	1	0	−3/8	5/8
	Z_j	3,400				
	$C_j - Z_j$					

$\begin{pmatrix} -1/2 \\ 13/8 \end{pmatrix}$ 대입

기출문제

01 선형계획법을 이용하여 최대화문제의 해를 구하고자 할 때에 만일 특정제약조건식에 대한
잔여변수 혹은 여유변수의 값이 0보다 크다면 이는 어떤 의미를 가지는가?   ('89. CPA)

① 비유계 가능영역(unbounded feasible region)이 존재한다는 것을 나타낸다.

② 유일한 최적해에 도달하였으므로 주어진 결과대로 생산을 실행해야 함을 나타낸다.

③ 불가능해를 가진다는 것을 나타낸다.

④ 다수의 최적해가 존재하므로 새로운 심플렉스표를 도출해야 함을 나타낸다.

⑤ 특정제약조건식과 관련된 자원을 모두 사용하지 않은 것임을 나타낸다.

✎ 해설 ⑤ 잔여변수나 여유변수가 0보다 크다는 것은 잔여 혹은 여유가 존재한다는 것이고 이는 관련자원을 모두
사용하지 않은 것을 의미한다.

02 다음 중 확실한 상황하의 의사결정기법인 것은?   ('92. CPA)

① 대기행렬이론   ② 맥시민 준거   ③ 게임이론

④ LP(선형계획법)   ⑤ 의사결정수

✎ 해설 ①, ⑤ 위험하의 의사결정, ② 불확실성하의 의사결정, ③ 상충하의 의사결정

※ [03~04] 아래 심플렉스표는 어떤 최적화문제에 대한 최종표이다(S_1과 S_2는 제약자원 1, 2와 관련
된 여유변수이다).   ('94. CPA)

〈최종 심플렉스표〉

C_j bv	rhs	X_1	X_2	S_1	S_2
X_1	1	1	0	1/3	−1
X_2	4	0	1	−1/3	2
Z_j	11				
$C_j - Z_j$		0	0	−1/3	−1

03 최종표를 기초로 최초의 심플렉스표를 구했을 경우 다음과 같다. 괄호 안에 올바른 수로 짝 지어진 것을 골라보면?

〈최종 심플렉스표〉

bv	rhs	X_1	X_2	S_1	S_2
S_1	18	(가)	(나)	1	0
S_2	5	(다)	(라)	0	1
Z_j					
$C_j - Z_j$	0	3	2	0	0

	(가)	(나)	(다)	(라)			(가)	(나)	(다)	(라)
①	6	3	1	1		②	3	1	1	6
①	1	1	6	3		②	1	6	3	1
①	3	6	1	1						

✎ 해설 이 문제는 S_1, S_2의 행렬이 $\begin{pmatrix} 1/3 & -1 \\ -1/3 & 2 \end{pmatrix}$ 에서 $\begin{pmatrix} 1 & 0 \\ 0 & 1 \end{pmatrix}$ 로 바뀐 것에서 힌트를 얻어야 한다.

$$\begin{pmatrix} 1 & 0 & \dfrac{1}{3} & -1 \\ 0 & 1 & -\dfrac{1}{3} & 2 \end{pmatrix} \begin{matrix} \cdots\cdots① \\ \cdots\cdots② \end{matrix}$$

⬇

$$\begin{pmatrix} 3 & 0 & 1 & -3 \\ 1 & 1 & 0 & 1 \end{pmatrix} \begin{matrix} \cdots\cdots③=①×3 \\ \cdots\cdots④=②+③÷3 \text{ 또는 } ②+① \end{matrix}$$

⬇

$$\begin{pmatrix} 6 & 3 & 1 & 0 \\ 1 & 1 & 0 & 1 \end{pmatrix} \begin{matrix} \cdots\cdots⑤=③+④×3 \\ \cdots\cdots⑥=④ \end{matrix}$$

그러므로 답은 6, 3, 1, 1이 된다.

04 위 문제에서 자원 2의 그림자가격(shadow price)은 얼마인가?

① -1   ② 0   ③ 1

④ 2   ⑤ ∞

✎ 해설 자원 2의 그림자가격은 최종심플렉스표에서 S_2열의 $-(C_j - Z_j)$값이므로 1이 된다.

05 심플렉스에서 basic feasible solution이란 주어진 LP모형의 연립방정식 체계에서 $(n-m)$개의 변수를 0으로 놓고 푼 해 중에서 (   )을 만족시키는 해를 말한다. (단, n은 변수의 개수, m은 제약식의 개수)   ('96. CPA)

① 비음조건(nonnegative condition)   ② 정수조건(integer condition)

③ 모든 제약조건(constraints)   ④ 선형조건(linearity constraints)

⑤ 목적식(objective function)

✏ **해설** Simplex법의 표준형은 제약조건의 수(m)보다 더 많은 변수(n)를 가지게 되는데, 우선 기본해를 찾기 위해 $(n-m)$개의 변수를 0으로 놓고 나머지 변수의 값을 찾으면 $\dfrac{n!}{(n-m)!\,m!}$ 개의 기본해가 구해진다. 그러나 모든 기본해가 가능해가 아니므로, 이 중 비음조건을 만족시키지 못하는 불가능해를 제외하면 나머지는 기본해이면서 가능해가 되어 basic feasible solution이 된다.

06 기업이 노동과 자본을 투입하여 이윤극대화를 위해 두 제품을 각각 X, Y만큼 생산할 때, 당면한 문제를 아래와 같이 선형계획법 문제로 나타낼 수 있다. 이 LP의 해에 대한 설명 중 옳은 것은?   ('97. CPA)

$$Max\ Z = X + 2Y$$
$$노동제약식 : X + Y \leq 3$$
$$자본제약식 : X + 3Y \leq 7$$
$$X \geq 0,\ Y \geq 0$$

① 가능해(feasible solution)가 없다.

② 무한해가 존재한다.

③ $X = 2$, $Y = 1$에서 최적값 4가 달성된다.

④ 노동의 투입량을 한 단위 더 증가시키면 최적값은 1/2이 증가된다.

⑤ 자본의 투입량을 한 단위 더 증가시키면 최적값은 1이 증가된다.

✏ **해설** 1) 식의 변형

$$Max\ Z = X + 2Y + 0S_1 + 0S_2$$
$$St.\qquad X + Y + S_1 = 3$$
$$\qquad X + 3Y + S_2 = 7$$
$$\qquad X,\ Y,\ S_1,\ S_2 \geq 0$$

2) 심플렉스표

C_j			1	2	0	0	ratio
	bv	rbs	X	Y	S_1	S_2	test
0	S_1	3	1	1	1	0	3/1 ·········①
0	S_2	7	1	③	0	1	7/3 ·········②
	Z_j	0	0	0	0	0	
	$C_j - Z_j$		1	2	0	0	

0	S_1	2/3	2/3	0	1	−1/3	(2/3)(2/3)···③ = ① − ②/3
2	Y	7/3	1/3	1	0	1/3	(7/3)(1/3)···④ = ②/3
	Z_j	14/3	2/3	2	0	2/3	
	$C_j - Z_j$		1/3	0	0	−2/3	
1	X	1	1	0	3/2	−1/2	⑤ = ③ × 3/2
2	Y	2	0	1	−1/2	1/2	⑥ = ④ − ⑤/3
	Z_j	5	1	2	1/2	1/2	
	$C_j - Z_j$		0	0	−1/2	−1/2	

①, ②, ③ $X = 1$, $Y = 2$에서 최적해 5가 달성되므로 가능해가 있다.

④, ⑤ 노동과 자본의 그림자가격 $[-(C_j - Z_j)]$가 1/2, 1/20므로 노동의 투입량을 한 단위 더 증가시키면 최적값은 1/20이 증가하고, 자본의 경우도 마찬가지이다.

07 LP문제에서 조립공정의 한계가치는?　　　　　　　　　('98. CPA)

$$Max\ Z = 2X_1 + 3X_2$$
$$St.\quad X_1 + X_2 \le 6(\text{가공공정})$$
$$2X_1 + X_2 \le 8(\text{조립공정})$$
$$X_1, X_2 \ge 0$$

① 0　　　　　　　　② 2　　　　　　　　③ 4

④ 18　　　　　　　　⑤ 이외의 다른 것

✎ 해설　조립공정의 한계가치는 조립공정의 그림자가격(shadow price)을 의미한다.

〈방법 1〉

1) 식의 변형

$$Max\ Z = 2X_1 + 3X_2 + 0 \cdot S_1 + 0 \cdot S_2$$
$$St.\quad X_1 + X_2 + S_1 = 6$$
$$2X_2 + X_2 + S_2 = 8$$
$$X_1, X_2, S_1, S_2 \ge 0$$

2) 해를 개선

C_j			2	3	0	0
	bv	rhs	X_1	X_2	S_1	S_2
0	S_1	6	1	1	1	0
0	S_2	8	2	1	0	1
	Z_j	0	0	0	0	0
	$C_j - Z_j$		2	3	0	0
3	X_2	6	1	1	1	0
0	S_2	2	1	0	−1	1
	Z_j	18	3	3	3	0
	$C_j - Z_j$		−1	0	−3	0

∴ S_2(조립공정)의 그림자가격은 $-(C_j - Z_j)$에서 0이다.

〈방법 2〉
그림자가격은 쌍대의 해이므로

$Min\ Z = 6U_1 + 8U_2$

$St.$ $U_1 + 2U_2 \geq 2$

   $U_1 + U_2 \geq 3$

   $U_1,\ U_2 \geq 0$에서 U_2의 해로 구할 수 있다.

즉, 위를 풀면 $U_1 = 3$, $U_2 = 0$이 되므로 조립공정의 그림자가격은 0이 된다.

08 Herbert Simon이 제시한 관리인모형에 가장 근접하는 기법이나 이론은? ('98. CPA)

① LP   ② 통계적 품질관리   ③ 게임이론

④ Maximin기준   ⑤ PERT/CPM

✎ 해설   ②번과 ④번 사이에서 고민할 수 있는 문제이다.

Simon의 관리인모형은 의사결정자의 제한된 합리성(bounded rationality)을 가정한다. 즉, 인간은 두뇌에 한계가 있으며 동시에 처리할 수 있는 정보의 양에도 한계가 있기 때문에 최적해를 구하기보다는 만족하는 수준의 의사결정을 하게 된다.

① LP, ⑤ PERT/CPM은 명백히 최적해를 구할 수 있으므로 관리인모형에 해당되지 않는다.

② 통계적 품질관리는 주어진 제약하에서 최적해를 구하고자 하는 수리적 방법이다. 주어진 제약이란 의사결정자가 부담할 α-risk와 β-risk를 의미하고, 이 때 통계적 기법에 의한 최소의 표본을 이용하여 최대의 효과(즉, 합리적 추정)를 누리고자 하는 기법이다.

③ 게임이론은 모든 참가자의 가능한 전략의 조합으로부터 예측되는 이익에 관한 정보를 사전에 정확히 알 수 있다고 가정하므로 확실성하의 의사결정이 된다.

④ Maximin기준은 각 결과가 나타날 확률을 알지 못하는 상황에서의 확률을 주관적으로 가정하고 실시하는 의사결정이므로 제한된 합리성을 가정하고 있는 것이다.

09 한국제과에서는 우유와 설탕을 사용하여 A, B 두 종류의 아이스크림을 생산하고 있다. 아이스크림 A 한 개를 생산하기 위해서는 우유 2g과 설탕 4g이 필요하고, 아이스크림 B 한 개를 생산하기 위해서는 우유 3g과 설탕 1g이 요구된다. 현재 보유하고 있는 가용 자원량은 우유 200g과 설탕 150g이다. 제품 매출시 이익은 아이스크림 A가 단위당 40원이고, 아이스크림 B가 단위당 30원이다. 가용 자원들의 제약조건하에 총이익을 최대화하기 위한 A와 B의 생산량을 선형계획법을 이용하여 구하시오. (2000. CPA)

① (아이스크림 A, 아이스크림 B) = (30개, 30개)

② (아이스크림 A, 아이스크림 B) = (25개, 50개)

③ (아이스크림 A, 아이스크림 B) = (10개, 60개)

④ (아이스크림 A, 아이스크림 B) = (40개, 35개)

⑤ (아이스크림 A, 아이스크림 B) = (55개, 20개)

✎ 해설

자 원＼제품	A	B	가용량
우 유	2g	3g	200g
설 탕	4g	1g	150g

제품 A와 B의 단위당 이익이 40원, 30원이므로 이를 풀기 위한 선형계획모형을 작성하면,

$Max\ Z = 40A + 30B$

$st.\qquad 2A + 3B \leq 200$

$\qquad\qquad 4A + B \leq 150$

$\qquad\qquad A,\ B \geq 0$이 된다.

이를 심플렉스법이나 도표해법으로 풀면,

$(A = 25,\ B = 50)$이 된다.

〈참고〉 도표해법으로 풀 경우

제약조건 $B \leq -\dfrac{2}{3}A + \dfrac{200}{3}$, $B \leq -4A + 150$에서

목적함수 $B = -\dfrac{4}{3}A + \dfrac{Z}{30}$를 극대화하는 A, B값을 구한다.

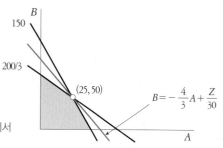

---

10 (주) 대한가구는 조립공정과 도색공정을 통해 두 종류의 책상 A와 B를 제조한다. 제품 A를 한 개 만들기 위해서는 조립에 1시간, 도색에 1시간이 소요되며, 제품 B를 한 개 만들기 위해서는 조립에 2시간, 도색에 1시간이 소요된다. 현재 작업인력 규모로 볼 때 조립공정과 도색공정에 가용한 주당 작업시간이 각각 100시간과 50시간이고, 제품 A와 B의 개당 이윤은 동일하게 1만원씩이다. 이 회사는 선형계획법(Linear programming)을 이용하여 총 이윤을 극대화하기 위한 최적의 주간 생산계획을 수립하고자 한다. 이러한 생산계획에 관한 다음의 설명 중 옳지 않은 것은?

(2003. CPA)

① 최적의 주간 생산량은 종류에 관계없이 A와 B를 합해서 50개이며, 이때 최대 이윤은 50만원이다.

② 선형계획 모형에서 조립공정 가용시간에 관한 제약식은 사실상 불필요(redundant)하다.

③ 조립공정 가용시간이 50시간까지 줄어들더라도 최대 이윤에는 변화가 없다.

④ 도색공정에 작업자를 보충하여 가용 작업시간이 늘어나더라도 최적 생산량에는 변화가 없다.

⑤ 제품의 개당 이윤이 서로 다른 경우에는 A와 B 중에서 개당 이윤이 큰 제품 한 종류만을 50개 생산하는 것이 최적해이다.

✎ 해설 1) 문제의 정리

	제품 A	제품 B	가용시간
조립공정	1시간	2시간	100시간
도색공정	1시간	1시간	50시간
개당 이익	10,000원	10,000원	

정답 10 ④

기출문제 **181**

2) 모형화

$Max\ Z = 10,000A + 10,000B$

$S.T \qquad A + 2B \leq 100$

$\qquad\qquad A + B \leq 50$

$\qquad\qquad A,\ B \geq 0$

3) 도표법으로 표현하면

┌─ 목적함수 : $B = -A + \dfrac{Z}{10,000}$

├─ 조립공정 제약조건 : $B \leq -\dfrac{1}{2}A + 50$

└─ 도색공정 제약조건 : $B \leq -A + 50$에서

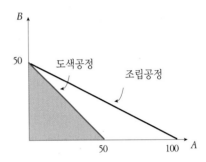

조립공정의 제약식은 Redunant하고 도색공정의 제약식 기울기와 목적함수의 기울기가 일치한다.
그러므로 도색공정 제약식 선상에서 복수의 최적해가 구해진다.

4) 보기의 분석

① 복수의 최적해이므로 A와 B의 합이 50개인 다양한 조합이 해가 될 수 있고, 목적함수 값은
 $Z = 10,000(A + B)$에서 $10,000 \times 50 = 500,000$원이다.

② 조립공정의 제약식은 도색공정 제약식의 우상에 존재하므로 사실상 불필요하다.

③ 조립공정 가용시간이 50시간 까지 줄어들면 제약식이 $B \leq -\dfrac{1}{2}A + 50$가 된다. 조립공정 제약식의 절
 편이 50에서 25까지 줄어들더라도 기울기는 그대로 이므로, 최적해는 항상 도색공정의 제약식과 접하
 는 선이 된다. 단, 조립공정의 절편이 25보다 작아지면, 조립공정의 제약식만 의미있는 제약식이 되고
 도색공정의 제약식은 redundant하게 되므로 해가 바뀔 것이다.

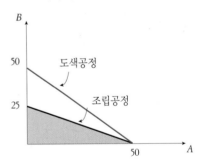

④ 도색공정의 가용시간을 늘리면 도색공정 제약식의 절편이 커지므로 최적해는 달라진다.

⑤ 제품의 개당 이윤이 달라지면 목적함수의 기울기가 달라진다.
 이 경우 최적해는 X절편이나, Y절편 값이 될 것이다.(구석해)

11 다음 중 의사결정에 유용한 정보가 가져야 할 속성으로 가장 적절하지 않은 것은?(2007. CPA)

① 오류가 없는 정확한 정보가 요구된다.

② 의사결정자에게 필요한 시점에 제공되어야 한다.

③ 의사결정자에게만 알려져야 한다.

④ 의사결정에 필요한 모든 정보를 포함하고 있어야 한다.

⑤ 의사결정의 목적과 내용에 관련이 있어야 한다.

✎ **해설** ③ 의사결정에 유용한 정보가 되기 위해서는 타당성과 신뢰성이 높은 정보가 되어야 한다. 타당성이란 목적
적합한 정보가 되어야 함을 의미하고, 신뢰성이란 객관적이고 일관성있는 정보가 되어야 함을 의미한다.
①, ④는 신뢰성, ②, ⑤는 목적적합성을 충족시키는 정보가 된다.

▪ 연습문제 ▪

01 LP의 simplex법에 대한 설명 중 옳지 않은 것은?

① 제약식이 등식으로 주어지면 실행가능영역은 면적이 아닌 선분이 된다.

② 여유(slack)가 0이 되는 제약조건식을 속박제약조건식이라 한다.

③ 실행가능해는 모든 제약조건과 비음조건을 동시에 만족시키는 해를 말한다.

④ 잔여는 '≤' 형의 제약조건식에서 사용하지 않고 남은 능력을 의미한다.

⑤ 실행가능영역이 무한히 뻗어 있으면 항상 무한해를 갖는다.

> ✎ 해설   ④ 반면, 잉여는 '≥' 형의 제약조건식에서 초과생산을 의미한다.
>
> ⑤ 다음의 예를 보면 실행가능영역이 무한히 뻗어 있더라도 유한해가 답이 된다.
>
>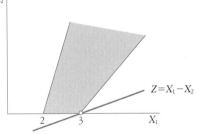
>
> $ax\ Z = x_1 - x_2$
> $st. \qquad 5x_1 - x_2 \geq 10$
> $\qquad\quad 3x_1 - 2x_2 \leq 9$
> $\qquad\quad x_1,\ x_2 \geq 0$
> 도표에서 최적해는 $x_1 = 3,\ x_2 = 0$이 된다.

02 LP에 대한 다음의 설명 중 틀린 것은?

① 일반적으로 제약조건의 수만큼 여유변수가 필요하다.

② 최적해를 구하기 전에 기저변수가 0의 값을 가지면 퇴화현상이 발생한다.

③ 최종표에서 기저변수에 양의 값을 갖는 인공변수가 포함되어 있으면 불가능해이다.

④ 퇴화현상은 여분제약조건이 있을 때 나타난다.

⑤ 심플렉스표의 모든 $(C_j - Z_j)$값이 0이거나 (−)이면 최종표이다.

> ✎ 해설   ⑤ 최소화 문제에서는 0이거나 (+)이면 최종표가 된다.

03 LP 및 심플렉스 해법에 대한 설명으로 옳지 않은 것은?

① LP모형에서 '>' 또는 '=' 형의 제약조건이 포함된 경우 불가능해가 될 가능성이 존재한다.

정답 1 ⑤ 2 ⑤ 3 ③

② 실제문제에서 무한해가 도출된다면 그 모형이 잘못 작성되었음을 의미한다.

③ 무한해는 최종 심플렉스표가 작성되어야 발견할 수 있다.

④ 복수의 최적해는 목적함수와 하나의 속박제약조건이 평행을 이룰 때 발견할 수 있다.

⑤ 복수의 최적해는 최종 심플렉스표가 작성될 때야 알 수 있다.

✎ 해설 ③ 무한해의 존재는 최종심플렉스표에 이르기 전에 쉽게 발견할 수 있다. 즉, 기준열의 모든계수가 0보다 같거나 작을 때 무한해임을 알 수 있다.

04 LP의 simplex법에 대한 설명으로 옳은 것은?

① Pivoting이란 하나의 기저해에서 새로운 기저해로 전환하는 것을 의미한다.

② 기저해에는 실행가능해만 존재한다.

③ 실행가능해는 제약조건을 만족시키는 모든 꼭지점 및 원점만을 의미한다.

④ 대표행 선정시, 대표열에 있는 (+)의 계수로 기저변수의 해를 나눈 값 중 최대인 행이 대표행으로 선정된다.

⑤ 최초의 심플렉스표에서 목적함수의 값은 최대화나 최소화문제에 있어 모두 '0' 이다.

✎ 해설 ② 기저해(basic solution)는 실행불가능해도 포함한다.
③ 이는 실행가능기저해의 설명이다. 실행가능해는 제약조건을 만족시키는 모든 영역을 말하는 것이다.
④ ratio test의 설명으로 대표열에 있는 (+)의 계수로 기저변수의 해를 나눈 값 중 최소인 행을 대표행으로 선정한다.
⑤ 최소화 문제에서는 0이 아니고 'big M'이 들어있는 값에서부터 점차 줄여나간다.

05 아래와 같은 선형계획문제를 심플렉스해법으로 풀 때 최초의 진입기저변수는?

$$Max \ Z = 4X_1 + X_2 + 7X_3$$
$$St. \quad 2X_1 + X_2 + 3X_3 \leq 10$$
$$4X_1 + 2X_2 + X_3 \leq 12$$
$$X_1, \ X_2, \ X_3 \geq 0$$

① X_1 ② X_2 ③ X_3

④ X_2와 X_3 ⑤ 위 식으로는 알 수 없다.

✎ 해설 최대화문제의 경우 목적함수 계수값 중 가장 큰 양의 값을 선택한다.

06 다음과 같은 목적함수 및 제약식이 주어졌다고 하자. 이를 simplex법에 의해 1차 변환하였을 때, 1차변환 후의 목적함수값은?

$$Max\ Z = 100X + 200Y + 150K$$
$$St.\qquad X + 4Y \qquad\quad \leq 80$$
$$3X + 2Y + \quad K \leq 100$$
$$5Y + \quad 4K \leq 50$$
$$X,\ Y,\ K \geq \quad 0$$

① 300   ② 500   ③ 800

④ 1,000   ⑤ 2,000

✎ 해설 ① 진입변수의 결정 : $Max(100,\ 200,\ 150) = 200 \qquad \therefore Y$
　　　 ② 진출변수의 결정 : $Min\left(\dfrac{80}{4},\ \dfrac{100}{2},\ \dfrac{50}{5}\right) = 10 \qquad \therefore S_3$
　　　 ③ 목적함수값의 결정 : $200 \times 10 = 2,000$

07 선형계획법에 관한 다음의 설명 중 옳은 것은?

① 실행가능영역은 폐볼록집합(closed convex set)이다.

② 대표열의 모든 값이 음수일 때 퇴화현상이 발생한다.

③ 꼭지점 가능해의 수는 무한대이다.

④ 최적해는 기저가능해가 아니어도 관계없다.

⑤ 목적함수 및 제약식에 멱함수가 있거나 또는 변수끼리의 곱이 있더라도 풀 수 있다.

✎ 해설 ①

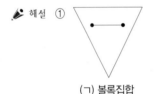

(ㄱ) 볼록집합   (ㄴ) 비볼록집합

볼록집합이라는 것은 어떤 집합에서 임의의 두 원소를 연결하는 직선이 이 집합 내에 존재하는 것을 의미한다. 한편 폐집합이라는 것은 경계가 되는 원소를 포함하는 집합을 말한다.

② 무한해를 갖는 경우의 설명이다.
③ 꼭지점 가능해의 수는 유한개이다.
④ 최적해는 반드시 기저가능해 중의 하나가 된다.
⑤ 멱함수라는 것은 $y = aX^n$에서 n이 2 이상인 함수를 말하는데, 이는 선형성의 가정에 위배된다. 또한 변수끼리의 곱이 있더라도 선형성의 가정은 위배된다.

08 다음과 같은 제약조건 및 목적함수가 주어진 경우 실행가능기저해(basic feasible solution) 는 모두 몇 개인가?

$$Max\ Z = 10X + 20Y$$

$$St. \qquad X + \quad Y \le 5$$
$$X \le 4$$
$$Y \le 7$$
$$X,\ Y \ge 0$$

① 없다　　　　　　② 2개　　　　　　③ 3개

④ 4개　　　　　　⑤ 10개 이상

✎ 해설

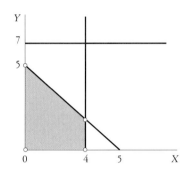

〈제약조건이 3개일 때 일반적인 경우의 기본해의 개수〉

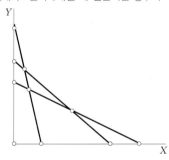

참고로 일반적인 경우의 기본해의 개수를 구하면 다음과 같다.

$n = 5$개$(X,\ Y,\ S_1,\ S_2,\ S_3)$, $m =$ 제약조건식의 수 $= 3$일 때

$$\frac{n!}{(n-m)!m!} = \frac{5!}{2! \times 3!} = 10$개$$

09 다음 문제에서 feasible solution이 아닌 것은?

$$Max \ Z = 10X + 15Y$$
$$St. \qquad 2X + \ 4Y \leq 12$$
$$\qquad \qquad 5X + \ 4Y \leq 10$$

① $(X, \ Y) = (2, 0)$　　② $(X, \ Y) = (1, 1)$　　③ $(X, \ Y) = (1, 2)$

④ $(X, \ Y) = (0, 3)$　　⑤ $(X, \ Y) = (2, 1)$

✏ 해설

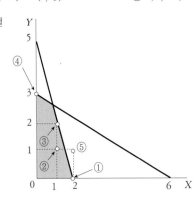

방법 Ⅰ : ┌ 첫번째 제약식 : $Y \leq -\dfrac{1}{2}X + 3$

└ 두번째 제약식 : $Y \leq -\dfrac{5}{2}X + 5$

　　그림에 점을 도시해 본다.

방법Ⅱ : 각 점을 제약식에 직접 대입해 본다.

⑤를 두번째 제약식에 대입하면 $2 \times 5 + 1 \times 2 = 12$가 되어 제약조건 10보다 크므로 feasible solution이 아니다.

10 선형계획문제의 제약조건식이 다음과 같을 때 basic feasible solution이 아닌 것은? (각 점은 (x, y)로 표시)

$$X + Y \leq 3$$
$$X \leq 2$$
$$Y \leq 2$$

① $(0, 0)$　　　② $(2, 0)$　　　③ $(1, 1)$

④ $(2, 1)$　　　⑤ $(0, 2)$

✏ 해설

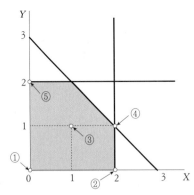

11 선형계획법(linear programming)에 대한 다음 설명 중 옳은 것은?

① 어떤 기본변수가 0의 값을 가져 正의 값을 갖는 기본변수의 수가 제약조건의 수보다 큰 경우 퇴화현상이 발생한다.

② 그림자 가격은 관리자가 그 자원 한 단위를 추가적으로 구입하는 데 지불해야 할 최대가격을 의미한다.

③ 여유변수는 목적함수에 중요한 영향을 미친다.

④ 최종 simplex표에서 기저변수의 $C_j - Z_j$값이 '0'인 경우, 복수의 최적해를 갖는다.

⑤ 복수의 최적해는 목적함수와 제약조건이 평행을 이룰 때 발생한다.

✍ 해설 ① 正의 값을 갖는 기본변수의 수가 제약조건의 수보다 적은 경우 퇴화현상이 발생하는 것이다.
③ 여유변수는 미사용된 자원을 의미하므로 그 자체로 목적함수(즉, 총이익 등)에 미치는 영향은 없다.
④ 비기저변수의 $C_j - Z_j$값이 '0'일 경우에 복수의 최적해를 갖는다.
⑤ 복수의 최적해는 목적함수와 속박제약조건이 평행할 때 발생한다.

12 심플렉스해법의 표가 아래와 같을 때 무한해를 갖는 경우는?

①

C_j			100	80	0	0
	BV	RHS	X_1	X_2	S_1	S_2
80	X_2	$\dfrac{180}{7}$	0	1	$\dfrac{3}{7}$	$-\dfrac{5}{7}$
100	X_1	$\dfrac{180}{7}$	1	0	$-\dfrac{1}{7}$	$\dfrac{4}{7}$
	Z_j	3,200	100	80	$\dfrac{140}{7}$	0
	$C_j - Z_j$		0	0	$-\dfrac{140}{7}$	0

②

C_j			1	3	0	0	0	$-M$
	BV	RHS	X_1	X_2	S_3	S_1	S_2	A
3	X_2	$\dfrac{3}{2}$	0	1	0	$\dfrac{1}{2}$	$\dfrac{1}{2}$	0
1	X_1	$\dfrac{1}{2}$	1	0	0	$-\dfrac{1}{2}$	$\dfrac{1}{2}$	0
$-M$	A	$\dfrac{3}{2}$	0	0	-1	$-\dfrac{1}{2}$	$-\dfrac{1}{2}$	1
	Z_j	$5-\dfrac{3}{2}M$	1	3	M	$1+\dfrac{1}{2}M$	$2+\dfrac{1}{2}M$	$-M$
	$C_j - Z_j$		0	0	$-M$	$-1-\dfrac{1}{2}M$	$-2-\dfrac{1}{2}M$	0

③

C_j			1	3	0	0
	BV	RHS	X_1	X_2	S_1	S_2
3	X_2	2	0	1	$\frac{1}{2}$	$\frac{1}{2}$
1	X_1	0	1	0	$-\frac{1}{2}$	$-\frac{1}{2}$
	Z_j	6	1	3	1	2
	$C_j - Z_j$		0	0	-1	-2

④

C_j			1	3	0	0	$-M$
	BV	RHS	X_1	X_2	S_1	S_2	A
3	X_2	$\frac{3}{2}$	0	1	$-\frac{1}{2}$	$\frac{1}{2}$	$\frac{1}{2}$
1	X_1	$\frac{1}{2}$	1	0	$-\frac{1}{2}$	$-\frac{1}{2}$	$\frac{1}{2}$
	Z_j	5	1	3	-2	1	2
	$C_j - Z_j$		0	0	2	-1	$-2-M$

⑤

C_j			1	3	0	0	M	M
	BV	RHS	X_1	X_2	S_1	S_2	A_1	A_2
3	X_2	$\frac{3}{2}$	0	1	$-\frac{1}{2}$	$-\frac{1}{2}$	$\frac{1}{2}$	$\frac{1}{2}$
1	X_1	$\frac{1}{2}$	1	0	$\frac{1}{2}$	$-\frac{1}{2}$	$-\frac{1}{2}$	$\frac{1}{2}$
	Z_j	5	1	3	-1	-2	1	2
	$C_j - Z_j$		0	0	1	2	$M-1$	$M-2$

✎ 해설 ① 비기저변수(S_2)의 $C_j - Z_j$값이 0이므로 복수의 최적해
② 기저변수에 A(인공변수)가 있으므로 불가능해
③ 기저변수의 RHS값이 0이므로 퇴화해
④ pivot column(추축열)의 모든 계수가 음수이므로 무한해
⑤ 최소화문제의 최적해

13 다음에 열거한 값 중 그 의미가 다른 것 하나를 고르면?

① lagrange multiplier의 값 ② shadow price

③ LP의 imputed price ④ LP의 dual problem의 의사결정 변수의 값

⑤ primal problem의 최적화된 목적함수 값

✎ 해설 ①~④는 모두 같은 개념이다.

14 심플렉스법의 본원적 문제와 쌍대문제의 관계를 설명한 것 중 옳은 것은?

① 쌍대문제는 본원적 문제상의 최적해에서의 자원의 가치를 분석하는 것이다.

② 본원적 문제에서의 잔여변수의 값이 0인 것은 제약조건식의 우변상수의 값을 전부사용한 것과 같고, 이 경우 쌍대문제에서의 결정변수의 값은 0의 값을 취하게 된다.

③ 본원적 문제가 최대화문제이고 쌍대문제에서의 잔여변수의 값이 (−)인 경우에는 자원을 사용함에 있어서 발생하는 상대적 손실이 없었다는 것을 의미한다.

④ 본원적 문제가 가능해지만 무한해를 가지면 쌍대문제는 최적해나 무한해를 갖는다.

⑤ 본원적 문제의 기본변수가 0보다 클 때, 쌍대문제의 비기본변수가 0보다 작은 것을 상보적 여유성이라 한다.

📝 해설 ① 쌍대의 정의

② ⑤ 상보적 여유성에 대한 설명이다.

상보적 여유성

원본문제의 변수	쌍대문제에 해당하는 변수
기 본 변 수 > 0	비기본변수 = 0
비기본변수 = 0	기 본 변 수 > 0

③ ⑤ 선형계획법에서 모든 변수의 값은 항상 0보다 같거나 커야 한다.

④ 본원적 문제가 가능해지만 무한해를 가지면 쌍대문제는 불가능해를 갖는다.

15 다음의 최대화문제를 쌍대이론을 이용하여 바꾸면 어느 것이 되는가?

$$Max \ X_0 = 7X_1 + 8X_2 + 9X_3$$
$$St. \qquad X_1 + 2X_2 + \ X_3 \leq 10$$
$$2X_1 - \ X_2 + 3X_3 = 11$$
$$(X_1, \ X_2 \geq 0, \ X_3 는 \ 비음제약 \ 없음)$$

① $Min \ Y_0 = 10Y_1 + 11Y_2$

$St. \qquad Y_1 + \ 2Y_2 \geq 0$
$\qquad \quad 2Y_1 - \ Y_2 \geq 8$
$\qquad \quad Y_1 + \ 3Y_2 \geq 0$

$(Y_1 \geq 0, \ Y_2 는 \ 비음제약 \ 없음)$

② $Min \ Y_0 = 10Y_1 + 11Y_2$

$St. \qquad Y_1 + \ 2Y_2 \geq 7$
$\qquad \quad 2Y_1 - \ Y_2 \geq 8$
$\qquad \quad Y_1 + \ 3Y_2 \geq 9$

$(Y_1, \ Y_2 \geq 0)$

③ $Min \ Y_0 = 10Y_1 + 11Y_2$

$St. \qquad Y_1 + \ 2Y_2 \leq 7$
$\qquad \quad 2Y_1 - \ Y_2 \geq 8$
$\qquad \quad Y_1 + \ 3Y_2 = 0$

④ $Min \ Y_0 = 10Y_1 + 11Y_2$

$St. \qquad Y_1 + \ 2Y_2 = 7$
$\qquad \quad 2Y_1 - \ Y_2 \geq 8$
$\qquad \quad Y_1 + \ 3Y_2 = 9$

$(Y_1 \geq 0, Y_2$는 비음제약 없음$)$ $(Y_1 \geq 0, Y_2$는 비음제약 없음$)$

⑤ $Min\ Y_0 = 10Y_1 + 11Y_2$

   $St.$ $Y_1 + 2Y_2 \geq 7$

                        $2Y_1 - Y_2 \geq 8$

                        $Y_1 + 3Y_2 = 9$

   $(Y_1 \geq 0, Y_2$는 비음제약 없음$)$

✎ 해설

본원적 문제		쌍대문제
① 최대화문제(Max)	→	최소화문제(Min)
② 목적함수의 계수(7, 8, 9)	→	제약조건식의 우변항
③ 제약조건식의 우변항(10, 11)	→	목적함수의 계수
④ a_{ij} $\begin{pmatrix} 1 & 2 & 1 \\ 2 & -1 & 3 \end{pmatrix}$	→	a_{ji} $\begin{pmatrix} 1 & 2 \\ 2 & -1 \\ 1 & 3 \end{pmatrix}$
⑤ 2번째 제약조건이 방정식	→	2번째 변수의 부호에 제약 없음
⑥ X_3는 비음제약 없음	→	3번째 제약조건이 방정식

16 다음의 본원적 문제를 쌍대문제로 변환시켜서 푼 심플렉스해법의 최종표가 아래와 같다고 할 때 옳지 않은 설명은?

$$Max\ Z = 1{,}000X_1 + 900X_2$$
$$St.\qquad 7X_1 + 10X_2 \leq 630$$
$$3X_1 + 2X_2 \leq 222$$
$$2.5X_1 + 5X_2 \leq 275$$
$$X_1, X_2 \geq 0$$

C_j			630	222	275	0	M	0	M
	bv	rbs	U_1	U_2	U_3	S_1	A_1	S_2	A_2
222	U_2	$\dfrac{925}{2}$	0	1	$-\dfrac{5}{8}$	$-\dfrac{5}{8}$	$\dfrac{5}{8}$	$\dfrac{7}{16}$	$-\dfrac{7}{16}$
630	U_1	$\dfrac{175}{4}$	1	0	$\dfrac{5}{8}$	$\dfrac{1}{8}$	$-\dfrac{1}{8}$	$-\dfrac{3}{16}$	$\dfrac{13}{16}$
	Z_j	78,900	630	222	255	-60	60	-21	21
	$C_j - Z_j$		0	0	20	60	$M-60$	21	$M-21$

① 본원적 문제를 풀었을 때 $X_1 = 60$, $X_2 = 21$이 되고 $Z = 78{,}900$일 것이다.

정답 16 ③

② 본원적 문제를 풀었을 때, $S_1 = 0$, $S_2 = 0$, $S_3 = 20$일 것이다.

③ 만약 첫 번째 공정을 1시간 늘리는 데 200/4원을 지불해야 한다면 이익을 보게 될 것이다.

④ 세번째 공정은 주어진 시간 275시간 이상으로 사용하더라도 그 추가시간은 전혀 목적함수의 값을 증가시키지 못할 것이다.

⑤ 쌍대문제는 전체자원의 비용을 최소로 하는 각 자원의 한계가치를 결정하는 문제가 된다.

✎ 해설 본원적 문제와 쌍대문제의 관계

본원적 문제	쌍대문제
기본변수 및 비기본변수의 해 기본변수 및 비기본변수의 $-(C_j - Z_j)$	기본변수 및 비기본변수의 $C_j - Z_j$ 기본변수 및 비기본변수의 해

그러므로 위의 성질을 이용하여 본원적 문제의 값을 추정하면 다음과 같다.

본원적 문제	쌍대문제
기본변수 및 비기본변수의 해	기본변수 및 비기본변수의 $C_j - Z_j$
$X_1 = 60$	$S_1 = 60$
$X_2 = 21$	$S_2 = 21$
$S_1 = 0$	$U_1 = 0$
$S_2 = 0$	$U_2 = 0$
$S_3 = 20$	$U_3 = 20$
기본변수 및 비기본변수의 $-(C_j - Z_j)$	기본변수 및 비기본변수의 해
$X_1 = 0$	$S_1 = 0$
$X_2 = 0$	$S_2 = 0$
$S_1 = \dfrac{175}{4}$	$U_1 = \dfrac{175}{4}$
$S_2 = \dfrac{925}{4}$	$U_2 = \dfrac{925}{4}$
$S_3 = 0$	$U_3 = 0$

③ 본원적 문제의 S_1의 그림자 가격은 $\dfrac{175}{4}$로 첫번째 자원 1시간 구입시 $\dfrac{200}{4}$원을 지불해야 한다면 손해를 보게 될 것이다.

④ $U_3 = 0$이란 세번째 공정에서 현재 주어진 시간 275시간 이상으로 사용하더라도 그 추가시간은 전혀 목적함수 값을 증가시키지 못함을 뜻한다. 왜냐하면 이 공정에서는 미사용잔여시간이 20시간(즉, $S_3 = 20$)이므로 새로운 시간을 추가하더라도 잔여시간만이 사용될 뿐이기 때문이다.

17 최대화 LP문제의 부분적 심플렉스표가 다음과 같을 때 다음 중 옳은 것은?

C_j			20	30	25	0	0	0
	BV	RHS	X_1	X_2	X_3	S_1	S_2	S_3
		100	3	0	1	1	-2	0
		200	1	1	0	0	1	0
		400	-5	0	0	-2	4	1
	Z_j							
	$C_j - Z_j$							

① 이 문제를 쌍대로 풀 경우 제약식은 2개, 의사결정변수는 3개가 된다.

② 빈칸의 $C_j - Z_j$행은 $-85, 0, 0, -25, -20, 0$이다.

③ 기본변수는 X_3, X_2, X_1이며 각각의 값은 100, 200, 400이다.

④ 현재의 해는 최적해가 아니며, 진입변수는 S_2, 진출변수는 S_3가 된다.

⑤ 현재의 해는 불가능해이다.

✎ **해설** ① 이 문제는 의사결정변수가 3개이고, 제약식도 3개이므로, 쌍대로 풀 경우에도 의사결정변수가 3개, 제약식도 3개가 된다.

② Z_j행은 $RHS = 8,500$이고 X_1부터 S_3까지가 105, 30, 25, 25, -20, 0이다. 그러므로 $C_j - Z_j$행은 $-85, 0, 0, -25, 20, 0$이 된다.

③ 기본변수는 현재의 표에서 단위행렬을 찾으면 알 수 있다. 즉 X_3, X_2, S_3가 기본변수이다.

④ $C_j - Z_j \geq 0$이므로 최적해가 아니다.

⑤ 기본변수의 값이 모두 양수이고, 기본변수 중 인공변수가 없으므로 가능해이다.

18 어떤 linear programming의 final simplex table이 다음과 같을 때 a_{22}가 한 단위 적게 사용되면 새로운 열의 X_2행은 어떻게 바뀌는가?

C_j			4	5	0	0
	BV	RHS	X_1	X_2	S_1	S_2
5	X_2	8/3	0	1	4/9	$-1/9$
4	X_1	4	1	0	$-1/3$	1/3
	Z_j	88/3	4	5	8/9	7/9
	$C_j - Z_j$		0	0	$-8/9$	$-7/9$

① 1/3

② 4/3

③ 7/9

④ 2/3

⑤ 10/9

✎ 해설

$$(\text{새로운 } X_2\text{열}) = \begin{pmatrix} 1 \\ 0 \end{pmatrix} - 1\begin{pmatrix} -\dfrac{1}{9} \\ \dfrac{1}{3} \end{pmatrix} = \begin{pmatrix} \dfrac{10}{9} \\ -\dfrac{1}{3} \end{pmatrix}$$

※ [19~21] 심플렉스해법의 최종표가 다음과 같을 때 아래의 각 물음에 답하라.

C_j	BV	RHS	X_1	X_2	X_3	0 S_1	0 S_2
40	X_1	20	1	0	$\dfrac{1}{2}$	2	$-\dfrac{3}{2}$
65	X_2	20	0	1	0	-1	1
	Z_j	2,100	40	65	20	15	5
	$C_j - Z_j$		0	0	0	-15	-5

19 위 문제의 최종표에 대한 다음의 설명 중 옳은 것은?

> a. 유일한 해이다.
> b. 유일해는 아니지만 새로운 최적해를 구할 수 없다.
> c. 비기저변수의 $C_j - Z_j$값이 0이므로 퇴화해를 갖는다.
> d. $X_2^* = 20$ $X_3^* = 40$은 새로운 최적해 중 하나이다.
> e. 이 문제를 쌍대로 풀었을 때 해는 $\mu_1 = -15$, $\mu_2 = -5$, $S_1 = 0$, $S_2 = 0$, $S_3 = 0$이다.

① a, c   ② b, c   ③ a, e
④ c, d, e   ⑤ d

✎ 해설 ① 최종표에서 비기저변수인 X_3의 $C_j - Z_j$값이 0이므로 복수의 최적해를 갖는다. 그러므로 X_3를 진입변수로 해서 iteration을 다시 하면 다음과 같다.

			X_1	X_2	X_3	S_1	S_2
20	X_3	40		0	1		
65	X_2	20		1	0		
	Z_j	2,100					

∴ 해는 $X_2^* = 20$, $X_3^* = 40$이다. 그러나 이 것만이 새로운 최적해는 아니고 일반적으로는

$$\begin{pmatrix} X_1^* \\ X_2^* \\ X_3^* \end{pmatrix} = \begin{pmatrix} 20 \\ 20 \\ 0 \end{pmatrix} + t\begin{pmatrix} -20 \\ 0 \\ 40 \end{pmatrix}, \ 0 \le t \le 1$$이 최적해 집합이 된다.

⑤ 본원적 문제를 쌍대로 풀면 $-(C_j - Z_j)$값이 기저·비기저변수의 해가 된다.
∴ 쌍대의 해는 $\mu_1 = 15$, $\mu_2 = 5$, $S_1 = S_2 = S_3 = 0$이 된다.

정답 19 ⑤

20 공정 1을 초과시간당 ₩10의 비용으로 20시간 연장가동이 가능하다. 이 때 새로운 최적해와 목적함수값은?

	X_1	X_2	Z^*			X_1	X_2	Z^*
①	20	30	2,750		②	30	20	2,500
③	40	10	2,250		④	60	0	2,200
⑤	60	0	2,400					

✍ 해설
$$\begin{pmatrix} X_1^* \\ X_2^* \end{pmatrix} = \begin{pmatrix} 20 \\ 20 \end{pmatrix} + (20)\begin{pmatrix} 2 \\ -1 \end{pmatrix} = \begin{pmatrix} 60 \\ 0 \end{pmatrix}$$

공정 1의 추가시 비용이 10원씩 들기 때문에 이익은 5원씩(15−10=5) 증가된다.

∴ $Z^* = 2,100 + 5(20) = 2,200$

21 공정 1과 2가 각각 초과시간당 ₩10의 비용으로 10시간씩 연장이 가능할 때 새로운 최적해와 목적함수값은?

	X_1	X_2	Z^*			X_1	X_2	Z^*
①	40	10	2,250		②	40	10	2,150
③	40	10	2,300		④	25	20	2,300
⑤	25	20	2,500					

✍ 해설 공정 2는 연장가동하지 않는다.(∵ 추가이익 ₩5 < 추가비용 ₩10)
$$\begin{pmatrix} X_1^* \\ X_2^* \end{pmatrix} = \begin{pmatrix} 20 \\ 20 \end{pmatrix} + (10)\begin{pmatrix} 2 \\ -1 \end{pmatrix} = \begin{pmatrix} 40 \\ 10 \end{pmatrix}$$

공정 1의 추가시 비용이 10원씩 들기 때문에 이익은 5원씩(15−10=5) 증가된다.

∴ $Z^* = 2,100 + 5(10) = 2,150$

제2장 ■ 확실성하의 의사결정기법

2.1 수송법

1. 수송법의 의의 및 특징

1) 수송법(transportation method)은 다수의 출발지(공급지)로부터 다수의 목적지(수요지)로 동질(homogeneous)의 재화나 용역을 **최소의 비용으로 수송**하려는 계획을 수립하는 모형이다.

◆ 수송법은 네트워크모형의 일종으로도 간주된다.

2) 수송법은 선형계획법의 특수한 형태로 최대화 문제도 가능하며, **제약식은 모두 등식**이라는 특징이 있다.

2. 수송법의 종류

1) 수송법은 균형수송문제와 불균형수송문제로 나눌 수 있다.

2) 균형수송문제는 출발지의 공급량과 목적지의 수요량이 일치하는 문제이고, 불균형수송문제는 출발지의 공급량과 목적지의 수요량이 일치하지 않는 문제이다.

◆ 균형수송문제는 이 모형을 제안하고 분석한 학자의 이름을 따서 히치코크-쿠프만의 수송문제라고도 한다.

3. 수송법의 단계

(1) 문제의 정의와 수송표의 작성

1) 수송법의 선형계획모형

공급지의 수가 m개, 수요지의 수가 n개인 경우 다음과 같이 나타낼 수 있다. 이 때 유효제약식의 수는 $(m+n-1)$개가 된다.

[정리 ❶]
균형수송문제에 있어서 공급량과 수요량이 정수라면 기저해는 언제나 정수이다.

$$Min \ Z = \sum_{i=1}^{m} \sum_{j=1}^{n} C_{ij} \cdot X_{ij}$$ → 총수송비용의 최소화

$$St. \quad \sum_{j=1}^{n} X_{ij} = S_i \ (i=1, \ 2, \ 3, \ \cdots, \ m)$$ → 공급제약조건

$$\sum_{i=1}^{m} X_{ij} = D_j \ (j=1, \ 2, \ 3, \ \cdots, \ n)$$ → 수요제약조건

$$X_{ij} \geq 0 \ (i=1, \ 2, \ 3, \ \cdots, \ m \ ; j=1, \ 2, \ 3, \ \cdots, \ n)$$

단, X_{ij} : i공급지에서 j수요지까지의 수송량

C_{ij} : i공급지에서 j수요지까지의 단위당 수송비

S_i : i공급지에서의 공급가능량

D_j : j수요지의 수요량

● 도표 2-1 수송법의 단계

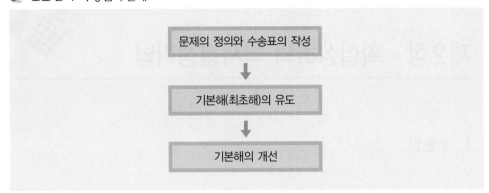

2) 수송표

공급지 \ 수요지	1	2	…… …	n	공급량
A	C_{11} X_{11}	C_{12} X_{12}	……	C_{1n} X_{1n}	S_1
B	C_{21} X_{21}	C_{22} X_{22}	……	C_{2n} X_{2n}	S_2
⋮	⋮	⋮		⋮	⋮
M	C_{m1} X_{m1}	C_{m2} X_{m2}	……	C_{mn} X_{mn}	S_m
수요량	D_1	D_2	……	D_n	

 예제 2-1 선형계획모형과 수송표의 작성

Joy기업은 동일제품을 3개의 공장에서 생산하여 3개의 대리점을 통해 판매하고 있다. 이와 관련된 표가 아래와 같을 때 이를 풀기 위한 선형계획모형과 수송표를 작성하라.

수 요		공 급		단위당 수송비			
목적지	수요량	공 장	공급량		1	2	3
1	150	A	120	A	8	5	6
2	70	B	80	B	15	10	12
3	60	C	80	C	3	9	10
계	280	계	280				

1) 선형계획모형의 작성

$$Min\ Z = 8X_{11} + 5X_{12} + 6X_{13} + 15X_{21} + 10X_{22} + 12X_{23} + 3X_{31} + 9X_{32} + 10X_{33}$$

$St.$

$X_{11} + X_{12} + X_{13} = 120$ ······ ①

$X_{21} + X_{22} + X_{23} = 80$ ······ ②

$X_{31} + X_{32} + X_{33} = 80$ ······ ③

$X_{11} + X_{21} + X_{31} = 150$ ······ ④

$X_{12} + X_{22} + X_{32} = 70$ ······ ⑤

$X_{13} + X_{23} + X_{33} = 60$ ······ ⑥

$X_{11},\ X_{12}\ \ \cdots\cdots,\ X_{33} \geq 0$

◈ 제약식의 계수는 모두 0 또는 1이며 각열에서 1은 두번만 나타난다.

2) 수송표의 작성

〈수송표〉

	1	2	3	공급량
A	8 X_{11}	5 X_{12}	6 X_{13}	120
B	15 X_{21}	10 X_{22}	12 X_{23}	80
C	3 X_{31}	9 X_{32}	10 X_{33}	80
수요량	150	70	60	280

● 도표 2-2 수송법의 해법

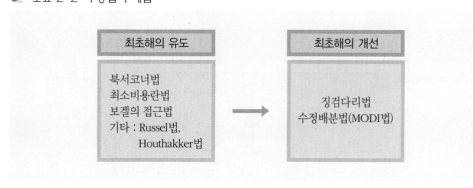

('92 CPA)
★ 출제 Point
최초해의 유도기법과 개선기법의 분류

(2) 기본해(최초해)의 유도

1) 북서코너법

북서코너법(north-west corner method)은 수송표의 좌측상단(북서쪽)에서 출발하여 우측하단에 이르도록 가능한 많은 단위를 각란에 배분하는 방법으로 수요와 공급에 맞추어 차례로 배정한다.

① 장점 : 최초해를 신속하게 구할 수 있다.

② 단점 : 비용을 전혀 고려하지 않으므로 최적해와 거리가 멀 가능성이 있다.

2) 최소비용란법

최소비용란법(minimum cell-cost method)은 **최소비용**을 가진 란을 선정하여 그 란에 가능한 많은 양을 배정하는 방법으로 수요와 공급이 충족될 때까지 이 과정을 반복한다.

Key Point **최소 비용법의 주의사항**

최소비용을 갖는 란이 복수개일 경우에는 보다 많은 양을 수송할 수 있는 란을 선정한다.

 예제 2-2

〈예제 2-1〉의 수송표를 가지고 북서코너법과 최소비용란법을 이용하여 최초해(최초의 실행가능 기저해)를 구하고 최초해의 총수송비를 구하라.

해답

〈북서코너법〉

	1		2		3		공급량
A	8 ① 120		5		6		120
B	15 ② 30		10 ③ 50		12		80
C	3		9 ④ 20		10 ⑤ 60		80
수요량	150		70		60		280

* 수송비 = (120)(8) + (30)(15) + (50)(10) + (20)(9) + (60)(10) = 2,690

〈최소비용란법〉

	1		2		3		공급량
A	8 .		5 ② 70		6 ③ 50		120
B	15 ⑤ 70		10		12 ④ 10		80
C	3 ① 80		9		10		80
수요량	150		70		60		280

* 수송비 = (70)(5) + (50)(6) + (70)(15) + (10)(12) + (80)(3) = 2,060

3) 보겔의 접근법(VAM : Vogel's approximation method)

① 보겔의 접근법은 어느 특정란에 수송하지 않으면 발생하게 될 **기회비용이 최소화되도록** 배정하는 방법이다. → 이 때 기회비용은 각 행·열에 있어 최소의 단위당 수송비와 그 다음으로 작은 단위당 수송비의 차이를 나타낸다.

② 절차 : 각 행과 열의 기회비용을 계산한 후 기회비용이 가장 큰 행이나 열의 최소비용란에 최대량을 배정하고 수요량(공급량)을 완전히 충족시키는 열(행)을 지우고 다시 반복한다.

 예제 2-3

〈예제 2-1〉의 수송표를 가지고 보겔의 접근법을 이용하여 최초해(최초의 실행가능 기저해)를 구하고 최초해의 총수송비를 구하라.

해답

1) 최초해

〈보겔의 접근법〉

	1	2	3	공급량
A	8 ② 70	5	6 ③ 50	120
B	15	10 ④ 70	12 ④ 10	80
C	3 ① 80	9	10	80
수요량	150	70	60	280

행의 기회비용

	〈1단계〉	〈2단계〉	〈3단계〉
A	1	1	1
B	2	2	2
C	6*		

열의 기회비용

	1	2	3
〈1단계〉	5	4	4
〈2단계〉	7*	5	6
〈3단계〉		5	6*

2) 수송비 = (70)(8) + (50)(6) + (70)(10) + (10)(12) + (80)(3) = 1,920

(3) 기본해의 개선을 위한 평가

1) 징검다리법(stepping stone method : 단계법)

징검다리법은 폐쇄경로(공란을 평가하기 위해 추적하는 경로)를 쫓아 **공란을 하나씩** 평가하는 방법이다.

◆ 폐쇄경로(closed loop)

• 절 차

〈1단계〉 폐쇄경로를 따라 각 공란의 비용개선지수(공란에 1단위를 수송하는 경우의 추가비용)를 구하여 공란을 평가한다. → 이 때 모든 지수가 0보다 같거나 크면 현재의 해가 최적해이며, (−)값이 있으면 가장 큰 (−)의 지수를 가지는 란에 수송량을 증대시킨다.

〈2단계〉 선택된 공란에 수송할 양을 결정하여 새로운 해를 구하고, 처음의 절차로 돌아간다.

◆ 해를 개선하는 방법

심플렉스법에서 해를 개선하기 위해 기저변수가 탈락되고 비기저변수가 진입하는 것처럼, 수송법에서도 현재의 기저변수(할당된 란)와 총비용을 낮추는 데 기여할 비기저변수(빈칸)를 교체하게 된다.

2) 수정배분법(MODI법 : modified distribution)

수정배분법은 공란을 동시에 평가하는 방법으로 최선의 비용개선지수를 가지는 폐쇄경로만을 고려한다.

• 절 차

〈1단계〉 배정이 이루어지는 란을 대상으로 $(C_{ij} = r_i + v_j)$의 공식을 이용하여 행 r_i와 열 v_j값을 산정한다.

〈2단계〉 $[C_{ij} - (r_i + v_j) = 비용개선지수]$의 공식을 이용하여 모든 공란의 비용개선지수를 구한다.

〈3단계〉 $(-)$의 최대비용개선지수를 갖는 공란을 찾는다. → 만약 $(-)$값이 없다면 현재의 해가 최적해가 된다.

〈4단계〉 선정된 공란에 수송될 양을 결정하여 새로운 해를 구하고, 처음의 절차로 돌아간다.

예제 2-4

〈예제 2-1〉을 북서코너법으로 최초해를 구하고 징검다리법과 수정배분법을 이용하여 해를 개선하라.

해답

〈징검다리법〉

	1	2	3	공급량
A	8 120	5 +2	6 +2	120
B	15 30	10 50	12 +1	80
C	3 −11	9 20	10 60	80
수요량	150	70	60	280

〈수정배분법〉

$5 - (0 + 3) = +2$

		1 $V_1 = 8$	2 $V_2 = 3$	3 $V_3 = 4$	공급량
$r_1 = 0$	A	8 120	5 +2	6 +2	120
$r_2 = 7$	B	15 30	10 50	12 +1	80
$r_3 = 6$	C	3 −11	9 20	10 60	80
	수요량	150	70	60	

$C_{ij} = r_i + V_j$

$8 = r_1 + V_1$

$15 = r_2 + V_1$

$10 = r_2 + V_2$

$9 = r_3 + V_2$

$10 = r_3 + V_3$

4. 수송법에서 고려해야 할 기타 요소

(1) 수요와 공급이 불균형인 경우(unbalance transportation problem)

모조변수(dummy variable)를 도입하고 모조변수의 란에는 0의 비용을 부여한다.
→ 예를 들어 다음과 같이 총수요가 300개, 총공급이 280개일 때 가공의 공급처 (dummy)를 도입한다.

	1	2	3	공급량
A				120
B				80
C				80
수요량	150	70	80	

→

	1	2	3	공급량
A				120
B				80
C				80
Dummy	0	0	0	20
수요량	150	70	80	

(2) 퇴화(degeneracy)

1) '배정이 이루어진 란의 수 = (행의 수 + 열의 수) − 1' 의 조건을 만족하지 못할 때 즉, 전자가 후자보다 적은 경우 발생한다.

2) 퇴화현상을 제거하기 위해서는 하나 혹은 그 이상의 공란에 0에 가까운 극소량 ε(epsilon)을 할당하여 할당된 란의 수가 $(m + n - 1)$이 되도록 한다.

	1	2	3	
A	1 100	2	3	100
B	4	5 30	6	30
C	7 20	8	9 10	30
	120	30	10	160

(3) 기 타

고려요소	해결방법
① 복수의 최적해가 있는 경우	비용 이외의 다른 요소를 고려하여 선택한다.
② 금지된 수송경로가 있는 경우	금지된 란에 매우 큰 단위당 수송비(big M)를 부가한다.
③ 최대·최소수요가 있는 경우	최소수요만큼은 반드시 배정되어야 하고 최대수요가 넘어가지 않도록 수송표를 작성한다.

2.2 할당법

1. 할당법의 기초개념

(1) 할당법의 의의

1) 할당법(allocation method)은 생산자원이나 종업원을 여러 업무 또는 기계에 할당해야 하는 문제에 사용되는 방법이다.

2) 할당법의 가장 큰 특징은 개별수요처와 개별공급처의 총수요와 총공급이 1이란 점이다. → 이 때 수송할 수 있는 양은 0(할당하지 않은 경우) 또는 1(할당하는 경우)이다. 즉, 한 작업자는 오로지 한 기계에만 할당되는 식이다.

3) 그러므로 할당법은 제약식이 등식이고 우변항이 1인 선형계획법의 특수한 형태이며, 최소화문제, 최대화문제 모두 가능하다.

(2) 수학적 모형

$$Min \ Z = \sum_{i=1}^{m} \sum_{j=1}^{n} C_{ij} \cdot X_{ij}$$

$$St. \quad \sum_{j=1}^{n} X_{ij} = 1 \ (i = 1, \ 2, \ 3, \ \cdots, \ m)$$

$$\sum_{i=1}^{m} X_{ij} = 1 \ (j = 1, \ 2, \ 3, \ \cdots, \ n)$$

$$X_{ij} \geq 0 \ or \ 1 \ (i = 1, \ 2, \ 3, \ \cdots, \ m \ ; j = 1, \ 2, \ 3, \ \cdots, \ n)$$

단, C_{ij} : i종업원을 j기계에 할당하는 경우의 비용

2. 할당법의 해법 : 헝가리식 해법(Hungarian Method) → König

◆ 헝가리법은 기본적으로 비용표의 각행 또는 열에서 같은 값을 빼주어도 최적해는 변하지 않는다는 점에 착안한 방법이다.

〈1단계〉 할당표의 작성

〈2단계〉 최초 기회비용표(행의 기회비용표)의 작성

　　　　행의 기회비용은 할당표의 각 값에서 그 값이 속해 있는 행의 최소값을 빼준 값이다.

〈3단계〉 최종 기회비용표(열의 기회비용표)의 작성

　　　　열의 기회비용은 행의 기회비용표의 각 값에서 그 값이 속해 있는 열의 최소값을 빼준 값이다.

〈4단계〉 최적할당 여부의 분석

　　　　ⓐ 최종 기회비용표에서 최소한의 수직선과 수평선을 그어 모든 0의 값을 지운다.

　　　　ⓑ 만약 이 수직선과 수평선의 수가 행이나 열의 수와 같으면, 이 할당은 최적해이다. 그렇지 않은 경우에는 다음 단계로 진행된다.

〈5단계〉 해의 개선

수직선이나 수평선이 통과하지 않은 기회비용 중 최소값을 선택하여, 이 값을 직선이 통과하지 않은 란의 비용에서 빼주고, 두 직선이 교차하는 란의 비용에 더해 준 다음 〈4단계〉로 돌아간다.

예제 2-5

다음의 비용표를 갖는 할당문제를 풀어라.

종업원 \ 기계	1	2	3	4
A	10	15	16	18
B	14	13	16	10
C	11	9	8	18
D	13	13	11	9

해답

〈1단계 : 할당표 작성〉

	1	2	3	4	공급량
A	10	15	16	18	1
B	14	13	16	10	1
C	11	9	8	18	1
D	13	13	11	9	1
수요량	1	1	1	1	4

〈2단계 : 행 기회비용표〉

	1	2	3	4
A	0	5	6	8
B	4	3	6	0
C	3	1	0	10
D	4	4	2	0

할당표의 각 값에서 그 값이 속해 있는 행의 최소값을 빼준다.

〈3단계 : 열 기회비용표〉

	1	2	3	4
A	0	4	6	8
B	4	2	6	0
C	3	0	0	10
D	4	3	2	0

행의 기회비용표의 각 값에서 그 값이 속해 있는 열의 최소값을 빼준다.

〈4단계 : 최적할당여부 분석〉

	1	2	3	4
A	0	4	6	8
B	4	2	6	0
C	3	0	0	10
D	4	3	2	0

직선의 수(3) < 행 또는 열의 수(4)
→ 최적해 아님

〈5단계 : 해의 개선〉

	1	2	3	4
A	0	4	6	10
B	2	0	4	0
C	3	0	0	12
D	2	1	0	0

최적할당 :
A→1, B→2, C→3, D→4 또는
A→1, B→4, C→2, D→3

3. 할당법의 기타 문제

(1) 최대화문제

1) 이익표를 행의 기회손실표로 변형한다.

2) 열의 기회비용표를 작성한다.

3) 나머지 단계는 최소화문제와 동일하다.

〈이익표〉

	1	2	3	4
A	35	28	55	49
B	28	45	20	32
C	45	40	55	50
D	62	37	42	45

〈행의 기회손실표〉

	1	2	3	4
A	20	27	0	6
B	17	0	25	13
C	10	15	0	5
D	0	25	20	17

(2) 기타 고려요소

고 려 요 소	해 결 방 법
① 행의 수와 열의 수가 일치하지 않는 경우	모조변수(dummy variable)를 도입하여 헝가리법을 적용한다.
② 금지되어 있는 할당이 있는 경우	금지된 란에 매우 큰 비용을 부여하여 할당이 불가능하게 한다.
③ 복수의 최적해가 있는 경우	다른 조건을 고려하여 최선의 해를 선택한다.

2.3 목표계획법

1. 목표계획법의 의의

1) 목표계획법(GP : goal programming)은 다수의 상충된 목표를 동시에 해결하는 기법이다.

2) 이 때 한 목적을 달성하기 위해 어떤 다른 목적이 희생되기도 하므로 목적 사이의 상충관계(trade-offs)를 고려하여 해를 추구하게 된다.

3) 또한 목표계획법(GP)에서는 목적함수를 직접적으로 최대화 또는 최소화하려는 것이 아니고, 복수목표간에 존재하는 양과 음의 편차를 주어진 제약조건하에서 최소화하도록 하여 해결하고자 한다.

> **Key Point ▶ LP와 GP의 차이**
>
> 선형계획법은 제약조건을 충족시키는 단일목적함수를 최적화하는 기법이다. 즉 LP에서는 두 개 이상의 목적이 동일한 단위로 측정되지 않는 한 목적함수에 이들을 포함시킬 수 없다. LP에서 다수목적을 포함하기 위해서는 목적함수의 단일차원문제를 극복해야 하는데 이렇게 하기 위해서는 모든 목적의 단위를 효용이라는 단일기준으로 변환시켜야 한다. 그러므로 이론적으로는 가능할지 몰라도 실제적으로 효용함수를 이용하여 LP모형에 다수목적을 포함시키는 것은 불가능하다.

2. 목표계획법의 기본모형

 예제 2-6

JOY기업은 MP3와 DVD 두 개의 제품을 생산·판매하고 있으며, 제품의 단위당 이익이 각각 100원과 50원이다.

1) 단일 목표

정확하게 3,000원의 총이익을 올리는 것이 목표일 때

$$Min \ Z = d_1^- + d_1^+$$
$$St. \qquad 100X_1 + 50X_2 + d_1^- - d_1^+ = 3,000$$
$$X_1, \ X_2, \ d_1^-, \ d_1^+ \geq 0$$

단, d_1^- : 부의 편차(미성취분)

d_1^+ : 정의 편차(초과성취분)

2) 다수의 목표

① 가능한 3,000원의 총이익을 달성하며, ② 최소한 MP3는 10,000개, ③ DVD는 5,000개의 판매량을 유지하고자 할 때

$$Min \ Z = d_1^- + d_1^+ + d_2^- + d_3^-$$
$$St. \qquad 100X_1 \ + 50X_2 \ + d_1^- - d_1^+ = 3,000$$

$$
\begin{aligned}
X_1 \quad\quad &+ d_2^- \quad\quad = 10{,}000 \\
X_2 &+ d_3^- \quad\quad = 5{,}000 \\
X_1,\ X_2,\ d_i^-,\ d_i^+ &\geq 0
\end{aligned}
$$

3) 다수의 목표에 우선순위가 부여되어 있을 때 경영자의 우선순위가 다음과
같다면

목 적	순 위
가능한 3,000원의 총이익	P_1
최소한 MP3는 10,000개 판매	P_2
최소한 DVD는 5,000개 판매	P_3

$$
\begin{aligned}
Min\ Z = &\ P_1 d_1^- + P_1 d_1^+ + P_2 d_2^- + P_3 d_3^- \\
St. \quad 100X_1 + 50X_2 + &\ d_1^- - d_1^+ = 3{,}000 \\
X_1 \quad\quad &+ d_2^- \quad\quad = 10{,}000 \\
X_2 + &\ d_3^- \quad\quad = 5{,}000 \\
X_1,\ X_2,\ d_i^-,\ d_i^+ &\geq 0
\end{aligned}
$$

이 때 $P_1 > > > P_2 > > > P_3$로 P_i는 서수의 성격을 가진다.

Key Point ▶ d_i^-와 d_i^+의 관계

d_i^-와 d_i^+는 상호보완적이다. 즉 최소한 두 편차변수 중의 하나는 해에서 0이 되어야 한다.
(즉, $(d_i^-)(d_i^+) = 0$)

3. 목표계획법의 특징 및 한계

(1) 목표계획법의 특징

1) 목적함수에는 편차변수(deviation variable)만을 포함하며, 항상 최소화문제에만
한정된다.

◆ 목표계획법의 목적함수에서 하나의 우선순위에 여러 개의 편차변수가 포함될 수 있으나 이들의 측정단위는 동일해야 한다.

2) 또한 목적함수에 단위가 서로 다른 변수의 포함이 가능하고, 목표에 우선순위
의 부여가 가능하다. → 단, 하위목표는 상위목표의 달성후에만 달성이 가능하다.

(2) 목표계획법의 해법

('93 CPA)
★ 출제 Point
목표계획법의 특징

목표계획법은 도표해법(graphical method)과 수정심플렉스법(modified simplex),
컴퓨터를 이용한 방법 등으로 해결할 수 있다.

(3) 목표계획법의 한계

1) 모든 목적이 항상 만족되지는 않는다. → 즉 상충되는 목적이 존재하는 경우
한 목적을 달성하기 위해서는 어떤 다른 목적을 희생해야 하기 때문에 목적간의 상충
관계를 고려하여 해를 추구하게 된다. 그러므로 GP의 해는 다수의 상충되는 목적을

절충하는 최적해이면서 만족해이기도 하다.

2) 모든 목적은 계량화되어야 하며 또한 목표수준이 설정되어야 한다. → 즉 부적절한 목표수준은 해에 큰 영향을 미친다.

3) 낮은 순위의 목적으로부터의 편차가 아무리 크더라도 이를 만족시키기 위하여 높은 순위의 목적을 조금이라도 희생시킬 수는 없다.

4) 조직체 내에서 목표의 우선순위에 대한 의견일치가 있어야 한다.

2.4 정수계획법

1. 정수계획법의 의의

1) 정수계획법(IP : integer programming)은 특정 변수 또는 모든 변수에 대하여 정수의 값을 요구하는 문제를 해결하기 위한 기법이다.

2) 정수계획법에서는 선형계획법의 가분성(divisibility) 가정 대신 정수의 해를 가정하게 된다.

3) IP는 모든 기저변수(의사결정변수 + 여유변수)에 정수값을 요구하는 순수정수계획법(pure integer programming)과 특정 변수에 대해서만 정수값을 요구하는 혼합정수계획법(mixed integer programming)이 가능하다.

4) 정수계획법의 특수한 형태로 0-1 정수계획법(zero-one integer programming)이 있는데, 이는 의사결정변수에 0(계획의 거절)이나 1(계획의 수락)의 제한된 값을 요구하는 경우로 자본예산이나 할당문제가 대표적인 예가 된다.

◈ 단, 하나의 제약식으로 구성된 2진 정수계획문제를 배낭문제(Knapsack problem)라고도 한다.

2. 정수계획법의 특징 : 선형계획법 + 의사결정변수는 정수

1) 정수계획법은 선형계획법의 해를 구해놓고 출발하게 되므로 선형계획법의 특징, 즉 선형의 목적함수, 선형의 제약조건, 비음조건의 특징이 마찬가지로 성립한다.

2) IP의 추가적인 특징으로는 의사결정변수가 정수라는 것을 들 수 있다.

Key Point

- **최대화문제인 경우 LP와 IP의 관계**
  ① LP의 목적함수값 ≥ IP의 목적함수값
  ② 그러나 IP의 최적해의 의사결정변수값이 반드시 LP의 최적해의 의사결정변수값보다 작은 것은 아니다.
- **비분할성의 대가**(cost of indivisibility)
  불가분성(비분할성)의 조건에 따른 최적정수해는 일반적 LP모형의 최적해보다 결과가 나쁘든지 기껏해야 비슷하게 되는데, 그 목적함수값의 차이(비분할성의 조건에 따르게 되는 대가)를 비분할성의 대가라고 한다.

3. 정수계획법의 해법

(1) 완전한 열거법(complete enumeration)

모든 가능한 해를 열거한 후 제약조건을 위반하는 해는 제거하고, 목적함수값을 비교하여 해를 선정한다.

(2) 도표해법(graphical method)

결정변수가 둘 이하이어야 적용할 수 있다.

(3) 고모리(Gomory)**해법 → cutting plane method**(절면법)

1) 순수 또는 혼합정수계획문제의 해결에 이용되는 방법으로 일반 LP로 푼 의사결정변수가 정수값을 가지면 곧 최적해가 되지만, 그렇지 못하게 되면 비정수해를 제거시킬 새로운 제약조건을 모형에 추가한 후 심플렉스법에 의하여 최적해를 구한다.

2) 이 때 새로 추가되는 조건을 고모리조건 또는 절면이라 한다.

(4) 분단탐색법(branch and bound method) **→ 가지치기법**

1) 가해영역을 몇 개의 소집합으로 분단(branch or partition)하고 각 소집합의 가장 좋은 해의 값에 대해 상한과 하한을 설정한 후 더 이상 고려할 필요가 없는 소집합을 제거하면서 목적함수의 최적치를 찾는 방법이다.

2) 순수·혼합정수계획문제의 해결에 이용된다.

2.5 동적계획법 : R. Bellman

1. 동적계획법의 의의

◈ 동적계획법은 OR에서 다루는 대부분의 문제들의 최적해를 구할 수 있다는 장점이 있으나, 다른 기법에 비해 효율성이 떨어진다는 단점이 있다.

동적계획법(DP : dynamic programming)은 여러 기간 또는 여러 단계에 걸쳐 일어나는, 상호 관련된 다단계의 의사결정문제(multistage decision problem)를 하나로 결합하여 전체적인 관점에서 최적해(최소거리, 최단거리, 최소비용 등)를 구하고자 하는 수리적 계획기법이다.

2. 동적계획법 해법의 기본원리 : 최적성의 원리

('94 CPA)
★ 출제 Point
동적계획법의 원리

최적성의 원리(principle of optimality)란 어떤 상태에서의 최적결정은 전단계에서 어떠한 결정을 하였는가에 관계없이 앞으로의 의사결정만 최적화시키면 된다는 원리이다. 이를 위해서는 후방귀납법(= 후진적 방법 : backward method)을 사용한다.

3. 동적계획법의 특징 및 문제점

(1) 동적계획법의 응용분야

동적계획법은 ① 최단경로문제, ② 판매량 배분문제, ③ 자본예산문제, ④ 배낭문제, ⑤ 생산 및 재고통제문제 등에 응용할 수 있다.

 예제 2-7

서울에서 제주로 가는 경로가 다음과 같을 때 시간(또는 비용, 거리)을 기준으로 최단경로를 찾아라(단, 화살표 위의 숫자는 시간(또는 비용, 거리)을 의미한다).

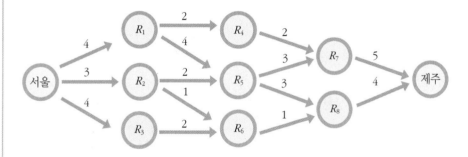

🔑 해답

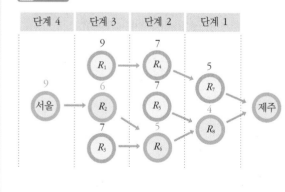

단 계	경 로	단 계
단계 1	$R_7 \rightarrow$ 제주	5
	$R_8^* \rightarrow$ 제주*	④
단계 2	$R_4 \rightarrow R_7$	7
	$R_5 \rightarrow R_8$	7
	$R_6^* \rightarrow R_8^*$	⑤
단계 3	$R_1 \rightarrow R_4$	9
	$R_2^* \rightarrow R_6^*$	⑥
	$R_3 \rightarrow R_6$	7
단계 4	서울 $\rightarrow R_2^*$	⑨

∴ 최단경로는 서울→R_2→R_6→R_8→제주이고, 이 때 서울에서 제주까지 가는 데 걸리는 시간은 9시간이다.

(2) 동적계획법의 특징

1) 다단계 의사결정이므로 시간이 중요한 요소가 되는 경우가 있다.

2) 복잡하고 큰 문제를 풀기 쉬운 여러 개의 부분문제, 즉 단계로 분해하여 최적해를 찾는다.

3) 각 단계의 문제는 순환관계(recursive relation)에 의해 상호 연관되어 있기 때문에 어느 단계에서의 의사결정은 다음 단계의 의사결정에 영향을 미친다.

(3) 동적계획법의 문제점

1) 각 단계에서의 최적결정을 내리기 위해서 도표해법을 사용할 수 있지만 선형계획법, 분단탐색법, 미분 등 다른 방법도 사용될 수 있다. → 그러므로 문제의 성격에 따라 사용할 모형정립과정이 달라지는 문제가 있다.

2) 문제의 규모가 커짐에 따라 계산량이 급증한다.

2.6 비선형계획법

1. 비선형계획법의 의의

1) 현실적인 의사결정 상황에서는 선형의 목적함수와 제약조건보다는 비선형인 경우가 더 일반적이다.

2) 이러한 비선형의 상황은 주로 ① 비비례성, ② 비가산성, ③ 규모의 비경제 등의 이유로 나타난다.

3) 비선형계획법(nonlinear programming)은 제약조건의 존재 여부와 제약조건이 등식이냐 부등식이냐에 따라 라그란지승수법과 쿤·터커조건을 이용한다.

> **Key Point**
>
> - **라그란지승수의 의미**
>   라그란지승수값은 자원수준의 b의 변화에 대한 목적함수의 변화율의 부(負)이다(즉, $\frac{\partial f}{\partial b} = -\lambda$).
>   따라서 자원수준에 대한 최적해의 민감도를 나타낸다. 이는 LP에서 쌍대변수와 같은 개념으로 자원의 한계가치(shadow price)를 의미한다.
>
> - **쿤·터커조건**(Kuhn-Tucker Condition)
>   쿤·터커조건은 비선형계획모형의 최적화를 위한 기법으로 제약식이 부등호로 주어졌을 때 적용하는 방법이다. 즉, 여유변수를 도입하여 제약식을 등식으로 전환한 후 라그란지승수법을 이용하여 해를 구한다.

● 도표 2-3 비선형계획법

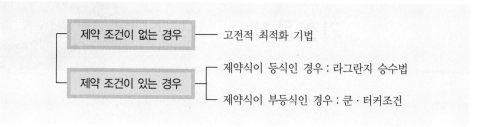

기출문제

01 총운반비용의 최소화를 달성하기 위한 기법으로 수송법이 있다. 수송법에서 최적해를 구하기 위하여 해를 개선하는 방법은? ('92. CPA)

① north-west corner method
② minimum cell cost method
③ Vogel's approximation method
④ modified distribution method
⑤ Russel's approximation method

✎ 해설 ①, ②, ③, ⑤는 최초해를 구하는 방법

02 다음 중 목표계획법(GP : goal programming)에 관한 설명으로 바르지 못한 것은? ('93. CPA)

① GP는 상충된 복수의 목표를 달성하기 위한 방법이다.
② GP는 최대화문제의 해결에만 적용되는 개념이다.
③ 목표의 중요도를 고려한 우선순위에 따라 만족시킬 수 있는 최적해를 구할 수 있다.
④ 낮은 순위의 목표의 편차가 아무리 커도 이를 만족시키기 위해 높은 순위의 목적을 조금이라도 희생시킬 수 없다.
⑤ 부(d^-)와 정(d^+)의 편차가 목적함수에 포함된다.

✎ 해설 ② GP는 목적함수를 직접 최대화나 최소화하는 것이 아니고, 복수목표에 존재하는 양과 음의 편차를 주어진 제약조건하에서 최소화하려는 의사결정기법이다.
① ~ ⑤의 나머지는 GP의 일반적 정의이다.

03 후방귀납법에 따라 최적성원리를 적용하여 문제해결을 하고자 하는 방법은? ('94. CPA)

① 선형계획법
② 목표계획법
③ 정수계획법
④ 동적계획법
⑤ 시뮬레이션

✎ 해설 후방귀납법은 어떤 상태에서의 최적결정은 전 단계의 결정에 관계없이 앞으로의 의사결정만 최적화시키면 된다는 것으로 이는 동적계획법의 해법이다.

정답 1 ④ 2 ② 3 ④

∎ 연습문제 ∎

01 수송법에 대한 설명으로 옳지 않은 것은?

① 수송법의 특수목적절차를 이용하면 심플렉스법보다 계산시간을 약 1/100로 줄일 수 있다.

② 컴퓨터 기억장치가 덜 필요하여 LP보다 더욱 큰 모형을 취급할 수 있다.

③ 기저변수의 수가 제약조건식의 수와 같다.

④ 제약조건식의 우변항은 반드시 동질적 단위이어야 한다.

⑤ 제약조건의 기술계수는 0 또는 1이다.

✎ 해설 ③ 수송법에서는 기저변수의 수 = 제약조건식의 수 − 1
④ 일반적 LP모형에서는 구조적 제약조건의 우변상수는 동질적 단위를 나타낼 필요는 없다. 반면, 수송모형
에서는 반드시 동질적 단위로 나타내어야 한다.
즉, 수송모형에서 한 제약조건의 단위는 다른 제약조건의 단위와 같아야 한다.

02 다음의 수송법에 관한 설명 중 틀린 것은?

① 수정배분법은 최적해 여부를 판단할 때 쌍대변수의 개념에 기초를 두고 있는 방법이다.

② 일반적인 수송문제에서 실행가능기저해는 (공급지 + 수요지 + 1)의 정수의 수송배분으로 성립된다.

③ 북서코너법은 비용을 전혀 고려하지 않는 방법이다.

④ 수송법 중 Vogel법과 Russel의 추정법은 기회비용의 개념을 이용하여 최초해를 구한다.

⑤ 수송법에 정수자료를 사용하면 정수해를 쉽게 구할 수 있는 장점이 있다.

✎ 해설 일반적으로 실행가능기저해의 수는 (공급지 + 수요지 − 1)이 되며 그 수가 미달될 때는 퇴화의 경우가 된다.

03 다음의 수송법에 관한 설명 중 옳은 것은?

> a. 모든 공란의 폐쇄경로를 찾아 비용개선지수를 구하는 방법은 단계법이다.
> b. 금지된 경로가 있을 때 모조변수(dummy variable)를 도입한다.
> c. 기저변수의 비용개선지수가 0보다 같거나 클 때 수송문제는 최적해가 구해진다.
> d. 7개의 공급지와 6개의 수요지가 있는 수송문제는 불균형 수송문제이다.

① a, b, c   ② b, c, d   ③ a, d

④ a   ⑤ a, b, c, d

✎ 해설   b. 금지된 경로가 있을 때는 비용란에 big M을 부여한다.

       c. 기저변수가 아니고 비기저변수의 비용개선지수로 판단한다.

       d. 공급지의 개수와 수요지의 개수는 달라도 수요량과 공급량이 같으면 균형수송문제이다. 한편, 불균형수송
문제일 경우는 dummy variable을 도입한다.

04   수송법에서 퇴화현상(degeneracy)이 발생하는 경우는?

① 불균형 수송문제의 경우   ② 금지된 수송경로가 있는 경우

③ Dummy variable이 있는 경우   ④ 복수의 최적해가 있는 경우

⑤ 배정된 란의 수가 $(n+m-1)$보다 적은 경우

05   수송법에 대한 다음의 설명 중 옳지 않은 것은?

① 제약식은 반드시 등식이어야 한다.

② 단계법과 수정배분법의 해는 동일하다.

③ 모든 비기저변수의 비용개선지수가 (−) 또는 0일 때 최적해가 도출된다.

④ 수송물량이 정수이어야 한다는 제약조건이 있어도 이를 무시하고 선형계획모형으로
취급해도 된다.

⑤ 수요와 공급이 불균형인 경우에는 모조변수(dummy variable)를 도입한다.

✎ 해설   ③ 모든 비기저변수의 비용개선지수가 0보다 같거나 클 때 최적해가 도출된다.

       ④ 수송모형은 그 특수한 구조로 말미암아 정수조건을 무시하고 선형계획모형으로 생각하여 최적해가 되는
기저해를 구하더라도 이 해는 언제나 정수의 해가 된다.

※ [06~07] 다음 물음에 답하라.

06   다음의 수송문제를 북서코너법과 최소비용란법 그리고 Vogel법을 이용하여 최초의 수송비
를 구하면?

창고 공장	B_1	B_2	B_3	B_4	공급량
A_1	18	2	36	21	100
A_2	24	16	20	38	120
A_3	4	24	30	40	60
수요량	120	80	40	40	280

정답   4 ⑤   5 ③   6 ④

	북서코너법	최소비용법	Vogel법
①	6,030	4,040	3,840
②	6,030	4,040	3,950
③	6,160	4,120	3,950
④	6,160	4,040	3,840
⑤	6,160	4,120	3,840

✎ 해설 ① 북서코너법 : $(A_1, B_1) = 100, \rightarrow (A_2, B_1) = 20, \rightarrow (A_2, B_2) = 80,$
$\rightarrow (A_2, B_3) = 20, \rightarrow (A_3, B_3) = 20, \rightarrow (A_3, B_4) = 40$
∴ $(18)(100) + (24)(20) + (16)(80) + (20)(20) + (30)(20) + (40)(40) = 6,160$원

② 최소비용란법 : $(A_1, B_2) = 80, \rightarrow (A_3, B_1) = 60, \rightarrow (A_1, B_1) = 20,$
$\rightarrow (A_2, B_3) = 40, \rightarrow (A_2, B_1) = 40, \rightarrow (A_2, B_4) = 40$
∴ $(18)(20) + (2)(80) + (24)(40) + (20)(40) + (38)(40) + (4)(60) = 4,040$원

③ Vogel법 : $(A_3, B_1) = 60,$
$\rightarrow$ 기회비용이 16이 되는 3개의 행 또는 열 중에 실제비용이 가장 작은 (A_1, B_2)란에 최대배정한다.
∴ $(A_1, B_2) = 80, \rightarrow (A_2, B_3) = 40,$
$\rightarrow (A_1, B_4) = 20$
$\rightarrow \begin{cases} (A_2, B_1) = 60 \\ (A_2, B_4) = 20 \end{cases}$
∴ $(2)(80) + (22)(20) + (24)(60) + (20)(40) + (38)(20) + (4)(60) = 3,840$원

〈북서코너법〉

	B_1	B_2	B_3	B_4	공급량
A_1	100				100
A_2	20	80	20		120
A_3			20	40	60
수요량	120	80	40	40	

〈최소비용법〉

	B_1	B_2	B_3	B_4
A_1	20	80		
A_2	40		40	40
A_3	60			

〈Vogel법〉

	B_1	B_2	B_3	B_4
A_1		80		20
A_2	60		40	20
A_3	60			

07 위 문제에서 보겔법에 의한 최초해에 관한 다음의 설명 중 옳은 것은?

① (A_1, B_1)란의 기회비용을 징검다리법에 의해 구하면 +12이다.

② 비기저변수들의 기회비용을 구할 때 (A_1, B_3)이 +32로 가장 크므로 이 란에 가장 많이 배정한다.

③ (A_2, B_2)란의 기회비용을 징검다리법에 의해 구하면 −2, MODI법으로 구하면 +5가

나온다.

④ 기회비용을 고려하여 새로운 최적해를 구할 때 (A_2, B_2)에는 20이 배정된다.

⑤ 기저변수의 개수는 6개, 비기저변수의 개수는 5개가 된다.

✎ 해설   ① $18 - 22 + 38 - 24(A_2, B_1) = +10$
　　　　② 음수의 기회비용 중 절대값이 가장 큰 란에 가장 많이 배정한다.
　　　　③ 징검다리법에 의하든, MODI법에 의하든 기회비용은 같다(즉 -2).
　　　　⑤ ⎰ 기저변수의 개수($4 + 3 - 1$) $= 6$
　　　　　　⎱ 비기저변수의 개수($4 \times 3 - 6$) $= 6$

08 할당법에 대한 설명으로 옳지 않은 것은?

① 선형계획법의 특수한 형태로 Hungarian Method를 이용한다.

② 총수요량과 총공급량은 0 또는 1이어야 한다.

③ 할당문제를 헝가리법으로 풀면 퇴화문제가 발생하지 않는다.

④ 최소화문제뿐만이 아니라 최대화문제도 가능하다.

⑤ 불균형 할당문제는 dummy변수를 도입하여 행의 수와 열의 수를 같게 만든다.

✎ 해설   ② 개별수요처와 개별공급처의 총수요, 총공급량은 1이어야 됨.

09 다음 문제를 할당법으로 풀 때 총비용이 최소가 되는 할당방법은?

제 품 \ 기 계	가	나	다
A	5	6	8
B	10	12	11
C	10	8	13

	제품 A	제품 B	제품 C
①	가 기계	다 기계	나 기계
②	나 기계	다 기계	가 기계
③	가 기계	나 기계	다 기계
④	다 기계	나 기계	가 기계
⑤	다 기계	가 기계	나 기계

〈행의 기회비용법〉	가	나	다
A	0	1	3
B	0	2	1
C	2	0	5

〈열의 기회비용법〉	가	나	다
A	0	1	2
B	0	2	0
C	2	0	4

∴ 최적해는 A → 가, B → 다, C → 나

10 작업자별 비용이 다음과 같이 주어지고 비용이 최소가 되는 배치를 결정할 때 가작업을 담당할 사람은 누구인가?

작업자	가작업	나작업	다작업	라작업	마작업
갑	25	30	20	27	20
을	28	32	24	20	42
병	24	22	18	25	37
정	23	19	21	18	19

① 갑　　　　② 을　　　　③ 병　　　　④ 정　　　　⑤ 없다

✎ 해설 ① 작업자와 작업의 수가 일치하지 않으므로 작업자란에 Dummy 작업자를 도입한다.
　　　② 행의 기회비용표 작성

작업자	가	나	다	라	마
갑	5	10	0	7	0
을	8	12	4	0	22
병	6	4	0	7	19
정	5	1	3	0	1
Dummy	0	0	0	0	0

＊Dummy행은 모두 0이므로 수평선으로 지운다.

③ 행의 수＞직선의 수이므로 해를 개선한다(열의 기회비용표는 Dummy행이 모두 0이므로 위의 표와 같다).

작업자	가	나	다	라	마
갑	5	10	1	8	0
을	7	11	4	0	21
병	5	3	0	7	18
정	4	0	3	0	0
Dummy	0	0	1	1	0

이제 행의 수 = 직선의 수이므로 최적할당이 존재한다.
해) 갑→마, 을→라, 병→다, 정→나, Dummy→가
∴ 가작업을 담당할 사람은 없다.

11 다음 중 목표계획법에 대한 설명으로 옳지 않은 것은?

① 편차변수 d^-와 d^+는 LP의 잔여변수와 잉여변수로 생각할 수 있다.

② 목적함수에 포함되는 P_j계수는 서수의 성격을 갖는다.

③ 하나의 우선순위에 여러 개의 편차변수가 포함될 수 있다.

④ 측정단위가 서로 다른 목적이, 같은 우선순위에 포함될 수 있다.

⑤ 같은 우선순위에 있는 편차변수들에 똑같은 가중치를 부여할 수도 있고 상이한 가중 치를 부여할 수도 있다.

✎ 해설 ③, ④ 목표계획법의 목적함수에서 하나의 우선순위에 여러 개의 편차변수가 포함될 수 있으나, 이들의 측정 단위는 동일해야 한다. 따라서 측정단위가 서로 상이한 목적이, 같은 우선순위에 포함될 수는 없다.

12 다음 중 정수계획법에 대한 설명으로 옳지 않은 것은?

① 할당문제는 0−1 정수계획법의 전형적인 예이다.

② 정수계획법의 해는 선형계획법으로 문제를 풀어서 나온 실수의 최적해를 반올림이나 버림해서 구할 수 있다.

③ 목적함수값의 크기는 최대화 문제인 경우 '선형계획법 ≥ 혼합정수계획법 ≥ 순수정수계 획법'의 관계를 갖는다.

④ 선형계획법보다 현실적인 기법이며 선형의 목적함수를 갖는다.

⑤ 특정변수에 대해서만 정수값을 요구하는 경우는 혼합정수계획법에 해당된다.

✎ 해설 이 방법은 시간·비용면에서 유리할 수는 있으나 반올림에 의한 해가 제약조건을 위반하는 불가능해일 수도 있고, 가능해이나 최적정수해와 동떨어질 수도 있는 문제가 있다.

13 다음 중에서 최소화문제에만 국한되는 의사결정기법은?

a. 수송법	b. 동적계획법	c. 할당법
d. 목표계획법	e. 정수계획법	f. 시뮬레이션

① a, e, f   ② d   ③ a, e   ④ e, d   ⑤ b, e, f

✎ 해설 a의 수송법과 c의 할당법은 일반적으로 최소화문제에 해당되지만 이익표를 변형하여 적용할 수도 있다. 즉, 최대화문제도 풀 수 있다.

14 비선형인 경우에도 적용이 가능한 의사결정기법은?

① 동적계획법   ② 수송법   ③ 할당법

정답 11 ④ 12 ② 13 ②

④ 목표계획법 ⑤ 정수계획법

🖋 해설 ① 동적계획법의 경우에는 선형에 대한 가정이 필요없다.

15 다음 의사결정모형 중에서 제약식의 부호가 등식(=)인 모형만으로 바르게 묶인 것은?

① LP, 수송법 ② 목표계획법, 비선형계획법
③ 정수계획법, 할당법 ④ 목표계획법, 할당법
⑤ 비선형계획법, 수송법

🖋 해설 ①, ③ LP나 정수계획법은 제약식에 부등호가 나올 수 있다.
④ 수송법, 할당법, 목표계획법은 제약식에 등식만 나온다.
⑤ 비선형계획법은 제약조건이 없을 수도 있다.

16 다음 보기에서 선형계획법의 특수형태로 볼 수 없는 것은?

| a. 수송법 | b. 정수계획법 | c. 동적계획법 | d. 목표계획법 |

① a, c, d ② b, c, d ③ c, d ④ c ⑤ d

🖋 해설 동적계획법은 선형의 가정을 하지 않는다.

17 비선형계획법에 대한 다음의 설명 중 옳지 않은 것은?

① 실무에서는 오차를 무시하고 선형으로 가정하더라도 해에 큰 영향이 없을 경우 선형계획법으로 푼다.
② 비선형계획법에서 제약조건이 없는 경우 미분을 이용하여 최적해를 구한다.
③ 라그란지승수법은 비선형계획법에서 제약부등식에 의해 제약되는 최적화문제에 사용된다.
④ 라그란지승수에 의해 예측한 목적함수값이 실제 목적함수값에 미달하는 경우도 있다.
⑤ 제약조건의 우변상수(b)가 변하면 라그란지승수도 변한다.

🖋 해설 ③ 쿤·터커조건에 대한 설명임. 라그란지승수법은 제약등식에 의해 제약되는 경우 사용된다.
④ 이는 수확체감의 법칙 때문이다.
⑤ 라그란지승수가 목적함수의 변화에 정확한 추정치를 제공하지 못하는 이유는 b에 관하여 목적함수의 편도함수를 구하기 때문이며, 따라서 b가 변하면 라그란지승수도 변한다. 즉, b의 변화가 적을수록 λ^*에 의한 추정치는 좋은 결과를 가져온다.

18 다음과 같은 문제를 풀었을 경우 만약 제약조건의 우변상수 값이 12에서 13으로 증가하면 목적함수 값은 어떻게 변하겠는가?(단, $\lambda = 4$이다)

$Min\ Z = X_1{}^2 - 14X_1 + X_2{}^2 - 16X_2 + 113$
$St.\qquad 2X_1 + 3X_2 = 12$

① 3증가   ② 4증가   ③ 4감소
④ 5증가   ⑤ 5감소

✒ 해설 $\lambda = 4$이므로 목적함수값은 4만큼 감소한다.

참고로 $L(X_1,\ X_2,\ \lambda) = X_2 - 14X_1 + X_2{}^2 - 16X_2 + 113 + \lambda(2X_1 + 3X_2 - 12)$

$\dfrac{\partial L}{\partial X_1} = 2X_1 - 14 + 2 = 0$

$\dfrac{\partial L}{\partial X_2} = 2X_2 - 16 + 3 = 0$

$\dfrac{\partial L}{\partial \lambda} = 2X_1 + 3X_2 - 12 = 0$

이를 연립하면, $X_1{}^* = 3$, $X_2{}^* = 2$, $\lambda^* = 4$가 된다.

제3장 ▪ 위험하의 의사결정기법

3.1 사전정보를 이용한 의사결정

사전정보를 이용하여 의사결정해야 할 경우 각 대안의 기대가치(EV : expected value)를 계산하여 가장 큰 기대가치를 갖는 대안을 선택하거나, 각 대안의 기대기회손실(EOL : expected opportunity loss)을 계산하여 가장 작은 기대기회손실을 갖는 대안을 선택하게 된다.

$$기대가치 = EV(A_i) = \sum_{j=1}^{n} P(S_j) \cdot V(A_i, S_j)$$

단, n : 상황의 수

$P(S_j)$: 각 상황이 발생할 확률

$V(A_i, S_j)$: A_i대안의 S_j상황에서의 성과

 예제 3-1

(주) Joy가 예측하는 성과표가 다음과 같다.(단, $P(S_1) = 0.2$, $P(S_2) = 0.8$)

대 안 상 황	S_1	S_2
A_1	200	-20
A_2	150	30
A_3	100	80

1) 기대가치기준에 의해 최적대안을 구하여라.

2) 기대기회손실기준에 의해 최적대안을 구하여라.

해답

1) 기대가치기준

$EV(A_1) = (0.2)(200) + (0.8)(-20) = 24$

$EV(A_2) = (0.2)(150) + (0.8)(30) \quad = 54$

$EV(A_3) = (0.2)(100) + (0.8)(80) \quad = 84^*$

∴ 가장 큰 기대가치 84를 갖는 대안 A_3를 선택한다.

2) 기대기회손실기준

i) 기회손실표 작성

대 안 \ 상 황	S_1	S_2
A_1	0	100
A_2	50	50
A_3	100	0

ii) 기대기회손실의 계산

$EOL(A_1) = (0.2)(0) \quad + (0.8)(100) = 80$

$EOL(A_2) = (0.2)(50) \quad + (0.8)(50) \quad = 50$

$EOL(A_3) = (0.2)(100) + (0.8)(0) \quad = 20^*$

∴ 가장 작은 기대기회손실 20을 갖는 대안 A_3를 선택한다.

Key Point 기대가치기준과 기대기회손실기준

기대가치기준과 기대기회손실기준에 의해 선택되는 대안은 항상 같다.

3.2 사전정보와 표본정보를 이용한 의사결정

1. 완전정보의 기대가치

('2001 CPA)
★ 출제 Point
EVPI의 계산

1) 불확실성하에서 의사결정자들은 의사결정을 하기 전에 미래의 불확실성을 감소시킬 수 있는 정보를 필요로 한다.

2) 이 때 의사결정자가 미래의 모든 불확실성을 없앨 수 있는 완전정보를 얻기 위하여 지불할 수 있는 최대금액을 완전정보의 기대가치(EVPI : expected value of perfect information)라 한다.

EVPI = 완전정보하의 기대가치 − 기존정보하의 기대가치

 예제 3−2

(주) 찬양의 선택 가능한 대안(3가지)과 발생 가능한 상황(2가지)을 나타낸 다음의 성과표를 이용하여 EVPI를 구하라.(단, $P(S_1) = 0.3$, $P(S_2) = 0.7$)

대 안 \ 상 황	S_1	S_2
A_1	100,000	−20,000
A_2	50,000	30,000
A_3	40,000	60,000

해답

i) 완전정보하의 기대가치

$\quad$ ₩100,000 × 0.3 + ₩60,000 × 0.7 = ₩72,000

ii) 기존정보하의 기대가치

$\quad EV(A_1) = $ ₩100,000 × 0.3 − ₩20,000 × 0.7 = ₩16,000

$\quad EV(A_2) = $ ₩50,000 $\quad$ × 0.3 + ₩30,000 × 0.7 = ₩36,000

$\quad EV(A_3) = $ ₩40,000 $\quad$ × 0.3 + ₩60,000 × 0.7 = ₩54,000

$\quad\therefore$ 최적 행동대안의 기대가치는 ₩54,000

iii) $EVPI$(i − ii)

$\quad$ ₩72,000 − ₩54,000 = ₩18,000

2. 표본정보의 기대가치(EVSI) = 불완전정보의 기대가치

1) 현실적으로 불확실성하에서 의사결정자가 이용할 수 있는 정보는 대부분 불완전한 정보이다.

2) 불완전한 정보는 미래의 모든 불확실성을 없앨 수는 없지만 어느 정도 감소시켜 의사결정자의 예측 가능성을 높일 수 있다.

3) 이러한 불완전한 정보는 일반적으로 표본정보를 말하는데, 의사결정자가 이 추가적 정보를 얻기 위하여 지급할 수 있는 최대금액을 표본정보의 기대가치(EVSI : expected value of sample information)라 한다.

$EVSI$ = 불완전(표본)정보하의 기대가치 − 기존정보하의 기대가치

Key Point 새로운 정보에 의한 확률의 수정

EVSI를 구할 때는 이미 주어진 사전확률을 베이지안정리(Bayesian theorem)를 이용하여 사후확률로 수정한 후 이용해야 한다. 베이지안정리는 이미 알고 있는 사전확률 $P(S_j)$와 주어진 조건부확률 $P(I_k | S_j)$를 이용하여 $P(I_k)$와 사후확률 $P(S_j | I_k)$를 구할 수 있게 한다.

$$P(S_j | I_k) = \frac{P(I_k | S_j)P(S_j)}{P(I_k)}$$

$$\text{단, } P(I_k) \geq \sum_{j=1}^{n} P(I_k | S_j)P(S_j)$$

 예제 3-3

〈예제 3-2〉의 (주)찬양은 외부의 시장조사회사인 (주)JOY에 정보를 의뢰하기로 하였다. 이 시장조사회사의 정보는 I_1과 I_2 중의 하나이다. 과거의 기록을 보니 (주)JOY의 시장조사보고의 조건부확률은 다음과 같았다. 이 때 EVSI를 구하라.

시장조사보고	상 황	S_1	S_2
I_1		$P(I_1 \mid S_1) = 0.8$	$P(I_1 \mid S_2) = 0.1$
I_2		$P(I_2 \mid S_1) = 0.2$	$P(I_2 \mid S_2) = 0.9$
계		1.0	1.0

해답

(1) 확률의 수정(사후확률의 계산)

① 정보 I_1이 주어진 경우

S_j	$P(S_j)$	$P(I_1 \mid S_j)$	$P(I_1 \mid S_j)P(S_j)$	$P(S_j \mid I_1) = \dfrac{P(I_1 \mid S_j)P(S_j)}{P(I_1)}$
S_1	0.3	0.8	0.24	0.7742
S_2	0.7	0.1	0.07	0.2258
			$P(I_1) = 0.31$	

② 정보 I_2가 주어진 경우

S_j	$P(S_j)$	$P(I_2 \mid S_j)$	$P(I_2 \mid S_j)P(S_j)$	$P(S_j \mid I_2) = \dfrac{P(I_2 \mid S_j)P(S_j)}{P(I_2)}$
S_1	0.3	0.2	0.06	0.0870
S_2	0.7	0.9	0.63	0.9130
			$P(I_2) = 0.69$	

(2) 불완전(표본)정보하의 기대가치

① 정보 I_1이 주어진 경우

$E(A_1) = ₩100,000 \times 0.7742 - ₩20,000 \times 0.2258 = ₩72,904$

$E(A_2) = ₩50,000 \ \times 0.7742 + ₩30,000 \times 0.2258 = ₩45,484$

$E(A_3) = ₩40,000 \ \times 0.7742 + ₩60,000 \times 0.2258 = ₩44,516$

∴ 최적 행동대안 A_1의 기대가치는 ₩72,904

② 정보 I_2가 주어진 경우

$E(A_1) = ₩100,000 \times 0.0870 - ₩20,000 \times 0.9130 = ₩-9,560$

$E(A_2) = ₩50,000 \ \times 0.0870 + ₩30,000 \times 0.9130 = ₩31,740$

$E(A_3) = ₩40,000 \ \times 0.0870 + ₩60,000 \times 0.9130 = ₩58,260$

∴ 최적행동대안 A_3의 기대가치는 ₩58,260

③ 불완전(표본)정보하의 기대가치

$₩72,904 \times 0.31 + ₩58,260 \times 0.69 = ₩62,799.64$

(3) 기존정보하의 기대가치 : ₩54,000

(4) EVSI[(2)-(3)]

$₩62,799.64 - ₩54,000 = ₩8,799.64$

3.3 의사결정수

1. 의사결정수의 의의

1) 의사결정수(decision tree)란 연속적인 다단계의 의사결정에서 고려되는 대안들의 구조를 여러 갈래의 가지(branch 또는 arc)와 마디(node)를 가지고 있는 나무의

꼴로 나타낸 것이다.

2) 의사결정수는 각종 대안과 상황과의 상호관련성을 하나의 표에 표시함으로써 최적결정을 하고자 하는 기법이다.

3) 의사결정수로 표현하기 위해 필요한 구성요소로는 ① 상황(state of nature), ② 대안(alternatives), ③ 대안별로 기대되는 성과(payoff)가 있다.

● 도표 3-1 의사결정수

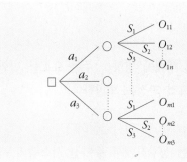

- □ 의사결정분기점(=의사결정마디)
- ○ 상황분기점(=기회마디)
- a_i : i번째 행동(대안)
- S_j : j번째 상황
- O_{ij} : i번째 대안의 j번째 상황에서의 결과

2. 의사결정과정 : folding back 과정

의사결정수를 작성한 후 각 행동(대안)의 기대이익을 계산하여 상황분기점 위에 표기하고, 각 행동들의 기대이익을 비교하여 최대의 기대이익을 가져다주는 행동을 선택한다.

◆ 의사결정수와 시뮬레이션은 위험하와 불확실성하의 의사결정기법이다.

3. 의사결정수의 유용성

다단계의사결정(multi-stage decision)의 경우 성과표보다 용이하게 표현할 수 있으며 여러 대안들의 각 단계별 성과를 알기 쉽게 나타낼 수 있다.

3.4 시뮬레이션 : 모의실험

1. 시뮬레이션의 의의

시뮬레이션(simulation)이란 어떤 문제의 해결을 위하여 실제현상의 본질을 나타내는 모형을 만들고, 이 모형을 사용하여 실험하며, 실험에서 얻은 결과를 이용하여 실제현상의 특성을 설명하고 예측하는 의사결정기법이다.

◆ 시뮬레이션 절차는 귀납적이며 무작위 표본추출법의 개념을 이용한다.

2. 시뮬레이션의 필요성 및 특성

(1) 시뮬레이션의 필요성

1) 수학적인 모형을 해석적으로 푸는 것이 곤란한 경우

2) 위험이 따르거나 실행 불가능한 경우

3) 현상이 복잡하여 함수관계로 표시하는 것이 곤란한 경우

4) 어떤 시스템의 과거나 미래의 행태를 적절한 시간 간격에 따라 알아내고자 하는 경우

(2) 시뮬레이션의 특성

1) 동태적 실험을 한다.

동태적 실험(dynamic experiment)이란 시스템의 행태에 영향을 주는 요소를 변화시키면서 다양하게 통제된 상황하에서 실험하는 반복적 과정을 의미한다.

2) 규범적(normative)이라기보다는 기술적(descriptive)인 의사결정이다.

① 시뮬레이션은 최적해를 찾는다기보다는 상이한 상황하에서 주어진 시스템의 특성을 설명하거나 예측하는 것이다.

② 즉 현실을 모방한 모형을 이용하여 의사결정자가 결정한 해를 실험하는 것이다.

3. 시뮬레이션 방법

(1) 몬테칼로법 : 모의표본추출법

1) 몬테칼로법(Monte Carlo method)은 확률적 시뮬레이션을 취급하는 기법이다.

2) 몬테칼로법은 물리적 실험이나 정확한 숫자화가 곤란한 문제를 난수를 이용하여 실험적으로 해결하는 방법이다.

> **Key Point**
>
> 몬테칼로법은 확률적 또는 우연결과를 발생시키는 도구(즉 난수)를 이용하여 수행된다.

(2) 게이밍방법

1) 게이밍방법(gaming method)은 판매전략이나 노사관계와 같은 상충상황에 대한 모의실험적 분석기법이다.

2) 게이밍방법은 다수의 참가자들을 포함시켜 진행한다.

게이밍방법은 모의실험적 분석기법인 반면에 게임이론은 해석적(수리적) 모형이다.

(3) 시스템시뮬레이션법

1) 시스템시뮬레이션법(system simulation method)은 시스템 전체를 대상으로 하여 시스템의 동작 또는 운영을 실제 환경의 재현을 통하여 검토하는 방법이다.

2) 실제의 모집단 자체를 직접 다루므로 난수를 이용하여 표본을 추출하는 과정이 필요없다.

(4) 휴리스틱 접근법

휴리스틱 접근법(heuristic approach)은 시간이나 비용의 제약하에 실행 가능한 만족해를 얻고자 휴리스틱스를 이용하는 방법이다.

4. 시뮬레이션의 유용성 및 문제점

(1) 시뮬레이션의 유용성

1) 최대한의 시간압축이 가능하여 여러 정책의 장기간의 효과를 짧은 시간에 경험할 수 있다.

2) 시뮬레이션모형은 문제에 대한 상세한 지식이 필요하여 경영과학자보다는 관리자의 관점에서 형성된다.

3) 상호 대체적인 의사결정의 평가에 유용하다.

4) 시뮬레이션을 구성하는 각 개별변수를 비교평가할 수 있다.

(2) 시뮬레이션의 문제점

1) 시뮬레이션 모형개발에 시간과 비용이 많이 소비된다.

2) 변수의 확률분포를 추정하기가 어렵다.

3) 시뮬레이션에 의한 해가 최적해가 아닐 수도 있다.

4) 시뮬레이션모형은 한 특정 시스템을 위해 작성되므로 다른 시스템에 그대로 적용할 수 없다.

5) 모든 상황이 시뮬레이션을 이용하여 평가될 수 있는 것은 아니다.

3.5 마아코브연쇄모형(Markov chain)

1) 마아코브 분석(Markov analysis : 마아코브 체인분석)은 어떤 시스템의 미래 행태를 예측하기 위하여 그 시스템의 현재 행태를 분석하는 절차이다. → 즉 현재의 정보에 입각하여 단기간의 미래와 장기간의 미래를 예측하는 방법이다.

2) 마아코브 분석은 어떤 변수들이 가지고 있는 과거의 동적 특성을 분석함으로써, 그 변수들의 미래에 있을 변화를 연속적으로 예측하기 위한 수학적 모형이다.

> **Key Point 마아코브과정(Markov process)**
>
> 소비자들의 상표교체, 운동선수들의 피로도, 매일 매일의 날씨 변화 등은 확률적 과정이다. 만일 고객의 상표선택이 바로 전기에 어느 상표를 선택했었는가에 의존한다던지, 오늘의 날씨가 어제의 날씨에 따라 결정된다면 이러한 확률적 과정을 마아코브과정이라 한다.

◆ 내일의 주가변동이 오늘의 주가변동에만 관련되며, 오늘 이전의 변동(예를 들어, 지난 1달간의 주가가 상승세이었던지 하락세이었던지 등)과는 관련이 없다면 주가예측을 위한 모형을 마아코브 분석을 이용하여 수립할 수 있다. 참고로 이러한 시장 가정을 효율적 시장가설이라 한다.

1. 마아코브 분석이 응용되는 분야

1) 소비자들의 상표교체(brand switching)문제
2) 받을어음(accounts receivable) 관리
3) 재고관리, 노무관리, 대기행렬 등

2. 마아코브 분석의 가정

1) 시스템은 유한한 수의 상태를 가진다.
2) 어느 기간의 시스템의 상태는 바로 전기의 상태와 변화확률에 의존한다.
3) 변화확률은 시간이 경과해도 일정하다.
4) 시스템에서의 변화는 각 기간에 한번만 발생한다.
5) 각 기간의 길이는 일정하다.
6) 마아코브 분석은 시스템이 현재의 시초 상황에서 시작함을 전제로 한다.

 예제 3-4

시장에는 오성과 한음 두 개의 상표만 존재한다. 과거의 몇 기간을 조사해본 결과 한 기에서 다음 기로의 변화확률이 다음과 같다.

	t + 1기		
	오성	한음	계
t기 오성	0.9	0.1	1
한음	0.2	0.8	1

[문제 1] 0기에 오성을 택한 소비자가 1기에서도 오성을 택할 확률은?

$$[\pi_1(n+1)\ \pi_2(n+1)] = [\pi_1(n)\pi_2(n)]P$$

$$\therefore\ [\pi_1(1)\pi_2(1)] = [\pi_1(0)\pi_2(0)]\begin{pmatrix} P_{11} & P_{12} \\ P_{21} & P_{22} \end{pmatrix}$$

$$= (1\ \ 0)\begin{pmatrix} 0.9 & 0.1 \\ 0.2 & 0.8 \end{pmatrix} = [0.9\ \ 0.1]\quad \therefore\ 90\%$$

[문제 2] 0기에 오성을 택한 소비자가 2기에서도 오성을 택할 확률은?

$$[\pi_1(2)\pi_2(2)] = [\pi_1(0)\pi_2(0)]P^2$$

$$= (1\ \ 0)\begin{pmatrix} 0.9 & 0.1 \\ 0.2 & 0.8 \end{pmatrix}^2 = (0.83\ \ 0.17)\quad \therefore\ 83\%$$

[문제 3] 오성과 한음의 시장점유율이 0.65, 0.35일 때 1기의 오성의 시장점유율은?

$$(0.65\ \ 0.35)\begin{pmatrix} 0.9 & 0.1 \\ 0.2 & 0.8 \end{pmatrix} = (0.655\ \ 0.345)\quad \therefore\ 65.5\%$$

[문제 4] 장기적으로 양 회사가 처할 안정상태의 확률은?

$$(\pi_1\ \ \pi_2) = (\pi_1\ \ \pi_2)\begin{pmatrix} P_{11} & P_{12} \\ P_{21} & P_{22} \end{pmatrix}$$

$$\pi_1 + \pi_2 = 1$$

$$\pi_1 = 0.9\pi_1 + 0.2\pi_2 \ \cdots\cdots\cdots ①$$

$$\pi_2 = 0.1\pi_1 + 0.8\pi_2 \cdots\cdots\cdots ②$$

$$\pi_1 + \pi_2 = 1 \cdots\cdots\cdots\cdots ③$$

$$\therefore\ \pi_1 = \frac{2}{3}\qquad \pi_2 = \frac{1}{3}$$

Key Point

- **안정상태**(steady state)**의 확률**
  안정상태의 확률이란 시스템이 수많은 기간이 지난 뒤 접근하는 어느 특정 상태에 있을 확률을 말한다. 이는 그 시스템의 시초상태와는 관계없고, 다만 변화확률에만 의존한다.

- **흡수상태**(absorbing state)
  흡수상태란 어떤 상태로부터 다른 상태로 떠날 수 없는 상태를 말한다. 즉 변화확률표에서 $P_{ij} = 1$이고 그 행의 나머지 값들은 모두 0인 상태 i를 말한다. 흡수상태가 존재하게 되면 그 마아코브 과정은 결국 어떤 흡수상태로 귀결되므로 안정상태의 확률은 계산하지 않는다.

3.6 PERT-CPM

1. PERT-CPM의 의의

(1) PERT와 CPM(프로젝트의 계획 및 통제기법)

1) PERT(program evaluation and review technique)와 CPM(critical path method)은 연결망(network)을 이용하여 프로젝트를 효과적으로 수행할 수 있도록 시간 및 비용과 관련하여 합리적으로 계획·통제하는 기법이다.

2) PERT-CPM은 대규모 건설공사나 연구개발사업 등의 일정계획수립 및 통제기법으로 널리 이용되고 있다.

(2) PERT와 CPM의 차이점

(2000, 2008 CPA)
★ 출제 Point
PERT의 정의 및 기본개념

1) PERT와 CPM은 활동시간(activity)의 추정방법에 차이가 있다. → 즉, PERT에서는 활동시간을 **확률적** 모형으로 추정하는 반면, CPM에서는 **확정적** 모형으로 추정한다.

('95 CPA)
★ 출제 Point
PERT와 CPM의 차이점 및 기초개념

2) 일반적으로 PERT는 시간의 **계획과 통제**를 위한 기법이고, CPM은 시간과 비용을 통제하기 위한 기법이다. → 그러나 요즘에는 양자를 결합하고 있으므로 두 기법을 구별할 필요는 없다.

2. PERT/time모형

(1) 단계 및 활동의 결정

PERT-CPM은 단계와 활동으로 구성되어 있는 network모형이다.

◈ 네트워크의 작성
단순한 프로젝트 : 간트차트, 흐름공정도표
복잡한 프로젝트 : PERT/CPM

1) 단계(events)

① 단계란 어떤 활동이 완성되는 순간적인 상태를 말하며 ○로 표시된다.

(2008 CPA)
★ 출제 Point
네트워크의 구성요소'

② 단계는 활동이 시작되거나(착수단계) 완료되는 시점(완료단계)을 나타내며, 시간과 자원을 소비하지는 않는다.

③ 그러므로 단계는 선행활동과 후행활동의 상호관계를 나타내는 역할을 한다.

> **Key Point** 분기단계와 합병단계
>
> • 분기단계 : 두 개 이상의 활동으로 분리되는 단계를 말한다.
> • 합병단계 : 두 개 이상의 활동이 하나의 활동으로 연결되는 단계를 말한다.

2) 활동(activity)

① 각 활동에는 일정한 시간이 소요되며 각 활동과 활동간에는 선행관계(precedence relation)가 있다.

② 각 활동은 실선화살표(→)로 나타내며, 이는 작업의 진행방향을 표시한다.

3) 명목상의 활동(dummy activity)

① 시간이나 자원을 소모하지 않는 활동을 말하며 점선으로 표시한다.

② 명목상의 활동은 여러 개의 단계에 같은 투입과 산출이 있을 때, 이를 구분하거나 활동들의 선행관계를 나타내기 위하여 사용한다.

Key Point

연결망(network)은 반드시 연장형태(extensive form)로 작성해야 하며, 고리(loop)가 있어서는 안 된다.

(2) 활동의 순서파악과 연결망의 작성

예제 3-5

다음의 활동과 활동시간을 이용하여 PERT/CPM네트워크를 작성하라.

활 동	착수단계	완료단계	활동시간
1 → 2	1	2	5
2 → 3	2	3	6
2 → 4	2	4	7
3 → 5	3	5	8
4 → 5	4	5	9
5 → 6	5	6	10

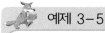 해답

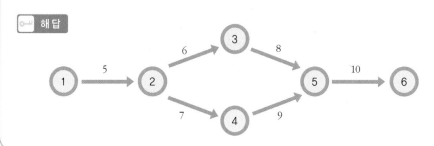

(3) 활동시간(activity time)의 추정

◈ PERT는 확률적 PERT 와 확정적 PERT로 나눌 수 있으며 프로젝트 수행 에 필요한 시간 및 이에 따른 불확실성에 관한 분 석기법을 제시한 모형이다.

PERT는 다음과 같은 세 가지 시간개념에 입각하여 활동시간분포를 추정하고 있다.

1) 낙관적 시간(optimistic time : a) : 모든 상황이 순조롭게 진행될 경우 걸릴 최 단시간을 의미한다.

2) 최적시간(most likely time : m) : 정상적인 조건에서 가장 많이 나타날 것으로 보이는 시간으로 최빈값(mode)에 해당되는 시간을 의미한다.

3) 비관적 시간(pessimistic time : b) : 가장 불리한 상황이 전개될 때 걸릴 최장시 간을 의미한다.

(4) 기대시간(Te : expected elapsed time)과 분산(σ^2)의 계산

1) 활동의 기대시간과 분산은 개별활동시간이 베타(β) 분포를 이룬다고 가정(즉, 양 끝이 bounded되어 있음)하고, 베타분포의 평균과 분산공식을 이용하여 추정하게 된다.

2) σ^2이 높을수록 특정활동을 완성하는 데 소요되리라고 기대되는 시간의 추정치 에 대한 불확실성이 높음을 의미한다.

$$t_e = \frac{a + 4m + b}{6}$$

$$\sigma^2 = \left[\frac{b - a}{6} \right]^2$$

 예제 3-6

PERT에서 한 활동의 낙관적 시간이 4일, 최적시간이 6일, 비관적 시간이 14일 이라면, 기대활동시간(t_e)과 표준편차는(σ)는 얼마인가?

 해답

$$t_e = \frac{4 + (4 \times 6) + 14}{6} = 7, \quad \sigma = \frac{14 - 4}{6} = 1.667$$

Key Point ▶ PERT와 CPM의 활동시간 추정

CPM에서는 m만을 이용하여 활동시간을 추정한다(점추정). 반면, PERT의 경우 구간추정에 의존 하는데 이는 과거에 실행경험이 없는 경우 활동시간 추정에 불확실성이 높기 때문이다.

(5) 네트워크의 분석

1) 최조(最早)예정단계시간(TE : the earliest expected event time)

① 어느 특정 단계의 TE는 그 단계에 도달할 수 있는 가장 빠른 예정일수(시간)를 의미한다.

② 특정 단계의 TE값의 후보가 여러 개 있을 때(즉, 합병단계일 때)는 그 중에서 가장 큰 값이 그 단계의 TE가 된다(∵ 선행활동이 모두 끝나야 다음 단계의 시작이 가능하므로).

2) 최지(最遲)허용단계시간(TL : the latest allowable event time)

① TL은 프로젝트를 계획대로 추진함에 있어 **최종단계까지 완성**하는 데 소요되는 **가장 늦은 일수(시간)**를 의미한다.

② TL은 아무리 늦어도 그 때까지는 그 단계를 완성해야만 하는 최종시간을 의미한다.

    ⓐ 분기단계가 아닐 때 : $TL_n = TL_{n+1} -$ (단계 n과 단계 $n+1$ 사이의 t_e)

    ⓑ 분기단계일 때 : ①에서 얻은 값 중 가장 작은 값을 TL로 정한다.

③ 최종단계에서 TL은 TE와 같다. → 다만 계획된 완성기간(TS)이 있다면 TL은 TS와 같게 놓는다.

3) 여유시간(S : slack)

① 여유시간은 특정 단계가 최종단계에 영향을 미치지 않는 한도 내에서 늦출 수 있는 정도를 의미한다.

② TL − TE로 구한다.

    ⓐ S = TL − TE = 0 : 零여유(zero slack)로 자원이 최적 배분된 상태이다.

    ⓑ S = TL − TE > 0 : 正의 여유(positive slack)로 자원의 과잉을 나타낸다.

    ⓒ S = TL − TE < 0 : 負의 여유(negative slack)로 자원의 부족을 나타낸다.

> **Key Point** 　**부의 여유(negative slack)**
>
> PERT-CPM에서는 자원이 부족한 경우를 가정하지 않는다. 그러므로 일반적인 경우 부의 여유는 존재하지 않는다.

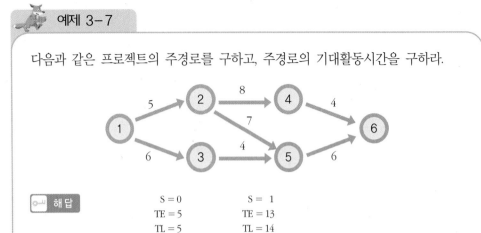

예제 3-7

다음과 같은 프로젝트의 주경로를 구하고, 주경로의 기대활동시간을 구하라.

해답

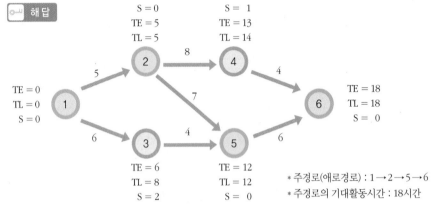

* 주경로(애로경로) : 1→2→5→6
* 주경로의 기대활동시간 : 18시간

(2008 CPA)
★ 출제 Point
주경로의 정의 및
결정원리

(6) 주경로(애로경로)의 결정

1) 주경로

① 주경로(critical path)는 영여유로 연결되어 있는 경로이다.

② 만약 영 여유가 없을 경우 여유값이 최소가 되는 경로를 선정함으로써 결정한다.

③ 또한 주경로는 가장 많은 시간이 소요되는 경로이다.

Key Point

- **주경로를 선정하는 이유** : 예정된 기간 내에 프로젝트를 완성할 수 있도록 하기 위해서는 주경로를 보다 집중적으로 통제해야 한다.
- **주경로의 개수** : 하나의 프로젝트에서 주경로는 두 개 이상일 수도 있고, 모든 경로가 주경로인 경우도 있다.

2) 여유경로

① 여유경로(slack path)란 정(+)의 여유로 연결되어 있는 경로이다.

② 즉 TE를 한계로 했을 때 이 범위 내에서 이행되기가 상대적으로 쉬운 경로를 의미한다.

(7) 성공확률의 계산

1) 성공확률이란 계획된 완성기간(TS) 내에 그 프로젝트를 달성할 수 있는 확률을 의미한다.

2) 성공확률의 계산은 **총기대프로젝트시간이 정규분포를 이룬다는** 가정하에 다음의 식을 이용한다.

$$Z = \frac{TS - TE}{\sqrt{\sum \sigma_c^2}}$$

단, $\sum \sigma_c^2 =$ 주경로(애로경로)의 분산

$TS =$ 계획된 완성기간

$TE =$ 최종단계의 최조예정단계시간

Key Point 성공확률의 계산

기대 주경로의 총소요시간은 각 활동들의 소요시간의 합이며 각 소요시간은 베타분포를 갖고 있으므로 총소요시간의 확률분포를 정확히 계산하기는 매우 복잡하다. 그러나 '중심극한정리 (central limit theorem)'에 의하면, 만일 각 활동의 소요시간이 확률적으로 서로 독립적이며 활동들의 숫자가 많으면 총소요시간은 대략적으로 정규분포(normal distribution)를 가지며 이 때 분산은 각 활동들의 분산의 합으로 구할 수 있다.

 예제 3-8

어떤 프로젝트의 주경로의 기대활동시간이 19일이고, 표준편차가 2.17일이라 할 때, 이 프로젝트를 22일 이후에 완성할 확률은 얼마인가?

해답

$$Z = \frac{X - TE}{\sigma} = \frac{22 - 19}{2.17} = 1.38$$

정규분포표를 이용하면 22일 이내에 프로젝트를 완성할 확률은 0.9162(= 0.4162 + 0.5)이다.
∴ 22일 이후에 완성할 확률은 1 − 0.9162 = 0.0838이다.

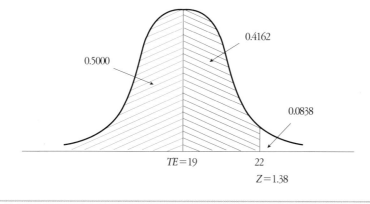

3. PERT/cost

◈ CPM은 처음부터 시간과 비용간의 절충(trade-off)을 염두에 두고 개발한 이론이다.

(2008 CPA)
★ 출제 Point
주경로 단축관련 비용

1) 프로젝트의 시간단축을 위해서는 노동력이나 기계설비의 추가적인 투입이 요구되고, 그에 따라 비용이 증가하게 되므로, 이러한 시간과 비용의 상충관계를 고려하여 최소비용을 실현하는 시간단축방법을 모색할 필요가 있다. → 이런 요구를 충족시키려는 기법이 PERT/cost모형이다.

2) 네트워크의 비용분석은 원래 CPM과 관련이 있었으나 최근에는 PERT에도 적용된다.

(1) 시간단축에 따른 비용

1) 직접비

① 증분비용(incremental cost) : 작업시간을 1단위 단축하는 데 소요되는 비용으로 시간과 비용의 관계는 편의상 선형으로 가정한다.

② 전체 프로젝트기간을 단축하기 위해서는 주경로상의 작업중 증분비용이 가장 적은 작업부터 단축시킨다.

● 도표 3-2 시간단축에 따른 직접비

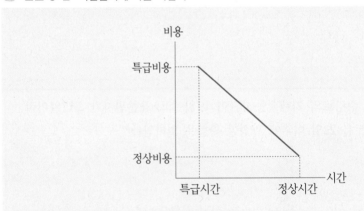

i) 정상시간(normal time)은 기대활동시간(t_e)에 해당된다. → 정상비용
ii) 특급시간(crash time)은 낙관적 시간(a)에 해당된다. → 특급비용
iii) 정상시간과 비용, 그리고 특급시간과 비용간에 선형관계가 존재한다면,

$$증분비용 = \frac{특급비용 - 정상비용}{정상시간 - 특급시간}$$

Key Point CPM에서의 정상시간과 특급시간

CPM에서는 정상시간으로 각 활동시간의 점추정치가 이용되고, 특급시간으로는 새로운 추정치가 제공되어야 한다.

---

238 제 2 편 계량의사결정론

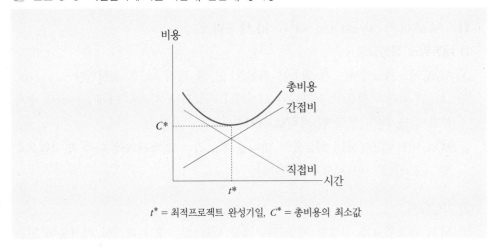

● 도표 3-3 시간단축에 따른 직접비, 간접비, 총비용

t^* = 최적프로젝트 완성기일, C^* = 총비용의 최소값

2) 간접비
① 간접비는 프로젝트의 수행에 간접적으로 소요되는 비용이다.
② 프로젝트 완성기일이 늦어질수록 간접비는 증가한다.

3) 총비용 = 직접비 + 간접비
총비용이 최소가 되는 기일이 최적 프로젝트완성기일이 된다.

3.7 네트워크 분석

1. 네트워크 분석의 의의

1) 우리가 속한 사회나 기업은 수많은 네트워크(network, 망)로 연결된 시스템의 형태를 갖고 있다.
2) 그러므로 네트워크 분석은 경영문제의 해결기법이나 경제사회시스템의 분석기법으로 많이 이용되고 있다.
3) 수송시스템, 통신시스템, 컴퓨터시스템, 도로시스템 등 네트워크 분석의 적용대상은 매우 넓다.

2. 네트워크의 구조

1) 네트워크의 구조는 그래프를 이용하여 표현하게 된다.
2) 대개 그래프는 마디(node)와 가지(arc)로 이루어진다.

3. 네트워크 작성요령

(1) AOA(activity on arc network) 네트워크

1) 네트워크 작성요령

◈ AOA 네트워크는 원래 PERT에서 사용되었다.

① AOA 네트워크에서는 각 활동은 화살표(→), 즉 가지(arc)로 표시한다.

② 그리고 일련의 활동이 시작되는 시점이나 완료되는 시점을 단계(event)로 정의하고 이를 원(○)으로 된 마디로 표시한다.

③ AOA 네트워크에서는 화살표와 마디를 활동간의 선행관계에 따라 연결함으로써 프로젝트를 네트워크로 나타낸다.

2) 가상활동

① AOA 네트워크를 작성할 때 선행관계를 나타내는 데 논리적인 어려움이 있는 경우가 있다. → 이런 경우에는 가상활동(假想活動 : dummy activity) 또는 명목활동을 도입한다.

② 가상활동은 두 개 이상의 활동들이 동일한 선행활동과 후속활동을 갖는 경우와 두 개 이상의 활동들이 부분적으로 선행활동이나 후속활동을 공유하는 경우에 도입된다.

3) 장 · 단점

① 장점 : AOA 네트워크에서는 활동뿐만 아니라 단계에 대해서도 여러 가지 정보를 이끌어 낼 수 있으므로 PERT/CPM에서는 보통 AOA 네트워크를 많이 쓴다.

② 단점 : AOA 네트워크는 가상활동이 도입되어야 하는 경우가 있기 때문에 AON 네트워크에 비해 작성이 다소 어렵다.

(2) AON(activity on node network) 네트워크

1) 네트워크 작성요령

◈ AON 네트워크는 원래 CPM에서 사용되었다.

① AON 네트워크에서는 활동을 마디(node)로 표시하고 활동 간의 선행관계는 화살표로 표시한다.

② AON 네트워크를 나타낼 때 마디속의 문자는 활동명을 그리고 숫자는 활동시간을 나타낸다.

2) 장 · 단점

① 장점 : AON 네트워크는 가상의 활동을 필요로 하지 않기 때문에 일반적으로 AOA 네트워크에 비해 작성이 쉽다.

② 단점 : AON 네트워크는 AOA 네트워크와는 달리 활동만 나타낼 수 있을 뿐 단

계는 표시될 수 없기 때문에 단계에 대한 여러 가지 정보를 이끌어낼 수 없다는 단점이 있다.

 예제 3-9

아래의 활동과 활동시간의 표를 이용하여 AOA네트워크와 AON네트워크를 작성하라.

활 동	내 용	활동시간	직전 선행활동
A	제품설계	3	-
B	중간조립품 X제작	3	A
C	중간조립품 Y제작	5	A
D	중간조립품 X시험	3	B
E	중간조립품 Y시험	2	C
F	최종조립	4	D, E
G	시험작동	1	F

해답

1) 프로젝트의 AOA 네트워크

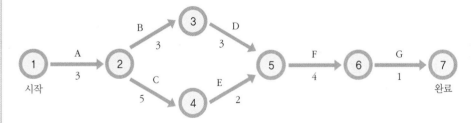

2) 프로젝트의 AON 네트워크

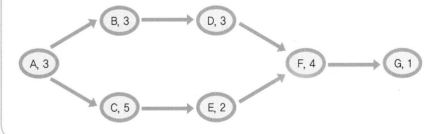

4. 네트워크 분석의 대표적인 유형

1) 네트워크 분석 기법을 사용하는 문제유형으로는 최단경로문제, 최소걸침나무(minimal spanning tree)문제, 최대흐름문제(maximum flow problem) 등이 가장 대표적이며, 그 외에 최소비용흐름문제, 외판사원문제, 중국인우체부문제 등이 있다.

2) 한편, 앞에서 배운 수송법, 할당법, 동적계획법, PERT/CPM도 네트워크 접근방법을 사용한다.

도표 3-4 네트워크 문제유형

네트워크 문제유형	주 요 내 용
① 최단경로문제	한 마디에서 다른 마디까지 갈 수 있는 최소의 거리를 갖는 경로를 찾는다. ex) 동적계획법
② 최소걸침나무문제	모든 마디가 서로 연결될 수 있도록 가지를 선택하되 총연장 길이를 최소화한다.
③ 최대흐름문제	각 가지가 처리할 수 있는 용량을 고려하여 한 마디에서 다른 마디까지 흘려보낼 수 있는 최대흐름을 구한다.
④ 최소비용흐름문제	각 가지가 처리할 수 있는 용량을 고려하되 최소의 비용으로 흘려보낼 수 있는 방법을 찾는다. ex) 수송법
⑤ 외판사원문제	주어진 한 마디에서 모든 마디를 최대한 빠르게(짧게) 방문하는 방법을 찾는다.
⑥ 중국인우체부문제	주어진 한 마디에서 모든 가지를 최대한 빠르게(짧게) 지나가는 방법을 찾는다.

3.8 대기행렬이론

1. 대기행렬이론의 의의

대기행렬이론(queueing theory)이란 고객과 서비스시설과의 관계를 확률이론을 이용하여 모형화하고, 고객의 도착상황에 대응할 수 있는 서비스시설의 적정한 규모를 결정하고자 하는 기법이다.

- 고객의 도착 > 서비스시설의 서비스 : 긴 대기행렬 → 고객의 불만증대, 신용상실, 기회손실발생
- 고객의 도착 < 서비스시설의 서비스 : 서비스시설의 유휴 → 막대한 서비스시설 관리비용 발생

2. 대기행렬이론의 목표

대기행렬이론의 목표는 서로 상충관계인 대기비용(고객 상실, 판매기회 상실 등)과 서비스비용(설비에의 투자비, 추가종업원의 채용)을 합한 총비용을 최소화하는 데 있다.

● 도표 3-5 대기행렬이론의 비용

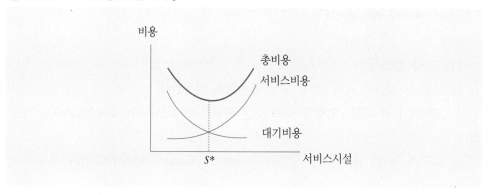

3. 대기행렬이론의 적용분야

1) 창구에서의 고객에 대한 서비스와 관련된 문제
2) 병원에서 환자의 대기와 관련된 문제
3) 공장에서의 기계고장과 수리에 관련된 문제
4) 항구나 공항의 시설규모 결정 문제
5) 음식점 등의 좌석수 결정 문제

4. 대기행렬과정의 구성요소

● 도표 3-6 대기행렬이론의 구성요소

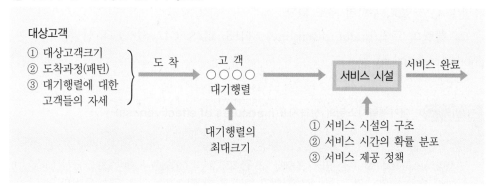

경로 \ 과정	단일과정(단계)	복수과정(단계)
단일경로	→ ○○○○ ──→ ■ →	→ ○○○○ ──→ ■ → ■ → ■ →
복수경로	→ ○○○○ ┤ ■ → ■ → ■ →	→ ○○○○ ┤ ■ → ■ → ■ → ■ → ■ → ■ → ■ → ■ → ■ →

단, ○○○ : 대기행렬, ■ : 서비스시설

(1) 고객(입력원)

1) 대상고객집단의 크기 : 무한 또는 유한으로 가정한다.

2) 고객의 도착 패턴 : 일정한 분포 또는 확률분포(probability distribution)로 가정한다.

3) 고객의 행태 : 참을성 있는 고객(patient customer), 회피(balking), 중도포기(reneging) 등

(2) 서비스시설

1) 서비스시설의 구조

① 경로와 과정(또는 단계)의 조합에 따라 네 가지 모형이 존재한다(도표 3-7).

② 경로(channel)는 서비스시설의 수를 의미하고, 단계(phase)는 서비스가 완료될 때까지 고객이 거쳐야 하는 서비스 제공장소(단계)의 수를 의미한다.

2) 서비스시간의 패턴

일정한 분포 또는 확률분포로 가정한다.

(3) 대기행렬

1) 대기행렬은 고객도착의 성격이나 서비스과정에 크게 의존하며 행렬의 길이는 유한일 수도 있고, 무한일 수도 있다.

2) 행렬의 규칙(queue discipline) : FIFS, LIFS, GD, SIRO, 우선권(＝선취권, priority, preemption) 등

> **Key Point** 대기행렬시스템의 성과지표(measures of effectiveness)
>
> 대기행렬시스템의 효율성을 측정하는 대표적인 성과지표로는 ① 서비스시설의 이용률(ρ), ② 한 고객이 시스템에서 소비하는 평균시간(W_s), ③ 한 고객이 대기행렬에서 소비하는 평균시간(W_q), ④ 서비스시설에 있는 평균고객수(L_s), ⑤ 대기행렬에서 기다리고 있는 평균고객수(L_q) 등이 있다.

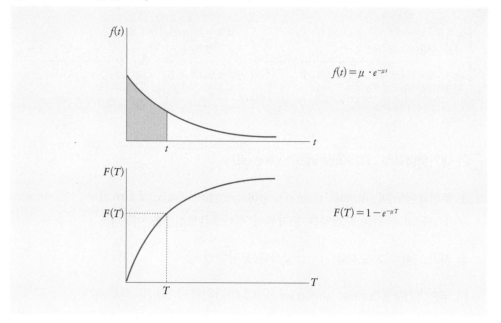

● 도표 3-8 지수분포(Exponential distribution)

$$f(t) = \mu \cdot e^{-\mu t}$$

$$F(T) = 1 - e^{-\mu T}$$

5. 대기행렬이론의 가정

1) 도착과 서비스시간의 분포

① 도착의 확률분포 : 단위시간당 서비스시설에 도착하는 고객의 수는 포아송분포 (Poisson distribution)를 이룬다고 가정한다. → 이는 모든 도착이 서로 독립적 이며, 시스템의 상태와도 전혀 무관함을 의미한다.

② 서비스시간의 확률분포 : 부의 지수분포(negative exponential distribution)를 이루는 것으로 가정한다. → 도착률의 분포를 포아송분포로 가정하면 서비스율 의 확률분포도 포아송분포를 따르며, 이것은 서비스 시간의 간격 분포가 부(−) 의 지수분포를 이룸을 의미한다.

◈ 무작위의 도착이란 일정 시간 동안의 평균도 착수는 알고 있더라도 도 착시점은 예측할 수 없는 것을 말한다.

Key Point **포아송 가정의 특징**

① 무기억특징(lack of memory) : 사건의 평균발생횟수가 시간의 길이에 비례하여(비례성) 안정 적으로 분포하며(안정성) 시간의 경과와는 무관(독립성)하다.
② 단위발생가능성 : 어떤 시간에도 사건의 발생이 있을 수 있다.
③ 비집락성 : 아주 짧은 시간에 둘 이상의 사건이 동시에 발생하지는 않는다.

도착률 = 단위시간당 고객의 도착수 평균도착률(λ) : 포아송분포	도착과 도착 사이 시간의 분포 평균도착시간 $\left(\dfrac{1}{\lambda}\right)$: 지수분포
서비스율 = 단위시간당 서비스 처리건수 평균서비스율(μ) : 포아송분포	서비스시간의 분포 평균서비스시간 $\left(\dfrac{1}{\mu}\right)$: 지수분포

2) 대기행렬규칙 : FIFS(first in-first served)

◈ 대기행렬문제는 시뮬레이션으로도 해결할 수 있다.

3) 무한표본모집단(infinite calling population/the source of arrival)
서비스를 받기 위해 도착하는 도착원이 무한표본모집단을 이룬다.

4) 서비스율(μ) > 도착률(λ) : 안정상태(균형방정식)

5) 무한대기행렬(infinite queue length) : 대기행렬의 길이는 무한하다.

6) 지속적 대기행렬시스템(steady state queueing system) : 안정상태
일정 시간이 지나면 평균도착자의 수 또는 시스템에 머무는 사람의 수가 일정해질 수 있다. → 즉 시스템의 행태가 시간에 영향을 받지 않는 안정상태에 이르게 된다.

① 대기행렬시스템의 안정상태
대개 대기행렬시스템은 '과도적 단계'를 거쳐 '안정적 상태'에 이르게 된다. 과도적 단계란 고객의 도착이 특정 시간에 영향을 받는 것으로, 예를 들어 상점을 아침에 열면 일정 시간 동안 고객이 거의 없는 경우를 들 수 있다. 이러한 과도적 단계를 지나고 나면 시스템의 행태가 시간에 영향을 받지 않는 안정상태에 이르게 된다. 일부시스템은 그 시스템의 특성 때문에 안정상태에 이르지 않는 경우도 있는데, 예를 들어 유람선의 출항시간에 의존하여 고객의 도착이 영향을 받는 경우가 대표적이다.

② Kendall의 기호
(a/b/c) : (d/e/f)
Kendall의 기호(notation)에 의하면
   a : 도착의 확률분포   b : 서비스시간 분포
   c : 서비스창구(경로)의 수   d : 서비스 규칙
   e : 시스템 내의 허용 고객수(서비스중인 고객수 + 대기중인 고객수)
   f : 고객의 모집단의 크기를 의미한다.
일반적으로 a, b는 M특성(즉, 마아코브 특성)을 갖는다.
그리고 d는 FIFS, LIFS, GD(일반적 규정), SIRO(임의순) 등이 있다.

6. (M/M/1) : (GD/∞/∞)하에서의 대기행렬모형

● 도표 3-9 (M/M/1) : (GD/∞/∞)하에서의 대기행렬모형($\lambda < \mu$)

성 과 지 표	공 식	비 고
① 서비스시설의 이용률(ρ)	$\rho = \dfrac{\lambda}{\mu}$	ρ는 항상 1보다 작다. 즉, 시설이 여유가 있어야 한다.
② 도착한 고객이 기다려야 할 확률(P_W)	$P_W = \dfrac{\lambda}{\mu}$	고객이 도착했을 때 서비스시설이 다른 고객에 의해 이용되고 있다면 고객이 기다려야 된다. ∴ ρ와 같다.
③ 서비스시설이 쉬고 있을 확률(P_0)	$P_0 = 1 - \dfrac{\lambda}{\mu}$	서비스시설이 이용되지 않고 있으면 쉬고 있는 것 ∴ $1 - \rho$
④ 서비스시설 내에 n명이 있을 확률(P_n)	$P_n = \left(\dfrac{\lambda}{\mu}\right)^n \left(1 - \dfrac{\lambda}{\mu}\right)$	$\left(\dfrac{\lambda}{\mu}\right)^n \cdot P_0 = \rho^n \cdot P_0$
⑤ 서비스시설 내에 있는 평균 고객수(L_S)	$L_S = \dfrac{\lambda}{\mu - \lambda}$	
⑥ 한 고객이 서비스시설 내에서 소비하는 평균시간(W_S)	$W_S = \dfrac{1}{\mu - \lambda}$	서비스시설 내의 평균고객수 ÷ 평균도착수 $\dfrac{L_S}{\lambda}$
⑦ 대기행렬에서 기다리고 있는 평균고객수(L_q)	$L_q = \dfrac{\lambda^2}{\mu(\mu - \lambda)}$	서비스시설 내의 평균고객수 − 서비스받는 고객수 $L_S - \dfrac{\lambda}{\mu}$
⑧ 한 고객이 서비스받기 전에 대기행렬에서 기다려야 할 평균시간(W_q)	$W_q = \dfrac{\lambda}{\mu(\mu - \lambda)}$	• 대기행렬의 평균고객수 ÷ 평균도착수 • 서비스시설 내의 평균소요시간 − 서비스받는 시간 $\dfrac{L_q}{\lambda}$ 또는 $W_S - \dfrac{1}{\mu}$

단, 평균도착률 $= \lambda$, 도착 사이의 평균시간 $= \dfrac{1}{\lambda}$, 평균서비스율 $= \mu$, 평균서비스시간 $= \dfrac{1}{\mu}$

◈ 여기서 첫번째 M은 고객의 도착과정이 포아송분포임을 나타내며, 두번째 M은 서비스 시간이 지수분포임을 나타낸다.
M으로 나타낸 이유는 포아송 과정이나 지수분포는 모두 미래가 현재상태와 관계가 있으며 과거와는 무관하다는 마아코브 성질(Markov property)을 갖고 있기 때문이다.

예제 3-10

단일경로 · 단일과정 시스템에서 고객은 시간당 평균 4명씩 도착하는 포아송 분포를 따르고, 서비스시간은 시간당 평균 5명으로 지수분포를 따를 때 다음의 특성치를 구하라.

문 제	공 식	해 답
① 도착 사이의 평균시간	$\dfrac{1}{\lambda}$	$\dfrac{1}{4}$ 시간 = 15분
② 평균서비스 시간	$\dfrac{1}{\mu}$	$\dfrac{1}{5}$ 시간 = 12분
③ 고객이 시스템에서 소비하는 평균시간	$W_S = \dfrac{1}{\mu - \lambda}$	$\dfrac{1}{5-4}$ 시간 = 1시간
④ 고객이 행렬에서 기다리는 평균시간	$W_q = \dfrac{\lambda}{\mu(\mu - \lambda)}$	$\dfrac{4}{5(5-4)} = 0.8$시간 = 48분
⑤ 시스템에 있는 평균고객수	$L_S = \dfrac{\lambda}{\mu - \lambda}$	$\dfrac{4}{5-4} = 4$명
⑥ 행렬에 있는 평균고객수	$L_q = \dfrac{\lambda^2}{\mu(\mu - \lambda)}$	$\dfrac{4^2}{5(5-4)} = 3.2$명
⑦ 서비스가 쉬고 있을 확률	$P_0 = 1 - \dfrac{\lambda}{\mu}$	$1 - \dfrac{4}{5} = 0.2(20\%)$
⑧ 이용률	$\rho = \dfrac{\lambda}{\mu}$	$\dfrac{4}{5} = 0.8(80\%)$

단, $\lambda = 4$, $\mu = 5$

기출문제

01 PERT-CPM개념에 대한 다음의 설명 중 타당한 것은? ('95. CPA)

① PERT는 확정적 모형이고, CPM은 확률적 모형이다.

② PERT는 시간과 비용에 관한 문제이고, CPM은 시간에 관한 문제이다.

③ CPM의 주경로는 TE와 TL과의 차이가 최소인 단계를 연결하는 것으로 가장 짧은 시간이 걸린다.

④ CPM은 낙관적 시간과 비관적 시간을 이용하여 기대시간을 추정한다.

⑤ PERT와 CPM은 단계와 활동으로 구성된다.

✎ 해설 ① PERT-확률적 모형, CPM-확정적 모형

② 일반적으로 PERT는 시간의 계획과 통제를 위한 기법인 반면, CPM은 시간과 비용을 통제하기 위한 기법이다. 그러나 오늘날 프로젝트의 계획 및 통제를 위한 절차는 PERT나 CPM의 특성을 결합하고 있으므로 이들 기법의 구별은 필요치 않다. 그러므로 PERT와 CPM은 활동시간에 대한 추정방법에 차이가 있을 뿐이고 양자 모두 시간, 비용에 관하여 해를 구할 수 있다.

③ 주경로는 일반적으로 여유시간(TL-TE)이 0인 점을 연결하여 구하며 여러 경로 중 가장 긴 시간이 걸린다.

④ PERT에 대한 설명이다. CPM은 확정적 모형이므로 점추정치로서 고정된 시간으로 기대시간을 구한다.

02 PERT(Program Evaluation Review Technique)에 관한 설명 중 가장 적합한 것은?

(2000. CPA)

① 프로젝트의 최단경로를 구하는 기법이다.

② 선형계획법의 특수한 형태이다.

③ 일반적으로 파레토 기법을 이용하여 해를 구한다.

④ 목적계획법의 발전된 기법이다.

⑤ 프로젝트에 걸리는 시간이 확률적 형태를 가진다.

03 제조회사 김사장은 공장신축에 대하여 심사 숙고하고 있다. 아래의 의사결정표를 이용하여 구한 완전정보의 기대가치(expected value of perfect information)는? (2001. CPA)

정답 1 ⑤ 2 ⑤ 3 ③

(단위 : 백만원)

상 황 대 안	시장성이 좋음 (확률 = 0.4)	시장성이 나쁨 (확률 = 0.6)
큰 공장을 신축	400	−300
작은 공장을 신축	80	−10

① 0원 ② 26백만원 ③ 128백만원
④ 154백만원 ⑤ 174백만원

✎ 해설   EVPI = 완전정보하의 기대가치 − 기존정보하의 기대가치
= 154백만원 − 26백만원 = 128백만원
∵ 완전정보하의 기대가치 = 400 × 0.4 + (−10) × 0.6 = 154백만원
기존정보하의 기대가치 = 26백만원
큰 공장 400 × 0.4 + (−300) × 0.6 = −20백만원
작은 공장 80 × 0.4 + (−10) × 0.6 = 26백만원

 04 다음과 같은 프로젝트의 완료시간과 주공정 경로는 각각 무엇인가?   (2002. CPA)

활 동	활동시간(일)	직전 선행활동
A	2	-
B	4	A
C	3	A, B
D	1	B
E	4	B, C, D

① 11일, A–B–D–E ② 13일, A–B–C–E ③ 14일, A–B–C–D–E
④ 10일, A–B–E ⑤ 9일, A–C–E

✎ 해설   자료의 활동과 직전 선행활동을 이용하여 네트워크를 작성한다.
1) AON 네트워크

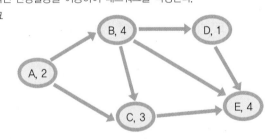

2) A에서 부터 E까지 가능한 경로를 모두 나열하고 완료시간을 구하면 다음과 같다.
  ⅰ) A→B→C→D→E : 11일   ⅱ) A→B→E : 10일
  ⅲ) A→B→C→E : 13일   ⅳ) A→C→E : 9일
3) 주경로는 위의 4개의 경로 중 가장 오래 걸리는 경로인 A→B→C→E가 되며 완료시간은 13일이 된다.

정답 4 ②

∎ 연습문제 ∎

01 시뮬레이션에 대한 다음의 설명 중 옳지 않은 것은?

① 몬테칼로법은 모의적 표본추출법이라고도 한다.

② 몬테칼로법은 모형에 포함되는 확률적인 변화를 적당한 분포를 가지는 난수의 변화로 바꾸어 실험적으로 해결하는 방법이다.

③ 게임이론은 상충상황을 해석적 모형을 사용하여 분석하는데 반해, 게이밍방법은 모의 실험적 방법을 이용하여 분석한다.

④ 시스템시뮬레이션법은 하부시스템의 분석에 국한되지 않고 시스템 전체를 분석대상으로 한다.

⑤ 시스템시뮬레이션법은 난수를 이용하여 표본을 추출한다.

✎ 해설 ⑤ 시스템시뮬레이션법은 실제 모집단을 직접 다루는 방법이다.

02 다음 중 마아코브분석에 대한 설명으로 옳지 않은 것은?

① 마아코브분석의 주요목적은 마아코브과정의 장기행태, 즉 안정상태의 확률을 구하는 것이다.

② 어떤 기업이 외상매출금을 지불받든지 영원히 받지 못하는 경우는 흡수상태라고 할 수 있다.

③ 마아코브분석은 먼 미래보다 가까운 미래의 시스템의 행태 예측에 더 유용하다.

④ 흡수상태란 어떤 상태로부터 다른 상태로 떠날 수 없는 상태를 말한다.

⑤ 마아코브분석은 주로 소비자의 상표교체, 받을어음관리, 노무관리 등에 응용될 수 있다.

✎ 해설 ③ 마아코브분석은 가까운 미래의 시스템의 행태를 예측하는 데 제한받는 경우가 있다. 예를 들어, 시장점유율분석에서 특정기업이 획기적인 정책을 도입하면, 이 기업의 시장점유율(즉, 과거의 상태)에 큰 변화가 오고 이런 변화는 변화확률에 영향을 주게 된다. 그러므로 단기간의 시장점유율을 예측하기 위해서는 새로운 변화확률을 구해야 하며, 이를 위해 계속 표본조사를 해야 하는 제약이 있다.

03 PERT에 관한 설명 중 옳지 않은 것은?

① 각 활동에 소요되는 시간을 추정하는 데 정규분포를 이용한다.

정답 1 ⑤   2 ③   3 ①

② 주공정(critical path)이란 작업시간이 가장 긴 공정이다.

③ 제한된 자원을 합리적으로 계획통제하는 계량기법이다.

④ 단계와 부서의 책임소재가 명확해지는 이점이 있다.

⑤ 공정상호간의 관계를 명확히 하여 최적안의 선택이 가능하다.

✎ 해설 ① 각 활동에 소요되는 시간 추정에는 베타분포를 이용한다.

04 PERT-CPM에서 주경로(critical path)에 대한 설명으로 바른 것은?

① 작업활동을 모두 마치는 데 가장 적은 시간이 소요되는 경로이다.

② 영의 여유(zero slack)나 정의 여유(positive slack)로 연결되어 있는 경로이다.

③ 정의 여유(positive slack)로만 연결되어 있는 경로이다.

④ 프로젝트별로 오직 하나만 존재한다.

⑤ 예정된 한계 내에서 프로젝트를 완성하기 위하여 보다 집중적인 통제를 요하는 경로이다.

✎ 해설 ① 가장 많은 시간, ②③ 영 여유나 음의 여유, ④ 여러 개 존재 가능

05 Y프로젝트의 네트워크가 다음과 같을 때 이 프로젝트의 완료기간은?

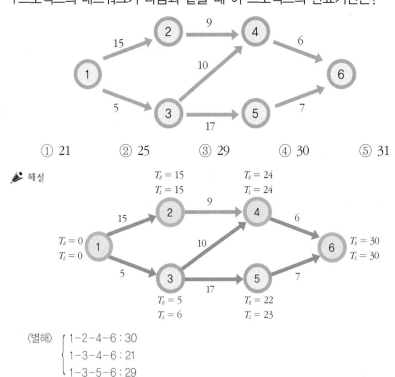

① 21   ② 25   ③ 29   ④ 30   ⑤ 31

✎ 해설

⟨별해⟩ ⎰ 1-2-4-6 : 30
        ⎱ 1-3-4-6 : 21
          1-3-5-6 : 29
∴ 가장 긴 시간이 걸리는 30

06 H프로젝트의 활동표가 다음과 같을 때 시작하는 날로부터 21일에서 25일 사이에 이 프로젝트를 끝낼 확률은?

활 동	시간추정치(일)		
	a	m	b
1−2	2	3	4
1−3	4	6	8
2−4	2	5	8
3−4	5	8	11
4−5	6	9	12

① 60%   ② 70%   ③ 80%
④ 90%   ⑤ 95%

✎ 해설   ⅰ) 기대시간과 표준편차

활 동	시간추정치			t_e	σ
	a	m	b		
1−2	2	3	4	3	1/3
1−3	4	6	8	6	2/3
2−4	2	5	8	5	1
3−4	5	8	11	8	1
4−5	6	9	12	9	1

ⅱ) 네트워크 작성 및 주공정

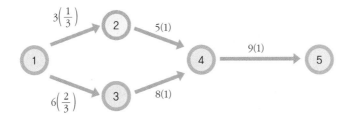

주공정 : 1−3−4−5 : 23일

ⅲ) $\sigma_{주공정} = \sqrt{\left(\dfrac{2}{3}\right)^2 + 1^2 + 1^2} = 1.5635$

$Z = \dfrac{21 - 23}{1.5635} = -1.2792 \fallingdotseq -1.28,\quad Z = \dfrac{25 - 23}{1.5635} = 1.28$

∴ 21일~25일 사이에 끝낼 확률 = 0.3997 + 0.3997 ≒ 0.8

07 건국컨설팅회사는 경영자문 프로젝트를 하기로 하였다. PERT/CPM모형으로 주공정의 완료
기간을 구해보니 20일이고, 주공정의 표준편차는 1.5625이었다. 이 때 건국컨설팅회사가 이
프로젝트를 끝내리라고 90% 신뢰하는 시점은 언제인가?

① 90일   ② 20일   ③ 21일

④ 22일   ⑤ 23일

✎ 해설 정규분포표를 찾아보면 90%의 확률이 되기 위해 Z값은 1.28이 되어야 한다.
       TE + 1.28 = 20 + 1.28 × 1.5625 = 22일

08 각 단계의 공사일정과 표준편차가 다음과 같을 때, 총공사의 표준편차와 50%의 확률로 공
사가 완성될 일정을 구하면?

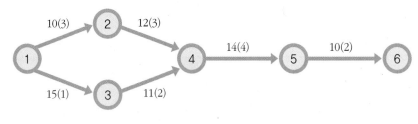

① 3, 44   ② 9, 48   ③ 4, 49

④ 5, 50   ⑤ 6, 52

✎ 해설 ⅰ) critical path : ① → ③ → ④ → ⑤ → ⑥, 일정 : 15 + 11 + 14 + 10 = 50일
       ⅱ) 총공사의 표준편차 : $\sigma_{주공정} = \sqrt{(1)^2 + (2)^2 + (4)^2 + (2)^2} = 5$
       ⅲ) 50%의 확률로 공사가 완공될 일정 : Z값이 0이 되어야 하므로 주공정의 일정과 동일

09 PERT/cost에 대한 설명으로 옳지 않은 것은?

① (특급비용 – 정상비용)/(정상시간 – 특급시간)을 증분비용이라 한다.

② 추가비용을 최소화하면서 프로젝트 완성기간을 단축시켜야 한다.

③ 주경로 이외의 작업에 대한 시간단축은 전체 공정에 영향을 주지 않는다.

④ 주경로상의 작업 중 증분비용이 가장 작은 것부터 단축시켜야 한다.

⑤ 주경로가 2개 있는 경우에는 그 중 한 개의 주경로를 단축시켜야 한다.

✎ 해설 ⑤ 주경로가 2개인 경우 2개의 주경로를 동시에 단축시켜야 한다.

10 K프로젝트 수행과 관련된 활동, 기대소요기간, 선행작업활동이 다음과 같다. 만약 D작업활동의 기대소요기간이 2주에서 3주로 연장될 경우 가장 빠른 완성기간은?

작업활동	기대작업소요기간(주)	선행작업활동
A	3	–
B	1	A
C	4	A
D	2	B
E	1	C
F	4	D, E
G	2	D, E

① 8주　　　　　　　② 10주　　　　　　　③ 11주

④ 12주　　　　　　　⑤ 15주

✎ 해설　i) 네트워크의 작성(AOA)

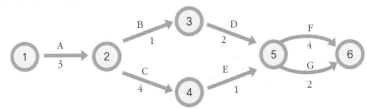

ii) 주경로의 결정

A → B → D → F : 10
A → B → D → G : 8
A → C → E → F : 12
A → C → E → G : 10
에서 A → C → E → F이며 12주이다.

iii) D작업은 주경로가 아니고, 기대소요기간이 1주 연장되더라도 D가 속한 경로가 주경로가 되지 못하므로 가장 빠른 완성기간은 여전히 12주가 된다.

11 대기행렬이론에 관한 다음의 설명 중 틀린 것은?

① 대기행렬시스템의 기본구조에 복수경로ㆍ복수과정이 포함된다.
② 대기행렬모형의 구성요소에 서비스수준이 포함된다.
③ 서비스율이 도착률보다 커야 한다.
④ 대기행렬모형의 종류를 표기하기 위하여 사용되는 기호를 Kendall의 기호라고 한다.
⑤ 대기행렬이론은 대기비용과 서비스비용의 합을 최소화하는 것을 목적으로 한다.

✎ 해설　대기행렬이론의 구성요소로는 고객도착 및 출발의 확률분포, 서비스규칙, 모집단의 수, 서비스창구의 수, 수용인원제한 여부 등을 들 수 있다.

12 대기행렬이론에서 고객의 도착과 서비스시간의 패턴을 어떤 분포로 가정하는가?

① 지수분포, 포아송분포　　　　　　② 포아송분포, 지수분포
③ 이항분포, 포아송분포　　　　　　④ 포아송분포, 이항분포
⑤ 이항분포, 지수분포

✎ 해설　고객의 도착 : 포아송분포, 서비스시간 : 지수분포

13 K프로젝트의 활동과 관련시간, 비용이 다음과 같을 때 예산액 18,000원의 범위 내에서 프로젝트를 완료할 최소시간은?

활 동	시 간		비 용		시간당 추가비용
	정 상	속 성	정 상	속 성	
1−2	5	3	1,000	1,500	250
2−3	9	6	1,500	3,600	700
2−4	7	4	2,000	5,000	1,000
3−5	5	2	3,000	4,500	500
4−5	8	3	5,000	8,000	600
5−6	9	5	1,500	2,300	200

① 19시간　　　　② 20시간　　　　③ 21시간
④ 22시간　　　　⑤ 23시간

✎ 해설　1) 주공정의 결정

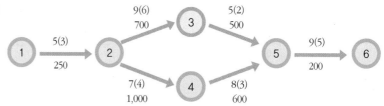

주공정 : ① − ② − ④ − ⑤ − ⑥ : 29시간

2) 단축에 활용될 수 있는 금액
18,000 − 14,000 = 4,000
(단, 14,000은 정상비용의 총계)

3) 단축활동

순 서	활 동	단축시간	속성비용
1	5−6	4	800
2	1−2	2	500
3	4−5	1	600
4	3−5 / 4−5	1	500 / 600
		8	3,000

4) 프로젝트를 완료한 최소시간 : 29 − 8 = 21시간

제 4 장 ▪ 불확실성하와 상충하의 의사결정기법

4.1 불확실성하의 의사결정기법

1. 라플레이스 준거

라플레이스 준거(Laplace criterion)는 미래의 발생 가능한 각 상황에 대하여 동일한 확률을 부여하여, 각 대안별 기대값을 계산하고 그 중에서 최대이익액을 가져오는 대안을 선택하는 방법이다.

2. 맥시민 준거 : Wald criterion

('95, 2001 CPA)

맥시민 준거(maximin criterion)는 대안별 최소이익액을 비교하여 최소이익액이 가장 큰 대안을 선택하는 것으로 비관적 견해를 가정한다.

3. 맥시맥스 준거

('99 CPA)

맥시맥스 준거(maximax criterion)는 대안별 최대이익액을 비교하여 최대이익액이 가장 큰 대안을 선택하는 것으로 낙관적 견해를 가정한다.

4. 후르비츠 준거

('99 CPA)

1) 후르비츠 준거(Hurwicz criterion)는 맥시민 준거와 맥시맥스 준거를 절충한 방법이다.

2) 대부분의 의사결정자는 완전한 비관주의자도 아니고 완전한 낙관주의자도 아니다. → 그러므로 낙관성의 정도를 나타내는 개념이 필요한데, 이는 낙관계수로 나타낸다.

낙관계수(coefficient of optimism : σ)는 0~1 사이의 값을 갖는데,

- $\sigma = 0$은 완전 비관주의(맥시민 준거와 동일)
- $\sigma = 1$은 완전 낙관주의(맥시맥스 준거와 동일)를 뜻하게 된다.

  단, $(1 - \sigma)$는 비관계수를 나타낸다.

3) 의사결정은 각 대안의 화폐예측치($\sigma \times$ 최대이익액 $+ (1 - \sigma) \times$ 최소이익액)를 구하여 화폐예측치가 가장 큰 대안을 선택하면 된다.

('91 CPA)
★ 출제 Point
유감준거의 정의

5. 유감준거 : savage criterion

유감준거(regret minimax criterion)는 상황별 최대이익액과 나머지 이익액과의 차액으로 유감액을 구하여 유감표를 작성하고, 대안별로 최대유감액을 구하여 그 중 최대유감액이 가장 작은 대안을 선택하는 방법이다.

 예제 4-1

투자자 효리씨는 주식, 채권, 저축 중의 한 가지 투자수단에 2,000,000원을 투자하려고 한다. 각 투자수단의 상황에 따른 기대이익표가 아래와 같고, 각 상황이 발생할 확률은 전혀 알 수 없다고 할 때 각 기준에 의한 효리씨의 최적 투자계획을 구하라.

투자대안	상 황		
	1	2	3
주 식	600,000원	400,000원	−220,000원
채 권	−100,000원	350,000원	500,000원
저 축	300,000원	300,000원	300,000원

해답

1) 라플레이스 준거 : 저축 선택
① EV(주식) = (1/3)(600,000 + 400,000 − 220,000) = 260,000원
② EV(채권) = (1/3)(−100,000 + 350,000 + 500,000) = 250,000원
③ EV(저축) = 300,000원*

2) 맥시민 준거 : 저축 선택

	주 식	채 권	저 축
최소이익액	−220,000원	−100,000원	300,000원*

3) 맥시맥스 준거 : 주식 선택

	주 식	채 권	저 축
최대이익액	600,000원*	500,000원	300,000원

4) 후르비츠 준거
① 낙관계수가 0일 때 : 저축 선택 → 맥시민 준거와 동일하다.
ⓐ EV(주식) = 600,000 × 0 + (−220,000) × 1 = −220,000원
ⓑ EV(채권) = 500,000 × 0 + (−100,000) × 1 = −100,000원
ⓒ EV(저축) = 300,000 × 0 + 300,000 × 1 = 300,000원*

② 낙관계수가 1일 때 : 주식 선택 → 맥시맥스 준거와 동일하다.
    ⓐ EV(주식) = $600,000 \times 1 + (-220,000) \times 0 = 600,000$원*
    ⓑ EV(채권) = $500,000 \times 1 + (-100,000) \times 0 = 500,000$원
    ⓒ EV(저축) = $300,000 \times 1 + 300,000 \times 0 \quad = 300,000$원
③ 낙관계수가 0.5일 때 : 저축 선택
    ⓐ EV(주식) = $600,000 \times 0.5 + (-220,000) \times 0.5 = 190,000$원
    ⓑ EV(채권) = $500,000 \times 0.5 + (-100,000) \times 0.5 = 200,000$원
    ⓒ EV(저축) = $300,000 \times 0.5 + 300,000 \times 0.5 \quad = 300,000$원*

5) 유감준거 : 저축 선택

투자대안	상 황		
	1	2	3
주 식	0	0	720,000원
채 권	700,000원	50,000원	0
저 축	300,000원*	100,000원	200,000원

투자대안별 최대유감액 중 그 값이 가장 작은 저축을 선택한다.

4.2 상충하의 의사결정기법

1. 게임이론의 기초개념

(1) 게임이론의 의의

게임이론(game theory)은 2인 이상의 참가자가 경쟁적으로 자신의 이익을 최대화하려 할때 택해야 할 최선의 전략을 연구하는 분야로 상충상황하의 의사결정모형을 제시한다.

◈ 게임이론은 Von Neumaun이 1930년대 이후 기본골격을 제시하였다.

(2) 게임이론의 구성요소

게임이론을 모형화하고 해결하기 위해서는 ① 경쟁자, ② 경쟁자의 전략, ③ 전략을 선택한 결과로 발생되는 이익 등의 정보를 필요로 한다.

(3) 게임이론의 기본적 가정

1) 모든 경기자들이 동시에 결정을 내린다.
2) 양자의 1번의 결정을 시합(play)이라 하고 시합들의 연속(series)을 하나의 게임이라 한다.
3) 결정의 결과를 성과(pay off)라 하고 시합당 평균 성과(average pay off per play)를 그 게임의 게임 값(value of the game)이라 한다.

◈ 게임값이 0인 게임을 공정한 게임(Fair game)이라 한다.

◈ 게임은 반복적이기 때문에 경기자는 전략을 변경할 수도 있다.

게임에 참가하는 모든 경쟁자는 각자에게 주어진 전략의 모든 가능한 조합으로부터 예측되는 이익에 관한 정보를 사전에 정확히 알 수 있다고(확실성) 가정한다. 또한 게임이론에서는 이러한 정보의 획득 비용이 발생하지 않는다고 가정한다.

(4) 게임이론의 종류

1) 게임이론은 대표적으로 영화(零和)게임과 비영화(非零和)게임으로 나눌 수 있다.

2) 영화게임(zero-sum game)은 경쟁자 간의 득실의 합이 0인 게임을, 비영화게임(non zero-sum game)은 경쟁자 간의 득실의 합이 0이 아닌 게임을 말한다.

3) 비영화게임은 완전하게 경쟁적은 아니며 타협의 여지가 있다.

2. 게임이론의 해법

◈ 게임이론을 경기자의 수에 따라 분류하면 2인게임, 3인게임, N인게임으로 나눌 수 있다. 한편, 앞에서 배운 많은 의사결정이론은 자연과의 1인게임으로 볼 수 있다.

1) 게임이론을 푼다는 것은 ① 자신의 목적을 달성하기 위해 어떤 전략을 선택해야 하는가와 ② 이 전략을 선택했을 때 어떤 성과가 나타날 것인가를 구하는 것이다.

2) 게임이론에서 각 경기자의 효용함수는 동일하다고 가정한다. → 그러므로 각 성과는 각 경기자에게 동일한 효용을 준다.

3) 2인 영화게임의 해법으로 순수전략과 혼합전략이 있다.

(1) 순수전략

순수전략은 각 경쟁자가 단 하나의 전략을 선택함으로써 서로 만족하여 안정상태에 도달할 수 있는 게임을 말한다.

1) 게임의 형성 : 2인 영화게임을 가정

(2001 CPA)
★ 출제 Point
순수전략의 해법

게임상황의 분석을 위해 우선 이익행렬을 작성한다. 이익행렬은 각 경쟁자에게 주어진 전략의 모든 가능한 조합으로부터 예상되는 이익을 나타낸 표이다.

〈예제 4-2〉에서 이익행렬 내의 값은 A의 이익, B의 입장에서는 손실액을 의미한다.

예제 4-2

A의 전략		B의 전략		
		x	y	z
	I	73	−32	15
	II	64	28	26

2) 게임의 해법
① 지배원리
ⓐ 특정 전략이 어떠한 상황에서도 다른 전략보다 우월한 경우, 열등한 전략은 지배당하게 되므로 이익행렬에서 제거한다(〈예제 4-2〉에서 B의 전략 y는 전략 x를 지배한다).

ⓑ 열등전략은 성과표에서 제거되어도 최적해에는 영향이 없으며, 열등전략의 제거는 문제를 단순화 시키는 장점이 있다.

② 맥시민(미니맥스)원리
게임이론에서는 의사결정자가 비관적 견해를 가지고 있다고 가정한다. → 이는 쌍방이 심사숙고하여 위험을 피하는 전략을 택한다고 보는 논리이다.

◈ 맥시민원리(maximin criterion)를 각 대안에서 발생할 최대손실을 최소화 하려는 행동을 강조하여 최소(화)최대(손실)원리 (minimax principle)로 부르는 경우도 있다.

ⓐ A의 입장(맥시민 원리) : 최소이익액이 최대가 되는 전략을 선택한다(〈예제 4-2〉에서 전략 Ⅱ선택).

ⓑ B의 입장(미니맥스 원리) : 이익행렬이 B의 손실액을 나타내므로 최대손실액이 최소가 되는 전략을 선택한다(〈예제 4-2〉에서 전략 z를 선택).

③ 그래프법
한 참가자의 전략이 두 가지 이하 일때만 사용할 수 있다.

④ LP법
실무에서 가장 많이 사용되는 방법으로 컴퓨터를 이용할 수 있는 장점이 있다.

3) 게임값(value of game)
① 게임값은 각 경쟁자가 만족할 수 있는 전략을 선택함으로써 얻을 수 있는 값을 말한다(〈예제 4-2〉에서 26).

② 일반적으로 게임값은 수없이 반복될 때 얻는 기대성과라 할 수 있다.

4) 순수전략과 안장점(saddle point) = 안점
① 양자의 전략이 동일하게 하나의 성과에서 만나게 되면 이 성과를 안점이라 하고 이 때의 전략을 순수전략이라 한다.

◈ 안점은 각 경기자가 순수전략을 택할때의 게임값이다.

② 즉, 각 경기자가 선택한 전략이 상대의 전략에 관계없이 항상 똑같은 경우 이를 순수전략이라 한다.

◈ 게임이 안점을 갖는다면 게임값은 그 수치와 같다.

③ 순수전략은 게임이 반복될 때 각 경기자가 유리하다면 전략을 언제라도 바꿀 수 있는 혼합전략과는 다르다.

5) 순수전략의 기타 특징
① 순수전략게임에서는 전략변경을 하지 않는다. → 왜냐하면 전략변경시 성과가 낮아질 것이기 때문이다.

② 순수전략에서도 다수의 해가 존재할 수 있다. → 즉, 두 개 이상의 안점 존재가

가능하다.

③ 순수전략에서는 우월성(지배원리)개념이 성립한다.

● 도표 4-1 순수전략게임에서 다수해의 예

		B의 전략		
		S_1	S_2	S_3
A의 전략	I	10	2	5
	II	5	⑤	7
	III	7	⑤	6

(2) 혼합전략

혼합전략이란 순수전략의 선택으로 균형상태에 도달하지 못하는 경우에 각 경쟁자들이 게임값을 얻기 위하여 여러 가지 전략을 적당한 비율로 혼합하는 것이다.

예제 4-3

		B의 전략	
		S_1	S_2
A의 전략	I	30	−10
	II	−20	20

1) 게임 분석

① A와 B 양자가 maximin이나 minimax의 기준으로 의사결정을 하면 최초에는 −10이었다가 20→−20→30으로 계속 성과가 바뀐다(즉, 안점이 없다). → 이런 경우 게임이 불안정하다고 한다.

② 그러므로 혼합전략을 구사한다.

◆ 혼합전략 게임에서는 상대의 전략을 고려하지 않고 자기의 전략을 변경함으로써 성과를 최대화하려 한다.

			B의 전략	
			S_1	S_2
		비율	q	$1-q$
A의 전략	I	P	20	−10
	II	$1-P$	−20	20

ⓐ A의 경우 : B가 S_1을 선택할 때나 S_2를 선택할 때 동일한 기대값을 나타내는 비율 P와 $1-P$를 구한다.

$30P + (-20)(1-P) = -10P + 20(1-P)$에서 $P = 0.5$

∴ Ⅰ과 Ⅱ전략을 $\frac{1}{2}$씩 선택

ⓑ B의 경우 : A가 Ⅰ를 선택할 때나 Ⅱ를 선택할 때 기대값을 동일하게 하는 비율 q와 $1-q$를 구한다.

$30q - 10(1-q) = -20q + 20(1-q)$에서 $q = \frac{3}{8}$

∴ S_1과 S_2의 전략을 $\frac{3}{8}$과 $\frac{5}{8}$로 선택

③ 위와 같이 비율이 결정되면 A와 B의 게임값을 결정한다.

A의 게임값 : $30P + (-20)(1-P) = 50P - 20 = (50)(0.5) - 20 = 5$

또는 $-10P + 20(1-P) = -30P + 20 = (-30)(0.5) + 20 = 5$

B의 게임값 : $30q - 10(1-q) = 40q - 10 = (40)(\frac{3}{8}) - 10 = 5$

또는 $-20q + 20(1-q) = -40q + 20 = 5$

④ 해의 의미

여기서 게임값 5의 의미는 양자가 시합할 때마다 A가 5원씩 이익을 본다는 뜻이 아니고, 수많은 시합을 하면서 양자가 자신의 최적전략을 선택했을 때 시합 당 A의 평균이익이 5원이 된다는 뜻이다.

[정리]
혼합전략까지 고려할 경우 어떤 형태의 2인게임도 안정해(stable solution)를 구할 수 있다.

3. 게임이론의 다양한 해법

(1) 지배원리로 해결할 수 있는 문제의 예

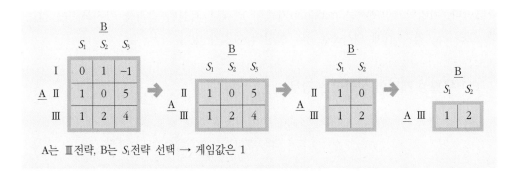

A는 Ⅲ전략, B는 S_1전략 선택 → 게임값은 1

(2) 맥시민원리로 해결할 수 있는 문제의 예(지배원리로는 해결이 안됨)

		B		
		S_1	S_2	S_3
A	I	-3	-2	6
	II	2	0	2
	III	5	-2	-4

A : Max [-2, 0, -4] ⇒ 0 즉, II전략 선택
B : Min [5, 0, 6] ⇒ 0 즉, S_2전략 선택
A의 Maximin 값 = B의 Minimax값
∴ 안점이 존재하며 게임값은 0

(3) 맥시민원리로 해결할 수 없는 문제의 예

		B		
		S_1	S_2	S_3
A	I	0	-2	2
	II	5	4	-3
	III	2	3	-4

A : Maximin 값 = Max [-2, -3, -4] → -2, 즉 I 전략 선택
B : Minimax 값 = Min [5, 4, 2] → 2, 즉 S_3전략 선택
A의 Maximin 값 ≠ B의 Minimax값
∴ 안점이 존재하지 않는다. → 전략변경이 끝없이 일어남

4. 비영화게임

('97 CPA)
★ 출제 Point
비영화게임표의 이해 및
비영화게임의 해법

비영화게임은 경쟁자들끼리의 공동의 이해가 존재하여 그들의 성과가 완전히 대립되지 않는 경우이다. 그러므로 성과표에는 각 칸마다 두 개의 성과, 즉 양자의 성과가 나타난다. 비영화게임에서는 maximin기준이 언제나 최선의 결과를 가져오지는 않는다. 그러므로 양자 간에 의사소통이나 협상의 여지가 있다.

(1) 우월성 개념이 성립하는 경우

		B의 전략	
		S_1	S_2
A의 전략	I	(20, 10)	15, 5
	II	15, 5	15, 5

이 경우 각자의 이해가 충돌하지 않으므로 각자 최선을 다하면 된다. 즉 A는 I, B는 S_1을 택하여 (20, 10)에서 균형이 이루어진다.

(2) 약간의 갈등은 존재하나 거의 없는 경우

		B의 전략	
		S_1	S_2
A의 전략	I	(12, 10)	15, 5
	II	5, 12	3, 2

A는 I전략, B는 S_1전략을 선택하여 (12, 10)에서 균형을 이루나, A는 (15, 5)를
B는 (5, 12)를 더 바람직하게 생각할 것이다.

(3) 위협이 발생하는 경우

		판매자	
		고 가	저 가
구매자	대 량	(3, 5)	5, 4
	소 량	2, 3	4, 2

→ 구매자는 저가로 공급하도록 판매자에게 위협할 수 있다.

(4) 죄수의 딜레마

		B	
		광고함	광고안함
A	광고함	(-2, -2)	5, -4
	광고안함	-4, 5	3, 3

→ 이 경우 각자의 최선의 선택이 오히려 각자에게 불리한 경우가 된다.
→ 이와 같은 해를 평형해(equilibrium point)라고도 한다.
→ 죄수의 딜레마와 같은 게임도 게임이 무한히 반복된다면 해결될 수 있다.
   (자세한 내용은 경영전략 부분 참조)

기출문제

01 경영자가 의사결정을 하는 데 있어서 후회를 가장 적게 하는 대안을 결정하려 한다. 이 때 적용될 수 있는 의사결정기준은? ('91. CPA)

① 라플레이스 기준   ② 후르비츠 준거   ③ 맥시민 준거

④ 유감 준거   ⑤ 맥시맥스 준거

02 다음 상황에서 Maximin기준에 의할 때 선택되는 대안은 무엇인가? ('95. CPA)

선택안	상 황		
	I (0.2)	II (0.5)	III (0.3)
A	500	500	500
B	700	400	800
C	400	700	800
D	700	600	800
E	300	200	100

① A   ② B   ③ C

④ D   ⑤ E

✎ 해설   Max(Min A, Min B, Min C, Min D, Min E) = Max(500, 400, 400, 600, 100) = 600   ∴ D

03 두 명의 경기자가 비협조적으로 의사결정을 하는 게임(non-cooperative game)에 참여할 때 얻는 성과(payoff)를 경기자 갑·을의 순서의 따라 나타내면 아래표와 같다. 이 게임에 대한 설명 중 옳지 않은 것은? ('97. CPA)

		을의 전략	
		왼 쪽	오른쪽
갑의 전략	위	2, 2	−1, 3
	아래	3, −1	0, 0

정답 1 ④   2 ④   3 ⑤

① 갑이 '위' 전략을 사용할 때 을의 최선은 '오른쪽' 전략을 사용하는 것이다.

② 갑이 '아래' 전략을 사용할 때 을의 최선은 '오른쪽' 전략을 사용하는 것이다.

③ 갑의 최선 전략은 '아래' 전략으로, 을이 사용하는 전략에 영향을 받지 않는다.

④ 이 게임에는 유일한 균형이 있고, 그 균형에서는 갑이 '아래', 을이 '오른쪽' 전략을 사용한다.

⑤ 이 게임은 제로섬(zero sum) 게임이다.

✎ 해설 ① 갑이 '위' 전략을 사용할 때 을은 왼쪽(2) < 오른쪽(3)으로 '오른쪽' 전략이 최선이다.
      ② 갑이 '아래' 전략을 사용할 때 을은 왼쪽(−1) < 오른쪽(0)으로 '오른쪽' 전략이 최선이다.
      ③ 갑은 '아래' 전략이 '위' 전략을 지배하므로, 을의 전략에 관계없이 항상 '아래' 전략이 최선이다.
      ④ 갑이 '아래' 전략 사용시 을은 '오른쪽' 전략이 최선이다.
      ⑤ 게임표에서 보듯이 이 게임은 제로섬 게임이 아니다.

04 불확실성하에서 의사결정문제가 주어졌을 때 경영자가 후르비츠(Hurwicz) 기준에 의하여 문제를 해결하고자 한다. 경영자의 낙관계수(coefficient of optimism)가 0.4일 경우 아래의 성과표(Payoff table)를 이용하여 최적대안을 찾으시오.
('99. CPA)

대 안＼상 황	S_1	S_2	S_3
d_1	2	4	6
d_2	3	3	3
d_3	3	4	4
d_4	0	4	8
d_5	1	3	7

① d_1　　　　　　② d_2　　　　　　③ d_3

④ d_4　　　　　　⑤ d_5

✎ 해설 $EV(d_1) = 0.4 \times 6 + 0.6 \times 2 = 3.6$
      $EV(d_2) = 0.4 \times 3 + 0.6 \times 3 = 3$
      $EV(d_3) = 0.4 \times 4 + 0.6 \times 3 = 3.4$
      $EV(d_4) = 0.4 \times 8 + 0.6 \times 0 = 3.2$
      $EV(d_5) = 0.4 \times 7 + 0.6 \times 1 = 3.4$
      ∴ 기대값이 가장 높은 d_1

정답 4 ①

05 아래 게임에서 A회사는 최소값의 최대화(maximin)원리, B회사는 최대값의 최소화 (minimax)원리를 각각 적용할 때, A회사와 B회사의 최적전략의 조합은? (2001. CPA)

B회사 A회사	Y_1	Y_2	Y_3
X_1	7	-10	2
X_2	5	7	4
X_3	4	14	1

① X_1, Y_1 ② X_1, Y_2 ③ X_2, Y_1

④ X_2, Y_3 ⑤ X_3, Y_2

✎ 해설 A회사 $Max(-10, 4, 1) = 4$ 즉, X_2 전략 선택
B회사 $Min(7, 14, 4) = 4$ 즉, Y_3 전략 선택

▪ 연습문제 ▪

01 게임이론(game theory)에 대한 다음 설명으로 옳지 않은 것은?

① 혼합전략게임에서는 상대의 전략을 고려하지 않고 자기의 전략을 변경함으로써 성과를 극대화하고자 한다.

② 2인 영화게임에서 순수전략(pure strategy)이 선택되지 않을 경우도 있다.

③ 순수전략에서의 게임값은 당사자 모두에게 이익이 된다.

④ 안점(saddle point)이 없는 게임의 경우에는 혼합전략을 사용함으로써 게임값을 얻을 수 있다.

⑤ 순수전략이란 각 경쟁자가 단 하나의 전략만을 선택하여 안정상태에 있는 경우이다.

✎ **해설** ③ game table은 세로축에 있는 사람에게는 이익표가 되지만, 가로축에 있는 사람에게는 손실표가 된다. 그러므로 모두에게 이익이 되는 것은 아니다.
　　　④ 안점은 안장점이라고도 한다.
　　　⑤ 각 경기자가 순수전략을 택할 때의 게임값을 안점이라 한다.

02 게임이론에 대한 설명으로 옳지 않은 것은?

① 게임값이란 게임의 평균성과, 즉 수없이 반복될 때 얻는 기대성과이다.

② 모든 게임참가자들의 효용함수는 동일하다.

③ 2인 영화게임에서는 안점이 반드시 존재한다.

④ 대개 연속적이고 반복적인 의사결정을 한다.

⑤ 순수전략게임에서 각 경기자는 게임을 반복하면서도 계속 같은 전략을 고수한다.

✎ **해설** ② 게임이론에서 어떤 성과는 각 경기자에게 동일한 효용가치를 가지고 있다고 가정한다.
　　　③ 2인 영화게임이라고 안점이 반드시 존재하는 것은 아니다. 이 때에는 혼합전략을 사용해야 한다.

03 다음의 설명 중 옳지 않은 것은?

① 순수전략게임에서도 다수의 해가 있을 수 있다.

② 지배원리나 맥시민원리로 해결할 수 없는 문제도 있다.

③ 비영화게임은 완전하게 경쟁적인 것은 아니며 타협의 여지가 있다.

정답 1 ③　2 ③　3 ④

④ 게임이론에서 모든 경기자들은 상대가 선택한 전략을 파악한 후 결정을 내린다고 가정한다.

⑤ 게임값이 0인 게임을 공정한 게임(fair game)이라 한다.

✎ 해설 ④ 게임이론의 timing에 대한 가정이다.
　　　　게임이론에서는 쌍방이 상대의 움직임에 대한 확실한 정보를 모르는 상태에서 동시에 결정을 내린다고 가정한다. 단, 각 경기자는 상대의 모든 가능한 대안과 모든 경우의 성과를 알고 있다고 가정하며, 이런 정보의 획득에 드는 비용을 고려하지 않는다.

04 게임이론에 관한 다음의 설명 중 옳지 않은 것은?

① 어떠한 형태의 2인 영화게임도 LP를 이용하여 풀 수 있다.

② 한 참가자의 해를 LP모형으로 풀었을 때, 다른 참가자의 해는 쌍대관계를 이용하여 구할 수 있다.

③ 양자가 사용할 전략이 미리 정해진 경우를 순수전략이라 하며, 각자가 사용할 전략을 주어진 확률에 따라 선택하는 경우를 혼합전략이라 한다.

④ 혼합전략이란 각 참가자가 선택하는 전략이 여러 개라는 뜻이다.

⑤ 양자의 maximin과 minimax값이 같지 않을 경우 맥시민원리로 구한 최소해는 계속 변동하게 된다.

✎ 해설 ④ 혼합전략이란 실제 사용하는 전략이 여러 개라는 의미가 아니다.
　　　　즉, 각 전략들에 대해 실제 사용할 확률이 정해져 있고 최종순간에 이 확률에 근거하여 하나의 전략을 선택하여 사용한다는 의미이다. 혼합전략에서 선택가능한 전략은 복수개이나 실제 사용하는 전략은 그 중 하나가 된다.

05 다음 중 틀린 것을 골라라.

① 3인 이상의 경기자가 있는 경우 담합(coalition)이 있게 된다.

② 3인 영화게임에서 승리자의 이익은 패배자의 손실과 일치하지 않는다.

③ 게임표에서 maximin > minimax값인 경우는 불가능하다.

④ 각자의 최선의 선택이 오히려 각자에게 불리해지는 경우의 게임을 prisoner's dilemma형이라 한다.

⑤ 어떤 대안의 모든 성과가 다른 어떤 대안의 대응하는 성과보다 좋을 때 우월하다(dominate)고 한다.

✎ 해설 ② 영화게임에서는 항상 승리자의 이익과 패배자의 손실이 일치한다.
　　　　③ maximin값 = minimax값일 때는 안점이 존재하고
　　　　　　maximin값 < minimax값일 때는 혼합전략으로 해결한다.

06 pay off matrix가 다음과 같을 경우 게임값을 계산하라.

을의 전략

갑의 전략		x	y	z
	1	100	40	50
	2	80	20	30

① 100   ② 80   ③ 50

④ 40   ⑤ 20

✎ 해설 ① 갑의 전략(maximin) : 40, 20 중 큰 40 → ∴ 전략 1 선택
　　　　② 을의 전략(minimax) : 100, 40, 50 중 작은 40 → ∴ 전략 y 선택
　　　　　∴ 게임값은 40이 된다.
　　　이 문제를 지배원리로 풀면 더 빠르게 해결할 수도 있다.
　　　〈방법 I〉 갑의 경우 1전략이 2전략을 지배하므로 1전략을 선택하고, 을은 1전략 경우의 성과(100, 40, 50) 중
　　　　　　　가장 유리한 40(즉, y전략)을 선택한다.
　　　〈방법 II〉 을의 경우 y전략이 x와 z전략을 지배하므로 y전략을 선택하게 되고, 갑은 y에 있는 두 성과를 비
　　　　　　　교하여 1전략을 선택하게 된다.
　　　　　∴ 게임값은 40

07 다음과 같이 갑회사의 전략과 이에 대응하는 을회사의 전략에 따른 조건부 값이 주어져 있
다. 이 때 갑회사가 혼합전략을 통해서 누릴 수 있는 이익(게임값)을 구하라.

을의 전략

갑의 전략		X 전략	Y 전략
	I 전략	−1,000	2,000
	II 전략	1,000	0

① 500   ② 1,000   ③ 2,000

④ 0   ⑤ 답 없음

✎ 해설 ① 갑이 I 전략을 선택할 확률을 p라 하고, II전략을 선택할 확률을 $(1-p)$라 하면
　　　　$-1,000p + 1,000(1-p) = 2,000p + 0(1-p)$에서
　　　　$p = \dfrac{1}{4}$, $(1-p) = \dfrac{3}{4}$
　　　　∴ $(-1,000)(\dfrac{1}{4}) + (1,000)(\dfrac{3}{4}) = (2,000)(\dfrac{1}{4}) + (0)(\dfrac{3}{4}) = 500$

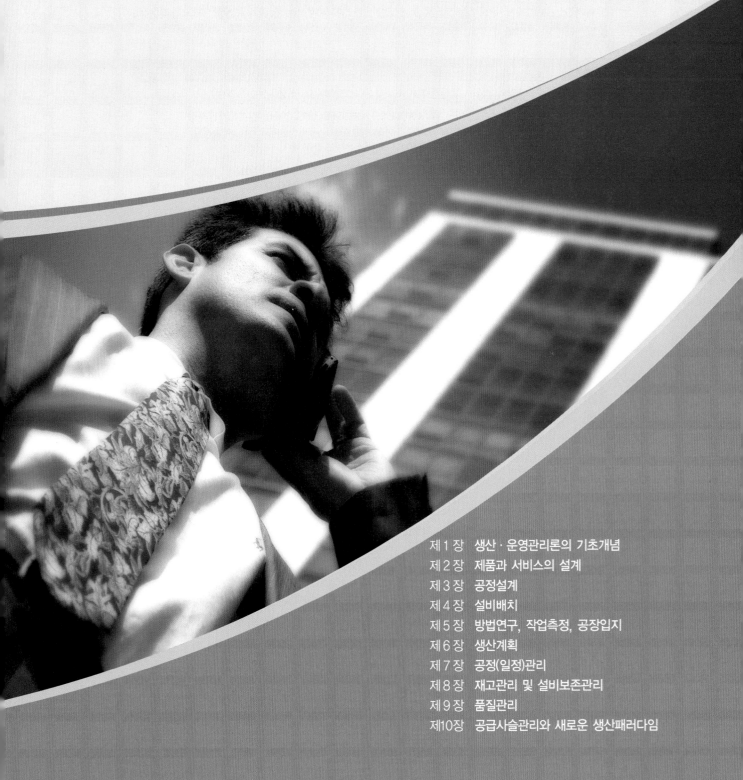

제 3 편
생산 · 운영관리

출제경향분석

1. 출제빈도분석

생산관리는 크게 설계부분과 관리부분으로 나눌 수 있는데, 설계부분에서는 공정설계와 설비배치(3장, 4장)에서 주로 출제가 되고 있으며, 관리부분에서는 생산계획(6장), 재고관리(8장), 품질관리(9장) 분야에서 주로 출제되고 있다.

		분 야	출제내용 및 연도	출제문항수
생산시스템의 설계	1장	생산관리의 기초	생산전략(1996), 생산시스템(2003), 경쟁우선순위(2006)	3
	2장	제품과 서비스설계	CE, VE, CAD(1998), CE, QFD(1999, 2004), 신제품개발과정(2000), 제조용이성설계(2004), 서비스설계(2004), 제품개발, 동시공학(2005), 서비스운영(2005), 동시공학(2007)	8
	3장	공정설계	공정-제품행렬(2003), GT(1989, 1999), MP(2001), FMS(1997, 1998, 2001), 생산능력(1999, 2003, 2008), 집중화생산(2001), 제조공정의 특성(2006), 최적조업도(2008)	9(12)
	4장	설비배치	제품별배치(1991), 공정별배치(2002), 라인밸런싱(1998, 2002, 2004), 생산 및 서비스 설비배치(2006), 각 배치기법비교(2008)	7
	5장	방법연구, 작업측정, 공장입지	질적공장입지기법(1993), 입지선정기법의 비교(2008)	2
생산시스템의 관리	6장	생산계획	수요예측[예측기법분류(1992, 2003, 2004), 예측기법적용(1995, 2002, 2006), 지수평활법(1999, 2003), 초점예측(2006)], 총괄생산계획(1989, 1992, 2001, 2002, 2004, 2005)	11(13)
	7장	공정관리	OPT(1996, 1998)	2
	8장	재고관리	EOQ(1991, 1992. 1994, 2000, 2007, 2008), ABC(1992, 2005), 고정주문량(기간)(1992, 2004, 2008), 단일기간재고모형(2004, 2005, 2008), MRP(1989, 1995, 1996, 1998, 2000, 2006, 2007, 2008), JIT(1992, 1996, 2001, 2004, 2006, 2007), 재고관리일반(2006)	20(23)
	9장	품질관리	표본검사(1999, 2006), 관리도법(1989, 2001, 2004, 2005, 2008), ZD운동(1993), 특성요인도(2004), ISO(2004), 품질경영(2005, 2006, 2007), SERVQUAL(2005, 2006, 2007), 6σ(2007)	11
	10장	공급사슬관리	mass customization(2001), 공급사슬(2005, 2006, 2008), 제약이론(2006)	5(6)

※ 출제문항수의 괄호 안의 숫자는 다른 분야에서 출제된 것을 중복집계한 경우의 문항수이다.

2. 수험대책

생산관리분야에서는 기존에 주로 출제되고 있는 부분(공정설계, 생산계획, 재고관리, 품질관리)에 중점을 두고 정리하되, 추가적으로는 최근 강조되는 생산전략, 재고관리전략, 품질경영, SERVQUAL, 공급사슬관리 등에도 관심을 가지는 것이 유리할 것이다.

생산 · 운영관리

생산전략

생산의 사명, 차별적 능력, 생산정책, 생산의 목표

생산시스템 설계

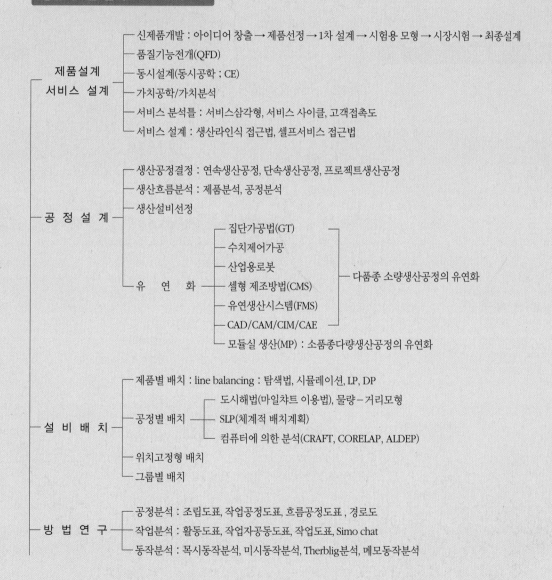

제품설계
서비스 설계
- 신제품개발 : 아이디어 창출 → 제품선정 → 1차 설계 → 시험용 모형 → 시장시험 → 최종설계
- 품질기능전개(QFD)
- 동시설계(동시공학 ; CE)
- 가치공학/가치분석
- 서비스 분석틀 : 서비스삼각형, 서비스 사이클, 고객접촉도
- 서비스 설계 : 생산라인식 접근법, 셀프서비스 접근법

공 정 설 계
- 생산공정결정 : 연속생산공정, 단속생산공정, 프로젝트생산공정
- 생산흐름분석 : 제품분석, 공정분석
- 생산설비선정
- 유 연 화
  - 집단가공법(GT)
  - 수치제어가공
  - 산업용로봇
  - 셀형 제조방법(CMS)
  - 유연생산시스템(FMS)
  - CAD/CAM/CIM/CAE
  └ 다품종 소량생산공정의 유연화
  - 모듈실 생산(MP) : 소품종다량생산공정의 유연화

설 비 배 치
- 제품별 배치 : line balancing : 탐색법, 시뮬레이션, LP, DP
- 공정별 배치
  - 도시해법(마일챠트 이용법), 물량−거리모형
  - SLP(체계적 배치계획)
  - 컴퓨터에 의한 분석(CRAFT, CORELAP, ALDEP)
- 위치고정형 배치
- 그룹별 배치

방 법 연 구
- 공정분석 : 조립도표, 작업공정도표, 흐름공정도표 , 경로도
- 작업분석 : 활동도표, 작업자공동도표, 작업도표, Simo chat
- 동작분석 : 목시동작분석, 미시동작분석, Therblig분석, 메모동작분석

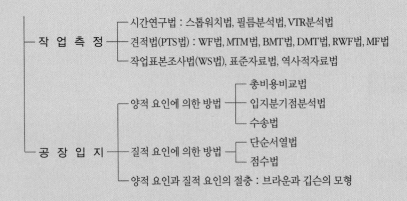

작업 측 정 ─┬─ 시간연구법 : 스톱워치법, 필름분석법, VTR분석법
　　　　　　├─ 견적법(PTS법) : WF법, MTM법, BMT법, DMT법, RWF법, MF법
　　　　　　└─ 작업표본조사법(WS법), 표준자료법, 역사적자료법

공 장 입 지 ─┬─ 양적 요인에 의한 방법 ─┬─ 총비용비교법
　　　　　　 │　　　　　　　　　　　　　├─ 입지분기점분석법
　　　　　　 │　　　　　　　　　　　　　└─ 수송법
　　　　　　 ├─ 질적 요인에 의한 방법 ─┬─ 단순서열법
　　　　　　 │　　　　　　　　　　　　　└─ 점수법
　　　　　　 └─ 양적 요인과 질적 요인의 절충 : 브라운과 깁슨의 모형

생산시스템 관리

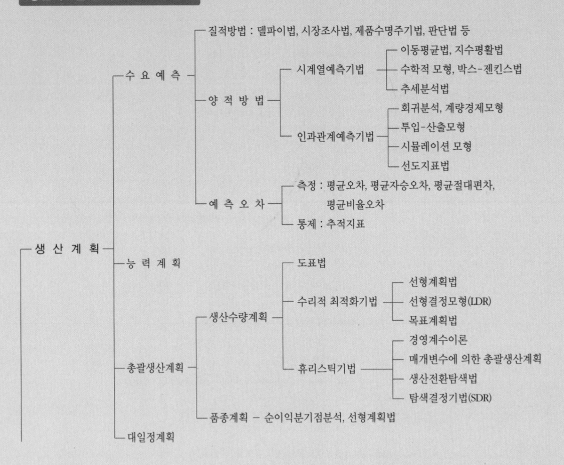

생 산 계 획 ─┬─ 수 요 예 측 ─┬─ 질적방법 : 델파이법, 시장조사법, 제품수명주기법, 판단법 등
　　　　　　　│　　　　　　　├─ 양 적 방 법 ─┬─ 시계열예측기법 ─┬─ 이동평균법, 지수평활법
　　　　　　　│　　　　　　　│　　　　　　　 │　　　　　　　　　 ├─ 수학적 모형, 박스-젠킨스법
　　　　　　　│　　　　　　　│　　　　　　　 │　　　　　　　　　 └─ 추세분석법
　　　　　　　│　　　　　　　│　　　　　　　 └─ 인과관계예측기법 ─┬─ 회귀분석, 계량경제모형
　　　　　　　│　　　　　　　│　　　　　　　　　　　　　　　　　　 ├─ 투입-산출모형
　　　　　　　│　　　　　　　│　　　　　　　　　　　　　　　　　　 ├─ 시뮬레이션 모형
　　　　　　　│　　　　　　　│　　　　　　　　　　　　　　　　　　 └─ 선도지표법
　　　　　　　│　　　　　　　└─ 예 측 오 차 ─┬─ 측정 : 평균오차, 평균자승오차, 평균절대편차,
　　　　　　　│　　　　　　　　　　　　　　　 │　　　　　　　　 평균비율오차
　　　　　　　│　　　　　　　　　　　　　　　 └─ 통제 : 추적지표
　　　　　　　├─ 능 력 계 획
　　　　　　　├─ 총괄생산계획 ─┬─ 생산수량계획 ─┬─ 도표법
　　　　　　　│　　　　　　　　 │　　　　　　　　 ├─ 수리적 최적화기법 ─┬─ 선형계획법
　　　　　　　│　　　　　　　　 │　　　　　　　　 │　　　　　　　　　　 ├─ 선형결정모형(LDR)
　　　　　　　│　　　　　　　　 │　　　　　　　　 │　　　　　　　　　　 └─ 목표계획법
　　　　　　　│　　　　　　　　 │　　　　　　　　 └─ 휴리스틱기법 ─┬─ 경영계수이론
　　　　　　　│　　　　　　　　 │　　　　　　　　　　　　　　　　　├─ 매개변수에 의한 총괄생산계획
　　　　　　　│　　　　　　　　 │　　　　　　　　　　　　　　　　　├─ 생산전환탐색법
　　　　　　　│　　　　　　　　 │　　　　　　　　　　　　　　　　　└─ 탐색결정기법(SDR)
　　　　　　　│　　　　　　　　 └─ 품종계획 ─ 순이익분기점분석, 선형계획법
　　　　　　　└─ 대일정계획

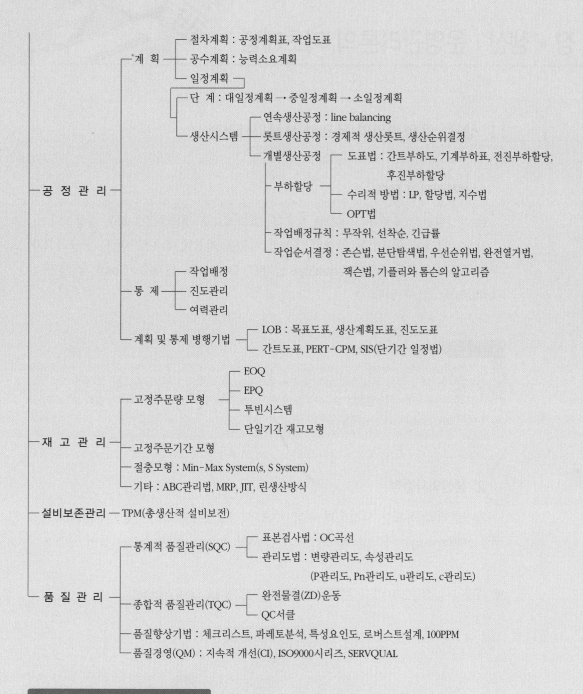

공정관리 ─── 계 획 ─── 절차계획 : 공정계획표, 작업도표
　　　　　　　　　├─ 공수계획 : 능력소요계획
　　　　　　　　　├─ 일정계획 ┐
　　　　　　　　　│　　　　　　└─ 단 계 : 대일정계획 → 중일정계획 → 소일정계획
　　　　　　　　　└─ 생산시스템 ┬─ 연속생산공정 : line balancing
　　　　　　　　　　　　　　　　├─ 롯트생산공정 : 경제적 생산롯트, 생산순위결정
　　　　　　　　　　　　　　　　└─ 개별생산공정 ┬─ 도표법 : 간트부하도, 기계부하표, 전진부하할당,
　　　　　　　　　　　　　　　　　　　　　　　　　　　　　　　　후진부하할당
　　　　　　　　　　　　　　　　　　　├─ 부하할당 ─┼─ 수리적 방법 : LP, 할당법, 지수법
　　　　　　　　　　　　　　　　　　　　　　　　　　└─ OPT법
　　　　　　　　　　　　　　　　　　　├─ 작업배정규칙 : 무작위, 선착순, 긴급률
　　　　　　　　　　　　　　　　　　　└─ 작업순서결정 : 존슨법, 분단탐색법, 우선순위법, 완전열거법,
　　　　　　　　　　　　　　　　　　　　　　　　　　　　잭슨법, 기플러와 톰슨의 알고리즘

공정관리 ─── 통 제 ─┬─ 작업배정
　　　　　　　　　　　├─ 진도관리
　　　　　　　　　　　└─ 여력관리

　　　　├─ 계획 및 통제 병행기법 ─┬─ LOB : 목표도표, 생산계획도표, 진도도표
　　　　　　　　　　　　　　　　　　└─ 간트도표, PERT-CPM, SIS(단기간 일정법)

재 고 관 리 ─┬─ 고정주문량 모형 ─┬─ EOQ
　　　　　　　│　　　　　　　　　├─ EPQ
　　　　　　　│　　　　　　　　　├─ 투빈시스템
　　　　　　　│　　　　　　　　　└─ 단일기간 재고모형
　　　　　　　├─ 고정주문기간 모형
　　　　　　　├─ 절충모형 : Min-Max System(s, S System)
　　　　　　　└─ 기타 : ABC관리법, MRP, JIT, 린생산방식

설비보존관리 ─ TPM(총생산적 설비보전)

품 질 관 리 ─┬─ 통계적 품질관리(SQC) ─┬─ 표본검사법 : OC곡선
　　　　　　　│　　　　　　　　　　　　└─ 관리도법 : 변량관리도, 속성관리도
　　　　　　　│　　　　　　　　　　　　　　　　(P관리도, Pn관리도, u관리도, c관리도)
　　　　　　　├─ 종합적 품질관리(TQC) ─┬─ 완전물결(ZD)운동
　　　　　　　│　　　　　　　　　　　　　└─ QC서클
　　　　　　　├─ 품질향상기법 : 체크리스트, 파레토분석, 특성요인도, 로버스트설계, 100PPM
　　　　　　　└─ 품질경영(QM) : 지속적 개선(CI), ISO9000시리즈, SERVQUAL

새로운 생산 패러다임

공급사슬관리, 타임베이스생산, 대량개별화, 환경친화형생산, 기술역설, 제약이론

제1장 ■ 생산 · 운영관리론의 기초개념

1.1 생산 · 운영관리의 목표와 생산의사결정

1. 생산관리의 목표

(2006 CPA)
★ 출제 Point
생산관리의 목표

1) 생산관리란 제품과 서비스를 효율적 · 효과적으로 생산하고자 하는 활동이다.

2) 즉, 고객이 요구하는 양질의 다양한 제품을 적시에 적가로 생산 · 공급하고자 하며, 주요 목표로는 품질(Q : quality), 납기(D : Delivery), 원가(C : Cost), 유연성(F : Flexibility)을 들 수 있다.

> **Key Point** 신뢰성과 유연성
>
> 납기는 시간과 관련된 목표로서 신뢰성(dependability : 즉, 고객의 납기요구를 일관성 있게 충족시킬 수 있는 능력)이란 용어로 표현되기도 한다. 그리고 유연성이란 수요의 양적 · 질적 변화에 신속하게 대응할 수 있는 능력을 말한다.

2. 생산의사결정

생산관리의 목표를 달성하기 위한 주요 의사결정사항으로는 생산공정(process), 생산능력(capacity), 재고(inventory), 노동력(work force), 품질(quality) 등이 있다.

● 도표 1-1 생산전략수립시 경쟁무기의 모래탑 모형(Sandcone model)

＊ 서비스는 기업의 경쟁력을 높이기 위한 경쟁무기로서 유연성과 함께 최근 가장 중시되고 있는 개념이다.
출처 :「생산관리」, 김희탁 外, 법문사

● 도표 1-2 생산전략수립을 위한 경쟁무기의 변화

연 대	1960	1970	1980	1990
경 쟁 우 위	원 가	품 질	납기·유연성	서비스
생산 패러다임	← 원가최소화 →		가치최대화	
경쟁우위의 원천	← 생산기술 →		← 정보기술 →	

◆ 제조기업의 경쟁력은 주로 생산전략에 의해 달성될 수 있다.

출처 : 「생산관리」, 김희탁 外, 법문사

● 도표 1-3 전략적 생산의사결정

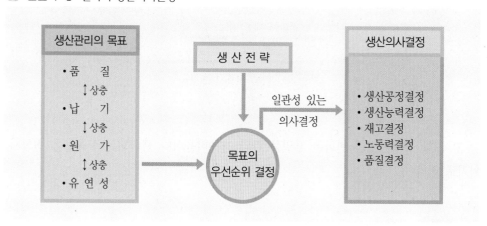

1.2 생산시스템의 의의 및 구성

1. 생산시스템의 의의

1) 생산시스템은 기업이 생산목표를 달성할 수 있도록 여러 생산자원(투입물 : input)을 합리적으로 결합·변환시켜 원하는 산출물(output)을 만들어 내는 활동체계를 말한다.

2) 생산시스템은 기업시스템의 하부시스템인 동시에 외부의 여러 시스템(생산요소, 시장, 고객 등)과 관련을 갖는 개방적 시스템(open system)이다.

(2003 CPA)
★ 출제 Point
생산시스템의 의의와 구성

2. 생산시스템의 구성

1) 생산시스템이란 투입물(input)을 공정기술에 의해 원하는 산출물(output)로 변환시키려는 일련의 과정이다.

2) 투입물은 산업의 유형에 따라 달라지며, 제조업과 서비스업에 따라서도 투입물의 구성은 달라진다.

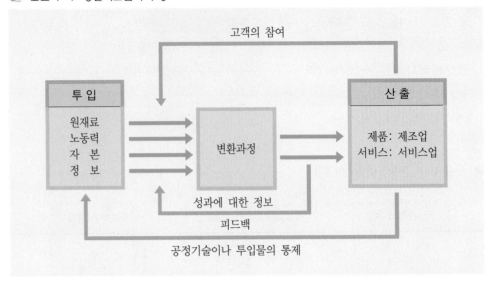

● 도표 1-4 생산시스템의 구성

3) 또한 공정기술의 변화는 투입물 간의 사용비율이나 생산되는 산출물을 변화시키기도 한다.

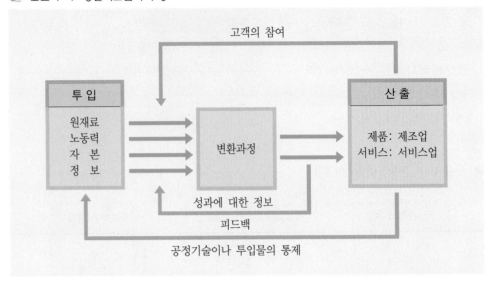

Key Point 생산시스템의 설계 및 관리

- 생산시스템은 설계와 관리에 관한 문제로 나눌 수도 있다.
- 생산시스템의 설계에 관한 의사결정은 전략적·장기적이며 쉽게 변경할 수 없는 반면, 생산시스템의 운영 및 관리에 관한 의사결정은 전술적·단기적이며 실행 중심의 성격을 갖는다.

1.3 생산전략

1. 생산전략모형

생산전략은 생산의 사명, 차별적 능력, 생산의 목표, 생산 정책의 네 가지 요소로 구성된다.

1) 생산의 사명

생산의 사명은 기업전략, 사업전략과 관련하여 생산기능의 목적을 정의하는 것이며, 생산관리의 목표인 품질, 납기, 원가, 유연성 간의 **상대적인 우선순위를 명시**하게 된다.

2) 생산정책

생산정책은 생산목표를 어떻게 달성할 것인가에 대한 **결정**으로 생산공정, 생산능력, 재고, 노동력, 품질 등 5가지 의사결정분야별로 수립되어야 한다.

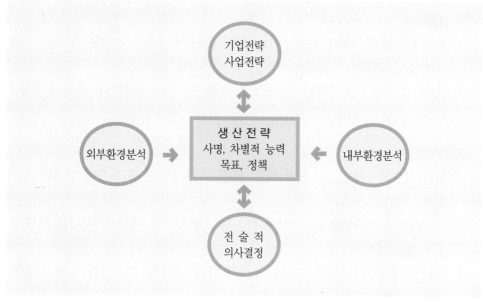

● 도표 1-5 생산전략모형

출처 : schroeder(1993)

2. 생산관리의 목표와 경쟁우선순위

(1) 경쟁우선순위의 8차원

1) 품 질

① 고성능 설계 : 우수한 성능, 엄격한 허용오차, 높은 내구성, 종업원의 숙련도, 고객에 대한 친절도 등

② 일관된 품질 : 제품(또는 서비스)과 설계된 사양과의 일치 정도

2) 납기(시간)

③ 빠른 인도시간 : 고객의 주문을 받고 인도하는 데 걸리는 시간＝리드타임(lead time)

④ 적시인도 : 약속된 인도시간(납기)을 엄수하는 정도

⑤ 개발속도 : 아이디어 창출부터 제품화되어 시장도입될 때까지의 시간

3) 원가(비용)

⑥ 낮은 비용

4) 유연성

⑦ 고객화(customization) : 고객의 독특한 요구와 제품설계에 변화를 수용할 수 있는 기업의 유연성

⑧ 수량유연성 : 급격한 수요변동에 대하여 산출률을 빨리 늘리거나 줄이는 능력

(2006 CPA)
★ 출제 Point
경쟁우선순위의 의미

◆ 일관된 품질
맥도날드는 동일한 제품규격으로 유명하다. 즉, 어느 점포에 가든 몇 개를 먹든 모든 소비자는 같은 메뉴와 같은 품질을 기대할 수 있다.

◆ 적시인도
페더럴 익스프레스는 빠른 배달시간보다도 제시간 도착을 더욱 강조한다. 이 때문에 우체국 배달보다 9~10배 요금이 비싸다.

(2) 각 경쟁우선순위의 상충문제 및 극복방안

1) 상충문제

① 낮은 원가를 추구하다 보면 품질, 납기, 유연성에 상당한 손실을 가져올 수 있으며, 높은 고객화는 상당한 비용증가가 수반된다.

② 그러므로 경영자는 이러한 상충요소를 고려하여 주요 경쟁우위요소를 선택해야 한다.

2) 극복방안

① 위의 상충문제에도 불구하고 비용, 품질, 유연성 목표를 동시에 달성할 수도 있다.

② 즉, 불량품과 재작업을 줄임으로써 비용을 크게 낮추고, 대량생산이 가능하게 할 수도 있는 것이다.

③ 또한 상충문제의 극복은 직무의 전문화나 제품의 표준화를 통한 반복도 (repeatability)의 증가로 달성될 수 있다.

◆ 집중화 생산의 기본개념
① 과업의 단순성, 반복경험, 그리고 동질성이 능력을 가져온다.
② 한 공장이 모든 분야에서 좋은 성과를 낼 수 없다.
(2001 CPA)
★ 출제 Point
집중화생산의 목표

Key Point 집중화생산전략과 집중화공장

집중화생산전략을 처음으로 개발한 스키너(Skinner, 1974)는 '공장 내 공장(plant within a plant)'을 설치하는 집중화공장(focused factory)의 개념을 제시하였다.

집중화 공장의 핵심개념은 각 공장이나 설비를 요건이 비슷한 한 두 개의 특정 제품에 국한시켜 생산활동을 단순화시키고, 요건이 다른 다수의 제품을 한 공장에서 동시에 생산할 때 발생하는 여러 상충 문제를 피하게 하는 것이다.

스키너의 연구에 의하면 집중화 공장이 복잡한 공장보다 더 많이 생산하고, 더 싸게 판매하며, 더 빨리 경쟁우위를 확보하는 것으로 나타났다.

('96 CPA)
★ 출제 Point
기업전략과 생산전략의 관계

3. 생산전략의 유형

생산전략은 반드시 사업전략(원가우위전략 또는 차별화우위전략)과 부합되어야 하며, 또한 마케팅전략이나 재무전략과도 연계되어야 한다(도표 1-6 참조).

● 도표 1-6 사업전략에 따른 기능별 전략

기능별 전략 \ 사업전략		원가우위전략	차별화우위전략
생산 전략	시장여건	가격에 민감 성숙한 시장 많은 수량 표준화된 제품	제품특성에 민감 새로 성장하는 시장 적은 수량 고객화된 제품
	생산의 사명	성숙한 제품에 대한 낮은 원가 강조	신제품 도입을 위한 유연성 강조
	생산의 차별적 능력	우수한 공정기술과 수직적 통합을 통한 낮은 원가	제품개발팀과 유연자동화를 통한 신속한 신제품 도입
	생산정책	우수한 공정 전용자동화 변화에 서서히 반응 규모의 경제 작업자 참여	우수한 제품 유연자동화 변화에 신속한 반응 범위의 경제 제품개발팀 활용
마케팅전략		대량유통 반복 판매 판매기회의 최대화 전국적인 판매인력	선택적 유통 신시장 개발 제품 설계 대리점을 통한 판매
재무전략		낮은 위험 낮은 이익 마진	높은 위험 높은 이익 마진

출처 : Schroeder(1993), p.42

4. 서비스조직의 생산전략

1) 서비스는 생산과 소비의 동시성에 의해 명확한 생산과업의 인식이 어렵다.
2) 그러므로 서비스기업의 생산전략은 [도표 1-7]과 같이 수정되어야 한다.

● 도표 1-7 서비스조직의 생산전략

원가우위전략	① 저원가고객의 탐색 ② 고객서비스의 표준화 ③ 서비스 전달시의 인적요소 최소화(ex. 자동판매기 등) ④ 네트워크비용의 감축 ⑤ 서비스운영시의 오프라인 방식 채택 → 규모의 경제와 저원가설비입지 가능
차별화 전략	① 무형의 유형화 ② 표준제품을 고객화 ③ 인지된 위험의 감소 ④ 인적자원에 대한 훈련의 강화 ⑤ 품질통제

01 80년대에 들어 전자 등 일본기업의 경이적 성공이 가시화되자, HARVARD대학의 W. SKINNER 교수가 제시한 "the missing link in the corporate strategy"의 개념은 학계와 업계에서 관심의 대상이 되었다. 이 때 missing link란 무엇과 관련된 개념인가?   ('96. CPA)

① 기업미션   ② 마케팅전략   ③ 재무전략
④ 생산전략   ⑤ 인사전략

✎ **해설** SKINNER 교수는 생산이 기업전략과 보조를 맞추지 못하면 생산의사결정은 일관성이 없거나 단기적인 성격을 갖게 된다고 주장하고, 따라서 생산전략은 기업전략으로부터 도출되어야 한다고 주장하였다. 즉, 생산전략을 생산의사결정과 기업전략(corporate strategy) 간의 연결고리(link)로 정의하였다.

02 생산은 투입물에 변환을 가하여 가치가 부가된 산출물을 만드는 과정이다. 생산 및 생산시스템에 관한 아래의 설명 중 옳은 것을 모두 고르면?   (2003. CPA)

> a. 생산시스템은 산출물로서 유형의 상품뿐만 아니라 무형의 서비스도 생산한다.
> b. 투입물의 가치 대비 산출물의 가치가 높을수록 생산성이 높으며 이는 상품 경쟁력의 원천이 된다.
> c. 비행기는 비행기제조회사에게는 산출물이지만 여객항공회사에게는 투입물이 된다.
> d. 운송창고업과 같이 투입물에 물리적 변환을 가하지 않는 업종은 생산시스템이라고 볼 수 없다.
> e. 산출물로부터의 피드백이 내부에서 순환적으로 작용하여 투입물과 변환과정을 통제하기 때문에 생산시스템은 폐쇄시스템으로 볼 수 있다.

① a   ② a, b   ③ a, b, c
④ a, b, c, d   ⑤ a, b, c, d, e

✎ **해설** d. 운송창고업은 장소효용, 시간효용 등을 제공하므로 제품에 가치를 부가시킨다.
　　　　　 e. 생산시스템은 개방시스템이다.

정답 1 ④ 2 ③

03 생산시스템의 경쟁우선순위(competitive priorities)에 대한 설명들 중 가장 적절하지 않은 것은?   (2006. CPA)

① 품질(quality)경쟁력은 상대적으로 높은 수준의 제품품질(product quality)을 확보할 수 있는 능력뿐만 아니라 적합한 품질수준을 유지하는 능력도 포함된다.

② 원가(cost)경쟁력은 상대적으로 낮은 가격의 투입자원을 확보하거나 생산성을 향상시킴으로써 얻어지는 가격경쟁력을 의미한다.

③ 신뢰성(reliability)경쟁력은 기업에 대한 고객의 신뢰를 얻어낼 수 있도록 효과적으로 애프터서비스를 제공할 수 있는 능력이다.

④ 유연성(flexibility)경쟁력은 다양한 종류의 제품을 공급할 수 있는 능력뿐만 아니라 주문물량의 대소에 관계없이 대응할 수 있는 능력을 의미한다.

⑤ 시간(time)경쟁력은 빠른 제품개발능력뿐만 아니라 빠른 인도(fast delivery) 및 적시인도(on-time delivery)능력도 포괄하는 개념이다.

✎ 해설   ③ 신뢰성은 납기목표의 또다른 용어이다.

연습문제

01 다음 중 (생산)시스템의 특성에 속하지 않는 것은?

① 하위시스템의 유기적 결합　　　② 변환장치

③ 목적성　　　④ entropy현상

⑤ 개별부문의 합이 전체보다 큼

✎ **해설** 시스템(system)이란 기능적 단위로 이루어진 여러 개의 독립된 개체가 전체적인 목표를 달성하기 위하여 유기적으로 연결되어 상호작용하는 통합체를 말하며, 다음과 같은 4가지 속성을 지닌다.

ⅰ) 시스템은 목표를 가지고 있다.(목적성)

ⅱ) 시스템은 복수개의 독립적인 부분으로 구성되어 있다.(구조성)

ⅲ) 시스템은 독립된 부분만으로는 고유의 목표를 달성할 수 없다.(기능성)

ⅳ) 시스템은 항상 전체로서만 의미가 있고 생존할 수 있다.(전체성)

④ entropy란 시스템 내에서의 무질서의 상태를 의미하며 엔트로피(무질서)는 시간이 경과함에 따라 자연적으로 증가된다고 보고 있다. 그러므로 시스템이 존속·성장하기 위해 엔트로피의 증가를 억제하는 활동이나 시스템이 소모한 에너지보다 많은 에너지를 외부로부터 적극적으로 흡수하고자 하는데, 이것을 negative entropy라 한다.

⑤ 시스템은 synergy효과가 있으며 전체적인 가치의 존재를 인정하는 거시적 접근법을 취한다. 또한 하위시스템의 최적화가 전체시스템의 최적화를 달성하지 못하게 되는 부문최적화(sub-optimization)의 문제를 해결한다.

02 생산전략과 관련된 다음의 설명 중 옳지 않은 것은?

① 품질은 생산전략의 경쟁무기 중 가장 기초가 되는 요소이다.

② 집중화 공장에서 불확실한 기술은 한 공장에 한 가지 정도로 제한된다.

③ 서비스업에서는 수요가 발생하지 않을 때 생산능력이 사장되어 버린다는 것을 염두에 두어야 한다.

④ 서비스업의 경우 원가우위 전략을 사용하기 위해 '표준제품의 고객화'를 택할 수 있다.

⑤ 서비스기업의 경우 차별화 전략을 사용하기 위해 '무형을 유형화'하면 된다.

✎ **해설** ② 집중화 공장에서는 단순성, 반복성, 동질성을 추구하므로, 증명되고 성숙된 기술조차도 두세 가지 정도로 제한된다.

③ 반면, 제조업에서는 수요가 없더라도 생산을 하여 재고로 비축할 수 있으므로 생산능력이 사장되지 않는다.

④ 차별화 전략의 설명이다. 원가우위전략을 위해서는 '고객서비스의 표준화'를 추구한다.

정답 1 ⑤　2 ④

03 생산전략 수립시의 경쟁무기에 관한 설명 중 옳지 않은 것은?

① 모래탑 모형에 의하면 품질이 가장 밑에 있고, 서비스가 가장 위에 있다.

② 경쟁무기의 수립순서는 품질 → 납기 → 원가 → 유연성이다.

③ 경쟁우위는 원가 → 납기·유연성 → 품질 → 서비스 순으로 발전해 왔다.

④ 생산패러다임은 원가최소화에서 가치최대화로 발전했다.

⑤ 경쟁우위의 원천은 생산기술에서 정보기술로 발전했다.

✎ 해설 ③ 경쟁우위는 원가 → 품질 → 납기·유연성 → 서비스 순으로 발전했다.

04 생산관리의 경쟁우선순위에 대한 설명 중 옳지 않은 것은?

① 고성능 설계 : 엄격한 허용오차, 고객에 대한 친절도

② 일관된 품질 : 설계된 사양과 서비스의 일치 정도

③ 리드 타임 : 고객의 주문을 받고 인도하는 데 걸리는 시간

④ 개발속도 : 생산에 투입해서 완성하는 데까지의 시간

⑤ 수량유연성 : 급격한 수요변동에 대하여 산출률을 조정

✎ 해설 ④ 개발속도 : 아이디어 창출부터 제품화되어 시장에 도입될 때까지의 시간

05 생산관리의 경쟁우선순위의 상충문제에 대한 설명으로 옳지 않은 것은?

① 한 공장이 모든 분야에서 좋은 성과를 낼 수도 있다.

② 낮은 원가를 추구하다 보면 품질, 납기 등에 상당한 손실을 가져올 수 있다.

③ 높은 고객화는 상당한 비용증가가 수반된다.

④ 불량품과 재작업을 줄임으로써 비용도 낮추고 대량생산도 가능해진다.

⑤ 과업의 단순성, 반복경험, 동질성이 능력을 가져온다.

✎ 해설 ① 일반적으로 한 공장에서 모든 분야에 걸쳐 좋은 성과를 낼 수 없다. 이런 이유 때문에 집중화 공장개념이 제시되었다.

06 다음 중 성격이 다른 개념은?

① 우수한 제품   ② 전용자동화   ③ 범위의 경제

④ 제품개발팀 활용   ⑤ 유연성 강조

✎ 해설 ②는 원가우위전략을 택한 회사의 생산정책 및 사명이고 나머지는 차별화 우위전략을 택한 회사의 내용임.

정답 3 ③ 4 ④ 5 ① 6 ②

07 사업전략에 따른 생산기능전략에 대한 연결 중 옳지 않은 것은?

① 원가우위전략 – 변화에 서서히 반응
② 원가우위전략 – 작업자 참여
③ 원가우위전략 – 수직적 통합을 통한 낮은 원가 추구
④ 차별화전략 – 유연자동화
⑤ 차별화전략 – 성숙한 시장시 유리

✎ 해설 ⑤ 차별화전략은 새로 성장하는 시장에서 유리하다.

08 다음 중 원가우위전략을 택한 서비스조직에서 채택할 수 있는 전략이 아닌 것은?

① 고객서비스의 표준화 ② 서비스운영시 오프라인방식 채택
③ 네트워크 비용의 감축 ④ 품질통제
⑤ 서비스전달시 인적 요소의 최소화

✎ 해설 ④는 차별화전략을 택한 서비스조직에서 채택해야 한다.

09 다음 중 차별화 전략을 택한 서비스 조직의 생산전략에 해당하는 것은?

a. 저원가 고객의 탐색
b. 무형의 유형화
c. 표준제품의 고객화
d. 인적자원에 대한 훈련 강화
e. 인적요소의 최소화

① a, b, c   ② a, b, c, d   ③ b, c, d
④ b, c, d, e   ⑤ c, d, e

✎ 해설 a, e는 원가우위전략의 경우임

제 2 장 ■ 제품과 서비스의 설계

2.1 제품설계

1. 신제품 도입전략

1) 신제품의 도입은 기업의 생존 및 경쟁력 확보에 매우 중요하며, 생산기능과 많은 영향을 주고 받는다.

2) 그러므로 신제품의 설계과정과 생산과의 상호작용을 이해하는 것이 매우 중요하다.

3) 신제품 도입시 주로 고려하는 전략으로 ① 시장지향적 전략, ② 기술지향적 전략, ③ 다기능간 협력전략 등이 있다.

◈ 제품개념에 대한 정의는 기업전략의 결과에 따르며 이러한 신제품개념정의는 생산전략의 투입요소가 된다.

2. 신제품개발과정 ; 제품설계의 체계

(1) 신제품 개발 과정

1) 제품설계(product design)란 개발대상으로 선정된 제품아이디어를 제품으로 구체화시키는 것을 말하며 대개 6단계를 거친다.

2) 이 단계 중 제품선정과정은 여러 아이디어 중 최상의 아이디어를 가려내는 것으로 ① 시장잠재력 ② 재무적 타당성 ③ 생산적합성 등 3가지 테스트를 거친다.

3) 제품 선정을 위한 대표적인 분석법으로는 체크리스트 점수법이 있다.

('94, 2000 CPA)
★ 출제 Point
신제품 개발 과정

◈ 제품설계과정에서 고려할 관리적 사항
① 제품수명주기(PLC)
② 자본예산
③ 제조물책임(PL)

● 도표 2-1 신제품 도입전략

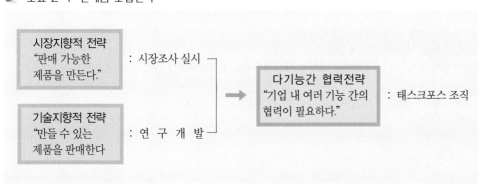

(2) 최종제품설계의 내용

1) 기능설계(functional design)

① 제품의 기능 내지 성능을 구체화시키는 과정으로, 시장품질수준, 신뢰성, 원가간의 관계, 유지보수성(서비스 용이성) 등을 고려하여 결정한다.

② 기능설계는 마케팅부서로부터 제시된 성능명세서를 충족시키고자 한다.

2) 형태설계(form design) 또는 스타일설계(style design)

① 제품의 선, 모양, 색채 등 제품의 외관에 대한 설계이다.

② 제품의 기능과 유기적으로 결합하여 결정한다.

3) 생산설계(production design)

① 제품의 기능과 형태에 영향을 주지 않으면서 경제적 · 효율적 생산이 가능하도록 하는 과정이다.

② 제품의 재료, 구조, 모양, 가공방법, 생산설비 등을 고려하여 결정한다.

③ 생산설계는 용이성 및 비용을 주로 고려하며 일반적으로 단순화, 표준화, 모듈화설계를 이용한다.

④ 제조용이성 설계(DFM : design for manufacturability)라고도 한다.

● 도표 2-2 신제품 개발과정

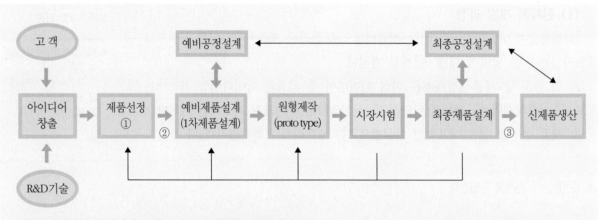

① 선정된 제품의 타당성 조사는 주로 마케팅부서에서 담당한다.
② 선정된 제품의 설계를 위해서는 '성능명세서'가 개발된다.
③ 성능명세서가 설계기술자에게 보내지면 예비적인 기술명세서와 세부적인 설계명세서가 개발된다.

＊ 예비공정설계는 예비제품설계와 최종공정설계는 최종제품설계와 각각 동시에 개발되는 것이 효율적이다.

2.2 동시설계

1) 의 의

① 동시설계(concurrent design) 또는 동시공학(CE : concurrent engineering)은 개별부서에 의해 순차적으로 이루어지던 설계과정을, 설계팀에 의해 동시에 이루어지도록 하는 설계방법을 말한다.

② 신제품개발단계에서 특히 중요하다.

③ CE는 제품의 설계, 기술, 생산, 마케팅, 서비스 등의 서로 다른 여러 부서로부터 다기능팀(multi-functional team)을 구성하고, 팀워크를 중시하며 제품의 설계단계에서부터 가능한 빨리 각 부서의 경험을 적절하게 반영함으로써, 제품 개발기간을 단축하고, 비용절감 및 품질향상을 달성하고자 하는 설계방식이다.

('98, '99, 2005, 2007 CPA)
★ 출제 Point
CE의 기본개념

2) 장 점

① CE는 개발과정에 필요한 모든 과정이 동시에 제품개발에 참여하기 때문에 제품개발과정을 단축시킬 수 있다.

② 시행착오로 인한 재작업률도 크게 줄일 수 있다.

3) 단 점

CE는 보다 많은 과업이 병렬적으로 수행되기 때문에 일정계획이 더 복잡해진다.

● 도표 2-3 순차설계와 동시설계의 비교

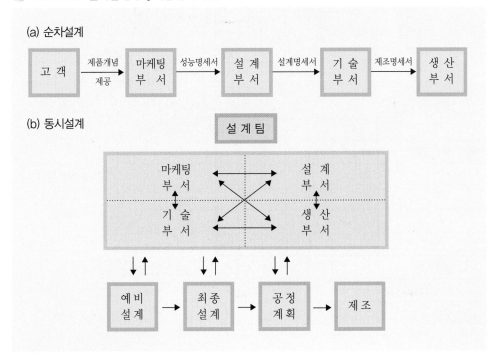

전통적 설계와 동시설계의 차이점

전통적(순차적) 설계에서는 설계부서에서 제품의 설계, 검사 및 원형개발이 이루어진 후에야 다른 부서들의 의견이 반영되지만, 동시설계에서는 설계, 검사 및 원형개발과정에서 설계부서뿐만 아니라 다른 여러 부서의 의견이 반영된다. 그러므로 제품설계와 공정설계를 공통의 활동으로 통합하고자 하는 것이다.

○ 참고

게스트 엔지니어링(guest engineering)

자동차나 전자제품처럼 수많은 부품을 조립하여 완성품을 만드는 산업에서, 부품업체를 손님처럼 귀하게 여겨 동반자적인 관계를 유지하고, 기술개발에 참여시켜 기술을 공여하고자 하는 것을 게스트 엔지니어링이라 한다. 게스트 엔지니어링을 실시하면 협력업체 기술진들이 완성품 조립라인을 둘러보면서 부품이 사용되는 시스템을 이해하고 완성품 품질의 중요성을 느끼게 되어 협력업체가 일체감을 조성하는 데 효과가 크다.

● 도표 2-4 품질의 질

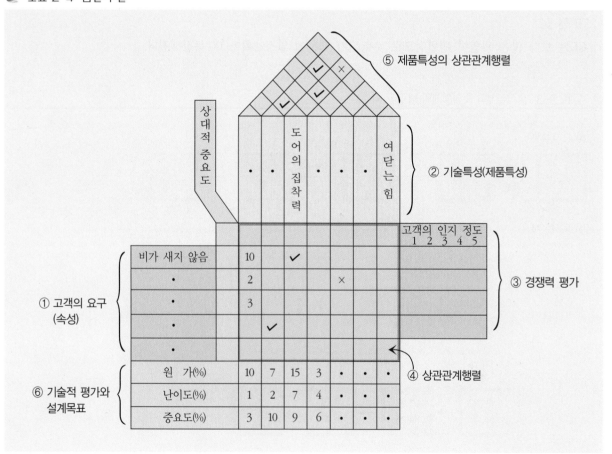

2.3 품질기능전개

1) 품질기능전개(QFD : quality function deployment)란 고객의 요구를 설계나 생산에서 사용되는 기술적 명세(또는 기술적 특성)로 바꾸기 위한 방법을 말한다.

2) QFD를 위한 도구로 '품질의 집(house of quality)'을 많이 이용한다.

('99, 2005 CPA)
★ 출제 Point
동시공학과 QFD의 관계

2.4 가치공학과 가치분석

1) 기업이 경쟁력을 계속 유지하기 위해서는 제품과 서비스를 끊임없이 개선해야 하며, 이를 위해서는 기본적으로 제품혁신이 요구된다.

2) 가치공학(VE : value engineering)과 가치분석(VA : value analysis)은 제품과 서비스의 가치를 증대시키기 위하여 사용하는 대표적인 혁신기법이다.

('98, '99 CPA)

1. 가치공학(VE)과 가치분석(VA)의 기본개념

1) VA/VE의 의의

① VA/VE는 특정 제품(서비스)의 기능을 최소의 원가로 제공할 수 있는 방법을 찾으려는 기법이다.

② 즉 제품이나 공정의 기능을 감소시키지 않으면서 원가를 절감하거나, 일정한 원가로 기능을 향상시킴으로써, 고객에게 가치있는 제품을 제공함과 동시에 기업의 경쟁력을 제고시키고자 하는 것이다.

◈ 원가는 화폐액으로 표시된 절대적인 개념인 데 비해, 가치는 원가·기능 비율에 대한 고객의 인지 정도를 나타내는 주관적 개념이다.

2) VA/VE의 주요 분석내용

① 품목의 재설계나 결합을 통한 단순화와 표준화 가능성

② 불필요한 특성의 제거 가능성

③ 원재료비, 노무비, 제조간접비 등의 적절성

④ 더 저렴한 공급처의 존재 여부

Key Point VE와 VA

'가치 $= \dfrac{\text{기능}}{\text{원가}}$'에서 기능과 원가의 비율을 개선함으로써 그 가치를 증대시킬 수 있다.

2. VE와 VA의 차이점

가치공학(VE)은 주로 생산단계 이전에 제품이나 공정의 설계분석에 관심을 두지만, 가치분석(VA)은 주로 생산되고 있는 제품에 대한 구매품(원료 또는 부품)의 원가분석에 관심을 둔다.

> **Key Point** 가치혁신
>
> 가치혁신(VI : value innovation) → 시장지향 가치혁신(market oriented value innovation) :
> VE, VA를 제품의 라이프사이클의 모든 단계에 걸쳐 전개하도록 한 것이다.

2.5 제품설계의 현대적 방식

1. 모듈러 설계

◈ 모듈러 설계는 높은 제품다양성과 낮은 부품다양성을 가져온다.

1) 모듈러 설계(modular design)는 서로 다른 제품으로 조립될 수 있는 구성품을 개발하여, 생산에는 한정된 기본 구성품만을 사용하지만, 고객에게는 다양한 제품을 제공하고자 하는 설계방식을 말한다.

2) 모듈러 설계를 위해서는 제품라인에 대한 폭 넓은 시야가 요구된다.

2. 로버스트 설계 : 다구치 설계

1) 로버스트 설계(robust design)는 처음부터 환경에 영향을 덜 받도록 제품이나 공정을 설계하는 것을 말한다.

2) 로버스트 설계를 하면 환경요인의 변동을 생산공정상에서 통제하는 것보다 비용을 낮출 수 있는 이점이 있다.

3. 기타 : CAD, 글로벌 설계, 환경친화형 설계

2.6 서비스 설계

1. 서비스의 의의 및 특징

1) 서비스는 제품의 유형성에 대비하여 무형성(intangibility)이 강조된다.

2) 생산과 소비가 동시에 일어나는 중요한 특성이 있다.

3) 고객은 생산과 직접 접촉하게 된다.

4) 생산자와 고객 간의 상호작용이 생산공정에 반영되어야 한다.

● 도표 2-5 제품과 서비스의 차이점

특 성	제 품	서비스
물리적 성질	유형, 보관 가능	무형, 보관 불가능
고 객 접 촉	적 음	많 음
수요충족시간	김	짧 음
지역 / 입지	국내, 국제시장	국지적 시장*
설 비 규 모	대규모	소규모
기 술 특 성	자본집약적	노동집약적
품 질 측 정	용 이	곤 란

＊서비스 가능지역은 최근 인터넷의 일반화로 넓어지는 경향이 있으며, 오히려 제품보다 더 광범위하게 공급될
　수도 있음에 유의할 것.

2. 서비스의 분석 틀

(1) 서비스 삼각형

1) 서비스 삼각형(service triangle)은 고객, 직원, 전략, 시스템의 네 가지 요소로
구성되어 있다.

2) 서비스 삼각형은 서비스시스템의 설계 및 서비스문제의 진단, 원인파악, 해결에
사용될 수 있다.

● 도표 2-6 서비스 삼각형

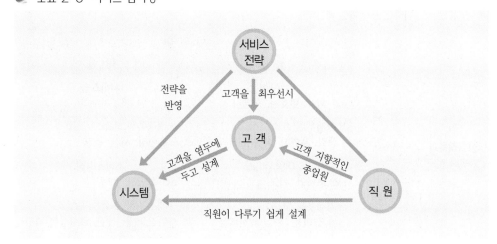

＊출처 : Alborecht and Zemke(1985)

(2) 서비스 사이클

1) 서비스 사이클(cycle of service)이란 고객이 처음으로 서비스시스템과 접촉하는 점으로부터 시작해서 계속적인 서비스시스템과의 접촉점으로 이루어진 사이클을 말한다.

2) 이러한 각각의 접촉점에서 고객은 서비스가 자신의 요구를 충족시키는지를 의식 · 무의식적으로 느끼게 된다.

3) 고객들은 인식된 서비스의 누적 결과로 전체 서비스에 대한 평가 및 다음 번 구매 결정을 하게 된다.

(3) 서비스 프로세스 메트릭스와 관리문제

1) 노동집약도가 높은 서비스
　① 노동력의 관리와 통제에 집중
　② 서비스 기업이 지역적으로 분산(즉, 비중앙집중화 경향)
　③ 새로운 지역을 시스템에 소개해야 함
　④ 몇 개의 서비스지역 동시 관리

2) 노동집약도가 낮은 서비스
　① 현재의 공장 및 장비에 대한 감독에 집중
　② 새로운 기법에 대한 평가에 관심
　③ 서비스 전달의 스케줄을 보다 정확히 잡아야 함
　④ 수요조절에 초점

3) 고객화가 낮은 서비스
　① 부드러운 서비스 및 매력적인 서비스 시설에 집중 → 마케팅에 초점

(2005 CPA)
★ 출제 Point
대량서비스의 이해

● 도표 2-7 서비스 프로세스 매트릭스

		노동집약도	
		높음	낮음
상호작용과 고객화 정도	높음	전문서비스 ex) 의사, 변호사, 회계사	서비스숍 ex) 병원, 자동차수리
		• 경쟁우위 요소: 품질, 유연성, 확실성/신뢰성	• 경쟁우위 요소: 유연성, 시간, 품질
	낮음	대량서비스 ex) 소매업, 학교	서비스공장 ex) 항공사, 호텔
		• 경쟁우위 요소: 가격/비용, 확실성/신뢰성	• 경쟁우위 요소: 가격/비용, 품질, 확실성/신뢰성

＊ 출처 : R.W.Schmenner, "How Can Service Business Survive and Prosper?," *Sloan Management Review*, 27(Spring 1986)

② 운영절차를 정하고 엄격한 위계질서 강조

4) 고객화가 높은 서비스

① 높은 품질수준 유지 및 비용절감에 노력

② 서비스 종사자에 대한 훈련 및 세심한 관리 필요

③ 관리자와 부하의 관계는 덜 엄격

④ 높은 종업원 충성도가 중요

(4) 고객접촉도 · 고객화 정도 · 노동집약도에 따른 서비스 유형별 믹스

1) Haywood-Farmer는 고객접촉도, 서비스 고객화의 정도, 노동집약도를 각각의 축으로 하는, 즉 3차원적 서비스유형을 제시하였다.

2) 이러한 분류기준은 서비스 전략을 창출하는데 부가적인 지침으로 이용될 수 있다.

3) 전략변수는 인적자원 · 시설 · 공정기술 · 공급업자 등이 될 수 있다.

① 고객접촉도가 높아짐에 따라서 노동강도의 영향을 고려해야 하는데, 이 경우 인적자원에 대한 투자와 관리가 필요하다.

② 노동력이 많이 소요되지 않는 서비스에 대해서는 고객의 주의를 끄는 물적시설이나 공정기술 개선에 치중하는 것이 유리하다.

③ 고객화(맞춤)의 정도가 높을수록 서비스 내지 서비스과정(공정)은 고객요구에 맞도록 설계되어야 한다.

● 도표 2-8 3차원적 서비스 분류방식

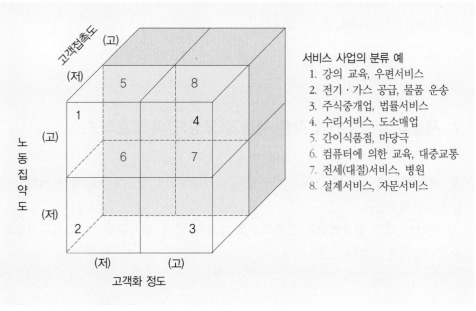

서비스 사업의 분류 예
1. 강의 교육, 우편서비스
2. 전기 · 가스 공급, 물품 운송
3. 주식중개업, 법률서비스
4. 수리서비스, 도소매업
5. 간이식품점, 마당극
6. 컴퓨터에 의한 교육, 대중교통
7. 전세(대절)서비스, 병원
8. 설계서비스, 자문서비스

＊ 출처 : John Haywood-Farmer, "A Conceptual Model of Service Quality," *International Journal of Operations and Productuin Management*, Vol. 8, #6(1988)

3. 서비스전략결정 및 서비스상품의 설계

　1) 서비스전략에는 경쟁우위를 달성하기 위한 우선적인 경쟁수단(예 친절, 신속, 가격 등)이 제시되어야 한다.

　2) 서비스는 물리적, 감각적, 심리적 혜택 등이 꾸러미로 구성되는 경향이 있으므로, 서비스 상품의 설계시에는 세 요소의 적절한 믹스가 고려되어야 한다.

　3) 또한 서비스 표준을 명시하고 서비스 보증 조건을 결정하는 것이 중요하다.

4. 고객접촉도

　1) 고객접촉도란 서비스 생산기간 중 고객과 직접 접촉하는 시간의 비율을 말하며 서비스 공정의 설계에 중요한 요소이다.

　2) 고객접촉도가 높을수록 서비스시스템과 고객과의 상호작용이 커지고, 불확실성도 커지게 되며, 생산공정의 통제와 합리화가 어려워진다.

$$\text{고객접촉도} = \frac{\text{고객이 시스템 내에 머무는 시간}}{\text{서비스창출에 소요되는 총시간}} \times 100(\%)$$

5. 서비스설계의 새로운 접근법

1) 생산라인식 접근법

① 이는 서비스를 표준화하고 서비스 공정을 제조 공정과 같이 보고, 보다 효율적으로 서비스를 제공하고자 하는 접근법이다.

② 맥도널드사를 예로 들 수 있다.

2) 기타 : 셀프-서비스 접근법

2.7 제품의 수명주기에 따른 제품과 공정 간의 상호작용

　1) 제품은 시장에 도입된 이후에도 공정과 지속적으로 상호작용을 하며 끊임없이 재설계되고 혁신된다.

　2) 이러한 제품-공정혁신은 일반적으로 유동적 단계, 반자동화 단계, 완전자동화 단계 등 3단계를 거친다.

● 도표 2-9 제품-공정혁신의 동태적 모형

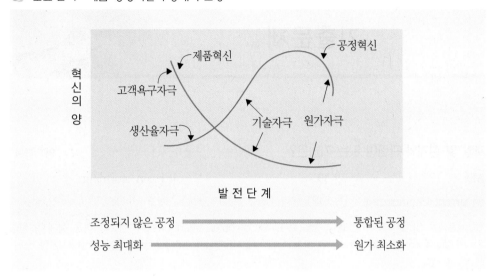

조정되지 않은 공정 ───────────▶ 통합된 공정

성능 최대화 ───────────▶ 원가 최소화

● 도표 2-10 제품-공정혁신 단계

	유동적 단계	반자동화 단계	완전자동화 단계
PLC	도입기	성장기	성숙기
특 징	제품·공정 모두 유동적 상태 ① 생산공정은 전형적인 소량생산 ② 제품은 범용설비에 의해 제조 ③ 제품의 혁신속도가 빠름 ④ 폭 넓은 제품 다양화	개별적 기계화, 즉 일부 공정은 전용설비, 일부 공정은 범용 설비 ① 원가에 관심 ② 제품흐름의 통합화 ③ 작업의 전문화 ④ 자동화의 확대 ⑤ 생산계획 및 통제의 개선	제품·공정이 상호 의존적 ① 표준화가 더 요구됨 ② 제품·공정 분리가 어려움 ③ 공정이 고도로 통합되고 자동화됨
단 점	제품흐름이 불안정하며 병목 현상이나 과잉생산능력이 발생한다.		제품의 변경이 극히 어렵고 비용도 많이 든다.
목 표	유연성		원가절감

01 제품개발 및 설계와 관련이 없는 기법은? ('98. CPA)

① CAD   ② VE   ③ brain storming

④ concurrent engineering   ⑤ OPT

✎ **해설** 제품개발 및 설계에 사용되는 기법으로 CAD(Computer-aided design : 컴퓨터 이용 설계시스템), VE(Value engineering : 가치공학), Brain storming(자유연상법), concurrent engineering(동시공학) 등을 들 수 있다.

④ 동시공학은 설계기술진, 생산전문가, 마케팅부서, 구매자, 품질전문가 등이 제품이나 서비스를 설계하고 생산공정을 설정하는 데 공동작업을 하는 것을 말한다.

⑤ OPT법은 개별생산시스템의 일정관리기법이다.

02 제품개발과정에서 설계, 기술, 제조, 구매, 마케팅, 서비스 등의 담당자뿐만 아니라 납품업자, 소비자들이 하나의 팀을 구성하여 각 부분이 서로 제품개발에 대한 정보를 교환하면서 제품개발과정을 단축시키는 방식을 무엇이라고 하는가? ('99. CPA)

① 인간공학(ergonomics)

② 가치분석(value analysis)

③ 그룹테크놀러지(group technology)

④ 동시공학(concurrent engineering)

⑤ 품질기능전개(quality function deployment)

✎ **해설** ① ergonomics는 인간-기계시스템하에서 인간과 기계와의 조화·합리성을 찾고자 하는 개념이다.

W. E. 우드슨은 "인간공학은 인간과 기계의 관계를 합리화하기 위한 것이다. 인간의 감각에 정보를 제공하는 것, 인간의 조작을 위한 제어, 복잡한 인간-기계시스템을 위한 관계 등도 포함하여 인간의 작업설계, 인간-기계시스템의 설계, 인간이 조작하는 기계부분의 설계 등을 가장 효과적으로 하기 위한 것이다. 또 조작하는 인간의 안전이나 쾌적이라는 것도 고려하여야 한다"고 말하고 있다. 또 특히 유럽에서 사용되고 있는 'ergonomics'라는 말은 인간의 근력 발현을 정상화한다는 의미로, 너무 큰 근육의 힘을 쓰지 않도록 기계설계를 생각하는 것, 즉 인간의 특성을 고려하여 기계를 설계하는 것을 뜻한다.

⑤ 품질기능전개란 고객의 요구를 설계나 생산에서 사용되는 기술적 명세로 바꾸는 것을 말한다.

정답 1 ⑤   2 ④

03 다음의 설명 중 제품의 설계와 개발과정에서 고려되는 제조용이성 설계(design for manufacturability) 개념을 가장 적절히 나타내는 것은? (2004. CPA)

① 소비자가 사용하던 제품을 폐기처분하는 과정에서 재활용이 가능한 부품들의 수거과 정을 원활히 하고자 하는 개념이다.

② 제품개발의 초기과정에서부터 모든 관련부서가 참여하여 제품개발에 소요되는 시간을 줄이고자 하는 개념이다.

③ 소비자가 원하는 제품개념(voice of customers)을 설계와 생산을 담당하는 부서원들에 게 보다 효과적으로 전달하고자 하는 개념이다.

④ 제품개발과정에서 제품설계와 공정설계를 동시에 고려하여 제품설계에 필요한 시간과 비용을 줄이고자 하는 개념이다.

⑤ 단순화, 표준화, 모듈(module)화 등의 원칙을 통해 제품을 설계함으로써 보다 저렴하 고 쉽게 생산하자는 개념이다.

✎ 해설 ⑤ 제조용이성 설계란 제품설계에서 생산설계 단계를 강조하는 개념으로, 제품의 생산이 용이하고 경제적으 로 이루어질 수 있도록 단순화, 표준화, 모듈화 원칙을 사용하는 설계를 말한다. 이를 위해 제조용이성 설 계는 제조에 용이한 제품-설계 특성을 확인하고, 조작 및 조립에 용이한 구성품에 설계하는 데 초점을 맞 추며, 제품설계와 공정설계를 통합한다.
　②, ④ 동시설계
　③ QFD

04 서비스업을 제조업과 비교하는 다음의 설명 중 가장 적절한 것은? (2004. CPA)

① 서비스제공과정에서 고객과의 접촉 정도는 제조업에 비해 상대적으로 적다.

② 서비스제공과정에서의 생산성측정은 제조업에 비해 상대적으로 용이하다.

③ 서비스창출과정은 고객의 소비와 동시에 일어나는 경우가 제조업보다 많다.

④ 서비스업에서의 품질측정은 제조업에서의 품질측정보다 객관적으로 이루어질 수 있다.

⑤ 제조업에서처럼 모든 서비스도 재고의 개념을 적용하여 고객수요에 대응할 수 있다.

✎ 해설 ① 적다 → 많다
　② 용이하다 → 어렵다
　④ 객관적으로 → 주관적으로
　⑤ 서비스는 재고로 보관할 수 없다.

05 제품개발과 관련하여 적절하게 설명된 항목들로 구성된 것은 (2005. CPA)

> a. 제품개발을 위한 아이디어의 원천은 크게 고객욕구와 기술발전으로 분류된다.
> b. 동시공학(concurrent engineering) 접근법은 제품의 공학적 설계과정에서 협력업체를 포

정답 3 ⑤ 4 ③ 5 ④

함하는 관련 엔지니어들이 동시에 팀으로 진행하여 설계기간을 단축하는 것이다.

c. 모듈러디자인(modular design)을 적용하는 경우 제품 생산의 용이성은 증가하나 제품의 다양성은 매우 제한적이 되는 단점이 있다.

d. 제품개발 시 순차적 접근법(sequential approach)을 적용하는 경우 제품개발 소요기간이 길어져서 시장경쟁이 심한 첨단기술 제품의 개발에는 적절하지 않다.

① a, b   ② b, c   ③ c, d

④ a, d   ⑤ a, b, c, d

✎ 해설   b. 동시공학은 기업 내부의 여러 부서로부터 다기능팀을 구성하여 설계과정을 단축하고 비용을 절감하고자 하는 방식이다. 그러므로 협력업체까지는 포함시키지 않는 개념이다.

c. 모듈러디자인은 제품생산의 용이성과 다양성이 모두 증가한다.

06 서비스업의 운영관리와 관련한 다음의 설명 중 가장 적절치 않은 것은?   (2005. CPA)

① 서비스는 시간소멸적(time-perishable) 특성이 있어 서비스업의 경우 수요관리가 더욱 중요하다.

② 대부분의 서비스는 서비스 패키지를 구성하는 유·무형의 속성들을 혼합적으로 포함하고 있다.

③ 서비스 수요의 성수기와 비수기 주기는 일반적으로 제조업보다 짧고 격차도 큰 경향이 있다.

④ 서비스의 이질성을 극복하는 방안의 하나로 종업원에 대한 교육 훈련을 고려할 수 있다.

⑤ 표준화 정도가 높고 자본비용이 낮은 대량서비스로 분류되는 도매점의 경우 종업원의 충성도 획득이 중요한 경영과제이다.

✎ 해설

		자본비용	
		낮음	높음
표준화	낮음	a. 전문서비스	b. 서비스숍
	높음	c. 대량서비스	d. 서비스공장

c의 대량서비스의 경우 노동력 위주의 관리를 위한 운영절차를 정하고 엄격한 위계질서를 가지고 관리하는 것이 중요한 경영과제가 된다.

a의 전문서비스의 경우 종업원의 충성도 획득이 경영의 주요 과제가 된다.

정답 6 ⑤

07 동시공학(Concurrent Engineering)에 관한 다음 설명 중에서 가장 적절하지 않은 것은?

(2007. CPA)

① 동시공학은 제품개발 과정에 시간, 품질, 가격, 유연성 등의 경쟁요소를 주입(built-in)하고자 한다.

② 동시공학을 실행하기 위해 QFD(Quality Function Deployment), DFM(Design for Manufacturability), 모듈러설계, 실험설계 등이 활용된다.

③ 동시공학을 활용한 제품개발은 일반적으로 전문화의 원리에 충실한 기능별 조직 (functional organization) 형태를 갖는다.

④ 동시공학은 CAD/CAE 뿐 아니라 협업을 지원하는 정보시스템을 적극적으로 활용한다.

⑤ 동시공학은 매우 경쟁적인 시장상황에 적합한 제품개발방법이다.

✎ 해설 ③ 동시공학을 위해서는 회사 내 다양한 기능이 수시로 모여 협의할 수 있는 태스크포스(TF)조직이나 프로젝트 조직 형태를 갖는 것이 바람직하다.

④ CAE(computer aided engineering)는 CAD로 작성한 제품모델을 컴퓨터 안에서 상세히 검토하고, 그 데이터를 토대로 모델을 수정하거나, 설계를 변경하기 위한 시스템을 말한다.

→ 즉, 컴퓨터 안에서 시작품(試作品)을 몇번이고 만들어 내는 것으로, 시작품을 실제로 고쳐 만드는 수고를 덜 수 있으므로 신제품 개발 기간 단축 및 원가절감에 도움이 되는 시스템이다.

정답 7 ③

연습문제

01 신제품도입 및 제품설계에 대한 다음의 설명 중 틀린 것은?

① 다기능간 협력전략은 부서 간의 알력과 마찰 때문에 실행이 어려울 수 있다.

② 제품선정에 대한 분석은 매우 주관적인 성격을 가지고 있다.

③ 예비제품설계단계에서는 설정된 아이디어를 구체적인 제품으로 전환하게 된다.

④ 최종제품 설계시 생산설계는 제품의 기능과 형태를 개선하는 것이다.

⑤ 품질기능전개(QFD)는 고객의 요구와 기술적 특성을 결합하는 기법이다.

✎ 해설 ② 제품선정을 위한 분석 목적은 생산에 대한 최종결정을 내리는 것이 아니고, 최상의 아이디어를 분별하는
것이므로 어느 정도 제한된 정보에 의해 이루어진다.
④ 생산설계는 제품의 기능과 형태에 영향을 주지 않으면서 경제적·효율적 생산을 가능하게 하는 과정이다.

02 가치공학(VE)과 가치분석(VA)에 대한 설명으로 적합하지 않은 것은?

① 가치공학과 가치분석은 제품의 가치에 공헌하지 않는 불필요한 기능이나 비용이 많이
드는 기능을 제거하고자 한다.

② VA는 원가절감기법, VE는 원가회피기법으로 구분할 수도 있다.

③ 가치공학은 구매품의 원가분석에, 가치분석은 제품이나 공정의 설계분석에 치중한다.

④ VA, VE를 제품수명주기 전단계에서 실시하고자 하는 것을 가치혁신(VI)이라 한다.

⑤ 가치분석이 성공하기 위해서는 집단의사결정기법 및 전문가들의 참여가 필요하다.

✎ 해설 ③ 가치공학은 제품이나 공정의 설계분석에, 가치분석은 구매품의 원가분석에 치중한다.

03 제품설계에 관한 다음의 설명 중 옳지 않은 것은?

① 신제품도입단계에서 다기능간 협력전략이 성공하려면 각 부서가 참여하는 task force
조직이 요구된다.

② 글로벌설계란 처음부터 글로벌 시장을 겨냥하여 설계하는 방식이다.

③ 모듈러 설계는 제품의 다양성은 높이면서 구성품의 다양성은 낮추고자 한다.

④ 모듈러 설계방식에서는 각 제품을 개별적으로 설계하지 않고, 표준화된 구성품모듈을

중심으로 설계한다.

⑤ 제품이 시장에 처음 도입되었을 때는 생산관리의 목표 중 원가가 가장 중시된다.

✎ 해설 ⑤ 제품의 도입기에는 유연성이 가장 중요한 목표가 되고 나중에 가격경쟁이 전개되면 원가가 가장 중요한 목표가 된다.

04 서비스설계에 관한 다음의 설명 중 옳지 않은 것은?

① 서비스 삼각형은 고객, 직원, 시스템, 전략 간의 상호작용을 보여주는 서비스의 분석틀이다.

② 대부분의 서비스는 무형의 서비스와 유형의 재화의 묶음으로 제공된다.

③ 서비스 생산효율성을 높이기 위해서는 높은 접촉서비스와 낮은 접촉서비스를 통합한다.

④ 노동집약도와 고객화의 정도가 다 같이 높은 경우는 전문서비스가 제공된다.

⑤ 고도로 고객화된 서비스의 경우 원가통제, 품질유지, 고객개입통제, 숙련공의 이직방지 등이 중요 관심사항이다.

✎ 해설 ③ 높은 접촉서비스와 낮은 접촉서비스를 분리해야 효율성도 높일 수 있고, 고객의 대기시간도 줄일 수 있다.
⑤ 고도의 자본집약 서비스 : 정통한 기술, 자본의사결정, 피크를 피하기 위한 수요관리, 세심한 일정관리
고도의 노동집약 서비스 : 대규모 종업원의 세심한 관리
고도의 표준화된 서비스 : 단순공의 동기부여, 표준절차의 유지

05 고객접촉도 · 고객화정도 · 노동집약도에 따른 서비스 유형별 전략에 대한 다음의 보기 중 옳은 것만 골라라.

> a. 전략변수로 인적자원 · 시설 · 공정기술 등을 들 수 있다.
> b. 고객접촉도가 높아질수록 인적자원에 대한 투자가 필요하다.
> d. 노동력이 많이 소요되지 않는 서비스는 서비스과정을 고객별로 설계해야 한다.
> d. 고객화 정도가 높을수록 물적시설이나 공정기술에 치중해야 한다.

① a, b   ② a, b, c   ③ b, c, d

④ a, c, d   ⑤ a, b, d

✎ 해설 c. 노동력이 많이 소요되지 않는 서비스의 경우 물적시설이나 공정기술에 치중해야 한다.
d. 고객화정도가 높을수록 서비스 내지 서비스 과정을 고객요구에 맞도록 설계해야 한다.

제3장 ■ 공정설계

3.1 공정설계의 기초개념

1. 공정설계의 의의

공정설계(process design)란 설계된 제품을 효율적으로 생산할 수 있도록 하기 위하여 ① 생산공정의 유형을 결정하고, ② 생산흐름을 분석하며, ③ 생산설비의 선정 및 소유범위를 결정하는 것이다.

● 도표 3-1 공정설계의 체계

2. 공정설계시의 4대 고려요소

1) 자본집약도

① 생산공정에 있어 기계작업과 작업자작업의 구성비를 말한다.
② 기계장비의 상대적 비용이 클수록 자본집약도가 높다.

2) 자원유연성

① 종업원과 기계가 다양한 제품, 다양한 산출수준, 다양한 기능들을 수행할 수 있는 능력을 말한다.
② 짧은 제품수명주기나 높은 고객화가 필요한 경우, 다양한 작업이 가능한 종업원과 범용설비가 투입되어야 하며, 이 경우 생산효율이 낮은 문제가 있다.
③ 반면 생산효율을 높이기 위해 자본집약적인 전용설비를 투입하면 고객화 수준이 낮아지게 된다.
④ 그러므로 자본집약도와 자원유연성 간에는 높은 상충관계가 존재한다.

● 도표 3-2 공정설계 고려요소간의 관계

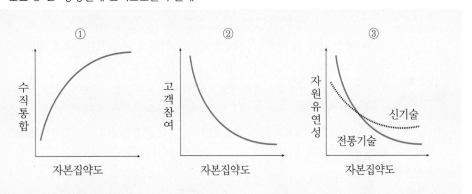

① 수직적 통합과 자본집약도는 비례관계이다. → 즉, 생산량이 많다는 것은, 높은 집약도 와 수직적 통합을 의미하는 것이다.
② 고객참여도와 자본집약도는 역관계를 갖는다. → 즉, 높은 산출량은 대개 낮은 고객참여도 및 높은 자본집약도와 함께 나타난다. 그리고 수직적 통합이 높을 때 고객참여도 는 낮다.
③ 자원유연성과 자본집약도는 역관계를 갖는다. → 즉, 높은 생산량은 높은 자본집약도와 낮은 자원유연성을 필요로 한다.

3) 수직적 통합의 정도

4) 고객참여도

① 고객을 생산공정에 어느 정도 그리고 어떻게 참여시킬 것인가(고객과 공정의 상 호작용 정도)를 나타낸다.
② 서비스업에서 특히 중요시되는 요소이다.

● 도표 3-3 공정설계 4요소와 위치전략

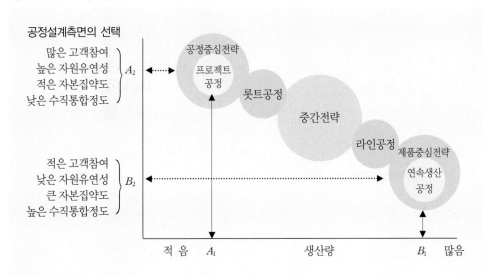

● 도표 3-4 위치전략과 경쟁우위 순위의 관계

	공정중심	제품중심
제품 및 서비스계획	고객화된 제품 및 서비스의 소량생산	표준화된 제품 및 서비스의 대량생산
	짧은 수명주기	긴 수명주기
	수명주기의 초기단계인 제품 혹은 서비스	수명주기의 후기단계인 제품 혹은 서비스
	빠른 퇴출을 선호하는 진입-퇴출전략	늦은 퇴출을 선호하는 진입-퇴출전략
경쟁우선순위 및 특징	고성능설계	균일한 품질
	고객화와 수량유연성의 강조	낮은 가격의 강조
	긴 인도시간	짧은 인도시간

③ 고객의 참여도가 높은 공정은 덜 자본집약적이며, 자원유연성은 더 높은 경향이 있다.

3. 생산공정의 유형

1) 생산공정을 생산(제품)의 흐름에 따라 분류하면 연속생산공정(continuous flow process), 단속생산공정(intermittent flow process), 프로젝트생산공정(project flow process) 등으로 나눌 수 있다.

2) 프로젝트생산공정은 예술품, 건축물과 같이 한 번에 한 제품만 생산하는 경우 이용된다.

● 도표 3-5 생산공정의 유형

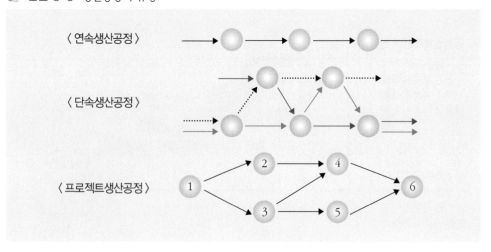

4. 생산형태의 분류

(1) 고객의 주문유형에 따른 분류 : 주문생산 · 시장생산 · 조립생산

1) 주문생산(make to order)

① 고객의 주문에 따라 생산하는 방식이다.

② 장점 : 수요변화에 대한 유연성이 높다.

③ 단점 : 생산효율이 떨어지고 주문이 비반복적이다.

2) 시장생산(make to stock : 예측생산, 계획생산, 재고생산)

① 수요예측에 따라 생산하는 방식이다.

② 장점 : 동일제품을 대량생산하여 원가절감이 달성될 수 있다.

③ 단점 : 수요의 변화에 대처하기가 어렵다.

3) 조립생산(make to assembly)

① 주문생산과 재고생산의 결합형태이다.

② 수요예측을 토대로 중간조립품과 구성품을 생산하고, 고객주문에 따라서 최종
   제품을 생산하는 공정형태이다.

③ 조립생산에서는 최소의 중간조립품을 가지고 최대의 최종제품을 생산하는 것이
   목표가 된다.

④ 중간조립품은 재고로 보유하고 있으나 완성품은 주문시에 생산된다.

(2) 생산의 반복성에 따른 분류 : 개별생산 · 롯트생산 · 연속생산

1) 개별생산(job shop production)

① 개개의 주문별로 생산하는 방식이다.

② 맞춤구두, 맞춤의류, 선박, 특수공작기계 등의 생산에 주로 이용된다.

2) 롯트생산(lot production), 배취생산(batch production) 또는 묶음생산

① 일정량씩 반복생산하는 방식이다.

② 금속 · 기계공업, 주물, 의류, 가구, 도자기 등의 생산에 주로 이용된다.

3) 연속생산(continuous production)

① 대량의 동일제품을 반복생산하는 방식이다.

② 자동차, 전자제품, 석유화학제품 등의 생산에 주로 이용된다.

Key Point 개별생산과 프로젝트생산

개별생산은 생산기간이 단기이며 소규모인 생산활동을 의미하고, 프로젝트생산(project production)은 생산기간이 장기이며 생산규모가 거대한 대규모공사의 생산활동을 의미한다.

(3) 생산의 흐름에 따른 분류 : 단속생산 · 연속생산

1) 단속생산(intermittent production)은 생산의 흐름이 단속적이며 개별생산방식
이다.

2) 연속생산(continuous production)은 생산의 흐름이 연속적이다.

● 도표 3-6 생산형태의 분류

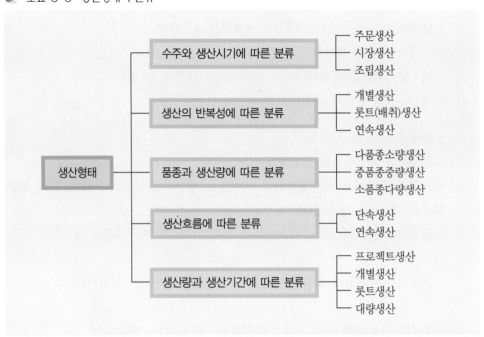

● 도표 3-7 주문생산과 시장생산의 비교

비 교 사 항	주 문 생 산	시 장 생 산
제품특성	① 고객이 제품의 시방을 결정 ② 다품종 ③ 고가격(생산원가가 높다)	① 생산자가 제품의 시방을 결정 ② 소품종 ③ 저가격(생산원가가 낮다)
주요목표의 순서	① 납 기 ② 품 질 ③ 원 가 ④ 생산능력의 이용도	① 원 가 ② 품 질 ③ 생산능력의 이용도 ④ 고객서비스
운영상의 주요문제	① 생산활동과 납기의 관리 ② 주문흐름의 통제	① 수요예측 ② 생산계획 및 재고관리

도표 3-8 단속생산과 연속생산의 비교

비교사항	단속생산	연속생산
① 생 산 시 기	주문생산	시장생산
② 품종과 생산량	다품종소량생산	소품종다량생산
③ 기 계 설 비	일반목적용 기계설비 *1(범용설비)	특수목적용 기계설비 *2(전용설비)
④ 운 반 설 비	자유경로형 운반설비	고정경로형 운반설비
⑤ 생 산 속 도	느 림	빠 름
⑥ 단위당 생산원가	높 음	낮 음
⑦ 설 비 투 자 액	적 음	많 음
⑧ 노 동 력	고도로 숙련된 노동자	반숙련공 · 미숙련공도 가능
⑨ 유 연 성	높 음	낮 음
⑩ 설 비 배 치	공정별 배치	제품별 배치

*1 일반목적용 기계설비 : 하나의 기계설비로 여러 가지의 일을 수행하는 기계설비를 말한다.
*2 특수목적용 기계설비 : 하나의 기계설비로 하나의 제한된 일만 수행하는 기계설비를 말한다.

참 고

라인공정

- 라인공정은 연속생산공정과 반복생산공정을 포괄하는 용어이다.
- 연속생산공정은 가동의 시작과 중지에 많은 시간과 비용이 소요되므로 하루 24시간 계속 가동되는 공정으로 화학, 석유정제 등 장치산업이 이에 해당된다.
- 반복생산공정은 제품을 동일한 생산과정을 반복적으로 거쳐 큰 롯트로 생산하는 방식을 말하며 자동차생산을 예로 들 수 있다. 이는 조립라인형태를 가지며 대량생산(mass production)방식이다.
- 두 공정 중 연속생산공정이 더 자동화되어 있으며 더 표준화된 제품을 생산한다.

도표 3-9 생산형태 간의 관계

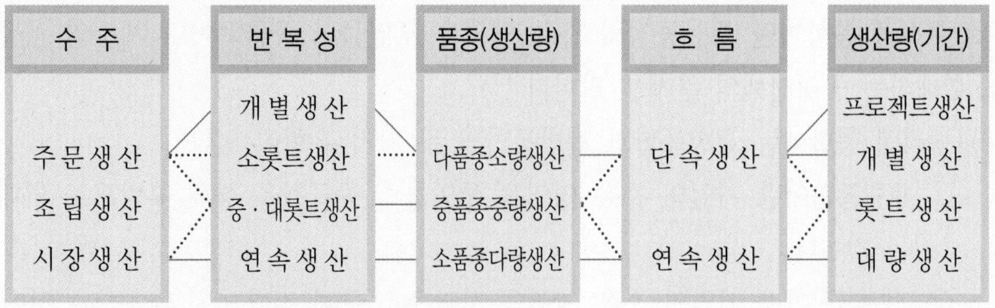

3.2 공정설계의 체계

1. 생산공정의 유형결정

(1) 의 의

생산공정의 유형결정단계에서는 우선 연속생산공정으로 할 것인지, 단속생산공정으로 할 것인지 또는 프로젝트생산공정으로 할 것인지에 대해 결정한다.

(2) 생산공정 선정의 기준

1) 자본(capital requirement) : 요구되는 자본의 규모가 크면 연속생산공정 > 단속생산공정 > 프로젝트생산공정의 순서로 유리하다.

2) 시장상황 : 수요가 불안정할 때는 단속생산공정 또는 프로젝트생산공정이 유리하다.

3) 노동력 : 연속생산공정에서는 미숙련공도 가능하지만, 단속생산공정과 프로젝트생산공정에서는 숙련공이 필요하다.

4) 원재료 : 원재료의 확보가 어려울 경우 단속생산공정이 적합하다.

5) 기술 : 기술의 변화가 빠를 경우 단속생산공정이 적합하다.

2. 생산흐름 분석과 생산설비 선정

1) 생산흐름의 분석

① 작업공정 간의 작업흐름을 분석하는 것이다.

② 주요 내용은 제품분석과 공정분석이 된다.

2) 생산설비의 선정

생산흐름 분석에 따라 생산공정에 가장 적합한 생산설비를 선정하는 것이다.

3. 생산공정의 소유범위 결정 : 수직적 통합여부

◆ 수직적 통합 여부의 결정은 전략적인 관점에서 이루어져야 한다.

1) 수직적 통합이란 생산공정의 소유 영역을 투입물의 공급쪽이나 제품의 시장쪽으로 확대하는 공정선택의 문제를 말한다.

2) 수직적 통합에는 후방통합과 전방통합의 두 가지 유형이 있다.

　① **후방통합**이란 기업의 소유 영역을 투입물의 공급원을 향해 후방으로 확대하는 것이다.

　② **전방통합**이란 기업의 소유 영역을 시장쪽을 향해 전방으로 확대하는 것이다.

3) 수직적 통합에는 경제성 검토가 따라야 한다.

　① 후방통합에는 투입물 공급의 신뢰성이 주요 관심사가 된다.

② 전방통합에는 수요의 신뢰성이 주요 관심사가 된다.

3.3 제품-공정 전략

(1) 공정-제품행렬(process-product matrix)

1) 공정은 시간이 지남에 따라 한 단계에서 다음 단계로 발전한다.

2) 그러므로 공정선택은 **동태적 성격**이 있고, 제품변화와도 밀접한 관련이 있다.

3) 공정과 제품의 관계는 공정-제품행렬에 의해 나타낼 수 있다.

4) 공정-제품행렬은 제품수명기기와 공정수명기기의 단계를 행렬에 나타낸 표로 기업들은 통상 공정-제품행렬의 대각선상에 위치한다.

(2003 CPA)
★ 출제 Point
공정-제품 행렬의 이해

(2) 공정-제품행렬의 유용성 및 진화과정

1) 공정-제품행렬의 유용성

공정-제품행렬은 공정전략과 제품전략의 관계를 나타내는 데 유용하다.

● 도표 3-10 공정-제품행렬

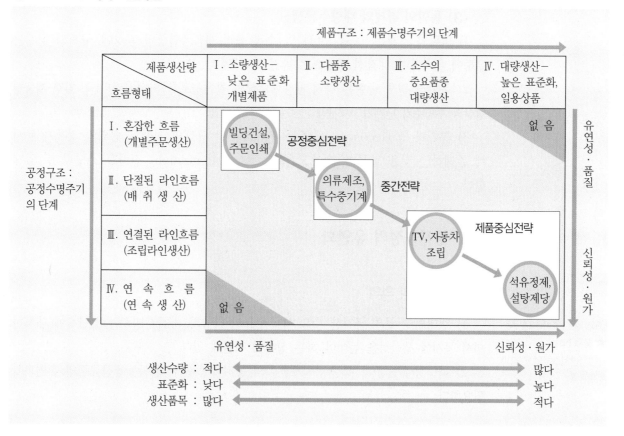

● 도표 3-11 수정 공정-제품행렬

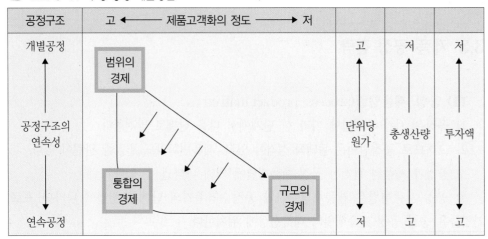

공정구조	고 ←——— 제품고객화의 정도 ———→ 저			단위당 원가	총생산량	투자액
개별공정 ↑ 공정구조의 연속성 ↓ 연속공정	범위의 경제	통합의 경제	규모의 경제	고 ↑ 저	저 ↑ 고	저 ↑ 고

출처 : Hamid Noori & Russell Radford, *Production and Operations Management*, McGraw-Hill, 1995.

(2006 CPA)
★ 출제 Point
공정-제품 행렬과
생산유형

2) 제품과 공정의 진화과정(Abernathy, 1976)

제품과 공정은 공정-제품행렬상에서 대각선을 수직적 또는 수평적으로 번갈아 벗어나면서 변화한다.

(3) 통합의 경제와 대량주문생산

1) 범위의 경제는 [도표 3-11]의 수정 공정-제품행렬상의 좌상에, 규모의 경제는 우하에 위치하며, 대각선 방향으로 발전을 추구한다.

2) 통합의 경제 출현은 공정-제품행렬상의 발전경로를 와해시킨다(즉, 공정-제품행렬상의 수명주기 단계가 무시됨).

3) 통합의 경제(economies of intergration)란 규모의 경제와 범위의 경제가 동시에 존재하는 것을 말하며, 대량고객화(mass customization) 전략을 추구할 수 있게 한다.

3.4 생산공정의 유연화

1. 유연화의 의의

('97, '98, 2000 CPA)
★ 출제 Point
유연생산시스템의 개념과
주요특성

1) 현대의 기업은 급격한 수요변화, 수요의 다양화, 제품수명주기의 단축에 대처하면서 동시에 생산성을 높여야 하는 상황에 직면해 있다.

2) 다양성(유연성)과 생산성(원가절감)의 동시달성을 위해서는 생산공정의 유연화가 필요하다.

● 도표 3-12 유연생산시스템의 종류

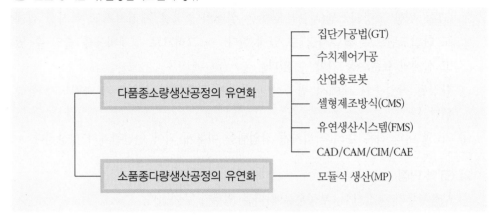

2. 집단가공법(GT : group technology) : 유사부품가공법(part family production method), 집단관리기법

(1) GT의 의의 및 특징

1) GT의 의의

① GT는 가공의 유사성(또는 기술적 유사성)에 따라 부품을 몇 개의 집단으로 나누고, 각 집단에 적합한 기계를 할당시켜, 공통의 공구와 기계 및 작업방법을 이용해서 생산하게 하는 방식이다.

② 그러므로 GT는 표준품의 대량생산에서 기대되는 경제적 이점을 다품종소량생산체제에서 실현하게 한다.

2) GT의 특징

① 각 그룹에는 서로 다른 기계들이 한 데 모여 있으며, 제품의 흐름은 보다 직선적이 된다.

② 각 그룹에서는 기계를 공동사용하게 되고 준비시간, 운반, 대기시간이 줄어들게 된다.

③ GT의 기본은 부품의 분류인데, 유사한 설계특성이나 제조과정 특성 중 하나를 기준으로 하여 분리하게 된다. → 전자는 부품분류법(classification & coding), 후자는 생산흐름분석법(production flow analysis)이 해당된다.

④ 그룹핑을 통해 품목의 수는 적어지고, 롯트의 크기는 대량화된다.

(2) GT의 장점 및 단점

1) GT의 장점

① 생산준비시간(setup time)단축과 부품이동의 최소화로 자재의 흐름이 빨라지고

('89, '99 CPA)
★ 출제 Point
GT의 특성 및 GT와 FMS의 관계

◈ 부품분류법은 부품의 특성별로 분류한 방법인데 반해, 생산흐름분석법은 기계의 특성별로 분류한 방법이다.

생산성이 증가한다.

② GT를 위한 코딩시스템(부품분류법)은 설계의 중복을 제거시키고, 유사한 설계도 단일도면으로 결합시킬 수 있게 한다. → 그러므로 설계비용을 줄일 수 있고 설계의 표준화를 기할 수 있다.

③ 한정된 작업순환 내에서 반복적인 작업이 진행되면 작업자의 숙련도가 향상된다.

④ 각 셀 내의 적은 수의 작업자가 작업팀을 이루게 되어 인간관계가 향상된다.

◈ GT와 FMS의 관계
GT셀과 같은 제조셀에서 기계가동이나 자재이동이 컴퓨터에 의해 자동화되고 통제된 경우 이를 FMS라 부른다.

2) GT의 단점

① 부품분류가 복잡하며, 부품분류에 따른 업무가 증가한다.

② 설비고장이 발생하는 경우 가공의 정체가 크다.

③ 기계설비가 중복투자되고, 기계설비의 전용이 어렵다.

> **Key Point**
>
> GT에 의해 특정 부품군의 생산에 필요한 기계들을 모아 가공진행순으로 배치한 것을 그룹테크놀로지 셀(group technology cell)이라 하고, 이러한 설비배치형태를 그룹테크놀로지 배치(혹은 그룹별 배치)라 한다.

3. 셀형 제조방식

(1) 의 의

1) 셀형 제조방식(CMS : cellular manufacturing system)은 GT의 개념을 생산공정에 연결시켜 생산의 유연성을 높이고 생산성을 향상시키려는 기법이다.

2) 셀형 제조방식은 한 종류 또는 많은 종류의 기계가 하나의 셀(cell)을 단위로 해서 집단화되는 공정의 한 형태이다.

3) 단일의 조직개체 내지 셀에서 원자재를 구성품 또는 제품으로 바꾸게 된다.

(2) 장 점

1) 운반비용 감소, 준비시간 및 생산시간이 단축된다.

2) 공구사용의 감소, 재공품재고의 감소 및 자재흐름이 단순화된다.

3) 기계주변에 재공품재고를 쌓아둘 공간이 필요치 않아 공장면적에 대한 투자가 줄어든다.

4) 인간관계가 개선된다.

5) 전문기술이 향상된다.

(3) 단 점

1) 투자금액이 증대된다.

2) 기계의 이용률이 낮다.

● 도표 3-13 공정별 배치와 그룹 테크놀로지 배치의 비교

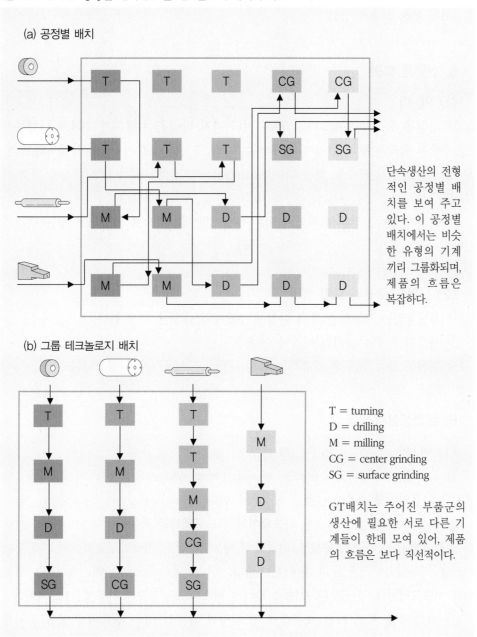

(a) 공정별 배치

단속생산의 전형적인 공정별 배치를 보여 주고 있다. 이 공정별 배치에서는 비슷한 유형의 기계끼리 그룹화되며, 제품의 흐름은 복잡하다.

(b) 그룹 테크놀로지 배치

T = turning
D = drilling
M = milling
CG = center grinding
SG = surface grinding

GT배치는 주어진 부품군의 생산에 필요한 서로 다른 기계들이 한데 모여 있어, 제품의 흐름은 보다 직선적이다.

출처 : Hyer and Wemmerlöv(1984), p. 146.

4. 수치제어가공

1) 수치제어가공(numerically controlled machining)이란 수치제어(NC : numeric control)기술을 공작기계에 적용하여 기계가공을 자동으로 행하는 것이다.

2) NC공작기계가 중심이 되며, 다품종 중·소량생산 시스템에 많이 이용된다.

3) NC기계는 컴퓨터에 의해 제어되지만 로봇팔을 가지고 있지 않으므로 로봇만큼 유연하지 못한 문제가 있다.

5. 산업용 로봇

(1) 의 의

1) 산업용 로봇(industrial robot)은 여러 가지 작업을 수행하기 위하여 다양하게 프로그램된 동작을 통하여 자재, 공구 또는 특정 장치를 옮길 수 있도록 설계되고, 동작프로그램을 변경할 수도 있는 다기능manipulator(인간의 손이나 팔의 기능을 갖춘 기구)이다.

2) 아직까지는 고정된 위치에 놓이는 부품에만 제한적으로 적용되고 있는 한계가 있다.

(2) 산업용 로봇의 도입 효과

1) 유연성있는 자동화를 통해 다양한 수요에의 대처를 하게 한다.

2) 품질의 안정과 납기의 이행이 쉽다.

3) 위험한 작업, 지루한 반복작업 등의 대행으로 노동복지가 향상된다.

6. 유연생산시스템

(1) 의 의

('97, '98 CPA)
★ 출제 Point
FMS의 특성

◈ FMS의 구성요소
① 컴퓨터 : 부품이동과 기계가동의 통제
② 자동기계
③ 자동운반차(AGV ; automatic guided vehicle)
④ 정거장

1) 유연생산시스템(FMS : flexible manufacturing system)은 다양한 제품을 높은 생산성으로 유연하게 제조하는 것을 목적으로 한다.

2) 이를 위해 생산에 필요한 하드웨어와 소프트웨어를 자동화한다. → 즉, 여러 대의 공작기계(CNC)와 산업용로봇, 가공물의 자동착탈장치, 자동공구교환장치, 자동운반시스템, 자동창고시스템 등의 **자동생산기술**과, 이들을 종합적으로 관리·제어하는 컴퓨터와 소프트웨어 등의 **생산관리기술**을 하나의 시스템으로 **결합한** 자동생산시스템이다.

3) 이를 통해 서로 다른 흐름을 가진 다양한 유형의 여러 부품의 가공을 동시에 실시할 수 있다.

(2) FMS의 효과

1) 다양한 부품(제품)을 생산·가공할 수 있다.

2) 가공준비 및 대기시간의 최소화로 제조시간이 단축된다. → 왜냐하면 컴퓨터프로그램 변경만으로도 다양한 품목을 생산할 수 있으므로 새로운 품목의 생산소요시간이 단축된다.

3) 설비가동률이 향상된다. → 즉, 작업에 필요한 모든 공구가 자동으로 교체되어 생산준비를 위한 가동중지는 불필요하다.

4) 생산인건비가 감소된다.

5) 필요에 따라 필요량 가공으로 공정품재고가 감소된다.

6) 종합생산시스템이므로 생산관리능력이 향상되고 수요의 변화에 신속히 대응할 수 있다.

7) 불량품의 원인이 쉽게 발견되어 고품질 생산이 가능하다.

8) 중간규모의 조업도에서 강점을 보이는 편이나, 유사품목을 묶어서 생산하여 다품종소량생산시에도 단위당 생산비를 절감할 수 있다.

◈ FMS는 소프트 오토메이션으로 불리우며, 다양한 제품을 소규모로 생산할 수 있도록 범용설비를 연결시킨다.

(3) FMS 도입시의 문제점

1) FMS 도입 후 운영의 효과발휘시까지 시간이 많이 필요하다.

2) 부품가동시 부품의 위치가 정확해야 하고, 각 공정간의 타이밍이 정확해야 한다.

3) 사용기계가 생산능력에 한계가 있거나, 동일 부품군 내의 도구들의 중복 필요성으로 인해 제품 및 제품믹스 변경이 어렵다.

○ 참 고

자동화

자동화는 고정자동화(fixed automation)와 유연자동화(flexible automation)로 나눌 수 있다.

① 고정자동화는 고정된 순서로 이루어지는 단순작업을 대상으로 만들어 지며 수요가 많고, 제품설계가 안정적이며 제품수명주기가 긴 경우 채택된다. 화학공장이나, 정유공장 등에서 주로 채택하고 있다. 이 방식은 대개 특정제품을 염두에 두고 설계되었으므로 새로운 제품추가를 위한 설비교체는 어렵다. 반면 효율성이 높고, 단위당 변동비가 최소화된다.

② 유연자동화는 프로그램가능 자동화라고도 하는데, 다양한 제품을 처리하기 위해 프로그램을 변경시킬 수 있는 공정을 의미한다. 이 방식은 수요가 많지 않을 경우에도 반복도를 증가시키는 장점이 있으며, 공정중심이나 제품중심에 모두 유용하다.

7. CAD / CAM / CIM / CAE

(1) CAD : 컴퓨터지원설계

◈ 부품분류란 부품을 코딩(coding)하는 것을 말한다.

1) CAD(computer-aided design)는 제품의 설계, 공학적 분석, 설계도면의 작성에 컴퓨터를 이용하는 시스템이다.

2) 완전한 CAD시스템이 되기 위해서는 ① 공학적 설계계산(design calculation), ② 부품의 분류(part classification), ③ 제조부문과의 연결(link to manufacturing)이 요구된다.

3) CAD는 설계노동량 및 재설계 시간을 대폭 단축할 수 있는 장점이 있다.

(2) CAM : 컴퓨터지원생산

◈ CAM을 통해 소규모 롯트로 생산할 때 기계의 신속한 생산준비나 생산교체가 가능하게 된다.

1) CAM(computer-aided manufacturing)은 제조공정을 설계하고, 기계를 제어하며, 자재의 흐름을 통제하는 데 컴퓨터를 사용하는 생산시스템이다.

2) 배취생산방식에 라인생산과 같은 효율성을 제공한다.

3) 제품흐름의 속도를 높이고, 기계이용률을 증대시킨다.

4) CAM이 실시되려면 GT를 이용하여 생산품목을 유사한 그룹끼리 조직하는 것이 필요하다.

(3) CIM : 컴퓨터통합생산

◈ CIM을 '미래의 공장'이라고도 한다.

1) CIM(computer-integrated manufacturing)은 주문에서부터 제품설계, 생산 및 자재취급에 이르기까지 여러 기능과 공정 그리고 관리를 컴퓨터와 관련기술을 통해 통합하고자 하는 개념이다.

2) CIM은 CAD, CAM, 로봇공학, MRP 그리고 각종 경영관리활동으로 구성된다.

● 도표 3-14 컴퓨터통합생산(CIM)

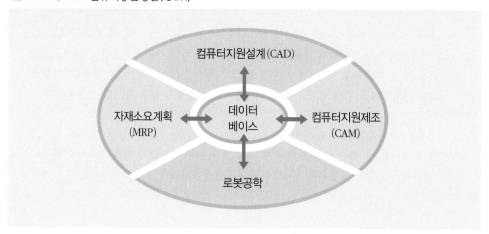

3) CIM을 위해서는 개별적인 '자동화의 섬들(islands of automation)'이 서로 통합될 수 있도록 공통의 데이터베이스를 통해 연결시켜야 한다.

4) 배취생산에 있어서 CIM은 규모의 경제보다는 범위의 경제(economies of scope)에 근거하여 추진되어야 한다.

5) CIM을 효과적으로 구축하면 신속한 납품, 높은 품질, 높은 유연성을 통해 경쟁우위를 확보할 수 있다.

Key Point

• **자동화의 섬들**
자동화의 섬들이란 전체공정 중 일부 기계들만 컴퓨터화되고 일부 정보시스템만 입력된 상태를 나타낸다.

• **범위의 경제**
범위의 경제란 표준화된 제품의 대량생산보다는 다양한 제품을 효율적으로 생산할 수 있는 능력을 말한다.

('98 CPA)

(4) CAE : 컴퓨터지원 엔지니어링

1) CAE(computer-aided engineering)는 CAD로 작성한 제품모델을 컴퓨터 안에서 상세히 검토하고 그 데이터를 토대로 모델을 수정하거나, 설계를 변경하기 위한 시스템을 말한다.

(2007 CPA)
★ 출제 Point
동시공학과 CAD/CAE
의 관계

2) 컴퓨터 안에서 시작품(試作品)을 수정하기 때문에 신제품 개발 기간 및 원가를 절감할 수 있게 한다.

8. 모듈식 생산 : 변조생산방식

(1) 의 의

1) 모듈식 생산(MP : modular production)은 다양하게 결합될 수 있는 부품을 설계·개발·제작하여, 가능한 최소 종류의 부품으로 최대 종류의 제품을 생산하는 방법이다. → 예를 들면, 자동차 생산시 엔진종류 2가지, 변속기 2가지, 색상 10가지, 실내장식 5가지로 정할 때 모듈은 19가지이지만, 이 모듈을 결합하면 200가지(= 2 × 2 × 10 × 5)의 제품이 가능하다.

2) 제품의 다양화 속에서 구성부품을 표준화함으로써 다양한 시장수요를 충족시키고, 부품의 표준화에 따른 표준화의 이익을 달성할 수 있다.

3) 부품의 호환성을 종류가 다른 제품에까지 확장하여 적용할 수 있다.

(2) MP의 장점

1) 부품결합의 다양성 극대화로 소품종다량생산의 다양성을 제고한다.

2) 소비자의 욕구변화에 민감한 대응으로 기업의 경쟁력향상 및 성장을 추구할 수 있다.

3) 생산설비와 제품설계의 자동화를 기할 수 있다.

3.5 설비계획과 생산능력

1) 설비의사결정은 장기적인 수요에 대비하기 위한 계획을 짜는 것으로, 공장 등의 물리적인 생산설비에 초점을 둔다.

2) 설비계획을 위해서는 필요한 생산능력과 시점, 그리고 입지조건에 대한 정보가 필요하다.

1. 생산능력(capacity)

(1) 생산능력의 의의

1) 생산능력이란 생산시스템이 일정 기간 동안 제공할 수 있는 최대산출량을 말한다.

2) 생산능력을 파악할 때는 측정단위의 결정에 신중해야 한다.

① 대개 생산능력은 총괄단위(aggregate unit)를 규정하여 측정하게 된다.

② 다만, 각 제품에 공통되는 물리적 단위를 찾지 못할 경우 매출액으로 표시하기도 한다.

(2) 생산능력의 종류

1) 공칭(公稱) 생산능력

① 공칭생산능력(nominal capacity)은 정상적인 가동정책하에서 일정 기간당 최대산출량을 의미하는데, 하루의 정상적인 교대횟수를 반영하여 측정된다.

② 공칭생산능력에는 하청이나 잔업은 포함하지 않는다.

2) 피크생산능력

① 피크생산능력(peak capacity)은 하루나 며칠간 임시고용이나 잔업을 통해 임시방편으로 생산할수 있는 능력을 말한다.

② 정상적인 방법으로 오랜기간 유지될 수 있는 유지생산능력(sustained capacity)과 구별되는 개념이다.

3) 완충생산능력 또는 여유생산능력

① 완충생산능력(capacity cushion)은 **생산능력에서 평균수요를 뺀 것**을 말한다.

② 완충생산능력이 양수(+)이면 평균수요 이상으로 생산능력을 유지한다는 것을 의미한다. → 이는 성장하는 시장에서 점유율을 극대화시키기 위해 채택하는 전략이다.

('89, 2008 CPA)
★ 출제 Point
여유생산능력의 의의

2. 설비계획의 절차

1) 설비계획을 위해서는 우선 미래수요의 예측이 전제되어야 한다.

2) 예측된 수요에 의해 기간별 생산능력의 추가요구량을 결정하고, 생산능력의 추가나 변경대안을 수립하고 평가한 후 설비의사결정을 하게 된다.

3. 생산능력 조정전략

(1) 여유생산능력의 이용전략

1) 기업의 생산능력이용률이 85%를 넘어서 100%에 가까와지면 품질과 생산성의 하락이나, 주문상실의 위험에 직면한다.

2) 이 때문에 현실적으로 많은 기업들이 생산능력이용률을 80~85% 수준으로 유지하고자 하는데, 이를 여유생산능력(capacity cushion)의 이용이라 한다.

(2003, 2008 CPA)
★ 출제 Point
완충생산능력 고려시의
생산능력계획

$$여유생산능력(\%) = 100 - 평균이용률$$

(2) 생산능력의 확장전략

수요가 안정적으로 증가하게 되면, 생산능력의 확장을 고려하게 되며, 다음과 같은 세가지 생산능력시기전략(capacity-timing strategies)이 있다.

(2008 CPA)
★ 출제 Point
생산능력 확장전략

1) 수요를 예상하고 선도하는 전략 : 확장주의 전략(expansionist strategy)

① 이는 공격적 전략으로 생산능력을 미리 확장하여 정(+)의 여유생산능력을 유지하는 전략이다.

② 이 전략은 생산능력에 한계가 있는 경쟁사의 고객을 뺏어오거나, 성장시장에서 점유율을 유지하게 한다.

2) 수요를 추종하는 전략

이는 수요예측과 생산능력을 연계시켜서, 시간의 흐름에 따라 적절한 규모의 생산능력을 유지하는 전략이다.

● 도표 3-15 생산능력의 확장전략

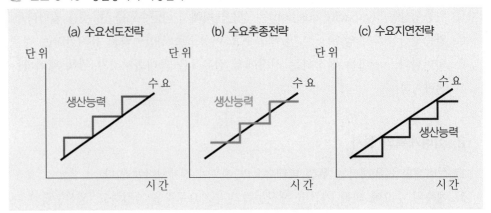

3) 수요를 지연시키는 전략 : 두고보기 전략(wait-and-see strategy)

① 이는 보수적 전략으로 부(-)의 여유생산능력을 추구한다.

② 이 전략은 생산능력이용률과 투자수익률은 높일 수 있으나, 장기적으로는 시장점유율이 하락될 소지가 있다.

3.6 생산능력의 효과성 분석

1. 최대생산능력

1) 최대생산능력이란 설비의 최대생산량이나 공정의 최대산출률을 의미한다.

2) 대표적인 최대생산능력의 측정방법으로 설계생산능력(design capacity)이 있다.

3) 이것은 생산설비가 설계되는 시점에서의 목표산출률 혹은 최대생산능력을 의미한다.

4) 기업은 이러한 목표를 초과하거나 미달 달성할 수도 있다.

2. 유효생산능력

('99 CPA)
★ 출제 Point
세 가지 생산능력개념의
비교

1) 유효생산능력(effective capacity)은 주어진 품질표준, 일정상의 제약하에서 달성 가능한 최대산출률을 의미한다.

2) 이러한 생산능력은 정상적인 작업조건을 반영해서 설계생산능력을 감소시킨 것이다.

3) 따라서 유효생산능력은 설계생산능력을 초과할 수 없으며 일반적으로 설계생산능력 이하가 될 것이다.

3. 실제생산능력

1) 실제생산능력(actual capacity) 혹은 실제산출률(actual output rate)은 생산설비가 실제로 달성하는 산출률을 의미한다.

2) 일반적으로 이것은 유효생산능력 이하가 되는데, 그 이유는 기계고장, 작업자의 결근, 자재의 불량 및 자재 혹은 중간조립품의 고갈 등이 발생하기 때문이다.

Key Point 생산능력의 측정의 척도

단일품목을 생산하는 시스템의 경우에는 생산능력의 척도를 결정하는 데 어려움이 없다. 즉 전자제품이나 자동차회사는 대수, 제철이나 제당공장은 톤수를 척도로 사용하면 된다.

그러나 다수품목을 생산하는 시스템의 경우에는 공통적으로 사용되는 척도가 없기 때문에, 시스템의 전체적인 생산능력을 측정하는 데 어려움이 있다. 또한 서비스산업의 경우에도 시스템의 산출량을 측정하는 데 어려움이 있다.

이와 같은 어려움이 있기 때문에 단일품목을 생산하는 시스템의 경우는 산출척도(output)로 생산능력을 측정하고, 다품목을 생산하는 시스템이나 서비스시스템은 산출척도 대신에 투입척도(input), 즉 서비스를 제공하기 위해서 투입되는 자원의 양으로 생산능력을 측정하는 경우가 많다. 예를 들어 항공사는 비행기의 대수 혹은 좌석수로 생산능력을 측정할 수 있다.

---

4. 생산시스템의 효과성 평가

생산시스템의 효과성을 평가하는 데에는 다음과 같은 두 가지 척도가 사용된다.

$$① \ 생산능력이용률 = \frac{실제생산능력(산출)}{설계생산능력}$$

$$② \ 생산능력효율성 = \frac{실제생산능력(산출)}{유효생산능력}$$

① 생산능력이용률(capacity utilization rate)은 기업이 설계생산능력, 즉 최적조업도에 얼마나 근사하게 생산능력을 이용하고 있는가를 나타내 준다.

② 생산능력 효율성은 기업이 생산시스템을 얼마나 잘 이용하고 있는가에 대한 단기 및 중기의 척도로서, 이것을 시스템능률(system efficiency)이라고도 한다.

5. 최적조업도

1) 최적조업도(best operating level)는 공정을 설계하는 시점에서의 목표생산능력 수준이다.

2) 따라서 최적조업도는 단위당 평균원가가 최소로 되는 산출량이다.

(2008 CPA)
★ 출제 Point
공정별 최적조업도의 결정

생산능력은 달성가능한 산출률을 의미하지만, 이것은 산출률이 지속되는 기간에 대해서는 설명 해주지 못한다. 따라서 어떤 공장의 생산능력이 20,000단위라고 한다면 이것이 하루의 최대생 산량인지 혹은 3개월 평균생산량인지를 알 수 없다. 이러한 문제를 해결하기 위해서 사용되는 개념이 최적조업도이다.

● 도표 3-16 최적조업도

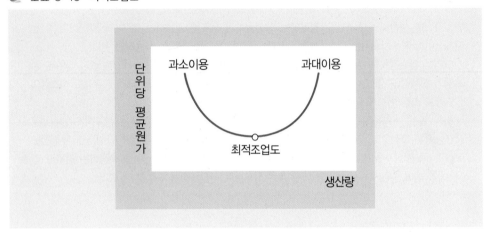

01 다음 중 집단관리기법(GT)에 대한 설명으로 옳지 않은 것은? ('89. CPA)

① 가변생산체계(FMS)의 구축을 위해 반드시 선행되어야 하는 기법이다.

② 다품종소량생산을 효과적으로 수행하기 위한 기법이다.

③ 생산주기를 단축할 수 있는 기법이다.

④ 설계의 합리화와 설계비의 감소를 이룩할 수 있는 기법이다.

⑤ 유사한 부품을 같이 모아 그룹화하는 기법이다.

✎ 해설 ① 집단관리기법 자체가 FMS이므로 선행되어야 하는 기법은 아니다.

02 유연생산시스템에 대한 설명 중 옳지 않은 것은? ('97. CPA)

① 다품종제품의 생산에 적합하다.

② 무인운전을 지향한다.

③ 유연성과 생산성을 동시에 달성할 수 있다.

④ 초기투자비가 적다.

⑤ 필요량을 가공함으로써 공정품의 재고가 감소한다.

✎ 해설 ④ 유연생산시스템은 생산에 필요한 하드웨어와 소프트웨어를 자동화하여 다양한 제품을 높은 생산성으로 유연하게 제조하려는 것으로 생산인건비는 감소되지만 공정의 자동화로 인해 초기투자비가 많다.

03 범위의 경제(economies of scope)에 가장 적합한 생산시스템은? ('98. CPA)

① 소품종 대량생산시스템　　　　② 프로젝트형 생산시스템

③ 고정형 자동화시스템　　　　　④ 유연생산시스템

⑤ 단속생산시스템

✎ 해설 범위의 경제란 표준화된 제품의 대량생산보다는 다양한 제품을 효율적으로 생산할 수 있는 능력을 말하며, 주로 CIM 등의 유연생산시스템에서 적합한 개념이다.

04 생산능력(production capacity)에 관한 다음 설명 중 틀린 것은? ('99. CPA)

① 생산능력은 기업의 공급능력, 원가구조, 재고정책 등에 중대한 영향을 미친다.

② 유효능력(effective capacity)은 설비의 설계명세서에 명시되어 있는 생산능력으로 설비 운영의 내·외적 요인에 영향을 받지 않고 생산가능한 최대생산량이다.

③ 효율(efficiency)은 실제생산량을 유효능력(effective capacity)으로 나눈 값으로 정의된다.

④ 생산능력을 단기적으로 조정하는 방법으로 잔업, 작업교대조 확대, 하청 등이 있다.

⑤ 최적조업도는 단위당 평균원가가 최소로 되는 산출량이다.

✎ 해설　②는 설계생산능력에 대한 설명이다.
　　　　유효능력이란 정상적인 작업조건을 반영해서 설계생산능력을 감소시킨 것을 말한다.

05 생산에 관련된 다음 설명 중 가장 적절하지 않은 것은? (2001. CPA)

① 집중화 생산은 각 공정이나 설비에 특정 고객집단을 위한 한정된 생산과업만을 부여하는 것이다.

② 총괄생산계획은 데이터베이스를 통합 구축하여 생산 일정을 총괄적으로 수행할 수 있게 해주는 계획이다.

③ 모듈러 생산은 가장 최소 종류의 부품으로 최대 종류의 제품을 생산하는 방식이다.

④ 유연생산시스템은 개별생산의 유연성과 대량생산의 생산성을 동시에 고려하는 시스템이다.

⑤ 대량주문생산(mass customization)은 대량생산을 유지하면서, 고객의 다양한 요구를 충족시키는 생산형태이다.

✎ 해설　총괄생산계획은 향후 약 1년간의 대략적인 총생산량과 품종을 결정하는 것으로, 데이터베이스 구축을 통해 구체적으로 결정하기는 어렵다.

06 제품-공정행렬(product-process matrix)에 관한 다음 설명 중 가장 적절치 않은 것은? (2003. CPA)

① 공정선택에 관한 의사결정을 동태적으로 분석하기 위해, 제품구조와 이를 생산하는 공정기술 유형과의 관계를 행렬 형태로 나타낸 것이다.

② 공정기술 유형은 주문생산공정, 배취생산공정, 조립라인생산공정, 연속생산공정으로 분류된다.

③ 제품구조 유형은 개별소량생산품, 다품종소량생산품, 소품종대량 생산품, 표준대량생산품으로 분류된다.

정답 4② 5② 6⑤

④ 제품 발전과 그에 따른 생산공정의 변화는 대체로 행렬의 대각선을 따라 움직이되, 제품과 공정이 동시에 변화하는 경우는 드물기 때문에 대각선을 수직적 또는 수평적으로 번갈아 벗어나면서 변화 한다.

⑤ 표준화가 낮은 개별제품의 소량생산은 주문생산방식에 의해 이루어지며 표준화된 일용상품은 연속생산방식에 의해 대량으로 생산되는 것이 일반적이므로, 이 관계를 제품-공정행렬상에 표현하면 대부분의 생산기업들은 행렬의 우측상단 모서리와 좌측하단 모서리 부분에 위치하게 된다.

✒ 해설 ⑤ 제품-공정행렬상에서 대부분의 기업들은 행렬의 좌측상단 모서리와 우측하단 모서리 부분에 위치하게 된다.

07 (주)한국화학은 두 가지 제품 A, B를 배취(batch)생산 방식을 통해 제조하고 있다. 다음은 두 제품에 대한 수요와 생산관련 자료를 요약한 표이다.

관련 자료 항목	제품A	제품B
내년도 수요량	40,000개/년	70,000개/년
배취크기	50개/배취	70개/배취
개당 공정시간	5분/개	3분/개
배취당 작업준비(setup)시간	100분/배취	80분/배취

두 제품은 같은 사출성형기계에서 생산되는데, (주)한국화학은 현재 이 기계를 2대 보유하고 있다. 기계는 대당 1년에 250일, 하루에 15시간 가동된다. 기계 당 완충생산능력(capacity cushion)을 20% 감안할 때, 내년도 수요를 만족시키기 위한 생산능력(production capacity)계획 방안으로 옳은 것은?   (2003. CPA)

① 초과근무를 통해 현재의 기계를 하루 20시간 가동한다.

② 기계 당 완충생산능력을 90%로 늘인다.

③ A와 B의 배취크기를 각각 현재의 두 배로 늘인다.

④ 기계를 2대 더 증설한다.

⑤ 현재의 생산능력으로도 내년의 수요를 만족시킬 수 있다.

✒ 해설   i) 연간 필요한 총 기계 시간(R)
R = 필요한 처리시간 + 가동준비시간
= 총 수요량×단위당 작업시간 + 배취(롯트)수×작업준비시간
$= [40,000개 \times 5분 + \frac{40,000개}{50개} \times 100분] + [70,000개 \times 3분 + \frac{70,000개}{70개} \times 80분]$
= 570,000분

ii) 기계 한 대당 가공가능시간(H)

H = 기계 한 대당 연 작업일×하루작업시간×$(1 - \frac{완충생산능력}{100})$

= 250일×15시간×60분×(1 - 0.2)

= 180,000분

iii) 필요한 기계 대수(M)

$M = \frac{R}{H} = \frac{570,000}{180,000}$ = 3.16대, 즉 4대

∴ 기계를 2대 더 증설하면 내년의 수요를 만족시킬 수 있다. (④)

iv) 현재 가능한 기계 가용시간

180,000분×2대 = 360,000분

∴ 현재의 생산능력으로 수요를 만족시킬 수 없다.(⑤) 즉, 생산능력의 확충이 필요하다.

① 하루 기계 시간 20시간으로 늘릴 경우

H = 250일×20시간×60분×(1 - 0.2)

= 240,000분

240,000분×2대 = 480,000분으로 목표량을 달성할 수 없다.

② 완충생산능력 10%로 조정시(문제의 90%로 늘린다는 것을 이렇게 해석함)

H = 250일×15시간×60분×(1 - 0.1)

= 202,500분

202,500분×2대 = 405,000분으로 목표량을 달성할 수 없다.

③ 배취의 크기를 두배로 늘릴경우

R = [40,000개×5분 + $\frac{40,000개}{100개}$×100분] + [70,000개×3분 + $\frac{70,000개}{140개}$×80분]

= 490,000분

H = 180,000분이므로, 180,000분×2 = 360,000분으로 목표량을 달성할 수 없다.

08 제품과 그 제조공정의 특성을 연결한 것 중 가장 적절하지 않은 것은? (2006. CPA)

① 휘발유 - 연속흐름(continuous flow)

② 소형승용차 - 조립라인(assembly line)

③ 전통공예가구 - 개별작업(job-shop)

④ 특수 중장비 - 다중흐름라인(multi-flow line)

⑤ 제과점의 여러 가지 빵과 생과자 - 배취 프로세스(batch process)

✎ 해설 ④ 특수중장비는 다품종 소량 생산을 위한 단절된 라인흐름(배취생산)이 적합하다.

▪ 연습문제 ▪

01 공정설계시의 주요 고려요소에 대한 설명으로 옳지 않은 것은?

① 고객의 참여도가 높은 공정은 덜 자본집약적이고 자원유연성은 보다 높다.

② 수직적 통합 정도가 낮으면 공정중심설계가 유리하다.

③ 제품의 생산량이 적은 경우 제품중심설계가 유리하다.

④ 후방통합은 제조-구매(make-or-buy)의사결정이라고도 한다.

⑤ 제품의 수명주기가 짧은 경우 공정중심설계가 유리하다.

✎ 해설 ③ 제품의 생산량이 적은 경우 공정중심설계가 유리하다.

02 공정설계시 고려하는 사항으로 옳지 않은 것은?

① 생산량이 많고 고객화(customization)가 낮을 경우 연속공정이 채택된다.

② 수직적 통합의 정도를 아주 낮게 취하는 회사를 공동회사(hollow corporation)라 한다.

③ 수직적 통합이 높을 경우 고객의 선호도가 변할 때 자원유연성이 높다.

④ 자체생산(make)은 후방통합의 수준을 확대하는 것이며, 외부구매(buy)는 수직적 통합을 축소하는 것이다.

⑤ 자본집약도와 자원유연성의 상충관계는 전통기술보다 신기술의 경우 더 완만하다.

✎ 해설 ③ 수직적 통합이 높은 경우 막대한 설비투자를 해야 하므로, 고객선호도가 변할 때 자원유연성이 낮아질 위험이 있다.

03 단속생산과 연속생산을 비교한 것 중 옳지 않은 것은?

	단속생산	연속생산
①	적은 설비투자액	많은 설비투자액
②	높은 유연성	낮은 유연성
③	특수목적용 기계설비	일반목적용 기계설비
④	높은 단위당 생산비	낮은 단위당 생산비
⑤	느린 생산속도	빠른 생산속도

✎ 해설 ③ 단속생산은 하나의 기계설비로 여러 가지 일을 하는 기계(즉 범용설비 : 일반목적용 기계설비)가 필요하고, 연속생산은 일반적으로 하나의 기계설비로 하나의 제한된 일만 하는 기계(즉, 전용설비 : 특수목적용 기계설비)가 사용된다.

	생산시기	품종 및 생산량	기계설비	노 동 력	설비배치
단속생산	주문생산	다품종 소량생산	범용설비	숙련된 노동자	공정별 배치
연속생산	시장생산	소품종 다량생산	전용설비	미숙련공도 가능	제품별 배치

04 다음 중 생산공정과 그 특성이 잘못 연결된 것은?

	개별생산	계속생산
① 품목의 구성 :	다양한 품목	극소수 품목
② 운 반 설 비 :	자유로운 운반설비	고정경로형 운반설비
③ 노 동 력 :	숙련공	미숙련공
④ 재공품재고 :	거의 없음	상당히 발생
⑤ 주 요 목 표 :	납 기	원 가

✎ 해설 개별생산은 주문생산 또는 단속생산을, 계속생산은 시장생산 또는 연속생산을 의미한다.
④ 개별생산(단속생산)은 물품에 따라 생산의 흐름이 원활치 않기 때문에, 각 공정 전에 가공을 기다리는 원재료와 재공품 재고가 발생한다. 그러므로 재고를 위한 공간이 많이 필요하다. 반면에 계속생산(연속생산)의 경우에는 전 공정의 가공능력이 균형을 이루므로 가공대기를 위한 재고가 거의 없다.

05 모기업, 납품업체, 판매업자 등 관련된 모든 단위들이 동적인 네트워크를 자율적으로 구성하고, 고객의 다양한 주문시마다 즉시 생산조직의 모듈을 동원하여 생산하는 방식은?

① 주문(order)생산방식   ② 계획(ready)생산방식
③ 단속(intermittent)방식   ④ 연속(continuous)생산방식
⑤ 대량주문(mass customization)생산방식

✎ 해설 ⑤ 기업 외부의 여러 단위와 협력하여 다량의 제품을 낮은 비용으로 신속하게 생산하려면 외부단위와의 완벽한 유대가 필요하다.

06 수주에 따른 생산형태에 관한 다음의 내용 중 옳지 않은 것은?

① 재고생산의 특징은 수요예측에 의하여 미리 생산량을 계획한다는 것이다.
② 재고생산의 목적은 원하는 서비스수준을 최소의 비용으로 달성하는 것이다.
③ 재고생산을 하는 기업은 반드시 표준화된 제품라인을 가지고 있어야 한다.
④ 주문생산 공정의 가장 중요한 성과측정 기준은 생산능력의 이용률이다.

정답 4 ④ 5 ⑤ 6 ④

⑤ 계획생산의 경우는 재고관리가 중요한 기능이며 과잉재고의 방지뿐만 아니라 안전재고를 확보하여 재고부족현상에 대비하는 활동이 중시된다.

✎ 해설 ② 서비스수준이란 재고로부터 수요가 즉시 충족되는 비율을 의미한다.
④ 주문생산공정은 납기가 가장 중요한 성과측정기준이 된다.
⑤ 계획생산 = 재고생산

07 다음 중 연속생산공정에 대한 설명으로 부적절한 것은?

① 제품에 대한 수요가 충분히 클 경우에 적합하다.

② 일반적으로 작업자들의 보수가 낮다.

③ 다른 생산공정에 비해 생산통제, 품질관리, 재고관리가 쉽다.

④ 과업의 형태가 비반복적이다.

⑤ 다른 생산공정에 비해 원가는 낮고, 균일한 품질의 제품을 신속하게 납품할 수 있으나 유연성이 떨어진다.

✎ 해설 ④ 단속 또는 프로젝트 생산공정의 예

〈연속생산공정, 단속생산공정, 프로젝트공정의 특징〉

공정 특징	연속생산공정	단속생산공정	프로젝트생산공정
표준화의 정도	높 다	낮 다	낮 다
시 장 형 태	대 량	고 객 주 문	유 일
과 업 형 태	반 복 적	비 반 복 적	비 반 복 적
보 수	낮 다	높 다	높 다
〈생 산 목 표〉 ① 원 가 ② 품 질 ③ 납기(납품) ④ 유 연 성	낮 다 균 일 신 속 낮 다	중 간 보다 가변적 중 간 중 간	높 다 보다 가변적 느 리 다 높 다
생산통제, 품질관리, 재고관리	쉽 다	어 렵 다	어 렵 다

08 다음 중 공정의 형태를 프로젝트공정, 묶음생산공정, 대량생산공정, 연속생산공정으로 나눌 때 잘못 설명된 것은?

① 제 품 형 태 : 연속생산공정–일용품

② 주요작업형태 : 대량생산공정–조립

③ 작업자 숙련도 : 프로젝트 공정–전문성

④ 장 점 : 대량생산공정–효율성, 속도, 원가

정답 7 ④

⑤ 단 점: 연속생산공정-통제의 어려움

✎ 해설 연속생산공정은 통제가 용이하다는 장점이 있다. 반면, 연속생산공정의 단점은 변화의 어려움이나 제한된 다양성을 들 수 있다.

〈공정형태에 대한 특징별 비교〉

특 징 \ 공정형태	프로젝트공정	묶음생산공정	대량생산공정	연속생산공정
제 품 형 태	독 특	주문생산	계획생산	일용품
고 객 형 태	1회 1명	소수 개별고객	대량시장	대량시장
제 품 수 요	드 묾	변동적	안정적	매우 안정적
수 요 량	단일 단위	소량 ~ 중간	대 량	매우 대량
제 품 종 류	매우 다양함	많고 다양함	적 음	매우 적음
생 산 시 스 템	장기 프로젝트	단속적, 잡샵	조립라인	장치산업
생 산 장 비	다양함	범 용	전 용	고도의 자동화
주요 작업형태	전문화된 계약	제 작	조 립	혼합, 가공, 정제
작업자 숙련도	전문성	다양한 기술	제한된 기술	장비관리
장 점	고객지향적, 최신기술	유연성, 품질	효율성, 속도, 원가	높은 효율성, 대량 생산능력, 통제용이
단 점	비반복성 소수 고객지향적 높은 비용	높은 비용 속도가 느림 관리의 어려움	자본적 투자 유연성의 부족	변화의 어려움 제한된 다양성
예	건축, 선박, 항공기	기계제작소, 인쇄업, 제과점, 학원	자동차, TV, 컴퓨터, 패스트 푸드	제당, 페인트, 화학, 정유

자료 : 「생산관리」 김희탁 外, 법문사

〈제품특성과 공정선택 간의 결합〉

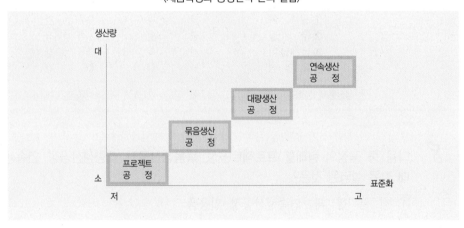

09 제품의 흐름과 주문 형태에 관한 표를 아래와 같이 만들었을 때 빈 칸에 옳게 채운 것은?

제품의 흐름 주문형태	라인공정	단속공정	프로젝트공정
재고생산공정	①	②	③
주문생산공정	④	식당, 병원	⑤

① 가구제작　　　　② 아파트　　　　③ 자동차조립
④ 석유정제　　　　⑤ 빌딩, 영화

✎ 해설

제품의 흐름 주문형태	라인공정	단속공정	프로젝트공정
재고생산공정	① 석유정제	② 가구제작	③ 아파트
주문생산공정	④ 자동차조립	식당, 병원	⑤ 빌딩, 영화

10 생산공정의 선택과 관련된 다음의 설명 중 옳지 않은 것은?

① 연속생산공정은 단속생산공정에 비해 많은 자본이 소요된다.
② 생산수량이 적을 때는 연속공정보다 단속이나 프로젝트공정이 유리하다.
③ 연속생산공정은 단속생산공정보다 높은 숙련도의 작업자를 필요로 한다.
④ 원재료의 확보에 어려움이 있는 경우 연속생산공정은 부적합하다.
⑤ 시장상황이 불안정하거나 기술의 변화속도가 빠를 경우 연속생산공정은 부적합하다.

✎ 해설　③ 연속생산공정은 특수목적기계설비로 하나의 제한된 일만 하면 되므로 미숙련공도 가능하고, 단속생산공
　　　　정은 일반목적기계설비로 여러 가지 일을 수행해야 하므로 고도로 숙련된 작업자가 필요하다.

11 다음의 공정-제품 행렬에 대한 설명으로 옳지 않은 것은?

제품 공정	Ⅰ. 소량·낮은 표준화	Ⅱ. 다품종·소량	Ⅲ. 소품종·다량	Ⅳ. 표준품·대량
Ⅰ. 주문생산	Ⓐ			Ⓑ
Ⅱ. 배취생산		Ⓒ		
Ⅲ. 조립생산			Ⓓ	
Ⅳ. 연속생산	Ⓔ			Ⓕ

① 어떤 기업이 기존의 공정을 그대로 두고 제품전략만 변화시키면 기업의 위치는 대각
　선을 벗어나 오른쪽으로 이동한다.
② Ⓐ에 위치한 기업의 생산업무 우선순위는 의존성-원가보다는 융통성-품질에 있다.

③ Ⓐ에 위치한 기업은 병목현상 해결, 납기추정, 주문촉진 등과 관련된 업무를 주로 관리한다.

④ Ⓕ에 위치한 기업은 범용설비와 낮은 가격으로 경쟁하고자 한다.

⑤ 제품과 공정의 관계를 고려해보면 Ⓔ에 위치하는 것은 거의 불가능하다.

✎ 해설 ④ Ⓕ에 위치한 기업의 경쟁유형은 전문화설비, 낮은 가격, 대량생산, 자재의 표준화 등이다.

12 집단관리기법(GT)에 대한 설명으로 옳지 않은 것은?

① 다양한 수요를 충족시키면서도 경제성을 달성하려는 것이다.

② 가공의 유사성에 따라 부품을 집단화함으로써 생산효율을 향상시키려는 방법이다.

③ 개별적으로 가공하는 경우보다 가공롯트의 크기가 작아진다.

④ 생산준비시간이 축소되고 생산작업의 관리가 수월하다.

⑤ 다품종 소량생산시스템의 단점을 보완하기 위한 방안이다.

✎ 해설 ③ GT의 경우 부분품을 집단화함으로써 롯트의 크기가 커진다.

13 자동화된 설비와 용이한 공정변화를 통해 다양한 종류의 제품을 높은 생산성으로 제조하여 부가가치를 높이려는 자동생산시스템은?

① GT   ② FMS

③ MP   ④ JIT

⑤ job shop

✎ 해설 FMS(유연생산시스템)는 컴퓨터를 통하여 용이한 공정변화와 다양한 제품종류를 실현시킬 수 있는 자동생산시스템이다.

14 다음 중 유연성이 가장 높은 설비는?

① 표준적인 재래식 기계   ② 제조셀

③ FMS   ④ 특수시스템

⑤ 전용설비

✎ 해설 ① 유연성의 정도 : 표준적인 재래식 기계 > 제조셀 > FMS > 특수시스템 > 전용설비
생산능력 : 전용설비 > 특수시스템 > FMS > 제조셀 > 표준적인 재래식 기계

정답 12 ③ 13 ② 14 ①

15 다음의 제품/공정도표(product/process matrix)에 대한 설명 중 틀린 것을 골라라.

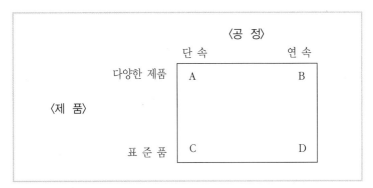

① 유연생산시스템(FMS)의 진행방향은 A→B이다.

② 전통적 생산시스템의 진행방향은 A→D이다.

③ A생산시스템은 능률적이고 유연성이 낮다.

④ C생산시스템은 비능률적이고 유연성이 낮다.

⑤ B생산시스템은 능률적이고 유연성이 높다.

✎ 해설 ① FMS는 연속생산(즉, 대량생산)과 제품의 다양성을 동시에 추구한다.
　　　③~⑤ 단속생산공정은 비능률적이고, 연속생산공정은 능률적이다. 한편, 제품이 다양하면 유연성이 있는 것
　　　　　이다.
　　　∴ A는 비능률적이고 유연성이 높다.

16 FMS를 설명한 다음 내용 중 옳은 것은?

① FMS는 표준품 대량생산에 적합한 생산시스템이다.

② FMS는 원가와 유연성을 동시에 실현할 수 있다.

③ FMS에서는 서로 다른 흐름을 가진 다양한 부품의 경우 동시작업이 불가능하다.

④ FMS하에서는 다품종을 생산하기 때문에 규모의 경제를 달성할 수 없다.

⑤ FMS는 수동으로 기계를 연결시켜서 사용하는 기법이다.

✎ 해설 ① FMS는 다양한 제품의 대량생산에 적합하다.
　　　③ FMS는 기계가동 및 자재이동이 컴퓨터에 의해 자동화되고 통제되므로 서로 다른 흐름을 가진 다양한 부
　　　　　품도 동시작업할 수 있다.
　　　④ FMS는 (다품종)대량생산을 추구하므로 규모의 경제가 가능하다.
　　　⑤ FMS는 컴퓨터화된 자동화를 통해 범용기계들을 연결시키고 공구를 제어하며 자재를 이동시킴으로써 다
　　　　　양한 제품을 소롯트규모로 생산한다.

정답 15 ③ 16 ②

17 다음 중 GT와 CMS에 대한 설명으로 옳지 않은 것은?

① GT를 이용하면 제품의 표준화 없이 소품종다량생산공정의 이점을 누릴 수 있다.

② GT에 의한 제조셀을 GT셀이라고도 한다.

③ GT생산시 부품에 따라서는 한 제조셀내에서 거치는 공정이 차이가 있을 수 있다.

④ 원형셀은 로봇이 자재취급작업을 수행할 때 많이 이용된다.

⑤ U-라인셀은 JIT생산시에 많이 이용된다.

✎ 해설 ④ 로봇은 C자형셀에 많이 이용된다.
　　　　⑤ 원형셀과 U-라인셀은 다기능작업자를 고용하고 있는 반복생산 기업, 특히 JIT생산방식을 도입한 기업에서 많이 이용된다.

18 다음 중에서 모듈식 생산(MP)의 특징이 아닌 것은?

① 경제적 생산의 실현　　　　　　② 표준화를 통한 이익의 실현

③ 소비자의 다양한 욕구 충족　　　④ 부분품의 호환성 증대

⑤ 완제품의 표준화

✎ 해설 ⑤ MP는 완제품의 표준화가 아니고 호환성이 높은 부분품의 표준화를 통해 경제성을 달성하는 기법이다.

19 모듈러 생산(modular production)과 GT(group technology)의 비교 중 잘못된 것은?

① MP는 제품의 다양화와 구성부분품의 표준화를 지향한다.

② GT는 가공의 유사성에 의한 부분품의 집단화를 꾀한다.

③ GT는 소품종 대량생산시스템, MP는 다품종 소량생산시스템을 개선하기 위한 방법이다.

④ 두 방법 모두 표준화에 의한 생산성향상기법으로 원가도 절감할 수 있다.

⑤ MP는 적은 수의 부품으로 보다 많은 종류의 제품을 생산하고자 하는 방법이다.

✎ 해설 ③ GT는 다품종 소량생산시스템을 최적화(또는 개선)시키려는 기법이고, MP는 소품종 대량생산시스템을 최적화(또는 개선)시키려는 기법이다.

20 FMS(flexible manufacturing system)에 관한 설명으로 옳지 않은 것은?

① 첨단의 생산방법과 현대적 관리, 통제기술을 활용함으로써 job shop의 유연성과 대량생산시스템의 생산성을 통합하기 위한 것이다.

② 다양한 제품을 소규모롯트로 생산할 수 있도록 범용기계들을 연결시킨다.

③ 24시간 연속생산 · 무인화운전을 지향하므로 생산성이 향상된다.

④ 생산시설이 제품탄력적이다.

⑤ 수요의 변화에 따른 생산시스템의 변경시 제품의 질이 떨어진다.

정답 17 ④ 18 ⑤ 19 ③ 20 ⑤

✒ **해설** ① job shop은 개별생산을 의미한다.

⑤ FMS는 제품의 질이 우수하고, 설비를 최적활용할 수 있다는 장점이 있다.

21 생산능력의 척도에는 설계능력, 유효능력, 실제산출량의 세 가지 개념이 있다. 다음 중 그 관계가 가장 적절한 것은?

① 유효능력 = 설계능력 = 실제산출량

② 설계능력 < 실제산출량 = 유효능력

③ 유효능력 < 실제산출량 < 설계능력

④ 설계능력 = 유효능력 < 실제산출량

⑤ 실제산출량 < 유효능력 < 설계능력

✒ **해설** ⅰ) 설계능력(design capacity) : 설계상에 표시된 성능 또는 용량으로 생산시스템의 내·외 여건에 관계없이 생산 가능한 최대생산량이다.

ⅱ) 유효능력(effective capacity) : 주어진 여건 아래서의 생산 가능한 산출량으로 시스템능력이라고도 한다.

ⅲ) 실제산출량(actual capacity) : 생산시스템에서 실제로 달성된 산출량으로 돌연한 기계고장 등의 이유 때문에 유효능력을 초과할 수는 없다.

22 다음 중 유효능력의 결정요인이 아닌 것은?

① 생산시스템의 운영　　② 작업자　　　③ 시장수요

④ 제　품　　　　　　　⑤ 생산공정

23 생산능력에 관한 다음의 기술 중 가장 적절하지 않은 것은?

① 규모의 경제(economies of scale)는 생산량의 증가 등으로 인해 단위 당 고정비가 줄어 단위 당 평균원가가 감소하는 현상을 의미한다.

② 규모의 비경제(diseconomies of scale)는 과도한 설비규모가 복잡성, 커뮤니케이션의 장애, 운영초점의 상실 등을 초래하여 단위당 평균원가가 상승하는 현상을 의미한다.

③ 여유생산능력(capacity cushion)은 평균가동률이 100% 이하로 떨어진 정도를 의미하며 다른 조건이 동일하다면 수요의 변동이 큰 업종일수록 여유생산능력을 크게 유지하는 것이 바람직하다.

④ 유효생산능력(effective capacity)이란 정상적이고 일반적인 제약 하에서 경제적으로 지속가능한 최대 산출량으로서, 실제산출량이 일정하다면 생산능력의 효율성은 유효생산능력이 클수록 커진다.

⑤ 다른 조건이 동일하다면 자본집약도가 높은 기업일수록 여유생산능력을 적게 유지하는 것이 바람직하다.

✒ **해설** ④ 실제산출량이 일정하다면 생산능력의 효율성은 유효생산능력이 클수록 작아진다.

제4장 ▪ 설비배치

4.1 설비배치의 기초개념

(1) 설비배치의 의의

설비배치(layout of facilities)란 생산활동의 최적흐름을 실현함으로써 생산시스템의 유효성을 높일 수 있도록, 생산설비들을 공장 내에 적절히 배치하는 것이다.

(2) 효율적 설비배치의 유용성

1) 설비투자의 최소화
2) 생산소요시간의 최소화
3) 공간의 효율적 이용이 가능
4) 작업자에게 안전과 편의 제공
5) 운반거리 또는 운반비용의 최소화
6) 차후의 배치변경에 있어서의 신축성 제고
7) 생산공정 간의 균형유지

4.2 설비배치의 유형

● 도표 4-1 설비배치의 유형

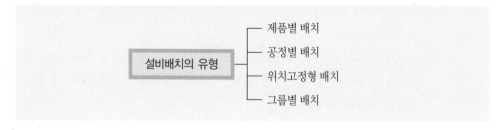

1. 제품별 배치(product layout) : 라인배치(line layout)

1) 특정 제품을 생산하는 데 필요한 기계설비를, 제조과정의 순서에 따라 배치하는 방법이다.

2) 연속생산공정, 소품종다량생산에 적합하다.

(1) 장 점

1) 표준품의 대량생산시에는 공정별 배치에 비해 **단위당 생산원가가 저렴**하다.
2) 운반거리가 짧고, 운반시간이 적게 소요되어 자재취급비용이 낮다.
3) 작업물의 흐름이 신속하여 재고와 재공품의 수량이 감소하고 적은 공간을 차지한다.
4) 절차계획과 일정계획이 단순하여 공정관리가 용이하다.
5) 작업이 단순하여 저임금의 미숙련공을 쓸 수 있고 작업자의 훈련·감독이 용이하다.

('91, '98 CPA)
★ 출제 Point
제품별 배치의 장·단점

(2) 단 점

1) 수요변동, 제품변경, 작업순서의 변경 등에 대한 **신축성이 낮다.**
2) 설비투자액이 많이 소요된다.
3) 기계고장이나 재료 부족시 공정 전체에 큰 영향을 미친다.
4) 소량생산시에는 공정별 배치에 비해 단위당 생산원가가 높다.
5) 작업이 단순하여 직무만족도가 낮고 단조로움을 느낀다.
6) 일반적인 감독이 이루어지므로 감독의 전문화가 어렵다.
7) 가장 느린 기계에 의해 생산속도가 좌우된다.

2. 공정별 배치(process layout) ; 기능별 배치(functional layout)

1) 설비를 공정(기능)별로 한 곳에 집합시키는 방법이다.
2) 단속생산공정, 다품종소량생산에 적합하다.

(1) 장 점

1) 수요변동, 제품변경, 작업순서의 변경 등에 대한 **신축성이 크다.**
2) 기계의 공동이용으로 필요한 기계대수가 줄어들고, 범용기계의 사용으로 설비투자액이 적다.
3) 기계의 고장이나 재료의 부족에도 생산의 유지가 용이하다.
4) 소량생산시에는 제품별 배치에 비해 단위당 생산원가가 저렴하다.
5) 다양한 작업으로 **직무만족도가 높다.**
6) 전문화된 감독이 가능하다.

(2002, 2005 CPA)
★ 출제 Point
제품별 배치와 공정별 배치의 특징 및 장단점

(2) 단 점

1) 대량생산시에는 제품별 배치에 비해 단위당 생산원가가 높다.

2) 운반거리가 길고, 운반시간이 많이 소요된다.

3) 작업물의 흐름이 지연되어 재고와 재공품의 수량이 증가하고 많은 공간을 차지한다.

4) 절차계획과 일정계획이 복잡하므로 **공정관리가 복잡하다.**

5) 다양한 기술을 가진 숙련공이 필요하므로 노무비가 비교적 높다.

6) 각 작업이나 주문이 다양하고 가공요건이 달라 **생산성이 떨어진다.**

> **Key Point**
>
> 제품별 배치와 공정별 배치의 장·단점은 서로 반대이다.

3. 위치고정형 배치(fixed position layout) : 제품고정형 배치, 프로젝트배치

1) 제품의 특징(크기와 형태) 때문에, 제품은 한 곳에 고정시키고, 제품생산에 필요한 원재료, 기계설비, 작업자 등을 제품의 생산현장에 이동시켜서 생산하는 방법이다.

2) 프로젝트 생산공정, 선박, 항공기, 우주선 등 크고 복잡한 제품의 생산에 적합하다.

(1) 장 점

◆ 위치고정형 배치의 경우 인력 및 장비이동비용은 많이 들지만 제품이동비용은 발생하지 않는다.

1) 작업물의 이동이 최소화된다.

2) 다양한 제품의 생산이 가능하다.

3) 제품이 이동하지 않으므로 할당된 노동인력의 계속성도 보장되어 새로운 작업 시작시 인력의 재계획이나 교육이 필요치 않다.

(2) 단 점

1) 생산현장까지 기계설비를 이동시키는 데 많은 시간과 비용이 소요된다.

2) 기계설비의 이용도가 낮다.

3) 동일한 작업자가 많은 다양한 작업을 처리해야 하므로 숙련된 다기능작업자가 요구된다.

현실적으로 많은 기업은 세 가지 배치유형의 장·단점을 고려하여 혼합형 배치방식을 사용하고 있다. 즉, 공장 전체로는 제작 → 중간조립 → 최종조립의 순으로 제품별 배치를, 제작공정은 공정별 배치를, 조립공정은 제품별 배치를 취하는 예를 들 수 있다.

4. 그룹별 배치(group layout)

(1) 특 징

1) 공정별 배치와 제품별 배치의 중간형태로 GT에 의한 생산이나 배취생산시스템에 적합한 배치방법이다.

2) 그룹별 배치는 유사한 가공을 요하는 가공물별로 그룹을 지어 배치하는 방법으로, 가급적 가공물의 가공순서에 따라 기계나 설비를 배열한다는 점에서 공정별 배치보다는 제품별 배치에 가깝다.

● 도표 4-2 배치유형별 특성

(2008 CPA)
★ 출제 Point
각 배치기법의 비교

비교사항	제품별 배치	공정별 배치	위치고정형 배치
제　품	소품종다량의 표준품	다품종소량의 주문품	극소수의 특정품
생산흐름	연속흐름	단속흐름	생산물 고정
운　반	짧은 거리, 낮은 운반비	긴 거리, 높은 운반비	시설이나 원자재의 높은 운반비
설　비	고가의 전용설비	저가의 범용설비	이동 가능한 범용설비
배치비용	높 다	낮 다	낮 다
생 산 비	고정비 고, 변동비 저	고정비 저, 변동비 고	고정비 저, 변동비 고
관 심 사	라인 밸런싱	작업장(기계)배열	시방변경, 일정관리

● 도표 4-3 배치유형별 비용의 비교

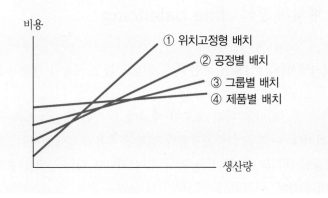

(2) 장 점

1) 준비시간과 비용의 절감

2) 주기시간의 감소

3) 기계효율의 증대

4) 운반비용의 감소

5) 재공품의 감소

6) 자동화 기회의 증가

7) 책임소재의 명확성

> **Key Point** **셀룰러 배치**
>
> 다수의 유사부품이나 부품군의 생산에 필요한 서로 다른 기계들을 가공진행 순서에 따라 모아 놓은 것을 제조셀 또는 셀(cell)이라 하며 제조셀에 의한 설비배치를 셀룰러 배치(cellular layout)라 한다. 셀룰러 배치의 대표적 형태가 GT이며 기타 형태로는 C자형셀, 원형셀, U-라인 셀이 있다.

● 도표 4-4 P-Q곡선의 형태와 배치유형

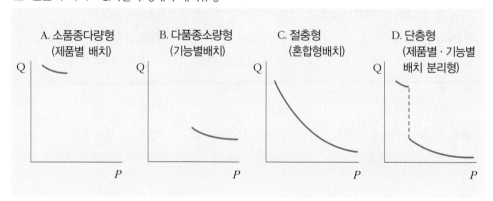

4.3 제품별 배치의 분석 : line balancing

('98 CPA)
★ 출제 Point
라인밸런싱의 배치방식

1) 제품별 배치에서는 생산물의 흐름이 일정하고 특정 제품의 생산과정순으로 설비가 배치된다.

2) 물자는 이들 생산라인을 따라 흐르기 때문에, 공정간 생산능력과 공정의 흐름이 균형을 이루지 못하는 경우에는 공정품의 정체나 유휴가 발생한다.

3) 따라서 제품별 배치의 핵심문제는 각 공정이 지니고 있는 능력을 충분히 발휘하면서 전체 공정이 원활히 진행하도록 생산라인의 능력을 균형적으로 배열하는 것이다.

1. 라인밸런싱

1) 라인밸런싱(line balancing)이란 생산라인을 구성하는 각 공정(작업장)의 능력이
전체적으로 균형을 이루도록 하는 것이다.

2) 각 공정의 소요시간이 균형을 이루도록 작업장이나 작업순서를 배열하는 것이
라인밸런싱의 목적이 된다.

2. 라인밸런싱의 해법

1) 탐색법(heuristic method)

2) 시뮬레이션(simulation)

3) 선형계획법(linear programming)

4) 동적계획법(dynamic programming)

3. 라인밸런싱의 기초개념

1) 주기시간(cycle time)이란 일련의 작업장을 통과하는 일정한 시간간격을 말한다.

2) 과업(task)은 더 이상 나눌 수 없는 작업의 기본단위이다.

3) 선행관계(precedence relationship)란 각 과업의 선후관계를 나타낸다.

4) 유휴시간(idle time)은 주기시간에서 과업의 수행시간을 뺀 값이다.

5) 효율성(efficiency)은 작업가능시간에 대한 실제작업시간의 비율로 측정한다.

(2002 CPA)
★출제 Point
라인밸런싱과 효율성의
계산

Key Point 효율성(=능률)

$$효율성 = \frac{총과업시간}{실제작업장의 수 \times 주기시간}$$

 예제 4-1 조립라인균형문제의 예

(a) 과업 및 선행관계

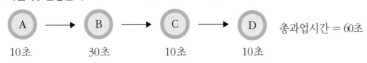

A ⟶ B ⟶ C ⟶ D   총과업시간 = 60초

10초   30초   10초   10초

(b) 주기시간을 30초로 할 때의 최적 할당 : 작업장의 수 = 3개, 총유휴시간 = 30초

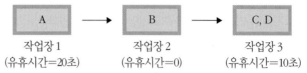

작업장 1	작업장 2	작업장 3
(유휴시간=20초)	(유휴시간=0)	(유휴시간=10초)

(c) 주기시간을 40초로 할 때의 최적 할당 : 작업장의 수 = 2개, 총유휴시간 = 20초

작업장 1	작업장 2
(유휴시간=0)	(유휴시간=20초)

4. 탐색법의 예

 예제 4-2

연속생산시스템을 도입하고 있는 (주)탐색의 과업 및 시간이 다음과 같다. 하루의 목표생산량이 200개이고, 하루작업시간이 7시간일 때 작업장의 수를 최소화하는 조립라인 균형을 구하라(단, 과업할당규칙은 최대후속과업수규칙과 최장과업시간규칙을 순차적으로 적용한다).

과 업	과업시간(초)	직전 선행과업
A	70	–
B	50	A
C	65	B
D	55	B
E	35	C
F	30	D
G	45	E, F
총과업시간	350초	

해답

i) 선행도표

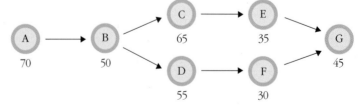

ii) 주기시간

$$주기시간(C) = \frac{일간\ 작업시간}{일간\ 목표생산량} = \frac{7 \times 60 \times 60(초)}{200} = 126초$$

iii) 최소작업장의 수

$$N_{min} = \left\langle \frac{총과업시간}{주기시간} \right\rangle = \left\langle \frac{350}{126} \right\rangle = \langle 2.7778 \rangle = 3$$

iv) 과업의 할당

과 업		과업시간(초)	잔여시간(초)	할당가능과업	후속과업수가 많은 과업
작업장 1	A	70	56	B	
	B	50	6(유휴시간)	없 음	
작업장 2	C	65	61	D, E	D
	D	55	6(유휴시간)	없 음	
작업장 3	E	35	91	F	
	F	30	61	G	
	G	45	16(유휴시간)	없 음	
총유휴시간			28		

단, 각 과업의 배치순서는 다음에 의한다.

과 업	후속과업의 수	과 업	후속과업의 수
A	6	E, F	1
B	5	G	0
C, D	2		

v) 과업의 할당결과

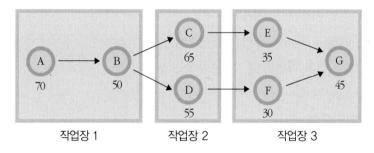

작업장 1   작업장 2   작업장 3

vi) 효율성

$$효율성 = \frac{총과업시간}{실제작업자의\ 수 \times 주기시간} = \frac{350}{3 \times 126} = 0.9259\ 또는\ 약\ 93\%$$

문제출처 : 「현대 생산·운영관리」, 이상범, 경문사.

4.4 공정별 배치의 분석

1) 공정별 배치는 다양한 제품을 생산하는 경우에 적합한 설비배치방법이다.
2) 다품종소량생산체제에서는 제품의 종류마다 생산방식과 생산흐름이 다르기 때문에 기계설비 내지 공정들을 적합한 장소에 경제적으로 배치하는 것이 핵심문제가 된다.

> **Key Point** 공정별 배치의 관심
>
> 공정별 배치에서는 총운반비용의 최소화가 공정이나 작업장의 최적배치를 위한 결정변수가 된다.

● 도표 4-5 공정별 배치의 분석방법

1. 도시해법(graphical approach) : 마일차트이용법

마일차트(mileage chart)이용법은 작업순서에 따라 운반량과 운반거리를 마일차트에 나타내어 공정 간의 배열을 분석·검토하는 방법이다.

2. 물량-거리모형

물량-거리모형은 부서 간의 물량이동에 따르는 총자재취급비용이 최소가 되도록 각 부서나 작업장의 배치를 결정하는 계량적 모형이다.

1) 절 차
① 부서 간의 이동물량을 고려하여 최초의 배치를 구한다.
② 최초의 배치에 대한 총비용을 계산하며 총비용을 감소시킬 수 있는 개선된 배치를 찾는다.

2) 한계점

부서의 수가 적을 때는 모든 가능한 배치형태를 비교하여 최적배치를 구할 수 있지만 부서의 수가 많을 때는 계산량이 증가하여 최적해를 구할 수 없다.

Key Point 물량-거리모형과 CRAFT

물량-거리모형을 컴퓨터화하여 최적해에 가까운 만족스러운 해를 구하는 방법이 CRAFT이다.

3. 체계적 배치계획 : Muther(1962)

1) 체계적 배치계획(SLP : systematic layout planning)은 운반거리나 운반비용과 같은 양적 요인보다 부문간의 의사소통이나 접근을 필요로 하는 정도와 같은 질적 요인이 중요시되는 경우에 적용할 수 있는 방법이다.

2) SLP는 물자의 흐름과 생산활동의 상호관계(즉, 관계도표 ; relationship chart)를 고려하여 흐름/활동관련도(flow/activity relationship diagram)를 작성하고, 소요면적과 이용가능면적을 검토하여 면적 상호관련도(space relationship diagram)를 작성하여 배치안을 제시한다.

4. 컴퓨터에 의한 분석

도시해법과 물량-거리모형 그리고 SLP는 작업장이나 공정의 수가 적을 때 이용가능하며 그 수가 많을 때는 컴퓨터를 이용하게 된다.

1) CRAFT : Armour & Buffa(1963)

① CRAFT(Computerized Relative Allocation of Facility Technique)는 자재의 흐름을 중심으로 하여 총운반비용을 최소로 하는 배치안을 선정하는 양적 요인 중심의 컴퓨터프로그램이다.

② 장점 : 기존의 배치를 개선할 때 유리한 배치방식이다.

③ 단점 : CRAFT는 두 부서의 교환시 비용감소가 없으면 중단하는 휴리스틱 기법이므로 반드시 최적해를 보장해 주지는 않는다.

2) CORELAP : Lee & Moore(1967)

① CORELAP(COmputerized RElationship LAyout Planning)은 SLP와 같이 부문 상호간의 활동관련표를 비롯하여 부문(작업장)의 수, 건물의 폭과 길이의 비율, 고정된 부문의 위치 및 각 부문의 면적 등에 대한 제약치를 입력자료로 하는 질적 요인 중심의 배치방식이다.

② CORELAP은 단일의 배치안이 제시되는 특징이 있다.

3) ALDEP : Seehof & Evans(1967)

① ALDEP(Automated Layout DEsign Program)은 부문별 활동관련표를 비롯하여 부서의 위치, 건물의 크기와 층수, 고정된 위치에 놓여야 할 부문, 계단을 위한 공간 등의 제약조건을 입력자료로 하는 질적 요인 중심의 배치방식이다.

② 장점
    ⓐ ALDEP은 검토용으로 여러 개의 좋은 배치를 산출하는 데 유용한 프로그램이다.
    ⓑ 일정한 점수로 제한하면 검토해야 할 배치안의 수를 줄일 수도 있다.

③ 단점 : 반드시 최적배치를 만들어 내는 것은 아니다.

Key Point 공정별 배치의 분석방법

	부문이나 작업장이 적을 때	부문이나 작업장이 많을 때
양적자료이용	① 마일차트이용법 ② 물량-거리모형	CRAFT
질적자료이용	SLP	① CORELAP ② ALDEP

4.5 운반설비

1) 운반설비는 고정경로형과 자유경로형으로 나눌 수 있다.

2) 고정경로형 운반설비는 많은 물품을 일정한 통로로 계속 운반할 때 사용하는 운반설비로, 연속생산시스템에서 많이 이용되지만 유연성이 낮은 문제가 있다.

3) 자유경로형 운반설비는 고정경로형에 비하여 융통성이 높은 운반설비로, 물자의 흐름이 일정치 않은 단속생산시스템에서 많이 이용된다.

(주)도시의 운반회수 총괄표는 다음과 같다. 마일차트이용법을 이용하여 운반비용을 최소화할 수 있도록 배치하라(단, 인접한 부문 간의 거리는 1이고 비인접부문 간의 거리는 한 부문을 건너뛸 때마다 1씩 증가한다).

부터＼까지	부문①	②	③	④	⑤	⑥	⑦	⑧	⑨	⑩	⑪
부문①		300									
②			70	50			90				
③				60	80						
④						40	100				
⑤							110				
⑥				60					120	140	
⑦						20		150	160		
⑧				170					180		
⑨										190	
⑩											200

🔑 해답

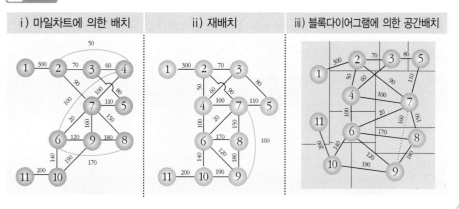

i) 마일차트에 의한 배치　　ii) 재배치　　iii) 블록다이어그램에 의한 공간배치

　폭 10m, 길이 20m의 공장에 5m×5m＝25m²의 면적이 요구되는 8개의 부문을 배치하려는 (주)물량의 부문간 연간 이동물량이 다음과 같을 때 물량-거리모형을 이용하여 총비용을 최소화할 수 있는 배치는? (단, 단위 물량당 운반비용은 인접부문의 경우는 1원이고, 비인접부문의 경우 한 부문을 건너뛸 때마다 1원씩 추가되며, 대각선으로 마주보는 부문도 인접하는 것으로 가정한다).

부문	1	2	3	4	5	6	7	8
1		150	10	0	10	250	0	10
2			40	70	25	100	20	30
3				80	90	0	55	60
4					0	130	70	50
5						90	60	70
6							60	80
7								50

🔑 해답

〈1단계〉 최초배치 및 총비용의 계산

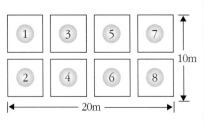

부문	1	2	3	4	5	6	7	8
1		150	10	0	20	500	0	30
2			40	70	50	200	60	90
3				80	90	0	110	120
4					0	130	140	100
5						90	60	70
6							60	80
7								50

총비용 = 2,400원

〈2단계〉 두번째 배치 및 총비용의 계산

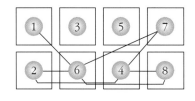

부문	1	2	3	4	5	6	7	8	비용증감
1		150	10	0	20	(250)	0	30	−250
2			40	(140)	50	(100)	60	90	−30
3				80	90	0	110	120	
4					0	130	(70)	(50)	−120
5						90	60	70	
6							(120)	(160)	+140
7								50	

총비용=2,400−260=2,140원   계 −260

〈3단계〉 2단계를 현재의 배치가 더 이상 개선될 수 없을 때까지 반복한다.

SLP백화점은 각 판매부문의 관련성을 고려하여 시설을 배치하려 한다. 이용 가능한 총면적이 800m²일 때 다음의 부문별 활동관련표를 참조하여 체계적 배치기법(SLP)에 따라 배치도를 그려라.

부터 \ 까지	②	③	④	⑤	필요면적(m²)
① 장난감부문	E / 1,5	U / 6	X	A / 5,6	100
② 와인부문		I / 3,5,6	O / 3,5	A / 2,5,6	300
③ 카메라부문			O / 6	U / 5,6	100
④ 캔디부문				E / 3,5	200
⑤ 식료부문					100

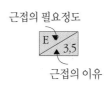

근접의 필요정도

근접의 이유

해답

등급	근접의 필요도	라인코드	색코드		기호	근접이유
A	절대 필요	≡≡≡	적 색		1	고객의 유형
E	특히 중요	≡≡≡	오렌지색		2	감독의 용이
I	중 요	══	녹 색		3	점원의 동일(점원 공유)
O	보 통	──	청 색		4	심리적 측면
U	중요하지 않음		없 음		5	공동시설 이용
X	바람직하지 않음	WWWWWW	갈 색		6	의사소통의 용이

i) 흐름/활동관련도 및 인접패턴(만족스러운 최초해)

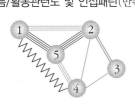

ii) 면적을 고려한 면적상호관련도

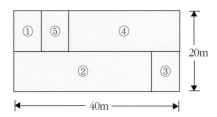

01 현대의 기업은 시장생산을 원칙으로 하는 소품종대량생산체제가 보편적이다. 다음 중에서 대량생산체제에 가장 적합한 설비배치방법은? ('91. CPA)

① 제품별 배치 ② 공정별 배치 ③ 위치고정형 배치
④ 그룹별 배치 ⑤ 묶음 배치

> ✎ 해설 ② 다품종소량생산에 유리
> ③ 프로젝트생산에 유리
> ④ GT나 배취생산시스템에 유리

02 라인밸런싱(line balancing) 문제가 주요 과제가 되는 설비배치방식은? ('98. CPA)

① 제품별 배치 ② 공정별 배치 ③ 고정형 배치
④ 혼합형 배치 ⑤ 그룹테크놀러지(GT) 배치

03 생산설비의 배치는 제품의 생산공정과 밀접한 관계를 맺고 있다. 다음 설비배치에 관한 설명 중 가장 적절하지 않은 것은? (2002. CPA)

① 대형 여객기 제조회사에 가장 적합한 설비 배치 형태는 위치고정형 배치(fixed position layout)이다.
② 제품별 배치(product layout)는 생산제품에 변화가 있을 때마다 시설배치를 변경해야 하기 때문에 공정의 유연성이 떨어진다.
③ 공정별 배치(process layout)는 유사한 공정을 그룹별로 모아 배치하므로 공장 내 반제품 및 원자재의 흐름을 파악하기 쉽고 생산계획 및 통제가 간단하다.
④ 제품별 배치는 일반적으로 대규모의 생산설비 투자가 필요하며 표준화된 제품의 대량 생산에 적합하다.
⑤ 공정별 배치는 제품별 배치에 비해 과업이 다양하므로 작업자로 하여금 작업에 대한 흥미와 만족도를 높여줄 수 있다.

> ✎ 해설 ③ 공정별 배치는 작업물의 흐름과 절차계획과 일정계획이 복잡하여, 공정관리도 복잡하다.

정답 1① 2① 3③

04 아래 그림과 같이 a, b, c 세 개의 순차적인 과업을 통해 제품을 조립하는 생산라인이 있다. 이를 하루 8시간 가동할 때 조립라인 균형의 효율(efficiency)과 하루 생산량은 각각 얼마인가? (2002. CPA)

수행시간	ⓐ	→	ⓑ	→	ⓒ
	10초		30초		5초

① 50%, 960개　　　② 66.7%, 960개　　　③ 75%, 960개

④ 50%, 640개　　　⑤ 66.7%, 640개

✎ 해설　i) 효율성의 계산

$$효율성 = \frac{45초}{30초 \times 3} = 0.5(50\%)$$

ii) 하루 생산량의 계산

$$\frac{8시간 \times 60분 \times 60초}{30초} = 960개$$

05 다음과 같이 A, B, C, D 네 개의 순차적인 단계를 거쳐 제품이 조립되는 생산라인이 있다. 네 단계 중 생산량에 제약을 주는 병목공정(bottleneck operation)은 무엇이며, 작업수행시간의 조정을 통해 해당 병목공정의 작업수행시간이 5초로 조정된다면 전체 공정에서의 1분당 생산량은 얼마가 되겠는가? (2004. CPA)

작업공정	A	B	C	D
공정별 작업수행시간	4초	12초	6초	10초

① A, 5개　　② A, 12개　　③ A, 15개　　④ B, 12개　　⑤ B, 6개

✎ 해설　④ A, B, C, D 네 공정 중 병목공정은 작업수행시간이 가장 긴 B이며, B공정의 작업수행 시간을 5초로 줄일경우 새로운 병목공정은 D가 되고, D공정 때문에 10초마다 1개씩 생산을 한다면 1분에 6개를 생산할 수 있다.

06 생산 및 서비스 설비배치와 관련한 다음의 설명 중 가장 적절치 않은 것은? (2005. CPA)

① 놀이공원은 공정별 배치(process layout)가 적절하다.

② 생산제품의 부피가 크거나 무게가 무거워 이동이 어려울 경우 고정형 배치가 적절하다.

③ 제조업의 생산제품에서 표준화보다는 고객화 정도가 높을수록 공정별 배치가 적절하다.

④ 다품종 소량생산의 경우 제품별 배치(product layout)를 채택하면 생산능력이 부족하여 과부하가 초래되므로 적절하지 못하다.

⑤ 공정별 배치가 제품별 배치보다 생산의 효율성이 낮은 경향이 있다.

✎ 해설　④ 다품종 소량생산방식에서 제품별 배치를 채택하면, 생산능력의 과잉으로 기계설비의 유휴가 발생하므로 적절하지 못하다.

01 다음 중 제품들이 표준화되어 있지 않아서 각 제품의 작업흐름이 서로 다른 경우에 적합한 배치형태는?

① 제품별 배치　　　　② 위치고정형 배치　　　　③ 공정별 배치
④ U형 배치　　　　　⑤ 그룹별 배치

✎ 해설　① 연속생산 ② 프로젝트생산 ③ 단속생산, 다품종 소량생산
　　　　④ JIT시스템 ⑤ GT생산이나 배취(batch)생산시스템에 적합하다.

02 다음 중 공정별 배치에서 가장 중시해야 할 사항은?

① 작업의 안전여부　　　② line-balancing　　　③ 작업자의 만족도
④ 자재 운반비　　　　　⑤ 생산성

✎ 해설　공정별 배치(=기능별 배치)는 관련이 많은 부문을 인접하게 배치하여 재료, 재공품의 운반비를 최소화시키는 것을 목적으로 한다.

03 다음 중 공정별 배치의 특징이 아닌 것은?

① 작업자의 흥미유발　　② 긴 단위당 생산시간　　③ 단순한 계획·통제
④ 다기능 숙련공　　　　⑤ 높은 노무비

✎ 해설　③ 공정별 배치는 생산계획 및 통제가 복잡하다.

04 기능별 배치의 특징 중 옳지 않은 것은?

① 라인배치보다 단위당 생산원가가 높다.
② 전문화된 감독이 용이하다.
③ 대량생산에는 부적합하다.
④ 전용설비를 이용하여 설비투자액이 많이 발생한다.
⑤ 작업자별 능률급을 적용할 수 있다.

✎ 해설　④ 기능별 배치(=공정별 배치)는 범용설비를 이용하므로 설비투자액이 적게 소요된다.

정답 1 ③　2 ④　3 ③　4 ④

05 다음 중 라인배치에서 가장 중시해야 할 사항은?

① 자재 운반 시간의 감소   ② line-balancing   ③ 절차계획과 일정계획
④ 원재료 운반비   ⑤ 작업자의 성과

✎ 해설 ② 라인배치(=제품별 배치)는 생산의 흐름이 연속적이므로 전체 생산라인이 균형(즉, line balancing)이 되도록 하는 데에 큰 관심이 있다.

06 제품별 배치에 대한 설명 중 잘못된 것은?

① 공정의 유연성이 없다.
② 능률급의 적용이 쉽지 않다.
③ 작업자를 훈련시키고 감독하기가 어렵다.
④ 재공품재고가 비교적 적다.
⑤ 소량생산시 공정별 배치보다 단위당 생산비가 높다.

✎ 해설 ③ 제품별 배치의 경우 작업이 단순하기 때문에 작업자의 훈련·감독이 용이하다. 즉, 제품별 배치는 미숙련공도 가능하다.

07 다음 중 Product Layout의 단점은?

① 공정률(processing rate)이 떨어진다.
② Product mix의 변화에 영향을 많이 받는다.
③ 재고유지에 많은 공간과 자본이 투입된다.
④ 원료가공비가 많이 든다.
⑤ 복잡한 계획과 통제가 필요하다.

✎ 해설 Product layout(제품별 배치)는 연속생산시스템의 배치형태이다. 그러므로 ②는 Product layout의 단점이고, ①, ③, ④, ⑤는 공정별 배치의 단점이 된다.

08 아래의 공정별 배치와 제품별 배치의 비교 중 옳지 않은 것은?

	공정별 배치	제품별 배치
①	기계의 배열	라인밸런싱
②	높은 신축성	낮은 신축성
③	높은 배치비용	낮은 배치비용
④	높은 직무만족	낮은 직무만족
⑤	높은 운송비	낮은 운송비

정답 5 ② 6 ③ 7 ② 8 ③

09 다음 중 컴퓨터를 이용한 공정별 배치의 분석기법은?

① LOB   ② ZD   ③ CRAFT
④ MAPI   ⑤ GT

10 셀룰러배치에 대한 설명 중 옳지 않은 것은?

① 제조셀에 의한 배치를 셀룰러배치라고 한다.
② GT배치는 공정별배치와 제품별배치의 혼합형태이다.
③ GT배치를 이용하면 제품의 표준화 없이도 제품별배치의 이점을 누릴수 있다.
④ GT배치는 생산소요시간이 단축된다.
⑤ GT배치 준비시간이 길어진다.

11 설비배치에 대한 설명 중 틀린 것은?

① line-balancing의 직접적인 목적은 유휴시간의 극소화에 있다.
② CRAFT는 최초 배치안, 부문간의 운반횟수, 운반비용 등의 자료를 이용한다.
③ 탐색법, 시뮬레이션법은 라인밸런싱의 해법이다.
④ SLP, CRAFT, CORELAP은 질적요인 중심의 배치방식이다.
⑤ 공정별 배치분석방법 중 마일차트이용법은 도표해법에 해당한다.

12 설비배치에 대한 아래의 설명 중 옳지 않은 것은?

① 생산량을 X축으로 하고, 비용을 Y축으로 하여 각 배치유형을 나타낼 때, 제품별 배치의 기울기가 가장 작다.
② 고정경로형 운반설비는 물자의 흐름이 일정치 않은 시스템에서 많이 이용한다.
③ 운반설비 선정시 운반물의 종류, 운반경로, 경제성, 건물의 물리적 특성 등을 고려한다.
④ 제품별 배치는 일반적으로 고정비가 높고, 변동비가 낮게 발생한다.
⑤ 그룹별 배치는 공정별 배치와 제품별 배치의 중간형태이다.

정답 9 ③   10 ⑤   11 ④   12 ②

✎ 해설 ② 물자의 흐름이 일정치 않은 단속생산시스템에서는 자유경로형 운반설비가 적합하다.

13 제품별 배치에서 주기시간에 대한 다음의 설명 중 옳지 않은 것은?

① 각 작업장에 할당된 과업의 총수행시간은 주기시간을 넘지 않아야 한다.
② 주기시간은 생산량과 효율성을 고려하여 결정한다.
③ 주기시간은 총과업시간보다 클 수 없다.
④ 최대과업시간이 주기시간의 상한값이 된다.
⑤ 총유휴시간을 최소화하는 것과 작업장의 수를 최소화하는 것은 같은 개념이다.

✎ 해설 ④ 과업은 더 이상 나눌 수 없는 작업의 기본 단위이므로 주기시간은 최대과업시간보다 작아질 수는 없다. 즉, 최대과업시간이 최소주기시간이 된다.
③ 총과업시간은 제품 하나를 생산하는 데 소요되는 총시간을 말한다. 그러므로 주기시간은 총과업시간보다 길어질 수는 없다. 왜냐하면 극단적인 경우 작업장을 하나만 설치하여 모든 과업을 여기서 수행하면 되기 때문이다.

14 다음 중 생산주기시간(cycle time)에 대한 설명으로 타당한 것은?

① 가장 긴 과업수행시간(task time)으로 최소주기시간이라고도 한다.
② 생산수량목표가 클수록 목표주기시간은 길어진다.
③ 주기시간은 제품 하나를 생산하는 데에 소요되는 총과업시간을 말한다.
④ 주기시간이 짧을수록 공정효율이 높아진다.
⑤ 주기시간이 짧을수록 생산수량목표는 커야 한다.

✎ 해설 ① cycle time이란 제품 1단위 생산에 필요한 '작업장(또는 작업)단위당 소요시간' 으로 한 제품이 거쳐가는 여러 작업장 중 가장 긴 시간이 걸리는 작업장의 시간을 나타낸다.
② 생산수량목표가 클수록 목표주기시간은 짧아진다.
③ 총과업시간(T)을 작업장의 수로 나누면 cycle time이 된다.
④ 공정효율 = $\dfrac{T}{N \cdot C}$ 로 C(생산주기시간)와 공정효율이 반비례 관계인 것처럼 보이지만, C가 감소하면 N(작업장의 수)이 증가하게 되어 그 효과는 불확실하다.
⑤ 생산수량목표가 우선 정해지면 그에 의해 주기시간을 구할 수 있는 것이다.

15 JOY㈜는 computer를 생산하고 있는데, 여섯 가지(A~F) 작업단계를 거쳐야 한다. 현재 여섯 개의 작업장에서 작업을 수행하고 있으며 작업장별 단위생산시간이 다음과 같을 때, 이 컴퓨터의 생산주기시간과 공정효율을 바르게 구한 것은?

작업장	A	B	C	D	E	F
단위생산시간	2	7	4	5	3	2

① 2시간, 80%   ② 5시간, 60.5%   ③ 5시간, 71.7%

④ 7시간, 54.8%   ⑤ 7시간, 72.5%

✎ **해설** i) 생산주기시간(cycle time) = 공정 내에서 가장 긴 작업시간

   ii) 공정효율 = $\dfrac{T}{N \cdot C}$ = $\dfrac{23}{6 \times 7}$ = 0.5476

   (단, T : 총작업시간, N : 작업장의 수, C : 생산주기시간)

16 공정별 배치에 관한 다음의 설명 중 옳지 않은 것은?

① 물량–거리모형을 컴퓨터화한 기법이 CRAFT이다.

② CRAFT는 양적 자료를 이용하는 방법이므로 항상 최적해를 구할 수 있다.

③ CORELAP은 ALDEP과는 달리 두 번 돌리더라도 동일한 배치안을 출력한다.

④ SLP의 방법을 컴퓨터로 분석한 기법은 CORELAP과 ALDEP이다.

⑤ CRAFT는 두 부문의 교환을 통하여 검토하는 기법이다.

✎ **해설** ② CRAFT는 두 부문을 바꾸어 비용이 더 이상 감소되지 않으면 중단하는 기법으로, 반드시 최적해를 구할 수 있는 것은 아니다. 왜냐하면 세 개 이상의 부문을 동시에 바꿀때 비용이 줄어들 가능성이 있기 때문이다.

   ③ CORELAP은 단일의 배치안을 제시하며 ALDEP은 여러 개의 배치안을 제시하는 방법이다.

   ④ SLP는 부서간의 관계의 밀접도와 같은 질적기준이 중요할 때 사용한다.

   ⑤ CRAFT는 부서간 물자의 흐름이 주된 고려사항일 때 사용한다.

17 Joy사는 TV를 생산하는데 다음과 같이 11개의 작업을 거쳐야 한다. TV의 수요는 하루에 500대이며, Joy사의 1일 작업가능시간은 총 420분이다. Joy사가 line balancing을 위해 각 작업을 몇 개의 작업장에 배분하고자 하는데 이에 대한 다음의 설명 중 옳지 않은 것은?(각 작업(A~K) 위의 숫자는 작업시간(단위 : 초)을 나타냄)

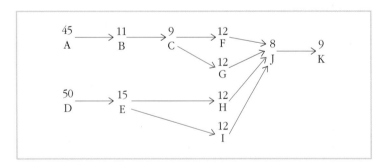

① 상대적으로 작업시간이 가장 많이 소요되는 공정을 애로공정이라고 하는데, 이로 인해 공정의 능률은 떨어진다.

② 이 공정의 cycle time은 50.4초이며, 이론적인 작업장의 수는 4개이다.

③ 위의 공정을 5개의 작업장으로 나눌 때는 효율이 77%이고, 4개의 작업장으로 나눌 때

는 효율이 67%가 된다.

④ 위의 공정을 5개의 작업장으로 나눌 때, B, E, C, F 작업이 한 작업장에 배정된다.

⑤ 위의 공정을 4개의 작업장으로 나눌 때 작업 A의 idle time은 5.4초이다.

✎ 해설　1일 수요량(D) = 500대, 1일 작업시간(P) = 420분

단위당 총생산 시간(T) = 45+11+9+12+12+8+9+50+15+12+12 = 195초

② i) cycle time(C) = $\dfrac{P}{D}$ = $\dfrac{420 \times 60(초)}{500}$ = 50.4초

　　ii) 이론적 작업장의 수(N) = $\left\langle \dfrac{T}{C} \right\rangle$ = $\left\langle \dfrac{195}{50.4} \right\rangle$ = ⟨3.87⟩ = 4개

③ i) 5개의 작업장으로 나눌 때의 효율(=능률)(η) = $\left\langle \dfrac{T}{N \cdot C} \right\rangle$ = $\dfrac{195}{5 \times 50.4}$ = 0.77(77%)

　　ii) 4개의 작업장으로 나눌 때의 효율(=능률)(η) = $\left\langle \dfrac{T}{N \cdot C} \right\rangle$ = $\dfrac{195}{4 \times 50.4}$ = 0.97(97%)

④, ⑤ i) 5개의 작업장으로 나눌 때

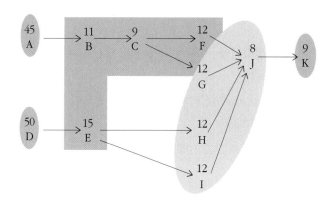

station(작업장)	작 업	작업시간(초)	idle time(유휴시간)
1	A	45	5.4
2	D	50	0.4
3	B, E, C, F	11+15+9+12	3.4
4	G, H, I, J	12+12+12+8	6.4
5	K	9	41.4

ii) 4개의 작업장으로 나눌 때

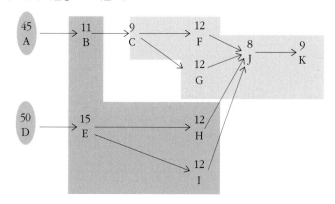

station(작업장)	작 업	작업시간(초)	idle time(유휴시간)
1	A	45	5.4
2	D	50	0.4
3	B, E, H, I	15+12+12+11	0.4
4	C, F, G, J, K	9+12+12+8+9	0.4

18 프로세스 선택과 설비배치에 대한 다음의 설명 중 가장 적절하지 않은 것은?

① 정유공정이나 제철공정과 같이 고도로 표준화된 제품을 생산하기 위해서는 연속생산 프로세스와 제품별 배치가 바람직하다.

② 중장비나 선박용 부속품과 같은 제품의 생산을 위해서는 배치생산프로세스와 공정별 배치가 바람직하다.

③ 시장에서의 반응이 아직 확인되지 않은 신제품의 경우에는 배치프로세스와 제품별 배치가 바람직하다.

④ 제품의 수명주기에서 성숙기에 속하는 자동차의 생산을 위해서는 조립생산프로세스와 제품별 배치가 바람직하다.

⑤ 표준화의 정도가 매우 낮고 주문별로 개별작업이 필요한 경우에는 주문생산프로세스와 공정별 배치가 바람직하다.

✎ 해설 ③ 시장에서의 반응이 아직 확인되지 않은 신제품의 경우에는 공정별 배치가 바람직하다.

제5장 ▪ 방법연구, 작업측정, 공장입지

5.1 방법연구

1. 방법연구의 의의

방법연구(methods study)란 작업의 진행방법이나 작업상의 여러 조건을 과학적으로 조사 · 연구 · 분석하여, 공정이나 작업에 포함된 비합리적 요소를 제거함으로써 효과적이고 합리적인 작업방법을 모색하고, 이를 **작업표준**으로 설정하는 과정이다.

2. 방법연구의 체계

(1) 공정분석

1) 의 의

공정분석(process analysis)은 **작업물의 흐름의 관점**에서 공정순서에 따라 작업자의 활동, 작업순서, 제품, 원료, 기계, 공구 등을 집중적으로 조사 · 분석함으로써, 공정상의 낭비나 비합리적 요소를 제거하고 개선방안을 모색하는 기법이다.

◈공정분석도표는 공정설계를 위한 기초자료로도 사용된다.

2) 공정분석도표

① **조립도표**(assembly chart) → Gozinto chart

조립도표는 부품이 어떻게 중간조립단계를 거쳐 조립품으로 완성되고 검사되는

🔵 도표 5-1 방법연구의 체계

공 정 분 석	작 업 분 석	동 작 분 석
작업물의 흐름의 관점에서 공정을 조사 · 분석한다.	작업자의 작업방법 또는 활동에 중점을 두고 작업을 분석한다.	한 장소에서 실시되는 작업을 수행하고 있는 작업자의 동작을 분석
• 조립도표 • 작업공정도표 • 흐름공정도표 • 경로도	• 활동도표 • 작업자공정도표 • 작업(분석)도표 • SIMO chart	• 目視동작분석 • 徵視동작분석 • Therblig분석 • 메모동작분석

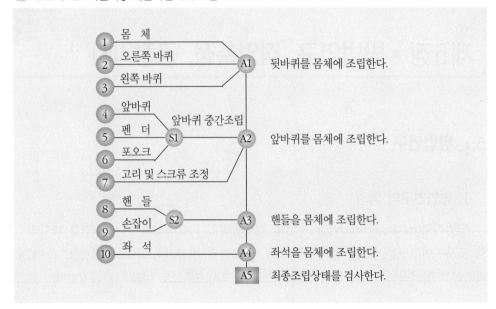

● 도표 5-2 어린이용 세발자전거의 조립도표

가 하는 순서와 이들 간의 상관관계를 전체적으로 나타내 주는 도표이다.
② **작업공정도표**(operations process chart) → **공정계획표**(routing sheet)
　작업공정도표는 조립도표에 부품을 형성하는 원자재, 작업소요시간, 기계 및 공
구 등의 요건을 결합시킨 도표이다.
③ **흐름공정도표**(flow process chart) → **공정분석도표**
　흐름공정도표는 공정을 형성하는 작업의 물적 진행순서, 즉 제조공정이나 사무
작업 등에서의 작업, 운반, 검사, 정체(유휴), 저장 등을 나타내 주는 도표로 공정흐

● 도표 5-3 작업공정도표

〈작업공정도표〉

부 품 명 : 세발자전거의 뒷바퀴 　　　　　　　　　　　　　일　자 : 9/8/94
조 립 품 : A2936 　　　　　　　　　　　　　　　　　　　　발급자 : 홍길동
부품번호 : 261982

작업번호	작 업 내 용	부서번호	도구/장비
1	바퀴살용으로 철사를 절단한다(10개).	06	E10 전단기(shear)
2	차축용 관을 절단한다.	06	F2 쇠톱(hacksaw)
3	바퀴의 테두리쇠용으로 평평한 쇠를 절단한다.	02	F1 전단기
4	바퀴살 캡을 찍어낸다.	03	A7 압착기(press)
5	바퀴의 테두리쇠를 성형한다.	03	A4 압착기

도표 5-4 흐름공정도표

〈흐름공정도표〉

흐름공정도표 현 행 ☑ 개 선 ☑	작　　업 : Machining Collar 대 상 물 : Steel Collar 작 성 자 : 홍길동 작 성 일 자 : 1994. 10. 12	번　호 : 326 페 이 지 : 1/1

방 법 의 세부사항	작 이 검 정 저 업 동 사 체 장	거리 (feet)	시간 (분)	도구/장비	개선조치 제거	개선조치 결합	개선조치 변경	개선조치 단순화
저장상자	○ ⇨ □ ◆ ▽			저장상자를 톱 근처에 둘 수 있는가?				∨
도르래에 매닮	● ⇨ □ ◇ ▽				∨			
톱쪽으로 운반	○ ⇨ □ ◇ ▽	15						
도르래에서 뗌	● ⇨ □ ◇ ▽				∨			

〈요약〉

항 목	횟 수	시 간
○ 작업	5	
⇨ 이동	4	
□ 검사	0	
◇ 정체	5	
▽ 저장	0	
총이동거리	200FT	

도표 5-5 경로도

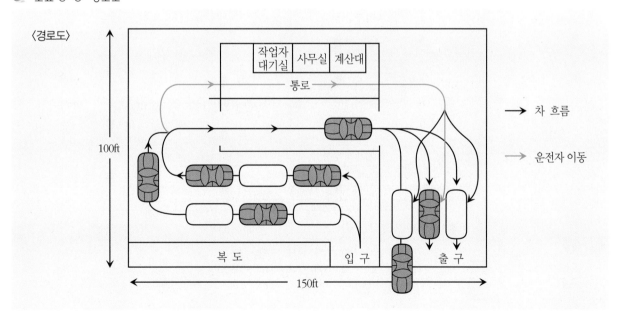

〈경로도〉

작업자
대기실　사무실　계산대

통로

100ft

복 도　　　입 구　　　출 구

150ft

→ 차 흐름

→ 운전자 이동

름을 개선하는 데 매우 유용한 도표이다.

④ **경로도**(flow diagram)

경로도는 공정분석의 대상이 되는 부분품, 재료, 제품의 이동경로를 작업장의 배치도상에 기입한 도표이다.

(2) 작업분석

1) 의 의

작업분석(operation analysis)이란 작업자의 작업방법 또는 작업내용에 중점을 두고, 분석대상이 되는 작업에 대하여 그 작업의 목적, 다른 작업과의 관계, 작업방법, 사용하는 재료, 운반방법, 공구, 기계설비 등을 조사·분석하는 기법이다.

2) 작업분석도표

① **활동도표**(activity chart) ➡ **작업자-기계도표**(worker-machine chart)

활동도표는 작업공정을 세분한 작업활동을 시간과 함께 나타내는 도표로, 불필요한 유휴활동의 파악에 용이하다.

● 도표 5-6 작업자-기계활동도표

시간(분)	작업자	기계1	기계2
0	기계 1 부하	유 휴	유 휴
1	유 휴	가 동	
2			
3	기계 2 부하	유 휴	
4			
5	기계 1 부하		가 동
6	유 휴	가 동	
7			
8	기계 2 부하	유 휴	유 휴
9			
10	기계 1 부하		가 동
11	유 휴	가 동	
12			
13			
유휴시간(%)	6/13 = 46.2%	7/13 = 53.8%	7/13 = 53.8%

* 부하소요시간 : 기계1 = 1분, 기계2 = 2분
** 가 동 시 간 : 기계1 = 2분, 기계2 = 3분

② **작업자공정도표**(operator process chart)

　　작업자 공정도표는 특정 작업이 수행되는 과정을 작업자의 작업방법에 중점을
두고 나타내는 도표로, 공정단계의 수를 감축 · 결합 · 단순화하거나 작업순서를 변
경하는 방법을 모색하기 위하여 작성된다.

● 도표 5-7 작업도표

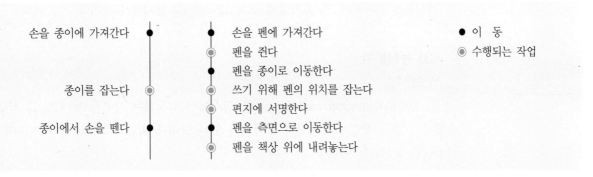

● 도표 5-8 SIMO Chart

작　업　자 : 홍 길 동	
날　　　　짜 : 1993. 10. 19	
작　　　　업 : 조 립	
부　　　　품 : 방직기계의 레이스 핑거(lace finger)	
방　　　　법 : 제안된 방법	
도표작성자 : 이 철 수	

시간 척도	요소 시간	왼손 동작설명	기호	동작분류 1	2	3	4	5	5	4	3	2	1	기호	오른손 동작설명	요소 시간	시간 척도
4548 4560	12	핑거를 향해 뻗는다	RE											RE	핑거를 향해 뻗는다.	12	4548 4560
4579	19	핑거를 잡는다	G											G	핑거를 잡는다.	19	4579
4610	31	핑거를 움직인다	M											M	핑거를 움직인다.	31	4610

〈요 약〉

%	시 간	왼손 요약	기 호	오른손 요약	시 간	%
8.56	249	뻗는다	RE	뻗는다	245	8.4
7.49	218	잡는다	G	잡는다	221	7.5
12.16	354	움직인다	M	움직인다	413	14.2
30.45	887	내려놓는다	P	내려놓는다	1,124	38.7
39.3	1,145	사용한다	U	사용한다	876	30.1
1.03	30	쉰다	I	쉰다	0	0.0
⋮	⋮	⋮	⋮	⋮	⋮	⋮
100.0	3,011		합　　계		3,011	100.0

출처 :「Niebel(1976)」, p. 204.

③ **작업도표**(operation chart) → **작업분석도표**

작업도표는 공정분석도표에서 나타나는 하나의 특정 작업을 한 장소에서만 수행하는 한 작업자의 작업을 대상으로, 그 작업자의 양손에 의하여 이루어지는 방법이나 순서 등을 나타내 주는 도표이다.

④ **SIMO chart**(SImultaneous MOtion cycle chart)

SIMO chart는 작업자의 양손에 의하여 이루어지는 동작을 분석하고, 표준서블릭심볼을 사용하여 각 움직임에 소요되는 **시간을 표시**한 도표이다.

(3) 동작분석

1) 의 의

① 동작분석(motion analysis)은 한 장소에서 실시되는 작업을 토대로, 그 작업을 수행하고 있는 작업자의 동작에 포함되어 있는 낭비나 비합리적 요소를 제거하여, 개선방안을 모색하는 방법이다.

② 동작분석에는 目視동작분석, 微視동작분석, Therblig분석(Gilbreth), 메모동작분석(memo motion analysis) 등이 있다.

③ Therblig분석은 인간이 행하는 작업동작을 18개의 기본적 동작으로 분해하고 이것을 기호로 표시한 것이다.

● 도표 5-9 방법연구 제 기법의 비교

과업의 성격	목 표	연구기법
전반적인 생산시스템	단계의 제거 또는 결합 : 이동거리의 단축 지연의 확인	경로도(flow diagram) 흐름공정도표(flow process chart)
고정된 작업장에서의 부동의 작업자	작업방법의 단순화 : 동작의 최소화	작업분석도표(operation chart) 시모도표(SIMO chart) 동작경제의 원칙적용
기계와 상호작용하는 작업자 (작업자-기계시스템)	유휴시간의 최소화 : 작업자와 기계의 총유휴시간 비용을 최소화하는 기계의 수 또는 기계의 조합 발견	활동도표(activity chart) 작업자-기계도표(worker-machine chart) 동작경제의 원칙적용
다른 작업자와 상호 작용 하는 작업자 (다수의 작업자시스템)	생산성 최대화 : 간섭의 최소화	활동도표 갱공정도표(gang process chart)

> **Key Point** **동작경제의 원칙**(principle of motion economy) : Gilbreth, Barnes and Parton
>
> 동작경제의 원칙이란 인간이 어떤 작업방법과 공구를 사용하여야 경제적인 작업이 되는가에 대한 원칙으로 ① 인체의 활용, ② 작업장배열, ③ 공구 및 설비 등의 세 부분으로 구성된다.

5.2 작업측정

1. 작업측정의 의의

1) 작업측정(work measurement)이란 방법연구에 의하여 개선된 작업내용을 토대로, 작업자가 그 작업을 수행하는 데 필요한 시간을 표준적 여건하에서 측정함으로써, 불필요한 시간을 제거하고 **표준시간을** 설정·유지하는 과정이다.

2) 작업측정자료는 특정 작업이나 공정의 관리표준의 설정이나 노동력 및 설비의 필요량 결정, 생산수량계획, 일정계획 및 통제의 목적으로 사용되며 임금산정이나 표준제조원가계산의 기초로도 사용된다.

3) 또한 두 개 이상의 작업방법에 대한 우열 비교에도 이용된다.

2. 표준시간

표준시간 = 기본시간(또는 정상시간, 정규시간) + 여유시간

1) 표준시간(standard time)은 기본시간과 여유시간의 합으로 결정된다.

2) 기본시간(basic time)은 숙련도를 갖춘 작업자가, 정해진 방법과 설비를 이용하여 정해진 작업조건하에서 보통의 작업속도로 일할 때, 한 단위완성에 필요한 작업시간을 말한다.

3) 여유시간(slack time)은 생리적 요인이나 피로에 의한 피할 수 없는 작업지연시간을 의미한다.

◎ 참고

표준시간의 산정

① 내경법

표준시간 = 기본시간 $\times$ (1 + 여유율)   단, 여유율 = $\dfrac{\text{여유시간}}{\text{기본시간}}$

② 외경법

표준시간 = 기본시간 $\times \dfrac{1}{1 - \text{여유율}}$ 단, 여유율 = $\dfrac{\text{여유시간}}{\text{기본시간} + \text{여유시간}}$

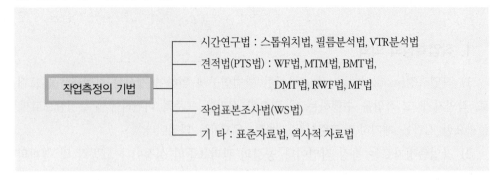

도표 5-10 작업측정의 기법

작업측정의 기법
— 시간연구법 : 스톱워치법, 필름분석법, VTR분석법
— 견적법(PTS법) : WF법, MTM법, BMT법,
　　　　　　　　　　　DMT법, RWF법, MF법
— 작업표본조사법(WS법)
— 기 타 : 표준자료법, 역사적 자료법

3. 작업측정의 기법

(1) 시간연구법

시간연구법(time study)은 작업순환과정을 반복적으로 **관찰하면서** 계측기를 이용하여 **작업시간을 측정하고**, 이를 기초로 기본시간 및 표준시간을 산출하는 방법이다.

1) 표준시간의 설정과정

① 작업(작업방법, 장소, 도구 등)을 표준화하고 측정할 작업자를 선정한다.

② 작업을 요소작업으로 분할하고 요소작업별 실제소요시간을 관찰한다.

③ 관찰횟수를 결정하고 기본시간을 산정한다.

$$기본시간 = 관찰시간 \times 작업자평정치^{*1} \times \frac{1}{1 - 작업난도^{*2}}$$

*1 작업자평정치 : 측정대상작업자의 상대적 속도(실제작업속도/정상작업속도), 즉 측정대상 작업자의 작업능률이 표준능률에 비하여 어느 정도인지를 평정하여 측정된 관찰시간을 기본시간으로 조정하는 절차

*2 작업난도 : 각종 작업속도의 저항요인으로, 작업이 어려울수록 1에 가깝다.

④ 여유율(여유시간)을 산정하고 표준시간을 설정한다.

$$표준시간 = 기본시간 \times (1 + 여유율) \text{ 또는}$$
$$표준시간 = 기본시간 \times \frac{1}{1 - 여유율}$$

2) 특 징

시간연구법은 반복적이고 연속적인 현장작업(조립작업, 기계작업 등)에 적합하다.

(2) 견적법(PTS법) : 기정(旣定)시간표준법

1) 견적법(PTS법 : predetermined time standards)은 작업자가 행하는 특정 작업방법을 상세히 분석하여 기본동작으로 분해하고, 각각의 기본동작에 대해 그 성질과 조건에 따라 **미리 정해진 표준시간치를** 사용하여 각 동작별 시간치를 구한 다음, 이를 합산하여 그 작업의 소요시간을 산출하는 방법이다.

2) 그러므로 작업방법만 알고 있으면 그 작업을 행하기 전에도 작업의 수행에 필요한 표준시간을 정할 수 있으며 일관성 있고, 객관적인 시간을 설정가능하다.

3) 장점 : 견적법은 수작업에 적용이 용이하다.

4) 단점 : 사고와 판단을 요하는 작업에는 적용이 곤란하다.

(3) 작업표본조사법(WS법)

1) 작업표본조사법(WS법 : work sampling method)은 작업자의 활동내용이 충분히 드러날 수 있는 일정한 기간을 선정하고, 이 기간을 대상으로 **무작위로** 선정된 시점을 표본시점으로 하여, 순간적으로 **관찰한 결과를** 가지고 전체작업에 관련된 활동들의 종류와 각각의 시간비율 등을 실용상 만족할 만한 신뢰도와 정도를 가지고 **추정하는 방법**이다.

2) WS법은 여러 가지의 다양한 활동을 수반하는 **비반복적이고 비연속적인 관리작업**(창고관리자, 사무직원, 백화점원 등의 업무)에 적합한 방법이다.

(4) 기 타

1) 표준자료법

① 표준자료법(standard data)이란 과거의 시간연구로부터 얻어진 여러 가지 요소작업에 소요되는 시간을 데이터베이스로 유지해 오고 있는 경우, 이러한 표준자료에 근거하여 표준시간을 설정하는 방법이다.

② 이 때 표준자료는 하나의 요소작업의 다양한 조건에 대해 일일이 개별적으로 설정될 필요는 없고 표준화된 몇 가지 조건으로 보간법 등의 근사적인 방법으로 구한다.

2) 역사적 자료법

역사적 자료법(historical data)에서는 과거의 실적자료에 근거하여 표준을 설정하며 과거의 수준에 비해 계속적인 작업향상을 도모하는 데 목적을 둔다.

Key Point **작업측정기법의 분류**

직접노동연구	시간연구법, PTS법, 표준자료법
간접노동연구	WS법, 역사적 자료법

5.3 공장입지

1. 공장입지의 의의 및 목표

1) 공장입지(plant location)란 생산을 위한 건물과 제설비를 위치시킬 지역을 결정하는 것으로 예상투자수익률을 극대화할 수 있는 지역을 결정하게 된다.

2) 일반적으로 서비스업체를 제외하고는 예상수익이 대체로 비슷하므로 입지분석의 초점은 입지관련비용을 최소화하는 데 둔다.

2. 시설 및 공장의 입지요인

(1) 제조공장의 입지요인

1) 경제적 입지요인

교통편리 및 운송비용, 노동력의 양과 질, 임금수준, 시장(고객)의 수요와 근접성, 외주업체의 이용 가능성, 기술의 획득, 유틸리티시설의 이용, 토지가격 등

2) 자연적 입지요인

기후의 적합성, 공업용수의 이용 가능성, 원자재의 근접성, 배수의 용이성 등

3) 사회적 입지요인

지역사회의 풍토와 관습, 그 지역의 삶의 질, 법규와 제도 · 세제 · 지원제도, 국토계획 등

> **○ 참 고**
>
> R.W. Schmenner 교수의 입지선정요인
> ① 호의적인 노동분위기
> ② 시장의 근접성
> ③ 삶의 질
> ④ 공급자 및 자원의 근접성
> ⑤ 모기업의 다른 시설과의 근접

(2) 서비스시설의 입지요인

1) 고객에의 근접성
2) 시장의 근접성과 운송비
3) 경쟁업자의 위치

4) 부지의 위치 : 교통의 편리성, 주차시설, 쇼핑센터 인접지역, 확장 용이한 지역, 가시지역, 관계법규 저촉 여부

3. 국내산업의 입지환경

(1) 공업단지

1) 의 의

산업자원의 최적화를 위해 유리한 입지에 관련 산업을 집중시키는 것.

2) 사 례

울산 공업단지, 마산 수출자유지역

3) 장 점

① 부족한 토지자원을 국가적 입장에서 효과적으로 이용
② 기업의 교통·동력·산업시설 등의 공동시설비용 절감
③ 산업공해가 불필요하게 확산되는 것을 회피

(2) 산업 클러스터(industrial cluster)

1) 의 의

인접지역에 상호 연관관계가 있는 기업과 기관들이 네트워크를 이루어 모여 있는 것.

2) 사 례

실리콘 밸리, 대덕연구단지

3) 장 점

경쟁기업과 부품소재기업 및 대학연구소, 회계, 법률 각종 서비스 기관이 모여 네트워크를 통한 시너지 창출

(3) 아파트형 공장

1) 의 의

중소규모의 공장이 밀집되어 있는 건축물

2) 장 점

① 기업활동의 연계성
② 공장부지 투자비용 절감
③ 세제 및 금융혜택
④ 동업종·이업종간 정보 교류

3) 단 점

① 독자시설 이용 불가능

② 소음·진동으로 환경 소란

③ 노사분규 공동 몸살

④ 인력 스카우트 행태 난무

4. 공장입지의 선정방법

(1) 양적 요인에 의한 방법

1) 총비용비교법

① 입지후보지별로 입지결정에 수반되는 비용을 검토하여, 총비용이 최소가 되는 곳을 공장입지로 선정하는 방법이다.

② 일정한 생산량을 전제로 총비용을 비교하기 때문에, 조업도의 변화에 따른 변동비의 변화를 반영하기가 곤란하다는 문제가 있다.

(2008 CPA)
★ 출제 Point
입지분기점분석법의
특징

2) 입지분기점분석법

입지후보지별로 입지결정에 수반되는 비용을 고정비와 변동비로 구분하고, 조업도의 변화에 따른 비용의 변화를 입지분기도표로 작성하여 분석하는 방법이다.

(2008 CPA)
★ 출제 Point
수송법의 특징

3) 수송법 → 복수공장의 입지결정에 유용

① 특정 제품의 공장과 시장을 여러 곳에 가지고 있는 기업이 기존의 여러 공장과 함께 신규공장의 입지를 선정할 때 사용하는 기법이다.

② 총수송비를 최소로 하는 공장입지를 선정하게 된다.

● 도표 5-11 공장입지의 선정방법

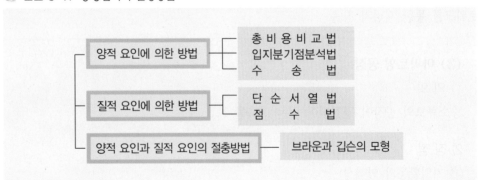

(2) 질적 요인에 의한 방법

1) 단순서열법

금액으로 나타낼 수 없는 여러 가지 질적 입지요인들을 파악하여 이들을 중요도에 따라 평가하고 서열을 부여함으로써 입지를 선정하는 방법이다.

2) 점수법(요인평정법)

여러 가지 입지요인들을 파악하여 요인별로 가중치를 부여한 다음, 입지후보지별로 요인별 점수를 합산하여 입지를 선정하는 방법이다. → [도표 5-12] 참조.

('93, 2008 CPA)
★ 출제 Point
요인평정법의 정의

🌑 도표 5-12 입지요인의 평가와 평가점수

입지요인	가중치	입지 1		입지 2	
		평가결과	점 수	평가결과	점 수
노 동 력	40	우	8	수	10
수송조건	30	수	10	양	4
지역사회	20	미	6	우	8
정부규제	10	우	8	미	6

(3) 브라운과 깁슨의 모형

브라운과 깁슨(Brown and Gibson)의 모형은 양적 요인과 질적 요인을 동시에 고려한 복수공장의 입지분석모형으로 세 가지 평가기준을 사용한다.

1) 필수적 기준 : 그 시스템의 입지요소로서 필수불가결한 장소적 적합성을 판정
2) 객관적 기준 : 노무비, 원재료비 등 화폐가치로 평가될 수 있는 경제적 기준
3) 주관적 기준 : 근로자의 성실성, 지역 민심 등 객관적으로 평가하기 힘든 질적 요인

5. 서비스시설입지분석기법

(1) 중심법(the center of gravity method)

(2008 CPA)
★ 출제 Point
중심법의 정의

1) 의의 : 여러 지방에 흩어져 있는 창고나 유통센터간의 운송비용을 최소화하기 위한 입지결정기법
2) 적용방법 : 각 후보지를 X, Y 좌표로 나타낸 후 공급량·소비량으로 가중된 운송거리를 최소화시키는 중심을 찾는다.

(2) 의사결정수접근법

입지후보지를 결정하는 단계를 결정점으로 하여 후보지 별로 높은 수요와 낮은 수

요로 나누어 기대수익을 예상하는 의사결정수를 그리고, 예상 기대치가 큰 후보지를 선택한다.

(3) 직각거리법

6. 해외공장입지요인 : Robert B. Stobaugh, Jr.

(1) 해외 입지전략 : 시장지역 공장전략

1) 기술주도형(technology driven) 전략

시장이 크고 소득이 높은 국가에 우선 수출을 하다가, 수출이 어려워지면 소규모 투자로 제품조립을 하고, 시장이 커지면 공장을 늘리고 생산범위를 점점 넓힌다.

2) 시장 집약(market intensive) 전략

해외시장의 크기에 따라 규모적응을 하면서 전반적 생산을 한다.

(2) 모방지체기간

1) 모방지체기간이란 어떤 제품이 처음으로 생산·판매된 후, 그 특정국에서 생산·판매하기까지의 기간을 말한다.

2) 해외에 공장을 세우려 할 경우에는 모방지체기간(Imitation lag)에 영향을 미치는 두 개의 요인을 고려해야 한다.

① 특정 국가에 관한 요인
   ⓐ 시장규모
   ⓑ 투자환경
   ⓒ 기술수준
   ⓓ 경쟁국과의 거리

② 특정 제품에 관한 요인
   ⓐ 운반비
   ⓑ 경제적 생산규모
   ⓒ 필수품, 고급품 여부

기출문제

01 공장입지분석방법 중 질적 분석방법으로서 가장 객관적인 것은?　　　('93. CPA)

① 점수법　　　　　　② 총비용최소화법　　　　③ 손익분기점분석
④ 수송법　　　　　　⑤ 시뮬레이션

✎ 해설　②, ③, ④는 양적 분석방법
　　　① 점수법은 요인평정법이라고도 하는데, 각 요인별로 가중치를 부여한 후 요인별 점수를 합산하고 이를 비교하여 입지를 선정한다.

02 입지선정기법들에 관한 다음의 기술 중 가장 적절한 것은?　　　(2008. CPA)

① 입지손익분기분석(locational break-even analysis)은 입지별로 입지와 관련된 비용을 장기 비용요소와 단기 비용요소로 구분 한 뒤, 입지별 예상생산수량과 비교하여 최종 입지를 결정하는 분석을 말한다.

② 운송모형(transportation model)은 고객시장을 기준으로 수익을 최대화 할 수 있는 입지를 선정하는 기법이다.

③ 요소분석방법(factor rating method)은 입지결정과 관련된 요인들에 가중치를 부여하여 평가하는 분석을 말한다.

④ 무게중심분석방법(center of gravity method)은 한정된 후보지들을 대상으로 하는 입지선정 시 효과적이다.

⑤ 입지에 관한 분석 시 직각거리(rectilinear distance)를 이용한 분석은 두 지점사이의 직선거리 또는 가장 짧은 거리를 이용하여 입지선정에 활용하는 방법이다.

✎ 해설　① 입지손익분기분석(locational break-even analysis)은 입지별로 입지와 관련된 비용을 고정 비용요소와 변동 비용요소로 구분 한 뒤, 입지별 조업도 변화에 따른 비용의 변화 과정을 비교하여 최종입지를 결정하는 분석을 말한다.
　　　② 운송모형(transportation model)은 총운반비를 최소화 할 수 있는 입지를 선정하는 기법이다.
　　　④ 무게중심분석방법(center of gravity method)은 여러 지방에 흩어져 있는 창고나 유통센터간의 운반비를 최소화 할 수 있는 입지를 선정하는 기법이다.
　　　⑤ 입지에 관한 분석 시 유클리트 거리를 이용한 분석은 두 지점사이의 직선거리 또는 가장 짧은 거리를 이용하여 입지선정에 활용하는 방법이다.

정답 1 ① 　2 ③

01 방법연구를 작업물의 흐름을 위주로 한 기법과 작업자를 위주로 한 기법으로 나눌 때 후자의 기법에 속하는 것은?

① 조립도표　　　　　　② 작업공정도표　　　　　③ 흐름공정도표

④ 경로도　　　　　　　⑤ 작업도표

✎ 해설　작업물의 흐름을 위주로 한 기법은 공정분석이고 작업자를 위주로 한 기법은 작업분석이다.
　　　　⑤ 작업도표는 작업분석도표라고도 하는데 이는 작업자의 양손에 의한 작업의 방법과 순서를 나타내는 도표로 작업분석에 속한다.

02 부품이 어떤 중간조립단계를 거쳐 제품으로 완성되는가를 분석하는 도표로서 assembly chart로도 불리우는 것은?

① routing sheet　　　② operation chart　　　③ flow diagram

④ Gozinto chart　　　⑤ flow process chart

✎ 해설　① 공정계획표, ② 작업도표, ③ 경로도, ④ 조립도표, ⑤ 흐름공정도표

03 조립도표에 부품을 형성하는 원자재, 작업소요시간, 기계 및 공구 등의 요건을 결합시킨 도표는?

① 흐름공정도표　　　　② 경로도　　　　　　　③ 작업공정도표

④ SIMO chart　　　　⑤ 작업도표

✎ 해설　① 작업의 물적 진행순서를 나타낸다.
　　　　② 부분품 재료, 제품 등의 이동경로를 나타낸다.
　　　　④ 작업도표의 변형으로 양손의 동작을 Therblig symbol로 나타낸다.

04 다음 중 Therblig 분석과 가장 관계가 깊은 것은?

① 활동도표　　　　　　② 공정분석　　　　　　③ 동작분석

④ 조립도표　　　　　　⑤ 경로도

✎ 해설　Therblig분석은 인간의 18개의 기본동작을 기호로 표시하여 동작을 분석하고자 한 기법이다.

정답 1 ⑤　2 ④　3 ③　4 ③

05 다음 중 Gilbreth와 관계가 있는 것은?

① 간트 도표　　　　　　　　② 동시동작경로도표(SIMO chart)
③ PERT/CPM　　　　　　　　④ PERT/COST
⑤ time study

✎ 해설　② SIMO chart는 Gilbreth가 창안한 표준therblig symbol을 이용한다.

06 작업측정과 관련된 설명으로 옳지 않은 것은?

① 작업자평정치는 측정대상 작업자의 작업속도가 정상적인 작업자의 속도에 비하여 어느 정도인가를 평정하여 관찰시간을 정상시간으로 조정하는 것이다.
② 정상적인 작업속도는 숙련도를 갖춘 작업자가 지나친 피로감을 느끼지 않고, 하루종일 일할 수 있는 속도이다.
③ 작업난도는 작업속도의 저항요인으로서, 작업난도가 클수록 1에 가까운 값을 가진다.
④ 여유시간은 피할 수 없는 작업지연시간을 의미한다.
⑤ 표준시간은 관찰시간에 여유시간을 가산한 것이다.

✎ 해설　⑤ 표준시간은 기본시간(정상시간, 정규시간)에 여유시간을 가산한 것이다.

07 작업측정기법 중 연속적이고 반복적인 현장작업에 적합한 방법이 아닌 것은?

① WS법　　　　　　② stop watch법　　　　　　③ 필름 분석법
④ time study법　　　⑤ VTR 분석법

✎ 해설　④ time study법은 작업이 반복적이고, 개별작업의 소요시간이 짧고, 작업반경이 작은 경우 이용할 수 있다.
　　　②, ③, ⑤는 time study법의 종류이다.
　　　① WS법은 비반복적이고 비연속적인 관리작업에 적합한 방법이다.

08 견적법(PTS법)에 대한 설명으로 옳지 않은 것은?

① 작업자가 행하는 특정작업방법을 요소동작으로 분해한 후 미리 정해진 표준시간치를 이용하여 그 작업의 소요시간을 산출하는 방법이다.
② 작업방법만 알고 있으면 그 작업을 행하기 전에 표준시간을 정할 수 있다.
③ 대표적 방법으로 WF법, MTM법, RWF법 등이 있다.
④ 일관성있게 표준시간을 산정할 수 있다.
⑤ 인간의 사고와 판단을 요하는 작업에 적용이 수월하다.

✎ 해설　⑤ PTS법은 수작업에 적용이 용이하다.

09 작업측정방법 중 작업표본조사법에 대한 설명으로 옳지 않은 것은?

① 정상시간에 여유시간을 가산하여 표준시간을 산정한다.

② 작업을 직접 관찰한 후 통계적 기법을 이용해 작업자나 기계의 작업상태를 파악한다.

③ time study나 견적법에 비해 더 다양한 작업을 분석할 수 있다.

④ VTR분석을 이용하여 표준시간을 산정한다.

⑤ 사무직원, 백화점원 등 비반복적이고 비정형적인 작업의 표준시간 산정에 적합하다.

✎ 해설   ④ 작업표본조사법(WS법)은 통계적 표본이론에 의해 작업시간을 측정한다.

10 작업측정(work measurement)과 관련된 다음 설명으로 옳은 것은?

① 작업측정은 방법연구(methods study)의 선행조건이다.

② 시간연구법은 PTS법이나 워크샘플링법과는 달리 작업자 평정이 필요치 않다.

③ 견적법(PTS법)은 특수기구가 사용되지 않으므로 사고판단을 요하는 작업에 특히 유용하다.

④ 여유시간(allowance time)은 작업과 관계없이 인정되는 비생산적인 시간이다.

⑤ 작업자평정치는 기본시간 산정시에 필요하다.

✎ 해설   ① 방법연구가 작업측정의 선행조건이다.
　　　② 시간연구법은 작업자 평정이 필요하고 PTS법과 WS법은 필요없다.
　　　③ PTS법은 작업주기가 짧은 반복 수작업에 유용하다.
　　　④ 여유시간은 작업과 관련되는 피할 수 없는 지연작업시간을 나타낸다.

11 다음과 같은 자료를 이용하여 표준작업시간을 구하라.

관찰시간 : 100분	관찰기간 중 생산량 : 20개
관찰기간 중 작업시간 비율 : 80%	작업자 평정치 : 120%
작업난도 : 0.4	표준시간에 대한 여유율 : 0.2

① 10분   ② 200분   ③ 75분
④ 9.6분   ⑤ 23분

✎ 해설 $\dfrac{100}{20} \times 0.8 \times 1.2 \times \dfrac{1}{1-0.4} \times \dfrac{1}{1-0.2} = 10분$

12 작업측정의 여러 기법에 대한 설명 중 옳지 않은 것은?

① 표준자료법은 수행된 적이 없는 직무에 대해서도 표준을 설정할 수 있다.

② 역사적 자료법은 작업방법에 탄력성이 적용되지 않는다.

③ WS법은 시간연구법과 PTS법에 비해 적용범위가 넓고 덜 숙련된 관찰자에 의해 수행될 수 있다.

④ PTS법은 분석자에 따라 기본동작의 구성이 달라질 수 있다는 문제점이 있다.

⑤ 시간연구법에서 요소작업에 소요되는 시간의 변동성이 클수록 관찰회수가 증가한다.

✎ 해설 ② 역사적 자료법에서는 작업 그 자체가 표준을 개발하는 데 사용될 수 있다. 또한 새로운 표준의 설정없이도 혁신을 촉진하며, 작업방법에 탄력성이 허용된다. 이 방법은 성과급임금과 연결될 때 특히 효과적일 수 있다.

13 다음의 공장입지 선정방법 중 질적 요인에 의한 방법만을 고르면?

a. 총비용비교법	b. 수송법	c. 입지분기점분석법
d. 단순서열법	e. 점수법	f. 브라운과 깁슨모형

① a, b, c   ② d, e   ③ c, d, e

④ a, c, e   ⑤ b, d

✎ 해설 a, b, c : 양적 요인   f : 양적, 질적 요인 절충방법

14 입지결정에 관한 다음의 설명 중 옳지 않은 것은?

① 요인평정법은 필수요인의 점수가 낮더라도 다른 요인의 점수가 높으면 총점이 높게 되는 단점이 있다.

② 일반적으로 입지결정시에는 최적의사결정보다는 만족스러운 의사결정을 추구하게 된다.

③ 판매량이나 판매가가 모든 입지마다 같지 않을 경우 입지분기분석에 의한 최소비용입지가 항상 최대이익을 가져오는 것은 아니다.

④ 제품이 상하기 쉽고, 무겁거나 부피가 클 때는 자재지향적 입지(material-oriented location)을 선택한다.

⑤ 소매점 모형은 배급비용보다는 수익에 대한 경쟁효과를 중시한다.

✎ 해설 ① 이 단점을 해결하기 위해 필수요인의 점수가 낮은 입지를 고려에서 제외하는 방법이나, 요인평정법의 일반적 형태인 더하기 형태의 모형을 곱하기 형태의 모형으로 바꾸어 총점을 계산하는 방법을 적용하기도 한다.

② 입지의사결정시 모든 가능한 입지를 찾아 이들을 모두 평가하기에는 시간과 비용이 너무 많이 들고, 10년 이나 20년간의 장기적 의사결정에는 근사치와 추정치가 사용되므로 최적해를 추구하기는 어렵다.

③ 이 때에는 최소비용입지 이외의 입지에서 비용 이상으로 수익을 증가시킬 만큼의 판매량이 달성될 가능성 이 있기 때문에 최소비용입지가 선택되지 않는 경우도 있다.

④ 위와 같은 경우에는 고객 근처에 입지를 정하는 시장지향적 입지(market oriented location)를 선택하고, 원자재 확보가 중요한 경우에는 원료공급원 근처에 입지를 정하는 자재지향적 입지를 선택한다.

15 해외공장입지 요인 중 모방지체기간에 영향을 미치는 요인은 특정 국가에 관한 요인과 특정 제품에 관한 요인으로 나눌 수 있다. 다음 중 특정 국가에 관한 요인이 아닌 것은?

① 시장규모 ② 경제적 생산규모 ③ 투자환경
④ 기술수준 ⑤ 경쟁국과의 거리

✎ 해설 ②는 특정 제품에 관한 요인

제6장 ▪ 생산계획

6.1 생산계획

생산계획은 미래 일정 기간 동안의 수요예측을 바탕으로, 제품적 차원과 공정 및 시간적 차원에서 생산시스템의 능력을 가장 경제적이고 합리적인 방법으로 적응시켜 나가기 위한 활동이다.

6.2 총괄생산계획

1. 총괄생산계획의 의의

1) 의 의

① 총괄생산계획(aggregate production planning)이란 6개월에서 18개월의 기간을 대상으로 수요의 예측에 따른 생산목표를 효율적으로 달성할 수 있도록 고용수

(2001, 2002, 2004, 2005 CPA)

★ 출제 Point
총괄생산계획의 기본개념

◆ 총괄생산계획의 상충되는 목적
• 고객서비스의 최대화
• 재고투자의 최소화
• 고용수준의 안정화
• 생산비용의 최소화
• 이익의 최대화

🌐 도표 6-1 생산계획의 흐름

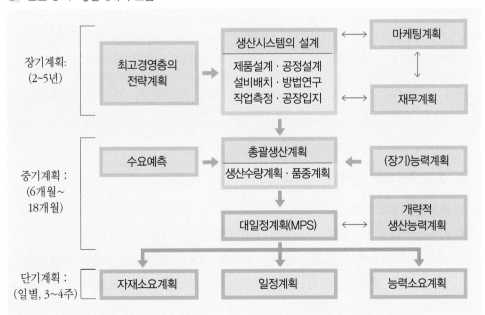

● 도표 6-2 다른 계획과 총괄생산계획과의 관계

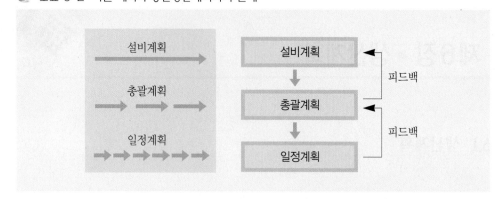

준, 재고수준, 생산능력 및 하청 등의 전반적인 수준을 결정하는 과정이다.
② 이를 통해 장래의 일정 기간 동안 생산하여야 할 제품의 수량과 생산의 시간적 배분에 대한 계획을 수립할 수 있다.

2) 구성요소
① 목표 : 예측된 수요를 충족시켜야 하며, 중기에는 고정되어 있는 **생산설비의 능력범위 내에서** 이루어져야 하고, 관련비용이 최소화되도록 수립되어야 한다.
② 고려요소(input) : 생산율(조업도 ; 잔업과 유휴시간), 하청, 고용수준(고용, 해고 등), 재고수준(또는 추후납품) 등
③ 결과(output) : 생산수량계획, 품종계획, 일정계획

(2004 CPA)
★ 출제 Point
총괄생산계획의 측정단위

> **Key Point** 총괄생산단위(aggregate production unit)

총괄생산계획은 향후 약 1년간의 수요를 충족시키기 위하여 월별 적정한 생산수준, 고용수준, 재고수준, 잔업수준, 하청수준을 결정하는 중기계획이다. 그러므로 총괄생산계획은 개별제품별로 수립되는 것이 아니라 그 기업이 생산하는 여러 제품을 총괄할 수 있는 생산량, 금액, 시간 등 공통의 산출단위(즉, 총괄생산단위)에 입각하여 수립된다. 이러한 총괄단위는 총괄생산계획에서 수요량, 생산수준, 고용수준, 재고수준 등을 나타내는 데 사용된다.

2. 총괄생산계획 전략과 의사결정대안

(2004 CPA)
★ 출제 Point
총괄생산전략

1) 총괄생산계획 전략
수요변동에 대처하기 위한 대표적인 총괄계획전략은 다음과 같다.
① 종업원의 채용이나 해고를 통한 **노동력의 규모**를 조정하여 수요율에 생산율을 일치시키는 전략 → 이를 **추종전략**(chase strategy) 또는 수요추구전략이라고 한다.

② 노동력의 규모(고용수준)는 일정하게 유지하되 **이용률**(rate of utilization)을 조정하여 수요변동에 대비하는 전략 → 잔업과 유휴시간을 이용

③ 고용수준과 생산율을 일정하게 유지하고, 재고나 **추후납품**(backlog)을 이용하여 수요의 변동을 흡수하는 전략 → 이를 **평준화전략**(level strategy)이라고 한다.

④ 고용수준과 생산율은 일정하게 유지하고, **하청을 이용**하는 전략

● 도표 6-3 총괄생산계획의 추종전략과 평준화전략

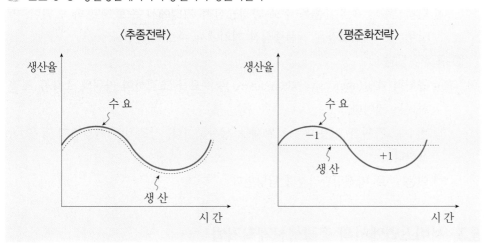

Key Point 총괄생산계획과 생산평활

1) 총괄생산계획에서는 생산수준의 변동으로 인한 비용과 생산수준의 변동을 회피하기 위한 비용의 상충관계를 고려하여 최적해를 구하고자 한다.
2) 생산평활이란 수요변동에 관계없이 생산수준을 가능한 고르게 유지하고자 하는 개념이다.
3) 생산평활을 위해서는 ① 재고를 이용하거나 ② 수요패턴(수요진작이나 추후납품)을 바꾸는 방법들이 사용된다.

2) 순수전략과 혼합전략

전략대안으로는 통제가능한 각 변수 중 하나만을 조정하는 **순수전략**(pure strategy)과 각 변수들을 조합하여 적응시키는 **혼합전략**(mixed strategy)이 있다.

(2005 CPA)
★ 출제 Point
순수전략의 의미

Key Point 총괄생산계획 전략수립시의 고려요소

① 기업의 방침 : 고용문제나 하청관계에 대한 기업의 방침 등
② 총비용

3) 기업 차원에서 쓸 수 있는 총괄계획에의 두 가지 의사결정대안

① 반응적 대안

    ⓐ 반응적 대안(reactive alternatives)은 수요를 주어진 것으로 보고 이에 대처하기 위한 것이다.

    ⓑ 고용수준, 초과근무·단축근무, 휴가, 예상재고, 하청, 추후납품, 미납주문·재고고갈 등을 이용한다.

    ⓒ 반응적 대안은 주로 생산관리자가 담당한다.

    ⓓ 단축근무와 추후납품은 주로 공정중심적 기업에서 주로 이용하게 되며, 미납주문과 재고고갈은 제품중심적 기업에서 주로 이용한다.

② 공격적 대안

    ⓐ 공격적 대안(aggressive alternatives)은 수요를 조절하여 자원의 소요를 조절하려는 것이다.

    ⓑ 비슷한 자원을 이용하는 보완재를 생산하거나, 창조적인 가격결정 등을 이용한다.

    ⓒ 이는 주로 마케팅관리자가 담당한다.

6.3 서비스업에서의 총괄생산계획기법

서비스업에서는 재고가 존재하지 않으므로 생산능력을 효율적으로 활용하기 위해 납품연기가 주로 이용되며 고용수준을 조절하기도 한다.

1. 서비스 총괄 전략

1) 단순하고 일반적 업무일 경우 추종전략이 유리하다.
2) 복잡한 업무나 중요한 업무일 경우 평준화전략이 유리하다.

● 도표 6-4 서비스 특성별 총괄전략

서비스 수요의 특성	추종전략	평준화전략
① 수요의 변동규모	대	소
② 수요의 변동속도	빠름	늦음
③ 수요변동의 예측	불가능	가능
④ 비용구조	변동적	고정적
⑤ 불량서비스비용	낮음	높음
⑥ 기회손실비용	높음	낮음

2. 서비스 수요의 패턴별 총괄계획

1) 스키장의 매표와 같은 계절적 수요는 미숙련공도 가능하므로 임시직을 고용한다.

2) 자동차정비와 같은 지속적 수요는 전문인력이 필요하다.

① 간단한 해체 등은 견습공이 한다.

② 기술을 요하는 정비업무는 기사가 분야별로 분담한다.

● 도표 6-5 서비스 총괄계획의 관리변수

서비스 업소	수요 패턴	필요 인력	관리가능변수	대 책	전 략
청소 용역	일반 수요	비숙련 인력	고용수준, 하청	고용/해고, 용역하청	수요추구
스키장	계절 수요	비숙련 인력	임시고용, 하청	고용/해고, 용역하청	수요추구
백화점, 상점	계절 수요	비숙련 인력	임시고용, 고용수준	고용/해고	수요추구
자동차 정비	지속적 수요	숙련 인력	고용수준, 잔업	장기고용, 능력개발	평준화
회계법인	지속/계절수요	전문 인력	고용수준, 잔업	장기고용/계약고용	평준화

6.4 총괄생산계획기법

● 도표 6-6 총괄생산계획기법

('89, '95 CPA)

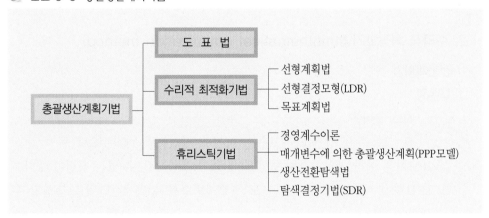

1. 도표법(graphic and charting method) : 대안평가법

1) 시행착오적 방법이라고도 한다.

2) 기업의 방침을 반영한 두 세 가지 대안(즉, 고용수준, 생산율, 재고수준, 하청량 등의 조정) 중 총비용이 최소가 되는 대안(생산계획)을 선택하는 방법이다.

3) 생산할 제품의 품목수가 많지 않거나 제조공정이 별로 복잡하지 않을 때 사용

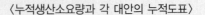
● 도표 6-7 도표법에 의한 총괄생산계획 대안평가

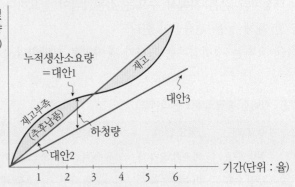

〈누적생산소요량과 각 대안의 누적도표〉

대안1 : 고용수준을 변동시켜 매월 수요량(또는 소요량)만큼 정확히 생산
대안2 : 고용수준, 생산율은 일정하게 유지하고, 재고와 추후납품을 이용하여 수요변동을 흡수
대안3 : 고용수준, 생산율은 일정하게 유지하고, 추가 소요량은 하청을 이용
        (단, 대안3의 생산율은 대안2의 생산율보다 작다고 가정)

한다.
4) 장점 : 계획을 시각적으로 나타내어 이해가 쉽고 간편하다.
5) 단점 : 모형이 정태적이며, 최적안을 제시하지 못하는 문제가 있다.

('89 CPA)

2. 수리적 최적화기법(mathematical optimization method)

1) 선형계획법

① LP모형

　　　Min 총비용

　　St. 고용수준, 생산율, 재고수준, 하청량, 생산능력, 예상수요량 등

ⓐ LP모형은 여러 제약조건을 모형 속에 쉽게 포함시킬 수 있는 장점이 있다.

ⓑ LP모형을 이용하기 위해서는 모든 결정변수를 총괄생산단위로 측정할 수 있어야 한다.

② 선형계획법의 분배모형(distribution of linear programming) : Bowman

ⓐ 수송법을 생산계획에 적용한 모형이다.

ⓑ 일정한 생산능력의 제약조건하에서 생산비와 재고비용의 합계가 최소가 되도록 각 생산설비에 생산량을 할당하는 기법이다.

ⓒ 이 모형은 고용수준을 일정하게 유지하여 채용과 해고가 없는 경우에 사용할 수 있는 특수한 기법이다.

ⓓ 장점 : LP모형보다 간단하여 이해가 쉽고, 활용이 쉬우며, 일정한 제약조건하

에서 최적해를 얻을 수 있다.

ⓔ 단점 : 생산량(조업도)의 변화에 따른 작업자의 고용·해고비용과 재고부족이
나 납기지연이 발생했을 때의 기회손실을 고려하지 못하는 것과 비용함수가
선형임을 가정했는데, 이는 비현실적이라는 문제가 있다.

2) 선형결정모형(LDR ; linear decision rule) : Holt, Modigliani, Muth, Simon ('89 CPA)
LDR은 계획생산기간에 걸쳐 최적생산율 및 작업자의 수를 결정하기 위하여 사용
할 수 있는 결정규칙(또는 선형방정식)을 도출해 내고자 하는 모형이다.

① **총괄생산계획모형**

ⓐ 계획기간 동안의 월간 관계비용을 합한 총비용(CN)의 최소화가 목적이다.

ⓑ 월간 관계비용(C_t)을 구성하는 비용요소는 i) 정규노무비, ii) 작업자의 고용
및 해고비, iii) 잔업비, iv) 재고·미납품주문·기계준비에 관한 비용 등의 네
가지이다.

ⓒ 각 비용요소의 결정변수는 생산율과 작업자의 수이고, 비용함수는 2차함수식이다.

$$Min\ C_N = \sum_{t=1}^{N} C_t$$
$$St.\ I_{t-1} + P_t - S_t = I_t \text{ for } t = 1, 2, \cdots, N$$

단, C_t = 월간 관계비용, I_t = t기의 순재고량(= 재고량－미납품주문량)
P_t = t기의 생산율, S_t = t기의 주문량, N = 계획생산기간

② **최적생산율과 작업자 수**

비용함수식을 생산율과 작업자 수에 대해 각각 편미분하면, 2개의 선형결정모
형이 도출되고, 이들 식으로부터 계획기간의 최적생산율과 최적작업자 수를 구할
수 있다.

③ **장 점**

ⓐ 생산율과 작업자 수에 대한 두 개의 모형이 결정되면 적용이 용이하다.

ⓑ 전체 생산계획기간의 수요예측이 가능한 경우 동태적 총괄생산계획의 수립
이 가능하다.

④ **단 점**

ⓐ 비용함수를 2차함수로 추정했는데, 이는 실제 적용에 제약이 있다.

ⓑ 또한 관계비용에 관한 정확한 정보의 획득이 어렵다.

ⓒ 생산율과 작업자 수의 부호에 대한 제약이 없으므로 생산율이나 작업자 수
가 음수(－)로 나타날 수도 있다.

ⓓ 창고의 저장능력을 초과하는 재고수준이 나올 수 있다.

ⓔ 여러 종류의 제품을 생산하는 경우, 이들을 반드시 하나의 공통단위로 나타
내야 하는 제약이 있다.

3. 휴리스틱기법 : 자기발견적 기법

휴리스틱기법(heuristic technique)은 미래가 불확실하며 완전한 정보를 갖고 있지 못할 때 인간의 기억이나 경험을 살려 스스로 해결방안을 모색하면서 점차 해에 접근해 가는 방법이다.

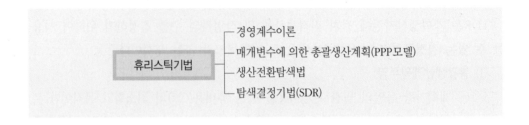

('89 CPA)

(1) 경영계수이론(management coefficient theory) → Bowman

1) 의 의

① 경영자는 경험상 총괄생산계획에 관한 일관성있는 결정기준을 가지고 있다고 가정한다.

② 경영자가 행한 과거의 실제 결정자료를 이용하여 **다중회귀분석**을 행함으로써, 경영계수(생산율 및 작업자 수를 결정하는 설명변수에 대한 계수)를 결정한다.

③ 이를 이용하여 최적에 가까운 총괄생산계획을 수립하고자 하는 기법이다.

2) 장 점

① 경영자의 경험·지혜를 활용하면 의사결정과정에 통찰력을 제공한다.

② 경영자의 무의식적인 의사결정규칙의 계량화가 가능하다.

③ 경영자와 의사결정규칙 사이에 피드백이 가능하다.

④ 의사결정규칙(비용함수)에 대한 제한이 없다.

3) 단 점

① 최적해를 얻을 수 없다.

② 과거의 의사결정자료를 이용하기 때문에 환경의 변화가 심할 경우에는 적합한 결정규칙의 수립이 어렵다.

('89 CPA)

(2) 매개변수에 의한 총괄생산계획(PPP모델 : parametric production planning) → Jones

① 기업으로부터 구할 수 있는 여러 정보(기업의 실제 비용구조, 생산율, 작업자의 수, 재고수준 등)와 수요예측량의 관계를 이용하여, ② 논리적으로 의사결정규칙(비용함수)을 구조화하고, ③ 결정규칙의 제매개변수의 값을 변화시킴으로써 최소생산비용을

실현시켜 주는 매개변수집합을 선택한 후, ④ 선택된 매개변수집합에 의하여 생산율
과 작업자의 수를 결정한다.

(3) 생산전환탐색법(production switching heuristic) → Mellichamp and Love

1) 생산수준을 상, 중, 하로 정해 놓고, 예상되는 생산소요량(=수요예측치 - 재고수준)이 상보다 크면 상만큼 생산하고, 하보다 작으면 하만큼 생산하며, 상과 하 사이에 있을 때는 중만큼 생산하도록 생산율과 고용수준을 계획하는 휴리스틱 방법이다.

2) 생산기간별 생산율과 고용수준의 변동을 최저로 유지할 수 있고 탐색절차가 간편하다.

3) 계절적 수요변동을 반영하기 힘들다는 문제가 있다.

(4) 탐색결정기법(SDR : search decision rule) → Taubert   ('92, '95 CPA)

1) 의 의

① 상황이 너무 복잡하여 수학적인 기법을 적용할 수 없을 경우에 실현가능한 해
  를 구하는데 사용되는 기법으로 컴퓨터의 이용이 기본전제이다.

② 미리 정한 컴퓨터 탐색룰을 통하여 비용함수의 반응모습을 탐색함으로써 최소
  비용을 가져오는 의사결정을 하고자 하는 기법이다(수학적 최적해는 아님).

2) 장 점

① 비용함수에 대한 수학적 제약이 없기 때문에, 현실에 가까운 모형의 설정이 가
  능하다.

② 최소비용을 가져오는 해에 접근하는 동안 설비의 민감도분석에 관한 자료를 제
  공한다.

3) 단 점

① 전체적인 최적해를 제공하지 못할 수도 있다.

② 변수의 수가 컴퓨터 이용의 제약요인이 될 수 있다.

6.5 균등생산계획

1. 의 의

1) 균등생산계획(level production schedule)이란 일정한 기간 동안 생산을 일정한 율로 유지하게 하는 생산계획이다.

2) 일정한 고용수준과 낮은 재고를 동시에 추구하는 일종의 혼합전략이다. → 적시생산시스템(JIT) 참조.

2. 균등생산계획의 장점

1) 재고 및 재공품의 수준이 최소가 되도록 전체 시스템을 계획할 수 있다.

2) 재공품의 양이 적기 때문에 최신으로의 제품변경이 용이하다.

3) 생산시스템 전체에 걸쳐 공정흐름이 원활하게 된다.

4) 공급자(vender)로부터 구입되는 품목은 공급자에 의해 필요할 때 즉시 배달되며 때로는 바로 생산라인에 직접 배달된다.

6.6 대일정계획

(1) 총괄생산계획의 분해

(2004 CPA)
★ 출제 Point
총괄생산계획과 대일정계획의 관계

1) 현장에서 생산계획이 적용되기 위해 총괄생산계획에서 결정된 총괄적 단위는 실제 생산되어야 할 제품단위로 변환되어야 한다.

2) 이를 **총괄생산계획의 분해**(disaggregation)라 하는데, 이 분해 결과를 대일정계획 (master production scheduling : MPS)이라 한다.

3) MPS는 뒤에서 언급하는 MRP시스템의 적용을 위한 전제조건이 된다.

● 도표 6-8 대일정계획의 과정

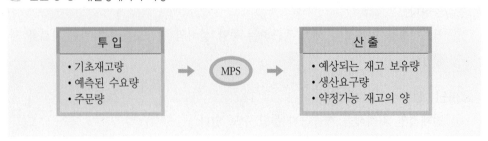

	A제품	B제품	C제품	합계
1월	100	25	75	200
2월	100	100	200	400
3월	50	150	100	300

총괄생산계획의 월별 계획산출량 (단위 : 총괄생산단위)

1월	200
2월	400
3월	300

대일정계획의 월별 계획산출량 (단위 : 실제생산단위)

(2) 대일정계획의 수립

대일정계획은 특정 제품의 **필요량과 시기**를 결정하는 것이며, 그 자체가 생산에 대한 계획을 의미하는 것은 아니라는 데 주의해야 한다. → 즉, 3월에 C제품 100개가 납품되어야 한다는 것(필요량 결정)이 결정되었다 하더라도, C제품 재고가 100개 있다면 생산할 필요는 없는 것이다.

(2005 CPA)
★ 출제 Point
총괄생산계획과 MPS의 비교

6.7 수요예측

1) 수요예측은 각종 생산의사결정에 기초자료를 제공한다.
2) 특히 공정설계, 생산능력계획, 재고에 관한 의사결정의 기초가 된다.

1. 수요예측기법

(1) 질적예측기법

1) 델파이법

① 델파이법(Delphi)은 예측대상 전문가그룹을 대상으로 여러 차례(최소한 3차례) 질문지를 돌려 그들의 답변을 정리하고, 이 결과를 전문가에게 알려주는 과정을 반복하여 의견을 수렴하는 방법이다.
② 일반적으로 시간과 비용이 많이 드는 단점이 있다.
③ 예측에 불확실성이 많거나 과거자료가 불충분할 때 사용하는 방법이다.

('92, '95, 2006 CPA)
★ 출제 Point
델파이법의 특징

◆ 델파이는 그리스의 유명한 델파이신탁(信託)의 이름에서 따온 말이다.

2) 판매원의견종합법

판매원의견종합법(composite of sales force opinion)은 특정 시장에 정통한 판매원이나 거래점의 의견을 종합하여 수요를 예측하는 방법이다.

● 도표 6-10 수요예측기법의 분류

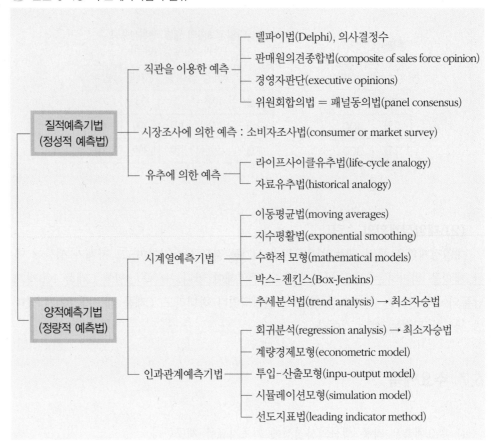

질적예측기법
(정성적 예측법)
- 직관을 이용한 예측
  - 델파이법(Delphi), 의사결정수
  - 판매원의견종합법(composite of sales force opinion)
  - 경영자판단(executive opinions)
  - 위원회합의법 = 패널동의법(panel consensus)
- 시장조사에 의한 예측 : 소비자조사법(consumer or market survey)
- 유추에 의한 예측
  - 라이프사이클유추법(life-cycle analogy)
  - 자료유추법(historical analogy)

양적예측기법
(정량적 예측법)
- 시계열예측기법
  - 이동평균법(moving averages)
  - 지수평활법(exponential smoothing)
  - 수학적 모형(mathematical models)
  - 박스-젠킨스(Box-Jenkins)
  - 추세분석법(trend analysis) → 최소자승법
- 인과관계예측기법
  - 회귀분석(regression analysis) → 최소자승법
  - 계량경제모형(econometric model)
  - 투입-산출모형(inpu-output model)
  - 시뮬레이션모형(simulation model)
  - 선도지표법(leading indicator method)

('92, '95 CPA)
★ 출제 Point
수요예측기법

3) 경영자판단

경영자판단(executive opinions)은 예측과 관련있는 상위 경영자의 의견을 모아 예측하는 방법으로 장기계획 및 제품개발에 이용된다.

> Key Point 예측대상에 따른 예측 유형
>
> ① 기술예측(technological forecast) : 기술의 진보율을 예측하는 것으로 해당 분야의 전문가에 의해 수행된다.
> ② 경제예측(economic forecast) : 미래의 경제상황에 대한 예측으로 중·장기 경영계획수을 위한 아이디어를 얻게 한다.
> ③ 수요예측(demand forecast) : 미래 일정 기간 동안의 기업의 수요를 예측하는 것으로 기업의 각종 계획수립 및 통제 의사결정에 기초가 된다.

4) 패널동의법 : 위원회합의법

패널동의법(panel consensus)은 어느 한 개인의 의견보다는 집단의 의견이 더 나은 예측을 한다는 가정하에 경영자, 판매원, 소비자 등으로 패널을 구성하여 예측치를 구하는 방법이다.

5) 소비자조사법

① 소비자조사법(consumer or market survey)은 제품이나 서비스를 새로 출시하기에 앞서 소비자의 의견조사 내지 시장조사를 통하여 시장 및 수요예측을 하는 방법이다.

② 정성적 기법 중 시간·비용이 가장 많이 들지만 예측은 비교적 정확하다.

6) 라이프사이클유추법

라이프사이클유추법(life-cycle analogy)은 제품의 라이프사이클 단계나 기간을 토대로 하여 미래의 수요를 예측하는 방법이다.

7) 자료유추법

자료유추법(historical analogy)은 신제품의 개발시 이와 유사한 기존제품의 과거자료를 기초로 하여 예측하는 방법이다.

(2) 시계열예측기법

1) 시계열분석

(2006 CPA)
★출제 Point
시계열분석과 인과관계분석의 차이점

시계열이란 일정한 시간 간격으로 본 일련의 과거자료를 나타내는데, 대개 어떤 패턴을 가지고 있으며, 이 패턴은 추세, 계절적 변동, 순환요인, 불규칙변동(또는 우연변동)등의 4요소로 구성된다.

① **구성요소**

('95 CPA)
★출제 Point
시계열분석의 구성요소

ⓐ 추세(T : trend)란 수요가 일정률로 증가 또는 감소하는 경향을 말한다.

ⓑ 계절적 변동(S : seasonal variation)은 추세선 상하로의 변동을 나타내며 1년 단위로 반복된다.

ⓒ 순환요인(C : cyclical element)은 1년 이상의 장기간에 걸친 순환변동을 나타낸다(예 경기변동).

(2004 CPA)
★출제 Point
시계열자료의 분해 목적

ⓓ 불규칙변동, 우연변동(R : random variation)은 위의 3요소에 의해 규명할 때 설명할 수 없는 나머지 변동으로 예측 및 통제가 불가능하다.

② **시계열분석모형**

(2003 CPA)
★출제 Point
가법모형의 특성

ⓐ 시계열의 4가지 구성요소가 상호 어떻게 결합되어 있느냐에 따라 승법모형($Y = T \cdot S \cdot C \cdot R$)과 가법모형($Y = T + S + C + R$)으로 구분된다.

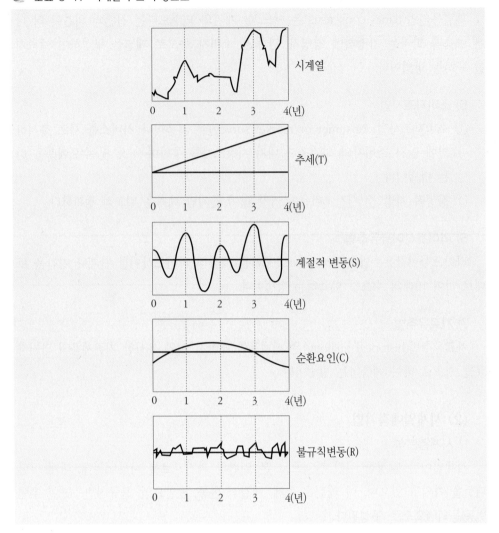

ⓑ 승법모형과 가법모형의 적용에 있어서, 과거자료를 잘 나타내는 모형을 찾기 위해서는 시계열을 그래프로 그려 보는 것이 유리하다.

③ **승법모형과 가법모형의 비교**

시계열 분석의 4요소 중 일반적으로 파악이 쉬운 추세(T)와 계절적 변동(S)만으로 적용한 승법모형과 가법모형을 승법적인 계절적 변동과 가법적인 계절적 변동이라 한다.

ⓐ 가법적인 계절적 변동에서는 추세치가 얼마가 되든 계절적 변동치는 항상 일정하다고 보므로 다음과 같이 수요 예측치를 구하게 된다.

$$Y = T + S = 추세 + 계절적 \ 변동$$

ⓑ 승법적인 계절적 변동에서는 추세(T)에 계절지수(=계절별 가중치)를 곱하여
예측치를 구하게 된다. → 이는 계절적 변동이 수요의 크기에 영향을 받는
다는 것을 의미한다.

Y = 추세 × 계절지수

단, 계절지수는 계절적 요인에 의한 시계열값이 추세로부터 변동하는 정도를 나타
낸다.

 예제 6-1

	2000년			2001년 예측치		2002년 예측치	
	실제수요	계절변동폭	계절지수	가법적인 경우	승법적인 경우	가법적인 경우	승법적인 경우
봄	90	90 − 100 = −10	90/100 = 0.9	110 − 10 = 100	110 × 0.9 = 99	130 − 10 = 120	130 × 0.9 = 117
여름	150	150 − 100 = 50	150/100 = 1.5	110 + 50 = 160	110 × 1.5 = 165	130 + 50 = 180	130 × 1.5 = 195
가을	110	110 − 100 = 10	110/100 = 1.1	110 + 10 = 120	110 × 1.1 = 121	130 + 10 = 140	130 × 1.1 = 143
겨울	50	50 − 100 = −50	50/100 = 0.5	110 − 50 = 60	110 × 0.5 = 55	130 − 50 = 80	130 × 0.5 = 65
합계	400			440	440	520	520

평균계절수요치(2000년) = 400/4 = 100
평균계절수요예측치(2001년) = 440/4 = 110
평균계절수요예측치(2002년) = 520/4 = 130

● 도표 6-12 가법적인 계절적 변동

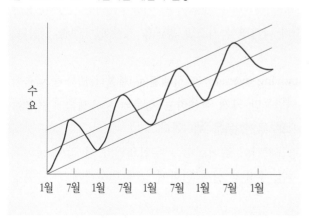

● 도표 6-13 승법적인 계절적 변동

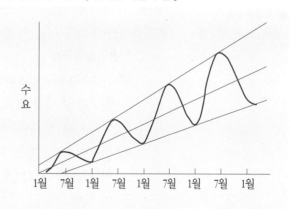

● 도표 6-14 시계열의 패턴

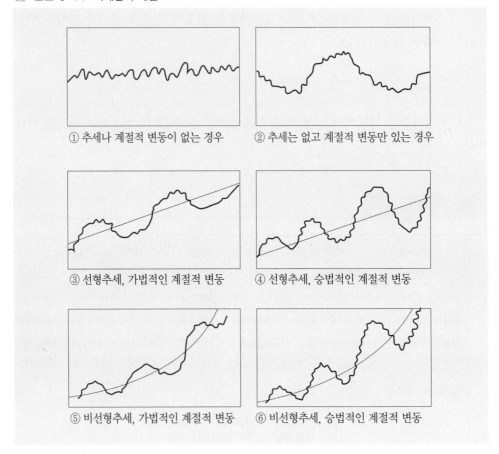

① 추세나 계절적 변동이 없는 경우

② 추세는 없고 계절적 변동만 있는 경우

③ 선형추세, 가법적인 계절적 변동

④ 선형추세, 승법적인 계절적 변동

⑤ 비선형추세, 가법적인 계절적 변동

⑥ 비선형추세, 승법적인 계절적 변동

('92, '95, 2003, 2004 CPA)
★출제 Point
이동평균법의 의의 및 특성

2) 이동평균법

이동평균법(moving average method)은 과거의 수요량의 시계열자료를 토대로, 일정기간의 수요를 평균함으로써 수요를 예측하는 방법이다. 이동평균이란 평균의 계산기간을 순차적으로 1기간씩 이동시켜 나가면서 기간별 평균을 계산하는 것을 말한다.

① **단순이동평균법**

ⓐ 단순이동평균법(simple moving average)은 시계열에 계절적 변동과 급속한 증·감 추세가 없고, 우연변동만 크게 작용하는 경우의 수요예측에 유용하다. → 즉, 단순이동평균으로 **우연변동**을 제거한다.

ⓑ 단순이동평균법은 이동평균기간이 길어질수록 우연요인이 더 많이 상쇄되어 예측선이 고르게 되지만, 수요의 실제 변화에 늦게 반응하게 되는 특징이 있다.

ⓒ 단순이동평균법은 간단하고 이해가 쉽지만 이동평균기간에 해당되는 과거자료를 계속적으로 가져가야 하는 문제가 있다.

② 가중이동평균법

　　ⓐ 가중이동평균법(weighted moving average)은 보다 최근의 자료에 보다 큰 가중치를 부여하는 방법이다.

(2004 CPA)
★출제 Point
가중이동평균법의 특성

　　ⓑ 예측치가 수요변동을 빨리 따라가게 할 수 있으나, 단순이동평균법보다 계산량이 많다.

3) 지수평활법

① 지수평활법(exponential smoothing)은 현시점에서 가까운 실적치에는 큰 비중을 주고, 과거로 거슬러 올라갈수록 비중을 지수적으로 적게 주어 예측하는 방법이다.

('92, '95, '99, 2002 CPA)
★출제 Point
지수평활법에 의한 수요 예측

② 이동평균법과 마찬가지로 시계열에 계절적 변동, 추세 및 순환요인이 크게 작용하지 않을 때 유용한 기법이다.

(2006 CPA)
★출제 Point
지수평활법의 특징

③ 지수평활법은 회귀분석법이나 이동평균법에 비해 최근의 단기자료만으로도 수요예측이 가능하다.

(2008 CPA)
★출제 Point
지수평활법의 의의

$$수요예측치 = 과거의 예측치 + \alpha \cdot (과거의 실측치와 예측치와의 차이)$$
$$= \alpha \cdot (지난기의 실제수요량) + (1 - \alpha) \cdot (지난기의 수요예측치)$$
$$E_t = E_{t-1} + \alpha(D_{t-1} - E_{t-1}) = \alpha \cdot D_{t-1} + (1-\alpha) \cdot E_{t-1}$$

(단, = 평활상수, D_t = t기의 실제수요량, E = t기의 수요예측치)

(2003 CPA)
★출제 Point
평활상수 α의 성질

④ 평활상수(α)는 평활의 정도와 실제치와 예측치의 차이에 반응하는 속도를 결정한다. → 즉, 평활상수(α)가 커지면 최근의 자료가 더 많이 반영되어 수요변화에 더 많이 반응하고, 평활상수(α)가 작아지면 평활효과가 높다.

(2004 CPA)
★출제 Point
지수평활법과 예측의 정확성

 예제 6-2

단순이동평균법에서 과거 4기간의 평균을 예측치로 사용할 경우 6기의 예측 매출량은?

기 간	매출량
1	240
2	250
3	230
4	220
5	210

 해답　제6기 예측치 $= \dfrac{210+220+230+250}{4} = 227.5$

예제 6-3

가중이동평균법에서 가중치가 1기간은 0.4, 2기간은 0.3, 3기간은 0.2, 4기간은 0.1이라 할 때 제6기의 예측 매출량은?

기 간	매출량
1	180
2	140
3	160
4	170
5	160

 해 답

제6기 예측치 = 0.1(140) + 0.2(160) + (0.3)(170) + 0.4(160) = 161개

 예제 6-4

지난 달의 수요예측치가 100개, 실제수요치가 110개, 평활상수 $\alpha = 0.3$일 때 이번 달 수요예측치를 단순 지수평활법으로 구하라.

 해 답

이번 달 수요예측치 = 100 + 0.3(110 − 100) = 103개

4) 추세분석법
① 추세분석법(trend analysis)은 시계열을 관통하는 추세선을 구한 다음 그 추세선을 이용하여 수요를 예측하는 방법이다.
② 보통 최소자승법을 이용한다.
③ 독립변수를 시간(t)으로 놓는다는 점이 회귀분석법과 다르다.

('92, '95, 2003 CPA)
★ 출제 Point
최소자승법의 적용원리

(2006 CPA)
★ 출제 Point
인과관계 예측기법과 다중회귀분석

(3) 인과관계 예측기법
1) 회귀분석법
회귀분석법(regression)이란 수요에 중대한 영향을 미치는 변수를 찾아, 최소자승법(least square method)을 이용하여 이 변수와 수요량의 관계를 나타내는 회귀식의 계수 및 상수를 추정한 후 추정된 회귀식을 이용하여 수요량을 예측하는 방법이다.

$$Y = a + bX(\text{단}, Y = 수요량, X = 수요에 영향을 미치는 변수)에서$$

$$b = \frac{n\Sigma XY - \Sigma X \Sigma Y}{n\Sigma X^2 - (\Sigma X)^2}, \quad a = \overline{Y} - b\overline{X}$$

① 단순선형회귀분석에서는 종속변수인 수요 Y와 1개의 독립변수 X와의 관계를 직선적인 관계로 본다.
② 양 변수 간의 직선적인 관계의 정도(즉, 선형상관관계의 정도)는 상관계수 (correlation coefficient) r로 측정한다.
③ 상관계수 r의 제곱(즉, r^2)을 결정계수(coefficient of determination)라 한다.
④ 결정계수(r^2)는 종속변수 Y의 총변동 중 독립변수 X에 의해 설명된 변동의 비율을 나타낸다.

2) 기 타

① 계량경제모형(econometric model)은 일련의 상호관련된 회귀방정식을 이용하여 각종 경제활동을 예측하는 방법이다.
② 투입-산출모형(input-output model)은 각 산업부문 간의 제품이나 서비스의 흐름을 분석하여 수요를 예측하는 방법이다.
③ 선도지표법(leading indicator method)은 예측하고자 하는 대상의 선도지표에 의해 수요를 예측하는 방법이다.

 예제 6-5

㈜소망의 최근 5년간의 음료수 판매량 관련자료가 다음과 같다. 과거의 자료에 의하면 광고시간과 음료수 판매량간에는 밀접한 관계가 있는 것으로 판명되었다. 다음의 각 경우에 ㈜소망의 2000년의 판매량은 얼마로 예측되는가?(단, 지수평활법을 이용할 때의 평활상수는 0.4이고, 각 연도의 예측치는 지수평활법에 의한 예측치이다)

연 도	광고시간(X) (단위 : 시간)	판매량(Y) (단위 : ton)	예측치	$X_i \cdot Y_i$	X_i^2
1995	25	100	120	2,500	625
1996	52	256	145	13,312	2,704
1997	38	152	140	5,776	1,444
1998	32	150	160	4,800	1,024
1999	45	183	170	8,235	2,025
합계	192	841	735	34,623	7,822

1) 2000년의 광고시간이 50시간으로 예상될 때 최소자승법에 의해 예측하면?

2) 3년간의 이동평균법을 통해 예측하면?

3) 1년 전을 3, 2년 전을 2, 3년 전을 1의 가중치로 한 3년간의 가중이동평균법으로 예측하면?

4) 지수평활법에 의하면?

5) 2년간의 자료를 이용한 지수평활법에 의하면?

해답

1) $\hat{Y} = b_0 + b_1X$에서

$$b_1 = \frac{\sum XY - \dfrac{\sum X \sum Y}{n}}{\sum X^2 - \dfrac{(\sum X)^2}{n}} = \frac{34,623 - \dfrac{192 \times 841}{5}}{7,822 - \dfrac{(192)^2}{5}} = 5.1839$$

$$b_0 = \bar{Y} - b_1\bar{X} = 168.2 - 5.1839 \times 38.4 = -30.8618$$

$$\hat{Y} = -30.8618 + 5.1839X$$

∴ 50시간일 때 $\hat{Y} = -30.8618 + 5.1839 \times 50 = 228.3332$ton

2) $\dfrac{152 + 150 + 183}{3} = 161.667$ton

3) $\dfrac{3 \times 183 + 2 \times 150 + 152}{3} = 166.833$ton

4) $Y'_t = Y'_{t-1} + \alpha(Y_{t-1} - Y'_{t-1}) = \alpha Y_{t-1} + (1-\alpha)Y'_{t-1}$
(단, Y'_t는 t기의 예측치, Y_t는 t기의 실제치)
$Y'_t = 170 + 0.4(183 - 170) = 0.4 \times 183 + 0.6 \times 170 = 175.2$ton

5) $Y'_t = \alpha Y_{t-1} + \alpha(1-\alpha)Y_{t-2} + (1-\alpha)^2 Y'_{t-2}$
$= 0.4 \times 183 + 0.4 \times 0.6 \times 150 + (0.6)^2 \times 160 = 166.8$ton

(4) 수요예측기법 선정시의 고려요인

1) 과거자료의 유용성과 정확성 여부

2) 예측결과의 요구되는 정확도

3) 예측용도

4) 예측대상의 수준

5) 예측비용

6) 예측기간의 길이(장·단기)

7) 분석과 예측에 소요되는 시간

8) 각 기법의 내용, 장·단점에 대한 명확한 이해

예 측 용 도		예 측 기 간	요구되는 정확도	예 측 기 법
공정설계		장 기	중 간	정성적 기법(질적예측기법) 인과관계분석
생산능력계획	설비계획			
	총괄계획	중 기	높 음	인과관계분석, 시계열분석
	일정계획	단 기	아주 높음	시계열분석
재고관리				

2. 예측오차의 측정과 통제

(1) 예측오차의 측정

① 수요예측방법의 불완전성에 의해 예측오차(error : E)는 존재하기 마련이다. → 그러므로 각 기법의 예측오차를 측정함으로써 각 예측기법을 평가하고 선택할 수 있다.

② 예측오차(E)는 편의(bias) 또는 절대편차(absolute deviation : AD)의 두 가지 유형이 있다.

③ 편의는 실제치(actual value : A)와 예측치(forecasted value : F)의 차이로 측정된다.

$$E_t = A_t - F_t$$

④ 매 기간의 예측오차를 모두 합하여 누적오차(cumulative forecasting error : CFE)를 구할 수 있다.

◈ $CFE = \Sigma E_t$

⑤ 누적오차가 계속 증가하는 경우 실제 수요를 과소평가한 것으로, 계속 감소하는 경우 실제 수요를 과대평가한 것으로 해석할 수 있다.

1) 평균오차

① 평균오차(mean error : ME)는 매 기간의 오차($A_t - F_t$)를 모두 합하여 기간수(n)로 나눈 값이다.

◈ 평균오차를 편의(bias)라고 부르기도 한다.

$$ME = \frac{\sum_{t=1}^{n}(A_t - F_t)}{n} = \frac{CFE}{n}$$

② 다기간에 걸친 평균 예측치는 그 기간 동안 실제치의 평균에 근접해야 한다.

③ 예측모형이 수요를 일관되게 과대예측하거나 과소예측을 하지 않는다면(즉, 편의가 없다면) (+)오차와 (−)오차가 상쇄되어 ME는 0에 접근해야 한다.

∴ ME는 편의를 측정하는 데 유용한 도구이다.

◈ ME가 0에 가까울수록 편의가 작음을 나타낸다.

④ (+)오차와 (−)오차의 상쇄 가능성 때문에 ME가 0에 가깝다 하더라도 절대편차는 클 수도 있다는 문제가 있다.

⑤ ME가 음(−)의 값을 가지는 경우 예측자가 낙관적으로 예측한다는 것을 의미하고, 양(+)의 값을 가지는 경우 비관적으로 예측한다는 것을 의미한다.

2) 평균자승오차

① 평균자승오차(mean squared error : MSE)는 각 기간의 오차의 제곱 $[(A − F)^2]$을 모두 합하여 예측 기간의 수(n)로 나눈 값이다.

◈ $\sqrt{MSE}$ = σ(표준편차)

$$MSE = \frac{\sum_{t=1}^{n}(A_t - F_t)^2}{n}$$

② 평균오차(ME)가 가지는 (+)오차와 (−)오차의 상쇄효과를 제거할 수 있다.

③ 오차를 제곱하기 때문에 각 오차의 단위오차가 서로 다른 가중치를 갖게 된다.

3) 평균절대편차

(2004 CPA)
★ 출제 Point
평균절대편차의 특성

① 평균절대편차(mean absolute deviation : MAD)는 오차의 절대값($|A − F|$)을 모두 합하여 기간의 수(n)로 나눈 값이다.

$$MAD = \frac{\sum_{t=1}^{n}|A_t - F_t|}{n}$$

◈ 예측오차가 0을 평균으로한 정규분포를 이룬다면
1MAD ≒ 0.8 σ

② 평균절대편차(MAD)는 표준편차와 비슷하지만, 제곱근을 취하지 않기 때문에 계산이 용이하다.

③ 각 오차의 단위오차는 모두 같은 가중치를 갖고 있다

4) 평균절대비율오차

① 평균절대비율오차(mean absolute percent error : MAPE)는 각 기간의 절대편차를 실제치로 나눈 절대비율($\frac{|A_t - F_t|}{A_t} \times 100\%$)을 모두 합하여 기간의 수($n$)로 나눈 값이다.

$$MAPE = \frac{\sum_{t=1}^{n}\frac{|A_t - F_t|}{A_t}}{n} \times 100\%$$

② 평균절대비율오차(MAPE)는 기간에 따라 수요의 크기가 크게 달라질 때 유용한 방법이다.

③ 수요의 규모가 크게 변할 때 그 규모에 따라서 평균절대편차도 같이 변하므로 예측기법의 상대적 정확도를 측정할 수 있다.

예제 6-6

기간	실제수요	수요예측치	예측오차	절대편차	자승오차	절대비율오차
t	A_t	F_t	$A_t - F_t$	$\|A_t - F_t\|$	$(A_t - F_t)^2$	$\dfrac{\|A_t - F_t\|}{A_t} \times 100\%$
1	53	54	−1	1	1	1.89
2	59	55	4	4	16	6.78
3	64	56	8	8	64	12.50
4	48	58	−10	10	100	20.83
5	55	50	5	5	25	9.09
6	52	55	−3	3	9	5.77
7	55	52	3	3	9	5.45
8	44	48	−4	4	16	9.09
계			2	38	240	71.40

$$ME = \frac{2}{8} = 0.25 \qquad MAD = \frac{38}{8} = 4.75$$

$$MSE = \frac{240}{8} = 30 \qquad MAPE = \frac{71.4(\%)}{8} = 8.93\%$$

(2) 예측오차의 통제

1) 어떤 예측기법이 실제치를 정확하게 예측하는지를 파악하기 위하여 추적지표 (tracking signal : TS)를 사용할 수 있다.

2) 추적지표(TS)는 예측오차의 누적치(누적오차 : CFE)를 평균절대편차(MAD)로 나누어 측정한다.

$$TS = \frac{\text{누적오차}}{\text{평균절대편차}} = \frac{\sum_{t=1}^{N}(A_t - F_t)}{MAD}$$

3) 예측치가 실제치를 잘 따라가고 있으면 TS는 0에 가까운 값을 갖는다.

4) 예측치가 실제치보다 계속해서 상당히 낮으면 TS는 큰 양수값을 갖고(과소예측), 예측치가 실제치보다 계속해서 상당히 높으면 TS는 큰 음수값을 갖는다(과다예측).

5) TS는 매기간마다 재계산되고, 미리 정해진 한계치(관리상한선과 관리하한선)와 비교된다. → 대개는 ±4MAD

6) TS가 한계선(통제범위) 밖으로 벗어나면 그 예측 방법은 더 이상 실제 수요를 정확히 예측할 수 없는 것이 된다.

→ 예를 들어, 지수평활법의 경우에는 α값을 조정해야 한다. 즉 과소예측시에는 α를 증가시키고, 과다예측시에는 α를 감소시킨다.

◈ 지수평활법에 추적지표를 사용하면 적응적 지수평활법이라 한다.

(2004 CPA)
★ 출제 Point
α와 예측의 정확도

(2006 CPA)
★ 출제 Point
집중예측의 정의

> **Key Point** 집중예측
>
> 집중예측(focus forecasting)기법은 과거의 자료을 이용하여 여러 가지 규칙의 유용성을 비교한 후, 가장 잘 맞는 단순한 규칙을 이용하여 미래를 예측하는 방법으로, 많은 품목을 동시에 예측하는 경우 유용하다.

기출문제

01 경영자는 자기 나름대로의 고유한 의사결정규칙을 갖게 되며 이러한 경영자의 경험은 경영환경의 변화에 민감하다는 가정하에, 경영자가 결정한 과거의 자료를 가지고 통계적 회귀분석을 이용하여 최적에 가까운 의사결정을 하는 총괄생산계획기법은? ('89. CPA)

① 선형계획모형(linear programming)

② 탐색결정기법(search decision rule)

③ 경영계수법(management coefficient model)

④ 선형결정모형(linear decision rule)

⑤ 파라매트릭기법(parametric method)

✎ 해설 ①, ④는 수리적 최적화기법
　　　　⑤ 매개변수에 의한 총괄생산계획기법

02 다음 중 수요예측기법으로 적절하지 않은 것은? ('92. CPA)

① 탐색결정기법　　　② 최소자승법　　　③ 이동평균법

④ 지수평활법　　　⑤ 델파이법

✎ 해설 ① 탐색결정기법(SDR)은 총괄생산계획기법이다.

03 다음의 수요예측기법에 대한 설명 중 틀린 것은? ('95. CPA)

① 의사결정수와 델파이법은 정성적인 방법이다.

② 시계열법과 최소자승법은 정량적인 방법이다.

③ 지수평활법과 이동평균법은 정량적인 방법이다.

④ 시계열분석에서 계절적 요인 중에서 불규칙적인 것은 빼준다.

⑤ 최소자승법은 변수 중 하나를 선택하거나 평균값을 구하여 쓴다.

✎ 해설 이 문제는 복원이 완벽하지 않은 것 같다. 즉, 의사결정수는 이용하는 정보의 정확성에 따라 양적기법으로도 쓰이고, 질적기법으로도 쓰인다. 그러므로 의사결정수를 양적기법으로 볼 경우 ①이 답이 될 수도 있고, 이때 ⑤는 복원오류로 볼 수 있다.
　　　⑤ 최소자승법은 임의의 변수를 선택하여 적용하기는 어렵고 평균값을 구하여 이용한다.

정답 1 ③　2 ①　3 ⑤

4 K회사의 금년도 9월의 판매예측치가 1,000개이고 실제판매량이 1,500개였다. K회사의 10월 판매예측치를 단순지수평활법(exponential smoothing)으로 계산하면 얼마인가? 지수평활계수는 0.2이다. ('99. CPA)

① 1,000개   ② 1,100개   ③ 1,400개

④ 1,500개   ⑤ 1,600개

✎ 해설   예측량 = 1,000 + 0.2(1,500−1,000) = 1,100개

5 예측모형으로는 다양한 수요요인을 완벽하게 표현할 수 없기 때문에 예측치와 실측치 사이에는 오차가 발생하는 것이 보통이다. A회사는 평활상수(α) 0.9의 단순지수평활법(simple exponential smoothing)을 이용하여 지난 10년 간 분기별 수요를 예측하였다. 그 결과 예측의 성과를 설명하는 여러 가지 측정치 중에서 평균오차(mean error)가 0이고 평균자승오차(mean squared error)가 100으로 계산되었다. 다음 중 옳은 것은? (2002. CPA)

> a. 평균오차가 0이므로 예측은 완벽하다.
> b. 예측치의 편의(bias)는 없다.
> c. 평균자승오차가 100이므로 평균절대편차(mean absolute deviation)는 10이다.
> d. 예측오차가 존재하나 그 크기가 실측치에 비해 상대적으로 얼마나 큰지는 알 수 없다.
> e. 최근의 수요변화에 신속히 반응하는 예측모형을 사용하였다.
> f. 평활상수의 값으로 볼 때 평활효과가 매우 크다는 것을 알 수 있다.

① b, d, e   ② a, b, e   ③ b, e, f

④ b, c, d   ⑤ a, c, f

✎ 해설   a. 평균오차는 (+)오차와 (−)오차가 상쇄될 경우 0이 나올 수 있다. 이런 경우 때문에 평균 오차가 0이라 하더라도 예측이 완벽하다고 할 수 없다.
       b. 평균오차 = 편의 = 0이므로 편의(bias)는 없다.
       c. 평균자승오차[$\Sigma(A-F)^2$]값으로 평균절대편차($\Sigma|A-F|$)를 추정할 수 없다.
       d. 평균자승오차가 100이므로 예측오차는 존재한다. 그러나 그 크기는 명확히 알 수 없다.
       e. 지수평활법의 기본적 성질
       f. 평활상수(α)가 작을수록 평활효과가 크다.

6 총괄생산계획(aggregate production planning)은 향후 약 1년 기간 동안의 수요를 가장 경제적으로 충족시킬 수 있는 월별 생산 공급계획을 세우는 일이다. 이러한 총괄계획의 대안들을 평가할 때 총비용에서 고려해야 하는 비용요소 중에 포함되지 않는 것은? (2002. CPA)

① 하청비용   ② 채용비용과 해고비용

③ 잔업비용과 유휴시간비용   ④ 생산설비 운용 및 확장비용

⑤ 재고유지비용과 재고부족비용

정답 4 ② 5 ① 6 ④

🖋 해설 총괄생산계획은 6개월에서 18개월의 기간을 대상으로 수요의 예측에 따른 생산목표를 효율적으로 달성하기 위해서 고용수준, 생산능력, 하청량 등의 전반적인 수준을 결정하려는 것이다. 그러므로 ①, ②, ③, ⑤의 비용을 고려하되, ④의 생산설비의 운용 및 확장비용은 고정된 것으로 보므로 고려하지 않는다.

7 수요예측기법에 관한 다음의 설명 중 옳은 것은? (2003. CPA)

① 단순이동평균법(simple moving average method)에서 이동평균기간을 길게 잡을수록 최근의 추세변화에 민감하게 반응할 수 있다.

② 인과형 예측모형에서는 수요를 여러 가지 기업환경 요인에 의해 나타나는 결과로 간주하는데, 이 범주에 속한 대표적인 예측기법으로 회귀분석을 들 수 있다.

③ 단순지수평활법(simple exponential smoothing method)에서 평활상수(smoothing parameter) α가 크면 클수록 먼 과거자료에 대한 가중치가 급격히 줄어들므로 평활효과가 증가하게 된다.

④ 가법적 계절변동(additive seasonal variation)분석에서는 수요의 평균치가 증가함에 따라 계절적 변동폭이 합산되면서 증가하는 것으로 가정한다.

⑤ 어떤 수요 예측치와 실측치로부터 계산된 평균오차(mean error)가 0이라는 것은 그 예측이 완벽하게 맞았음을 의미하는 것이다.

🖋 해설 ① 단순이동평균법에서는 이동평균기간을 길게 잡을수록, 우연요인이 더 많이 상쇄되어 예측선이 고르게 되지만, 수요의 실제 변화에는 늦게 반응하는 특징이 있다.

③ 지수평활법에서 평활상수 α 가 커지면, 실제치와 예측치 차이에 반응하는 속도가 빨라져 평활효과가 낮아진다.

④ 가법적 계절변동 분석에서는 수요의 평균치의 크기에 관계없이 계절 변동폭이 일정하게 반영되는 것을 말한다.

⑤ 평균오차는 예측치와 실제치 간의 오차값을 합하여 기간으로 나눈 것으로, (+)오차와 (−)오차가 상쇄될 경우에도 '0'으로 나타날 수 있으므로, 평균오차가 0이라 하더라도 예측이 완벽하게 맞았음(즉, 오차가 0임)을 의미하지는 않는다.

8 기업의 생산계획수립과정에 관한 다음의 설명 중 가장 적절치 않은 것은? (2004. CPA)

① 총괄생산계획(aggregate planning)의 수립을 위해서 제품군 내의 품목들에 대한 공통의 측정단위가 필요하다.

② 총괄생산계획에서 수요변동에 따른 고용인력의 조정이 어려운 경우에는 추종전략(chase strategy)을 사용하여 목표생산량을 만족시킬 수 있다.

③ 제품군 내 품목별 대생산일정계획(master production schedule)은 총괄생산계획의 분해(disaggreagation)를 통해 얻어진다.

④ 대생산일정계획의 수립은 품목별로 생산시기와 수량을 결정하는 작업으로서 자재소요계획(material requirement planning) 수립을 위한 정보가 된다.

정답 7 ② 8 ②

⑤ 총괄생산계획에서 재고, 초과작업, 하청 등을 이용하여 계획기간 동안의 수요변동에 대처하고자 하는 전략을 평준화전략(level strategy)이라고 한다.

✎ 해설 ② 고용인력을 조정하는 전략이 추종전략임.

09 수요예측에 관한 다음의 설명 중 옳은 것은?   (2004. CPA)

① 수요예측오차의 척도 중 평균절대오차(mean absolute deviation)는 예측치가 실제치를 완벽하게 나타내지 않더라도 그 값이 0이 될 수 있다.

② 시계열수요자료를 분해하여 분석하는 목적은 자료에 내재되어 있는 임의변동(random variation)의 패턴을 분석하여 예측치에 반영하는 것이다.

③ 가중이동평균법(weighted moving average method)을 사용하면 과거자료 중 최근의 실제치를 더 많이 예측치에 반영할 수 있다.

④ 이동평균법(moving average method)에는 과거예측이 초래한 오차의 일정 부분을 미래 예측치에 반영할 수 있는 학습효과가 내재되어 있다.

⑤ 지수평활법(exponential smoothing method)을 사용하면 예측치의 산정에 반영될 과거 기간의 수(n)를 조절함으로써 예측의 정확성을 높일 수 있다.

✎ 해설 ① 평균절대오차(또는 편차)는 절대값을 평균낸 값이므로 예측치와 실제치의 차이가 있는 경우 0이 나올 수 없다.
       ② 임의변동 → 의미있는 변동(또는 규칙적 변동)
       ④ 지수평활법의 설명
       ⑤ 과거기간의 수(n) → 평활상수(α)

10 생산계획과 관련하여 적절하게 설명된 항목들로 구성된 것은?   (2005. CPA)

> a. 총괄계획은 설비, 인력, 투입부품 등을 공통으로 사용하는 제품모델들로 구성된 제품군에 대한 생산계획으로, 이 단계에서는 제품모델별 생산계획은 도출하지 않는다.
> b. 최적 총괄계획을 도출하는 과정은 수요추종전략, 생산수준 평준화전략, 작업시간 조정전략을 각각 적용하고 여기서 얻어진 총괄계획 중 가장 우수한 것을 선택하는 것이다.
> c. 주괄생산계획(Master production Schedule)은 총괄계획보다 계획기간이 길지 않다.
> d. 자재소요계획을 도출하기 위해서는 자재명세서, 재고기록철, 총괄계획이 필요하다.

① a, b   ② b, c   ③ a, c
④ b, d   ⑤ c, d

✎ 해설 b. 총괄생산전략은 보기에 소개된 전략 중 하나만 택하여 적용하는 순수전략과 소개된 전략 중 둘 이상을 혼합하여 사용하는 혼합전략이 있다.
       d. 총괄계획 → 대일정계획(MPS)

정답 9 ③ 10 ③

11 수요예측방법에 대한 설명들 중에서 가장 적절한 항목들로 구성된 것은? (2006. CPA)

> a. 전문가 그룹에 대해 설문조사를 하는 델파이법은 대표적인 정량적(quantitative) 예측기법이다.
> b. 지수평활법은 중요한 원인변수들에 대해 가중치를 다르게 부여하는 정성적(qualitative) 예측기법이다.
> c. 초점예측(focus forecasting)은 과거 정보로부터 논리적 규칙을 도출하여 이를 과거자료에 대한 시뮬레이션을 통해 검증하는 방식으로 진행된다.
> d. 시계열분석(time-series analysis)이란 특정 시점에서 수요에 영향을 주는 변수들을 구별해 내는 것이다.
> e. 인과관계(causal relationship)에 근거한 예측을 수행하기 위한 대표적인 도구는 다중회귀분석이다.

① a, b   ② b, c   ③ c, d

④ c, e   ⑤ c, d, e

✎ 해설   a. 정량적 → 정성적
       b. 정성적 → 정량적
       d. 시계열 분석 → 인과관계 분석
       c. 초점예측 = 집중예측

연습문제

01 생산계획에 대한 다음의 설명 중 옳지 않은 것은?

① 생산라인의 설계, 품질 및 가격의 수준 결정은 장기계획에 해당된다.

② 노동자의 수, 산출량의 전반적인 수준의 결정은 중기계획에 해당된다.

③ 자재소요계획은 단기계획에 해당된다.

④ 시장침투의 구체적인 목표의 결정은 단기계획에 해당된다.

⑤ 재고수준의 전반적인 수준의 결정은 중기계획에 해당된다.

🖊 **해설** ④ 시장침투의 구체적 목표의 결정은 마케팅계획에 해당되며 장기계획에 해당된다.

02 총괄생산계획에 대한 설명으로 옳지 않은 것은?

① 총괄계획은 여러 제품을 총괄할 수 있는 공통의 산출단위에 입각하여 수립된다.

② 총괄생산단위를 사용하면 수요예측을 보다 용이하고 정확하게 할 수 있다.

③ 총괄생산단위를 사용하면 계획의 수립과정을 보다 단순화시킬 수 있다.

④ 전체 제품을 총괄하는 공통의 단위를 발견하기 어려울 경우 여러 개의 비슷한 제품을 묶어 제품 그룹별로 총괄단위를 설정할 수 있다.

⑤ 현실적으로 기업은 생산수준을 변동시켜서 수요의 변동에 대처하고자 한다.

🖊 **해설** ②, ③ 총괄생산계획은 총괄단위를 사용함으로써 계획담당자는 수많은 품목을 동시에 고려해야 하는 복잡성을 피할 수 있게 된다.

　　　⑤ 현실적으로 기업은 수요의 변동에도 불구하고 전반적인 생산수준을 고르게 하려는 경향이 있다. 그 이유는 생산율을 안정된 수준으로 유지할 때 대규모의 채용이나 해고가 없고, 과도한 잔업과 하청, 그리고 잦은 가동시작이나 중지로 인한 비용을 피할 수 있기 때문이다. → 생산평활(production smoothing) 또는 생산평준화의 개념

03 총괄생산계획 수립시 통제불가능한 변수인 것은?

① 작업자수　　　　　② 유휴시간　　　　　③ 재고량

④ 조업도　　　　　　⑤ 수요예측

🖊 **해설** ⑤ 수요예측이 선행되고 그 결과에 의해 총괄생산계획을 수립하는 것이다.

정답 1④　2⑤　3⑤

04 다음 중 총괄생산계획과 가장 관련이 먼 것은?

① 생산시설이용의 평활화　　　　　② 고용수준, 잔업, 하청 등
③ LOB(line of balance)　　　　　④ 탐색결정기법
⑤ 제품 전체의 생산수량 및 시기

✎ 해설　③ LOB는 연속생산공정의 일정계획 및 통제기법
　　　　①, ②, ⑤ 총괄생산계획의 주요결정사항
　　　　④ 총괄생산계획기법

05 총괄생산계획을 위한 전략에 대한 설명으로 옳지 않은 것은?

① 노동력의 규모를 조정하는 전략은 추종전략이다.
② 재고수준을 조정하는 전략은 평준화전략이다.
③ 노동력의 이용률을 조정할 경우 피로누적으로 인한 불량품이 발생할 수 있다.
④ 노동력의 규모를 조정할 경우 초과조업으로 인한 추가비용이 발생할 수 있다.
⑤ 수요의 변화가 일시적인 경우, 잔업이나 유휴시간을 이용한다.

✎ 해설　④번은 노동력의 이용률을 조정할 경우 나타나는 현상이며, 노동력의 규모를 조정할 경우 채용·해고비 등
　　　　직접비나 교육·훈련비 등 간접비가 발생할 수 있다.

06 다음 중 총괄생산계획의 문제를 해결하기 위하여 사용되는 기법이 아닌 것은?

① 목표계획법　　　　　② 생산전환탐색법　　　　　③ 이동평균법
④ LDR　　　　　⑤ SDR

✎ 해설　③ 이동평균법은 수요예측기법에 해당된다.

07 총괄생산계획기법에 대한 다음의 설명 중 옳지 않은 것은?

① LP모형은 총괄계획의 여러 제약조건을 모형 속에 쉽게 포함시킬 수 있다는 장점이 있다.
② 수송모형은 LP모형보다 특수한 형태로 고용수준이 변동될 경우에만 사용될 수 있다.
③ 선형결정모형은 2차 비용함수를 가정하지만 모형을 풀면 총비용을 최소화하는 최적생
　산율 및 작업자 수는 선형으로 나타난다.
④ 탐색결정기법은 최적해를 보장해 주지는 못하지만 어떠한 비용함수에도 적용될 수 있
　다는 장점이 있다.
⑤ 경영계수법은 경영자들의 총괄계획에 관한 의사결정은 일관성만 있다면 좋다는 가정
　에 입각하고 있다.

08 선형결정모형(LDR)에 대한 설명으로 옳지 않은 것은?

① 2차의 비용함수를 생산율과 작업자 수에 대해 각각 편미분하여 2개의 선형결정모형을 도출한다.

② 비용함수를 2차함수로 추정하기 때문에 적용상에 제약이 있다.

③ 여러 종류의 제품을 생산하는 경우, 이들을 반드시 하나의 공통단위로 나타내야 한다.

④ 생산율과 작업자 수의 부호에 제약이 없기 때문에 생산율이나 작업자 수가 음수가 될 수도 있다.

⑤ 탐색결정기법(SDR)과 함께 수리적 총괄생산계획기법 중의 하나이다.

✎ 해설 ⑤ 탐색결정기법은 수리적 기법이 아니다.

09 상황이 너무 복잡하여 수학적 기법을 적용할 수 없을 경우 컴퓨터를 이용하여 비용함수의 반응모습을 관찰함으로써 최소비용을 가져오는 의사결정을 선택하고자 하는 총괄생산계획기법은?

① LDR   ② SDR   ③ 경영계수이론

④ 생산전환탐색법   ⑤ 매개변수이론

✎ 해설 ② SDR(탐색결정법)은 컴퓨터의 이용이 기본전제가 된다. 그리고 SDR에 의한 해는 수학적 최적해가 아니다.

10 SDR(search decision rule)의 내용으로 적당하지 않은 것은?

① 이미 최적화된 비총괄적 계획의 결정을 이용할 수 있다.

② 선형 또는 2차 비용함수모델과 같이 제한된 가정에 적합하다.

③ 총괄적 계획에 관련되지 않는 1단계 혹은 다단계결정문제에 일반적으로 응용될 수 있다.

④ 생산관리자에게 현재의 상태와 계획된 결정을 알려준다.

⑤ 이 방법에 의한 결정은 전체 최적화를 제공하지 못할 수도 있다.

✎ 해설 ② 탐색결정기법은 상황이 너무 복잡하여 수학적 기법을 적용할 수 없을 경우 이용되는 기법이다. 그러므로 제한된 가정이 필요치 않다.

11 수요예측기법에 대한 다음의 설명 중 옳지 않은 것은?

① 완전주문생산방식을 채택한 회사에서도 수요예측은 필요하다.

---

② 미래수요가 낮게 예측되면 자동화가 크게 요구되지 않으며, 비교적 단순한 공정을 선택한다.

③ 공정설계의사결정을 위해서는 장기수요예측이 필요하며 정성적 기법이나 인과형모형을 사용한다.

④ 시장조사법은 정성적 기법 중 가장 시간·비용이 적게 들지만, 예측이 정확하지 못한 문제가 있다.

⑤ 예측기법 자체의 평가기준으로 정확성, 간편성, 안정성을 들 수 있다.

🖋 해설 ④ 시장조사법은 정성적기법 중 가장 시간·비용이 많이 들지만, 예측이 비교적 정확한 장점이 있다.
⑤ 안정성이란 예측이 자료의 급격한 변동에 대해서도 쉽게 변하지 않는 것을 말하며 견실성(robustness)이라고도 한다.

12 다음의 수요예측기법 중 최근의 단기자료만으로도 예측이 가능한 것은?

① 이동평균법   ② 지수평활법
③ 단순이동평균법, 지수평활법   ④ 회귀분석법, 지수평활법
⑤ 회귀분석법, 이동평균법

🖋 해설 ② 지수평활법은 최근자료에 큰 비중을 두고, 과거자료에 적은 비중을 두어 계산하는 가중이동평균법이라 할 수 있다. 일반적으로는 바로 전기의 예측치나 실제치를 이용한다.

13 수요예측(demand forecasting)과 관련된 다음의 설명 중 옳지 않은 것은?

① 델파이법 등의 질적인 기법은 특히 장기예측의 경우에 유용하다.
② 시계열분석기법이나 횡단면분석기법은 과거자료를 이용하여 미래예측을 하는 방법이다.
③ 최소자승법(least square method)은 시계열분석이나 횡단면분석에 모두 이용된다.
④ 독립변수를 시간으로 하느냐, 다른 특정변수로 하느냐에 따라 시계열분석과 횡단면분석으로 구분된다.
⑤ 지수평활법, 회귀분석 등이 대표적인 시계열분석기법에 해당된다.

🖋 해설 ③의 지문에 유의해야 한다.
⑤ 회귀분석은 시계열분석기법이 아니고 인과관계예측기법이다.

14 수요예측기법과 관련된 설명으로 옳지 않은 것은?

① PLC상 도입기의 제품에는 시계열예측기법이 적합하다.
② PLC상 성숙기의 제품에는 시계열기법이나 인과관계기법이 유용하다.
③ 회귀분석법이나 이동평균법에서는 장기간의 과거실적이 필요하다.

④ 시계열분석의 구성요소 중 계절적 변동은 1년 단위로 반복되는 변동이다.

⑤ 개발단계에 있는 제품은 계량적 방법보다는 Delphi법 등의 적용이 유용하다.

✏ **해설** ① PLC상 도입기의 제품은 시계열분석을 할 과거자료가 존재하지 않는다. 그러므로 Delphi법이 유용하다.

15 수요예측에 관한 다음의 설명으로 옳지 않은 것은?

① 시계열의 구성요소 중 순환요인은 1년 이내의 순환변동을 나타낸다.

② 단순이동평균법은 계절적 변동과 급속한 증감이 없고 우연변동이 클 경우 적용이 유리하다.

③ 가중이동평균법은 계산량이 많다는 단점이 있다.

④ 회귀분석법에서 종속변수의 변동 중 독립변수에 의해 설명된 변동비율을 결정계수라 한다.

⑤ 공정설계나 설비계획은 인과관계분석법이 유용하고 재고관리는 시계열분석법이 유용하다.

✏ **해설** ① 시계열의 구성요소는 추세, 계절적 변동, 순환요인, 불규칙변동 등이 있는데, 순환요인은 경기변동과 같이 1년 이상의 장기간에 걸친 순환변동을 나타낸다.

16 수요예측에 관한 다음의 설명 중 옳지 않은 것은?

① 예측기간이 장기이고 요구되는 정확도가 중간 정도인 경우 시계열분석법이 유용하다.

② 단순이동평균법에서 이동평균기간이 길어질수록 수요의 실제변화에 늦게 반응한다.

③ 가중이동평균법은 예측치가 수요변동을 빨리 따라가게 할 수 있다는 장점이 있다.

④ 지수평활법에서 평활상수가 작아지면 평활효과가 높아진다.

⑤ 회귀분석법에서 상관계수가 ±1에 가까울수록 모형의 신뢰성이 높아지게 된다.

✏ **해설** ① 시계열분석법은 예측기간이 단기이고 요구되는 정확도가 높을 경우에 유용하다. 예측기간이 장기이고 요구되는 정확도가 중간 정도인 경우 정성적 기법이나 인과관계분석법이 유용하다.

정답 15 ① 16 ①

제7장 ■ 공정(일정)관리

7.1 공정관리의 기초개념

1. 공정관리의 의의

공정관리(production control)란 주어진 제품을 적절한 품질로 적시에 생산할 수 있도록 인력과 기계설비 등의 생산자원을 합리적으로 활용하는 것을 목적으로 하며, 공장의 생산활동을 총괄적으로 관리하는 것을 말한다.

2. 공정관리의 내용(단계)

1) 공정관리는 계획과 통제로 나누어 실시된다.

● 도표 7-1 공정관리의 절차

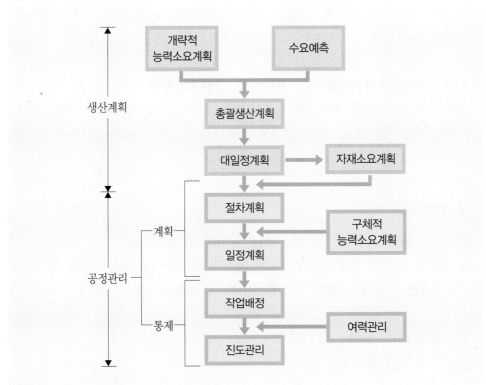

2) 계획은 절차계획(routing), 공수계획(loading), 일정계획(scheduling) 등이 있다.

3) 통제는 작업배정(dispatching), 여력관리(capacity control : 능력관리), 진도관리 (follow up) 등이 있다.

7.2 공정관리의 계획기능

1. 절차계획 : 공정계획

1) 절차계획(routing)이란 작업의 절차(작업순서 및 작업방법)와 각 작업의 표준시간 및 각 작업이 이루어져야 할 장소를 결정하고 배정하는 것이다.

2) 공정계획표와 작업도표 등이 이용된다.

3) 연속생산시스템의 경우는 대개 라인배치이기 때문에 생산시스템의 설계와 더불어 대부분의 절차계획이 결정된다.

2. 공수계획 : 부하계획, 능력소요계획(CRP)

(1) 공수계획의 의의

1) 공수계획(loading)은 생산이 계획대로 수행될 수 있도록 하기 위하여 주어진 작업량, 즉 부하(load)와 작업능력을 비교하여 조정하는 것이다.

2) 부하와 능력의 비교척도로는 기계시간(machine hour) 또는 사람시간(man hour) 등이 이용된다.

(2) 공수체감곡선 : 학습곡선, 경험곡선, 능률개선곡선

작업(생산)을 반복함에 따라 작업소요시간(공수)이 체감되는 현상을 공수체감현상이라 하며, 이를 그래프나 수식으로 나타낸 것을 공수체감곡선(time reduction curve)이라 한다.

3. 일정계획

◈ 반면, 생산계획은 일정 기간 동안 생산할 제품의 종류와 수량을 정하는 계획이다.

1) 일정계획(scheduling)이란 생산계획을 구체화하는 과정이다.

2) 부분품가공이나 제품조립에 필요한 자재가 적기에 조달되고, 지정된 시간까지 생산이 완성될 수 있도록, 기계나 작업을 시간적으로 배정하는 것을 말한다.

(1) 일정계획의 목적

1) 주문의 납기 내 생산-주문생산

2) 설비 및 작업자의 효율성 제고 - 재고생산

3) 공정재고나 잔업의 축소

4) 완제품의 품절 방지

(2) 일정계획의 내용

일정계획은 각 작업을 개시해서 완료할 때까지 소요되는 표준적인 일정, 즉 기준일정을 결정하고, 이 기준일정과 생산능력을 비교하여 상세한 생산일정표를 작성하는 것이다.

> **Key Point** 일정계획의 특징
>
> ① 일정계획은 가용자원의 할당 의사결정이다.
> ② 일정계획은 설비계획과 총괄계획에 의해 획득된 자원의 사용계획이다.
> ③ 일정계획은 생산능력에 관한 의사결정 중 최종의 의사결정이다.
> ④ 일정계획은 가장 제약이 많은 의사결정이다.
> ⑤ 일정계획은 단기의 생산능력 계획이다.
> ⑥ 일정계획의 구체적인 내용과 기법은 생산공정의 유형에 따라 달라진다.

(3) 일정계획의 단계

1) 대일정계획(MPS : master production scheduling) = 주일정계획, 기본일정계획

제품별·부품별 생산시기, 즉 생산순위 및 시작일과 완료일을 정하는 계획이다.

2) 중일정계획(operation scheduling) = 운영일정계획

대일정계획에서 정해진 납기일을 토대로 각 공정별로 시작일과 완료일을 정하는 계획이다.

3) 소일정계획(detail scheduling) = 세부일정계획

중일정계획을 토대로 구체적인 작업의 작업자별 또는 기계별 일정을 정하는 계획이다.

7.3 공정관리의 통제기능

1. 작업배정 : 작업분배, 착수통제

작업배정(dispatching)은 절차계획과 일정계획에서 예정된 작업순서·시간과 현장사정을 고려하여 가장 유리한 작업순서를 정하고 작업자와 기계에 작업을 배정하는 것을 말한다.

2. 여력관리 : 능력관리

여력관리(capacity control)란 실제의 능력과 부하를 조사하여 이들이 균형을 이루도록 조정하는 통제활동을 말한다.

3. 진도관리

◈ 진도관리는 계획과 진도의 차이 조정이며, 여력관리는 능력과 부하의 차이 조정이다.

진도관리(follow up or expediting)란 작업을 진행하는 과정에서 여러 가지 사정으로 작업이 예정대로 진행되지 못하고 지연될 경우, 지연작업을 촉진·조정함으로써 납기를 확보하고 생산속도를 향상시키고자 하는 통제활동을 말한다.

● 도표 7-2 공정별 일정계획기법

생산방식	주요 사례	일정계획기법
연속공정	석유화학, 음료수	LP
대량생산	자동차, 전자제품	JIT, 라인밸런싱
잡 샵	수동공구, 종합병원, 백화점	작업우선순위를 이용한 일정계획기법 MRP
프로젝트	건 물	PERT/CPM

7.4 라인공정의 일정계획

1. 연속생산시스템

1) 전용설비를 이용하여 표준품을 대량생산하므로 일정계획이 간단하다.
2) 연속생산시스템은 공정간 균형(line balancing), 중단없는 제조공정의 유지, 경제적 생산수준의 결정 등이 주요 관심사가 된다.

Key Point

한 생산라인에서 단일제품만을 생산하는 경우 자재의 흐름이 공정설계에 의해 완전히 결정되므로 일정계획문제는 발생하지 않는다. 반면 한 생산라인에서 다수제품을 생산하는 경우 한정된 라인의 능력을 할당해야 하므로 일정계획문제가 발생한다.

2. 롯트생산시스템

1) 롯트생산시스템은 경제적 생산롯트의 결정과 제품의 생산순서 결정이 주요 관

● 도표 7-3 개별생산시스템의 일정계획 및 통제과정

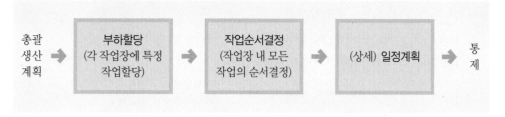

심사가 된다.

2) 경제적 생산롯트(ELS : economic lot size)란 관련비용이 최소가 되는 롯트의 크기를 의미한다.

3) 제품의 생산순위 결정기법은 다음과 같다.

① 수리적 모형(선형계획법, 지수법 등)은 수요가 불변한다고 가정하므로 수요의 불확실성에 대처하지 못하는 단점이 있다.

② 재고소진기간(RT : runout time)법은 재고소진기간(RT)이 가장 작은 제품에 생산의 우선순위를 부여하는 방법으로, 수요의 변화에 적응할 수 있는 방법이다.
→ 즉, 한 번의 RT산정으로 전체 일정계획을 수립하는 것이 아니라, 시뮬레이션을 행할 때마다 생산의 우선순위를 정한다.

$$RT = \frac{\text{현재의 재고}}{\text{단위기간의 수요량}}$$

7.5 개별생산시스템의 일정계획

1. 개별생산시스템의 특징

개별생산시스템은 제품의 품질·수량·납기·가격 등이 수주시점에서 고객의 요구에 의하여 결정될 뿐만 아니라, 다양한 주문들이 여러 작업장에서 상이한 가공방법과 순서로 처리되기 때문에, 일정계획이 복잡하다.

(1) 주문의 도착과 처리방식

불규칙하게 들어오는 주문을 일정기간마다 모아서 배취(batch)로 처리하는 정적 방식(S방식 : static pattern)과 주문이 들어오는대로 즉시 처리하는 동적 방식(D방식 : dynamic pattern)이 있다.

● 도표 7-4 개별생산시스템 일정 계획시 주요 고려 요소

단 계	고 려 사 항	형 태
요소 1	주문에 대한 일정계획 수립형태	동적방식, 정적방식
요소 2	작업장의 기계의 수와 다양성	
요소 3	작업장의 기계와 작업자의 비율	기계통제적 시스템 작업자통제적 시스템
요소 4	작업장에서의 작업의 흐름 패턴	흐름경로형(flow shop) 임의경로형(randomly routed job shop)
요소 5	작업을 배정하는 우선순위 규칙	선착순 규칙, 최소납기우선 규칙, 최소여 유시간 우선규칙, 긴급률 규칙 등
요소 6	일정계획의 성과를 평가할 척도	총생산시간, 기계이용률, 시스템 내 평균 대기작업수 등

(2) 작업자의 수 : 작업자의 수는 작업배정의 우선순위에 영향을 미친다.

① 기계통제적 시스템(machine limited system) : 작업자 > 기계
② 작업자통제적 시스템(labor limited system) : 작업자 < 기계

2. 부하할당

1) 부하할당은 일정계획의 대상기간 동안 어느 작업장에 얼마만큼의 작업량을 할당할 것인가를 결정하는 것이다.

2) 부하할당에서는 상세한 작업순서는 결정하지 않고 단지 어느 주문작업(job)이 어느 작업장에서 처리되어야 할 것인가를 결정한다.

3) 부하할당의 목표는 각 작업장의 생산능력을 고려하여 각 작업장마다 부하가 균일하고 각 기간별로 부하가 균일하도록 할당하는 것이다.

● 도표 7-5 부하할당방법

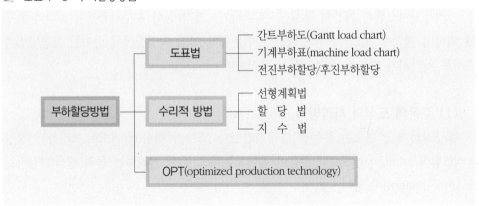

● 도표 7-6 간트부하도

| | 작업장 및 작업소요시간 | | | | | 작업장 | 누적부하(작업일) | | | | | | | |

작업장 및 작업소요시간

제품\작업장	TV	라디오	세탁기	계
주 물	5	15	10	30
선 반	11	4	-	15
조 립	7	6	12	25
페인트	-	-	10	10

누적부하(작업일)

작업장	5	10	15	20	25	30	35
주 물	TV (5)	라디오 (20)		세탁기 (30)			
선 반	TV (11)	라디오 (15)					
조 립	TV (7)	라디오 (13)	세탁기 (25)				
페인트	세탁기 (10)						

(1) 간트부하도

1) 간트도(Gantt chart)는 미국의 간트(Gantt)에 의해 창안되어 계획 및 통제의 여러 가지 용도에 따라 다양하게 쓰이고 있는데, 부하할당에 쓰이는 간트도를 간트부하도(Gantt load chart)라고 한다.

2) 장점 : 간트부하도는 각 작업장의 부하량을 명확히 보여준다.

3) 단점 : 간트부하도는 정적 방식이라는 문제가 있다. → 즉, 새로운 작업추가나 시간추정치 변동에 대처가 어려우므로 주기적인 갱신이 필요하다.

(2) 기계부하표

기계부하표(machine load chart)는 기계의 종류별 능력과 부하상태를 일별로 나타내어, 능력과 부하의 차이를 쉽게 알 수 있도록 나타낸 도표이다.

(3) 전진부하할당과 후진부하할당

1) 전진부하할당(forward loading)

① 현재일로부터 시작하여 시간상 앞으로 작업을 할당해 나간다.

② 무한생산능력 또는 유한생산능력을 가정하고 각 주문의 처리시간을 각 작업장에 누적시켜 나가는 방법이다.

③ 이 경우 필요하다면 납기일을 초과할 수도 있다.

④ 전진부하할당의 목적은 각 주문의 대강의 완료일과, 무한능력을 가정하는 경우 매기간 필요한 생산능력을 결정하는 데 있다.

2) 후진부하할당(backward loading)

① 각 주문의 납기일로부터 시작하여 시간상 거꾸로 각 주문의 처리시간을 각 작업장에 할당해 나가는 방법이다.

② 이 경우 필요하다면 생산능력을 초과할 수도 있다.

③ 후진부하할당의 목적은 각 작업장마다 매기간 필요한 **생산능력을 파악**하는 데 있다.

④ 그 결과 작업장 간의 생산능력의 재할당이나 총괄계획의 수정을 통한 생산능력의 증대와 같은 의사결정이 이루어진다.

('96 CPA)
★ 출제 Point
OPT의 정의

(4) OPT

① OPT(optimized production technology)는 개별생산의 일정관리용 컴퓨터프로그램이다.

② 유한부하를 전제로 한 공수계획에 의해서 애로공정을 중심으로 관리하는 방법이다.

Key Point　**무한부하와 유한부하**

작업장에 작업을 할당하는 부하방법은 무한부하와 유한부하로 나누어진다.

① 무한부하(infinite loading)는 작업장의 생산능력에 구애됨이 없이 작업을 할당하는 것으로 초과부하와 미달부하가 발생되나 이 경우 완성된 작업은 제외하고 새로운 작업만을 추가하므로 부하의 갱신과 수정이 간단하다.

② 유한부하(finite loading)는 생산능력 범위 내에서 작업을 할당하는 것으로, 작업(주문)이 능력을 초과하면 다른 기간으로 예정해야 되므로 주문 및 작업장 사정이 바뀔 때 수반되는 갱신과 수정이 번거롭다.

---

1) OPT와 제약(制約)이론(TOC)

① OPT의 근본은 '제약이론'(theory of constraints : TOC)과 '제약자원 관리' (constraints management)에서 찾을 수 있다.

② **제약**(constraints)이란 조직의 개선능력을 제약하는 모든 것을 말한다.

ⓐ 물적 자원으로는 기계능력 · 자원의 유용성 등을 꼽을 수 있다.

ⓑ 관념적 자원으로는 방침 · 절차 · 태도 등을 꼽을 수 있다.

③ 제약이론은 다음 3가지의 경험적 관찰을 토대로 한 것이다.

ⓐ 다단계 생산시스템의 단계별 생산능력은 동일하지 않다.

ⓑ 생산시스템의 변동과 무작위성은 생산능력과 생산효율을 떨어뜨린다.

ⓒ 전통적 생산시스템에서 사용되는 절차는 능력의 불균형과 생산변동을 해결하기보다는 악화시킨다.

④ 제약자원 관리의 주요목표는 동시생산을 통한 지속적 개선과정을 수립하는 것이다.

2) OPT의 원칙(이순룡 저, 생산관리론, 법문사 인용)

애로공정을 파악하고 자원들이 충분히 활용되도록 애로공정과 비애로공정을 동시에 이용하도록 일정 계획을 수립하는 것이다.

① 공정의 능력보다는 흐름을 균형시킨다 : 라인밸런싱에서처럼 공정의 능력을 균형시키는 것보다는 작업이나 물품의 흐름을 동시화하는 것이 더욱 중요하다.

② 비애로공정의 이용률은 시스템 내의 다른 제약자원에 의해 결정된다 : 비애로공정(non-bottleneck)에서 가공되는 물품이 애로공정에서 가공되는 물품과 함께 조립된다면 결국 애로공정의 영향을 받게 된다.

③ 자원의 이용률(utilization)과 활성화(activation)는 같은 의미가 아니다 : 자원의 이용률(활용도)은 필요한 것을 만드는 것이고(making what is needed), 활성화는 생산자원이 바쁘게 돌아가도록 부품을 만드는 것(making parts to keep the resources busy)이다.

④ 애로공정의 한 시간 손실은 전체 시스템의 한 시간 손실이 된다 : 애로공정은 능력이 모자라므로 지체하는 만큼 제품생산이나 판매에 지장을 준다.

⑤ 비애로공정의 시간단축은 무의미하다 : 비애로공정은 여분의 능력이 존재하므로 시간단축의 의미가 없다. → 오히려 시간단축을 위해 투입된 생산자원의 소비로 애로공정의 능력증대 기회손실을 야기할 수 있다.

⑥ 애로공정이 시스템의 산출량(throughput)과 재고를 결정한다 : 재고(특히 재공품)는 애로공정을 돌아가게 하는 하나의 필요한 기능이다.

⑦ 이동배취(transfer batch)와 생산배취(process batch)의 크기가 동일해야 하는 것은 아니다 : 이동배취란 이동중의 물품수량으로, 가급적 한 단위로 이동하는 것이 유리하다.

⑧ 생산배취(롯트)의 크기는 고정되지 않고 변화가 가능해야 한다 : 생산배취나 롯트크기는 수요량과 부가적인 준비시간에 따라 다를 수 있다. → 애로공정의 생산롯트는 준비시간을 줄이기 위해 가급적 커야 하지만, 비애로공정은 반대다.

⑨ 시스템상의 모든 제약을 고려해서 생산일정을 수립(우선순위 결정)한다 : 조달기간은 롯트의 크기, 이동배취, 우선순위 등의 요인들의 함수로 볼 수 있다. → 조달기간은 일정에 의해서 달라질 수 있다.

3) OPT의 전개과정

① 애로공정을 식별(규명)한다.

애로공정은 수요가 능력을 초과할 경우에 엄청난 대기행렬을 이루거나 가장 바삐 돌아가는 작업장이다. → 이 단계에서 애로자원과 비애로자원으로 구분한다.

② 애로공정에서 애로자원이 충분히 활용되도록 일정이 수립·운영되어야 한다.
→ 이 경우 유한부하 일정계획(finite scheduling)이 수립된다.

◆ 애로자원(critical resources)이란 애로공정이 후의 최종조립공정에서 사용되는 자원들을 말한다. 이들 자원에서 제외된 자원들은 비애로자원이 된다.

③ 비애로공정의 자원은 애로공정이 잘 돌아가도록 지원해야 한다.

재공품과 조달기간이 작아지도록 비애로자원의 롯트크기를 줄일 때 부가적인 준비시간이 소요되지만, 비애로자원의 경우 능력이 남기 때문에 준비시간의 증대로 인한 비용증대는 고려되지 않는다.

4) OPT와 TOC의 장점

① 일정계획의 수립과 분석이 단순하고 이용이 간편하다.

② 신속하고 용이한 계획수립·분석은 상황변화에 보다 유연하게 대응할 수 있게 한다.

③ 애로공정과 비애로공정을 식별, 관리하므로 생산자원의 효율적인 이용이 가능하다.

④ 산출량이 증대되고 재공품이 감소된다.

5) OPT와 TOC의 단점

① 조직(개념적)과 제도(자료처리·보고제도·관리방식 등)의 재편성이 필요하다.

② 전통적 원가회계제도와 평가제도가 배제된다.

③ 새로운 제도와 분석 및 평가 보고방식을 익혀야 한다.

● 도표 7-7 후속 작업장의 작업시간 분할 효과

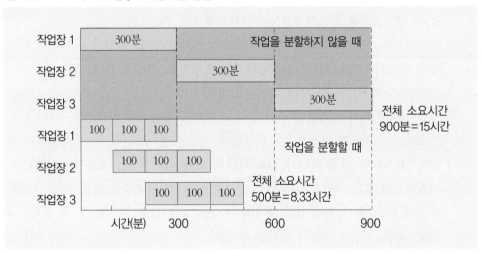

3. 작업순서결정

① 부하할당에서는 작업을 작업장에 할당만 할 뿐 각 작업장에서 대기하고 있는 작업의 처리순서는 결정하지 않는다.

② 작업장에 대기중인 작업의 처리순서를 결정하는 것은 단속공정의 효율성을 결정짓는 중요한 의사결정이다.

1) 작업배정규칙

작업배정규칙(dispatching rule)은 기계나 작업장에 작업(주문)을 할당하는 규칙으로 무작위, 선착순, 최소작업시간우선, 최대작업시간우선 외에 다음과 같은 것들이 있다.

① 최소납기우선(DD : earliest due date) : 납기가 가장 빠른 것부터 처리
② 최소여유시간 우선(S : least slack) : 여유시간(＝남은 납기일수−남은 작업일수)이 가장 작은 것부터 처리
③ 잔여작업당 최소여유시간우선(S/O : least slack per remain operation) : 잔여작업당 여유시간이 가장 작은 것부터 처리

$$잔여작업당 \ 여유시간 = \frac{여유시간}{잔여작업의 \ 수}$$

④ 긴급률(CR : critical ratio)규칙 : 작업상황이 바뀔 때마다 우선순위를 조정하는 동태적인 우선순위 규칙으로, 긴급률이 가장 작은 작업에 우선순위를 부여한다.

$$긴급률(CR) = \frac{잔여납기일수}{잔여작업일수}$$

ⓐ 긴급률 < 1 : 작업의 진행이 예정보다 뒤진 것
ⓑ 긴급률 > 1 : 작업의 진행에 여유가 있는 것

 예제 7-1

각 작업배정규칙에 의하여 작업순서를 결정하라.

작 업	처리시간	납기일	여유시간	긴급률
A	6	10	10−6=4	10/6=1.67
B	3	4	4−3=1	4/3=1.33
C	5	15	15−5=10	15/5=3
D	2	5	5−2=3	5/2=2.5
E	4	9	9−4=5	9/4=2.25

해 답

① 선착순 규칙에 의한 작업순서 : A−B−C−D−E
② 최소처리시간 규칙에 의한 작업순서 : D−B−E−C−A
③ 최소납기일 규칙에 의한 작업순서 : B−D−E−A−C
④ 최소여유시간 규칙에 의한 작업순서 : B−D−A−E−C
⑤ 잔여작업당 최소여유시간 규칙에 의한 작업순서 : 한 개의 작업장만을 거치는 경우에는 각 주문작업마다 앞으로 수행되어야 할 잔여작업의 수가 모두 1개이므로 잔여작업당 여유시간은 각 주문작업의 여유시간과 마찬가지이다.
⑥ 긴급률규칙에 의한 작업순서 : B−A−E−D−C

일정계획의 평가기준으로는 고객의 서비스개선을 위한 평가기준과 자원활용의 개선을 위한 평가기준이 있다.
① 고객의 서비스 개선을 위해서는 평균처리시간, 작업(주문)의 평균대기시간, 지연작업의 비율, 총완료시간 등이 짧아져야 한다.
② 자원활용의 개선을 위해서는 노동력, 기계설비의 활용도, 재공품재고유지비, 시스템 내 평균작업수, 유휴시간 등을 고려하게 된다.

2) 작업순서의 결정(job sequencing) 기법

① 존슨법(Johnson's method) : 흐름공정형의 문제로 주문이 n개이고, 공정(기계)이 2개인 문제의 작업순서를 결정하는 데 이용된다.
② 분단탐색법(branch and bound method)
③ 우선순위법
④ 완전열거법
⑤ 잭슨법(Jackson's method) : 개별공정형의 문제로 주문이 n개이고, 공정(기계)이 2개인 문제의 작업순서를 결정하는 데 이용된다.
⑥ 기플러와 톰슨(Giffler and Thompson)의 알고리즘

- 하나의 작업장을 거치는 경우 : 작업배정규칙
- 두 개의 작업장을 거치는 경우 : 존슨법, 잭슨법
- 다수의 작업장을 거치는 경우 : 작업배정규칙의 동태적 적용, 시뮬레이션 기법

7.6 일정계획 및 통제의 병행기법

1. LOB(line of balance)

1) 의 의

① 주로 연속생산형태의 조립공정을 대상으로 한 일정계획 및 통제기법이다.
② 작업장별로, 계획·통제가 가능하도록 하기 위하여 전체 계획을 통제점(check point : 생산공정의 기술적 연결을 고려한 중점관리의 대상이 되는 작업장)으로 분해하고, 이를 집중적으로 관리한다.
③ 납기지연을 야기한 작업장과 원인을 규명하고 이에 대한 조치를 취하려는 기법이다.

전통적 기법에서는 공정전체를 최종제품의 수량만을 기준으로 통제하는 반면, LOB기법에서는 통제점을 선정하여 이들을 중점 관리함으로써 통제한다.

2) LOB에서 사용되는 도표

① 목적도표(objective chart : 목표도표)는 계획생산량을 일정에 맞추어 누적곡선으로 표시한 다음, 생산실적을 누적곡선으로 그려가면서 계획과 실적을 비교하는 도표이다.

② 생산계획도표(production plan chart : 작업도표)는 조립품과 구성품의 가공순서를 일정에 맞추어 나타낸 조립도표로, 각 구성품의 조달기간을 알 수 있게 해준다.

③ 진도도표(progress chart)는 생산계획도표상에 표시된 통제점별로 각 구성품의 계획량과 실제의 진도를 나타내는 도표이다.

● 도표 7-8 LOB에서 사용되는 도표

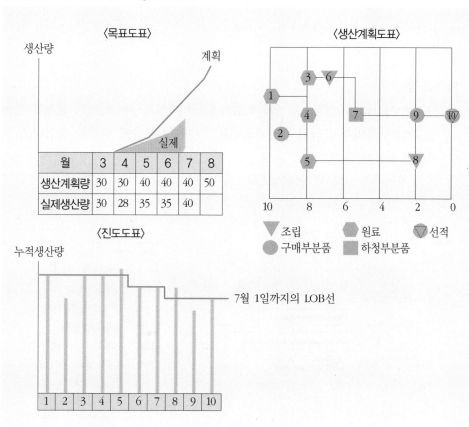

3) 적용절차

① 예상수요량(계획생산량)과 누적수요량, 생산실적량(납품실적량)과 누적실적량을 확인하여 목적도표를 작성한다.

② 통제점의 선정과 제조소요시간의 확인 : 통제점을 선정하고, 생산품입고목표일을 기점으로 역산하여, 각 통제점에서 목표일까지의 제조소요시간을 나타내는 작업도표를 작성한다.

③ 진도도표 작성 : 검토일 현재의 LOB(통제점별 계획량) 라인을 작성하고 생산실적량과 비교분석하여 지체가 발생한 작업장과 원인을 규명한다.

④ 조치 : 지체가 발생한 작업장을 집중적으로 관리함으로써 적은 비용으로 효율적인 일정관리를 수행한다.

2. 간트도표 : Gantt

1) 의 의

① 간트도표(Gantt chart)란 계획된 작업량과 실제로 달성한 작업량을 동일도표상에 시일과 관련하여 횡선으로 표시하여, 계획과 통제기능을 아울러 수행할 수 있도록 한 막대도표이다.

② 기계기록도표, 작업자기록도표, 작업할당도표, 기계부하도표, 작업진도도표 등이 있다.

2) 장 점

① 작업을 시간적·수량적으로 일목요연하게 표시하므로 작업계획과 실적의 계속적 파악이 용이하고 작업의 지체요인을 규명하여 다음에 연결된 작업의 일정조정에 활용할 수 있다.

② 또한 작업자별·부문별 업무성과의 객관적 상호비교가 가능하다.

● 도표 7-9 간트도표에 의한 일정통제

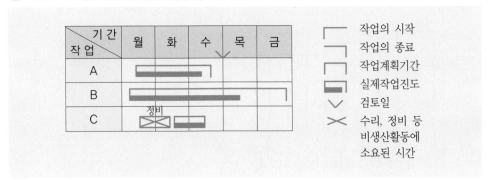

3) 단 점

① 계획변경에 대한 적응이 어렵고, 복잡한 일정계획의 수립이 불가능하며, 일정을 중점적으로 관리하기가 곤란하다.

② 작업상호간의 유기적 관련성 파악이 어려우며, 사전예측 및 사후통제가 곤란하다.

3. SIS(Short Interval Scheduling : 단기간 일정법)

1) 의 의

① 작업자와 작업장의 업무를 효과적으로 결합시키고, 그때그때 일어나는 변동을 짧은 기간을 토대로 하여 분석 검토함으로써 사전 또는 동시통제가 가능하도록 일정계획과 결과를 효율적으로 일치시키려는 통제기법이다.

② SIS는 한 작업장의 일은 한 작업자에게 맡기며 사전에 작성된 작업량을 특정한 짧은 시간(30분 또는 60분)을 기준으로 책정하여 작업자에게 할당함으로써 목표관리가 이루어지게 한다.

③ 또한 결과의 평가를 규칙적으로 실시하여 변화에 대한 대책을 마련한다.

2) SIS제도의 효과

① 제품재고와 재공품재고를 균형있게 유지할 수 있고 납기준수율이 높아지며, 인원 및 원자재계획의 정확성이 높아진다.

② 작업자에 대한 감독과 능률자극의 효과가 커진다.

③ 표준에 대한 작업측정이 문제공정 기준으로 이루어질 수 있어 전체 공정에 대한 감독이 용이하다.

④ 문제점의 재빠른 분석과 조치가 가능하다.

> **◐ 참 고**
>
> **투입-산출통제(input-output control)**
> 생산통제를 위한 방법으로 투입-산출통제란 작업장의 투입과 산출간의 관계를 관리하는 것이다.
> ① 투입이 너무 적으면 인력 및 기계의 가동률 저하, 낮은 재공품 재고 및 빠른 고객서비스를 가져온다.
> ② 반대로 투입이 너무 많으면 높은 재공품 재고, 긴 고객납품시간 및 높은 가동률을 초래한다.
> 따라서 투입-산출통제에서는 산출률과 가용생산능력을 고려하면서 투입을 적절하게 통제해야 한다.

7.7 서비스업의 일정계획

1. 서비스업의 특징과 주요과제

(1) 특 징

1) 서비스업은 서비스를 보관할 수 없기 때문에 수요와 공급의 균형이 특히 중요하다.

2) 서비스 수요가 공급을 초과할 경우 제한된 서비스 공급자원을 이용하여 최대한 고객을 만족시키는 것이 중요하다.

3) 반면 공급이 수요를 초과하는 경우는 서비스공급과잉으로 인한 비용을 감수해야 한다.

(2) 주요과제

서비스업에서는 서비스 수요를 조절하는 방법과 공급을 조절하는 방법을 통해 수요와 공급의 균형을 이루고자 한다.

1) 서비스수요의 조절을 위한 방법들로는 약속시스템, 예약시스템, 납품연기(backlog) 및 전략적 가격정책 등이 있다.

2) 서비스 공급의 조절을 위한 방법 중 노동력의 일정계획기법으로 고정일정계획(fixed schedule)과 순환일정계획(rotating schedule)이 있다. → 대개의 경우 작업자들에게 동등한 기회를 주기 위해 순환일정계획을 사용한다.

01 병목작업장(bottle work station) 위주의 흐름관리를 주요 내용으로 하는 생산관리 시스템
은?

('96. CPA)

① MRP Ⅰ 시스템　　　　　　② OPT(optimized production technology)시스템

③ 간판(Kanban)시스템　　　　④ CALS

⑤ MRP Ⅱ 시스템

✎ 해설　② OPT는 개별생산의 일정관리용 컴퓨터프로그램으로 유한부하를 전제로 한 공수계획에 의해서 애로공정
(=병목작업장 ; bottle work station)을 중심으로 관리한다.

①, ③, ⑤는 재고관리 시스템

④ CALS란 제품의 설계, 기술개발, 제조, 유지보수에 이르기까지의 모든 데이터를 디지털화·표준화하여 거
래 당사자간에 실시간으로 정보를 주고 받을 수 있도록 하는 통합정보시스템이다.

초기에는 미 국방성의 물류관리상 내부업무효율화를 위해 시작되었으나, 최근에는 제품의 전체 수명주기
에 걸친 모든 활동을 총체적으로 관리하여 생산공정단축, 비용절감, 생산성향상을 달성하려는 개념으로
재정립되고 있다.

CALS의 변천과정은 다음과 같다.

ⅰ) computer aided logistics support(컴퓨터지원 군수물자 유통)

ⅱ) computer aided acquisition & logistics support(컴퓨터지원 물자획득 및 유통)

ⅲ) computer aided acquisition & life cycle support(컴퓨터지원 물자획득 및 수명주기 관리)

ⅳ) computer at light speed(광속의 상거래 ; 초고속 통신망을 이용한 전자상거래)

정답　1 ②

01 공정관리의 단계에 대한 설명 중 옳지 않은 것은?

① 공수계획은 부하와 작업능력을 비교하여 조정하려는 것으로 부하와 능력의 비교는 화폐가치로 환산하여 실시한다.

② 한 생산라인에서 한 제품만 생산할 경우 일정계획문제는 발생하지 않는다.

③ 롯트생산방식에서는 제품의 종류에 따른 라인변경문제를 고려해야 한다.

④ 단속공정의 경우 일정계획 전에 부하할당과 작업순서결정단계가 필요하다.

⑤ 전진부하할당의 경우 납기일을 초과하여 할당할 수도 있다.

✎ 해설 ① 부하와 능력의 비교는 기계시간이나 사람시간(man hour)을 이용한다.

02 일정계획에 대한 설명으로 옳지 않은 것은?

① 작업장이 한 개인 경우 작업배정규칙을 이용하여 작업순서를 결정한다.

② 일정계획은 주문의 납기 내 생산, 기계가동률의 극대화, 공정재고나 잔업축소를 통하여 생산비용을 최소화시키고자 한다.

③ 서비스업의 경우 일정관리를 위해 약속시스템, 예약시스템, 납품연기 등을 이용한다.

④ 작업장이 두 개 이상인 경우 존슨법과 잭슨법을 이용하여 작업순서를 결정한다.

⑤ 투입-산출통제를 하는 경우 무리하게 많은 투입보다는 추후납품이나 주문거절을 통한 투입통제를 더 선호한다.

✎ 해설 ④ 존슨법, 잭슨법은 작업장이 2개인 경우 사용한다.

03 배취(batch)생산시스템의 일정계획 수립시의 고려사항은?

① 생산라인 간의 균형

② 주문별 공정관리

③ 경제적 생산롯트, 제품의 생산순서 결정

④ 작업순위의 결정 및 할당

⑤ 배취의 크기, 배취 간의 균형

정답 1 ① 2 ④ 3 ③

04 배취생산시스템하에서의 생산순위 결정에 사용되는 일정계획기법이 아닌 것은?

① 재고소진기간법   ② 선형계획법   ③ Johnson법

④ 지수법   ⑤ RT법

05 다음 중 일정계획을 평가하는 데 사용되는 성과지표가 아닌 것은?

① 평균처리시간   ② 작업자수   ③ 시스템내 평균작업수

④ 유휴시간   ⑤ 지연작업비율

06 다음 중 긴급률법을 이용한 작업순위 결정에 대한 설명으로 옳지 않은 것은?

① 잔여작업일수에 대한 잔여납기일수의 비율에 의해 작업을 배정하는 방법이다.

② 작업상황에 변동이 있을 경우 일정 조정이 쉽다.

③ 주문생산과 재고생산을 같은 방식으로 취급한다.

④ 동태적인 우선순위 규칙이다.

⑤ 긴급률이 높은 작업에 우선순위를 부여한다.

07 작업배정규칙과 관련된 다음의 설명 중 옳지 않은 것은?

① 최소작업시간 규칙은 평균완료시간과 시스템 내 평균작업수의 기준에서 볼 때 가장 우수한 규칙이다.

② 선착순 규칙은 고객에 대한 공정성 면에서 가장 좋은 규칙이다.

③ 흐름시간이란 각 작업이 완료될 때까지 작업장에서 보낸 총시간을 의미한다.

④ 흐름시간은 대기시간과 처리시간을 합한 개념이다.

⑤ 다수의 작업장을 거치는 경우 긴급률 규칙과 잔여작업당 최소여유시간 규칙은 효율성 측면에서 가장 좋은 규칙이다.

✏ 해설 ①, ③, ④ 최소작업시간규칙은 처리시간이 짧은 순서대로 작업순서를 결정하기 때문에 작업의 총대기시간을 최소화한다. 그리고 총흐름시간은 총대기시간과 총처리시간의 합계이고, 총처리시간은 어떠한 작업순서에도 관계없이 일정하므로 총대기시간의 최소화는 곧 총흐름시간의 최소화를 의미한다. 작업의 수와 총처리시간은 작업순서에 관계없이 일정하므로 총흐름시간이 최소화되면 평균완료시간과 시스템 내 평균작업수가 최소화된다. 따라서 한 개의 작업장을 거치는 문제의 경우, 최소작업시간규칙은 평균완료시간과 시스템내 평균작업수의 기준에서 볼 때 가장 우수한 규칙이다. 평균완료시간과 시스템 내 평균작업수가 최소화되면 재공품재고와 작업정체가 최소가 되고, 작업장이 덜 혼잡해지며, 고객에게 평균적으로 가장 빠른 서비스를 재공하게 된다.
② 선착순규칙은 공정성 측면에서 가장 좋은 규칙이기 때문에 서비스시스템에서 널리 이용된다.
⑤ 다수의 작업이 다수의 작업장을 거치는 일반적인 경우에는 우선순위규칙에 근거하여 동태적으로 대기 중인 작업 중 다음 작업대상을 선택해 나간다. 이 경우 효율성의 측면에서는 최소작업시간규칙이 가장 좋고, 납기관련 평가기준에서는 잔여작업당 최소여유시간규칙과 긴급률규칙이 가장 좋다.

08 다음과 같은 두 개의 작업과정으로 구성되어 있는 업무들을 두 개의 기계에 할당할 때 존슨법에 의해 작업의 순서를 정하라.

	업무 갑	업무 을	업무 병	업무 정
선작업 소요시간	10	7	8	13
후작업 소요시간	12	4	9	14

① 갑–을–병–정   ② 을–병–갑–정   ③ 병–갑–정–을
④ 을–정–갑–병   ⑤ 정–을–병–갑

✏ 해설 1) 가장 짧은 시간 4(을)는 후작업이므로 맨 뒤에 배정
2) 다음으로 짧은 시간 8(병)은 선작업이므로 맨 앞에 배정
3) 다음으로 짧은 시간 10(갑)은 선작업이므로 병 다음에 배정

∴ | 병 | 갑 | 정 | 을 |

09 두 개의 작업장에서 처리되는 작업들의 작업시간이 다음과 같을 때 존슨법을 이용하여 작업순서를 결정하면 총작업진행시간과 선작업장의 활용도는 각각 얼마인가?

	A작업	B작업	C작업	D작업	E작업	F작업
선작업장	30	30	60	20	35	45
후작업장	45	15	40	25	32	70

① 175시간, 90.25%   ② 252시간, 87.3%   ③ 230시간, 89.5%
④ 258시간, 80.3%   ⑤ 247시간, 85.03%

✏ 해설 1) 존슨법에 의한 작업순서 : | D | A | F | C | E | B |

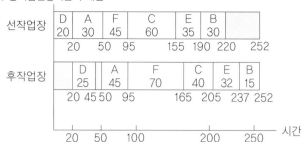

2) 총작업진행시간의 계산

선작업장	D 20	A 30	F 45	C 60	E 35	B 30	

20   50   95   155 190 220   252

작업장 활용도(%)

$$\frac{252-32}{252} \times 100 = 87.3\%$$

후작업장		D 25	A 45	F 70	C 40	E 32	B 15

20 45 50   95   165 205 237 252

$$\frac{252-25}{252} \times 100 = 90.08\%$$

시간

20   50   100   200   250

---

10 일정계획 및 통제의 기법 중 LOB기법에 대한 설명으로 옳지 않은 것은?

① 연속생산공정을 대상으로 한 일정계획 및 통제기법이다.

② 공정 전체를 완성품의 수량을 기준으로 통제하는 현대적 기법이다.

③ 시간적인 흐름에 따라서 부품이나 반제품에 대한 수량을 계획하므로 MRP기법과 공통점이 있다.

④ 목표를 달성하지 못한 작업장을 중점적으로 관리한다.

⑤ 성공적인 LOB를 위해서는 각 통제점(check point)의 제조소요시간을 정확히 알고 있어야 한다.

✎ 해설   ② LOB기법은 공정 전체를 중점관리가 요구되는 다수의 통제점으로 나누어 통제한다. 그러므로 최종완성품의 수량만으로 통제하는 전통적 기법의 모순을 개선한 기법이다.

---

11 Gantt chart에 대한 설명으로 옳지 않은 것은?

① 개별작업을 시간적·수량적으로 알기 쉽게 표시하여 계속적으로 작업의 계획과 실적을 파악할 수 있게 한다.

② 확률적 분석이 가능하여 일정계획의 변동에 신축적으로 대응할 수 있다.

③ Gantt chart를 통해 할당된 부하, 작업진도, 실제작업시간, 작업지연상태 등을 알 수 있다.

④ 작업 상호간의 유기적인 관련성을 파악하기 어렵다.

⑤ 작업자별·부문별 업무성과를 객관적으로 비교·평가할 수 있다.

✎ 해설   ② Gantt chart는 일정계획변동에 신축대응이 결여되어 있으며 확률적 분석도 불가능하다.

---

12 작업자와 작업장의 업무를 효과적으로 결합시키고, 짧은 기간 동안의 변동을 토대로 분석검토함으로써 사전 또는 동시통제가 가능하도록 일정계획과 결과를 일치시키려는 기법은?

① Gantt chart   ② SIS   ③ LOB   ④ RT   ⑤ PERT-CPM

✎ 해설   ② SIS(Short Interval Scheduling)는 단기간 일정법이다.

정답   10 ②   11 ②   12 ②

제8장 ■ 재고관리 및 설비보존관리

8.1 재고관리의 기초개념

◈ 재고목적의 상충
판매부서에서는 고객의 서비스 수준을 높이기 위해, 많은 재고를 원하지만 창고부서에서는 각종 비용절감을 위해 적은 재고를 원한다.
또한 재무부문은 자본투자를 줄이기 위해 낮은 재고를 원하지만, 생산부문은 원활한 생산과 고용수준의 안정을 위해 적절한 재고수준을 원한다.

1. 재고의 역할

재고(inventory)는 계획의 오차, 수요와 공급의 예상치 못한 불규칙적 변동 등에 대처하게 하고 생산활동과 판매활동을 원활하게 한다.

2. 재고관리

1) 재고관리(inventory management)의 목표는 **총재고비용**(재고유지비＋주문비(준비비))＋재고부족비)을 최소화하는 데 있다.

2) 재고관리의 기본문제는 1회 주문량(생산량), 주문(생산)시점, 재고수준을 결정하는 것이다.

3. 재고관리와 관련된 비용

1) 재고유지비

① 재고유지비(C : carrying cost)는 재고를 보관·유지함에 따라 발생하는 비용(보관비, 보험료 등)을 말한다.

② 재고량이 늘어날수록 재고유지비도 비례해서 증가하며(**변동비적 성격**), 단위시간당 1단위의 재고를 보유하는 데 소요되는 비용으로 표시한다.

2) 주문비 or 생산준비비(set-up cost)

① 주문비(O : ordering cost)는 재고의 보충에 소요되는 비용(청구비, 수송비, 검사비, 하역비 등) 또는 재고를 확보하기까지의 활동과 관련되어 발생하는 비용을 말한다.

② 주문량에 관계없이 1회 주문당 주문비는 일정하다(**고정비적 성격**).

① 생산준비비↑ → 품종변경↓ → 대롯트생산 → 재고↑
② 생산준비비↓ → 품종변경↑ → 소롯트생산 → 재고↓

3) 재고부족비 : 고갈비

① 재고부족비(shortage cost)는 재고를 보유하지 못함으로써 발생하는 비용(판매기회의 상실, 고객들의 불신, 생산기회의 차질 등에 의한 손실)을 말한다.

② 재고량이 늘어나면 재고부족비는 줄어들게 된다.

③ 재고부족비는 추후납품이 허용될 경우에는 지연벌과금, 신용상실 등의 추후납품비용(backlogging cost)이 발생하고, 추후납품이 허용되지 않을 경우에는 모든 기회비용을 포함한 품절비용(stock-out cost)이 발생한다.

4. 재고관리모형

1) 고정주문량모형(fixed order quantity model) = 정량발주시스템, 주문점방식(order point system), 지속적 재고시스템(perpetual inventory system), 계속실사시스템(continuous review system), Q system

① 경제적 주문량(EOQ : economic order quantity)모형

② 경제적 생산량(EPQ : economic production quantity)모형

③ 투빈시스템(two-bin system)

④ 단일기간 재고모형(single period model)

2) 고정주문기간모형(fixed order interval model) = 정기발주시스템, 정기실사시스템(periodic review system), P system

3) 절충모형 : Min-Max system(= s, S system)

◈ 고정주문량모형은 '사건 위주'이고, 고정주문기간모형은 '시간 위주'이다.

('92 CPA)
★ 출제 Point
재고관리모형의 분류

● 도표 8-1 기본적(고전적) 재고관리 모형의 분류

	고정주문량모형	고정주문기간모형
확정적 모형	I	II
확률적 모형	III	IV

4) 기 타

① ABC관리법,

② 자재소요계획(MRP),

③ 적시관리시스템(JIT)

8.2 고정주문량모형(Q system)

1. 경제적 주문량(EOQ)모형 : Harris : 확정적 모형

1) EOQ모형의 가정

① 분석기간 중 재고에 대한 수요는 확실하며, 재고의 사용률(d)이 일정하다.

🔵 도표 8-2 경제적 주문량모형

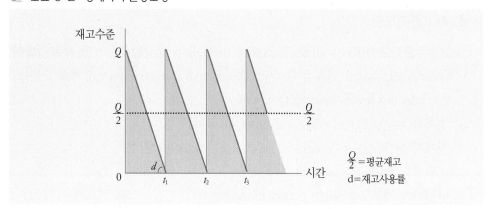

('91, '92, '94 CPA)
★ 출제 Point
EOQ모형의 가정 및 기본개념

🔵 도표 8-3 주문량크기와 각 비용의 관계

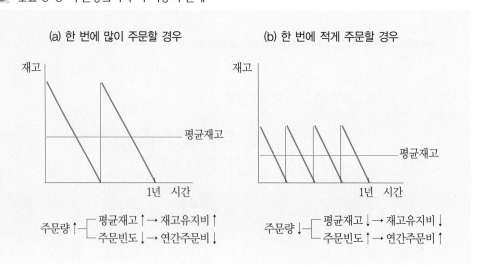

● 도표 8-4 경제적 주문량과 재고관리비용

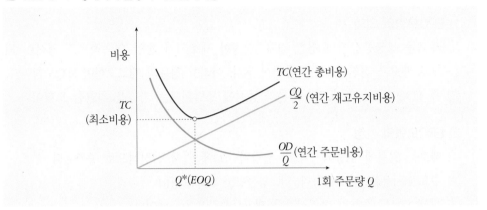

◈ 재고유지비는 1회 주문량과 선형관계이다.
◈ 주문비는 1회 주문량과 비선형적이며 반비례 관계이다.
◈ 총비용은 U자형이며, EOQ 부근에서 상대적으로 평평하다.

② 재주문은 재고가 0일 때에만 가능하며, 재고는 주문과 동시에 조달된다.
　　→ 즉, 조달기간(lead time)이 0이며, 재고부족비가 없다.

◈ 조달기간
주문을 해서 실제 물건을 받을 때까지 걸리는 시간

③ 1회 주문비는 주문량의 크기와 관계없이 일정하며, 재고유지비는 재고수준에 비례한다.

④ 단일품목만 고려하고, 수량할인은 없다고 가정한다.

　　※주의 : 재고조달기간이 존재하되 일정하다는 가정을 추가하면, 주요결정사항은 재주문점(R)과 주문량(Q)이 된다.

2) 경제적 주문량의 결정

경제적 주문량(EOQ)은 총재고비용을 최소화시키는 1회 주문량을 말한다.

(2004 CPA)
★ 출제 Point
EOQ 모형의 목표

① **총재고비용 = 연간 주문비 + 연간 재고유지비** ← 재고부족비 없음

　　ⓐ 연간 주문비 = $O\dfrac{D}{Q}$

　　　　단, O = 1회 주문비, 　　　D = 연간 재고수요량
　　　　Q = 1회 주문량, 　　D/Q = 연간 주문횟수

　　ⓑ 연간 재고유지비 = $C\dfrac{Q}{2}$

　　　　단, C = 단위당 연간 재고유지비, $Q/2$ = 평균재고량

　　ⓒ 총재고비용(TC)

　　　　$TC = O\dfrac{D}{Q} + C\dfrac{Q}{2}$

◈ 총비용 구하는 다른 공식
$TC = \sqrt{2ODC}$

② **경제적 주문량**

경제적 주문량은 연간 총비용 TC를 최소화하는 주문량(Q)이므로 TC를 Q에 대해 미분한 뒤 0으로 놓고 Q에 대해서 풀면 다음과 같이 구해진다.

$$Q^* = \sqrt{\dfrac{2OD}{C}}$$

(2000 CPA)
★ 출제 Point
EOQ의 계산

(2007 CPA)
★ 출제 Point
EOQ 공식의 이해

2. 경제적 생산량(EPQ)모형

1) EPQ모형의 의의
① 재고를 생산공장에 요청할 경우, 일정한 제조기간 동안 연속적으로 생산이 되므로 재고가 점진적으로 보충되게 된다. 이러한 경우의 재고모형이 EPQ모형이다.
② 즉, EOQ모형에서 재고가 주문과 동시에 조달된다는 가정을 완화한 모형이다.

2) EPQ모형의 가정
① 재고는 일시에 보충되지 않고 일정기간(t_p)에 걸쳐 점진적으로 증가된다.
② 수요량(사용률)은 일정하다. 단, 생산량(p) > 수요량(d)
③ 생산기간(t_p) 동안의 단위시간당 재고보충량은 ($p-d$)이다.
④ 최대재고수준(Q') : $Q' = Q - d \cdot t_p$

📌 도표 8-5 경제적 생산량 모형의 재고수준

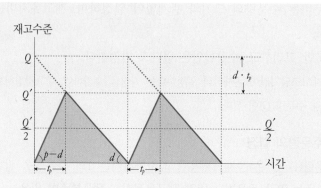

단, d=1일 재고수요량, p=1일 생산량, t_p=주문품 확보에 소요되는 시간

3) 경제적 생산량의 결정
경제적 생산량(EPQ)은 총재고비용을 최소화시키는 1회 생산량을 말한다.
① **총재고비용 = 연간 준비비 + 연간 재고유지비**

    ⓐ 연간 준비비 = $O\dfrac{D}{Q}$

        단, O = 1회 준비비, D = 연간 재고수요량
              Q = 1회 생산량, D/Q = 연간 생산횟수

    ⓑ 연간재고유지비 = $C\dfrac{Q'}{2}$ = $C\dfrac{Q}{2} \times \dfrac{p-d}{p}$

        단, C = 단위당 연간 재고유지비, $Q'/2$ = 평균재고량
        ※ $Q' = Q - d \cdot t_p = p \cdot t_p - d \cdot t_p = (p-d)t_p = (p-d)(Q/p)$

◈ 총비용 구하는 다른 공식
$TC = \sqrt{2ODC\left(\dfrac{p-d}{p}\right)}$

    ⓒ 총재고비용(TC)

$$TC = O\frac{D}{Q} + C\frac{Q}{2} \times \left(\frac{p-d}{p}\right)$$

② 경제적 생산량

EOQ모형에서와 같이 *TC*를 Q에 대해 미분한 다음 0으로 놓고 Q에 대해 풀면 다음과 같다.

$$Q = \sqrt{\frac{2OD}{C} \times \frac{p}{(p-d)}}$$

단, $p > (p-d)$이므로 $EPQ > EOQ$

3. 투빈시스템

1) 투빈시스템(two-bin system)이란 재고를 2개의 용기(bin)에 나누어 놓고 한 용기의 재고를 모두 사용하면 주문을 하고, 조달기간 동안에는 다른 용기의 재고를 사용하는 과정을 차례로 반복하는 재고관리기법이다.

2) 소매점이나 백화점에서 많이 사용된다.

3) 제조업체에서는 볼트나 너트와 같이 수량이 많고, 부피가 적은 저가품의 관리에 이용된다.

4. 단일기간재고모형

1) 의 의

단일기간재고모형(single period model)은 수요가 1회적이며 수명이 짧은 1회성 재고의 주문량(또는 생산량)을 결정하는 모형으로 '신문판매원문제(newsboy problem)'로 불리기도 한다.

(2004, 2008 CPA)
★ 출제 Point
단일기간재고모형의
가정 및 주요문제

◈ 신문판매원 문제
리드타임이 판매기간보다
길어서 예상밖의 높은 수
요가 발생해도 재주문을
할 수 없는 경우를 말한다.

> **Key Point**
>
> 단일기간재고모형과 달리 EOQ모형이나 EPQ모형은 연속수요를 전제로 하는 연속기간재고모형 (multi-period model))이다.

2) 적용분야

단일기간재고모형은 식료품 등의 부패성 물품이나 유행성 제품, 크리스마스 트리, 신문, 잡지처럼 사용기간이 제한된 물건의 관리에 주로 이용된다.

◈ 단일기간재고모형에서
는 주문이 1회밖에 없고
재고기간이 짧기 때문에,
주문비와 재고유지비는 중
요하지 않다.

◈ 단일기간재고모형은 각
수요별, 구매량별 이익을
보여주는 보상행렬(Payoff
Matrix)을 이용하여 최적의
주문량을 구할 수 있다.

3) 관리상의 주요문제

① '주문량 < 수요량' → 재고부족비(C_s : shortage cost) : 품절로 인한 기회손실

② '주문량 > 수요량' → 재고과잉비(C_e : excess cost) : 잉여재고로 인한 손실

③ 단일기간재고모형의 핵심은 재고부족비와 재고과잉비의 합이 최소가 되는 주문량 또는 재고수준을 결정하는 것이다.

4) 단일기간재고모형하의 서비스수준

① 재고부족비(C_s) = 단위당 수익 − 단위당 비용

② 재고과잉비(C_e) = 단위당 구매비용 − 단위당 잔여가치

③ 서비스 수준(SL) : 서비스 수준은 수요가 재고수준을 초과하지 않을 가능성을 의미한다.

$$SL = \frac{C_s}{C_s + C_e}$$

● 도표 8-6 단일기간 재고모형하의 서비스 수준

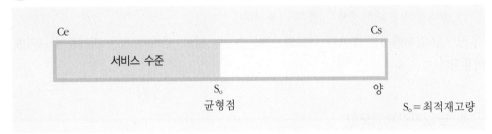

Key Point ▶ 단일 기간재고모형의 응용분야

① 단일기간 의사결정문제는 제조부문에서도 일어난다. 즉, 고객주문품을 생산할 때, 이 제품이 특수품목이라면, 똑같은 제품을 다시 주문받는 경우는 없을 것이므로 1회 생산하고자 하며, 대개는 불량품이 발생할 가능성을 고려하여 주문량보다 약간 많이 생산하게 된다.
② 불량으로 버려지는 양이 많을 경우에도 이 모형을 적용할 수 있다.

5. 재고모형의 일반화

1) 수량할인의 고려시

구입단가가 주문량의 크기와 관계없이 항상 일정한 기본적인 EOQ모형과는 달리 수량할인이 있는 경우에는 구입단가가 주문량의 크기에 따라 달라지므로 연간 총비용의 계산에 연간 구입비용이 포함되어야 한다.

$$TC(\text{총비용}) = \frac{Q}{2}C + \frac{D}{Q}O + D \cdot p \quad (\text{단, } D \cdot p = \text{연간 구매원가})$$

○ 참 고

재고유지비용의 많은 부분을 차지하고 있는 것은 재고에 묶인 자본의 기회비용이므로, 연간 단위당 재고유지비용도 구입단가에 따라 달라지게 된다. 따라서 수량할인이 있는 경우의 연간 단위당 재고유지비용은 보통 구입단가의 몇 %로 표시된다.

 예제 8-1

Joy회사는 최근 거래처로부터 부품의 대량구입시 다음과 같이 할인을 해 주겠다는 제안을 받았다. Joy회사의 연간 수요는 5,000개, 단위당 주문비용은 49원, 단위당 재고유지비용은 연간 단위당 가격의 20%이다. 이 때 최적주문량은?

1회 주문량	단위당 가격(p)
1 ~ 999개	5.00
1,000 ~ 2,499개	4.85
2,500개 이상	4.75

◦━ 해답

1) 각 구간별 EOQ 계산 및 가능한 EOQ로의 조정

$$Q_1^* = \sqrt{\frac{2 \times 5,000 \times 49}{5 \times 0.2}} = 700$$

$$Q_2^* = \sqrt{\frac{2 \times 5,000 \times 49}{4.85 \times 0.2}} = 711$$

$$Q_3^* = \sqrt{\frac{2 \times 5,000 \times 49}{4.75 \times 0.2}} = 718$$

이 때 Q_2^*와 Q_3^*는 가능한 영역 내가 아니므로 가장 가까운 1,000개와 2,500개를 구간별 EOQ로 정한다.

2) $TC = \dfrac{Q}{2}C + \dfrac{D}{Q}O + D \cdot p$

위에서 세번째 항이 있는 이유는 각 범주별로 단위당 구입가격이 다르므로 이것도 포함해서 비교해야 하기 때문이다.

주문량(Q)	단위당 가격(p)	(a) 연간 재고 비용 $(\frac{Q}{2})C$	(b) 연간 주문 비용 $(\frac{D}{Q})O$	(c) 연간 구매 비용 $(D \cdot p)$	연간 총비용 (a + b + c)
700	5.00	350	350	25,000	25,700
1,000	4.85	485	245	24,250	24,980[*]
2,500	4.75	1,188	98	23,750	25,036

3) 최적주문량은 연간 총비용이 최소인 1,000개이다.

● 도표 8-7 수량할인이 있는 경우의 총구입비용(D · p)과 연간 총비용(TC)

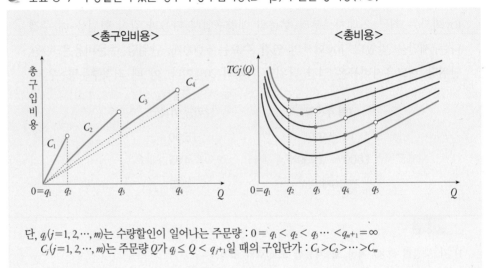

단, $q_j (j=1, 2, \cdots, m)$는 수량할인이 일어나는 주문량 : $0 = q_1 < q_2 < q_3 \cdots < q_{m+1} = \infty$
$C_j (j=1, 2, \cdots, m)$는 주문량 Q가 $q_j \leq Q < q_{j+1}$일 때의 구입단가 : $C_1 > C_2 > \cdots > C_m$

2) 재고부족비의 고려

① 현실적으로는 모든 수요를 즉시 다 충족시키기 위해 너무 많은 재고를 보유하는 것보다 차라리 어느 정도의 비용을 감수하더라도 **추후납품**, 즉 부($-$)의 재고를 허용하는 편이 더 경제적일 수가 있다.

② 이 경우 재고부족으로 미충족된 수요, 즉 부($-$)의 재고는 주문한 양이 도착하는 대로 우선적으로 충족되며 나머지 양은 미래수요를 위해 재고로 남게 된다.

③ 추후납품에 의한 재고부족이 허용되는 경제적 주문량모형(EOQ model with backlogging)은 [도표 8-8]과 같다.

도표 8-8 재고부족(추후납품)이 허용되는 경제적 주문량 모형

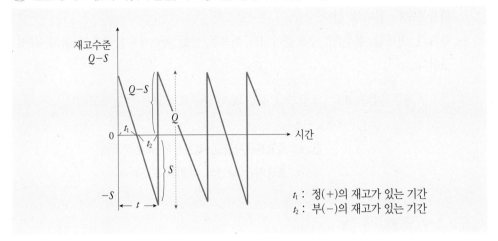

◈ 재고부족이 허용되는 경우의 최대재고수준은 Q-S가 되며 평균재고 수준은 $\frac{Q-S}{2}$ 이하가 된다. 왜냐하면 t_2기간 동안에는 실질적으로 재고가 없기 때문이다. 그러므로 일반 모형보다 총재고유지비용은 감소하나 추후납품비용이 발생한다.

3) 민감도 분석
① EOQ모형은 재고유지비와 주문비의 작은 변동에는 별로 민감하지 않다.
② 그러므로 각 비용이 true value에 근사하게 추정되었다면, 진정한 최소비용을 실현하는 주문량을 구할 수 있다.

4) 조달기간(lead time), 수요율 등의 불확실성 고려 : 확률적 재고모형
(2002 CPA)
★ 출제 Point
안전재고의 특성

① 수요가 확률적으로 발생할 경우 재고부족(품절)을 방지하기 위해 안전재고(B)를 유지해야 한다.
② 확률적 고정주문량 모형에서도 주요결정변수는 주문량(Q)과 재주문점(R)이 된다.
③ 1회 주문량 Q는 확정적 EOQ 공식에서 연간수요 D 대신 연평균수요 $\bar{D}$를 사용하여 구한다.

$$Q = \sqrt{\frac{2O\bar{D}}{C}}$$

④ 재주문점 R은 품절비용(stockout cost)이나 품절확률에 근거해서 구한다.
⑤ 품절확률은 서비스수준(service level)의 크기에 따라 달라지는데, 서비스수준이란 고객의 수요가 재고로부터 바로 충족될 확률(또는 수요가 공급을 초과하지 않을 확률)을 의미한다.

◈ 서비스수준이 85%라는 것은 조달기간 동안 수요가 공급을 초과하지 않을 가능성이 85%라는 뜻이다.

품절확률 = 1 - 서비스수준

⑥ 고정주문량모형에서는 재주문점(R)에 도달하면 주문을 하게 되는데, 일반적으로 R은 0보다 크므로 품절이 발생할 수 있는 기간은 조달기간 동안만이다.

◈ 수요가 일정할 경우
ROP = d × L
단, d : 수요율, L : 조달기간

(2008 CPA)
★ 출제 Point
불확실성하의 재주문점
및 안전재고 결정

⑦ 따라서 서비스 수준을 만족시킬 R을 결정하기 위해서는 조달기간 중의 수요의 확률분포를 알아야 한다.

⑧ 수요가 변동할 경우(단, 수요율이 정규분포를 이룰 때) 재주문점은 다음과 같이 구한다.

$$재주문점(ROP) = 조달기간 \ 동안의 \ 평균수요량(\mu) + 안전재고(B)$$
$$= \mu + z \cdot \sigma$$

단, z : 재고부족확률(α) 하에서의 표준정규변수
σ : 조달기간 동안의 수요의 표준편차

🌑 도표 8-9 안전재고의 기능

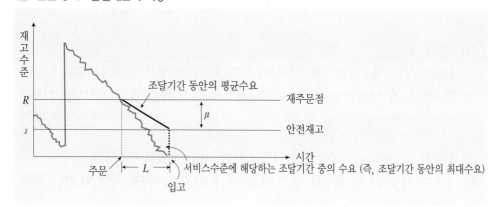

🌑 도표 8-10 조달기간 동안의 수요가 정규분포를 이룰 경우의 재주문점

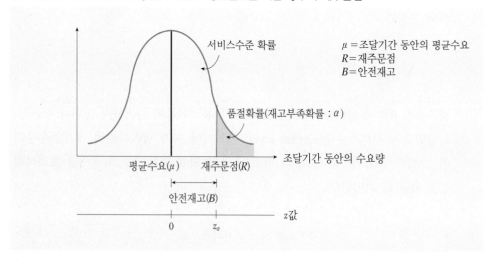

8.3 고정주문기간모형(P system)

1. 의 의

1) 고정주문기간모형은 일정기간마다 不定量(최대재고량－현재의 재고보유량)을 주문하는 방법이다.

2) 고정주문량모형보다 더 많은 안전재고를 유지해야 하므로 높은 재고유지비용이 발생한다.

(2004, 2008 CPA)
★ 출제 Point
고정주문기간모형의 의의 및 특징

◈ 고정주문기간모형에서는 최적주문주기와, 목표(최대)재고수준의 값을 구해야 한다.

2. 주문량(Q) : 주문시마다 변동하는 부정량(不定量)

$$Q = T - I - D_1 + D_0$$

단, T = 미리 정해 놓은 목표(최대)재고수준 = 주문일 사이의 수요량 + 안전 재고,

I = 현재의 재고보유량,

D_1 = 입고되지 않은 기주문량,

D_0 = 미납주문으로 처리된 양

3. 적정 주문주기($\bar{P}$) : 최적발주주기

$$\bar{P} = \frac{경제적\ 주문량}{연간\ 총수요량} = \frac{Q^*}{D} = \sqrt{\frac{2OD}{CD^2}} = \sqrt{\frac{2O}{CD}}$$

$$(\because Q^* = \sqrt{2OD/C})$$

◑ 참 고

확정적 고정주문기간모형

고정주문기간모형에서는 고정된 기간($\bar{P}$)마다 최대재고(T)와 주문시점의 재고(I)의 차이만큼 주문한다. 확실성하에서 만약 매일 수요량이 d로 일정하다면 주문량 Q는 주문주기($\bar{P}$) 동안의 사용량 $\bar{P} \cdot d$로 매회 일정할 것이다. 그러므로 기본적인 EOQ모형과 재고패턴이 같다.

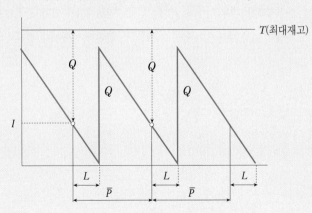

◈ 조달기간(L)이 존재할 경우 재고량은 최대재고(T)수준에 항상 미달하게 되며, 재고량이 최대재고(T) 수준에 도달하는 경우는 조달기간(L)이 0인 경우 뿐이다.

4. 적용분야

('92 CPA)
★ 출제 Point
고정주문기간모형의 적용
분야

(2003 CPA)
★ 출제 Point
고정주문량과 고정주문기
간 모형의 비교

1) 주기적으로 조달되는 물품

2) 여러 물품을 동일한 공급자로부터 공급받는 경우 ① 동시구입에 따른 조달비의
절감, ② 구매절차 간소화 및 기발주문의 사후검토 용이, ③ 가격할인, ④ 수송수단의
이용률 증가의 장점이 있다.

3) 주문기간이 짧은 경우에는 고정주문량모형보다 엄격 : 중요도가 높은 제품에 적
용 가능

4) 계속적으로 재고기록을 하지 않는 값싼 품목

Key Point ▶ 확률적 고정주문기간모형의 특징

① 확률적 고정주문량모형에서는 조달기간 동안만 품절위험이 있으나, 확률적 고정주문기간모형
  에서는 주문주기(P̄)와 조달기간(L) 전체에 걸쳐 위험이 발생한다. 그러므로 고정주문량모형
  에 비해 안전재고가 항상 많이 필요하다.
② 확률적 고정주문기간모형에서는 주문주기의 결정시 D 대신 연간평균수요 D̄를 대입한다.

🌑 도표 8-11 고정주문량 모형과 고정주문기간 모형의 비교

비교사항	고정주문량 모형	고정주문기간 모형
주문시점	재고량이 재주문점에 이르렀을 때 주문한다. → 부정기적	미리 정한 주문시점에 이르렀을 때 주문한다. → 정기적
주 문 량	정량(경제적 주문량)	부정량(최대재고량－현재고)
수요정보	과거의 실적에 의존한다.	장래의 예측정보에 의존한다.
재고조사	계속실사(조사빈도가 품목마다 달라짐 → 품목별 관리로 비용 절감 가능)	정기실사
적용품목	·가격과 중요도가 낮은 품목 ·수요변동의 폭이 작은 품목	·가격과 중요도가 높은 품목(주문기간 짧을 때) ·수요변동의 폭이 큰 품목
안전재고	안전재고가 작다.	안전재고가 크다.
기 타	특정량 이상 주문시 수량할인 가능	관리적 측면에서 편리

도표 8-12 재고관리 모형의 비교(조달기간(L) 존재 및 변동, 수요율의 변동을 가정할 경우)

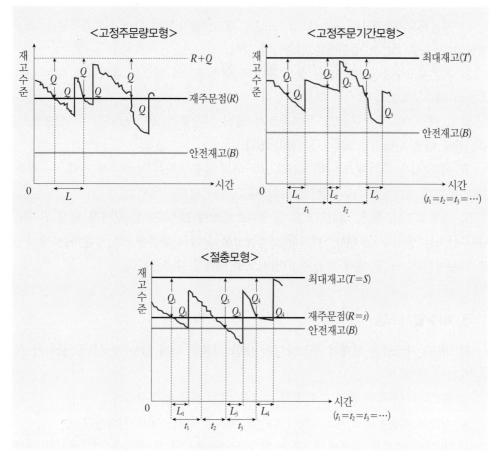

8.4 절충모형

1. Min-Max system = s,S system

1) 고정주문량모형과 고정주문기간모형을 결합한 모형으로 고정주문기간모형에서와 같이 재고수준이 정기적으로 검토되지만, 사전에 결정된 재주문점(R : reorder point) 이하에 이를 때만 주문하는 방법이다.

2) 주문량은 최대재고량(T)에서 현재의 재고보유량(I)을 차감하여 결정하므로 발주량이 고정되지 않는다.

3) 절충모형은 고정주문량모형에 비해 주문량의 계산이 어렵고 주문량이 변하기 때문에 많은 안전재고가 필요하다.

4) s,S시스템은 재고조사비용과 주문비용이 매우 클 때 유용한 기법이다.

◈ s,S모형을 조건적 조사 시스템이라고도 한다.

◈ P시스템과 Q시스템의 특성을 부분적으로 갖고 있는 혼합시스템은 s,S시스템 외에도 기본재고시스템, 비주얼시스템 등이 있다.

제 8 장 재고관리 및 설비보존관리 **451**

2. 기본재고시스템

1) 기본재고시스템(base-stock system)은 재고인출이 있을 때마다 보충주문을 내는 방식이다. → 그러므로 주문량은 인출량과 같다.

2) 기본재고수준은 리드타임 중의 수요와 안전재고의 합으로 유지하며 이는 Q시스템의 재주문점(R)과 유사한 역할을 한다.

3) 그러나 재고수준은 R로 유지하고자 하되 인출량은 매번 달라질 수 있으므로, 주문량도 매번 달라지게 되는 차이점이 있다.

4) 이 방법은 주기재고는 최소화하고자 하되 주문빈도는 늘어나게 된다. → 그러므로 비행기 엔진처럼 아주 비싼 품목의 재고관리기법으로 쓰인다.

5) 기본재고시스템은 현실적으로 ① P시스템처럼 보충재고를 모아서 일정 간격마다 주문하는 방식과 ② Q시스템처럼 보충재고를 모아서 고정량으로 주문하는 방식으로 나누어진다. → 두 번째 방법은 JIT방식으로 이해할 수 있다.

3. 비주얼시스템

1) 비주얼시스템은 현재의 재고상태에 대한 기록을 하지 않는 방식으로 관리가 쉬운 특징이 있다.

2) 볼트나 너트처럼 저가의 안정적 수요를 가진 품목에 적용된다.

3) 저가의 제품이므로 재고과잉이 있어도 재고유지비는 매우 저렴하다.

4) 비주얼시스템은 최대재고수준을 저장상자에 표시한 후 주기적으로 표시한 곳까지 재고를 높여주는 single-bin방식과 두 저장상자를 이용하는 two-bin방식으로 나눌 수 있다. → 전자는 P시스템, 후자는 Q시스템의 일종이다.

5) two-bin방식의 경우 두 번째 저장상자의 양이 재주문점으로 이해될 수 있다.

8.5 ABC관리법

('92 CPA)
★ 출제 Point
ABC관리법의 정의

(2005 CPA)
★ 출제 Point
ABC관리법의 특징

1) ABC관리법(ABC control method)은 재고자산의 품목이 다양한 경우, 이를 효율적으로 관리하기 위하여 재고의 가치나 중요도에 따라 재고자산의 품목을 분류하고, 차별적으로 관리하는 방법이다.

2) 분류기준은 파레토분석(Pareto analysis)에 의한다. → 즉 재고품목을 연간사용금액(=단가×연간수요)에 따라 A, B, C 세 품목으로 분류할 때 중점관리대상은 가치가 크고 사용량이 적은 A품목이 된다.

3) A품목에 대해서는 재고를 계속적으로 검토하고 기록의 정확성을 기할 수 있는 엄격한(예 Q시스템) 통제방식을 사용한다.

● 도표 8-13 ABC관리법

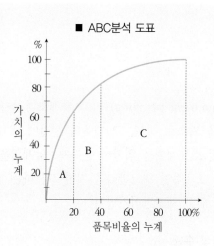

■ ABC분석 도표

■ ABC관리법의 품목별 특징

품 목	내 용	사용량 비율	가치비율
A	가치는 크지만 사용량이 적은 품목	10 ~ 20%	70 ~ 80%
B	가치와 사용량이 중간에 속하는 품목	20 ~ 40%	15 ~ 20%
C	가치는 적지만 사용량이 많은 품목	40 ~ 60%	5 ~ 10%

■ 품목별 관리방법

품 목	관리정도	구매승인	롯트규모	주문주기	안전재고	재고통제시스템
A	정밀관리	최고경영층	소 량	짧 게(주별)	소 량	Q시스템
B	정상관리	중간관리층	중 량	중량(격주·월별)	중 량	s,S시스템
C	대강관리	하위관리층	대 량	길 게(분기별)	대 량	P시스템

◐ 참 고

파레토분석의 유래

　18세기 무렵, 파레토(Vilfedo Pareto)는 이탈리아의 밀라노 시민들을 대상으로 부(富)의 분포에 관한 조사를 하였다. 이 조사에서 밝혀진 것은 불과 20%의 사람들이 전체 부의 80%를 차지하고 있다는 것이었다. 이와 같이 소수가 전체의 대부분을 차지하고 많은 다수가 전체의 미미한 일부밖에 차지하지 못하는 현상을 파레토의 법칙(Pareto principle)이라 한다. 한 기업에서 소수의 중요 제품이 전체 매출액의 대부분을 차지하는 것은 파레토법칙이 성립되는 예이다.

8.6 자재소요계획(MRP) : Orlicky

1. MRP의 기초개념

1) MRP의 의의

① MRP(material requirement planning)란 그 자재보다 높은 계층에 있는 제품의 생산수량 및 일정을 기초로 하여, 그 제품의 생산에 필요한 원재료, 부품 등의 제원료의 소요량 및 소요계획을 역산하여 자재조달계획을 수립하는 것이다.

② 일정관리와 더불어 효율적인 재고관리를 기하고자 하는 방법을 말한다.

③ 종속적인 수요품을 위한 재고관리기법이다.

('92, '98, 2007, 2008 CPA)
★출제 Point
MRP의 기본개념과 종속적 수요

2) 종속적 수요와 독립적 수요

① **종속적 수요**

ⓐ 종속적 수요(dependent demand)란 다른 물품의 수요에 의존하는 수요를 말한다.

ⓑ 즉 자사의 제조공정에 소요되는 원재료나 부분품(재공품)의 수요를 말하며 재고관리는 MRP시스템을 이용한다.

② **독립적 수요**

ⓐ 독립적 수요(independent demand)란 수요가 시장상황에 좌우되며, 작업과는 독립적인 수요를 말한다.

ⓑ 즉 완제품에 대한 수요를 말하며 재고관리는 고정주문량모형, 고정주문기간모형을 이용한다.

◈ 수요의 패턴
① 독립적 수요 : 어떤 기간 동안 계속적으로 발생
② 종속적 수요 : 제품롯트의 생산계획에 따라 일괄적(lumpy)으로 발생

도표 8-14 MRP와 주문점방식의 비교

품 목	MRP	주문점방식
수 요	종속적 수요	독립적 수요
주문철학	요구(requirement)	보충(replenishment)
목 적	제조요구 충족	소비자요구 충족
예 측	대일정계획에 기초	과거수요에 기초
재고형태	재공품, 원자재	완성품
통제개념	모든 품목을 똑같이 통제	ABC방식
롯트크기	이산적(discrete)	EOQ
수요패턴	일괄적이지만 예측 가능	임의적(random)

('95 CPA)
★출제 Point
MRP와 주문점 방식의 비교

2. MRP의 유형

1) 제1유형 MRP(재고관리시스템) ; open loop MRP ; 재고통제시스템

① 필요한 물자의 적기 생산 및 조달을 목적으로 한 재고관리시스템 성격의 MRP 시스템이다.

② 생산능력과 연결되지 않은 시스템이다.

2) 제2유형 MRP(생산·재고관리시스템) ; closed loop MRP

① 생산기업에서 재고와 생산능력의 계획·관리에 사용되는 정보시스템이다.

② 생산능력의 이용가능 여부를 검토한다.

Key Point MRP의 유형

• 제1유형 : 주일정계획을 충족시키기 위해 제조주문과 구매주문을 통제 → 즉, 주문시기의 제공
• 제2유형 : 발주계획이 생산능력과 부합하는지 검토하고, 생산능력에 맞도록 발주계획과 주일정계획을 조정

---

3) 제3유형 MRP(제조자원계획시스템 : manufacturing resources planning ; MRP II)

① 제조자원계획시스템은 재고는 물론 생산능력·자금·인력·시설·생산설비 등의 생산자원 모두를 계획·관리하는 데 이용되는 정보시스템이다.

② 자재소요계획인 MRP와 구분되는 개념이다.

③ MRP II는 서비스분야에서는 SRP(service requirement planning)로, 유통분야에서는 DRP(distribution requirement planning)로 부르기도 한다.

 예제 8-2

Joy회사는 컴퓨터를 제조하는 회사인데, 컴퓨터 1대를 생산하기 위해서는 다음과 같은 부분품들이 필요하다. Joy회사가 컴퓨터 50대를 생산하고자 할 때 부품 S는 몇 개가 추가적으로 필요한가? (단, 현재고보유량 K=30, B=70, S=40, M=70, W=20, I=60, N=50)

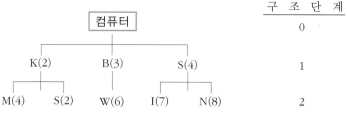

해답 $(50 \times 2 - 30)(2) + (50)(4) - 40 = 300$개

3. MRP의 구조

('89, 2000, 2007 CPA)
★ 출제 Point
MRP의 기본구조

(2005 CPA)
★ 출제 Point
MRP의 전제요소

1) MRP의 전제요소

① 대일정계획(MPS : master production schedule)은 생산활동의 기본이 되는 제품별 생산일정과 생산량에 대한 정보 파악에 이용된다.

② 자재명세서(BOM : bill of materials)는 각 제품의 자재 구성이나 생산·가공의 순서 파악에 이용된다.

③ 재고기록철(IR : inventory records file)은 자재별 수불현황, 현재의 재고수준, 조달기간 등의 파악에 이용된다.

> **Key Point**
>
> 제2유형의 MRP에서는 위의 세 가지 요소 외에 능력계획의 자료가 필요하다.

2) MRP의 실시절차

① 제품별 생산량과 생산일정 파악 : 대일정계획(MPS)으로부터 제품별 생산량과 생산일정을 파악한다.

② 제품분석과 제품분석도 작성 : 제품생산에 필요한 구성자재의 종류별 수량과 이들의 단계별 전후관계를 파악(자재명세서)하고 결과를 도표화(제품분석도)한다.

③ 자재의 품목별 재고현황과 조달시기의 파악 : 자재대장이나 자재원장(즉 재고기록철)을 이용하여 자재의 품목별 수불현황, 재고수준, 조달기간 등을 파악한다.

④ MRP계획표(MRP schedule)의 작성 : 자재의 소요량, 현재의 재고, 주문량, 주문

● 도표 8-15 MRP의 구조

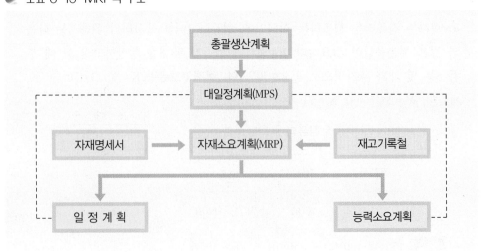

일자 등을 결정하고 명확히 표시한다.

3) MRP시스템으로의 자료입력

(2007 CPA)
★ 출제 Point
MRP의 운영체계

① 재생시스템(regenerative system) : 정해진 시간에 정기적으로 발생한 변동사항을 입력하여, 시스템 내의 모든 기록을 변화에 맞게 완전히 재조정하고 새로운 계획을 수립하는 주기적 자료입력 및 관리시스템

② 순변경시스템(net-change system) : MRP에 영향을 미치는 변화가 발생할 때마다 변동사항을 입력하여 변화에 의해 영향을 받는 시스템 내의 모든 구성요소를 재조정하는 지속적 자료입력 및 관리시스템

4) 롯트의 크기 결정

① **롯 대 롯**(lot-for-lot : LFL) **기법**

ⓐ 각 기간 동안 필요한 소요량과 같은 양을 주문하는 방식이다.

ⓑ 즉, 주문이 필요한 각 시점에서 주문량은 매번 달라지지만, 주문량은 순소요량과 일치한다.

② **고정주문량**(fixed order quantity : FOQ) **기법**

ⓐ 매 주문시 롯트의 크기를 고정시켜서 주문하는 방식이다.

ⓑ 케이스 단위로 포장되어 있거나 구매할인을 받기 위해, 또는 공정수율을 높이기 위해 선택한다.

③ **기간주문량**(periodic order quantity : POQ) **기법**

ⓐ 일정한 기간 동안에 필요한 소요량을 모아서 한꺼번에 주문하는 방식이다.

ⓑ 이 방법은 수요가 일정하지 않을 경우 재고 증가의 문제점이 야기되는 FOQ기법을 보완하기 위해서 사용할 수 있다.

④ 실무상은 위의 세 가지 방법을 섞어서 사용하도록 권장한다.

ⓐ 상위단계에서는 FOQ, 중간단계에서는 FOQ 또는 LFL, 하위단계에서는 POQ를 사용한다.

ⓑ 이 방법은 제품구조의 하위수준에서의 소요량을 안정화 시킬 수 있게 한다.

4. MRP의 장점

1) 각각의 자재에 대해 별도의 수요예측이 불필요하다.

2) **자재에 대한 재고투자가 최소화**되며 재고부족현상이 최소화된다.

3) 생산소요시간이 단축되고 작업의 원활한 진행을 도모할 수 있다.

4) 상황변화에 대하여 생산일정 및 자재계획을 민감하게 변경할 수 있다.

5) 소요량 · 소요시기 · 주문시기 등이 특히 강조되며 **사전납기통제가** 용이하다.

6) 보다 나은 고객서비스를 할 수 있다.

5. MRP의 문제점

1) 시야의 상실(loss of visibility) : 상위에서 하위단계로 갈수록 각 구성품에 대한 계획기간이 단축되는 것을 의미한다.

2) MPS의 최소한의 필요기간 : MPS의 계획기간은 어떤 구성품과 그것의 모든 상위 구성품에 대한 리드타임의 합과 적어도 같아야 한다.

3) MRP의 과민반응 : 미래의 특정 시점의 MPS를 수정하면 이보다 앞선 시기의 MRP의 변화가 오고, 이로 인해 현재기간의 자재부족이 발생한다.

4) MPS의 동결 : MRP의 과민반응을 줄이기 위한 방법으로 MPS를 동결시키는 방법이 있으나, 이는 수요의 변화에 대처하지 못하는 문제가 있다.

5) 덩어리 수요 : 덩어리 수요는 롯트 크기 결정기법 때문에 생긴다.

> **Key Point** 시간경계
>
> 시간경계(time fence)란 대일정계획의 변화가 가능한 경계를 말하며, 예측기간별로 각 경영계층의 승인을 요구하는 것이다. 이를 통해 MPS의 변화에 제약을 주지만 적절한 승인이 있으면 시급한 변화도 수용할 수 있다.

6. MRP의 선택전략

1) MRP는 일괄적 수요패턴을 가지는 종속 수요품의 관리에 쓰이는 기법이다.

2) MRP는 주로 ① 자재명세서의 단계가 많고, ② 롯트의 크기가 크며, ③ 환경의 변동성이 낮고, ④ 중간적 위치전략을 선택한 기업들에 매력적이다.

3) 중간적 위치전략을 택한 기업에서는 다양한 제품을 소량 또는 중간량으로 생산하고 상대적으로 수명주기가 짧은 제품을 만드는 특징이 있다.

4) 대각선 양극단에 있는 공정중심적 기업이나 제품중심적 기업은 MRP의 가치를 별로 느끼지 못한다.

8.7 ERP시스템

1. ERP의 의의

(1) ERP시스템의 필요성

1) 미래에는 품질과 기술력 외에 시간경쟁력이 필요 → 기업자원의 공유·분배 및 효율적 업무수행을 위한 신속한 정보시스템 필요

2) 각 분야별 별개의 정보시스템 운영은 다른 관리부문과의 연결이 불가능해 불편

을 초래 → 통합적 운영을 위한 시스템 필요

(2) ERP시스템의 의의

1) ERP시스템은 생산 및 생산관리 업무는 물론 제품이나 공정의 설계, 재무, 회계, 마케팅, 인사 등 순수한 관리부문과 경영지원 기능을 포괄하는 통합정보시스템이다.

2) ERP시스템은 MRP Ⅱ의 처리논리를 근거로 하여 기업의 비즈니스를 통합적으로 관리할 수 있는 응용프로그램이다.

2. ERP시스템의 특성

(1) 기능적 특성

1) 통합업무시스템 : 통합데이터베이스에 의한 관리

2) 세계적 표준 업무프로세스 : ERP는 세계 일류기업에서 수행중인 업무 프로세스 중에서 표준화시킨 프로세스이므로 ERP 도입으로 BPR의 효과를 얻을 수 있음

3) 그룹웨어와의 연계

4) 파라미터 지정에 의한 개발 : 특정 기업의 업무수행에 적합한 파라미터를 지정하여 시스템을 최적화 할 수 있음

5) 확장 및 연계성이 뛰어난 개방적 시스템

6) 글로벌 대응이 가능

7) 관리자 정보시스템(executive information system : EIS) 기능 수행

8) 전자자료교환(electronics document interchange : EDI)과 전자거래 대응이 가능

(2) 기술적 특성

1) 클라이언트 서버 시스템 : 클라이언트 PC에 주요 업무를 배분하는 분산 처리 구조

2) 4세대언어(4-GL) 및 컴퓨터에 의한 소프트웨어 공학 기술(CASE)

　　CASE는 컴퓨터의 능력을 최대한 활용하여 필요한 소프트웨어를 자동적으로 제작하는 소프트웨어 기술이다.

3) 관계형 데이터 베이스(relational data base management system : RDBMS)

4) 객체 지향 기술(object oriented technology : OOT)

　　ERP시스템 내의 업무처리 모듈을 자체 처리능력으로 처리하며, 필요에 따라 각 객체별로 추가 · 변경시킴으로써 ERP시스템 전체의 변경이나 업데이트를 가능하게 한다.

3. ERP시스템의 확장

(1) SCM과 ERP
1) ERP시스템을 통해 SCM에서 운영되는 자재의 공급자로부터 최종제품의 고객에 이르는 거래관련 자원, 정보, 자금흐름을 전체적을 통합관리할 수 있다.
2) 각 기업간 정보공유를 통해 과다재고 문제 등 해결 가능

(2) CRM과 ERP
ERP시스템에서의 CRM은 신규고객 개발, 우량고객 유지, 기존고객 이탈 방지, 휴면 고객 활성화를 비롯하여, 고객설문조사, 테스트 마케팅을 통해 광고·판촉 효과 분석을 하고 고객가치 증대 등의 고객관리지원 기능을 수행한다.

8.8 적시관리(JIT : just in time)시스템

1. JIT시스템의 의의

1) 의 의

('96 CPA)
★ 출제 Point
JIT의 기본개념

① JIT시스템은 재고가 생산의 비능률을 유발하는 원인이 되기 때문에 이를 없애 야 한다는 사고방식에 의해 생겨난 기법이다.
② 적시에 적량의 필요한 부품을 생산에 공급하도록 하는 생산 또는 재고관리시스 템이다.
③ 무재고시스템(zero inventory system), 도요타 생산방식으로도 불리운다.

2) 수단(목표) : 낭비의 제거
JIT시스템의 궁극적인 목적은 비용절감, 재고감소 및 품질향상을 통한 투자수익률의 증대에 있다. 이러한 목적은 낭비를 제거하고 작업자를 생산공정에 더 많이 참여 시킴으로써 달성된다.
① JIT생산 : 생산과잉·대기·재고의 낭비 제거
② 소롯트생산 : 재고의 낭비 제거
③ 자동화 : 가공 및 동작의 낭비 제거
④ TQC 및 현장개선 : 운반·가공·동작·불량의 낭비 제거

2. JIT시스템의 구성요소 및 특징

(2004 CPA)
★ 출제 Point
JIT의 구성요소와 특징

1) 간판방식 ; 칸반시스템
① JIT에서는 생산허가와 자재이동을 위한 방법으로는 칸반시스템(kanban system)

을 사용한다.

    ⓐ 칸반시스템에서는 한 작업장에서 생산되는 부품들이 조그만 컨테이너에 담겨지며, 단지 일정한 수의 컨테이너만이 사용된다.

    ⓑ 모든 컨테이너가 채워지면 기계의 가동을 중지하고, 다음 작업장이 가져간 부품을 다 사용하고 빈 컨테이너를 돌려보내 줄 때까지는 더 이상 부품을 생산하지 않는다.

    ⓒ 따라서 재공품재고는 사용되는 총 컨테이너의 수에 의해 제약되며, 부품은 단지 필요할 때에만 공급된다. 이와 같은 방식으로 부품은 최종조립계획에 의한 생산요구에 따라 한 작업장에서 다음 작업장으로 적시에 흘러가게 된다.

    ⓓ 만일 기계고장이나 품질문제로 어떤 생산공정이 중단되면 모든 선행생산공정도 부품컨테이너가 모두 채워진 후 자동적으로 생산을 중단하게 된다.

② 생산간판과 인출간판

    ⓐ 생산간판(production kanban)은 한 컨테이너 분량의 물건의 생산을 지시하는 간판을 말한다.

    ⓑ 인출간판(withdrawal kanban)은 한 컨테이너 분량의 물건 인출과 이동을 지시하는 간판을 말한다.

③ pull system : 뒷공정의 생산진행과 관계없이 생산품(중간부품)을 진행시키는 것이 아니라, 뒷공정에서 필요한 때에 필요한 양의 부품을 앞공정에서 끌어오는 시스템이다.

2) 생산의 평준화(smoothing of production)

① JIT시스템에서 제품의 수요변동이나 최종공정의 생산변동이 발생하면, 전공정으로 거슬러 올라가면서 연쇄반응을 일으키기 때문에, 이러한 악순환을 방지하기 위하여 최종조립을 지원하는 모든 작업장에 균일한 부하를 부과하기 위해 생산을 평준화한다.

② JIT에서 주일정계획 또는 최종조립계획(final assembly schedule)은 작업장과 납품업자들이 나름대로의 작업계획을 세울 수 있도록 향후 1개월에서 3개월까지의 기간을 대상으로 수립된다.

③ 그리고 매월의 주일정계획은 **일(日)기준으로 균등화**된다. 즉, 주일정계획은 각 제품이 1개월 동안 매일 동일한 양씩 생산되도록 수립된다.

④ 더욱이 주일정계획은 자체공장과 납품업자의 부하가 매일 일정하도록 작은 롯트(**롯트크기가 1인 경우가 가장 이상적임**)로 수립된다.

⑤ 이와 같이 주일정계획을 수립함으로써 모든 하위작업장과 납품업자에 대한 수요가 거의 일정하게 된다.

3) 소롯트생산

① 재고의 낭비를 제거하고 생산을 평준화하기 위해서, 생산롯트를 단축시키고자 하며 이상적으로는 롯트크기 1로 생산하고자 한다.

② 소롯트생산에서는 수요의 변동에 적응이 쉬운 반면, 생산준비회수가 증대되므로 생산준비비용 최소화와 생산준비시간의 단축이 매우 중요한 과제가 된다.

③ **외부제조준비와 내부제조준비**

    ⓐ 외부제조준비(external set-up)는 기계를 가동하면서도 수행할 수 있는 제조준비활동을 말한다.

    ⓑ 내부제조준비(internal set-up)는 기계가동이 중지되는 동안의 제조준비활동을 말한다.

    ⓒ 제조준비시간의 단축을 위해서는 가능한 내부제조준비를 외부제조준비로 전환해야 한다.

(2007 CPA)

★ 출제 Point

전통적 방식과 JIT의 비교

● 도표 8-16 전통적 접근법과 JIT접근법의 차이점

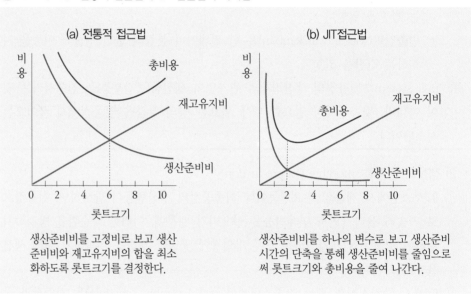

4) 다기능공의 활용

① 다기능공의 다공정담당시스템(multi-functioned worker system) : 수요변동에 따라 어떤 기계의 작업은 필요없게 되기도 하고, 다른 기계의 작업이 필요하게 되며, 수요가 적을 때는 동시에 여러 기계를 다룰 수 있어야 하기 때문에 다기능공이 필요하다.

② 소수인화 : 수요변동에 적응하기 위하여, 생산현장의 작업자 수에 유연성을 갖게 한다.

③ JIT시스템에서는 문제를 덮어 줄 수 있는 재고가 없기 때문에 JIT는 작업자에게 다양한 기술뿐만 아니라 보다 강한 팀워크(teamwork)와 조정이 요구된다. → 따라서 JIT에서는 생산시스템 전체가 작업자에 의해 보다 면밀히 조정되어야 한다.

5) 라인스톱 및 생산공정개선

① JIT시스템에서 작업자는 다음 생산공정에 필요한 좋은 품질의 부품을 적시에 생산할 책임을 지고 있다.
② 만일 이 책임을 수행할 수 없는 사정이 발생하면 작업자는 곧 생산공정을 중단시키고 도움을 요청해야 한다.
③ 작업자는 이와 같이 생산에 있어서의 책임뿐만 아니라 생산공정을 개선할 책임도 아울러 지고 있다.
④ 품질분임조(quality circle), 제안제도(suggestion system) 및 기타 형태의 참여를 통하여 작업자들은 생산공정의 개선을 꾀한다.

6) 설비배치

소수인화를 위한 설비배치유형은 U자형이 일반적이다.

◈ JIT는 셀형배치(또는 GT배치)를 하게 되며 소규모의 전문화된 집중화 공장을 추구한다.

7) 재고관리

JIT시스템에서 재고는 공정 사이의 저장실에 보관하지 않고 다음 공정이 쉽게 이용할 수 있도록 바로 현장에 놓여지므로 필요한 저장공간이 줄어들고 따라서 공장의 크기도 작아지게 된다.

8) 품 질

① 품질은 JIT시스템에 있어서 절대적으로 중요한 요소이다.
② 불량은 낭비를 초래할 뿐만 아니라 생산공정을 중단시킨다.
③ 실수를 덮어 줄 재고가 없기 때문에 JIT시스템은 완전한 품질을 요구한다.
④ 불량은 다음 공정에서 빨리 발견되므로 JIT는 매우 좋은 품질을 가져오게 한다.
⑤ 문제가 발생하면 생산라인이 중단되므로 품질문제는 즉시 공장 전체적인 관심을 모은다.
⑥ JIT시스템은 재고로 문제를 덮어두기보다는 문제를 노출시켜 바로 시정되도록 설계되어 있다.

Key Point 　포카요케

포카요케(Poka-yoke)란 불량품 발생을 방지하기 위해서 사용하는 실수방지장치나 실수방지 메커니즘을 의미한다.

(2007 CPA)
★ 출제 Point
포카요케의 정의

◈ JIT에서는 공급자 네트워크의 활용을 중시한다.

9) 납품업자와의 관계

① JIT시스템은 납품업자와의 관계를 근본적으로 변화시킨다.

② 납품업자들은 완전한 품질의 부품을 생산라인에 직접 자주(하루에 4번 정도) 배달해야 한다.

③ 이를 위해 납품업자들은 母企業의 공장 근처에 입지해야 하며, 공장 내 작업장과 마찬가지로 칸반과 컨테이너를 받는다.

④ 한마디로 JIT에서는 납품업자를 자사공장의 연장으로 생각한다. → 즉, 납품업자를 적대관계가 아닌 파트너(partner)로 생각한다.

3. JIT시스템의 효과

1) 재촉이나 지연을 제거한다.

2) 적시에 부품이 조달된다.

3) 기계준비시간이 감소된다.

4) lot규모의 축소로 유휴재고와 창고공간이 축소된다.

5) 재고회전율이 커진다.

4. JIT시스템과 린 생산방식

1) 의 의

① 린 생산방식은 조직 전체적인 차원에서 **보다 적은 자원을 투입하여 보다 큰 가치를 갖는 제품을 설계하고 개발하며** 제조하는 시스템을 말한다.

② 린 시스템은 절약형 생산시스템이라고도 불리워지며 JIT시스템을 기초로 하여 구축된다. 이는 JIT시스템이 생산의 낭비적 요인의 제거를 목표로 하기 때문이다.

③ 이 시스템은 수공업생산방식과 대량생산방식의 장점을 결합한 것이다. → 즉, 수공업생산 방식에서 오는 원가상승 및 대량생산방식의 유연성부족 문제를 해결하기 위해 다기능 작업자 팀을 편성하여 유연성있는 자동화기계를 사용하여 매우 다양한 제품들을 적정량씩 생산하는 방식이다.

● 도표 8-17 린 생산방식의 특징

2) 린 생산방식의 공장조직

① 최대한의 업무책임을 실질적인 부가가치 창출에 기여하는 작업자들에게 넘겨준다.

② 작업자 스스로 작업현장의 결함을 발견하여 마지막 공정까지 가지 않고 시정한다.

③ 정보의 공유화를 위해 안돈이라는 제도가 있다.

④ 고용이 안정되어 있으며 작업팀이 창의력을 가지고 작업에 참여하게 하기 위해 작업장 배치 전 충분한 교육이 이루어진다.

◈ 안돈(andon)이란 작업자들에게 생산에 있어서 품질문제가 발생했음을 알리는 경고등을 말한다.

3) 특 징

① 고객만족에 대한 적극적 노력

② 완벽한 납품시스템의 구축 및 원가절감활동

③ 자원이용 네트워크의 통합

Key Point 린 생산의 특징

전통적 대량생산하에서는 표준형제품의 대량생산에 초점을 두지만, 린 생산방식에서는 시장을 세분화한 후 틈새시장에 초점을 두고 고객지향적 제품을 생산하고자 한다.

🌑 도표 8-18 린 생산하에서의 비용구조의 변화

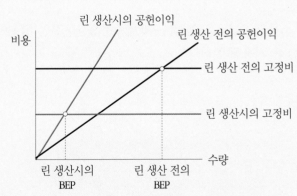

* 린 생산방식에 의해 공헌이익이 증가되면 손익분기점에서의 생산수량은 보다 작아진다.
 이와 같이 적은 수량의 제품을 생산해도 이익을 남길 수 있으므로 틈새시장에 쉽게 진입할 수 있고, 고객의 수요변화에 빠르게 대응할 수 있다.

5. MRP와 JIT의 비교

1) 순수 반복생산의 경우

주 일정계획이 매일 동일하고 부하가 일정한 순수 반복생산의 경우에는 JIT와 같은 풀 시스템이 적합하다.

산업형태 ＼ 생산특성	반복생산	비반복생산
공정작업	LP	PERT - CPM
조립생산	JIT	MRP

2) 반반복적(半反復的)인 배취생산의 경우

① 일부 반복적인 성격을 갖는 배취공정의 경우에는 MRP와 JIT가 혼합된 시스템 (즉, Syncro MRP)을 사용할 수 있다.

(2001 CPA)
★ 출제 Point
푸시와 풀시스템의 비교

② 이 경우에는 주일정계획은 매일 동일하지는 않지만, 일부 반복적인 요소를 가지고 있다.

③ 따라서 MRP는 자재를 공장으로 푸시(push)하고 생산능력을 계획하는 데 사용되고, 반면에 JIT(풀 시스템)는 생산현장에서의 실행에 사용된다.

④ 이러한 혼합시스템은 배취생산이 제조셀로 조직되어 있는 경우에 특히 효과적이다.

(2006 CPA)
★ 출제 Point
MRP와 JIT의 비교

⑤ 즉, MRP는 제조셀로 주문을 발령하는 데 사용되고, JIT는 각 제조셀 내에서 자재를 견인(pull)하는 데 사용된다.

3) 개별주문생산의 경우

비반복적이고 소규모 배취로 생산하는 개별주문생산공정의 경우에는 생산계획과 통제에 반드시 MRP를 사용해야 한다.

● 도표 8-19 MRP와 JIT의 비교

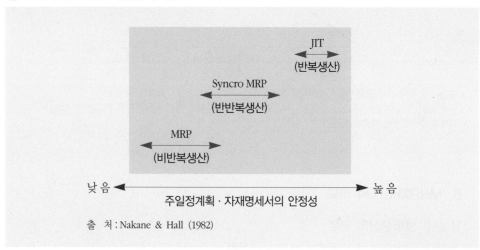

출　처：Nakane & Hall (1982)

비교내용		JIT시스템	MRP시스템
재고개념		소요개념(주문이나 요구에 대한) 부채로 생각(재고 감소위해 노력)	소요개념(계획에 대한) 자산으로 생각(불확실성에 대비해 안전재고 필요)
목 표		낭비제거(최소의 재고), 통제를 강조	계획수행(필요시 필요량 확보)
전 략		요구(주문)에 따라 가는 pull시스템	계획대로 추진하는 push시스템
관리방식		눈으로보는 관리(⑩ 간판방식)	컴퓨터처리
수요변화적응		생산율·잔업·생산능력 조절	자재소요계획(MRP)갱신
생산시스템		생산사이클타임 중심	MPS중심
생산계획		안정된 MPS필요	변경이 잦은 MPS수용
계획집행	생산계획	생산간판	작업전표·생산지령서
	자재계획	인수(외주)간판	발주서
계획우선순위		평준화 생산을 기초로 한 품목별 일차적용	MPS에 기초한 필요 품목 중심의 일정계획
통제우선순위		간판의 도착순	작업배정에 의거
자재소요판단		간판	자재소요계획(MRP)
발주(생산)롯트		준비비 축소에 의한 소롯트화	준비비＋재고유지비의 경제적 롯트
재고수준		최소한의 재고	조달기간 중 재고
공급업자의 관계		구성원 입장에서의 장기거래(협력관계)	경제적 구매 위주의 거래(적대관계로 생각)
품 질		100% 양품 추구, 품질문제는 현장에서 근원적으로 해결	약간의 불량은 인정, 품질문제는 품질 담당요원에 의해 규명
적용분야		반복생산의 일정 및 재고관리	비반복생산의 재고관리(업종의 특별한 제한 없음)
설비정비		계속적·효과적으로 함	필요할 때만 함
조달기간		짧게 유지함	길수록 좋음
작 업 자		합의에 의한 경영	명령에 의한 경영
대 기 물		제거함	필요한 투자임

8.9 재고관리전략

1. 자재관리, 물류관리(logistics)

자재관리란 납품업자, 재고, 생산, 충원, 일정, 유통 등에 관한 단기적 의사결정을 말한다.

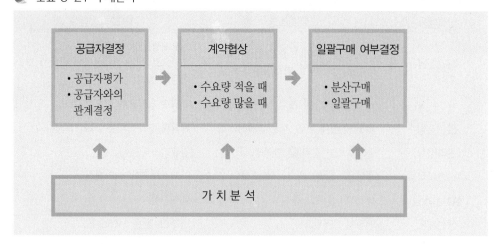

● 도표 8-21 구매관리

```
┌─────────────────────────────────────────────────────────────────┐
│  ┌──────────────┐     ┌──────────────┐     ┌──────────────┐      │
│  │   공급자결정  │     │   계약협상    │     │일괄구매 여부결정│    │
│  ├──────────────┤  →  ├──────────────┤  →  ├──────────────┤      │
│  │ • 공급자평가  │     │• 수요량 적을 때│    │ • 분산구매     │      │
│  │ • 공급자와의  │     │• 수요량 많을 때│    │ • 일괄구매     │      │
│  │   관계결정    │     │              │     │              │      │
│  └──────────────┘     └──────────────┘     └──────────────┘      │
│         ⬆                    ⬆                    ⬆              │
│  ┌─────────────────────────────────────────────────────────┐    │
│  │                      가 치 분 석                         │    │
│  └─────────────────────────────────────────────────────────┘    │
└─────────────────────────────────────────────────────────────────┘
```

1) **구매관리**(제10장 공급사슬관리 참조)

구매관리는 공급자결정 → 계약협상 → 일괄구매 여부 결정을 하는 것이다.

① **공급자의 선정**

　　ⓐ 주로 가격, 품질, 인도시간 등을 고려하여 실시한다.

　　ⓑ 공급자와의 관계를 경쟁적으로 맺을 것인가, 협력적으로 맺을 것인가도 결정해야 한다.

② **계약협상단계**

　　ⓐ 수요량이 적을 때 : 경쟁적 입찰, 단독계약, 공급자카탈로그 중 선택

　　ⓑ 수요량이 많을 때 : 공급자 사전 선정, 장기계약 중 선택

③ 구매정책 수립시의 주요 결정사항으로는 일괄구매할 것인가, 분산구매할 것인가를 정하는 것이 된다.

◆ 이러한 구매활동의 의사결정을 하면서 가치분석을 통해 지속적으로 비용절감을 위한 노력도 병행해야 한다.

2) **유통관리**

① **유통관리**는 완제품의 저장위치, 운송수단선택, 일정계획 등에 초점을 두는 활동으로, 완제품재고의 저장방식은 전방배치와 후방배치로 나눌 수 있다.

② 전방배치는 재고를 고객이나 소매상 근처에 두는 것이며, 후방배치는 재고를 공장에 두거나 아예 재고를 없애는 것이다.

③ 전방배치의 장단점

　　ⓐ 장점 : 전방배치를 하게 되면 인도시간의 감소, 운송비용의 절감을 가져오고 고객에게 편리함을 줄 수 있다.

　　ⓑ 단점 : 전방배치는 완제품을 보유하는 것이므로 '고객화된 제품'을 공급할 수 없고, 묶음효과가 줄어드는 문제가 있다.

묶음효과란 재고를 한 곳에(예를 들어 중앙창고에) 모아 놓았을 때 한 지역의 높은 수요를 다른 지역의 낮은 수요와 상쇄시킬 수 있는 효과를 말한다. 즉, 수요가 각 처에 분산되어 있는 것보다 한 지역에 집중화되어 있을 때 예측이 쉽고 수요의 변동도 작아지는 것이다. 이렇게 되면 전체 시스템의 재고는 줄게 되고, 유통센터간의 이동으로 인한 운반비를 절감할 수 있는 장점이 있다.

2. 재고관리

재고는 원재료, 재공품, 완제품의 형태로 이루어지며, 자재명세서를 통해 최종품목(제품), 중간품목, 중간조립품, 구매품목 등을 파악하게 된다.

재고관련 의사결정시에 주로 고려하는 요소는 재고관련비용이다.

1) 재고의 유형

재고를 보유하는 목적에 따라 분류하면, 주기재고, 안전재고, 예상재고, 수송 중 재고로 나눌 수 있다.

● 도표 8-22 재고수준에 대한 상반된 압력

많은 재고를 요구하는 압력

① 고객서비스 : 재고가 존재하면 빠른 배달과 적시인도를 할 수 있다. 또는 재고부족비나 추후납품비를 줄일 수 있다.
② 주문비, 생산준비비 감소 : 많은 재고를 유지하면 주문횟수나 생산횟수가 줄어든다.
③ 노동력과 장비이용률 증대 : 재고량을 늘릴 수 있다면, 단위시간당 산출량을 일정하게 유지하면서도 계절적 수요변동이나 초과수요에 대처할 수 있다.
④ 수송비용과 구매비용의 감소 : 재고수준을 증가시켜 대량수송, 대량구매하면 총수송비가 감소되고 수량할인의 장점이 있다.

재 고 수 준

적은 재고를 요구하는 압력

① 이자 및 기회비용의 감소 : 재고가 많아지면 재고를 보유하고 유지하는 데 많은 비용(또는 자금)이 들고, 이는 다른 좋은 투자안에 투자할 기회를 상실하게 되는 것이다.
② 보관비용 및 처리비용의 감소
③ 세금, 보험료, 훼손비용의 감소

● 도표 8-23 재고형태에 따른 재고감축방법

재고의 형태	1단계 고려사항	2단계 고려사항	해결방식
주기재고	Q를 줄인다. → 주문횟수, 생산준비비 고려	주문, 준비비용을 절감한다.	JIT
		반복성을 증가시킨다.	GT, FMS
안전재고	필요한 시점에서 주문한다. → 불확실성 고려	수요예측을 더 정확하게 한다.	예측기법개선
		리드타임 축소	
		공급의 불확실성 축소	생산계획을 납품업자에게 공지
		여유설비, 여유노동력 보유	생산율 극대화
예상재고	수요율에 따라 산출률 조절	수요율의 평준화	신제품 개발, 디마케팅, 동시화마케팅
수송중 재고	생산 → 유통기간의 단축	리드타임의 감소	재고의 전방배치 더 빠른 공급자의 발견 컴퓨터시스템의 도입 롯트(Q)크기 감소

① 주기재고
    ⓐ 주기재고란 재고관리비용을 감소시키기 위해 보유하는 재고를 말한다.
    ⓑ 적정량의 주기재고의 결정(또는 롯트의 크기 결정)은 주문과 주문시간 간격에 달려 있다.
    ⓒ 주기가 길수록 주기재고는 커지게 된다.
② 안전재고
    ⓐ 안전재고란 수요, 리드타임, 공급 등의 불확실성에 대처하기 위해 사용되는 재고이다.
    ⓑ 안전재고의 결정은 주문도착시간(리드타임)의 크기에 달려 있다.
③ 예상재고
    ⓐ 예상재고란 사업상 직면되는 불규칙 수요와 공급에 대비하기 위한 재고를 말한다.
    ⓑ 에어컨과 같은 계절상품은 수요가 많은 여름에 생산량을 늘리는 것보다 수요가 적은 기간에 생산을 평준화하여 재고를 비축하는 것이 생산성 면에서 유리하다.
④ 수송중재고
    ⓐ 수송중재고(예정입고, 기발주주문)란 한 지점에서 다른 지점으로 이동중인 재고를 말하며 이미 발주하였으나 아직 도착하지 않은 주문량의 합이다.
    ⓑ 수송 중 재고는 대금이 지불되었으나 아직 입고되지 않은 원재료, 공장 내부에 수송중인 재공품, 선적되었으나 대금을 받지 못한 완제품 등을 포함한다.

주요사항	제품중심전략	공정중심전략
여유생산능력	적게 보유 (∵ 공정이 단순, 불확실성 낮음, 저가격 추구)	많이 보유
조직구조통합화	적게 요구 (주로 유통기능의 분리가 요구된다)	많이 요구 (불확실성이 높아 계획변경이 자주 발생하므로 통합효과 높다.)
계획시평 (planning horizon)	길다 (수요와 공급의 불확실성이 적어서 일정계획을 정확히 작성할 수 있다)	짧다 (임시조치가 늘 필요하다)
공급자 및 고객과의 관계	연간 공급계약 (대량구매로 공급자통제가 가능하다) 공식적 유통경로	일시적 공급계약, 재고의 후방배치, 비공식적 유통경로
정보시스템	수요예측, 현 재고파악, 제품 표준화에 초점	입찰과정, 구체적인 고객주문 파악에 초점

ⓒ 두 지점 간의 수송 중 재고는 리드타임 동안의 평균수요로 측정할 수 있다.

2) 재고관리전략

재고관련된 의사결정사항으로는 재고측정, 재고배치결정, 재고감축, 생산전략과의 연계 등이 있다.

① 재고관리를 위한 첫 단계는 재고의 수준을 파악하는 것이다. → 재고측정방법으로 재고의 수량보다는 평균총재고액(평균재고량×판매가격), 평균총재고액보다는 공급가능주수(weeks of supply : 평균총재고액/주간 매출원가)나 재고회전율(연간 매출원가/평균 총재고액)로 측정하는 것이 바람직하다.

② 재고배치는 재고가 특수품목인가 표준품목인가에 따라 달라진다.

③ 재고의 감축은 최소의 비용으로 재고를 줄일 수 있는 방법을 찾는 것으로 재고의 형태에 따른 감축방법은 [도표 8-23]과 같다.

④ 경영자들은 재고정책수립시 생산전략과 연계해서 수립해야 하며, 주로 위치전략에 따라 재고정책이 달라지게 된다. → [도표 8-24] 참조

8.10 설비보존관리

1) 설비보존관리의 의의 및 종류

① 설비보존관리(maintenance)란 기계설비가 정상적인 상태를 유지할 수 있도록

관리하는 과정이다.

② 최소의 보존비용으로 기계설비의 가동률을 극대화하는 방안을 모색하고, 운영하는 것을 목적으로 한다.

③ 설비보존관리는 예방보존과 수리보존의 두 가지 활동으로 이루어진다.

    ⓐ 예방보존(preventive maintenance)은 기계설비의 고장을 사전에 방지하기 위한 보존관리활동이다.

    ⓑ 수리보존(corrective maintenance)은 기계설비에 고장이 발생하였을 때 수리·보수하는 보존관리활동이다.

④ 예방보존비용과 수리보존비용은 상충관계이므로 이 두 가지 비용을 합한 총보존비용이 최소가 되는 점에서 최적 보존관리활동수준이 결정된다.

2) 총생산적 설비보전(TPM)

① 최근에 JIT와 TQM 사고방식의 영향으로 **총생산적 설비보전**(total productive maintenance : TPM)이라고 불리는 개념이 등장하였다.

② 이는 **예방적 설비보전**과 **총품질**(total quality), 그리고 **종업원의 참여**를 합친 것이다.

③ TPM은 예방적 설비보전을 확대한 개념인데 원래 예방적 설비보전은 다음의 세 가지 관련된 활동들로 볼 수 있다.

    ⓐ 매일의 설비보전 : 이는 설비의 작업자에 의해서 수행된다.

    ⓑ 주기적 검사 : 이것도 설비의 작업자에 의해서 수행될 수 있지만, 가끔 설비보전요원에 의해서 수행되기도 한다.

    ⓒ 예방적 수리 : 이는 마모가 어떤 정해진 수준에 도달한 설비에 대해 고장이 나기 전에 행해진다. 이것은 주로 설비보전요원에 의해서 수행되지만 설비의 작업자가 할 수 있으면 이상적이다.

④ 예방적 설비보전에 대한 TPM접근법은 설비를 유지하는 데 있어서 설비의 작업자의 역할을 강조한다. → 일본에서는 이를 자주적 설비보전이라고 한다.

기출문제

01 다양한 부품을 사용하여 생산을 수행하는 회사에서는 자재소요계획(MRP)시스템을 이용하여 합리적이고 경제적인 자재소요량을 산정하고 있다. 다음 가운데서 MRP시스템의 운영과 관련한 입력사항에 포함되지 않는 것은? ('89. CPA)

① 완제품 생산에 필요한 부품의 조달소요기간

② 완제품 생산에 필요한 부품의 원가명세

③ 완제품 생산에 필요한 부품의 재고현황

④ 완제품 생산에 필요한 자재명세서(BOM : bill of material)

⑤ 완제품에 대한 생산일정계획

✏ **해설** MRP시스템을 적절히 운영하기 위해서는 ①,③의 재고기록철, ④의 자재명세서(BOM), ⑤의 대일정계획(MPS) 등이 필요하다.

02 기업은 영업활동을 수행하면서 최소의 비용으로 재고자산을 관리하려 한다. 다음 중 재고관련 비용이 최소가 되는 경제적 주문량(EOQ)모형의 기본적인 가정에 속하지 않는 것은? ('91. CPA)

① 단위당 재고유지비용은 일정하다.

② 재고조달기간이 정확히 지켜진다.

③ 재고자산의 사용률은 일정하며 알려져 있다.

④ 주문횟수당 재고주문비용은 일정하다.

⑤ 재고자산의 단위당 구입원가는 일정하다.

✏ **해설** ⑤ 재고자산 구입원가는 기업입장에서는 통제불능 변수이다.

03 재고자산의 관리 등에 대한 설명으로 적절하지 않은 것은? ('92. CPA)

① ABC 관리법은 재고자산의 부피로서 구분하여 관리하는 기법이다.

② 재고보유량이 가장 적은 재고자산관리기법은 JIT시스템이다.

③ EOQ, EPQ모형은 재고관련비용의 최소화를 목적으로 하는 고정주문량모형에 속한다.

④ MRP기법은 독립수요품의 재고가 확정되어 있을 때 종속수요품의 재고자산의 관리 및

통제를 위한 기법이다.

⑤ 재고품목의 중요도가 높은 경우에는 고정주문기간모형을 이용하는 것이 바람직하다.

✎ 해설 ① ABC 관리법은 재고의 가치나 중요도에 따라 구분하고 차별적으로 관리하는 기법이다.

04 다음 보기 중 경제적 주문량(EOQ)을 결정짓는 변수들로만 구성된 것은? ('94. CPA)

a. 상품인도기간	b. 단위당 구매가격	c. 1회 주문비용
d. 연간총수요량	e. 단위당 유지비용	

① a, d, e   ② a, b, d   ③ a, b, c

④ b, c, e   ⑤ c, d, e

✎ 해설 $EOQ = \sqrt{\dfrac{2OD}{C}}$

O : 1회 주문비용   D : 연간 총수요량   C : 단위당 유지비용

05 MRP기법에 대한 설명 중 틀린 것은? ('95. CPA)

① 원자재 재고계획을 일정 계획에 통합하여 효과적으로 관리할 수 있다.

② EOQ/ROP방식은 부품중심적이며, MRP는 최종제품 중심이다.

③ MRP기법은 EOQ/ROP방식에서 소홀한 수요의 독립, 종속을 중요시 한다.

④ MRP기법은 작업의 원활 및 생산소요시간의 단축을 기할 수 있다.

⑤ MRP기법은 수요가 연속적이고 균일하다고 가정하므로 원자재의 적정량, 적정공급을 할 수 있게 한다.

✎ 해설 ② EOQ/ROP방식은 각 부품별로 주문점에 도달했을 때 주문하는 방식이고, MRP방식은 최종제품의 수요에 따라서 그에 종속되는 부품들의 수요를 결정하는 방식이다.

①, ③, ④는 MRP의 특징이다.

⑤의 가정은 EOQ/ROP방식의 가정이다. 반면에 MRP기법은 수요의 변동에 적극적으로 대처하려는 기법이다.

06 전통적 재고이론(classical inventory theory)과 비교할 때 JIT시스템이 가지는 재고에 대한 개념의 차이는? ('96. CPA)

① 재고는 필요악(inevitable nuisance)이므로 적정재고를 유지해야 한다.

② 재고는 비용을 유발하므로 최소의 안전재고(buffer stok)를 유지해야 한다.

③ 재고는 비용을 유발하나 좋은 기능이 많으므로 이를 최대한 활용하도록 해야 한다.

④ 재고는 만악의 근원(the root of evil)이므로 적을수록 좋다.

⑤ 재고에 대한 기본적인 개념차이가 존재하지 않는다.

정답 4⑤ 5⑤ 6④

07 종속적 수요에 대한 설명으로 적절하지 않은 것은? ('98. CPA)

① 일반적으로 부품에 대한 수요이다.

② 수요형태가 일괄적이다(lumpy demand).

③ 경제적 주문량 모형을 이용하여 최적의 롯트 크기(lot size)를 결정할 수 있다.

④ 칸반시스템(kanban system)을 이용할 수 있다.

⑤ 수요예측기법으로 예측하는 것이 아니라 간단한 방법으로 계산된다.

✒ 해설 ③ 종속적 수요란 제조공정에 소요되는 원재료나 부분품의 수요처럼 다른 물품의 수요에 의존하는 수요를 말한다. 그러므로 수요의 형태가 일괄적이고, 수요예측기법을 이용하는 것이 아니라 간단한 방법으로 계산된다. 종속적 수요는 주로 MRP(material requirement planning)를 이용하여 실시하지만, 칸반시스템을 이용할 수도 있다. 반면, 경제적 주문량 모형(EOQ)을 이용하여 롯트의 크기를 결정하는 것은 아니다.

08 자재소요계획(MRP)에 관한 설명으로 가장 거리가 먼 것은? (2000. CPA)

① 독립수요 제품의 소요량 산정을 위해 주로 사용된다.

② 계획생산에 입각한 푸쉬(push)방식을 적용한다.

③ 자재명세서(Bill Of Materials)를 필요로 한다.

④ MRP운영에는 전산시스템이 중요하다.

⑤ 총괄생산계획(Master Production Schedule)이 전제가 되어야 한다.

✒ 해설 ① MRP는 종속수요품의 소요량 산정을 위해 주로 사용되는 방식이다.

09 수요가 균등한 단일 제품의 연간 수요량은 3,600개이고, 1회 주문 비용은 50원 그리고 연간 단위당 재고유지비용은 4원이다. 조달기간은 일정하고 주문량은 일시에 배달된다. 총비용이 연간 주문비용과 연간 재고유지비용의 합이라고 할 때 총비용을 최소화하는 경제적 주문량(EOQ)을 구하시오. (2000. CPA)

① 200개 ② 300개 ③ 400개

④ 500개 ⑤ 600개

✒ 해설 ② $Q = \sqrt{\dfrac{2OD}{C}} = \sqrt{\dfrac{(2)(50)(3,600)}{4}} = 300$개

10 푸쉬 시스템(push system)과 풀 시스템(pull system)을 비교한 다음 내용 중 가장 적절하지 않은 것은? *(2001. CPA)*

	푸쉬(push) 시스템	풀(pull) 시스템
①	적시생산 시스템에 적합	자재소요계획 시스템에 적합
②	생산자 중심	소비자 중심
③	비반복생산의 재고관리	반복생산의 재고관리
④	약간의 불량 인정	무결점을 추구
⑤	납품업자 적대관계	납품업자와 협력관계

✎ 해설 ① 푸쉬는 자재소요계획에 풀은 적시생산시스템에 적합한 방식이다.

11 안전재고(safety stock)란 조달기간 중 수요의 불확실성에 기인한 품절현상을 막기 위해 평균적 수요량을 초과해 보유하는 재고량을 말한다. 아래의 안전재고에 관한 설명 중 가장 적절치 않은 것은? *(2002. CPA)*

① 경제적 주문량 모형에서 안전재고량은 0이다.

② 수요의 표준편차가 클수록 안전재고를 많이 보유해야 한다.

③ 서비스 수준을 높이기 위해서는 안전재고의 수준을 높여야 한다.

④ 조달기간이 짧을수록 안전재고의 수준은 낮아진다.

⑤ 안전재고가 0이면 조달기간 중 품절률은 100%이다.

✎ 해설 ① 경제적 주문량 모형은 대개 확실성을 가정하고 적용하는 모형이다.
　　　　③ 서비스 수준은 주문 즉시 충족될 확률을 의미하므로, 서비스 수준을 높이려면 안전재고의 수준을 높여야한다.
　　　　⑤ 안전재고가 0이라 하더라도, 조달기간 중 발생하지 않거나, 예상된 수요 수준을 벗어나지 않을 경우도 있으므로 품절률은 100%보다 작다.

12 재고관리의 정기주문모형(periodic review system, P시스템)과 고정주문량모형(continuous review system, Q시스템)에 관한 다음 설명 중 옳지 않은 것은? *(2003. CPA)*

① P시스템은 정기적으로 정해진 시점에서만 재고를 조사하고 보충하기 때문에 Q시스템에 비해 재고관리가 간편하다.

② Q시스템에서는 현 재고 상태를 항시 알고 있어야 하므로 P시스템에 비해 일반적으로 재고조사 비용이 많이 소요된다.

③ 동일한 수준의 품절률을 가정하면, Q시스템이 P시스템에 비해 더 낮은 안전재고 수준을 유지한다.

④ 다품종 재고관리의 경우, P시스템은 각 제품의 주문을 묶어서 일괄 요청할 수 있으므

로 주문비용과 수송비용을 줄일 수 있는 장점이 있다.

⑤ 일반적으로 P시스템의 주문간격은 Q시스템의 주문간격보다 길다.

✎ 해설 ⑤ P시스템과 Q시스템의 주문간격은 상황에 따라 달라지기 때문에 일반화 시켜서 비교할 수 없다.

13 다음 중 재고모형들에 관한 설명이 옳지 않은 것은? (2004. CPA)

① 정기주문모형(periodic review system)은 재주문점(reorder point)의 개념과 병행되어 사용된다.

② 단일기간(single period) 재고모형은 재고부족에 따른 기회비용과 초과재고에 따른 재고잉여비용의 합을 최소화하는 재고모형이다.

③ 경제적 주문량(economic order quantity) 모형은 주문비용과 재고유지비용의 합을 최소화하는 재고모형이다.

④ 조달기간(replenishment leadtime) 동안의 수요에 변동성이 없다면 재주문점은 조달기간 동안의 일일 평균수요의 합과 동일하다.

⑤ 다른 모든 조건이 동일하다면 조달기간이 길수록 안전재고의 양도 많아진다.

✎ 해설 ① 고정주문량모형의 설명

14 적시생산(Just-in-time : JIT)시스템에 관한 다음의 설명 중 가장 적절치 않은 것은?

(2004. CPA)

① JIT시스템은 반복적 조립생산공정에 유효하며 비교적 적은 품종의 제품을 생산할 경우에 보다 효과적으로 운영될 수 있다.

② JIT시스템은 생산활동에서 낭비적인 요인들을 제거하는 것이 궁극적 목적이다.

③ 칸반(kanban)시스템은 JIT시스템을 지원하는 일종의 정보시스템으로서 상위 작업장으로부터의 작업흐름을 통제하는 목적으로 사용된다.

④ JIT시스템의 성공적 도입을 위해서는 제조준비(set-up)시간의 충분한 증가가 먼저 이루어져야한다.

⑤ JIT시스템을 효과적으로 운영하기 위해서는 생산의 평준화가 이루어져야한다.

✎ 해설 ④ 증가 → 감소

15 ABC재고관리와 관련한 다음의 설명 중 가장 적절치 않은 것은? (2005. CPA)

① 취급상품의 종류가 다품종인 경우에 적용한다.

② A품목, B품목, C품목 중 총가치 대비 비중이 가장 큰 품목군이 A품목이다.

정답 13 ① 14 ④ 15 ③

③ A, B, C 품목 중 C품목의 주문주기가 가장 짧다.

④ C품목군은 정기주문 시스템인 P-시스템 주문모형에 적합하다.

⑤ ABC재고관리 목적과 개념상 3개 이상의 품목으로 분류하는 것도 가능하다.

✎ 해설 ③ A품목이 가장 중요한 품목이며, 주문주기가 가장 짧다.

16 단일기간 재고모형과 관련한 다음의 설명 중 가장 적절치 않은 것은?　　　　(2005. CPA)

① 단위당 품절비용, 단위당 재고비용, 1회 주문비용 등을 고려하여 주문량을 결정한다.

② 조달기간이 길고 수명주기가 짧은 상품에 대한 주문량 결정과 호텔의 초과예약 객실 수 결정에도 적용된다.

③ 단위당 품절비용이 증가되면 적정 주문량도 증가될 가능성이 높다.

④ 수요가 확정적인 경우 수요량 만큼 주문한다.

⑤ 수요의 확률분포를 0에서 100 사이의 연속형 균일분포(uniform distribution)로 가정하는 경우, 단위당 품절비용 대 단위당 재고비용의 비율이 1 : 1에서 3 : 1로 증가되면 적정 주문량은 50% 증가된다.

✎ 해설 ① 단일기간 재고모형에서는 단위당 품절비용(재고 부족비)과 단위당 재고비용(재고 과잉비)은 고려하지만, 중요도가 낮은 1회 주문비용은 고려하지 않는다.

⑤ 연속형 균일분포에서 단위당 품절비(재고 부족비; C_s)와 단위당 재고비(재고 과잉비; C_e)를 고려한 서비스 수준(SL)은 $\dfrac{C_s}{C_s+C_e}$ 로 나타낼 수 있다.

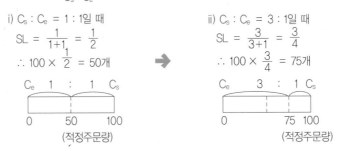

i) $C_s : C_e = 1 : 1$일 때

$$SL = \frac{1}{1+1} = \frac{1}{2}$$

$$\therefore 100 \times \frac{1}{2} = 50개$$

ii) $C_s : C_e = 3 : 1$일 때

$$SL = \frac{3}{3+1} = \frac{3}{4}$$

$$\therefore 100 \times \frac{3}{4} = 75개$$

∴ 적정주문량은 50 → 75로 50% 증가

17 MRP와 JIT시스템에 대한 다음 설명들 중 가장 적절하지 않은 것은?　　　　(2006. CPA)

① MRP는 자재명세서(BOM) 외에도 원자재 및 부품의 재고현황, 조달에 필요한 소요기간 (lead-time) 등에 대한 정확한 정보를 필요로 한다.

② JIT는 원자재, 부품은 물론 재공품과 완제품 재고를 최소로 유지하면서 적시에 수요를

충족시킬 수 있도록 설계된 시스템이라 할 수 있다.

③ JIT시스템을 안정적으로 운영하기 위해서는 신뢰할 수 있는 공급자의 확보가 필수적이다.

④ MRP에서 주된 계획대상으로 삼고 있는 독립수요는 제품설계사양에 의해 일정한 규칙을 가지고 발생하게 된다.

⑤ 시스템 운영원리의 특성에 따라 MRP는 push시스템, JIT는 pull시스템이라 불리기도 한다.

✎ 해설 ④ 독립수요 → 종속수요

18 재고관리에 관한 다음 서술들 중 가장 적절하지 않은 것은? (2006. CPA)

① 안전재고의 수준을 높일수록 조달기간 중의 품절률은 낮아진다.

② 수요발생이 일정할 경우 제조설비의 셋업(set-up) 횟수를 줄이면 평균재고의 규모는 상대적으로 작아지게 된다.

③ 가능한 한 작은 규모의 재고를 보유하면서도 안정적인 대응을 할 수 있는 생산시스템을 갖추는 것이 오늘날의 생산관리에서는 필수적이다.

④ 순차적으로 연결된 작업단위들 사이에 존재하는 재공품 재고는 두 작업간의 생산흐름이 불균형을 이루고 있다는 의미로 볼 수 있다.

⑤ 바코드 시스템을 활용할 경우 재고실사에 필요한 많은 시간과 경비를 절약할 수 있다.

✎ 해설 ② 수요가 일정한 상태에서 제조설비의 셋업 횟수를 줄이면, 1회 생산량이 증가하여 평균재고의 규모는 상대적으로 커진다.

19 기본적인 경제적 주문량(EOQ: Economic Order Quantity) 모형에 대한 다음 설명 중에서 가장 적절하지 않은 것은? (2007. CPA)

① 다른 조건이 일정할 때 주문비용이 감소하면 EOQ는 감소한다.

② 다른 조건이 일정할 때 연간 수요가 증가하면 EOQ는 감소한다.

③ EOQ는 연간 재고유지비용과 연간 주문비용이 같아지는 1회 주문량이다.

④ 다른 조건이 일정할 때 연간 단위당 재고유지비용이 증가하면 EOQ는 감소한다.

⑤ EOQ는 연간 재고유지비용과 연간 주문비용의 합인 연간 총재고비용을 Q(1회 주문량)에 대해 미분한 뒤 0으로 놓고 Q에 대해 풀면 구할 수 있다.

✎ 해설 ② $Q = \sqrt{\dfrac{2OD}{C}}$ 에서 D(연간수요)가 증가하면 Q(EOQ)는 증가한다.

20 MRP(Material Requirements Planning) 시스템에 대한 다음 설명 중에서 가장 적절하지 않은 것은? (2007. CPA)

① 독립적 수요(independent demand)를 갖는 품목의 재고 및 생산계획과 관련된 컴퓨터 기반의 정보시스템이다.

② 주보고서로는 계획된 주문일정, 계획된 주문변경 등에 대한 보고서가 포함된다.

③ 주요 입력요소로는 MPS(Master Production Schedule), BOM(Bill of Materials), IR(Inventory Record) 등이 있다.

④ 운영체계로는 재생형(regenerative) MRP와 순변화(net change) MRP시스템이 있다.

⑤ MRP는 MRP II(Manufacturing Resource Planning), ERP(Enterprise Resource Planning) 등으로 확대 발전하였다.

✎ 해설 ① 독립적 수요 → 종속적 수요
④ 재생형 MRP와 순변화 MRP는 MRP시스템에 자료 입력 방법을 구분하는 개념으로, 재생형 MRP는 정해진 시간에 정기적으로 발생한 변동사항을 입력하여 시스템 내의 모든 기록을 변화에 맞게 완전히 재조정하게 하는 주기적 방법이며, 순변화 MRP는 MRP에 영향을 미치는 변화가 발생할 때마다 변동사항을 입력하여 변화에 영향받는 모든 요소를 재조정하는 지속적 방법이다.

21 JIT(Just-In-Time)방식과 미국식 포드시스템(Ford system)에 기반을 둔 전통적 생산방식의 일반적 특성을 비교한 다음 설명 중에서 가장 적절하지 않은 것은? (2007. CPA)

① 전통적 생산방식은 계획 중심적이고 컴퓨터 의존적이나, JIT는 통제 중심적이며 시각적 통제를 강조한다.

② 전통적 생산방식은 전문화되고 개인주의적인 노동력에 기반을 두고 있으나, JIT는 유연하며 팀 중심적인 노동력에 기반을 둔다.

③ 전통적 생산방식은 비교적 충분한 재고를 갖고 운영되나, JIT는 재고를 낭비로 보아 극소화 한다.

④ 전통적 생산방식은 다수의 경쟁적인 공급업자를 가지나, JIT는 하나 혹은 소수의 협력적 공급업자를 갖는다.

⑤ 전통적 생산방식은 생산성을 위해 짧은 준비시간(setup time)을 추구하나, JIT는 안정적 생산을 위해 비교적 긴 준비시간을 추구한다.

✎ 해설 ⑤ 전통적 생산방식과 JIT방식의 설명이 뒤바뀌었다.

연습문제

01 기업의 재고보유와 관련된 다음의 설명 중 가장 옳지 않은 것은?

① 일반적으로 판매부서는 높은 재고를 원하지만, 생산부서는 낮은 재고를 원한다.

② 불확실성에 대처하기 위해서 보유하는 재고를 안전재고라 한다.

③ 경제적 구매(생산)을 위해 주기적으로 구입함으로 발생하는 재고를 주기재고라 한다.

④ 예상되는 수요나 공급의 변화에 대처하기 위한 재고를 예비재고라 한다.

⑤ 경제적 주문량보다 작게 주문할 때는 주문비가 유지비보다 크게 발생한다.

✎ 해설 ① 일반적으로 판매부서는 고객서비스수준을 높이기 위해 많은 재고를 원하며 생산부서는 안정적인 고용수
준을 유지하기 위해 적정한 재고를 원한다.
⑤ 아래 그림에서 결제적 주문량보다 작은 곳은 Q* 지점의 왼쪽이다.

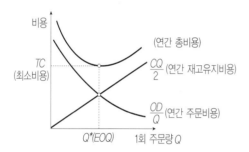

02 EPQ의 구성요소를 다음과 같이 나열할 때 옳지 않은 것은?

D : 연간수요량	O : 준비비용	C : 단위당 재고유지비	Q : 1회 생산량
d : 사용률	p : 생산율	t_p : 생산일수	

① 최대재고수준은 Q이다.

② 생산주기는 Q/d이고 생산일수는 Q/p이다.

③ 조달기간은 일정하고, 재고부족이 없다고 가정한다.

④ 평균재고수준은 $\frac{1}{2}(p-d)t_p$이다.

⑤ EPQ를 구하기 위해서는 $p > d$이어야 한다.

정답 1 ① 2 ①

03 JOY기업은 구매가격이 1,000원인 원재료를 구매하여 제조공정에 투입하고 있다. 이 재료의 유지비용은 구매가격의 10%, 1회 주문비는 15원, 연간 수요량은 27,000개이다. JOY기업의 재고관리에 관한 다음의 설명 중 옳지 않은 것은?(단, 1년은 360일로 가정한다)

① 경제적 주문량은 90개이다.

② 연간 재고유지비는 4,500원이다.

③ 연간 주문비는 6,000원이다.

④ 주문횟수는 300회이다.

⑤ 주문과 주문 사이의 주기는 1.2일이다.

해설 ① $EOQ = \sqrt{\dfrac{2OD}{C}} = \sqrt{\dfrac{2 \times 15 \times 27,000}{100}} = 90$개

② 연간재고유지비 $= \dfrac{Q^*}{2} \times C = \dfrac{90}{2} \times 100 = 4,500$원

③ 연간 주문비 $= \dfrac{D}{Q^*} \times O = \dfrac{27,000}{90} \times 15 = 4,500$원

④ 주문횟수(N^*) $= \dfrac{D}{Q^*} = \dfrac{27,000}{90} = 300$회

⑤ 주기(T^*) $= \dfrac{360 \times Q^*}{D} = \dfrac{360 \times 90}{27,000} = 1.2$회

04 어느 제품의 연간 수요량은 2,500개, 주문비는 100원, 단위당 연간 재고유지비는 2원이다. 이 회사의 연간 영업일수가 250일일 때 연간 총재고비용은?

① 800원　　　　　　　② 900원　　　　　　　③ 1,000원

④ 1,100원　　　　　　⑤ 1,200원

해설 $TC = \sqrt{2ODC} = \sqrt{2 \times 100 \times 2,500 \times 2} = 1,000$원

05 JOY기업은 하루에 300개씩 사용되는 주요부품이 있는데, 이 부품은 생산기간 동안에 하루에 600개씩 생산이 가능하다. 이 부품에 대한 제조준비비용은 2,000원이며, 개당 제조원가는 720원이다. 재고유지비율은 연간 30%이고, 연간 제조일수를 360일로 가정할 때 JOY기업의 경제적 생산량(EPQ) 및 연간 총비용(TC)을 바르게 구한 것은?

	EPQ	TC		EPQ	TC
①	2,000개	216,000원	②	2,200개	246,000원
③	2,400개	276,000원	④	2,600개	296,000원
⑤	2,800개	306,000원			

i) $EOQ = \sqrt{\dfrac{2OD}{C} \times \dfrac{p}{(p-d)}} = \sqrt{\dfrac{2 \times 2,000 \times 108,000}{216} \times \dfrac{600}{600-300}} = 2,000$개

    $D = 300$개 $\times 360$일 $= 108,000$원

    $C = 720$원 $\times 0.3 = 216$원

ii) $TC = \sqrt{2ODC \times \dfrac{(p-d)}{p}} = \sqrt{(2)(2,000)(108,000)(216) \times \dfrac{(600-300)}{600}} = 216,000$원

    최대재고량$(Q') = \sqrt{\dfrac{2OD}{C} \times \dfrac{(p-d)}{p}} = \sqrt{\dfrac{2 \times 2,000 \times 108,000}{216} \times \dfrac{(600-300)}{600}} = 1,000$개

    생산주기$(l) = \dfrac{EPQ}{d} = \dfrac{2,000}{300} = 6.67$일

    생산일수$(t_p) = \dfrac{EPQ}{p} = \dfrac{2,000}{600} = 3.33$일

06 김우정씨는 매일 신문을 새벽에 부당 20원에 구매하여 부당 80원에 판매하는데, 매일 수요는 300부와 500부 사이이다. 판매되지 않은 신문은 폐기처분되며 잔여가치가 없다. 김우정씨의 최적 재고수준은?

① 300부   ② 350부   ③ 400부

④ 450부   ⑤ 500부

✎ 해설 $C_e =$ 단위당 비용 $-$ 잔여가치 $= 20 - 0 = 20$

        $C_s =$ 단위당 수익 $-$ 단위당 비용 $= 80 - 20 = 60$

        $SL = \dfrac{C_s}{C_s + C_e} = \dfrac{60}{60 + 20} = 0.75$

        $S_o = 300 + 0.75(500 - 300) = 450$부

07 재주문점과 안전재고에 관련된 다음의 설명 중 옳지 않은 것은?

① 재주문점이란 주문을 해야 하는 시점의 재고수준을 말한다.

② 재주문점에서의 재고수준은 조달기간 중의 수요량이 된다.

③ 안전재고는 조달기간의 지연, 사용률의 급증 등으로 인해 초래될지도 모르는 재고부족에 대비하여 보유하는 재고이므로 수요와 조달기간이 확실한 경우 고려하지 않아도 된다.

④ 안전재고가 많을수록 재고부족으로 인한 기회비용과 재고유지비용이 증가한다.

⑤ 재주문점은 조달기간 동안의 평균수요에 안전재고를 합한 것이다.

✎ 해설 ④ 안전재고가 많을수록 재고고갈 가능성이 줄어들기 때문에 재고고갈로 인한 기회비용은 감소하고 재고유지비용은 증가한다.

08 고정주문량모형에 대한 설명으로 옳지 않은 것은?

① 재고수준이 언제 재주문점에 도달하는지를 알기 위해 계속 실사를 해야 한다.

② 주문시점은 부정기적이고 1회 주문량은 고정되어 있다.

③ 과거의 실적에 기초하여 수요를 예측한다.

④ 동일 공급자로부터 다수의 품목을 구매할 때 유리하다.

⑤ EOQ모형은 수량할인이 있는 경우나, 주문량이 일시에 전량 들어오지 않는 경우 등에도 쉽게 변형하여 사용할 수 있다.

✎ 해설 ④는 고정주문기간모형의 유용성을 설명한 것이다.

09 고정주문기간모형에 대한 설명으로 옳지 않은 것은?

① 고정주문량모형과 달리 EOQ나 재주문점 등은 존재하지 않는다.

② 고정주문기간모형이므로 지속적으로 재고조사를 실시하여 부족한 양만큼을 주문한다.

③ 고정주문량보형에 비해 안전재고가 크다.

④ 주문기간이 일정하며 주문기간이 짧을 경우 고정주문량모형보다 엄격하다.

⑤ 확정적 고정주문기간 모형은 기본적인 EOQ모형과 재고패턴이 같다.

✎ 해설 ② 고정주문기간모형은 정기적인 실사를 실시하여 부족한 양을 주문하는 모형이다.

10 절충모형과 관련된 설명 중 옳지 않은 것은?

① Min-Max시스템이라 한다.

② 고정주문량모형이나 고정주문기간모형보다 안전재고가 더 많이 필요하다.

③ 기본재고시스템은 재고기록을 하지 않는 방식이다.

④ 비주얼시스템은 재고기록을 하지 않는 방식이다.

⑤ single-bin방식은 Q시스템, two-bin방식은 P시스템의 일종이다.

✎ 해설 ⑤ single-bin방식은 P시스템, two-bin 방식은 Q시스템

11 ABC관리법에 대한 설명으로 옳지 않은 것은?

① 재고자산의 품목이 다양한 경우 적용할 수 있는 방법이다.

② 파레토분석에 의해 가치나 중요도에 따라 재고자산을 세 가지의 품목으로 분류하고 차별적으로 관리한다.

③ 사용량이 많고, 금액이 적은 품목은 A품목으로 분류하고 정기주문시스템으로 관리한다.

④ B품목은 사용량과 가치가 중간에 속하는 것들로 일반적인 재고관리시스템을 적용한다.

⑤ C품목은 사용량비율이 40~60%, 가치비율이 5~10%인 품목들로 재고유지비는 적고 충분한 재고를 보유해도 된다.

✎ 해설 ③ C품목에 대한 설명임. 반면, 사용량이 적어도 중요한 품목은 A품목으로 분류하고 정량주문시스템으로 관리한다.
　　　 ④ 일반적인 재고관리시스템으로는 정량주문시스템을 예로 들 수 있다.

12 재고관리에 대한 다음의 설명 중 옳지 않은 것은?

① 고정주문기간모형에서 실제재고수준이 목표재고수준에 도달하는 경우는 조달기간(L)이 0인 경우뿐이다.

② 일반적으로 Q시스템보다 P시스템이 안전재고가 더 많다.

③ 수요가 확률적인 경우 연간 수요 D 대신에, 연평균수요 $\bar{D}$를 이용하여 최적주문량의 근사치를 구한다.

④ ABC관리법에서 A품목은 P시스템, B품목은 s,S시스템, C품목은 Q시스템이 사용된다.

⑤ 재고부족이 허용되는 경우 평균재고수준은 $\frac{Q-S}{2}$이하가 된다.

✎ 해설 ② 일반적으로 P시스템은 조달기간(L)뿐 아니라 주문주기기간에 대해서도 품절의 위험에 대비해야 하기 때문에 안전재고가 더 많다.
　　　 ④ ABC관리법에서 A품목은 재고수준을 계속적으로 검토하고 안전재고를 줄이며 기록의 정확성을 기할 수 있는 Q시스템을 사용하여 관리한다. 반면 C품목은 P시스템, B품목은 s,S시스템을 사용하여 관리한다.
　　　 ⑤ 재고부족을 허용하는 경우에는 평균재고수준이 낮아진다. 엄밀히 말해 이 때 평균재고수준은 $\frac{Q-S}{2}$이하가 된다. 왜냐하면 재고부족이 발생하는 기간(t_2) 동안은 사실상 재고가 0이기 때문이다.

13 다음 중 자재소요계획(MRP)기법의 특징에 해당되지 않는 것은?

① 재고의 종속성을 이용한 일정 및 재고통제기법이다.

② 구성부분품의 과거수요에 입각하여 미래의 필요소요량을 예측한다.

③ 자재명세서의 단계가 많고, 롯트의 크기가 클 경우 적용효과가 높다.

④ MRP와 EOQ, EPQ 간에 직접적인 관련성은 존재치 않는다.

⑤ closed loop MRP는 생산능력의 검토도 병행한다.

✎ 해설 ② MRP기법은 그 자재보다 높은 계층의 제품의 생산수량 및 일정을 기초로 하여 필요소요량을 예측한다.

14 다음 중 자재소요계획(MRP)기법의 특징으로 볼 수 없는 것은?

① 계획에 의한 push시스템　　　　　② 모든 구성품목의 통제

③ 주일정계획의 안정성 강조　　　　④ 안전재고(safety stock)의 감소

⑤ 재고의 종속성을 이용한 일정계획 및 통제기법

✒ 해설 ③ MRP기법은 주일정계획이 전제되어야 하는 것이지 반드시 안정적일 필요는 없다.
④ MRP시스템은 모든 품목을 통제하고, ROP방식은 주로 ABC관리법으로 통제한다.

15 다음의 주문점방식과 MRP에 대한 비교 중 옳지 않은 것은?

① 주문점 방식은 자재의 재고수준이 떨어지면 보충하지만, MRP는 오로지 자재가 필요할
때만 주문한다.

② 주문점방식에서 재고통제를 위해 사용되는 ABC관리법은 MRP시스템에서 적용할 수
없다.

③ 주문점방식에서 사용되는 EOQ모형은 MRP시스템에서도 유용하다.

④ 주문점방식은 고객지향적이고, MRP는 제조지향적이다.

⑤ 주문점방식은 과거의 수요패턴에 입각하여 미래수요를 예측하지만 MRP는 대일정계획
에 의해 산출되는 소요량에 입각하여 이루어진다.

✒ 해설 ① MRP는 특정 부품에 대한 제조상의 요구가 없는 경우 설사 재고수준이 낮더라도 보충하지 않는다.
② MRP에서는 C품목도 A품목과 마찬가지로 중요하다. 왜냐하면 어떤 제품을 생산할 때 값싼 C품목이라도
이들 없이는 생산이 불가능하기 때문이다. 따라서 MRP에서는 모든 품목을 똑같이 통제해야 한다.
③ 주문점방식에서 사용되는 EOQ모형은 MRP시스템에는 유용하지 않다. 왜냐하면 구성품의 일괄적 수요패
턴은 전통적인 EOQ모형의 가정에 위배되기 때문이다. 또한 MRP에서 EOQ만큼 특정 부분품을 주문하게
되면 잔여재고가 남게 되고 이러한 잔여재고는 불필요한 재고유지비용을 발생시킨다.
④ 주문점방식의 재고관리 목적은 낮은 재고관련비용으로 높은 고객서비스 수준을 제공하는 것이므로 고객
지향적이다. 반면 MRP의 재고관리목적은 대일정계획을 지원하는 데 있으므로 제조지향적이다.

16 최근 MRP는 ERP(enterprise resource planning)로 그 개념이 발전하고 있다. 다음 중
MRP와 ERP의 설명으로 옳지 않은 것은?

① MRP는 기업 내부의 활동에 초점을 두고 있다.

② ERP는 고객, 공급자, 설계, 영업, 회계 등 제조관련 모든 정보의 통합을 통해 기업의
자원을 최적으로 관리하고자 한다.

③ ERP는 품질관리, 현장서비스, 보전관리, 배급, 마케팅, 공급자관리 등의 기능도 가지고
있다.

④ MRP를 위한 소프트웨어패키지로 SAP사의 R/3시스템이 있다.

⑤ ERP는 공급자와 고객이라는 외부공급사슬도 포함하고 있는 점에서 MRP와 차별화된다.

✒ 해설 ④ ERP에 대한 설명임

17 다음 중 JIT생산시스템에 관한 설명으로 타당하지 않은 것은?

① 모든 생산공정의 흐름을 동시활동으로 유지한다.

② 선행공정의 생산량은 후행공정에서의 필요량에 의하여 결정된다.

③ 재고를 최소로 보유하여 재고고갈비용을 최저로 낮추고자 한다.

④ 제품인도기간에 여유가 없으므로 품질상 무결점이 매우 강조된다.

⑤ 반복적 제조활동에 유리하다.

✎ 해설 ① 유동작업체계
③ 재고고갈비용의 최소화를 위해서는 안전재고를 보유해야 한다. 그러나 이는 JIT시스템과 대치되는 개념이다.

18 JIT생산시스템에 관한 설명 중 틀린 것은?

① 하위시스템으로서 칸반시스템을 이용하여 통제한다.

② 표준화된 제품의 적시생산을 위하여 항상 안전재고를 확보한다.

③ 납품업자와의 협조관계를 중시한다.

④ 대개 전사적품질관리(TQC)체제와 통합되어 운영된다.

⑤ 생산준비비용과 시간을 경제적으로 통제할 수 있다.

✎ 해설 ② JIT시스템은 재고를 보유하지 않으려는 기법이므로 안전재고가 필요하지 않다.
⑤ JIT시스템은 수요의 변동에 적응이 쉬운 반면, 생산준비횟수가 증대되므로 생산준비비용과 시간의 통제가 필요하다. 생산준비시간이 0에 접근하면 이상적인 1단위 롯트크기가 가능해진다.

19 다음 중 적시생산시스템과 관련이 먼 것은?

① MPS에 의거한 경제적 생산롯트

② 투자수익률의 향상

③ 수요예측

④ 생산의 평준화

⑤ 작업자 능력의 완전활용

✎ 해설 ①은 MRP에 대한 설명이다.
④ JIT시스템은 수요변동시 前공정으로 거슬러 올라가면서 연쇄반응을 일으킬 우려가 있다. 그러므로 생산의 평준화가 필요하다.

20 JIT시스템은 하위시스템(즉 JIT, 소롯트화, 자동화, TQC 및 현장개선)과 관련성이 없으면 전혀 무의미한 것이 되기 쉽다. 다음 중 JIT시스템의 전제조건(또는 한계)에 해당하는 것이 아닌 것은?

① 판매력   ② 하청관리력   ③ 기술력   ④ 생산평준화   ⑤ 보유능력

✎ 해설   JIT시스템이 성공하기 위해서는 높은 판매력, 하청관리력(하청업체는 재고보유량이 증가하여 불만이 있음),
기술력(생산준비시간 단축), 생산평준화, 생산관리체제의 정비 등이 전제되어야 한다.

21 다음 중 린 생산방식에 대한 설명으로 옳지 않은 것은?

① 절약형시스템이다.
② 수공업생산방식과 대량생산방식을 결합하였다.
③ 공장장이 모든 업무책임을 지므로, 작업자의 부담이 없다.
④ 안돈이라는 제도를 이용한다.
⑤ 틈새시장공략에 유리하다.

✎ 해설   ③ 린 생산방식에서는 최대한의 업무책임을 실질적인 부가가치를 창출하는 작업자에게 넘겨준다.

22 다음의 JIT와 MRP의 비교에 관한 설명 중 틀린 것은?

① MRP가 계획을 중심으로 한 정보처리적 시스템이라면, JIT는 작업현장을 중심으로 한
실물생산처리적 시스템이다.
② MRP에서는 필요한 양만큼 생산하지만, JIT에서는 요청받은 양만큼 생산한다.
③ MRP는 작업자를 규정에 의해 관리하고, JIT는 합의제에 의해 관리한다.
④ MRP와 JIT 모두 무결점의 품질상태를 추구한다.
⑤ MRP에서는 공장을 주어진 그대로 받아들이지만 JIT는 공장의 변화를 요구한다.

✎ 해설   ④ JIT는 무결점을 추구하지만 MRP는 얼마간의 불량품을 허용한다.

〈JIT와 MRP시스템의 비교〉

비교내용	JIT시스템	MRP시스템
재 고	부채로 봄	자산으로 봄
롯 트 크 기	즉시 필요한 양만큼의 크기	일정계획에 필요한 정도의 크기
생산준비의정도	무의미하게 됨	우선순위가 낮음
대 기 물	제거해야 되는 것으로 봄	필요한 투자로 봄
납품업자와의관계	협력자로 봄	적대시
품 질 상 태	무결점을 추구	얼마간의 폐기품 허용
설비유지보수정도	끊임없으면서도 효과적이길 기대	필요할 때만 함
조 달 시 간	될 수 있으면 짧은 것을 기대	길면 길수록 좋음
작 업 자	합의제에 의한 관리	규정(명령)에 의한 관리

23 다음 중 JIT와 MRP에 대한 설명으로 옳지 않은 것은?

① JIT는 생산현장의 통제를 강조하며, MRP는 계획의 수립과 실행에 중점을 둔다.

② JIT는 안정된 주일정계획이 요구되지만, MRP는 변화가 심한 주일정계획도 무방하다.

③ JIT는 납품업자를 적대관계로 생각하지만, MRP는 납품업자와의 장기적인 관계를 추구한다.

④ JIT의 작업자들은 문제 해결에 참여하지만, MRP의 작업자들은 단일작업에 전문화되어 있다.

⑤ JIT는 반복생산의 일정 및 재고관리에, MRP는 비반복생산의 재고관리에 적합하다.

✎ 해설 ③ JIT는 납품업자를 자사의 생산시스템의 일부로 간주한다. 또한 납품업자와의 장기적 관계를 추구하며, 납품업자에 대해 잦은 배달을 요구한다. 반면 MRP는 납품업자를 보통 적대관계로 생각하며, 다수의 납품업자를 서로 경쟁시켜 저렴한 공급가격을 추구한다. 즉, MRP는 인간적인 상호협조 여부의 중요성이 배제된 기계적 방식이다.
⑤ 반반복적(半反復的 ; semirepetitive)인 생산의 경우 JIT와 MRP가 결합된 시스템(Syncro MRP)이 효과적이다.

24 재고관리에 대한 다음의 설명 중 옳은 것은?

① ABC관리법에서 A품목은 중요도가 높은 품목으로 대량의 안전재고를 보유한다.

② JIT는 반복생산, 공정별 작업에 적합한 생산기법이다.

③ 수요가 변동될 경우 재주문점은 조달기간 동안의 평균수요량에 안전재고를 더하여 결정한다.

④ 고정주문기간모형과 고정주문량모형은 MRP와는 달리 장래예측정보에 의존한다.

⑤ 수량할인이 고려될 경우 최적주문량은 다수가 존재할 수 있다.

✎ 해설 ① A품목은 중요도가 높은 품목으로, 롯트규모는 소량으로, 주문주기는 짧게 관리하므로 안전재고는 소량으로 보유한다.
② JIT는 반복생산, 조립생산에 적합한 생산기법이다.
④ 고정주문기간모형은 장래예측정보에 의존하고, 고정주문량모형은 과거의 실적에 의존한다.
⑤ 수량할인이 고려될 경우 최적주문량의 결정시 재고의 구입비도 고려해야 하며 재고관련비용에 구입비를 합한 총비용이 최소가 되는 주문량을 결정하게 된다.

25 다음의 재고자산관리기법 중 안전재고의 크기 순으로 옳게 나열한 것은?

a. 고정주문량모형	b. 고정주문기간모형	c. s,S system
d. MRP	e. JIT	

① a - b - c - d - e   ② b - a - c - d - e
③ c - b - a - d - e   ④ c - a - b - d - e
⑤ c - b - d - a - e

✎ 해설 ⅰ) s, S system은 재고수준이 정기적으로 검토되지만 재주문점 이하에 이를 때만 주문하고, 주문량도 일정
         하지 않기 때문에 가장 많은 안전재고가 필요하다.
       ⅱ) 고정주문량모형의 안전재고 < 고정주문기간모형의 안전재고
       ⅲ) MRP시스템은 상위계층의 수요에 종속되어 수요품을 관리하므로 안전재고가 많이 필요하지는 않고 JIT
          시스템은 무재고를 추구하므로 안전재고가 가장 적다.

26 재고관리전략과 관련된 다음의 설명 중 옳지 않은 것은?

① 전방배치를 하게 되면 '고객화된 제품'을 공급할 수 없다.
② 수송비, 구매비는 많은 재고를 보관비, 처리비는 적은 재고를 요구한다.
③ 예상재고를 줄이기 위해서는 수요율의 평균화를 고려하는 것이 좋다.
④ 재고의 측정방법으로 평균총재고액보다는 공급가능주수가 더 바람직하다.
⑤ 공정중심전략을 사용하는 경우 재고계획기간을 길게 잡을 수 있다.

✎ 해설 ⑤ 제품중심전략의 설명이다. 제품중심전략은 수요·공급의 불확실성이 적어 일정계획을 정확히 수립할 수
        있으나, 공정중심전략에서는 임시조치가 늘 필요하다.

27 다음 중 구매자가 더 영향력을 갖는 경우가 아닌 것은?

① 공급자 판매량 중 상당량 구매시
② 구매품목이 표준화되어 있을 때
③ 구매자의 후방통합이 수월할 때
④ 공급자의 전방통합이 수월할 때
⑤ 새로운 공급자로의 전환비용이 낮을 때

✎ 해설 ④ 공급자의 전방통합이 어려울 때 구매자의 영향력이 커진다.

제9장 ▪ 품질관리

9.1 품질관리(QC : quality control)의 기초개념

1. 품질비용

품질비용(quality cost)이란 제품이나 서비스의 품질과 관련하여 발생하는 비용, 즉 부적합비용(cost of nonconformance)을 의미한다.

(2004, 2005, 2006 CPA)
★ 출제 Point
품질비용의 의의 및 구조

1) 예방비용(prevention cost) : 예방비용은 품질설계, 품질계획, 품질교육 등 불량품질의 발생을 미연에 방지하는 데 소요되는 비용을 말한다.

2) 평가비용(appraisal cost) : 평가비용은 수입검사, 공정검사, 완제품검사, 품질검사 등 고객에게 인도 전에 불량품을 제거하기 위한 검사비용을 말한다.

3) 실패비용(failure cost) : 실패비용은 불량으로 인한 폐기, 재작업이나 수선 등의 비용(내적 실패비용)과 반품, 클레임 등으로 인한 비용(외적 실패비용)을 말한다.

Key Point

통제비용(control cost) = 예방비용 + 평가비용

● 도표 9-1 품질비용과 품질비용의 절감

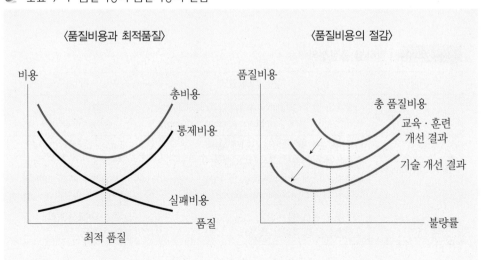

2. 품질관리

1) 품질관리의 의의

품질관리(QC : quality control)는 소비자가 요구하는 품질의 제품이나 서비스를 경제적으로 산출하기 위한 모든 수단과 활동의 체계를 나타낸다.

2) 품질관리와 관련된 데이터

① **변량**(계량치 : variables)
  ⓐ 길이, 무게, 순도, 강도, 두께 등과 같이 연속적인 값으로 측정된다.
  ⓑ 장점 : 이 방법은 품질변화의 정도를 알 수 있다.
  ⓒ 단점 : 검사의 시간과 노력이 많이 든다.
② **속성**(계수치 : attributes)
  ⓐ 불량품의 개수, 결점수 등과 같이 불연속적인 값을 갖는 측정치로, 정수로 측정할 수 있다.
  ⓑ 이 방법은 품질사양이 복잡하고 변량으로 측정이 어렵거나 비용이 많이 드는 경우 사용한다.
  ⓒ 장점 : 합격·불합격 의사결정을 빨리 할 수 있도록 하며, 측정에 필요한 노력과 자원이 상대적으로 적다.
  ⓓ 단점 : 품질변화가 있었음을 알지만, 변화의 정도는 알 수 없다.

3) 품질의 주관성

① 품질의 최종판단 주체는 고객이며 제품은 궁극적으로 고객의 요구를 충족시켜야 한다.
② 그러므로 품질을 '사용적합성(fitness for use)'의 개념으로 설명하는 경우가 있다.
③ 사용적합성이란 고객이 제품을 사용함으로써 그의 목적이 성공적으로 달성되는 정도(즉, 만족도)를 의미하며, 고객에 따라 달라지는 상대적 개념이 된다.

> **Key Point** 학자별 품질정의

관점별	품질정의 요약	학 자
생산자/기업 관점	시방과의 일치성(conformance with specification) 요건에 대한 일치성(conformance to requirements)	Seghezzi Crosby, Groocock
소비자/고객 관점	사용/용도의 적합성(fitness for use) 사용목적을 만족시키는 성질, 성능 고객의 기대에 부응(충족)하는 특성 고객의 만족(customer satisfaction)	Juran KS, JIS Feigenbaum, Tenner Gryna & Juran
사회 관점	요구를 만족시키는 특성 사회손실을 회피하는 특성	ISO, ANSI/ASQC 다구찌(田口)

3. 품질과 유사개념의 관계

(1) 생산성과 품질

1) 생산성은 투입에 대한 산출의 비율을 의미한다.

2) 투입하는 내용물에 따라 노동투입시에는 노동생산성, 자본투입시에는 자본생산성, 토지투입시에는 토지생산성, 원료투입시에는 수율 등으로 불리운다.

3) 과거에는 품질과 생산성의 반비례관계를 이용하여 품질수준을 조정함으로써 생산성 수준을 통제할 수 있는 것으로 여겼었다.

즉, 품질수준↓ → 산출↑ → 생산성↑

　　품질수준↑ → 산출↓ → 생산성↓

4) 그러나 현대에는 품질과 생산성의 관계가 과거와 매우 다르게 설정되고 있다. → 즉, 품질수준을 하락시키면서 생산성을 높이는 방법은 발전된 '소비자주의(consumerism)'와 개인 소득의 향상에 따른 소비수준의 향상으로 용납되기 어려운 상황이 되었다.

(2) 현대적인 관계설정

생산성을 전략적으로 설정하는 방법은 다음과 같은 것이 있다.

1) 품질수준을 일정하게 유지하면서 생산성을 높이는 방법 → 품질통제(quality control)를 통해 달성

2) 품질수준을 높이면서 생산성을 높이는 방법 → 기술혁신(innovation)을 통해 달성

4. 품질관리의 발전과정

1) **작업자 품질관리** : 초기에는 한 작업자가 제품생산의 전과정을 담당하였으므로 작업자 자신이 품질까지 책임을 졌다.

2) **직장 품질관리** : 분업의 시대에는 여러 작업자를 지휘·감독하는 직장이 제품의 품질에 책임을 졌다.

3) **검사 품질관리** : 한 사람의 직장이 거느리는 작업자의 수가 증가함에 따라 직장이 작업감독과 품질을 동시에 책임지기가 어려워졌고, 이에 따라 검사를 전담하는 검사자·검사부서가 품질을 책임지게 되었다.

4) **통계적 품질관리** : Deming

① 통계적 품질관리(SQC : statistical quality control)란 고객에게 만족을 줄 수 있는 품질의 제품을 가장 경제적으로 생산할 수 있도록, 생산의 모든 단계에 통계적 기법을 사용하는 품질관리방법을 말한다.

● 도표 9-2 품질관리의 역사

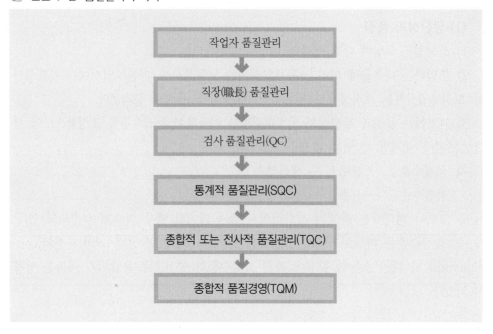

② 통계적 품질관리는 합리적 비용지출로 최대의 검사를 가능하게 하며, 소비자의
   불만을 분석하고 이를 제조에 반영할 수 있게 하므로 생산자와 소비자 사이의
   관계를 개선할 수 있게 해 준다.

> **Key Point**
>
> 통계적 품질관리는 생산현장의 품질검사에 치중하며, 검사부서나 품질관리부서가 중심이 된다.

● 도표 9-3 품질관리기법의 종류

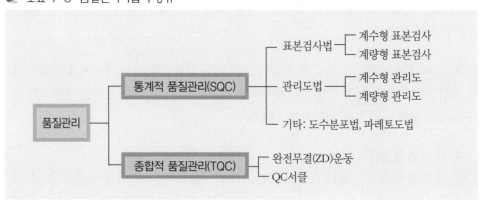

5) 종합적 품질관리 또는 품질경영 : Feigenbaum

① 종합적 품질관리(TQC : total quality control)란 고객에게 만족을 줄 수 있는 품질의 제품을 가장 경제적으로 생산할 수 있도록, 사내 각 부문의 활동을 조정·통합시키기 위한 시스템이다.

② 전사적 품질관리라고도 하며 다음과 같은 특징이 있다.

ⓐ 전사적으로 각 분야를 종합적으로 관리·통제해야 품질을 향상시킬 수 있다는 전제에서 출발한다. → 즉, 품질검사뿐 아니라 자료의 구매, 제품설계, 생산기술, 생산활동, 완제품의 검사, 유통기구와 마케팅활동, 품질과 관계가 있는 사무관리부문까지 관리·통제한다.

ⓑ 품질과 경영관리의 양 측면을 결합한 개념이다.

③ 품질경영(QM : quality management)은 기존의 품질관리와는 달리 품질관리 개념을 제품 자체에서 조직시스템의 차원으로 전환해야 함을 강조한다.

ⓐ 종전의 품질관리가 생산현장 위주의 관리통제 중심인데 비해, QM은 최고경영자의 품질방침에 따라 국제적으로 경쟁력 있는 품질을 확보하는 것을 목표로 현장작업자에서부터 최고경영층에 이르는 고객 위주의 전사적인 품질향상운동이며 고객지향의 제품개발 및 품질보증체계의 확보를 중요시한다.

ⓑ 품질경영은 품질관리를 포함한 기업 전반의 경영관리를 품질전략적으로 행하는 것이다.

ⓒ 국제표준화기구(ISO : international standard organization)의 ISO-9000시리즈 국제품질인증(또는 보증)제도와 관련하여 품질경영이 실시되고 있다.

6) 총괄적 품질경영 또는 전략적 품질경영

◈ 전략적 품질경영
(SQM : strategic quality management)

① 1960년대 품질보증(quality assurance) 개념이 제시된 이래, 소비자 주의가 점차 강해짐에 따라 제품책임(PL) 문제가 중요한 문제로 대두되었다.

② 이러한 제품의 신뢰성, 품질보증, 제품책임 문제 등은 전략적 차원에서 경영자와 전사원의 전사적·종합적 경영활동을 통해야만 해결할 수 있다.

③ 이를 위해 등장한 품질관리기법이 TQM(total quality management)이다.

🔴 도표 9-4 품질 패러다임의 변화

	제품측면의 초점	생산측면의 초점
주문지향적 패러다임	생 산	공 정
대량생산-검사지향적 패러다임	적 기	생산율
통계적 품질관리 패러다임	비용, 적기	생산율
전사적 품질경영 패러다임	비용, 적기	공 정
기술지향적 패러다임	생산, 비용, 적기	공 정

검사시점결정	수입검사(구입원자재 검사), 공정검사(생산공정 내의 재공품 검사), 완제품검사
측정치의 유형결정	계수치, 계량치
검사의 크기결정	전수검사, 표본검사
검사자결정	작업자, 전문검사자, 고객

9.2 표본검사법(발췌검사법 : sampling inspection)

1. 표본검사의 의의

1) 의 의

('99 CPA)
★ 출제 Point
표본검사의 방법비교 및 표본검사위험

표본검사란 검사대상 모집단에서 임의로 표본을 추출하여, 그 표본에 포함된 불량품의 수를 검사한 후, 그 불량품의 수가 허용된 표준수보다 적으면 그 모집단을 합격품으로 판정하여 받아들이고, 불량품의 수가 허용된 표준수보다 많으면 이를 불합격품으로 거부하든지 전수조사를 하여 불량품을 제거하도록 하는 기법이다.

2) 표본검사의 종류 : 검사횟수에 의한 분류
① **1회표본검사**(single sampling inspection)
② **2회표본검사**(double sampling inspection)
ⓐ 2회표본검사법에서는 첫번째 표본(n_1)을 추출하여 검사한 다음 불량품의 수가 미리 정해진 하한(c_1) 이하이면 그 롯트를 합격시키고, 불량품의 수가 미리 정해진 상한(r_1) 이상이면 불합격시키며, 불량품의 수가 하한보다는 크고 상한보다는 작으면 두번째 표본을 추출한다.
ⓑ 두번째 표본(n_2)의 검사 결과 누적불량품의 수(즉, 첫번째와 두번째 표본에서 나온 총불량품의 수)가 미리 정해 놓은 판정개수(c_2) 이하이면 합격, 이를 초과하면 불합격시킨다.
③ **다회표본검사**(multiple sampling inspection)
④ **축차표본검사**(sequential sampling inspection)
ⓐ 축차표본검사는 파괴검사나 고가품 및 공급부족품의 검사시 정확도를 유지하면서도 가장 적은 수의 제품을 검사하는 방법이다.
ⓑ 축차표본검사법에서는 롯트로부터 한 번에 한 개씩 제품을 추출하여 검사해 나간다.

2. 표본검사와 OC곡선(검사특성곡선 : operating characteristic curve)

1) OC곡선의 의의

① OC곡선은 어떤 롯트(lot)의 불량률(품질)과 그 롯트의 합격할 확률과의 관계를 나타내는 곡선이다.

② 한 개의 표본조사방식당 하나의 OC곡선이 존재한다. → 즉, 표본의 크기 (sample size)와 허용개수(acceptance number : 롯트를 합격품으로 허용할 수 있는 불량품 수량)에 따라 모양이 변화한다.

2) 전수검사의 OC곡선 : 이상적인 OC곡선

전수검사에서는 일정한 품질(D_0)을 기준으로 그 품질수준 이상의 롯트($0D_0$구간)는 모두 합격시키고, 그 품질수준 이하의 롯트(D_0D_1구간)는 모두 불합격시킨다.

● 도표 9-6 전수검사의 OC곡선

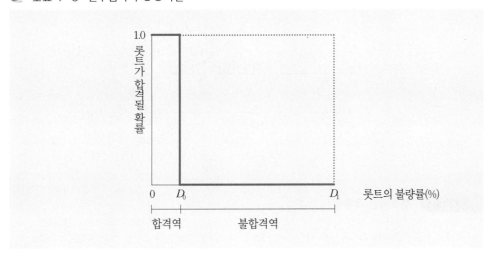

3) 표본검사의 OC곡선

표본검사에서는 표본추출의 성격 때문에 좋은 품질의 롯트가 불합격되고, 나쁜 품질의 롯트가 합격되는 것이 어느 정도 불가피하므로, [도표 9-7]과 같은 모양의 OC곡선을 보이게 된다.

① P_0 : 합격품질수준(AQL : acceptable quality level)→소비자에게 가장 바람직한 품질수준

② P_1 : 롯트허용불량률(LTPD : lot tolerance percentage defectives)→소비자가 허용할 수 있는 최저한의 품질수준

③ P_0P_1구역 : 부정역(indifference range)→양당사자의 입장에서 합격과 불합격을 상황에 따라 결정할 수 있는 영역

(2006 CPA)
★ 출제 Point
발췌검사와 OC곡선

◈ OC곡선은 주어진 표본검사법이 롯트의 양·불량을 얼마나 잘 가려내는가의 판별력을 나타내는 것이다. 즉, 특정 품질의 롯트가 이 검사를 받게 되면, 어느 정도의 확률로 합격하고, 어느 정도의 확률로 불합격되는가를 알 수 있다.

◈ LTPD＝불합격품질수준 (RQL ; rejection quality level)

Key Point 표본조사의 오류와 위험

구　　분	의사결정	
	불합격판정	합격판정
양　　품	제1종 오류(생산자 위험)	可
불 량 품	可	제2종 오류(소비자 위험)

● 도표 9-7 표본검사의 OC곡선

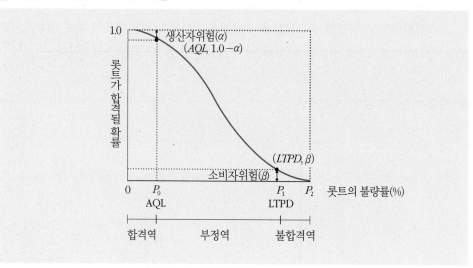

Key Point 경제적인 표본검사

경제적인 표본검사는 OC곡선을 결정하는 N(롯트의 크기), n(표본의 크기), c(허용개수)의 값에 의하여 결정되며, N, n, c의 값은 다음과 같은 요인에 의하여 결정된다.
① 생산자위험(α) 　　② 소비자위험(β) 　　③ 합격품질수준(AQL) 　　④ 롯트허용불량률(LTPD)

4) OC곡선의 성질

표본의 크기 ↑ → 그래프가 아래로 떨어짐 ┐
　　　　　　　　　　　　　　　　　　　　　├ → 식별능력이 증가
허 용 개 수 ↓ → 그래프가 아래로 떨어짐 ┘

● 도표 9-8 OC곡선의 특징

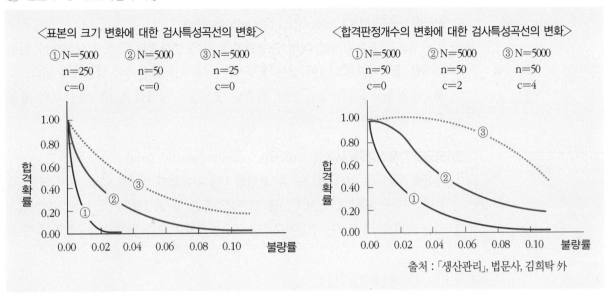

〈표본의 크기 변화에 대한 검사특성곡선의 변화〉

① N=5000 ② N=5000 ③ N=5000
  n=250   n=50   n=25
  c=0   c=0   c=0

합격확률

〈합격판정개수의 변화에 대한 검사특성곡선의 변화〉

① N=5000 ② N=5000 ③ N=5000
  n=50   n=50   n=50
  c=0   c=2   c=4

합격확률

출처 : 「생산관리」, 법문사, 김희탁 外

● 도표 9-9 n과 c의 변화에 따른 OC곡선의 변화

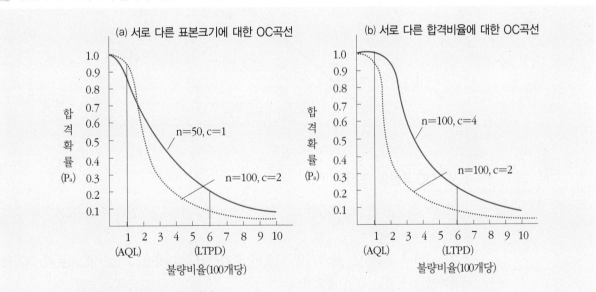

(a) 서로 다른 표본크기에 대한 OC곡선

합격확률(P_a)

n=50, c=1
n=100, c=2

1 2 3 4 5 6 7 8 9 10
(AQL)   (LTPD)
불량비율(100개당)

(b) 서로 다른 합격비율에 대한 OC곡선

합격확률(P_a)

n=100, c=4
n=100, c=2

1 2 3 4 5 6 7 8 9 10
(AQL)   (LTPD)
불량비율(100개당)

〈 OC곡선에 대한 n과 c의 영향 〉

| | 표본추출계획의 변화 | | OC곡선의 변화 | |
허용비율(c/n)	불량품허용수(c)	표본크기(n)	생산자위험(α)	소비자위험(β)
(a) 일정	증가	증가	감소	감소
일정	감소	감소	증가	증가
(b) 증가	증가	일정	감소	증가
증가	일정	감소	감소	증가
감소	감소	일정	증가	감소
감소	일정	증가	증가	감소

출처 : 「생산관리」, 한국과학기술연구원, 석정

3. 표본검사와 이해관계자의 보호

1) 평균출검품질(AOQ : average outgoing quality)

① 일반적으로 표본검사에 의해 불량판정을 받아 불합격된 롯트에 대해서는 전수조사를 실시하고, 그 안에 있는 불량품을 양품으로 교환하여 납품하게 된다.

② 평균출검품질이란 납품을 위해 제출된 롯트들의 평균품질, 즉 검사 후의 평균불량률을 의미한다.

2) 평균출검품질한계(AOQL : average outgoing quality limit)

① 평균출검품질은 검사 전 롯트의 불량률 P에 관계없이 일정한 값을 넘지 않게 되는데, 평균출검품질한계(AOQL)란 평균출검품질 중 최대값(즉, 한계)을 의미한다.

② 이는 소비자입장에서는 생산자로부터 공급받을지도 모를 최악의 평균품질이 된다.

🔴 도표 9-10 평균출검품질한계

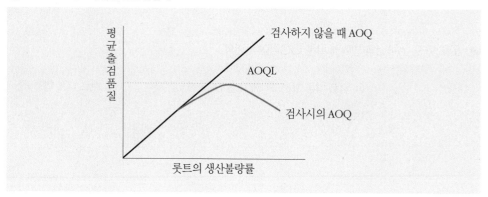

4. OC곡선의 조정

1) OC곡선은 전수검사시의 OC곡선에 가까울수록 이상적인데 이는 표본수의 증가로 달성 가능하다.

2) 그러나 표본수가 증가하면 비용이 증가하므로 비용을 고려하여 표본의 크기를 적절하게 결정하는 것이 중요하다.

9.3 관리도법(control chart : Shewhart)

(2001, 2008 CPA)
★ 출제 Point
관리도의 의의, 구성 및 결정원리

1. 관리도의 의의

1) 의 의

관리도는 품질에 영향을 미치는 공정을 대상으로 공정의 상태를 조사하여, 공정의

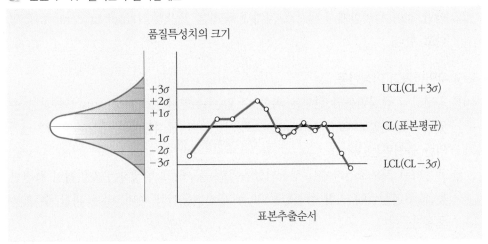

변동이 일정한 범위 내에 있는가의 여부를 확인하고, 이 범위를 벗어난 경우에는 그 원인을 규명하고 이를 제거하여 공정을 다시 안정시키는 대책을 강구하는 품질의 통계적 기록관리도이다.

2) 관리도의 구성

(2004 CPA)
★ 출제 Point
관리도의 구성원리

① 중앙선(CL : central line) : 평균상태

② 관리상한선(UCL : upper control limit)┐

③ 관리하한선(LCL : lower control limit)┘→관리한계선

→ 여기서 관리한계선은 품질의 오차가 허용될 수 있는 범위 내의 것인가 아니면 그 범위를 벗어난 것인가를 판정하기 위한 기준선이 된다.

3) 관리한계선의 결정원리

(2005 CPA)
★ 출제 Point
관리한계선의 결정원리

표본평균 ± 3σ → Shewhart의 3σ법

① 관리한계의 폭이 좁아지면(예를 들어 Z값의 감소) 공정평균상의 변동을 감지할 확률이 커진다. 반면 실제 존재하지도 않는 이상원인을 찾아낼 확률도 커진다.

② 그러므로 Z(또는 한계)의 선택은 존재하지도 않는 변동을 찾기 위한 비용과 존재하는 변동을 찾지 못했을 때의 비용의 크기에 따라 달라질 것이다.

③ 일반적으로 문제원인을 찾는 비용이 작다면 Z를 낮추는 것이 유리하며, 비용이 크다면 Z를 높이는 것이 유리하다.

4) 안정상태와 불안정상태

① 품질특성을 나타내는 자료를 공정에서 표본으로 추출하여 표본추출순서대로 점으로 표시한 후 모든 점이 관리한계선 내에 존재하면 공정은 안정상태 또는 관

리상태(under control)에 있다고 한다.

② 어떤 점이 관리한계선 밖으로 나가면 공정은 불안정상태(out of control)에 있다고 한다.

(2004 CPA)
★ 출제 Point
우연요인과 이상요인

5) 우연변동과 이상변동

① 공정상의 품질변동의 원인은 피할 수 없는 우연원인(chance cause)과 피할 수 있는 이상원인(assignable cause)으로 구분되며, 공정통제의 대상은 이상원인에 의한 품질변동이다.

② 표준화된 제조조건하에서 생산되었음에도 불구하고 발생하는 자연적인 품질변동을 우연원인에 의한 품질변동 또는 우연변동이라 하며, 이는 피할 수 없는 품질변동이다.

③ 품질변동이 우연원인에 의해서만 발생할 때 이 공정은 'under control'에 있는 것이다.

④ 이상원인에 의한 품질변동, 즉 이상변동은 우연원인에 의한 품질변동과는 달리

● 도표 9-12 P관리도에서 Z변화의 영향

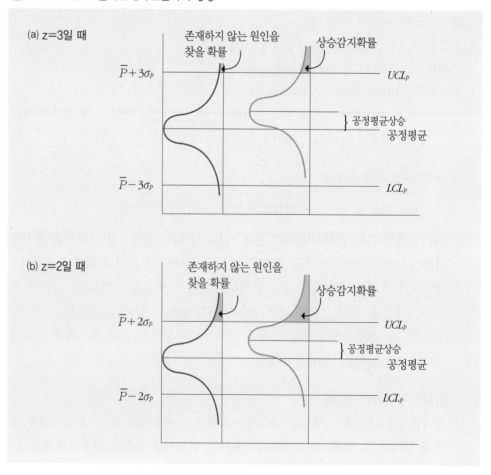

비교적 변동의 폭이 크며 그 원인을 추적할 수 있다.

⑤ 생산공정에 이상원인이 작용하여 품질변동이 생길 때 이 공정은 'out of control' 에 있는 것이다.

2. 관리도의 종류

1) 변량(variables)관리도 : 계량치관리도

$\bar{x}$관리도 : 제조공정의 평균치의 변화를 관리하는 데 이용된다.

R관리도 : 범위(range)의 변화를 관리하는 데 이용된다.

('89, 2001, 2008 CPA)
★ 출제 Point
관리도의 종류와 용도

① $\bar{x}$−R관리도 : 평균치와 범위 관리도로 가장 많이 사용된다.

② $\bar{x}$−σ관리도 : 평균치와 표준편차 관리도

③ $\tilde{x}$−R관리도 : 중위수와 범위 관리도

④ x관리도 : 개개의 자료(x)를 한 개 한 개 점으로 기입하는 관리도로, 한 롯트에서 자료를 하나밖에 얻을 수 없을 때나 개개의 자료를 얻는 간격이 매우 길 때 이용된다.

2) 속성(attributes)관리도 : 계수치관리도

① **P관리도**(불량률관리도)

이항분포를 하는 품질특성을 대상으로 불량률(p)에 의하여 공정을 관리하기 위한 관리도로 시험용자료의 크기가 일정하지 않아도 된다.

② **P_n관리도**(불량개수관리도)

이항분포를 하는 품질특성을 대상으로 불량개수(P_n)에 의하여 공정을 관리하기 위한 관리도로 시험용자료의 크기가 일정할 때만 사용 가능하다.

③ **u관리도**(결점률관리도)

포아송분포를 하는 품질특성을 대상으로 하며 검사하려는 대상의 크기나 길이가 일정하지 않을 때, 결점률(단위길이당 또는 단위면적당 결점수)로 공정을 관리하기 위한 관리도이다.

④ **c관리도**(결점수관리도)

포아송분포를 하는 품질특성을 대상으로 하며 검사하려는 대상의 크기나 길이

◉ 도표 9-13 속성관리도의 분류

		품질특성의 분포	
		이항분포	포아송분포
n	가 변	p관리도	u관리도
	일 정	p_n관리도	c관리도

＊n＝시험용 자료의 크기

가 일정할 때, 그에 나타나는 결점수로 공정을 관리하기 위한 관리도이다.

3. 관리도 작성시 고려사항

1) 표본의 크기
① 속성관리도는 제품속성에 근거해 품질을 쉽게 점검하고, 합격-불합격의 간단한 의사결정만 하는 경우에 유용하다.
② 속성은 변량에 비해 측정이 용이하므로 표본의 크기가 더 커지게 된다.

2) 관리의 정도
표본의 크기가 커짐에 따라 관리도의 한계는 중심선(즉, 공정평균)에 가까워진다.
→ 이 경우 분석자가 공정평균의 변화를 발견할 가능성이 더 커지게 된다.

4. 관리도의 작성절차

1) 관리대상이 되는 품질특성의 성격(변량인지 속성인지)을 확인한다.
2) 사용할 관리도의 종류를 결정한다.
3) 공정상태를 알아볼 자료를 준비한다. → 표본의 크기·표본수·표본검사기간 결정
4) 품질특성에 관한 자료를 수집한다.
5) 수집한 자료를 이용하여 중앙선과 관리한계선을 설정한다.
6) 표본의 평균치를 관리도에 표시한다. → 공정상태가 관리한계선 내에 있는지 확인
7) 공정상태가 관리한계선 밖에 있을 때는 원인을 규명하고 조치를 취한다.

9.4 종합적 품질관리

1. 완전무결(ZD : zero defects)운동 ; 무결점운동 → Crosby

1) ZD운동의 의의

('93 CPA)
★ 출제 Point
ZD운동의 특징

ZD운동이란 종업원에게 계속적으로 동기를 부여함으로써 종업원 각자의 주의와 연구·노력에 의하여 작업상의 결점을 0(zero)으로 하고, 제품의 품질향상·신뢰성향상·납기엄수·원가절감 등을 달성하고자 하는 운동이다.

2) ZD운동의 특징

종업원 각자에게 자주성을 부여하고, 종업원의 동기부여를 강조하여 불량품이 발생할 가능성을 사전에 예방하고자 한다.

DIRTFT

ZD운동은 '처음에 올바르게 행한다.(Do it right the first time)'는 결함예방철학(DIRTFT)을 강조한다.

3) ZD운동의 대상 및 작업오류의 원인
① ZD운동의 대상은 전종업원이며, 관리자는 종업원들이 ZD운동에 적극적으로 참여할 수 있도록 동기부여를 해야 한다.
② 작업상 오류의 원인으로는 부주의, 훈련부족, 작업환경의 불량 등이 있다.

● 도표 9-14 ZD프로그램 모형

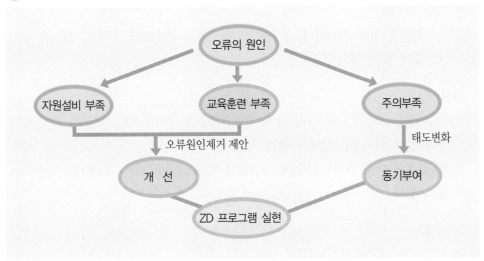

4) ZD운동의 실시요소
① ECR(error cause removal)제안 : ECR제안이란 직접 작업에 종사하는 작업자 자신이 각자의 부주의 및 오류발생원인을 제거할 수 있는 개선의견을 제안하는 것이다.

제안제도

제안제도란 기업의 운영이나 직무수행에 관한 개선안을 제안하는 것이다.

② 동기부여
ⓐ 관리자는 동종 작업을 수행하는 종업원들끼리 ZD집단을 편성하게 하고, 집단전체의 작업상의 오류를 0(zero)으로 하도록 동기부여한다.

ⓑ 또한 종업원 각자가 자발적으로 자신들의 개선목표를 설정하도록 자주성을 부여한다.

③ 표창 : ZD목표를 달성한 집단이나 목표달성에 공헌한 종업원에게 표창을 준다.

④ 권한의 이양 : 작업자들이 품질에 대해 책임감을 갖도록 해야 하며 이를 위해 작업자 자신이 만든 제품을 직접 검사하게 하고 품질에 대한 피드백 정보를 준다.

2. QC서클 : 품질관리분임조

1) 의 의

① QC서클(quality control circle)이란 한 작업단위인 10명 이내의 일선감독자 및 종업원들이 자발적으로 정기적으로 모여 제품의 질과 문제점을 분석하고 제안하는 것이다.

② 품질향상은 물론 참여적 분위기를 조성함으로써 종업원의 사기 및 팀웍을 증진시키고자 하는 방법이다.

2) 장 점

① QC서클은 작업자 자신들이 스스로 해결책을 강구토록 하기 때문에 조직 내의 변화에 대한 저항을 상당히 줄일 수 있다.

② 한 문제에 대해 여러 사람들이 생각하게 되므로 보다 나은 해결책을 이끌어 낼 수도 있다.

3) 단 점

① 해결책의 강구에 많은 시간이 소비된다.

② 타협책이나 형편없는 해결책을 내놓을 수도 있다.

● 도표 9-15 통계적 품질관리와 ZD운동의 비교

	통계적 품질관리	ZD운동
기본목표	불량품발생에 의한 손실과 품질관리 비용의 균형이 목표이다. 즉 표준치에 대한 불량률을 인정한다.	불량품발생을 0으로 한다. 즉, 표준치에 대한 불량률을 인정하지 않는다.
주　체	QC관리자나 QC전문가	전종업원
중점요소	품질의 물적 변동요인(원재료, 기계설비, 공구, 작업방법 등)	품질의 인적 변동요인(기술, 작업의욕 등)
성　격	논리적 · 수리적	심리적 · 비수리적

9.5 종합적 품질경영

(2007 CPA)
★ 출제 Point
TQM의 특성

1) 종합적 품질경영(TQM)이란 경영자가 소비자 지향적인 품질방침을 세워 최고경영진은 물론 모든 종업원들이 전사적으로 참여하여 품질향상을 꾀하는 활동을 말한다.

2) 이는 최고경영자가 중심이 되어 우수품질 및 고객만족의 확보를 통해 기획, 설계, 생산, 판매 등 경영활동 전반에 걸쳐 경쟁적 우위를 갖추도록 모든 구성원이 참여하는 전사적·종합적 경영관리체계이다.

1. 종합적 품질경영의 원칙

종합적 품질경영을 운영하는 데는 ① 고객중심, ② 지속적 개선(CI), ③ 전원참가 원칙을 갖추는 것이 필요하다.

2. TQC와 TQM의 비교

TQC와 TQM은 품질관리활동에 있어 전사적으로 추진하고 전원이 참가한다는 측면에서는 유사한 품질관리기법이지만 두 기법에는 〈도표 9-16〉과 같은 차이가 있다.

● 도표 9-16 종합적 품질관리(TQC)와 종합적 품질경영(TQM)의 비교

TQC(종합적 품질관리)	TQM(종합적 품질경영)
• 공급자 위주	• 구매자 위주(고객중시)
• 단위(Unit) 중심 • 생산현장 근로자의 공정관리 개선에 초점 • 생산현장 중심 • QC전문가의 관리통제기능 중시	• 시스템 중심 • 경영전략 차원 • 제품의 계획설계에서부터 제조·검사·판매과정에까지 기업의 전부문을 상호 유기적으로 보완·발전시켜 품질제고
• 사내규격 제정 • 설비 원부자재 및 공정관리 개선	• 사내규격 제정 • 품질전략 수립 • 고객지향의 제품설계 및 소비자 만족도관리
• 기업이익 우선의 공정관리 • 품질요구를 만족케 하는 기법과 활동	• 고객의 만족을 얻기 위해 최고경영자의 품질방침에 따라 실시하는 모든 부문의 총체적 활동
• 공정 및 제품의 불량감소를 목표로 일정한 품질규격을 설정하고 이에 대한 적합성을 추구하는 수단	• 설계, 공정, 제품, 업무, 사람 등을 포함하는 총체적 품질향상을 통해 경영목표를 달성하기 위한 수단
• 기업 자체의 필요성에 의해 자율적으로 추진	• ISO에 의해 국제규격으로 정해져 있으며 강제성은 없으나 구매자가 요구하면 이행해야 함 (반강제적)
• 생산중심적 또는 제품중심적 사고와 관리기법을 강조하는 개념	• 고객지향의 기업문화와 구성원의 행동의식도 요구

3. 공정설계와 품질경영

품질경영에서 사용하는 접근방법은 위치전략에 따라 달라진다.

1) 공정중심전략

① 고성능설계에 기초하여 경쟁하고자 한다.
② 품질수준유지를 위해 종업원의 참여에 크게 의존한다.

2) 제품중심전략

① 주로 일관된 품질에 기초해 경쟁한다.
② 품질전문가를 활용한다.
③ 보다 공식적 통제 및 자동검사에 치중한다.

9.6 지속적 개선

1) 지속적 개선(CI : continuous improvement)이란 제품이나 공정을 조금씩 지속적으로 개선해나가는 경영철학으로서 일본에서는 이를 '카이젠'이라 한다.
2) CI는 TQM의 핵심요소이며, 팀 구성원의 제안과 아이디어를 통해 기계, 자재, 작업 및 생산방법의 지속적인 개선을 추구한다.

● 도표 9-17　품질관리에 대한 접근

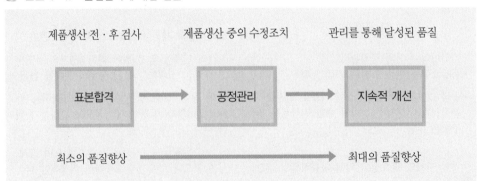

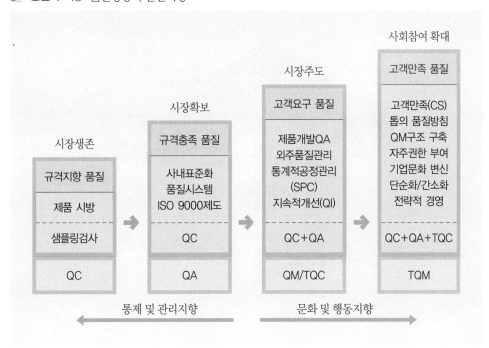

1) 지속적 개선을 위한 도구와 절차

CI를 위한 도구는 여러 가지 통계적 공정관리(SPC : statistical process control)기법에서부터 단순한 제안제도에 이르기까지 다양하다.

CI를 위한 대표적인 도구는 PDCA사이클(plan-do-check-act cycle)이다.

① 계획(plan) : 계획단계에서는 우선 개선해야 할 대상(例 활동, 작업방법, 기계)이나 특정 문제를 파악한다.

② 실행(do) : 이 단계에서는 계획을 실행하고 진행상황을 감시한다.

③ 점검(check) : 이 단계에서는 실행단계에서 수집된 자료를 분석하여 실행의 결과가 계획단계에서 설정된 목표와 부합하는지를 검토한다.

④ 행동(act) : 만약 결과가 성공적이면 개선안을 문서화하고, 이를 새로운 표준절차로 사용하도록 모든 종업원을 교육시킨다.

2) 지속적 개선을 위한 벤치마킹

PDCA 사이클을 통한 CI접근법은 기업 자체의 현행 업무를 상세하게 분석함으로써 개선을 추구하는 반면, 벤치마킹(benchmarking)에서는 동일산업 내의 경쟁기업 또는 타산업분야의 우수한 기업들의 사례를 분석·활용함으로써 개선을 꾀한다.

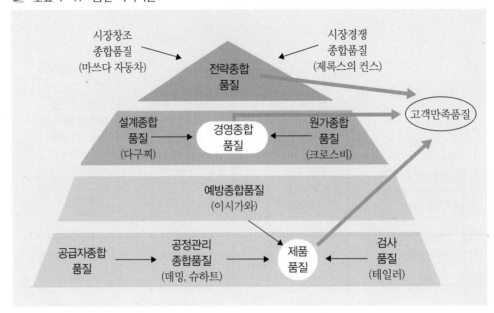

● 도표 9-19 품질 가치사슬

시장창조
종합품질
(마쓰다 자동차)

시장경쟁
종합품질
(제록스의 컨스)

전략종합
품질

고객만족품질

설계종합
품질
(다구찌)

경영종합
품질

원가종합
품질
(크로스비)

예방종합품질
(이시가와)

공급자종합
품질

공정관리
종합품질
(데밍, 슈하트)

제품
품질

검사
품질
(테일러)

9.7 품질향상기법

1) 품질관리에서는 공정을 안정된 상태로 유지하면서 계속적으로 품질향상을 도모한다.

2) 지속적인 품질향상을 위한 도구 및 기법으로는 체크리스트, 파레토분석, 특성요인도, 산포도 및 로버스트설계가 있다.

1. 체크리스트

1) 체크리스트(check list)를 통한 자료수집은 품질문제 분석의 첫 단계이다.

2) 체크리스트는 제품이나 서비스의 품질과 관련된 특성의 발생빈도를 기록하는데 사용하는 일종의 양식이다.

● 도표 9-20 체크리스트

불량유형	빈 도	도 수
성 형	### /	6
긁 힘	### ### ###	15
치 수	### ### ### ###	20
⋮	⋮	⋮

2. 파레토분석

파레토분석(pareto analysis)이란 소수의 불량항목이 전체불량의 대부분을 차지한다는 파레토의 법칙에 근거하여 여러 가지 불량항목에 대한 자료를 수집한 다음, 이를 빈도수나 금액순으로 나열한 도표로 나타냄으로써 우선적으로 해결해야 할 불량항목을 찾아내는 기법이다.

3. 특성요인도 = 인과분석도

(2004 CPA)
★ 출제 Point
특성요인도의 특성

1) 특성요인도(cause-and-effect diagram)란 한 불량항목에 대한 여러 가지 잠재적 원인들을 생선뼈와 같은 가지로 표시한 다음, 자료를 수집하여 이들 잠재원인들을 하나하나 분석함으로써 진정한 불량원인을 찾아내는 기법이다.

2) 파레토분석과 특성요인도는 통상 QC서클에 의해 작성·운용된다.

● 도표 9-21 파레토분석과 특성요인도

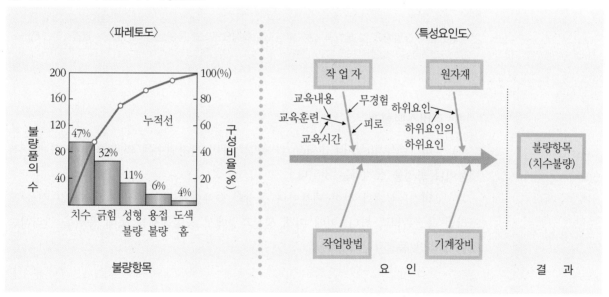

4. 산포도

1) 산포도(scatter diagram)는 어떤 요인과 특정 품질문제 간의 관계를 살펴보는 데 유용하다.

2) 산포도에서는 품질문제에 영향을 미치리라고 생각되는 요인을 독립변수로 그리고 품질특성치를 종속변수로 놓고 두 변수의 대응값을 점으로 찍어 나간다.

3) 그리고 이 점들의 모양을 보고 두 변수 간에 상관관계가 있는지를 검토한다.

● 도표 9-22 산포도

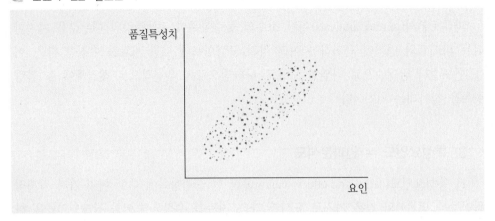

5. 로버스트설계

1) 로버스트설계(robust design)란 품질성능이 환경변수에 의해 영향을 덜 받도록 제품이나 공정을 설계하는 것이다.

2) 로버스트설계와 같이 제품이나 공정의 설계단계에서 품질을 관리하는 것을 오프라인 품질관리라 한다. 이에 비해 생산과정에서 공정통제를 통해 품질을 관리하는 것을 온라인 품질관리라 한다.

6. 100PPM 품질혁신운동

1) 의 의

① 100PPM운동이란 제품 1백만개 생산 중에서 불량품을 1백개 이내로 줄이자는 품질혁신운동이다.

② 100PPM운동에서는 불량률의 단위를 종전의 백분율(%)에서 제품 1백만개당 불량품의 수를 표시하는 PPM(parts per million)으로 사용하면서 제품의 완벽화를 추구한다.

2) 특 징

① 100PPM운동은 처음부터 불량을 배제하는 생산시스템의 구축을 통해 품질을 향상시키고 기업 비용을 절감하자는 총체적인 품질혁신운동이다.

② 100PPM운동은 무결점운동과 같이 추상적인 목표가 아닌 100PPM달성이라는 구체적이고 피부로 느낄 수 있는 품질목표를 제시하고 있다.

7. 6시그마 : M Harry & R. Schroeder(1986)

(1) 6시그마의 정의

1) 6시그마(six sigma)는 단계별 고품질 접근 프로그램으로 3.4PPM 수준을 목표로 한다.

2) 6시그마는 조직 내 자원낭비 최소화 및 고객만족 최대화를 위해 조직활동을 설계·운영하여 수익성을 향상시키려는 비즈니스 프로세스이다.

3) 6시그마의 기본원리 : 품질 좋은 제품이 나쁜 제품보다 비용이 더 적게 소요된다.

(2007 CPA)
★ 출제 Point
6시그마의 주요 내용

▶ Key Point ▶

6시그마는 기술프로그램이 아닌 경영프로그램이라는 점에서 JIT나 TQM과 구분된다.

---

(2) 6시그마 설계(DFSS : design for six sigma)의 목적

1) 자원의 능률적 사용

2) 높은 수율의 달성

3) 공정 변동의 최소화

(3) 6시그마 프로젝트 수행단계(DMAIC)

1) 정의(define) : 품질에 결정적 영향을 미치는 핵심품질특성(CTQ : critical to quality)의 규명

2) 측정(measure) : 개선할 프로세스의 품질수준을 측정하고 문제에 대한 계량적 규명을 시도

3) 분석(analysis) : 결함이 발생한 장소·시점 및 문제의 형태·원인을 규명 → 그래프, 특성요인도 등 통계적 기법 사용

4) 개선(improve) : 문제나 프로세스의 개선

5) 관리(control) : 개선 효과 분석 및 개선 프로세스의 지속방법 모색

신규 프로젝트는 정의(D)가 포함된 DMAIC의 5단계를, 기존 프로젝트는 MAIC의 4단계 사이클
을 사용한다.

● 도표 9-23 6시그마의 MAIC 사이클

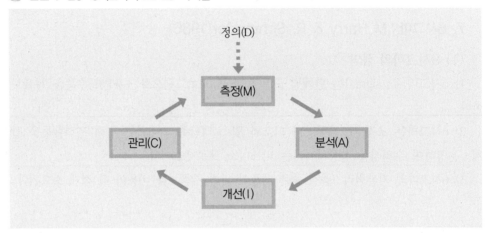

(4) 6시그마의 진척도의 평가 척도

1) 고객만족

2) 품질불량비용(COPQ : cost of poor quality)

3) 공급자 품질

4) 내부성과

(5) 6시그마의 성공요건

1) 최고경영층의 리더십

2) 조직의 경영전략, 성과척도 등 과의 통합 전개

3) 프로세스적 사고틀의 활용

4) 고객/시장 지식정보 수집

5) 실질적인 절약효과 및 수익증대효과의 실현

6) 잘 훈련된 요원 및 정당한 보상

7) 지속적 강화 대책

9.8 ISO 9000시리즈

1. ISO 9000시리즈의 의의

1) ISO(international standard organization) 9000시리즈는 품질보증에 관한 국제표준으로, 제품 자체에 대한 품질을 보증하는 것이 아니라 제품생산과정 등의 프로세스(품질 시스템)에 대한 신뢰성 여부를 판단하기 위한 기준이다.

2) ISO 9000은 생산자 중심의 규격이 아닌 구입자(user) 중심의 규격으로, 구입자가 외부로부터 제품을 구입할 경우 그 품질을 신뢰할 수 있는 판단기준을 제공한다.

3) 이 때 신뢰할 수 있는 판단기준을 제공하는 것은 생산자나 구입자가 아닌 제3자(인증기관)이며 제3자의 개입으로 판단기준의 객관성을 더욱 높일 수 있다.

2. ISO 9000규격의 선택기준(2000년 이전까지 적용기준)

1) ISO 9000인증을 받는다는 것은 ISO 9001~9003 중 그 하나가 대상이 되는 것이다.

① ISO 9001은 설계/개발, 제조, 설치 및 서비스 등을 모두 포함하고 있는 사업장에 적용된다.

② ISO 9002는 이미 만들어져 있는 디자인 또는 사양으로 생산하고 있는 사업장이나 기본 설계는 외부에서 도입하고 OEM방식의 생산형태를 취하고 있는 사업장에 적용된다.

③ ISO 9003은 시험·검사만으로 품질을 확인할 수 있는 경우와 대부분의 부품을 외부로부터 공급받아 단순조립만 하거나 생산공정이 거의 자동화된 사업장에 적용된다.

2) ISO 시리즈의 종류
① 주문생산에 의하는 계약상황의 경우 : 9001-9003
② 계획생산에 의하는 비계약상황의 경우 : 9004

> **Key Point** ISO 9001 : 2000
>
> ISO-9000시리즈란 국제표준화기구가 국제규격으로 채택하고 있는 품질보증규격으로서, 만약 어느 회사가 ISO-9000시리즈의 자격을 획득했다면 그 회사의 제품은 하나하나 검사를 하지 않더라도 그 회사의 시스템이 품질을 보증하는 것으로 고객으로부터 인증을 받을 수 있음을 의미한다. → ISO 9000시리즈는 2000년 판에서 ISO 9001로 단일화 되었다.

3. ISO 9000품질인증의 효과

1) 제품 및 서비스품질의 향상

ISO의 기본프로세스가 철저한 기록화와 문서화에 있으므로, 제품불량의 원인을 규명하기가 쉽고 지속적으로 품질을 향상시킬 수가 있다.

2) 일관성 있는 관리유지

모든 품질활동절차의 문서화에 따라 품질활동에 관한 역사적인 기록이 유지됨으로써 작업자나 품질담당자가 바뀌어도 기존 품질수준의 유지가 가능하며 따라서 일관성 있는 관리가 유지된다.

3) 마케팅 능력의 강화

ISO-9000의 품질인증은 품질경영시스템을 객관적으로 보장받는 것이기 때문에, 입찰, 수주 등에서 경쟁사에 비교하여 우위를 점할 수 있다.

4) 제품책임(product liability)에 대한 대비

ISO-9000품질인증은 제3자의 인증기관으로부터 획득되기 때문에 제품품질에 대한 책임을 경감시킬 수가 있다.

Key Point ISO 14001 : 2004

> 환경경영표준인 ISO 14001 인증제도란 기업이 환경보호 및 환경관리개선을 위한 환경경영체제의 기본 요구사항을 갖추고, 규정된 절차에 따라 체계적으로 환경경영을 하고 있음을 제3자가 인증해 주는 제도이다.

도표 9-24 ISO 인증제도의 종류

ISO 9001 : 2000	품질경영시스템에 대한 인증
ISO 14001 : 2004	환경경영시스템에 대한 인증
ISO 22000	식품공급사슬산업분야 ISO9001+ISO14001+HACCP에 대한 통합 인증
ISO / TS 16949	자동차분야 품질경영시스템에 대한 인증
ISO / TL 9000	정보통신분야 품질경영시스템에 대한 인증
ISO 13485	의료기기분야 품질경영시스템에 대한 인증
ISO 17799	정보보호경영시스템에 대한 인증

9.9 서비스 품질관리

1. 서비스 품질의 의의

(1) 서비스 품질

1) 서비스 품질 모델(C. Grönroos) : 소비자가 기대하는 서비스와 제공받은 서비스를 비교하여 서비스 품질이 평가됨

   ① 기술적 품질(techinical quality) : 최종적으로 고객이 받은 것(what)

   ② 기능적 품질(functional quality) : 기술적 품질이 고객에게 이전되는 과정(how)

2) 서비스 품질은 서비스 기업이 제공해야 한다고 소비자들이 기대한 서비스와 서비스 기업에서 제공한 서비스(과정 및 결과)에 대해 지각한 것과의 차이(Parasuraman, Zeithaml, Berry, 이하 PZB)

● 도표 9-25 소비자의 서비스 품질 인식과정

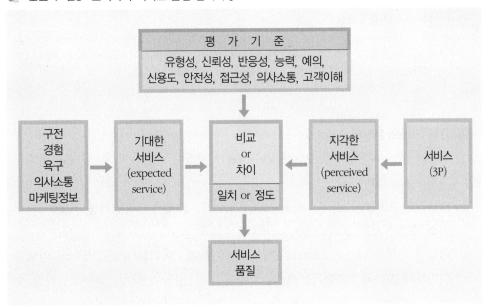

3) 서비스 품질은 제공된 서비스 수준이 고객의 기대를 얼마나 만족(즉, 일치)시키는지 측정(Lewis & Booms)

(2) 서비스 품질의 결정 요소

신뢰성(reliability), 유형성(tangibles), 반응성(responsiveness), 능력(competence), 예의(courtesy), 신용도(credibility), 안전성(safety), 접근성(access), 의사소통(communication), 고객의 이해(understanding the customer)

2. SERVQUAL 모형 ; PZB

(1) 고객의 기대

1) 5가지 품질 특성(dimensions)

(2005, 2006, 2007 CPA)
★ 출제 Point
SERVQUAL의 정의

① 신뢰성(reliability) : 약속한 서비스를 믿을 수 있고 정확하게 이행하는 능력→서비스 결과와 관련

② 유형성(tangibles) : 서비스의 유형적 단서(물적시설, 기구, 직원의 용모, 계약서 등)

③ 반응성(responsiveness) : 고객에게 신속하고 즉각적으로 서비스를 제공하려는 의지

④ 확신성(assurance) : 믿고 의지할 수 있는 직원의 지식과 능력, 예의, 신용도, 안전성

⑤ 감정이입(empathy) : 고객을 보살피고 주의를 기울이는 것, 접근성, 의사소통, 고객 이해

> **Key Point** 5가지 품질특성
>
> 5가지 품질특성 중 신뢰성은 서비스 결과와 나머지는 서비스 과정과 관련 있으며, 서비스에 대한 긍정평가는 과정 특성에, 부정평가는 5가지 모두에서 주로 발생한다.

2) 고객 기대의 2가지 수준

① 허용서비스 수준(adequate service level) : 고객이 받아들일 수 있다고 여기는 최저수준 ≒ LTPD

② 바람직한 서비스 수준(desired service level) : 고객이 제공받기를 희망하는 서비스 수준 ≒ AQL

③ 허용차 영역(zone of tolerance) : '허용수준'과 '바라는 수준' 사이의 영역을 의미하나 AQL과 LTPD와는 달리 고객에 따라, 상황에 따라 영역이 달라질 수 있다.

● 도표 9-26 고객의 지각과 기업의 경쟁력

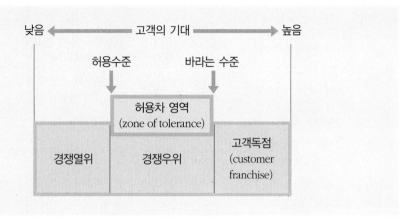

5가지 품질특성과 허용차 영역

고객들은 결과적 품질특성에 대해서는 기대수준이 높고 허용차 영역은 좁으며, 과정적 품질특성에 대해서는 기대수준이 상대적으로 낮고, 허용차 영역이 넓게 나타나는 경향이 있다.

(2) 서비스품질 격차모형

1) 정 의

고객이 지각한 품질상의 문제점을 기업 내의 결점이나 격차(gap)와 연결시킨 모형

2) 격차의 종류

① 격차 1(경영자 인지 격차) : 기대한 서비스 – 경영진의 고객기대에 대한 인식
② 격차 2(경영자 인지 격차) : 경영진 인지의 품질명세화 – 경영진의 고객기대에 대한 인식
③ 격차 3(서비스 전달 격차) : 서비스 전달 – 경영진 인지의 품질명세화
④ 격차 4(시장 커뮤니케이션 격차) : 서비스 전달 – 고객에 대한 외적 커뮤니케이션
⑤ 격차 5(경험한 서비스 격차) : 기대한 서비스 – 경험(인지)한 서비스

서비스 품질 격차와 서비스 품질

서비스 품질은 격차 5에 의해 결정되며, 격차 5는 격차 1에서 4에 의해 결정된다.

격차	요인	정의
격차 1	마케팅리서치 지향성	공식적 · 비공식적 정보수집을 통해 관리자가 고객의 욕구와 기대를 이해하기 위해서 노력하는 정도
	상향커뮤니케이션	최고관리자가 근로자들로부터의 정보의 흐름을 촉진하고 자극하며 알아보려고 하는 노력의 정도
	관리의 단계	최고위와 최하위간의 관리단계의 수
격차 2	서비스 품질에 대한 관리자의 몰입	경영층이 서비스 품질을 핵심적인 전략목표로 보는 정도
	가능성의 지각	관리자가 고객의 기대를 충족시킬 수 있다고 믿는 정도
	업무 표준화	서비스업무의 표준화에 활용할 수 있는 기술 정도
	목표설정	서비스품질 목표가 고객의 기준에 근거해 설정되어 있는 정도
격차 3	역할모호성	관리자나 상급자가 무엇을 원하며 그 기대를 어떻게 하면 충족시킬 수 있는가를 모르는 정도
	역할갈등	직원들이 접하는 모든 사람들(내부/외부 고객)의 모든 욕구를 충족시킬 수는 없다고 느끼는 정도
	직원 - 직무조화	직원들의 기술과 그들의 직무간의 조화
	기술 - 직무조화	직원이 직무수행 중 사용하는 장비와 기술의 조화
	감독통제체계	평가 및 보상체계의 적절성
	재량권 지각	직원들이 서비스 제공 중 직면한 문제에 대해 융통성을 발휘할 수 있다고 지각하는 정도
	팀워크	직원과 관리자의 공동목표를 위한 노력의 정도
격차 4	수평 커뮤니케이션	한 기업의 서로 다른 부서간, 그리고 각 부서내 커뮤니케이션의 정도
	과잉약속의 경향	기업의 외적 커뮤니케이션이 실제 고객들이 받는 서비스를 정확히 반영하지 않는 정도

3. SERVPERF

(1) SERVQUAL과 SERVPERF의 차이점

1) SERVQUAL은 서비스 성과 평가와 이전에 가지고 있던 기대와의 차이가 서비스 품질에 대한 만족을 설명할 수 있다는 개념이다.

2) SERVPERF는 SERVQUAL과는 달리 서비스 성과만을 서비스 품질의 측정수단으로 사용해야 한다는 개념이다.

(2) SERVPERF의 장점

1) SERVPERF의 가장 중요한 강점은 아직 기대가 형성되지 않은 서비스에 대해서

도 사용할 수 있다는 점이다.

2) 새로 시작한 신종 서비스업이나 컨설팅업과 같은 고도의 지식 서비스업의 경우에는 고객의 기대가 형성되기 힘들고 또 형성되었다고 해도 고객마다 각각의 편차가 너무 크므로 측정 결과를 비교하기 힘들다.

3) 이러한 경우에 서비스의 성과만을 측정하는 SERVPERF를 이용하면 서비스 성과 평가의 결과 비교를 통해 고객의 니즈를 파악할 수 있고 어느 서비스를 개선해야 하는지도 쉽게 알 수 있다.

4. 기대불일치

기대불일치(Disconfirmation) 척도는 고객이 서비스 품질에 대한 평가를 내릴 때 이미 머리 속에서 서비스에 대한 이전의 기대와의 비교를 통해 평가를 내릴 것이라고 생각하고 기대 이상인가 기대 이하인가를 측정하는 방법이다.

01 품질관리를 위해 사용되는 관리도는 크게 계량치관리도(control chart for variables)와 계수치관리도(control chart for attributes)로 대별된다. 다음 중 관리도의 종류와 그 용도가 바르게 짝지어지지 않은 것은? ('89. CPA)

① $\bar{x} - R$관리도 : 길이, 무게 등의 계량치(변량)관리도

② P_n관리도 : 불량개수의 계수치(속성)관리도

③ P관리도 : 제품불량률의 계수치(속성)관리도

④ C관리도 : 강도, 화학성분 등의 계량치(변량)관리도

⑤ U관리도 : 단위당 결점수의 계수치(속성)관리도

✎ 해설 ④ 제품의 결점수의 계수치(속성)관리도

02 다음 중에서 완전무결(ZD)운동에 관한 설명이 아닌 것은? ('93. CPA)

① 품질의 인적 변동요인을 중시한다.

② 종업원에게 처음부터 올바르게 작업을 할 수 있는 방법을 가르친다.

③ 표준치에 대한 불량품을 인정하지 않는다.

④ 심리적이고 비수리적이다.

⑤ 불량품발생률을 0으로 한다.

✎ 해설 ② ZD운동은 종업원에게 동기부여를 하고 자주성을 부여하여 각자가 불량률 0을 달성하도록 노력하는 운동이다. 그러므로 처음부터 올바른 방법을 가르치는 것과는 개념이 다르다.

03 전수검사(total inspection)와 샘플링검사(sampling inspection)에 관한 다음 설명 중 가장 거리가 먼 것은? ('99. CPA)

① 샘플링검사는 나쁜 품질의 롯트(lot)를 합격시킬 위험을 배제할 수 없다.

② 샘플링검사는 좋은 품질의 롯트(lot)를 불합격시킬 위험을 배제할 수 없다.

③ 불량품이 출하되었을 때 막대한 손실이 초래될 경우에는 전수검사를 실시한다.

④ 제품을 파괴하여 검사를 해야 할 경우 샘플링검사가 많이 이용된다.

⑤ 생산자에 대한 품질향상 자극은 샘플링검사보다 전수검사가 항상 크다.

정답 1④ 2② 3⑤

04 관리도(control chart)에 대한 다음 설명 중 가장 옳지 않은 것은? (2001. CPA)

① 관리도는 공정의 안정상태를 유지하는 데 사용하는 통계적 도구이다.

② 공정이 안정상태를 유지할 때, 공정 내에는 우연변동만이 존재한다.

③ 슈하트의 3σ법은 검사결과 평균에서 3σ범위 밖이면 불량으로 판단한다.

④ 관리도상의 타점(plot)들이 일정한 패턴을 보이면, 관리한계를 벗어나지 않더라도 공정 내에 이상이 있음을 뜻한다.

⑤ 속성(attributes)관리도는 정규분포를 변량(variables)관리도는 이항분포 또는 포아송분포를 가정한다.

✏ 해설 ⑤ 속성관리도는 이항분포 또는 포아송분포를, 변량관리도는 정규분포를 가정한다.

05 품질에 관한 다음의 내용 중 옳지 않은 것은? (2004. CPA)

① 품질비용(cost of quality)은 예방비용(prevention cost), 평가비용(appraisal cost), 그리고 실패비용(failure cost) 등으로 개념화시킬 수 있다.

② 품질통제의 도구인 관리도(control chart)는 관리상한선과 관리하한선을 결정하여 사용한다.

③ 말콤 볼드리지 상(Malcolm Baldrige National Quality Award)은 국제표준기구 (International Organization for Standardization)에 의해 제정된 제3자 기관에 의한 품질시스템 인증제도이다.

④ 관리도는 생산공정에서 발생하는 변동요인 중 우연요인(random causes)과 이상요인 (assignable causes)을 구분하기 위해 사용된다.

⑤ 원인결과도표(cause and effect diagram 또는 fishbone diagram)는 품질관리 문제의 원인을 찾아내기 위한 도구이다.

✏ 해설 ③ ISO에 대한 설명
말콤 볼드리지 상은 미국에서 무역적자개선을 위해 도입한 제도로 품질에 대한 인식 및 실천을 촉진하고, 품질전략과 성취를 대중에게 알리는 역할을 하고 있다.

06 품질경영과 관련하여 가장 적절하게 설명된 항목들로 구성된 것은? (2005. CPA)

> a. 관리도에서 관리한계선의 폭이 좁을수록 생산자 위험(producer's risk)이 높아진다.
> b. 품질의 집(house of quality) 구축과정은 기대품질과 지각품질 차이를 측정하고 차이분석을 하는 작업이다.
> c. 포카요케(poka-yoke)는 종업원에 대한 지속적인 훈련을 통하여 품질오류를 예방하는 프로그램이다.
> d. SERVQUAL은 서비스 기업에서 품질관리 목적으로 개발되었으며, 서비스 품질의 여러 가지 결정요인에 대해서 각각의 통계적 관리도와 종합 관리도를 구축하는 품질 통제 기법이다.
> e. 품질비용은 예방비용, 검사비용, 내부실패비용, 외부실패비용으로 구성된다.

① a, b   ② b, c   ③ c, d

④ d, e   ⑤ a, e

✎해설   a. 생산자 위험(α-risk)은 합격(안정상태인 공정) 대상이 불합격(불안정상태인 공정) 판정이 될 가능성을 의미하는 제1종 오류를 의미하며, 관리도에서는 관리한계선의 폭이 좁을수록 존재하지 않는 원인을 찾을 확률이 증가하는 것으로 설명할 수 있다.
      b. 품질의 집은 고객의 요구를 기술적 명세로 바꾸기 위한 QFD의 도구로 사용된다. 반면, 기대품질과 지각품질의 차이를 측정·분석하는 작업은 SERVQUAL이다.
      c. 포카요케는 불량품 발생을 방지하기 위해서 사용하는 실수방지 장치나 실수방지 메커니즘을 의미한다.
      d. SERVQUAL은 고객의 서비스 기대 등을 측정하고자 하므로, 회사 내부의 품질의 변화정도를 측정하는 관리도를 구축하지 않는다.
      e.

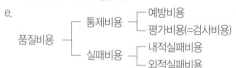

07 품질경영과 관련된 다음 서술들 중 가장 적절하지 않은 항목들로 구성된 것은? (2006. CPA)

> a. 품질과 관련하여 발생하는 비용은 크게 예방 및 검사 등 사전조치에 관련된 비용과 불량이 발생한 이후의 사후조치에 관련된 비용으로 분류해 볼 수 있다.
> b. SERVQUAL은 기업이 제공하는 서비스가 기업의 입장에서 볼 때 얼마나 자체품질기준에 부합되는가를 측정하는 도구이다.
> c. 현대의 품질경영은 기업조직 전체가 소비자가 요구하는 제품과 서비스의 기준을 모두 능가할 수 있도록 경영하는 것이라고 할 수 있다.
> d. 싱고(Shingo)시스템은 통계적 품질관리(SQC)기법을 일본식 용어로 표현한 것이다.

e. 발췌검사(acceptance sampling)에서는 크기가 다른 로트들에 대해서 동일한 검사특성곡선(OC curve)을 갖도록 표본의 크기와 합격판정개수를 정해야 한다.

① a, c   ② b, d   ③ b, e
④ c, e   ⑤ d, e

✎ 해설   b. SERVQUAL은 고객의 서비스 평가와 기대의 차이가 서비스 품질에 대한 만족을 설명할 수 있다고 보고 개발된 모형으로, 기업 내부의 자체 품질기준 부합 여부는 중요하지 않다.
        d. 싱고시스템은 SMED(single minute exchange of die) 과정을 통한 생산준비(set up)시간 단축과 원천검사 및 포카요케를 이용한 무결점 추구 방식이다.

08

TQM(Total Quality Management)에 관한 다음 설명 중에서 올바른 것으로만 구성된 것은?   (2007. CPA)

a. TQM은 품질경영 전략이라기보다 파레토도표, 원인결과도표 등 다양한 자료분석 도구들의 묶음으로 구성된 품질관리기법이다.
b. TQM은 내부고객 및 외부고객의 만족을 강조한다.
c. TQM은 프로세스의 지속적인 개선을 중요시한다.
d. TQM은 결과지향적인 경영방식으로 완성품의 검사를 강조한다.
e. TQM은 품질관리부서 최고책임자의 강력한 리더십에 의해 추진되는 단기적 품질혁신 프로그램이다.

① a, d, e   ② b, d, e   ③ a, d
④ b, c   ⑤ a, c

✎ 해설   a, e : TQM은 최고경영자의 리더십 아래 품질을 최우선 과제로 하고 고객만족을 통한 기업의 장기적 성공과 사회의 이익을 위해, 경영활동 전반에 걸쳐 전 종업원의 참여와 총체적 수단을 활용하는 전사적 · 종합적 · 전략적 경영시스템이다.
        d : TQM은 결과뿐만 아니라 과정도 중시하고, 검사보다는 예방에 치중한다.

09

서비스품질의 측정도구인 SERVQUAL에 대한 다음 설명 중에서 가장 적절하지 않은 것은?   (2007. CPA)

① Parasuraman, Zeithaml과 Berry(PZB)의 연구에 의해 개발되었다.
② 고객이 서비스품질을 판단하는 차원에는 신뢰성(reliability), 반응성(responsiveness), 확신성(assurance), 공감성(empathy), 유형성(tangibles) 등이 있다.
③ 서비스품질의 갭 모형(quality gap model)을 근거로 고객만족을 조사하기 위한 효과적인 도구이다.

④ 다양한 서비스 분야 중 호텔, 레스토랑, 여행업에 한정적으로 사용된다.

⑤ 기대한 서비스(expected service)와 인지된 서비스(perceived service)의 차이를 측정한다.

✎ 해설 ④ PZB는 SERVQUAL 모형을 도출하면서, 자동차수리업. 자동차보험업, 호텔업, 손해보험업, 사무기기수리업, 트럭 등의 리스업 등 6개 서비스 분야에서의 인터뷰결과를 이용했다. SERVQUAL은 다양한 서비스분야에서 사용할 수 있는 모형이다.

10 대표적인 품질경영 중의 하나인 식스 시그마(Six Sigma)에 관한 다음 설명 중에서 올바른 것으로만 구성된 것은? (2007. CPA)

> a. 식스 시그마는 비영리 서비스 조직에는 적용이 불가능하다.
> b. 식스 시그마 전문가 중에서 가장 높은 직책은 블랙벨트(Black Belt)이다.
> c. 식스 시그마의 대표적인 방법론은 DMAIC(Define-Measure-Analyze-Improve-Control)이다.
> d. 식스 시그마는 린 시스템(Lean System)과 상호보완적으로 사용되면 큰 효과를 발휘할 수 있다.

① a, b　　　　　　② c, d　　　　　　③ b, c

④ a, d　　　　　　⑤ b, d

✎ 해설 a. 6시그마는 제조업에만 적용되는 것이 아니라, 화학, 제약, 장비, 금융기관, 병원, 레저산업 등 영리 · 비영리 서비스 조직에도 적용할 수 있다.

　　b. 6시그마 전문가 중 가장 높은 직책은 그랜드 챔피언이다.

　　〈참고〉 최근 적용되고 있는 벨트의 제도

　　　　1) 그랜드 챔피언(Grand Champion) : CEO

　　　　2) 챔피언(Champion) : 사업부장, 임원급

　　　　3) 프로세스 오너(Process Owner) : 부서장, 팀장급

　　　　4) 마스터블랙벨트(Master Black Belt) : 전략 및 문제해결스킬에 사내 최고 전문가
　　　　　　BB취득자로서 6시그마 Project 4건 이상 완료자 중 평가, 선발

　　　　5) 블랙벨트(Black Belt) : 부서 내 문제해결 전문가 또는 프로젝트 팀 리더
　　　　　　GB인증자로서 6시그마 Project Leader로 1건 이상 완료자 중 평가, 선발

　　　　6) 그린벨트(Green Belt) : 프로젝트 멤버 또는 프로세스 내에서의 즉, 개선 실무자
　　　　　　6시그마 Project 2건 이상 완료자 중 평가, 선발

　　　　7) 화이트벨트 또는 엘로우벨트 : 프로젝트 멤버로서 프로세스 접점 유지관리자

정답 10 ②

■ 연습문제 ■

01 품질관리와 관련된 다음의 설명 중 옳지 않은 것은?

① 실패비용을 내적실패비용과 외적실패비용으로 나눌 때 재작업비용은 내적실패비용에 해당된다.

② 변량에 의한 품질관리는 속성에 의한 관리에 비해 조사비용이 더 많이 든다.

③ 품질을 '사용적합성'의 개념으로 설명할 때는 상대적 품질개념을 강조한 것이다.

④ 과거에는 품질수준을 조정함으로써 생산성을 통제하고자 하였다.

⑤ 품질수준을 높이면서 생산성을 높이는 것은 품질통제를 통해서만 가능하다.

✎ 해설 ⑤ 기술혁신을 통해 달성할 수 있다.

02 AQL과 LTPD에 대한 설명으로 옳지 않은 것은?

① 생산자의 입장에서 제출된 롯트가 불합격으로 판정되지 않기를 바라는 한계불량률은 AQL이다.

② LTPD는 특정 소비자위험(β)하에서 제출된 롯트가 합격되는 것을 허용하는 최악의 허용불량률이다.

③ AQL보다 좋은 품질의 롯트가 거부될 위험을 α-risk라 하고, LTPD보다 나쁜 품질의 롯트가 받아들여질 위험을 β-risk라 한다.

④ 나쁜 품질의 롯트를 합격시킬 위험이 높을 경우, 높은 β값을 정해서 소비자위험을 통제한다.

⑤ 전수검사시에는 생산자위험 및 소비자위험이 존재하지 않는다

✎ 해설 ④ 나쁜 품질의 롯트의 합격을 통제하기 위해서는 β를 낮추어야 한다.

03 다음은 검사특성곡선(OC curve)에 대한 도표이다. 이에 대한 설명으로 잘못된 것은?

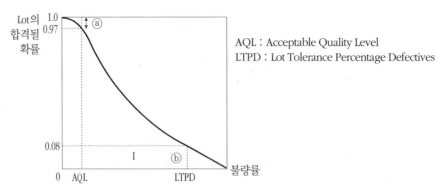

AQL : Acceptable Quality Level
LTPD : Lot Tolerance Percentage Defectives

① 특정롯트의 불량률과 합격확률 간에는 반비례 관계가 성립한다.
② 위 도표의 ⓐ는 생산자위험을 의미하는 것으로 AQL 이상의 품질수준을 갖는 lot가 표본검사의 특성상 불합격될 위험은 3%이다.
③ ⓑ는 β-risk를 의미하는 것으로 LTPD 이하의 품질수준을 갖는 lot가 합격될 위험은 8%이며 표본의 수가 증가할수록 type-II error도 커지게 된다.
④ I의 구역은 양 당사자의 입장에서 상황에 따라 합격과 불합격을 결정할 수 있는 영역이다.
⑤ 표본의 크기가 커짐에 따라 OC곡선의 양품과 불량품 식별능력은 증가한다.

🖋 해설   ③ 표본의 수가 증가하면 β-risk(즉, type-II error)는 작아진다. ④ 부정역의 설명

04 검사특성곡선(OC곡선)에 대한 설명 중 옳지 않은 것은?

① 한 샘플링 방식에 대하여 반드시 하나의 OC곡선이 나타난다.
② 전수검사에는 합격품질수준(AQL)과 롯트허용불량률(LTPD)이 존재하지 않는다.
③ 샘플의 크기가 감소하면 OC곡선의 기울기가 작아진다.
④ 다른 조건은 일정하고 표본크기만 증가하면, OC곡선의 기울기는 커진다.
⑤ n(샘플의 크기)과 N(롯트의 크기)이 일정한 상태에서 c(합격판정개수)를 감소시키면 α위험과 β위험이 증가한다.

🖋 해설   ⑤ 이와 같은 경우 α위험은 증가하고 β위험은 감소한다.

05 AQL과 LTPD가 주어졌다고 가정할 때 다음 대안 중 소비자위험(consumer's risk)을 줄일 수 있는 방법은?

① n(표본의 크기)을 줄이고 c(표본의 불량허용개수)는 그대로 둔다.

정답 3 ③ 4 ⑤ 5 ②

② n을 늘리고 c는 그대로 둔다.

③ n을 줄이고 c를 늘린다.

④ β를 늘린다.

⑤ α를 줄인다.

✎ 해설 소비자 위험을 줄이기 위해서는 n을 늘리든지, c를 줄여야 한다.

06 OC곡선(operating characteristic curve)의 성질에 대한 다음의 설명 중 틀린 것은?

① 합격판정비율을 일정하게 하고 표본의 크기 n을 증가시켰을 때는 이상적인 OC곡선으로 접근한다.

② 다른 것은 일정하고 합격판정개수 c만을 증가시킬 경우 OC곡선은 우측으로 이동한다.

③ 샘플링방식이 일정하고 롯트의 크기 N이 변할 때 OC곡선은 큰 변화를 일으킨다.

④ 표본의 크기(n)와 합격판정개수(c)를 알 경우는 이항분포표를 이용하여 각 불량률에서의 합격확률을 구할 수 있다.

⑤ 표본의 크기(n)가 20보다 클 때는 포아송분포를 이용하여 OC곡선을 그릴 수 있다.

✎ 해설 ③ 롯트의 크기 N이 표본의 크기 n에 비해 아주 작지 않는 한 OC곡선은 N이 변해도 그다지 변화하지 않는다. 즉, 롯트의 크기(N)가 표본의 크기(n)의 10배 이상일 때는 OC곡선에 큰 변화가 없다.

①

샘플링계획의 변화		OC곡선의 변화	
채택비율	표본크기	생산자위험	소비자위험
불 변	증 가	감 소	감 소
불 변	감 소	증 가	증 가
증 가	불 변	감 소	증 가
감 소	불 변	증 가	감 소

위의 표에서 채택비율(합격판정비율)은 허용개수(c)가 아니고, $\frac{c}{n}$ 의 비율임을 주의하자.

07 sample size 및 합격판정개수의 변화와 OC곡선과의 관계를 바르게 설명하지 않은 것은?

① 표본크기(sample size)가 커지면 커질수록 OC곡선은 하향으로 이동하여 정확성은 높아지나 검사비용이 증가하게 되므로 양자의 조화가 필요하다.

② 표본크기가 커질수록 소비자 보호효과가 증가하고 생산자 위험은 커진다.

③ 다른 조건이 일정하고 합격판정개수(acceptance number)가 작아지면 작아질수록 OC곡선은 하향으로 이동한다.

④ 합격판정개수가 커질수록 생산자 위험은 작아지고 소비자 위험은 커진다.

⑤ 다른 조건이 일정하고 롯트의 크기가 커진다면 표본의 크기가 작아지는 효과와 동일한 효과가 OC곡선에 나타난다.

✎ 해설 ⑤ 롯트의 크기가 표본크기 n에 비해 아주 작지 않는 한 OC곡선은 변동이 거의 없다.

$\mathscr{08}$ 다음의 OC곡선을 보고 옳은 설명을 골라라.

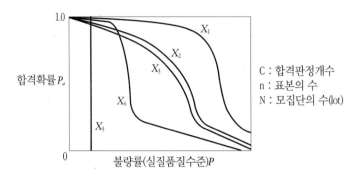

① c와 N이 일정하고 n의 개수가 증가하면 $x_2 \rightarrow x_1$으로 이동한다.
② N, n이 일정하고 c가 증가하면 $x_2 \rightarrow x_1$으로 이동한다.
③ 현재의 OC곡선이 x_3일 때 n, c를 고정시키고 N을 ∞까지 증가시킨 곡선은 위의 그림에 나타나지 않는다.
④ N = n이고 AQL 이하인 lot의 인수확률이 0인 경우는 x_5이다.
⑤ OC곡선이 교차하는 경우는 가능하지 않으므로 x_4는 잘못된 곡선이다.

✎ 해설 ① $x_1 \rightarrow x_2$
　　　③ x_2 : N의 증가는 OC곡선에 큰 영향을 미치지 못한다.
　　　④ 전수검사시에는 AQL 이하인 lot의 인수확률이 1이다.
　　　⑤ n과 c의 비율을 일정하게 유지하면서 n을 증가시킬 때 x_2에서 x_4로 이동되어 OC곡선이 교차한다.

$\mathscr{09}$ AOQ와 AOQL에 대한 다음의 설명 중 옳지 않은 것은?
① AOQ는 납품을 하기 위해 제출된 롯트들의 평균품질이다.
② 일반적으로 검사 전의 생산불량률보다 AOQ가 더 낮다.
③ AOQ는 주로 소비자에게 AOQL은 주로 생산자에게 적용되는 개념이다.
④ AOQL은 평균출검품질의 한계, 즉 AOQ의 최대수준을 의미한다.
⑤ 검사 전 롯트의 품질이 아주 좋거나 아주 나쁠 때에는 AOQ가 낮다.

✎ 해설 ③ AOQ는 주로 생산자에게 AOQL은 주로 소비자에게 적용되는 개념이다.

10 다음의 관리도에 관한 설명 중 잘못된 것은?

① 관리도는 설계가 완벽하고 공정이 아무 이상없이 가동되더라도 그 공정에서 나오는 제품이 똑같을 수는 없다는 기본적인 가정에 그 근거를 둔다.

② 관리도의 사용목적은 기계설비의 마모, 원자재의 불량, 작업자의 부주의 등과 같이 제거되어야 할 이상원인에 의한 변동을 감지하고자 하는 데에 있다.

③ 관리도에서 관리상한선(UCL)과 관리하한선(LCL)은 공정에서 추출된 표본특성치의 평균값이 가져야 할 한계치를 나타낸다.

④ 관리도는 변화하는 품질특성의 추이를 기록하는 데 사용된다.

⑤ 생산규격을 관리한계치의 계산에 이용하고자 하는 경우, 가능한 생산규격의 상하한폭이 관리상하한선의 폭보다 좁도록 설정해야 한다.

✎ 해설 ⑤ 생산규격의 상·하한폭을 관리상하한선의 폭으로 설정한다.

11 관리도에 대한 설명으로 옳지 않은 것은?

① 관리도의 중앙선은 공정의 평균품질특성을 의미하고 관리한계는 이상변동의 범위를 의미한다.

② 관리상한선과 하한선은 일반적으로 '표본평균 $\pm 3\sigma$' 법칙에 의해 결정된다.

③ 관리하한선은 최소허용 우연변동을 의미한다.

④ 추출된 표본의 평균이나 범위를 관리도에 그려 넣는데, 모든 점이 관리한계선 내에 있으면 공정은 안정상태이다.

⑤ 관리도에서 y축은 관리되는 품질특성을 x축은 시간의 경과에 따라 추출한 표본번호를 나타낸다.

✎ 해설 ① 관리한계는 우연변동의 범위(range)를 의미한다.
　　　 ③ 관리상한과 하한은 우연변동의 최대(최소)허용치를 의미한다. 그러므로 관리하한선은 최소허용 우연변동을 나타낸다.

12 다음의 관리도 중 공정상태를 정상적으로 판단하여 생산공정을 계속 가동시키는 경우는?

①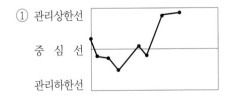

②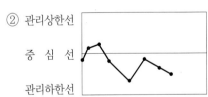

③ 관리상한선　　　　　　　　　　④ 관리상한선

중 심 선　　　　　　　　　　　중 심 선

관리하한선　　　　　　　　　　관리하한선

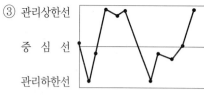 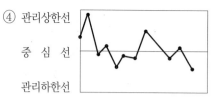

⑤ 관리상한선

중 심 선

관리하한선

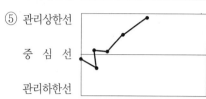

✎ 해설　관리도(control chart)는 생산공정으로부터 정기적으로 표본을 추출하여 얻은 자료치를 점으로 찍어가면서 이 점들의 위치 또는 움직임의 양상에 따라 공정의 이상유무를 판단하는 통계적 품질관리기법이다. 이러한 점들이 모두 관리한계 내에서 무작위로 변동한다면 생산공정에는 우연변동만 있고 이상변동은 없으므로 정상으로 판단하여 생산공정을 계속 가동시켜 나간다(보기 ④의 경우).

그러나 점들이 관리한계를 벗어나거나 관리한계 내에 있더라도 작위적인 변동을 보이면 이상원인이 작용하고 있는 것으로 판단하여 생산공정을 중단시키고 이상원인을 찾아 제거하게 된다(보기의 나머지 경우).

① 관리상한선　　　　　　　　　　② 관리상한선

중 심 선　　　　　　　　　　　중 심 선

관리하한선　　　　　　　　　　관리하한선

 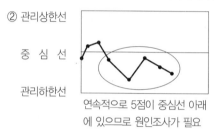

두 점이 관리상한선에 근접해　　연속적으로 5점이 중심선 아래
있으므로 원인조사가 필요　　　에 있으므로 원인조사가 필요

③ 관리상한선　　　　　　　　　　④ 관리상한선

중 심 선　　　　　　　　　　　중 심 선

관리하한선　　　　　　　　　　관리하한선

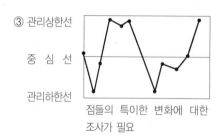 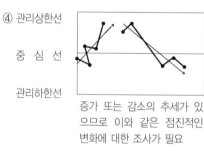

점들의 특이한 변화에 대한　　　증가 또는 감소의 추세가 있
조사가 필요　　　　　　　　　으므로 이와 같은 점진적인
　　　　　　　　　　　　　　　변화에 대한 조사가 필요

기타 : 관리상한선　　　　　　　　일반적 : 관리상한선

중 심 선　　　　　　　　　　　중 심 선

관리하한선　　　　　　　　　　관리하한선

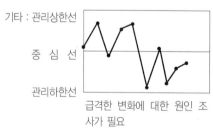 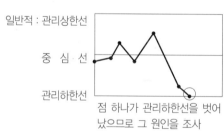

급격한 변화에 대한 원인 조　　점 하나가 관리하한선을 벗어
사가 필요　　　　　　　　　났으므로 그 원인을 조사

정답 12 ④

13 공정통제(process control)와 관련된 다음 설명으로 옳은 것은?

① 생산된 제품에 대하여 표본을 추출하여 전체 lot의 합격, 불합격 여부를 결정하는 방법이다.

② 공정이 안정상태에 있다면 공정 내에는 이상변동만 존재한다.

③ 속성관리도는 정규분포를 가정하고 연속변량의 성격을 가진 품질특성을 대상으로 한다.

④ $\bar{x} - R$관리도는 두께, 길이, 무게 등의 계량치관리에 이용된다.

⑤ P, P_n관리도는 포아송분포를 가정해서 양, 불량으로 표시되는 품질특성을 관리한다.

✎ 해설   ① 생산과정에서 공정이 안정상태에 있는지를 결정한다.
　　　　② 공정 내에 우연변동만 존재한다.
　　　　③ 속성관리도는 포아송분포, 이항분포 등을 가정한다.
　　　　⑤ P, P_n은 이항분포를 가정한다.

14 속성관리도와 변량관리도에 대한 설명으로 옳지 않은 것은?

① 속성관리도에서 불량품수는 이항분포, 결점수는 포아송분포를 이루는 것으로 가정한다.

② P관리도, U관리도는 비율개념에 입각한 속성관리도이다.

③ 두 관리도 모두 공정의 개시 전이나 후에는 사용이 어렵다.

④ 변량관리도에서 x관리도는 개개의 자료를 얻는 간격이 매우 길거나, 한 롯트에서 자료를 한 개밖에 얻을 수 없는 경우에 사용한다.

⑤ 변량관리도는 정규분포 또는 포아송분포를 가정한다.

✎ 해설   ⑤ 변량관리도는 정규분포, 속성관리도는 이항분포, 포아송분포를 가정한다.

15 다음 보기에서 p관리도와 c관리도가 사용되는 경우는 언제인가?

a. 시험용자료가 일정한 경우의 불량개수 관리
b. 시험용자료가 일정한 경우의 결점수 관리
c. 시험용자료가 일정하지 않은 경우의 불량개수 관리
d. 시험용자료가 일정하지 않은 경우의 결점수 관리

	p관리도	c관리도		p관리도	c관리도
①	c	d	②	c	b
③	b	d	④	d	b
⑤	a	b			

16 공정산출물의 품질특성치는 공정평균의 변화나 분산의 증가에 따라 관리상한·하한을 벗어날 수 있다. 다음의 〈보기 1〉과 같이 관리한계를 벗어나는 경우, 이를 발견할 수 있는 관리도를 〈보기 2〉에서 올바르게 고른 것은?

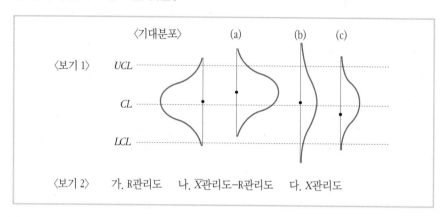

	(a)	(b)	(c)
①	가	나	다
②	가	다	나
③	나	가	다
④	다	가	나
⑤	나	다	가

✎ 해설 〈보기 1〉의 그림에서 (a)의 경우와 같이 공정의 분산은 변함없고 평균만 이동하여 관리한계를 벗어나는 경우는 X관리도에 의해 발견되며, (b)와 같이 공정평균은 변함없고 분산만 증가하는 경우는 R관리도에 의해 발견된다. (c)와 같이 공정의 평균과 분산 양쪽이 모두 변화하는 경우는 X̄−R관리도에 의해 발견된다.

17 다음 품질관리와 관련된 내용의 연결이 바른 것은?

① AOQL : 계산된 AOQ 값 중 가장 작은 값

② 결점수관리도 : P관리도

③ 생산자위험 : AQL 수준에서의 합격될 확률

④ 계량치관리도 : 포아송분포

⑤ 소비자 위험 : Type II error

✎ 해설 ① 계산된 AOQ값 중 가장 큰 값, ② C관리도
③ AQL 수준에서의 불합격될 확률, ④ 정규분포

18 품질관리와 관련된 설명으로 옳지 않은 것은?

① ZD는 심리적이고 비수리적이며, QC는 논리적이고 수리적이다.

② ZD운동과 QC circle 모두 종업원에 대한 동기부여를 중요시 한다.

정답 16 ④ 17 ⑤ 18 ④

③ 표창은 ZD운동의 기본 구성요소이다.

④ ZD운동은 종업원으로 하여금 경영방식에 대한 개선안을 제시하도록 함으로써 무결점을 추구하는 운동이다.

⑤ QC circle은 품질과 관련된 문제를 분석하기 위하여 자발적으로 정기적으로 모임을 갖는 것을 말한다.

✎ 해설 ④ ZD운동은 경영방식에 대한 개선안의 제시가 아니고, 작업자 자신의 오류를 제거하기 위한 의견을 제시하는 것이다.
　　　⑤ 품질관리분임조

19 ZD(zero defect)에 관한 설명으로 바르지 못한 것은?

① 표준치에 대한 불량품을 인정하지 않는다.

② 품질의 물적 변동요인을 중시한다.

③ 처음부터 작업을 올바르게 할 수 있는 동기를 부여한다.

④ 심리적이고 비수리적이다.

⑤ ECR, 동기부여, 표창을 그 실시요소로 한다.

✎ 해설 ② 품질의 인적 변동요인을 중시한다.

20 QC와 ZD의 특징을 비교한 다음의 설명 중 옳지 않은 것은?

① QC는 작업방법을, ZD는 작업의욕을 중시한다.

② 품질관리를 위해 QC는 표창제도를 주로 이용하고, ZD는 ECR제안을 주로 이용한다.

③ QC는 QC관리자나 QC전문가가 주체인데 반해, ZD는 전 종업원이 주체이다.

④ QC는 불량품 발생에 의한 손실과 품질관리비용의 균형을 고려하는 데 반해, ZD는 불량품 발생 자체를 인정하지 않는다.

⑤ QC는 품질의 물적 변동요인을, ZD는 품질의 인적 변동요인을 중시한다.

✎ 해설 ②의 설명은 모두 ZD의 이용방법

21 생산현장의 관리·통제에서 벗어나 기업내 전계층이 최고경영자의 경영철학과 품질향상방침에 따라 품질목표를 설정하고 이를 제품의 개발 및 설계단계에서부터 판매단계에 이르기까지 전부문이 함께 참여하는 고객지향적 품질경영을 지칭하는 것은?

① flexible manufacturing system　　② statistical quality control

③ quality control　　　　　　　　　④ zero defect

⑤ quality management

정답 19 ② 20 ② 21 ⑤

⑤ 품질과 생산성 문제에 대한 최근의 연구는 행동수정(behavior modification)과 종업원 참여에 초점을 두고 있다. 이 중에서 경영자가 품질목표를 달성하기 위하여 참가적 경영스타일을 발휘하고 구성원에게 동기부여를 통해 품질을 향상시키고자 하는 것을 품질경영(quality management)이라 한다.

〈품질관리와 품질경영의 관계〉

	QC(품질관리)	QM(품질경영)
의의	품질요건 충족을 위한 운영기법 및 활동	톱의 품질방침에 따른 고객만족을 위한 모든 부문의 전사적 활동 QM = QP + QC + QA + QI
목표	요구(need)/요건의 충족	고객만족 및 경제적 생산
내용	공정·제품의 불량감소 위해 품질표준을 설정하고 이의 적합성을 추구하는 수단	공정·제품·설계·업무·사람의 質을 포괄한 총체적 품질향상을 통해 경영목표를 달성하기 위한 수당
참여 범위	생산현장 및 QC전문가의 관리통제 기능 중시	최고경영자, 관리자, 작업자 등 전원참여로 품질방침 실행을 중시
규정	기업의 자율적 추진	ISO 8402 및 ISO 9004
중심 사고	생산중심적/제품중심적 사고와 관리기법 강조	고객지향의 기업문화/조직행동적 사고와 실천 강조
수단	QM의 성공적 수행을 위한 핵심 관리기술	QC, IE, VE, TPM, JIT 등 관리기술을 총체적으로 활용

22 TQM을 구성하는 다음의 요소 중 중요도가 점점 낮아지고 있는 것은?

① 시스템설계 및 평가
② 새로운 관리방식
③ 통계적 품질관리
④ 고객접촉
⑤ 벤치마킹

23 품질관리와 관련된 다음의 설명 중 옳지 않은 것은?

① TQM에서는 품질을 제품 차원이 아니라 조직시스템의 차원에서 본다.
② ZD운동은 품질관리에 있어서 예방을 강조하는 접근법이다.
③ ISO 9004는 계획생산에 의한 비계약상황에서 쓰인다.
④ ISO 9001은 ISO 9002나 ISO 9003에 비해 제품의 표준화 정도가 더 높은 경우에 요구된다.
⑤ QC써클은 시간이 많이 걸리고 타협안이 제시될 수 있다는 단점이 있다.

① TQM(Total quality management ; 총괄적 품질경영)은 최고경영자의 품질방침에 따라 국제적으로 경쟁력 있는 품질확보를 위해 현장작업자부터 최고경영층에 이르는 고객 위주의 전사적 품질향상 운동이다.
④ ISO 9001보다는 ISO 9002 그리고 ISO 9002보다는 ISO 9003이 더 제품이 표준화되어 있는 산업에서 요구되는 기준이다.

정답 22 ③ 23 ④

24 품질관리와 관련된 다음의 설명 중 옳지 않은 것은?

① 사용적합성은 고객, 규격일치성은 회사입장에서 나오는 품질개념이다.

② ZD운동은 동기부여만으로 감소될 수 있는 오류가 너무 적다는 것이 단점이다.

③ QC서클이란 정기적으로 모이는 작업자그룹을 말한다.

④ QC서클은 품질은 향상되지만 생산성이 떨어지는 문제가 있다.

⑤ 100PPM운동은 구체적인 목표를 제시한다는 특징이 있다.

✎ 해설　④ QC서클은 품질과 생산성 모두 향상시킬 수 있는 제도이다.

25 제품이나 공정을 조금씩 지속적으로 개선해 나가자는 개념은?

① CIM　　　　　② SQC　　　　　③ CI

④ ISO　　　　　⑤ 관리도법

26 품질향상을 위한 기법에 대한 설명으로 옳지 않은 것은?

① 품질문제분석을 위한 첫단계로 체크리스트를 통해 자료를 수집하고, 히스토그램이나 막대그래프로 간단하게 나타내 본다.

② 파레토분석에서 나타난 불량항목의 원인을 찾기 위해 인과분석도(이시카와도)를 그린다.

③ 특성요인도를 통해 찾아진 불량의 잠재원인을 평가하기 위해 브레인스토밍을 실시한다.

④ 산포도는 어떤 요인과 특정 품질문제의 관계를 찾는 데 유용한 도구이다.

⑤ 품질향상을 위한 도구는 각각의 특성이 독특하여 함께 사용할 수는 없으며 독립적으로 사용되어야 한다.

✎ 해설　⑤ 품질향상기법들은 함께 사용하면 더욱 유용하다.

27 서비스 품질의 격차모형 중 격차3은 서비스전달과 경영진 인지의 품질명세화의 차이를 말한다. 다음 중 격차3의 발생원인이 아닌 것은?

① 역할모호성　　　② 직원-직무조화　　　③ 기술-직무조화

④ 팀워크　　　　　⑤ 수평 커뮤니케이션

✎ 해설　⑤는 격차4의 요인임

10.1 공급사슬관리(SCM)

1. 공급사슬관리의 기본개념

(1) 공급사슬관리의 개요

(2008 CPA)
★ 출제 Point
공급사슬의 의의

1) 공급사슬

① 공급사슬(supply-chain)이란 자재와 서비스의 공급자로부터 생산자의 변환과정을 거쳐 완성된 산출물을 고객에게 인도하기까지의 상호 연결된 연쇄구조(chain)를 말한다.

② 공급사슬은 내부공급사슬(internal supply-chain)과 외부공급사슬(external supply-chain)로 구분할 수 있다.

ⓐ 내부 공급사슬이란 기업 내에서의 자재의 흐름과 관련된 사슬을 말한다.

ⓑ 외부 공급사슬이란 기업의 외부 공급자와 고객을 말한다.

2) 공급사슬관리

① 의의 : 공급사슬관리(supply chain management : SCM)란 공급자로부터 기업내 변환과정, 유통망을 거쳐 최종고객에 이르기까지의 자재, 서비스 및 정보의 흐름을 전체 시스템의 관점(total systems approach)에서 관리함을 말한다.

② 공급사슬관리의 필요성

ⓐ 제조과정 이외에서 발생되는 부가가치가 높음

ⓑ 수요변동 등 불확실성의 심화

ⓒ 공급사슬구조가 확대되고 복잡화됨

ⓓ 고객의 대량개별화 요구의 증대

ⓔ 공급사슬 내 복잡한 정보흐름을 지원할 수 있는 기반기술의 발전

③ 공급사슬관리의 목적 : 공급사슬상에서 자재의 흐름을 효과적·효율적으로 관리하고 불확실성과 위험을 줄임으로써 재고수준, 리드타임(lead time) 및 고객 서비스수준을 향상시키는 데 있다.

(2) 공급사슬관리의 특징

1) 공급사슬경영 프로세스 중 가장 중요한 것은 고객의 수요변동에 대한 능동적 대응이다.

(2008 CPA)
★ 출제 Point
공급사슬관리의 전제

2) 그러나 고객 수요에 대한 예측 불가능한 변동에 대한 미진한 대응이 문제가 된다.

(2005, 2008 CPA)
★ 출제 Point
공급사슬과 채찍효과

① 공급사슬 내에서 역으로 거슬러 올라갈수록 불확실성 때문에 그 변동폭이 커지게 된다. → 채찍효과(bullwhip effect)

② 수요변동에 대해 공급이 부응하지 못하면, 각 단계에 재고누적, 재고부족, 주문지체가 발생한다.

③ 채찍효과가 나타나는 이유는 수요변동의 불확실성에 대한 각 개체별 과잉반응 때문이다.

3) 채찍효과를 제거하기 위해서는 전체 공급사슬의 실시간 정보공유를 통한 전략적 제휴시스템이 필요하다. → 동기화(synchronization)

(3) 공급사슬의 통합과정

성공적인 공급사슬관리를 위해서는 고도의 기능적·조직적 통합이 요구된다.

〈단계 1〉

외부의 공급자와 고객은 기업과는 독립적으로 간주된다. → 또한 내부적으로도 구매, 생산통제 및 배급기능은 독립적으로 운영되며, 각각 다른 기능은 고려하지 않고 자신의 활동만을 최적화 한다.

〈단계 2〉

기업은 구매, 생산통제 및 배급을 자재관리부서로 결합시킴으로써 내부적인 통합을 시작한다.

〈단계 3〉

내부 공급사슬과 외부의 공급자 및 고객과의 통합을 추구한다. → 이를 위해서는 경영의 초점을 제품이나 서비스 지향으로부터 고객 지향으로 바꾸어야 한다.

2. SCM 프로세스

(1) SCM의 분류

1) 공급자 측면의 프로세스 : 공급자로부터 제조사까지의 공급사슬 프로세스

① 이 프로세스의 효율성을 위해서는 ⓐ 물류비, 시간 등을 고려한 적절한 공급사슬 네트워크 구성, 입지선정, 제조사와의 정보공유, 전략적 제휴 ⓑ 표준화, 모듈화 등을 고려한 사전·사후 제품 및 생산설계, 크로스도킹, 자동발주시스템이 중요

② 크로스도킹 : 배달된 상품을 수령 즉시 배송지점으로 배송하는 것

2) 고객 측면의 프로세스 : 고객으로부터 제조사까지의 공급사슬 프로세스
  ① 이 프로세스의 효율성을 위해서는 ⓐ 효과적인 유통전략, 판매점의 네트워크 구성, 입지선정, ⓑ 주문방법, ⓒ 고객수요변동에 대한 예측, ⓓ 정보공유를 위한 전략적 제휴, ⓔ 판촉활동의 최적화 등이 중요

3. SCM 프로세스별 고려사항

(1) 생산/구매 의사결정과 아웃소싱
  1) 생산/구매결정이란 제품이나 서비스를 내부에서 생산할 것인가 아니면 외부에서 구매할 것인가를 결정(make-or-buy decision)하는 것이다.
  2) 최근에는 원가절감압력, 다운사이징(downsizing)글로벌화의 영향으로(핵심역량에 초점을 둠) 아웃소싱을 통해 경쟁력을 확보하려는 추세이다.

(2) 구 매
  1) 구매과정
  ① 구매요구 파악   ② 공급자 선택   ③ 발 주
  ④ 주문의 추적   ⑤ 주문의 수납

  2) 전자구매
  ① 인터넷을 통한 전자상거래를 의미한다.
  ② 이는 주문비용의 감소, 구매주문처리시간의 단축, 보다 많은 공급자의 참여를 가져온다.

  3) 공급자 선택 및 인증
  ① 공급자 선택기준으로는 보통 가격, 품질, 납품의 세 가지 기준을 많이 사용한다.
  ② 공급자 인증 : 공급자 인증 프로그램(supplier certification program)이란 공급자에 대해 구매기업이 요구하는 자재나 서비스를 제공할 수 있는 능력을 갖추고 있음을 인증해 주는 것이다. → 일단 인증을 받으면, 그 공급자는 특별한 검토 없이 구매부서에 의해 이용된다.

(3) 공급자와 관계
  공급자와의 관계는 경쟁적 관계(competitive relationship)와 협력적 관계(cooperative relationship)로 구분해 볼 수 있다.

  1) 경쟁적 관계
  ① 경쟁적 관계에서는 구매자와 공급자간의 교섭을 한 쪽이 얻는 만큼 다른 한 쪽

이 잃는 제로-섬 게임(zero-sum game)으로 보며, 단기적 이득을 장기적 이득보다 우선시 한다.

② 경쟁적 관계와 관련된 개념으로 **다중조달**(multiple sourcing)전략을 들 수 있는데, 이는 복수의 공급업체를 유지하며 공급업체간의 경쟁을 유발시켜 구매비등을 절감하고, 부품의 안정적 공급을 꾀하는 전략이다.

2) 협력적 관계

① 공급자와의 협력적 관계는 구매자와 판매자가 파트너로서 서로를 초대한 돕는다. → 즉, 협력적 관계란 장기계약, 품질향상에 대한 공동노력, 공급자의 경영, 기술 및 생산에 대한 구매자의 지원 등을 의미한다.

② 협력적 관계에서는 한 품목이나 서비스에 대해 소수의 공급자를 선호한다.

③ 협력적 관계와 관련된 개념으로 **독점조달**(sole sourcing)전략을 들 수 있는데, 이는 특정 부품을 하나의 공급업체를 통해 구매함으로써 장기적이고 밀접한 관계를 형성하여 거래비용을 줄이고, 품질을 높이고자 하는 전략이다.

④ 그런데 독점조달의 경우 한 공급업체가 부품을 제때에 공급하지 못하면 대안이 없어 생산이 지연되는 문제가 있다.

⑤ 독점조달의 한계점을 보완하기 위한 대안으로 **병행조달**(parallel sourcing)전략이 있다. → 이는 두 공급업체를 선정하여 두 가지 다른 부품을 공급하게 하되 유사시에 서로 지원하게 하는 방법이다.

> Deming은 독점조달이 공급업체의 품질수준을 높일 수 있는 유일한 방법이라 하였다.

(4) 집중구매(일괄구매) 대 분산구매

조직이 여러 개의 설비(◑ 공장, 상점, 병원)를 가지고 있으면 본사에서 통합해서 집중구매할 것인지 아니면 개별적으로 각각 구매하게 할 것인지를 결정해야 한다.

1) 중앙집중적 구매(centralized buying)의 장점

① 구매력을 증가시킨다.
② 중앙집중적 구매를 하면 구매비용을 상당히 절감할 수 있다.
③ 구매력이 증가함으로써 더 나은 서비스를 받을 수 있다.
④ 장기공급을 보장받을 수 있으며, 새로운 공급자를 개발할 수 있다.
⑤ 해외 공급자를 가진 기업들은 중앙집중적 구매를 선호한다.

2) 중앙집중적 구매의 단점

① 개별 설비의 자율권을 침해한다.
② 공장이나 사업부가 이익센터나 비용센터로 평가를 받는 경우에는 특정 설비에 고유한 품목에 대해서는 중앙집중적 구매가 바람직하지 않다.

(5) JIT구매

1) JIT구매의 기본적인 아이디어는 자재를 소량씩 자주 적시에 납품하도록 공급자와 계약을 체결하는 것이다.

2) JIT구매가 가능하기 위해서는 공급자의 수를 줄여야 하고, 공급자를 구매자의 인근에 입지토록 해야 한다.

3) 단일 공급자전략(single sourcing strategy)이란 특정 종류의 모든 부품을 단일의 공급자로부터 구매하는 것이다.

> **Key Point**
>
> **① JIT Ⅱ**
> 단독조달 또는 독점조달을 한 단계 더 발전시킨 방법으로 공급업자의 영업담당이 구매업체의 공장에 상주하며, 생산현황 회의에 참석하고, 연구개발 시설을 방문하여 구매기업의 매출예상치들을 분석하는 형태도 있다. 이 경우 상주공급업체들은 구매기업을 대신해서 매출주문서를 작성하기도 한다. 이런 조달방법을 JIT Ⅱ라고도 한다.
>
> **② JIT와 코크(cock)시스템**
> JIT시스템은 공급자의 창고에 사용자의 구매계획에 따른 안전재고를 항상 유지하고 사용자가 원하는 시점에서 자재가 조달될 수 있도록 하는 방식이다. 비교적 자재회전율이 낮은 품목에 적합한 방식인 셈이다. 이에 비해, 코크시스템은 공급자가 항상 적정 재고를 사용자의 창고에 비치하면 사용자는 일정한 기간 자재를 사용한 뒤 사용량에 대해서만 사후 정산하는 방식이다. 이 때 관리와 재고는 공급자가 책임진다.

(6) 배 급

구매가 자재의 내부흐름을 다루는 데 비해 배급(distribution)은 자재의 외부흐름을 다룬다.

1) 완제품 재고의 배치

완제품 재고를 어디에 두느냐에는 전방배치(forward placement)와 후방배치(backward placement)의 두 가지 방법이 있다.

① **전방배치**

ⓐ 전방배치란 완제품 재고를 고객에게 보다 근접하도록 창고나 배급센터 또는 도매상이나 소매상에 두는 것을 의미한다.

ⓑ 전방배치는 신속한 납품과 수송비용의 절감이라는 두 가지 장점을 갖는다.

② **후방배치**

ⓐ 후방배치란 완제품 재고를 공장에 유지하거나 아예 재고를 유지하지 않는 것을 의미한다.

ⓑ 후방배치는 지역에 따라 수요가 예측할 수 없을 정도로 크게 변할 때 이점
　이 있다.

2) 수송방법의 선택
수송방법의 5가지 기본 유형은 도로, 철도, 해상, 파이프라인(pipeline) 및 항공이다.
① 만약, 유연성이 우선적인 경쟁수단이라면 거의 모든 지역으로 수송이 가능한
　도로수송이 바람직하다.
② 반면 원가가 주된 관심사라면 철도나 해상운송이 적합하다.
③ 신속한 납품이 중요하다면 가장 비싸기는 하지만 가장 빠른 항공운송이 적합하다.

4. SCM의 관리

(1) 공급사슬의 성과측정

(2008 CPA)
★ 출제 Point
공급사슬의 성과측정치

공급사슬관리에 중요한 재고척도로는 평균총괄재고가치, 공급주수, 재고회전율의
세 가지가 있다.

1) 평균총괄재고가치(average aggregate inventory value)
① 평균총괄재고가치란 기업이 재고로 보유하고 있는 모든 품목의 총가치를 말한다.
② 따라서 평균총괄재고가치는 기업의 얼마나 많은 자산이 재고에 묶여 있는가를
　나타낸다.

2) 공급주수(weeks of supply)
① 공급주수는 평균총괄재고가치를 주당 매출원가로 나누어 얻어진 재고척도이다.
② 공급주수가 작을수록 전반적인 재고수준은 낮아진다.

3) 재고회전율(inventory turnover)
① 재고회전율은 연간 매출원가를 연간 평균총괄재고가치로 나누어 얻어진 재고척
　도이다.
② 재고회전율은 높을수록 재고자산이 효율적으로 운용됨을 의미한다.

(2) SCM의 효율적 추진방법 : Hayes & Wheelwright
1) SCM의 효율적 추진방법은 공급사슬의 상부구조개선방법과 이를 지원하는 하부
구조개선방법으로 나눌 수 있다.
2) 상부구조개선방법
① 공급사슬 내의 개체들의 중요 구조변화에 관한 것이다.
② 이런 개선들은 공급망구조의 넓은 범위의 개선이므로 많은 자본이 필요하다.
3) 하부구조개선방법

① 공급사슬 내 개체들의 인적자원과 하부구조의 변화, 즉 생산·재고 통제, 품질 관리시스템의 개선을 의미한다.

② 공급사슬의 소프트한 측면에서의 개선이다.

● 도표 10-1 SCM의 효율적 추진방법

SCM의 개선방법	세부내용
상부구조 개선방법	공급사슬의 수직적 통합 혹은 가상통합
	네트워크의 구성과 입지 개선
	주요 제품설계 개선
	아웃소싱
하부구조 개선방법	공급사슬 내의 상호 협력체제 구축
	정보시스템의 통합
	상호기능팀의 구성
	준비시간(set-up)의 감축

(3) SCM의 정보지원기술

1) 정보기술의 표준화

2) 정보기술의 하부구조

① 인터페이스 장치

② 정보교환시스템(커뮤니케이션 장치)

③ 데이터베이스

④ 시스템 구조

5. 공급사슬전략

경쟁우위를 위한 공급사슬의 설계에는 효율적 공급사슬(efficient supply-chain)과 반응적 공급사슬(responsive supply-chain)의 두 가지 유형이 있다.

(2008 CPA)
★ 출제 Point
불확실성에 따른
공급사슬관리 전략

1) 효율적 공급사슬

효율적 공급사슬의 목적은 재고를 최소화하고 공급사슬에서 제조기업과 서비스 공급자의 효율을 최대화하는 데 있다.

2) 반응적 공급사슬

반응적 공급사슬의 목적은 재고와 생산능력의 적절한 조정을 통해 수요의 불확실성에 대처함으로써 시장 수요에 신속하게 반응하는 데 있다.

요　인	효율적 공급사슬	반응적 공급사슬
수　요	예측가능 : 낮은 예측오차	예측 불가능 : 높은 예측오차
경쟁우선순위	낮은 원가 : 일관된 품질, 정시납품	신속한 신제품개발, 빠른 납품, 고객화, 수량유연성, 높은 설계품질
신제품 도입	가 끔	자 주
공 헌 이 익	낮 음	높 음
제품의 다양성	낮 음	높 음
흐 름 전 략	라인흐름 : 표준화된 제품의 대량생산강조	유연한 흐름(제품의 다양성 강조)
완충생산능력	낮 음	높 음
재 고 투 자	낮 음(높은 재고회전율)	신속한 납품에 필요한 만큼 유지
리 드 타 임	비용증가를 수반하지 않는 범위 내에서 단축	최대한 단축
공 급 자 선 택	낮은 가격, 일관된 품질, 정시납품을 강조	신속한 납품, 고객과 수량유연성, 높은 설계품질을 강조

10.2 새로운 생산패러다임

(1) 동시생산

1) 제약이론(TOC) : Goldratt

① 가 정

ⓐ 모든 기업은 높은 수준의 성과를 얻지 못하도록 제약하는 자원이 반드시 하나 이상은 존재한다.

ⓑ 기업은 이런 제약 자원을 파악하고 개선해야 성과(output)를 향상시킬 수 있다. → 집중개선 프로세스(focusing improvement process)

ⓒ 영리기업의 목표는 현금창출능력을 높이는 것이지 능률향상이나 원가절감 이 아니다.

② 적용도구

ⓐ 정책 분석·수립을 위한 사고 프로세스(thinking process) : 회사 전반에 걸쳐 성과를 저해하는 핵심문제를 찾아내고, 해결방안을 마련해, 실행에 옮김

ⓑ 성과측정을 위한 관리회계이론 → 현금창출(throughput) 회계

　ⅰ) 현금창출(throughput) 공헌이익 : 시스템이 판매를 통해 벌어들이는 금 액으로 매출액에서 직접재료원가를 차감한 개념이다.

　ⅱ) 재고자산(inventory) : 회사에 묶여 있는 자금으로 회사가 판매를 하고자

(2006 CPA)
★출제 Point
제약이론의 특징

하는 물건구입에 지출된 자금을 의미한다. → 재고자산 외에 건물, 설비, 기계 등을 포함함.

iii) 영업비용(operating expenses) : 재고자산을 현금창출 공헌이익으로 전환하는 데 소비된 모든 현금을 의미한다. → 직접노무원가, 판매원급여, 감가상각비 등이 포함됨.

ⓒ 생산의 최적화를 위한 DBR(drum-buffer-rope)

ⅰ) 드럼(drum) : 생산속도를 조종하는 메커니즘 → 드럼소리는 생산리듬을 의미

ⅱ) 완충재고(buffer) : 병목공정 앞에는 생산에 지장이 없도록 안전재고를 항상 유지

ⅲ) 로프(rope) : 병목공정과 선행작업장을 연결하는 통신망

③ 의 미

제약이론(TOC : theory of constraints)은 전체 최적화의 관점에서 고객만족을 최우선으로 하여 지속적 개선을 도모하는 경영 철학

2) 동시생산

① 배 경 : OPT와 제약자원관리에서 발전함

② 의 의

ⓐ 전체 시스템이 조화를 이루면서 생산의 흐름을 동시화 함

ⓑ 이를 위해 산출(throughput)에 제약이 되는 애로공정이나 제약자원들을 식별하여야 함

ⓒ 전통적 이론에서 공정이나 생산자원의 이용률에만 초점을 둔 것과 상반된 개념 → 생산능력의 충분한 이용보다 작업흐름의 균형이 중요

③ 기본원칙

ⓐ 애로공정이나 제약자원에 생산속도를 맞춘다. → 애로공정을 중심으로 작업의 흐름을 균형화하여 재공품 최소화 달성

ⓑ 공정품재고와 시스템 산출량의 제한에 가변적 롯트(배취)크기를 사용 → 애로공정의 롯트크기는 크게, 비애로공정의 롯트크기는 작게

ⓒ 애로공정이나 제약자원의 처리능력 향상에 초점

ⓓ 전략적으로 고려된 재고를 통해 애로공정이나 제약자원의 생산성 확보 → 병목공정에 완충재고 비치

ⓔ 지속적 개선을 위해 완충재고의 실제 내용을 사용

④ 특 징

ⓐ 일정계획 문제의 단순화 : 생산시스템의 능력을 균형시키는 대신 작업(물자)의 흐름을 균형시킴 → 애로공정 계획 수립 후 비애로공정 계획 수립 → 동

시화

ⓑ 가변적인 생산롯트의 크기

3) 동시생산과 JIT의 비교

① **공통점**

ⓐ 생산변동의 축소, 소롯트화, 생산율 등으로 생산흐름을 원활히 함

ⓑ 공정개선과 단순성 외에 작업자의 참여를 강조

ⓒ 적은 재고, 적기 생산, 품절 회피 추구

ⓓ 동시생산의 드럼(drum)은 JIT의 '최종제품의 실제수요량'에 해당

ⓔ 동시생산의 로프(rope)는 JIT의 '간판'과 같은 역할을 함

ⓕ 지속적 개선을 추구

② **차이점**

ⓐ 동시생산은 시스템 내의 변동이나 불균형을 제거하기보다는 효율적인 적응에 초점

ⓑ 동시생산의 일정계획 접근방식은 JIT의 풀시스템과 전통적인 푸시시스템의 절충형

ⓒ 개별생산공정에 JIT의 일정계획은 부적합하지만, 동시생산의 DBR 방식은 적합

ⓓ JIT는 낭비제거와 군살빼기(leanness)를 강조하지만, 동시생산은 제약요인(constraints)에 집중

(2) 타임베이스 생산

1) 타임베이스 생산(time based manufacturing : TBM)은 제품 및 서비스의 개발, 생산, 인도를 함에 있어서, 한 회사의 신속한 반응능력을 제공하는 새로운 산업패러다임이다.

2) 이는 제품 및 서비스를 위한 고객요구의 이해로 시작하여 고품질 제품 및 서비스의 인도로 끝난다. 즉, 특정고객의 요구의 파악으로부터 인도에 이르는 총 사이클타임의 감축에 초점이 맞추어져 있다.

3) 타임베이스 생산은 '사이클타임의 지속적 감축, 품질향상'을 위해 기업의 완전한 재설계가 요구되며, 이는 조직에 비전을 제공하는 것이다.

(3) 대량개별화(mass customization)

최근 정보기술과 유연성있는 생산공정의 이용이 용이해짐에 따라 개별고객에게 상 (2001 CPA) 대적으로 낮은 비용을 실현함과 동시에 대량으로 제품 및 서비스를 개별화하여 제공하는 것이 가능해졌다.

(4) 환경친화형 생산

환경친화형 생산(environmentally responsible operations : ERO)이란 제품, 공정, 포장설계를 수정함으로써 모든 환경 쓰레기를 제거하거나 줄이기 위한 통합된 프로그램을 말한다.

(5) 기술역설

제품의 성과는 놀랄만큼 증가되지만 가격은 오히려 떨어지는 현상을 말하며, 최근 디지털 기술의 혁명적인 발전을 통해 소비자가 예전에 비해 훨씬 큰 혜택을 입게 되는 것을 예로 들 수 있다.

01 공급사슬에서 채찍효과(bullwhip effect)를 가장 적절하게 설명한 것은?　　　(2005. CPA)

① 고객으로부터 소매점, 도매점, 제조업체, 부품업체의 순으로 사슬의 상류로 가면서 최종 소비자의 수요 변동에 따른 수요 변동폭이 증폭되어 가는 현상을 말한다.

② 부품업체, 제조업체, 유통업체의 순으로 하류방향으로 가면서 부품업체의 생산량 변동에 대한 정보에서 생산량 변동폭이 증폭되어 나타나는 현상을 말한다.

③ 부품업체, 제조업체, 유통업체의 순으로 하류방향으로 가면서 상류에서 협력의 경제적 효과가 증폭되어 나타나는 현상을 말한다.

④ 생산정보를 공유하는 경우 부품업체, 제조업체, 유통업체의 순으로 하류방향으로 가면서 생산정보시스템의 도입에 대한 한계비용 효과가 증폭되어 나타나는 현상을 말한다.

⑤ 소매점, 도매점, 제조업체, 부품업체의 순으로 사슬의 상류로 가면서 재고 수준에 대한 정보공유 효과가 증폭되어 가는 현상을 말한다.

✎ **해설**　① 공급사슬의 채찍효과란 하류의 고객 주문 정보가 상류로 전달되면서 정보가 왜곡되고 확대되는 현상을 말한다.

02 공급사슬(supply chain)의 구성전략과 관련된 다음 서술들 중 가장 적절하지 않은 항목들로 구성된 것은?　　　(2006. CPA)

> a. 공급사슬의 많은 부분을 아웃소싱(outsourcing)하는 것은 기업이 자신의 핵심역량에만 보다 집중할 수 있도록 하는 전략으로 볼 수 있다.
>
> b. 대량 고객화(mass customization)전략은 표준화된 단일품목에 대한 고객수요를 최대한 확대하는 방향으로 공급네트워크를 구성하는 것이다.
>
> c. 가치밀도(무게당 제품의 가치)는 제품의 저장위치와 수송방식을 결정하는 유일한 기준이다.
>
> d. 위험회피형 공급사슬이란 주요한 원자재나 핵심부품의 공급이 단절되지 않도록 공급선을 다변화하거나 안전재고를 높이는 등의 방식으로 구성되는 것을 말한다.
>
> e. 효율적인 공급사슬의 설계를 위해서는 제품개발의 초기단계부터 물류를 고려한 설계(design for logistics)개념을 적용할 필요가 있다.

① a, c   ② b, c   ③ c, d

④ b, e   ⑤ d, e

> 해설   b. 표준화된 단일품목 → 다양한 품목
>
>   c. 저장위치·수송방식의 결정을 위해서는 가격, 품질, 시간, 공급자 및 수요자와의 관계 등을 고려해야 한다.

03 골드랫(E. Goldratt)의 제약이론(TOC)에 대한 서술 중 가장 적절한 것은?   (2006. CPA)

① 모든 성과지표들 중 가장 중요한 것은 순이익(net profit)이다.

② 제약자원에 대한 파악과 능력개선은 필요한 경우에만 실시해야 한다.

③ 생산시스템의 운영적 측면에서 활용할 수 있는 성과척도는 Throughput, Inventory, Operating Expenses 등 세 가지이다.

④ 서로 다른 제약자원들이 동시에 존재하는 시스템에서는 투자수익률에 근거하여 우선적인 개선대상을 결정한다.

⑤ 기업의 궁극적인 목표는 고객만족과 사회적 책임 등을 포괄하는 다차원적인 것으로 파악되어야 한다.

> 해설   ① 순이익 → 현금창출능력 or 현금창출공헌이익
>
>   ② 필요한 경우에만 → 지속적으로
>
>   ④ 투자수익률 → 자원 단위당 성과
>
>   ⑤ 기업의 궁극적인 목표는 성과(output) 또는 현금창출(throughput) 능력에 명확히 둔다.

04 공급사슬관리(supply chain management)에 관한 다음의 설명 중 가장 적절하지 않은 것은?   (2008. CPA)

① 공급사슬 성과측정치 중 하나인 재고회전율은 연간매출원가를 평균 총 재고가치로 나눈 것이다.

② 공급사슬의 효과적인 설계와 운영을 위해 제품의 수요와 공급에 관한 여러 특성들을 고려하는 것이 바람직하다.

③ 다른 모든 조건이 동일하다면, 수요의 불확실성이 높고 제품의 수명주기가 짧은 제품일수록 적기 공급보다 신속한 공급이 더 중요하게 강조되어야 한다.

④ 공급사슬에 속한 기업들간의 기본적 관계는 공급자와 구매자간의 관계로서, 공급사슬은 공급자와 구매자간의 관계가 연달아 이어지는 관계의 사슬이라고도 볼 수 있다.

⑤ 정보와 물류의 리드타임이 길수록 공급사슬내의 채찍효과(bullwhip effect)로 인한 현상은 감소한다.

> 해설   ⑤ 정보와 물류의 리드타임이 길수록 공급사슬내의 채찍효과(bullwhip effect)로 인한 현상은 증가한다.

연습문제

01 SCM의 효율적 추진방법으로는 상부구조 개선방법과 하부구조 개선방법으로 나눌 수 있다 다음 중 성격이 다른 것은?

① 공급사슬의 수직적 통합   ② 네트워크의 구성

③ 주요 제품설계의 개선   ④ 아웃소싱

⑤ 정보시스템의 통합

✎ **해설** ①~④는 상부구조 개선방법, ⑤는 하부구조 개선방법.

02 다음 중 채찍효과를 막기 위한 방법이 아닌 것은?

① 정보공유   ② 배취식 주문

③ 가격정책의 안정화   ④ 철저한 수요예측

⑤ 시장다변화

✎ **해설** 채찍효과(bullwhip effect)란 하류의 고객주문 정보가 상류로 전달되면서 정보가 왜곡되고 확대되는 현상으로, 고객의 수요가 상부단계 방향으로 전달될수록 각 단계별 수요의 변동성이 증가하는 것을 말한다. 소를 몰 때 긴 채찍을 사용하면 손잡이 부분에서 작은 힘이 가해져도 끝부분에서는 큰 힘이 생기는 데에서 붙여진 명칭으로, 황소채찍효과라고도 한다. 아주 사소하고 미미한 요인이 엄청난 결과를 불러온다는 나비효과(butterfly effect)와 유사한 현상이다.

공급망에 있어서 수요의 작은 변동이 제조업체에 전달될 때 확대되어 제조업자에게는 수요의 변동이 매우 불확실하게 보이게 된다. 이와 같이 정보가 왜곡되어 공급측에 재고가 쌓이며 고객에 대한 서비스 수준도 저하된다. 또한 생산계획이 차질을 빚고, 수송의 비효율과 같은 악영향도 발생되며, 배취(batch)식 주문으로 인하여 필요 이상의 기간이 소요되는 등의 문제가 발생된다.

이를 막기 위해서는 정보를 공유하며, 배취식 주문을 없애야 하고, 가격정책의 안정화와 철저한 판매예측을 거친 뒤 공급하는 방안이 필요하다. 또한 가장 크게 노출되어 있는 부품 및 장비기업의 경우에는 시장다변화나 사업의 다각화를 고려할 필요가 있으며, 불황에 대비하기 위해 거래선과 전략적 협조관계를 강화할 필요도 있다.

정답 1 ⑤   2 ②

03 공급사슬관리의 개념 중 집중구매의 특성이 아닌 것은?

① 구매력을 증가시킨다.

② 구매비용을 절감할 수 있다.

③ 장기공급을 보장받을 수 있다.

④ 새로운 공급자 개발이 어렵다.

⑤ 개별설비의 자율권이 침해된다.

✎ 해설 ④ 어렵다 → 쉽다

04 효율적 공급사슬과 반응적 공급사슬의 비교 중 옳지 않은 것은?

	효율적 공급사슬	반응적 공급사슬
① 수　　　　요 :	낮은 예측오차	높은 예측오차
② 공 헌 이 익 :	낮음	높음
③ 제 품 다 양 성 :	높음	낮음
④ 완충생산능력 :	낮음	높음
⑤ 경쟁우선순위 :	정시 납품	빠른 납품

✎ 해설 ③ 효율적 공급사슬 : 제품다양성 낮음, 반응적 공급사슬 : 제품다양성 높음

05 다음 중 동시생산과 JIT 시스템의 공통점이 아닌 것은?

① 생산변동의 축소　　　　　　② 작업자의 참여 강조

③ 지속적 개선 추구　　　　　　④ 생산흐름의 원활화

⑤ 풀 시스템

✎ 해설 ⑤ JIT는 풀 시스템, 동시생산은 풀 시스템과 푸시 시스템의 절충형

제 **4** 편

조직행위이론

출제경향분석

1. 출제빈도분석

조직행위론에서는 그 동안 지각오류의 유형, 동기부여이론, 리더십이론(이상 미시조직분야), 조직설계와 조직개발(이상 거시조직분야)분야에서 골고루 출제되어 왔으며, 최근에는 지각오류, 리더십이론, 조직변화 등에서 특히 자주 출제되었다.

		분 야	출제내용 및 연도	출제문항수
개 인	1장 2장	개인행위의 관리	켈리의 입방체 이론(2005), 지각오류[분류(1989), 정의(1997), halo effect(1989, 1994, 1997, 1998), 상동적 태도 (1989, 1997, 1998), 기타(1989, 1997, 1998)], 성격(2008), 태도(1999, 2007, 2008), 학습[강화이론(2001, 2007), 학습조직(1999)], 창의성 개발(1997)	12(14)
	3장	동기부여이론	각 기법분류(1989, 1991, 1998, 2004), 매슬로우의 이론(2004, 2006), ERG이론(1994, 1995, 2002, 2006, 2007), 2요인 이론 (2002, 2007), 기대이론(1989, 1991, 1995, 1996, 1998, 2003, 2004, 2005, 2007), 공정성이론(2002, 2004, 2007), 인지적평가이론(2002), 목표설정이론(2002, 2004, 2007), 기타(1989, 1991, 1995, 1998)	13
집 단	4장	집단관리와 리더십이론	비공식조직(1991, 2004), 집단 발전과정(2004, 2008), 집단행위의 분석체계(2004, 2008), 집단의사결정(1991, 2000, 2002, 2006), 의사소통(1999), 권력(2005), 리더십[리커트 이론(1995, 2001, 2004), PM이론(1992, 2001), 관리격자도이론(2004), 행위이론 전반(2005), 피들러이론(2003, 2004, 2005, 2006, 2007), 허시와블랜차드(2003, 2005, 2006, 2007), 수직쌍 연결이론(1991, 2001, 2004), 경로목표이론(2001, 2003, 2005, 2007), 브룸과 예튼(2006, 2007), 브룸과 야고의 모형(2004), 현대적리더십이론(2000), 변혁적리더(2003)]	20
조 직	5장	조직행동의 관리	조직설계변수(1998, 2000, 2004, 2006), 조직연구전반(2006), 기계적 조직과 유기적 조직(2006, 2007), 기술과 조직구조(2002, 2004), 톰슨의 이론(2002, 2006, 2007), 관료제(2006), 사업부제(1997), 팀제(1999), 민쯔버그이론(2003, 2005), 기능별 조직과 제품조직(2004, 2006, 2007), Adhocracy[1991, 1993, 매트릭스조직(1996, 2004), 네트워크조직(2006)], 조직개발기법(1992, 1996), 조직변화관리(2001) 조직이론발전과정(2003),	20

※ 출제문항수의 괄호 안의 숫자는 인적자원관리 분야에서 출제된 것을 중복 집계할 경우의 문항수이다.

2. 수험대책

앞으로의 시험에서도 그 동안 강조되었던, 동기부여이론, 리더십이론, 조직구조 및 개발분야는 계속 중요도가 높을 것이며, 이 분야 외에 집단행위(의사소통, 의사결정, 권력, 갈등)와 조직변화 전략 등에도 관심을 두어야 할 것이다.

조직행위이론

미시조직론

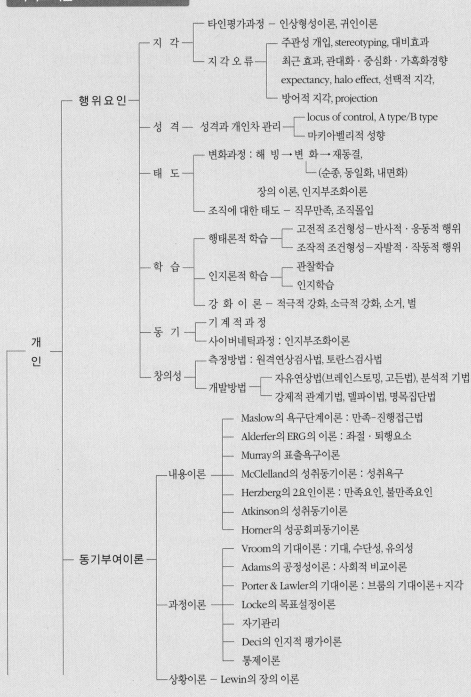

- 개인
  - 행위요인
    - 지각
      - 타인평가과정 ─ 인상형성이론, 귀인이론
      - 지각오류
        - 주관성 개입, stereotyping, 대비효과
        - 최근 효과, 관대화 · 중심화 · 가혹화경향
        - expectancy, halo effect, 선택적 지각,
        - 방어적 지각, projection
    - 성격 ─ 성격과 개인차 관리
      - locus of control, A type/B type
      - 마키아벨리적 성향
    - 태도
      - 변화과정 : 해 빙→ 변 화→재동결,
        - (순종, 동일화, 내면화)
      - 장의 이론, 인지부조화이론
      - 조직에 대한 태도 ─ 직무만족, 조직몰입
    - 학습
      - 행태론적 학습
        - 고전적 조건형성─반사적 · 응동적 행위
        - 조작적 조건형성─자발적 · 작동적 행위
      - 인지론적 학습
        - 관찰학습
        - 인지학습
      - 강 화 이 론 ─ 적극적 강화, 소극적 강화, 소거, 벌
    - 동기
      - 기 계 적 과 정
      - 사이버네틱과정 : 인지부조화이론
    - 창의성
      - 측정방법 : 원격연상검사법, 토란스검사법
      - 개발방법
        - 자유연상법(브레인스토밍, 고든법), 분석적 기법
        - 강제적 관계기법, 델파이법, 명목집단법
  - 동기부여이론
    - 내용이론
      - Maslow의 욕구단계이론 : 만족─진행접근법
      - Alderfer의 ERG의 이론 : 좌절 · 퇴행요소
      - Murray의 표출욕구이론
      - McClelland의 성취동기이론 : 성취욕구
      - Herzberg의 2요인이론 : 만족요인, 불만족요인
      - Atkinson의 성취동기이론
      - Horner의 성공회피동기이론
    - 과정이론
      - Vroom의 기대이론 : 기대, 수단성, 유의성
      - Adams의 공정성이론 : 사회적 비교이론
      - Porter & Lawler의 기대이론 : 브룸의 기대이론＋지각
      - Locke의 목표설정이론
      - 자기관리
      - Deci의 인지적 평가이론
      - 통제이론
    - 상황이론 ─ Lewin의 장의 이론

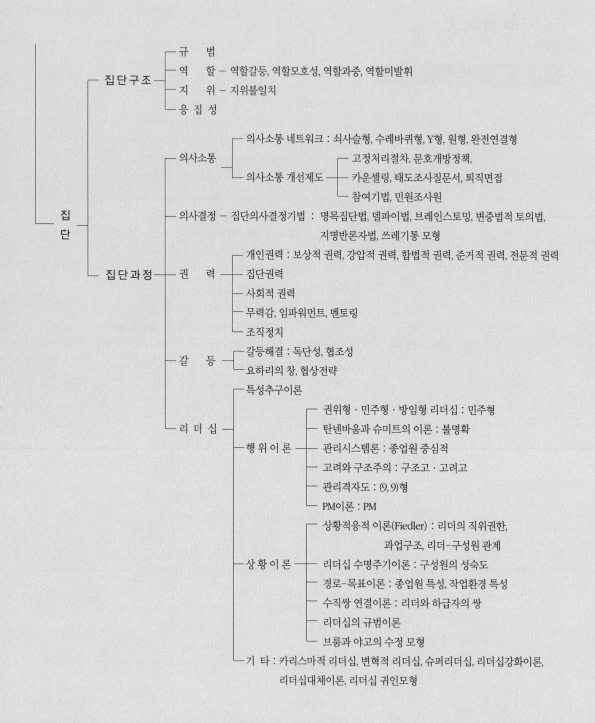

집단 ─┬─ 집단구조 ─┬─ 규 범
      │   ├─ 역 할 ─ 역할갈등, 역할모호성, 역할과중, 역할미발휘
      │   ├─ 지 위 ─ 지위불일치
      │   └─ 응 집 성
      │
      └─ 집단과정 ─┬─ 의사소통 ─┬─ 의사소통 네트워크 : 쇠사슬형, 수레바퀴형, Y형, 원형, 완전연결형
                  │   └─ 의사소통 개선제도 ─┬─ 고정처리절차, 문호개방정책,
                  │   ├─ 카운셀링, 태도조사질문서, 퇴직면접
                  │   └─ 참여기법, 민원조사원
                  │
                  ├─ 의사결정 ─ 집단의사결정기법 : 명목집단법, 델파이법, 브레인스토밍, 변증법적 토의법,
                  │   지명반론자법, 쓰레기통 모형
                  │
                  ├─ 권 력 ─┬─ 개인권력 : 보상적 권력, 강압적 권력, 합법적 권력, 준거적 권력, 전문적 권력
                  │   ├─ 집단권력
                  │   ├─ 사회적 권력
                  │   ├─ 무력감, 임파워먼트, 멘토링
                  │   └─ 조직정치
                  │
                  ├─ 갈 등 ─┬─ 갈등해결 : 독단성, 협조성
                  │   └─ 요하리의 창, 협상전략
                  │
                  └─ 리 더 십 ─┬─ 특성추구이론
                              │
                              ├─ 행 위 이 론 ─┬─ 권위형 · 민주형 · 방임형 리더십 : 민주형
                              │   ├─ 탄넨바움과 슈미트의 이론 : 불명확
                              │   ├─ 관리시스템론 : 종업원 중심적
                              │   ├─ 고려와 구조주의 : 구조고 · 고려고
                              │   ├─ 관리격자도 : (9, 9)형
                              │   └─ PM이론 : PM
                              │
                              ├─ 상 황 이 론 ─┬─ 상황적응적 이론(Fiedler) : 리더의 직위권한,
                              │   │   과업구조, 리더-구성원 관계
                              │   ├─ 리더십 수명주기이론 : 구성원의 성숙도
                              │   ├─ 경로-목표이론 : 종업원 특성, 작업환경 특성
                              │   ├─ 수직쌍 연결이론 : 리더와 하급자의 쌍
                              │   ├─ 리더십의 규범이론
                              │   └─ 브룸과 야고의 수정 모형
                              │
                              └─ 기 타 : 카리스마적 리더십, 변혁적 리더십, 슈퍼리더십, 리더십강화이론,
                                        리더십대체이론, 리더십 귀인모형

거시조직론

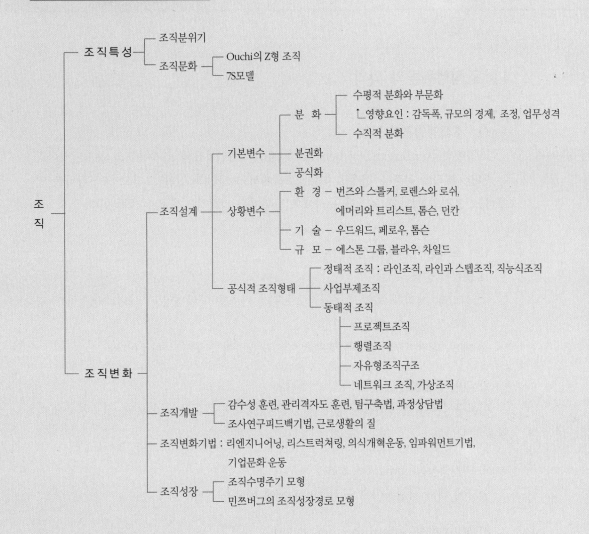

조직
- 조직특성
  - 조직분위기
  - 조직문화
    - Ouchi의 Z형 조직
    - 7S모델
- 조직변화
  - 조직설계
    - 기본변수
      - 분화
        - 수평적 분화와 부문화
          - 영향요인 : 감독폭, 규모의 경제, 조정, 업무성격
        - 수직적 분화
      - 분권화
      - 공식화
    - 상황변수
      - 환경 – 번즈와 스톨커, 로렌스와 로쉬, 에머리와 트리스트, 톰슨, 던칸
      - 기술 – 우드워드, 페로우, 톰슨
      - 규모 – 에스톤 그룹, 블라우, 차일드
    - 공식적 조직형태
      - 정태적 조직 : 라인조직, 라인과 스텝조직, 직능식조직
      - 사업부제조직
      - 동태적 조직
        - 프로젝트조직
        - 행렬조직
        - 자유형조직구조
        - 네트워크 조직, 가상조직
  - 조직개발
    - 감수성 훈련, 관리격자도 훈련, 팀구축법, 과정상담법
    - 조사연구피드백기법, 근로생활의 질
  - 조직변화기법 : 리엔지니어링, 리스트럭쳐링, 의식개혁운동, 임파워먼트기법, 기업문화 운동
  - 조직성장
    - 조직수명주기 모형
    - 민쯔버그의 조직성장경로 모형

제1장 ▪ 조직행위론의 기본개념

1.1 조직행위론의 의의

(1) 조직행위론의 정의

조직행위론(organizational behavior : OB)은 개인목표와 조직목표의 동시달성이라는 인간·조직의 공존을 전제로 하여, 조직에서의 개인과 집단 그리고 조직행위를 연구하고, 조직의 성과를 높임과 동시에 인간복지를 강화하고자 하는 학문이다.

(2) 조직행위론의 특징
1) 통합적 성격
① 심리학, 사회학 등의 행동과학으로부터 기초를 마련하였고, 사회과학(정치학, 경제학)도 중요한 영향을 미쳤다.
② 개인, 집단, 조직 전체를 포괄적으로 통합하여 연구하는 학문이다.

2) 과학적 방법론
이론구성이나 문제해결에 있어 엄격한 과학적 방법론을 채택하고, 실증연구에 바탕을 둔다.

3) 인간중심성(humanistic tone)
인간에 대해 낙관적이고 긍정적인 견해에 바탕을 둔다.

4) 성과지향성(performance orientation)
① 조직에서 인간과 조직행위를 이해하는 데 그치지 않고, 이를 응용하여 성과를 높이려는 성과지향적 측면을 지니고 있다.
② 성과는 조직유효성(organizational effectiveness)으로 표현되며 조직이 얼마나 잘 되고 있느냐 또는 효과적인가를 나타내는 개념이다. → 그러므로 조직변화의 필요성이 발생함

5) 상황적응적 접근
기업이 처해 있는 상황을 고려하여 상황에 적합한 이론이나 원리를 도출한다.

도표 1-1 상황이론과 중범위이론

	기본관점	적용이론
대범위이론	보편주의	시스템이론
중범위이론	개별주의	상황이론
소범위이론	구체적 개별주의	개체이론

(3) 조직행위론의 구성
① 조직행위론은 미시조직론과 거시조직론으로 나눌 수 있다.
② 미시조직론은 개인과 집단의 문제를 다루고, 거시조직론은 조직의 문제를 다룬다.

1) 미시조직론
① 개인적 차원

조직에 참여하는 개인을 대상으로 분석하며, 개인행위에 영향을 미치는 요인(지각, 타인평가, 학습, 행위변화전략, 성격, 태도 등), 동기부여, 창의성 개발, 스트레스 관리 등을 다룬다.

② 집단적 차원

조직 내의 집단을 대상으로 분석하며 집단행위의 이해와 분석체계, 의사소통, 집단의사결정, 권력, 갈등, 리더십 등을 다룬다.

2) 거시조직론 : 조직적 차원

조직을 하나의 전체로 파악하고, 조직특성과 조직변화, 조직설계, 조직개발 등을 다룬다.

1.2 조직행위론의 발전과정

1) 조직행위론의 발전과정 중 최근이론에 영향을 주고 있는 상황이론은 상황과 조직특성의 적합이 조직의 유효성을 결정한다는 전제 하에 전개된 이론이다.

2) 즉, 조직행위론의 최근이론은 시스템이론의 추상성을 극복하고, 이를 조직이나 경영에 있어서 보다 현실적인 이론으로 변형한 것이다.

(2003 CPA)
★ 출제 Point
조직이론의 발전과정

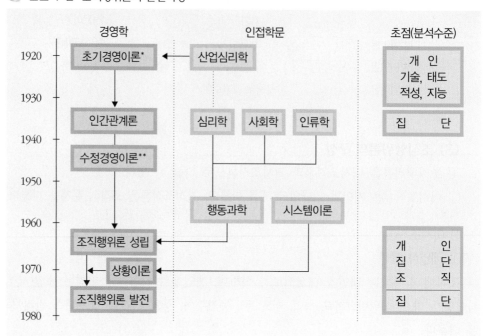

도표 1-2 조직행위론의 발전과정

＊ 초기경영이론 ＝ 과학적 관리론, ＊＊ 수정경영이론 ＝ 근대적 조직론

경영사례 ▶ 조직관리의 필요성

　　모세는 백성의 송사를 다루려고 자리에 앉고, 백성은 아침부터 저녁까지 모세 곁에 서 있었다. 모세의 장인은, 모세가 백성을 다스리는 이 일을 모두 보고, 이렇게 말하였다. "자네는 백성의 일을 어찌하여 이렇게 처리하는가? 어찌하여, 아침부터 저녁까지, 백성을 모두 자네 곁에 세워 두고, 자네 혼자만 앉아서 일을 처리하는가?" 모세가 그의 장인에게 대답하였다. "백성은 하나님의 뜻을 알려고 저를 찾아옵니다. 그들은 무슨 일이든지 생기면, 저에게로 옵니다. 그러면 저는 이웃간의 문제를 재판하여 주고, 하나님의 규례와 율법을 알려 주어야 합니다."(단순구조)

　　모세의 장인이 그에게 말하였다. "자네가 하는 일이 그리 좋지는 않네. 이렇게 하다가는, 자네뿐만 아니라 자네와 함께 있는 이 백성도 아주 지치고 말 걸세. 이 일이 자네에게는 너무 힘겨운 일이어서, 자네 혼자서는 할 수 없네. 이제 내가 충고하는 말을 듣게. 하나님이 자네와 함께 계시기를 바라네. 자네는 백성의 문제를 하나님께 가지고 가서, 하나님 앞에서 백성의 일을 아뢰게. 그리고 자네는 그들에게 규례와 율법을 가르쳐 주어서, 그들이 마땅히 가야 할 길과 그들이 마땅히 하여야 할 일을 알려 주게.(공식화) 또 자네는 백성 가운데서 능력과 덕을 함께 갖춘 사람, 곧 하나님을 두려워하며, 참되어서 거짓이 없으며, 부정직한 소득을 싫어하는 사람을 뽑아서 백성 위에 세우게.(모집·선발관리) 그리고 그들을 천부장과 백부장과 오십부장과 십부장으로 세워서, 그들이 사건이 생길 때마다 백성을 재판하도록 하게.(수직적 분화) 큰 사건은 모두 자네에게 가져 오게 하고, 작은 사건은 모두 그들이 스스로 재판하도록 하게.(권한 위임, 임파워먼트) 이렇게 그들이 자네와 짐을 나누어 지면, 자네의 일이 훨씬 가벼워질 걸세. 하나님이 명하신 대로, 자네가 이와 같이 하면, 자네도 일을 쉽게 처리할 수 있을 것이고,(효율성 극대화) 백성도 모두 흐뭇하게 자기 집으로 돌아갈 걸세."(고객만족도 증가)(출애굽기 18장 13절~23절)

제2장 ▪ 개인행위의 관리

2.1 개인행위의 영향요인

1. 개인행위의 접근법

(1) 행동주의적 접근법 = 강화적 접근법

1) 행동주의적 접근법은 인간의 행위를 자극(S)과 반응(R)의 관계로 보았다.

2) 인간의 행위는 자극(S)이나 결과(C)라는 외부환경에 의해 기계적으로 결정된다고 보았다.(= 환경결정론)

(2) 인지적 접근법

1) 인간행위를 설명하는 데 객관적 요인뿐만 아니라 행위자의 주관적 심리요인(O)도 고려해야 한다고 주장하였다.

2) 여기서 인지란 개인의 지각, 기억, 정보처리과정 등의 내적 정신과정을 말한다.

(3) 절충적 접근법

1) 자극(S)은 인지(cognition)과정이나 심리적인 과정(O)을 통해 행위를 유발하며,

🔵 도표 2-1 개인행위의 접근법

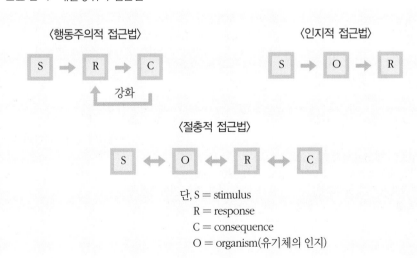

● 도표 2-2 개인행위의 과정

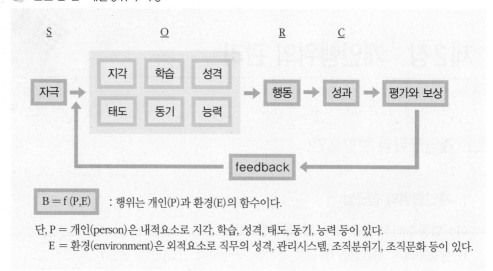

$$B = f\,(P,E) \quad : 행위는 개인(P)과 환경(E)의 함수이다.$$

단, P = 개인(person)은 내적요소로 지각, 학습, 성격, 태도, 동기, 능력 등이 있다.
E = 환경(environment)은 외적요소로 직무의 성격, 관리시스템, 조직분위기, 조직문화 등이 있다.

반응이나 행위유발에는 행위로 인한 결과(C)가 중요하다고 보았다.
2) 또한 각 변수들 간에 상호관련성과 피드백이 존재한다고 보았다.

2.2 지 각

1. 지각과정

지각이란 외부에서 들어오는 감각적 자극을 선택·조직·해석하는 과정을 말한다.

● 도표 2-3 지각과정

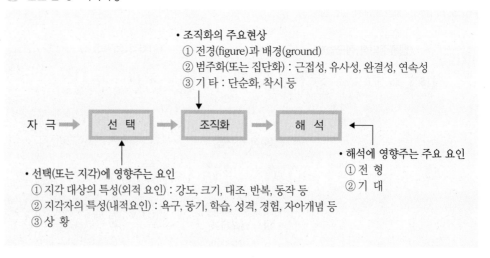

◈ 외부로부터 투입된 자극들은 조각난 정보로 존재하지 못하고 완전한 사물 또는 마음속의 그림으로 조직화 되는데, 이를 게스탈트 과정(gestalt process)이라 한다.

(1) 선 택

1) 사람들은 주어지는 외부정보 중 일부만 선택하여 지각하게 된다(선택적 지각).

2) 선택은 ① 지각대상(자극대상)의 특성, ② 지각자의 상태, ③ 상황의 한계에 영향을 받는다.

(2) 조직화

1) 대개 외부의 여러 자극들은 각각 기억되기보다는 서로 연결되어 하나의 이미지로 종합되게 되는데, 이를 조직화(perceptual organization)라 한다.

2) 대표적인 조직화의 형태로 범주화(categorizing)를 들 수 있는데, 사람들은 근접성의 원리, 유사성의 원리 등의 작용으로 비슷한 것끼리 한데 묶어서 지각하게 된다.

(3) 해 석

◈ 지각해석의 특징
① 지각해석과정은 주관적인 과정이다.
② 지각해석은 판단과정이다.
③ 지각해석과정은 쉽게 왜곡될 수 있다.

1) 여러 자극 중 어떤 것이 선택되었고, 어떻게 조직화되었는지에 따라 해석은 달라지게 된다.

2) 선택, 조직화된 자료를 해석하는 과정에서 나타나는 대표적 패턴으로 **전형**(典型, prototype)과 **기대**가 있다.

① 인간은 여러 번 경험한 전형적인 자극을 장기저장하게 되는데, 유사한 자극에 대해서는 자세히 보지 않고 전형에 의해 판단하게 된다.

② 과거의 경험은 어떤 상황이 발생할 거라는 기대도 가능하게 되는데, 이 기대가 지각에 영향을 주게 된다.

🌑 도표 2-4 사회적 지각*과 사회적 정보처리 모델

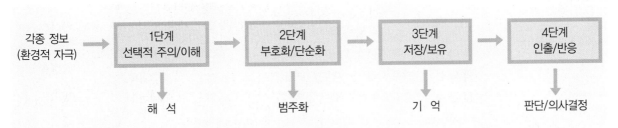

출처 : Janet Landman & Melvin Manis, 1983

* 인간을 대상으로 하는 지각을 특별히 '사회적 지각'이라고 한다. 사물에 대한 지각과는 달리, 사람에 대해 지각할 때는 서로간의 심리적인 상호작용에 의해 상대가 갖고 있는 태도, 욕구, 기대 등을 의식하면서 그를 지각하게 된다.

** 각종 정보를 받아들인 사람은 자신의 인지적 틀(카테고리)에 각각의 정보를 할당하여 나눈다. 정보를 카테고리에 할당하는 과정에서 정보는 단순화되고 부호화되는데, 이 때 스키마(schema)가 형성된다. 스키마는 특정 사건이나 자극을 머릿속에 가지고 있는 형태를 말한다.

2. 타인평가

다른 사람을 평가하는 것을 타인평가라 하며 이는 지각의 한 종류로 볼 수 있다. 타인지각(사회적 지각)의 대표적 형태는 다음과 같다.

(1) 인상형성이론 : S. Asch

◆ 사물을 지각할 때는 일관성원리를 따르지 않는다.

1) 사람들이 타인에 대한 인상을 형성할 때 나타나는 공통적인 패턴으로 **첫인상효과, 일관성원리, 중심특질과 주변특질, 합산원리와 평균원리** 등이 있다.

2) 첫인상 효과 : 추가적 정보를 알아내려 하지 않고 한 두 정보(첫인상)만 가지고 서둘러서 판단해 버림.

3) 일관성 원리 : 상호 어긋나는 정보가 있더라도 한쪽으로만 일관성 있게 지각하려 함.

4) 중심특질과 주변특질 : 대표적인 중심특질만 가지고 다른 사람 전부를 평가해 버리는 경향이 있음.

(2) 귀인이론

(2005 CPA)
★ 출제 Point
켈리의 입방체이론

◆ 귀인을 내적귀인과 외적귀인으로 나눈 학자는 Heider이다.

◆ 보통 귀속작업은 모든 행동에 대해 실시되는 것이 아니고, '독특한 행동'이나 자신에게 기쁨이나 고통을 주는 '의미있는 행동'에 대해서만 실시된다.

1) 귀인이론(attribution theory)은 타인의 행동을 관찰하고 그 **행동의 원인을 추측**(귀속 또는 귀인)함으로써 평가하는 것을 말한다.

2) 대표적인 귀인방법으로 **켈리의 입방체이론**(cubic theory)이 있다.

3) 켈리(Kelly)는 특이성, 합의성, 일관성의 세 기준에 의해 내적귀속과 외적귀속을 하게 되는 패턴을 제시하였다.

● 도표 2-5 켈리의 입방체이론

판단기준	기말고사 때 영어 과목을 A⁺맞은 결과에 대해	판 단	내적 or 외적귀속	판 단
특 이 성	유독 영어만 A⁺인 경우	높 다	외적귀속	그는 별로다
합 의 성	다른 학생들도 대부분 A⁺인 경우	높 다	외적귀속	
일 관 성	중간고사 때도 A⁺인 경우	높 다	내적귀속	그는 능력 있다

· 특이성(distinctiveness) : 한 사건의 결과를 다른 사건의 결과와 비교
· 합의성(consensus) : 한 사건의 결과를 다른 사람의 결과와 비교
· 일관성(consistency) : 한 사건의 결과를 다른 시점의 결과와 비교

4) 귀속오류

원인귀속은 정보가 부족할수록 자주 이용된다. 그러므로 귀속과정에서의 편견(오류)이 나타날 수 있는데, 대표적인 귀속오류는 다음과 같다.

① 자존적 편견

사람들은 대개 자신을 평가할 때 성공한 결과에 대해서는 내부 탓으로 돌리고(내적귀속), 실패한 결과에 대해서는 외부 탓으로 돌리게 되는데(외적귀속) 이를 자존적 (self-serving) 편견 또는 동기적 편견(이기적 편견)이라 한다.

② 행위자 - 관찰자 편견

 ⓐ 사람들은 대개 자기행동은 외부적 · 상황적으로 귀속시키고, 타인의 행동은 그 사람의 내부성향으로 귀속시키려 하는데, 이를 행위자-관찰자 편견 (actor-observer bias)이라 한다.

 ⓑ 이는 자신의 행위와 타인의 행위에 대해 상이한 정보를 가지기 때문에 나타난다.

③ 통제의 환상

자기만 잘하면 모든 일이 잘 될 수 있다고 믿는 경우, 어떤 일의 결과의 원인을 외부보다는 자신의 내부 탓으로 돌리려는 경향이 있는데, 이를 통제의 환상(illusion of control)이라 한다.

○ 참고

행위자/관찰자에 따른 귀인 모델

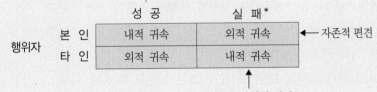

※ 주의 : 이 표를 해석해 보면 행위의 결과가 '실패'인 경우는 본문의 행위자-관찰자편견의 정리와 일치하지만, 행위의 결과가 '성공'인 경우는 본문의 정리와 반대로 설명하고 있다는 것을 알 수 있다.

본문의 정리는 Eisen, S.V.의 1979년 연구를 정리한 것이고, 〈참고〉의 표는 모교과서에서 발췌한 내용이다.

이와 같이 연구자의 관점에 따라 학설이 다르게 나타날 수도 있음을 주의하되, 수험생 입장에서는 모든 이론을 다 정리하려는 것보다는 대표적인 학설 위주로 정리하되 차이가 있을 수 있다는 것을 염두에 두는 것이 현명할 것이다.

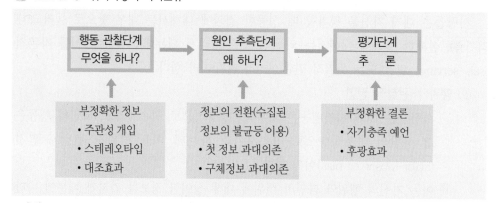

　　도표 2-6 귀속과정의 지각오류

출처 : A. Decarufel & J. Jabes, *Perceptual Errors in Organization : An Attribution Theory Approach,* in
　　　L'Administration, B. Bazoge & G. Paquet(ed.), University of Ottawa, Ottawa, 1986, p.205.

3. 지각오류의 유형

(1) 관찰단계에서의 오류

1) 주관성 개입

('89, '97 CPA)
★출제 Point
지각오류의 종류

타인을 평가할 때 객관적 정보보다, 자신의 주관을 많이 사용하는 것으로 자신의 기억에 내재된 무형의 정보에 의존할 때 주로 나타난다.

2) 상동적 태도

('98 CPA)
★출제 Point
상동적 태도의 정의

① 상동적 태도(stereotyping)는 자신의 경험에 의해 만들어진 여러 전형(prototype)들을 머리 속에 간직하고 있다가, 하나라도 비슷한 사람이 생기면 즉시 그 전형에 의해 평가하는 것이다.

② 타인이 속한 **집단에 대한 고정관념(또는 집단의 특성)**에 의해 그 사람을 평가하는 것을 예로 들 수 있다.

③ 가장 일반적인 스테레오타입은 성역할 스테레오타입과 나이 스테레오타입이다.

④ 장점 : 스테레오타입은 어떤 대상에 대한 정보수집이 더 이상 불가능하거나 시간이 촉박할 때 평가할 수 있게 하므로 효율성을 높여주기도 한다.

⑤ 단점 : 그러나 사회적·인종적 편견을 갖게 하는 원천이 되기도 한다.

◈ 인쇄를 하기 위해서는 활자를 배열해 놓고 납이나 구리를 부어 연판(동판)을 만들고 이를 인쇄기에 걸어 수천장을 찍어낸다. 이 때 이 연판을 스테레오타입이라 한다.

3) 대조효과(contrast effect) = 대비효과

시간적, 공간적으로 가까이 있는 대상과 비교하면서 평가하는 경향을 말한다.

4) 최근효과(recency effect)

타인을 지각할 때 '최근'에 얻어진 정보에 더 비중을 두고 평가하는 경향을 말한다.

5) 관대화경향(leniency tendency), 중심화경향, 가혹화경향=범위제한의 오류

(2) 원인 추측단계에서의 오류

1) 첫정보에 과대 의존

첫인상의 귀인작용이 너무 커서 다른 정보가 추가되어도 이용하지 않는 경향을 말한다.

2) 구체정보의 과대 사용

어떤 사물이나 사람을 평가할 때 통계나 기록 같은 추상적 정보(또는 추리적 정보)는 무시하고, (사소하더라도)실제 있었던 '구체적' 사건 정보만을 중요하게 여기는 경향을 말한다.

(3) 해석과정에서의 오류

1) 기대의 오류(expectancy) = 자기 충족적 예언

어떤 사람이 타인의 행동을 예측하고, 그렇게 되리라고 믿고 그를 대했을 때 상대가 이에 적응하는 과정에서 예측한 대로 행동하게 되는 것을 말한다.

ⓞ 참 고

자기충족적 예언(self-fulfilling prophecy)

그리스 신화에 나오는 피그말리언이라는 조각가는 자신이 조각한 아름다운 여인상을 사랑하게 되어 그가 실제 사람이 되기를 바랐다. 이러한 사실을 안 여신 아프로디테는 피그말리언이 조각한 여인상을 인간으로 만들어 주었다. 피그말리언의 사랑(또는 기대가)이 실제로 이루어진 것이다. 이에 근거하여 자기충족적 예언(기대의 오류) 또는 피그말리언 효과(The Pygmalion effect)라는 말이 생겨났다.

피그말리언 효과란 개인의 기대나 믿음이 그의 행위나 성과를 결정하게 되는 것을 말한다. 즉, 개인은 그가 지각한 사실이 옳든 틀리든 그 사실을 현실화하려는 노력을 한다는 것이다.

🌑 도표 2-7 자기충족적 예언모델

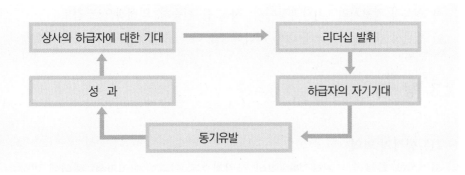

출처 : D. Eden, 1984, "Self-fufilling prophecy as a management tool : Harnessing Pygmalion," *Academy of Management Review*, pp. 64-73.

('94 CPA)
★ 출제 Point
현혹효과의 적용 예

◆ 후광효과는 어떤 특성
을 정확하게 측정했다 하
더라도 나타날 수 있다.

2) 현혹효과 : 후광효과(halo effect) or 뿔 효과(horns effect)

① 어떤 대상으로부터 얻은 어느 한 특성(또는 정보)을 가지고 여러 특성을 추론하는 것을 말한다.

② 즉, 한 정보로 모든 것을 일반화 시키려는 것이다.

(4) 기타의 오류

1) 선택적 지각

부분적인 정보만을 받아들여 전체에 대한 판단을 내리는 경향을 말한다.

2) 방어적 지각

사물이나 사람을 보는 습성(고정관념)에 어긋나는 정보를 회피하거나, 왜곡시키는 것을 말한다.

3) 주관의 객관화(projection) = 투사의 오류

타인의 평가에 자신의 감정이나 경향(또는 특성)을 전가시키는 것을 말한다.

4) 기 타

① 근접오차(proximity error) : 시간적, 공간적으로 접근하여 평가하는 경우에 나타나는 오류

② 유사효과(similar to me effect) : 평가자 자신과 유사한 사람에게 후한 평가를 하는 오류

③ 규칙적 오류(systematic errors)＝항상오류(constant errors)

4. 지각오류의 감소방안

1) 자기이해(self understanding) : 누구나 오류를 범할 수 있다는 것을 인정

2) 자기인정(self acceptance) : 자신은 완전한 인간이 아니라는 것을 인정
이를 통해 투사의 오류 회피 가능

3) 의식적 정보처리 : 지각과정에서 '사실' 을 신중히, 의식적으로 검토

4) 객관성 테스트 : 자극에 대한 지각해석을 다른 측정치와도 비교하여 정확성 검토

◆ 각 사회집단의 문화의
영향으로 형성된 성격을
'사회적 성격' 이라 하며,
이 사회적 성격은 모든 구
성원에게 공통적일 가능성
이 높다. '국민성' 도 사회
적 성격의 한 종류로 볼
수 있다.

2.3 성 격

(1) 성격의 의의

성격이란 환경의 조건에 관계없이 장기적으로 일관되게(일관성) 행위에 영향을 미치는 한 개인의 독특한(독특성) 심리적 자질들의 총체를 말한다(총체성).

(2) 성격의 종류

1) 조직과 관련된 성격유형의 분류기준으로 A형/B형 차원, 통제의 위치(locus of control), 마키아벨리즘, 모험선호도, 권위주의 등을 들 수 있다.

2) 통제의 위치에 따라 분류하면 내재론자와 외재론자로 나눌 수 있는데, 조직은 내재론자를 더 선호한다.

(2008 CPA)
★ 출제 Point
내재론자와 외재론자의 비교

(3) 성격 검사법

1) 성격을 파악하는 방법으로 관찰법, 질문지법(MMPI), 투사법 등이 있다.

2) 대표적인 투사법은 로샤의 잉크반점(데깔코마니), TAT법(Thematic Apperception Test : 주제통각검사)이 있다.

2.4 태 도

1. 태도의 의의와 구성요소

(1) 태도의 의의

태도는 어떤 사람 · 사물에 대한 **좋다, 나쁘다의 반응**을 의미한다.

('99, 2007 CPA)
★ 출제 Point
태도의 기본적 요소

(2) 태도의 구성요소

태도의 기본적 요소로는 인지적 요소, 감정적(정서적) 요소, 행위적 요소가 있다.

1) 인지적 요소는 대상에 대한 지각, 신념, 지식 등을 의미한다(예 군대는 엄격하다).

2) 감정적 요소는 대상에 대한 좋다, 싫다를 느끼는 것을 의미한다.

3) 행위적 요소는 대상에 대해 어떤 방식으로 행동하려는 경향을 의미한다.

(3) 태도의 기능 : Katz

1) 적응기능, 2) 자기방어기능, 3) 자기표현기능, 4) 탐구기능

● 도표 2-8 태도와 유사개념의 관계

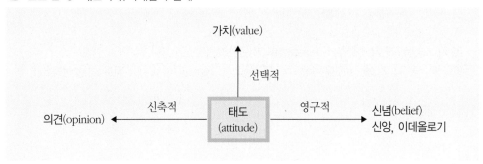

(2008 CPA)
★ 출제 Point
태도의 정의 및 가치관과의 관계

● 도표 2-9 직무태도의 개념적 모형

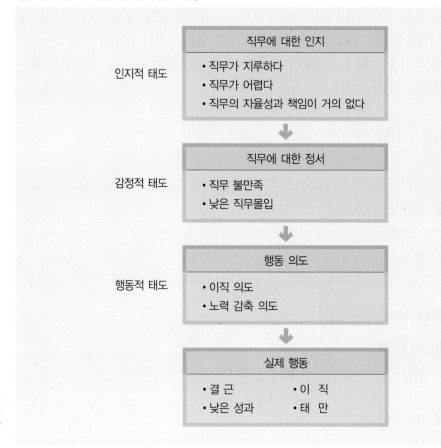

◈ 태도란 어떤 대상에 대한 믿음, 느낌 그리고 행동 의도가 결합되어 있는 상태이다.

자료 : R.M.Steers(1982), *Introduction to Organizational Behavior,* 2nd ed, Scott, Fovesman and Company

Key Point ▶ 방어 기제

프로이드는 사람들이 불안과 스트레스를 줄이기 위해 무의식적으로 사용하는 심리적 과정(자기 기만적 현실왜곡)을 방어기제(defense mechanism)라 불렀다. 방어기제에는 다음과 같은 것을 들 수 있으며, 이렇게 굳어진 메커니즘은 성격특질을 형성하게 된다.

① 아픈 기억을 회상하지 않으려고 하는 억압 · 억제(repression)

② 스트레스 주는 상황을 부인하고 스트레스 상황이 아닌 것처럼 여기려는 합리화(rationalization)

③ 부끄럽고 해로운 욕구를 고상하고 이로운 형태로 바꾸는 승화(sublimation)

④ 선망의 대상을 닮으려고 하는 동일시(identification)

⑤ 자신의 욕구를 남에게 투사(projection)시켜 판단하려는 행위

⑥ 기타 : 공격(aggression), 대처(coping), 퇴행(regression), 고착(fixation), 회피(resignation) 등

2. 태도와 조직성과

(1) 직무태도

1) 경영자는 자사 종업원들의 직무와 관련된 태도, 회사에 대한 태도, 직장내 상사, 동료에 대한 태도 등에 관심을 가져야 하는데, 이를 '직무만족도'라 한다.

2) 직무만족도가 높아질수록 성과가 높아질 것이고, 성과가 높아지면 직무만족도 역시 올라갈 것이다.

3) 직무만족도의 측정방법으로, 미네소타설문지(MSQ)가 대표적이다.

◈ 개인의 태도는 주로 개인적 경험, 연상, 그리고 사회적 학습을 통해 형성된다.

◈ 직무만족도는 성과의 독립변수이면서 동시에 종속변수이다.

(2) 조직몰입

1) 조직몰입의 의의

① 조직몰입(organizational commitment)은 조직에 대한 개인의 동일시(identi-fication)와 몰입(involvement)을 말한다.

② 조직몰입은 한 개인이 자기가 속한 조직에 대해 얼마나 일체감을 갖고 몰두하느냐 하는 정도를 나타낸다.

③ 조직몰입은 조직이 추구하는 목표나 가치에 대한 강한 신뢰와 수용, 조직을 위하려 애쓰려는 의사, 조직의 구성원으로서 남아 있고자 하는 강한 의욕 등으로 나타난다.

④ 조직몰입은 직무만족보다 포괄적 개념이다. → 즉, 직무만족은 직무환경에 따라 쉽게 변할 수 있으나, 조직몰입은 쉽게 변하지 않는다.

● 도표 2-10 조직몰입의 영향요인

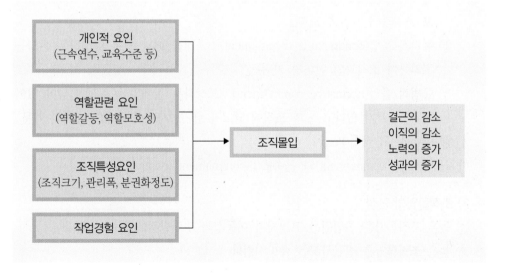

2) 조직몰입의 종류

① 에치오니(A. Etzioni) : **권력의 행사에 대한 반응의 정도**

    ⓐ 결행영역과 소외영역

        ⅰ) 결행 영역(commitment zone : 긍정적 반응 영역) : 존경 · 위신 · 의례적 상징 · 수용 · 적극적 반응

        ⅱ) 소외 영역(alienation zone : 부정적 반응 영역) : 혐오 · 기피 등

    ⓑ 소외적 반응, 도덕적 반응, 타산적 반응

        ⅰ) 소외적 반응(alienative involvement) : 고도의 소외영역에 있으며, 조직의 목적이나 규칙에 반항하는 태도를 보임

        ⅱ) 도덕적 반응(moral involvement) : 고도의 결행영역에 있으며, 조직의 목적에 적극 동조하고, 목적달성을 위해 적극 노력하는 태도를 보임

        ⅲ) 타산적 반응(calculative involvement) : 두 반응의 중간지대에 있으며, 조직목적보다는 참여에 따른 이해득실에 관심을 보이는 태도임

② 캔터(Kanter) : **조직을 위해 노력 · 충성하려는 의도**

    ⓐ 근속몰입(commitment to stay) : 조직에 투여한 노력 · 희생으로 조직 이탈 비용이 높거나 불가능할 때 나타남

    ⓑ 응집몰입(cohesion commitment) : 집단 응집력 강화 위한 의식이나 사회 유대관계 단념 등으로 인한 조직에 대해 가지는 동일시적 애착

    ⓒ 통제몰입(control commitment) : 조직가치관의 관점에서 과거의 규범 또는 자아개념을 바람직한 방향으로 행동하려는 것 → 조직규범의 내재화

③ 메이어(Meyer)와 알렌(Allen)

(2007 CPA)
★ 출제 Point
조직몰입의 분류

    ⓐ 정서적 몰입(affective commitment) : 조직에 대해 감성적으로 애착을 가지고 조직과 일체감을 느낌

    ⓑ 유지적 몰입(continuance commitment) : 조직을 떠날 경우 발생하는 손익을 고려하여 조직과의 연대를 지속

    ⓒ 규범적 몰입(normative commitment) : 보상과는 관계없이 조직에 남아 있어야 할 의무가 있다고 느껴 조직에 남고자 함 → 사회적 규범의 내재화 때문

④ 앵글(Angle)과 페리(Perry)

가치몰입(value commitment)과 근속몰입(commitment to stay)

3) 조직몰입의 단점

① 높은 조직몰입은 종업원을 고정시켜 이동성과 경력발전에 저해가 된다.

② 높은 조직몰입은 집단사고를 유발시킨다.

③ 높은 조직몰입은 이직률을 낮추어 내부직원의 승진기회가 줄어든다.

④ 높은 조직몰입은 이직률을 낮추어 새로운 직원의 유입이 적어지고, 새로운 아

이디어 도입이 불가능하다.

3. 태도 변화

(1) 장의 이론(field theory) : Lewin

1) 르윈은 인간의 심리상태인 태도는 고정적이거나 안정되어 있는 것이 아니라 서로 상충되는 힘이 계속 작용하고 있는 '장'의 세계에서 균형상태를 이루고 있는 것으로 보았다.

2) 그러므로 이 균형상태에 변화를 주려면 이 변화를 추진시키려는 힘을 강화시키고, 제어하려는 힘을 약화시키면 된다고 하였다.

● 도표 2-11 태도변화방법

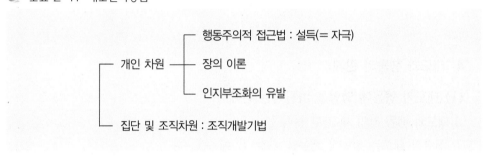

● 도표 2-12 르윈의 태도 변화

단 계	상 태	균형여부
해 빙 기	추진력 ≠ 저항력	균형 깨짐
변 화 기	추진력 > 저항력	균형 변화
재동결기	추진력 = 저항력	균형 확보

(2) 인지부조화이론 : Festinger

1) 인간은 본래 많은 인지들 사이에 일관성이 결여(인지부조화)되어 있을 때 이를 피하려는 본능이 있다.

2) 즉, '인지부조화'를 느끼게 되면 마음이 불안해져 이 긴장상태를 벗어나려 하고 '부조화'를 '조화' 상태로 만들기 위해 노력하게 되며, 이에 따라 태도도 변화된다는 것이다.

◈ 인지부조화는 의사결정 전보다는 의사결정 후에 더 크게 나타난다.

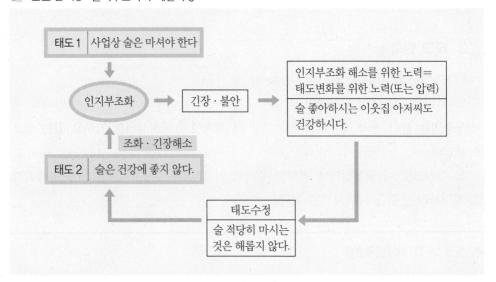
🔵 도표 2-13 인지부조화의 해결과정

4. 태도와 행동의 관계

(1) 태도가 행동에 영향을 미친다는 견해

1) 태도와 행동 간의 세 가지 원칙

① 전반적 태도는 전반적 행동을 가장 잘 예측해준다.

② 구체적 태도는 구체적 행동을 가장 잘 예측해준다.

　　예) 종교활동에 대한 전반적 호감

　　　　→ 종교단체에 대한 자원봉사나 헌금 등의 구체적 행동(×)

　　　　→ 종교활동에 대한 전반적 참여 수준(○)

③ 태도측정시기와 행동측정시기가 짧을수록 예측력이 높아진다.

2) 태도와 관련된 개인 행동

① 직무업적

　　ⓐ 직무업적이란 개인행동이 조직 목표 달성에 얼마나 공헌했는가를 나타내는 척도로 과업의 숙련도나 생산성, 노력의 정도, 규율 준수 정도, 동료 및 팀에 대한 지원 등으로 측정할 수 있다.

　　ⓑ 직무업적에 대한 연구 결과를 보면, **직무만족은 작업 기분(Mood at work)을 통해 직무성과에 (+)의 영향을 주는 것으로 나타났지만, 그 관계는 약한 것으로 나타났다.**

　　ⓒ 직무몰입이나 조직몰입은 직무업적에 정(+)의 영향을 미치는 것으로 나타났다.

② **철수행동**

ⓐ 철수행동(withdrawal behavior)이란 개인이 조직에서의 직무 불만족을 피하기 위하여 나타내는 행동으로 심리적 철수행동과 신체적 철수행동으로 나눌 수 있다.

ⓑ 심리적 철수행동은 시간 낭비, 게으름 피우기, 백일몽 등을 말하며, 이 행동이 너무 자주 일어나면, 조직을 떠나는 신체적 철수행동으로 이어지기도 한다.

ⓒ 신체적 철수행동은 지각, 결근, 이직 등을 말하며 관련 연구 결과 직무만족과 결근과는 부(−)의 관계가 있음이 밝혀졌다.

③ **조직시민행동**

ⓐ 조직시민행동(Organizational citizenship behavior : OCB)이란 조직에서 공식적으로 부과된 직무 이상으로 수행하는 행동을 말하며 철수행동과는 상반된 개념이다.

ⓑ 조직시민행동의 예로 주어진 책임 이상으로 다른 사람들을 돕거나, 고무시키고, 조언하는 행동 등을 들 수 있다.

ⓒ 조직시민행동은 충성, 복종, 사회적 참여, 변화주도적 참여, 기능적 참여 등으로 측정한다.

ⓓ 조직의 구성원들은 조직과의 고용관계가 신뢰적이고, 가치관을 공유하며, 형평성 있게 관리되고 있다고 믿을수록 더 높은 조직시민행동을 보인다.

ⓔ 또한 직무만족은 조직시민행동을 통하여 직무 업적에 간접적인 영향을 미친다는 연구 결과가 있다.

◈ 심리적 철수행동은 개인의 스트레스를 줄이는 긍정적인 면도 있다.

(2) 행동이 태도에 영향을 미친다는 견해 : 자아지각이론

자아지각이론(self perception theory)이란 이미 일어난 행동에 의미를 부여하기 위해 태도가 사용된다는 이론이다.

2.5 학 습

1. 학습과 행동변화

학습이란 연습이나 경험의 결과로 행위나 행위 잠재력이 영속적으로 변화하는 것을 말한다.

(1) 행동주의적 학습

1) 행동주의적 학습은 자극과 반응의 연상을 통해 학습시키고자 하는 관점이다.

2) 행동주의적 학습은 반사적·응동적 행위를 유발하는 고전적 조건형성과 자발

● 도표 2-14 학습이론의 발전

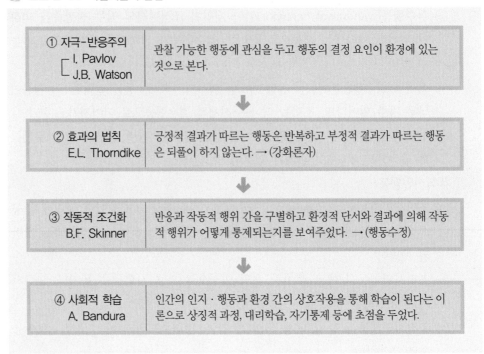

① 자극-반응주의 ┌ I. Pavlov └ J.B. Watson	관찰 가능한 행동에 관심을 두고 행동의 결정 요인이 환경에 있는 것으로 본다.
② 효과의 법칙 E.L. Thorndike	긍정적 결과가 따르는 행동은 반복하고 부정적 결과가 따르는 행동 은 되풀이 하지 않는다. → (강화론자)
③ 작동적 조건화 B.F. Skinner	반응과 작동적 행위 간을 구별하고 환경적 단서와 결과에 의해 작동 적 행위가 어떻게 통제되는지를 보여주었다. → (행동수정)
④ 사회적 학습 A. Bandura	인간의 인지·행동과 환경 간의 상호작용을 통해 학습이 된다는 이 론으로 상징적 과정, 대리학습, 자기통제 등에 초점을 두었다.

자료 : R. Kreitner & A. Kinicki, 1989, *Organizational Behavior*. Boston : BPI, p.134 수정.

적·작동적 행위를 유발하는 조작적 조건형성으로 나뉜다.

　3) Thorndike는 이를 연습의 법칙과 효과의 법칙으로 설명하였다.

(2) 인지론적 학습 = 사회적 학습 : Tolman, Bandura

　1) 사회적 학습이란 외부환경에 대한 인간의 인지적이고 이성적인 상호작용을 통해 행위가 습득되는 것을 말한다.

　2) 인지론적 학습은 모방학습이나 인지학습을 통해 달성된다.

2. 강화이론(reinforcement theory) = 행동수정

◈ 행동수정은 A(자극) → B(행동) → C(결과)의 과정 중 B → C관계에 초점을 둔다.

　1) 강화란 어떤 요인에 의해 자극과 반응 사이의 특정 관계가 강력해지는 현상을 말한다.

　2) 강화전략(행위변화전략)이란 보상과 처벌을 적절히 이용함으로써 종업원의 바람직한 행위의 가능성을 증가시킨다든지, 바람직하지 못한 행위의 가능성을 감소시키는 것을 말한다.

● 도표 2-15 학습관련 용어 간의 관계

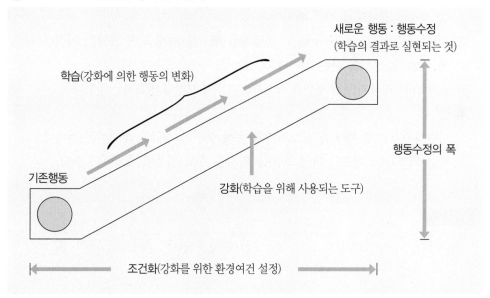

(1) 강화전략의 유형

(2000 CPA)
★ 출제 Point
강화이론의 분류

(2007 CPA)
★ 출제 Point
강화전략의 정의

1) 적극적 강화 : 바람직한 행위에 보상을 부여하는 것이다.

2) 소극적 강화 : 부정적 강화

소극적 강화는 바람직한 행위를 증가시키기 위해 불편한 자극을 철회하는 것을 말한다. 그 방법으로 도피학습, 회피학습 등을 들 수 있다.

● 도표 2-16 강화전략의 유형

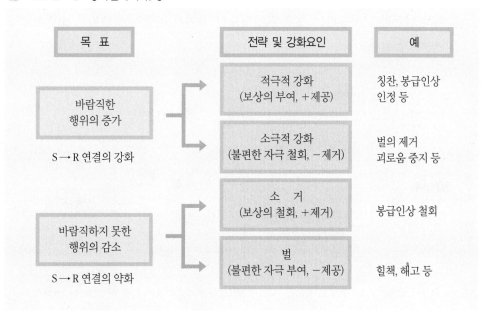

① 도피학습(escape learning) : 바람직한 행위를 하게 되면 이미 불편한 상태에 있던 자극이 끝나도록 하는 것이다.

② 회피학습(avoidance learning) : 바람직한 행위를 하게 되면 불편한 자극을 사전에 피할 수 있도록 하는 것이다.

3) 소거 : 바람직하지 못한 행위를 감소시키기 위해 보상을 철회하는 것이다.

4) 벌

① 바람직하지 못한 행위를 감소시키기 위해 불편한 자극을 부여하는 것이다.

② 벌은 역효과(그 행동이 더 강화됨)를 가져올 수도 있음에 주의해야 한다.

Key Point

적극적 강화와 소거는 보상을 이용하고, 소극적 강화와 벌은 불편한 자극을 이용한다.

(2) 강화의 일정계획

1) 연속적 강화계획

① 종업원들이 정확한 반응을 낼 때마다 강화물을 제공하는 방법이다.

② 강화방법 중 가장 이상적이고 효과적이나 현실적 적용에 어려움이 많다.

③ 연속적 강화계획을 실시하면 바람직한 행위가 급격히 증가하지만, 강화요인 제거시 성과가 급격히 하락하게 된다.

2) 단속적 강화계획

① 단속적 강화계획은 학습은 느리지만 반응의 유지보존(retention)은 강하다.

② 특히 변동법을 사용하는 경우에 강화요인 제거시 바람직한 행위의 소멸속도가 완만하게 된다.

● 도표 2-17 강화의 일정계획

③ 단속적 강화계획의 종류

  ⓐ 고정간격법

    ⅰ) 앞의 강화로부터 일정 시간이 경과된 후에 강화요인을 제공하는 방법이다.

    ⅱ) 단점 : 반응률이 높지 않고, 성과가 안정적이지 못하고, 보상철회시 바람직한 행위가 급격히 소멸하게 된다.

  ⓑ 변동간격법

    ⅰ) 어떤 평균을 기준으로 해서 종업원이 예측할 수 없는 변동적인 시간간격으로 강화요인을 제공하는 방법이다.

    ⅱ) 급여제도로는 부적합하며 칭찬, 승진, 감독방문의 시행에 적합하다.

    ⅲ) 장점 : 고정간격법보다 더 지속적이고, 안정적 성과를 보이고, 보상 철회시 바람직한 행위의 소멸이 완만하다.

  ⓒ 고정비율법

    ⅰ) 일정한 수의 바람직한 행위가 나오면 강화요인을 제공하는 방법이다.

    ⅱ) 장점 : 매우 열심히, 그리고 꾸준히 요구되는 행위를 수행하게 할 수 있다.

    ⅲ) 단점 : 보상 철회 시 바람직한 행위가 급격히 소멸한다.

  ⓓ 변동비율법

    ⅰ) 현실적으로 가장 효과적인 방법이다.

    ⅱ) 요구되는 바람직한 행위의 수가 나와야 강화요인을 제공하는 방법이나 요구되는 반응수가 어떤 평균을 기준으로 해서 변화하게 된다.

    ⅲ) 종업원의 행위유지에 가장 강력한 방법이다.

    ⅳ) 장점 : 높고 안정적인 성과를 기대할 수 있으며, 보상 철회시 바람직한 행위의 소멸이 완만하게 된다.

('99 CPA)
★ 출제 Point
학습조직의 특성

3. 조직학습과 학습조직 : Peter Senge

(1) 조직학습의 의의

1) 조직학습이란 환경의 영향에 대한 조직 내의 지식증진(창조)과정을 말한다.

2) 조직학습에서 학습이란 개인들의 행위에서부터 시작되는 것이며, 이러한 개별 학습행위가 조직 내에 확산되고 공유되어 그 해당 행위가 더 이상 특정 개인에게만 국한되지 않을 때 조직학습이 일어났다고 본다.

3) 따라서 개인의 행동뿐만 아니라 새로운 능력들에 대해서도 습관적(routine)으로 조직적 차원에서 학습이 반복되는 수준까지 이르게 되면 이를 '학습조직(학습하는 방법을 알게 된 조직)'이라고 말한다.

4) 학습조직(learning organization)은 정보와 지식을 창조하고, 습득하고 전달하는 데 익숙하여 이 새로운 지식과 통찰을 바탕으로 조직의 행동을 변화시키는 데 능숙한 조직이다.

◆ 학습조직이 되기 위해서는 개인적 숙련, 정신모형, 공유비전, 팀학습, 시스템 사고 등 5가지 핵심요소가 강조된다.

(2) 학습조직의 구체적 적용방법 : Senge

1) 비전공유(shared vision) : 리더십, 문화

2) 사고모형(mental model) : 성찰, 전략적 사고, 인지

3) 자아완성(personal mastery) : 동기부여, 임파워먼트, 자능감

4) 팀학습(team learning) : 집단역학, 팀구축

5) 시스템적 사고(system thinking) : 총체적 사고, 시스템 다이나믹스

2.6 창의성 개발

(1) 창의성의 측정방법

1) 원격연상검사법(RAT : remote associates test)

① 평가대상자에게 상호 거리가 있는 연상요소들을 제시한 다음, 이들을 연결시켜 새로운 조합을 유도해 내도록 하는 방법이다.

② 단점 : 창의력을 간단하고 일원적이라고 파악하였다.

2) 토란스검사법(Torrance tests of creative thinking)

① 평가대상자에게 그림을 보여준 후 그 그림의 상황에 대해 질문을 하는 방법

② 실제로는 있을 수 없는 상황을 제시하고 평가대상자로 하여금 나타나리라고 생각되는 경우를 상상하게 하는 방법

('97 CPA)
★ 출제 Point
자유연상법의 특징

('95 CPA)
★ 출제 Point
브레인스토밍의 적정인원

(2) 창의성의 개발방법

1) 자유연상법

① 브레인스토밍(brainstorming) : 두뇌선풍, 영감법

    ⓐ 리더가 제기한 문제에 대하여 참가자들이 자유롭게 의견을 제시하도록 하는 방법

    ⓑ 질보다 양을 중시한다.

② 고든(Gordon)법

    ⓐ 집단리더 혼자서만 주제를 알고, 집단에는 제시하지 않으며, 장시간 동안 문제해결의 방안을 자유롭게 이야기하도록 하는 방법

    ⓑ 양보다 질을 중시한다.

2) 분석적 기법 : 한 문제와 그 문제의 여러 요소를 철저하게 이론적으로 공격하는 방법

3) 강제적 관계기법 : 정상적으로 관계가 없는 둘 또는 그 이상의 물건이나 아이디어를 강제로 관계를 맺어보도록 하는 방법

4) 기 타 : 델파이법, 명목집단법

기출문제

01 다음 중 조직에서 타인을 평가할 때에 흔히 범하기 쉬운 오류에 속하지 않는 것은? ('89. CPA)

① 자아개념의 달성   ② 현혹효과   ③ 상동적 태도

④ 선택적 지각   ⑤ 주관의 객관화

✎ **해설** ① 은 타인평가 오류를 피하기 위한 방안이다.
② halo effect, ③ stereotyping, ④ selective perception, ⑤ projection

02 타인을 평가할 때 범하기 쉬운 오류의 하나인 현혹효과(halo effect)에 대한 설명으로 옳지 않은 것은?
('94. CPA)

① 한 분야에 있어서 어떤 사람에 대한 인상이 다른 분야에 있어서의 그 사람에 대한 평가에 영향을 주는 것을 말한다.

② 어떤 사람에 대한 전반적인 인상을, 구체적 특질을 평가하여 일반화시키는 오류를 말한다.

③ 인사고과에 많은 평가기준을 삽입시키면 이러한 오류는 제거된다.

④ 성격적인 특성으로 나타난다.

⑤ 이러한 효과는 특히 충성심, 협동심과 같은 도덕적 의미가 함축되어 있는 특질을 평가할 때에 나타난다.

✎ **해설** ③ 현혹효과가 나타나는 경우 평가자는 사실상 하나의 기준밖에 갖고 있지 않기 때문에, 아무리 많은 평가기준을 인사고과에 삽입해도 별의미가 없다. 일반적으로 현혹효과는 평가요소를 보다 분명히 하고 평가를 뚜렷한 행동과 연결시킴으로써 어느 정도 제거할 수 있다. 인사고과시 현혹효과를 방지하기 위해 적용할 수 있는 기법으로는 중요사건서술법, 행위기준고과법(BARS), 목표관리법(MBO) 등이 있다.

03 타인을 평가할 때 여러 가지 형태의 오류를 저지르기 쉽다. 이러한 오류에 대한 설명 중 옳지 않은 것은?
('97. CPA)

① 현혹효과(halo effect)는 타인의 평가에 자신의 감정이나 경향을 투사시키는 오류이다.

② 선택적 지각(selective perception)은 부분적 정보만을 받아들여 전체에 대한 판단을 내리는 오류이다.

정답 1 ① 2 ③ 3 ①

③ 대비효과(contrast effect)는 한 사람에 대한 평가가 다른 사람에 대한 평가에 영향을 주는 오류이다.

④ 상동적 태도(stereotyping)는 소속집단에 대한 고정관념으로 지각하게 되는 오류이다.

⑤ 방어적 지각(defensive perception)은 고정관념에 어긋나는 정보를 회피하거나 왜곡시키는 오류이다.

✎ 해설   ①은 투사의 오류(projection)에 대한 설명이다.

04 특정 문제를 해결하기 위해 창의성을 개발하는 기법 중 옳지 않은 것은?   ('97. CPA)

① 리더가 제기한 문제에 대하여 자유롭게 의견을 제시하게 한다.

② 리더 혼자만 주제를 알고 집단에는 제시하지 않은 채 짧은 시간 동안 의견을 한 번씩 제시하게 한다.

③ 제기된 문제의 여러 요소들을 다각적으로 분석하게 한다.

④ 정상적으로 관련이 없는 구상들을 관련짓도록 유도한다.

⑤ 특정 문제에 대해 전문가들의 의견을 우편으로 수집하고 이를 요약·정리하여 다시 송부하는 방식으로 서로의 의견에 대해 합의가 이루어질 때까지 논평하도록 한다.

✎ 해설   ② 창의성을 개발하기 위해서는 시간의 제약을 두지 않은 채 장시간 동안 자유롭게 이야기할 수 있도록 해야 한다.
    ① 브레인스토밍, ③ 분석적 기법, ④ 강제적 관계기법, ⑤ 델파이법

05 평가과정에서 자주 발생하는 오류의 하나로서 '그들이 속한 집단의 특성에 근거하여 다른 사람을 판단하는 경향'을 말하는 것은?   ('98. CPA)

① 현혹효과   ② 상동적 태도   ③ 주관의 객관화
④ 중심화경향   ⑤ 논리적 오류

06 다음 중에서 태도를 구성하는 세 가지 요소는 무엇인가?   ('99. CPA)

| (a) 인지적 요소 | (b) 환경적 요소 | (c) 강화적 요소 | (d) 조화적 요소 |
| (e) 행위적 요소 | (f) 보상적 요소 | (g) 감정적 요소 | |

① a, b, f   ② a, e, g   ③ b, d, f
④ b, c, g   ⑤ c, e, g

07 학습조직(learning organization)에 대한 설명으로 가장 거리가 먼 것은? ('99. CPA)

① 학습조직은 지속적으로 지식을 창출하고 획득하고자 노력한다.

② 학습조직은 조직의 전반적인 행위를 변화시키는 데 능숙하다.

③ 학습조직은 시스템적 사고와 팀학습을 강조한다.

④ 학습조직을 설계할 때에는 사전에 상세한 청사진을 만들어야 한다.

⑤ 학습조직은 조직의 비전을 관리하고 구성원들이 이를 공유하도록 한다.

08 강화이론(reinforcement theory)에 관한 다음 설명 중 가장 옳지 않은 것은? (2000. CPA)

① 적극적 강화는 보상을 이용한다.

② 소극적 강화는 불편한 자극을 이용한다.

③ 적극적 강화에는 도피학습과 회피학습이 있다.

④ 연속강화법은 매우 효과적이나 적용이 어렵다.

⑤ 부분강화법 중 비율법이 간격법보다 더 효과적이다.

✎ 해설 ③ 도피학습과 회피학습은 소극적 강화에 해당된다.

09 켈리(Kelley)의 귀인이론(attribution theory)에서는 행동의 원인을 합의성(consensus), 특이성(distinctiveness), 일관성(consistency)의 세 가지 차원으로 구분하여 해석하고 있다. 다음 중 행동의 원인을 행위자의 내적(internal) 요인으로 판단하기에 가장 적절한 경우는?

(2005. CPA)

	합의성	특이성	일관성
①	높음	높음	높음
②	높음	높음	낮음
③	낮음	낮음	높음
④	낮음	높음	낮음
⑤	낮음	낮음	낮음

10 태도와 학습에 관한 다음의 설명 중 가장 적절하지 않은 것은? (2007. CPA)

① 부적 강화(negative reinforcement)는 바람직한 행동의 빈도수를 감소시키고 정적 강화 (positive reinforcement)는 바람직한 행동의 빈도수를 증가시킨다.

② 마이어와 알렌(Meyer and Allen)은 조직몰입을 정서적(affective) 몰입, 지속적 (continuance) 몰입, 규범적(normative) 몰입으로 나누어 설명하였다.

③ 태도의 구성요소는 인지적(cognitive) 요소, 정서적(affective) 요소, 행동의도적 (behavioral intention) 요소로 나누어진다.

④ 조직행동분야의 많은 실증연구에서 직무만족이 성과에 미치는 직접적인 효과는 그리 높게 나타나지 않고 있다.

⑤ 강화 스케줄에서 단속적 강화(intermittent reinforcement)일정은 고정간격일정, 변동간 격일정, 고정비율일정, 변동비율일정이 있다.

✎ 해설 ① 부정적 강화(또는 소극적 강화)도 바람직한 행동의 빈도수를 증가시키고자 하는 것이다. 다만 강화 방법은 불편한 자극의 철회를 이용함.

11 사람의 행동이나 태도(attitude)를 이해하기 위해 그 사람의 가치관(values)을 이해하는 것 이 중요하다. 가치관과 태도에 관한 다음 설명 중 가장 적절하지 않은 것은? (2008. CPA)

① 태도가 구체적인 개념이라면 가치관은 보다 광범위하고 포괄적인 개념이다.

② 어떤 두 사람의 태도가 같다고 해도 그것은 각각 다른 가치관에서 비롯될 수 있다.

③ 태도와 가치관은 모두 장기적이며 고정적인 특성을 갖지만 태도보다는 가치관이 더 안정적이다.

④ "내 상사가 이런 태도를 보이는 것은 이러이러한 가치관을 가졌기 때문이야" 라고 말 할 수 있으며, 이것은 역으로도 성립된다.

⑤ 어떤 가치관이 조직구성원들 사이에 지속적으로 존재하게 될 때 그것은 하나의 문화 적 요소가 될 수 있다.

✎ 해설 ④ 태도란 광범위하고 포괄적 개념인 가치관에 의해 형성된 구체적인 개념이다.

연습문제

01 조직행위론의 상황(적합)이론에 대한 설명으로 옳지 않은 것은?

① 조직 자체를 분석단위로 하고 대외균형을 중시한다.

② 조직의 성과변수로는 유효성과 능률이 있다.

③ 조직의 특성변수로는 조직구조나 관리체계가 있다.

④ 조직의 대내균형을 위해 구성원의 모티베이션을 중시한다.

⑤ 시스템이론의 일반성을 극복하기 위해 중범위이론을 지향한다.

✎ 해설 ④ 모티베이션을 중심으로 조직의 대내균형을 중시하는 것은 Barnard, Simon 등의 근대 조직이론이다. 상황이론은 조직의 환경적응, 즉 대외균형을 중시한다.

⑤ 중범위이론 : 사회현상에 대해 보다 발전적인 통찰을 만들어 내려는 이론이다.

02 다음 중 개인의 태도, 지각, 성격, 동기유발을 이해하기 위해 가장 기초가 되는 요소는?

① 정 의   ② 가치관   ③ 성 격

④ 사 실   ⑤ 신 념

03 지각에 영향을 주는 다음의 요인 중 성격이 다른 하나는?

① 범주화   ② 전경(figure)과 배경(ground)

③ 단순화   ④ 전 형

⑤ 유사성

✎ 해설 ①,②,③,⑤는 지각과정 중 조직화단계에서 영향을 주는 요인이고 ④는 해석 단계에서 영향을 주는 요인이다.

정답 1 ④ 2 ② 3 ④

04 타인에 대한 지각과 관련된 다음의 내용 중 옳지 않은 것은?

① 사회적 지각이라고도 한다.

② 타인에 대한 매우 한정된 지식을 기초로 그에 대한 광범위한 인상을 형성하기도 한다.

③ 타인평가에 영향주는 요인으로 평가자의 특성과 피평가자의 특성, 상황특성 등이 있다.

④ 입수된 정보를 저장하는 과정에서 필요한 것이 스키마이고, 단순화시킬 때 필요한 것이 카테고리이다.

⑤ 내재적 퍼스낼리티란 타인의 퍼스낼리티를 판단하는 독자적인 틀이나 방향감각이다.

✎ 해설 ② 인상형성이론
　　　　④ 정보 저장시 필요한 것이 카테고리이고, 단순화시 필요한 것이 스키마이다.
　　　　⑤ 내재적 퍼스낼리티는 사람의 특질 중 어떤 것들은 서로 상관관계가 있다고 가정하는 것으로 상관적 견해라고도 한다.

05 다음 중 자신의 행위는 상황적-외적 요인으로 귀속시키고, 타인의 행위는 내적 요인으로 귀속시키는 편견은?

① 행위자-관찰자효과　　　② 투사의 오류　　　③ 동기적 편견
④ 자존적 편견　　　　　　⑤ 선택적 지각

✎ 해설 ① 행위자-관찰자 효과(actor-observer effect)
　　　　③ = ④

06 다음의 지각오류에 대한 설명 중 틀린 것은?

① 자기실현적 예고란 평가자의 기대가 피평가자에게 실제로 나타나게 되는 것이다.

② '성공하면 내 탓, 실패하면 남의 탓'이라는 귀속과정에 있어서의 편견은 actor-observer effect이다.

③ projection이란 타인평가시 자신의 감정이나 경향을 귀속·전가시키는 것이다.

④ 사람을 보는 자신의 습성 또는 고정관념에 어긋나는 정보를 회피함으로써 범하는 오류를 defensive perception이라 한다.

⑤ 성실해 보이고 좋은 인상이 든 사람을 실제의 업무성과와 관계없이 업무능력이 있다고 판단해 버리는 오류는 현혹효과이다.

✎ 해설 ① 기대의 오류, 자기충족적 예언, 피그말리온 효과(pygmalion effect)라고도 한다.
　　　　②는 자존적 편견(self-serving bias)의 설명이다.
　　　　⑤ 현혹효과는 상동적 태도와 유사하지만 차이점으로는 상동적 태도가 사람을 특정 범주에 넣어 지각하는데 반해, 현혹효과는 하나의 특질에 기초하여 지각하는 것을 들 수 있다.

정답 4 ④ 5 ①·6 ②

07 공격적 성향이 높은 사람이 공격적 성향이 낮은 사람보다 타인을 더 공격적인 것으로 평가하는 현상은?

① stereotyping　　　　② halo effect　　　　③ projection
④ perceptual defense　　⑤ attribution

✎ 해설　① 상동적 태도, ② 후광효과, ③ 투사 또는 투영, ④ 지각범위, ⑤ 귀인

08 다음의 locus of control에 대한 설명 중 틀린 것은?

① 한 사람이 삶에서 얻은 결과에 자기행동이 얼마나 영향을 줄 수 있다고 믿는가 하는 정도를 말한다.
② 일반적으로 내재론자가 정보수집 노력이 크고 자아개념이 명확하다.
③ 외재론자는 기회, 운 등이 자신에게 일어날 것에 강력한 영향을 미친다고 믿으며, 지시적 leadership을 선호한다.
④ 통제의 위치는 일단 한번 확정되면 변경되지 않는다.
⑤ 리더가 개인 간의 locus of control의 차이를 이해하고 있다면 조직의 유효성 증대에 도움이 된다.

✎ 해설　④ locus of control(통제의 위치)은 행위 결정력에 대한 인지적 변수이므로 변경 가능하다.

09 불안과 스트레스를 줄이기 위해 무의식적으로 사용하는 심리적 과정은 무엇인가?

① 마키아벨리적 성향　　② 통제의 위치　　　　③ 위험선호성향
④ 방어기제　　　　　　⑤ 권위주의적 성향

✎ 해설　아픈 과거를 기억하지 않으려고 하거나, 스트레스를 주는 상황을 부인하는 것처럼 불안과 스트레스를 줄이기 위해 무의식적으로 사용하는 심리적 과정을 방어기제라 한다. 이렇게 굳어진 메카니즘은 특정 개인의 성격특질을 형성하게 된다.

10 Lewin의 태도변화과정을 나열한 것 중 옳은 것은?

① 내면화 → 변화 → 재동결　　　② 해빙 → 재동결 → 변　화
③ 해　빙 → 변화 → 재동결　　　④ 순종 → 동일화 → 재동결
⑤ 동일화 → 해빙 → 재동결

✎ 해설　Lewin에 의하면 태도는 해빙(unfreezing) → 변화(changing) → 재동결(refreezing)의 순으로 변화한다.

11 태도변화과정에 대한 Kelman의 이론 중 옳은 것은?

① 내면화 → 동일화 → 순 종   ② 해빙 → 변화 → 순 종

③ 순 종 → 동일화 → 내면화   ④ 해빙 → 순종 → 동일화

⑤ 동일화 → 순 종 → 내면화

✎**해설** 순종(compliance) : 한 개인이 다른 사람이나 집단의 호의적인 반응을 얻기 위하여 그들의 영향력을 수용할 때 발생한다.

동일화(identification) : 한 개인이 다른 사람이나 집단과의 관계가 만족스럽고, 자아의 일부를 형성한다고 느껴 그들의 태도를 받아들일 때 발생한다.

내면화(internalization) : 유발된 태도가 내재적으로 보상되고 자신의 가치체계와 부합될 때 발생한다.

12 다음 중 태도의 일관성 이론에 대한 설명으로 옳지 않은 것은?

① 한 개인은 여러 인지 간에 일관성이 없어 불편을 느낄 때, 일관성을 이루기 위해 인지를 조정한다.

② 태도의 일관성이론에는 균형이론, 상합이론, 인지부조화이론이 있다.

③ 균형이론에 의하면 특정인이 다른 사람에 대해 갖는 태도와 그들 두 사람이 하나의 대상이나 주제에 대해 갖는 태도 등 3가지 관계의 곱의 부호가 +이면 균형, -이면 불균형이 된다.

④ 상합이론에 의하면 好-不好의 부호뿐만이 아니라 균형이론에서 등한시했던 호, 불호의 정도까지도 상합을 이루어야 완전한 태도의 일관성이 가능하다.

⑤ 인지부조화이론에 의하면 두 개의 인지요소가 서로 불일치하여 심리적으로 불유쾌해지면 이 두 개 인지를 포기한다.

✎**해설** ⑤ 세 이론 모두 불균형을 느끼면 균형으로 돌아가려고 노력한다.

③ 하이더(Heider)는 특정인(P : perceiver)과 다른 사람(O : other)이 어떤 대상(X : object)에 대해서 각각 가지고 있는 태도의 관계를 예로 들어서 그의 이론을 설명하고 있는데, 이들 관계가 균형상태에 있을 때와 불균형상태에 있을 때의 경우를 그림과 같이 표시하고 있다. 즉, P와 O는 서로에 대해, X에 대해 (+)와 (-)의 두 가지 태도를 가질 수 있다. (+)라는 것은 긍정적 태도로서 좋아하는 것을 말하고, (-)는 부정적 태도로서 싫어하는 것을 가리킨다. 그리하여 만일 세 가지 관계의 부호의 곱이 (+)가 되면 균형상태에 있는 것이 되고 세 부호의 곱이 (-)이면 불균형상태에 있게 된다. 그런데 사람이 불균형상태에 놓이게 되면 긴장감이 따르게 되어 인간은 본질적으로 이를 싫어하므로 결국 균형상태로 다시 돌아가려고 노력하게 된다.

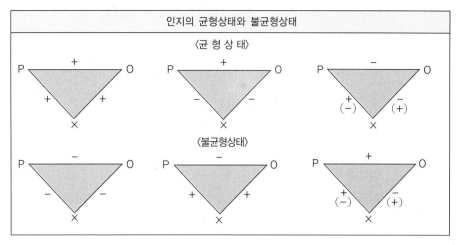

인지의 균형상태와 불균형상태

〈균형상태〉

〈불균형상태〉

④ 상합이론(congruity theory)은 오스굿(Osgood)이 제시한 이론이다.

13 조직몰입의 선행변수와 조직몰입의 관계를 설명한 다음의 내용 중 조직몰입을 높이는 요인이 아닌 것은?

① 높은 연령　　　　　② 긴 근속연수　　　　　③ 분권화된 조직

④ 고학력자　　　　　⑤ 직무충실화가 달성된 직무

✎ 해설　④ 일반적으로 고학력자일수록, 그리고 여성보다는 남성의 경우, 몰입도가 떨어지는 경향이 있다.

14 태도와 행동 간의 관계에 대한 다음의 설명 중 옳지 않은 것은?

① 공식적으로 부여된 직무 이상으로 수행하는 행동을 조직시민행동이라 한다.

② 철수행동은 심리적 철수행동과 신체적 철수행동으로 나눌 수 있다.

③ 직무만족은 직무성과에 (+)의 영향을 주지만 그 관계는 약한 것으로 알려져 있다.

④ 자아지각이론은 태도에 의미를 부여하기 위해 행동이 사용된다는 이론이다.

⑤ 구체적 태도는 구체적 행동을 가장 잘 예측해 준다.

✎ 해설　④ 자아지각이론은 행동에 의미를 부여하기 위해 태도가 사용된다는 이론이다.

15 학습과 관련된 다음의 설명 중 옳지 않은 것은?

① 효과의 법칙을 주장하는 학자들은 결과에 의한 행동통제를 강조하여 강화론자로 불리운다.

② 행동수정이란 학습의 결과로 실현되는 것을 말한다.

③ 강화는 학습을 위해 사용되는 도구이다.

정답　13 ④　14 ④　15 ⑤

④ 조건화는 강화를 위한 환경여건을 설정하는 것이다.

⑤ 인지학습은 사회적 학습이고, 모방학습은 행동주의적 학습이다.

✎ 해설 인지학습, 모방학습 모두 사회적 학습(인지론적 학습)이다.

16 다음의 조작적 조건화에 대한 설명 중 옳지 않은 것은?

① 보상을 받는 행위는 반복되고, 보상을 받지 못하는 행위는 사라진다.

② 외부환경에 작용을 가하는 것을 강조한다.

③ 학습이란 반응에 대해 보상(결과)을 받은 다음에 반응확률이 높아지는 것이다.

④ 결과 내지 강화를 통해 행위에 대한 영향력 행사가 가능하다.

⑤ 학습과정에서 내적 요인을 중시한다.

✎ 해설 ① 효과의 법칙, 결과의 법칙의 설명으로 Thorndike가 주장하였다.
⑤ 조작적 조건화, 고전적 조건화는 모두 행태론적 학습이다. 그러므로 두 방법 모두 내적 요인을 고려하지 않고 있다.

17 강화의 일정계획 중 현실적으로 가장 효과적인 방법은?

① 연속적 강화계획   ② 부분강화계획

③ 변동간격법   ④ 변동비율법

⑤ 단속적 강화계획

✎ 해설 ① 연속적 강화계획은 가장 이상적인 방법이지만, 현실적으로 적용이 곤란하다.

18 다음 중 강화의 일정계획에 대한 설명으로 옳은 것은?

① 일반적으로 간격법이 비율법보다 더 높고 안정적인 성과가 기대된다.

② 고정법을 사용하는 경우 강화요인 제거시 바람직한 행위의 소멸속도가 완만하다.

③ 새로운 행위를 습득시키거나 기존의 행위를 없애려 할 때 가장 효과적인 방법은 변동간격법이다.

④ 변동간격법은 급여제도, 칭찬, 승진, 감독 방문의 시행에 적합하다.

⑤ 연속적 강화계획에 비해서 단속적 강화계획은 학습은 느리지만 반응의 유지보존은 강하다.

✎ 해설 ① 비율법이 더 높고 안정적 성과를 가져온다.
② 변동법이 완만, 고정법은 급격히 소멸한다.
③ 연속적 강화 ④ 급여제도로는 부적합하다.

정답 16 ⑤ 17 ④ 18 ⑤

19 세 개의 단어를 나열하여 연상하게 하고 그 공통점을 요구하는 창의적 잠재력의 측정기법은?

① 영감법   ② Gordon법   ③ RAT
④ Torrance검사법   ⑤ MBO

✎ 해설   원격연상검사법(remote associates test) : RAT는 창의력을 간단하고 일원적으로 파악하여 세 단어로 새로운 조합을 유도해내도록 하는 방법이다.

20 다음 중 창의성 개발기법에 대한 설명이 아닌 것은?

① 창의성 개발기법에는 자유연상법, 분석적 기법, 강제적 관계기법 등이 있다.
② 집단 내에서 창의적이고 의사결정을 증진시키는 방법으로 델파이법이나 명목집단법도 이 범주에 포함시킬 수 있다.
③ 브레인스토밍(brain storming)법은 양을 중시하는 기법이고, 고든(Gordon)법은 질을 중시하는 기법으로 자유연상법에 속한다.
④ 리더만 주제를 알고, 집단에 제시하지 않은 채, 장시간 동안 문제해결의 방안을 자유롭게 이야기하도록 하는 방법은 브레인스토밍(brain storming)법이다.
⑤ 강제적 관계기법은 정상적으로 관계가 없는 둘 이상의 물건, 아이디어를 강제적으로 관계를 맺게 하는 방법이다.

✎ 해설   ④ 고든(Gordon)법의 설명

21 어떤 사람들(내재론자)은 세상살이의 여러 가지 일들 대부분을 자기가 통제할 수 있다고 믿는 반면, 또 다른 사람들(외재론자)은 자기가 할 수 있는 것은 극히 적고 남이나 운명에 달려 있다고 믿는다. 이들에 대한 설명으로 다음 중 가장 적절하지 않은 것은?

① 내재론자는 외재론자보다 동기의 수준이 높다.
② 외재론자에 비해 내재론자는 성과를 결정짓는 것이 자신의 노력이라고 생각한다.
③ 내재론자는 외재론자보다 걱정을 더 많이 하는 경향이 있다.
④ 외재론자에 비해 내재론자는 업무와 관련된 문제해결이나 학습에서 높은 성과를 보인다.
⑤ 단순 노동이나 규정대로만 해야 하는 직무, 완전 통제 하에서 움직여야 하는 조직에서는 외재론자가 더 효과적일 수 있다.

✎ 해설   ③ 일반적으로 내재론자보다 외재론자가 걱정을 더 많이 하는 경향이 있다.

제3장 ▪ 동기부여이론

3.1 동기부여이론의 체계

('89, '91, '98 CPA)
★ 출제 Point
내용이론과 과정이론의
구분

1) 동기부여이론은 내용이론(content theory)과 과정이론(process theory)으로 나눌 수 있다.

2) 내용이론은 '무엇이' 행동에 대한 동기를 유발하는가를 연구하였다.

3) 과정이론은 '어떠한 과정'을 통해 동기가 유발되는가를 연구하였다.

3.2 동기부여의 내용이론

('95, '96, 2002 CPA)
★ 출제 Point
욕구단계 이론의 정의

(2006 CPA)
★ 출제 Point
욕구단계 이론의 가정

1. 매슬로우의 욕구단계이론

(1) 가 정

1) 인간은 모두 다섯 가지의 욕구가 있으며, 이 욕구들은 계층을 형성하고 있다.

⬤ 도표 3-1 동기부여이론의 체계

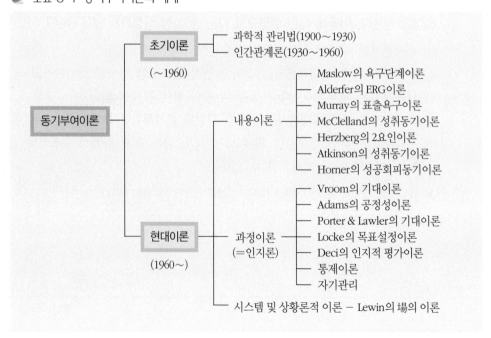

2) 이 계층화된 욕구는 동시에 발생하는 것이 아니라 순서에 따라 어떤 하위욕구 가 충족되었을 때 다음 단계의 '상위욕구'가 발생하게 된다. → 이를 '단계의 원리'라고 함

3) 욕구가 충족된 상태에서는 동기유발이 되지 않고 아무런 행동도 일어나지 않 는다.

4) 욕구가 충족되지 않으면('욕구결핍상태') 그 욕구를 충족시키기 위해 애쓰게 된 다 → 이를 '결핍의 원리'라고 함.

5) 자아실현욕구는 다른 욕구와 달리 완전히 충족시킬 수 없으며 충족될수록 욕구 의 크기가 더욱 커진다.

(2) 욕구단계이론의 유용성

1) 욕구단계이론을 경영활동에 적용하면 **자원을 어디에 집중시킬 것인가**를 알 수 있다. → 이는 동기부여를 위해서 모든 욕구들을 한꺼번에 다 채워줄 필요는 없다는 것을 암시한다. 즉, 이미 충족된 욕구나 아직 충족의욕이 없는 고차원의 욕구를 충족시키려고 애쓸 필요는 없고, 충족가능성이 높은 욕구부터 충족시켜 야 함을 제시하였다.

2) 계층적 관료조직 구조의 효율성을 입증해 준다. 왜냐하면 사람들의 욕구가 1단 계, 2단계에 머물러 있다면 계층·관료조직이 참여·민주조직보다 욕구충족을 더 많이 해줄 수도 있다.

3) 개인의 경력발달과정에 적용하면 의미있는 결론을 얻을 수 있다.

4) 종업원의 하위욕구가 충족된 후에는 동기부여를 위해 고차욕구를 충족시켜 줄 수 있는 조직분위기(인간중심의 경영)를 조성하는 것이 중요함을 암시한다.

Key Point 성취동기이론의 수정

매슬로우는 개인행동의 원인에 결핍욕구만이 아니라 성장욕구도 중요함을 강조하였다. 이 때문 에 종업원의 욕구단계에 따라 참여적 관리나 피드백, 직무재설계 등도 필요함을 암시하였다.

---

(3) 욕구단계이론의 문제점

1) 특정 욕구충족을 위해 특정 행동유형이 나타날 때 왜 특별히 그 행동이 나타나 는지는 설명하지 못한다.

2) 어떤 행동은 하나의 욕구 때문이 아니라 여러 욕구의 영향을 받아서 나타날 수 도 있다.

3) 욕구 간의 경계가 불분명하며, 자아실현 욕구의 개념은 모호하다. → 이 때문에 매슬로우의 이론은 실증적 검증이 어렵다는 지적을 받음.

매슬로우의 욕구이론은 결핍욕구(생리적, 안전, 사회적 욕구)와 성장욕구(존경, 자아실현욕구)로 구분되기도 한다.

◈ 매슬로우이론의 타당성을 검증한 나중 연구에 의하면
① 욕구가 다섯 가지로 분류된다는 증거는 없으며, 다만 두 가지(저차욕구와 고차욕구)로 나눌 수는 있고, ② 결핍의 원리는 저차욕구에서만 나타난다고 주장하였다.

● 도표 3-2 매슬로우의 욕구 5단계

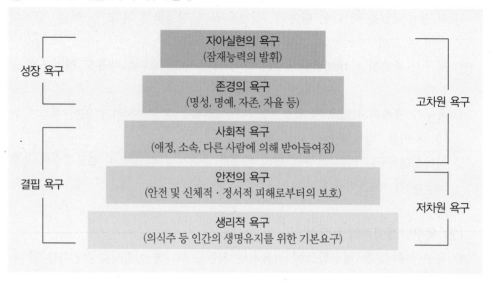

4) 매슬로우가 말하는 다섯 가지 욕구 말고 다른 욕구도 있을 수 있다.(예 우주의 섭리를 깨닫고자 하는 욕구, 초월적 존재가 되고자 하는 욕구)

5) 매슬로우는 다섯 가지 욕구가 모든 인간에게 있는 것이라고 주장(선천성)하였지만, 안전, 사랑, 존경, 자아실현 욕구는 후천적인 면이 강하다.

6) 욕구의 내용이나 계층도 국가나 문화에 따라 다를 수 있다.

7) 기 타

① 욕구충족수단은 유일한 것이 아니라 대체성이 있다.

② 실현 불가능한 욕구는 점점 축소된다.

③ 어느 단계의 욕구를 실현할 수 없으면 상위단계 욕구가 커질 수 있다.

● 도표 3-3 욕구계층의 서양과 동양의 문화차이 비교

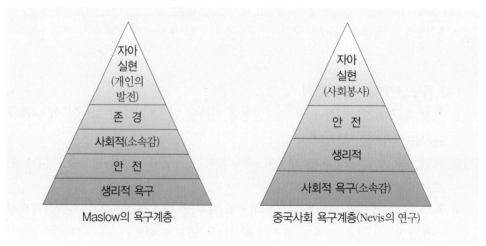

(4) 욕구단계이론의 시사점

1) 사람에 따라서 동기화되는 욕구단계는 다를 수 있고, 시간에 따라서도 개인의 욕구상태는 달라질 수 있다. → 따라서 경영자는 종업원의 동기유발이 욕구의 어느 단계에서 이루어지고 있는가를 평가해야 한다.

2) 경영자는 상황변화에 따라 새로이 출현하는 욕구에 주의해야 한다. → 예를 들어 회사가 정리해고를 하는 동안 종업원들은 안전욕구를 강하게 느낄 것이므로 안전에 대한 불확실성 해소를 위해 노력하는 것이 바람직하다.

2. 알더퍼의 ERG이론

(1) 내 용

1) 알더퍼(Alderfer)는 매슬로우의 욕구단계이론이 갖는 한계성에 대한 대안으로 ERG이론을 제시하였다.

('94, '95, 2002, 2006, 2007 CPA)
★ 출제 Point
ERG이론의 특성

2) 즉, 매슬로우의 5단계를 세 범주로 구분하여 존재욕구(existence needs), 관계욕구(relatedness needs), 성장욕구(growth needs)로 나누었으며, 이들의 첫 글자를 따서 ERG이론이라고 하였다.

(2) ERG이론의 특징

알더퍼는 인간의 내면적인 동기를 단계로 나누어 고찰한 것은 매슬로우의 이론과 비슷하지만 다음과 같은 몇 가지 점에서 차이가 있다.

1) 욕구단계이론은 각 욕구의 개념이 구체적이고 명확한 반면, ERG이론은 포괄적이다.

● 도표 3-4 ERG이론의 작동원리

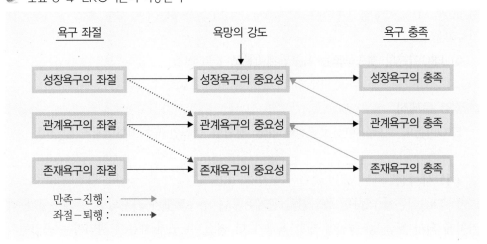

자료 : F. J. Land & D. A. Trumb(1976), *Psychology of Work Behavior*, Home Wood, Ill. : Dorsey Press, p. 301.

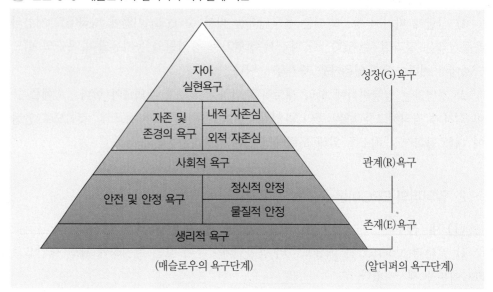

● 도표 3-5 매슬로우와 알더퍼의 욕구단계 비교

자료 : C. P. Alderfer(1972), *Existence, relatedness and growth : Human needs in Organizational Settings*, New York : The Free Press, p.25.

2) 매슬로우는 욕구를 사람들이 생각하는 중요성에 따라 구분하였는데, 알더퍼는 추상성의 정도에 따라 구분하였다. → 즉, 존재욕구는 구체적, 성장욕구는 추상적

3) 매슬로우는 만족-진행(satisfaction-progression)과정만을 강조한 데 비하여, 알더퍼는 낮은 욕구로의 퇴행과정도 있다고 본다. → 즉, 좌절-퇴행(frustration-regression) 요소가 가미되어 있다.

4) 매슬로우는 한 시점에서 한 욕구만 발생한다고 보았다. 그러나 알더퍼는 두 가지 이상의 욕구가 동시에 작용할 수 있다고 보았다.

5) 알더퍼는 사람마다 세 가지 욕구의 크기가 서로 다르다고 하였다. → 즉, 성격과 문화, 나이, 환경에 따라서도 달라진다. → 이는 환경(직무)조성을 통한 동기부여가 가능함을 암시

6) ERG이론의 계층구조는 욕구단계이론보다 약하다.

(3) 문제점

ERG이론의 정확성이나 보편성에 대한 명확한 실증연구가 이루어지지 않았다.

(4) 시사점

1) ERG이론에 의하면 종업원의 관계욕구나 성장욕구가 좌절되면, 존재욕구가 더 커지게 되어 월급 등 물질에 대한 욕구가 더 커질 수 있기 때문에 관리자는 종업원의 상위욕구 충족에 관심을 가져야 한다.

머레이의 표출욕구이론(Manifest Need Theory)

① 머레이(Murray)는 인간의 욕구는 학습을 통해 형성되며(후천성), 이 형성된 욕구는 인간의 내면에 잠재해 있다가 주위의 환경에 적합하게 될 때 표면으로 표출된다고 보았다.

② 표출욕구이론에서는 각 욕구 간의 단계는 없으며, 어떤 시간에 어떤 욕구라도 작동할 수 있다고 보았다.

③ 그리고 한 시점에 한 욕구가 지배적으로 나타난다는 매슬로우의 주장에 반해 동시에 많은 욕구가 활성화될 수 있다고 하였다.

④ 머레이가 제시한 욕구목록으로 굴종욕구, **성취욕구**, **친화욕구**, 공격욕구, **자율욕구**, 방어욕구, 공경욕구, **지배욕구** 등이 있다.

2) 즉, ERG이론에 의하면 도전감을 느끼도록 과업을 설계하며, 인간관계 개선에도 힘써야 한다.

3. 맥클레란드의 성취동기이론

(1) 성취동기이론의 등장배경

1) 맥클레란드(McClelland)는 매슬로우의 다섯 가지 욕구 중에서 상위의 세 욕구만을 대상으로 하여 나누어 연구하였다. → 그 이유는 이 세 종류의 욕구가 인간행동의 80%를 설명하는 것으로 나타났기 때문이다.

2) 인간에게 있어 중요시되는 세 가지 욕구로 성취욕구, 권력욕구, 친교욕구 등을 제시하였다.

(2007 CPA)
★ 출제 Point
맥클레란드의 세 욕구 내용

◈ 멕클레란드는 욕구를 측정하기 위해 TAT(thematic apperception test)법을 이용하였다.

(2) 성취동기이론의 특성

1) 맥클레란드는 성취욕구의 중요성에 착안하여 연구를 실시하였다.

2) 그는 인간의 모든 욕구는 학습된 것이며, 개인의 행동에 영향을 미칠 수 있는 잠재력을 지닌 욕구가 개인마다 다르다고 생각하였다. → 모든 사람이 비슷한 욕구의 계층을 갖고 있다고 가정한 매슬로우와는 다른 입장이다.

3) 맥클레란드는 그의 이론을 조직의 차원을 넘어 사회 전체의 경제성장과 관련시켜, 한 나라의 경제성장은 국민의 평균적 성취동기수준에 따라 달라진다고 하였다.

('95 CPA)
★ 출제 Point
성취동기이론의 특성

(3) 성취욕구와 동기부여

성취욕구가 높은 사람은 다음의 특징을 갖는다.

1) 우연이나 운보다는 노력이나 능력을 통해 무엇인가를 성취할 수 있는 상황을 선호한다. → 따라서 개인은 **책임감** 있게 일을 수행하고 그 결과에 대하여 개인적인

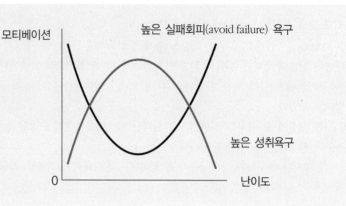

맥클레란드의 이론에 의하면 고도의 성취욕구를 지니고 있는 사람은 보다 도전적이고 경쟁적인 작업상황에 의해 동기가 유발되는 반면에, 그것이 낮은 사람은 그러한 작업상황하에서 낮은 성과를 보일 것으로 예상할 수 있다.

명예나 책임을 질 수 있는 상황을 좋아한다.

2) 과업이 성공적으로 완료될 때까지 그 과업에 몰두하는 경향이 강하다.

3) 난이도와 위험이 중간 수준인 상황을 선호한다. → 즉, 성취하는 데 어려움은 있지만(도전적 이지만) 불가능하지 않은 과업을 선호하며 어느 정도의 위험을 감수한다.

4) 노력한 결과와 성패에 대하여 즉각적이고 분명한 피드백을 원한다.

5) 어떤 목표가 달성되었을 때 금전적 보상에 관계없이 내재적 보상을 원한다.

(4) 권력욕구와 조직의 성과

1) 권력욕구가 높은 사람이 욕구충족을 위해 추구하는 권력은 개인중심적권력(personalized power)과 사회중심적권력(socialized power)이 있다.

2) 맥클레란드는 권력욕구가 사회중심적권력을 통해 충족될 때 조직의 성공에 중요한 역할을 한다고 보았다. → 왜냐하면 사회중심적권력 추구자는 집단 목표에 대한 관심이 높으며, 구성원을 동기화시키고 목표를 명확히하여 성취시키려는 활동을 통해 욕구가 충족되기 때문이다.

> **Key Point 성취동기이론의 수정**
>
> 맥클레란드는 1970년대 중반 자신의 이론을 수정하면서, 조직운영시 성취욕구가 중시되는 것은 '창업(entrepreneurship)'의 경우뿐이며, '기업경영활동과 직접적으로 관련있는 요소는 권력욕구'라고 하였다.

(5) 문제점

1) 동기측정에 사용하는 TAT법의 타당성에 문제가 있다.

2) 학습된 성취동기의 지속성이 어느 정도인지 확실하지 않다.

(6) 시사점

기업이 성과를 나타내기 위해서는,

1) 선천적으로 성취욕구의 수준이 높은 구성원을 선발하거나, 기존 구성원의 성취동기수준을 교육이나 훈련을 통하여 향상시켜야 한다.

2) 종업원을 관리함에 있어 개인의 욕구를 고려하여 배치해야 한다.

3) 직무의 내용을 보다 도전적으로 만들어야 한다. → 즉, QOWL, 직무충실화, 직무확대 등을 실시

◆ 성취동기이론의 공헌
1) 기업가정신(entre-preneurship)을 정립
2) 개인차이를 인정
3) 동기이론을 거시경제 분야로 확대

(7) 앳킨슨의 성취동기이론: Atkinson

1) 개인이 직면한 외부환경요인이 성취욕구와 상호작용하여 특정 행동을 촉진 또는 저지시킨다.

2) 성취행동 경향성은 갈등상황에서 결정되며, 성공성취동기(MS)와 실패회피동기(MF)의 상대적 크기에 따라 달라진다.

(8) 호너의 성공회피동기이론: Horner

1) 앳킨슨의 두 동기에 성공회피동기를 추가하였다.

2) 성공에 대해 양면적 감정(즉, 성공에 접근, 성공에 회피)이 나타난다고 보았다.

4. 허쯔버그의 2요인이론

(1) 연구과정

허쯔버그(Herzberg)는 많은 조사대상자를 대상으로 면접하여 직무와 관련하여 가장 만족스러웠던 상황과 가장 불만족스러웠던 상황을 파악하고, 만족감이 그들의 성과나 개인관계에 영향을 미쳤는가의 여부를 조사하여 2요인이론을 제시하였다.

('95, 2002, 2006 CPA)
★ 출제 Point
허쯔버그이론의 특성

(2) 내 용

1) 허쯔버그는 만족과 불만족은 전혀 별개의 차원이고 각 차원에 작용하는 요인 역시 별개의 것이라는 가정을 세웠다. → 그래서 이를 2요인이론이라고 한다

2) 그는 사람들이 직무에 불만족을 느낄 때에는 그들이 일하고 있는 직무의 '환경(context)'이 문제가 되었으며, 반면에 직무에 만족을 느낄 때에는 직무의 '내용(content)'과 관련이 있음을 알아내었다.

① 첫 번째 범주의 욕구는 환경에 관한 것이고, 직무불만족을 예방하는 기본적 기능을 담당하고 있기 때문에, 이를 위생요인(hygiene factors)이라 부른다.

② 두 번째 범주의 욕구는 사람을 보다 우수한 업무수행을 하도록 동기부여하는 데 유효하기 때문에 이를 동기요인(motivators)이라 부른다.

(2007 CPA)
★ 출제 Point
위생요인과 동기요인의 구분

3) 따라서 허쯔버그의 이론을 동기-위생이론이라고도 한다.

● 도표 3-7 2요인이론

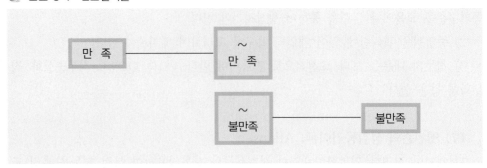

● 도표 3-8 동기요인과 위생요인

동기요인(직무내용)	위생요인(환경)
일의 성취감	정책 및 관리
책임의 증대(책임감)	감 독
능력·지식의 신장(성장가능성)	작업조건
승 진(발전성)	급여·복리후생
직무 자체가 주는 도전성	대인관계
인 정	직장의 안정성
직무 자체/정신적 충족요인	직무 외적 요인

(3) 시사점

◆ 허쯔버그 이론에 의하면 조직은 구성원들이 불만족하지 않을 정도로만 위생요인(급여 등)을 적절히 관리하면 되고, 지나친 관심을 가질 필요는 없다.

1) 위생요인의 충족은 불만족의 감소만을 가져올 뿐이지 만족에 이르게 하지는 못한다. → 즉, 작업환경이 나쁜 상태에서 불만족을 경험하고 있는 종업원에게 작업환경을 아무리 좋게 개선하더라도 불만족요인이 제거될 뿐이지, 환경 자체가 만족요인으로 작용하지 못한다는 것이다.

2) 동기요인은 충족되지 않아도 불만은 없지만 충족되면 만족이라는 적극적인 영향을 줄 수 있고 적극적인 태도를 유도할 수 있다.

3) 2요인 이론은 경영을 염두에 두고 개발된 이론으로 동기요인의 중요성과 경영에 실천할 수 있는 방안(예를 들면 동기요인을 추구할 수 있도록 교육과정의 재구성 등)을 소개하였다.

4) 2요인이론은 구체적으로 **직무충실화**를 통해 경영활동에 활용되고 있다. → 직무충실화는 직무속에 성취감, 인정감 등의 동기요인을 구축하려는 것이다.

(4) 문제점

1) 만족요인과 불만족요인을 구분하는 것이 타당하지 않을 수 있다. → 즉, 만족요인이 충족되면 불만족요인에 대한 욕구가 적어질 수 있는 등 두 요인 간에 서로 영향이 있을 수 있다.

2) 특정 요인은 어떤 사람에게는 직무만족을, 다른 사람에게는 직무불만족을 일으킬 수 있다(House와 Wigdor의 연구결과). → 예를 들어 어떤 사람에게는 급여 등의 위생요인이 동기요인으로 작용하는 경우도 있다.

3) 만족도가 성과에 영향을 미친다고 하였으나, 사실은 높은 성과에 적절한 보상이 주어졌을 때 만족도가 높아지는 경우가 더 많다.

4) Y형 인간이라면 만족요인에 의해 동기부여가 가능하겠지만, X형 인간은 그렇지 않을 수도 있다.

5) 동기요인은 위생요인보다 만족과 불만족에 더 큰 영향을 준다(House와 Wigdor의 연구결과).

6) 조사방법에 문제가 있을 수 있다. → 즉, 사회적 신분이 보장된 사람들만으로 표본을 설정한 것이나 그들의 기억에 의존한 답변 등은 정확한 조사가 되었다고 볼 수 없다.

◆ 허쯔버그가 사용했던 연구방법은 중요사건법(critical incident method)이다.

🌑 도표 3-9 내용이론의 비교

3.3 동기부여의 과정이론

1. 브룸의 기대이론

(1) 의 의

1) 브룸(Vroom)은 개인이 여러 행동대안이 있을 때 어떤 심리적인 과정을 통해서

● 도표 3-10 브룸의 기대이론

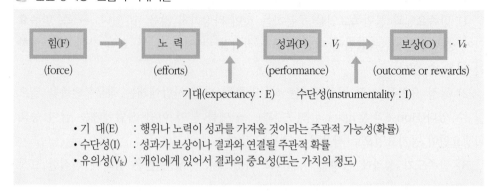

◈ 과정이론은 인간의 인지적 계산(평가)과정과 의도(intention)를 중시하는 이론이다.

('95, '96, 2003, 2005 CPA)
★ 출제 Point
기대이론의 정의 및 특성

특정 행동을 선택하는가를 연구하였다.

2) 즉, 한 개인의 어떤 행위에 대한 모티베이션의 정도는 ① 특정 행위가 성과를 가져다 줄 가능성(기대), ② 성과가 보상을 가져다 주리라는 주관적 확률치(수단성), 그리고 ③ 행위가 가져다 주는 결과의 매력 정도(유의성) 등에 의해 결정된다는 이론이다.

(2) 구성요소 간의 관계

$$P = f(M \times A)$$
$$\downarrow$$
$$M = f(V_j \times E)$$
$$\downarrow$$
$$V_j = f(V_k \times I)$$

(2005, 2007 CPA)
★ 출제 Point
기대이론의 각 요소 간의 관계

1) $P = f(M \times A)$: 성과(P)는 동기부여(힘 : M)와 능력(A)의 곱의 함수이다.

2) $M = f(V_j \times E)$: 행동에 대한 동기부여(M)는 1차 수준의 결과에 대한 유의성(V_j)과 기대(E)와의 곱의 함수이다.

3) $V_j = f(V_k \times I)$: 1차 수준의 결과에 대한 유의성(V_j)은 2차 수준의 결과에 대한 유의성(V_k)과 수단성(I)의 곱의 함수이다.

(3) 기대이론의 특성

1) 인지적(cognitive) 성격을 갖는다.

2) 곱셈모형이다.

3) 개인 내(within-person) 모형이다. → 즉, 다른 사람들과의 관계는 배제하고 설명하였다.

4) 극대화모형이다.

(4) 문제점

1) 이론의 내용이 너무 복잡하여 검증이나 응용이 어렵다.

2) 인간의 합리성을 가정하고 있으나 인간은 비합리적인 경우도 많다.

3) 행위에 영향을 주는 변수들이 주관적인 값이다.

(5) 시사점

1) 브룸의 이론에서 유의성과 수단성, 유의성과 기대 간에는 곱셈의 관계를 이루고 있다.

① 즉, 조직에서 높은 성과에 대해 아무리 큰 보상이 주어진다 해도 충분한 시간과 자원이 없다면 (기대가 낮다면) 동기부여의 수치는 적어지게 된다.

② 그리고 과거의 경험상 자기가 속한 조직이 성과에 대한 보상을 제대로 하지 않는 것을 알고 있다면(수단성에 대한 지각이 낮다면) 동기부여 또한 적어지는 것이다.

2) 그러므로 종업원을 동기부여하기 위해서는, ① 기대(노력하면 성과를 얻을 수 있다는 믿음)를 크게 해 주어야 하며, ② 수단성(성과와 보상의 연결 정도)을 분명히 하여 증진시키고, ③ 유의성(보상에 대한 매력 정도)도 높여주어야 한다.

◈ 기대이론은 개인차를 강조하고 있으며 개인의 목표와 욕망이 어떻게 행동으로 연결되는가를 설명한 이론이다.

2. 아담스의 공정성이론

(1) 이론적 배경

1) 아담스(Adams)의 공정성이론은 Festinger의 인지부조화이론에 바탕을 두고 있으며 사회적 비교이론, 균형이론(balance theory), 교환이론(exchange theory)이라고도 한다.

2) 사회적 비교이론이란 한 개인이 다른 사람들에 비해 얼마나 공정하게 대우를 받느냐 하는 느낌을 중시하는 이론이다.

3) 동기부여이론으로서 공정성이론의 핵심은 사람들의 행동이 타인들과의 관계에서 공정성을 유지하는 쪽으로 동기부여가 된다는 것이다.

(2002 CPA)
★ 출제 Point
공정성이론의 가정

(2) 동기부여과정

1) 대개 사람들은 자기의 투입 대 산출의 비율을 동일한 작업상황하에 있는 타인의 투입 대 산출과 비교하여 그것이 크거나 작을 때는 **불공정성**을 **지각하게 된다.**

> **Key Point**
>
> 공정성이론에서 투입과 결과(산출)의 크기는 객관적인 절대치를 의미하는 것이 아니고, 자신이 설정한 중요성에 의해 각 투입요소와 결과요소들을 가중평균해서 구하게 된다. 그러므로 과소보상이나 과다보상을 느끼게 되는 경계가 개인마다 다르다.

◈ 다양한 비교의 대상
① 타인 : 조직 내외의 타인
② 자기자신 : 시간차를 둔
(예) 과거의) 자기자신
③ 시스템 : 개인과 조직과
의 교환관계

2) 조직에서 개인이 불공정성을 지각하게 되면 부족한 보상(과소보상)에 대한 분노·불만이나, 과다한 보상(과대보상)에 따른 부담감(죄책감)·불안감이 나타나게 된다.

3) 이러한 긴장감은 불공정성의 정도에 따라 달라지며 **불공정성을 감소시키는 방향으로 동기부여**된다.

지각된 불공정성↑ → 긴장감↑ → 동기화↑

① 즉, 불공정성이 자신에게 유리한 방향으로 드러났을 때(과대보상)에는 과다한 죄책감을 발생시켜 자신의 투입을 증가시키거나 타인의 산출에 따른 보상을 증가시키기 위해서 적극적으로 노력하게 된다는 것이다.

② 한편 불공정성이 자신에게 불리한 방향으로 심화되었을 경우(과소보상)에는 노력을 줄여 투입을 낮추거나, 준거인물의 투입 또는 산출을 왜곡하여 인식하거나, 다른 비교대상을 선택하게 된다.

③ 그래도 안 되면 아예 불공정성에서 벗어나기 위해 조직에서 이탈하게 된다는 것이다.

Key Point **불공정성의 묵인**

개인이 과소/과다 보상의 인지를 한 경우에도 어느 정도까지는 행동에 옮기지 않고 묵인할 수 있다. 이 때 과소보상보다 과대보상의 경우 묵인영역이 더 넓은 것으로 알려져 있다.

(2007 CPA)
★ 출제 Point
불공정성의 감소방법

(3) 불공정성 감소방법

1) 투입(input)의 변경

2) 산출(output)의 변경 → 과소보상의 경우 산출변경이 중시된다. 반면, 과대보상의 경우 산출변경은 잘 나타나지 않는다.

3) 투입-산출의 인지적 왜곡(cognitive distortion) → 과대보상을 인식할 때 주로 나타난다(대개 자기자신의 투입·산출보다 비교대상의 투입·산출을 왜곡하는 것이 더 쉽다).

4) 비교대상에 영향력 행사

5) 비교대상의 변경 → 비교대상이 오랜기간 사용되어 안정된 경우, 비교대상의 변경을 극히 꺼리게 된다.

6) 조직의 이탈 → 조직이탈은 불공정의 정도가 매우 크거나 다른 방법이 없을 때만 사용된다.

(4) 한계점

1) 과대보상, 공정성 유지, 과소보상 중 성과를 높이기 위해서는 과대보상만 의미 있다. → 그러나 과대보상은 그 규모가 상당할 때(즉, 초과비용유발시)에만 사람들이 인정하게 되며, 종업원들이 기여도 하기 전에 보상부터 지급하게 되는 것이므로 바람직하다고 할 수 없다.

2) 공정성유지전략의 경우 결근, 이직, 부정행위 등은 줄일 수 있어도, 성과는 높일 수 없다.

3) 아담스 공식에서의 비율은 투입이 마이너스일 경우 적절치 않다.

(5) 시사점

공정성이론은 경영자에게 다음과 같은 지침을 제시해 준다.

1) 동기부여에 있어서 **지각의 중요성**을 인식해야 한다.

2) 종업원에 대한 공정한 보상의 중요성을 강조하고 있다. → 개인이 공정한 방식으로 보상을 받지 못하고 있다고 생각할 때 이는 사기와 생산성에 영향을 미치게 될 것이다.

3) 공정성 또는 불공정에 대한 결정은 개인적 차원에서 이루어지는 것이 아니라 조직 내외의 다른 작업자와의 비교에서 이루어진다(조직 내의 비교과정에 주의).

4) 불공정성을 줄이기 위해 동기부여된 행동은 불공정성이 과소평가로 인식되느냐, 또는 과대평가로 인식되느냐에 따라서 투입과 산출의 수준과 방향에 변화를 가져올 수 있는 것이다.

5) 사람들은 과대보상보다는 과소보상에 더 민감하다.

3. 포터와 롤러의 기대이론 : 수정모형

(1) 등장배경

포터와 롤러(Porter & Lawler)는 브룸의 이론을 기초로 하고, 여기에 몇 개의 변수를 추가하여 포괄적인 동기부여이론을 제시하였다.

(2) 특 징

1) 포터와 롤러의 모형이 브룸의 기대이론과 다른 점은 브룸이 노력에 의하여 성과가 주어지며 성과가 보상을 가져온다는 인과적인 설명방식을 제시한 데 비하여, 포터와 롤러의 수정모형은 외부의 관찰 가능한 행동에 의하여 노력 자체가 변화될 수 있다는 것을 강조한 점이다.

2) 또한 보상을 내재적 보상과 외재적 보상으로 나누어 설명함으로써 동기유발의 내용이론과 연결하여 통합모형을 만들었다.

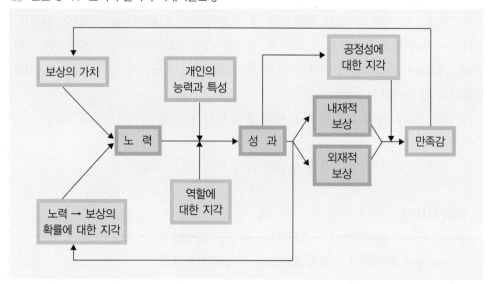

● 도표 3-11 포터와 롤러의 기대이론모형

3) 그리고 **공정성이론을 모형에 도입**함으로써 보상과 만족 사이의 관계에 인지적으로 관련된 변수를 도입하였다. → 즉, 종업원이 보상에 대해 공정성을 느끼지 못하면 만족을 얻지 못하는 점을 강조하였다.

4) 이 이론은 생산성에 대한 전통적인 가정, 즉 생산성의 증대가 종업원의 만족에서 비롯된다는 태도['만족 → 성과' 가설]를 버리고, 종업원의 노력이 성취를 실현함에 있어 직접적인 영향요인이 되고, 만족은 성취에 대해서 간접적인 **피드백** 통로를 통해서만 영향을 미친다[성과 → 〈보상〉 → 만족]고 보는 데 그 특징이 있다.

(3) 공 헌

성취를 위한 변수로서 종업원의 노력과 그들이 갖는 능력 · 자질 그리고 역할지각을 중요시하였다는 점에서 이론적 공헌이 대단히 크다.

4. 로크의 목표설정이론

로크(Locke)는 인간행동은 **가치와 의도**(즉, 성취의향, intention to perform 또는 **목표**)에 의해 결정된다고 주장하고, 목표 그 자체의 특성과 성과에 영향을 주는 상황변수들을 제시하였다.

◈ 목표설정이론은 테일러의 과학적 관리에서 근원을 찾을 수 있다. 즉, 과학적 관리란 종업원에게 적절한 목표를 부여함으로써 성과를 강화하고자 했었다.

(1) 목표설정이론의 체계
1) 목표의 특성(속성)
① 난이도 : 능력 범위 내라면 약간 어려운 것이 좋다.

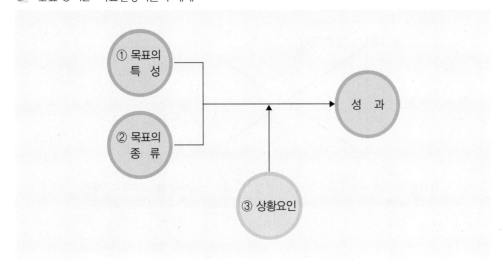

② 구체성 : 수량, 기간, 절차, 범위가 구체적으로 정해진 목표가 좋다.

2) 목표의 종류
① 수용성 : 일방적으로 지시한 것보다는 상대가 동의한 목표가 좋다.
② 참여성 : 목표설정과정에 당사자가 참여할수록 좋다.

3) 상황요인
① 피드백 : 목표이행 정도에 대해 당사자가 아는 것이 좋다.
② 단순성 : 과업목표는 단순할수록 좋다.
③ 합리적 보상 : 목표달성에 준하는 보상이 있어야 한다.
④ 경쟁 : 약간의 경쟁은 있는 것이 좋다.
⑤ 능력 : 능력이 높을수록 어려운 목표가 좋다.

◆ 목표수용(goal acceptance)은 특정 목표를 자신의 것으로 받아들이는 것을 의미하고, 목표몰입(또는 전념 commitment)은 수용한 목표를 달성하기 위한 헌신을 의미한다.

4) 이런 관점에서 볼 때 목표설정과정에 당사자가 '참여'한다면 위에서 일방적으로 주어진 목표보다 수용을 잘 할 것이고, 그가 수용하는 범위 내에서 설정될 것이기 때문에 더욱 동기화될 것은 분명하다.

(2) 특 징
1) 목표이론은 개인의 인지에 근거를 두고 있다.
2) 미래지향적이다.

(3) 적 용
목표설정이론을 바탕으로 실무에서 많이 적용되고 있는 기법이 목표관리기법

(2002 CPA)
★ 출제 Point
목표설정이론과 목표관리 기법의 관계

● 도표 3-13 Locke의 이론과 Vroom의 이론의 비교

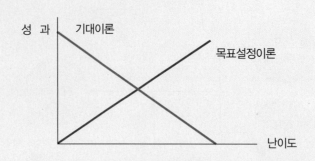

목표설정이론에서는 목표가 어려울수록 동기효과가 커진다고 했고, 기대이론에서는
난이도가 쉬울수록(즉, 기대값이 높을수록) 동기효과가 커진다고 주장하였다.

(MBO : management by objective)이다.

(4) 장 점
목표설정이론은 이해가 쉽고 개념이 간단하여 누구나 쉽게 현실에 적용할 수 있다.

(5) 단 점
1) 모든 목표를 계량화해야 한다.
2) 복수 목표들 간의 중요성과 우선순위의 조정이 어렵다.
3) 목표간 갈등이 생길 여지가 있다.
4) 처음에 목표가 설정되어 성과가 높았더라도, 시간이 지남에 따라 자극 정도가
무디어져서 성과수준이 떨어지는 경향이 있다. → 그러므로 높은 성과수준을 계속 유
지할 수 있는 방안이 모색되어야 한다.

5. 자기관리 : Kanfer
1) 개인들은 자기가 처한 상황의 자극조건(A)을 조작함으로써, 또 자기의 행동에
대하여 스스로 강화를 제공함으로써 자기관리를 효과적으로 해 나아갈 수 있다.
2) 즉, 자기관리란 스스로 설정한 목표를 추구함에 있어서 자극조건들을 조작하여
목표추구에 전념할 수 있도록 스스로를 규제하고 바람직한 행동에 대하여 스스로의
강화 스케줄에 따라 보상(또는 벌)을 실시함으로써 동기유발 효과를 거둘 수 있다는
이론이다.

● 도표 3-14 인지적 평가이론

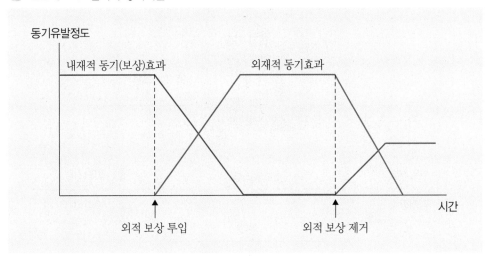

◈ 인지적 평가이론은 Bem의 자기귀인(self-attribution)이론에 근거를 두고 개발되었다.

6. 인지적 평가이론(Cognitive Evaluation Theory) : Deci

(2002 CPA)
★ 출제 Point
인지적 평가이론의 특성

1) 어떤 직무에 대하여 내재적 동기가 유발되어 있는 경우, 외적 보상이 주어지면 내재적 동기가 감소된다는 이론이다.

2) 또한 외적 동기가 유발되어 있는 경우, 외적 보상을 제거하더라도 내재적 동기가 다시 증가하지는 않는다.

3) 기존 연구에서는 성취감, 책임감 등의 내재적 동기부여(intrinsic motivation)가 임금, 승진 등과 같은 외재적 동기부여(extrinsic motivation)와 독립적이라고 가정했으나, 인지적 평가이론은 이를 부인하고 있다.

> **Key Point** 인지적 평가이론의 시사점
>
> 업무 중 내적 보상을 받지 못하는 상황에서는 성과에 따른 화폐보상이 동기부여를 높일 수 있지만, 내적 보상을 받고 있는 경우에는 내적 보상이 줄어들지 않기 위해 성과와 무관한 개인 급여를 설계하는 것이 필요하다.

7. 통제이론(Cybernetics 혹은 Control theory)

1) 통제이론은 負의 피드백(Negative Feedback)개념을 이용하여 설명한 이론이다. → 즉, 준거기준과 실제가 차이가 나는 경우, 이 차이가 현격히 줄어들어 용납할 수 있을 때까지 피드백의 과정이 계속된다는 것이다.

2) 피드백의 과정은 ① 준거기준 또는 목표, ② 감지장치(즉, 투입기능), ③ 비교과정(Comparator), 그리고 ④ 수정장치(즉, 산출기능) 등 네 가지 요소로 구성된다.

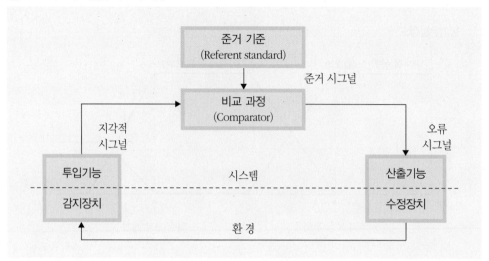

● 도표 3-15 단순 피드백 과정

출처: H. J. Klenin, 1989, "An integrated control theory model of work motivation," *Academy of Management Review*, 14-2, pp.150-172.

8. 조직 공정성 이론 : 공정성 이론의 보완

1) 공정성 이론에 관한 최근 연구에 의하면 공정성 개념을 분배공정성(distributive justice)과 절차공정성(procedural justice)으로 구분할 수 있다.

2) 분배공정성이란 보상의 크기(즉, 결과 : What)에 대해 종업원들이 인식하는 정도를 의미한다.

3) 절차공정성이란 보상의 크기를 결정하기 위한 수단(즉, 과정 : How)에 대해 종업원이 인식하는 정도를 말한다.

(1) 분배공정성 이론

기존의 공정성 이론에서는 형평(equity)만을 유일한 분배원칙으로 보았으나, 추가 연구에서는 상황에 따라 형평, 균등(equality), 필요(need) 등의 세 가지로 분배원칙이 적용될 수 있다고 보았다.

1) 형평 원칙: 생산성을 중시하는 상황, 즉 자신과 타인을 비연합(non unit) 관계로 지각할 때는 투입에 비례하도록 분배한다.

2) 균등 원칙: 팀워크나 구성원 간의 원만한 관계가 중시되는 상황, 즉 자신과 타인을 연합(unit) 관계로 지각할 때는 투입은 다를지라도 똑같이 분배한다.

3) 필요 원칙: 아주 친밀한 관계를 가진 집단일 경우, 즉 자신과 타인을 일치(identity)관계로 지각할 때는 투입에 관계없이 필요에 따라 분배한다.

(2) 절차공정성 이론

1) 분배공정성 이론은 불공정성에 대해 각 개인의 반응이 어떨 것인지에 대한 보편적이고 구체적인 결론을 제시할 수 없었고, 보상 분배의 결과만 너무 강조했다는 문제가 있다. → 즉, 두 개인이 똑같이 불공정성을 느꼈을 경우에도 의사결정과정이 달랐을 때 서로 다른 반응을 보이는 것에 대해 설명하지 못한다.

2) 그러므로 조직구성원의 행동을 설명하는데 절차에 대한 공정성 정도는 반드시 고려되어야 한다.

3) 절차공정성은 의사결정자(또는 평가자)의 일관성, 중립성, 신뢰성 그리고 수용성 등에 의해 파악되는 것으로 나타났다.

(3) 분배공정성과 절차공정성의 관계

1) 최근 연구결과 절차공정성이 낮으면, 분배공정성이 조직 유효성 변수들(즉, 동기부여, 직무만족, 조직몰입 등)에 별로 영향을 미치지 못한다.

2) 절차공정성이 높으면 분배공정성이 높아짐에 따라 조직유효성 변수들이 크게 영향을 받는 것으로 나타났다.

> **Key Point ▶ 조직공정성 이론의 시사점**
>
> 절차공정성이 낮은 조직에서는 결과를 아무리 높여주어도 조직이나 직무에 대한 태도를 높이기 어렵다. 이때는 조직의 유효성을 높이기 위해 절차공정성을 높여야 한다.

● 도표 3-16 분배공정성과 절차공정성의 관계

		절 차 공 정 성	
		공 정	불 공 정
분 배 공 정 성	공정	구성원의 만족과 동기부여 및 조직에 대한 태도가 가장 긍정적이다.	분배공정성이 높으면 절차공정성에 큰 관심을 기울이지 않는다. 그러나 불공정한 절차는 장기적으로는 불공정한 결과를 가져올 수 있기 때문에 절차에 관심을 갖게 된다.
	불공정	불공정한 결과에 불만족을 느끼지만 그 원인을 자기 자신에서 찾게 되고, 이는 결국 개인의 성과를 높이는 행동을 하게 한다.	가장 부정적인 반응을 하게 되고 성과도 가장 떨어진다. 결과가 좋을 때는 불공정한 절차에 대해 참지만, 결과가 나쁠 때는 강력한 반발을 하게 된다. 즉, 절차의 불공정을 시정하려고 하는 집단 행동이 나타난다.*

＊분배 불공정성은 개인적이고, 받는 사람의 주관성에 따르기 때문에 집단의 지지를 얻기 어렵다. 반면 절차 불공정은 많은 사람에게 동시에 영향을 주므로 집단 행동이 용이하게 나타날 수 있다.

3.4 상황이론 : 르윈의 場의 이론(field theory)

1) 인간의 행위(B)는 그 사람의 특성(P)과 그가 속해 있는 환경(E)의 함수이다.

$$B=f(P,\ E)$$

2) 따라서 특정 시점에서 사람의 행동을 이해하기 위해서는 그 시점에서의 그 개인에 관한 것뿐 아니라, 그의 환경에 대해서도 알아야 한다. → 즉, 경영자는 개인, 집단, 시간 및 조직적 환경 간의 관계를 고려하여 동기부여해야 함을 의미한다.

3) Lewin의 장의 이론은 인간의 행동을 '여러 가지 힘의 장', 즉 사람들을 억제하는 힘과 촉진하는 힘의 장 속에서 나타나는 힘의 산물로 보았다.

4) 그러므로 생산적 노력은 이를 억제하는 힘을 감소시키거나 촉진하는 힘을 강화함으로써 증진될 수 있다.

● 도표 3-17 르윈의 장의 이론

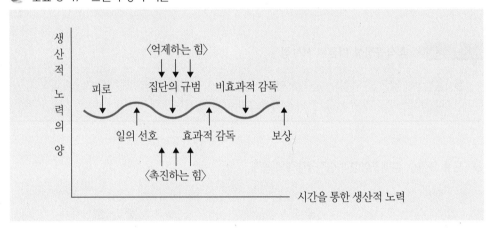

▪ 기출문제 ▪

01 동기유발에 관한 이론은 내용이론과 과정이론으로 구분할 수 있는데, 다음 중 내용이론에 해당하지 않는 것은? ('89, '91, '98. CPA)

① 매슬로우의 욕구계층이론　　　　② 알더퍼의 ERG이론

③ 허쯔버그의 2요인이론　　　　　④ 맥그리거의 X이론－Y이론

⑤ 브룸의 기대이론

02 ERG이론에 대한 설명 중 옳지 않은 것은? ('94. CPA)

① 알더퍼(Alderfer)에 의해 주장된 욕구단계이론이다.

② 상위욕구가 행위에 영향을 미치기 전에 하위욕구가 먼저 충족되어야 한다.

③ 매슬로우(Maslow)의 욕구단계설이 직면했던 문제점을 극복하고자 제시되었다.

④ 하위욕구가 충족될수록 상위욕구에 대한 욕망이 커진다고 주장하였다.

⑤ 인간의 욕구를 존재욕구, 관계욕구, 성장욕구로 나누었다.

✎ 해설　② Alderfer는 상위욕구가 영향력을 행사하기 전에 하위욕구가 반드시 충족되어야 한다는 Maslow의 가정을 배제하였다.

03 다음의 동기부여이론에 관한 설명 중 틀린 것은? ('95. CPA)

① 매슬로우의 욕구단계설은 강압적 지도자에 의한 모델이다.

② 허쯔버그의 2요인이론은 만족요인을 중시한다.

③ 블레이크-머튼의 관리격자이론의 (9, 1)형은 Y이론에 의한다.

④ ERG이론은 좌절-퇴행요소가 포함된다.

⑤ 맥클레란드는 성취욕구를 중시한다.

✎ 해설　③ 블레이크-머튼의 관리격자이론의 (9, 1)형은 X이론에 의한다(리더십 이론 참조).

04 Vroom의 기대이론의 내용이 아닌 것은? ('95. CPA)

① 경영자는 종업원들이 노력하면 성과가 달성된다는 믿음을 주어야 한다.

② 성과-보상 연결을 분명히 해야 한다.

③ 성과-보상 지각 차이가 존재해야 한다.

④ 보상은 종업원에게 가치있는 것이어야 한다.

⑤ 종업원 역할기대를 분명히 하여야 한다.

✎ **해설** 브룸의 기대이론에서 모티베이션의 크기를 크게 하기 위해 경영자가 유념해야 할 것으로는 다음과 같은 것이 있다.

   ⅰ) 종업원을 동기부여하기 위해서는 기대(노력하면 성과를 얻을 수 있다는 믿음)를 크게 해주어야 한다.

   ⅱ) 수단성(성과와 보상의 연결 정도)을 분명히 하고, 증진시켜야 한다. 그러므로 경영자와 종업원 간에 성과-보상에 대한 지각의 차이가 존재하지 않아야 한다.

   ⅲ) 유의성(보상에 대한 매력 정도)을 증진시켜야 한다. 즉, 보상이 종업원에게 가치가 있어야 한다.

   ⅳ) 종업원 역할기대를 분명히 하여야 한다.

05 개인에 대한 모티베이션의 정도를 행위의 결과에 대한 유의성, 행위의 결과에 대한 수단성, 행위의 결과에 대한 기대의 함수로 보는 이론은? ('96. CPA)

① 공정성이론   ② 위생이론   ③ 기대이론

④ 욕구단계이론   ⑤ 직무특성이론

06 모티베이션과 관련한 다음의 설명 가운데 가장 적절하지 않은 것은? (2002. CPA)

① ERG이론은 욕구단계이론과는 달리 좌절-퇴행의 가능성을 인정한다.

② 동기-위생이론(2요인이론)에서는 만족과 불만족을 상이한 차원으로 이해한다.

③ 인지적 평가이론(Cognitive evaluation theory)은 내재적 보상과 외재적 보상을 구분하지 않는다.

④ 공정성이론 또는 형평성이론(equity theory)은 사람의 노력과 그에 대한 보상을 계량화 할 수 있다는 가정을 전제로 한다.

⑤ 목표에 의한 관리(management by objectives)는 목표설정이론(goal setting theory)을 바탕으로 한 기법이다.

✎ **해설** ③ 인지적 평가 이론은 내재적 보상을 받고 있는 일에 대하여, 보수와 같은 외재적 보상이 주어질 때 전반적인 동기부여 수준이 낮아지는 현상을 설명한 이론으로, 내재적 보상과 외재적 보상을 구분하여 분석한 것이 특징이다.

정답   4 ③   5 ③   6 ③

7 종업원의 동기부여에 관한 다음의 내용 가운데 기대이론(expectancy theory)에 근거한 것은? (2003. CPA)

① 관리자는 종업원들이 모두 같은 종류의 보상을 추구한다는 것을 인식해야 한다.

② 보상은 성과보다는 연공서열에 따라 책정되어야 한다.

③ 낮은 유의성(valence)과 낮은 수단성(instrumentality)을 통해 동기가 부여된다.

④ 노력수준을 높임으로써 성과가 높아진다는 종업원의 지각이 동기부여를 위해 중요하다.

⑤ 명확한 목표와 과업의 적절한 난이도는 성과수준에 영향을 미치는 주된 요인이다.

✎ 해설 ① 종업원들이 선호하는 보상의 종류는 다를 수 있다.
② 성과가 높을수록 보상이 커진다는 종업원의 지각이 동기부여를 위해 중요하다.(수단성)
③ 높은 유의성과 높은 수단성을 통해 동기가 부여된다.
④ 기대(expectancy)를 의미함
⑤ 기대이론과 관련이 없음

8 동기부여이론(motivation theory)에 관한 다음의 서술 중 가장 적절하지 않은 것은? (2004. CPA)

① 목표설정이론(goal setting theory)에서는 목표가 구체적이고 어려울수록 그리고 달성기간이 짧을수록 동기가 유발된다고 한다.

② 동기부여이론(motivation theory)은 크게 과정이론과 내용이론으로 나누어지는데 과정이론은 어떤 과정을 거쳐 동기가 발생하였는가에 초점을 두며, 내용이론은 욕구의 정체와 종류, 충족 여부에 관심을 둔다.

③ 기대이론(expectancy theory)에 따르면 사람의 동기수준은 노력을 하면 업적이나 성과가 오를지의 확률(expectancy), 성과 및 업적이 오르면 임금인상이나 승진이 되는지의 수단성(instrumentality) 그리고 임금인상 및 승진과 같은 보상에 대한 욕구의 크기(valence)에 의해 결정된다.

④ 공정성이론(equity theory)에 따르면 회사에서 남들보다 적은 액수의 돈을 받더라도 개인은 불공정성을 지각하지 않을 수 있다.

⑤ 매슬로우(Maslow)의 욕구이론(need theory)에 따르면 인간의 욕구는 육체적 욕구, 안정 욕구, 사회적 욕구, 존경 욕구, 자아실현 욕구의 단계를 가진다.

✎ 해설 ① 달성기간이 길수록 난이도가 어려워진다.

09 동기부여의 기대이론(expectancy theory)과 관련된 설명으로 가장 적절하지 않은 것은?

(2005. CPA)

① 기대감(expectancy), 유의성(valence), 수단성(instrumentality) 중 하나라도 0의 값을 가지면 동기부여 수준은 0이 된다.

② 전체 동기부여 수준은 음(−)의 값을 가질 수 있다.

③ 기대감(expectancy)이란 노력을 했을 때 특정 수준의 성과를 낼 수 있는가에 대한 객관적 확률로서, 0에서 1까지의 값을 가진다.

④ 카페테리아식 복리후생제도는 유의성(valence)을 높이는 방법이 될 수 있다.

⑤ 성과급을 도입하면 수단성(instrumentality)이 높아질 수 있다.

✎ 해설 ①, ② $M = E \times I \times V_k$이므로
③ 객관적 확률 → 주관적 확률

10 동기부여(motivation) 이론 중 매슬로우의 욕구이론(need theory)에 관한 서술 중에 가장 적절한 것으로 묶인 것은?

(2006. CPA)

> a. 하나의 욕구가 충족되면 그 다음 상위단계의 욕구를 충족시키려 한다.
> b. 상위욕구가 충족이 좌절되면 그보다 하위단계의 욕구를 충족시켜려 한다.
> c. 생리적 욕구-안전욕구-존경욕구-사회적 욕구-자아실현욕구의 순서로 단계가 나누어진다.
> d. 사회적 욕구는 위생요인으로 생리적 욕구와 안전욕구는 동기요인으로 분류하였다.
> e. 매슬로우의 5가지 욕구 중 존경(esteem)욕구, 관계(relatedness)욕구, 성장(growth)욕구 3가지만을 고려하여 ERG이론을 만들었다.

① a   ② a, b, c   ③ a, e

④ a, c   ⑤ d, e

✎ 해설 b, e. Alderfer의 이론이며, e의 경우 Alderfer에 의하면, 존경욕구 대신 존재욕구로 고쳐야 함
c. 존경욕구와 사회적 욕구의 순서가 바뀜
d. 위생요인과 동기요인으로 분류한 학자는 Herzberg

11 동기부여(motivation) 이론을 설명한 것 중 가장 적절하지 않은 것은? (2007. CPA)

① 맥클레란드(McClelland)의 성취동기이론에 따르면 친교욕구(need for affiliation)가 높은 사람은 다른 사람의 인정을 받으려고 노력하고, 권력욕구(need for power)가 높은 사람은 다른 사람을 지배하고 통제하고 싶어한다.

② 알더퍼(Alderfer)의 ERG이론은 인간의 욕구를 존재(existence), 관계(relatedness), 성장(growth)의 세 가지 욕구로 분류하고 욕구의 만족-진행(satisfaction-progression)과 좌절-퇴행(frustration-regression)이 일어난다고 주장한다.

③ 공정성이론(equity theory)에 따르면 개인이 불공정성에 대한 지각에서 오는 긴장을 감소시키는 방법으로 자신의 투입(input)의 변경, 산출(output)의 변경, 투입과 산출의 인지적 왜곡, 비교대상의 변경 등이 있다.

④ 봉급, 작업조건, 감독, 상사와의 관계는 허쯔버그(Herzberg)의 2요인 이론에서 동기요인(motivator)에 해당하는 것으로, 위생요인이 충족되더라도 구성원을 동기화시키지 못하며 성과향상을 위해서는 동기요인을 충족시켜야 한다고 주장한다.

⑤ 기대이론(expectancy theory)은 개인의 동기수준이 기대감(expectancy), 수단성(instrumentality), 유의성(valence) 값의 곱으로 설명되고 있다.

✎ **해설** ④ 봉급, 작업조건 등은 동기요인이 아니고 위생요인임

연습문제

01 Maslow의 욕구단계이론과 관련이 없는 것은?

① 인간의 욕구는 계층을 형성하고 있다.

② 각 단계의 욕구가 충족됨에 따라 전 단계의 욕구는 더 이상 동기유발의 역할을 수행하지 못한다.

③ 최초로 인간의 욕구에 대한 체계적 인식을 갖게 한 이론이다.

④ 한 가지 이상의 욕구가 동시에 작용할 수 있다.

⑤ 상위욕구가 동기를 유발시키기 위해서는 반드시 하위욕구가 충족되어야 하고 하위욕구가 충족될수록 상위욕구에 대한 욕망이 커진다.

✎ 해설 ④는 ERG이론의 설명

02 매슬로우의 욕구단계이론의 비판에 대한 설명으로 옳지 않은 것은?

① 실증검증이 어렵다는 문제가 있다.

② 결핍의 원리는 저차욕구에서만 나온다.

③ 자아실현 욕구의 개념이 모호하다.

④ 다섯 가지 욕구 말고도 다른 욕구가 있을 수 있다.

⑤ 개인의 경력발달과정에 적용할 수 없다.

✎ 해설 욕구단계이론은 개인의 경력발달과정에 적용하면 의미있다는 장점이 있다.

03 Alderfer의 ERG이론에 대한 설명으로 옳지 않은 것은?

① Maslow의 욕구단계설에 대한 문제점을 극복하기 위하여 제시된 이론이다.

② 한 가지 이상의 욕구가 동시에 작용할 수 있으며, 욕구구조에 있어 개인 간에 차이가 있을 수 있다.

③ 상위욕구가 충족될수록 하위욕구에 대한 바램은 더욱 커진다.

④ Maslow의 욕구단계 중 안전의 욕구는 Alderfer의 존재욕구 및 관계욕구의 성격을 모두 지닌다.

정답 1 ④ 2 ⑤ 3 ③

⑤ 만족－진행접근법에 좌절－퇴행요소가 가미되어 있다.

✎ 해설 ③ 하위욕구가 충족될수록 상위욕구에 대한 바램이 더욱 커진다.

04 동기부여의 내용이론 중 Maslow의 생리적 욕구와 안전의 욕구는 Alderfer와 Herzberg의 어느 단계와 같다고 할 수 있는가?

① 관계욕구, 동기요인　　　　　② 관계욕구, 위생요인

③ 존재욕구, 위생요인　　　　　④ 존재욕구, 동기요인

⑤ 성장욕구, 동기요인

05 매슬로우와 알더퍼이론에 대한 다음의 설명 중 옳지 않은 것은?

① 매슬로우의 물질적 안정욕구는 알더퍼의 존재(E)욕구에 해당한다.

② 매슬로우의 외적 자존심은 알더퍼의 성장(G)욕구에 해당한다.

③ 알더퍼는 추상성 정도에 따라 욕구를 구분하였다.

④ 알더퍼이론의 계층구조가 매슬로우이론보다 더 약하다.

⑤ 매슬로우는 욕구의 개념이 구체적이고, 알더퍼는 욕구의 개념이 포괄적이다.

06 맥클레란드의 성취동기이론에 대한 다음의 설명 중 옳지 않은 것은?

① 성취동기이론에는 욕구의 계층이 없다.

② 모든 욕구가 동등한 자격을 갖는다.

③ 어느 한 시점에서 개인은 높은 권력욕구, 높은 성취욕구, 높은 친교욕구를 가질 수 있다.

④ 욕구는 문화공동체에서의 학습의 결과로 형성된다.

⑤ 높은 수준의 성취욕구는 반드시 높은 성과를 가져온다.

✎ 해설 ⑤ 성취욕구가 높고 즉각적인 피드백이 제공된다고 하더라도, 해당 과업이 너무 쉽거나 실현 불가능하거나 흥미가 없는 과업일 때는 노력을 가져오지 않는다.

07 인간의 욕구는 학습을 통해 형성되며, 이 욕구는 내면에 잠재해 있다가 주위환경에 적합하게 될 때 표출되는 것으로 주장한 학자는?

① 허쯔버그　　　　　② 알더퍼　　　　　③ 머레이

④ 맥클레란드　　　　⑤ 매슬로우

✎ 해설 머레이는 인간의 욕구가 후천적으로 형성되는 것으로 보았고, 욕구의 단계도 없으며, 어떤 시간에 어떤 욕구도 나타날 수 있다고 하였다.

정답 4 ③ 5 ② 6 ⑤ 7 ③

08 Herzberg의 2요인이론을 근거로 한 직무설계방법은?

① 직무몰입 ② 직무순환 ③ 직무확대

④ 직무충실화 ⑤ 직무특성이론

✎ 해설 ④ 직무충실화는 직무가 성취감, 인정감, 책임감을 가질 수 있도록 재구성하려는 것이므로 Herzberg의 만족요인을 강조한 것이다. 자세한 설명은 인적자원관리론 참조.

09 브룸의 기대이론의 특성이 아닌 것은?

① 인지적 ② 곱셈모형 ③ 극대화

④ 개인간 모형 ⑤ 기 대

✎ 해설 브룸의 기대이론은 다른 사람들과의 관계를 배제하고 설명했으므로 개인 내 모형이다.

10 인지부조화이론에서 그 근거를 찾을 수 있는 동기부여의 과정이론은?

① Adams의 공정성이론 ② Herzberg의 2요인이론

③ Maslow의 욕구단계설 ④ Alderfer의 ERG이론

⑤ Vroom의 기대이론

✎ 해설 인지부조화이론은 Festinger에 의해 주장되었는데 인지부조화는 개인에게 불편함을 주기 때문에 조화의 상태로 가기 위해 노력하게 된다는 이론이다.

11 Adams의 공정성이론에 대한 설명으로 옳지 않은 것은?

① 사회적 비교이론 중의 하나로 공정성 또는 불공정성은 다른 사람과의 비교에 의해서 지각된다.
② 다른 사람의 투입에 대한 산출의 비율이 자신의 비율과 일치하면 공정성을 지각한다.
③ 자신의 투입에 대한 산출의 비율이 작을 때에만 불공정성을 지각한다.
④ 불공정성을 느끼면 이를 감소시키기 위해 투입이나 산출의 변경 또는 왜곡, 직장 이동 등을 행한다.
⑤ Festinger의 인지부조화이론에 바탕을 두고 있는 이론으로 보상의 크기보다는 타인과의 비교가 중요함을 지적한다.

✎ 해설 ③ 불공정성은 과소보상뿐만이 아니고 과대보상(즉, 자신의 투입-산출비율이 클 때)시에도 느낀다.
④ 위의 설명 외에 타인의 투입·산출 왜곡, 비교대상의 변경 등이 있다.

12 다음 중 Porter와 Lawler의 모형과 가장 관계가 깊은 것은?

① 리더십과 조직유효성 간의 관계　　② 효율적인 행위변화전략

③ 의사소통의 원활화 방안　　④ 집단응집성의 증대 방안

⑤ 직무만족과 생산성 간의 관계

✎ 해설　Porter와 Lawler는 브룸의 기대이론에 지각의 개념을 추가하여 직무만족이 종업원의 노력에 영향을 미침을 보여 주었다.

13 동기부여이론(motivation theory)에 대한 다음 설명 중 옳지 않은 것은?

① Maslow이론이나 Herzberg의 2요인이론과는 달리 ERG이론에서는 개인 간의 차이를 인정한다.

② Herzberg의 2요인이론에 의하면 직무의 내용요인에 의해서만 동기부여가 가능하다.

③ Adams의 공정성이론에서는 과대보상(over-payment)의 경우에도 불공정성이 지각된다.

④ Vroom의 기대이론에서는 보상에 대한 유의성(valence)과 수단성(instrumentality)이 크면 생산성향상에 대한 선호도가 감소한다.

⑤ Porter와 Lawler의 기대이론은 Vroom의 기대이론에 공정한 보상에 대한 지각, 역할지각, 노력 대 보상의 확률에 대한 지각 등을 추가시킨 것이다.

✎ 해설　③ 과소보상과 과대보상 모두의 경우에 불공정성이 지각됨
　　　　④ $V_j = f(V_k \times I)$에 대한 설명이다.
　　　　　　여기서 ┌─ V_j는 1차 수준의 결과에 대한 유의성
　　　　　　　　　　└─ V_k는 2차 수준의 결과에 대한 유의성
　　　　Vroom의 기대이론에 의하면 보상에 대한 유의성, 수단성, 기대가 크면 생산성 향상에 대한 동기가 커진다.

14 동기부여이론에 대한 다음의 설명 중 옳지 않은 것은?

① 공정성이론에 의하면 과소보상보다 과대보상의 묵인영역이 더 넓다.

② 공정성이론은 타인과의 비교 이외에도 과거의 자기 자신이나 시스템과의 비교도 설명할 수 있다.

③ 목표설정이론에 의하면 난이도가 높은 과업에서 동기효과가 커진다고 했는데, 기대이론은 오히려 동기효과가 낮아진다고 하였다.

④ 목표설정이론은 테일러의 과학적 관리법에서 근원을 찾을 수 있다.

⑤ 목표설정이론과 성취동기이론은 난이도와 동기부여의 관련성을 똑같이 해석한다.

✎ 해설　⑤ 성취동기이론은 성취욕구의 크기에 따라 난이도와 동기부여의 관련성이 달라진다.

정답　12 ⑤　13 ④　14 ⑤

15 동기부여이론에 대한 설명 중 옳지 않은 것은?

① 개인목표와 조직목표 간의 관계를 명확히 한 이론은 기대이론이다.

② Porter와 Lawler의 기대이론에 의하면 외재적 보상이 내재적 보상보다 성과에 더 깊은 관계가 있다.

③ Porter와 Lawler는 만족이 성과에 영향을 미치는 것이 아니라 성과가 만족에 영향을 미친다고 주장하였다.

④ 성취동기이론에서 기업경영에 관련있는 욕구로 성취욕구보다 권력욕구를 더 강조하였다.

⑤ 성취동기이론에 의하면 종업원의 성과를 높이기 위해 도전적인 직무를 만들어야 한다.

✎ 해설 ② Porter와 Lawler는 내재적 보상이 성과와 더 관련이 있다고 하였다.

16 허쯔버그 이론의 문제점에 대한 다음의 설명 중 옳지 않은 것은?

① 특정 요인은 사람에 따라 만족요인도 될 수 있고 불만족 요인도 될 수 있다.

② 높은 성과에 적절한 보상이 주어졌을 때 만족도가 높아지는 경우가 더 많다.

③ 위생요인은 동기요인보다 만족, 불만족에 더 큰 영향을 준다.

④ 표본추출과정 등 조사방법에 문제가 있다.

⑤ 만족요인과 불만족요인의 구분이 어렵다.

✎ 해설 ③ 동기요인은 위생요인보다 만족, 불만족에 더 큰 영향을 준다.

17 동기부여의 통제이론에 대한 다음의 설명 중 옳지 않은 것은?

① 준거기준은 목표라고 할 수 있다.

② 부(−)의 피드백이론이라고도 한다.

③ 감지장치는 산출기능의 역할을 한다.

④ 준거기준과 실제의 차이가 있을 경우, 이것이 줄어들어 용납할 수 있을 때까지 피드백이 계속된다.

⑤ 투입기능은 지각적 시그널을 산출한다.

✎ 해설 ③ 감지장치는 투입기능의 역할을 한다.

정답 15 ② 16 ③ 17 ③

제4장 ■ 집단관리와 리더십이론

4.1 집단행동과 집단역학(group dynamics)

1. 집단의 의의와 유형

(1) 집단의 의의

1) 집단(group)이란 공동의 목표를 달성하기 위해 다른 사람과 상호작용하는 두 사람 이상의 집합체를 말한다.

2) 집단의 분류

① 1차집단과 2차집단

② 소속집단과 준거집단

③ 공식집단(명령집단, 과업집단)과 비공식집단(이익집단, 우호집단)

(2) 비공식적 집단

1) 비공식적 집단(informal group)은 조직내 구성원 간의 상호관계에서 취미·학연 등의 동질성에 따라 공통된 이익이나 사회적 욕구를 충족시키기 위해 자연발생적으로 형성된다.

2) 장점 : 비공식적 집단은 조직내 구성원 간의 원활한 인간관계와 소속감, 안정감 등을 제공한다.

3) 단점 : 비공식적 집단의 목표가 공식적 집단의 목표와 일치하지 않을 때 공식적 집단에 악영향을 줄 수도 있다.

◈ 집단의 특징
① 상호작용하는 둘 이상의 사람
② 공동목표
③ 구조의 안정성
④ 스스로를 집단구성원으로 인식 → 집단구분에 유용한 기준임

('91, 2004 CPA)
★ 출제 Point
비공식적 조직과 공식적 조직의 차이점

● 도표 4-1 공식적 집단과 비공식적 집단의 비교

공식적 집단	비공식적 집단
• 합리적 조직	• 비합리적 조직
• 인위적으로 형성(지명 또는 선발)	• 자연발생적으로 형성
• 조직도와 직제상에 명문화된 조직	• 동태적인 인간관계에 의한 조직
• 효율성과 합리성의 논리가 지배(능률의 법칙)	• 인간의 감정의 논리가 지배(감정의 법칙)
• 외재적 질서	• 내재적 질서
• 전체적 질서	• 부분적 질서

4) 비공식적 집단을 발견하기 위한 도표로 접촉도, 소시오그램, 소시오메트릭 매트릭스 등이 있다.

5) 비공식적 집단의 의사소통 네트워크를 그레이프바인(grapevine)이라 한다.

(2004, 2008 CPA)
★ 출제 Point
집단의 발전단계

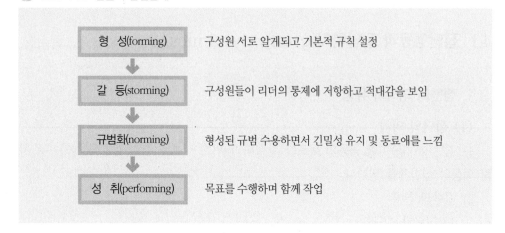

도표 4-2 집단의 발전단계

형 성(forming)	구성원 서로 알게되고 기본적 규칙 설정
갈 등(storming)	구성원들이 리더의 통제에 저항하고 적대감을 보임
규범화(norming)	형성된 규범 수용하면서 긴밀성 유지 및 동료애를 느낌
성 취(performing)	목표를 수행하며 함께 작업

2. 집단의 성과

◆ 잠재적 자산
① 직무와 관련된 지식
② 집단구성원의 만족
③ 노력의 수준

1) 집단내 구성원들의 능력을 최대한 활용하는 경우, 집단의 규모가 클수록 그 잠재적 성과는 커질 것이다.

2) 그러나 집단의 비효율성의 존재로 인해 실제성과는 잠재적 성과보다 적어지게 된다.

◆ 잠재적 부채
① 동기부여 손실
② 조정 손실
③ 책임 분산

3) 집단의 성과는 집단의 잠재적 자산을 최대한 활용하고, 잠재적 부채를 최소화함으로써 증대시킬 수 있다.

(2008 CPA)
★ 출제 Point
집단내 개인의
무임승차현상

── �‍ 참 고

집단행동 설명이론

1. 교환이론(exchange theory) : 개인은 집단내에서 다른 구성원과 주고(비용) 받으면서(보상) 만족감을 높이고 갈등을 줄이게 된다. → 상호작용

2. 사회적 비교이론(social comparison theory) : 모든 개인은 다른 사람과의 '비교'를 통해서 자신을 평가하고 싶어한다. → 평가본능의 충족

3. 사회적 촉진(social facilitation)과 사회적 억제(social disturbance) : 사람은 혼자 있을 때보다 남들과 함께 있을 때 일을 더 잘하기도 하고, 그르치기도 한다.

4. 책임분산(diffusion of responsibility) : 집단행동의 책임은 구성원들에게 분산되므로 자신이 져야 할 책임을 타인에게 전가할 기회가 생긴다.

4) 또한 상황에 따라 집단의 성과도 달라질 수 있는데, 다른 사람이 있는지(사회적 촉진, 사회적 저해)와 상호작용하는 집단인지의 여부에 따라 집단성과가 달라지게 된다.

3. 집단행위의 분석체계

(1) 집단구조

집단구조는 과업달성을 위해 조직화된 방식을 말하며, 다른 집단과 구별되는 특성을 나타낸다. 집단구조는 규범, 역할, 지위, 응집성 등으로 파악할 수 있다.

1) 규 범

규범(norm)은 집단구성원들 모두에게 공유되어지고 통용되는 '행동의 기준'을 말한다.

2) 역 할

① 역할(role)은 어떤 직위를 가진 사람들이 해야 할 것으로 **기대되는** 행위를 말한다.
② 역할은 직위에 대한 기대이지 개인에 대한 특성이 아님을 주의해야 한다.
③ 역할과 관련해서는 다음과 같은 문제가 발생할 수 있다.

도표 4-3 집단행위의 분석체계

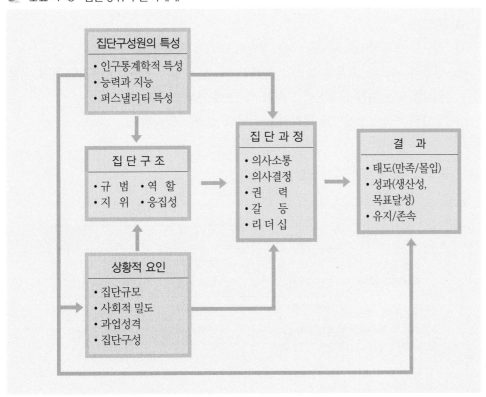

ⓐ 역할갈등 : 주로 하위층이 느끼는 문제로, 양립할 수 없는 두 가지 이상의
기대가 동시에 주어질 때 발생한다.

　ⅰ) 역할내부갈등(intrarole conflict) : 하나의 역할수행자에게 상이한 행동 요
　구시 나타난다.

　ⅱ) 역할간 갈등(interrole conflict) : 둘 이상의 역할수행자에게 양립할 수 없
　는 행동을 요구할 경우 나타난다.

ⓑ 역할모호성 : 주로 상위층이 느끼는 문제로, 역할과 관련된 정보를 충분히
갖고 있지 못할 때 발생한다.

ⓒ 역할과중 : 시간이나 능력면에서 너무 많은 업무부담이 주어질 때 나타난다.

ⓓ 역할미발휘 : 자기능력의 일부밖에 사용 못하는 경우 나타난다.

3) 지 위

① 지위(status)는 집단 내에서 어느 개인의 상대적 가치(직위 : position)와 서열을
말한다.

② 한 사람의 지위는 여러 요소가 복합되어 결정되는데, 어떤 관점에서 보면 지위
가 높으나 다른 관점에서 보면 지위가 낮을 때 **지위불일치**(status incongruence)
를 느끼게 된다.

③ 지위불일치는 집단성과에 부정적 영향을 끼친다.

4) 응집성

① 집단의 응집성(cohesiveness)은 집단의 성과에 영향을 줄 수 있다.

② 집단의 목표와 조직의 목표가 일치할 때 높은 성과가 달성되겠지만 **목표가 불
일치할 때는 높은 응집성이 오히려 역기능을 초래할 수도 있다.**

③ 집단의 목표달성열의에 따라서도 집단의 성과는 달라진다.

● 도표 4-4 집단분위기에 따른 응집성과 성과의 관계

		응 집 성	
		고	저
① 집단의 목표달성 열의	고	높은 성과	보통 성과
	저	낮은 성과	약간 낮은 성과
② 집단에 대한 경영진의 지지여부	지지하는 집단	높은 성과	낮은 성과
	지지하지 않는 집단	낮은 성과	높은 성과

변 수	집단크기	
	작으면	크 면
참여도, 응집력, 만족도	높 다	낮 다
건설적 비판	적 다	많 다
의사소통, 의사결정속도	빠르다	느리다
결근율, 이직률	낮 다	높 다
생산성, 집단성과	불명확	불명확

(2004 CPA)
★ 출제 Point
집단의 크기와 의사결정
속도

4. 집단역학

(1) 의 의

1) 집단역학(group dynamics)은 집단구성원의 상호작용과 영향력을 동태적으로 분석하려는 것이다(Lewin).

2) 집단행동에 있어서 가장 중요한 측면은 집단구성원 간의 상호관계이다.

3) 집단구성원은 역할수행을 통해서 상호작용을 하게 되고, 그 결과 상호간에 어

● 도표 4-6 소시오그램과 소시오메트릭 매트릭스

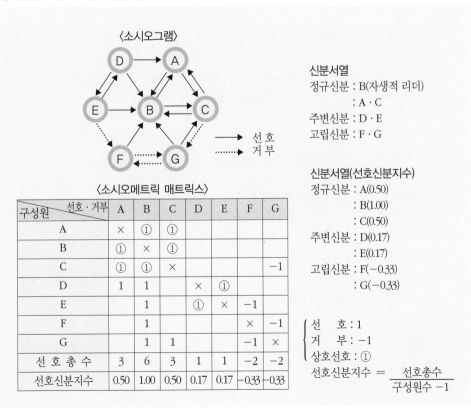

신분서열
정규신분 : B(자생적 리더)
　　　　 : A·C
주변신분 : D·E
고립신분 : F·G

신분서열(선호신분지수)
정규신분 : A(0.50)
　　　　 : B(1.00)
　　　　 : C(0.50)
주변신분 : D(0.17)
　　　　 : E(0.17)
고립신분 : F(-0.33)
　　　　 : G(-0.33)

선 호 : 1
거 부 : -1
상호선호 : ①
선호신분지수 = $\dfrac{선호총수}{구성원수 - 1}$

〈소시오메트릭 매트릭스〉

구성원 선호·거부	A	B	C	D	E	F	G
A	×	①	①				
B	①	×	①				
C	①	①	×				-1
D	1	1		×	①		
E		1		①	×	-1	
F		1				×	-1
G		1	1			-1	×
선 호 총 수	3	6	3	1	1	-2	-2
선호신분지수	0.50	1.00	0.50	0.17	0.17	-0.33	-0.33

떤 감정이 형성되며, 이렇게 형성된 감정은 그들의 태도와 행동에 다시 영향을 주어 상호관계에 영향을 미치게 된다.

4) 이러한 구성원 간의 상호관계는 소시오메트리(sociometry)분석을 통하여 파악할 수 있다.

(2) 소시오메트리분석 : Moreno

1) 소시오메트리는 구성원 상호간의 감정상태, 즉 좋아하고 싫어하는 것을 기초로 하여 집단구성원의 동태적 상호관계를 분석하고 집단행동을 진단하는 기법이다.

2) 소시오메트리분석은 소시오그램과 소시오메트릭 매트릭스를 이용하여 실시하게 되는데, 이를 통해 구성원이 집단 속에서 누구와 호의적 또는 비호의적 관계를 유지하고 있는가, 누가 인기가 좋고, 누가 소외되어 있는가를 파악할 수 있게 된다.

◎ 참 고

팀 : 현대적 의미의 작업집단

1) 팀의 정의
팀(team)은 공동의 목표달성을 위해 상호보완적인 능력을 가진 구성원들이 팀워크를 이루어 공동으로 작업하고 그 결과도 공동책임을 지는 집단이다.

2) 팀의 유형
팀은 구성원들을 동기부여하는 데 효과적이며, 다음과 같은 4가지 유형으로 나타난다.
① 업무팀(work team)
　업무팀은 교차기능(cross functional)을 가진 정규직 구성원이 고정된 활동을 하는 형태로 고객지향적 업무조직이나 전사적 품질관리환경에서 효과적이다.
② 프로젝트팀(project team)
　프로젝트팀은 정규직원들이 프로젝트 기간 동안만 일시적으로 구성하는 형태로 새로운 시스템 설계나 신제품 개발 등에 많이 활용된다.
③ 평행팀(parallel team)
　평행팀은 업무팀과는 달리 과업(특정한 이슈나 문제) 위주로 구성하되, 근무시간 중에 자신의 직무활동과 병행하여 평행팀 활동에 관여하는 형태이다. 생산성 조사를 위한 테스크포스(task force)나 위원회를 예로 들 수 있다.
④ 파트너십팀(partnership team)
　파트너십팀은 조직 외부와의 네트워크를 형성하여 프로젝트기간 동안만 활동하는 형태로 조인트벤처나 전략적 제휴를 예로 들 수 있다.

3) 팀의 성공요건
팀을 성공적으로 운영하기 위해서는 구성원에 대한 임파워먼트가 필수이며, 임파워먼트는 부하의 자율권 인정과 관리자의 적극적 지원이 있어야 가능하다.

● 도표 4-7 팀조직의 운영

		존속기간	
		짧거나 비공식적	항구적이거나 공식적
업무수준	낮거나 권한위임 약함	단기간의 특수임무 수행을 위한 임시 조직 예) QC 분임조	기존 조직의 합리화를 위해서 플랫화, 슬림화된 조직형태 예) 대부(大部), 대과(大課)형의 팀이나 상설위원회
	높거나 권한위임 강함	중요한 프로젝트나 창조적 업무수행을 위해 조직한 팀 예) 연구개발팀, 특정프로젝트팀, 태스크포스팀	네트워크 형태로 전면적으로 도입한 형태 예) 전사적으로 완전한 팀

4.2 의사소통

1. 의사소통과정과 유형

(1) 의사소통의 개념

의사소통(communication)이란 송신자와 수신자가 어떤 유형의 정보(메세지)를 교환하고 공유하려는 과정이다.

◈ 의사소통의 핵심기능
① 정보전달기능
② 동기유발기능
③ 행동통제기능
④ 정서기능

● 도표 4-8 의사소통과정

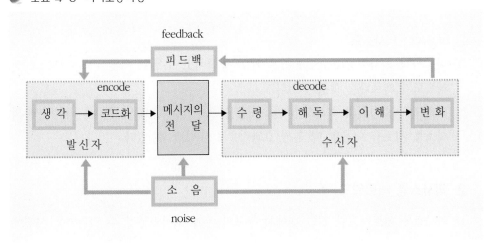

도표 4-9 의사소통의 방해요인 및 개선방안

방해요인	세 부 내 용	개 선 방 안
송신자 관련	의사소통 목표의 결여, 의사소통기술의 부족, 타인에 대한 감수성 부족, 특수용어사용, 상호모순된 표현, 여과(filtering)	의사소통 목표의 설정, 피드백요구, 감정이입적 의사소통실행, 적절한 언어사용
수신자 관련	신뢰도 결여, 반응피드백의 결여, 선택적 경청, 상동적 태도, 현혹효과, 투사, 평가적 성향	신뢰성 회복, 반응적 피드백의 적용, 전체적 의미의 경청, 평가적 판단의 억제
상황 관련	어의상의 문제, 지위의 차이, 준거체계의 차이, 시간부족, 정보과중, 메세지 내용의 복잡성, 메세지의 경쟁, 조직분위기, 의사소통구조상의 한계	중복성, 문호개방정책, 효과적 시기의 선택, 참여기법의 활용, 신뢰분위기 조성, 제도의 보완, 정보흐름의 조정, 정보처리능력의 향상
매체 관련	부적절한 매체의 선택, 통신장비의 결함	적절한 매체 선택

(2) 의사소통의 유형
의사소통은 공식적 의사소통과 비공식적 의사소통으로 나누는 것이 일반적이다.

1) 공식적 의사소통
① 공식적 의사소통은 조직이 그 목적을 효과적으로 달성하기 위해 의사소통 경로·방법·절차·기본적 내용 등을 설계하여 규범적으로 정해 놓은 것이다.
② 공식적 의사소통은 그 방향에 따라 하향적 의사소통(지시적 의사소통), 상향적 의사소통(정보제공형 의사소통), 수평적 의사소통(회의, 위원회의 의사소통), 대각적 의사소통(라인과 스텝 간의 의사소통)으로 분류된다.

2) 비공식적 의사소통
① 비공식적 의사소통(grapevine)은 개인 중심이고 구두로 이루어지는데도 그 전파속도가 빠르다는 특징이 있다.
② 그러므로 종업원의 즉각적인 반응행동을 요구하는 중요정보는 이 비공식적 의사소통 경로를 이용할 때 훨씬 효과적으로 처리될 수 있다.

2. 의사소통 네트워크

('99 CPA)
★ 출제 Point
각 네트워크유형의 특징

1) 의사소통 네트워크란 집단 내에서 누구와 누가 의사소통할 수 있는가를 사전에 공식·비공식적으로 결정된 패턴을 말한다.

2) 이는 조직구조를 기초로 구성원들의 개인적 특성을 중심으로 자신들에게 적합하도록 형성하게 되는데, 대개 다섯 가지 패턴으로 나누게 된다.

● 도표 4-10 의사소통 네트워크의 종류

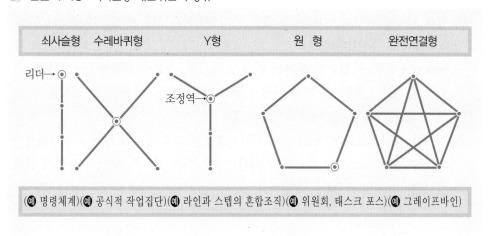

| 쇠사슬형 | 수레바퀴형 | Y형 | 원 형 | 완전연결형 |

리더→◉

조정역→◉

(**예** 명령체계)(**예** 공식적 작업집단)(**예** 라인과 스텝의 혼합조직)(**예** 위원회, 태스크 포스)(**예** 그레이프바인)

완전연결형과 수레바퀴형을 결합한 스타일로 '리더가 있는 연결형(com-con)'을 추가하여 설명하는 경우도 있다.

● 도표 4-11 의사소통 네트워크와 조직행위

네트워크 조직행위	쇠사슬형	수레바퀴형	Y형	원 형	완전연결형
권한의 집중도	높 음	중 간	중 간	낮 음	매우 낮음
의사소통의 속도	중 간	단순과업 : 빠름 복잡과업 : 느림	중 간	모여있는경우 : 빠름 떨어져있는 경우 : 느림	빠 름
의사소통의 정확성	문서 : 높음 구두 : 낮음	단순과업 : 높음 복잡과업 : 낮음	단순 : 높음 복잡 : 낮음	모여있는 경우 : 높음 떨어져있는 경우 : 낮음	중 간
구성원의 만족도	상층부 : 높음 하층부 : 낮음	중앙 : 높음 주변 : 낮음	중앙 : 높음 끝 : 낮음	높 음	높 음
의사결정속도	빠 름	중 간	중 간	느 림	빠 름
결정의 수용도	낮 음	중 간	중 간	높 음	높 음
조직구조형태	tall	flat	tall	flat	flat

4.3 집단의사결정

1. 의사결정 모형

(1) 합리성 관점에서 본 의사결정 모형 : 규범적 모형

1) 합리적 경제인(rational economic man) 모형

① 의사결정자는 완전한 정보를 가지고 가장 합리적인 선택을 한다는 것을 전제로 하는 모형이다(완전한 합리성).

② 즉, 최소의 비용으로 최대의 효과를 얻으려는 **최적성(경제성)**에 근거하여 여러 대안 중 가장 좋은 것을 선택한다는 주장이다.

(2000 CPA)
★ 출제 Point
의사결정모형과 집단의사결정의 특성

2) 관리인 모형 : 기술적 모형

① 관리인(administrative man) 모형은 의사결정자의 **제한된 합리성**(bounded rationality)을 가정한다.

② Simon에 의하면 인간의 두뇌는 한계가 있으며, 정보가 불완전하고 동시에 처리할 수 있는 정보의 양에도 한계가 있기 때문에, 모든 대체안을 인식할 수 없고 대체안들의 결과를 예측하기도 어렵다.

③ 이러한 제한된 합리성으로 인해 의사결정자는 최적의(optimizing) 의사결정보다 만족하는(satisfying) 수준에서 의사결정을 한다. → 즉, 대안의 순차적 탐색을 통한 만족을 추구하는 모형이다.

2. 비합리성을 강조한 의사결정 모형

(1) 암묵적 선호 모형

암묵적 선호 모형(implicit favorite model)이란 의사결정 과정 초기단계에서 의사결정자가 암묵적으로 어떤 대체안을 선호하게 되면, 이후 다른 대체안에 대해서는 부정적 편견을 갖게 되고, 선호한 안에 대한 합리화 과정을 거쳐 정당화 하므로 초기의 결정사항이 바뀌지 않는 것을 말한다.

(2) 쓰레기통 모형

1) 쓰레기통 모형(garbage can model)은 단기적인 관점에서는 합리적인 것 같지만 장기적으로 보면 비합리적인 의사결정을 내리는 경우를 가장 잘 설명해 주는 의사결정모형이다.

2) 즉, 의사결정에 참가하는 사람들의 선호가 일관적이지 않고, 가능한 대체안들에 대해 잘 모르며, 문제의 독특성으로 인해 해결방안의 모색이 어렵고, 문제해결을 위한 투입시간 역시 일정치 않는 등 집단의사결정 상황은 매우 불확실하기 때문에, 집단의사결정은 여러 가지 것들이 뒤섞여 있는 쓰레기통에서 무엇인가를 선택하는 것과 비슷하다는 의미에서 붙여진 용어이다.

3) 쓰레기통 모형은 **문제, 해결책, 의사결정참가자, 선택기회**의 네 요소가 서로 독립적으로 의사결정상황에 흘러들어오고 나간다고 본다.

4) 따라서 집단의사결정 과정에서 확인된 문제와 그 해결책이 서로 연결되지 않을 수도 있으며 의사결정이 합리적 과정을 통하기보다는 주로 예기치 않은 상황(운, 기회, 구성원의 정치적 동기 등의 비합리적 요인)에 의해 이루어진다고 보고 있다.

3. 개인의사결정의 장애요인

1) 인지적 오류

① 인지적 오류란 의사결정을 할 때 정보처리과정에서 발생하는 오류를 의미하며, 문제형태에 따른 인지오류(framing)와 스키마, 단순화경향(heuristics) 등이 있다.

② 문제형태에 따른 인지오류란 사람들이 동일 문제에 대해 부정적인 어휘로 표현된 경우에는 위험추구적 의사결정을 하고, 긍정적인 어휘로 표현된 경우에는 위험 회피적인 결정을 하는 것을 말한다.

2) 몰입의 에스컬레이션

몰입의 에스컬레이션(escalation of commitment)이란 실패할 것이 뻔한 행동을 지속하기 위해 자원을 계속 투입하는 것을 말한다.

(2006 CPA)
★ 출제 Point
몰입의 에스컬레이션

4. 집단의사결정의 특징

(1) 집단의사결정의 영향요소

1) 집단규모 : 집단의 규모가 커지면 의사소통이 원활하지 않고 집단간 갈등이 생길 여지가 많다.

2) 집단사고 : 집단응집력이 높은 집단은 의사결정에 합의를 이루기는 쉽지만 문제해결에 창의성 발휘가 어렵다.

3) 구성원의 특징과 물리적 환경 : 구성원의 목표가 조직의 목표와 일치하는지 여부나 회의실의 좌석배치, 소음, 경영자의 간섭 등은 의사결정에 영향을 준다.

4) 리더의 질적 수준

● 도표 4-12 개인적 · 집단적 의사결정의 비교

요 인	개인적 의사결정	집단적 의사결정
문제나 과업의 유형	창의성 또는 능률이 요구될 때	다양한 지식과 기술이 요구될 때
의사결정의 수용	수용이 중요하지 않을 때	집단구성원의 수용이 소중할 때
해결대안의 질	가장 훌륭한 구성원이 확인될 수 있을 때	여러 집단구성원이 해결안을 개선할 수 있을 때
개인의 특성	개인들이 협력할 수 없을 때	집단구성원이 함께 일한 경험을 갖고 있을 때
의사결정의 분위기	분위기가 경쟁적일 때	분위기가 문제해결에 지원적일 때
가용시간의 양	비교적 시간 여유가 없을 때	비교적 시간 여유가 많을 때

＊주의 : 정확성이나 창의성은 능력이 우수한 개인이 있을 경우나 집단의사결정의 효율성을 저해하는 요인(예 집단사고)이 있을 경우, 집단의사결정보다 개인의사결정이 더 나은 결과가 나타날 수 있다. 그러나 집단의사결정은 평균적인 개인들보다 더 우수한 의사결정을 할 수 있고, 또한 창의성을 높이는 기법들이 개발되었으므로 단순 비교하는 것은 곤란하다.

(2) 집단의사결정의 장·단점

1) 장 점

① 집단은 개인들의 집합체이기 때문에, 보다 많은 지식과 사실에 근거한 좋은 아이디어의 수집이 가능하다.

② 구성원 상호간에 지적 자극을 통한 시너지효과가 있다.

③ 구성원들 간의 문제분담을 통한 일의 전문화가 가능하다.

④ 집단의사결정에 참여한 구성원의 결정사항에 대한 만족과 지지가 높다.

⑤ 의사소통의 기능을 수행한다.

⑥ 의사결정에 참여한 구성원들의 교육효과가 높게 나타난다.

⑦ 구성원의 합의에 의한 것이므로 응집력이 높아진다.

2) 단 점

① 개인의사결정에 비해 많은 시간과 에너지가 소요된다.

② 특정 구성원이나 파당에 의한 집단의 지배 가능성이 있다.

　　　→ 소수의 아이디어 무시

③ 타협안의 선택으로 최적안이 폐기될 가능성이 있다.

④ 의견불일치로 인한 구성원들 간의 갈등과 악의의 유발 가능성이 있다.

⑤ 신속하고 결단력 있는 행동을 저해한다.

⑥ 집단사고의 부정적 현상이 나타날 수 있다.

⑦ 높은 능력을 가진 개인의 의사결정이, 보통능력을 가진 집단의 의사결정보다 나은 결과를 가져올 때도 있다.

⑧ 집단내 구성원의 능력이 우수한 경우 이들은 자원을 공유하지 않으려는 경향이 있다.

> **Key Point　집단사고**
>
> 개인들이 집단으로 모이게 되면 각자의 감정과 사상은 하나의 동일한 방향으로 향하게 되고, 각 개인의 고유한 성격은 사라지며, 새로운 집단사고가 나타나게 된다.
> 즉, 집단사고는 집단의사결정에서 나타나는 **극단적인 일치추구현상**을 말한다.

(3) 집단의사결정의 함정

1) 과도한 모험선택 : 사람들은 혼자있을 때보다는 회의석상에서 더 높은 위험을 택하려 한다. 이는 집단으로 결정했을 때는 책임이 분산되기에 큰 부담없이 위험을 택하는 것이다.

2) 집단 양극화(group polarization)현상 : 개개의 생각들은 처음에 별 차이가 없었

지만 집단에 들어와서 토론을 하게 될 때 의견이 완전히 갈라지는 경우가 나타난다.

3) 정당화(justification)욕구 : 다른 사람에게 일단 발설을 해 놓으면 후에 더 좋은 대안이 발견되더라도 좀처럼 의견을 굽히려 하지 않는다.

4) 도덕적 환상(illusion of morality) : 사람들은 개인의 행동에 대해서는 도덕적인 것인지 비양심적인 것인지에 대해 신랄하게 비판하려 한다. 그러나 집단이 한 행동이나 집단이 제시하는 의견에 대해서는 당연히 도덕적일 것이라는 환상을 갖고 있다.

5) 만장일치 환상(illusion of unanimity) : 사람들은 대개 남에게 반대하기보다는 동조하려 한다. 동조압력(conformity pressure)은 인간의 소속욕구에서 비롯되기도 하지만 자기가 가진 정보가 불확실할 때 남의 의견에 많이 의존하려 한다.

> **Key Point** ▶ Asch효과
>
> Asch효과란 사람들이 심리적으로 다른 사람의 의견을 따라가는 성향을 나타내는 말이다.

---

5. 집단의사결정기법

1) 구성원들을 다른 사람의 부당한 영향력으로부터 배제시키고 자유롭게 의견을 제시하도록 하여, 보다 나은 정보로 집단의사결정을 할 수 있게 만듦으로써 집단의사결정의 문제점을 최소화하고자 하는 방법이다.

2) 명목집단법, 델파이법, 브레인스토밍, 변증법적 토의법, 지명반론자법이 있다.

(1) 명목집단법(NGT : nominal group technique)

1) 명목집단이란 명목상 집단일 뿐 구성원 상호간의 대화나 토론이 이루어지지 않는 집단을 의미한다.

2) 장점

① 모든 구성원들이 다른 사람의 영향력을 받지 않고, 독립적으로 문제를 생각해 볼 수 있다.

② 의사결정시 시간이 적게 든다.

3) 단점

① 명목집단을 이끌어 나갈 수 있는 자질을 갖춘 리더가 필요하다.

② 한 번에 한 문제밖에 처리할 수 없다.

(2) 델파이법(Delphi technique)

1) 특정 문제에 대해 몇 명의 전문가들의 독립적인 의견을 우편으로 수집하고, 수집된 의견을 요약하여 전문가에게 다시 배부한 다음, 서로의 의견에 대해 합의가 이

('91 CPA)
★ 출제 Point
델파이법의 정의

루어질 때까지 논평하도록 하여 해결방안을 찾아내는 방법이다.

2) 장점

① 전문가들을 한 장소에 모을 필요가 없다.

② 다른 사람의 영향력이 배제된다.

3) 단점

① 많은 시간이 소요된다.

② 응답자에 대한 통제력이 결여된다.

(3) 브레인 스토밍(brainstorming)

1) 여러 명이 한 가지 문제를 놓고 떠오르는 모든 생각을 무작위로 내놓으면서 아이디어를 찾는 방법이다.

2) 장점 : 시너지 효과를 발휘하여 전혀 생각지 못한 아이디어를 끌어낼 수도 있다.

3) 단점 : 현실성 없는 결론에 이를 수도 있고 문제와 아주 동떨어진 결론에 이를 수도 있다.

(4) 변증법적 토의법(dialectical inquiry model)

1) 구성원들을 둘로 나누어 찬·반을 토론케 하면 각 대안에 대하여 장·단점이 모두 드러나는데, 이런 내용을 모두 이해한 다음 의견을 개진하면서 토의하는 기법이다.

2) 장점 : 의사결정당사자들이 적극적이고 활발한 토론을 거쳐 최종판결을 내리게 한다.

3) 단점 : 반대안을 만드는 데 비용과 노력이 많이 든다.

● 도표 4-13 집단의사결정 제 기법간 유효성 비교

비교기준	집단의사결정기법				
	상호작용	브레인스토밍	명목집단	델파이	통계통합
아이디어의 수	적 다	중간	많다	많다	적용 불가능
아이디어의 질	낮 다	중간	높다	높다	적용 불가능
구성원간 압력	높 다	낮다	중간	낮다	없음
시간/비용	중 간	낮다	낮다	높다	낮다
과업지향성	낮 다	높다	높다	높다	높다
갈등유발가능성	높 다	낮다	중간	낮다	낮다
성취감	다양(높고/낮다)	높다	높다	중간	낮다
해결책 추구노력	높 다	관련 없음	중간	낮다	낮다
집단응집력	높 다	높다	중간	낮다	중간

통계통합기법이란 계량적인 판단이 필요할 때, 약간명의 참가자에게 독립적 판단을 하게 하고 이를 통계적으로 통합하는 방법이다.

자료 : J. K. Murnigran(1981), Group decision making : What strategies should you use? Management Review, p. 61.

(5) 지명반론자법

1) 지명반론자법은 변증법적 토의법과 같은 방법인데, 지명반론자는 집단일 필요가 없고 집단내 2~3명 정도가 반론자의 역할을 담당해도 된다.

2) 이 때 반론자들은 원안과 반대되는 새로운 안을 낼 필요는 없고 고의적으로 본래안의 단점과 약점을 지적하게 된다.

3) 의사결정집단은 제시된 이견을 바탕으로 최선의 해결책이 찾아질 때까지 토론하게 된다.

4) 지명반론자법은 반대의 안을 내놓을 필요가 없으므로 비용이나 노력측면에서 변증법적 토의법보다 효율적이다.

4.4 권 력

1. 권력의 의의

권력이란 어떤 개인이 특정한 개인이나 집단의 행동에 영향을 미칠 수 있는 능력을 말한다.

2. 권력의 원천과 수단

1) 권력의 원천(sources) : 권력이 생겨난 '근거'나 '배경'을 말하는 것으로 어떤 사람의 전통적(세습적) 신분, 법적 지위, 카리스마적 자질, 전문적 능력 등을 들 수 있다.

2) 권력의 수단 : 어떤 사람이 권력을 행사하기(즉, 다른 사람의 행동을 움직이게 하기) 위해 동원하는 '권력도구'를 말하는데, French와 Raven은 **보상적 권력, 강압적 권력, 합법적 권력, 준거적 권력, 전문적 권력** 등을 들고 있다.

3) 권력의 비공식적인 수단 : 자유지역(재량지역 : liberty zone), 희소성과 대체성, 상징, 준거 등을 들 수 있다.

4) 자유지역(또는 불확실성지역)이란 조직의 규정이나 통제가 미치지 못하는 영역, 즉 개인 입장에서는 자유롭게 행동할 수 있는 영역(권력행사 가능영역)을 말한다.

3. 권력이론과 수용자의 반응

(1) 상황이론적 접근

1) French & Raven에 의하면 여러 권력의 수단 사이에는 상호 연관성이 있다.

① 합법적 권력(권한)은 강압적 권력과 보상적 권력을 포함하게 된다.

(2005 CPA)
★ 출제 Point
권력수단의 특성

◈ 조직 중심적
보상적, 강압적, 합법적 권력
◈ 개인 중심적
준거적, 전문적 권력

◈ 최근에는 정보적 권력을 포함하여 설명하는 경우도 있다.

◈ 권한의 특징
① 합법적이다.
② 개인보다는 직위를 바
   탕으로 한다.
③ 하급자에 의해 받아들
   여져야 한다.(Barnard)
④ 위에서 아래로의 수직
   적인 흐름이다.

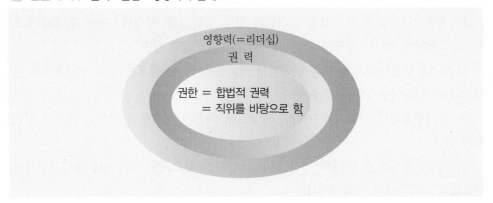

② 강압적 권력은 준거적 권력을 약화시킬 수 있다.

③ 동일한 사람이라도 상황과 시기에 따라 다른 유형의 권력을 발휘할 수 있다.

2) Crozier는 업무의 상호 의존성에 의해 권력이 나타난다고 하였다. → 둘 이상의 조직구성원이 상호 의존적일 때 이들 사이에 권력관계가 성립할 수 있다.

(2) 권력과정 모델

Kelman은 몇 가지 권력의 원천들이 세 가지 권력과정(순종, 동일화, 내면화)으로 연결되며, 그것이 결과적으로 피권력자의 반응으로 나타나게 된다고 하였다.

4. 사회적 권력

1) 맥클레란드는 권력이 남용되고 부정적으로 이해되는 이유는 '개인중심적 권력' 때문이라고 보았으며, 권력이 제대로 행사되고 수용되려면 '집단적/사회적 권력'을 사용해야 한다고 주장하였다.

2) 사회적 권력이란 조직 구성원들이 조직목표에 매진할 수 있도록 경쟁심과 자신감을 심어주는 힘을 말하며, 조직 내에서 더 가치가 발휘되고 구성원 모두가 더 잘 수용하는 특성이 있다.

● 도표 4-15 집단권력의 원천

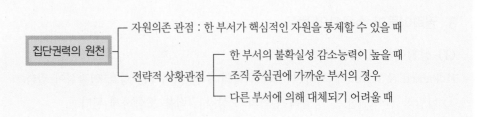

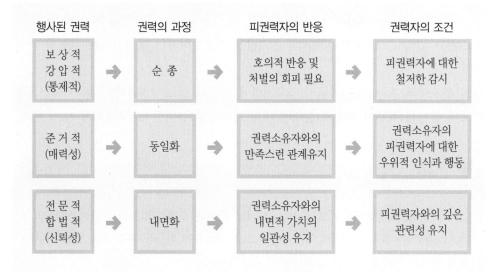

● 도표 4-16 켈만 이론과 권력원천에 의한 권력과정 모델

행사된 권력	권력의 과정	피권력자의 반응	권력자의 조건
보상적 강압적 (통제적)	순종	호의적 반응 및 처벌의 회피 필요	피권력자에 대한 철저한 감시
준거적 (매력성)	동일화	권력소유자와의 만족스런 관계유지	권력소유자의 피권력자에 대한 우위적 인식과 행동
전문적 합법적 (신뢰성)	내면화	권력소유자와의 내면적 가치의 일관성 유지	피권력자와의 깊은 관련성 유지

5. 무력감과 임파워먼트

(1) 무력감

1) 무력감(powerlessness)이란 조직원들이 느끼게 되는 권력의 결핍현상을 말한다.

2) 무력감에 빠진 조직원들은 권위에 힘없이 무너지고 수동적으로 행동하며 의존적 성향을 띠게 된다.

3) 뿐만 아니라 좌절감, 직무에 대한 몰입결여, 소외감 등을 경험하게 되며 조직에 대한 애착이 없어지고 때로는 상식을 벗어난 행동을 보일 때도 있다.

(2) 임파워먼트

1) 임파워먼트(empowerment)란 조직원들에게 자신이 조직을 위해서 많은 중요한 일을 할 수 있는 권력, 힘, 능력 등을 갖고 있다는 확신을 심어주는 과정이다.

2) 임파워먼트는 조직내 **권력의 배분보다는** 양쪽 모두의 **권력의 증대**(또는 창조)에 초점을 두고 있다.

  ① 즉, 긍정적 상호작용을 통해서 양자 모두의 권력을 키워 나아갈 수 있도록 하자는 것이다.

  ② 그러나 권력을 가진 사람들이 불안감이나 두려움 때문에 자신의 힘을 활용하여 타인의 권력증대를 돕는 노력에 소극적인 경우가 많다.

6. 멘토링

1) 멘토링(mentoring)이란 조직 내에서 상급자(mentor)와 하급자(protege 또는 protegee) 간의 강력하고도 지속적인 관계발전을 조성하거나 유지시키는 일련의 과정이다.

2) 멘토링의 기능 : 하급자들의 경력개발에 관심이 있으며(경력기능), 참가자의 존재를 보다 분명히 해주어 자신의 능력에 대해 자신감을 높여주게(사회심리적 기능) 된다.

 경영사례 ▶ 멘토

그리스 신화, 오딧세이에 나오는 이름으로 BC 1200년 고대 그리스의 이타이카왕국의 왕, 오딧세이가 트로이 전쟁에 출정하면서 그의 사랑하는 아들을 가장 믿을 만한 친구에게 맡기고 떠나게 되는데, 그의 이름이 멘토였다.

오딧세이가 전쟁에서 돌아오기까지 무려 10여년 동안 멘토는 왕자의 친구, 선생, 상담자, 때로는 아버지가 되어 그를 잘 돌보아 주게 된다.

이후로 멘토라는 그의 이름은 지혜와 신뢰로 한 사람의 인생을 이끌어 주는 지도자의 동의어로 사용되고 있다.

Key Point 조직정치

모든 개인은 조직에서 자기의 이익과 권력을 극대화하기 위해 합리적이고 경제적인 전략을 사용한다. 이러한 정치적 행동이 조직 내에서 일어나는 것을 조직정치(organizational politics)라 한다. 조직정치를 효율적으로 관리하기 위해서는 ① 불확실성의 감소, ② 경쟁원천의 감소, ③ 파벌 해체, ④ 상위목표의 도입, ⑤ 정치적 태도 배격, ⑥ 새로운 파벌 형성을 방지해야 한다.

4.5 갈 등

1. 갈등의 순기능과 역기능

(1) 갈등의 의의

갈등(conflict)이란 어떤 개인(또는 집단)의 기대나 목표지향적 행위가 다른 사람(또는 다른 집단)에 의해 좌절(또는 차단)되거나 그렇게 될 것으로 지각하는 것을 말한다.

(2) 갈등의 순기능과 역기능

1) 조직 내에 갈등이 존재하면 개인과 조직에게 도움이 되기도 하고 오히려 해가

되기도 한다.

2) 순기능적 측면 : 갈등은 **조직의 유효성과 능률성을 향상시키며** 조직의 학습과 창의성, 능력의 향상 등을 개선하는 데 도움을 준다.

3) 역기능적 측면 : 갈등은 조직성과에 타격을 주게 되어 혁신과 변화를 어렵게 하고, 조직환경의 변화에 효과적으로 적응할 수 없게 하며, 이러한 수준의 갈등이 계속되면 조직의 존속 자체를 위태롭게도 한다.

2. 갈등에 대한 견해

(1) 전통적 견해

전통적 견해(traditional view)는 갈등이 개인과 조직에 **나쁜 영향을 미친다**고 보는 부정적인 견해로서 반드시 회피해야만 하는 것으로 보고 있다.

(2) 행동주의적 견해

1) 갈등에 대한 행동주의적 견해(behavioral view)는 인간관계론적 견해(human relations view)라고도 부르는데, 갈등을 모든 집단과 조직에서 필연적이고 자연적으로 발생하는 현상으로 보고 있다.

2) 즉, 갈등은 완전히 회피할 수 없는 **불가피한 것**이기 때문에 갈등의 존재를 인정하여야 하며, 때로는 갈등이 집단의 성과를 향상시키기도 하기 때문에 그것을 적극적으로 수용하려는 태도가 중요하다고 생각한다.

(3) 상호작용적 견해

1) 행동주의적 견해가 갈등의 존재를 인정하고 수용하려는 데 반하여 상호작용적 견해(interactional view)는 갈등이 조직에 대해서 추진력으로 작용할 수 있을 뿐만 아니라 적당한 갈등은 집단과 조직의 성과를 향상시키는 데 절대적으로 필요하다고 강조하고 있다.

2) 따라서 상호작용주의자들은 조화롭고 평온하며 협력적인 조직들은 변화와 혁신의 요구에 정태적이고, 냉담하며, 무반응적인 경향을 보이기 때문에 이러한 조직에 대해서는 갈등을 조장하여야 한다고 주장하고 있다.

3. 갈등해결전략

(1) 갈등관리의 방향

역기능적 갈등은 해결하고 순기능적 갈등은 조성하여 어느 정도의 갈등이 유지될 때 조직유효성이 극대화된다.

● 도표 4-17 갈등관리의 방향

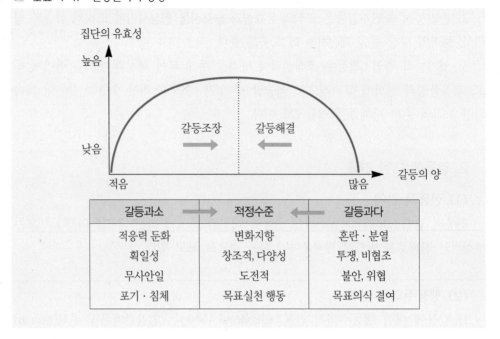

갈등과소	→	적정수준	←	갈등과다
적응력 둔화		변화지향		혼란 · 분열
획일성		창조적, 다양성		투쟁, 비협조
무사안일		도전적		불안, 위협
포기 · 침체		목표실천 행동		목표의식 결여

● 도표 4-18 갈등해결의 기본방식

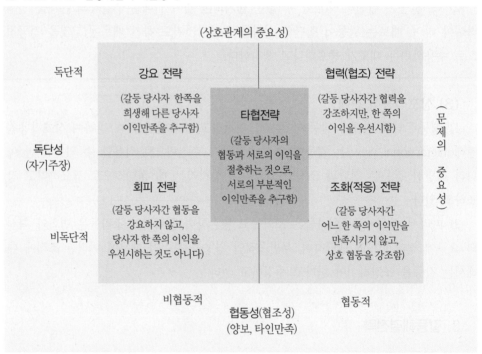

출처 : Ruble & Thomas(1976), p. 145: Whetten & Cameron(1991), p. 400.

(2) 갈등해결의 기본전략

1) 개인 간·집단 간의 갈등을 해결하는 방법은 두 차원으로 접근할 수 있다.

2) 즉, 자신의 관심사를 충족시키는 방법(독단성)과 자신은 양보하고 상대의 관심사를 충족시키는 방법(협조성)이 있다.

(3) 요하리의 창 : Joe and hary

1) 요하리의 창(Johari window)은 대인관계의 스타일 또는 대인관계능력의 개발방향이나 개인간 갈등의 원인을 설명하는 이론이다.

2) 즉, 인간관계가 원만하지 못하고 갈등이 생기는 것은, 내가 모르는 남의 부분과 남이 모르는 나의 부분이 크기 때문이다.

3) 자기노출과 피드백을 통하여 공공영역을 넓히게 되면, 대인관계능력이 개선될 뿐 아니라 개인 간의 갈등이 줄어들게 된다.

◐ 도표 4-19 요하리의 창

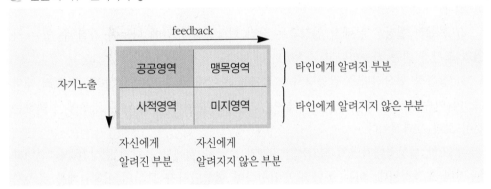

4. 협상전략

(1) 협상전략의 의의

1) 최근 들어 조직 내 갈등을 사전에 방지하거나 혹은 현재의 불필요한 갈등을 해소하기 위한 갈등 관리기법으로서 협상전략이 널리 사용되고 있다.

2) 협상은 둘 이상의 당사자들이 자신에게 중요한 이슈들에 대해서는 상대방의 양보를 받아내고, 반면에 상대방에게 더 중요한 이슈에 대해서는 양보함으로써 서로 만족스러운 교환에 이르려는 시도이다.

3) 전제 : 협상(negotiation)이란 결정대안들에 대해 서로 다른 선호체계를 가진 상호의존적인 당사사자들 간의 의사결정과정을 가리킨다.

4) 일반적으로 협상행동은 ① 둘 이상의 당사자 간에 이해관계의 갈등이 있고, ② 이 갈등을 해결하기 위해 만들어진 규칙이라든가 절차가 없으며, ③ 서로 간에 합의

를 보려는 의도가 있는 경우에 일어날 가능성이 높다.

(2) 분배적 협상

1) 분배적 협상(distributive negotiation)이란 고정된 자원의 분배협상으로 제로섬(zero-sum) 가정에 기초하고 있다.

2) 분배적 협상은 **협상이슈가 하나**이고, 또 어느 한 집단의 이익이 다른 한 집단의 손해로 이어지는 협상상황일 경우에 선택하는 것이 효과적이다.

3) 대개 분배적 협상은 협상당사자들의 관계를 장기적이고 지속적으로 유지시켜 주는 것이라기 보다는 단기적인 것으로 끝나게 한다.

(3) 통합적 협상

1) 통합적 협상(intergrative negotiation)이란 당사자들의 이해를 조화시킴으로써 보다 큰 공동이익을 도출해 내려는 협상전략으로 어느 한 협상당사자의 이득이 반드시 다른 협상당사자의 손해가 되는 것은 아니며, 이득이 될 수 있다는 인식에 기초하고 있다.

2) 통합적 협상은 분배적 협상과는 달리 협상당사자 간에 나누어 가질 수 있는 자원의 크기가 변동 가능하다고 가정한다.

3) 통합적 협상전략은 갈등당사자 집단들 사이에 걸려 있는 **협상이슈가 여러 개**이고, 이 이슈들에 대해서 양 당사자들이 갖는 우선순위가 서로 다른 경우에 선택하는 것이 보다 효과적이다.

4) 또한 협상상대자와의 **장기적인 관계**가 요망될 때에도 통합적 협상전략을 선택하는 것이 효과적인데, 이는 통합적 협상전략이 협상당사자 모두의 이해관계를 충족시

● 도표 4-20 집단갈등의 종합모형

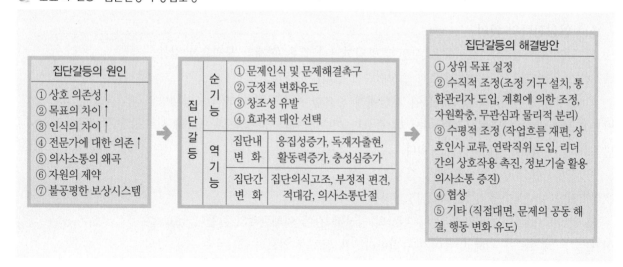

켜 주는 방향에서 합의를 도출하므로 협상후에라도 장기적으로 좋은 관계를 유지할 수 있기 때문이다.

(4) 협상전략의 장·단점
1) 장점 : 다른 소송이나 중재 같은 갈등해결 방법보다 비용이 적게 든다.

2) 단점 : 협상당사자 간에 가치관이 다르거나 신뢰가 낮거나 권력차이가 있을 때 시간이 많이 걸린다.

4.6 리더십

1. 리더십의 의의 및 발전과정

(1) 의 의
리더십(leadership)은 일정한 상황하에서 목표를 달성하기 위하여, 개인이나 집단의 행위에 영향력을 행사하는 과정이다.

(2) 리더십이론의 발전과정

특성추구이론 → 행위이론 → 상황이론

1) 특성추구이론(trait theory)
① 리더에게는 리더가 아닌 사람과 구별할 수 있는 남다른 특성이 있다고 보고, 이러한 개인적 특성을 추출하고자 한 연구를 말한다.
② 특성의 일관성 결여, 상황적 요소와 리더에 대한 설명부족 등의 한계가 있다.

2) 행위이론(behavioral theory)
① 리더의 행위(리더십 스타일)와 성과 간의 관계를 밝히고자 하는 연구이다.
② 리더의 행동을 기준으로 리더십의 유형을 구분하고, 유형 간의 차이와 가장 바람직한 유일·최선의 리더십유형을 찾아내려는 데 초점을 두었다.

(2005 CPA)
★ 출제 Point
행위이론의 특성

③ 그러나 어떤 상황에서는 특정한 스타일의 리더십이 유효한 것으로 나타나지만, 다른 상황에서는 반대의 결과가 나타난다. → 즉, 리더가 처한 변수가 달라짐에 따라 효과적인 리더십유형도 달라진다.

3) 상황이론(situational theory, contingency theory)
① 어떤 상황에서나 유효한 최선의 리더십유형은 없으며, 지도자의 지도행태가 구

체적인 상황에 가장 잘 부합될 때 리더십은 효과적인 것이 될 수 있다는 이론이다.

② 즉, 효과적인 리더십유형은 상황에 따라 결정되어야 한다는 이론이다.

(2005 CPA)
★ 출제 Point
행위이론의 공통점

2. 행위이론

(1) 아이오와 리더십연구(Iowa leadership studies)

르윈(Lewin), 리피트(Lipitt), 화이트(White) 등은 10대 소년들을 대상으로 권위형(전제적), 민주형, 방임형 리더유형을 실험하였다.

1) 리더십유형

① 권위형 리더십(X이론에 입각) : **과업지향적**(주어진 과업의 성취에 역점을 둠)으로 부하를 다루며, 지시 · 명령과 하향적 의사소통을 사용하고, 의사결정에 부하를 참여시키지 않으려는 리더십유형이다.

② 민주형 리더십(Y이론에 입각) : **인간관계지향적**(부하의 만족에 역점을 둠)이고, 추종자들의 참여와 자율성을 존중하는 리더십유형이다.

③ 방임형 리더십 : 부하들에게 자유행동을 극단적으로 허용하는 리더십유형으로 부하는 부하대로 남고, 지도자는 자신의 역할을 포기한 상태이다.

2) 리더십의 유효성

① 생산성측면에서는 우열을 가리기가 어렵다.

② 리더와 구성원의 관계, 집단행위의 특성, 리더 부재시 구성원의 태도 등에서 민주형 리더십이 가장 호의적으로 나타난다.

도표 4-21 아이오와 리더십연구

유효성변수 \ 리더십스타일	민주형 스타일	권위형 스타일	방임형 스타일
① 리더와 집단과의 관계	호의적이다	수동적이다 주의환기를 요한다	리더에 무관심하다
② 집단행위의 특성	응집력이 크다 안정적이다	노동이동이 많다 냉담 · 공격적이 된다	냉담하거나 초조하다
③ 리더 부재시의 구성원 태도	계속작업을 유지한다	좌절감을 갖는다	불변(불만족)이다
④ 성과(생산성)	우위를 결정하기 힘들다		최악이다

(2) 탄넨바움과 슈미트(Tannenbaum & Schmidt)의 이론

1) 의사결정과정에서 리더의 권한영역과 부하의 자유재량영역이 어느 정도인가에 따라, 전제적 리더와 민주적 리더를 양극으로 하여 하나의 연속선 위에서 파악함으로써, 리더의 다양한 행위 유형을 제시하였다.

2) 그러나 어떤 유형이 가장 효과적이라고는 말할 수 없다.

● 도표 4-22 탄넨바움과 슈미트의 이론

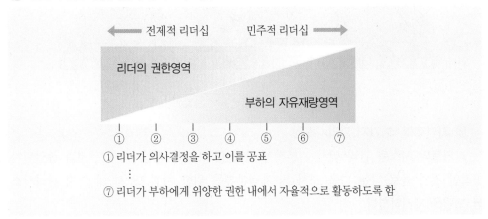

(3) 미시간대학의 연구 : 관리시스템론, Likert

1) 리더십유형과 유효성

(2000, 2004 CPA)
★ 출제 Point
리커트 이론의 리더십 유형

① 리커트 교수 등은 연구대상인 리더와 부하를 면접하고 그 결과를 토대로 리더 행동유형을 **직무중심적 리더**와 **종업원중심적 리더**로 구분하였다.

② 이 중 가장 이상적이며 생산적인 리더십은 종업원중심적 리더십이라고 주장하였다.

2) 연결핀 역할

① 종업원중심적 리더십 행동은 직속부하뿐 아니라 동료리더와 상위계층에도 그 관계가 중요시되고 있다.

② 이와 같이 리더의 횡적·수직적·대각선적인 연결관계를 연결핀(linking pin)관계라고 부르며, 리더가 이 **연결핀 역할을 얼마나 잘 수행하느냐**에 따라서 부하와의 관계는 물론 리더의 전반적인 성과에 많은 영향을 주게 된다.

③ 따라서 종업원중심적 리더십스타일에 있어서 효과적인 리더가 되려면 효과적인 부하가 되어야 하고 동시에 효과적인 동료가 되어야 한다는 연결핀 역할의 중요성이 강조되고 있다.

◆ 미시간대의 연구에서는 직무중심적 리더와 종업원중심적 리더를 동일 차원의 양극단으로 보았다. 이는 어떤 리더가 직무중심적 리더십을 가지고 있으면 종업원중심적 리더십을 발휘할 수 없음을 의미하는 것이다.

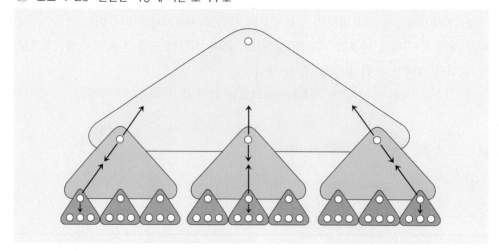

도표 4-23 연결핀 기능에 의한 조직구조

3) 리커트의 네 가지 관리시스템

리커트의 시스템 관리 역시 기본적인 리더십스타일을 과업지향적인 것과 종업원지향적인 것의 둘로 나눈 다음 조사 및 개념분류를 위한 지침으로서 네 가지 관리시스템 모델을 제시하였다.

① **시스템** Ⅰ(system Ⅰ)

('95 CPA)
★출제 Point
Likert 4 시스템 모형의
매개변수

ⓐ 시스템 Ⅰ은 경영자가 독자적으로 작업관련 의사결정을 내리고 부하에게 일방적으로 실행할 것을 명령한다.

ⓑ 이러한 경영자는 고도로 독재적이고, 부하들을 거의 **신뢰하지 않으며**, 상호간의 공통성이란 전혀 찾아볼 수 없다.

ⓒ 공포 · 처벌 그리고 보상을 통하여 사람들을 동기부여하며, 하향식 커뮤니케이션을 채택하고, 의사결정을 최고경영층에 한정하고 있다.

② **시스템** Ⅱ(system Ⅱ)

ⓐ 시스템 Ⅱ는 경영자가 부하에 대하여 **어느 정도 신뢰**하려 하며, 보상으로 동기부여하되 약간의 공포와 처벌을 병행한다.

ⓑ 어느 정도 상향식 커뮤니케이션을 허용하고, 부하로부터 아이디어나 의견을 구하며, 의사결정에 대한 어느 정도의 권한을 위양하면서도 엄격한 방침에 의한 통제를 실시한다.

ⓒ 부하들이 경영자를 대할 때는 신중을 기하고, 경영자 역시 부하에게 겸손하게 대하려는 리더십스타일이다.

③ **시스템** Ⅲ(system Ⅲ)

ⓐ 시스템 Ⅲ은 경영자가 부하를 **상당히 신뢰**하고 통상 부하의 아이디어나 의견을 이용하려고 노력하며, 목표설정이나 계획수립에 부하와 상의하여 수행

한다.

ⓑ 부하의 동기유발을 위해 처벌이나 위협보다는 보상을 이용하며, 상향식·하향식 커뮤니케이션 모두를 채택한다.

ⓒ 전반적인 의사결정은 최고경영층이 수행하지만, 세세한 사항에 대한 의사결정은 하위직에 위양하도록 허용하며, 여타의 경영활동에 있어서도 협의하는 관리방식을 취한다.

④ **시스템** Ⅳ(system Ⅳ)

ⓐ 시스템 Ⅳ는 리커트가 가장 이상적인 관리스타일이라고 주장하는 것으로 경영자는 부하를 모든 면에서 **완전히 신뢰**하고, 항상 부하로부터 아이디어와 의견을 구하여 이를 건설적으로 이용하며, 쌍방적 커뮤니케이션과 동료 간의 커뮤니케이션에 개입하도록 한다.

ⓑ 목표설정과 성과평가에 부하를 참여하도록 하여 그에 따라 보상하고, 부하의 동기부여는 경제적 보상은 물론 부하의 가치나 중요성을 강조하려 한다.

ⓒ 의사결정은 전체조직을 통하여 이루어지도록 장려하며, 모든 활동에 있어서도 부하들과 하나의 집단으로서 운영해 나간다.

● 도표 4-24 Likert의 4시스템 이론

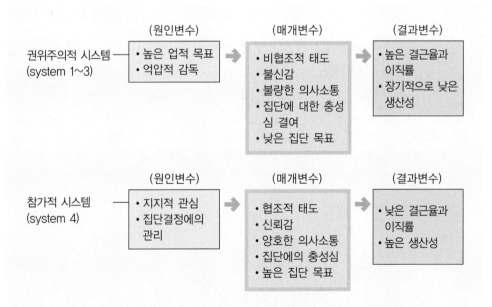

Likert는 보편타당한 인간행동의 법칙성을 탐색하기 위하여 실증적으로 원인변수(독립변수)와 결과변수(종속변수)와 이의 양자에 개입하는 매개변수를 측정하여 이들 상호작용에 의해 형성되는 관리시스템을 검토하였다. 그리고 이들 세 변수에 의해 나타나는 관리시스템의 유형을 4가지로 제시하였다.

system1(독재, 착취형조직), system2(독재, 온정형조직), system3(상담형조직), system4(참여형조직)

⑤ 결 론

ⓐ 일반적으로 리커트는 집단운영에 있어서 시스템 Ⅳ를 적용하는 경영자는 리더로서 가장 훌륭한 성공을 거두고 있으며, 시스템 Ⅳ의 관리방법을 이용하는 부서나 회사가 목표달성에 있어 가장 효율적이고 생산적이라고 지적하였다.

ⓑ 그는 이러한 성공이 참여의 정도나 부하에 대한 지원의 정도에 기인하는 것으로 보았다.

(4) 오하이오주립대학의 연구 : 고려와 구조주의

1) 의 의

◈ 리더는 고려와 구조주의 행위를 동시에 보여줄 수 있다.

① 오하이오주립대학의 Stogdill과 Fleish는 리더행위기술설문지(LBDQ : leader behavior description questionaire)를 사용하여 고려와 구조주의의 리더십행위를 도출하였고, 이를 최초로 두 개의 축으로 나타내었다.

② 고려(consideration)는 리더와 집단구성원들 사이의 관계에 있어 우정, 상호신뢰, 존경 등을 표시하는 행위를 말한다.

③ 구조주의(initiating structure)는 집단의 각 구성원의 역할과 직무수행의 절차를 정하거나 지시·보고 등을 포함한 집단 내의 의사소통경로를 정하는 것 등 조직화하는 행위를 말한다.

2) 리더십유형

① 고려와 구조를 별개의 차원으로 평면 위에 나타내어 이들 간의 배합관계로 리더십유형을 파악하였다.

② 연구결과 구조高·고려高의 리더십스타일이 가장 효과적으로 나타났다.

3) 시사점

리더십 행위이론에서는 리더십을 교육·훈련시켜 개발할 수 있음을 암시한다.

🔵 도표 4-25 고려와 구조주의

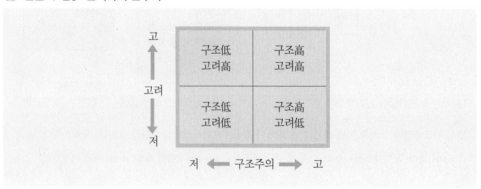

(5) 관리격자도(managerial grid)이론 : Blake and Mouton

1) 의 의

('95, 2001, 2004, 2005 CPA)
★ 출제 Point
관리격자도 이론의 리더십 유형

① 블레이크와 머튼은 오하이오주립대학의 연구를 연장시켜 리더의 행동유형을 더 구체화하고 리더십을 두 개의 차원으로 고려하였다.

② 횡축에는 생산에 대한 관심, 즉 과업 중심의 정도를 파악할 수 있도록 9등급으로 분류하였다.

③ 종축에는 인간에 대한 관심의 정도를 파악할 수 있도록 9등급으로 분류하였다.

2) 리더십유형

① (1, 1)형 : 무기력(impoverished)형, 무관심형

인간에 대한 관심과 생산에 대한 관심이 최소수준에 머무는 유형으로 관리자는 상위자로부터 하위자로 정보를 전달하는 사람에 불과하다.

② (1, 9)형 : 친목(country club)형

생산에 대한 관심은 매우 낮으나, 인간에 대한 관심은 매우 높은 유형이다.

③ (9, 1)형 : 과업(task)형

인간관계의 유지에는 적은 관심을 보이지만, 생산에 대해서는 지대한 관심을 보이는 유형이다.

④ (9, 9)형 : 단합(team)형, 팀형

생산과 인간관계 모두에 지대한 관심을 보이는 유형으로 종업원의 자아실현욕구를 만족시켜 주고 신뢰와 지원의 분위기를 이루며, 생산에 있어서의 욕구도 충족시킨다.

⑤ (5, 5)형 : 절충형, 중간(middle of the road)형

생산과 인간관계의 유지에 모두 적당한 정도의 관심을 보이는 유형이다.

● 도표 4-26 관리격자도

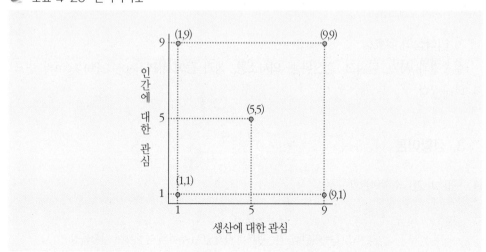

3) 리더십의 유효성

여러 가지 유형의 리더십 중 단합형의 리더십이 가장 이상적이며, 이에 접근할 수 있도록 리더를 훈련시켜야 한다는 입장이다.

(6) PM이론 : 미쓰미

1) 의 의

① PM이론은 리더십의 기능을 성과기능(P : performance)과 유지기능(M : maintenance)으로 나누었다.

② 성과기능(P)은 집단에서 목표달성 또는 문제해결을 지향하는 기능이다.

③ 유지기능(M)은 집단의 자기보존 내지 집단의 과정 자체를 유지·강화하려는 기능이다.

● 도표 4-27 PM이론

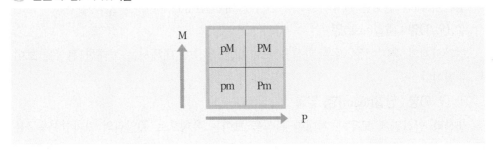

2) 리더십유형

리더십의 P점수와 M점수를 구하여, 조사대상 리더의 평균보다 높은 점수는 대문자로, 낮은 점수는 소문자로 표시하여 pm, Pm, pM, PM의 네 가지 리더십유형을 도출하였다.

('92, 2001 CPA)
★ 출제 Point
PM이론의 리더십 유형

3) 리더십의 유효성

실증결과 사기, 팀워크, 정신위생, 의사소통, 성과 등에서 PM>pM>Pm>pm의 순으로 나타났다.

3. 상황이론

● 도표 4-28 상황이론의 구조

(2003 CPA)
★ 출제 Point
상황이론의 특성

$$L=f(l,\ f,\ s)$$
단, L = 리더십, l = 리더의 자질, f = 부하의 특성, s = 상황특성

(1) 피들러의 상황적응적 이론(contingency model)

피들러(Fiedler)는 리더십상황이론의 대표적 학자이며, 리더와 상황의 조화를 강조하였다. 그가 주장하는 '리더상'은 인간관계지향적 리더십과 과업지향적 리더십의 두 가지이다. '상황'은 세 가지 변수를 도입하여 리더에게 유리한 상황에서 불리한 상황까지 8가지로 분류하였다.

◈ Fiedler는 리더십을 단 일차원의 양극점으로 보고 있다.

1) 상황변수 : 상황의 호의성

① 리더의 직위권한
  ⓐ 리더의 직위권한(position power)은 강(S : strong), 약(W : weak)으로 구분하였다.
  ⓑ 직위권한이 강할수록 지도력 행사가 용이하고 리더에게 호의적 상황이 된다.

② 과업구조(task structure)
  ⓐ 과업이 어느 정도 명확하게 규정되어 있는가 하는 정도로 구조적(S : structured)과 비구조적(U : unstructured)으로 구분하였다.
  ⓑ 구조화될수록 성과통제가 용이하고 리더에게 호의적 상황이 된다.

③ 리더-구성원 관계(leader-member relations)
  ⓐ 구성원들이 리더를 어느 정도 신뢰하고 좋아하는가 하는 정도에 따라 양, 불량으로 구분하였다.
  ⓑ 좋은 관계가 리더에게 호의적 상황이 된다.

④ 상황변수의 종합
  ⓐ 세 가지 상황변수의 결합이 리더에 대한 상황의 호의성(상황이 리더로 하여금 집단에 영향력을 행사할 수 있게 하는 정도)을 결정한다.

(2004, 2005 CPA)
★ 출제 Point
피들러 이론의 상황 변수

● 도표 4-29 피들러의 상황적합이론

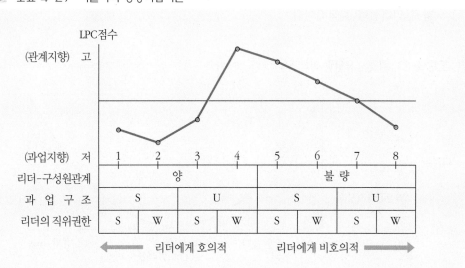

(2006 CPA)
★ 출제 Point
피들러 이론의 상황 변수
종합

(2003, 2006 CPA)
★ 출제 Point
LPC점수의 의미

(2007 CPA)
★ 출제 Point
LPC점수와 리더십 유형

ⓑ 이 때 가장 호의적 상황은 리더가 강력한 직위를 차지하고 있고(강력한 직위 권한), 명확하게 정의된 직무를 지시할 수 있으며(높은 과업구조화), 집단구성원들이 모두 리더를 좋아하는(양호한 리더와 구성원의 관계) 상황일 때이다.

2) 리더십유형

① 리더십유형의 분류는 LPC점수를 이용하였다.

② 즉, 가장 싫어하는 동료작업자(LPC : least preferred coworker, 즉 같이 일하는데 가장 애로를 느끼는 사람)에 대해 리더에게 물어보아 측정하였다.

③ 이 때 LPC점수가 낮을수록 과업지향적일 가능성이 크고, 높을수록 종업원 지향적일 가능성이 크다.

🌑 도표 4-30 피들러의 LPC설문

쾌활한 사람	8 7 6 5 4 3 2 1	쾌활하지 않은 사람
다정한 사람	8 7 6 5 4 3 2 1	다정하지 않은 사람
잘 거부하는 사람	1 2 3 4 5 6 7 8	잘 수용하는 사람
도움이 되는 사람	8 7 6 5 4 3 2 1	좌절을 주는 사람
열정적이지 않은 사람	1 2 3 4 5 6 7 8	열정적인 사람
⋮	⋮	⋮

*LPC점수는 각 6개 문항의 응답을 합친 점수임(높은 점수는 관계지향적 리더를, 낮은 점수는 과업지향적 리더를 나타냄).

자료 : F. E. Fiedler & M. M. Chemers(1974), *Leadership and Effective Management*, Glenview, Ill : Scott, Foresman.

3) 리더십과 상황의 적합관계

① 상황이 매우 호의적(1, 2, 3 상황)이든가, 매우 비호의적(7, 8 상황)일 때 과업지향적 리더십이 효과적이다.

🌑 도표 4-31 리더의 유형과 성과예측

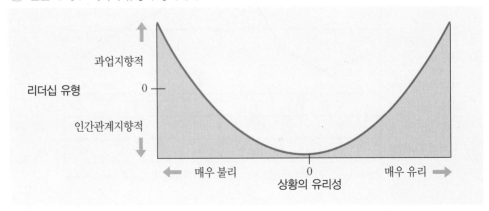

② 중간 정도의 호의적(4, 5, 6 상황)인 상황에서는 인간관계지향적 리더십이 효과적이다.

4) 피들러모형의 유용성과 한계점

① 유용성

　ⓐ 피들러모형은 최초로 리더십이론에 상황변수를 도입하였다.

　ⓑ 리더와 상황과의 적합관계가 리더십유효성에 가장 중요함을 밝혔다.

　　→ 즉, 상황의 변경을 통한 유효성의 증대가 가능함을 암시

② 한계점

　ⓐ 리더행위의 분류기준으로서 LPC점수를 사용하는 것이 타당한지가 의문이다.

　ⓑ 리더의 행동과 리더-부하의 관계는 상호작용과정에서 달라질 수 있다.

　ⓒ 상황의 분류가 단순하며 리더십유형을 2원화한 점이 문제이다.

(2) 허시와 블랜차드의 리더십 수명주기 이론

1) 의 의

① 허시와 블랜차드(Hersey and Blanchard)는 고려와 구조주의모형에 기초하여 리

(2004 CPA)
★ 출제 Point
허시와 블랜차드 모형의 리더십 스타일

(2007 CPA)
★ 출제 Point
리더십 수명주기 이론에서 부하의 성숙도의 내용

● 도표 4-32 허시와 블랜차드의 모형

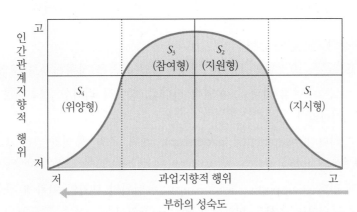

부하의 성숙도	M_4 (높음)	M_3 (높음)	M_2 (약간낮음)	M_1 (낮음)
부하의 성숙도	능력 高 의지 高	능력 高 의지 低	능력 低 의지 高	능력 低 의지 低
부하의 욕구	자아실현욕구	사회적 욕구	안전욕구	생리적 욕구
주 도 권	부하주도		리더주도	
리더십 행동	책임위양 결정위임	정보공유 공동결정	지도·설득	구체적 지시 밀착감독

제 4 장 집단관리와 리더십이론 **655**

(2003, 2006, 2007 CPA)

★ 출제 Point

리더십 수명주기 이론의 리더십 유형

(2005, 2006 CPA)

★ 출제 Point

리더십 수명주기 이론의 상황변수

◆ 허시와 블랜차드는 초기에 '리더십수명주기이론'으로 부르다가, 후에는 이 이론을 수정하고 '상황적 리더십이론'으로 불렀다.

더의 행위를 과업지향적 행위와 인간관계지향적 행위로 나누었다.

② 상황변수로 구성원의 성숙도(maturity)를 도입하였다.

③ 허시와 블랜차드는 효과적 리더가 되기 위해서는 과업을 수행하는 하급자들의 성숙도에 맞추어 과업지향적 행위와 인간관계지향적 행위의 비중을 조정해야 한다고 주장하였다.

2) 문제점

① 성숙도의 개념이 모호하다.

② 상황변수를 하나만 도입하여 지나치게 단순하다.

(3) 경로-목표이론(path-goal theory) : House and Evans

1) 의 의

(2001 CPA)

★ 출제 Point

경로-목표이론의 기본개념

① House와 Evans는 리더십의 행동이 부하의 직무만족과 동기유발에 어떠한 영향을 미치는가를 설명하기 위해 동기부여의 기대이론을 바탕으로 연구하였다.

② 그 결과 효과적 리더십은 종업원으로 하여금 기대, 수단성, 유의성에 대해 명확하게 지각하도록 하고, 그 가치나 확률을 증대시킴으로써 보다 많은 노력·성과·만족이 나타나도록 하는 것으로 보았다.

③ 즉, 리더십은 하급자들이 추구하는 목표에 길잡이, 즉 경로가 될 수 있을 때 효과적이라는 것이다.

2) 상황변수와 리더십의 유형

(2003, 2005 CPA)

★ 출제 Point

경로-목표이론의 리더십 유형

경로-목표이론은 종업원의 특성과 작업환경의 특성을 상황변수로 도입하였으며 리더십유형으로는 수단적 리더십, 후원적 리더십, 참여적 리더십, 성취지향적 리더십 등 4가지를 제시하였다.

① 수단적 리더십(instrumental leadership) : 계획, 조직, 통제와 같은 공식적 활동을 강조하는 유형이다.

② 후원적 리더십(supportive leadership) : 종업원의 복지와 안락에 관심을 두며, 후원적 분위기의 조성을 위하여 노력하는 유형이다.

③ 참여적 리더십(participative leadership) : 종업원들과 정보를 교환하고, 상담을 강조하며, 제안을 유도하는 유형이다.

④ 성취지향적 리더십(achievement oriented leadership) : 도전적 작업목표를 설정하고, 성과개선을 강조하며, 종업원의 능력발휘에 대하여 높은 기대를 설정하는 유형이다.

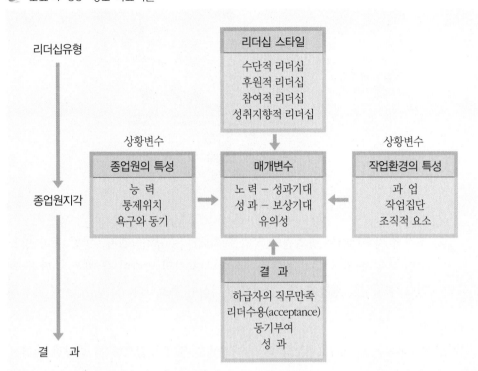

● 도표 4-33 경로-목표이론

(2007 CPA)
★ 출제 Point
경로-목표이론의 상황변수

3) 상황의 적합성

① 종업원의 특성

  ⓐ 경로-목표이론에 의하면 능력, 통제위치(locus of control), 욕구 등의 종업원의 특성에 따라 적합한 리더십유형이 달라진다.

(2004 CPA)
★ 출제 Point
경로-목표이론의 상황변수 및 리더십스타일

  ⓑ 지각된 능력이 커질수록 수단적 리더십보다는 성취지향적 리더십이 유효하다.

  ⓒ 외재론자에게는 수단적 리더십, 내재론자에게는 참여적 리더십이 유효하다.

  ⓓ 안전욕구는 수단적 리더십, 사회적 욕구, 존경욕구는 후원적, 참여적 리더십, 성취욕구는 성취지향적 리더십이 유효하다.

② 작업환경의 특성

  ⓐ 모호한 과업 수행시 수단적 리더십이 유효하고, 명확한 과업 수행시 후원적 리더십이 유효하다.

  ⓑ 참여적 · 성취지향적 리더십은 과업구조가 불분명(애매)하고 비반복적일 때 유효하다.

  ⓒ 작업집단의 경우 집단의 형성 초기에는 수단적 리더십이, 집단행동이 안정되고 신분서열이 정착된 상태에서는 참여적 리더십이 유효하다.

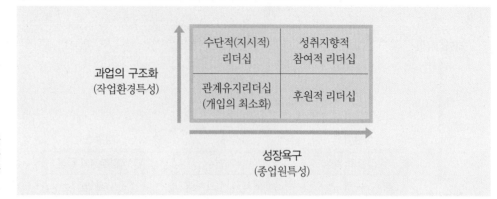

도표 4-34 경로-목표이론의 적합성에 대한 수정(Griffin)

◈ 관계유지리더십은 커와 제미어(Kerr & Jermier)가 제시한 대체물의 개념과 유사하다.

ⓓ 조직적 차원에서는 종업원의 작업을 지배하는 규칙·절차·방침 등이 명확하면 후원적 리더십, 비정상적 상황이나 시간의 압박이 클 때는 수단적 리더십, 불확실한 상황에서는 참여적 리더십이 유효하다.

4) 장 점

경로-목표이론은 Fiedler모형보다 더 합리적이고 무리가 없으며 더 다양한 리더십 스타일을 전제로 하였다.

5) 단 점

① 기대이론에 근거를 두고 있기 때문에 기대이론의 한계를 벗어날 수 없다.

② 리더행동의 범주가 너무 포괄적이고 변수에 대한 정의와 그들 간의 인과관계가 명확하지 않다는 문제가 있다.

③ 리더의 하급자동기유발측면만 강조하여 하급자의 교육, 조정, 계획, 조직화 등의 행위를 불필요하게 배제하였다.

(2001 CPA)
★ 출제 Point
수직쌍연결이론의 가정

(4) 수직쌍연결이론(VDL이론 : vertical dyads linkage theory) : Danserau, Gragen, Haga → LMX(leader-member exchange : 리더-성원 교환관계) 이론

1) 등장배경

① 현실적으로 리더는 하급자들을 동일하게 다루지 않는다.

② 오히려 그들 간에는 상이한 종류의 쌍관계가 형성되고, 이들 차이가 리더와 하급자 양자의 행위와 지각에 강력한 영향력을 미친다.

③ 따라서 리더십연구의 초점이 특정리더와 하급자의 쌍, 즉 수직쌍에 놓여져야 한다는 이론이 수직쌍연결이론이다.

658 제 4 편 조직행위이론

● 도표 4-35 수직쌍연결이론

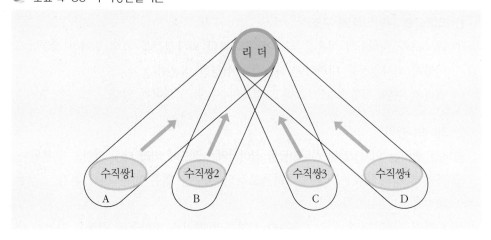

2) 수직쌍의 종류

① VDL이론에서는 수직쌍의 종류를 내집단(in-group)과 외집단(out-group)으로 나누었다.

② 리더와 하급자의 관계가 내집단 관계일 때는 상호간에 **동업자**와 같은 신뢰, 존경과 좋아함, 공동운명의식 등을 나누어 갖게 되고, 서로 보다 큰 영향을 주고받게 된다. → 즉, 내집단에 속한 하급자는 자신이 공식적으로 부여받은 임무에 관계없이 리더와의 긴밀한 교류를 통하여 자신의 역할을 비공식적으로 확대하게 된다.

③ 외집단 관계에 해당하는 하급자에 대해서는 리더가 **감독자**(supervisor)의 행동을 보게 되며, 일방적이고 하향적으로 영향력을 행사하거나, 공식적 역할범위 내에서의 관계유지에 머무른다. → 그러므로 상호 운명적 결속력이 매우 희박하다.

3) 효　과

① 내집단에 속한 부하들은 외집단에 속한 부하들보다 리더와의 교환과정에서 더 큰 교섭력을 가지며, 낮은 이직률, 높은 만족도를 보인다.

② 리더는 내집단에 속한 부하를 더 좋게 평가하는 경향이 있다.

4) 문제점

내집단, 외집단으로 나누어 관계를 발전시키는 리더의 행위는 외집단의 상대적 박탈감, 소외감 등으로 인해 조직이나 집단 차원에 악영향을 줄 수도 있으므로 집단 전체로 보았을 때 바람직하지 않을 수 있다.

('91 CPA)
★ 출제 Point
수직쌍연결이론의 특성

◆ ALS(Average leadership style)
수직쌍연결이론(VDL)과 상대되는 개념으로, 모든 종업원과 똑같은 관계를 유지하며 다루는 방식이다. → 평균리더십스타일

(2004 CPA)
★ 출제 Point
LMX모형의 리더십스타일

(5) 리더십의 규범이론 : Vroom, Yetton(＝의사결정 리더십 모형)

1) 리더십의 규범이론의 구조

① Vroom과 Yetton의 이론은 리더가 효과적인 의사결정을 위해 주어진 상황에서 어떻게 의사결정을 내려야만 하는가를 설명한 이론이다.

② 리더의 행위, 상황변수들, 그리고 결과변수들로 이루어져 있다.

2) 리더의 행위

(2004, 2006, 2007 CPA)
★ 출제 Point
리더십 규범이론의 리더 행위

리더의 행위는 의사결정시 하급자들을 참여시키는 정도에 따라 다섯 가지로 구분된다.

① 독재적 리더십(AⅠ, AⅡ) : 부하들로부터 정보를 얻은 다음 리더 혼자 결정을 내린다.

② 타협적 리더십(CⅠ, CⅡ) : 유능한 부하들의 제안을 받아들여 결정은 자기가 내린다.

③ 참여적 리더십(GⅡ) : 리더는 단지 자문역할만 한다.

📊 도표 4-36 의사결정에의 리더·부하의 참여 정도

리더십 유형	A I	A II	C I	C II	G II
의사결정 참여자	리 더	리더와 개별적 부하	리더와 개별적 부하	리더와 부하집단	리더와 부하집단
참여형태	단독결정	부하와 개별적으로 질문·응답	개별적으로 부하의 제언을 받음	부하들과 정보 공유	정보공유 및 공동 결정
결정권자	리 더	리 더	리 더	리 더	하급자 집단

＊A : Autocratic, C : Consultative, G : Group

3) 상황변수

(2004 CPA)
★ 출제 Point
브룸과 예튼모형의 상황변수

상황변수는 의사결정의 질과 관련된 속성들(3가지)과 의사결정의 수용도와 관련된 속성들(4가지)로 구분하고 이 일곱 가지 상황속성 각각을 '예/아니오'의 두 가지 차원으로 나누었다.

4) 의사결정수와 처방 : 리더십과 상황의 적합성

의사결정방식 다섯 가지와 상황변수 일곱 가지를 제시하였으므로, 이들 상황변수들을 조합하여 각각의 경우에 대해서 가장 적합한 의사결정방식이 무엇인지를 의사결정수로 나타내었다.

5) 문제점

① 이론이 너무 복잡하여 현실적용이 어렵다.

② 의사결정과정이 지나치게 단순화되어 있다. 즉, 실제 조직에서의 의사결정과정

은 다양한 계층의 사람들(하급자뿐 아니라)과의 장시간에 걸친 상호교류 속에서 이루어진다.

③ 리더가 현장에서 의사결정과정을 다양하게 사용할 수 있는 능력을 갖고 있다고 가정하고 있는데 현실은 그렇지 않다.

④ Vroom, Yetton모델은 리더가 상황 자체를 변화시킬 수도 있다는 점을 간과하였다.

⑤ 의사결정수는 리더의 의사결정만 강조하고, 리더와 부하의 상호작용을 고려하지 않는다.

⑥ 리더가 상이한 상황에 처할 때마다, 의사결정수를 새로 적용해야 하므로 시간이 많이 걸린다.

◆ 리더십규범이론은 의사결정이라는 집단의 핵심적인 활동과 리더와의 관계를 설명하여, 의사결정론과 리더십이론을 연결시킨 이론이다.

● 도표 4-37 합리적 의사결정수(decision-making tree)

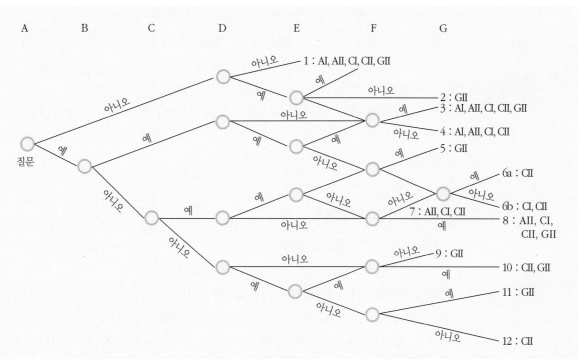

A. 높은 수준의 의사결정의 질을 필요로 하는 문제인가?
B. 나는 (부하의 도움 없이도) 합리적인 의사결정을 하기 위해 충분한 정보를 가지고 있는가?
C. 해결해야 할 문제가 구조화되어 있는가?(즉, 해결해야 할 문제의 성격이 명확한가?)
D. 의사결정의 효과적인 실천에 부하들의 수용 여부가 중요한 역할을 하는가?
E. 만약 혼자서 단독으로 의사결정을 한다면, 부하들에 의해 그 결정이 수용되리라고 확신할 수 있는가?
F. 이 문제를 해결하는데 있어서 부하들이 조직목표를 공유해야 할 필요성이 있는가?
G. 최상의 해결책에 대하여 부하들이 조직목표를 동의하지 않을 가능성이 있는가?

자료 : V.H. Vroom & P.H. Yetton(1973), *Leadership and Decision-Making*, The University of Pittsburgh Press.

(6) 브룸과 야고의 수정모형

브룸(Vroom)과 야고(Jago)는 브룸과 예튼의 기존 모형의 문제점을 지적하고, 이를 보완하는 수정 모형을 제시하였다.

1) Vroom/Yetton 이론의 비판

(2004 CPA)
★출제 Point
브룸과 야고모형의 구조

① 각 상황에 대해 하나 이상의 의사결정 스타일(처방)을 제시하고 있는데, 이들 간의 우열을 제시하지 못했다. → 또한 처방되지 않는 대인 간의 차별화도 실패함.
② 각 상황 속성을 너무 단순하게 구분하였다.→ 예/아니오의 이분법
③ 중요한 상황변수를 포함시키지 않았다.

2) 수정 모형

① Vroom/Yetton의 일곱 가지 상황변수에 하급자의 정보수준, 시간제약, 지리적 분산, 시간절약 동기, 개발동기 등 다섯 가지 상황 변수를 추가하였다.
② 상황 속성이 많아지고, 응답형식도 다양해져 경우의 수가 상당히 증가하였으므로, 이전 연구처럼 상황을 줄여나가지 않고, 수학의 함수개념을 도입하여 해결하였다.
③ 각 상황에 대해 하나의 의사결정 스타일만 처방하였다. → 이론의 규범성 강화
④ 수정모형을 이용한 훈련이 가능하도록 프로그램화 하였고, 모형을 간소화시킨 '변형 의사결정수' 도 제시하였다.

4. 현대적 리더십이론

1) 카리스마적 리더십과 변혁적 리더십

(2000 CPA)
★출제 Point
최신 리더십이론의 기본적인 내용 이해

① 카리스마적 리더십(Charismatic Leadership)
   ⓐ 카리스마적 리더십이란 카리스마적 권위에 기초하는 리더십을 말한다.
   ⓑ Weber는 카리스마적 리더십을 하급자의 리더에 대한 지각(perception)이라고 보고, 리더가 남들이 갖고 있지 못한 천부적인 특성을 갖고 있다고 하급자들이 느끼게 될 때, 리더는 카리스마적 리더십을 발휘할 수 있게 된다고 하였다. → 즉, 리더가 갖는 어떤 특성을 실제보다 큰 것처럼 느끼게 됨으로써 리더를 믿고 따르게 된다는 것이다.
② 변혁적 리더십(Transformational Leadership)
   ⓐ 변혁적 리더십은 문화 자체를 변혁시키고 집단의 욕구체계를 바꾸려는 리더십이다.
   ⓑ 그러므로 비전을 설정할 뿐 아니라, 그의 성취에 대한 자신감을 고취시키며, 조직에 대한 몰입을 강조한다.

ⓒ 변혁적 리더들은 공포, 탐욕, 시기 등의 감정에 의존하는 것이 아니라 자유, 평등, 정의 등과 같은 가치에 호소하여 추종자들의 의식, 가치관, 태도의 혁신을 추구한다.

ⓓ 변혁적 리더십과 조직시민 행동 간의 관계에 대한 연구결과에 의하면, 변혁적 리더십은 자존심에 정(+)의 영향을 미치며, 자존심은 조직몰입에, 조직몰입은 조직시민행동에 정(+)의 영향을 미치는 것으로 나타났다.

(2003 CPA)
★ 출제 Point
변혁적 리더십의 특성

> **Key Point** **거래적 리더십과 변혁적 리더십**
>
> 거래적 리더십(transactional leadership)이란 리더가 원하는 결과(목표)와 하급자들이 원하는 보상간의 교환(또는 거래)이 효율적으로 달성되도록 하는 리더십을 의미하며, 전통적인 리더십이론들의 통칭으로 사용되는 용어이다. 변혁적 리더십이론은 다른 모든 리더십이론들이 리더와 하급자 간의 교환관계에 기초한 거래적 리더십에 치중해 있다고 비판하는 데서 출발하였다.

2) 리더십의 강화이론

① 의 의

Skinner의 행동주의적 접근법에 바탕을 둔 이론으로 하급자의 행동에 따르는 결과를(보상과 벌을 통해) 통제함으로써, 동기부여시키고 바람직한 방향으로 행동변화를 유도하려는 방법이다.

② 특 징

ⓐ 리더십 강화이론은 리더와 하급자 간의 사회적 교환관계에 초점을 두고 있지만, 리더쪽에 더 비중을 둔 점에서 VDL과 차이가 있다.

ⓑ VDL에서는 내집단관계를 이용한 상호이익에 관심이 있다면, 강화이론은 행동변화에 관심이 있다.

③ 문제점

성과-보상체계를 이용하게 되면, 하급자를 순응형으로 만들게 되거나, 양적 목표에 집착하게 하거나, 불공평성을 느끼게 할 수도 있다.

3) 슈퍼리더십

① 슈퍼리더십(Super-leadership)이란 부하로 하여금 스스로 판단하고, 행동에 옮기며, 그 결과도 책임질 수 있는 셀프리더로 키우는 리더십이다.

② 슈퍼리더십을 발휘하기 위해서는 우선 슈퍼리더가 **스스로 훌륭한 자아리더의 모델**이 되어야 한다.

③ 슈퍼리더십을 위해서는 부하의 장래비전과 목표달성을 지원하는 코치로서의 역할을 담당하고, 스스로 이끌어가는 팀조직을 활성화시켜야 한다.

◈ 셀프리더십은 자율적 리더십, 자기리더십이라고도 한다.

제 4 장 집단관리와 리더십이론 **663**

● 도표 4-38 슈퍼리더의 세 가지 역할

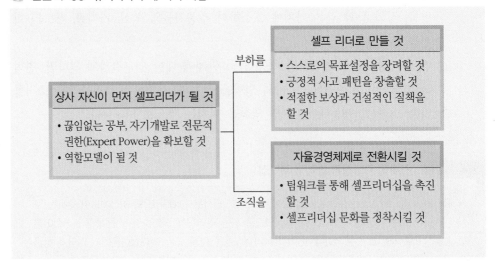

4) 리더십의 귀인모형

① 리더십의 귀인모형(attribution model of leadership)은 리더가 부하의 행동을 어떻게 귀인하느냐에 따라 리더와 부하의 관계, 리더의 부하에 대한 행위 등에 영향을 미친다는 이론이다.

② 부하의 행위(업적)에 대한 리더의 귀인에 영향을 받는 리더행위는 부하에 대한 보상이나 처벌 방법과 감독의 수준결정이 있다.

ⓐ 리더가 부하의 행동에 대해 내적 귀인할 경우 보상이나 처벌을 통해 부하의 행동을 변화시키려 한다.

ⓑ 부하의 행동에 대해 외적 귀인할 경우 상황의 변화에 초점을 맞춘다.

ⓒ 부하의 성공 이유가 '감독' 때문이라고 믿으면, 계속 감독 수준을 유지하게 된다.

ⓓ 부하의 성공이유가 '기능이나 노력'과 같은 내부요인이라고 믿는다면 감독의 수준은 낮아지게 된다.

● 도표 4-39 리더십의 귀인모형

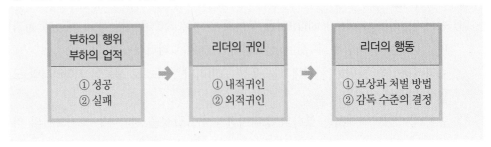

참 고

리더십의 귀인이론(attribution theory of leadership)을 리더의 행동에 대한 부하의 귀인에 두고 연구(Jago, 1982)한 경우도 있다.

① 이 연구에 의하면 리더행동에 대한 특이성, 합의성, 일관성 등의 판단과 부하의 잠재적 리더십 이론(implicit leadership theory)에 의해 리더십 귀인이 나타날 수 있다.

② 잠재적 리더십 이론이란 '리더는 이래야 한다고 믿는 부하 나름의 이론, 이미지, 스테레오 타입'을 말하며, 잠재적 이론이 획일적으로 적용될 때 나오는 오류로 인해 리더의 특성을 과대포장하여 영웅화, 초인화시키는 경우도 나타난다.

③ 카리스마적 리더십은 이러한 잠재적 리더십 이론에 의한 초인화 현상으로 설명할 수도 있다.

5. 리더십 대체이론 : Kerr & Jermier

(1) 의 의

리더십 대체이론(substitutes for leadership)은 부하, 과업, 조직의 특정한 요인들이 리더십 행동을 대체하고 있으며, 리더십 행동의 필요성에 대해 영향을 미치고 있다는 이론이다.

도표 4-40 리더행동의 대체물 및 중화물

대체물 및 중화물	영향받는 리더의 행동	
	지원적 리더십 (배려행위)	도구적 리더십 (구조주도행위)
A. 부하특성		
1. 경험, 능력, 훈련,		대체물
2. '전문가' 지향 성향	대체물	대체물
3. 조직의 보상에 대한 무차별(무관심)	중화물	중화물
B. 과업특성		
1. 구조화되고, 일상적이며, 애매하지 않은 과업		대체물
2. 과업에 의해 제공되는 피드백		대체물
3. 내적으로 만족되는 과업	대체물	
C. 조직특성		
1. 응집력 높은 집단	대체물	대체물
2. 낮은 지위능력(조직보상에 대한 리더의 통제부족)	중화물	중화물
3. 공식화(명백한 계획, 목표, 책임영역)		대체물
4. 비유연성(엄격한 규칙 및 절차)		중화물
5. 리더와 부하의 거리적 분리	중화물	중화물

자료 : R. B. Dunham(1984), *Organizational Behavaior* : Richard D. Irwin, Inc, p.381.

(2) 종 류

이러한 요인들은 ① 대체물, ② 중화물, ③ 보완물로 나눌 수 있다.

1) 리더십 대체물(substitute)이란 리더의 행동을 **불필요하게** 만드는 상황요인을 말한다.

2) 리더십 중화물(neutralizer)이란 리더가 특정한 방식으로 행동하는 것을 **방해하는** 요인을 말한다. → 예를 들어, 높은 성과달성자에게 리더가 보상하고자 하는 것을 '연공서열형 임금체계'가 제약하고 있다면 이는 중화물에 해당한다.

3) 리더십 보완물(supplement)이란 상황에 따라 리더의 행동을 **보완하는** 요인을 말한다. 보완물은 리더십을 대체할 수 있는 요인들과 중복될 수 있다.

(3) 의 의

1) 리더는 환경의 영향을 받는다.

2) 조직은 리더십을 개발하고 관리할 때 부하의 특성, 과업의 구조화, 조직의 특성 등을 고려해야 한다.

6. 리더십 이론의 유형 분류

(1) 4분법

리더십 이론은 중심개념과 리더의 영향력행사 유형이라는 두 차원을 사용하여 네 가지 형태로 분류할 수 있다.

● 도표 4-41 리더십 이론의 모형

		중심개념	
		리더 특성	리더 행위
영향력 행사 유형	보편적 접근법	타입Ⅰ : 보편적 리더특성 • 특성추구이론	타입Ⅱ : 보편적 리더행동 • 행위이론 예) 고려-구조주의 　　관리격자도 이론
	상황적 접근법	타입Ⅲ : 상황적합적 리더특성 예) 피들러의 상황이론	타입Ⅳ : 상황적합적 리더행동 예) 경로-목표이론 　　브룸-예튼 모형

(2) 5분법

리더십 이론을 5가지로 나눈 경우는 다음과 같이 분류할 수 있다.

1) 제1유형 : 리더십은 리더의 특성이다.

① 리더가 일정한 신체적, 심리적, 성격적 특성을 가질 때 리더십의 효과가 커진다.

② 제1유형의 예로 '특성추구이론'을 들 수 있다.

2) 제2유형 : 리더십은 부하들의 머리 속에 존재하는 이미지이다.

① 리더의 특성이 부하들에게 어떻게 지각(인지)되느냐에 따라 리더십의 효과가 달라진다.

② 제2유형의 예로 '리더십의 귀인이론'을 들 수 있다.(Calder, Jago)

3) 제3유형 : 리더십은 리더의 행위이다.

① 리더가 부하들에게 특정 행위를 보여야 리더십의 효과가 커진다.

② 제3유형의 예로 '다양한 행위이론'을 들 수 있다.

4) 제4유형 : 리더십은 상황 적합성이다.

① 리더의 특성이나 행위가 주어진 상황에 적합할 때 리더십의 효과가 커진다.

② 제4유형의 예로 피들러의 리더십 상황모델, 경로-목표이론, 허시와 블랜차드의
상황적 리더십 이론(수명주기 이론), 브룸과 예튼의 모형 등을 들 수 있다.

5) 제5유형 : 리더십은 리더와 부하와의 관계의 특성이다.

① 리더와 부하 간의 관계 특성에 따라 리더십의 효과가 달라진다.

② 제5유형은 리더와 부하의 관계를 하나의 상황 변수로 취급(예를 들면 피들러 모형)하는 단계를 넣어, 그 관계 자체에 초점을 맞춘 이론이다.

③ 제5유형의 예로 수직쌍 연결이론, 리더십의 강화이론, 카리스마적 리더십, 변혁
   적 리더십 등을 들 수 있다.

(3) 리더십의 새로운 패러다임

H.P Sims와 P. Lorenzi는 종래의 리더십 이론을 정리하고 새로운 리더십 패러다임
을 다음과 같이 네 가지로 제시하였다.

도표 4-42 새로운 리더십 패러다임

다섯 요소	강자형 리더 (Strong Man)	거래적 리더 (Transactor)	비전제시형 리더 (Visionary Hero)	슈퍼리더 (Super Leader)
초 점	명령	보상	비전제시	스스로 리드함
경력의 종류	지위 권한 강제	보상	관계적 영감적 분배적	
지혜와 방향 설정의 원천	리더	리더	리더	대부분 부하 그리고 리더
전형적인 리더의 행동	지시 명령 성과와 관계없는 질책	목표달성 성과에 따른 보상 성과에 따른 질책	비전제시 현상변화 설득	자기 스스로의 목표설 정과 자기 스스로의 보상 등의 행동을 부 하에게 보임(role model)의 역할
부하의 반응	공포에 의한 복종	계산적 복종	비전에 근거한 감정적인 몰입	주인의식(owners hip) 에 의거한 몰입

기출문제

01 비공식적 조직은 호손공장실험 후에 그 중요성이 부각되었다. 다음 중 비공식적 조직에 관한 설명으로 적절하지 않은 것은? ('91. CPA)

① 종업원들의 직무만족감, 소속감 등 감정의 논리에 입각하였다.

② 그레이프바인(grapevine)은 비공식적 조직 내부의 의사소통경로를 말한다.

③ 비합리성에 바탕을 둔 조직이므로 공식적 조직 책임자의 업무를 가중시키는 경향이다.

④ 조직자체가 비성문적이고 자연발생적이며 동태적인 인간관계에 의한 조직이다.

⑤ 의사소통체계와 그 통로를 확장하여 귀속감과 안정감을 느낄 수 있으며, 따라서 자기 혁신과 자기실현이 가능하다.

✒ 해설 ③ 비공식조직이 공식적 조직 책임자의 업무를 가중시키지는 않는다.
⑤ 설명에 주의할 것

02 다음 설명 중 적절하지 않은 것은? ('91. CPA)

① 집단의사결정의 장점으로는 위험의 분산, 구성원 상호간의 지적 자극, 일의 전문화, 많은 지식·사실·관점의 이용가능 등이 있다.

② 집단의사결정의 단점으로는 특정 구성원에 의한 지배 가능성, 최적안의 폐기 가능성, 의견불일치로 인한 갈등, 시간 및 에너지 낭비 등을 들 수 있다.

③ 의사결정에 관한 기본가정으로 경제인가설과 대립된 것으로서 관리인가설의 특징으로는 만족스러운 행동경로, 제한된 합리성 등을 들 수 있다.

④ 오늘날 기업경영과 관련하여 경영자들이 주로 접하게 되는 예외적인 문제의 해결에 가장 적합한 기법은 휴리스틱기법이다.

⑤ 미래의 불확실성에 대한 의사결정, 즉 장기적인 예측 등을 하는 데 유용한 방법의 하나로서 특정 문제에 대해서 몇 명의 전문가들의 독립적인 의견을 우편으로 수집하고, 이 의견들을 요약하여 전문가들에게 다시 배부한 다음 서로의 의견에 대해 논평하도록 하여 결론을 도출하는 방법은 지수평활법이다.

✒ 해설 ④ 예외적인 문제의 해결이라는 점에 착안한다.
⑤ 델파이법

정답 1 ③ 2 ⑤

03 수직쌍연결이론(vertical dyads linkage theory)에 관한 다음의 설명 중에서 적절하지 않은 것은?　　　　　　　　　　　　　　　　　　　　　　　　　　　　　　('91. CPA)

① 리더십연구의 초점을 특정 리더와 하급자의 쌍, 즉 수직쌍(vertical dyads)에 놓았다.

② 어떤 리더들은 하급자들을 다룸에 있어 공식적 권한에 기초를 둔 방식을 채택하는 경향이 있는데, 이 과정을 감독(supervision)이라 한다.

③ 리더는 공식적 권한에 의존하지 않고 영향력을 행사하는 방안을 채택할 수 있다. 이를 리더십이라고 부르며 앞의 감독과 구별하고 있다.

④ out-group의 경우, 리더가 재량권도 거의 안주고 '빌어온 손' 혹은 '외집단'으로 생각하는 구성원들로서 리더는 공식적 권한에 입각한 감독에 의존한다.

⑤ 리더는 모든 하급자를 일관성 있게 똑같이 다루려는 경향이 있다고 보았다.

✎ 해설　④ VDL(수직쌍연결이론) 연구에 의하면 리더는 두 부류의 하급자를 발전시킨다. 두 그룹은 out-group과 in-group으로 나뉘는데 out-group은 지문의 설명과 같다. 한편, in-group의 경우 리더가 재량권을 주고 '기간요원(基幹要員)' 또는 '내집단'으로 생각하는 구성원들로서 리더는 리더십에 의존하여 다룬다.
　　　　⑤ 리더는 모든 하급자를 똑같이 다루지 않는다. 이러한 취급방식의 차이가 쌍관계의 형성에 영향을 미친다.

04 조직에서 리더의 유형은 그 조직의 성과에 상당한 영향을 미친다. 다음 중 PM이론의 내용을 적절하게 연결한 것은?　　　　　　　　　　　　　　　　　　　　　　　　　　　('92. CPA)

	P	M			P	M
①	인간관계	업무		②	고려	구조
③	상황	업무		④	성과	유지
⑤	유효성	상황				

✎ 해설　PM이론은 행위이론에 속하는 것으로, 리더십의 기능을 P(성과기능 : performance)와 M(유지기능 : maintenance)으로 나누었다.

05 Likert의 4시스템 모형에서 매개변수가 아닌 것은?　　　　　　　　　　　　　　　('95. CPA)

① 낮은 결근과 이직률의 저하　　　　② 종업원의 신뢰감
③ 협력적 태도　　　　　　　　　　　④ 높은 집단 목표의식
⑤ 양호한 의사소통

✎ 해설　①은 매개변수가 아니고 결과변수이다.

06 커뮤니케이션 네트워크 유형에 대한 다음 설명 중 가장 적절하지 못한 것은?　　　('99. CPA)

① 쇠사슬(chain)형은 구성원의 집단에 대한 몰입이 높다.

정답 3⑤ 4④ 5① 6①

② 수레바퀴(wheel)형은 구성원의 만족도가 낮다.

③ Y형은 커뮤니케이션 속도가 빠르다.

④ 원(circle)형은 테스크 포스나 위원회에 많이 사용된다.

⑤ 완전연결(all channel)형은 모든 구성원들 사이에 직접 커뮤니케이션이 이루어진다.

✎ 해설 쇠사슬형은 관료적 조직이나 공식화가 진행된 조직에서 쉽게 발견될 수 있으며, 이러한 조직이나 집단의 구성원은 몰입도가 낮게 되어 만족도도 낮다. 수험생에 따라서는 Y형의 의사소통속도가 빠르지 않다고 보고 ③번을 택할 수도 있으나, 가장 적절하지 못한 것으로는 ①번이 더 가깝다.

07 리더십에 대한 다음의 설명 중 가장 적절한 것들로 구성된 것은? (2000. CPA)

> a. 변혁적 리더십(transformational leadership)을 발휘하는 리더는 부하에게 이상적인 방향을 제시하고 임파워먼트(empowerment)를 실시한다.
>
> b. 거래적 리더십(transactional leadership)을 발휘하는 리더는 비전을 통한 단결, 비전의 전달과 신뢰의 확보를 강조한다.
>
> c. 카리스마적 리더십(charismatic leadership)을 발휘하는 리더는 부하에게 높은 자신감을 보이며 매력적인 비전을 제시하지만, 위압적이고 충성심을 요구하는 측면이 있다.
>
> d. 수퍼리더십(superleadership)을 발휘하는 리더는 부하를 강력하게 지도하고 통제하는 데 역점을 둔다.

① a, b   ② a, c   ③ b, c   ④ b, d   ⑤ c, d

✎ 해설 b. 거래적 리더십은 리더의 목표와 하급자들의 보상 간에 교환(또는 거래)을 통해 하급자를 다루려는 전통적 리더십을 의미한다.

d. 수퍼리더십은 자기부하를 스스로 판단하고 행동에 옮기며 그 결과도 책임질 수 있게 하도록 셀프리더로 키우는 리더십이다. 그러므로 하급자를 강하게 통제하지는 않는다.

08 의사결정에 대한 다음의 설명 중 가장 적절한 것들로 구성된 것은? (2000. CPA)

> a. 합리적 의사결정모형은 의사결정자가 완전한 합리성에 기초하여 최적의 의사결정을 한다고 보는 규범적인 의사결정 모형이다.
>
> b. 의사결정이 이루어지는 과정은 문제의 인식, 대체안의 개발, 대체안의 선택, 선택안의 실행, 결과의 평가로 이루어진다.
>
> c. 집단 의사결정에서는 창의성 발휘가 쉬워서 창의성을 촉진하기 위한 별도의 조치는 필요하지 않다.
>
> d. 집단 의사결정에서는 리더가 정보를 충분히 공개하고, 자신의 의견을 먼저 명확하게 제시하는 것이 효과적이다.

① a, b   ② b, c   ③ a, d

④ b, d   ⑤ c, d

✎ 해설 ① 집단의사결정은 특정 구성원이나 판단에 의한 지배가능성이 존재하며 집단 사고가 작용하기도 하므로 창의성 발휘가 쉽지는 않으며 창의성을 촉진하기 위해 브레인스토밍, 고든법, 명목집단법 등 다양한 기법이 시도되고 있다. 집단의사결정시 리더가 먼저 자신의 의견을 명확히 하면 하급자들이 자유롭게 의견을 제시하기 어려워진다.

09 리더십이론에 관한 다음 설명 중 가장 옳지 않은 것은? (2001. CPA)

① 리커트(R. Likert)는 리더행동유형을 직무중심적 리더와 종업원중심적 리더로 구분한다.

② 관리격자이론은 과업 중심의 정도를 횡축, 인간에 대한 관심의 정도를 종축으로 하여 리더십유형을 분류한다.

③ 경로-목표이론은 리더십의 상황이론에 속한다.

④ PM이론은 리더십의 기능을 성과기능과 유지기능으로 나눈다.

⑤ 수직쌍연결이론은 리더가 하급자들을 동일하게 다룬다는 가정에 근거한다.

✎ 해설 ⑤ 수직쌍연결이론은 리더가 하급자를 동일하게 다루지 않고, 내집단·외집단으로 나누어 다루는 것을 주요 내용으로 한다.

10 의사결정(decision making)과 관련한 다음의 설명 가운데 가장 적절하지 않은 것은? (2002. CPA)

① 합리적 의사결정모형(rational decision model)은 완전정보와 일관적인 선호체계를 가정한다.

② 제한된 합리성모형(bounded rationality model)은 결과의 최적화보다는 만족화(satisficing)를 추구한다.

③ 쓰레기통모형(garbage can model)은 의사결정이 합리적 과정을 통하기 보다는 예기치 않은 상황에 의해 이루어진다고 설명한다.

④ 일반적으로 개인적 의사결정은 집단적 의사결정에 비하여 효과성은 낮지만 시간적 효율성은 높다.

⑤ 집단의사결정과정에서 발생할 수 있는 집단극화현상(group polarization)의 주된 원인은 그 집단의 높은 응집성(cohesiveness)이다.

✎ 해설 ③ 쓰레기통 모델(garbage case model)에 따르면 조직인들은 현실적으로 체계적인 의사결정을 내리기에 충분한 시간도 동기도 없으며 일관성 있는 정보가 적기에 주어지는 것도 아니므로, 쓰레기통 속같이 무질서와 혼돈상태(조직화된 무질서 : organized anarchies)에서 단편적인 결정을 내리게 된다는 것이다.
⑤ 집단의 응집성이 높은 경우, 집단 양극화 현상은 나타날 수 없다.

정답 9 ⑤ 10 ⑤

11 리더십에 관한 다음의 설명 가운데 옳지 않은 것은? (2003. CPA)

① 리더십 상황이론(contingency theories of leadership)에 따르면, 리더십의 효과성은 리더의 개인적 요소와 상황적 요소의 상호작용에 의해 결정된다.

② Hersey와 Blanchard의 상황적 리더십이론(situational leadership theory)은 리더의 행동유형을 과업중심적 리더행동과 관계중심적 리더행동으로 구분한다.

③ Fiedler의 상황이론에 의하면, LPC 점수가 높다는 것은 리더에게 주어진 상황이 우호적임을 의미한다.

④ 경로-목표이론(path-goal theory)은 리더의 행동유형을 지시적(directive), 후원적(supportive), 참여적(participative), 성취지향적(achievement oriented) 등의 4가지 유형으로 구분한다.

⑤ 변혁적 리더(transformational leader)는 조직 또는 집단이 추구할 비전(vision)을 제시한다.

✍ 해설 ③ Fiedler의 모형에서 LPC 점수는 리더십의 스타일을 구분하는 기준이 된다. 그러므로 상황이 우호적인지의 여부와는 관계가 없다. 피들러 모형에서 LPC 점수가 높다는 것은 관계 지향적 리더십 스타일을 보유하고 있음을 의미한다.

12 집단에 관한 다음의 서술 중 가장 적절하지 않은 것은? (2004. CPA)

① 집단은 공식 집단과 비공식 집단으로 나눌 수 있다.

② 집단의 응집성이 높아도 조직성과는 높아지지 않을 수 있다.

③ 터커만(Tuckman)에 따르면 집단은 형성기(forming)-격동기(storming)-성과달성기(performing)-규범화(norming)-해체기(adjourning)의 단계를 거친다.

④ 집단의 크기가 작을수록 의사결정의 속도는 빨라지는 경향이 있다.

⑤ 이질적인 집단이 동질적인 집단에 비해 창의성이 높은 경향이 있다.

✍ 해설 ③ 규범화 → 성과달성기

13 리더십이론에 관한 다음의 서술 중 가장 적절한 것은? (2004. CPA)

① 미시건(Michigan)학파의 리더십 연구는 리더행동을 배려(consideration)와 구조 주도(initiating structure)로 나누었다.

② 피들러(Fiedler)의 리더십 모형은 리더와 부하의 관계의 친밀도, 과업의 구조, 리더의 부하에 대한 권력 정도를 리더십을 둘러싼 상황요인으로 보았다.

③ 블레이크와 머튼(Blake & Mouton)의 리더십이론은 인간 중심과 과업 중심으로 리더십의 차원을 나누고 부하의 성숙도에 따라 지시형, 지도형, 위임형, 참여형 중 적절한

정답 11 ③ 12 ③ 13 ②

리더십을 발휘할 수 있다고 보았다.

④ 브룸, 예튼, 예고(Vroom, Yetton & Jago)의 리더-참여 모형은 의사결정의 질, 부하의 참여 등의 상황변수를 고려하여 지도적 리더십, 지원적 리더십, 참여적 리더십, 성취지향적 리더십을 적절히 구사해야 한다고 보고 있다.

⑤ 리더-부하 교환이론(leader-member exchange theory)에서는 리더가 부하를 차별적으로 대하는 것은 바람직하지 않으며 내부자 집단이나 외부자 집단이나 똑같이 대우해야 한다.

> 🖋 해설 ① 오하이오 주립대학의 연구
> ③ 허시와 블랜차드
> ④ 경로-목표이론의 설명이며 상황변수는 종업원의 특성과 작업환경의 특성이 됨.
> ⑤ 내집단과 외집단으로 나누어 차별적으로 다룸.

14 리더십의 상황이론에 대한 설명으로 가장 적절한 것은? (2005. CPA)

① 이상적인 리더십 스타일은 인간에 대한 관심과 생산에 대한 관심이 모두 높은 경우이다.

② 하우스(House)는 리더십을 지시적, 후원적, 참여적, 성취지향적 스타일로 구분하여 각각에 적합한 의사결정 상황을 제시하고 있다.

③ 일반적으로 전제적(authoritative) 리더보다 민주적(democratic) 리더가 높은 성과를 내는 경향이 있다.

④ 허시(Hersey)와 블랜차드(Blanchard)의 상황모형에 의하면, 리더-부하간 관계와 부하의 성숙도에 따라 리더십 스타일이 달라질 필요가 있다.

⑤ 피들러(Fiedler)는 리더십의 상황요인으로 과업구조(task structure)와 직위권력(position power)을 제시하고 있다.

> 🖋 해설 ① 행위이론의 관리격자도 이론에 대한 설명임.
> ② 먼저 종업원 특성과 작업환경 특성에 따라 상황을 분류하고, 이에 적합한 리더십 스타일을 제시함.
> ③ 행위이론에 대한 설명임.
> ④ 리더-부하 간의 관계는 피들러이론의 상황변수임.

15 프렌치(French)와 레이븐(Raven)이 제시한 권력의 원천 중 조직의 공식적 지위와 관련되지 않은 것만으로 묶인 것은? (2005. CPA)

a. 보상적 권력(reward power)	b. 강압적 권력(coercive power)
c. 합법적 권력(legitimate power)	d. 전문적 권력(expert power)
e. 준거적 권력(referent power)	

① a, b   ② b, c   ③ c, d

④ d, e   ⑤ a, e

✎ **해설** 전문적 권력(d)과 준거적 권력(e)은 개인의 특성과 관련

16 조직의 의사결정을 설명하는 것 중 가장 적절하지 않은 것은?   (2006. CPA)

① 시간과 인지능력의 제약으로 가능한 모든 대안을 다 검토하지 못하고 의사결정하는 경우가 많다.

② 절차가 민주적이고 집단의 응집력이 약할수록 집단사고(group think)가 많이 일어난다.

③ 고도의 불확실성 상황에 직면해서는 문제와 해결대안들과 의사결정자가 뒤죽박죽 섞여지기도 한다.

④ 별 생각의 차이가 없는 개인들이 집단에 들어와서 토론하게 될 경우 집단양극화(group bipolarization)가 나타날 수 있다.

⑤ 일단 한번 결정해서 실행에 옮긴 의사결정은 중간에 결과가 나쁘더라도 중단하지 않고 계속 실행하려는 경향이 있다(escalation of commitment).

✎ **해설** ② 많이 → 적게
        ③ 쓰레기통 모형
        ⑤ 몰입의 에스컬레이션

17 피들러(Fiedler)의 리더십이론에 관한 서술 중에 가장 적절한 것은?   (2006. CPA)

① 리더십 스타일을 지시형, 위임형, 참여형, 지도형의 4가지 유형으로 나누었다.

② 상황에 따른 리더의 의사결정능력과 비전을 강조하였다.

③ LPC 점수로 리더를 둘러싸고 있는 상황요인을 측정하였다.

④ 리더에게 유리한 상황부터 불리한 상황까지 8가지 상황으로 분류하였다.

⑤ 리더십 스타일은 부하의 참여도와 성숙도에 따라 달라진다.

✎ **해설** ① 허쉬와 블랜차드의 리더십 수명주기이론
        ③ LPC 점수로 리더십의 스타일을 분류하였다.
        ⑤ 부하의 참여도 : 브룸과 예튼의 리더십 규범 이론
          부하의 성숙도 : 허시와 블랜차드의 리더십 수명주기이론

18 리더십이론에 대한 설명 중 가장 적절하지 않은 것은?   (2007. CPA)

① 허쉬와 블랜차드(Hersey and Blanchard)의 상황적 리더십이론은 지시형(telling), 지도형(selling), 참여형(participating), 위임형(delegating)의 리더십스타일을 제시하였다.

정답 16 ② 17 ④

② 허쉬와 블랜차드(Hersey and Blanchard)의 상황적 리더십이론에서는 부하의 성숙도를 부하의 능력과 의지측면에서 분류하였다.

③ 브룸과 예튼(Vroom and Yetton)의 규범적 리더십모형에서는 의사결정과정에서 리더가 선택할 수 있는 리더십스타일을 5가지로 나누었다.

④ 하우스(House)의 경로목표이론에서 환경적 요인(environmental factors)이란 부하의 경험과 능력, 부하의 성취욕구, 집단의 과업내용, 리더의 권한위치를 말한다.

⑤ 피들러(Fiedler)의 리더십상황이론에서는 LPC척도를 이용하여 리더의 유형을 관계지향적 리더와 과업지향적 리더로 분류하였다.

✎ **해설** ④ 리더의 권한 위치 → 부하의 통제 위치

---

19 툭크맨(B. W. Tuckman)은 집단 발전의 과정을 5단계로 설명하였다. 마지막 단계인 해체기 (adjourning)를 제외한 나머지 발전의 단계들이 가장 적절한 순서로 연결된 것은?

(2008. CPA)

① 격동기(storming) – 형성기(forming) – 규범기(norming) – 성과수행기(performing)

② 격동기(storming) – 규범기(norming) – 형성기(forming) – 성과수행기(performing)

③ 형성기(forming) – 규범기(norming) – 격동기(storming) – 성과수행기(performing)

④ 형성기(forming) – 격동기(storming) – 규범기(norming) – 성과수행기(performing)

⑤ 규범기(norming) – 격동기(storming) – 성과수행기(performing) – 형성기(forming)

---

20 집단에서 함께 일을 하다보면 무임승차 또는 편승(social loafing)하려는 사람이 생기게 마련이다. 개인이 혼자 일할 때보다 집단으로 일하면 노력을 덜 하려는 이 같은 현상을 줄이기 위한 방안으로서 가장 적절하지 않은 것은?

(2008. CPA)

① 과업을 전문화시켜 책임소재를 분명하게 한다.

② 개인별 성과를 측정하여 비교할 수 있게 한다.

③ 팀의 규모를 늘려서 각자의 업무 행동을 쉽게 관찰할 수 있게 한다.

④ 본래부터 일하려는 동기 수준이 높은 사람을 고용한다.

⑤ 직무충실화를 통해 직무에서 흥미와 동기가 유발되도록 한다.

✎ **해설** ③ 팀의 규모를 늘릴 경우 각자의 업무 행동을 쉽게 관찰할 수 없게 되며, 무임승차 또는 편승(social loafing)하려는 유인이 커지게 된다.

정답 18 ④ 19 ④ 20 ③

연습문제

01 다음 중 집단으로 보기 곤란한 것은?

a. 이사회	b. ○○동아리
c. 청소년층 집단	d. ○○회사
e. 동창회	f. 통계표본집단

① a, c, f   ② b, d, e   ③ c, d, f

④ a, d, f   ⑤ b, e, f

✎ **해설** 집단여부의 판단은 ① 공동의 목표, ② 상호작용 여부, ③ 구성원의 수 등을 고려하면 된다.

02 집단에 대한 다음의 설명 중 옳지 않은 것은?

① 현재 자기가 속해 있는 집단을 성원집단이라 한다.

② 사회적 촉진이란 혼자있을 때보다 집단에 속해 있을 때 일을 더 잘하는 것을 말한다.

③ 사회적 비교이론도 집단형성이론이 된다.

④ 집단은 갈등→성취→규범화→형성의 단계로 발전한다.

⑤ 집단간 경쟁은 집단의 응집성에 영향을 준다.

✎ **해설** ④ 집단은 형성 → 갈등 → 규범화 → 성취의 단계로 발전한다.

03 소시오그램에 관한 설명 중 관계가 없는 것은?

① 집단구성원 상호간의 견인과 반발과의 관계를 나타낸 도표이다.

② Moreno에 의해 개발되었다.

③ 집단구성원의 전체적인 관계를 알 수 있다.

④ 구성원 상호간의 사회적인 서열관계를 보여준다.

⑤ 조직성원들이 상대방에 대한 심리적 호(好), 불호(不好)를 수치에 의해 정확하게 분석할 수 있도록 매트릭스로 나타낸 것이다.

✎ **해설** ⑤ 소시오메트릭 매트릭스에 대한 설명이다. 소시오그램은 구성원 간의 상호관계를 수치상 정확하게 분석하는 것이 아니다.

정답 1③ 2④ 3⑤

04 다음 중 역할에 대한 설명 중 옳지 않은 것은?

① 역할이란 어떤 개인이 해야 할 것으로 기대되는 행위이다.

② 역할은 신속히 습득되고 행위에 변화를 초래한다.

③ 양립할 수 없는 둘 이상의 기대가 동시에 주어질 때 역할갈등이 발생한다.

④ 역할모호성은 개인이 역할과 관련된 충분한 정보를 갖고 있지 못할 때 발생한다.

⑤ 시간이나 능력면에서 너무 많은 업무부담이 주어지는 경우 역할과중이 발생한다.

✎ 해설 ① 역할이란 직위에 대한 기대이지 개인에 대한 특성이 아니다.

05 응집성의 효과에 대한 다음 설명으로 옳지 않은 것은?

① 응집성이 높으면 성원자격유지가 보장된다.

② 응집성이 높으면 구성원들의 충성도가 높다.

③ 응집성이 높으면 의사소통이 매우 원활하다.

④ 응집성이 높은 집단의 구성원들은 만족도가 높다.

⑤ 응집성이 높은 집단일수록 생산성이 높다.

✎ 해설 ⑤ 응집성이 높을 때 집단의 목표와 조직의 목표가 일치해야 높은 성과로 연결되며, 목표가 불일치하거나 집단의 목표달성 열의가 낮을 때는 오히려 역기능을 가져올 수 있다.

집단의 응집성

집단목표와 개인목표의 일치정도		저	고
	불일치	개인별 개인목표 달성 (낮은 성과)	집단전체적 개인목표 달성 (낮은 성과)
	일치	개인별 조직체목표 달성 (보통 성과)	집단전체적 조직체목표 달성 (높은 성과)

06 다음 중 구성원간 또는 부서 간의 갈등을 조정하기 위한 의사소통 유형은?

① 수평적 의사소통   ② 수직적 의사소통   ③ 상향적 의사소통

④ 일방적 의사소통   ⑤ 쌍방적 의사소통

07 의사소통의 장애요인 중 상향적 의사소통에서 가장 많이 발생하는 것은?

① 선택적 경청   ② 정보의 과중   ③ 누 락

④ 지위차이   ⑤ 신뢰도의 결여

✎ 해설 ③ 누락은 전달자가 고의로 또는 메시지 파악을 못해서 불충분한 정보를 전달하는 것으로, 계층구조가 길어지면 누락이 심화될 수 있다.

정답 4 ① 5 ⑤ 6 ① 7 ③

08 의사소통 네트워크에 대한 설명 중 옳지 않은 것은?

① 쇠사슬형에서 구성원의 만족도는 상층부는 높고, 하층부는 낮다.

② 수레바퀴형의 의사소통의 정확성은 복잡과업일 때는 낮다.

③ 원형의 의사소통속도는 모여 있을 경우 느리다.

④ 원형의 의사결정속도는 느리다.

⑤ 완전연결형에서 권한의 집중도는 매우 낮다.

✎ 해설 ③ 원형의 경우 의사소통의 속도는 모여 있을 때 빠르고, 떨어져 있을 때 느리다.

09 개인의사결정보다 집단의사결정이 더 유효한 경우가 아닌 것은?

① 창의적인 과업　　　　　　② 구조화가 높은 과업

③ 의사결정의 정확도가 요구될 때　　④ 보충적인 정보가 요구될 때

⑤ 위험이 큰 의사결정

✎ 해설 ① 창의적 과업의 경우 개인의사결정이 더 유효하다. 이는 집단의사결정시 나타나는 복잡한 집단상호작용의
역학관계 때문인데, 첫째로 지위가 높은 구성원의 지배현상과, 둘째로 집단사고 때문에 집단의사결정시
창의력이 저해된다.
개인의사결정이 더 유효한 경우로는 ① 이외에도 다단계의 문제해결이 요구되는 경우, 해결책의 적정성
여부가 불명확한 경우 등이 있다.

10 다음 중 Delphi법에 대한 설명으로 옳지 않은 것은?

① 전문가들의 독립적인 의견을 서신으로 수집한다.

② 회신된 의견을 요약하여 전문가들에게 다시 배부한 다음 서로의 아이디어에 관해 논
평하게 한다.

③ 시간이 많이 소요되고, 응답자에 대한 통제가 어렵다.

④ 최종적인 의사결정을 위해서는 전체회의가 필요하다.

⑤ 의견형성시 타인들의 영향력을 배제하여 집단사고를 방지할 수 있다.

✎ 해설 ④ 델파이법은 전문가들을 한 장소에 모이게 하지 않고 서신으로만 의견을 수집하는 방법이다.

11 집단의사결정에 대한 다음의 연결 중 옳지 않은 것은?

① 아이디어의 수 – 명목집단법 – 많다.

② 아이디어의 질 – 델파이법 – 높다.

③ 구성원 간의 압력 – 브레인스토밍 – 낮다.

④ 갈등유발가능성 – 델파이법 – 높다.

⑤ 집단응집력 − 상호작용법 − 높다.

✎ 해설 ④ 델파이법은 갈등유발 가능성이 낮다.

12 다음 중 권력의 특성을 잘못 설명한 것은?

① 권력은 상호적이다.　　　　　　　② 권력은 상대적 개념이다.

③ 권력은 가변적이다.　　　　　　　④ 권력은 사회적 성격을 갖는다.

⑤ 권력은 권한과는 다른 특성을 갖지만 영향력과는 같은 특성을 갖는다.

✎ 해설 ① A가 B로 하여금 어떤 일을 수행하도록 할 수 있을 때 A는 B에 대하여 권력을 갖는다라고 하는데, 이는 권력이 한쪽 사람에게만 주어진 한정된 특성이 아니라 상호적이라는 것이다. 즉, A가 B에 대해 권력을 가졌다고 해서 B는 A에 대해 전혀 권력이 없는 것은 아니다.
② 권력은 '상대적' 개념이다. 즉, A가 권력을 많이 가졌다고 해서 B에 대해서도, C에 대해서도 그렇다는 것이 아니라 어디까지나 상대에 따라 모두 다르다.
③ 권력은 가변적이다. 조직 내의 권력구조는 상황과 시간에 따라서 항상 바뀌며 개인과 집단이 형성하고 있는 권력 또한 그가 처해 있는 상황과 시간의 변화에 따라서 많은 변화를 보이게 된다.
④ 권력은 사회적 성격을 지닌다. 즉, 개인이나 집단이 권력을 지닌다는 것 그 자체는 다른 사람이나 다른 집단과의 상호작용(interaction)을 통하여 이루어지는 사회적 관계를 나타내는 것이다.
⑤ 권력은 권한이나 영향력과는 다른 특성을 갖는다. 권한은 조직의 규범에 의하여 공식적인 지위와 역할에 대해서 개인이나 집단에게 합법적으로 부여되는 힘을 말한다. 그러나 권력은 공식적인 역할이나 지위에 관계 없이 개인이나 집단의 특징에서 형성되는 것으로 권한보다는 포괄적이다. 또한 영향력은 개인이나 집단에게 영향이 가해지는 과정으로서 동태적인 성격을 띠는 데 비하여, 권력은 영향력을 미칠 수 있는 능력이나 잠재력으로서 정태적인 성격을 갖는 개념이다.

13 다음 중 권한의 특징이 아닌 것은?

① 합법적이다.　　　　　　　　　　② 개인과 관련 있다.

③ 하급자에 의해 받아들여져야 한다.　④ 위에서 아래로의 수직적인 흐름이다.

⑤ 개인의 직위를 바탕으로 한다.

✎ 해설 권한은 합법적이며 어떤 '사람'이 아닌 그 사람의 '직위'를 바탕으로 하고, 또한 위에서 아래로 흐르는 것이며 하급자에 의해 받아들여져야 행사될 수 있다.
② 권한수용설(Barnard의 이론)

14 개인적 권력을 원천에 따라 분류할 때, 가장 포괄적이며 권력행사자가 권력을 느끼지 못할 때도 영향력이 행사될 수 있는 것은?

① 보상적 권력　　　② 강압적 권력　　　③ 합법적 권력

④ 준거적 권력　　　⑤ 전문적 권력

15 권력과 관련된 다음의 설명 중 옳지 않은 것은?

① 사회적 권력은 조직에 바람직한 영향을 준다.

② 임파워먼트는 권력의 창조과정이다.

③ 멘토링은 상하급자 간의 강력하고 지속적인 관계를 조성한다.

④ 강압적 권력은 조직중심적 권력이다.

⑤ 조직정치는 조직에 긍정적인 영향만 준다.

✎ 해설 조직정치는 조직에서 개인의 권력을 극대화하기 위해 일어나는 행동을 말하며, 리더는 조직 정치를 효율적으로 관리하기 위해 노력해야 한다.

16 갈등에 대한 다음의 관점 중 상호작용적 견해에 해당되지 않는 것은?

① 갈등으로 인하여 자신의 취약점을 발견할 수 있다.

② 갈등상태가 되면 환경에 잘 적응하려는 충동에너지가 발산된다.

③ 갈등을 통하여 집단 내부의 욕구불만을 해소할 수 있다.

④ 인간의 본성은 선하며, 협동을 하는 존재이다.

⑤ 외부집단과의 갈등은 집단 내부의 응집력을 향상시키고, 활발한 의사소통을 유발시켜 효율적 의사결정을 하게 한다.

✎ 해설 ④는 전통적 견해에 대한 가정이다. ④ 외의 전통적 견해에 대한 가정으로
ⅰ) 갈등은 유익하지 못한 요소이며, 저해요인이기 때문에 반드시 해소되어야 한다.
ⅱ) 갈등은 의사소통을 저해하여, 인간관계에서 이해와 신용과 개방성을 결여시킨다.
ⅲ) 환경은 행동을 형성하는 주요한 요소이다.
등이 있다.

17 다음 중 갈등처리방식과 적절한 상황에 대한 설명 중 옳지 않은 것은?

① 경쟁은 비용절감이나 규칙강요와 같이 인기 없는 조치의 시행이 요구되는 논제에 적절하다.

② 양측의 관여를 확보하고자 할 때는 협조가 적절하다.

③ 임기응변적인 해결안에 도달하기 위해서는 적응이 적절하다.

④ 사람들을 진정시키고 생각을 가다듬기 위해서는 회피가 적절하다.

⑤ 다음 논제에 대한 사회적 신용을 얻기 위해서는 적응이 적절하다.

✎ 해설 ③ 타협이 적절한 상황임

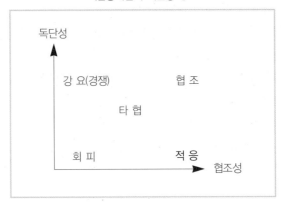

〈갈등해결의 기본방식〉

독단성

강 요(경쟁)　　　　　협 조

타 협

회 피　　　　　　적 응

협조성

18 갈등해결에 대한 다음의 설명 중 옳지 않은 것은?

① 갈등해결의 방법 중 무관심, 물리적 분리는 단기적으로 효과가 있는 방법이다.

② 개인내 갈등 중 한 대상에 대해 매력과 부정적 측면을 동시에 느끼는 것을 접근-회피 갈등이라 한다.

③ '요하리의 창'은 대인 간의 스타일이나 개인 간의 갈등의 원인을 설명하는 이론이다.

④ '요하리의 창'에 의하면 갈등을 해결하기 위해 자기노출과 피드백을 통해 미지영역을 넓혀야 한다.

⑤ 갈등해결을 위해 권력을 이용하는 방법으로 계층을 통한 개입이나 정치적 타결을 들 수 있다.

✎ 해설 ② 개인 내 갈등 중 두 대상에 똑같이 매력을 느끼는 갈등은 접근-접근갈등이라 한다.
　　　　④ 갈등해결을 위해 공공영역을 넓히고 미지영역을 줄인다.

19 아이오와 리더십이론에 대한 설명으로 옳지 않은 것은?

① 리더와 집단과의 관계 – 권위형 리더십 – 수동적

② 집단행위의 특성　　　 – 민주형 리더십 – 응집성 높다.

③ 리더 부재시의 태도　 – 방임형 리더십 – 좌절감을 느낌

④ 생　산　성　　　　　 – 방임형 리더십 – 최악이다.

⑤ 생　산　성　　　　　 – 민주형과 권위형 우열결정 어렵다.

✎ 해설 ③ 좌절감을 느낌 → 불변(불만족)이다.

20 다음의 리더십이론에 대한 설명 중 옳지 않은 것은?

① 관리격자도이론의 단합형은 고려와 구조주의의 고려高·구조高, PM이론의 PM과 동일한 성격이다.

② PM이론에서는 리더의 P점수와 M점수를 구하여 조사대상 평균보다 높은 점수는 대문자, 낮은 점수는 소문자로 표시하였다.

③ PM이론에 의하면 사기, 팀워크, 성과 등에서 PM>pM>Pm>pm의 순서로 나타난다.

④ PM이론에서의 유지기능은 고려와 구조주의의 구조주의에 해당한다.

⑤ 관리격자도이론에서의 절충형은 PM이론이나 고려와 구조주의에서 찾아볼 수 없는 유형이다.

✎ 해설 ④ PM이론에서 유지기능(M)은 고려와 구조주의에서 고려에 해당하고, 성과기능(P)은 구조주의에 해당한다.

21 Fiedler의 리더십의 상황적응적 모형에 대한 설명으로 옳지 않은 것은?

① 집단의 성과는 부하와 리더의 관계와 리더의 집단에 대한 영향력 간의 적절한 결합에 달려 있다.

② 가장 호의적인 상황은 과업을 수행하는 활동이 구체적이고 부하들이 리더를 좋아하며, 부하에 대해 명령을 행사할 수 있는 정도가 강할 때이다.

③ 인간관계지향적 리더는 중간정도의 호의적인 상황에서 성과를 올린다.

④ 과업지향적 리더는 매우 호의적인 상황에서만 좋은 성과를 올린다.

⑤ LPC점수가 높을수록 인간관계지향적 리더이다.

✎ 해설 ④ 과업지향적 리더는 상황이 매우 호의적이거나 매우 비호의적일 때 효과적이다.
　　　　⑤ Fiedler가 리더의 유형을 분류하기 위해 사용한 것이 LPC점수이다.

22 허시와 블랜차드(Hersey and Blanchard)의 상황이론이 다른 리더십이론과 명백하게 다른 점은?

① 개별적인 리더십 스타일을 명확히 하였다.

② 종업원에게 초점을 맞추었다.

③ 리더십은 상황에 따라 달라져야 한다고 주장하였다.

④ 리더십의 두 차원으로 관계행위(relationship behavior)와 과업행위(taskbeha vior)를 사용하였다.

⑤ 리더의 행위를 4분면으로 분류하였다.

✎ 해설 ② Hersey & Blanchard는 부하의 성숙도를 상황변수로 도입하였다. 즉, 효과적 리더가 되려면 부하의 성숙도에 맞추어 리더십유형을 사용해야 한다.

23 리더십이론의 상황이론에 대한 설명 중 옳지 않은 것은?

① 허시와 블랜차드의 이론에 의하면 부하의 성숙도가 낮을 때 지시형의 리더십유형이 효과적이다.

② 허시와 블랜차드모형의 민주형 리더십유형은 관리격자도의 (9, 9)형에 해당한다.

③ 허시와 블랜차드모형에서의 상황변수는 구성원의 성숙도이고 경로-목표이론의 상황변수는 종업원의 특성과 작업환경의 특성이다.

④ House와 Evans의 경로-목표이론은 Vroom의 기대이론에 기초를 둔 이론이다.

⑤ 경로-목표이론에 의하면 locus of control이 내재론자인 경우 참여적 리더십이 효과적이다.

🖋 해설 ② 허시와 블랜차드의 민주형(또는 참여형) 리더십은 관리격자도의 (1, 9)형에 해당한다.

24 허시와 블랜차드의 이론과 리더의 행동유형을 나타낸 그림 중 옳은 것은?

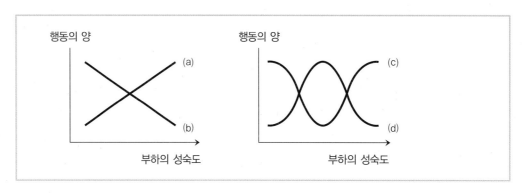

① a-인간관계지향 리더십   ② b-과업지향 리더십
③ c-인간관계지향 리더십   ④ d-과업지향 리더십
⑤ 답이 없다.

🖋 해설 b-과업지향 리더십, d-인간관계지향적 리더십

25 Vroom and Yetton의 리더십모델에 포함되지 않는 것은?

① Autocratic Ⅰ   ② Consultative Ⅰ   ③ Consultative Ⅱ
④ Group Ⅰ   ⑤ Group Ⅱ

🖋 해설 Vroom & Yetton의 리더십모델은 리더가 택할 수 있는 의사결정 스타일을 5가지로 제시하였다. 즉 AⅠ, AⅡ, CⅠ, CⅡ, GⅡ의 다섯 등급으로 구성된다.

26 리더십의 최신이론에 대한 설명 중 옳지 않은 것은?

① 리더행동의 대체물(substitution)은 리더행동을 불필요하게 만드는 상황요인을 말한다.

② 리더행동의 보완물은 대체물과 중복될 수 있다.

③ 리더행동의 중화물(neutralizer)은 리더행동을 방해하는 요인을 말한다.

④ 리더십의 강화이론은 하급자의 행동에 따른 결과에 통제를 가함으로써 동기부여시키고자 한다.

⑤ 슈퍼리더십은 조직 문화 자체를 변화시켜 집단의 욕구체계를 바꾸려는 리더십이다.

✎ 해설 ⑤는 변혁적 리더십의 설명이다.
①~③은 Kerr와 Jermier의 리더십 대체이론에 대한 설명이다.

27 리더십의 귀인이론에 대한 다음의 설명 중 옳지 않은 것은?

① 부하의 행동에 대해 내적귀인을 할 경우 보상이나 처벌을 통해 부하를 변화시키려 한다.

② 부하의 성공 이유가 감독 때문이라고 믿으면 계속 감독수준을 유지한다.

③ 리더가 부하의 행동에 대해 외적 귀인을 할 경우 상황의 변화에 초점을 맞춘다.

④ 부하의 성공이유가 기능이나 노력 때문이라고 믿으면 감독 수준을 높인다.

⑤ 리더의 행동에 대한 판단이나 부하의 잠재적 리더십 이론에 의해 리더십 귀인이 나타날 수도 있다.

✎ 해설 ④ 부하의 성공이유가 기능이나 노력 때문이라고 믿으면 감독 수준을 낮춘다.

28 팀조직의 유형을 존속기간과 업무수준으로 나눌 때, 존속기간이 항구적이고, 업무 수준이 낮거나 권한위임이 약할 경우 구성되는 팀유형은?

① 대부, 대과형의 팀　　　② QC 분임조　　　③ 연구개발팀

④ 태스크포스팀　　　⑤ 전사적으로 완전한 팀

제5장 ▪ 조직행동의 관리

5.1 조직의 특성과 조직설계

1. 조직의 특성파악과 조직문화

(1) 조직의 특성파악

1) 어떤 조직의 특성은 그 조직의 분위기와 조직문화를 통해 설명할 수 있다.

2) 조직의 분위기(organizational climate)는 기계적 유형과 유기적 유형으로 나누는 것이 가장 일반적이다.

(2) 조직문화

1) 의 의

◆ 조직문화의 기능
· 일체감, 조직몰입의 증대
· 의사소통의 촉진
· 조직 가치의 강화
· 구성원 태도 및 행동 통제
· 다른 조직과의 차이 강조
· 사회시스템의 안정 도모

조직문화(organizational culture)란 조직구성원들의 활동에 지침이 되는 행동규범을 제공하는 '공유된 가치와 신념'의 체계를 말한다.

● 도표 5-1 7S 모델

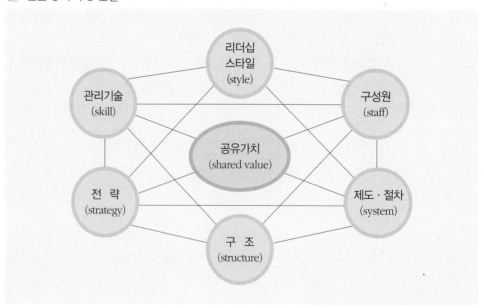

2) 조직문화의 구성요소

① 맥킨지(Mckinsey)사는 조직문화에 영향을 주는 내부요인을 7가지 요소로 분류해서 설명하고 있으며, 이 중 **공유가치를 가장 핵심요소로** 간주하고 있다.

② 샤인(E. D. Schein)에 의하면 조직문화의 구성요소로 ⓐ 인공물/창작물(예 의식, 이야기, 심볼, 언어 등 가시적 수준), ⓑ 가치관(인식수준) ⓒ 기본가정(불가시적 수준) 등을 들 수 있다.

③ 해치(M. Hatch)는 샤인의 모델을 수정하여 ⓐ 가정(기본전제), ⓑ 가치(관), ⓒ 인공물, ⓓ 상징물로 나누고 이들의 상호관계의 과정을 명시화(manifestation), 실제화(realization), 해석화(interpretation), 상징화(symbolization)로 나타냈다.

◈ 조직문화의 형성은 조직의 과거경험이나, 창립자의 신념, 조직이 처한 외부환경에도 영향을 받고 조직내부요소에도 영향을 받는다.

◈ 홉스테드(Hofstede)는 조직문화가 국가문화의 영향을 받는다는 것을 밝혔다.

● 도표 5-2 해치의 조직문화 구성요소 간의 상호관계

④ 런버그(C. Lundberg)는 샤인의 주장에 조직구성원의 관점을 추가하였다.

⑤ 딜(T. Deal)과 케네디(A. Kennedy)는 ⓐ 조직체 환경, ⓑ 기본가치, ⓒ 중심인물, ⓓ 의례와 의식, ⓔ 문화망을 들었다.

3) 조직문화의 종류

① 오우치(Ouchi)는 미국기업과 일본기업의 조직구조 및 관리시스템의 차이와 문

● 도표 5-3 Ouchi의 Z형 조직의 근거

	미국기업(A형 조직)	일본기업(J형 조직)	Z형 조직
경 영 목 표	단기목표	장기목표	장기목표
고 용	단기고용	종신고용	장기고용
승 진 평 가	급속한 평가	엄격한 평가와 완만한 승진	장기적 평가와 완만한 승진
통 제	공식적 통제	우회적 간접통제	명시적·암시적 통제의 균형
의 사 결 정	개인적, 하향적	상향적, 공동	참여적·합의적
책 임	개 인	집 단	개인책임 강조
종업원의식	개인주의	집단주의	집단 공동주의

화적 차이를 설명하고, 이 두 문화적 특성을 결합하여 미래 기업이 지향할 새로운 조직형태로 Z형 조직을 제시하기도 하였다.

② 조직문화는 구성원들 간의 결집의 정도에 따라 강한 문화와 약한 문화로 나눌 수도 있다.

③ 딜과 케네디는 모험성의 정도와 피드백기간에 따라 기업문화를 ⓐ 거친 남성문화, ⓑ 열심히 일하고 열심히 노는 문화, ⓒ 사운을 거는 문화, ⓓ 과정문화로 나누었다.

④ 해리슨(R. Harrison)은 집권화와 공식화의 정도에 따라 ⓐ 관료조직문화, ⓑ 권력조직문화 ⓒ 행렬조직문화, ⓓ 핵조직문화로 나누었다.

⑤ 햄든(Hampden)과 터너(Turner)는 가치 중심적 문제에 대한 접근방법에 따라 ⓐ 갈등악순환모형(vicious circle : 일방적 가치추구), ⓑ 조화활성화모형(virtuous circle : 시너지적 가치추구)으로 나누었다.

⑥ 핸디(C.B. Handy)는 그리스신화의 등장인물을 참조하여 ⓐ 가부장문화(제우스), ⓑ 역할문화(아폴로), ⓒ 실존문화(디오니소스), ⓓ 과업문화(아테네)로 나누었다.

⑦ 레이먼 등은 가치의 원천과 가치의 초점에 기반을 두어 ⓐ 기업가적 문화, ⓑ 전략적 문화, ⓒ 광신적 문화, ⓓ 배타적 문화로 나누었다.

⑧ 우메자와는 산출물의 성질과 기업활동의 수단에 따라 업종별로 ⓐ 산업문화, ⓑ 상사문화, ⓒ 봉사문화, ⓓ 지식문화로 나누었고, 경영 차원과 조직 차원에 따라 ⓐ 목표달성형, ⓑ 과업성취형, ⓒ 업무처리형, ⓓ 문제해결형으로 나누었다.

● 도표 5-4 각 학자의 조직문화유형

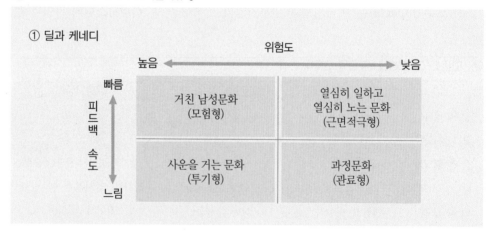

② 해리슨

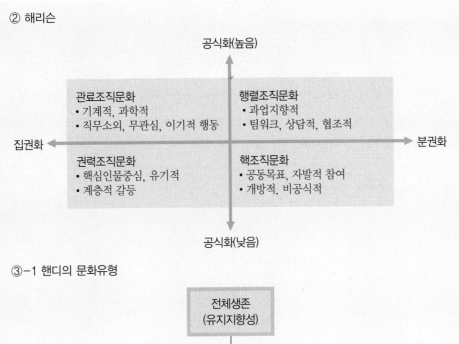

③-1 핸디의 문화유형

③-2 핸디의 네 가지 문화의 성격

가부장문화	역할문화	실존문화	과업문화
• 중앙집권적 지배 • 감정이입 의사소통 • 친화적 네트워크	• 질서와 규칙중시 • 안정성, 예측가능성 중시 • 역할에 따른 가치 규명	• 전체보다 개인우선 • 개인의 자주성·창조성 • 합의 의사결정 중시	• 문제해결지향성 • 권한위임 • 전문성, 창조성 중시

④ 레이먼

	카리스마	조직의 전통
기능적 가치	기업가적 문화 (외적, 단기적)	전략적 문화 (외적, 장기적)
엘리트적 가치	광신적 문화 (내적, 단기적)	배타적 문화 (내적, 장기적)

⑤-1 우메자와의 업종별 기업문화

	장치(기계, 도구)	정보(지식, 노하우)
하드 (제품, 상품, 물자)	산업문화 (제조, 에너지, 건설, 광업)	상사문화 (백화점, 슈퍼, 상사, 전문점, 은행)
소프트 (서비스, 만족)	봉사문화 (교통, 통신, 호텔, 오락, 레저, 경비)	지식문화 (방송, 광고, 출판, 교육, 조사, 상담, 증권 및 보험)

⑤-2 우메자와의 네 종류의 기업문화

4) 조직문화의 역할 및 문제점

① 역 할

◈ 조직문화의 유효성
① 강한 조직문화가 조직
   성과를 높인다.
② 환경에 적합한 조직문화
   가 조직성과를 높인다.
③ 환경적응력이 있는 문화
   가 조직성과를 높인다.

ⓐ 조직문화는 우선 조직구성원들에게 소속감을 주고 정체성(organizational identity)을 제공한다.

ⓑ 조직문화는 집단적 몰입을 가져와 가치관이나 믿음, 행동의 통일을 가져오게 된다.

ⓒ 조직문화는 구성원들로 하여금 조직의 이모저모에 대해 학습하도록 함으로써 구성원의 행동을 원하는 방향으로 조작해 나갈 수 있다.

ⓓ 조직의 가치를 높이고, 구성원 간의 의사소통을 원활하게 하며, 조직체계의 안전성을 가져온다.

② 문제점

ⓐ 지나치게 경직화된 조직문화는 외부환경변화에 대한 신속한 적응을 저해하며, 바람직하고 새로운 조직문화로의 전환을 어렵게 하기도 한다.

ⓑ 공유가치가 조직의 유효성과 합치되지 않을 경우, 조직문화는 자산이기 보다는 부채로서 존재하게 된다(특히 환경이 동태적일 경우).

5.2 조직설계

1. 조직설계의 기본변수와 상황요인

(1) 조직구조의 설계변수

('98, 2000 CPA)
★ 출제 Point
조직설계변수의 이해

조직의 구조를 설계하기 위해서는 분화(전문화, 복잡성), 집권화 또는 분권화, 공식화 등을 주요 변수로 다루게 된다.

◉ 도표 5-5 조직구조의 설계변수

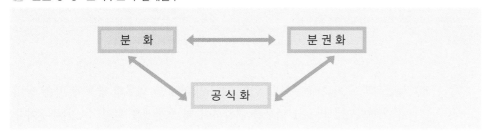

1) 분화/분업화(또는 복잡성)

① 의 의

  ⓐ 어떤 조직이든 목표를 효율적으로 달성하기 위하여 필요한 일들을 명확히 하고, 세분하여, 담당자에게 할당하게 되는데, 이를 전문화, 분업화 또는 분화라고 한다.

  ⓑ 과업이 분화가 많이 되면 복잡성(complexity)이 높다고 한다.

    분화↑ ┌ 숙련도↑→ 효율성↑→ 훈련↓
          └ 연결비용↑→ 갈등, 조정문제 발생

② 분화의 종류

분화는 수평적 분화와 수직적 분화로 나눌 수 있다.

(2006 CPA)
★ 출제 Point
조직구조의 특성과 전문화의 정도

(2004 CPA)
★ 출제 Point
부문화의 의의

  ⓐ 수평적 분화와 부문화

    i) 수평적 분화는 분업의 원리에 따라 일을 세분화해가는 직무전문화(job specialization)와 세분화된 업무를 유사성에 따라 집단화(grouping)시키는 부문화(departmentalization)에 관심이 있다.

    ii) 분업의 원리로 각 담당자가 각각의 세분된 일을 하게 되면 자기업무에서 가장 수월한 방식들을 개발할 수 있고, 그에 따라 작업수행능력이 향상된다.

● 도표 5-6 평면구조와 고층구조

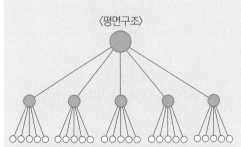
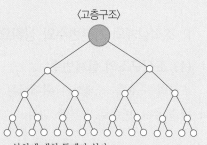

〈평면구조〉

• 상·하 간의 의사소통이 신속·정확하고 원활하다.
• 부하들의 자율성을 존중한다.
• 부하에 대한 통제력이 약하다.
• 옆부서와의 의사소통과 업무조정이 어렵다.

〈고층구조〉

• 부하에 대한 통제가 쉽다.
• 부하와 상사의 접촉이 활발하다.
• 부하에 대한 통제로 업무스트레스가 높아진다.
• 상·하 간의 의사소통이 부정확하고 왜곡된다.

　　　　iii) 복잡성의 증가로 전문화된 일이 너무 많아지면, 업무의 중복에 따른 낭비
　　　　　　가 초래되므로 비슷한 업무를 결합하여 더 효율성을 높일 수 있는 것이다.

　　　ⓑ 수직적 분화

　　　　i) 수직적 분화는 조직의 상하관계를 구분하는 것이다.

　　　　ii) 수직적 분화로 계층(hierachy)이 형성되며 직위(position)가 결정된다.

　③ **분화에의 영향 요소**

　　　ⓐ 감독폭

　　　　i) 분화에 영향을 주는 대표적 요소로 감독폭 또는 통제폭(span of control)
　　　　　을 들 수 있다.

　　　　ii) 감독폭은 한 감독자가 다루어야 될 부하의 수를 나타낸다.

　　　　iii) 감독폭이 넓어지면 평면구조의 형태가 되며, 감독폭이 좁아지면 고층구조
　　　　　의 형태가 된다.

감독폭↑─┌ 상하간 의사소통↓, 수직적 분화↓
　　　　└ 관리비용↓, 관리의 질↓

　　　ⓑ 감독폭 외에 분화에 영향을 주는 요인으로 규모의 경제, 조정, 업무성격 등
　　　　이 있다.

　2) 집권화 또는 분권화(권한의 배분)

┌ 집권화↑ → 하위층의 책임회피, 사기저하, 창의성 감소, 관리능력의 한계
└ 분권화↑ → 외부상황에 신속히 대처

① 집권화(centralization)는 의사결정 및 통제의 권한이 상위층에 집중되어 있는 형태를 말하며, 분권화(decentralization)는 조직의 여러 계층에 대폭 위양되어 있는 형태를 말한다.

② 집권화(분권화)는 수직적 분권화와 수평적 분권화로 나눌 수 있다.

③ 수직적 분권화는 의사결정권을 하위층에 위임한 것이고, 수평적 분권화는 자기 지위계층 밖의 타부서나 타인에게 위임한 것이다.

◈ 분권화가 유리한 상황
① 복잡한 기술
② 고도의 기술
③ 환경이 급변

● 도표 5-7 집권적 조직과 분권적 조직의 특성

	집권적 조직	분권적 조직
장 점	• 의사결정속도나 의사소통속도가 빠르다. • 구성원이 일사분란하게 움직여 효율성이 높다. • 부문간의 갈등조정이 신속하다.	• 각 구성원이 창의성을 발휘할 수 있다. • 각 구성원이 적극적으로 참여하고 자율적으로 업무를 한다. • 직무만족도가 높아진다.
단 점	• 하위자에게 권한없이 책임만 주어지는 경우가 있다. • 종업원들이 수동적이고 타율적인 행동을 보인다.	• 기능과 업무가 중복될 수 있다. • 부서이기주의에 의해 갈등이 나타날 수 있다. • 비효율적이다.

3) 공식화

공식화↑ ┌ 관리노력↓
        └ 융통성↓, 재량권↓, 창의성↓, 비인간화, 전체적인 조화↓

① 의 의

공식화(formalization)는 조직 내 업무의 표준화 정도를 말한다.

(2004 CPA)
★ 출제 Point
공식화의 의의

② 장 점

ⓐ 공식화를 하게 되면 종업원의 개인차에 의해 나타날 수 있는 업무행위의 편차를 최소화하고, 업무흐름의 일관성과 명확성을 높여서 효율적으로 조직을 운영할 수 있게 한다.

ⓑ 업무의 영역과 책임, 권한이 명확해 갈등의 조정에도 유리하다.

ⓒ 고객에 대한 제품 및 서비스의 수준을 일정하게 유지하도록 하여 고객에게 만족감을 줄 수 있다.

◈ 공식화↑ → 수평적 전문화↓

(2006 CPA)
★ 출제 Point
조직구조의 특성과 공식화 정도

③ 단 점

공식화가 심화되면 조직이 경직적으로 운영되어 급변하는 환경에 대처하기가 어려워진다.

④ 위와 같은 이유로 업무의 성격에 따라서 공식화의 정도를 결정해야 한다.

(2) 조직설계에 영향을 주는 외부요인들

① 조직설계에 영향을 주는 대표적 요인들로서 환경, 기술, 규모 등을 들 수 있다.
② 최근에는 경영전략, 자원과 정보처리전략, 조직의 수명주기, 사회문화 등도 많이 고려되고 있다.

● 도표 5-8 조직설계의 상황변수와 관련 학자

> 조직설계의 상황변수 ── 환경 : 번즈와 스톨커, 로렌스와 로쉬, 에머리와 트리스트, 톰슨, 던칸
> ── 기술 : 우드워드, 페로우, 톰슨
> ── 규모 : 애스톤그룹, 블라우, 차일드

1) 환 경

조직이 처한 환경은 안정적일 수도 있고, 불안정적일 수도 있으며, 확실할 수도 있고, 불확실할 수도 있다. 또한 환경이 동질적이냐 이질적이냐에 따라서도 조직구조는 달라져야 할 것이다.

환경을 상황요인으로 연구한 학자로 번즈와 스톨커(Burns & Stalker), 로렌스와 로쉬(Lawrence & Lorsch), 에머리와 트리스트(Emery & Trist), 톰슨(Thompson), 던칸(Duncan) 등을 들 수 있다.

(2006 CPA)
★ 출제 Point
번즈와 스톨커의 조직
분류

① 번즈와 스톨커

안정적 환경에서는 '기계적 구조(mechanistic structure)'가, 가변적 환경에서는 '유기적 구조(organic-structure)'가 적합하다.

● 도표 5-9 환경의 안정성과 조직구조

환경의 안정성	안정적 환경	가변적 환경
적합한 조직구조	기계적 구조	유기적 구조
① 분화정도	높 다	낮 다
② 권한의 배분	집 권 화	분 권 화
③ 공식화 정도	높 다	낮 다
④ 커뮤니케이션	명 령, 지 시	충 고, 자 문
⑤ 갈등해결방식	상급자의 의사결정	토론, 기타 상호작용
⑥ 정보의 흐름	제한되고 하향적	상하로 자유로움

② 로렌스와 로쉬

ⓐ 플라스틱 산업, 식료품 산업, 컨테이너 사업의 분석을 통하여 조직이 처한

환경을 일률적으로 파악하지 않고, 조직 내부의 부서에 따라 처한 환경이 다르므로, 각 부서별로 적합한 구조가 달라져야 함을 밝혀내었다.

ⓑ 환경의 불확실성이 높을 수록 **차별화**가 많이 필요하게 된다.

ⓒ 조직 전체의 목적을 단순하기 위해서는 차별화를 조절해줄 **통합**활동이 필요한데, 환경의 불확실성이 높을 수록 통합방법이 다양해진다.

◆ 환경의 불확실성
플라스틱 산업 > 식료품
산업 > 컨테이너사업

(2006 CPA)
★ 출제 Point
토렌스와 로쉬의 이론

③ **에머리와 트리스트**

조직이 처한 환경을 복잡성과 변화율에 의해 네 가지로 분류하였으나 적합한 조직구조 유형을 제시하지는 않았다.

④ **톰 슨**

번즈와 스톨커의 '환경의 안정성 정도'에 '동질성 정도'를 추가하여 적합한 조직구조를 제시하였다.

각 환경에 따른 적합한 조직구조는 다음과 같다(도표 5-10 참조).

ⓐ Ⅰ상한(안정, 동질적 환경) : 고전적 관료제

　i) 동질적 환경이므로 각 부문이 유사한 성격

　ii) 안정적 환경이므로 표준화된 의사결정규칙과 절차를 사용

ⓑ Ⅱ상한(불안정, 동질적 환경) : 환경 변화를 주시하고 대처하기 위한 새 부문 신설(**예** : 스텝조직)

　i) 불안정한 환경이므로 변화를 예측하고 적응하기 위해 계획을 강조

　ii) 의사결정과 조정을 위한 규칙과 절차를 유연화시킴 → 분권화

ⓒ Ⅲ상한(안정, 이질적 환경) : 분화된 관료제

　i) 표준화된 의사결정 규칙과 절차를 사용할 수 있으나, 하부 환경에 따라 상이한 규칙과 절차를 갖게 됨

　ii) 이질적 환경이므로 조직도 이질화 됨 → 더 많은 기능별 부문

● 도표 5-10 톰슨의 환경분류와 조직의 적합성

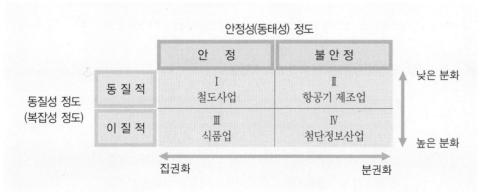

출처 : Thompson, 1967

ⓓ Ⅳ상한(불안정, 이질적 환경)
　　 i) 이질적 환경에 조화하기 위한 기능별 부문과 환경의 변화를 주시하고 조
　　　 정을 돕기 위해 전문화된 부문 신설
　　 ii) 불안정한 환경에 대처하기 위해 적응적 의사결정과 분권화된 관리 이용

톰슨은 환경의 불확실성이 커질수록, 불확실성을 감소시키기 위해 부서의 수를 증가시켜 나간다
고 하면서, 조직의 부문별 역할 특성에 따라 구조유형을 기술핵심조직(technical core)과 변경조
직(boundary-spanning units)으로 구별하였다.
　기술핵심조직은 주요 생산 활동을 담당하는 부서로 효율성 극대화(안정적 환경하에서 가능)를
추구하게 되는데, 이를 가능하게 하려면 외부환경의 영향력을 흡수하는 부서인 변경조직(또는 주
변조직, 완충조직으로 구매부, 영업부, 연구개발부 등)을 활용해야 한다는 것이다.

⑤ 던칸(Duncon)
　ⓐ 환경의 불확실성 개념을 이용하여 환경 특성을 정의하였다.
　ⓑ 환경의 불확실성은 환경의 복잡성과 동태성에 의해 결정된다고 보았다.

● 도표 5-11 던칸의 환경분류

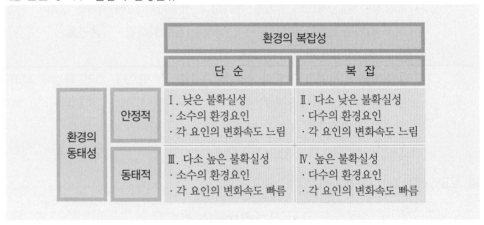

		환경의 복잡성	
		단 순	복 잡
환경의 동태성	안정적	Ⅰ. 낮은 불확실성 · 소수의 환경요인 · 각 요인의 변화속도 느림	Ⅱ. 다소 낮은 불확실성 · 다수의 환경요인 · 각 요인의 변화속도 느림
	동태적	Ⅲ. 다소 높은 불확실성 · 소수의 환경요인 · 각 요인의 변화속도 빠름	Ⅳ. 높은 불확실성 · 다수의 환경요인 · 각 요인의 변화속도 빠름

● 도표 5-12 던칸의 환경분류에 의한 조직 적합성

	단 순	복 잡
정 태	Ⅰ. 낮은 불확실성 · 높은 복잡성 · 높은 공식화 · 집권화	Ⅱ. 비교적 낮은 불확실성 · 높은 복잡성 · 높은 공식화 · 분권화
동 태	Ⅲ. 비교적 높은 불확실성 · 낮은 복잡성 · 낮은 공식화 · 집권화	Ⅳ. 높은 불확실성 · 낮은 복잡성 · 낮은 공식화 · 분권화

환경의 복잡성		
	단 순	복 잡
안정적	**낮은 불확실성** 1. 기계적 조직 : 공식적 · 집권적 2. 소수의 변경조직 3. 아주 낮은 차별화, 아주 적은 통합방법 4. 생산지향적	**다소 낮은 불확실성** 1. 기계적 조직 : 공식적 · 집권적 2. 다수의 변경조직 3. 낮은 차별화, 아주 적은 통합방법 4. 약간의 계획
동태적	**다소 높은 불확실성** 1. 유기적 조직 : 비공식적 · 분권적 2. 소수의 변경조직 3. 높은 차별화, 많은 통합방법 4. 계획지향적	**높은 불확실성** 1. 유기적 조직 : 비공식적 · 분권적 2. 다수의 변경조직 3. 아주 높은 차별화, 아주 많은 통합방법 4. 포괄적 계획, 예측

(환경의 동태성은 표 왼쪽 세로축)

자료 : R.L. Daft, *Organization Theory and Design*, 5th ed. (Minnesota : West Publishing Compan, 1995)

2) 기 술

각 조직마다 사용되는 기술이 다른 경우, 이에 적합한 조직구조는 당연히 달라져야 할 것이다. 기술을 상황요인으로 연구한 대표적인 학자로 우드워드(Woodward), 페로우(Perrow), 톰슨(Thompson) 등이 있다.

① 우드워드

ⓐ 제조업을 대상으로 연구한 결과 단위생산(주문생산)기술, 대량생산기술, 연속생산기술로 복잡화되어감에 따라 적합한 조직구조가 다르다는 것을 제시하였다.

ⓑ 자동차조립 등의 대량생산기술의 경우에는 표준화되고 통제의 폭이 넓으며 공식화된 작업규칙과 의사소통(즉, 기계적 구조)이 필요하다.

ⓒ 단위생산기술이나 석유정제공장 등 전문기술자가 필요한 연속공정생산기술에서는 비공식화와 분권화(즉, 유기적 구조)를 추구하게 된다.

② **페로우**

ⓐ 제조업에만 국한된 우드워드 연구에 비해 서비스생산기업이나 일반조직까지 기술의 범위를 확대하여 연구하였다.

ⓑ 기술을 '다양화 차원'과 '분석가능성 차원'으로 분류하고 적합한 조직구조를 제시하였다.

(2004 CPA)
★ 출제 Point
우드워드이론의 기본개념

(2002 CPA)
★ 출제 Point
기술의 복잡성과 적합한 구조

◆ 기술의 복잡성
단위생산 < 대량생산 < 연속생산
◆ 단위생산, 연속생산 : 유기적 구조
대량생산 : 기계적 구조

(2004 CPA)
★ 출제 Point
페로우이론의 기술분류

● 도표 5-14 페로우의 기술분류 및 조직의 적합성

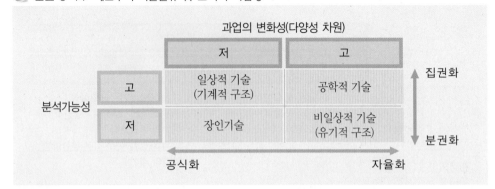

(2006, 2007 CPA)
★ 출제 Point
톰슨의 기술 분류

③ 톰슨

ⓐ '기술의 상호의존성'에 따라 중개형기술, 장치형(연결형)기술, 집약형기술로 나눔

ⓑ 중개형기술에는 낮은 복잡성, 높은 공식화, 규칙 및 절차(즉, 표준화)를 통한 조정이 적합

ⓒ 장치형기술에는 중간 정도의 복잡성, 공식화와 일정계획을 통한 조정이 적합

ⓓ 집약형기술은 높은 복잡성, 낮은 공식화, 상호조정을 통한 조정활동이 적합

● 도표 5-15 톰슨의 기술유형

기술유형	예	상호의존성	조정의 기반	커뮤니케이션	조직구조	신축성
중개형	은 행 ↓ ↓ ↓ Ⓐ Ⓑ Ⓒ ↓ ↓ ↓	낮 음 (공유적)	규칙·절차 ·표준화	낮 음	낮은 복잡성 높은 공식화	중 간
장치형	자동차 조립 Ⓐ→Ⓑ→Ⓒ	중 간 (연속적)	일정계획· 감독	중 간	중간정도 복잡성 중간정도 공식화	낮 음
집약형	병 원 ↓ Ⓐ⇄Ⓑ⇄Ⓒ	높 음 (교호적)	협력· 상호조정	높 음	높은 복잡성 낮은 공식화	높 음

◆ 인원증가에 따른 인간관계수
2명 : 1가지
3명 : 6가지
4명 : 24가지

(2007 CPA)
★ 출제 Point
조직의 규모와 복잡성의 수준

3) 규 모

① 규모를 상황요인으로 연구한 학자들로는 퓨(Pugh), 애스톤그룹(Aston Group), 블라우(Blau) 등이 있다.

② 조직의 규모가 커질수록 분화도 많이 되어 부서가 늘어나고, 계층도 많아지며, 규칙이 많아지고, 보다 많은 의사결정이 분권화된다.

③ 조직의 규모가 커짐에 따라 경영자의 의사결정에 많은 불확실성이 존재하게 되고, 이를 해결하기 위해 '공식화'를 추구하게 될 것이다.

● 도표 5-16 환경, 기술, 규모와 조직구조의 관계

상황변수		복잡성	공식화	집권화
규 모	규 모(↑)	(+)	(+)	(−)
환 경	불확실성(↑)	(−)	(−)	(−)
기 술	일상성(↑)	(−)	(+)	공식화에 의해 조절 공식화 고(−) 공식화 저(+)

① 조직규모가 커지면 복잡성·공식화는 높아진다.
② 환경의 불확실성이 커지면 복잡성은 낮고 공식화도 낮다.
③ 기술의 일상성이 커지면 복잡성은 낮고 공식화는 높아진다.
④ 조직규모가 커지면 집권화는 낮아진다.
⑤ 환경의 불확실성이 커지면 집권화는 낮아진다.

4) 기 타

① 조직구조는 그 조직의 전략에 영향을 받게 된다.
  ⓐ Chandler는 "전략은 조직구조를 결정한다"는 유명한 명제로 강조하였다.
  ⓑ 어떤 조직이 원가우위전략을 쓸 것인가(기계적 구조), 차별화전략을 쓸 것인가(유기적 구조)에 따라 전혀 다른 조직구조가 나타나게 된다.
  ⓒ 다각화전략(유기적 구조)을 사용할 것인가, 수직적 통합을 할 것인가의 결정도 조직구조에 중요한 영향을 준다.
② 정보처리과정의 발달로 일상적 업무를 컴퓨터가 대신해 주고 창의적인 업무는 상위층으로 이전되기 때문에 중간관리층의 역할이 대폭 감소되고, 대신 전문기술을 보유한 스텝분야는 강화될 것이다.
③ 그 외에 조직의 수명주기나 기업이 처한 사회문화가 조직구조에 영향을 주게 되는데, 사회문화가 조직구조에 영향을 준다는 사실을 Ouchi의 Z이론으로 설명하기도 한다.

(2006 CPA)
★ 출제 Point
챈들러의 이론

◈ 마일즈와 스노우의 전략
① 방어형 : 기계적 구조
② 개척형 : 유기적 구조
  → 공격적
③ 분석형 : 행렬조직 구조
  → 추종자:모방형
④ 방임형 : 반응형

● 도표 5-17 조직수명주기에 따른 조직설계

	생 성 기	성 장 기	확 장 기	성 숙 기
규 모	소규모	중규모	대규모	매우 큰 규모
환 경	변 화	적은 변화	다소 변화	안 정
구 조	유기적	약간 유기적	다소 유기적	기계적
차 별 화	낮 음	중 간	높 음	아주 높음

2. 공식적 조직구조

(1) 기계적 조직과 유기적 조직

(2006, 2007 CPA)
★ 출제 Point
기계적 조직과 유기적 조직의 비교

1) 조직의 형태를 분류하는 가장 기본적인 방법으로 기계적 조직과 유기적 조직을 들 수 있다.

2) 기계적 조직(mechanistic organization)은 정형화된 규정이나 절차에 따라 운영된다.

3) 유기적 조직(organic organization)은 변화하는 환경에 탄력적으로 반응하면서 수시로 조직의 형태를 변화시킬 수 있다.

🌑 도표 5-18 기계적 조직과 유기적 조직

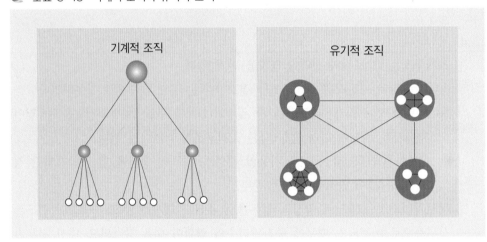

🌑 도표 5-19 기계적 조직과 유기적 조직의 비교

목 표		기계적 조직	유기적 조직
		효율의 극대화, 생산성 향상	유연성, 적응력 향상
조직구조	① 공 식 화	높 다	낮 다
	② 권한배분	집권화	분권화
	③ 분 화	고도의 전문화, 엄격한 부문화, 좁은 통제범위	낮은 전문화, 교차적 기능별 팀, 넓은 통제범위
조직활동	① 의사소통	공식적 커뮤니케이션, 하향적 커뮤니케이션	비공식적 커뮤니케이션, 쌍방적 커뮤니케이션
	② 의사결정	명확한 명령계통	자유로운 정보흐름
	③ 조 정	조직지위에 의한 상급자의 조정	개인의 능력에 의한 상호조정 또는 자발적 조정
조직설계의 관점		관료제론(bureaucracy)	애드호크라시(adhocracy)이론

('91 CPA)
★ 출제 Point
애드호크라시의 특징

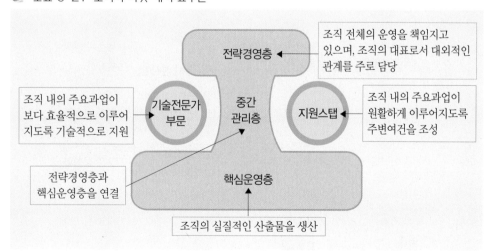

● 도표 5-20 유기적 조직구조와 기계적 조직구조의 특징

특 징	기계적 조직구조	유기적 조직구조
전문화	높은 전문화	낮은 전문화
권한의 보유	상위층의 몇몇 사람	기술과 능력이 있는 사람
갈등해결방법	상사에 의해	상호작용에 의해
커뮤니케이션의 기반	지시나 명령	조언, 상담, 정보
충성심의 대상	조직시스템에	프로젝트나 집단에
권 위	시스템 내 직위에 기초	개인능력에 기초
규 칙	많음	거의 없음
환 경	안정적, 간단	동태적, 복잡
정보의 흐름	비교적 제한되고 하향적	상하로 비교적 자유로움
공식화	높 음	낮 음

(2) 민쯔버그의 조직유형

1) 민쯔버그(Mintzberg)에 의하면 조직의 유형은 조직의 어떤 부문이 강조되느냐에 따라 여러 형태로 나눌 수 있다.

2) 조직의 기본적인 부문으로는 핵심운영층(operating core), 전략경영층(strategic apex), 중간관리층(middle level), 지원스탭(support staff), 기술전문가부문(technostructure) 등의 다섯 가지를 들 수 있다.

3) 민쯔버그는 이 다섯 개의 기본적인 부문 중 강조되는 부문, 즉 권력의 향배에 따라 적합한 조직구조가 달라진다고 주장하였다.

(2002 CPA)
★ 출제 Point
민쯔버그의 5가지 유형

(2005 CPA)
★ 출제 Point
민쯔버그 조직유형의 특성

● 도표 5-21 조직의 다섯 개 주요부문

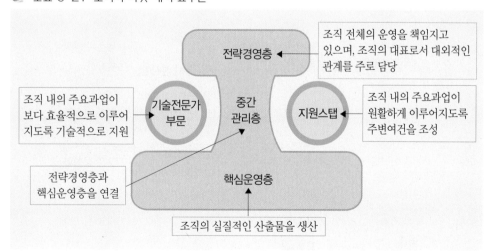

전략경영층 ← 조직 전체의 운영을 책임지고 있으며, 조직의 대표로서 대외적인 관계를 주로 담당

조직 내의 주요업무이 보다 효율적으로 이루어지도록 기술적으로 지원 → 기술전문가부문

중간관리층

지원스탭 ← 조직 내의 주요과업이 원활하게 이루어지도록 주변여건을 조성

전략경영층과 핵심운영층을 연결

핵심운영층

조직의 실질적인 산출물을 생산

● 도표 5-22 민쯔버그의 조직유형

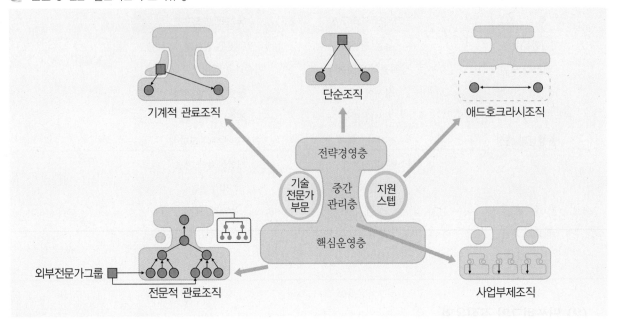

● 도표 5-23 민쯔버그의 조직유형의 비교

	단순조직	기계적 관료조직	전문적 관료조직	사업부제조직	애드호크라시조직
중요조정 메커니즘	직접감독	과업의 표준화	지식 및 기술의 표준화	산출물의 표준화	상호조정
조직의 핵심부문	전략경영층	기술전문가부문 (테크노스트럭처)	핵심운영층	중간관리층	지원스탭
예	슈퍼마켓, 소규모 서비스업	자동차조립, 우체국	병원, 대학	제품별 · 시장별 사업부	프로젝트조직 행렬조직, 팀제
설계 파라미터					
과업의 분업화	낮은 분업화	높은 수평적 · 수직적 분업화	높은 수평적 분업화	부분적 수평적 · 수직적 분업화 (사업부와 본사간)	높은 수평적 분업화
훈련과 교화	거의 없음	거의 없음	많이 필요함	어느 정도 필요함 (사업부관리자에게 필요)	많이 필요함
행동의 공식화	낮은 공식화	높은 공식화	낮은 공식화	높은 공식화 (사업부내)	낮은 공식화
관료적/유기적	유기적	관료적	관료적	관료적	유기적
단위그룹핑	주로 기능적	주로 기능적	기능 및 시장	시장	기능 및 시장
단위규모	넓음	하부에서는 넓으나 그 밖에는 좁음	하부에서는 넓으나 그 밖에는 좁음	전략층에서는 넓음	전반적으로 좁음

계획과 통제 시스템	거의 없음	활동 계획	거의 없음	많은 성과 통제	제한된 활동계획(특히 관리애드호크러시)
횡적 연결장치	거의 없음	거의 없음	관리상 필요함	거의 없음	조직 전반에 걸쳐서 많음
분권화	집권화	제한된 수평적 분권화	수평적·수직적 분권화	제한된 수직적 분권화	선택적 분권화
상황요인					
연령과 규모	전형적으로 젊고 소규모	전형적으로 오래되고 대규모	다양함	전형적으로 오래되고 매우 대규모	전형적으로 젊음
기술시스템	단순, 비일상적	일상적, 비자동화, 덜 복잡	비일상적 혹은 복잡	분할 가능, 나머지는 기계적 관료제와 유사	매우 복잡, 종종 자동화(관리애드호크러시), 비일상적 혹은 복잡(운영애드호크러시)
환 경	단순하고 동태적, 때때로 적대적	단순하고 안정적	복잡하고 안정적	상대적으로 단순하고 안정적, 다각화된 시장(특별히 제품과 서비스)	복잡하고 동태적, 때때로 불균형(관리애드호크러시)
권 력	최고경영자가 통제, 종종 소유주가 관리	기술전문가와 외부통제	전문적 오퍼레이터가 통제	중간관리층의 통제	전문가 통제, 유행에 매우 민감

출처 : Mintzberg, H., *The Structuring of Organizations*(Englewood Cliffs, NJ : Prentice-Hall, 1979), pp. 466-467 수정.

3. 공식적 조직의 형태

(1) 라인조직, 직능식 조직, 라인·스텝조직

1) 라인조직

① 의의 : 라인조직(line organization)은 최고경영자의 권한과 명령이 직선적으로 하급자 또는 일선관리자까지 내려가는 조직형태로 군대식 조직이라고도 한다.

② 특징 : 라인조직은 위계질서 및 분업의 원리에 따라 부서가 분화되며 중소기업에서 주로 많이 나타난다.

③ 장점 : 명령일원화의 원칙에 의해 운영되는 라인조직은 신속한 기동성, 강력한 추진력, 빠른 의사결정, 관리자능력의 최대활용 등의 장점이 있다.

④ 단점 : 라인조직은 상급자의 독재 가능성, 종업원의 창의성 저하, 불확실한 환경에 적절히 대처하지 못하는 등의 문제가 있다.

2) 직능식조직

① 의의 : 직능식조직(functional organization)은 분업의 원칙에 입각한 조직으로 관리자가 담당하는 일을 전문화하고, 부문마다 다른 관리자를 두어 작업자를

(2006, 2007 CPA)
★ 출제 Point
직능식조직의 특성

● 도표 5-24 라인조직, 직능식 조직, 라인·스텝조직

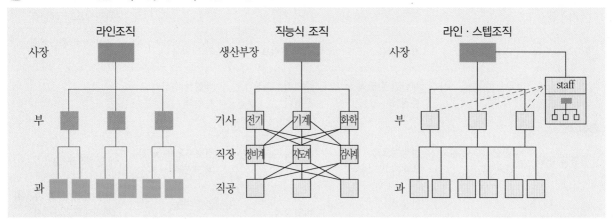

전문적으로 지휘·감독하게 하는 조직이다.

② 특징 : 주로 생산을 담당하는 공장에서 많이 사용된다.

(2004 CPA)
★ 출제 Point
직능식 조직의 장점

③ 장점 : 전문화를 통한 직장(職長)의 양성에 유리하다.

④ 단점 : 명령일원화의 원칙에 위배되고, 업무상 중복이 많으며, 조정·감독이 어렵다는 문제점이 있다.

3) 라인·스텝조직

① 의의 : 라인·스텝조직(line & staff organization)은 조직의 규모가 커지고 제품계열의 수가 늘어나면서 기존의 라인기능만으로는 업무수행이 불가능할 경우 라인업무의 지원을 위하여 스텝기능을 분화하여 발달시킨 형태이다.

② 특징 : 라인조직과 직능식 조직의 절충형태이다.

③ 장점 : 명령일원화의 원칙과 분업의 원칙(전문화의 원칙)을 조화시켰으므로 라인조직의 장점이 유지되면서도 전문적인 스텝의 도움을 받아 보다 효과적인 경영활동이 가능하게 된다.

④ 단점 : 라인과 스텝 간의 의견불일치나 스텝의 조언·권고에 따른 의사결정의 지연 등은 문제가 된다.

(2) 사업부제조직

1) 의 의

사업부제조직(divisionalized organization)은 분화의 원리에 의해 제품별·지역별·고객별로 사업부를 편성하고, 각 사업부별로 자율적인 운영을 하게 하는 형태이다.

('97, 2004 CPA)
★ 출제 Point
사업부제조직의 특징

2) 특 징

① 결과를 중시하고 제품을 강조하게 되는 사업부제조직은 대규모조직이면서 환경

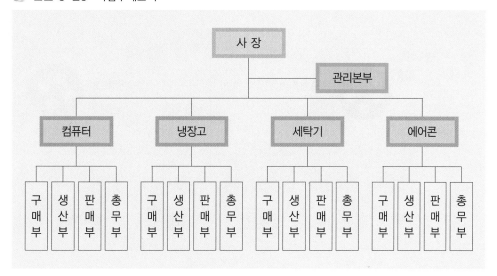

이 불안정할 때 효과적인 조직형태이다.

② 기피선언권 : 독립성을 보장하기 위한 제도로 각 사업부의 사내거래에서 자유롭게 구매를 기피할 수 있는 권한을 말한다.

③ 종합관리와 분권관리 : 이익단위 중심의 분권관리를 구축하여 본부에서 경영성과에 대한 종합관리를 한다.

3) 장 점

① 각 사업부는 이익중심점(profit center)으로서 독립채산제로 운영되므로 유능한 미래의 경영자를 양성하는 기회가 된다.

② 업무수행에 대한 통제와 평가가 쉽다.

③ 각 구성원에게 동기부여와 능력개발을 촉진할 수 있다.

4) 단 점

① 각 사업부의 행위가 기업의 전체목표로부터 벗어나지 않도록 조정하는 본사의 역할이 중요해진다.

② 사업부 간의 경쟁이 우려된다.

③ 과업의 중복이나 중복투자로 공통관리비가 증가한다.

(3) 프로젝트조직

1) 의 의

프로젝트조직(project organization) 또는 태스크 포스(task force)조직은 특정 프로젝트를 수행할 필요가 생겼을 때, 프로젝트의 목표달성에 필요한 전문적 능력을 가진

(2006 CPA)
★ 출제 Point
사업부제조직의 유형

(2004 CPA)
★ 출제 Point
제품조직의 장점

('97 CPA)
★ 출제 Point
동태적 조직의 특징

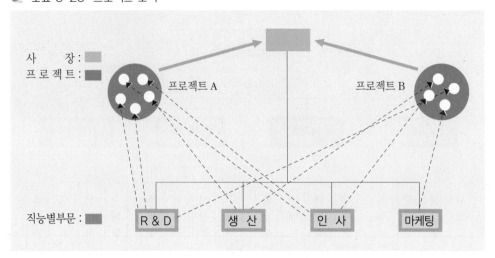

● 도표 5-26 프로젝트 조직

구성원을 각 부문에서 차출하여 조직을 편성하고, 목표가 달성되면 해산하여 본래부서로 돌아가게 하는 유연한 조직이다.

2) 장 점
① 프로젝트의 내용이나 크기에 따라 인원구성에 탄력성이 있다.
② 목표가 명확하여 사기가 높아진다.

3) 단 점
① 새로 구성된 팀원들의 팀워크를 유지하기 어렵다.
② 팀내의 갈등조정, 원래부문과 프로젝트팀 간의 관계조정 등의 역할을 잘 소화해야 한다.
③ 새로운 지식의 창조와 확산에는 적합하지만, 활용과 축적에는 충분하지 못하다.
 → 하이퍼텍스트조직의 등장

4) 성공요건
프로젝트조직이 성공하기 위해서는 ① 프로젝트팀의 팀워크, ② 최고경영자의 지지, ③ 치밀한 계획, ④ 프로젝트 관리자에 대한 권한의 위양 등이 필요하다.

(4) 행렬조직 / 매트릭스조직

1) 의 의
① 행렬조직(matrix organization)은 직능식조직과 프로젝트조직의 혼합형태이다.
② 조직구성원이 직능부서에도 속해 있으면서 프로젝트팀에도 소속되어 양쪽 업무를 동시에 진행하게 된다.

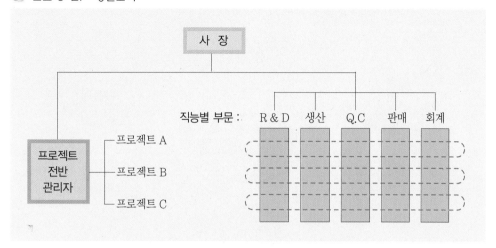

● 도표 5-27 행렬조직

③ 효율성과 유연성을 동시에 추구한다.

2) 장 점
① 급변하는 환경에 신속히 대응할 수 있다.
② 종업원의 능력을 최대한 활용할 수 있다.
③ 최고경영층을 관리로부터 해방시켜 장기계획에 몰두할 수 있게 한다.

(2004 CPA)
★ 출제 Point
행렬조직의 효율성

3) 단 점
① 각 종업원은 이중지위체계 하에 놓이게 되므로 역할이 모호하다.
② 스트레스가 유발되며, 양 업무 간의 시간배분이 어려워진다.
③ 많은 이해관계자로 인하여 의사결정이 지연되고 복잡해진다.
④ 관리비가 증가한다.
⑤ 기능부서와 프로젝트팀 간의 갈등이 생길 여지가 있다.

('96 CPA)
★ 출제 Point
행렬조직의 특징

4. 새로운 조직 유형

(1) 네트워크조직과 가상조직

1) 네트워크조직
① 의 의
　네트워크조직은 조직 내부의 여러 기능들을 계약을 통해 아웃소싱하고, 중앙조직은 본사기능만 수행하거나 소수의 핵심기능에만 집중하는 조직형태를 말한다.
② **네트워크조직의 특징**
　ⓐ 네트워크조직은 여러 기능을 내부화하고자 하는 수직계열화와 상반되는 개념이다.

(2006 CPA)
★ 출제 Point
네트워크조직의 특성

도표 5-28 극단적인 네트워크조직

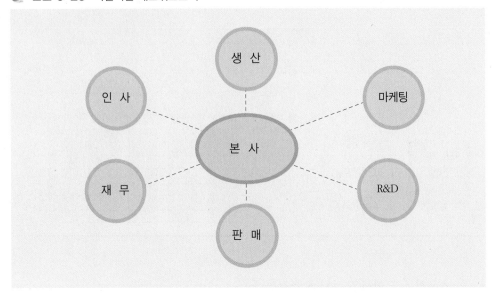

ⓑ 네트워크조직이 진행될수록 원래의 조직에는 점차 내용이 줄어들기 때문에 '조직 없는 조직'으로 불리우기도 한다.

ⓒ 극단적인 네트워크조직의 경우 중앙조직은 headquarter(본사)의 기능만 수행하므로, 그 조직 내에는 라인은 없고 스탭만 존재하게 된다.

2) 가상조직
① 가상조직의 의의
가상조직(virtual organization)이란 하나의 최종목표를 달성하기 위해 수직적·수평적 관계의 다수의 기업들이 각자 보유하고 있는 핵심역량을 투입, 연계하여 하나의 기업처럼 행동하는 임시적 또는 영구적 조직형태이다.

② 가상조직의 특징
ⓐ 가상조직은 네트워크조직보다 한 단계 더 발전된 개념으로 거래비용은 일절 배제한 '여럿이지만 하나'인 조직이다.

ⓑ 개개의 고객이 원하는 특정 제품을 저렴한 비용으로 신속하게 공급(mass-customization)하기 위해 반드시 필요한 조직형태이다.

ⓒ 참여기업의 관심이 최종목표 하나에 집중된다.

ⓓ 참여기업간에 완전한 몰입(commitment)을 상당히 기대할 수 있다.

ⓔ 가상조직의 수명은 시간을 기준(time-based)으로 존재한다. → 즉, 조인트벤처나, 전략적 제휴처럼 계약조건을 명문화하여 이루어지는 관계가 아니고, 협력관계를 통한 기회가 지속되는 기간 동안만 관계가 지속된다.

ⓕ 기업 외부의 자원을 자신의 것처럼 극도로 효율적으로 활용할 수 있다.

ⓖ 규모의 경제, 범위의 경제 외에 속도의 경제를 이루는 조직형태이다.

(2) 하이퍼 텍스트 조직

1) 의 의
① 한 조직 내에 프로젝트 조직과 기계적 조직을 동시에 구축하자는 것이다.
② 새로운 지식의 창조에 관련된 부분은 프로젝트 팀 조직 활용
③ 창조된 지식이 생산 또는 서비스될 때는 기계적 조직 활용

(2004 CPA)
★ 출제 Point
혁신의 양면성 모형

2) 특 징
조직 내에 프로젝트 팀과 더불어 하부구조는 사업부제나 매트릭스조직과 같은 계층형 조직시스템을 복합적으로 구성한다.

3) 구 조
① **공식조직**(사업단위층) : **기계적 관료제**
    ⓐ 효율성을 목표로 일상활동을 처리
    ⓑ 안정되고, 공식적이며, 계층적 피라미드 형태
    ⓒ 이미 만들어진 지식을 활용하고 축적하는 데 효과적
    ⓓ 반복되는 일상업무 처리에 적절
② **임시조직**(프로젝트층) : **테스크포스 팀**
    ⓐ 지식생성의 원천이 됨
    ⓑ 의사소통이 수평적으로 자유스러움
    ⓒ 필요한 경우 외부 인물 영입 등 조직의 변형이 쉬움
③ **인프라조직**(지식기반층)
    ⓐ 두 층에서 창출된 지식을 재분류하고 정리
    ⓑ 기업비전이나 문화, 기술, DB 형태로 지식이 축적되고 교환되는 저장소 겸 교환소의 역할

5. 횡적 조직의 설계

(1) 횡적 조직의 특성
1) 횡적 조직(수평적 조직)은 네트워크식 조직, 전문가 조직, 리엔지니어링 조직, 가변조직, 탄력적 조직, 창의적 조직, 유연조직 및 학습조직 등에서 채택되는 유형이다.
2) 조직구성원에게 권한이양하여 프로젝트 중심의 자기관리팀을 구축하고, 이를 중심으로 모든 업무를 수평적·통합적으로 수행하는 조직형태이다.
3) 자율관리와 프로젝트팀제 운영이 특성이며, 권력·정보·보상의 공유가 전제가 된다.

(2) 횡적 조직과 상호의존성

1) 부서 간의 상호의존성이 높을수록 조직의 규모가 커질수록 횡적 조정활동이 더욱 요구된다.

2) 횡적 조직을 설계하기 위해서는 상호의존성이 있는 부서 간의 효과적 조정활동을 충분히 고려해야 한다.

(3) 횡적 조직의 조정기법

1) 연락역할 담당자

① 조직이 여러 부서로 세분화되어서 부서간 의사소통 문제가 중요하게 대두될 때에는 종적 경로를 거치지 않고 부서 간의 직접적인 의사소통을 통해 효과적인 조정활동이 가능하도록 연락역할 담당자를 둘 수 있다.

② 연락역할 담당자는 **공식적인 권한은 없으나** 비공식적인 권한을 상당히 부여받아 업무를 수행하므로, 이에 필요한 전문적인 지식을 갖고 있느냐에 따라 업무수행의 성공 여부가 결정된다.

③ 연락역할담당자는 관련 부서의 특성에 적합한 목표지향성 및 원활한 대인관계 능력이 요구된다.

2) 위원회 및 태스크포스

조직 내에서 횡적 조정의 수단으로 가장 많이 사용되는 것은 회의이며, 횡적 조정에 사용되는 두 가지 주요한 회의형태로는 위원회와 태스크포스가 있다.

① **위원회**

ⓐ 위원회는 조직의 업무수행상 발생하는 **일반적인 관심 사항을** 처리하기 위하여 **정기적으로 소집된다.**

ⓑ 일반적으로 조직의 중간계층에서 형성된다.

ⓒ 위원회조직은 다음과 같은 경우에 효과적이다.

ⅰ) 회사의 중요한 전략적 의사결정에 광범위한 경험과 배경을 가진 사람들이 필요한 경우

ⅱ) 업무 수행상 책임을 분산시키는 것이 필요할 때

ⅲ) 의사결정 결과에 의해 영향을 받게 되는 부서의 대표자를 참가시켜 부서의 요구사항을 반영시키고자 할 때

ⅳ) 조직이 관리상의 과도기를 맞이하고 있어서 어느 한 개인이 조직을 이끌어나가기가 곤란한 경우

② **태스크포스**

ⓐ 태스크포스(Task Force)는 **특정과업을** 수행하기 위해 소집되며 과업이 해결된 후에는 해체되는 **임시위원회로서** 공식적 또는 비공식적으로 소집된다.

ⓑ 태스크포스는 어떤 과업의 성공 여부가 조직의 생존에 결정적인 영향을 미치게 되는 상황이나 또는 시간적인 제약 때문에 여러 가지 기능을 가진 전문가들이 모여 상호의존성의 효과를 최대로 살려서 과업을 수행해야만 하는 상황에서 바람직한 조직구조이다.

Key Point 위원회와 태스크포스의 차이

① 위원회는 이를 구성하고 있는 사람들이 각자의 소속부서에서 맡겨진 업무를 수행하다가 특별한 문제가 발생하는 경우, 위원회의 위원 자격으로 모여서 발생한 문제를 해결한다. 위원회에 속한 사람들은 자신에게 맡겨진 업무에 대해 책임을 갖고 있는 상태에서, 당면한 문제 해결을 위해 모이게 된다.
② 그러나 태스크포스의 경우에는 소속부서의 책임에서 완전히 벗어나 태스크포스의 과업이 끝날 때까지 태스크포스의 업무만을 수행하다가 과업이 끝나면 다시 소속부서로 돌아가 본래의 임무를 수행한다. 그러므로 태스크포스에 속해서 일을 할 때에는 본래 개인이 속해 있던 부서의 임무에 대한 책임에서 완전히 벗어나 태스크포스의 업무에 대해서만 전적인 책임을 지게 된다.

3) 전임통합자

① 전임통합자는 **실질적인 권한을 갖고** 연락역할을 수행하기 때문에, 각 부서가 조직 전체의 목표와 상이한 목표를 갖고 있을 경우 각 부서의 활동을 통합하여 조직목표를 효과적으로 달성할 수 있도록 한다.

② 적용예

ⓐ 소비재를 생산하는 회사에서 생산되는 제품에 대하여 생산과 마케팅의 전분야를 책임지는 브랜드관리자(brand manager)를 두는 경우가 있는데, 이러한 경우도 전임통합자를 통하여 각 기능을 조절할 수 있도록 설계된 예라 할 수 있다.

ⓑ 브랜드관리자는 그 제품에 대해 전반적으로 책임을 져야하므로 구매, 제조, 포장, 가격책정, 영업, 판촉, 광고, 대리점 관리 등 세부적인 사항을 모두 이해하여야 하며 판매예측, 예산편성, 생산일정계획 등 제품을 위한 여러 가지 계획을 수립해야 하는 책임이 있다.

ⓒ 그러나 브랜드관리자는 다른 브랜드관리자와의 협력하에 자신이 맡고 있는 제품에 대한 조정을 할 수 있을 뿐이어서 각 기능부서를 직접 통제할 권한은 없지만, 예산편성과 비용지출을 통제함으로써 실질적인 권한을 행사할 수 있다.

③ 전임통합자는 공식적인 통제권한이 부여되지 않은 입장에서 개인의 행동에 영향력을 행사해야 하므로, 업무를 수행하는 데 있어서 많은 어려움이 있다.

5.3 조직개발

1. 의 의

1) 의의 : 조직개발(OD : organizational development)은 행동과학의 지식을 이용하여 조직의 대응능력을 높이고, 조직의 성과와 구성원의 만족도를 향상시키려는 장기적이고 포괄적인 조직변화전략이다.

2) 조직개발의 주된 초점 : 조직의 인간적 측면, 즉 인간의 잠재력을 최대한 개발하여 조직의 유효성을 높이려는 데 있다.

3) 특징 : 조직개발은 계획적으로 실시되며, 조직전체의 근본적인 변화에 관심이 있고, 장기적으로 실시된다.

4) 대표적 조직개발기법으로 행동연구가 있다.

> **Key Point** 행동연구
>
> 조직에 대한 자료를 체계적으로 수집해서 조직구성원들에게 다시 피드백시킴으로써 행동계획을 수립하게 하고, 행동이 이루어진 다음 다시 자료를 수집해서 결과를 평가하는 과정을 말한다.

● 도표 5-29 분석수준에 따른 조직개발기법의 분류

수 준	OD기법의 예
개 인	비효과적 성과에 대한 카운셀링, 경력카운셀링, 적극적 강화프로그램(행동수정), 직무충실화, 의사교류분석(TA), 스트레스 감소를 위한 긴장이완훈련, 업적평가 시스템, 감수성훈련, 관리격자도훈련(개인차원), 인바스켓훈련, 경영게임
집 단	팀구축법, 이미지교환, 대면회합, 근로시간변경, 무리더집단토론, 집단브레인스토밍, 감수성훈련, 과정상담법, 관리격자도훈련(집단차원), 집단간 거울기법
조 직	관리격자도훈련(조직차원), 조사연구피드백, 보상프로그램, 인적자원회계, 목표에 의한 관리(MBO), 근로생활의 질 프로그램(QOWL), 스캔론 플랜, 종업원지주제, 시스템4

('95 CPA)
★ 출제 Point
개인수준의 조직개발기법

2. 조직개발기법

(1) 감수성훈련 : T집단(training group)훈련

('95 CPA)
★ 출제 Point
감수성훈련과 인간관계
관리기법

1) 감수성훈련(sensitivity training)은 서로 알지 못하는 수십 명의 참가자를 모든 관계집단에서 분리시켜, 약 2주 정도 집단생활을 하게 함으로써 그 동안 자기가 타인에게 어떠한 영향을 미치고 있으며, 타인으로부터 어떻게 인지되고 있는가를 감지하

는 능력을 개발시키는 데 중점을 둔다.

2) 감수성훈련은 자신이나 타인의 감정에 대한 통찰력의 결여와 자신의 행동이 동료 종업원들에게 어떤 영향력을 미치는지 모르는 데서 오는 개인간의 갈등이나 마찰의 해소를 통하여 조직유효성을 향상시키려는 기법이다.

3) 감수성훈련은 대인관계에 대한 감수성의 증대를 통하여 인간관계능력과 조직유효성을 향상시키려는 기법이다.

(2) 관리격자도훈련 : 그리드훈련

1) 관리격자도훈련(grid training)은 리더십의 관리격자도훈련에 기초한 방법으로 리더십의 개발을 통해 조직유효성을 높이려는 조직개발기법이다.

2) 관리격자도훈련의 궁극적 목표는 관리격자도이론에서 이상적인 리더로 지적되었던 (9, 9)형(단합형)의 리더, 즉 과업과 인간관계에 모두 높은 관심을 보이는 관리자가 되도록 고무하는 것이다.

(3) 팀구축법 : 작업집단구축법

1) 팀구축법(team building, team development)은 과업성과에 초점을 맞추어 조직내의 여러 가지 작업집단들을 개선하고, 그 효과성을 증대시키려는 기법이다.

2) 팀구축법은 조직의 공식적 직무를 수행하는 작업집단의 구성원들이 협조적인 관계를 형성하여 직무를 효과적으로 수행할 수 있도록 하는 데 목적이 있다.

> **Key Point** 감수성훈련과 팀구축법의 차이점
>
> ① 감수성훈련의 궁극적 목적은 조직의 유효성 향상이지만 일차적으로는 개인적 · 사회적 통찰력을 높이려는 데 목적이 있다.
> ② 팀구축법에서는 과업성과와 관련된 문제들에 대해 관심을 쏟으므로 구성원들은 생산성에 미치는 여러 요인들에 대해 토론한다.

(4) 대면회합법

1) 대면회합법(confrontation meeting)은 조직의 문제와 집단 간의 갈등 및 불신관계를 협조 및 후원관계로 만드는 데 목적이 있다.

2) 대면회합법의 종류

① 벡카드(R. Beckhard)법 : 조직의 여러 계층에서 나온 사람들로 구성된 집단이 조직의 긴급한 문제에 대해 정보 공유하고 행동목표 설정

② 집단간 대면 : 두 문제집단 사이의 관계개선을 위한 회합법으로, 우선 관리자들끼리 만나 증상을 토의하고, 다음 문제집단들이 정리된 의견을 가지고 대면

③ 조직체 거울(organizational mirror) : 세 개 이상의 문제집단을 중심으로 관계 개선을 위한 것으로 변화담당자가 개입하여 개선하도록 한다.

(5) 과정상담법 : 과정자문법

1) 과정상담법(process consultation)은 개인 또는 집단이 조직상의 과정적인 문제를 진단하고 이해하며, 스스로 해결할 수 있도록 외부상담자가 도와주는 방법이다.

2) 과정상담법의 초점은 조직 내의 인간적 과정(human process)에 둔다. → 즉 의사소통과정, 리더십과정, 집단 간의 과정 등이다.

> **Key Point** 3자 타협법(third party peacemaking) : 왈튼(walton)
>
> 과정상담법의 특수한 경우로 대인간의 관계 및 집단 간의 분쟁해결에 목적을 두고 제3자인 상담자가 갈등의 원인을 진단하여 문제를 해결하고 제3자의 입장에서 분쟁을 해결하는 것을 말한다.

(6) 조사연구 피드백기법

1) 조사연구 피드백(survey feedback)기법은 종업원들로부터 조직의 주요 문제들(리더십유형, 의사결정, 조직분위기, 종업원의 만족 등)에 대한 자료를 조사하고, 조사연구를 통하여 얻은 결과를 다시 종업원들에게 피드백시켜, 조사에서 밝혀진 문제점들을 처리하고 극복할 수 있는 구체적 방법들을 고안하는 기법이다.

2) 장점 : 저렴한 비용으로 신속하게 대량의 정보를 획득할 수 있다.

(7) 근로생활의 질 프로그램

1) 근로생활의 질(QOWL : quality of working life)프로그램은 높은 생산성과 능률을 달성하는 데 기여하면서, 일의 세계를 인간화하는, 즉 종업원들이 일에 대해 보다 유쾌하고, 만족하고, 즐거워하도록 하는 절차들을 마련하는 것이다.

2) QOWL의 구체적 방법 : 직무재설계, 감독자 역할의 변화나 재설정, 보상체계의 설계와 시행, 산업민주주의의 채택 등

> **Key Point** 산업민주주의(industrial democracy)
>
> 종업원이 기업의 주요 의사결정에 직접 참여하고, 경영층의 정보에 그때그때 접하며, 조직이 성취한 경제적 이득의 몫을 나누어 갖는 것이다.

3. 조직개발기법의 성공요건 및 한계

(1) 조직개발의 성공요건

1) 변화를 요구하는 내외의 압력이 있어야 하고, 최고경영자의 변화의 필요성에 대한 지각과 변화를 추진하고자 하는 결심이 필요하다.

2) 최고경영자의 지지와 지원이 필요하다.

3) 유능한 OD전문가를 확보해야 한다.

4) 장기적 안목으로 추진해야 한다.

5) 조직의 모든 계층의 관리자를 포함해야 한다.

(2) 조직개발의 한계

1) 인간적 측면에 집착하고 구조적 요인이나 기술적 요인을 간과하거나 소홀히 다루는 경향이 있다.

2) 장기간에 걸친 수행으로 많은 시간과 비용이 소요된다.

3) 유능한 OD전문가 확보가 어렵다.

4) OD전문가들의 주관적 선호에 의해 문제와 상황에 관계없이 언제나 같은 기법을 사용하는 경향이 있다.

5) 최고경영자의 OD에 대한 언행불일치시 OD의 성과를 기대하기 어렵다.

5.4 조직변화

1. 조직변화의 의의

1) 조직변화(organizational change)란 조직을 구성하는 사람, 구조, 기술 등을 변화시키는 것이다.

2) 변화과정에서 ① 비공식과정, ② 직무특성, ③ 인적요소, ④ 공식적 조직구조 중 어디에 초점을 두느냐에 따라 변화프로그램이 달라진다.

◈ 조직변화를 조직변혁(OT : Organizational Transformation)으로 표현하기도 한다.

3) 조직변화방법

① 리엔지니어링(reengineering)기법은 직무특성, 직무과정 등에, 리스트럭쳐링(restructuring)기법은 공식적·비공식적 조직구조에, '의식개혁운동'이나 임파워먼트(empowerment)기법은 조직구성원의 질적변화에 초점을 맞추고 있다.

② 기업문화운동은 인적요소에 초점을 두면서 다른 요소의 변화도 경우에 따라 포함시키고 있는 조직변화프로그램이다.

③ 인트라프리뉴어링(intrapreneurship : 사내 기업가정신)은 기업가정신(entrepreneurship)과 대조되는 말로서 조직 내에서 혁신을 창조하는 사내 개척자정신을 말한다.

● 도표 5-30 조직변화 방법과 변화의 초점

보 기	변화의 초점
인트라-프리뉴어링	도전, 혁신, 창조로의 변화
리스트럭처링	구조조정, 경쟁력이 있는 사업구조로의 변화
리엔지니어링	비즈니스 프로세스의 획기적 변화
벤치마킹	학습을 통한 변화
다운사이징	시설 및 인원의 비용절감과 변화창출
전사적 품질관리	전사적 차원의 변화
조직학습	비전창출 및 시스템 변화
임파워먼트	권한위임
모빌리티	정체성 극복(드러커)
지식경영	창의성

2. 조직변화이론

(1) 르윈의 연구

1) 조직변화의 대표적인 연구인 르윈(Lewin)의 연구에 의하면, 조직변화는 해빙(unfreezing), 변화(changing), 재동결(refreezing)의 단계를 거쳐 이루어진다고 한다.

2) 해빙단계에서는 변화를 추진하는 세력과 변화에 저항하는 세력이 힘겨루기를 하여 갈등이 발생하게 되는데, 교육, 참여, 공개토론, 협상 등을 이용하여 추진세력의 힘을 증진시키고, 저항세력의 힘을 약화시켜야 한다.

3) 변화단계에서는 변화대상을 파악하고 알맞은 프로그램을 실시하여 변화시킨다.

4) 재동결단계에서는 변화된 상태를 유지하고, 본래의 상태로 회귀하려는 것을 막기 위해 최고경영자의 지원, 적절한 보상 등을 이용하여 재동결시킨다.

◆ 변화담당자(change agent)란 조직변화전문가로서 특별위촉을 받아 변화계획을 수립하고 변화를 이끌어가는 집단을 의미하며, 외부의 전문가팀 교수팀이 해당되지만 내부자를 이용할 수도 있다.

● 도표 5-31 르윈의 조직변화 과정

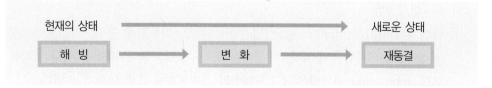

(2)카오스이론

1) 조직변화에 새롭게 제시되는 이론으로 카오스이론(chaos theory)이 있다. 카오스이론이란 우리가 지금까지 무질서, 카오스(혼돈)상태로 여겼던 현상에서도 일정한 주기(질서)를 발견할 수 있다는 것이다.

2) 조직변화는 조직시스템의 한 주기에서 또 다른 주기로 전이하는 과정으로 볼 수 있으며, 이런 주기변화의 모티브와 여건, 새로운 질서를 도입하여 조직변화에 이용될 수 있다고 보는 이론이다.

3. 조직변화의 저항

1) 개인적 요인
① 불확실성에 대한 공포
② 기득권 상실 우려
③ 새로운 기술 취득에 대한 부담
④ 안정욕구
⑤ 경제적 이익 상실
⑥ 사회적 이익 상실(권력의 감소)

(2001 CPA)
★ 출제 Point
조직변화에 대한 저항의 관리

2) 체제적 요인
① 자원의 제약
② 매몰비용(기득권) : 현재의 상태에 이르는 데 많은 비용이 들었을 때
③ 행위에 대한 공식적 규제
④ 비공식적 조직의 관례
⑤ 조직간의 동의(연관성)
⑥ 집단의 응집력
⑦ 조직의 경직성
⑧ 불 신

4. 조직변화에 대한 저항의 관리

1) 교육과 의사소통
① 변화가 있기 전에 사람들을 교육하거나, 변화의 이유를 알 수 있도록 하는 방법이다.
② 예 : 일대일 토론, 집단에 대한 강의, 보고서, 실례의 제시 등

2) 참여와 몰입
① 피변화자로 하여금 변화의 설계와 시행을 돕도록 하는 방법이다.
② 예 : 참여의 허용, 아이디어나 충고의 요청, 변화업무를 담당할 테스크포스나 위원회의 구성 등

3) 촉진과 지원

① 변화에 따른 애로사항에 대한 사회적 정신적 지원을 제공하는 방법이다.

② 예 : 문제와 불평의 경청, 성과압력의 극복에 대한 노력 등

4) 협상과 동의

① 실질적 혹은 잠재적 저항자에게 유인을 제공하는 방법이다.

② 예 : 작업방식의 변화를 실시하는 조건으로 임금인상을 제시하는 것 등

5) 조작과 호선(cooptation)

① 타인에게 영향력을 행사하기 위하여 은밀히 노력하는 방법이다.

② 예 : 정보의 선택적 제공, 의도적으로 사건을 구성하여 변화에 최대한의 지지가 주어지도록 하는 방법 등

6) 명시적 · 암시적 강압

변화를 받아들이도록 하기 위하여 힘을 사용하는 방법이다.

5.5 조직성장

1. 조직성장연구

(1) 조직성장연구의 유용성

1) 조직성장(또는 진화)에 관한 연구는, 기업 성장시 각각의 단계마다 나타나는 경영상의 문제점을 해결하는 데 유용하다.

2) 조직성장 연구는 각 단계마다 변화하는 상황과 전략에 '적합한' 조직을 구축하는 문제를 다룸으로써, 기업 조직의 유지 및 생존 문제에 대한 해결책을 제시해준다.

(2) 조직성장연구의 분류

1) 조직진화(또는 성장)에 관한 연구의 흐름은 생태학적(ecological) 모델, 적응적(adaptation) 모델, 변혁적(transformational) 모델 등의 세 가지 관점으로 나눌 수 있다.

2) 변혁적 모델

① 의 의

조직의 변형적 변화(metamorphic changes)에 초점을 두면서, 근본적으로 다른 기간이나 단계를 경험하면서 진화하는 것을 강조한 이론이다.

② 분 류
　　ⓐ 조직수명주기 모형 : 조직 진화의 예측 가능한 발전 단계와 각 단계별 특징
　　　을 규명
　　ⓑ 조직성장경로 모형 : 조직성장에 있어서 비결정적 성장 패턴을 규명

2. 조직수명주기 모형

1) 조직수명주기 모형은 조직의 성장, 성숙, 쇠퇴의 과정을 거치는 동안의 조직구조의 예측 가능한 특성을 파악하려는 모형이다.

2) Quinn과 Cameron은 기존 학자들의 여러 모형을 종합하여 조직수명주기 모형을 제시했는데, 조직수명주기를 창업단계, 집단공동체단계, 공식화단계, 정교화단계로 구분하고, 각 단계의 특징을 규명하여 조직의 성장 과정에 따른 조직 설계의 방향을 제시하였다.

3) Quinn과 Cameron은 각 단계에서 발생하는 위기를 극복함으로써 다음 단계로 성장할 수 있다고 보았다.

● 도표 5-32 조직수명주기 모형

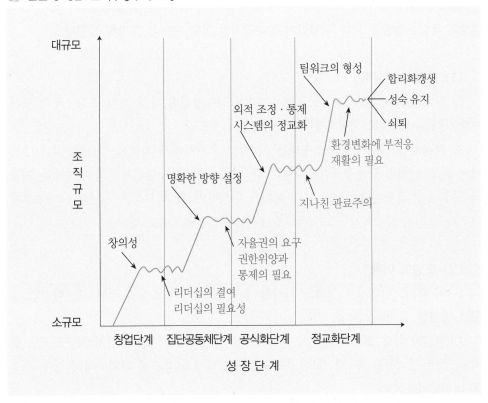

자료 : Draft, Richard, L., *Organization Theory and Design* (Minnesota : West Publishing Company, 1995).

	창업단계	집단공동체단계	공식화단계	정교화단계
	비관료적	준관료적	관료적	초관료적
특징적 구조	비공식적, 1인체제	전반적으로 비공식적,부분적절차	공식적 절차 명확한 과업분화, 전문가 영입	관료제내의 팀 운영, 문화의 중요성
제품/서비스	단일의 제품 및 서비스	관련 주요 제품	제품라인 및 서비스	복수의 라인
보상과 통제시스템	개인적, 온정적	개인적, 성공에 대한 공헌	비인적, 공식화된 시스템	제품과 부서에 따라 포괄적
혁신의 주체	창업주	종업원과 창업주	독립적인 혁신집단	제도화된 R&D
목표	생존	성장	명성, 안정, 시장확대	독특성, 완전한 조직
최고경영자 관리스타일	개인주의적, 기업가적	카리스마적, 방향제시	통제를 바탕으로 한 위임	참여적, 팀 접근적
위기발생	리더쉽 결여	위임과 자율권 요구	지나친 관료제화	변화된 환경에 부적응

3. 조직성장경로 모형

Mintzberg가 제시한 조직성장경로모형은 조직이 **성장하는 과정에서 요구되는 조직** 설계의 특징과 방향을 보다 구체적이고 다각적인 상황 속에서 조명하고 있다.

(1) 모형의 기본틀

1) 민쯔버그의 조직성장경로모형은 5각형으로 형성된 다섯 가지 조직구조의 구성형태(configuration)로 설명하였다.

2) 각각의 조직구조의 구성형태는 5각형의 모서리에 위치하고 있는데, 많은 조직에서 최초 단계인 단순구조가 5각형의 맨 위에 위치하고, 중간부분의 왼편에는 기계적 관료제가, 오른편에는 전문적 관료제가 위치하며, 맨 밑부분의 왼편에는 사업부제 구조가, 오른편에는 혁신구조인 애드호크러시구조가 위치하고 있다.

(2) 모형의 이해

1) 이 5각형 내부에서 실제의 다양한 조직구조형태와 조직이 직면하는 다양한 상황을 발견할 수 있게 된다.

2) 현실의 실제 조직은 각각의 순수유형의 구조형태에 가깝게 위치하는 조직도 있지만, 많은 조직들은 두 세 개의 조직구조 구성형태의 중간에 위치하여 혼합형 구조를 나타내기도 한다.

3) 이러한 조직구조는 하나의 순수유형의 구조에서 다른 순수유형의 구조로 전환되어가는 과정 속에서 발견된다.

(3) 모형의 공헌

Mintzberg의 모형을 통하여 ① 모든 조직에는 여러 방향으로 나아가려는 힘이 작용하고 있고, ② 조직의 구조와 상황을 반영하는 다섯 가지 원형이 있고, ③ 혼합 구조가 형성되는 근거를 알 수 있으며, ④ 하나의 구조와 상황으로부터 다른 구조와 상황으로 전환되어가는 근거를 파악할 수 있다.

(4) 다섯 가지의 힘과 조직구조

Mintzberg가 제시한 조직의 다섯 가지 기본부문은 조직을 둘러싼 다양한 상황에 따라서 우선적으로 요구되는 힘이 달라지며, 이 힘의 방향에 따라 조직설계가 달라진다.

1) 조직에는 집권화하기 위하여 **최고경영층(전략경영층)**에서 행사하는 힘이 있다.

(2005. CPA)
★ 출제 Point
민쯔버그의 조직구조
특성

① 이 힘은 **직접감독에 의한 조정**을 통하여 발휘된다.

② 단순구조의 조직에서 이 힘이 강하게 작용된다.

2) 조직에는 표준화를 하기 위하여 **기술전문가들이** 행사하는 힘이 있다.

① 이 힘은 **과업과정의 표준화에 의한 조정**을 통하여 발휘된다.

② 기계적 관료제 구조에서 이 힘이 강하게 작용된다.

3) 조직에는 전문화하기 위하여 **핵심운영층**에서 행사하는 힘이 있다.

① 이 힘은 **작업기술의 표준화에 의한 조정**을 통하여 발휘된다.

② 전문적 관료제구조에서 이 힘이 강하게 작용한다.

4) 조직에는 사업단위를 분할하기 위하여 **중간관리층**에서 행사하는 힘이 있다.

① 이 힘은 **산출물의 표준화에 의한 조정**을 통하여 발휘된다.

② **사업부제구조에서** 이 힘이 강하게 작용한다.

5) 조직에는 협조 및 혁신을 하기 위하여 **지원스탭에서** 행사하는 힘이 있다.

① 이 힘은 **상호적응에 의한 조정**을 통하여 발휘된다.

② 혁신구조에서 이 힘이 강하게 작용한다.

(5) 조직구조의 설계

1) 모든 조직은 이러한 다섯 가지 힘들을 동시에 경험하고 있으며 결국 조직구조를 설계한다는 것은 서로 다른 힘들의 배합을 결정하는 것이다.

2) 어떤 한 방향으로의 힘이 지배적일 때, 조직은 거의 5각형의 모서리에 있는 순수한 구조형태에 가깝게 된다.

3) 혼합형 구조가 나타나는 것은 둘 이상의 힘이 동시에 작용하기 때문이며, 하나의 구조형태가 다른 구조형태로 전환되는 것도 기존의 지배적인 힘이 새로운 힘으로 대체되는 현상으로 볼 수 있다.

● 도표 5-34 Mintzberg의 조직성장경로모형

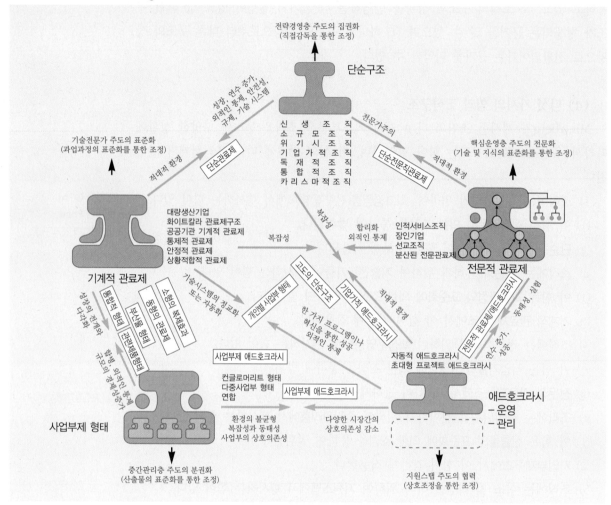

자료 : Mintzberg, H., *The Structuring of Organizations* (Englewood Cliffs, NJ : Prentice-Hall, 1979).

5.6 조직이론의 변천과정

1. 분석틀

1) 조직이론을 체계적으로 잘 정리한 Scott의 분류에 의하면, 조직에 대한 관점과 인간에 대한 관점으로 나누었다.

2) 조직에 대한 관점은 다시 조직의 환경 개념을 포함시켰는지 여부에 따라 폐쇄
적 관점과 개방적 관점으로 나누었다.

3) 인간에 대한 관점은 인간을 합리적 존재로 보았는지 사회적 존재로 보았는지에
따라 합리적 관점과 사회적 관점으로 나누었다.

(2003 CPA)
★ 출제 Point
조직이론의 발전 과정

● 도표 5-35 조직이론의 분류

		인간에 대한 관점	
		합리적	사회적
조직에 대한 관점	폐쇄적	Ⅰ.폐쇄-합리적 조직이론	Ⅱ.폐쇄-사회적 조직이론
	개방적	Ⅲ.개방-합리적 조직이론	Ⅳ. 개방-사회적 조직이론

2. 각 단계별 조직이론

(1) 폐쇄 – 합리적 조직이론(1900 – 1930년대)

1) 이 이론은 조직을 외부 환경과 상관이 없는 폐쇄된 체계(closed system)로 보
았고, 조직을 구성하는 인간은 합리적으로 사고하고 행동하는 것으로 가정하였다.

2) 이 이론에서는 환경에서 제기되는 기회와 위협을 무시하고, 조직내 구성원들의
합리성과 능률을 강조하여 이를 위해서는 인간을 강력히 통제하고, 직무 중심의 반복
적 · 일상적 업무수행(인간을 기계의 부속품으로 취급)을 강조해야 한다고 보았다.

3) 여기에 해당하는 학자들로는 테일러, 베버, 패욜 등과 Gulick, Urwick 등을 들
수 있다.

4) 이들은 조직을 설정된 목표를 달성하기 위한 수단으로 보았다.

5) 그러나 이 이론은 산업공학이나 인간공학의 발전에는 공헌하였다.

(2) 폐쇄 – 사회적 조직이론(1930~1960년대)

1) 이 이론은 조직구성원들이 다양한 욕구를 가지고 있으며, 특히 이들의 사회적
욕구를 이용해서 생산성을 높일 수 있다고 보았다(인간관계론).

2) 즉, 인간관계, 종업원의 태도, 지도성, 노조, 사기, 의사소통 등에 관심을 두고
이를 생산성에 연결시키려 하였다(사회체계).

3) 이 이론의 주요 초점은 조직의 **내부문제**에 있었기 때문에 외부환경문제는 소홀했다(폐쇄체계).

4) 이 이론은 행동과학분야와 인적자원관리의 발전에 공헌하였다.

5) 여기에 해당되는 학자로는 Roethlisberger와 Dickson, Mayo, Katz, Dalton 등을 들 수 있다.

6) 이 이론의 Selznick의 제도화 모형이나 Parsons의 사회시스템 모형을 통해 제4단계(개방-사회 조직이론)로 발전하게 된다.

7) Selznick의 제도화이론

① Selznick에 따르면 조직은 목표를 달성하는 도구 일지라도 외부환경으로부터의 영향, 구성원들의 이질적인 고유특성, 그리고 조직에 대한 그들의 서로 다른 반응 등으로 형성된 하나의 **적응적인 유기체**라고 주장하였다.

② 그는 유기체로서의 조직이 생존하기 위한 요건으로써 '제도화(institutionaliza-tion)'의 필요성을 처음으로 제시하고 있는데, 그가 주장하는 제도화는 조직과 환경과의 관계에 있어서의 제도화의 문제와 조직 내부의 개인과 조직 간의 관계에 있어서의 제도화의 문제로 나눌 수 있다.

③ Selznick는 조직을 둘러싼 **외부환경**(특히 제도적 환경)에 대한 적응방법으로 '互選(co-optation)'이라는 개념을 도입하여 조직과 환경과의 관계에 있어서 제도화의 문제를 설명하고 있다.

④ 조직 **내부의 개인과 조직 간의 관계**에 있어서 제도화의 문제는 조직내 구성원들의 이질적이고 비합리적인 일탈행동을 현실적으로 수용하는 데서 출발하고 있다.

 ⓐ 즉 조직의 목표와 개인의 목표 간의 차이에서 오는 갈등의 문제를 현실적인 관리의 문제로 반영시킨 것이다.

 ⓑ Selznick은 이같은 조직의 목표와 개인간 **갈등의 문제를**, 규칙이나 규범 및 불문율과 같은 **제도를 통하여 해결**할 수 있다고 보고, 제도적 관점에서 조직 전체의 안정, 권한과 의사소통채널의 안정, 조직내 비공식적 관계의 안정 등을 설명하려 하였다.

⑤ Selznick의 입장에서 제도화라는 개념은 목표달성을 위해 당면한 과제를 넘어서 조직수명을 연장하는 영속성을 조직에 부여하는 것을 의미한다.

 ⓐ 조직이 제도화를 추구하는 것은 환경이나 자원에 대한 경쟁 속에서 조직의 내부 과정이 환경변화에 적합화 되어가는 과정으로 볼 수 있다.

 ⓑ 따라서 조직은 조직의 실제 목표와 기능에서 이탈하여 순전히 생존과 성장을 위해서 새로운 형태의 관행과 규칙을 채택하게 되는 것이다.

◆ 호선이란 조직이 살아남기 위해 조직의 안정 또는 생존을 위협하는 대상이나 요소를 조직의 정책결정구조 속에 흡수시키고 이를 관행화하여 공식적·비공식적으로 제도화시킴으로써 조직의 안정과 생존을 확보하는 방어메커니즘을 말한다.

(3) 개방 – 합리적 조직이론 (1960~1970년대)

1) 앞의 2단계의 이론가들이 조직 내부의 개인, 집단, 조직 자체가 충족해야 할 욕구들의 원천을 작업집단 내의 인간관계, 리더십, 노조, 의사소통채널 등과 같이 조직 내부에서 찾은 반면, 제3단계의 이론가들은 조직이 각 유기체들의 욕구충족을 위해서 환경에 의존하게 될 것이라는 사실에 관심을 집중함으로써 유기체의 생존의 원천에 대한 관점을 조직 내부에서 외부환경으로 옮겼다. → 이것이 바로 조직에 관한 '시스템 접근(systems approach)'이 된다.

2) 시스템적 접근법은 조직을 유기체와 같이 환경에 대해 '개방적'인 존재로 보고 생존을 위해서는 항상 환경과의 적절한 관계를 유지해야만 한다는 원칙을 말한다.

3) 이 이론의 대표적 학자들로 번즈와 스톨커, 우드워드, 로렌스와 로쉬, 톰슨, 퓨, 챈들러 등을 들 수 있다.

4) 이 이론은 상황적합이론이나 조직개발의 구체적 실행 방법의 도입에 공헌하였다.

◆ 개방-합리적 조직이론은 기업을 외적인 힘에 의해 영향 받는 존재로 본 점에서 한 단계 발전한 것으로 볼 수 있으나, 인간을 합리적 존재로 본 점에서 한 단계 후퇴한 것으로 볼 수도 있다.

(4) 개방 – 사회적 조직이론 (1970년 이후)

1) 이 이론은 조직의 목표달성 보다는 생존을 중시하고, 조직 내부의 비공식성, 비합리성에 초점을 두어 조직의 비합리적인 동기 측면을 강조한 것이 특징이다.

2) 즉, 환경의 중요성을 강조하면서도(개방체계), 개인과 집단, 집단과 집단 간의 관계를 환경자원 확보를 위한 경쟁관계로 설정하고, 조직의 근거를 조직의 합리적 목적 수행 보다는 조직의 존속이라는 틀로 끌고 감으로써, 조직의 목적과 수단을 구분하지 못하는 비합리성을 반영하고 있다(사회체계).

3) 이 이론에 의하면 조직의 하위시스템 간의 기능적인 상호의존성 보다는, 각 하위 시스템이 독립적인 단위로 자기조직화의 형태를 보이는 경우가 대부분이므로, 하위시스템 각각의 유지·존속을 위해 학습의 개념이 중요하다고 본다.

4) 제4단계 조직이론의 대표적인 학자들로는 Weick, Hickson, March와 Olson, Meyer, Pfeffer, Salancik 등을 들 수 있다.

5) Weick의 이론

① 조직화는 바로 불확실한 투입을 어느 정도 확실한 수준으로 바꾸는 진행 활동이며, 모호한 정보를 어느 정도 분명한 정보로 전환하는 활동이다.

② 그런데 조직은 인간들로 구성되어 있으며 그들은 나름대로 문제해결에 대한 인과지도(causal map)나 동기를 갖고 있기 때문에, 조직 내로 투입된 정보의 전환작업은 그렇게 쉬운 일이 아니다. → 이와 같은 상황에서는 구성원들 사이의 상호작용에 의해서 이루어지는 합의가 요구된다.

③ 구성원들 사이의 합의는 투입물의 복잡한 처리 과정상의 행동과 해석을 지배하는 규칙이 있음으로써 가능하다. → 그래서 Weick은 '조직화'를 '문법'에 비유

했다.

④ 결국 Weick은 조직화를 환경탐색, 해석, 그리고 학습의 과정으로 파악함으로써 조직에 참여하는 인간들 사이의 상호작용에 의해 환경이 재구성된다는 측면을 강조하고 있음을 알 수 있다. → 즉 환경은 주어지는 것이 아니라 인간 사이의 상호작용에 의해서 창조된다는 점을 표상하고 있다.

6) March의 이론

① 조직의 의사결정과정에 관한 비교적 최근의 이론 가운데 March와 그의 동료들이 제안한 쓰레기통 모델이 있다.

② 이 모델은 매우 높은 불확실성을 경험하는 조직에서의 의사결정행태를 설명하기 위하여 고안된 것이다.

③ Cohen, March 그리고 Olson은 조직이 경험하는 극단적인 불확실한 상태를 '조직화된 무정부상태(organized anarchy)'라고 부르고, 이러한 상태(제한된) 하에서는 합리적인 시각으로는 조직의 문제를 파악할 수 없다고 하였다.

④ 이 모델에 따르면 조직의 의사결정과정은 문제로부터 출발하여 해결책이 제시되는 일련의 합리적인 의사결정과정이 아니다. → 오히려 조직의 의사결정은 문제, 해결책, 참가자, 선택기회 같은 요소들이 복합적이고 무원칙적인 결합을 통해서 이루어지는 것이다.

⑤ 그리고 이와 같은 문제해결방식을 통하여 조직은 학습하며, 그 결과로 조직은 성과를 유지하고 개선하고 생존하는 것이다.

7) Senge의 학습조직이론

① Senge는 21세기의 경영환경에서 기업이 성공하기 위해서는 끊임없이 배우고, 새로운 것을 창조할 수 있는 학습조직이 되어야 한다고 주장하였다.

② 학습조직을 구성하는 핵심적 요인들로, 시스템사고, 개인숙련, 사고모형, 공유비전, 팀학습이라는 5가지를 제시하고 있다.

③ 이러한 학습조직은 그 기본사상으로 볼 때, 인간, 조직, 기술을 유기적으로 통합하여 기업의 생산성을 극대화하며, 지식의 경제적 가치를 효과적으로 관리하는 데 역점을 두고 있는 개념이라 할 수 있다.

● 도표 5-36 조직이론들의 각 상한별 특징비교

	1단계(1900~1930)	2단계(1930~1960)	3단계(1960~1970)	4단계(1970~)
이론의 가정	폐쇄-합리체계	폐쇄-사회체계	개방-합리체계	개방-합리체계
강 점	• 정확성, 안정성, 책임성 요구 • 조직의 효율성 강조	• 조직을 유기체로 간주 • 개인과 조직의 욕구에 관심	• 조직을 유기체로 간주 • 환경에 대한 효율적 적응 강조	• 조직의 비합리적인 동기적 측면 관심 • 자기조직화 및 학습에 관심 • 효과적인 생존 강조
약 점	• 환경적응의 어려움 • 냉정하고 비판의 여지가 없는 관료제 초래 • 낮은 계층의 구성원에게 비인간적	• 조직의 논리를 외면하고 인간 문제에 극단으로 치우침	• 조직과 환경을 지나치게 실물적으로 봄 • 시스템의 상이한 요소들의 독립적인 생존능력 부정	
공헌분야	산업공학, 인간공학을 중심으로 한 경영과학 분야	사회학, 심리학을 중심으로 행동과학, 인적자원관리론 분야	생물학에서 도출된 시스템이론을 중심으로 상황이론, 전략론, 조직설계 및 조직개발 분야	자기조직화, 조직학습, 학습조직, 조직문화 분야
대표적 학자	Taylor Weber Fayol	Mayo McGregor Selznick	Chandler Lawrence와 Lorsch Thompson	Weick March Senge

▪ 기출문제 ▪

01 Adhocracy와 관련된 설명으로 바르지 못한 것은? ('91. CPA)

① 엘빈 토플러가 그의 저서 「미래의 충격」에서 종래의 관료조직을 대체할 미래의 조직으로 제시한 신조어이다.

② 환경변화에 의해 발생한 새로운 전략의 실행부대로서 각종 프로젝트팀이 수시로 편성되어 운용된다.

③ 문제해결을 위한 다양한 기술을 갖는 비교적 이질적인 전문가의 집단으로 구성된, 급속히 변화하고 적응적이고 일시적인 시스템이다.

④ 수직적 권한의 계층원리는 약화되고 정보의 수평적 흐름과 횡적 인간관계가 중심이 된다.

⑤ 구조적 접근법에 속하는 조직설계의 기본관념 중의 하나로서, 효율성과 유연성을 동시에 구비한다.

> ✎ **해설** ⑤ 조직설계의 기본관점은 전통이론, 관료제론, 행위이론, 애드호크라시이론, 시스템이론과 상황이론이 있다. 그 중에 애드호크라시이론은 유연성이 있는 것이 특징이지만 비효율적인 것이 단점이다.

02 조직은 그 존속과 성장을 위하여 자연적이든 계획적이든 변화를 수반한다. 조직변화 중에서 특히 조직구성원의 인간적 측면에서 변화를 주고자 하는 것이 조직개발인데, 이 조직개발기법에는 여러 가지가 있다. 다음 중 과업에 대한 관심과 인간에 대한 관심을 함께 고려하도록 시행하는 조직개발기법은? ('92. CPA)

① 감수성훈련기법　　② 그리드법　　③ 팀구축법
④ 과정자문법　　⑤ 대면회합

> ✎ **해설** ② 그리드법은 Blake & Mouton의 관리격자도이론에 기초한 방법으로 리더십의 개발을 통해 조직의 유효성을 높이려는 조직개발기법이다.

03 다음 중 급변하는 환경에 적응하기 위하여 설립된 조직의 성격에 부합되지 않는 것은? ('93. CPA)

① 경영조직을 프로젝트별로 분화하여 조직화한다.

정답 1 ⑤ 2 ② 3 ④

② 일시적이고 특정한 목적을 달성하기 위해 편성되는 잠정적인 조직이다.

③ 기업의 기동성과 환경적응성을 높일 수 있다.

④ 정태적인 조직이다.

⑤ 강력한 목표지향적이므로 사기가 높아진다.

✎ 해설   ④ 급변하는 환경에 적응하려면 동태적인 조직이어야만 한다.

04 조직개발기법 중 구성원의 능력을 개발할 수 있는 방법은?   ('95. CPA)

① 직무재설계   ② 과정자문   ③ 목표에 의한 관리

④ 설문조사와 feedback   ⑤ 집단관계개선

✎ 해설   조직개발은 조직의 인간적 측면에 착안하여 인간의 잠재력을 최대한으로 개발함으로써 조직 전체의 변화를
         도모하려는 방법이다. 이에는 직무재설계, 과정자문법 등이 있다.
         ① 직무재설계는 직무순환, 직무확대, 직무충실화, 직무특성이론 등 주로 개인적인 측면에서의 조직개발에
            관심을 둔 방법이고, ② 과정자문법은 조직상의 과정적인 문제를 진단하고 이해하며, 스스로 해결할 수
            있도록 외부상담자가 도와주는 방법으로 주로 집단의 분석에 관심이 있다.
         ③, ④는 주로 조직수준의 조직개발기법이다.

05 매트릭스조직의 특성을 설명한 것 중 옳은 것은?   ('96. CPA)

① 특정 프로젝트의 해결을 위해 구성된 조직으로 프로젝트의 완료와 함께 해체되는 조
   직이다.

② 구성원들이 이중지위체계 때문에 구성원의 역할이 모호해지고 스트레스가 발생한다는
   단점이 있다.

③ 이익중심점을 중심으로 구성된 신축성 있는 조직으로 자기통제의 팀웍이 특히 중요한
   조직이다.

④ 분업과 위계구조를 강조하며 구성원의 행동이 공식적 규정과 절차에 의존하는 조직
   이다.

⑤ 다양한 의견을 조정하고 의사결정의 결과에 대한 책임을 분산시킬 필요가 있을 때 흔
   히 사용되는 조직이다.

✎ 해설   ① 프로젝트조직에 대한 설명이다.
         ③ 자유형 조직구조(free-form structure)는 환경변화에 스스로 적응하여 끊임없이 형태를 변화시키는 조직
            이다.
         ④ 관료제적 조직에 대한 설명이다.
         ⑤ 위원회조직에 대한 설명이다.

06 사업부제조직의 장점이 아닌 것은?

① 사업부내 관리자와 종업원의 밀접한 상호작용으로 효율이 향상된다.

② 사업부는 이익 및 책임중심점이 되어 경영성과가 향상된다.

③ 사업부간 연구개발, 회계, 판매, 구매 등의 활동이 조정되어 관리비가 줄어든다.

④ 실천에 의한 유능한 경영자가 양성된다.

⑤ 제품의 제조와 판매에 대한 전문화와 분업이 촉진된다.

✎ 해설   ③ 사업부제조직은 각 사업부간 연구개발, 회계, 판매, 구매 등의 활동이 중복되어 공통관리비가 증대된다.

07 조직구조의 설계시 고려해야 할 주요 요인과 거리가 먼 것은?

① 전문화(specialization)　　　② 권한위양　　　③ 공식화

④ 부문화　　　⑤ 통제의 폭

✎ 해설   조직설계의 기본변수로는 분화, 집권화 또는 분권화(권한위양), 공식화 등을 들 수 있는데, 분화는 복잡성 또는 전문화(specialization)라고도 하며, 공식화는 조직 내의 직무가 표준화되어 있는 정도를 나타낸다.
분화 또는 전문화는 수평적 분화(즉, 부문화)와 수직적 분화(즉, 계층에 의한 분화)로 나눌 수 있고, 수평적 분화에 영향을 미치는 요인으로 통제의 폭(span of control), 규모의 경제, 조정, 업무의 성격 등을 들 수 있다. 그러므로 통제의 폭은 조직설계시 고려해야 할 주요 요인으로 보기 어렵다.

08 최근 많은 기업들이 팀제도를 도입하고 있다. 팀제도를 도입하였을 때 나타나는 일반적인 특성으로 가장 적합하지 않은 것은?

① 기능중심에서 과제중심으로 조직구조가 변한다.

② 관리업무가 강화된다.

③ 의사결정이 신속해진다.

④ 이질성과 다양성이 결합되어 시너지 효과가 달성된다.

⑤ 자율권과 책임이 강화된다.

✎ 해설   ② 전통적인 기능 중심의 조직과 계층형 조직구조를 탈피하고자 하는 팀조직은 업무중심, 과제중심, 주제중심으로 팀을 형성하고, 이들 팀 간에 유기적 연결관계를 갖도록, 조직을 편성한다. 또한 과잉관리업무를 과감하게 폐지하거나 축소시키며, 결재단계도 파격적으로 축소시킨다.

09 조직구조에 관한 상황이론은 어느 경우에나 항상 효과적인 조직구조가 존재할 수 없고 상황에 따라 달라진다는 조직설계의 관점이다. 다음 중 조직구조를 설계할 때 고려되는 상황요소들로만 구성된 것은? (2000. CPA)

a. 경영전략	b. 분화	c. 규모
d. 집권화	e. 공식화	f. 기술

① a, b, e   ② b, c, e   ③ b, d, e
④ a, c, f   ⑤ c, d, f

✎ 해설 ④ b, d, e는 조직설계변수이며 a, c, f나 환경, 조직의 수명주기, 사회문화 등은 조직 설계시 고려되는 주요 상황요소이다.

10 변화주도자(change agent)가 변화에 필요한 정보를 갖고 있지 못하거나 다른 사람들이 저항할 수 있는 상당한 힘을 갖고 있을 때, 조직변화에 대한 저항을 관리하는 데 가장 적합한 것은? (2001. CPA)

① 참 여   ② 지 원   ③ 협 상
④ 조 작   ⑤ 강 압

✎ 해설

〈변화에 대한 저항의 관리기법〉

기 법	적용상황	장 점	단 점
교육과 커뮤니케이션	정보가 없거나 부정확한 정보와 분석이 있을 때	피변화자가 일단 설득이 되면 변화시행에 도움을 줌	다수의 사람이 관련되는 경우 시간의 소비가 많음
참여와 몰입	변화주도자가 변화에 필요한 정보를 갖고 있지 못하거나 다른 사람들이 저항할 수 있는 상당한 힘을 갖고 있을 때	참여한 사람이 변화에 대해 일체감을 갖고 정보를 제공함	참여자들이 변화를 잘못 설계하면 시간이 많이 소요됨
촉진과 지원	적응문제로 사람들이 저항할 때	적응문제에는 가장 성공적임	시간과 비용이 과다함
협상과 동의	어떤 사람이나 집단이 변화에서 잃는 것이 분명하고 그 집단이 상당한 저항의 힘을 갖고 있을 때	중요한 저항을 피하는 데 비교적 손쉬운 방법일 때가 많음	이것이 타인들에게도 협상을 하도록 일깨우게 되면 비용이 큼
조작과 호선	다른 전술이 안 듣거나 너무 비용이 많이 들 때	신속하고 비용이 별로 들지 않음	조작되었다고 느끼는 경우 추가적인 문제를 야기시킴
명시적·묵시적 강압	신속한 변화가 필요하고 변화주도자가 상당한 파워를 갖고 있을 때	신속하고 어떤 저항도 극복 가능함	주도자에 대한 반감으로 위험이 따름

정답 9 ④ 10 ①

11 조직의 기술과 조직구조의 관계에 대한 다음의 설명 가운데 가장 적절한 것은? (2002. CPA)

① Woodward의 기술분류에 따르면 기술의 복잡성이 높을수록 조직의 전반적인 구조는 더욱 유기적인 구조를 갖는 것이 바람직하다.

② 조직의 과업다양성이 높을수록 조직의 전반적인 구조는 더욱 기계적인 것이 바람직하다.

③ 조직이 과업을 수행함에 있어 당면할 수 있는 문제의 분석가능성이 높을수록 수평적 의사소통이 중요해진다.

④ 연속형 기술(long-linked technology)을 사용하는 조직에서는 부서 간의 활동을 조정하기 위해 과업과 행동을 표준화하는 것이 바람직하다.

⑤ 유연생산기술(flexible manufacturing technology)을 사용하는 조직에서는 분권화의 정도를 높게 유지하는 것이 바람직하다.

✎ 해설 ① 우드워드의 기술 분류에 따른 기술의 복잡성은 단위생산기술 < 대량생산기술 < 연속생산기술의 순서로 높아진다. 이때 단위생산과 연속생산기술은 유기적 구조가, 대량 생산기술은 기계적 구조가 적합하므로, 복잡성이 높아질수록 유기적 구조가 바람직하다는 보기는 옳지 않다. (단위생산 < 대량생산에서 모순)
② 과업의 다양성이 높을경우 유기적 구조가 바람직하다.
③ 문제의 분석 가능성이 높을수록 집권화(또는, 기계적 구조)가 유리하다. 즉, 수평적 의사소통 감소(페로우의 연구 참조)
④ 연속성(=장치형)기술을 사용하는 조직에서는 일정 계획이나 감독을 통하여 조정하는 것이 바람직하다. (톰슨의 연구 참조)

12 Thompson이 제시한 집합적(pooled), 순차적(sequential), 교호적(reciprocal) 상호의존성은 의사소통을 요구하는 정도가 서로 다르다. 의사소통을 요구하는 정도가 가장 높은 것부터 순서대로 바르게 나열된 것은? (2002. CPA)

① 집합적 — 순차적 — 교호적　　② 집합적 — 교호적 — 순차적

③ 교호적 — 집합적 — 순차적　　④ 교호적 — 순차적 — 집합적

⑤ 순차적 — 집합적 — 교호적

✎ 해설 톰슨에 의하면 기술의 상호 의존성은 중개형(집합적, 공유적), 장치형(연속형, 순차적), 집약형(교호적, 호환적)의 순서로 높아진다. 그리고 커뮤니케이션의 정도는 상호의존성이 높을 경우 많아진다.

13 Mintzberg가 제시한 조직의 다섯 가지 기본부문과 관련된 설명 중 옳지 않은 것은?

(2002. CPA)

① 조직의 전략부문(strategic apex)의 힘이 강하게 작용하는 조직은 단순구조(simple structure)의 조직이다.

② 조직의 중간라인부문(middle line)은 표준화를 추구하는 힘을 행사하고, 이 힘은 '산출물의 표준화'에 의한 조정으로 발휘된다.

정답　11 ⑤　12 ④　13 ②

③ 조직의 기술전문가부문(technostructure)이 행사하는 힘은 기계적 관료제구조에서 가장 크게 작용한다.

④ 조직의 지원스탭부문(supporting staff)은 조직의 기본적인 과업 흐름 이외의 조직문제에 대한 지원을 제공하는 전문가들로 구성된다.

⑤ 수술실에서 수술을 실행하는 외과의사는 그가 속한 병원의 핵심운영부문(operating core)에 해당된다.

✒ **해설** 중간 관리층은 조직에서 사업 단위를 분할하기 위하여 힘을 행사한다. 이 힘은 '산출물의 표준화'에 의한 조정을 통해 발휘된다. 반면, 기술전문가부문은 표준화를 하기 위하여 힘을 행사하며 이 힘은 '과업과정의 표준화'에 의한 조정을 통해 발휘된다.

---

14 조직이론에 관한 다음의 각 항목을 조직이론의 발전 순서에 따라 바르게 나타낸 것은?

(2003. CPA)

> a. 조직의 인간적·사회적 측면을 강조하였으며, 행동과학분야와 인적자원관리의 발전을 위한 이론적 틀을 제공하였다.
> b. 조직은 환경과는 무관한 폐쇄체계로, 그리고 조직을 구성하는 인간과 인간집단은 합리체계로 간주하였다.
> c. 조직의 목표 달성보다는 생존을 중시하고, 조직 내부의 비공식성과 비합리성의 영향을 부각하였다.
> d. 서로 다른 환경의 요구들에 대처할 수 있는 방안을 제시하는 상황적합이론(contingency theory)이 발전하였다.

① a-b-c-d   ② a-d-b-c   ③ b-a-d-c
④ c-a-d-b   ⑤ d-c-b-a

✒ **해설** a. 인간 관계론(제2상한), b. 전통적 관리론(제1상한) c. 개방-사회적 조직이론(제4상한), d. 상황이론(제3상한)
∴ b-a-d-c

〈주요 조직 이론의 분류〉

		인간에 대한 관점	
		합리적	사회적
조직에 대한 관점	폐쇄적	• Taylor의 과학적 관리법 • Weber의 관료제이론 • Fayol의 관리이론 1900~1930년　제 1 상한	제 2 상한　1930~1960년 • Mayo의 인간관계론 • Mcgregor의 XY이론 • Selznick의 제도화이론
	개방적	1960~1970년　제 3 상한 • Chandler의 이론 • Lawrence와 Lorsch의 이론 • Thompson의 이론	제 4 상한　1970년~ • March의 쓰레기통이론 • Weick의 이론 • Senge의 학습조직이론

자료원 : W. R. Scott, Organizstions.

정답 14 ③

15 조직설계와 관련된 다음의 서술 중 가장 적절한 것은? (2004. CPA)

① 부문화(departmentalization)는 조직 구성원들이 책임지고 수행해야 할 과업의 범위와 깊이를 의미한다.

② 공식화(formalization)는 분업화한 과업을 효과적으로 수행하기 위해 과업수행에 관련된 행동을 구체화시키는 것을 의미한다.

③ 우드워드(Woodward)의 연구 결과에 의하면 조직구조는 조직이 사용하는 생산기술에 영향을 미치고 기술과 조직구조의 적합성 여부에 따라 조직의 성과가 달라진다.

④ 페로우(Perrow)는 기술을 과업의 다양성과 문제의 분석 가능성에 따라 장인기술, 비일상적 기술, 일상적 기술, 공학적 기술로 나누었다.

⑤ 혁신의 양면성 모형(ambidextrous model)에서 보면 효율적 관리혁신을 위해서 조직의 중간 또는 하위관리층은 기계적인 조직이 되어서는 안 된다.

> 🖊 해설 ① 부문화는 세분화된 업무를 유사성에 따라 집단화시키는 것을 말함
> ② 공식화는 조직내 업무의 표준화 정도를 말한다. 공식화를 통해 개인 간의 업무의 편차를 줄이고, 효율적인 조직의 운영이 가능하다.
> ③ 조직이 사용하는 생산기술이 조직구조에 영향을 미침
> ⑤ 혁신의 양면성모형이란 아이디어의 착안단계와 실천단계에서 서로 상이한 조직구조와 관리방식을 채택하는 것을 말한다. 즉, 새로운 아이디어의 착안을 요구하게 될 때 조직은 창의성 발휘를 위해 유기적인 형태를 갖추어야 하지만, 이를 실용화 할 때에는 경제적 능률의 제고를 위해 기계적 조직구조가 요구되는 것을 예로 들 수 있다. → 하이퍼 텍스트 조직 참조

16 다음 중 조직 구조와 관련된 기술 중 가장 적절하지 않은 것은? (2004. CPA)

① 기능별 조직(functional organization)은 환경이 비교적 안정적일 때 조직관리의 효율을 높일 수 있다.

② 기능별 조직은 각 기능별로 규모의 경제를 얻을 수 있다는 장점이 있다.

③ 제품 조직(product organization)은 사업부 내의 기능간 조정이 용이하다.

④ 제품 조직은 시장특성에 따라 대응함으로써 소비자의 만족을 증대시킬 수 있다.

⑤ 매트릭스 조직(matrix organization)은 많은 종류의 제품을 생산하는 대규모 조직에서 효율적으로 기능한다.

> 🖊 해설 ⑤ 많은 종류의 제품을 생산하는 대규모 조직에서는 사업부제 조직이 더 효율적으로 기능한다.

17 민쯔버그(Mintzberg)의 다섯 가지 조직구조 중 전문적관료제(professional bureaucracy)의 특성으로 가장 적절한 것은? (2005. CPA)

① 환경이 복잡하고, 표준화된 기술과 지식이 요구되는 경우에 적합하다.

정답 15 ④ 16 ⑤ 17 ①

② 많은 규칙과 규제가 필요하며 공식화 정도가 매우 높다.

③ 강력한 리더십이 필요한 경우에 적합하며, 벤처기업에 적용이 가능하다.

④ 기술의 변화속도가 빠른 동태적인 환경에 적합하다.

⑤ 중간관리층의 역할이나 중요성이 매우 크다.

✎ 해설 ② 기계적 관료제
　　　　③ 단순구조
　　　　④ 애드호크라시
　　　　⑤ 사업부제

18 다음은 조직이론의 주창자와 대표적 연구 내용을 연결한 것이다. 맞는 연결을 하나도 빠짐없이 모두 고른 것은? (2006. CPA)

> a. 버나드(Barnard) – 제한된 합리성(bounded rationality)
>
> b. 챈들러(Chandler) – 전략과 조직구조의 관계
>
> c. 번즈와 스타커(Burns & Stalker) – 유기적 조직과 기계적 조직
>
> d. 톰슨(Thompson) – 기술의 유형과 상호의존성
>
> e. 로렌스와 로쉬(Lawrence & Lorsch) – 분화와 통합(differentiation & integration)

① c, d, e　　　　　　② a, b, e　　　　　　③ a, c, d

④ b, c, d　　　　　　⑤ b, c, d, e

✎ 해설 a. 버나드 → 사이몬

19 조직 구조와 설계에 관한 다음의 설명 중 가장 적절하지 않은 것은? (2006. CPA)

① 기계적 조직은 유기적 조직에 비하여 일반적으로 공식화의 정도가 높다.

② 관료제 조직은 전문화와 공식화를 지향한다.

③ 기능적 조직은 제품과 서비스의 종류가 증대될수록 효과적으로 작동한다.

④ 제품별 조직, 시장별 조직, 지역별 조직은 부문별 조직의 예이다.

⑤ 네트워크 조직은 수평적 연결과 왕래가 많고 환경변화에 신속하게 반응할 수 있다.

✎ 해설 ③ 증대될수록 → 감소할수록

정답 18 ⑤ 19 ③

20 조직과 관련한 다음의 설명 중 가장 적절하지 않은 것은? (2007. CPA)

① 기능적 부문화 조직에서는 환경변화에 반응하는 속도는 느리지만 깊이 있는 지식과 기술개발을 가능하게 하고 기능부문 안에서 규모의 경제를 가능하게 한다.

② 조직도(organizational chart)는 공식적 보고체계, 명령계통, 관리계층, 책임소재, 부서와의 관계와 같은 조직구조를 보여준다.

③ 조직이 성장하여 규모가 커지고 더 많은 부서가 생겨남에 따라 조직구조의 복잡성은 커지게 된다.

④ 기계적 조직에서는 수직적 상호작용이 빈번하고 유기적 조직에서는 수평적 상호작용이 빈번하다.

⑤ 톰슨(Thompson)은 과업에서의 상호의존성을 호환적(reciprocal) 상호의존성, 순차적(sequential) 상호의존성, 협동적(cooperative) 상호의존성으로 나누었다.

✎ 해설 ⑤ 협동적 → 공유적(pooled) 또는 집합적
　　　　 호환적 = 교호적, 순차적 = 연속적

연습문제

01 조직문화와 관련된 다음의 설명 중 옳지 않은 것은?

① 조직문화는 구성원에게 정체성(identity)을 제공하고 집단적 몰입을 가져온다.

② 조직문화는 구성원에게 조직의 이모저모에 대해 학습하게 한다.

③ 조직문화는 조직체계의 안정성을 높인다.

④ 조직문화는 조직 내부의 관리스타일, 조직구조, 조직구성원, 공유가치 등에 영향을 받는데 이 중 조직구성원이 핵심요소이다.

⑤ 새로운 조직구성원들이 조직에 적응하도록 조직문화를 주입하는 것을 사회화라 한다.

✎ 해설 ④ 조직문화에 대한 맥킨지사의 7S 모델에 대한 설명이다. 7S모델에서는 조직문화에 영향을 주는 7가지 내부요소 중 공유가치를 조직문화의 핵심요소로 간주하였다.

02 조직문화에 대한 다음의 설명 중 옳은 것은?

① 강한 조직문화는 항상 조직의 성과를 높인다.

② 환경에 적합한 문화는 항상 조직의 성과를 높인다.

③ 환경적응력이 있는 문화는 항상 조직의 성과를 높인다.

④ 동류집단(clans)에 기초한 Z이론형 기업들은 항상 생소한 아이디어나 새로운 인력을 원활히 받아들인다.

⑤ 조직문화의 변화는 변화의 필요성 인식→해빙→변화주입→재동결의 단계를 거친다.

✎ 해설 ①∼③ 강한 조직문화나 환경에 적합한 조직문화일지라도 환경의 급격한 변화에 대처하지 못하여 성과와 역행하는 경우도 있고, 환경적응력이 있는 조직문화도 조직문화의 내부적 특성을 간과하여 유효성이 떨어지는 경우도 있다. 또한 강한 조직문화가 바람직하지 못한 방향을 지향할 경우에도 기존의 기업문화에 대항하는 대항문화를 생성시켜, 기업발전에 부정적 영향을 미치게 된다. 그러므로 조직문화는 조직구성원과 조직 전체에 강력하게 자리잡고 있으면서(강력한 문화), 환경과 적합하고, 동시에 환경적응력이 있어야 조직의 유효성을 높일 수 있다.

④ 동류집단(clans)이란 구성원들이 강한 규범의식, 공동체의식, 그리고 공통의 가치와 신념을 갖고 있는 집단을 말한다. 이 경우 Z형조직은 새로운 변화를 받아들이지 않는 경우도 생긴다.

정답 1 ④ 2 ⑤

03 다음 중 감독폭(span of control)에 대한 설명으로 옳지 않은 것은?

① 한 감독자가 효과적으로 관리할 수 있는 부하의 수를 의미한다.

② 조직의 평가기준이 객관적일수록 감독폭은 좁아진다.

③ 감독폭을 넓게 하면 계층의 수가 줄어 조직형태는 평면구조가 된다.

④ 부하의 성숙도가 높고 스텝으로부터의 촉진기능이 많을수록 감독폭은 넓어진다.

⑤ 고층구조하에서는 수직적 communication이 어렵고, 부서간의 조정은 쉽다.

✎ 해설 ② 조직의 정책이 명확할수록, 평가기준이 객관적일수록 감독폭은 넓어진다.

⑤ 반면 평면구조 하에서는 수직적 communication이 신속하지만 수평적 communication이 복잡하여 조정이 어렵게 된다.

04 집권화와 분권화에 대한 설명으로 옳지 않은 것은?

① 조직이 제품별·고객별·직능별로 분화되어 있을 때 분권화가 촉진된다.

② 업무수행 장소가 지역적으로 떨어져 있는 경우 분권화가 촉진된다.

③ 이익에 의해 각 부서를 통제할 경우 분권화가 촉진된다.

④ 조직이 선택한 기술에 따라서 분권화가 달라지게 된다.

⑤ 조직이 처한 환경이 급변할 때 분권화가 심화된다.

✎ 해설 ①, ② 조직이 직능별로 분화되어 있을 때 기능통합이 더 요구되므로 집권화되는 것이 보통이며, 제품별·고객별·지역별로 분화되어 있을 때 분권화가 더욱 가능해진다. 그리고 조직의 연혁이나 분권화를 주도할 유능한 관리자가 얼마나 있느냐가 분권화를 이루는 주요 제약조건이 된다.

④ 대량생산의 경우 분권화가 가능하다.

05 공식화에 대한 다음의 설명 중 옳은 것은?

① 공식화는 집권화와 부(−)의 상관관계를 가진다.

② 조직구성원의 전문화가 심화될수록 공식화는 갈등과 소외를 해소시킨다.

③ 일상적인 기술을 이용하는 조직일수록 구성원의 행위를 공식화시킨다.

④ 높은 공식화는 새로운 사업의 채택과 정(+)의 관계를 갖는다.

⑤ 일반적으로 기업의 규모가 작아질수록 공식화의 정도가 심화된다.

✎ 해설 ① 집권화된 조직은 통제수단으로 규칙을 이용하는 점에서 공식화와 정(正)의 관계를 가지나, 종업원의 경험이나 수준이 높을 경우 상대적으로 재량권이 커져서 공식화와 집권화는 부(負)의 관계가 될 수 있다.

② 전문화가 심화되면 공식화는 갈등과 소외를 가져올 가능성이 높다.

④ 높은 공식화는 새로운 아이디어나 사업계획을 채택하는 데 소극적이므로 부(負)의 관계를 갖는다.

⑤ 기업의 규모가 클수록 공식화의 정도가 심화된다. 그 밖에 초기 최고경영자의 신념도 공식화에 영향을 미친다.

정답 3 ② 4 ① 5 ③

06 공식화에 대한 다음의 설명 중 옳지 않은 것은?

① 조직이 공식화되어 있을 경우 관리노력이 적게 드는 장점이 있다.

② 조직 내에서 실제로 지켜지고 있더라도 문서로 기록되거나 법규화되지 않았다면 공식화되어 있다고 할 수 없다.

③ 공식화가 높은 조직은 각 작업의 연결과 통합이 쉽고 전체적 조화를 이루기 쉽다.

④ 공식화의 가장 대표적인 조직은 베버의 관료제조직이다.

⑤ 조직에서 공식화를 강조하면 조직구성원들이 비인간화되기 쉽다.

🖊 해설　① 조직을 공식화시키면 모든 작업자를 찾아다니며 일일이 관리할 필요도 없고, 적극적인 관리 없이도 '표준화된 공식'에 의해 일사분란하게 움직일 것이기에 관리노력이 덜 든다.

　　② 조직의 절차가 문서로 기록되거나 법규화되지 않더라도 실제로 그렇게 지켜지고 있으면 공식화된 것이다.

　　③ 공식화된 조직은 미리 예정된 대로 각 분야의 작업이 행해지기 때문에 서로의 연결과 통합이 쉬워 전체적 조화를 이룰 수 있다.

　　⑤ 일단 표준공식이 정해지면 상황변화가 있을 경우 작업자는 융통성을 발휘하기 어렵고 재량권도 없기 때문에 옆의 작업자와의 관계에 여유있게 대처할 수가 없게 되어 비인간화되기 쉽다. 또한 창의성 발휘도 어렵고 작업비능률을 초래할 수도 있다.

07 조직설계변수에 대한 다음의 설명 중 옳지 않은 것은?

① 분화가 심화될수록 작업자의 숙련·훈련의 정도는 덜 필요하다.

② 공식화가 잘 되어 있을수록 수평적 전문화는 줄어든다.

③ 어느 부서에서 작업자들에게 규정을 많이 정해놓고 그대로 따르도록 했다면 집권화된 조직이라 할 수 있다.

④ 과업의 성격상 전문가가 있어야 그 일의 구성, 계획이 용이하다면 수직적 분화가 더욱 강화될 것이다.

⑤ 분화의 수준이 높아질수록 생산성이 높아지겠지만 서로간의 갈등, 의사소통의 지연, 관리비용 등의 부정적 측면도 존재한다.

🖊 해설　① 분화가 높을수록 한 사람의 작업은 극히 단순해지기 때문에 숙련·훈련정도는 덜 필요하게 된다.

　　② 공식화가 잘 되어 있을수록 규정과 지시사항만 잘 정비되어 있다면 작업자는 자신의 일 이외에 옆의 일도 실수없이 할 수 있을 것이므로 수평적 전문화는 줄어든다.

　　③ 이와 같은 경우 작업방법을 표준화해 놓았기 때문에 그 작업자는 상사의 지시를 안 받고도 규정에만 따르면 되기에 오히려 분권화되었다고 볼 수 있다.

　　④ 수직적 분화란 일을 계획·구성하는 부문과 계획대로 실행만 하는 실무부문을 나누어 각각 전문화시키는 것을 말한다. 그러므로 전문적으로 일을 계획하는 사람이 필요한 과업인 경우 계획대로 실천만 하는 사람과 계획을 전문적으로 하는 사람이 수직적으로 분화된다.

08 상황적합적인 조직이론과 관련하여 연구자들과 그들이 제시한 상황변수가 잘못 연결된 것은?

① Burns & Stalker는 안정적인 환경에서는 기계적인 조직구조가 적합하고, 동태적인 환경에서는 유기적인 조직구조가 적합하다고 주장하였다.

② Greiner는 규모와 조직구조와의 관계를 연구한 대표적인 인물이다.

③ Thompson은 기술을 중개형, 연속(장치)형, 집약형 기술로 나누고 이들 기술에 적합한 관리과정과 조직구조를 갖추어야 한다고 주장하였다.

④ Lawrence & Lorsch는 환경의 불확실성을 조직구조의 상황변수로 보았다.

⑤ Woodward는 기술과 조직구조와의 관계를 최초로 연구한 학자이다.

✎ **해설** ② 규모와 조직구조와의 관계를 연구한 학자로서 Pugh를 비롯한 Aston그룹, Blau, Child 등이 있다. Greiner는 조직변화의 과정에 대해 연구를 한 학자이다.

09 상황적합이론(contingency theory)에 관한 제연구의 설명으로서 옳은 것은?

① Chandler는 Du Pont사, Standard석유사 등에 대한 역사적 분석을 통하여 '경영전략은 조직구조를 따른다'는 명제를 주장하였다.

② Perrow는 '기술(생산시스템)이 특정 형태의 조직을 규정하며, 특정 형태의 기술과 조직특성 간에 적합관계가 항상 존재한다'고 주장하였다.

③ Burns와 Stalker는 전자회사의 사례연구를 통하여 '안정된 환경하에서는 기계적인 조직이 효과적이며, 불안정적인 환경하에서는 유기적인 조직이 효과적'이라고 주장하였다.

④ Thompson은 실증연구를 통하여 '불안정한 환경에서는 유기적 조직에 의해, 각각의 환경이 요구하는 분화와 통합을 달성할 수 있다'고 밝혔다.

⑤ Child는 '기술과 조직구조의 적합성에 따라 조직의 유효성이 달라진다'고 하였다.

✎ **해설** ① Chandler : '구조는 전략을 따른다'
② Perrow에 의하면 조직의 성과를 높이기 위해 조직에서 사용하는 기술의 특성에 적합한 조직구조를 사용해야 한다. 그러므로 항상 특정기술과 조직특성 간의 적합관계가 존재하는 것은 아니다.
④ 유기적 조직은 분권화가 특징이며, 통합은 기계적 조직에서 나타난다.
⑤는 Woodward의 연구결과이다.

10 기술과 조직구조에 대한 우드워드(Woodward)의 연구의 설명으로 옳지 않은 것은?

① 관리자의 비율은 연속공정생산시스템이 가장 높다.

② 단위소량생산시스템이나 연속공정생산시스템에 의존한 조직들의 경우, 보다 유기적인 조직구조를 갖는다.

③ 연속공정생산시스템은 집권화된 조직구조를 갖는다.

④ 대량생산시스템의 경우 공식화의 수준이 가장 높다.

⑤ 단위소량생산시스템에서 연속공정생산시스템으로 갈수록 기술의 복잡성이 커진다.

✎ **해설**　① 연속공정생산시스템을 운영하고 있는 기업들은 조직구조의 형태가 통제의 폭이 좁고 계층의 숫자가 많은 특징이 있다. 그러므로 관리자의 비율이 가장 높다. 기술이 복잡화 되어감에 따라 보다 많은 관리자가 필요하게 되어 관리계층의 수가 증가하게 된다.
　　② 반면에 대량생산시스템을 사용하는 조직의 경우 업무가 단순반복적이고 일상적이어서 보다 기계적 구조를 갖는다.
　　③ 연속공정생산시스템은 변화와 예외가 많기 때문에 공식화수준이 낮고, 자율권도 많아 분권화된 조직구조를 갖는다.
　　④ 대량생산시스템은 통제의 폭이 가장 넓고, 라인과 스텝의 구분이 명확하며, 가장 공식화된 절차를 사용한다.
　　〈주의〉 i) 단위소량생산기술 = 주문생산(**예**) 자동차수리, 양복맞춤)
　　　　　　ii) 대량생산기술 = 표준화된 제품을 정해진 공정에 따라 대량생산
　　　　　　iii) 연속공정기술 = 공정을 더해갈수록 또는 다양화할수록 같은 연료에서 다른 제품이 생산되는 형태로 몇 개의 대량 생산과정이 연결되고 전과정이 기계화됨(**예** 석유제품)

11　**톰슨(Thompson)의 기술과 조직구조에 대한 설명 중 옳지 않은 것은?**

① 공유적 상호의존성하에서 최종성과는 각각 독립적으로 수행한 결과의 단순합으로 나타난다.

② 연속적 상호의존성이란 일 단위들간에 선후가 정해져 있어서 앞의 일이 끝나지 않으면 뒤의 일이 시작될 수 없는 형태의 의존관계를 말한다.

③ 교호적 상호의존성이란 서로간에 지속적인 조정과 협력을 통해서만 일을 끝마칠 수 있는 경우를 나타낸다.

④ 조직의 복잡성은 중개형 기술의 경우가 가장 낮고, 집약형 기술의 경우 가장 높다.

⑤ 중개형 기술의 경우 상호조정에 의해서, 집약형기술의 경우 표준화를 통해서 조정을 하게 된다.

✎ **해설**　① 공유적 상호의존성은 집합적 상호의존성이라고도 하는데 작업단위들 간에 독립적으로 동시에 작업이 이루어질 수 있는 의존형태이다. 그러므로 최종성과는 개별작업의 결과들을 합하여 구할 수 있다.
　　② 연속적 상호의존성은 순차적 상호의존성이라고도 한다.
　　⑤ 중개형기술의 경우 표준화에 의해, 연속형(장치형)기술의 경우 계획에 의해, 집약형 기술의 경우 상호조정에 의해서 조정을 한다.

12　**전략과 조직구조에 대한 다음의 설명 중 옳지 않은 것은?**

① 포터의 전략분류 중 비용우위전략은 유기적 구조가 적합하다.

② 마일즈와 스노우의 전략분류 중 방어형전략은 불확실성이 낮기 때문에 수직적 통합을 이루는 경우가 많다.

③ 마일즈와 스노우의 전략분류 중 개척형전략은 의사결정이 분권화되어 있고 비공식적 조직을 중시한다.

④ 마일즈와 스노우의 전략분류 중 방임형전략은 정상적인 경영방식으로 볼 수 없다.

⑤ 챈들러의 전략구분에 따르면 다각화쪽으로 진전될수록 보다 유기적인 조직구조가 적합하다.

✎ 해설 ① 비용우위전략은 일반시장을 대상으로 싼 가격의 제품을 팔고자 하는 전략이므로 기계적 구조가 적합하다.
② 방어형전략은 기존의 시장점유율을 지키려는 전략으로 고도의 생산효율성이 목표가 된다. 그러므로 기계적 구조를 지향하며 전·후방 수직적 통합을 하게 된다.
③ 개척형전략은 새로운 기회를 최초로 이용하여 최대한 활용하려는 전략이므로 고도의 유기적인 조직형태가 요구된다.
④ 방임형전략은 피해야 하는 형태이다.

---

13 조직구조와 조직설계에 대한 다음의 여러 연구 중 옳지 않은 것은?

① 우드워드는 기술 특성이 조직구조에 영향을 미친다고 보고 기술의 복잡성에 따라 기술을 구분하였다.

② 민쯔버그는 조직의 유형을 단순조직, 기계적 관료조직, 전문적 관료조직, 사업부조직, 애드호크라시구조 등으로 나누는데 조직 내의 권력의 향배에 따라 구분한 것이다.

③ 포터(Porter)에 의하면 조직에서 차별화전략을 쓸 경우 기계적 구조가 유용하다.

④ 톰슨의 연구에 의하면 이질적/안정적 환경에는 높은 분화, 집권화가 요구된다.

⑤ 페로우의 연구에 의하면 과업의 변화성이 높고 분석가능성이 낮은 기술은 비일상적 기술로 분권화/자율화가 요구된다.

✎ 해설 ③ 포터는 조직의 전략유형을 비용우위전략, 차별화전략, 집중화전략 등 세 가지로 나누었는데, 비용우위전략은 저비용을 추구하는 전략으로 기계적 구조가 적합하며, 차별화전략은 제품의 특성을 차별화하고자 하는 전략으로 유기적 구조가 적합하고, 집중화전략은 양자의 절충이 적합하다고 주장하였다.

---

14 각 직능 부문간에 발생하는 의견불일치나 갈등의 해소·조정기능을 담당하는 조직형태는?

① 라인과 스텝조직　　② 사업부제조직　　③ 동태적 조직
④ 행렬조직　　⑤ 위원회조직

✎ 해설 위원회조직(committee organization)은 일반적으로 각 부문 간의 갈등을 조정하려는 조직으로 보완·조정기능만 수행하고 의사결정이나 집행은 하지 않는다.

---

15 다음 중 사업부제조직의 특징으로 볼 수 없는 것은?

① 직능적 분화　　② 업무평가제도　　③ 이익중심점

④ 독립채산제　　　　　　　⑤ 총괄적 조정

✎ 해설　① 사업부제조직은 단위적 분화에 의해 제품별·지역별·고객별로 사업부를 편성하는 것이다.

16 다음 중 Adhocracy의 특징으로 볼 수 없는 것은?

① 직능식 조직　　　　　　　② 조직환경요인의 중시

③ 고도의 유기적 조직　　　　④ 낮은 수준의 공식화

⑤ 목적별 집단과 기능별 집단의 공존

✎ 해설　① 직능식 조직은 조직운영시 전문화와 분업화를 통해 조직의 목표를 달성하고자 하는 정태적 조직이고 Adhocracy는 유연성을 강조하는 동태적 조직이다.

17 다음 중 Adhocracy의 관점에 적합한 조직구조의 형태는?

| a. 사업부제조직 | b. 태스크포스조직 | C. 행렬조직 | d. 직능식조직 |

① a, b　　　　　　② a, b, d　　　　　　③ b, c

④ b, c, d　　　　　⑤ c, d

✎ 해설　d는 뷰로크라시(Bureaucracy)에 적합하다.

18 애드호크라시(Adhocracy)이론에 대한 설명으로 옳지 않은 것은?

① 프로젝트조직, 행렬조직이 이에 해당된다.

② 고도의 수평적 직무전문화를 특징으로 한다.

③ 성과지향적 조직에 적합한 조직형태이다.

④ 직위 자체보다는 전문성에 근거해 전문가간의 상호조정을 한다.

⑤ 문제해결을 위해 분권적 의사결정을 하는 유기적 구조이다.

✎ 해설　③ 애드호크라시는 성과지향적이 아니고 문제해결지향적이다.
　　　　〈참고〉

뷰로크라시	애드호크라시
높은 수준의 공식화·집권화	낮은 수준의 공식화·집권화
성과지향적 조직	문제해결지향적 조직
기계적 구조	유기적 구조
직능제 조직	프로젝트 조직
조직요인 중시	조직환경요인 중시

19 다음의 각 조직에 대한 설명 중 man-trip조직을 나타내는 것은?

① 부문관리자만을 고정시켜 놓고, 구성멤버는 필요에 따라 부문간을 이동시키는 유동적 조직

② 라인과 스텝조직에서 발생하는 문제점을 해결하기 위한 조직형태로, staff기능을 활동 단위화하여 기업의 전자원을 활용하는 조직

③ 과정기능, 관계기능, 자원통제기능 등 셋으로 분류하여 각 기능적 영역내에서 의사결정 권과 팀워크 체제를 가지는 조직

④ 본사의 중앙관리기구가 집권적 관리체제를 확립하고, 지방공장에는 의사결정과 경영권 을 가진 관리자가 없는 조직

⑤ EDPS, 통신시스템의 발달로 본사와 지방공장간의 정보교환의 가능성에 의해 실시할 수 있게 된 대량생산형태에서 볼 수 있는 조직

✎ 해설   ②, ③ 기능적 팀워크조직(functional teamwork organization)의 설명으로 '과정기능'은 시간에 따라 통제되는 기능, '자원통제기능'은 자원의 획득유지, 처분하는 기능, '관계기능'은 의사소통 노력과 활동의 기능을 가짐
  ④, ⑤ 부재자관리조직(absentee organization)

20 다음 중 자유형 조직구조(free-form structure)에 대한 설명으로 옳지 않은 것은?

① 위계, 엄격한 권한 규칙, 명령계통, 상하관계의 공식화 등은 강조하지 않는다.

② 전통적인 기능별 부서 대신에 이익중심점이 이용되며 이 이익중심점은 결과지향적이고 목표달성을 위한 하나의 전체적인 팀으로 관리된다.

③ 참여, 팀워크, 자기통제, 자율성을 통한 유효성이 강조된다.

④ 분권화된 통제를 하고자 하고, 실제활동은 집권화를 시키고자 하므로 컴퓨터에 의한 정보시스템이 필수적이다.

⑤ 구성원의 행위적 측면에 비중을 많이 둔다.

✎ 해설   ④ 자유형 구조는 생존하기 위해서 필요하면 끊임없이 형태를 변화시키는 조직구조이다. 시장요구의 급격한 변화에 직면하는 조직에 매력적이고, 이익중심점도 상이한 방식으로 설계될 수 있다. 또한 자유형 구조는 집권화된 통제를 하고자 하고 실제활동은 분권화시키고자 한다.

21 다음 중 조직개발의 성격으로 타당한 것은?

① 조직의 개입이 없는 구성원의 자발적인 변화를 강조

② 구조, 관리를 중심으로 한 조직변화노력

③ 조직구성원 간의 의사소통을 통한 신뢰, 협력 등을 강조하고 문제해결능력을 개선

④ 사후적으로 환경변화에 적응하고자 하는 시도

정답 19 ① 20 ④ 21 ③

⑤ 조직개발순서 : 조직진단→문제인식→변화전략개발→개입→측정 · 평가→feedback

✎ 해설 ① 조직이 계획적으로 개입함
② 구조, 관리중심보다는 인간중심
④ 사전적으로 계획에 의해 실시됨
⑤ 조직개발의 순서 : 문제인식 → 조직진단 → feedback → 전략개발 → 개입 → 측정 · 평가

22 조직개발에 대한 설명으로 옳지 않은 것은?

① 진단단계에서는 조직진단, 사기조사, 태도조사 등이 쓰임

② 변화의 초점이 내부일 때, 의사결정과 커뮤니케이션분야에 관심

③ 작업집단 강조, 변화담당자의 참여, 소집단이용

④ 단기간에 걸쳐 수행되어 비용이 절감된다.

⑤ 부문의 효율성보다는 조직전체의 유효성에 관심을 둔다.

✎ 해설 ② 변화의 초점이 외부일 때는 외부로부터의 불확실성에 대응하는 것에 관심을 두고 내부일 때는 내부요인
의 불확실성 제거에 관심을 둔다.
④ 장기간에 걸친 수행으로 → 많은 시간과 비용이 소요된다.

23 다음과 같은 세 가지 가정에 기초하여 이루어지는 조직개발기법은?

---

① 사람들은 보통 때는 서로 개방적이 아니며 정직하지 못하다.
② 이 개방성의 결핍이 자신과 타인에 대한 통찰력의 발전을 차단한다.
③ 통찰력은 개인들이 직접적이고 정직한 커뮤니케이션을 할 수 있는 분위기가 되면 증대
된다.

---

① 그리드기법   ② 과정자문법   ③ 감수성 훈련법
④ 팀구축법   ⑤ 조사연구 피드백기법

✎ 해설 보기와 같은 가정 때문에 구성원들 간에는 감정관리를 잘못하여 저조한 성과가 야기될 수 있다. 따라서 감수
성 훈련기법은 서로가 개방적이고, 직접적이고, 정직한 커뮤니케이션이 가능하다면 서로에 대한 통찰력과 자
신에 대한 통찰력도 증대된다고 보고 10~20명 정도의 소집단을 이루어 몇 주 정도 생활을 하며 상호작용을
하게 하여 구성원 간의 감정문제를 해결해주며 성과증진 방해요인을 제거하고자 한다.

24 조직개발(OD)의 기법 중 과정자문법의 특수형태로서 개인간 · 집단간 갈등해결을 목표로 하
는 기법은?

① 제3자 조정법   ② 팀구축법
③ 그리드기법(grid training)   ④ 감수성 훈련

---

⑤ 대면회합(confrontation meeting)법

✎ **해설** ① 제3자 조정법은 제3자 타협법이라고도 한다.

25 조직개발기법에 대한 설명 중 옳지 않은 것은?

① 팀구축법은 집단구성원 간의 비공식적인 관계를 중시하는 기법이다.

② QOWL은 장기간의 시간이 소요되고 많은 전문인력이 필요한 단점이 있다.

③ 제3자 타협법의 단점은 이 방법에 의해 갈등이 적절히 처리되지 않으면 갈등이 심화될 위험이 있다는 것이다.

④ 조사연구 피드백기법은 적은 비용으로 전 구성원이 참여하여 개발할 수 있다는 장점이 있다.

⑤ 관리격자도 훈련은 개인수준의 행동개발에 국한되어 이용되고 있다.

✎ **해설** ① 팀구축법은 팀(작업집단)이 기술적 구조인 동시에 사회적 시스템이라는 가정하에 실시되는 조직개발기법이다.

③ 제3자 타협법은 조직구성 간의 갈등해결 및 관계개선을 목표로 하는 기법이다. 즉, 갈등당사자들과의 면접을 통하여 관련자료를 수집하고 대면회합의 장소에서 과정에의 직접적 개입 및 중재를 하며, 이런 진단과 처방 후에도 당사자 간의 지속적인 대화를 가질 수 있도록 지원하는 기법으로 갈등이 해결되지 않았을 때 오히려 갈등이 심화될 가능성도 존재한다.

⑤ 관리격자도 훈련은 보통 6단계를 거쳐 장기간 동안 진행되는데 개인수준의 행동개발에서부터 집단, 조직 전체수준의 행동개발까지 (9, 9)형 조직의 실현을 목적으로 실시된다.

26 조직개발에 관한 다음의 설명중 옳지 않은 것은?

① 감수성 훈련은 T그룹훈련이라고도 불리는데 대인관계에 대한 감수성 증대를 통해서 인간관계능력과 조직의 유효성을 향상시키려는 기법이다.

② 팀구축 훈련시 작업집단의 구성원들은 생산성에 미치는 여러 요인들에 대해 토론하게 된다.

③ 그리드훈련은 감수성 훈련과 마찬가지로 실험실 훈련에 속하지만 훈련자가 직접 참여하는 감수성 훈련과는 달리, 일련의 자기관리적 도구들을 도입, 이 도구에 반응하는 형태로 자료를 수집·분석·피드백시킨다.

④ QOWL의 주제는 기업성과와 인적 성과의 동시달성에 두고 이를 향상시킬 수 있는 구체적 기술을 개발하는 것이다.

⑤ 조사연구 피드백기법은 기존의 프로그램 실시에 비해 시간과 비용이 많이 드는 단점이 있다.

✎ **해설** ⑤ 조사연구 피드백기법은 기존의 프로그램들의 시간과 비용이 많이 드는 단점을 보완하기 위해 개발된 기법으로 조직의 기능에 관한 정보를 신속하게 획득한다.

정답 25 ⑤ 26 ⑤

27 조직개발에 대한 다음 설명 중 옳지 않은 것은?

① 감수성 훈련에서는 훈련의 내용보다는 과정을 중시하며 개별보다는 감정의 개발에 초점을 두고 있다.

② 팀구축법은 집단 성원 간의 비공식적인 관계를 중시하는 방법이다.

③ QOWL은 경영자들이 변화담당자에게 권한 이양을 꺼리는 경우가 발생하는 문제점이 있다.

④ 과정자문법이 성공하기 위해서는 외부전문가가 조직 구성원들과 분리되어 일을 수행할 수 있도록 해야 한다.

⑤ 조직개발의 과정 중 문제의 진단 단계에서는 설문조사, 면접조사, 관찰조사 등의 방법이 사용된다.

✎ 해설 ④ 외부의 전문가들은 대상조직의 문화에 대해 잘 알지 못하므로 그에 대해 잘 아는 조직구성원들과 공동으로 모든 일을 수행해야만 조직실정에 맞는 문제해결방안을 제시할 수 있다.

28 MBO에 의한 조직개발시의 유의점을 설명한 것 중 옳지 않은 것은?

① 최종목표와 중간목표의 불일치 문제가 발생할 수 있다.

② 조직내 모든 것을 양적으로 평가할 수는 없다.

③ 지나치게 단기목표만 강조한다.

④ 목표의 변화에 있어 너무 탄력적이다.

⑤ 인간중심적 관리방식이 없는 조직은 저항이 초래될 수 있다.

✎ 해설 MBO는 목표의 변화에 있어 비탄력적이다. 즉, 설정된 목표가 가치가 없어 변경을 해야 할 때 기존목표를 그대로 유지하려는 경향이 있다.

29 조직개발의 성공요건 및 한계에 대한 설명으로 옳지 않은 것은?

① 최고경영자의 변화의지와 지원이 필요하다.

② 유능한 OD전문가가 확보되어야 한다.

③ 장기간에 걸친 업무수행이므로 시간과 비용이 많이 필요하다.

④ 인간적인 측면만 강조하여 구조적 요인들을 간과한다.

⑤ 주로 조직의 상위 관리자의 관심이 필요하다.

✎ 해설 ⑤ 조직의 모든 계층의 관리자가 포함되어야 한다.

30 조직수명주기 모형에 대한 다음의 설명 중 옳지 않은 것은?

① 창업단계에는 리더십 결여의 위기가 나타날 수 있다.

② 집단공동체단계에서는 성장이 주요 목표가 된다.

③ 집단공동체단계에서는 위임과 자율권 요구의 위기가 발생한다.

④ 공식화단계의 경영자는 통제를 바탕으로 한 위임에 의해 관리하게 된다.

⑤ 정교화단계에서는 지나치게 관료제화되는 위기가 발생한다

✎ 해설 ⑤ 정교화단계에서는 변화된 환경에 부적응하는 위기가 발생한다.

31 각 학자의 조직문화 유형에 관한 설명 중 옳지 않은 것은?

① 딜과 케네디에 의하면 위험도가 높고, 피드백 속도가 느린 경우 사운을 거는 문화(투기형)으로 분류된다.

② 해리슨에 의하면 공식화가 낮고 분권화된 경우 핵조직문화로 분류된다.

③ 핸디에 의하면 전체생존(유지지향상)/한정성(규칙·규정)의 경우 역할문화(아폴로형)으로 분류된다.

④ 레이먼에 의하면 조직의 전통/엘리트적 가치의 경우 전략적 문화로 분류된다.

⑤ 우메자와에 의하면 기회개발/유기적의 경우 과업성취형으로 분류된다.

✎ 해설 ④ 전략적 문화 → 배타적 문화

32 하이퍼텍스트 조직에 대한 설명 중 옳지 않은 것은?

① 한 조직 내에 프로젝트 조직과 기계적 조직을 동시에 구축한다.

② 창조된 지식이 생산될 때는 기계적 조직을 활용한다.

③ 프로젝트팀과 더불어 조직의 하부구조는 사업부제나 매트릭스조직과 같은 계층형 조직시스템을 구성한다.

④ 임시조직은 프로젝트층으로 지식생성의 원천이 된다.

⑤ 인프라조직은 공식조직으로 사업단위층이다.

✎ 해설 ⑤ 인프라조직은 지식기반층이다.

정답 30 ⑤ 31 ④ 32 ⑤

제 5 편

인적자원관리론

출제경향분석

1. 출제빈도분석

인적자원관리론은 조직행위론 분야와 합하여 출제문항수가 조정된다.

그 동안은 직무분석·평가 및 설계, 인사고과, 임금관리, 노사관계관리 등에서 주로 출제되었고, 최근에는 직무재설계, 인사고과오류, 선발도구, 복리후생제도 등이 다루어졌다.

		분 야	출제내용 및 연도	출제문항수
기초자료수집	1장 2장	인사관리 기초 직무분석·직무평가·직무설계	직무분석(1991, 1992, 1993, 2007), 직무평가(1989, 1994, 2004, 2005)직무재설계[직무확대(2007), 직무충실화(1991, 1998, 2004), 직무특성이론(2000, 2004, 2005, 2008)]	15
	3장	인 사 고 과	인사고과기법(1999, 2004, 2006), 인사고과오류(1991, 2001, 2004, 2006), 성과평가기법(2008)	6(7)
인적자원관리	4장	모집·선발·이동 교육훈련관리	인력수요예측(2003, 2007), 선발도구(2001), 내부모집·외부모집(2008), 선발도구의 합리성(2000, 2004, 2007), 조직사회화(2003), 교육훈련(2006)	9
	5장	보 상 관 리	임금관리[임금수준(2007), 임금형태(1992), 임금체계(2002, 2007), 할증급(1995), 집단임금제(1989, 2008), 팀인센티브제(2008), 순응임금제(1993), 스캔론플랜(1994, 2004), 이윤분배제(2004)], 복리후생제도(1999)	12
	6장	인적자원의 관계 및 유지관리	인간관계관리(1995, 1997), 노사관계관리[경영참가제(1989), 종업원지주제(1997), 체크오프 시스템(1995)], 조직 라이프 사이클상의 인적자원 관리(2002)	5

2. 수험대책

시험준비를 위해서는 인적자원관리론의 주요관심 분야인 직무재설계, 경력개발, 보상관리, 노사관계관리 등에 초점을 두고 정리하는 것이 유리할 것이다.

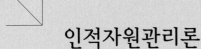

인적자원관리론

기초자료

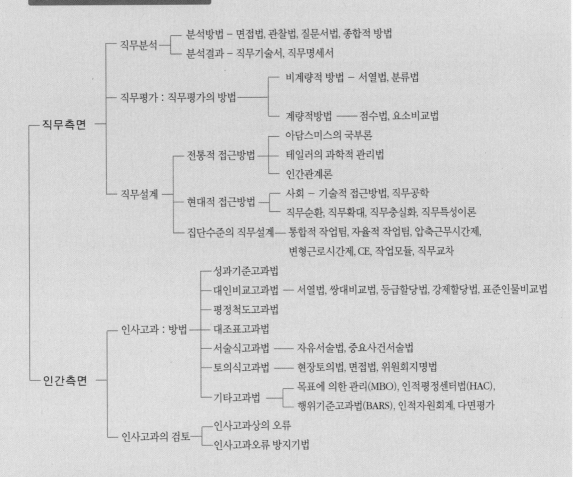

```
                    ┌ 직무분석 ─── ┬ 분석방법 - 면접법, 관찰법, 질문서법, 종합적 방법
                    │              └ 분석결과 - 직무기술서, 직무명세서
                    │
                    │              ┌ 비계량적 방법 - 서열법, 분류법
         직무측면 ──┼ 직무평가 : 직무평가의 방법 ─┤
                    │              └ 계량적방법 ─── 점수법, 요소비교법
                    │
                    │              ┌ 전통적 접근방법 ─┬ 아담스미스의 국부론
                    │              │                  ├ 테일러의 과학적 관리법
                    │              │                  └ 인간관계론
                    └ 직무설계 ────┼ 현대적 접근방법 ─┬ 사회 - 기술적 접근방법, 직무공학
                                   │                  └ 직무순환, 직무확대, 직무충실화, 직무특성이론
                                   └ 집단수준의 직무설계 ─ 통합적 작업팀, 자율적 작업팀, 압축근무시간제,
                                                            변형근로시간제, CE, 작업모듈, 직무교차
```

```
                    ┌ 인사고과 : 방법 ─┬ 성과기준고과법
                    │                  ├ 대인비교고과법 ─ 서열법, 쌍대비교법, 등급할당법, 강제할당법, 표준인물비교법
                    │                  ├ 평정척도고과법
                    │                  ├ 대조표고과법
         인간측면 ──┤                  ├ 서술식고과법 ─── 자유서술법, 중요사건서술법
                    │                  ├ 토의식고과법 ─── 현장토의법, 면접법, 위원회지명법
                    │                  └ 기타고과법 ─┬ 목표에 의한 관리(MBO), 인적평정센터법(HAC),
                    │                                └ 행위기준고과법(BARS), 인적자원회계, 다면평가
                    └ 인사고과의 검토 ─┬ 인사고과상의 오류
                                       └ 인사고과오류 방지기법
```

모집 · 선발관리

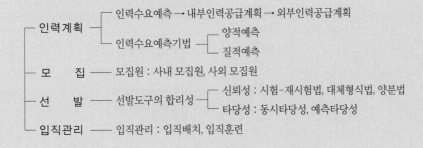

```
         ┌ 인력계획 ─┬ 인력수요예측 → 내부인력공급계획 → 외부인력공급계획
         │           └ 인력수요예측기법 ─┬ 양적예측
         │                                └ 질적예측
         ├ 모   집 ─── 모집원 : 사내 모집원, 사외 모집원
         ├ 선   발 ─── 선발도구의 합리성 ─┬ 신뢰성 : 시험-재시험법, 대체형식법, 양분법
         │                                └ 타당성 : 동시타당성, 예측타당성
         └ 입직관리 ─── 입직관리 : 입직배치, 입직훈련
```

인사이동관리

┌ 승 진 : 직계승진, 자격승진(신분자격승진, 능력자격승진, 역직승진), 대용승진
├ 이 직 ┬ 자발적 이직 : 전직, 협의의 사직
│   └ 비자발적 이직 : 영구해고, 일시해고, 정년퇴직
└ 이직 대책 : 퇴직면접, 퇴직 후 질문지를 통한 방법

교육훈련관리

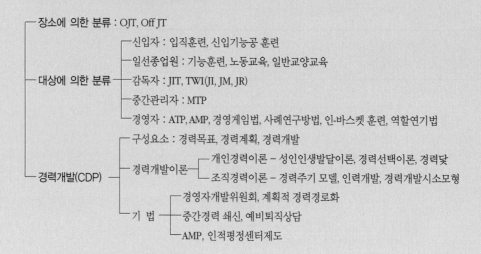

┌ 장소에 의한 분류 : OJT, Off JT
│
├ 대상에 의한 분류 ┬ 신입자 : 입직훈련, 신입기능공 훈련
│   ├ 일선종업원 : 기능훈련, 노동교육, 일반교양교육
│   ├ 감독자 : JIT, TWI(JI, JM, JR)
│   ├ 중간관리자 : MTP
│   └ 경영자 : ATP, AMP, 경영게임법, 사례연구방법, 인-바스켓 훈련, 역할연기법
│
└ 경력개발(CDP) ┬ 구성요소 : 경력목표, 경력계획, 경력개발
                ├ 경력개발이론 ┬ 개인경력이론 – 성인인생발달이론, 경력선택이론, 경력닻
                │   └ 조직경력이론 – 경력주기 모델, 인력개발, 경력개발시소모형
                └ 기 법 ┬ 경영자개발위원회, 계획적 경력경로화
                        ├ 중간경력 쇄신, 예비퇴직상담
                        └ AMP, 인적평정센터제도

보상관리

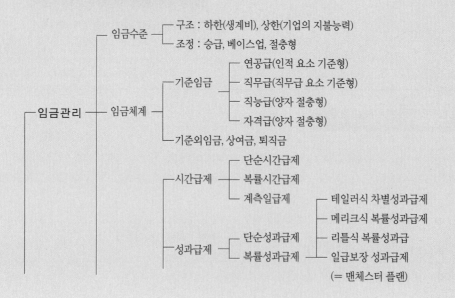

┌ 임금관리 ┬ 임금수준 ┬ 구조 : 하한(생계비), 상한(기업의 지불능력)
│   │   └ 조정 : 승급, 베이스업, 절충형
│   │
│   ├ 임금체계 ┬ 기준임금 ┬ 연공급(인적 요소 기준형)
│   │   │   ├ 직무급(직무급 요소 기준형)
│   │   │   ├ 직능급(양자 절충형)
│   │   │   └ 자격급(양자 절충형)
│   │   └ 기준외임금, 상여금, 퇴직금
│   │
│   ├ 시간급제 ┬ 단순시간급제
│   │   ├ 복률시간급제
│   │   └ 계측일급제
│   │
│   └ 성과급제 ┬ 단순성과급제 ┬ 테일러식 차별성과급제
│   └ 복률성과급제 ├ 메리크식 복률성과급제
│   ├ 리틀식 복률성과급
│   └ 일급보장 성과급제
│   (= 맨체스터 플랜)

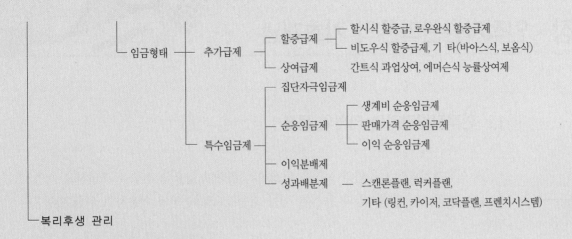

```
            ┌ 임금형태 ─┬ 추가급제 ─┬ 할증급제 ─┬ 할시식 할증급, 로우완식 할증급제
            │          │          │          └ 비도우식 할증급제, 기 타(바아스식, 보옴식)
            │          │          └ 상여급제 ── 간트식 과업상여, 에머슨식 능률상여제
            │          │
            │          └ 특수임금제 ┬ 집단자극임금제
            │                      │
            │                      ├ 순응임금제 ─┬ 생계비 순응임금제
            │                      │            ├ 판매가격 순응임금제
            │                      │            └ 이익 순응임금제
            │                      ├ 이익분배제
            │                      └ 성과배분제 ── 스캔론플랜, 럭커플랜,
            │                                     기타 (링컨, 카이저, 코닥플랜, 프렌치시스템)
            └ 복리후생 관리
```

유지관리

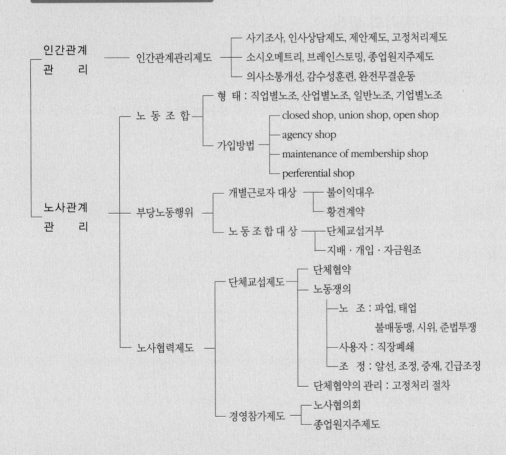

```
┌ 인간관계 ── 인간관계관리제도 ─┬ 사기조사, 인사상담제도, 제안제도, 고정처리제도
│  관 리                       ├ 소시오메트리, 브레인스토밍, 종업원지주제도
│                              └ 의사소통개선, 감수성훈련, 완전무결운동
│
│            ┌ 노 동 조 합 ─┬ 형 태 : 직업별노조, 산업별노조, 일반노조, 기업별노조
│            │             │
│            │             └ 가입방법 ─┬ closed shop, union shop, open shop
│            │                        ├ agency shop
│            │                        ├ maintenance of membership shop
│            │                        └ perferential shop
│            │
│            ├ 부당노동행위 ─┬ 개별근로자 대상 ─┬ 불이익대우
└ 노사관계 ──┤              │                 └ 황견계약
   관 리     │              └ 노 동 조 합 대 상 ─┬ 단체교섭거부
            │                                  └ 지배 · 개입 · 자금원조
            │
            └ 노사협력제도 ─┬ 단체교섭제도 ─┬ 단체협약
                          │              ├ 노동쟁의
                          │              │         ┌ 노 조 : 파업, 태업
                          │              │         │         불매동맹, 시위, 준법투쟁
                          │              │         ├ 사용자 : 직장폐쇄
                          │              │         └ 조 정 : 알선, 조정, 중재, 긴급조정
                          │              └ 단체협약의 관리 : 고정처리 절차
                          │
                          └ 경영참가제도 ─┬ 노사협의회
                                         └ 종업원지주제도
```

제1장 ■ 인적자원관리론의 기초개념

1.1 인적자원관리의 의의와 목표

1) 인적자원관리란 기업의 목적을 달성하기 위하여 필요한 인력을 조달하고, 이들의 능력을 최대한 발전시킴과 동시에, 이를 효율적으로 경영에 이용하기 위한 활동을 말한다.

2) 인적자원관리의 목표는 개인목표와 조직목표의 균형을 유지하는 것이다.

1.2 인적자원관리의 발전

1. 연공서열제도 : 연공주의(seniority)

연공서열제도는 조직구성원을 연공(학력과 근무연수)에 따라 승진시키고, 임금을 지급하는 제도이다.

● 도표 1-1 연공주의와 능력주의의 비교

비교사항	연공주의	능력주의
평 가 요 소	근무연수 · 경력 · 학력 · 연령	업무수행능력 · 업적 · 성과
평 가 기 준	사람중심	직무중심
기준의 성격	비합리적 · 전통적 · 정의적	합리적 · 가치적 · 목적적
특　징	• 가족주의(집단주의) • 종신고용제 • 동양적 · 유교사상 • 운명공동체적	• 개인주의 • 단기고용제 • 서양적 · 기독교사상 • 이익공동체적
지 지 계 층	하위층	상위층
적합한 직종	일반직종	전문직종
장 · 단 점	• 집단중심의 연공질서 형성 • 객관적 기준 • 승진 및 임금관리의 안정성 • 적용이 용이	• 개인중심의 경쟁질서 형성 • 객관성의 확보가 어려움 • 승진 및 임금관리의 불안정 • 적용이 어려움

① 노동력부족 : 노동력부족 → 초임수준의 급격한 상승 → 연공임금제도의 유지에 어려움
  → 수정 필요
② 기술혁신 : 기술혁신에 따른 노동의 질적 내용의 변모 → 이에 적합한 노동자의 지위 강화
  → 연공임금제도의 타당성 상실

2. 직무중심관리제도 : 능력주의(competence)

직무중심관리제도는 업무수행능력과 발휘된 성과에 근거하여 승진시키고 임금을
지급하는 제도이다.

1.3 인적자원관리의 환경변화와 전략적 인사관리

● 도표 1-2 전략적 인사관리의 틀

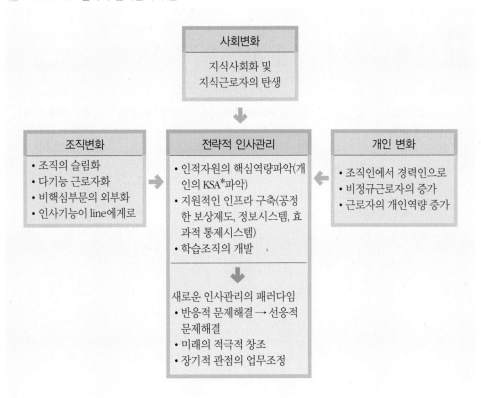

＊KSA(knowledge, skill, ability)

● 도표 1-3 국제인사관리 유형

구 분		유 형			
		본국중심형	현지중심형	지역중심형	세계중심형
조직 특성	조직구조의 복잡성	본사는 복잡하고, 자회사는 단순하다.	다양하고 독립적이다.	지역을 토대로 높은 상호 의존성	전세계를 대상으로 하여 복잡하고 조직간 상호의존성이 높다.
	의사결정 권한	본사에 집중	본사 의사결정이 상대적으로 약하다.	지역본부에 집중되고 자회사간 협력 정도가 높다	전세계에 걸쳐 본사의 자회사간 협력적 의미 결정
	의사소통 및 정보흐름	본사의 일방적 지시와 자회사에 대한 충고	본사와 자회사간 그리고 자회사간 의사소통이 적음	본사에서 해외 주재원을 파견하여 해외조직의 인사관리를 총괄함	자회사간 쌍방향 의사소통과 정보교환
인사 관리 특성	인력모집, 개발, 충원	본사에서 해외 주재원을 파견하여 해외조직의 인사관리를 총괄	현지인 채용과 개발	지역에서 필요한 인력채용과 개발, 배치	전세계적 최적 인재선발, 최적지역에 배치
	성과평가	본사기준	현지 평가기준	지역별 평가기준	범세계적으로 보편적이고 지역적 평가기준성과
	성과보상 및 처벌	본사기준	자회사별로 상이하다	지역별 독자적 기준	지역과 세계적 기준을 토대로 국제적인 보상과 지역 경영자 보상

＊ 자료 : Heenan & Perlmutter(1979)

01 21세기에 걸맞는 인사관리를 위해서는 새로운 경영환경 및 인사환경변화를 고려해야 한다. 다음 중 이와 관련이 없는 것은?

① 조직구조는 점점 분권화, 분사화(spin-off)되고 있다.
② 인사기능이 점점 최고경영자 몫으로 옮겨가고 있다.
③ 인사기능이 점점 실무관리자(line)의 몫으로 옮겨가고 있다.
④ 종업원들이 점점 조직인에서 경력인화 되고 있다.
⑤ 비정형직 근로자들이 점점 줄고 있다.

🖊 **해설** ② 인적자원관리의사결정은 최근 자주 나타나는 구조조정, 퇴출인원 정리, 능력주의 연봉제 도입, 새로운 노사관계 등 전략적 의사결정과 관계가 깊어 최고경영자의 몫이 점점 커지고 있다.
③ 최근에는 종업원성과평가, 인력모집·선발, 종업원 훈련·개발, 노사관계 등에 현장중심의 인사관리가 강조되어, 인사업무가 인사담당자(staff)로 부터 실무관리자(line)에게로 이관되고 있다.
④ 경력인이란 조직을 통하여 자신의 목표를 달성하지 않고, 자신의 업무나 직업을 통해 목표를 달성하려는 사람으로, 자율적인 업무 선택권을 가지고 자신에게 가장 유리한 조직에 수시로 이동하고자 하며, 자기 계발을 통해 자신의 시장성을 높이고자 한다.
⑤ 회사입장에서는 노동력의 수급불균형, 특정기술의 단기적 이용, 장기적 노무비절감 등의 이유로, 개인입장에서는 자율적이고 전문적인 경력인의 역할을 강조함으로써 점점 비정형직 근로자들이 증가하고 있다.

02 인적자원관리를 위한 연공주의와 능력주의에 대한 다음의 개념 중 성격이 다른 것은?

① 객관성의 확보가 어려움
② 비합리적·정의적 기준의 성격
③ 집단 중심의 질서 형성
④ 적용이 용이
⑤ 일반직종에 적합

🖊 **해설** ①은 능력주의, 나머지는 연공주의

03 최근 인사관리의 환경변화 및 패러다임의 변화에 대한 설명 중 옳지 않은 것은?

① 근로자의 개인역량 강화

② 반응적 문제해결에서 선응적 문제해결로

③ 핵심부문의 외부화

④ 지식근로자의 탄생

⑤ 다기능근로자화

✎ 해설 ③ 비핵심부문의 외부화

04 국제인사관리유형을 본국중심형, 현지중심형, 지역중심형, 세계중심형으로 나눌 때 각 유형에 대한 인사관리특성을 잘못 연결한 것은?

① 본국중심형 – 인력모집 – 본사에서 해외주재원 파견

② 현지중심형 – 성과보상 – 자회사별로 상이

③ 지역중심형 – 성과평가 – 지역별 평가기준

④ 세계중심형 – 성과보상 – 지역과 세계적 기준을 토대로

⑤ 지역중심형 – 인력모집 – 현지인 채용과 개발

✎ 해설 ⑤ 지역중심형의 인력모집, 개발, 충원은 지역에서 필요한 인력채용과 개발 및 배치를 한다. 현지인 채용과 개발은 현지중심형임.

정답 3 ③ 4 ⑤

제2장 ■ 직무분석 · 직무평가 · 직무설계

2.1 직무분석

1. 직무분석의 의의

직무분석(job analysis)이란 조직이 요구하는 직무(job)의 내용이나 요건을 정리 · 분석하는 과정을 말한다.

◈ 과업<직무<직군
◈ 직무(job)는 하나의 성과를 달성하기 위한 유사 과업(task)들의 묶음이다.

2. 직무분석의 목적

1) 직무분석의 목적은 인사관리가 일관성있고 공정하게 수행될 수 있도록 직무에 관한 객관적 자료를 제공하는 것이다.

2) 직무분석은 조직의 합리화를 위한 기초작업으로 권한과 책임의 한계를 명확하게 하고, 합리적 채용 · 배치 · 이동의 기준을 제공하며, 업무개선의 기초자료를 제공한다.

3) 또한 종업원 교육훈련과 직무급 등 임금결정의 기초자료로 활용된다.

3. 직무분석의 내용

1) 수행업무(내용)분석 : 과업자료

① 수행업무분석은 직무의 성질(직무내용)에 대한 분석을 말한다.

② 내용분석은 즉 일의 주체(who), 내용(what), 방법(how), 목적(why), 장소(where), 시간 · 빈도(when) 등을 분석하는 것이다.

◈ 직무분석의 범주
① 과업자료 : 내용을 강조
② 행위자료 : 행위를 강조
③ 능력/지식자료 : 자격요건 강조

● 도표 2-1 직무분석의 절차

분석목적 결정 → 분석범위 결정 → 직무분석표 작성 → 직무분석가 선발 · 훈련 → 예비조사 · 본 조 사 → 직무기술서, 직무명세서 작성

○ 참고

직무분석관련 용어들

① 직무요소(element) : 어떤 직무와 관련된 동작, 정신적 과정 등 더 이상 나눌 수 없는 최소단위작업

② 과업(task) : 특정목적 수행 위해 독립적으로 수행되는 특정작업활동 또는 일(work)

③ 의무(duty) : 특정 개인이 수행하는 여러 과업들

④ 직위(position) : 어떤 구성원에게 부과된 과업의 집합(하나 혹은 그 이상의 의무로 이루어짐)→개인적

⑤ 직무(job) : 비슷한 업무내용을 가진 직위들의 집합→비개인적

⑥ 직군(job family) : 동일하거나 유사한 직무의 집단→숙련노동, 반숙련노동, 미숙련노동 등

⑦ 직종/직업(occupation) : 동일하거나 유사한 직군의 집단

⑧ 직종군(occupational group) : 직종의 집단→사무직, 기술직, 관리직 등

2) 수행요건분석 : 능력/지식자료

① 수행요건분석이란 직무의 수행에 필요한 요건 즉 직무요건에 대한 분석을 말하는 것이다.

② 구체적으로 보면 책임, 숙련도, 능력과 기능(직무지식, 직무경험, 교육훈련, 정신적 요건, 신체적 요건 등), 작업조건(위험, 불쾌조건 등)이 있다.

4. 직무분석의 방법

('91 CPA)
★ 출제 Point
직무분석방법의 비교

(2004 CPA)
★ 출제 Point
직무분석기법

◈ 구조적 직무 : 지시적 면접 : 짧은 시간
◈ 비구조적 직무 : 비지시적 면접 : 긴 시간

직무분석에 필요한 정보를 획득하는 방법으로 면접법, 관찰법, 질문서법, 종합적 방법 등을 들 수 있다.

(1) 면접법

1) 면접법(interview method)은 직무분석자(job analyst)가 개개의 감독자나 종업원과의 면접을 통하여 직무를 분석하는 방법이다.

2) 장 점

① 면접법은 직무에 대한 정확한 정보의 획득이 가능하다.

② 관찰법으로는 수집이 어려운 정신적 정보까지 얻을 수 있다.

③ 면접자와 종업원 간의 상호친목이 가능하다.

3) 단 점

① 많은 종류의 직무를 분석할 경우에는 과다한 시간과 비용이 소요된다.

② 분석자가 면접전에 그 직무에 대해 잘 알고 있어야 한다.

(2) 관찰법

1) 관찰법(observation method)은 직무분석자가 직무수행자를 직접 관찰함으로써 직무를 분석하는 방법이다.

2) 수작업적이거나 표준화되어 있어 반복적 활동을 많이 요구하는 직무의 분석에 적합하다.

3) 장점

분석자가 풍부한 경험을 가지고 있는 경우 정보수집의 정확성을 기할 수 있다.

4) 단점

① 관찰자의 주관이 개입될 수 있다.

② 관찰행위가 작업수행에 영향을 미칠 수 있다.

③ 정신적 작업을 요하는 직무나 시작부터 종료까지 오랜 기간이 걸리는 작업의 경우 적용할 수 없다.

(2007 CPA)
★ 출제 Point
관찰법의 정의

◈ 관찰결과의 기록
① 체크리스트
② 서술형식
③ 작업표

(3) 질문서법

1) 질문서법(questionaire method)은 직무의 모든 내용과 요건을 파악할 수 있는 **표준화된 질문서**를 작성하여, 해당 직무를 수행하는 **종업원에게 스스로 기입하도록 함**으로써 직무를 분석하는 방법이다.

2) 장점

① 질문서법은 직무의 성격에 관계없이 모든 직무에 적용될 수 있다.

② 광범위한 자료의 수집이 가능하다.

③ 자료의 정리가 용이하다.

④ 면접담당자가 필요없다.

⑤ 시간과 노력이 많이 절약된다.

3) 단점

① 질문서의 합리적인 작성이 어렵다.

② 질문서를 종업원들이 아무렇게나 기록할 위험이 있다.

③ 대면시에 얻을 수 있는 협조와 동기부여가 결여된다.

④ 사용시 융통성이 없다.

⑤ 해석상의 차이로 오해가 발생할 수 있다.

◈ 질문서법의 형태
① 자유응답법
② 강제선택법
③ 대조법

(4) 종합적 방법

면접법, 관찰법, 질문서법을 종합하여 각 방법의 장점을 살리고, 단점을 제거하려는 방법이다.

(5) 기 타

1) 과거 직무기술서 검토법

2) 작업수행에 필요한 자재 · 설비 검토법

3) 경험법(empirical method) : 직무분석자가 직접 그 직무를 수행하면서 정보를 수집하는 것이다.

4) 임상적 방법(clinical method) : 시간연구, 동작연구, 테스트법

임상적인 실험을 통해서 직무의 내용과 요건을 조사하는 방법으로 실험법이라고도 한다.

5) 연구정보의 이용법

6) 중요사건법(critical incidents method) : 직무행동 가운데 보다 중요한 면에 대한 정보를 수집하는 것이다. → 즉 주로 감독자에 의해 수행되며, 먼저 중요사건을 포착한 후 직무의 난이도, 중요성, 기여도 등을 평가한다.

7) 워크 샘플링(work sampling) : 전체 작업과정 동안 무작위적인 간격으로 많은 관찰을 행하여 직무행동에 관한 정보를 수집한다.

8) 작업일지법(diary method) : 직무담당자가 매일 업무일지를 작성하는 방법이다.

5. 직무기술서와 직무명세서 : 직무분석의 산물

(1) 직무기술서 : 직무해설서

('92, 2004 CPA)
★ 출제 Point
직무기술서와 직무명세서
의 차이점

('93 CPA)
★ 출제 Point
직무기술서의 포함내용

(2007 CPA)
★ 출제 Point
직무기술서와 직무명세서
의 특징

1) 직무기술서(job description)는 직무분석을 통하여 얻은 직무에 관한 자료와 정보를 직무의 특성에 중점을 두고 정리 · 기록한 문서이다.

2) 구성요소

① 직무표식(job identification : 직무명, 직무번호, 소속부서명 등)

② 직무개요(job summary : 다른 직무와 구별될 수 있는 직무수행의 목적이나 내용의 약술)

③ 직무내용(job content)

④ 직무요건(job requirement : 직무의 수행에 필요한 책임, 전문지식, 정신적 · 신체적 요건 등)

 경영사례 ▶ 총괄적 직무기술서

최근에 많은 기업들은 개별 직무분류(job classification)의 수를 감소시키고 있다. 예를 들면, 미국의 GM사와 NUMMI(New United Motors Manufacturing, Inc.)사는 자동차를 조립하는 데 필요한 모든 과업을 수행하는 데 요구되는 120개의 개별직무를 4개의 직무로 줄였다. 그 결과 관련된 많은 수의 과업을 포괄적으로 설명하는 총괄적

직무기술서가 등장하게 되었다. 그러므로 총괄적 직무기술서에 포괄적으로 정의된 직무를 수행하는 각 종업원들은 전혀 다른 과업을 수행하고 있을 수도 있다.

그러나 보상의 목적상 그들은 동일한 가치의 작업을 하는 것이다. 매우 넓게 정의된 직무 안에서 일하는 종업원들은 동일한 직무의 넓은 범위내에 속하는 다른 과업으로 쉽게 전환될 수 있어서, 직무이동 요청과 임금조정 등과 같은 관료적 업무가 필요 없게 된다. 따라서 종업원은 작업흐름의 변화에 더 쉽게 조화될 수 있다.

총괄적 직무기술서에 포괄적으로 넓게 정의된 직무는 작업할당에 있어서 유연성을 증가시킨다. 그러나 실제적으로 다른 직무에 동일한 임금을 지불하는 것은 궁극적으로 종업원의 불만족을 초래할 수도 있고, 분명한 작업방향을 제시하지 못하거나, 채용, 승진, 훈련 등에 법적인 정당성을 제공하지 못하는 문제가 있을 수 있다.

자료 : 이재훈 · 이종준, 「신인적 자원관리」, 경문사

Key Point ▶ 총괄적 직무기술서의 유용성

직무분석을 위해 수집되는 정보의 양이 많을 경우 많은 조사비용이 발생할 수 있다.
조사비용에 비해 정보의 가치가 떨어진다면, 세부적인 자료수집을 하는 대신 포괄적으로 정의된 직무기술서를 작성하는 것이 유리할 수도 있다.

(2) 직무명세서

1) 직무명세서(job specification)란 직무기술서의 내용을 기초로 직무요건만을 분리하여 구체적으로 작성한 문서이다.

2) 직무요건 중에서 특히 성공적인 직무수행을 위하여 필요한 인적 요건에 큰 비중을 두고 정리 · 기록한 문서이다.

3) 구성요소

① 직무표식(job identification)

② 직무개요(job summary)

③ 인적 요건(성별, 연령, 신장과 체중, 성격, 지능, 지식, 기술과 경험의 정도, 교육수준과 이해력 수준, 기타 인적 요건)

(2005 CPA)
★ 출제 Point
직무명세서의 정의

🌑 도표 2-2 직무기술서와 직무명세서의 비교

	직무기술서	직무명세서
차이점	① 직무의 내용과 요건에 동일한 비중 ② 종업원과 감독자에게 직무에 관한 개괄적 자료 제공	① 직무내용보다는 직무요건에, 특히 인적 요건에 큰 비중 ② 고용, 훈련, 승진, 전직에 기초자료 제공
공통점	직무분석의 결과를 일정한 서식으로 정리 · 기록한 문서이다.	

> **◇ 참 고**
>
> **직무분류**
>
> 직무분류(job classification)는 동일 또는 유사한 성격을 가진 직무들을 묶어 직무군(job family)으로 분류하는 것을 말한다. 직무분류는 동일한 기초능력이나 적성을 요하는 직무들을 하나의 무리로 묶어서 이를 직종 또는 직군으로 함으로써, 이들 직무내에서 단계적으로 승진케 한다든지 이동케 함으로써 보다 쉽게 새로운 직무에 관한 학습을 가능하게 한다. 또한 직무분류와 함께 직무를 계층적으로 분리하여 직계제도를 만들 수 있다.

2.2 직무평가

1. 직무평가의 의의

1) 직무평가(job evaluation)는 직무분석의 결과로 작성된 직무기술서와 직무명세서를 기초로 기업 내의 각종 직무의 중요성, 직무수행상의 곤란도, 위험도 등을 비교 · 평가함으로써 **직무 간의 상대적 가치(서열)**를 체계적으로 결정하는 과정이다.

2) 직무평가는 직무급제도의 기초가 된다.

> **Key Point**
>
> 직무평가는 직무 그 자체의 가치를 평가하는 것일 뿐, 직무상의 인간을 평가하는 것은 아니다.

● 도표 2-3 직무평가의 절차

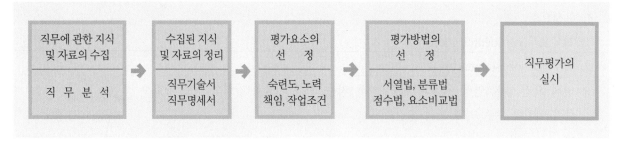

2. 직무평가의 목적

1) 직무평가는 기업 내부의 임금격차를 합리적으로 결정하게 한다.

2) 직무급 체계와 직계제도를 확립한다.

3) 직무 간의 권한과 책임을 명확히 한다.

3. 직무평가의 방법

1) 서열법

① 서열법(ranking method)은 기업 내의 각 직무를 상대적인 숙련, 노력, 책임, 작업조건 등의 요소를 기준으로 종합적으로 판단하여, 전체적으로 순위를 매기는 방법이다.

('89 CPA)
★ 출제 Point
직무평가방법의 분류
(2005 CPA)
★ 출제 Point
서열법의 특성

② 이 방법은 과학적인 방법은 아니며, 직무 간의 차이가 명확하거나 평가자가 모든 직무를 잘 알고 있을 경우에만 적용이 가능하다.

③ 장점 : 신속·간편하게 직무의 등급을 매길 수 있다.

④ 단점

ⓐ 등급을 매기기 위한 일정한 기준이 없다.

ⓑ 직무의 수가 많고 내용이 복잡해지면 사용이 어렵다.

2) 분류법 : 카네기기술연구소

① 분류법(classification method)은 분류할 직무의 등급(ⓒⓘ 상, 중, 하의 3등급)을 사전에 결정하여 놓고, 각 직무를 적절히 판정하여 해당 등급에 기입하는 방법이다.

(2005 CPA)
★ 출제 Point
분류법의 특성

② 장점 : 간단하고 이해하기 쉬우며 비용이 적게 든다.

③ 단점

ⓐ 분류기준이 모호하다.

ⓑ 내용이 복잡해지면 분류 자체의 정확성이 보장될 수 없다.

ⓒ 고정된 등급의 설정으로 경제·기술환경변화에 대한 탄력성이 부족하다. → 그러므로 기업체보다는 정부 부처에서 주로 사용한다.

3) 점수법 : Lott

① 점수법(point rating method)은 직무를 평가요소별로 분해하여 그 중요성에 따라 일정한 점수(가중치)를 배정한 후, 평가요소별 점수를 합산하여 각 직무의

('94 CPA)
★ 출제 Point
점수법의 특징과 장·단점

🔵 도표 2-4 직무평가의 방법

가치를 평가하는 방법이다.

② 공장에서 기능직을 평가하는 데 많이 사용한다.

③ 장점

 ⓐ 점수법은 모든 직무에 공통되는 평가요소를 선정하여 평가요소별로 평가하므로 직무의 상대적 차등을 명확하게 정할 수 있다.

 ⓑ 평가결과에 대한 이해와 신뢰를 얻을 수 있다.

④ 단점 : 적합한 평가요소의 선정과 평가요소별 가중치의 결정이 어렵다.

4) 요소비교법 : Benge

◆ 요소비교법은 각 평가요소별로 직무를 등급화하는 방법이다.

① 의 의

 요소비교법(factor comparison method)은 조직에 있어서 핵심이 되는 ⓐ 기준직무(key job)를 선정하고 ⓑ 직무를 평가요소별로 분해하여 ⓒ 점수 대신 임률로 기준직무를 평가한 후, ⓓ 다른 직무를 기준직무와 비교하여 각각의 임률을 결정하는 방법이다.

◆ 기준직무는 업무내용이 명확하고, 임률이 직무에 적절하다고 인정되는 직무를 말한다.

② 사무직, 기술직, 감독직, 관리직 등 상이한 직무에도 널리 사용된다.

③ 요소비교법에서 주의할 점은 평가요소의 정의만 부여되고, 평가척도나 기준이 제시되지 않는다는 점이다. → 그러므로 평가오류의 방지를 위해 여러 명의 평가요원이 여러 차례에 걸쳐 평가하게 하고 이를 종합평균하여 모든 기준직무의 최종적 순위를 결정하게 된다.

④ 장점

 ⓐ 평가의 기준이 구체적이어서 비교가 용이하다.

 ⓑ 기준직무만 적절히 선정되면 점수법보다 훨씬 합리적인 방법이 된다.

 ⓒ 임금산정이 점수법보다 용이하다.

⑤ 단점

 ⓐ 내용이 복잡하고 실시에 노력이 많이 든다.

 ⓑ 기준직무의 선정과 임률의 평가요소별 배분이 어렵다.

 ⓒ 평가척도의 구성과 절차가 복잡하여 근로자에게 충분히 이해시키기 어렵다.

● 도표 2-5 기준직무서열과 임금배분표

기준 직무	정신적 요건		숙련적 요건		신체적 요건		책 임		작 업 조 건		현행 임금
	서열	금액	서열	금액	서열	금액	서열	금액	서열	금액	
비 서	1	33,000	3	7,000	4	5,000	1	25,000	4	4,000	74,000
오퍼레이터	3	21,000	1	23,000	2	9,000	4	9,000	2	6,000	68,000
회계계	2	27,000	4	5,000	3	8,000	2	24,000	3	5,000	69,000
급여계	4	15,000	2	17,000	1	10,000	3	17,000	1	8,000	67,000

ⓓ 단체교섭에 있어 직무평가 자체와 임금액을 분리하기가 곤란하다.

ⓔ 직무평가에 있어서 현행 임금액이 판단에 영향을 미치기 쉽다.

● 도표 2-6 직무평가방법의 비교

방법 기준	서열법	분류법	점수법	요소비교법
사용빈도	가장 적음	중 간	가장 많음	중간
요소의 수	없 음	없 음	평균 11개	평균 5개
척도형태	서 열	등 급	점수 · 요소	점수 · 기준직무
다른 방법과의 관계	낮은 수준의 비교법	서열법의 발전	분류법의 발전	점수법의 개선
인사고과 방법과의 관계	서열법	등급제	도시척도법	대인비교법
적용기관	소규모기업	공공기관	일반기업	일반기업

Key Point   직무평가방법의 상호관계

	계 급 적	계 열 적	
비 계 량 적	분 류 법	서 열 법	전 체 적
계 량 적	점 수 법	요소비교법	분 석 적
	직무 대 기준	직무 대 직무	

2.3 직무설계

1. 직무연구의 발전과정

1) 전통적 직무연구는 '직무를 중심으로 하여, 직무에 인간을 어떻게 적응시킬 것인가'의 문제를 다루는 직무분석과 직무평가에 관심이 있었다.

2) 현대적 직무연구는 '인간을 중심으로 하여, 직무를 어떻게 설계할 것인가'의 문제를 다루는 직무설계에 관심이 있다.

2. 직무설계의 의의

직무설계(job design)는 조직의 목표를 달성하는 동시에, 직무를 수행하는 개인에게 의미와 만족감을 부여하기 위하여, 필요한 직무의 내용·기능·관계를 적극적으로 설계하는 활동이다.

● 도표 2-7 직무설계의 전개과정

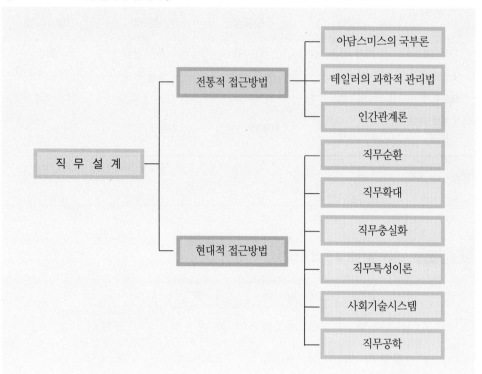

● 도표 2-8 직무설계의 역사적 발전과정

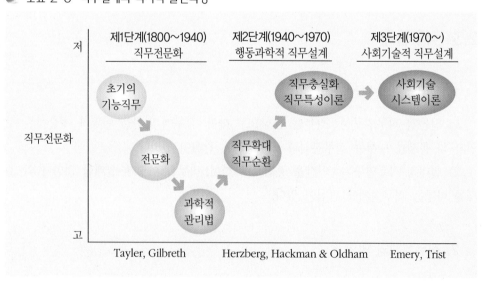

3. 직무설계의 전개과정

(1) 전통적 접근방법 : 효율성의 논리의 바탕

1) 아담 스미스(Smith)는 국부론에서 분업에 의한 전문화의 원리를 강조하였다.

2) 테일러(Taylor)는 과학적 관리법에서 과업을 최대한 가능한 요소로 세분하고 단순화·표준화·전문화하는 것을 직무설계의 초점으로 두었다.

3) 인간관계론은 기계론적 인간관에서 탈피하여, 종업원의 개인적·사회적 욕구를 만족시키려는 새로운 경향의 직무설계를 시도하였다. → 그러나 종업원이 수행하는 직무의 기본적인 재설계에 관해서는 관심이 없었으며, 인간이 수행하는 과업과 그 과업에 관련된 기술 및 조직구조를 망각하였다.

◈ 전통적 직무설계를 합리적 접근방법이나 하향적 접근방법(인간의 종속성)이라고도 한다.

(2) 현대적 접근방법

1) 직무순환

① 직무순환(job rotation)은 종업원을 현재까지 담당했던 직무와는 성격이 다른 직무로 이동시키는 것으로 수평적 인사이동인 배치전환적 성격을 띠고 있다.

② 이는 종업원의 권태감을 없애고, 보다 넓은 식견을 주어 자신의 적성에 맞는 직무를 발견하게 하고, 그 직무와 관련된 기능·지식을 증가시키기 위하여 수행되고 있다.

③ 직무순환은 단지 단기적인 해결책이라는 문제가 있다.

④ 직무순환은 전문가보다는 일반관리자(generalist)를 만드는 직무설계방식이다.

(2007 CPA)
★ 출제 Point
개인수준의 직무설계

2) 직무확대 → 수평적 직무확대

① 직무확대(job enlargement)는 작업자가 맡은 직무를 보다 다양하게 함으로써 반복적인 직무수행에서 느끼던 권태감이나 단조로움을 줄이고자 하는 것을 말한다.

② 기본작업의 수를 증가시키거나 세분화된 몇 개의 작업을 하나의 작업으로 통합시키는 방법이 있다.

③ 장점 : 직무확대는 직무에 대한 단조로움의 감소를 통하여 종업원의 만족을 높여주고, 결근이나 이직을 감소시킬 수 있다.

④ 단점

ⓐ 종업원들의 작업량이 증대되어 종업원 감축의 수단이 된다는 비난을 받는다.

ⓑ 종업원으로 하여금 적극적으로 높은 성과를 달성할 수 있도록 동기부여하는 데는 부족하다.

(2004, 2007 CPA)
★ 출제 Point
직무확대의 정의

3) 직무충실화 → 수직적 직무확대

① 직무충실화(job enrichment)는 허쯔버그(Herzberg)의 2요인이론에 기초한 방법

이다.

② 직무가 동기부여의 요인으로 작용하기 위해서는 직무내용 그 자체가 종업원에게 도전감, 성취감, 인정감, 책임, 발전 및 성장에 대한 기회를 제공할 수 있도록 재구성되어야 한다는 입장이다.

③ 직무충실화는 보다 높은 수준의 지식과 기술을 요하며, 종업원들이 그들의 직무를 수행함에 있어 계획·지휘·통제에 대한 자주성과 책임을 보다 많이 가질 수 있도록 관리적 기능까지 위임하는 것으로 **직무를 질적으로 재정의·재구성하**는 것이다.

④ 장점 : 직무충실화는 종업원에게 개인적 성장과 의미있는 작업경험에 대한 기회를 제공한다.

⑤ 단점

ⓐ 개인차가 무시된다.

ⓑ 과다한 비용이 소요된다.

ⓒ 충실화할 수 없는 직무가 존재할 수도 있다.

4) 직무특성이론 : Hackman & Oldham

① 직무특성이론(job characteristic theory)은 직무충실화에 기초하여 이론적으로 더욱 정제하고 그에 따른 실천전략을 제시한 이론이다.

② 종래의 추상적이고 개념적인 직무충실이론에서 벗어나 구성원의 **개인차를 고려**하여 직무특성과 성과변수 사이의 관계를 정교하게 제시하고, 각 직무특성차원을 명확히 하여 **실행개념까지 도입**한 실질적인 직무설계방법이다.

도표 2-9 직무특성이론

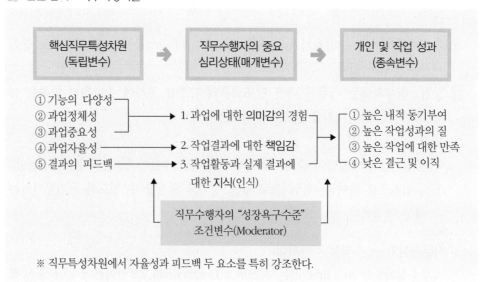

※ 직무특성차원에서 자율성과 피드백 두 요소를 특히 강조한다.

③ 직무특성이론의 독립변수

(2005 CPA)
★ 출제 Point
직무특성이론 독립변수의
정의

ⓐ 기능의 다양성(skill variety)은 '직무확대'를 통해 달성된다.

ⓑ 과업정체성(task identity)은 직무의 내용이 한 제품의 처음부터 끝까지 완성시킬 수 있도록 구성되어 있는가와 관련된다.

ⓒ 과업중요성(task significance)은 직무가 조직 내외의 타인의 삶에 어느 정도 영향을 주는가와 관련된다.

ⓓ 과업의 자율성(autonomy)은 '직무충실화'와 관련이 깊다.

ⓔ 피드백은 직무수행성과에 대한 정보의 유무와 관련된다.

$$동기유발잠재력\ 지수 = \frac{기능\ 다양성 + 과업의\ 정체성 + 과업의\ 중요성}{3} \times 자율성 \times 피드백$$

④ 장점 : 직무특성이론은 종업원에게 내재적 동기나 만족감을 주고 일의 질을 높였다.

⑤ 단점

ⓐ 생산성의 향상 등 양적 성과에 대해서는 예측하지 못했다.

ⓑ 개인의 심리적 상태에 의존하기 때문에 현실적용이 어려울 수도 있다.

5) 사회-기술시스템

① 사회-기술적 접근방법은 직무와 관련된 인간시스템과 기술시스템을 적절히 조화시키고자 하는 방법이다.

② 사회-기술시스템(socio-technical system)은 단순반복적인 작업을 자율적 작업집단으로 만드는 데 관심이 있다.

③ 다른 직무설계가 조직 내의 미시적 입장을 강조한 반면, 이 방법은 외부환경과 문화·가치관, 개별·집단·조직에 요구되는 역할을 강조한 거시적 방법이다.

6) 직무공학

직무공학(job engineering)은 시간분석·동작분석과 인간·기계의 상호작용을 통해 직무의 효율성을 높이고자 하는 방법이다.

4. 집단수준의 직무설계

1) 통합적 작업팀

① 통합적인 작업팀(integrated work teams)은 단일과업을 수행하는 대신, 다수의 과업이 한 집단에 할당되는 경우를 말한다.

② 이 때 집단에서는 다시 구성원들에게 구체적인 과업할당을 결정하고, 또 과업의 성격에 따라 구성원들간에 직무를 교대하여 수행하도록 하는 책임을 지게 된다.

2) 자율적 작업팀

자율적 작업팀(autonomous work teams)은 팀이 수행하고 있는 작업을 수직적 통합을 통해서 심화시키는 방법이다.

Key Point

① 통합적 작업팀과 자율적 작업팀
통합적 작업팀은 직무확대가 집단수준으로 실시되는 것이고, 자율적 작업팀은 직무충실화가 집단수준으로 실시되는 것이다.

② 자율적 작업팀과 무계층조직
완전한 자율적 작업팀의 경우 자신들이 작업팀의 구성원이 될 사람을 직접 선발하며, 각 구성원들은 서로 업적을 평가하기도 한다. 그 결과 감독직의 중요성이 감소되어 없어지는 경우도 있으므로, 미국의 Gore사나 Intel사처럼 무계층조직이 탄생하기도 한다.

◆ 모듈
대개 작업자들이 회피하고자 하는 작업으로 약 2시간 내에 충분히 할 수 있는 과업단위로 구성한다.

3) 작업모듈

① 작업모듈(work module)은 수시로 집단 내부의 일부 과업을 모듈로 편성해서 작업자들에게 할당하는 방법이다.
② 작업모듈은 직무확대 및 직무순환의 한 방법으로 볼 수 있다.
③ 장점
 ⓐ 작업자들이 지루해하고 싫증을 느끼는 과업을 모듈화함으로써 사기를 저하시키지 않을 수 있다.
 ⓑ 작업자들로 하여금 작업모듈을 스스로 선택하게 하여 구성원의 직무선호를 고려해주는 장점이 있다.
④ 단점
 ⓐ 모듈 배분시 구성원 간에 갈등이 발생할 수도 있다.
 ⓑ 기존작업시스템을 작업모듈로 전환하는 데 시간·비용이 많이 든다.

4) 압축근무시간제와 변형근로시간제

① 압축근무시간제(compressed work hours)는 주 40시간 근무를 가정할 때 근무시간을 압축하여 주4일 근무, 하루 10시간 근무제를 실시하는 경우를 예로 들 수 있다.
② 변형근로시간제(flextime)는 하루근무시간 8시간을 지키면서 출퇴근시각을 자유

롭게 하는 것을 예로 들 수 있다.

③ 장점 : 근무시간의 단축이나 변형의 경우 종업원의 만족감을 줄 수 있다.

④ 단점 : 조직내 커뮤니케이션 부족으로 인한 문제가 있을 수 있다.

5) QC 서클(품질관리 분임조)

① 품질관리 분임조는 정규적인 작업에서 각 영역의 책임을 분담하고 있는 작업반의 자발적인 집단이다.

② 근무시간 중에 회사 내에서 품질문제를 토의하기 위해 소집되어 문제원인을 조사하고, 해결책과 수정조치를 취하기 위해 논의하게 된다.

③ 그러므로 QC서클은 직무재설계와 구성원의 참가(행동과학적 아이디어)를 통합하고 있다.

6) CE

① CE(concurrent engineering)는 제품 및 이와 관련된 여러 과정(즉 연구개발, 설계, 검사 등)을 동시적, 병행적으로 디자인하기 위한 체계적인 방법이다.

② 제품계획에서부터 제품폐기에 이르는 전과정에 포함된 요소들에 대해 모든 관련자가 처음부터 참여하여 시행착오를 없애려는 데 목적이 있다.

③ 과거 분업에 의한 순차적 처리(직렬처리)는 제품의 기획, 설계, 생산준비, 제조 등의 흐름이 순차적으로 집행되어 근로자의 단조로움, 소외, 직무불만족을 야기했으나, CE를 통해 병행처리(병렬구조)를 하게 되면 관련자들이 팀 경영을 하는 형태이므로 근로자의 창의성ㆍ주체성을 도모할 수 있다.

7) 동일노동의 분담

① 한 직무를 두 사람 이상이 나누어 맡게 하는 방법이다.

② 기술발전과 자동화로 인한 절대 노동시간의 단축문제를 해결할 수 있다. → 즉, 동일직무를 분담함으로써 각 개인의 전문능력과 특기를 활용할 수 있고, 소득분배나 아이디어 창조에 도움을 줄 수 있다.

③ 개인입장에서는 실업의 공포에서 벗어날 수 있고, 여가시간을 활용할 수 있는 효과가 있다.

8) 직무교차

① 직무교차(overlapped workplace)모델은 집단을 대상으로 도입할 수 있는 직무설계 방식으로 수평적 직무확대에 속한다.

② 직무교차와 개인수준의 ‘직무확대’와의 중요한 차이는 직무확대가 한명의 작업자를 대상으로 개별적으로 설계할 수 있는 데 반해, 직무교차는 반드시 직무의 일부분을 다른 작업자와 공동으로 수행해야 한다는 것이다.

③ 직무교차 모델이 추구하는 목적

    ⓐ 작업자들 간의 상호협동을 제고시켜 능률 향상을 추구

    ⓑ 직무수행에 있어서의 단조로움을 감소

    ⓒ 직무의 범위를 확대함으로써 작업자의 기능의 폭을 넓힘

④ 장점

    직무교차는 직무 전문화가 가져다 주는 작업자 간의 협동 부족으로부터 오는 소외를 줄일 수 있는 효과를 가지고 있다. → 왜냐하면 교차된 직무를 동료 작업자와 수행함으로써 작업 공간에서의 인간관계 형성의 가능성을 열어주기 때문이다.

⑤ 단점

    직무교차의 결정적인 약점은 교차된 직무를 수행하는 작업자들이 서로 직무를 소홀히 하게 되면 생산성에 문제가 야기될 수 있다는 것이다.

⑥ 보완책

    ⓐ 따라서 직무교차를 작업장에 도입할 경우 작업자들간의 협동시스템 구축을 위한 체계적인 교육이 필요하다.

    ⓑ 또한 교차된 과업의 성과 저하에 대한 책임을 두 작업자 모두가 지게 하는 것도 소극적인 방법이기는 하나 상호협동의 제고를 위해서는 효과가 있다.

> **◑ 참 고**
>
> **작업과정분석**
>
> 기업의 경쟁력을 높이기 위해서는 직무설계와 더불어 전체적인 작업흐름을 살펴볼 필요가 있다. 이러한 작업과정분석을 전사적 품질관리(TQM)를 위한 중요한 부분이 되며, 이를 통해 리엔지니어링(reengineering)을 할 수 있게 한다. 리엔지니어링과 관련된 개념으로 벤치마킹과 카이젠이 있다.
>
> ① 리엔지니어링은 소수의 종업원이 고객만족을 목표로 유연한 작업활동을 하며, 비용절감과 고객 대응시간을 단축하도록, 근본적으로 조직의 규칙이나 순서를 뜯어고치는 것이다.
> ② 벤치마킹은 예외적으로 우수한 회사를 발견하여 분석함으로써, 특정 산업에서의 최고의 관행을 습득하게 하고, 습득된 방식의 적용과정에서 나타나는 문제점을 리엔지니어링하게 할 수 있다.
> ③ 카이젠(kaizen, 개선)은 리엔지니어링(급진적 변화를 추구하는 미국식 혁신)과 상대되는 개념으로 점진적인 변화를 추구하는 일본식 혁신방법을 말하며, 모든 분야에서 나타나는 현상을 인정하고 이를 점차적으로 개선하려는 개념이다.

9) 사회기술시스템

① 사회기술시스템은 기업 시스템을 기계설비 및 이의 조작지식 이라는 **기술시스템**과 생물학적 및 사회·심리적 원칙에 입각한 **사회시스템**으로 구성된 것으로

보고, 기술적·인간적 요구의 **동시 최적화**(joint optimization)를 추구하면서, 환경적 조건에도 부합되는 직무설계 방안을 제시한 이론이다.

② 사회기술시스템은 자율적 작업집단의 중요성을 강조하였고, 근로생활의 질 (QWL) 향상에도 공헌하였다.

5. 전략적 직무설계

(1) 직무설계의 전략적 선택

① 직무설계는 전략적 차원으로 접근할 경우 고려해야 할 요소로서 ⓐ 기술특성, ⓑ 종업원 특성, ⓒ 사회적 환경 등을 들 수 있다.

② 그러나 그 중에서도 특히 조직의 객관적 요소인 기술특성과 주관적 요소인 구성원의 특성에 따라 직무설계의 전략적 선택이 달라진다.

③ 예를 들면, 구성원의 욕구 및 능력수준과 조직의 기술특성 및 복잡성 정도가 낮은 경우에는 직무순환방식, 그리고 그 것이 높은 경우에는 직무충실화 내지 작업집단의 형태로 설계되어야 한다.

1) 기술특성과 직무설계

① 휴즈(Huse)와 커밍스(Cummings)는 직무설계에 영향을 미치는 요소로 기업이 보유한 기술적 특성이 중요하다는 시각에서, 직무설계의 유형을 구분하였다.

② 즉 기술은 상호의존성과 불확실성이라는 두 가지 차원을 지니는데, 이러한 기술적 특성을 고려하여 직무를 설계하여야 한다는 것이다.

③ 기술의 상호의존성이 낮은 부문(예: 판매, 키펀칭)에서는 개인 중심의 직무를 설계하고, 반대로 그것이 높은 부문(석탄채굴, 조립라인)에서는 집단 중심으로 직무를 설계해야 한다.

◈ 기술의 상호의존성이란 제품이나 서비스를 생산하기 위해 종업원들 사이에 상호협력을 요구하는 정도를 의미한다.

④ 기술적 불확실성이 낮은 부문(예: 조립라인, 반복적인 일)에서는 외부통제가 이

🔴 도표 2-10 기술특성에 따른 직무설계

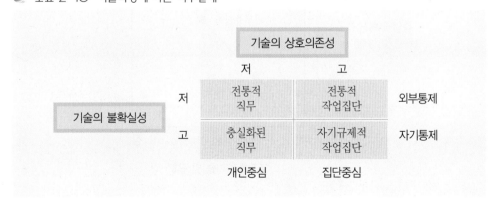

루어지고, 반면 그 것이 높은 부문(예: 전문적인 일, 문제해결적인 일)에서는 자기규제적 통제가 이루어진다.

2) 종업원 특성과 직무설계

① 휴즈와 커밍스(Huse & Cummings)는 종업원의 욕구 차원을 고려하여 직무설계를 하여야 한다는 관점을 제시하였다.

② 사회적 욕구가 높은 사람은 집단적 작업 형태를, 반대로 낮은 사람은 개별적 작업 형태를 선호한다는 가정이다.

③ 높은 성장욕구를 가진 사람은 고도의 의사결정, 기술의 다양성, 의미있는 피드백을 제공하는 작업을 선호하고, 낮은 욕구를 가진 사람은 단순하고 반복적인 작업을 선호한다는 가정이다.

● 도표 2-11 종업원 욕구에 따른 직무설계

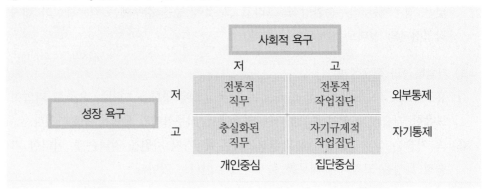

● 도표 2-12 전략적 직무설계

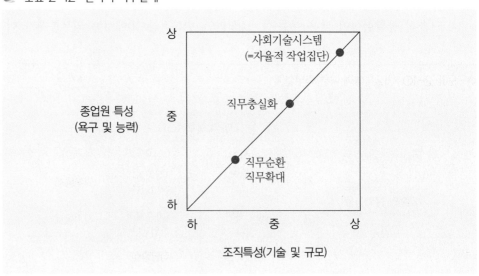

기출문제

01 기업이나 어떤 조직에 있어서 각 직무가 지니는 상대적 가치를 결정하는 과정을 직무평가라고 한다. 다음 가운데 일반적인 직무평가의 방법에 속하지 않는 것은? ('89. CPA)

① 서열법　　　　　② 요소비교법　　　　　③ 분류법

④ 대조법　　　　　⑤ 점수법

✍ 해설　①, ③ : 비계량적 방법
　　　　②, ⑤ : 계량적 방법

02 직무분석은 특정 직무의 내용과 성질을 체계적으로 조사·연구하여 조직에서의 인사관리에 필요한 직무정보를 제공하는 과정을 말한다. 직무분석의 방법에 관한 다음 설명 중에서 바르지 못한 것은? ('91. CPA)

① 직무분석자가 직무정보를 얻는 가장 좋은 방법은 그 자신이 직접 업무를 수행해 보는 경험법이다.

② 가장 보편적인 방법은 실제로 그 직무에 종사하는 사람의 직무수행상태 및 과정을 분석자가 관찰하여 정보를 수집·정리하는 관찰법이다.

③ 직무수행기간이 길어 관찰법을 사용할 수 없는 경우에는 직무담당자와의 대화를 통해 그로부터 직접 직무정보를 얻을 수 있는 면접법을 사용하면 편리하다.

④ 면접담당자가 필요 없고 시간과 노력이 많이 절약되며 해석상의 차이로 인한 오해가 발생할 우려가 가장 작은 것이 질문서 방법이다.

⑤ 직무활동을 과학적으로 파악하기 위하여 전문적·기술적인 방법을 사용하여 측정하는 것은 실험법이다.

✍ 해설　④ 질문서 방법의 단점으로는 i) 질문서의 작성이 어렵고, ii) 질문서의 통일적 해석이 어려우며, iii) 완전한 사실을 얻을 수 없다는 것을 들 수 있다.

03 직무충실화에 대한 설명으로 옳지 않은 것은? ('91. CPA)

① 허쯔버그의 2요인이론에 바탕을 두고 있는데, 위생요인은 직무충실화에 긍정적인 기여를 하지 못한다.

정답　1 ④　2 ④　3 ④

② 직무충실화를 성공시키기 위한 직무의 요건으로는 variety, task significance, task identity, feedback 등이 있다.

③ 성취감, 인정감 등을 위해 직무를 재구성하여 직무를 기름지게 만드는(enrich) 것이다.

④ 수직적으로 직무부하가 아니라 수평적으로 직무의 수를 늘리는 것이다.

⑤ 능력이 충분하고 성취욕구가 강한 사람에게 적합한 모티베이션의 기법이다.

> **해설** ②는 직무충실화의 문제점을 보완하기 위한 직무특성이론에 대한 설명이다. 직무특성이론은 핵심직무특성차원, 중요심리상태, 개인 및 직무성과의 세 부분으로 이루어져 있다. 직무설계이론에서 얻고자 했던 개인 및 직무성과는 중요심리상태에서 얻어지며, 중요심리상태는 핵심직무특성에서 만들어진다는 것이 직무특성이론의 주요 내용이다.
> 핵심직무특성차원은 일반적으로 기능다양성·과업정체성·과업중요성·과업자율성·피드백의 다섯 가지로 밝혀졌으며, 중요 심리상태는 경험된 작업의 의미감, 작업결과에 대한 책임의 경험, 작업활동과 실제결과에 대한 지식 등이며, 개인 및 직무성과는 내적 작업동기, 작업성과의 질, 작업에 대한 만족, 낮은 이직 및 결근 등이 있다.
> ④ 직무충실화는 수직적 직무확대이다.

04 직무분석의 내용을 설명한 것 중 옳지 않은 것은? ('92. CPA)

① 특정 직무의 내용과 성질을 체계적으로 조사·연구하여 조직에서의 인사관리에 필요한 직무정보를 제공하는 과정이다.

② 조직이 요구하는 직무수행에 필요한 지식, 능력, 책임 등의 성질과 요건을 명확히 하는 일련의 과정이다.

③ 직무명세서는 직무분석을 통하여 얻어진 직무에 관한 여러 자료와 정보를 직무의 특성에 중점을 두고 기록·정리한 문서이고, 직무기술서는 직무명세서에 기초하되 직무의 인적 요건에 비중을 두고 기록한 문서이다.

④ 직무분석이 먼저 이루어지고 다음에 직무평가, 그리고 인사고과의 순서로 진행된다.

⑤ 직무분석의 방법에는 면접법, 관찰법, 질문서법 등이 있다.

> **해설** ③ 직무명세서와 직무기술서의 설명이 바뀌었다. 즉, 직무기술서가 직무분석 후의 여러 자료를 정리한 것이고, 직무명세서는 직무기술서에 기초하여 인적요건에 비중을 두고 정리한 것이다.

05 직무분석의 결과 작성되는 직무기술서에 포함되는 내용으로 적절하지 않은 것은? ('93. CPA)

① 직무의 요건　　　② 직무의 명칭　　　③ 직무의 내용
④ 직무의 개요　　　⑤ 직무와 직무의 비교

> **해설** ⑤ 직무기술서는 각 직무를 개별적으로 기술한 것이고, 직무와 직무를 비교하는 것을 직무평가라 한다.

정답 4 ③ 5 ⑤

6 직무평가방법 중의 하나인 점수법에 관한 설명으로 옳지 않은 것은? ('94. CPA)

① 평가의 대상이 되는 직무상호간의 여러 가지 요소를 가려내어 각 요소의 척도에 따라 직무를 평가하는 방법이다.

② 다른 평가방법에 비해 판단의 과오를 최소화할 수 있다.

③ 직무요소가 증가하고 등급이 다양화되면 합리적인 점수배정이 어렵다.

④ 유사한 직무간의 상대적 가치를 쉽게 결정할 수 있다.

⑤ 제도 개발에 많은 시간과 비용을 필요로 한다.

✎ 해설 ④ 유사한 직무간에는 점수를 구별하여 부여하기가 어렵고, 따라서 상대적 가치를 쉽게 결정할 수 없다. 단, 점수화되고 나면 직무의 상대적 차등을 명확히 정할 수는 있다.

7 직무충실화에 대한 다음의 설명 중 옳지 않은 것은? ('98. CPA)

① 직무의 기술수준이 높고 과업종류도 다양하며, 개인에게 자율성이 많이 부여될 수록 높은 성과를 얻을 수 있다.

② 사회기술적 접근방법이다.

③ 매슬로우의 욕구단계이론, 허쯔버그의 2요인이론 등이 이론적 기반이 되고 있다.

④ 직무수행에 있어 개인간의 차이를 무시한다.

⑤ 직무가 보다 다양하고 흥미있도록 하고, 직무만족도를 높이기 위하여 수행해야 할 업무와 기술의 수를 증대시킨 것이다.

✎ 해설 직무충실화는 허쯔버그의 동기부여 이론에 기초한 이론으로, 직무가 동기부여의 요인으로 작용하기 위해서는 직무내용 그 자체가 종업원에게 도전감, 성취감에 대한 기회를 제공할 수 있도록 직무를 재구성해야 한다는 입장을 견지하고 있다. 즉, 보다 높은 수준의 지식과 기술을 요하는 수직적 직무확대의 개념이다. 그러므로 업무와 기술의 수를 단순히 증가시키는 수평적 직무확대와는 구별되어야 한다.

8 다음 중 직무특성모델의 핵심직무특성(core job characteristics)과 가장 거리가 먼 것은? (2000. CPA)

① 기능다양성(skill variety)　　　② 과업정체성(task identity)

③ 과업의존성(task dependence)　　④ 자율성(autonomy)

⑤ 피드백(feedback)

✎ 해설 ③ 직무특성이론(job characteristic theory ; Hackman)은 직무충실화에 기초하여 이론적으로 더욱 정제하고 그에 따른 실천전략을 제시한 이론으로 종래의 추상적이고 개념적인 직무충실이론에서 벗어나 구성원의 개인화를 고려하여 직무특성과 성과변수 사이의 관계를 정교하게 제시하고 각 직무특성차원을 명확히 하여 실행개념까지 도입한 실질적인 직무설계방법이다. 직무특성이론은 대개 다음의 구조에 의해 설명되는데 과업의존성은 핵심직무특성에 해당되지 않는다.

핵심직무특성차원 (독립변수)	→	중요심리상태 (매개변수)	→	개인 및 작업성과 (종속변수)
• 기능의 다양성 • 과업의 정체성 • 과업의 중요성 • 과업의 자율성 • 결과의 피드백		• 과업에 대한 의미감의 경험 • 작업결과에 대한 책임의 경험 • 작업활동과 실제결과에 대한 지식		• 높은 내적작업 동기부여 • 높은 작업성과의 질 • 높은 작업에 대한 만족도 • 낮은 결근 및 이직

09 직무와 관련된 서술 중 가장 적절한 것은? (2004. CPA)

① 직무충실화(job enrichment)는 전문화된 단일과업을 수평적으로 확대하여 과업의 수를 늘리는 것인 반면, 직무확대(job enlargement)는 종업원의 직무를 수직적으로 확대하여 직무의 책임을 증가시키는 것이다.

② 직무평가(job evaluation)는 수행업무 분석과 수행요건 분석을 통해 누가 어떤 직무를 해야하는가에 대한 평가이다.

③ 직무분석의 기법에는 과업목록법(tast inventory analysis), 중요사건기록법(critical incidents technique), 자유기술법(essay appraisal), 행동기준고과법(behaviorally anchored rating scales)이 있다.

④ 직무명세서(job specification)에는 교육경험, 지적능력과 지식, 직무경험, 업무기술(skill)이 명시되는데 비해, 직무기술서(job description)는 직무의 명칭, 직무개요, 직무의무와 책임이 명시된다.

⑤ 핵크먼과 올드햄(Hackman & Oldham)의 직무특성모형을 보면 과업의 다양성, 기술의 중요성, 과업의 자율성, 정체성 및 피드백의 다섯 개 요인과 개인의 성장욕구와 존재욕구의 강도에 의해 동기부여가 된다고 한다.

해설 ① 직무충실화와 직무확대의 설명이 바뀌었음.
② 직무평가는 직무간의 상대적 서열(가치)을 체계적으로 결정하는 것
③ 인사고과기법에 대한 설명
⑤ 과업의 다양성 → 기능의 다양성, 기술의 중요성 → 과업의 중요성
　　존재욕구는 생략

10 직무평가(job evaluation)에 관한 설명으로 가장 적절한 것은? (2005. CPA)

① 직무평가의 목적은 조직에 필요한 직무인지 여부를 평가하고 개선점을 찾아내는 것이다.

② 직무급 도입을 위한 핵심적인 과정이다.

③ 직무수행에 필요한 인적 요건에 관한 정보를 구체적으로 기록한 것이 직무기술서이다.

④ 서열법은 직무를 세부 요소로 구분하여 직무들의 상대적 가치를 판단한다.

정답 9 ④ 10 ②

⑤ 사전에 등급이나 기준을 만들고 그에 맞게 직무를 판정하는 방법을 요소비교법이라고
한다.

✎ 해설 ① 직무평가의 목적은 직무의 높낮이를 결정하는 것
③ 직무명세서에 대한 설명으로, 직무분석에 해당
④ 세부 요소로 구분 → 종합적으로 판단
⑤ 분류법

11 핵크만(Hackman)과 올드햄(Oldham)의 직무특성이론(job characteristics theory)에 대한 설명으로 가장 적절하지 않은 것은? (2005. CPA)

① 직무설계를 할 때 작업자의 성장욕구를 고려해야 한다.

② 직무성과를 내는데 있어서 작업자의 심리상태가 중요한 요소라는 점을 강조하고 있다.

③ 과업중요성(task significance)이란 조직 내·외부에 있는 다른 사람의 작업이나 생활에 미치는 영향의 정도를 의미한다.

④ 과업정체성(task identity)이란 직무수행 방법과 직무수행에 필요한 능력이 명확하게 정의된 정도를 의미한다.

⑤ 직무충실화(job enrichment)개념을 응용하고 있다.

✎ 해설 ④ 과업정체성 : 직무가 전체단위의 완성을 요구하는 정도

12 직무분석과 직무설계에 대한 다음의 설명 중 가장 적절하지 않은 것은? (2007. CPA)

① 직무순환, 직무확대, 직무충실화는 개인수준에서의 직무재설계방법이다.

② 작업자의 직무범위가 넓어짐에 따라 인력배치의 폭도 넓어질 수 있다.

③ 한 작업자가 수행하는 과업의 수를 늘리고 의사결정과 관련된 권한과 직무의 책임을 증가시키는 것을 수평적 직무확대라고 한다.

④ 직무분석에서 정리된 자료는 직무기술서와 직무명세서를 작성하는 데 사용되고 직무평가의 기본 자료로도 사용된다.

⑤ 직무분석에서 관찰법은 직무분석자가 작업자의 직무수행을 관찰하고 직무내용, 직무수행방법, 작업조건 등 필요한 자료를 기재하는 방법으로 특히 육체적 활동과 같이 관찰 가능한 직무에 적절히 사용될 수 있다.

✎ 해설 ③「의사결정과 관련된 권한과 직무의 책임을 증가시키는 것」을 제외해야 수평적 직무확대임.

정답 11 ④ 12 ③

연습문제

01 직무관련 용어의 관계가 옳지 않은 것은?

① 직무요소 < 과업 < 직무　　　　② 과업 < 의무 < 직위

③ 직위 < 직무 < 직종　　　　④ 직군 < 직위 < 직무

⑤ 직군 < 직종 < 직종군

✎ 해설　④ 직무요소 < 과업 < 의무 < 직위 < 직무 < 직군 < 직종 < 직종군

02 직무관련 용어에 대한 설명 중 옳지 않은 것은?

① 직무분석이란 어떤 직무의 과거 상태나 장래의 모습을 연구하는 것이 아니고, 특정직무의 현재의 양상을 명확히 하는 것이다.

② 직무요소는 더이상 나눌 수 없는 최소단위 작업이다.

③ 조직의 구성원의 수보다 직위의 수가 더 많다.

④ 직무는 비개인적인 성격이다.

⑤ 어떤 직무는 한 직위만으로 이루어지기도 한다.

✎ 해설　③ 직위는 어떤 구성원에게 부과된 과업의 집합이다. 그러므로 조직에는 구성원의 수 만큼 직위의 수가 있다.

03 다음 중 직무분석에 대한 정의로 가장 적절한 것은?

① 직무 간의 상대적 가치를 체계적으로 결정하는 것이다.

② 직무를 기준으로 개인의 능력을 평가하는 것이다.

③ 조직이 요구하는 특정 직무의 내용과 요건을 정리 · 분석하는 것이다.

④ 종업원의 능력을 기준으로 각 직무의 적정성을 평가하는 것이다.

⑤ 조직에서 요구하는 개인의 자격요건을 정하는 것이다.

✎ 해설　① 직무평가, ② 인사고과

04 직무분석에 의해 파악해야 할 최소한의 기본적 내용에 들지 않는 것은?

① 그 작업의 대상은 무엇인가? 　② 어떠한 방법으로 하는가?

③ 왜 하는가? 　④ 어떠한 기능을 요하는가?

⑤ 얼마만큼의 임금이 적당한가?

✎ 해설　⑤ 직무분석은 임금산정의 기초가 되는 것이기는 하지만 실제로 임금산정을 하는 단계는 아니다.

05 직무분석에 대한 다음의 설명 중 옳지 않은 것은?

① 관찰법은 관찰자의 주관이 개입될 수 있다.

② 직무가 비교적 구조적인 경우 지시적 면접을 통해 시간을 절약할 수 있다.

③ 질문서법은 직무의 성격에 관계없이 모든 질문에 적용될 수 있다.

④ 질문서법은 종업원 스스로 직무기술서에 기입하는 것과 같다.

⑤ 직무분석과정의 오류의 원인으로 구성원의 반응세트(response set)는 부적절한 표본추출을 말하는 것이다.

✎ 해설　⑤ 직무분석과정의 오류의 원인은 다음과 같다.
　　　ⅰ) 부적절한 표본추출, ⅱ) 구성원의 반응세트 : 사람들이 예상된 혹은 왜곡된 방법으로 질문에 대해 일관
　　　성있게 답변할 때 발생한다, ⅲ) 직무환경의 변화, ⅳ) 구성원의 행동변화

06 직무분류에 관한 다음의 설명으로 옳지 않은 것은?

① 직무분류는 반드시 직무분석과정을 거쳐야 한다.

② 직무분류는 승진·이동의 목적으로 쓰일 수 있다.

③ 직무분류는 다기능사원 양성에 도움이 된다.

④ 직무분류와 함께 직무를 계층적으로 분화함으로써 직계제도를 만들 수 있다.

⑤ 직무분류는 직업사전을 활용하여 실시할 수 있다.

✎ 해설　① 직무분류는 반드시 직무분석의 과정을 거친 후에 이루어져야 하는 것은 아니며 조직내부의 관리목적으로
　　　관리직·작업직·영업직 등으로 분류할 수도 있다. 중소기업 또는 규모가 적은 조직에서는 직무중심의 인
　　　적자원관리를 체계화하기 어렵기 때문에 간편한 직무분류를 기초로 인적자원관리상의 여러 시책을 실시
　　　할 수 있다.
　　　② 직무분류를 통하여 동일한 기초능력이나 적성을 요하는 직무들을 하나의 무리로 묶어 이를 직종 또는 직
　　　군으로 함으로써 이들 직무 내에서 단계적으로 승진·이동케 함으로써 보다 쉽게 새로운 직무에 관한 학
　　　습이 가능하게 된다.
　　　③ 직무분류 결과를 이용하여 조직 구성원에게 하나의 직무만을 계속 맡기는 것이 아니라 여러 가지 유사한
　　　직무를 맡길 수 있게 되어 다기능 사원을 양성할 수 있다.
　　　④ 직무분류와 함께 직무를 계층적(또는 수직적)으로 분화함으로써 이른바 직계제도(職階制度)를 만들 수 있
　　　고, 또 이를 근거로 자격제도(資格制度)를 만들 수 있다. 이들 양제도는 조직내의 모든 직무를 하나의 범
　　　위로 하여 서열화하는 것이 아니라, 먼저 직군별로 나누어서 직군별로 서열화하거나, 전체 직군간의 서열

정답　4 ⑤　5 ⑤　6 ①

을 조정하는 절차를 따른다.

⑤ 직무분류는 직무분석의 결과에 따라 직업명칭사전(DOT : Dictionary of Occupational Titles)을 활용하여 분류할 수 있다.

07 직무평가와 관련된 설명 중 옳지 않은 것은?

① 인사이동, 승진의 기초자료
② 인적자원의 보상관리의 기초자료
③ 노동조합과의 교섭의 기초자료
④ 각 직무의 상대적 유용성 결정
⑤ 교육, 지식, 경험 등 숙련요소 고려

✎해설 ① 인사이동의 기초자료는 인사고과를 통해서 얻는다.

08 다음의 직무평가에 대한 설명 중 옳은 것은?

① 직무평가에 있어 평가요소로 숙련, 노력, 책임, 작업조건, 임금 등을 들 수 있다.
② 분류법은 평가자가 모든 직무에 대해 잘 알고 있을 경우에만 적용이 가능하다.
③ 점수법은 고정된 등급의 설정 때문에 탄력성이 부족하다는 문제가 있다.
④ 분류법과 점수법은 직무 대 직무개념, 서열법과 요소비교법은 직무 대 기준개념에 의해 평가한다.
⑤ 점수법에서 중요도는 평가요소 전체에 대한 백분율로 나타낸다.

✎해설 ① 임금은 직무평가의 평가요소에 해당되지 않는다.
② 서열법(서열법은 직무를 평가요소별로 분해하지 않고 포괄적으로 평가하는 방법이다.)
③ 분류법(분류법은 전사적으로 일률적인 직급을 정할 때, 직무의 내용이 복잡하고 표준화 된 것이 적을 때 쓰면 편리하다.)
④ 분류법과 점수법은 직무 대 기준개념, 서열법과 요소비교법은 직무 대 직무개념

09 직무평가방법 중 요소비교법(factor comparison method)과 관련된 다음 설명으로 옳지 않은 것은?

① 기준직무(key job)의 선정
② 직무급제도의 확립
③ 임금조사의 실시
④ 평가요소별 점수부여
⑤ 분석적, 양적인 기법

✎해설 ④ 점수법의 설명
요소비교법은 평가요소별로 분해한 후 기준직무의 임률을 기준으로 다른 직무의 임률을 산정하는 방법이다.

정답 7 ① 8 ⑤ 9 ④

10 다음의 직무평가방법 중 요소비교법에 대한 설명으로 옳지 않은 것은?

① 현재 지불되고 있는 임금이 객관적 타당성을 가진 직무를 기준직무로 선정한다.

② 각 직무의 평가점수를 가지고 바로 임금으로 이용할 수 있다.

③ 기준직무의 내용이 변화될 경우 평가척도 전체를 변경시켜야 한다.

④ 사무직, 기술직, 관리직 등 상이한 직무에도 적용 가능하다.

⑤ 임금의 요소별 배분에는 일정한 기준이 있어 객관적이라는 장점이 있다.

✎ 해설 ① 기준직무의 수는 평가하고자 하는 직무수의 10% 정도가 적당하다.
　　　⑤ 임금의 요소별 배분에는 일정한 기준이 있는 것이 아니고 평가자의 판단에 의한다. 그러므로 일반적으로 여러 명의 평가위원이 평가한 결과를 종합, 평균하여 결정한다.

11 다음의 직무평가, 직무설계에 대한 설명 중 옳지 않은 것은?

① 요소비교법은 기준직무선정 → 평가요소선정 → 평가요소별 기준직무등급화 → 평가직무와 기준직무의 비교·평가의 순으로 실시한다.

② 직무설계는 인간의 기계화를 탈피하고, 노동의욕고취, 생산성 향상, 이직률의 감소 등을 목적으로 한다.

③ 직무평가는 기업 내 임금격차의 합리적 배분, 즉 보상관리에 기초를 제공한다.

④ 전통적 직무연구에 비해 현대적 직무연구는 인간을 중심으로 직무를 어떻게 설계할 것인가에 관심을 둔다.

⑤ 직무설계의 방법에는 직무평가, 직무확대, 직무충실화, 직무특성이론 등이 있다.

✎ 해설 ⑤ 직무평가는 직무설계의 방법이 아니다.

12 다음의 직무설계에 대한 설명 중 틀린 것은?

① 종업원을 현재의 직무와는 다른 성격의 직무로 이동시키는 것을 직무순환이라 한다.

② 직무확대는 작업자가 반복적인 직무수행에서 느끼던 권태감과 단조로움을 줄이고자 하는 것이다.

③ 직무확대를 수평적 직무확대라고 한다면, 직무충실화는 수직적 직무확대라고 할 수 있다.

④ 직무특성이론을 발전시킨 이론이 직무충실화이다.

⑤ 직무특성이론은 직무설계의 변화에 대한 종업원의 개인차, 동 변화로 인한 직무만족의 향상도 등을 고려하여 직무설계를 하는 것이다.

✎ 해설 ④ 직무충실화를 기초로 이를 다듬고 그에 따른 실천전략을 제시한 것이 직무특성이론이다.

13 직무설계(job design)는 종업원들에게 의미와 만족을 부여하고, 생산성을 향상시킬 수 있도록 직무를 변경시키는 활동을 말한다. 이와 관련된 다음 설명으로 옳지 않은 것은?

① 분업에 의한 전문화의 원리에서 비롯되어 직무확대, 직무충실화, 직무특성이론으로 발전되어 왔다.

② 직무확대(job enlargement)는 양적인 측면에서 동일수준의 직무의 범위를 넓힘으로써 직무내용을 재편성하는 것이다.

③ Herzberg의 2요인이론에 기반을 두고 있는 직무충실화(job enrichment)는 직무수행에 있어서의 개인간의 차이를 무시하고 있다.

④ 직무충실화에 의하면 직무내용 요인에 의해서만 종업원을 동기부여시킬 수 있다.

⑤ 직무특성이론(job characteristic theory)에서 직무의 모티베이션 잠재력이 높을 경우 종업원의 직무만족을 통한 생산성 향상이 항상 가능하다.

✎ 해설　⑤는 직무충실화의 설명으로 직무충실화는 개인차이를 고려하지 못한 문제가 있다.

14 직무충실화(job enrichment)를 실시하려고 하는 경우 고려해야 하는 가장 큰 문제점은?

① 종업원들의 재량권이 줄어든다.

② 제품의 질이 종종 떨어진다.

③ 모든 종업원이 똑같이 반응하지는 않는다.

④ 생산량이 항상 떨어진다.

⑤ 종업원의 책임도 증가된다.

✎ 해설　③ 직무충실화는 모든 종업원을 동일하게 취급하여 적용하는데, 이는 개인차이를 무시하여 효과가 적을 수도 있다. 이를 보완하기 위한 방법이 직무특성이론이다.
　　　　〈참고〉 직무충실화에 대한 일반적인 비판을 소개하면 다음과 같다.
　　　　　　　① 직무충실화에 따른 종업원 훈련 등으로 비용이 많이 든다.
　　　　　　　② 관리자의 권위 감소로 반발이 예상된다.
　　　　　　　③ 업적 평가가 어려워진다.
　　　　　　　④ 합리적인 관료조직 체계를 따를 수 없게 된다.
　　　　　　　⑤ 예측불허의 부작용이 있을 수 있다.

15 노동자의 사기앙양과 생산성 향상을 도모하기 위한 시도로서 직무충실화는 행동과학의 연구결과에 그 기초를 두고 있다. 다음 중 직무충실화계획의 접근법으로 적절하지 못한 것은?

① 발언권을 줄 것

② 작업을 개인에게 분담시키지 말고 팀을 형성하여 팀에게 나누어 줄 것

③ 화이트칼라와 블루칼라의 격차를 없앨 것

정답　13 ⑤　14 ③　15 ⑤

④ 내부승진을 중시할 것

⑤ 충분한 금전적인 보상을 할 것

✎ 해설 ⑤ 직무충실화는 종업원에게 자주성과 도전감, 성취감의 기회를 제공하는 데 목적이 있다. 그러므로 금전적
보상과는 거리가 있다. 허쯔버그의 2요인이론을 고려해 볼 것

16 직무설계에서 직무확대와 직무충실화의 차이로 볼 수 없는 것은?

① 직무의 전문화 차이   ② 직무의 양

③ 직무수행의 자율성   ④ 직무의 다양성

⑤ 직무에 대한 보상

✎ 해설 직무확대는 수평적 직무확대, 직무충실화는 수직적 직무확대라는 개념에 착안한다.

17 직무설계에 관한 다음의 설명 중 옳지 않은 것은?

① 직무순환은 전문가보다는 일반적인 관리자(generalist)를 만드는 방식이다.

② 직무확대는 구성원 신상의 변화와 동시에 진행되기 때문에 어느 요인에 의해 성공했
는지 밝히기가 어려운 문제가 있다.

③ 직무충실화를 실시하게 되면 감독자 등과의 수직적 관계나 타부문과의 수평적 관계에
문제가 발생할 수 있다.

④ 통합적 작업팀은 팀워크와 협동이 요구되는 직무에 적용될 경우 효과적이다.

⑤ 완전한 통합적 작업팀에는 감독자가 필요없게 되는 경우도 있다.

✎ 해설 ⑤는 자율적 작업팀에 대한 설명이다.
통합적 작업팀은 다수의 과업이 한 집단에 할당되고, 이를 다시 구성원에게 구체적으로 할당하여 실시하게
되므로 집단의 활동을 감독하는 감독자가 필요하다.

18 시간분석·동작분석과 인간·기계의 상호작용을 통해 직무의 효율성을 높이고자 하는 것
은?

① 직무충실화   ② 직무확대   ③ 직무공학

④ 작업모듈   ⑤ CE

제3장 ■ 인사고과

3.1 인사고과의 기초개념

1. 인사고과의 의의 및 목적

1) 인사고과(merit rating)란 조직 내의 여러 직무에 종사하고 있는 각 종업원의 현재적·잠재력 유용성을 체계적으로 평가하려는 제도이다.

2) 인사고과를 통해 공정한 임금관리, 인사이동(배치, 승진, 전직, 해고 등), 교육훈련의 기초자료를 제공할 수 있다.

3) 인사고과는 종업원의 직무수행능력의 개선·발전에도 이용할 수 있다.

🌐 도표 3-1 인사고과와 인사관리의 관계

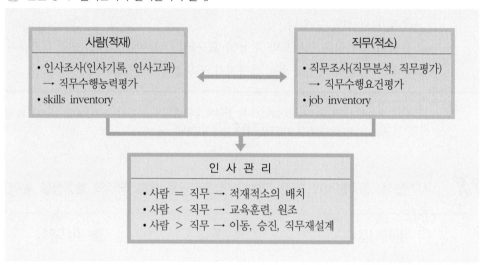

🌐 도표 3-2 인사고과의 변화

전통적 고과	현대적 고과
① 업적중심의 고과	→ 능력·적성·의욕의 고과
② 임금·승진관리를 위한 고과(직무중심적)	→ 능력개발·육성을 위한 고과(경력중심적)
③ 포괄적·획일적 고과(다목적고과)	→ 승급·상여 등 목적별 고과
④ 평가자중심의 고과	→ 피고과자의 참여에 의한 고과
⑤ 추상적 기준에 의한 고과	→ 구체적 기준에 의한 고과
⑥ 연공중심고과(인간중심, 주관적)	→ 성과중심고과(능력중심, 객관적)

① 직무평가 : 직무의 상대적 가치를 결정하는 것이다.
② 인사고과 : 종업원의 상대적 가치를 결정하는 것이다.

3.2 인사고과의 방법

1. 인사고과방법의 분류

인사고과방법을 고과담당자에 따라 분류해 보면 다음의 다섯 가지가 가능하다.

1) 자기고과 : 자기고과(self appraisal)는 능력개발을 목적으로 하며, 개인이 가진 결함의 파악과 개선에 효과가 있기 때문에 주로 상위자의 고과에 보충적 기법으로 사용된다.

2) 상위자에 의한 고과 : 상위자는 하위자를 비교적 잘 알고 있는 장점이 있으나 고과가 주관적으로 되기 쉽다.

(2001 CPA)
★출제 Point
자기고과의 특성

(2004 CPA)
★출제 Point
인사고과 기법

● 도표 3-3 인사고과방법의 분류

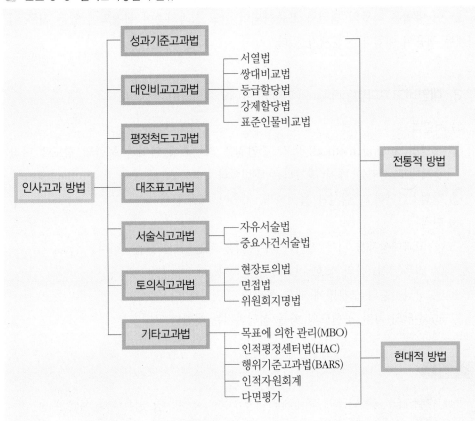

◆ 동료에 의한 고과는 수평적 고과라 할 수 있다.

3) 동료에 의한 고과 : 동료에 의한 고과(appraisal by peers, buddy rating)는 상사보다는 동료가 더 정확히 평가할 수 있다는 생각에서 착안한 것으로 이해를 바탕으로 한 고과라 할 수 있으나, 동료들은 친구로서 혹은 경쟁자로서 편파적일 수 있다.

4) 하위자에 의한 고과 : 하위자에 의한 고과는 상위자가 「무엇을」 할 것인가의 문제보다는 「어떻게」 할 것인가의 문제를 해결해 주는 방법이 될 수도 있다.

5) 인사관리자나 전문가에 의한 고과 : 객관성을 유지하기 위해 고과전문가에게 맡기는 것으로, 현장토의법(field review)이나 인적평적센터법(assessment center)에 의한 고과 등이 여기에 속한다.

6) 다면적 고과 : 다면적 고과(복수평정)는 앞의 방법을 두 개 이상 종합하여 사용하는 방법이다. 이는 고과자의 주관과 편견을 감소시키기 위해 사용한다.

2. 성과기준고과법

1) 성과기준고과법(performance standard method)은 각 종업원의 직무수행결과가 사전에 정해진 성과기준에 도달하였는가의 여부에 의하여 근무성적의 良否를 평가하는 방법이다.

2) 이 방법은 직무의 범위가 표준화되어 있고 성과기준이 설정되어 있는 직무 이외에는 적용이 어렵다는 문제가 있다.

3. 대인비교고과법(personnel comparison system)

1) 서열법

① 서열법(ranking method)은 각 종업원을 직무수행 업적과 능력의 정도에 따라 순서대로 서열을 매겨 평가하는 방법이다.

② 장점 : 간단하고, 실시가 용이하며, 비용이 적게 든다.

③ 단점
　　ⓐ 고과대상자가 너무 적거나 너무 많을 때는 실시가 곤란하다.
　　ⓑ 직무(부서) 간의 상호 비교가 곤란하다.
　　ⓒ 고과기준의 불분명에 대한 불평의 소지가 있다.
　　ⓓ 순위의 차가 공헌도의 차를 설명하지는 못한다.

Key Point

교대서열법(alternative-ranking method) : 가장 우수한 사람과 가장 못한 사람을 뽑고, 또 남은 사람 가운데 가장 우수한 사람과 가장 못한 사람을 뽑아 서열을 매기는 방법이다.

2) 쌍대비교법 : 일조비교법

① 쌍대비교법(paired comparison method)은 각 고과요소별로 또는 종합적으로 두 사람씩 짝을 지어 비교하는 방법이다.

② 장·단점은 서열법과 거의 같으며, 상대적으로 작업량이 많다는 문제가 있다.

③ 쌍대비교법은 몇 개의 요인을 선택하여 요인별 쌍대비교를 하면 상당히 높은 신뢰도를 얻을 수 있다.

3) 등급할당법

① 등급할당법(grading method)은 몇 개의 범주에 평가대상자를 할당하는 전통적 절대고과법이다.

② 판단기준이 주관적이며, 관대화경향 등 평가자의 오류가 발생하기 쉽다.

4) 강제할당법

① 강제할당법(forced distribution method)은 평가결과가 정규분포에 가까울수록 타당성이 있다는 전제하에 전체를 몇 가지 평가등급으로 나누고, 각 등급의 고과대상자를 정규분포에 가깝도록 할당하는 방법이다.

② 고과대상자의 수가 많을 때 서열법의 대안으로 흔히 쓰인다.

③ 장점 : 강제할당법은 사용하면 중심화경향, 관대화경향, 가혹화경향 등의 제거가 가능하다.

④ 단점

   ⓐ 정규분포가정의 타당성에 문제가 있다.

   ⓑ 피고과자의 수가 적을 때 타당성이 작다.

   ⓒ 또한 평균 이하의 평가를 받은 자의 사기저하와 능률저하의 우려가 있다.

◈ 강제할당법은 승급자결정에 적합한 방법이다.

(2001 CPA)
★ 출제 Point
강제할당법의 특징

5) 표준인물비교법

① 표준인물비교법은 기준이 되는 優, 良, 可의 종업원을 선정하고, 그들을 기준으로 다른 종업원을 평가하는 방법이다.

② 판단기준이 구체적이고, 고과가 용이하지만 표준인물의 선정이 주관적이라는 문제가 있다.

4. 평정척도고과법 → 도식척도고과법, 평가척도법

1) 의 의

평정척도고과법(rating scales or graphic rating scales)은 종업원을 평가하기 위한 평가요소를 선정하여 놓고, 평가요소별 등급(척도)을 정한 다음, 각 종업원이 그 평가요소에 포함되어 있는 능력을 어느 정도 소유하고 있는가를 검토함으로써 각 평가요

도표 3-4 평정척도법의 예

방 법	평가내용	평가척도 낮다 ←──────→ 높다
직무습관	해당 직무 처리의 신속성은? 해당 직무를 처리하기 위한 노력정도는? 처리한 직무성과의 품질은?	1--2--3--4--5 1--2--3--4--5 1--2--3--4--5
개인특성	믿음성은 어느 정도 되는가? 융통성은 어느 정도 되는가? 사리판단 능력은 어느 정도 되는가?	1--2--3--4--5 1--2--3--4--5 1--2--3--4--5
대인관계	아래의 사람들과 얼마나 잘 지내는가? • 직속상사와 • 동료들과 • 부하들과 • 외부사람과	친하지 않음 ←──→ 매우 친함 1--2--3--4--5 1--2--3--4--5 1--2--3--4--5 1--2--3--4--5
리 더 십	부하에 대한 영향력은 어느 정도인가? 부하들과 함께 하는 일에 대한 추진력은 어느 정도인가?	1--2--3--4--5 1--2--3--4--5

소의 척도상에 우열을 표시하는 방법이다. → 가장 일반적인 방법이다.

2) 장 점
① 인간의 능력을 전체적으로 종합평가하지 않고, 각 평가요소별로 분석적으로 평가하는 방법이다.
② 평가결과의 계량화 및 통계적 조정이 가능하므로 평가의 타당성이 증대된다.
③ 그리고 평가된 점수를 선으로 이으면, 그 종업원의 전체 특성을 시각적으로 파악할 수 있다.
④ 정기적으로 측정하면 그 종업원의 특성변화를 알 수 있어 시계열적 분석도 할 수 있다.

3) 단 점
① 평가요소의 선정과 평가요소의 비교결정이 어렵다.
② 서열자료(ordinal data)의 계량화가 어렵다.
③ halo effect 등의 오류방지가 곤란하다.

4) 평정척도법의 개선
① 어의를 정확히 사용한다.
② 과학적 방법(상관관계분석, 요인분석)을 통해 고과요인을 선정한다.
③ 고과자를 훈련시켜 오류발생가능성을 낮춘다.

④ 피고과자를 참여시킨다.

⑤ 척도를 역배치한다.

5. 대조표고과법

1) 의 의

① 대조표고과법(check list method)은 평가에 적당한 행동표준(의미있는 행동을 잘 묘사하는 항목)을 설정하고, 평가대상자의 능력이나 근무상태가 이 항목에 해당되는지의 여부를 체크하여 평가하는 방법이다.

② 대조표고과법의 종류 : 그 종류로는 체크만 하는 프로브스트(Probst)법, 체크를 한 후 그 이유를 기록하는 오드웨이(Odway)법, 그리고 강제선택(forced choice) 법이 있다.

2) 장 점

① 평가결과의 신뢰성과 타당성이 높다.

② 평가가 용이하다.

③ 부서 간의 상호 비교가 가능하다.

④ 고과요인이 실제 직무와 밀접하여 판단하기가 쉽다.

⑤ 고과자의 경우 판정하는데 따른 심적 부담이 감소된다.

⑥ 현혹효과(halo effect)가 적다.

3) 단 점

① 직무를 전반적으로 포함할 행동표준의 선정이 어렵다.

② 점수화가 다소 복잡하다.

6. 서술식고과법

1) 자유서술법 : 자기신고법

① 자유서술법(free form essay evaluation)은 자기평가를 자유롭게 기술하게 하는 일종의 자기고과방법이다.

② 자유서술법 객관성이 결여되는 문제가 있다.

2) 중요사건서술법

(2006 CPA)
★ 출제 Point
중요사건서술법의 특징

① 중요사건서술법(critical incident appraisal method)은 종업원의 구체적 행위를 관찰·기록하였다가 그 기록을 토대로 평가하는 방법이다.

② 객관적이며, 능력개발·승진에 중요한 자료를 제공한다.

③ 장점 : 고과자가 피고과자의 긍정/부정 행동에 대해 즉각 피드백을 하는 경우

피고과자의 행동수정이 신속히 이루어질 수 있다.

④ 단점

ⓐ 감독자가 세심한 신경을 써야 한다.

ⓑ 고과기준이 감독자에 의해 일방적으로 설정된다.

ⓒ 피드백이 지연되는 문제가 있다.

7. 토의식고과법

1) 현장토의법

① 현장토의법(field review)이란 인사담당자가 감독자들과의 토의를 통해 얻은 정
보를 이용하여 고과하는 방법이다.

② 인사담당자의 주재하에 고과자들이 모여, 고과자들의 견해차나 고과기준의 불
일치를 조정하는 것을 의미하기도 한다.

③ 장점

ⓐ 구체적 정보의 수집이 가능하다.

ⓑ 진지한 고과를 수행할 수 있다.

ⓒ 고과기준의 안정화를 꾀할 수 있다.

④ 단점

ⓐ 시간과 비용이 많이 소요된다.

ⓑ 고과대상자의 참여가 없어 불신감이 야기된다.

2) 면접법

① 면접법(interview)은 업적분석, 고과결과의 토의, 상담 등에 주로 이용되는 보충
적 기법이다.

② 고과자의 능력이 성패를 좌우하므로 고과자의 훈련이 필요하다.

3) 위원회지명법

① 위원회지명법(committee nomination method)은 특별히 구성된 고과위원회에서
고과대상자를 지명하여 토의한 뒤에 고과하는 방법이다.

② 장점 : 라인의 정상업무에 방해를 주지 않고 평가할 수 있다.

③ 단점 : 직속상사가 참여하지 못하여 일상적 고과정보가 제한되므로 고과 자체의
의미가 반감된다.

8. 현대적 고과법

1) 목표에 의한 관리법(MBO)

최근 들어 통제적 목적의 고과보다는 비통제적 목적의 고과가, 그리고 평가중심적 기법보다는 참가중심적·미래지향적·계획수단적 기법이 요구됨에 따라 MBO가 고과기법으로 등장하였다.

2) 인적평정센터(HAC : human assessment center)법

① 고과대상자를 며칠간 따로 합숙시키면서 각종 의사결정게임과 토의를 하게 하고, 동시에 심리검사를 실시하여 여러 명의 고과자와 심리전문가들에 의해 복수평정절차를 밟게 하는 방법이다.

② 주로 중간관리층을 최고경영층으로 승진시키기 위한 목적의 고과에 이용한다.

3) 행위기준고과법(BARS : behaviorally anchored rating scales)

① 평정척도고과법의 결점을 시정하기 위하여 **평정척도고과법과 중요사건서술법을 결합한 방법이다.**

② 평가대상자에게 구체적인 상황을 나타내는 항목을 제시하고, 항목별 성과를 측정할 수 있는 척도를 설정한 후, 이러한 항목에 대한 평가대상자의 행위를 기준으로 성과를 평가한다.

③ 이 때 BARS는 직무 중심으로 작성되며, 관찰 가능한 행동에 기초하여 평가기준이 설정되어야 한다.

◆ BARS는 평가기법개발에 상사와 부하가 동시에 참여하므로 종업원들로 하여금 더 몰입하고, 덜 긴장하고, 더 만족하게 할 수 있다.

('99 CPA)
★ 출제 Point
행위기준고과법의 의의

〈BARS 적용단계〉

〈1단계〉 성과기준의 확인 및 구성(평가자, 피평가자) → 참여

〈2단계〉 성과기준은 긍정행위, 부정행위 동시설정

〈3단계〉 평 가

〈4단계〉 성과평가 결과를 피드백

● 도표 3-5 행위기준고과법의 예

	9	두 명의 신입판매원을 하루 종일 교육시켜 이들이 미래의 판매왕이 될 수 있게 만들 수 있을 것으로 기대된다.
신입판매원들에게 그의 권한을 위양함으로써 그들에게 강한 책임감과 확신을 부여할 수 있을 것으로 기대된다.	8	
	7	일주일에 한번 약속된 훈련 미팅을 수행하며, 훈련을 성공적으로 수행할 것으로 기대된다.
그의 판매사원들에게 호의를 보이며, 존중할 것으로 기대된다.	6	

	5	그의 판매사원들간 대화를 하는 도중이라도, 고객이 상담하러 오면 우선적으로 고객을 우대해야 된다는 것을 항상 주지시킬 것으로 기대된다.
그의 판매사원들 앞에서 재고기준에 대해 다소 비판함으로써 부하직원들이 회사에 대한 나쁜 태도를 가지게 될 것으로 기대된다.	4	
	3	그의 부하직원이 몸이 아픔에도 불구하고, 출근해서 일을 종용할 것으로 기대된다.
다른 부서로 옮기고 싶어하는 부하직원에게 그렇게 해 줄 것을 약속했음에도 불구하고, 그 약속을 지키지 않을 것으로 기대된다.	2	
	1	회사의 보상정책과 달리 판매부서의 성과를 기초로 부하직원들의 임금을 책정해 주겠다고 약속할 것으로 기대된다.

자료 : Campbell, J. P., Dunnette, M.D. & Hellervik L.V.(1973), "The Development and Evaluation of Behaviorally Based Rating Scales," *Journal of Applied Psychology*, pp. 15-22 : Gomez-Mejia et al., (1998), p.209.

4) 인적자원회계

① 인적자원회계(human resource accounting)란 인간을 기업재산으로 취급하여 가치를 평가하는 방법이다

② 리커트는 종업원을 모집 · 선발 · 훈련하는 데 투자된 금액을 대차대조표에 '인적자원의 가치'에 관한 계정을 마련하고 계상해야 한다고 주장하였다.

5) 다면평가(360도 평가)

① 다면평가는 종업원 성과를 [도표 3-6]과 같이 자신을 비롯해 상사, 부하, 동료,

● 도표 3-6 360도 다면평가

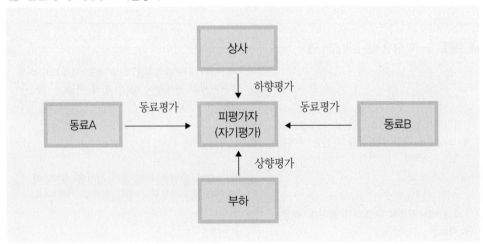

심지어 공급자나 고객 등 다양한 원천에 의해서 평가하는 방법이다.

ⓐ 동료평가 : 수평적인 관계의 동료가 평가하는 것이다. → 팀성과에 누가 많은 기여를 했고 팀성과에 반드시 필요한 사람이 누구인지를 평가한다.

ⓑ 상사평가 : 전형적인 상사가 부하직원의 성과, 태도, 능력을 평가하는 방법이다.

ⓒ 자기평가 : 다면평가의 핵심으로 자신 스스로 업무성과, 업무능력, 업무자질, 업무태도 등을 평가한다. → 자신의 성과를 동료나 상사평가를 종합해 스스로 평가할 수 있다.

② 다면평가는 상사평가의 주관적 오류를 최소화시키면서 집단성과 평가와 성과에 대한 피드백을 추구하는 평가기법이다.

③ 다면평가의 장점

ⓐ 자신의 평가와 다른 평가들을 비교하여 무엇이 문제가 되는지를 확인하고, 수정하여 올바른 방향으로 성과향상을 추진할 수 있다.

ⓑ 개인들의 수용성이 높고 개인의 경력개발 또한 효과적이다.

④ 다면평가 적용 요건 : 다면평가는 종업원에게 성과평가에 대한 권한을 부여하고, 다양한 성과 피드백을 통해 평가의 주관적인 오류를 최소화시켜 준다. → 따라서 어떤 항목을 평가할 것인지가 관건이다.

⑤ 다면평가 도입절차 : 조직에서 다면평가를 도입하고자 할 때는 [도표 3-7]의 절차를 따를 수 있다.

◉ 도표 3-7 다면평가 실시절차

1. 경영층에서는 종업원들에게 다면평가의 목적과 필요성에 대해 홍보한다.
2. 종업원들과 관리자들은 다면평가의 평가척도와 평가과정에 대한 개발에 함께 참여한다.
3. 종업원들은 다면평가 결과를 어떻게 피드백 받는지를 훈련받는다.
4. 종업원들은 다면평가의 도구와 과정상의 내용을 제공받는다.
5. 조직의 한 부서에서 시험적으로 다면평가를 실행해 본다.
6. 경영층에서는 다면평가의 목적을 지속적으로 강조하고 점진적으로 확산시킨다.

◉ 도표 3-8 평가기법의 유형분류

분류기준	주요기법	특 징
상대평가	서열법, 쌍대비교법, 강제할당법, 표준인물비교법	① 적용용이 ② 가혹화, 관대화, 중심화 방지 ③ 평가결과 공개시 종업원들간의 갈등초래
특성평가	도식척도법	업무성과보다 종업원의 개인특성에 초점을 둔다. → 종업원이 개인특성 향상에만 몰두

(2008 CPA)
★ 출제 Point
각 평가기법 분류기준의 특성

행동평가	중요사건서술법, 자유서술법, 체크리스트법, 행위기준고과법, 행위관찰법(피고과자의 행동이 얼마나 자주 관찰되었는지를 평가)	① 성과기준이 구체적이다. ② 행동에 근거한 기법이므로 종업원의 행동이 제약된다.
결과평가	MBO, 생산성평가시스템	① 객관적인 결과로 평가하므로 주관적 오류방지 ② 종업원들의 평가에 대한 수용성 높다. ③ 성과가 외부요인에 의한 경우도 존재

● 도표 3-9 고과목적에 따른 고과기법의 선택

고 과 목 적	고 과 기 법	비 고
인사지도(coaching)	중요사건서술법, MBO	
결과의 통보에 의한 동기부여	MBO	참여적 · 민주적
	중요사건서술법	위의 두 방법에 보충적으로 사용
고과 · 승급, 승진 · 해고, 배치전환 등(연구자료)	강제선택법*	대기업에서 감독층으로의 승진목적
	인적평정센터법	경영층의 승진
	평정척도법+서열법(평정척도법에 의한 결과에 다시 서열법 사용), 자유서술법, 현장토의법 등 보충	기타의 일반경영 의사결정 목적 (간단한 형식이 좋다)
조직개발(승진 잠재력의 발견 및 훈련의 필요부분 발견)	평정척도법+자유서술법 MBO	

＊강제선택법(forced choice)은 대조표고과법의 한 종류로 고과자의 오류를 방지하고 소수의 고능률자나 저능률자를 발견하기 위한 방법이다.
자료 : 이재규 외, 「인적자원 관리론」, 문영사

3.3 인사고과의 검토

1. 신뢰성과 타당성

1) 신뢰성

(2004 CPA)
★ 출제 Point
신뢰성과 타당성의 의의

종업원의 능력이나 근무태도에 변화가 없는 한, 몇 번을 평가해도 같은 결과가 나오거나(항상성) 누가 평가해도 같은 결과가 나오면(객관성) 신뢰성(reliability)이 높다고 한다.

2) 타당성

평가대상이 되는 특성들을 보유하고 있는 정도와 발휘하고 있는 정도를 **정확하게 평가**하면 타당성(validity)이 높다고 한다.

3) 기 타
수용성(acceptability), 실용성(practicability)

3.4 인사고과의 오류와 개선방향

1. 고과자에 의한 오류

1) 중심화, 관대화, 가혹화 경향
① 고과자가 평가방법을 잘 이해하지 못하거나, 낮게 평가하면 대립이 있을 것을 우려하는 경우 평균치에 집중하여 평가하는 경향이 나타난다.
② 평가자 자신에 대한 인정을 얻기 위해 피평가자를 인정하는 것이 필요할 때 관대하게 평가하게 된다.
③ 피평가자가 평가자 자신의 고유가치를 나타내지 못한다고 느낄 때 가혹하게 평가하게 된다.

(2004 CPA)
★ 출제 Point
관대화 경향과 중심화 경향의 의의

2) 논리적 오류
논리적 오류(logical errors)란 평가요소 간에 논리적 상관관계가 있는 경우, 어떤 한 요소가 우수하면 다른 요소도 우수하다고 속단하는 경향을 말한다.

3) 대비오류
대비오류(contrast errors)란 피평가자를 평가할 때 자신이 지닌 특성과 비교하여 평가하는 오류를 말한다.

('91, 2001, 2006 CPA)
★ 출제 Point
인사고과상의 오류

4) 규칙적 오류
규칙적 오류(systematic errors)는 항상오류(constant errors)라고도 하는데, 고과자의 고과목적에 따라 후한 평정을 하거나 그 반대로 평가하는 경우를 말한다.

5) 기 타 → 조직행위론의 지각오류 참조
① 상동적 태도, ② 현혹효과, ③ 주관의 객관화, ④ 대비효과, ⑤ 유사효과

2. 인사고과상의 오류방지방법

1) 관대화경향과 가혹화경향 방지방법
① 강제할당법을 사용한다.
② 평가요소에 대한 정의를 명확히 한다.
③ 평가자에게 평가 전에 주의깊은 평가를 하도록 훈련을 시킨다.

(2004 CPA)

2) 중심화경향 방지방법

① 강제할당법을 사용한다.

② 평가의 단계를 기수로 하지 않고, 우수로 한다.

③ 중앙부분의 척도눈금을 더욱 세분화하여 중앙부분에도 분산이 있게 한다.

④ 부하와의 일상의 접촉을 늘리고 면접의 기회를 가져 개별적으로 부하를 관찰·이해하게 한다.

⑤ 평가자에게 평가요소의 정의와 평가방법 등을 충분히 설명한다.

3) 논리적 오류 방지방법

① 추상적인 요소나 중복되는 요소에 의하여 평가하지 말고 객관적으로 관찰 가능한 사실을 평가하게 한다.

② 요소에 대한 정의와 설명을 충분히 하고 유사한 요소는 그 차이점을 명확히 한다.

③ 평가자는 인사고과의 운용기준을 반드시 지키다.

④ 유사한 평가요소에 대해서는 가능한 충분한 시간을 갖고 평가를 한다.

(2001 CPA)

4) 현혹효과 방지방법

① 여러 평가자들이 같은 사람을 독립적으로 평가하게 하여 평가자들 간의 현혹효과를 상쇄시킨다.

② 피평가자들이 서로 평가하게 한다.

③ 평가자가 어느 한 사람의 전체 항목에 대한 평가를 하지 않고, 한 가지 특성에 대하여 모든 구성원들을 전부 평가한다.

(2001 CPA)

5) 대비오류 방지방법

① 자기의 평가기준을 고집하는 자기류의 평가를 삼가한다.

② 자기신고법이나 자기평가법 등을 도입하여 부하가 기입한 자료를 참고로 자기 자신의 평가편차를 파악하고 그 요인을 조정한다.

6) 근접오류 방지방법

① 고과표의 설계시에 유사한 요소를 가능한 간격을 두어 배열한다.

② 시간적 근접오차를 방지하기 위해 평가요소를 하나씩 배열하고 이것으로 전원을 평가한다.

③ 요소의 배열 순서를 따르지 말고 확신할 수 있는 요소부터 평가한다.

3. 기타의 오류 및 방지방법

1) 피고과자에 의한 오류 방지방법

① 오류 원인 : 피고과자가 고과결과에 대해 공정성이나 신뢰도에 의문을 제기하거
나(인사고과 방법에 대한 편견), 피고과자의 성취욕구의 크기가 다를 경우, 고과행
위나 고과결과에 대한 태도가 달라지며 이 때문에 평가오류가 나타날 수 있다.

② 오류 방지방법

    ⓐ 피고과자가 인사고과의 목적과 과정을 이해할 수 있도록 잘 설명한다.

    ⓑ 인사고과의 결과를 피드백시켜주는 등의 노력을 한다.

2) 고과제도에 따른 오류

인사고과를 위한 직무분석이 되어 있지 않거나, 인사고과결과를 미공개하는 회사
방침, 연공서열을 선호하는 분위기 등도 고과오류를 가져오게 하는 원인이 된다.

01 인사고과에서 나타날 수 있는 오류가 아닌 것은? ('91. CPA)

① 상동적 태도   ② 현혹효과   ③ 대비오류

④ 근접오류   ⑤ 알파위험

✎ **해설** ⑤ 알파위험은 가설검정을 시행할 때 범할 수 있는 오류로 실제로 진실한 가설을 기각시킬 확률을 말한다.

실제상태

		진실한 H_0	거짓된 H_0
의사결정	H_0 채택	올바른 결정	제2종 오류 β 오류
	H_0 기각	제1종 오류 α 오류	올바른 결정

02 인사고과방법 중 행위기준고과법(BARS)에 대한 설명으로 적절하지 않은 것은? ('99. CPA)

① 평가할 사람들이 평가척도를 개발한다.

② 관찰가능한 행위를 기준으로 평가한다.

③ 개발된 척도를 피평가자들에게 공개한다.

④ 종업원에게 원활한 의사소통의 기회를 제공한다.

⑤ 평정척도고과법(rating scale method)에 비하여 비용과 시간이 절약된다.

✎ **해설** 행위기준고과법은 평정척도고과법과 중요사건서술법을 결합시킨 방법으로, 피고과자의 능력이나 성과를 구체적으로 나타내 주는 중요사건을 결정하는 과정에 피고과자를 참여시킨다는 특징이 있다. 그러므로 인사고과시스템을 설계하는 시간과 비용이 많이 소요된다.

정답 1 ⑤ 2 ⑤

03 인사고과와 관련된 다음의 서술 중 가장 옳지 않은 것은?　　　(2001. CPA)

① 자기고과는 동료고과에 비해 관대화 경향이 크게 나타난다.

② 현혹효과(halo effect)는 고과자가 고과대상자의 어느 한 면을 기준으로 다른 것까지 함께 평가해 버리는 경향을 말한다.

③ 대비오류(contrast errors)란 고과자가 자신의 특성과 비교하여 고과대상자를 평가하는 경향을 말한다.

④ 강제할당법을 사용하는 경우, 고과대상자의 실제 성과분포와 각 성과집단에 미리 할당된 비율분포가 일치한다.

⑤ 고과의 일관성은 동일한 고과대상자에 대한 반복고과에서 같은 결과를 얻는 정도를 가리킨다.

✎ 해설　④ 강제할당법은 실제성과분포를 제대로 추정하지 못하는 문제점이 있다.

04 인력선발과 관련된 서술 중 가장 적절한 것은?　　　(2004. CPA)

① 인력선발의 유용성(utility) 평가는 비용분석과 혜택분석을 통해 이루어질 수 있다.

② 관대화경향(leniency tendency) 오류는 특정의 피평가자에게 후한 점수를 주는 평가자의 오류를 의미한다.

③ 중심화경향(central tendency) 오류는 피평가자를 평가자 자신의 가치 기준으로 평가하는 오류를 의미한다.

④ 인력선발 도구의 신뢰성(reliability)은 피평가자에 대한 측정결과의 정확성(accuracy)을 의미한다.

⑤ 인력선발에서 같은 지원자에 대해 다른 평가 방법을 사용하더라도 결과가 동등할 경우 선발도구의 타당성(validity)이 높다고 할 수 있다.

✎ 해설　② 관대화 경향은 여러 사람들 동시에 평가할 때 나타나는 오류로 피평가자들을 실제 능력보다 높게 평가하는 경향을 말한다.
　　③ 대비오류(contrast errors)에 대한 설명
　　④ 타당성에 대한 설명
　　⑤ 신뢰성에 대한 설명

05 인력선발에서의 타인평가 및 지각과 관련된 다음의 용어 중 설명이 가장 적절한 것은?

(2006. CPA)

① 주관의 객관화(projection)는 어떤 과업의 성공적 수행에 필요한 능력을 개인 스스로 가지고 있다고 생각하는 믿음이다.

② 자존적 편견(self-serving bias)은 자존심을 지키기 위해서 주위의 사람을 후하게 평가하는 경향을 말한다.

③ 나와의 유사성(similar to me)효과는 주위사람의 기대와 자신의 기대대로 행동함으로써 결국은 예측된 결과가 이루어지는 것을 말한다.

④ 대비효과(contrast effect)는 여러 사람 중에서 처음에 평가한 사람을 나중에 평가한 사람보다 나쁘게 평가하는 경향을 말한다.

⑤ 최근효과(recency effect)는 주로 최근의 정보를 가지고 타인을 평가하는 경향을 말한다.

✎ 해설 ① 주관의 객관화 : 타인평가시 자신의 감정이나 경향을 귀속·전가시키는 데서 초래하는 오류
　　　　② 주위의 사람 → 자신
　　　　③ 기대의 오류
　　　　④ 앞사람에 대한 평가가 뒷사람 평가에 영향을 주는 오류

06 성과관리를 위한 평가에는 흔히 특성, 행동(역량), 그리고 결과를 평가하는 방법이 있다. 평가 방법에 대한 설명 중 가장 적절하지 않은 것은?

(2008. CPA)

① 특성 평가법은 개발비용이 적게 들고 활용하기 쉬우나 평가오류의 가능성이 높다.

② 행동(역량) 평가법은 피드백을 제공하는 데에 유용하다.

③ 결과 평가법은 비교적 객관적이어서 조직 구성원들의 수긍도가 높다.

④ 행동(역량) 평가법은 개발과 활용에 있어서 시간과 비용이 많이 든다.

⑤ 결과 평가법은 주로 장기적인 관점을 지향하므로 개발과 활용에 있어서 시간이 적게 든다.

✎ 해설 ⑤ 결과 평가법은 주로 단기적인 관점을 지향한다.

▪ 연습문제 ▪

01 **인사고과의 변화방향으로 옳지 않은 것은?**

① 연공중심의 고과에서 성과중심의 고과로
② 임금관리를 위한 고과에서 능력개발을 위한 고과로
③ 주관적 기준에 의한 고과에서 객관적 기준에 의한 고과로
④ 고과자 중심의 고과에서 피고과자의 참가에 의한 고과로
⑤ 목적별 고과에서 포괄적 고과로

✎ 해설 ⑤ 현대의 인사고과는 포괄적 고과에서 목적별 고과로 변화되고 있다. 즉, 현대적 인사고과는 포괄적 · 획일
적 고과에서 계층별 · 직능별 고과로, 고과방식의 간편화로 변화되고 있다.

02 **다음 중 서열법에 대한 설명으로 옳지 않은 것은?**

① 같은 종류의 직무 이외에는 의미가 없다.
② 능력개발의 목적에 적합하지 않다.
③ 순위의 차이가 공헌도의 차이를 설명하는 것이 아니다.
④ 대상인원이 너무 적거나 많아도 적용할 수 있다.
⑤ 구체적 기준이 모호하여 설득력이 없다.

✎ 해설 ④ 서열법은 고과대상자가 너무 적거나 많을 경우 적용이 곤란하다.
서열법의 추가적 문제점으로 다음과 같은 것이 있다.
ⅰ) 특정 종업원의 경우 현직무에는 성적이 나빠도 적성에 맞는 타직무에서는 성적이 좋을 수도 있다.
ⅱ) 고과가 제로섬(zero-sum)과 같은 성질을 가져 어느 서열까지 만족스러운지 알 수 없으며, 중간 이하의
평가를 받은 피고과자에게 심각한 영향을 주어 사기저하 및 다음기의 능률저하를 초래할 수 있다.

03 **다음의 인사고과방법 중 대인비교법에 해당하지 않는 것은?**

① 강제할당법   ② 대조표고과법   ③ 쌍대비교법
④ 서열법   ⑤ 표준인물비교법

✎ 해설 대인비교법은 위의 ①, ③, ④, ⑤ 외에 등급할당법이 있다.

정답 1 ⑤ 2 ④ 3 ②

04 인사고과방법 중 피고과자의 능력, 업적 등을 각 평가요소별로 연속 또는 비연속 척도에 의해 평가하는 방법으로 가장 오래되고 널리 이용되는 것은?

① 등급할당법　　　　② 평정척도법　　　　③ 중요사건서술법
④ 쌍대비교법　　　　⑤ 대조표고과법

✎ 해설　평정척도법의 주요 장·단점은 다음과 같다.
　　　1) 장 점
　　　　① 경영목적에 비교적 신뢰도가 높다.　② 분석적 고과를 한다.
　　　　③ 가중치를 들 수 있고 계량화가 가능하다.
　　　2) 문제점
　　　　① 평가요소의 선정과 평가요소의 비교가 어렵다.　② 고과자의 오류방지가 곤란하다.
　　　　③ 사용되는 어의가 모호하다.

05 주로 중간관리층을 최고경영층으로 승진시키기 위한 목적에 이용되는 인사고과방법은?

① 자유서술법　　　　② 행위기준고과법　　　③ 인적평정센터법
④ MBO　　　　　　 ⑤ 중요사건서술법

✎ 해설　③ 인적평정센터법은 피고과자를 합숙시키며 각종 의사결정게임과 토의, 심리검사들을 실시하여 여럿의 고과자와 심리전문가들에 의해 피고과자를 평가하는 방법이다.

06 평정척도고과법의 결점을 시정하기 위한 방법으로 평가대상자의 구체적인 행위에 근거해서 평가를 실시하여 평가의 신뢰성과 타당성을 높인 인사고과방법은?

① MBO　　　　　　 ② Odway법　　　　　③ check list법
④ BARS　　　　　　⑤ HAC

✎ 해설　④ BARS는 행위기준고과법이라고도 한다.

07 인사고과방법에 대한 다음의 설명 중 옳지 않은 것은?

① 대조표고과법은 사실의 관찰과 계량화가 따로 이루어진다.
② 대조표고과법을 실시할 때 항목의 비중은 고과자에게 비밀로 하는 것이 보통이다.
③ 중요사건서술법은 바람직한 행동이 어떤 것인지를 명확히 해주는 장점이 있다.
④ 중요사건서술법에 의할 때 감독자는 고과자역할보다는 보고인의 역할을 담당한다.
⑤ 강제할당법은 피고과자의 수가 적을 때 타당성이 높아진다.

✎ 해설　③, ④ 중요사건서술법은 개인특성이 아닌 객관적 행동을 대상으로 고과하는 기법이므로, 바람직한 행동을 명확히 해주는 장점이 있으나, 고과시 감독자가 세심한 신경을 써야 하고, 고과기준이 감독자에 의해 일방적으로 설정되고 피드백이 지연되는 단점이 있다.
　　　⑤ 강제할당법은 피고과자의 수가 적을 경우 타당성이 적으므로 이런 점들을 신중히 고려하면서 실시해야 한다.

정답　4 ② 5 ③ 6 ④ 7 ⑤

08 중심화경향이나 평가표준의 차이 등의 문제점을 개선하기 위해 최근에 개발된 방법인 행위기준고과법(BARS)의 내용이 아닌 것은?

① 직무의 중요한 내용을 포함하는 척도이므로 내용타당성이 높다.

② 이는 직무분석을 통한 직무기술서가 중요한 자료원천이 된다.

③ 첫 단계는 중요과업을 선정하는 것인데 중요과업을 피평가자인 종업원이 선정한다는 것이 특징이다.

④ 과업별로 그 과업의 수행수준을 5~10개의 척도로 구분하고 척도마다 이에 해당하는 과업행동을 정확하게 기술한다.

⑤ 과업마다 별도의 기본행동과 평가척도를 설계해야 하고 직무마다 개별적으로 고과양식이 설계되어야 하므로 이에 상당히 많은 시간과 비용이 투입되어야 하는 단점이 있다.

✎ 해설 ③ 중요과업 선정은 평가자와 피평가자의 합의에 의한다.

09 인사고과의 방법 중 평가센터법에 대한 설명으로 적절하지 못한 것은?

① 평가자가 복수의 피평가자를 동시에 평가한다.

② 잠재적인 직무능력보다는 과거 및 현재에 나타난 직무능력을 중심으로 평가한다.

③ 직무외 절차로서 수행된다.

④ 특별히 훈련된 평가자팀에 의해 평가된다.

⑤ 각 참여자의 재능을 나타내는데 동등한 기회를 가질 수 있다.

✎ 해설 ② 평가센터법(=인적평정센터법)은 중간관리층의 승진목적으로 피고과자를 따로 합숙시키며 각종 게임과 토의, 심리test 등을 실시하므로, 과거나 현재에 나타난 직무능력보다는 잠재적 직무능력(장래의 경영자로서)을 중심으로 평가한다.

10 인사고과에 대한 다음의 설명 중 옳지 않은 것은?

① 대조표고과법은 평가결과의 신뢰성과 타당성이 높다.

② 자유서술법은 객관성이 결여되어 있다.

③ 행위기준고과법은 평정척도고과법의 결점을 시정할 수 있다.

④ 현장토의법은 고과대상자의 참여가 없어 불신감이 야기된다.

⑤ 인사고과방법이 평가대상의 특성의 보유정도를 정확하게 평가할 수 있으면 신뢰성이 높은 것이다.

✎ 해설 ⑤ 인사고과방법의 검토는 신뢰성과 타당성에 의하는데 보기 ⑤는 타당성에 대한 설명이다. 신뢰성은 항상성이나 객관성으로 설명할 수 있다.

정답 8 ③ 9 ② 10 ⑤

11 다음 중 목표에 의한 관리(MBO)의 특징이 아닌 것은?

① 구체적 목표　　② 목표에 따른 업적평가　　③ 상호 목표설정

④ 참여경영　　⑤ 정기적 피드백

✎ 해설　MBO는 상위관리자와의 협의를 통해 결정한 목표에 의해 종업원을 관리하는 기법이다.
② MBO의 업적평가는 목표의 달성도에 의하여 실시한다.

12 목표에 의한 관리(MBO)에 대한 설명으로 바르지 못한 것은?

① 참여의 과정을 통하여 조직의 목표를 명확하고 체계있게 설정, 이용함으로써 관리의 효율화를 기하려는 관리방식이다.

② Drucker는 계획의 수립에, McGregor는 업적평가에 MBO를 적용한다.

③ 구성요소에는 목표설정, 참여, 환류(feedback) 등이 있다.

④ 관리와 목표를 동시에 강조한다.

⑤ 목표는 주로 장기적으로 세운다.

✎ 해설　MBO는 주로 단기적으로 목표를 세우고 달성하고자 하는 것이다.

13 다음 중 MBO의 특징이 아닌 것은?

① 집단목표　　　　　　　② 측정가능목표

③ 목표달성에의 의욕 상승　　④ 자기통제

⑤ 명확한 조직의 역할과 구조

✎ 해설　① MBO는 집단목표보다는 개인의 목표가 대상이다.
〈참고〉 바람직한 목표(SMART)
① S(specific) : 사실에 근거한 구체적인 목표
② M(measurable) : 계량적으로 측정 가능한 목표
③ A(attainable) : 조직, 개인의 비전과 관련하여 달성 가능한 목표
④ R(result-controlled) : 통제 가능하며 수용 가능한 목표
⑤ T(timely) : 환경 및 상황 변화가 반영된 목표

14 인적 평가기법의 유형분류가 잘못된 것은?

① 서열법 – 상대평가　　　　② 도식척도법 – 특성평가

③ 중요사건서술법 – 행동평가　　④ MBO – 결과평가

⑤ 체크리스트법 – 결과평가

✎ 해설　⑤ 체크리스트법 – 행동평가

15 인사고과를 위한 평가기법은 크게 상대평가, 특성평가, 행동평가, 결과평가로 나눌 수 있다. 이에 대한 설명으로 옳지 않은 것은?

① 상대평가는 대개 전반적인 성과에 대한 평가를 요구하므로 종업원들의 성과피드백이 모호하다.

② 행동평가는 성과기준이 구체적이라는 장점이 있다.

③ 특성평가는 평가자의 의식적·무의식적 편견이 존재할 수 있다.

④ 결과평가는 객관적이고 가시적인 성과결과로 주관성을 극복할 수 있다.

⑤ 결과평가의 결과는 종업원이 수용하기 어려워하는 문제가 있다.

✎ 해설 ⑤ 결과평가방식은 종업원들에게 평가에 대한 수용성과 타당성을 인정받을 수 있는 장점이 있다.

16 종업원에 대한 성과평가방법을 합의된 목표와의 비교, 직무표준과의 비교, 개인간의 비교로 나눌 경우 이에 대한 설명으로 옳지 않은 것은?

① 합의된 목표와의 비교는 MBO가 대표적인 예이다.

② 직무표준과의 비교는 절대평가방법이며, 대조표, 중요사건법, 평정척도법을 예로 들 수 있다.

③ 개인간의 비교는 상대평가방법이며, 종업원간의 경쟁과 갈등이 심해질 우려가 있다.

④ 서열법, 쌍대비교법, 강제할당법은 상대평가방법의 예이다.

⑤ 작업이 비일상적이고, 독립성에 대한 바람이 높고, 환경이 불안정할 경우 직무표준과의 비교방법이 가장 적합하다.

✎ 해설 ② 절대평가방법으로 보기의 예외에 서술식고과법, BARS 등을 들 수 있으며, 종업원 간의 협조가 가능한 방법이다.
⑤ 작업이 일상적이고, 종업원의 독립성에 대한 바람이 낮고, 환경이 안정적일 때 직무표준과의 비교방법이 적합하다. 보기의 경우 일기나 에세이 등을 사용하는 비구조화된 비교가 적합하고, 중간적인 상황일 때 목표와의 비교가 적합하다.

17 인사고과상의 평정오류에 대한 다음의 설명 중 옳지 않은 것은?

① 평가자가 평가방법에 대해 회의적이거나 피고과자를 잘 모를 경우 중심화경향이 나타날 수 있다.

② 평가자가 어느 한 사람의 전체항목에 대한 평가를 하지 않고 한 가지 특성에 대해 모든 피고과자를 평가하면 현혹효과를 피할 수 있다.

③ 고과자의 실패감정이나 원인이 부하에게 전가되어 평가가 나빠지는 것을 주관의 객관화라 할 수 있다.

④ 근접오류를 피하기 위해서는 유사한 평가요소의 간격을 좁히면 된다.

⑤ 한 가지 부정적인 인상 때문에 피고과자를 비호의적으로 평가하는 것을 뿔효과(horns effect)라고 한다.

✏️ 해설　① 중심화경향이 나타나는 경우로는 ①의 설명 외에
　　　　　 ⅰ) 평가자가 평가방법을 이해하지 못한 경우
　　　　　 ⅱ) 피고과자를 너무 낮게 평가할 경우 나타날 감정적 대립을 우려한 경우
　　　　　 ⅲ) 평가를 소홀히 한 경우 등을 들 수 있다.
　　　　④ 근접오류를 피하려면 유사한 평가요소의 간격을 넓혀야 한다.
　　　　⑤ 뿔효과 또는 나팔오류(horns error)는 후광효과(halo effect)가 평가점수를 낮추는 경우를 설명하는 용어이다.

18 다음 중 효과적인 인사고과제도를 유지 · 관리하기 위한 개선방향이 아닌 것은?

① 능력개발 목적에 이용　　　　② 평정자의 복수화
③ 제1차 평정결과의 경시　　　　④ 업적중시의 고과
⑤ 고과자의 훈련

✏️ 해설　① 지금까지 인사고과는 승급 · 승진 · 상여 등 주로 통제적인 목적을 위해 사용하여 왔으나, 앞으로는 비통제적인 목적으로 활용폭을 넓히고 인사고과 결과를 종업원의 근로의욕을 향상시키고 능력을 개발하기 위해 상담 · 지도 · 의사소통을 촉진시키기 위한 목적으로 사용하여야 한다.
　　　　② 앞으로의 인사고과에서는 1인의 피고과자를 1인의 고과자에게만 맡기는 것이 아니라 2인 이상의 고과자에게 고과를 맡김으로써 주관이나 자의에 의한 평정의 잘못을 최소한으로 줄이도록 해야 한다. 또한 피고과자의 바로 직속상사가 제1차 고과자, 그보다 위의 관리자가 제2차 고과자가 되도록 하고, 부하도 고과에 참여시킴으로써, 이들이 평정고과에 대해 서로 조정, 의견통일을 보도록 하여야 한다.
　　　　③ 제1차 평정자는 항상 피평정자와 접촉하고 있기 때문에 피평정자의 장단점을 가장 잘 알고 있으며, 피평정자인 부하의 지도책임이 있기 때문에 인사고과의 평정내용은 제1차 평정자의 것이 가장 존중되어야만 한다.
　　　　　 제2차 평정자의 역할은 제1차 평정자의 평정결과를 존중하면서 그 평정에 편견이 없는가, 사실을 빠뜨리지는 않았는가 등에 대해 검토 · 수정하는 것이다.
　　　　④ 인사고과는 부하를 인간 전체로서 평정하는 것이 아니고 조직 내에서의 직무수행의 측면에 한정하여 일정한 방식과 기준에 따라서 객관적으로 평정하는 것이다. 그러므로 특히 개인적 친분관계라든지 감정적인 것에 좌우되는 평정은 관리자로서 반드시 피해야만 하며, 업무상의 업적 · 근무태도 · 능력에 한정해야만 한다.
　　　　⑤ 인사고과는 인간을 평가하는 일이므로 발생 가능한 여러 가지 오류를 사전에 막기 위해서 조직은 고과자에 대한 주의 깊은 훈련과 계속되는 보완훈련이 필요하다.
　　　　　 대표적인 훈련기법으로 오류훈련, 성과차원훈련(다양한 성과차원을 인식하게 함), 준거틀훈련(고과자의 차원이용결과와 전문평가자의 평가결과 비교), 행위관찰훈련(행위관찰방법 향상) 등이 있다.

정답　18 ③

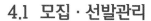

제4장 ▪ 모집 · 선발 · 이동 · 교육훈련관리

4.1 모집 · 선발관리

모집 · 선발관리(employment management)는 ① 인력계획에 의하여 신규로 필요한 인력을 결정한 후, ② 이의 선발을 위하여 적합한 응모자를 확보하고(모집관리), ③ 이들 응모자 중에서 적합한 자질을 갖춘 사람을 선발(선발관리)하는 활동이다.

1. 인력계획

인력계획은 현재 및 장래의 각 시점에서 기업이 필요로 하는 인력의 종류와 수를 사전에 예측 · 결정하며, 이에 대한 사내외의 공급인력을 계획하는 것이다.

◈ 기업의 인력계획 수립 시 조직전략과의 연계를 고려해야 한다.

◉ 도표 4-1 전략과 인력계획

분석단위	전략유형	전략적 인력계획 방안
기업전략	성장/팽창	적극적인 인력충원, 훈련과 개발
	철수	해고, 조기퇴직
	다각화	인력충원, 새로운 스탭의 구성, 승진
	인수/합병	새로운 인력충원 및 해고
사업부전략	차별화	분권화된 충원과 훈련 · 개발
	원가우위	인건비 절감목적의 인력동결 및 삭감
	집중화	고기술 인력의 충원, 훈련, 특별보상

자료 : Anthony, et al.(1996), p. 197 수정인용.

◉ 도표 4-2 인력계획의 절차

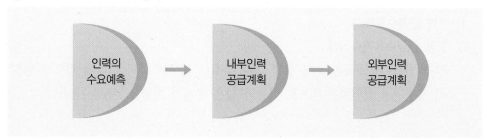

● 도표 4-3 인력흐름과 노동시장

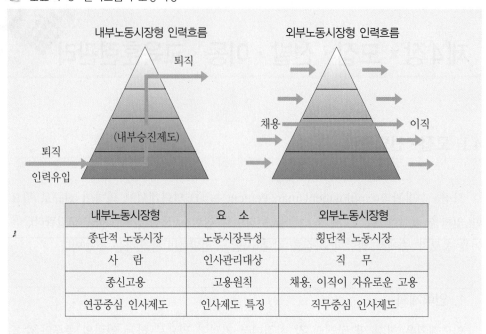

내부노동시장형	요 소	외부노동시장형
종단적 노동시장	노동시장특성	횡단적 노동시장
사 람	인사관리대상	직 무
종신고용	고용원칙	채용, 이직이 자유로운 고용
연공중심 인사제도	인사제도 특징	직무중심 인사제도

＊출처 : 전략적·윤리적 인사관리, 이진규, 박영사 p. 85.

(1) 인력의 수요예측

(2003 CPA)
★ 출제 Point
인력수요예측 기법의 비교

(2007 CPA)
★ 출제 Point
인력계획 활동

1) 인력의 수요예측이란 현재 및 장래에 기업이 필요로 하는 종류의 인원을 예측하는 것이다.

2) 인력의 수요예측 방향

① **하향적 인력계획** : 조직 전체의 인력을 예측하여 총원을 정하고 이를 인력의 종류별로 분할하는 거시적 인력예측기법이다.

② **상향적 인력계획** : 직무나 작업단위별로 계산된 인력을 합하여 총소요인력을 집계하는 미시적 인력예측기법이다.

3) 그 외의 인력수요예측법으로 회귀분석, 시계열분석, 비율분석, 시뮬레이션, 델파이법, 생산성비율분석, 시나리오기법, 조직도표에 의한 방법 등이 있다.

(2) 인력수요예측기법

1) 양적 인력수요예측

① **양적 인력수요예측기법**

양적 인력수요예측은 조직 전체 혹은 부서나 직무에 따라 미래에 필요한 인원이 몇명인가 확인하는 것으로 다음과 같은 통계적 기법을 주로 사용한다.

ⓐ 생산성비율분석(production ratio analysis)

　　i) 생산성비율분석은 과거 조직이 달성했던 생산성 변화에 대한 정보를 통해, 미래에 필요한 인원수를 예측하는 것이다.

　　ii) 생산성은 작업자의 숙련도와 작업 기술의 발달로 달라질 수 있으며, 이에 따라 소요인력의 비율이 달라질 수 있다.

　　iii) 학습경험곡선이 생산성분석에 많이 사용된다.

ⓑ 시계열분석(time series analysis)

　과거로부터 내려온 시간적 추이와 인력 변화에 대한 정보를 통해 미래의 인원수를 예측한다.

ⓒ 추세분석(trend analysis)

　시계열분석기법은 기존 고용인력의 증감에 경영 환경이나 내부적 요소들을 고려하지 못한다는 문제가 있는 반면에, 추세 분석은 과거 인력 변화에 영향 요소로 작용했던 환경요소를 찾고, 시간에 따른 인력 변화 정도를 파악하여 미래 인력 수요를 예측하는 방법이다.

ⓓ 회귀분석(regression analysis)

　회귀분석은 조직의 인력 수요 결정에 미치는 다양한 영향 요소들의 영향력을 계산하여 조직의 미래 인력 수요에 가장 영향을 미치는 것이 무엇인가를 예측하는 기법이다.

Key Point

① 비율분석
비율분석(ratio analysis)은 기업조직의 핵심부서의 소요인력은 통계적 기법을 이용하여 예측한 다음, 스텝부서의 소요인력은 핵심부서들에 대한 비율을 계산하여 예측하는 것이다.

② 조직도표(organizational map) ; **대체도**(replacement chart)
조직도표는 관리인력과 기술인력의 연령 · 성과수준 · 승진가능성 등 중요한 사항을 시각적으로 요약 · 기재하고, 앞으로 기대되는 관리자의 승진경로와 후임후보들을 기재해 놓은 도표이다.

---

② 양적 인력수요예측의 문제점

ⓐ 과거 데이터를 통한 추정의 문제가 있다. → 즉, 내 · 외부의 경영환경은 항상 불안정하고 불확실성의 연속이므로, 과거 데이터의 시계열적인 특징이 미래에도 지속될 것이라는 속단을 할 수 없다.

ⓑ 조직전략 역시 급변하는 환경 변화 등에 의해, 원래 의도하지 않았던 방향으로 급선회할 수 있다.

ⓒ 조직수익률이 낮게 평가될 경우 다운사이징이나 인력감축이 실시될 가능성

이 있어 원래의 인력계획으로 수정되어야 한다.

2) 질적 인력수요예측

① 질적(qualitative) 인력수요예측은 인원수 결정에 관심있는 양적 인력수요예측과 달리, 미래에 필요한 인력이 가지고 있는 **내부 역량의 자격 조건을 파악하는 데** 관심을 둔다.

② 조직의 외부환경이 안정적인 경우에는 자격요건분석을, 불안정적인 경우에는 시나리오기법을 사용한다.

③ **자격요건분석**

ⓐ 자격요건분석은 해당 직무 수행시 필요한 KSA가 무엇이고 어떤 사람이 수행하는 것이 바람직한 것인지를 찾아내는 분석이다.

ⓑ 자격요건분석은 조직환경과 구조가 미래에 매우 안정적이기 때문에 조직의 직무내용, 조직구조, 그리고 직무기술과 생산기술 등이 변화되지 않을 경우에 적합하다.

ⓒ 자격요건분석을 하기 위한 대표적인 도구로 직무기술서와 직무명세서가 있다.

④ **시나리오기법**

ⓐ 시나리오기법은 미래에 변하게 될 경영환경을 고려해서 조직의 직무와 조직구조 등의 시나리오를 예상하는 것이다.

ⓑ 시나리오분석은 매우 정성적인 방법이므로 인력 수요의 질적인 예측을 보다 정교하게 하기 위해서 보통 전문가들의 브레인스토밍이나 인력수요예측 프로젝트팀에 의해서 수행된다. → 특히 경영환경 변화에 대한 통찰력이 있고 노동시장의 인력수급에 정통한 전문가와 조직의 인사담당자와 전략입안자가 동시에 참가하는 것이 효과적이다.

ⓒ 시나리오기법을 통한 인력수요예측은 현재의 경영환경을 구체적으로 기술하고, 미래의 환경변화의 요건을 제시하는 것에서 출발한다.

ⓓ 시나리오기법을 통한 조직의 인력수요예측은 이를 달성하기 위한 구체적인 내용을 제시한다는 것이 특징인데, 이를 토대로 조직에서는 직무기술서와 직무명세서를 다시 작성하고 실행한다.

◆ 시나리오기법은 조직실정과 외부 환경변화와의 사이에서 어떤 조직전략과 인력계획 수립을 해야 하는지를 알 수 있게 한다.

(3) 인력의 공급계획

1) 내부인력공급계획은 조직 내부로부터의 충원을 말하며 승진·재배치 등에 의한다.

2) 외부인력공급계획은 인력수요예측과 내부인력공급계획을 바탕으로, 순부족인력을 조직 외부로부터 충원하는 것으로 모집·선발에 의한다.

◆ 제3노동시장에서의 활용
제3의 노동시장은 자동화된 기계(무인경비시스템, ARS 등)나 컴퓨터처럼 사람을 대신할 수 있는 기계들을 구할 수 있는 시장을 말한다.

3) 기타의 인력공급예측기법으로는 인력재고표, 관리자재고표, 마아코브연쇄모형 등이 있다.

① 인력재고표
인력재고표는 현 종업원들의 상태를 능력면에서 면밀히 파악하여 개개인의 승진·이동의 시기, 순위, 훈련 등의 요건을 명기해 두고 이를 집계하여 내부인력의 변화를 예측하는 표를 말하며 기능재고표(skills inventory) 또는 기능목록으로도 불리운다.

② 관리자재고표
관리자재고표(management inventory)는 관리자들에 관한 모든 정보를 정리하여 승진, 이동, 평가 등에 활용하는 정보자료를 말한다.

2. 모집관리

1) 모집관리(recruitment)는 기업이 필요로 하는 사람들이 적극적으로 지원하도록 정보를 제공하고, 동기화하는 활동이다.

2) 모집은 사내모집과 사외모집으로 나눌 수 있다

3) 사내모집원은 기능목록(skills inventory)이나 인력배치표(manning table)를 통해 해당 직위에 적합한 인물을 찾아내는 방법과, 공개모집방법(job posting or job bidding system)이 있다.

3. 선발관리(selection)

(1) 선발도구
신입사원의 대표적인 선발도구로 시험과 면접이 있다.

1) 시험
① 대상자에 따라 집단시험과 개별시험으로 나눌 수 있다.
② 해답방식에 따라 필기, 실기, 구술시험으로 나눌 수 있다.

2) 심리검사는 지능검사, 적성검사, 성취도검사, 흥미검사, 성격검사 등이 있다.
① 지능검사 : 추리력, 언어이해력, 수리능력, 기억력, 공간지각능력 등을 측정하는 것으로 알고 있는 정보의 양, 이해력, 어휘력, 그림배열, 물체조립 등으로 정의하기도 한다.
② 적성검사 : 적성검사는 어떤 사람이 그 직무에 대한 적당한 훈련을 받을 경우, 그 직무를 배울 수 있는 능력 또는 잠재적인 능력이 있는지 없는지를 측정하는 것으로, 적성은 좀더 한정적인 능력으로 인식되고 있다.

(2007, 2008 CPA)
★ 출제 Point
사내모집과 사외모집의 비교

◈ 최근에는 인력확보에 소요되는 큰 비용과 빠른 기술변화에 적합한 인력확보의 어려움으로 인해, 외부모집보다는 다기능공양성이나 직무순환을 통한 내부모집을 중시하는 추세이다.

(2001 CPA)
★ 출제 Point
인력의 모집과 선발

(2000 CPA)
★ 출제 Point
선발도구의 정의

③ 성취도검사 : 적성검사가 미래에 배울 능력을 측정하는 것임에 반하여, 성취도 검사는 이미 가지고 있는 능력을 측정한다.

3) 면접은 정형적 면접(구조적 면접, 지시적 면접)과 비지시적 면접, 스트레스면접, 패널면접(위원회 면접), 집단면접 등으로 나눌 수 있다.

① 정형적 면접(patterned interview) : 정형적 면접은 직무명세서를 기초로 하여 미리 질문의 내용목록을 준비해 두고 이에 따라 면접자가 차례 차례 질문해 나가며 이것에 벗어나는 질문은 하지 않는 방법이다.

② 비지시적 면접(unguided or nondirected interview) : 비지시적 면접은 피면접자인 응모자에게 최대한 의사표시의 자유를 주고 그 가운데서 응모자에 관한 정보를 얻는 방법이다. → 즉, 면접자가 일반적이고 광범위한 질문을 하면, 이에 대해 응모자가 생각나는 대로 거리낌 없이 자기를 표현케 하는 방법이므로 방해하지 않고 듣는 태도가 필요하며, 고도의 질문기술과 훈련이 필요하다.

③ 스트레스 면접(stress interview) : 면접자가 매우 공격적으로 피면접자를 무시할 때 나타나는 피면접자의 스트레스하에서의 감정의 안정성과 조절에 대한 인내도 등을 관찰하는 방법이다.

④ 패널면접(panel interview)

ⓐ 패널면접은 다수의 면접자가 하나의 피면접자를 면접평가하는 방법이다.

ⓑ 이 방법은 면접자가 다수이고 면접이 끝나면 그 피면접자에 대해 서로의 의견을 교환하기 때문에, 피면접자에 대한 보다 광범위한 조사를 할 수 있다.

⑤ 집단면접(group interview)

ⓐ 집단면접은 각 집단단위별로 특정 문제에 따라 자유토론을 할 수 있는 기회를 부여하고 토론과정에서 개별적으로 적격여부를 심사판정하는 방법이다.

ⓑ 이 방법은 동시에 다수의 피면접자인 응모자를 평가할 수 있으므로 시간의 절약이 가능하고, 다수의 우열 비교를 통하여 리더십이 있는 인재를 발견할 수 있는 장점을 지니고 있다.

(2) 선발도구의 합리성

1) 신뢰성

(2000 CPA)
★ 출제 Point
선발도구의 신뢰성

① 신뢰성(reliability)이란 **시험결과의 일관성**, 즉 어떤 시험을 동일한 환경에서 동일한 사람이 몇 번 보았을 때, 그 결과가 일치하는 정도를 나타낸다.

② 시험-재시험법(test-retest method) : 동일인에게 동일한 내용의 시험을 서로 다른 시기에 실시하여, 결과를 측정하는 방법이다.

③ 대체형식법(alternate form method) : 동일인에게 유사한 형태의 시험을 실시하여, 두 형태 간의 상관관계를 살펴보는 방법이다.

도표 4-4 선발의 오류

		채용후 직무성과	
		만 족(성공)	불만족(실패)
채용 여부	거 부	제1종 오류	올바른 결정
	채 용	올바른 결정	제2종 오류

④ 양분법(half split method) : 시험내용이나 문제를 반으로 나누어 각각 검사한 다음, 양자의 결과를 비교하는 방법이다.

2) 타당성

① 타당성(validity)은 시험이 측정하고자 하는 내용 또는 대상을 **정확히 검정하는 정도**를 나타낸다.

② 시험성적과 어떤 기준치(직무성과의 달성도)를 비교하는 기준관련 타당성(criterion related validity)이 대표적이다.

③ 동시타당성(concurrent validity) : 현직 종업원의 시험성적과 직무성과를 비교하여 선발도구의 타당성을 검사한다.

◈ 내적 타당성 : 독립변수와 종속변수 간의 관계의 명확성 정도

④ 예측타당성(predictive validity) : 선발시험에 합격한 사람들의 시험성적과 입사 후의 직무성과를 비교하여 타당성을 검사한다.

◈ 외적 타당성 : 독립변수와 종속변수 간의 관계의 일반화 정도

⑤ 내용타당성(content validity) : 요구하는 내용을 시험이 얼마나 잘 나타내는가를 검토하는 것으로, 통계적 상관계수가 아닌 논리적 판단으로 검사한다.

⑥ 구성타당성(construct validity) : 시험의 이론적 구성과 가정을 측정하는 정도

4. 입직관리

입직관리(introduction and orientation)란 채용된 사람들을 그들이 담당할 최초의 직책에 배치하고, 이들이 소속하는 부서와 담당하는 직책에 쉽게 적응하도록 관리하는 활동이다.

5. 조직사회화

(1) 의의 및 기능

조직사회화는 신입사원이 조직에 들어와 조직의 가치, 규범, 행동양식 그리고 업무 수행방식 등을 습득하여 조직의 기대에 맞도록 융화되는 과정을 말하며 다음과 같은

(2003 CPA)
★ 출제 Point
조직사회화 과정의 이해

역할을 한다.

　　1) 진입충격을 완화시킨다.

　　2) 조직의 역사, 목표와 가치 그리고 성과 효율성 등을 학습함으로써 조직정체성을 일깨워 준다.

　　3) 개인과 조직의 심리적 계약 일치로 조직유효성을 향상시킨다.

　　4) 조기이직의 감소로 충원비용을 감소시킬 수 있다.

(2) 방 법

　　1) 조직사회화는 신입사원 개인의 노력과 조직의 적극적인 지원에 의해 달성될 수 있다.

　　2) 신입사원과 기존 구성원간 상호작용을 통해 조직상황에 대한 정체성과 역할행동 습득을 용이하게 할 수 있다.

(3) 사회화과정

　　1) 신입사원의 태도변화 : 해빙, 변화, 그리고 재동결의 단계를 거쳐 일어난다.

　　2) 사회적 학습 : 신입사원은 다른 사람을 통해 발생된 사건을 관찰하고 전해 들으면서 사회적 학습을 한다.

　　3) 조직사회화 과정

　　① 1단계(조직진입전 사회화) : 현실적 직무소개나 인턴사원제도를 통해

　　② 2단계(조직진입 후 대면단계) : 조직생활과 업무기술의 요령을 공식적 및 비공식적 방법을 통해 배우는 과정이다.

　　③ 3단계(정착단계) : 신입사원이 해당 직무에 대한 불안감과 새로운 대인관계에 대한 어색함 등이 사라지고 조직생활에 잘 동화되는 단계이다.

(4) 조직사회화 관리방안

　　신입사원들이 조직적응을 신속하게 할 수 있게 하는 공식적 인사관리 방안들은 다음과 같다.

　　1) 현실적 직무소개 : 조직진입을 준비하는 지원자들에게 조직의 전반적인 가치와 규범 그리고 수행하게 될 직무를 사전에 소개하여 그들의 진입충격을 완화시킨다.

　　2) 인턴사원제도 : 수습기간 동안 업무를 맡겨보면서 조직과 개인의 가치 및 목표가 일치할 수 있는 인력을 조직에서 정식 신입사원으로 선발한다.

　　3) 오리엔테이션 : 조직의 역사를 소개함으로써 조직에 내재된 문화적 양식과 목적과 가치를 신입사원들에게 심어 준다.

　　4) 훈련과 개발 : 신입사원들이 업무기술을 습득함으로써 역할 모호성과 역할 갈등

을 극복하여 조직적응을 빠르게 하고, 조직의 생산효율성을 높일 수 있다.

　5) 멘토링 : 조직생활의 경험이 풍부하고 유능한 사람이 그렇지 못한 신입사원에게 공식적·비공식적인 조직규범에 적응할 수 있도록 도와준다. 멘토는 신입사원에게 ① 경력개발기능, ② 심리 사회적 기능, ③ 역할모형의 기능을 가르쳐 줌으로써 그들의 조직사회화를 촉진시킨다.

　6) 팀워크 훈련 : 신입사원들이 팀워크 훈련을 통해서 조직의 가치와 규범이 발현되어 있는 집단의 행동양식을 배울 수 있다.

4.2 인사이동관리

1. 인사이동의 의의

(1) 의 의
　인사이동관리는 종업원의 성격, 능력, 근무상태 등을 재평가하여 기업 내의 위치를 변동시키는 것이다.

(2) 인사인동의 기능
　1) 인사인동관리는 후계자를 양성하여 각 기능·각 계층의 적격자를 계속적으로 공급한다.

　2) 적재적소배치의 실현으로 종업원의 효과적 활용을 도모하게 한다.

　3) 또한 종업원에게 새로운 일의 기회를 제공하여 능력발전을 도모하고 승진의욕 자극으로 사기를 고양시킬 수 있다.

　4) 동일 직위에의 고정적 정착으로 인한 타성을 제거할 수 있다.

◈ 전환의 목적
① 다기능종업원 양성
② 부적합한 최초배치 등의 교정
③ 생산, 판매, 기술변화에 대처
④ 재교육 실시/교대근무

2. 인사이동의 원칙과 형태

(1) 인사이동의 원칙
　인사이동(배치)의 원칙으로는 적재적소주의, 실력주의, 인재육성주의, 균형주의 등이 있다.

(2) 인사인동의 형태
　인사이동의 형태는 전환, 강등, 승진, 이직이 있다.

　1) 전환은 종업원을 현재의 직무와 동등한 다른 직무로, 수평적으로 이동시키는 것으로 의무나 책임이 증가되지는 않지만 직무의 성격은 변화하는 것이다.

　2) 승진과 강등은 수직적 이동에 해당된다.

◈ 한정근무지 제도
특정종업원에 대해 전근명령을 면제하고, 특정지역에 정착하는 것을 인정하는 제도

◈ 노동조합이 강한 조직에서는 연공주의를 채택하는 경우가 많다.

3. 승 진

(1) 승진의 의의 및 승진정책

1) 승진의 의의

① 승진(promotion)은 조직에서 구성원의 직무서열 또는 자격서열이 상승하는 것으로 승진과 함께 보수·권한·책임의 확대가 수반된다.

② 한편 좀더 편리한 작업시간·작업장소·작업조건을 갖춘 직무로의 이동도 일종의 승진이다.

2) 승진정책

승진정책 수립시에는 연공주의(seniority)와 능력주의(competence)를 잘 조화시켜 공정성·객관성·합리성을 확보할 수 있도록 해야 한다.

(2) 승진의 형태

1) 직계승진과 연공승진

① 직계승진 : 직무중심적 **능력주의**에 입각한 제도로, 직무의 자격요건(경험, 능력, 숙련, 기능, 지식 등)에 적합한 적격자를 선정하여 승진시키는 방법이다.

② 연공승진 : 근속연수, 학력, 경력 등 종업원의 연공·신분에 따라 자동적으로 승진시키는 방법이다.

2) 자격승진

① **신분자격승진**

ⓐ 사람중심적 **연공주의**에 입각한 제도로, 직무의 내용과 관계없이 구성원 개인의 인적 자격요건(근무연수, 학력, 연령 등)에 따라 승진시키는 방법이다.

ⓑ 이 제도는 주로 역직승진과 결합해서 사용하며, 역직승진제도의 승진적체문제를 해소하는 역할을 한다.

◈ 능력자격승진은 종업원의 내재하는 능력의 파악이 어렵다는 단점이 있으며, 결국은 연령·학력 등 개인의 표면적 요소에 의존하게 되는 결함이 있다.

② **능력자격승진**

ⓐ **연공주의와 능력주의를 결합**한 제도이다.

ⓑ 승진기준이 현재의 담당직무가 요구하는 자격요건에 직결되지는 않지만, 개인이 보유하고 있는 지식, 기능, 능력 등의 **잠재력**과 장래의 유용성이나 신장도를 평가하여 자격제도상의 상위자격으로 승진시키는 것이다.

3) 역직(役職)승진

역직승진은 관리체계로서의 직위, 즉 라인직위계열(과장→부장→공장장 등)상의 승진을 말한다.

역직은 직무의 난이도나 책임의 정도에 따라 결정하는 것이 아니라, 조직구조의 편성의 필요성과 조직운영의 원리에 의해 설정된 것이다. 즉, 세분화된 조직단위별로 소속구성원을 효율적으로 **지휘, 통제**하기 위해 필요한 조직의 장(또는 보조자)을 말하며, 주임, 계장, 차장, 과장, 부장 등이 그 명칭이다.

4) 직위(능력)승진

① 직위(능력)승진이란 하위의 직위에서 상위의 직위로 이동하는 것을 말한다.

② 신분이나 직능자격이 아닌 각 직위를 담당할 적임자를 선발하게 되므로 이론적으로 가장 적합한 승진유형이다.

③ 각 직위의 직무내용과 책임을 분석하여 분류하고, 직무의 종류나 난이도가 유사한 직위의 그룹을 직급이라 하며, 직위승진은 이 직급을 단위로 운영된다.

5) 전문직 승진제도

라인직위계열과 별도로 전문직위를 설정하여 능력기준으로 승진시키는 제도이다.

6) 대용승진 → 준승진(quasi-promotion)

① 대용승진(surrogate promotion)은 직무중심 경영체제의 경직성을 제거하고, 융통성있는 승진관리를 위한 것이다.

② 특정 구성원에 대한 승진의 필요성은 있으나 마땅한 담당직책이 없을 경우, 인사체증과 사기저하를 방지하기 위하여 직무내용상의 실질적인 변화없이 직위명칭 또는 자격호칭 등을 형식적으로 승진시키는 것이다.

◈ 대용승진은 직무의 변화없이 보수나 지위만 상승하게 된다. → 형식적 승진

7) 조직변화승진

① 조직변화(OC : organizational change)승진은 승진대상에 비해 직위가 부족한 경우, 조직의 직위계층을 늘려 종업원에게 승진의 기회를 확대시키는 방법이다.

② OC승진은 종업원의 사기저하나 이직에 대한 방지대책의 성격을 지닌다.

4. 이 직

이직(separation)은 종업원이 자신이 소속한 조직으로부터 이탈하는 것을 말하며, 자발적 이직과 비자발적 이직으로 나눌 수 있다.

Key Point

이직관리에 있어 중요한 것은 자발적 이직이다.

(1) 이직의 원인

1) 조직이탈욕구

◈ 인사그레샴법칙
(Gresham's law)
조직 내에 무능한 종업원
은 남아 있고 유능한 종업
원은 이직하는 현상

조직을 이탈하고자 하는 기본 요인은 직무에 대한 불만족이며, 직무에 대한 불만족의 정도는 ① 자아상과 직무와의 적합성, ② 직무성과의 예측가능성, ③ 다른 역할과의 양립성 등의 세 요인에 의하여 결정된다.

2) 조직이탈가능성

기업활동이 활발할수록, 남성인 경우, 나이가 적을수록, 사회적 지위가 높을수록, 근속연수가 짧을수록 선택 가능한 조직의 수가 늘어나며 조직이탈 가능성도 커진다.

조직이탈가능성 = f(선택 가능한 조직의 수)

(2) 이직에 대한 대책 → 이직의 원인에 대한 연구 · 검토

1) 퇴직면접

① 면접자가 체크목록을 가지고 퇴직하고자 하는 종업원과 직접 상담하는 방법이다.

② 퇴직원인만을 알아내는 것이 아니라, 이직원인이 회사의 적절한 조처에 의해 구제될 수 있는 것이라면 이직을 방지하는 방법도 찾고자 한다.

2) 퇴직 후 질문지를 통한 방법

종업원이 퇴직한 후 일정 기간이 경과한 다음, 이들을 대상으로 퇴직사유를 질문지를 통해 질문하여, 익명으로 답변을 구하는 방법이다.

(3) 이직관리

1) 제도적 보완

고충처리 기구나 인사상담제도를 도입하고 인간관계개선기법을 시도해 본다.

🌑 도표 4-5 이직의 종류

◈ 직무업적이 우수한 인력이 조직을 떠나는 것을 역기능적 이직(dysfunctional turnover)이라고도 한다.

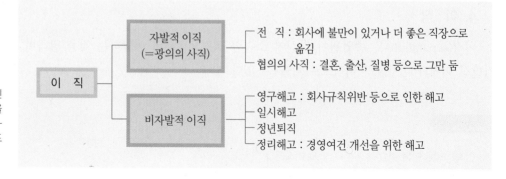

2) 정년관련시책의 적용

① 이직지연 : 재고용제, 근무연장제, 퇴직준비프로그램

② 이직촉진 : 선택적 정년제

4.3 교육훈련관리

1. 교육훈련의 의의

(1) 교육훈련의 의의

교육훈련은 종업원의 행동·지식·동기를 변화시키는 체계적 과정이다.

(2) 교육훈련의 기능

1) 교육훈련을 통해 인재를 육성하고 기술을 축적하게 된다.

2) 의사소통의 원활화로 서로 화합하고, 협력하는 조직풍토를 확립할 수 있다.

3) 종업원들의 자기개발욕구 충족 및 능력개발로 성취동기를 육성할 수 있다.

● 도표 4-6 교육훈련의 체계

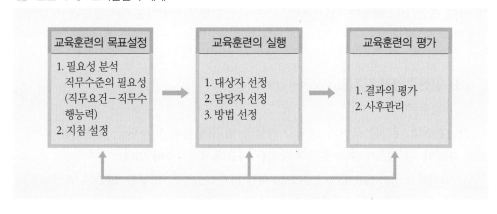

(2006 CPA)
★ 출제 Point
교육훈련의 체계

2. 교육훈련방법

(1) 교육훈련방법의 분류

1) 직장내 교육훈련(OJT : on the job training) : 감독자(직속상사)가 구체적인 직무를 수행하는 과정에서 직접 실무 또는 기능에 관하여 훈련시키는 방법이다.

2) 직장외 교육훈련(off JT : off the job training) : 직장에서의 실무 또는 작업을 떠나서 교육훈련을 담당하는 전문스텝의 책임하에 집단적으로 교육을 실시하는 방법이다.

(2006 CPA)
★ 출제 Point
OJT의 특성

◈ OJT의 대표적인 기법으로 코치와 상담이 있으며 이는 멘토링과 유사한 성격이다.

도표 4-7 OJT와 off JT의 장·단점

	OJT	off JT
장점	① 교육훈련이 현실적·실제적이다. ② 상사나 동료간의 협동정신이 강화된다. ③ 훈련과 직무(생산)가 직결되므로 경제적이다. ④ 종업원의 개인적 능력에 따른 훈련이 가능하다. ⑤ 실시가 용이하며, 훈련비용이 적게 든다.	① 현장작업과 관계없이 계획적인 훈련이 가능하다. ② 많은 종업원에게 통일적으로 훈련시킬 수 있다. ③ 전문적 지도자가 지도한다. ④ 직무부담에서 벗어나 훈련에 전념할 수 있다. → 훈련효과가 높다.
단점	① 많은 종업원을 동시에 훈련시키기가 곤란하다. ② 원재료가 낭비된다. ③ 작업과 훈련 모두가 철저하지 못할 가능성이 있다. ④ 통일된 내용을 가진 훈련이 어렵다. ⑤ 우수한 상사가 반드시 우수한 교사는 아니다.	① 작업시간이 감소한다. ② 훈련시설의 설치로 경제적 부담이 가중된다. ③ 훈련결과를 현장에서 곧바로 활용하기가 곤란하다.

(2) 신입자 교육훈련

기업에 신규채용된 종업원들에게는 견습기간중이나 채용 후 일정 기간 동안 회사에 관한 제반사항, 직무에 관한 요건, 근무태도 등을 훈련시키는 입직훈련과 신입기능공훈련 등을 실시한다.

(3) 일선종업원훈련(employee training)

1) 기능훈련

기능훈련의 대상은 숙련의 정도와 기능의 범위에 따라 미숙련공, 반숙련공, 숙련공으로 분류할 수 있으며 기능훈련의 방법은 다음과 같은 것이 있다.

① 직업학교훈련(public vocational school training) : 직공을 외부의 직업학교에 파견하여 작업에 필요한 새로운 훈련을 시키는 것이다.

② 도제(徒弟)훈련(apprentice training) : 작업장에서 감독자의 지시를 받거나, 숙련공 또는 선임공원의 작업을 직접 보조하면서 기능과 지식을 습득하는 것이다.

③ 실습장훈련(vestibule training) : 회사에 설치된 실습장에서 실습용설비를 이용하여 작업방법을 습득하고 기능훈련을 하는 것이다.

④ 프로그램훈련(programmed training) : 기본적인 내용에 대한 설명을 하고 난 후, 정해진 프로그램에 제시된 문제의 해답을 피훈련자가 가려내도록 하여, 그 성과에 따라서 기능훈련의 정도를 높여가는 방식이다.

◆ 도제훈련은 작업장이나 일정장소에서 상사와 피교육자간의 일대일로 훈련하는 것을 말하며, 의과대학 병원의 수련의 제도를 예로 들 수 있다.(OJT와 off JT의 혼합형태임)

2) 노동교육

노동교육(labor education)은 근로자로 하여금 자기의 경제적 · 사회적 지위를 인식하게 하고, 그 지위의 향상과 생활의 개선을 기하도록 하는 동시에, 건전한 노동조합의 조합원으로서 또는 사원으로서 필요한 자질과 지식을 갖추도록 하기 위한 교육으로 임금문제, 노사관계법규, 근로조건, 단체협약, 취업규칙 등을 교육한다.

3) 일반교양교육(general education training)

(4) 감독자훈련(supervisory training)

1) 감독자는 현장에서 작업자를 직접 지휘 · 감독하는 자를 말하며, 이들에게는 우수한 기술자, 유능한 관리자, 탁월한 통솔자로서의 역할을 수행하는 데 필요한 지식(즉 ① 기능 및 기술의 향상, ② 사고력 · 판단력 · 응용력, 부하를 지휘하는 통솔력의 배양 등)을 습득시키는 데 초점을 두고 있다.

2) 감독자에 대한 훈련기법으로 JIT와 TWI가 있다.

① JIT(job instruction training) : 미숙련공을 훈련시킬 지도요원의 교육을 위해 고안된 방식이다.

② TWI(training within industry) : 주로 생산부문에 있는 일선감독자를 조직적으로 훈련시키기 위한 단기훈련방법으로 JI(job instruction : 작업지시, 작업지도), JM(job method : 작업방법, 작업개선), JR(job relations : 작업관계, 작업통솔)로 구성되어 있다. 주로 토론식 교육방법을 사용한다.

Key Point

일선종업원훈련은 특정 작업에 대한 기능 및 지식의 습득에 중점을 둔다.

---

(5) 중간관리자 훈련

1) 중간관리자는 위로는 기업의 방침결정 · 기획에 관한 전문분야별 정보를 제공하고, 아래로는 결정된 방침을 해석 · 적용하여 담당분야에서 실무적인 의사결정을 하는 역할을 수행한다.

2) 중간관리훈련프로그램으로 MTP(management training program)가 있는데, 이 방법은 중간관리자의 직장외 교육훈련의 대표적 방법으로 TWI뿐 아니라, 관리자로서의 직책을 수행하는 데 필요한 항목들(관리의 기본적 사고방식, 조직의 원칙, 조직의 검토 등)이 포함되어 있다.

◆ 경영자 개발훈련
① OJT : 직무순환, 수평이
동 회의식방법(중견이사
회), 행동학습모델
② off JT : 경영게임, 사례
연구, 행위모델링, 인바스
켓훈련, AMP, 전문가협회
참가등

(6) 경영자훈련

1) 최고경영자훈련프로그램(ATP : administrative training program)

최고경영자의 직장외 훈련의 대표적 방법으로 토의방법을 사용하며 기업의 목적과 방침, 조직, 관리, 운영 등의 내용을 포함한다.

2) 최고경영자프로그램(AMP : advanced management program)

매년 일정 수의 유망한 중간관리자들을 후보로 선발하여 8주 정도의 사내프로그램에 참여시키고, 그 후 2주 동안 경영자연수원에서 리더십, 문제해결기법, 동기부여기법 등의 관리기법들을 익히게 한 다음 모든 과정이 끝나면 중요 상위관리직에 적합한 잠재력을 갖춘 후보자를 선정하는 방법이다.

3) 경영게임법(business game)

기업내 의사결정과 관련된 중요한 부분을 보다 간단한 형식으로 표현함으로써 훈련참가자들이 쉽게 기업상황을 이해하고 의사결정을 할 수 있도록 하는 일종의 기업경영의 모의연습이다.

4) 사례연구방법(case study method)

사례연구방법은 주제에 관한 사례를 작성하여 교육시에 배부하고 토론을 하는 방식이다. 사례연구는 이론과 실제를 연결시킨 문제해결을 시도함으로써 피교육자의 판단력, 지식, 태도 및 분석능력 등을 기르고자 하는 데 목적을 둔다.

5) 인 바스켓 훈련(in-basket training)

① 인 바스켓 훈련은 회사의 정보가 주어진 상태에서 발생될 수 있는 여러 문제들을 종이쪽지에 적어 바구니(basket) 속에 넣고, 피훈련자가 그 중 하나를 꺼내면 사전에 받은 회사의 기존 자원을 활용하여 즉각 이 문제를 해결토록 하고, 일이 끝나면 다시 바구니에서 다음 쪽지를 꺼내어 문제를 해결하게 하는 방법이다.

(2006 CPA)
★ 출제 Point
액션러닝

◆ 역할연기법은 각 팀장
이 모여 다른 부서의 문제
를 경험하게 해보는 행동
학습훈련(action learning)
과, 타인과 역할을 바꾸어
실습해 보는 행위 모델링
등을 예로 들 수 있다.

② 이 방법은 갑자기 닥친 문제해결의 연속이라는 회사의 현실을 실험화한 것으로, 주로 관리자의 잠재적 능력을 측정하거나 통찰력, 사고력, 분석력, 창조력 등을 향상시킴으로써 그들에게 필요한 업무처리능력을 높이기 위한 것이다.

6) 역할연기법(role playing method) : Moreno

역할연기법은 참가자 중에서 연기자를 선출하고 주제에 따르는 역할을 실제로 연출시킴으로써 실제 체험을 통하여 훈련효과를 높이는 방법이다.

7) 기 타

코칭(coaching), 회의식 방법, 인턴십(internships), 시청각 학습, 프로그램식 학습,

도표 4-8 경영자 개발 방법의 평가

개발 기법들	중간관리자	상위관리자	최고경영자	개발 장소
직무순환과 수평이동	●			
중견이사회	●	●		OJT
행동학습 훈련	●			
평가센터법	●			
비즈니스 게임		●	●	
경영사례 분석		●	●	
인 바스켓 훈련	●			Off-JT
행위 모델링	●			
최고경영자 프로그램(AMP)		●	●	

＊인용 : 전략적 · 윤리적 인사관리, 이진규, 박영사 p. 300.

컴퓨터 보조학습, 강의 등이 있다.

3. 경력개발

(1) 경력개발의 의의

경력개발(career development)은 기업의 목표와 개인의 욕구가 합치될 수 있도록 개인의 경력(승진경로)을 장기적 · 계획적으로 개발하는 것이다.

(2) 경력개발의 구성요소

1) 경력목표

개인이 경력상 도달하고자 하는 미래의 직위(position)를 말한다.

2) 경력계획

경력목표의 달성을 위하여 경력경로를 구체적으로 선택하는 과정이다.

3) 경력개발

경력계획의 달성을 위하여 개인 또는 조직이 실제로 참여하는 활동(자기개발, 교육 훈련 등)이다.

(3) 경력개발이론

1) 개인경력이론

① 성인 인생발달이론

성인 인생발달이론은 인간의 인생순환기를 단계별로 나누어 발달과정을 설명하는 것으로, Erickson의 8단계이론이 대표적이다.

② **경력선택이론** : Holland

경력선택이론(carrer choice theory)이란 개인의 경력이나 직업은 개인의 성격에 의해 선택된다는 것으로 6가지 성격유형(현실적, 탐구적, 예술적, 사회적, 모험적, 보수적)에 따른 경력선택과정을 제시하였다.

③ **경력닻** : Schein

사람들은 자신에 대해 알아갈수록 자신이 무엇을 해야 하는지 인식하게 되고, **점차** 한 곳에 정착하게 된다. 즉, 자신의 관심영역이 아닌 다른 직업이나 경력을 선택하더라도 자신의 관심과 가치를 포기하지 않는데 이를 경력닻(career anchor)이라 하였다.

◆ 경력닻은 어떤 개인의 직업선택이나 업무의 질 선택시 영향을 주는 제약조건의 기능을 담당하게 된다.

2) 조직경력이론

조직경력이론은 종업원이 조직목표달성과 조직생활을 하면서 겪는 상황을 보여준다.

① Hall은 경력수명주기모델에서 개인이 태어나 일련의 교육과정을 이수하고, 입사해서 퇴직할 때까지의 과정을 4~5단계로 나누어 경력개발방법을 제시하였다.

◆ 경력개발시소모형
개인과 조직은 시소의 양쪽에 위치하여 어느 한 쪽이라도 균형을 잃으면 경력개발시스템이 이루어질 수 없다는 것

② Sonnefeld는 경력개발모델에서 경력개발과 인사관리의 관계를 시스템의 틀(입력→운영→결과)을 이용해 설명하였다.

③ 개인과 조직의 상이한 경력이론을 인력 및 조직관리에 통합시킨 이론으로 Schein의 인력개발이론과 Leach의 경력개발시소모형이 있다.

(4) 경력개발기법(CDP : career development program)

1) 경영자개발위원회(management development committee)

① 각 부서의 장으로 구성된 위원회를 설립하고, 이 위원회에서 관리자층에 있는 종업원들을 감독하면서, 매년 각 종업원의 약점과 강점을 검토하는 방법이다.

② 이때 5년간의 경력계획이 종업원들과의 협의하에 수립되고 위원회는 이 계획에 따라 종업원들의 개발을 감독한다.

2) 계획적 경력경로화(career pathing)

① 경력이 거의 없는 종업원들을 위한 것이다.

② 종업원들을 처음 몇 년 동안 9개월에서 12개월마다 다른 부서로 이동시킴으로써 여러 가지 부서에서 경력을 쌓게 한 후, 한 단계 높은 직무를 맡게 되면 새로운 경력경로를 제시하는 방법이다.

3) 중간경력의 쇄신(mid-career update)

① 중간경력관리자들의 진부화(obsolescence)문제를 해결하기 위한 것이다.

② 조직적으로 중간경력관리자로 하여금 최신기술을 습득하게 하는 프로그램을 마련하는 것으로 직무·마케팅·컴퓨터실습·인간행위 등에 관한 특별세미나가

제공된다.

③ 참가자격은 중간경력에 이른 관리자로 제한한다.

4) 예비퇴직상담(pre-retirement counselling)

① 퇴직 1년 전의 종업원들을 퇴직세미나에 참석시키는 방법이다.

② 세미나의 주요 주제는 연금, 보험, 사회보장제도, 여가활용방법, 심리적 적응, 재배치, 제2의 경력 등이 있다.

5) 최고경영자프로그램(AMP : advanced management program)
6) 인적평정센터(human assessment center)제도

(5) 다중경력개발

1) 최근에는 경력경로에서의 직위이동뿐만 아니라, 다른 직무에 대한 경험을 통해 새로운 경력경로를 개척할 수 있는 다중경력(multiple-career)개발이 등장하고 있다.

2) 다중경력개발은 복수의 경력주기가 필요하므로 각 경력의 학습주기가 짧고 , 한 조직에 머무는 것이 아니라 동종의 조직을 옮겨다니면서 유사한 경력을 개발하게 되는 특징이 있다.

(6) 자기경력개발과 전문인 경력개발

1) 자기경력개발

① 조직이 모든 종업원의 경력개발을 담당할 수는 없으므로 개인이 스스로 경력관리를 위해 노력할 필요가 있다.

② 개인의 자기경력개발을 통해 보다 나은 경력경로를 찾을 수 있고, 경력정체를 미리 방지할 수도 있다.

2) 전문인 경력개발

전문인들은 조직에 진입한 후 대개 도제→동료→멘토→후원자의 역할을 하면서 조직에 기여하게 된다.

4. 훈련평가의 내용과 방법

(1) 훈련평가의 이유

1) 훈련이 종료되면 그 결과를 평가하여 사후 훈련을 효과적으로 설계하는 데 참고하게 된다.

2) 훈련을 평가하는 구체적인 이유는 훈련의 합목적성(교육훈련 타당성), 학습효과(전이학습 타당성), 관리문제(조직 내 타당성), 그리고 조직성과(조직간 타당성)에

대한 것을 들 수 있다.

(2006 CPA)
★ 출제 Point
커크패트릭의 교육훈련평
가 기준

(2) 훈련평가의 내용과 방법

평가에 사용될 수 있는 교육훈련 결과는 네 가지 범주인 정서적, 인지적, 업무기술, 그리고 성과결과에 의해 평가될 수 있다.

● 도표 4-9 훈련 평가요소

요 소	내 용	기 준
정서적 결과	• 교육훈련에 대한 피교육자의 태도와 동기부여는 어떠한가?	질문지법
인지적 결과	• 교육훈련에서 강조된 사항들을 얼마나 숙지했는가?	시험, 면접
업무기술의 결과	• 교육훈련 후 피교육자의 기술적 기능과 행동의 수준은 어떠한가?	질문지법, 관찰, 업적평가
성과 결과	• 교육훈련 후 조직의 성과는 향상되었는가?	재무적 성과, 품질 및 서비스 향상

＊Kirkpatrick, 1989; Kraiger, Ford & Salas, 1993.

01 인력선발도구의 평가기준으로는 신뢰성과 타당성이 있다. 다음의 설명 중 가장 적절하지 않은 것은? (2000. CPA)

① 신뢰성은 어떤 시험을 동일한 환경에서 동일한 사람이 몇번 다시 보았을 때, 그 결과가 서로 일치하는 정도를 말한다.

② 양분법(split-halves method)과 대체형식법(alternate form method)은 신뢰성 측정방법이다.

③ 예측타당성(predictive validity)은 선발시험 합격자들의 시험성적과 입사 후 그들의 직무성과간의 상관관계에 의해 평가된다.

④ 내용타당성(content validity)은 선발도구에 측정하고자 하는 내용이 포함 되어 있는 정도를 말한다.

⑤ 동시타당성(concurrent validity)은 선발시험의 예측타당성과 내용타당성을 동시에 검사하는 것이다.

✎ 해설 ⑤ 동시타당성은 현직 종업원의 시험성적과 직무성과를 비교하여 선발도구의 타당성을 검사하는 것이다.

02 인력 모집과 선발에 관한 다음 서술 중 가장 옳지 않은 것은? (2001. CPA)

① 이력서와 추천서는 응모자에 대한 배경정보를 얻는 수단이다.

② 성취도 검사는 응모자가 이미 가지고 있는 능력을 측정하는 것이다.

③ 집단면접은 다수의 면접자가 한 명의 응모자를 평가하는 방법이다.

④ 클로즈드 숍(closed shop)하에서 신규 종업원의 모집은 노동조합을 통해서만 가능하다.

⑤ 비구조화된 면접은 응모자에게 의사표시의 자유를 최대한 주고 질문하는 방법이다.

✎ 해설 ③ 집단면접은 동시에 다수의 피면접자를 평가하는 것이다.
　　　④ 제6장 노사관계론 참조.

03 다음은 조직의 라이프 사이클상의 각 단계와 인적자원관리 활동의 관계에 대한 설명이다. 이들 중 가장 적절한 것들로 구성된 것은? (2002. CPA)

> a. 도입기에 있는 조직에서의 인사고과는 사업계획 달성도를 기준으로 하는 것이 바람직하다.
> b. 성장기에 있는 조직에서의 보상체계는 비용통제를 가장 중요한 기준으로 설정하는 것이 좋다.
> c. 성숙기에 있는 조직에서의 고용정책은 이직장려를 통해 일시해고를 기피함과 동시에 배치전환을 장려할 수 있는 방안을 설정해야 한다.
> d. 쇠퇴기에 처한 조직에서의 훈련과 개발의 주안점은 효과적인 경영팀을 개발하는 것에 두어야 한다.

① a, b   ② a, c   ③ b, c

④ b, d   ⑤ c, d

✒️ 해설

〈조직의 라이프사이클에 따른 인사관리 활동〉

	도입기	성장기	성숙기	쇠퇴기
① 지배적 가치	기업가정신	영업	경쟁력	비용통제
② 고 용	우수한 기능공 및 전문가의 영입	적절한 양적 및 질적 공급, 경영자승계계획, 급속히 성장하는 내부노동시장관리	이직장려를 통한 일시해고 기피, 배치전환을 장려	인력감축의 계획과 실행, 종업원 배치전환
③ 인사고과	사업계획 달성도기준	성장성기준 (예: 시장점유율)	효율성 및 이윤기준	원가절감기준
④ 보 상	고임 또는 경쟁적 임금수준으로 인력유인, 주식배분	외적 경쟁성 유지, 내적 공정성 확립, 공식적 임금구조 확립	비용통제	엄격한 비용통제
⑤ 훈련과 개발	미래의 기능요건 확인과 경력경로 설정	경영자개발을 통한 효과적인 경영팀개발, 조직개발	고령인력의 기능과 유연성을 유지	재훈련 실시와 경력상담
⑥ 노사관계	노사관계의 기본 철학정립과 조직계획	산업평화의 유지와 종업원 동기부여 및 사기의 유지	노무비통제와 산업평화의 달성, 생산성 개선	작업규칙의 유연성확보와 생산성 증진, 직무안전과 고용조정정책의 협상

자료원 : T.A Kochan, T.A. Barocci, *Human Resource Management and Industrial Relations : Text, Readings, and Cases*, Little, Brown and Company(Boston, 1985), p.105.

04 기업의 인력수요 예측에 관한 설명으로서 옳지 않은 것은? (2003. CPA)

① 시계열분석이나 회귀분석에 의한 양적 인력수요 예측은 경영환경의 변화를 반영하기 어렵다.

② 생산성 비율분석에 의하여 양적 인력수요 예측을 실시할 경우, 경험학습에 따른 생산성 증가를 고려함으로써 예측의 정확성을 높일 수 있다.

③ 시나리오 기법에 의한 질적 인력수요 예측을 실시하기 위해서는 현재의 경영환경과 미래의 환경변화의 요건을 포함하는 구체적인 내용을 제시하는 것이 필요하다.

④ 양적 인력수요 예측을 위한 추세분석 기법은 과거 인력변화에 영향요소로 작용했던 환경요소를 찾고, 시간에 따른 인력변화 정도를 파악하여 미래 인력수요를 예측하는 것이다.

⑤ 조직환경과 구조가 불안정할 것으로 기대되는 경우에는 자격요건 분석에 의한 질적 인력수요 예측이 바람직하다.

✎ 해설 ① 양적 예측기법은 과거 데이터를 이용하여 미래를 예측하는 방법이므로, 미래의 경영환경이 불안정할 때는 예측력이 떨어진다.
② 생산성 비율분석은 학습곡선을 이용하므로 정확성이 높아진다.
⑤ 자격요건 분석은 해당 직무를 수행하는 데 필요한 KSA가 무엇이고 어떤 사람이 수행하는 것이 바람직한 것인지를 찾아내는 분석이다. 조직환경과 구조가 매우 안정적이고 조직의 직무내용, 조직구조, 직무기술, 생산기술 등이 거의 변화되지 않을 경우에 적합하다.

05 신입 조직구성원의 조직사회화 과정에 대한 다음의 설명 가운데 옳지 않은 것은? (2003. CPA)

① 조직 사회화는 신입 조직구성원이 조직에 진입하는 시점에서 시작된다.

② 조직사회화는 개인과 조직의 심리적 계약 통해 조직유효성을 향상시킨다.

③ 조직사회화 과정을 거침으로써 신입 조직구성원은 새로운 과업을 학습하고 새로운 대인관계를 형성한다.

④ 조직사회화 과정은 조직과 그 하위부문에서 중요한 것들을 실제로 중요하다고 인식하도록 학습하고 훈련하는 과정이다.

⑤ 조직은 조직사회화 과정을 통해 조직구성원의 업무를 재구성할 수 있다.

✎ 해설 ① 조직사회화는 조직진입전 사회화도 가능하다. 즉, 현실적인 직무소개나 인턴사원제도를 통해 조직진입전 단계에서도 신입사원에 대한 사회화가 가능하다.

06 다음 중 교육훈련에 관한 적절한 설명이 아닌 것은? (2006. CPA)

① 커크패트릭(Kirkpatrick)은 교육훈련은 반응, 학습, 행동, 결과의 4가지 기준으로 평가하는 것이 필요하다고 주장한다.

정답 4 ⑤ 5 ① 6 ⑤

② OJT(on the job training)는 훈련받은 내용을 바로 활용할 수 있지만 잘못된 관행이 전수될 가능성이 있다.

③ 액션러닝(action learning)은 현장경험을 중시하는 경험 위주의 교육훈련 학습 방법이다.

④ 교육훈련의 프로세스는 크게 필요성분석(수요조사), 계획설계, 실시, 평가의 과정을 거친다.

⑤ 중요사건법(critical incident method)는 직무성과에 영향을 미치는 중요한 상황을 가정하고 시뮬레이션을 통해 훈련시키는 교육방법이다.

✎ 해설 ⑤ 중요사건법은 개인에게 일어난 주요 사건을 기록·평가하는 방법으로(행동평가기법)으로, 교육훈련방법이 아니다

07 인력계획 활동에 대한 설명 중 가장 적절하지 않은 것은? (2007. CPA)

① 인사부문에 대한 계획 활동은 인력확보계획, 인력개발계획, 인력보상계획, 인력유지계획, 인력방출계획을 포함한다.

② 실무부서단위로 부서의 목적달성에 필요한 인력수요를 예측하고 상부에서 종합하는 상향적 접근방법은 인력수요를 과소예측하기 쉽다.

③ 직무분석은 모집, 선발과정에서 자격조건을 명시하고 필요 인력수요를 파악하는 데 필요하다.

④ 기존인력의 기술목록(skill inventory)에는 기술과 경험, 능력정보, 교육훈련, 인적사항 등이 포함된다.

⑤ 인력개발에 관한 계획 활동에는 종업원의 현재 및 잠재능력의 측정과 종업원의 개발 욕구분석, 경력욕구분석을 포함한다.

✎ 해설 ② 과소 → 과대

08 선발 및 모집과 관련한 다음의 설명 중 가장 적절하지 않은 것은? (2007. CPA)

① 사내공모제는 승진기회를 제공함으로써 기존의 구성원에게 동기부여를 제공한다.

② 외부모집으로 조직에 새로운 관점과 시각을 가진 인력을 선발할 수 있다.

③ 내부 인력원천은 외부 인력원천에 비해 비교적 정확한 능력평가가 가능하다.

④ 내부모집 방식에서는 모집범위가 제한되고 승진을 위한 과다경쟁이 생길 수 있다.

⑤ 여러 상황에서도 똑같은 측정결과를 나타내는 일관성을 선발도구의 타당도라고 한다.

✎ 해설 ⑤ 타당도 → 신뢰도

정답 7 ② 8 ⑤

연습문제

01 기업전략, 사업부전략과 인력계획과의 관계가 옳지 않은 것은?

① 인수·합병 – 새로운 인력충원 및 해고

② 다각화 – 인력충원, 승진

③ 차별화 – 분권화된 충원

④ 저원가 – 인건비삭감

⑤ 집중화 – 저기술인력 충원, 특별보상

✎ 해설 ⑤ 집중화전략을 사용하기 위해서는 고기술인력충원, 훈련, 특별보상 등의 인력계획을 수립해야 한다.

02 인력의 수요예측과 공급계획에 대한 다음의 설명 중 옳지 않은 것은?

① 수요예측기법 중 비율분석은 부서들 사이의 관계가 안정되어 있어야 사용할 수 있다.

② 실무상 간편하고 신속한 의사결정이 내려져야 할 때 조직도표(organizational map)가 이용된다.

③ 조직도표는 하향적 인력계획에 해당된다.

④ 관리자 재고표(management inventory)에는 직무경력·장점·약점·승진가능성·경력목표·인적사항 등이 포함된다.

⑤ 마아코브연쇄모형은 안정적인 조건에서 승진·이동·퇴사의 일정 비율을 적용하여 장래 각 기간에 걸친 현재인원의 변동상황을 예측하는 기법이다.

✎ 해설 ② 조직도표는 인력수요예측기법으로 쓰이기도 하고, 인력공급예측기법으로 쓰이기도 한다.
　　　　③ 인력의 수요예측기법 중 조직도표에 의한 방법은(인력전문가가 계량적 기법을 사용하여 인력수요를 예측하는 하향적 인력계획과는 달리) 실무부서가 중심이 되어 구성원 각자를 분석하고 퇴직·승진·전직 등 기대되는 변동사항을 감안하여 필요한 인력수요를 예측하는 것이므로 상향적 인력계획에 속한다.

03 다음 중 job posting 또는 job bidding system과 관련이 있는 것은?

① 노동조합　　　　② 신문광고　　　　③ 현직 종업원의 추천

④ 교육기관 추천　　⑤ 사내 게시판

✎ 해설 ⑤ job posting, job bidding system은 사내모집에 해당되는 것으로 사내게시판을 통해 사람을 모은다.

정답 1 ⑤　2 ③　3 ⑤

04 모집·선발에 있어 합리적인 선발도구의 기본요건에 해당되지 않는 것은?

① 신뢰성   ② 내용타당성   ③ 구성타당성

④ 기준관련타당성   ⑤ 예산타당성

✎ **해설** 선발도구의 기본적인 요건에는 ① 신뢰성, ② 타당성(기준관련타당성, 내용타당성, 구성타당성), ③ 선발비율 (SR)이 있다.
　　　　선발비율(selection ratio : SR) : 선발예정자 수/총 응모자 수

05 면접과 관련된 다음의 설명 중 옳지 않은 것은?

① 정형적 면접은 면접자가 주도하는 면접형태인데 직무명세서를 기초로 미리 질문내역을 준비하고 실시하는 방법이다.

② 비지시적 면접은 응모자에게 최대한 의사표시의 자유를 주는 방법으로 면접자의 고도의 질문기법과 훈련이 요구된다.

③ 스트레스(stress) 면접은 피면접자의 스트레스하에서의 감정의 안정성과 인내도 등을 관찰하는 방법이다.

④ 한 면접자가 다수의 피면접자를 평가하는 방법을 패널면접이라 한다.

⑤ 집단면접은 다수의 피면접자 간에 자유토론의 기회를 부여하고, 이들의 우열비교를 통해 리더십 있는 인재를 발굴할 수 있는 장점이 있다.

✎ **해설** ③ 스트레스면접은 면접자가 공격적으로 행동하거나 피면접자를 무시하는 행동을 하여 피면접자의 스트레스를 유발시킨 후 스트레스하에서의 반응을 살펴보는 방법이다. 그러므로 선발되지 않은 응모자에게 회사에 대한 부정적 이미지를 갖게 하기 쉬우며, 회사가 응모자를 채용하려 해도 그 응모자가 입사제안을 받아들이지 않게 되기 쉽다. 따라서 이 스트레스면접은 스트레스를 잘 처리할 능력이 요구되는 직업의 경우에만 아주 신중히 고려하여 사용하는 것이 바람직하다.
　　　　④ 패널면접(panel interview)은 다수의 면접자가 하나의 피면접자를 평가하는 방법이다.

06 조직사회화와 관련된 다음의 내용 중 옳지 않은 것은?

① 조직사회화는 신입사원이 조직의 문화에 융화되는 과정을 말한다.

② 조직사회화의 목적은 진입충격의 완화, 조직정체성 및 유효성향상 등에 있다.

③ 조직사회화 과정은 조직진입전 사회화 → 변화획득 → 조직진입 후 대면단계를 거친다.

④ 조직사회화를 위한 방안으로 인턴사원제를 들 수 있다.

⑤ 멘토링은 경력개발기능, 심리사회적 기능, 역할모형기능을 가르쳐 주어 조직사회화를 촉진시킨다.

✎ **해설** ③ 조직사회화의 과정은 조직진입전 사회화 → 조직진입후 대면 → 정착의 단계를 거친다.

정답 4 ⑤   5 ④   6 ③

07 다음의 설명 중 옳지 않은 것은?

① 노동조합은 연공주의를, 경영자는 능력주의를 지지한다.
② 일반직종에서는 연공주의를, 전문직종에서는 능력주의를 지지한다.
③ 승진시 하위층에서는 연공을, 중간층에서는 직무수행능력을 중시한다.
④ 연공주의에 입각한 승진제도로는 신분자격승진이 있다.
⑤ 직무중심의 능력주의에 입각한 승진제도로는 능력자격승진이 있다.

✎ 해설 ⑤ 능력자격승진은 연공주의와 능력주의를 결합한 제도이다.

08 실질적인 승진과 형식적인 승진이 일치하지 아니하는 승진의 형태는?

① 승급   ② 베이스 업   ③ 대용승진
④ benefit   ⑤ 직능자격승진

✎ 해설 대용승진(surrogate promotion) = 준승진(quasi-promotion)

09 직무중심의 경영체계에서 승진의 경직성을 제거하고 융통성 있는 승진관리를 위해 직무내용 상의 실질적인 승진없이 직위 Symbol상의 형식적 승진을 지칭하는 용어는?

① CDP   ② MBO   ③ surrogate promotion
④ OC 승진제도   ⑤ 승급

✎ 해설 surrogate promotion = 대용승진

10 이직의 대책에 대한 다음의 설명 중 옳지 않은 것은?

① 퇴직면접시의 면접자는 적절한 면접기술을 가지고 구성원의 실제 퇴직이유를 알아낼 수 있는 사람이어야 한다.
② 퇴직후 질문지를 통한 방법에 의한 응답은 퇴직면접시의 이유와 비교할 수 없다.
③ 퇴직후 질문지를 통한 방법은 어느 정도 응답자의 냉정한 판단을 기대할 수 있다.
④ 퇴직후 질문지를 통한 방법은 응답자와의 면접을 통하여 의견을 수집한다.
⑤ 이직의 관리방안으로, 고충처리기구나 인사상담제도의 도입, 퇴직준비프로그램 등을 들 수 있다.

✎ 해설 ④ 퇴직후 질문지를 통한 방법은 우편에 의해 질문하고 익명으로 답변을 구하는 방법이다.

11 OJT에 관한 설명으로 옳지 않은 것은?

① 많은 종업원에게 통일된 훈련을 시킬 수 있다.

② 상사와 동료 간에 이해와 협조정신을 강화시킨다.

③ 통일된 내용의 훈련이 곤란하고 직무와 훈련이 모두 철저하지 못할 가능성이 있다.

④ 종업원의 개인적 능력에 따른 훈련이 가능하다.

⑤ 고급기기를 다루거나 실습이 필요한 경우 적용이 곤란하다.

✎ 해설 ① OJT는 직장 내에서 직장상사가 구체적 직무수행 과정에서 직접 실무, 기능에 대해 훈련시키는 방법이므로 많은 종업원의 통일적 훈련은 불가능하다.
⑤ OJT는 소비자와 직접대면이 필요한 직무에서도 사용할 수 없다.

12 Off JT에 대한 설명으로 부적절한 것은?

① 주로 전문스탭의 책임하에 수행된다.

② 직무부담에서 벗어나 훈련에 전념할 수 있고 계획적인 훈련이 가능하다.

③ 작업시간이 감소하고 OJT에 비해 경제적 부담이 증가한다.

④ 집단적-통일적 훈련방식이다.

⑤ 일선감독자에 대한 교육훈련방식이다.

✎ 해설 ⑤ off-JT와 OJT는 장소에 따라서 분류한 것이지 교육대상에 따라서 분류한 것이 아니다.

13 다음의 경영자 개발기법 중 경험적 방법에 속하는 것은?

① 직무순환방법　　　② 인바스켓기법　　　③ 사례연구법
④ 데몬스트레이션방법　　　⑤ 경영게임법

✎ 해설 경영자 개발을 접근방법별로 나누면 다음과 같다.
　┌─기술접근방법(지시적 방법) : 훈련적 요소가 높다.　　　── OJT
　├─경영교육접근방법(시뮬레이션방법) : 훈련적, 교육적 요소 모두 포함　┐
　└─확대접근방법(경험적 방법) : 교육적 요소가 높다.　　　　　　　　　┘ off JT
1. 지시적 방법
　강의, 실연, 시청각교육방법, 직무순환방법, 프로그램식 학습(자동학습기계 활용), 컴퓨터보조학습법 등
2. 시뮬레이션방법
　인바스켓기법(in-basket method), Kepner-Tregoe기법, 사례연구방법(case study method), 경영게임법(business game) 등
3. 경험적 방법
　역할연기방법(role playing method), 데몬스트레이션방법(demonstration method ≒ Skits), 감수성 훈련, 조직개발(팀구축법, 대면회합) 등

정답　11 ①　12 ⑤　13 ④

14 경영자 개발기법들에 관한 다음의 설명 중 옳지 않은 것은?

① 역할연기법은 참가자에게 흥미와 실감을 주며, 문제점을 정확히 노출시키는 이점이 있다.

② 역할연기법은 참가자가 직접 연기를 하지 않아도 자기판단을 가지게 할 수 있다.

③ 역할연기법은 피교육자가 공감을 하지 못했을 경우 많은 시간이 소요되고 학습효과가 낮아질 수 있다.

④ 경영게임법은 실제로 상당한 기간이 소요되는 실무상의 경험을 짧은 시간에 경험할 수 있게 한다.

⑤ 경영게임법은 게임이 계량화되었을 때 게임모형개발과 실행에 시간과 비용이 적게 드는 이점이 있다.

✎ **해설** ⑤ 경영게임법은 게임이 계량화되었을 때 게임모형의 개발과 실행에 많은 시간과 비용이 들고 의사결정이 한정된 대안 중에서만 수행되어진다는 단점이 있으며, 참가자들이 좋은 의사결정을 내리는 데 힘쓰기보다는 게임에 이기는 데에만 열중하게 된다는 문제점도 있다.

15 경영자 훈련기법에 대한 설명으로 옳지 못한 것은?

① 행위모델법이란 관리자에게 상호간의 기능에 대한 훈련을 받도록 하는 훈련과정이다.

② 인턴십(internships)은 잠재적인 종업원을 평가할 기회를 가져 선발 및 배치에 관한 의사결정을 더 잘 내리게 한다.

③ 사례연구는 장시간에 걸쳐 하는 것이 좋다.

④ 사례연구의 사회자는 비지시적인 태도를 취해야 하며 주관적인 입장으로 토의를 이끌어서는 안 된다.

⑤ 역할연기법에서 피훈련자가 순차적으로 실연을 하면 비교가 되어 그 효과가 크며, 관람자들의 평가를 통해 성과도 높일 수 있다.

✎ **해설** ① 행위모델법은 여러 상황에서 관리자가 어떤 기능을 수행하는지를 보여주는 비디오테이프를 피훈련자가 관찰한 후 자신의 직무에 그 행동을 관련시키게 하는 방법이다.

② 인턴십은 대학생들이 조직에서 일을 하게 되는 것으로 관리자로 하여금 잠재적인 종업원을 평가하는 훌륭한 수단을 제공한다. 즉, 보통 채용면접시보다 더 많은 정보를 얻을 수 있으므로 관리자들의 배치와 선발에 관한 의사결정에 도움을 준다.

③, ④ 사례연구는 즉흥적인 토의를 삼가하여야 하고 토의가 부드럽고 자연스럽게 진행되도록 하는 것도 중요하며 사고훈련이기 때문에 너무 장시간에 걸쳐 하는 것은 피하는 것이 좋다.

⑤ 일반적으로 역할연기법은 참가자 중에서 실연자를 선출하여 주제에 맞는 역할을 연출시키는 것이다.

16 CDP(career development program)제도에 대한 다음 설명 중 옳지 않은 것은?

① 개인의 성장 및 자아실현 욕구의 충족 필요에 따라 형성된 것이다.

② 조직의 목표와 종업원의 욕구를 함께 고려하며 종업원의 승진경로를 관리하는 것이다.

③ 최고경영자의 승진과정 및 경력을 분석하는 것이다.

④ 효율적인 승진관리를 통해 합리적으로 인사관리를 하는 것이다.

⑤ 인간존중의 이념을 구현하기 위해 장기적-계획적으로 종업원을 개발하는 것이다.

✎ 해설 ③ CDP는 최고경영자의 승진과정 등을 분석하는 것이 아니라, 어느 특정 개인의 경력목표를 달성하기 위해
경력경로를 구체적으로 선택하고 교육하는 것이다.

17 CDP(career development program)제도의 목적으로 볼 수 없는 것은?

① 인재확보와 종업원 자질향상　　　　② 후계자 양성

③ 이직방지　　　　　　　　　　　　④ 종업원의 성취동기 유발

⑤ 복리후생제도의 도입

✎ 해설 ⑤ CDP는 효율적 승진관리의 목표달성에 관심이 있다.

18 Schein의 경력닻 모형에 대한 설명으로 옳지 않은 것은?

① 사람들은 다양한 조직에서의 업무수행과정에서 자신의 능력을 스스로 지각한다.

② 사람들은 자신에 대한 평가와 타인의 피드백을 통해 자신의 동기와 욕구를 지각한다.

③ 사람들은 자신이 속한 조직의 규범이나 가치를 접하면서 자신의 태도와 가치를 지각
한다.

④ 경력닻에는 기술적 능력추구형, 관리적 능력추구형, 안정과 안전추구형 등이 있다.

⑤ 개인은 자신의 성격에 의해 경력과 직업을 선택한다.

✎ 해설 ④ 샤인에 의하면 경력닻에는 보기의 3개 외에 창의성과 사업가기질형, 자율성과 독립성 추구형 등이 더 제
시되었다.

⑤는 Holland의 이론이며, Schein에 의하면 개인의 경력은 자신의 경력 테두리 내에서 과거의 경험, 시간,
태도, 관심 그리고 성향 등의 함수로 매우 점진적인 경험을 통해서 최적의 경력이 형성된다.

제5장 · 보상관리

5.1 임금관리의 기초개념

1. 임금관리의 중요성

1) 근로자입장 : 임금은 생계를 유지하는 소득의 원천이며, 사회적 신분과 위신을 나타내기 때문에 높은 임금지급을 요구한다.

2) 기업입장 : 제품의 원가를 구성하는 비용(노무비)이므로 낮은 임금지급을 희망한다.

3) 이와 같이 근로자와 기업이 서로 상반된 이해관계를 보이기 때문에, 종업원의 욕구를 충족시키면서 기업의 이익을 보장할 수 있는 합리적 임금관리가 필요하다.

2. 임금관리의 방침

1) 근로자의 최저생계비 보장

근로자의 생활의 안정보장으로 노동의 재생산과 노동력의 질이 개선될 수 있어야 한다.

2) 대외적 및 대내적 균형유지

① 임금은 기업이 필요로 하는 인력을 외부에서 조달할 수 있도록, 그리고 현재의

◆ 보상관리의 이론적 배경
① 기대이론
② 공정성 이론
③ 2요인이론

◆ 보상관리의 체계
① 금전적 보상
┌ 직접보상 : 임금
└ 간접보상 : 보험,복리
　　　　후생시설
② 비금전적 보상
┌ 직무자체 : 직무재설계,
│　　훈련, 승진
└ 직무환경

◆ 보상관리의 원칙
① 적절성, 타당성
② 공정성, 안정성
③ 균형성
④ 경제성
⑤ 자극성
⑥ 수용성

🔵 도표 5-1 임금관리의 체계

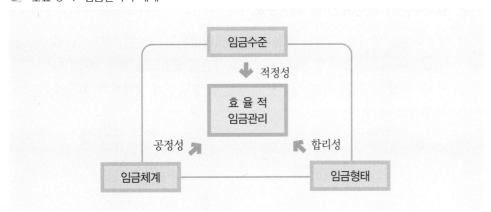

인력이 대외적인 임금격차로 인하여 외부로 유출되지 않도록 하는 기능을 수행해야 한다.

② 기업 내부적으로는 개인 간의 임금격차의 균형을 도모함으로써, 개개인이 자신의 임금에 대하여 공정성을 느끼도록 하는 기능을 수행해야 한다.

3) 기업의 지불능력 내에서 지급해야 한다.

4) 임금제도의 결정과 운영에 있어 노사관계의 원활화를 도모해야 한다.

5) 다른 인사관리제도와 상호 보완적으로 운용되어야 한다.

3. 임금관리의 체계

◈ 임금체계의 관리는 종업원 각자에게 임금총액을 공정하게 배분하는 데 초점을 두고 있다.

◈ 임금형태는 종업원의 작업의욕향상과 직접적으로 관련된다.

◈ **임금수준** : 대외적 공정성
◈ **임금체계** : 조직적 공정성
◈ **임금형태** : 개인적 공정성

1) 임금수준
전체 종업원의 임금의 크기(금액)를 말한다.

2) 임금체계
임금의 구성형태, 개별종업원의 임금격차를 결정하는 기준을 말한다.

3) 임금형태
임금의 산정방법 또는 임금의 지급방법을 말한다.

5.2 임금수준의 관리

1. 임금수준의 의의

◈ 임금수준:
  외적공정성 추구
◈ 임금체계, 임금형태:
  내적 공정성 추구

1) 임금수준(wage level)이란 기업 전체의 임금의 평균수준을 의미한다.

2) 임금수준은 일정 기간 동안에 한 기업 내의 종업원에게 지급되는 평균임금액(=지급임금총액/종업원수)을 의미한다.

(2005 CPA)
★ 출제 Point
임금수준의 결정요인

2. 임금수준의 결정요인 및 결정구조

1) 임금수준은 생계비, 기업의 지불능력, 사회일반의 임금수준, 최저임금제도(minimum wage system), 노동력의 수급상태 및 노사관계 등을 고려하여 결정한다.

2) 이 중 기업의 지불능력은 상한선의 역할을, 종업원의 생계비와 최저임금은 하한선의 역할을 하게 된다.

● 도표 5-2 임금수준의 결정요인

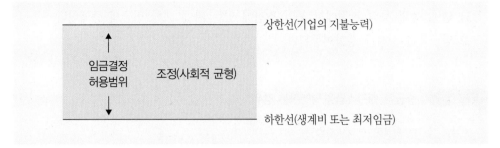

3. 임금수준의 조정

(1) 의 의
1) 물가변동, 연공, 인사고과의 결과에 따라 임금수준을 조정한다.
2) 승급, 베이스업(base up), 절충형 등이 있다.

(2) 승 급
미리 정해진 임금기준선을 따라서 연령이나 능력의 향상에 의해 기본급을 증액시키는 것으로 기본급의 서열은 변하지 않으며 급내승급과 승격승급으로 나눌 수 있다.

1) 급내승급(=승급)
① 직무와 직능의 질은 변하지 않되 같은 일에 대한 기능이나 능력이 향상되는 것을 이유로 실시하는 것으로 동일 직급 내의 임금수준 변화이다(상승폭이 작다).
② 일반적으로 연 1회 이상 실시되며 연공에 따른다.

2) 승격승급(=승격=승진)
① 직무나 직능의 질이 향상된 것을 이유로 행해지는 것으로 작업내용이다.
② 사회적 지위의 향상을 수반하고 승진과 관련되어 실시된다.

● 도표 5-3 승급과 베이스업의 관계

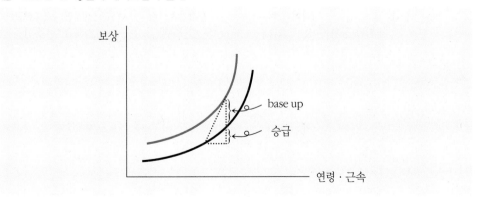

(3) base up

1) 연령, 능력 등의 관점에서 동일 조건에 있는 자에 대한 임금의 증액이다.

2) 임금곡선 자체가 상향이동된다.

> **Key Point** 승급과 베이스업을 병행하는 경우
>
> 임금증가분 = 승급분 + 베이스업분
> 이 때 승급은 연공급적 성질을, 베이스업은 물가보상의 생활급적 요소와 생산성 향상에 대한 성과급적 요소를 포함하고 있다.

5.3 임금체계의 관리

1. 임금체계의 의의

◈ 임금체계는 임금의 구성내용으로 기본체계를 직무지향적으로 할 것인가, 인간지향적으로 할 것인가, 절충으로 할 것인가를 정하는 것이다.

(2005 CPA)
★ 출제 Point
임금체계의 결정요인

1) 임금체계(wage or compensation structure)는 개별임금을 결정하는 기준 또는 개별임금 간의 격차를 결정하는 기준이다.

2) 다시 말하면 기본급(기준내임금)이 어떠한 원리로 지급되는가 하는 것으로 연공급, 직무급, 직능급, 자격급, 성과급 등이 있다.

3) 임금체계의 관리는 종업원 각자에게 임금총액을 배분하되 개인 간의 임금격차를 공정하게 설정함으로써 구성원을 만족시키고, 동기유발시키는 데 초점을 두고 있다.

● 도표 5-4 임금체계의 결정요인

임금결정의 기본사고	고려해야 할 요소	임금체계 결정요인	필요정보	관련된 기본급	속 성
생계보장의 원칙	연령·근속·학력	필요기준	인사고과	연공급	속인급
노동대응의 원칙	업무	담당직무기준	직무분석·직무평가·직무표준화	직무급	속직급
	보유능력	능력기준	직무분석·직무평가·직능분류	직능급	혼합급
	(능력)	(자격기준)	자격기준설정	(자격급)	(혼합급)
	발휘된 능력	성 과 (업적기준)	인사고과	성과급	속인급

도표 5-5 종합결정급 체계

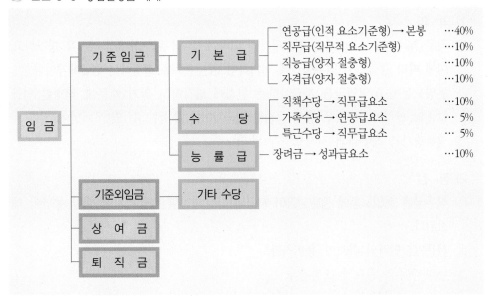

- 연공급(인적 요소기준형) → 본봉 ···40%
- 직무급(직무적 요소기준형) ···10%
- 직능급(양자 절충형) ···10%
- 자격급(양자 절충형) ···10%
- 직책수당 → 직무급요소 ···10%
- 가족수당 → 연공급요소 ··· 5%
- 특근수당 → 직무급요소 ··· 5%
- 장려금 → 성과급요소 ···10%

기준임금 → 기본급 / 수당 / 능률급
기준외임금 → 기타 수당
상여금
퇴직금
임금

조직 내의 기능분화가 변동적이고 기능수행조건도 동태적인 현대사회에서는 임금체계의 단일기준보다 복합기준을 적용하는 것이 유리하다.

2. 임금체계의 종류

(2002 CPA)
★ 출제 Point
임금체계 각 기법의 비교

(1) 연공급 → 속인급, 생활급

1) 의 의

① 연공급(seniority-based pay)은 개개인의 학력, 연령, 근속연수 등의 인적 요소를 기준으로 임금수준을 결정하는 임금체계이다.

② 일반적으로 낮은 초임에서 출발하여 연령이나 근속연수에 따라 **정기승급**이 이루어진다.

2) 장 점

① 임금체계로 연공급을 실시하면 고용의 안정과 노동의 정착에 유리하다.

② 조직에 대한 애착심이 증대된다.

③ 종업원에 대한 교육훈련효과도 높다.

④ 또한 동양적 기업풍토에서는 질서확립과 사기유지에 도움이 된다.

◆ 연공급체계는 적절한 경력관리와 훈련이 병행되면 능력기준과 업적기준의 원리와 연결될 수 있다.

3) 단 점

① 연공급은 동일노동에 동일임금의 지급이 불가능하다.

② 전문기술인력의 확보가 곤란하다.

③ 고령층이 많은 기업의 경우 인건비 부담이 가중된다.

④ 능력개발 및 동기부여 효과가 미약하다.

⑤ 종업원들의 소극적 · 무사안일적 · 경직적 근무태도가 야기된다.

(2) 직무급

(2004 CPA)
★ 출제 Point
직무급의 특징

1) 의 의

① 직무급(job-based pay)은 직무평가에 의하여 각 직무의 상대적 가치를 평가하고, 이에 따라 등급화된 직무등급에 의거하여 임금수준을 결정하는 임금체계이다.

② 동일노동에 동일임금을 지급한다는 원칙에 입각하고 있기 때문에, 적정한 임금수준의 산정과 각 직무 간에 **공정한 임금차이**를 유지할 수 있는 기반이 된다.

③ 직무평가가 직무급의 전제요소가 된다.

2) 장 점

① 직무급은 **동일노동에 동일임금이 지급**되므로 개인별 임금격차에 대한 불만이 해소된다.

② 전문기술인력의 확보가 용이하다.

③ 능력 위주의 풍토가 조성된다.

④ 직장내 규율확립 · 교육훈련 · 작업능률의 증진이 쉽다.

3) 단 점

① 직무급의 전제요소인 공정하고 철저한 직무분석과 직무평가의 실시가 어렵다.

② 임금수준이 종업원의 생활을 보장할 수 있을 만큼 높지 않을 경우에는 적용이 곤란하다.

③ 연공 중심의 풍토에서 오는 저항감이 강할 때에도 적용이 곤란하다.

④ 조직특성에 따라 상이한 효과가 나타난다.(**예** 관료제 : 효과↑, 자율적 조직, 소규모조직 : 효과↓)

⑤ 직무평가에 주관성이 개입될 수 있다.

⑥ 직무평가 비용이 높다.

(3) 직능급

1) 의 의

◆ 직능급은 연공급의 단점을 극복하기 위해 개발된 방법이다.

① 직능급(skill-based pay)은 인적 요소기준의 연공급과 직무요소기준의 직무급을 **절충**한 임금체계이다.

② 직능급은 사람의 능력에 따라 차별적으로 임금을 지급하는 방식이다. → 즉 모든 종업원은 동일한 임금수준에서 출발하지만, 자신이 습득한 기술, 지식, 능력이 증가함에 따라 임금 또한 상승하게 된다.

③ 직능급 적용을 위해서는 먼저 직능을 등급화하여 직계를 정하고, 이를 다시 세분하여 호봉의 등급을 정하는데, 호봉은 근무연수 등의 연공적 요소를 포함한다.

2) 장 점

① 능력에 따른 임금결정으로 근로자의 불평과 불만을 해소할 수 있다.

② 인재확보와 근로자의 능력개발에 유리하다.

③ 완전한 직무급의 도입이 어려운 경우에 적합하다.

④ 학습조직분위기가 실현될 수 있다.

⑤ 직무다양성 실현으로 이직률감소 및 동기부여가 된다.

⑥ 적극적인 직무간 횡단적 훈련으로 관리층 감소 및 유연한 조직화가 가능하다.

3) 단 점

① 일상업무수행은 소홀히 하는 반면 능력개발을 위한 시간투자를 늘리게 된다.

② 능력개발기회가 상실된 근로자의 의욕 상실이 예상된다.

③ 직능의 표준화와 직능분류가 충분하지 못한 조직에는 적용이 곤란하다.

④ 종업원 능력평가에 공정성 확보가 어렵다.

⑤ 훈련비와 개발비가 높아진다.

(2004 CPA)
★ 출제 Point
직능급의 단점

🌑 도표 5-6 직무급과 직능급의 비교

	직 무 급	직 능 급
성 격	직무를 중심으로 한 임금	직무수행능력을 중심으로 한 임금 (직무를 전제로 한 사람에 대한 임금)
필 요 도 구	직무분석, 직무평가, 직위분류제도	직능분류, 직능자격제도
임금산정기준	직무의 상대적 가치	직무수행능력
전 제 조 건	직무의 표준화와 전문화 적정배치가 충분히 이루어짐	직능이 신장될 수 있는 직종 적정배치 충분하지 않아도 됨

(4) 성과급 → 업적급

1) 성과급(performance-based pay)은 성과나 능률을 기준으로 임금이 결정된다.

2) 기준임률은 연공·능력·직무 중 하나 또는 이들의 조합으로 정해진다.

3) 성과급 체계에서 실적의 계량화가 어려운 경우, 지난기의 인사고과의 결과에 의해 승급을 시키거나, 상여제도를 통하여 반영하기도 한다.

(5) 자격급

1) 의 의

자격급은 기업 내의 종업원의 자격취득기준을 정해 놓고, 그 자격취득에 따라 임금지급의 차이를 두는 제도이다.

2) 장 점

① 종업원으로 하여금 자기발전의 욕구를 충족시킬 수 있다.

② 임금액을 예상할 수 있어 근로의욕이 향상된다.

③ 적재적소에 인력배치가 가능하다.

④ 연공급, 직무급의 경직성에 의한 인재난을 방지할 수 있다.

3) 단 점

① 지나치게 형식적 자격기준을 강조한다.

② 실질적 경영능력에는 소홀하게 될 우려가 있다.

5.4 임금형태의 관리

1. 임금형태의 의의

1) 임금형태(method of wage payment)란 종업원에 대한 임금의 산정방법 또는 임금의 지급방법을 말한다.

2) 시간급제, 성과급제, 추가급제, 특수임금제 등이 있다.

● 도표 5-7 임금형태의 분류

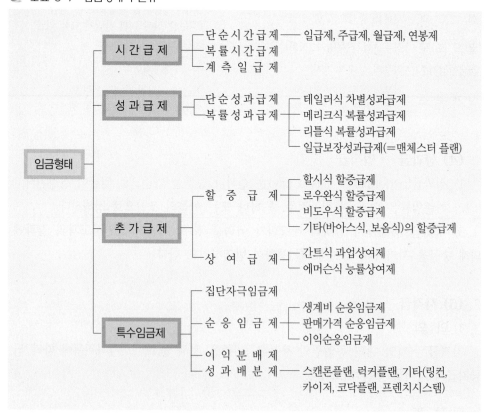

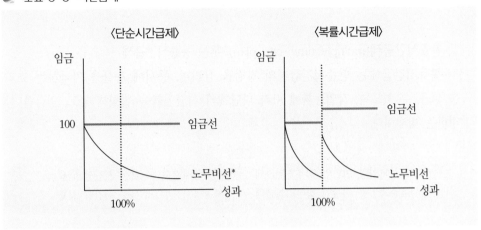

〈단순시간급제〉 〈복률시간급제〉

＊ 노무비선 : 제품단위당 평균노무비

2. 시간급제(time payment, time-rate plan)

1) 의 의
시간급은 수행한 작업의 양이나 질과 관계없이, 단순히 근로시간을 기준으로 임금을 산정 지불하는 방법이다.

◆ 시간급제의 특징
① 고정급, ② 비자극적,
③ 수동적, ④ 정액급

2) 장 점
① 노동자의 입장에서 보면 일정액의 임금이 확정적으로 보장된다.
② 임금산정이 간편하다.
③ 제품의 생산에 시간적 제약을 받지 않아 품질의 조악을 방지할 수 있다.

3) 단 점
① 시간급제로 임금을 지급하면 근로자를 자극할 수 없어 작업능률이 오르지 않는다.
② 단위시간당 임금의 계산이 쉽지 않은 문제가 있다.

4) 시간급제의 종류
① **단순시간급제**(single time-rate plan)
    ⓐ 단위시간당 임률을 정해 놓고 여기에 실제의 노동시간을 곱하여 임금을 산정하는 방법이다.
    ⓑ 시간급제 중 가장 간단하고 기본이 되며, 정확성을 기할 수 있다.
    ⓒ 단순시간급제의 임금지급액은 조업도와 관계없이 발생하므로, 제품단위당 노무비는 능률의 증진에 따라 체감한다.
    ⓓ 절약임금과 낭비임금이 모두 회사에 귀속되는 특징이 있다.

$$임금액 = 실제작업시간수 \times 시간당 임률$$

② 복률시간급제(multiple time-rate plan) 또는 능률시간급제

복률시간급제는 단순시간급제의 장점을 살리며, 동시에 능률을 자극하는 효과를 얻을 수 있도록, 작업능률에 따라 다단계의 시간임률을 설정해 놓고, 임금을 산정하는 방법이다.

$$표준과업량 미만인 경우 : 임금액 = 실제작업시간수 \times 낮은 시간당 임률$$
$$표준과업량 이상인 경우 : 임금액 = 실제작업시간수 \times 높은 시간당 임률$$

◈ 계측일급제의 목적은 복률시간급제와 같으나 계산방식은 다르다.

③ 계측일급제(measured day work)

ⓐ 수입의 안정이라는 시간급제의 장점을 살리고 동시에 작업능률을 자극하기 위하여 마련된 방법이다.

ⓑ 기본급(base rate)과 장려급(incentive rate)을 조합하여 시간임률을 결정하고, 이 임률을 실제작업시간에 곱하여 임금을 산정하는 방법이다.

ⓒ 임률을 변경할 때는 기본급은 그대로 두고, 장려급만을 정기적으로 변경한다.

3. 성과급제, 도급제

1) 의 의

◈ 성과급제의 특징
① 능률급, ② 자주적,
③ 능동적, ④ 업적급

성과급제(output payment, price-rate plan)는 노동의 성과를 측정하여 그 결과에 따라 임금을 산정·지급하는 방법이다.

2) 장 점

① 근로자에게 합리성과 공평성을 주고 작업능률을 자극할 수 있다.

② 생산성 제고, 원가절감, 근로자의 소득증대효과가 있다.

③ 직접노무비가 일정하므로 시간급제보다 원가계산이 용이하다.

3) 단 점

① 성과급제의 표준원가의 결정과 정확한 작업량의 측정이 어렵다.

② 근로자가 임금액을 올리고자 무리하게 노동하게 되면 심신의 피로를 가져오기 쉽다.

③ 고한제도(sweating system)로 오인되어 조직적 태업을 유발할 수도 있다.

④ 임금액이 확정적이지 못하므로 근로자의 수입이 불안정하다.

⑤ 작업량에만 치중하여 품질이 조악할 우려가 있다.

⑥ 기계설비의 소모가 심하다.

4) 성과급제의 종류

('92 CPA)

① 단순성과급제(single price-rate plan) : 제품 한 개당 임금단가나 작업 한 단위 당 임금단가를 정하고, 여기에 실제의 작업성과(생산량 또는 작업수행량)를 곱하여 임금액을 산정하는 방법이다.

★ 출제 Point
단순성과급제의 이해

> 단순성과제 : 임금액 = 작업성과 × 임금단가
> 시간성과제 : 임금액 = 표준작업시간수로 환산된 작업성과 × 시간당 임률

② 복률성과급제(multiple price-rate plan) : 근로자의 작업능률을 더욱 강력하게 자극하기 위하여, 작업성과의 고·저에 따라 적용임률을 달리하여 임금을 산정하는 방법이다.

> 작업성과가 낮은 경우 : 임금액 = 작업성과 × 낮은 임률
> 작업성과가 높은 경우 : 임금액 = 작업성과 × 높은 임률

● 도표 5-9 성과급제

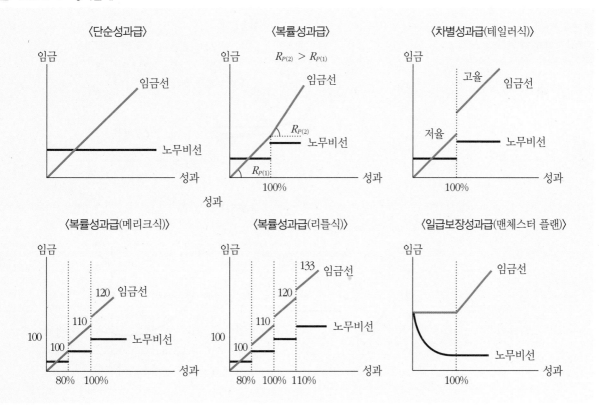

4. 추가급제

1) 의 의

① 추가급제는 시간급제와 성과급제를 절충하여 보다 합리적인 임금형태를 마련하기 위한 방법이다.

② 일정률의 추가급을 지급함으로써 근로자의 수입안정과 능률증진이라는 두 가지 목적을 동시에 달성하고자 하는 방법이다.

③ 추가급제에는 할증급제와 상여급제가 있다.

2) 할증급제

◆ 할증급제는 타운(Towne)이 제기한 이익분배제도(분익제도)에서 비롯되었다.

① 할증급제(premium plan)는 일정한 표준을 넘는 노동능률이나 성과를 달성하는 경우, 종업원에게 지급되는 추가급이 할증의 형태를 띠는 것이다.

② 노동자의 능률에서 얻어지는 상대적 절약임금을 노사간에 일정한 비율로 분배하므로 절약임금분배제도(gain sharing plan), 분익임금제도로도 불리운다.

3) 상여급제

① 상여급제는 일반적으로는 기본급 이외에 추가로 지급되는 급여를 의미한다.

('95 CPA)
★ 출제 Point
로우완식 할증급제의 형태

● 도표 5-10 할증급제, 상여급제

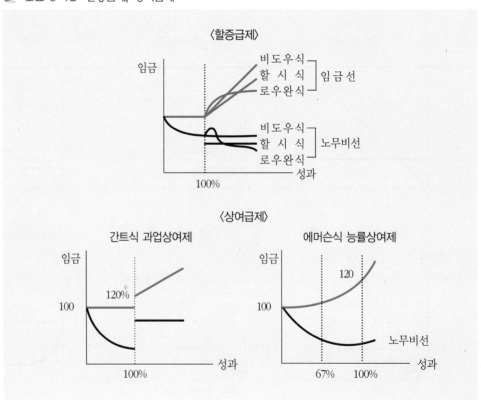

② 상여는 ⓐ 은혜적인 것, ⓑ 이익분배적인 것, ⓒ 개인의 업적에 대하여 급여적
인 것, ⓓ 기본급의 후불적인 것 등의 성격이 있다.

Key Point 할증급제, 상여급제의 비교

할증급제에서 할증금은 절약임금의 분배분으로 간주되는데 비해, 상여급제에서 상여금은 절약임
금과 관계없이 기본급에 대한 일정률로 산정된다.

5. 집단자극제 → 집단임금제

1) 의 의

① 집단자극제(group incentive plan)는 작업자별로 임금을 산정·지급하는 개인
임금제도에 대립되는 개념으로, 일정한 근로자집단별로 임금을 산출하여 지급
하는 제도이다.

② 동일제품을 대량생산하는 유동작업의 경우에는 근로자 상호간의 긴밀한 연결
이 필요하며, 전체적인 조화와 팀워크가 잘 이루어져야 하기 때문에, 작업 전
체 또는 공장 전체의 능률을 올리는 데는 집단임금제도가 효과적이다.

③ 조직문화가 집단주의적일 경우 적용에 유리하다.

2) 장 점

① 집단자극제를 실시하면 작업배치에 있어 작업의 난이도에 따른 불만이 감소된다.

② 집단 내의 팀워크와 협동심이 육성된다.

③ 집단 내 신입구성원에의 훈련에 적극적이며, 작업요령을 개방하게 되는 장점이
있다.

④ 집단응집력이 강화된다.

⑤ 상호의존적 직무일 때 객관적 성과보상이 가능하다.

3) 단 점

① 임금이 개개인의 노력 또는 성과와는 직접적인 관련이 없다.

② 개인주의적 조직문화에서는 부적합하다.

③ 무임승차효과가 나타난다.

④ 집단 간에 경쟁유발이 우려된다.

6. 순응임금제 : 슬라이딩 스케일제

1) 순응임금제(sliding scale wage plan)는 생계비지수, 판매가격, 이익 등의 제조

('89 CPA)
★ 출제 Point
집단자극제의 장점과 단
점

◆ 집단성과급제의 예로
스캔론플랜과 럭커플랜을
들 수 있다.

(2008 CPA)
★ 출제 Point
팀인센티브 제도의
특징

(2008 CPA)
★ 출제 Point
무임승차효과의 방지방법

건이 변할 때 그에 순응하여 임률을 자동적으로 변동·조정되도록 하는 제도이다.

2) 순응임금제의 종류로는 생계비순응임금제, 판매가격순응임금제, 이익순응임금제
가 있다.

① 생계비순응임금제는 인플레이션시 근로자의 실질임금의 저하를 방지하기 위하
여 사용된다.

② 판매가격순응임금제는 광업과 같이 임금이 제품원가의 큰 비중을 차지하는 업
종에서 많이 사용한다.

7. 이익분배제

(2004 CPA)
★ 출제 Point
성과이윤분배제의 의의

◈ 이익분배제의 형태
① 시가보다 낮은 가격으
로 주식배분
② 조직의 자유의사로 이
윤배분
③ 매출액의 일정 비율 지
급
④ 종업원 복리후생기금에
이윤의 일부 출연

1) 이익분배제의 의의

이익분배제(profit sharing plan)란 종업원에게 미리 정해진 기본적 보상 이외에,
각 영업기간마다 결산이익의 일부를 부가적으로 지급하는 방법이다.

2) 이익분배제의 효과

① 기업측과 종업원과의 협동정신을 강화하여 노사관계를 개선한다.

② 종업원은 이익배당액을 증가시키기 위하여 작업에 열중하므로 능률증진효과가
있다.

③ 종업원의 이익배당참여권과 분배율을 근속연수와 관련시키는 경우, 종업원의
장기근속을 유도할 수 있다.

3) 이익분배제도의 문제점

① 수입의 안정성이 적다.

② 분배가 결산기 말에 확정되므로 자극이 부족하다.

③ 기업이익의 크기가 종업원보다 기업측의 능력이나 경영 외적 조건에 의해 좌우
될 수 있다.

④ 회계처리방법에 따라 결산이익을 어느 정도 자의적으로 조정할 수 있다.

> **Key Point** 성과급과 이윤 분배제의 차이
>
> 성과급제는 개인의 작업능률과 직결된 임금계산방식인데 반하여, 이윤분배제는 조직이윤과 관련
> 되어 사전의 약속대로 실시되는 구성원의 이윤배당 참여제도이다.

8. 성과배분제

성과배분제(gain sharing)란 집단구성원이 상호간의 협력을 통하여 기업의 목표달

성에 기여하도록 하기 위해 기업경영의 성과(원가절약, 생산성 증가, 이익 증가 등)를 근로자, 경영자 등의 이해관계집단 사이에 배분하는 제도이다.

(1) 스캔론플랜 : Scanlon

1) 의 의
① 스캔론플랜(Scanlon plan)은 종업원의 참여의식을 높이기 위하여 고안된 성과배분제의 하나이다.
② 위원회제도의 활용을 통한 종업원의 참여와 생산의 판매가치(sales value of production)를 기초로 한 성과배분의 두 가지를 주요 내용으로 한다.

2) 내 용
① **위원회제도**
　ⓐ 생산위원회(production committee)와 심사위원회(screening committee)를 중심으로 한 집단적 제안기구로, 노사 쌍방의 대표자로 구성된다.
　ⓑ 종업원들은 위원회에서 단순히 자신들의 아이디어나 의견을 전달하는 수준이 아니라, 그들의 작업과 복지에 영향을 미치는 의사결정에까지 참여하게 된다.

② **성과배분방식**
　상여자원(bonus pool) = 표준노무비* − 실제로 지급된 노무비
　　* 표준노무비 = 표준노무비율 × 해당 기간의 생산의 판매가치

③ **배분방식**

```
                  ┌ 장래의 부담에 대비한 유보(25%)
        상여자원 ─┤                                       ┌ 회사(25%)
                  └ 회사 및 종업원에의 배분액(75%) ─┤
                                                          └ 종업원(75%)
```

④ 종업원 각자에 대한 배분은 각자의 실제 노동시간에 따른 기본급총액에 비례하여 배분한다.

> **Key Point**　스캔론플랜의 특징
>
> 스캔론플랜은 일년에 한번씩 정규적·일방적으로 지급되는 이익배당방법을 지양하고 노무비 절약분을 수시로 집단에 배분하는 제도이다.

(2) 럭커플랜 : Rucker

('89 CPA)
★ 출제 Point
럭커플랜의 특징

1) 럭커플랜(Rucker plan)은 부가가치의 증대를 목표로 하여, 이를 노사협력체제에 의하여 달성하고, 이에 따라 증가된 생산성향상분을 그 기업의 안정적인 부가가치

분배율로 노사 간에 배분하는 방식이다.

2) 분배기금을 개인의 실적에 따라 일정한 비율로 배분하게 된다.

3) 이 제도는 수익성이 높고 노사관계가 양호한 제조기업에서 유용하다.

Key Point

스캔론플랜은 판매가치, 럭커플랜은 부가가치를 기준으로 한다.

(3) 기 타

1) 링컨플랜(Lincoln plan) : 성과급+이윤분배제도

2) 카이저플랜(Kaiser plan) : 비용절감액의 분배

3) 코닥플랜(Kodak plan) : 근로자들이 작업방법 · 표준시간 · 성과표준 등을 결정하는 데 참여함으로써, 자발적 노력과 자기지휘를 통해 목표과업을 달성하도록 함과 동시에, 근로자들에게 할증급(premium wage)을 지급함으로써 소득의 안정과 직무만족을 얻을 수 있도록 한다.

4) French system

① 집단성과급제의 하나로, 공장(작업집단) 전체의 능률향상을 목표로 하여 근로자들의 노력에 대해 자극을 부여하는 방식이다.

② 총투입에 대한 총산출을 집단성과급의 기초로 활용하며 모든 비용의 절감에 관심이 있다.

5) 임프로셰어(improshare) : Fein

표준생산시간과 실제생산시간의 차이로 인한 이득을 회사와 종업원이 50%씩 나누어 갖는다. → improving productivity through sharing

Key Point

스캔론플랜과 럭커플랜은 임금절감에 관심이 있지만, French System은 모든 비용절감에 관심이 있다.

◈ 최고경영자 보상관리의 핵심개념
① 단기성과 보너스를 지양하고, 장기성과 보너스를 활용한다.
② 비금전적 부가급의 특성을 최대한 활용한다.

9. 경영자 및 전문직 특별보상프로그램

1) 최고경영자(CEO)에게 급여 이외에 지급되는 보상프로그램으로 주식옵션(stock option), 퇴직이연보상(deferred compensation) 등이 있다.

2) 전문직 보상프로그램으로는 자동차이용, 주차시설, 세금면제서비스 등이 있다.

● 도표 5-11 주식관련 경영자 보상 프로그램

구 분	프로그램	특 징
주식 프로그램	스톡옵션	경영자 고용계약기간 동안 주식을 저렴하게 구입할 수 있게 한다.
	단기 주식구매제	한두 달의 짧은 기간 동안에만 주식을 저렴하게 구입할 수 있게 한다.
	제한된 주식제	경영자가 임의적으로 고용계약기간 동안 주식을 매매할 수 없게 한다.
	일회성 주식제	경영자 스카웃을 위한 것으로 주식제공의 기회를 한 번만 갖게 한다.
	자산가치 기준 주식제	경영자의 주식가치는 시장의 영향요소를 제거한 후 평가된다.
	하급주식	일반주식보다 낮은 가격을 책정하고, 경영자가 임의로 현금화할 수 없다.
주식+ 현금 결합 프로그램	주식인정권	주식을 현금화할 수 있는 권리를 인정하는 것
	단위 성과급제	재무적 성과율에 기초해 보너스가 정해진다.
	주식배당 성과급제	성과평가 기간의 조직수익률에 따라 시장가격의 주식을 무상 배분한다.
	가상주식	주식을 장부상 허상으로 기입할 뿐, 실제 지급되지 않고 평가·보상된다.

출처: Gomez-Mejia & Balkin(1992), p. 219.

10. 연봉제

1) 의 의
연봉제는 근속연수와 나이에 관계없이 전년도의 능력, 실적 또는 공헌도를 평가하고 이를 기준으로 계약에 의해 연간 임금수준을 결정하는 능력중시형의 임금지급체계이다.

2) 장 점
① 능력과 실적이 임금과 직결되므로 종업원에게 동기부여를 할 수 있다.
② 인재를 과감하게 기용할 수 있다.
③ 경영감각을 키울 수 있다.
④ 임금관리가 쉽다.

3) 단 점
① 경쟁을 유발하여 개인주의로 흐르기 쉽다.
② 연봉결정시 단기 업적과 결과가 중시되므로 장기적 안목과 관련된 부분이 소홀해질 우려가 있다.

5.5 복리후생관리

◆ 복리후생관리원칙
① 적정성, ② 합리성,
③ 협력성

1) 복리후생(employee benefit and service programs)이란 종업원 및 그의 가족의 생활수준 향상을 위하여 시행하는 임금 이외의 간접적인 모든 급부를 의미한다.

2) 법정복리후생으로는 의료보험, 연금보험, 재해보험, 고용보험 등이 있다.

3) 법정외 복리후생으로는 주택시설제공, 진료시설제공, 문화시설제공 등이 있다.

> **Key Point** 카페테리아식 복리후생
>
> 변형보상프로그램(flexible compensation program)으로서 개별 종업원의 다양한 욕구충족을 위해, 기업의 복리후생시설과 제도 중 일정한 비용 범위 내에서 선택하게 하는 제도이다.

('99 CPA)
★ 출제 Point
복리후생제도와 임금제도
의 비교

◉ 도표 5-12 복리후생과 임금의 비교

복 리 후 생	임 금
① 원칙적으로 노동의 질·양·능률과 무관	① 노동의 질·양·능률에 따라 차이
② 집단적 보상	② 개별적 보상
③ 필요성에 입각하여 지급	③ 당위성에 입각하여 지급
④ 필요성과 구체적 내용에 따라 용도가 한정	④ 지출용도는 종업원의 의사
⑤ 다양한 형태로 지급(현물, 서비스 제공, 시설물의 이용 등)	⑤ 현금 지급
⑥ 종업원의 생활수준을 안정화하는 기능	⑥ 종업원의 생활수준을 직접적으로 향상시키는 기능

01 집단인센티브제도에 대한 아래의 설명 가운데 옳은 것은?   ('89. CPA)

① 구성원들 사이의 능력과 성과에 큰 차이가 있을 때 적용해야 한다.

② 생산성에 있어서 개인성과급제보다 항상 효과적이다.

③ 조직체 전체 또는 주요 부분을 중심으로 인센티브를 적용하는 조직체인센티브는 이 집단인센티브의 한 형태이다.

④ 역사적으로 볼 때 인센티브제도는 집단인센티브에서 개인별 인센티브로 점차 확대발 전되어 왔다.

⑤ 자동차 조립라인과 같이 기계화된 작업라인에 의하여 생산량이 조정되는 경우에 이 제도를 적용할 수 없다.

✎ 해설 ① 구성원 간의 능력에 큰 차이가 있으면 능력이 많은 사람의 불만의 소지가 있다.
　　　 ② 업무의 성격에 따라 다르다.
　　　 ④ 개인별 인센티브에서 집단별 인센티브로 발전되고 있다.
　　　 ⑤ 집단인센티브제도는 동종제품의 대량생산체제에 적합하다.

02 다음 중 생산성에 관계없이 제품단위당 일정 임금을 주는 임금의 형태는?   ('92. CPA)

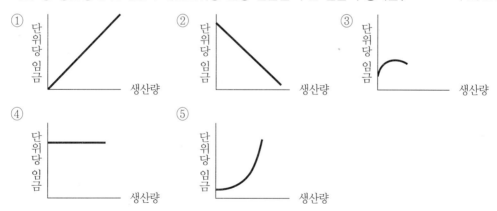

✎ 해설 Y축이 단위당 임금인 것에 착안한다.

03 다음 중 종업원의 생활안정을 위해 가장 바람직한 임금형태는? (´93. CPA)

① 판매가격순응임금제 ② 생계비순응임금제

③ 이익순응임금제 ④ 소비자물가지수순응임금제

⑤ 성과배분제

✎ 해설 ② 종업원은 생계비가 보장되어야 생활안정이 가능하다.

04 다음 중 스캔론플랜(Scanlon plan)의 특징을 옳게 고른 것은? (´94. CPA)

| a. 보너스플랜 | b. 제안제도 | c. 고정처리제도 | d. 인사상담제도 |

① a ② a, b ③ a, c

④ a, b, d ⑤ a, c, d

✎ 해설 스캔론플랜은 위원회제도를 통한 종업원의 참여와 판매가치를 기초로 한 성과배분의 두 가지 특징이 있다.

05 다음 중 Rowan의 할증급제도를 나타낸 것은? (´95. CPA)

 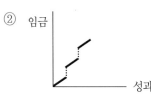 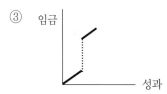

 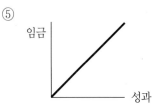

✎ 해설 ① 할시식 할증급제도 ② 메리크식 복률성과급제도
③ 차별성과급(＝테일러식)제도 ⑤ 단순성과급제도

06 바람직한 복지후생제도에 대한 다음 설명 중에서 가장 적절하지 않은 것은? (´99. CPA)

① 집단적 보상의 성격이 강하다.

② 이전적 효과보다는 창출적 효과를 강조한다.

③ 구성원들의 욕구에 부합되어야 한다.

정답 3 ② 4 ② 5 ④ 6 ⑤

④ 필요성의 원칙에 의하여 지급한다.

⑤ 노동의 질·양·능률 등에 따라 지급한다.

✎ 해설 복지후생제도는 종업원 전체에 대하여 시행되는 간접적인 급부로 노동의 질·양·능률과 무관하다.

07 조직구성원에 대한 조직의 임금체계와 관련된 다음의 설명 가운데 가장 적절하지 않은 것은? (2002. CPA)

① 직능급(skill-based pay)은 종업원이 맡은 직무의 중요성과 난이도에 근거하여 임금을 결정하는 방식이다.

② 직무급(job-based pay)을 적용할 때는 차별적 임금격차에 대한 공정성을 확보하는 것이 중요하다.

③ 성과급(performance-based pay)은 종업원이 달성한 업무성과를 기초로 임금수준을 결정하는 방식이다.

④ 연공급(seniority-based pay)은 유연한 조직변화가 필요한 조직에서는 불합리한 임금제도로서 다른 제도와의 병행이 필요하다.

⑤ 연봉제에서는 임금을 결정하기 위해 종업원의 직무, 직능, 업적, 연공 등의 다양한 기준을 복합적으로 도입할 수 있다.

✎ 해설 ①은 직무급에 대한 설명이다.
직능급은 직무수행능력의 발전에 따라 개별임금을 결정하는 임금체계이다.
즉, 직능급은 직무요소기준의 직무급과 인적 요소기준의 연공급을 절충한 임금체계로서 '직능급 = 직무급 + 연공급'이라 할 수 있다.

08 보상과 관련된 다음의 서술 중 가장 적절한 것은? (2004. CPA)

① 스캔론플랜(Scanlon plan)은 개인별 성과급에 속한다.

② 생산이윤분배제(gain sharing)에 따르면 회사가 적자를 내더라도 생산성 향상이 있으면 생산이윤을 분배받을 수 있다.

③ 성과이윤분배제(profit sharing)에 따르면 원가절감, 품질향상이 발생할 때마다 금전적 형태로 종업원에게 보상한다.

④ 직무급(job based pay)은 다양한 업무기술 습득에 대한 동기 유발로 학습조직 분위기를 만들 수 있다.

⑤ 직능급(skill-based pay)의 단점은 성과향상을 위한 과다경쟁으로 구성원 간의 협동심을 저하시키는 것이다.

09 기업의 임금수준을 결정할 때 고려해야 할 요소로서 가장 적절하지 않은 것은? (2005. CPA)

① 기업의 손익분기점
② 근로자의 평균근속년수
③ 근로자의 생계비 수준
④ 경쟁사의 임금 수준
⑤ 정부의 정책이나 법규

✎ 해설 ②는 임금체계 결정시 고려요소임.

연습문제

01 임금수준의 상한과 하한을 결정하는 요인들이 올바르게 짝지워진 것은?

	상 한	하 한
①	선진국 임금수준	후진국 임금수준
②	경쟁기업 임금수준	종업원생계비
③	노동생산성	법정최저임금
④	동종산업 평균임금	정부가이드라인
⑤	기업의 지급능력	종업원생계비

02 임금체계에 대한 다음의 설명 중 옳지 않은 것은?

① 연공급은 장기간의 훈련이 필요한 직종의 경우 적합한 방식이다.

② 속인급에서는 근속연수에 따라 정기승급이 이루어진다.

③ 직무급은 등급화된 직무등급에 따라 임금을 결정한다.

④ 직능급은 직무의 내용에 근거하여 임금을 결정하는 방식이다.

⑤ 직능급은 직무의 표준화가 충분하지 못한 경우에는 적용이 곤란하다.

✎ 해설 ④ 직능급은 인적요소기준의 연공급과 직무요소기준의 직무급을 절충한 임금체제이다. 그러므로 '직무의 내용'과 개별적인 '직무수행능력'에 따라 임금을 결정한다.
직능급은 개인의 업무능력을 기초로 임금이 결정되기 때문에 ⅰ) 업무기술의 깊이, ⅱ) 업무기술의 수평적 범위, ⅲ) 업무기술의 수직적 범위를 고려해서 설계한다.

03 조직의 형태와 적합한 임금체계의 연결이 바르지 않은 것은?

① 유연한 조직변화가 필요한 조직-연공급

② 행정조직과 같은 관료조직-직무급

③ 노동집약적인 제조업-성과급

④ 벤처기업과 같이 소규모이고 기술지향적 조직-직능급

⑤ 지식근로자의 지식습득이 중요한 조직-자격급

정답 1⑤ 2④ 3①

✎ 해설 ① 연공급을 실시하게 되면 고정된 임금체계하에서 개별종업원들이 경직적인 태도를 갖게 된다. 그러므로 유연한 조직변화가 필요한 조직에서는 불합리한 임금제도이며, 사회적으로 노동이동률이 낮고, 직무의 난이도 격차가 적은 기업에 적합한 임금제도이다.

04 직능급에 관한 다음 설명 중 옳지 않은 것은?

① 직능급은 직무를 전제로 한, 사람에 대한 임금이다.
② 노동시장 내에서 직종별 임금형성이 되어 있어야 실시가 가능하다.
③ 업무수행능력의 향상을 기할 수 있는 임금제도이다.
④ 어떤 직무에 종사하든지 최저생활보장이 가능하다.
⑤ 연공적인 요소도 가미될 수 있다.

✎ 해설 ② 직무급의 내용이다. 직무급은 ⅰ) 직무평가를 통한 내부공정성, ⅱ) 노동시장조사를 통한 외부공정성, ⅲ) 임금범위와 개인별 공정성을 고려해서 설계해야 한다.

05 임금체계에 관한 다음의 설명 중 옳지 않은 것은?

① 특정 직무가 연공에 따라 업적차이가 난다면 이러한 연공급은 능력주의도 반영된 것으로 볼 수 있다.
② 직무급은 어떤 사람의 능력의 크기와 관계없이 임금이 결정된다.
③ 직무급은 그 직무를 담당한 적격자를 배치하는 것에 초점을 둔다.
④ 성과급은 속인급에 속한다.
⑤ 직능급은 속직급에 속한다.

✎ 해설 ⑤ 직능급은 혼합급에 속한다.

06 다음 중 시간급제를 적용해야 하는 경우가 아닌 것은?

① 작업자가 생산량을 통제할 수 없거나, 작업자의 노력과 관계없이 기계에 의해 작업속도가 결정될 때
② 작업지시가 빈번하고 작업자가 이를 통제할 수 없을 때
③ 감독이 철저하고 감독자가 공정한 과업기준을 알고 있을 때
④ 제품의 질이 생산량보다 덜 중요하거나 품질이 일정할 때
⑤ 제조원가 요소 가운데 노무비 통제가 중요하지 않은 때

✎ 해설 ④의 경우 성과급제를 적용해야 한다.
위의 ①~⑤ 외에 시간급제를 적용해야 하는 경우로
ⅰ) 생산단위가 불명확하고 측정이 곤란한 경우
ⅱ) 작업의 질이 특별히 중요한 경우 등이 있다.

정답 4 ② 5 ⑤ 6 ④

07 다음 중 성과급제를 채택해야 되는 경우라고 보기 어려운 것은?

① 제품의 품질이 중시될 때

② 노력의 투입과 산출량과의 관계가 분명할 때

③ 생산량의 측정이 용이할 때

④ 직무가 표준화되고 작업의 흐름이 규칙적일 때

⑤ 각 작업자에 대한 감독이 용이할 때

✎ **해설** ① 제품의 품질이 중요할 경우 성과급제보다는 시간급제를 적용해야 품질의 조악을 방지할 수 있다.

08 노동자의 능률에서 얻어지는 상대적인 절약임금을 노사 간에 일정한 비율로 배분하는 방식의 임금형태는?

① 부가급(fringe benefit) ② 단순성과급제 ③ 복률성과급제

④ 할증급제 ⑤ 상여급제

✎ **해설** ① fringe benefit은 임금이나 상여금이 아닌 형태로 종업원에게 직·간접적으로 부여되는 보상으로 복리후생을 예로 들 수 있다.

09 성과급제 및 추가급제에 대한 다음의 설명 중 옳지 않은 것은?

① 테일러식은 과업달성이 불가능한 저능률 근로자에게 자극력이 약하다.

② 메리크식은 신규채용된 종업원의 능률자극에 효과적이다.

③ 일급보장성과급은 시간급과 성과급의 절충형태라 할 수 있다.

④ 로우완식은 능률이 높을수록 분익률이 낮아진다.

⑤ 간트식은 현상에 만족하는 저능률자도 자극하기 위한 방식이다.

✎ **해설** ⑤는 에머슨식의 능률상여제에 대한 설명이다.
간트식은 저능률자가 현상에 만족하여 능률자극이 되지 않는 폐단이 나타날 수 있는 문제가 있다.

10 집단임금제의 장점이 아닌 것은?

① 임금에 관한 사무 간소화

② 임금은 개개인의 노력 또는 성과의 직결

③ 작업배치시 작업의 난이도에 따른 불만 감소

④ 집단내의 협동심이 증가되고 신입종업원의 훈련에 적극적

⑤ 작업요령을 집단 내의 다른 구성원에게 개방

11 다음 중 성과배분제에 해당되지 않는 것은?

① Kodak plan ② Rucker plan ③ Sliding scale plan
④ Kaiser plan ⑤ Improshare

12 다음 중에서 복합적인 성과배분제에 해당되는 것만을 고르면?

a. Kaiser plan	b. French plan	c. Rucker plan
d. Lincoln plan	e. Profit sharing plan	f. Scanlon plan

① a, b, c ② c, d, e ③ d, e
④ a, b, c, e ⑤ a, b, c, f

13 다음 중 개인성과급으로만 분류하는 것은?

① 스캔론플랜(Scanlon plan), 럭커플랜(Rucker plan)
② 복수성과급, 할증성과급
③ 프렌치시스템(French system), 슬라이딩스케일제(Sliding scale plan)
④ 스캔론플랜, 복수성과급
⑤ 럭커플랜, 슬라이딩스케일제

14 다음 중 Scanlon plan과 관련이 먼 것은?

① 비용절감 incentive제도 ② 위원회제도 ③ 종업원지주제
④ bonus pool ⑤ 집단제안제도

정답 11 ③ 12 ③ 13 ② 14 ③

15 생산가치, 즉 부가가치의 증대를 목표로 노사의 협력체제를 만들어 그 생산성 향상의 성과를 일정한 분배율에 의해서 노사 간에 적정하게 분배하는 제도는 무엇인가?

① 럭커플랜(Rucker plan)　　　　　② 맨체스터플랜(Manchester plan)
③ 스캔론플랜(Scanlon plan)　　　　④ 헌터플랜(Hunter plan)
⑤ 프렌치시스템(French system)

16 Scanlon plan과 Rucker plan에 대한 설명으로 옳지 않은 것은?

① 두 방법 모두 비용절감액을 분배해 주는 성과배분제이다.
② 두 방법 모두 과거성과에 기초를 둔 표준과 현재성과와의 비교에 중점을 둔다.
③ Scanlon plan은 판매가치를 기준으로 한 방식인 데 반해, Rucker plan은 부가가치를 기준으로 한 방식이다.
④ Scanlon plan은 노무비의 절감에 관심을 둔다.
⑤ Rucker plan은 노무비를 포함한 모든 비용의 절감에 관심을 둔다.

17 Scanlon plan에 비한 French system의 가장 큰 차이점에 해당되는 것은?

	Scanlon plan	French system
①	성과배분방식	이윤분배방식
②	집단성과급제	개인성과급제
③	성과배분방식	할증급제
④	노무비 절감에 관심	재료비의 절감에 관심
⑤	노무비 절감에 관심	모든 비용의 절감에 관심

18 임금제도에 대한 다음의 설명 중 옳지 않은 것은?

① 집단자극제는 임금이 개개인의 노력과 직접적인 관련이 없다는 단점이 있다.

② 맨체스터플랜은 미숙련 노동자에게 최저생활을 보장하는 데 적합한 임금제도이다.

③ 시간급제는 절약임금과 낭비임금이 모두 회사에 귀속된다.

④ 성과배분제는 집단 구성원의 협력을 중시하는 임금제도이다.

⑤ 코닥플랜은 집단성과급제의 하나로 공장 전체의 능률향상을 목표로 하는 임금제도이다.

✎ 해설 ⑤ 코닥플랜은 작업방법, 성과표준 등의 결정에 종업원을 참여시켜 자발적 노력을 할 수 있도록 하고, 할증급을 지급하여 소득의 안정과 직무만족을 얻을 수 있게 하는 임금제도이다. ⑤의 설명은 French system의 설명임.

19 전통적인 장려금이 아닌 할증임금의 지급을 통한 집단보상제도는?

① Scanlon plan　　　　② Rucker plan　　　　③ Lincoln plan
④ French system　　　⑤ Kodak plan

20 복리후생제도에 대한 설명으로 옳지 않은 것은?

① 카페테리아식 복리후생은 다양한 선택옵션을 제공하고 종업원 스스로 선택하게 하는 것이다.

② 종업원 후원 프로그램(EAP)은 종업원의 개인적인 사생활 문제를 파악하고 처리하는 것이다.

③ EAP와 스트레스 관리는 건강복리후생에 해당된다.

④ 라이프사이클 복리후생은 육체적, 심리적, 정신적 측면에서 균형된 삶을 추구할 수 있도록 지원하는 것이다.

⑤ 홀리스틱(wholistic) 복리후생은 조직-개인-가정의 삼위일체를 통해 삶의 질 향상을 강조하는 것이다.

✎ 해설 ④는 홀리스틱 복리후생의 설명이다. 라이프사이클 복리후생은 종업원의 연령에 따라 변하는 생활패턴과 의식변화를 고려하여 복리후생프로그램을 달리 제공하는 것이다.
　　　② EAP = employee assistant program

제6장 ■ 인적자원의 관계 및 유지관리

6.1 인간관계관리

1. 인간관계관리의 의의

1) 인간관계관리(human relations management)란 조직구성원들이 상호이해와 신뢰의 바탕 위에서 일체감을 형성하고, 열의를 가지고 기업의 유지·발전에 기여하도록 하는 관리활동을 말한다.

2) 인간관계관리는 테일러의 과학적 관리법에 대한 비판과 호손(Hawthorne)실험 등을 통해 성립하였다.

3) Mayo, Roethlisberger 등의 호손공장실험에 의하면 작업능률을 좌우하는 데는 근로조건(임금, 근로시간 등)이나 작업환경(조명, 환기 등) 등의 물리적 조건보다, 종업원이 자기의 직무, 동료, 상사 및 회사 전체에 대하여 갖는 태도(attitudes)와 감정(sentiments) 등의 심리적 요소가 중요하다.

2. 인간관계관리제도

(1) 사기조사 : 태도조사

1) 의 의

① 사기조사(morale survey)란 기업 내의 인간관계를 개선하기 위하여 종업원의 사기, 즉 근무의욕의 상황을 파악하는 것이다.

② 이를 통해 종업원의 사기 또는 작업의욕을 저해하는 요인과 불평불만의 원인, 나아가서는 기업의 불건전성에 대한 원인을 밝히고, 동시에 그 원인을 제거할 수 있는 대책을 수립하기 위한 기초자료를 얻을 수 있다.

2) 사기조사의 방법

① 태도조사 : 직무, 상사, 작업팀 등 조직생활의 여러 국면에 대한 종업원의 심리적·감정적 상태를 **직접적**으로 측정하는 방법으로 면접법, 질문서법, 제안법, 실험연구법, 직접관찰법 등의 기법이 주로 사용된다.

② 통계조사 : 노동이동률, 생산성과 품질, 결근율·지각률, 고충·불평의 빈도 등 근무와 관련된 기록을 분석하여 **간접적**으로 측정하는 방법이다.

('89, '95 CPA)
★ 출제 Point
인간관계관리제도의 비교

3) 사기조사의 부수적 효과

① 사기조사를 하게 되면 상하 간의 의사소통이 촉진된다.

② 사기를 조사한다는 자체가 경영자들이 종업원들에게 관심을 갖고 있음을 의미하므로 조사대상자의 사기향상에 기여한다.

③ 사기조사를 계기로 종업원의 사기문제에 대한 경영자의 관심도 높일 수 있는 효과가 있다.

(2) 제안제도 : Denny

1) 의 의

제안제도(suggestion system)는 종업원으로 하여금 기업의 운영이나 직무수행에 필요한 여러 가지 개선안을 제시하도록 하여, 우수한 안에 대해서는 적절한 보상을 하는 제도이다.

2) 장 점

① 제안제도를 실시하면 조직 내 종업원의 창의력을 개발시킬 수 있다.

② 종업원의 **참여의식을 고취**하여 작업의욕과 능률을 향상시킬 수 있다.

③ 실질적인 제품의 원가절감 실현으로 경제적 이익을 가져오기도 한다.

④ 노사 간의 이해증진을 통하여 노사관계가 원활해진다.

⑤ 종업원의 사기와 인간관계가 개선되는 등 다양한 효과를 누릴 수 있다.

(3) 고정처리제도 : 고충처리제도

('89 CPA)
★ 출제 Point
고정처리제도

◆ 고정(苦情, grievance : 고충)이란 사용자의 처우에 대하여 노동자 개인 또는 집단이 갖게 되는 불평불만 등으로 주로 종업원의 근로조건, 단체협약의 실시 등에 있어서의 불평불만을 말한다.

1) 의 의

① 고정처리제도(grievance procedure system)는 고정을 그대로 방치하는 경우, 노동생산성이 저하될 염려가 있을 뿐 아니라 분쟁이 야기되기 쉽기 때문에 이를 진지하게 받아들여 합리적으로 해결하고자 하는 제도이다.

② 고정처리제도는 협동이나 생산성에 악영향을 미치는 불평이나 불만족을 극소화시킨다.

③ 감독자로 하여금 종업원의 소구권(訴求權)을 인식하게 함으로써 권력과 권위에 편승하기 쉬운 타락과 임의성을 피하도록 노력하게 한다.

2) 고정의 처리방법

① 개인적 고정 : 근로자와 감독자간의 의견교환, 관계상사나 인사부의 중재, 최고간부에의 제의 등에 의하여 해결한다.

② 집단적 고정 : 노사협의회 또는 단체교섭 → 제3자의 중재(상임 또는 임시중재자, 중재위원회) → 노동위원회 또는 민사재판의 순서로 처리된다.

(4) 브레인 스토밍(brain storming : 두뇌선풍) : Osborn

1) 의 의

① 다수인이 집합하여 회의를 열고, 아이디어 연쇄반응(association reaction)을 일으켜 각자 자유롭게 아이디어를 내놓도록 하는 자유연상법(free association)의 전형적인 방법이다.

② 자유롭게 내놓은 아이디어들을 결합·연결시킴으로써 실행 가능한 새로운 아이디어나 착상을 얻는 방법이다.

③ Osborn에 의하면 브레인스토밍은 대체로 12명 정도의 멤버를 구성하여 실시하도록 되어 있는데, 그 중 1명은 리더이며, 1명은 기록을 맡고, 5명은 정규 멤버(regular member)로서 해당 부문의 전문적 지식을 가진 자, 나머지 5명은 객원 멤버(guest member)로서 기타 부문의 종사자로서 구성된다.

('95 CPA)
★ 출제 Point
브레인 스토밍의 구성원 수

> **Key Point**
>
> 제안제도는 종업원의 개별적 아이디어를 경영자에게 전달하는 제도인 반면, 브레인스토밍은 집단적 착상에 의하는 제도이다.

2) 효율적 진행을 위한 원칙

① 다른 사람이 낸 아이디어를 절대로 비판해서는 안 된다.

② 자유로운 분위기에서 어떤 아이디어라도 거리낌없이 발표하도록 한다.

③ 아이디어의 질보다는 양에 치중한다.

④ 다른 사람의 아이디어를 개선하거나 결합하는 것을 환영해야 한다.

3) 효 과

① 참가자(종업원)의 창의성과 사고력 형성을 촉진한다.

② 개인의 능력과 성취동기가 증대된다.

③ 인간관계가 원활하게 된다.

(5) 종업원지주제도(employee stock ownership system)

('89, '97 CPA)
★ 출제 Point
종업원지주제도의 특징 및 우리나라의 종업원지주제도

1) 이익분배제도의 일종으로, 종업원으로 하여금 자사주식을 소유하게 하는 것이다.

2) 경영참가의식을 높임은 물론, 안정주주를 확보하여 경영의 합리화를 기하려는 제도이다.

(6) 기 타

1) 인사상담제도, 종업원 상담제도
2) 소시오메트리(sociometry) : Moreno
3) 의사소통(communication)의 개선
4) 감수성훈련(sensitivity training)
5) 완전무결(ZD : zero defects)운동

6.2 노사관계관리

1. 노사관계관리의 의의와 발전과정

(1) 의 의

1) 노사관계란 사용자와 노동조합 간에 노동조건의 결정이라는 대립적 경쟁관계를 기초로 한 사회관계를 나타낸다.

2) 노사관계관리란 노사의 대립적 관계를 사용자측의 태도나 특정 제도(단체교섭, 경영협의회, 노사위원회 등)로 조정·완화시키고, 나아가서는 협력관계를 형성하기 위하여 행하여지는 일련의 활동이다.

(2) 발전과정

노사관계는 대개 전제적 노사관계, 온정적 노사관계, 근대적 노사관계, 민주적 노사관계 등으로 발전해왔다.

1) 전제적 노사관계

① 사용자가 임금, 작업시간 등의 근로조건을 일방적·전제적으로 결정하며, 노동자는 조직화되어 있지 않고, 사용자의 결정에 복종하는 단계이다.
② 그러므로 생산성 제고에 실패하였고, 근로자의 저항을 야기하였다.

2) 온정적 노사관계

생산성 저하의 문제를 해결하고, 노동자의 노동조합형성운동을 저지하기 위하여, 가부장적 온정주의에 입각한 복리후생시설을 마련해 주는 단계이다.

3) 근대적 노사관계 → 완화적 노사관계

① 자본과 경영의 분리에 따라, 경영자단체와 노동조합이 형성·발전되는 단계이다.
② 이 단계에서는 경영자가 노동조합을 인정하고, 종업원의 복리증진과 의사소통을 통한 노사관계의 긴장완화를 추구하며 자본의 일방적 지배는 어느 정도 제한하지만, 노동의 조직력이 자본과 대등한 지위까지는 이르지 못하였다.

4) 민주적 노사관계

① 자본주의가 고도로 발전함에 따라 산업별 노동조합이 발전하게 되고 전문경영자가 책임자로서 전면적으로 등장하는 단계이다.

② 이 때는 노동조합과 전문경영자가 대등한 입장에서 임금, 작업조건 등을 공동으로 결정한다.

2. 노동조합(trade union)

(1) 노동조합의 의의

임금, 근로시간 등의 근로조건이나 작업조건에 대하여, 경영자측과 교섭함으로써 근로자들의 경제적·사회적 지위를 유지·개선하기 위하여 만들어지는 근로자들의 단체이다.

(2) 노동조합의 기능

1) 경제적 기능 → 노동조합의 기본기능

① 조합원 전체의 노동력을 가능한 한 좋은 조건으로 판매하기 위하여 수행하는 기능, 즉 노동시장의 통제기능이다.

② 이는 ⓐ 단체교섭(영미식), ⓑ 경영참가(독일식), ⓒ 노동쟁의 등을 통하여 수행된다.

2) 공제적 기능

조합원들의 생활을 안정시키기 위하여 수행하는 상호 부조하는 활동이다.

◈ 노사관계 3법
① 노동조합법
② 노동쟁의조정법
③ 노동위원회법

3) 정치적 기능

노동조합이 국가나 사회단체를 대상으로, 노동관계법이나 세법의 제정 및 개정, 노동시간의 단축 추진, 사회보험이나 사회보장의 실시 등을 요구하고 주장하는 기능이다.

(3) 노동조합의 형태

1) 직업별 노동조합(craft union) : 직종별 노동조합, 직능적 노동조합

① 동일직종 또는 동일직업에 종사하는 임금노동자들이 조직하는 노동조합으로 기계공조합, 인쇄공조합, 방직공조합 등을 예로 들 수 있다.

② 직업별 노동조합은 역사적으로 가장 오래된 조합으로, 생산이 숙련공의 기능에 크게 의존하던 시기에 **숙련노동자가 노동시장을 배타적으로 독점**하기 위한 조직으로 등장하였다.

◈ 노동조합조직원리
① 직업별조합
: 1직업 1조합(횡단적)
② 산업별조합
: 1산업 1조합(횡단적)
③ 일반별조합
: 전산업 1조합(횡단적)
④ 기업별조합
: 1기업 1조합(종단적)

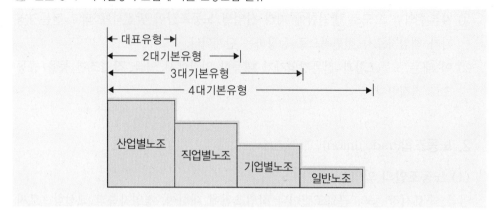

도표 6-1 의사결정의 초점에 따른 노동조합 분류

2) 산업별 노동조합(industrial union)
① 직종의 여하를 막론하고 동일산업에 종사하는 근로자가 조직하는 노동조합이다.
② 현대노동조합의 대표적 유형이다.

◆ 단일조직과 연합조직
노동자가 개인자격으로 노동조합에 가입하는 것을 단일 조직이라 하고, 노조가 한 단체로서 연합체를 구성하는 것을 연합조직이라 한다.

3) 일반노동조합(general union)
① 직종이나 산업에 관계없이 모든 노동자에 의하여 조직되는 단일노동조합이다.
② 동일지역에 위치하고 있는 중소기업을 중심으로 조직되는 경우가 많다.

4) 기업별 노동조합(company union) → 우리 나라의 노동조합의 주류
① 동일기업에 종사하는 노동자들에 의하여 조직되는 노동조합이다.
② 앞의 세 가지가 기업을 초월한 횡단조직인데 반하여, 기업별 노동조합은 개별 기업을 존립기반으로 하기 때문에 노동시장에 대한 지배력이나 조직으로서의 역량이 취약하다.

(4) 노동조합의 가입방법(shop system : 숍제도)

1) 클로즈드 숍(closed shop)
① 사용자가 노동조합의 조합원만을 고용할 수 있는 제도이다.
② 조합원자격이 고용의 전제조건이 되므로 노동공급을 가장 강력하게 통제할 수 있는 제도이다.

2) 유니온 숍(union shop)
사용자가 비조합원을 채용할 수는 있지만, 채용된 노동자는 채용 후 일정기간 내에 노동조합에 가입해야 하는 제도이다.

3) 오픈 숍(open shop)

① 사용자는 조합원이든 비조합원이든, 차별을 두지 않고 채용할 수 있으며, 노동조합에의 가입여부는 전적으로 노동자의 의사에 따르는 제도이다.

② 노동조합의 안정도에서 보면 가장 취약하다. → 우리 나라는 대부분 이 제도를 채택

4) 기 타

① agency shop : 조합원이든 조합원이 아니든 모든 종업원에게 조합회비를 징수하는 제도이다.

② maintenance of membership shop : 조합원이 되면 일정 기간 동안 조합원으로 머물러 있어야 하는 제도이다.

③ preferential shop : 채용시 조합원에게 우선권을 주는 제도이다.

('95 CPA)
★출제 Point
체크오프시스템의 정의

Key Point **조합비일괄공제제도**(check off system)

조합비의 확보를 통하여 노조의 안정을 유지하기 위한 제도로, 회사의 급여계산시에 조합비를 일괄적으로 공제하여 조합에 인도하는 제도이다. 노동조합은 조합원 2/3 이상의 동의가 있으면 그의 세력확보수단으로 체크오프조항을 둘 수 있다. 조합비일괄공제제도는 숍시스템과 더불어 노조의 안정을 유지하기 위한 제도임과 동시에 단체협약의 주요 내용이 된다.

● 도표 6-2 노동조합의 권력확보 과정

	주 요 과 제	달 성 수 단
양적인 면	조합원의 확보를 어떻게 할 것인가?	숍제도(shop system)
질적인 면	자금확보를 어떻게 할 것인가?	체크오프제도(check off system)

(5) 부당노동행위(unfair labor)

1) 불이익대우

근로자의 일정한 행위(즉, ① 노동조합에의 가입 또는 가입하려 한 것, ② 노동조합을 조직하려 한 것 등)로 인하여 사용자가 근로자를 불공정하게 대우하는 것을 말한다.

2) 황견계약(yellow-dog contract)

① 근로자가 노동조합에 가입하지 않을 것, 조합으로부터 탈퇴할 것, 특정 어용조합에 가입할 것 등을 고용조건으로 하는 근로계약이다.

② 사용자와 근로자가 합의의 형식을 취함으로써 근로자가 가지고 있는 근로기본권을 제한하는 내용의 위법적인 계약을 말한다.

● 도표 6-3 부당노동행위

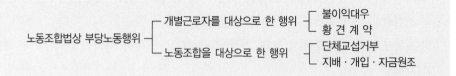

─○ 참고 ─

보복적 불이익 취급
우리 나라의 경우 추가되는 조항으로 근로자가 정당한 쟁의행위를 참가한 것을 이유로
또는 노동위원회에 사용자의 부당노동행위를 신고, 증언, 증거제출을 이유로 해당 근로
자를 해고하거나 그에게 불이익을 주는 행위를 말한다.

3. 노사협력제도

◆ 단체교섭의 기능
① 집단적 노사관계 → 통
  일적 근로조건 결정
② 경영활동 견제 → 경영
  효율증대
③ 노사타협 → 의사소통,
  산업민주주의 달성

(1) 단체교섭제도(collective bargaining) → 英美에서 많이 사용되는 제도
1) 단체교섭의 의의
단체교섭은 노동조합이 단체교섭권과 단체행동권(즉, 쟁의권)을 배경으로 하여, 사용
자와 노동력의 거래조건(근로조건 및 작업조건)을 일괄하여 결정하는 과정을 말한다.

┃Key Point┃ **노동 3권**

> ① 단결권(조합결성권), ② 단체교섭권, ③ 단체행동권(쟁의권)

◆ 단체교섭과정
① 협약의 체결(계약의 협
  상과정)
② 협약의 관리(계약의 관
  리) → 고정처리, 조정
  관리(중재제도)

2) 단체협약
① 단체협약(collective agreement, labor contract)은 단체교섭에 의하여 노사 간
  에 의견일치를 본 사항이다.
② 단체협약은 법률에 저촉되지 않는 한 취업규칙이나 개별근로계약에 우선하여
  적용된다.
③ 대표적인 단체교섭사항(협약사항)은 임금과 근로조건이다.
④ 기업의 관리 및 운영에 관한 사항이나 기타 근로자의 대우에 관한 사항 등 당
  사자 간에 객관적인 타결점이 나올 수 있는 모든 사항이 단체교섭의 대상이
  될 수 있다.

3) 노동쟁의

① 노동쟁의(labor dispute)는 임금, 근로조건 등에 관한 노사 간의 주장의 불일치로 인한 분쟁상태(즉, 단체교섭이 단체협약을 체결하지 못하고 깨진 경우)를 말한다.

② 쟁의행위는 노동관계 당사자인 노사가 자기들의 주장을 관철시키기 위하여 하는 행위로 정상적인 직무의 운영을 저해하는 것이다.

③ 노동조합의 쟁의행위로 파업(strike), 태업(sabotage), 불매동맹(boycott), 시위(picketing), 준법투쟁, 직장점거, 작업방해, 공장관할 등이 있다.

  ⓐ 파업
    i) 종업원들의 쟁의행위 가운데 오랜 역사를 갖는 것으로 노동 제공, 즉 생산활동을 거부하는 행동이다.
    ii) 그러나 종업원들이 집단적으로 생산활동을 중단한다는 것은 단체교섭이 타결되면, 언제라도 생산활동을 재개할 의사를 갖는 경우에 취하는 행동이다.

  ⓑ 태업
    i) 단체교섭이 결렬됨에 따라 종업원들이 의식적으로 생산성과 작업능률을 저하시키는 것이다.
    ii) 다시 말해, 종업원들이 기업에서 생산활동에 참여하지만, 실제 생산을 하지 않거나 작업능률이 매우 적다.

  ⓒ 보이콧
    i) 사용자 또는 사용자단체와 거래관계에 있는 제3자의 상품이나 원재료 구입 혹은 시설의 이용을 거절하는 것을 말한다.
    ii) 예를 들면 자동차회사의 노동조합에서 다수의 부품제조업자들의 제품과 원재료의 유입을 거절하는 경우이다.

  ⓓ 피케팅
    i) 노동쟁의가 발생한 기업에서 파업을 효과적으로 수행하기 위해서 생산활동을 희망하는 종업원들의 사업장 출입을 저지하고 파업에 동참하기를 구하는 행위이다.
    ii) 또한 일반대중에게 파업의 이해를 구하는 행위이다.

  ⓔ 준법투쟁
    i) 종업원들이 근로기준법에서 정한 권리를 적극적으로 행사하는 것을 말한다.
    ii) 즉 근로시간의 연장을 거부하거나, 근로기준법상의 연차휴가를 동일한 기간에 집단적으로 사용하는 경우를 예로 들 수 있다.

  ⓕ 직장점거

◆ 태업은 쟁의중에도 임금을 받을 수 있기 때문에 기초가 약한 노동조합에서 많이 사용한다.

i) 파업이 일어난 기업의 사업장에서 종업원들이 생산활동을 하지 않고 단지 점거하여 농성하는 행위이다.

ii) 파업에 참가한 종업원들의 단결과 대중적 홍보를 통해 파업의 효과성을 확보하기 위한 수단으로 사용된다.

ⓖ 작업방해

i) 태업과 달리 작업방해는 기업의 생산활동을 직·간접적으로 방해하는 것을 말한다.

ii) 단순한 태업에 그치는 것이 아니라, 의식적으로 기업의 과업흐름과 생산활동에 필요한 요소들 예컨대 공장의 생산라인, 사무실의 컴퓨터와 문서들을 파괴하는 행위를 포함한다.

iii) 이런 경우 기업에서는 직장을 폐쇄하기 때문에 종업원들의 쟁의행위를 통한 목적달성에는 그다지 효과적이지 못하다.

④ 사용자측의 쟁의행위로는 직장폐쇄(lock out)와 사용자 보이콧이 있다.

ⓐ 직장폐쇄

◈ 직장폐쇄
종업원의 생산활동거부에 대해 무노동·무임금원칙을 적용하려는 것

i) 사용자가 단체교섭의 결렬에 따른 노동쟁의에서 자신의 주장을 관철시키기 위해 사업체 내의 다수의 종업원들을 일시적으로 해고상태로 두는 것을 말한다.

ii) 노조측의 쟁의행위에 대한 대항수단으로만 사용이 가능하다.

iii) 파업의 쟁의행위가 끝나면 다시 생산활동에 참가하는 것을 전제하듯이 직장폐쇄를 통한 임금거부 역시 쟁의행위가 끝나면 다시 취업시킨다는 것을 전제하고 있다.

iv) 사용자가 직장폐쇄를 하기 위해서는 단지 임금거부만의 선언으로는 불충분하고 사업장의 출입문을 직접 봉쇄해서 종업원들의 노무제공이 불가능한 상태로 만들어야 한다.

ⓑ 보이콧

종업원들이 사용자와의 거래관계에 있는 제3자의 출입을 금하는 것과 같이 해당 종업원들이 직장폐쇄나 파업기간에 다른 직장에 취업할 수 없도록 제지하는 것이다.

4) 노동쟁의의 조정

노사 간의 실력행사인 쟁의행위는 당사자들의 경제적 손실은 물론 국민경제에 손해를 끼치고 국민생활에도 영향을 주게 된다. 그러므로 노동쟁의를 신속·공정하게 해결하거나, 쟁의행위까지 확대되는 것을 방지하기 위해 조정활동이 필요하다.

① 알선(conciliation)

노동위원회가 지명한 알선위원이 공익사업이 아닌 사업에 한해서, 관계당사자

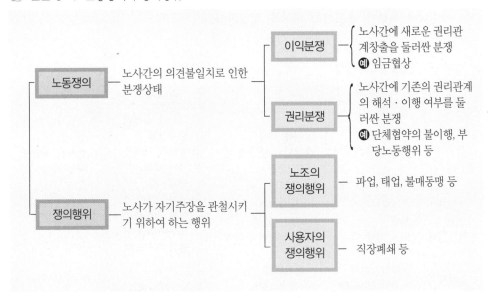

의 쌍방 또는 일방의 요청에 의하여 분쟁의 해결을 알선하는 것이다.

② **조정**(調停 : mediation)

　　행정관청의 알선에 의해 분쟁이 해결되지 않는 경우에, 관계당사자의 쌍방 또는 일방의 요청이나 노동위원회의 직권에 의해 노동위원회에서 실시하는 것으로, 조정안을 작성하고 이를 당사자에게 제시하여 수락을 권고하는 방법이다.

③ **중재**(arbitration)

　　ⓐ i) 관계당사자 쌍방이 함께 중재를 신청한 경우, ii) 관계당사자의 일방이 단체협약에 의하여 중재를 신청한 경우, iii) 공익사업에 있어서 행정관청의 요구에 의하거나 노동위원회의 직권으로 중재에 회부한다는 결정을 한 경우 등에 실시하는 방법이다.

　　ⓑ 당사자는 중재결과를 반드시 따라야 한다.

　　ⓒ 당사자가 지방노동위원회의 중재결정을 위법 또는 월권이라고 생각하는 경우에는 중앙노동위원회에 재심을 신청할 수 있다.

　　ⓓ 중앙노동위원회의 중재결정도 위법 또는 월권이라고 생각하는 경우에는 행정소송을 제기할 수 있다.

④ **긴급조정**(緊急調整 : emergency adjustment)

　　ⓐ 쟁의행위가 공익사업에 관한 것이거나, 그 규모가 크거나 또는 그 성격이 특별한 것으로서, 현저히 국민경제를 해치거나 국민의 일상생활을 위태롭게 할 위험이 현존하는 때에 노동부장관이 긴급조정을 결정할 수 있다.

　　ⓑ 당사자는 긴급조정의 결정이 공표된 즉시 쟁의행위를 중지하여야 하고, 중

앙노동위원회는 조정을 개시하여야 하며, 조정성립의 가망이 없을 때는 중재에 회부할 것인지의 여부를 결정한다.

● 도표 6-5 노동쟁의의 조정

	알 선	조 정	중 재	긴급조정
상 황	공익사업이 아닌 경우	알선에 의해 해결되지 않았을 때	① 노사가 함께 중재신청 ② 일방이 단체협약에 의해 중재신청 ③ 공익사업에 있어서 행정관청 요구나 노동위원회 직권으로	① 공익사업에 관한 것 ② 현저히 국민경제를 해칠 때
요청자 또는 조정결정자	관계당사자 쌍방 또는 일방	① 노사 쌍방 또는 일방 ② 노동위원회 직권		노동부장관
조정자	노동위원회가 지명한 알선위원	노동위원회에 설치된 조정위원회	노동위원회가 구성한 중재위원회	중앙노동위원회
권고 또는 의무	권 고	권 고	의 무	조정 또는 중재에 회부

● 도표 6-6 노동쟁의의 조정절차

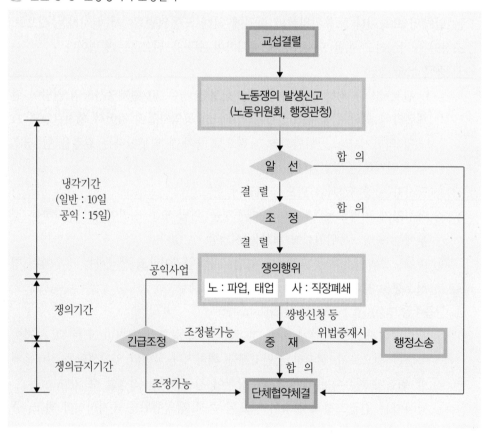

Key Point 노동쟁의와 냉각 기간(cooling off period)

노동쟁의가 발생하면 노사 중 일방이 관할행정관청과 노동위원회에 신고해야 한다. 신고된 노동 쟁의가 적법판정을 받더라도 일정 기간(즉, 냉각기간)이 경과하지 않으면 최종수단인 쟁의행위를 할 수 없다.

이와 같이 냉각기간을 둔 이유는 ① 노사 쌍방의 감정의 냉각, ② 사회여론에 의한 공정한 판 단, ③ 자주적 해결의 기회를 부여하기 위해서이다.

5) 단체협약의 관리

단체교섭을 통해 협약이 체결된 후, 협약 이행과정에서 노사 양자의 마찰이 생길 경우 고정처리제도와 중재제도를 통해 협약관리를 하게 된다.

● 도표 6-7 고정처리절차

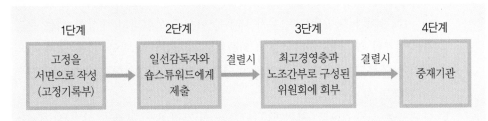

◈ shop steward
기업내 노조간부로 기업에 서 근로조건이 이행되는지 판단하고 고충처리에 종업 원을 대표하게 되는 노조 의 피고용인

(2) 경영참가제도 → 독일에서 주로 사용되는 제도

1) 경영참가제도의 의의
① 경영참가제도는 노동조합 또는 근로자가 의사결정의 권한과 책임을 갖고 경영 에 공동으로 참여할 수 있도록 하는 제도이다.
② 가장 대표적인 형태가 노사협의회이다.

● 도표 6-8 경영참가제도

광의의 경영참가제도는 자본참가, 이익참가, 경영참가를 다 포함하나 협의의 경우는 경영참가만을 의미한다.

◆ 독일식 공동의사결정의 유형
① 감사역회 : 이사회 위에 존재하는 최고경영의사 결정기구로 노사 동수로 구성, 전략적 의사결정
② 경영협의회 : 관리적 · 업무적 의사결정에 참여
③ 경제위원회
④ 경영총회

2) 노사협의회(joint consultation) → 경영협의회, 노사위원회

① 의 의

단체교섭의 대상이 되는 임금 · 근로조건 이외의 문제(작업능률, 생산성 등)에 대하여 협의하는 노사 쌍방의 대표자로 구성된 합동기구이다.

② 단체교섭과 노사협의회의 차이

ⓐ 노사협의회의 근로자측 대표는 노조에 속한 조합원뿐 아니라, 비조합원도 포함한 모든 종업원의 대표이다.

ⓑ 단체교섭의 주요 대상이 되는 임금을 비롯한 근로조건에 관해서는 노사 간의 이해관계가 대립되는 경우가 대부분이나, 노사협의의 대상이 되는 문제들(작업계획 및 방법, 생산성향상, 기술개선, 경영합리화 방안 등)은 노사 간의 이익이 공통되는 것으로, 기업의 번영뿐 아니라 종업원의 생활향상의 근원이 된다고 할 수 있다.

ⓒ 단체교섭의 배경에는 쟁의권이 있지만, 노사협의는 평화적 처리를 전제로 한다.

도표 6-9 경영참가제도의 수직적 분류

참가제도	주요국가	대표적 모형	최종결정권
공동협의제	영국, 미국	조인트컨설테이션, 스캔론플랜	경영자
공동경영제	독일	공동의사결정제도	공동
자치경영제	유고, 이스라엘	자치관리	근로자

3) 경영참가제도의 문제점

① 경영권 침해의 문제 : 권한과 의무의 배분문제
② 조합 약체화의 문제 : 경영참가를 단체교섭과 어떻게 양립시킬 것인가 하는 문제가 있다.
③ 근로자의 경영참가능력의 문제 및 근로자 대표의 교육 · 훈련비용의 문제가 있다.
④ 노동귀족 형성의 문제 : 경영에 참가하는 근로자 대표가 조합원의식과 근로자 권익보호자세를 계속 유지할 수 있는가의 여부도 문제이다.

구 분	단체교섭	노사협의회
목 적	근로조건의 유지개선	노사공동의 이익증진과 산업평화의 도모
배 경	노동조합의 존립을 전제로 하고 자력구제로서의 쟁의를 배경	노동조합의 성립 여부와 관계없이 쟁의행위라는 위협의 배경 없이 진행
당 사 자	노동조합의 대표자와 사용자	근로자의 대표자 및 사용자
대 상	임금, 근로시간, 기타 근로조건 등 이해가 대립	기업의 경영이나 생산성향상 등과 같이 노사간 이해가 공통
결 과	단체교섭이 원만히 이루어진 경우 단체협약 체결	법적 구속력 있는 계약체결이 이루어지지 않음

4) 종업원지주제도

('97 CPA)
★ 출제 Point
종업원지주제도의 특징

① 의 의

종업원지주제도는 간접적인 경영참여방식으로 종업원에게 주식을 취득·소유하게 하는 제도이다.

② **목 적**

    ⓐ 노사관계의 원활화

    ⓑ 동기부여

    ⓒ 안정적 주주의 확보

    ⓓ 종업원의 재산형성

    ⓔ 자금조달

    ⓕ 기업지배구조안정화

③ **종업원지주제도의 필요조건**

    ⓐ 회사의 경영방침으로 실시

    ⓑ 회사가 특별한 편의(예 자금보조, 구입자금대여, 증여)를 제공

    ⓒ 장기보유목적

    ⓓ 자사주 취득·보유가 제도화되어야 함

④ **종업원지주제도의 문제점**

    ⓐ 주식소유종업원과 미소유종업원 간의 갈등으로 인한 생산성 저하

    ⓑ 종업원의 발언권증대로 인한 경영권 위협

    ⓒ 조합원회유책으로의 악용의 소지

    ⓓ 주가하락시의 효과반감

    ⓔ 주식평등원칙의 위배

5) 주식관련 인센티브제도

① 주식 매입 선택권(Stock option) : 향후 몇 년간 일정 가격에 살 권리를 부여

② 주식평가권(Stock appreciation right) : 주식의 현재 가격과 일정 기간 내의 어떤 시점에서의 주가와의 차액을 지급

③ 가상적 주식권(Phantom stock) : 일정 수의 가상주식계정을 설정해주고, 일정 기간 후 주식에서의 어떤 이득이나 배당에 참여할 권리를 줌

기출문제

01 조직구성원들의 경영참여를 위한 제도에는 여러 가지 형태가 있다. 다음 가운데서 이에 직접적으로 연관된다고 볼 수 없는 것은? ('89. CPA)

① 럭커제도
② 제안제도
③ 종업원지주제도
④ 스캔론제도
⑤ 고충처리제도

✎ 해설 ⑤ 고충처리제도는 종업원의 경영참여보다는 불만사항의 해소에 그 목적이 있다.

02 인간관계관리법에 대한 설명 중 틀린 것은? ('95. CPA)

① 감수성 훈련 – T group훈련
② ZD – 전종업원을 대상으로 한다.
③ Osborn – 브레인스토밍은 적정인원을 3~5명으로 한다.
④ 소시오메트리는 소집단연구의 한 기법으로 소집단구성원의 무관심, 거부유형을 관찰해 인간관계를 관리하는 것이다.
⑤ 사기조사에는 통계조사와 태도조사가 있다.

✎ 해설 ③ Osborn에 의하면 브레인스토밍(brain storming)은 대체로 12명 정도의 member를 구성하여 실시하는데, 그 중 1명은 리더이며, 1명은 기록을 맡고, 5명은 정규멤버(regular member)로서 해당 부문의 전문지식을 가진 자, 나머지 5명은 객원멤버(guest member)로서 기타부문의 종사자로 구성된다.

03 노사관계에 있어서 check-off란? ('95. CPA)

① 출근시간을 점검하는 것이다.
② 작업성적을 평가하여 임금결정시 보완하려는 제도이다.
③ 종합적 근무성적을 인사고과에 반영하는 것이다.
④ 회사급여 계산시 노동조합비를 일괄공제하여 노조에 인도하는 것이다.
⑤ 회사의 노동계약 준수 여부를 제도적으로 점검한다.

✎ 해설 check off system(조합비 일괄공제제도)은 노동조합의 안정과 독립을 위한 방법으로 조합비를 징수할 때 회사의 급여 산정시 급여에서 일괄공제, 조합에 인도하는 제도이다.

정답 1 ⑤ 2 ③ 3 ④

04 종업원 지주제도에 대한 설명 중 옳지 않은 것은? ('97. CPA)

① 회사의 경영방침으로 종업원에 자사주를 보유하게 하는 것이다.

② 현실적으로 종업원은 취득한 주식을 단기에 매도할 수 없다.

③ 안정적인 주주확보와 종업원의 재산형성에 도움이 된다.

④ 협조적인 노사관계 형성과 부의 격차 완화에 기여한다.

⑤ 우리 나라에서는 우리사주조합에 주로 주식옵션을 부여하는 방법으로 시행하고 있다.

✎ 해설 ⑤ 우리 나라에서는 일반적으로 우리사주조합에 주식을 확정된 가격으로 부여하는 방법으로 시행되고 있다.

연습문제

01 다음 중 인간관계관리제도로 묶이지 않은 것은?

① 종업원지주제, 완전무결운동　　　② 의사소통의 개선, 사기조사

③ 감수성 훈련, 소시오메트리　　　　④ 제안제도, 목표에 의한 관리

⑤ 사기조사, 완전무결운동

✎ 해설　④ 목표에 의한 관리는 인간관계관리제도가 아니고 종업원 참여에 의한 인사고과방법이다.

02 인간관계론에 대한 설명 중 틀린 것은?

① 인간관계론은 인간과 인간의 관계측면만을 중시하였다.

② 비공식적 조직에만 관심을 집중하고 공식조직의 역할을 간과하였다.

③ 경제적 보상의 효과를 경시하였다.

④ 노동조합의 역할을 중시하였다.

⑤ 인간관계론이 조직 목표의 효율성에 미치는 영향을 고려하지 않는다.

✎ 해설　④ Mayo 교수는 적절한 인간관계만 이루어진다면 노조는 불필요하다고 주장하였다.

03 인간관계관리의 제도 중 다음의 목적을 달성할 수 있는 것은?

a. 종업원의 창의력 개발　　　　b. 종업원의 참여의식 증진
c. 경영상의 경제적 이익　　　　d. 노사관계의 원활화
e. 종업원의 사기와 인간관계 개선

① 사기조사　　　　　② 인사상담제도　　　　　③ 제안제도

④ 고충처리제도　　　⑤ 종업원지주제

04 다음 중 제안제도를 성공적으로 실시하기 위해 갖추어야 할 전제조건이 아닌 것은?

① 각 종업원은 자유롭게 제안을 할 수 있도록 한다.

정답　1 ④　2 ④　3 ③　4 ④

② 채택된 제안에 대해서는 충분한 보상을 하여야 한다.

③ 제안을 장려, 지도하는 방식이 제도화되어 있어야 한다.

④ 계획을 입안하고 실제로 운영하는 책임을 명확히 해야 한다.

⑤ 제안의 처리 및 심사는 신속하고 공평해야 한다.

✎ 해설 ④는 제안제도를 실시하기 위한 전제조건이라기보다는 제안제도를 합리적으로 운영하기 위해 준수해야 할 원칙에 해당된다.
위의 ①, ②, ③, ⑤ 외의 전제조건으로 종업원에게 이 제도의 의도를 충분히 이해시켜야 한다는 것을 들 수 있다.

05 인사상담제도에 대한 다음의 설명 중 옳지 않은 것은?

① 전문적인 상담원을 조직 내에 두어야 한다.

② 상담원은 사장, 고위간부, 감독자 등이 될 수도 있고, 본인의 희망에 따라 결정할 수도 있다.

③ 상담원은 반드시 조직 내부의 사람이어야 한다.

④ 상담원은 직장 내의 직무에 관한 불평 및 개인적, 가정적 문제 등을 상담하고 이의 해결을 위해 감독자 또는 외부와 협력한다.

⑤ 상담원이 주의할 점으로는 상담원이 직접 해결방안을 제시해 주려고 하면 안 된다는 것과, 비밀을 엄수해야 한다는 것 등을 들 수 있다.

✎ 해설 ③ 상담원은 조직 내의 사람뿐만 아니라, 외부인사도 될 수 있다.

06 종업원의 작업의욕을 저해하는 요인과 불평불만의 원인을 밝히고, 그 원인을 제거할 수 있는 대책을 수립하기 위한 기초자료를 얻을 목적으로 이용되는 인간관계관리제도는?

① 제안제도　　　　　② 사기조사　　　　　③ 종업원지주제도

④ 인사상담제도　　　⑤ 고충처리제도

07 사기조사에 대한 다음의 설명 중 옳지 않은 것은?

① 사기조사의 방법으로는 통계적 방법과 태도조사를 들 수 있는데, 노동이동률, 결근율 등에 의해 측정하는 것은 통계적 방법이다.

② 태도조사는 종업원들의 심리적·감정적 상태를 조사하여 그들의 의견과 희망을 듣고 불평요인과 그 소재를 파악하는 것이다.

③ 태도조사의 목적에는 종업원의 정신적 긴장의 완화도 포함된다.

④ 경영상의 제반정책 실시에 필요한 기초자료를 얻기 위해 태도조사가 실시되기도 한다.

정답 5 ③ 6 ② 7 ⑤

⑤ 태도조사의 방법으로 면접법, 질문지법, 직접관찰법, 제안법, 실험연구법 등이 있는데 제안법, 실험연구법이 가장 일반적으로 사용되고 있다.

✏ 해설 ⑤ 가장 일반적으로 사용되고 있는 것은 면접법과 질문지법이다.

08 고충처리제도에 대한 다음의 설명 중 옳지 않은 것은?

① 고충은 그 내용이 노사관계관리와 관련되어 있거나 공식적으로 제기된 불평을 말한다.
② 고충처리를 위해 본인이 함께 협의하는 것을 직장교섭이라고 한다.
③ 직장교섭으로 해결되지 않는 경우 공장장과 노조의 교섭위원회의 협의로 해결하는데 이를 직장위원회라고 한다.
④ 직장위원회에서도 해결되지 않는 문제는 지방노동위원회를 통해 해결한다.
⑤ 고충처리대상은 개인적 고충과 집단적 고충이 있다.

✏ 해설 ④ 직장위원회에서 해결되지 않는 문제는 노사협의회를 통해 해결한다.

09 인간관계관리제도에 관한 다음의 설명 중 옳지 않은 것은?

① 소시오메트리는 소집단의 내부구조를 측정하기 위한 기법으로 주로 집단의 특성과 구성원의 지위를 알아낼 수 있다.
② 브레인스토밍은 자유연상법의 전형적인 형태로 새로운 아이디어를 얻는 방법이다.
③ 제안제도와 브레인스토밍은 종업원의 개별적 아이디어를 경영자에게 전달한다는 점에서 공통점이 있다.
④ 종업원지주제도는 종업원에게 경영참가의식을 높이고, 경영의 합리화를 기하려는 데 목적이 있다.
⑤ 브레인스토밍은 아이디어의 질보다는 양에 치중하는 방법으로, 개인의 능력과 성취동기의 증대, 인간관계의 원활화를 기할 수 있다.

✏ 해설 ③ 제안제도는 종업원의 개별적 아이디어를 전달하는 제도이지만, 브레인스토밍은 집단적 착상에 의한 제도이다.

10 다음 중 노동조합의 기본기능이 아닌 것은?

① 단체교섭　　　　② 상호부조　　　　③ 경영참가
④ 노동시장 통제　　⑤ 노동쟁의

✏ 해설 ①, ③, ⑤가 노조의 기본 기능으로 이는 노동시장의 통제를 목적으로 한다. ③에 주의할 것, ②는 공제적 기능이다.

정답 8 ④ 9 ③ 10 ②

11 노동조합의 형태로서 산업별 노동조합의 형태가 출현하게 된 배경이 아닌 것은?

① 숙련공의 기능에 의존한 생산시스템

② 기계제 생산의 급속한 발전

③ 직종구분의 재편성에 대한 요청

④ 거대한 자본의 집중화

⑤ 상대적으로 약화된 노동자의 교섭력 강화

✎ **해설** ①과 같은 경우 직업별 노동조합의 형태가 나타난다.

12 현대 노동조합의 가장 대표적인 노동조합의 조직형태는?

① 기업별 노조   ② 직능별 노조   ③ 산업별 노조

④ 일반 노조   ⑤ 직업별 노조

13 노동조합과 관련된 다음 설명 중 옳지 않은 것은?

① 직업별 노조는 직능별 노조라고도 한다.

② 직업별 노조의 한계를 극복하려는 것으로 산업별 노조와 일반노조가 있다.

③ 일반노조는 직종이나 산업에 관계없이 모든 노동자에 의해 조직되는 단일노동조합이다.

④ 일반노조는 동일지역에 위치하고 있는 중소기업을 중심으로 조직되는 경우가 많다.

⑤ 노동시장에 대한 지배력이 가장 약한 형태는 직업별 노조이다.

✎ **해설** ⑤ 가장 지배력이 약한 형태는 기업별 노조이다.

14 다음의 노동조합 가입방법을 기업에 대한 노조의 지배력이 높은 것부터 나열하면?

a. union shop	b. open shop	c. closed shop

① a-b-c   ② a-c-b   ③ c-a-b

④ b-c-a   ⑤ c-b-a

✎ **해설** a. 비조합원의 채용도 가능하지만 일정 기간 내에 노조원으로 가입해야 한다.
　　　　b. 조합원이든 비조합원이든 고용시 차별을 두지 않는다.
　　　　c. 조합원만 고용이 가능하다.

정답 11 ① 12 ③ 13 ⑤ 14 ③

15 check-off system에 대한 설명으로 옳지 않은 것은?

① 조합비 일괄공제제도를 말한다.

② 노동조합의 안정을 유지하기 위한 제도이다.

③ 숍시스템과 더불어 단체협약의 주요 내용이 된다.

④ 노동조합의 자금확보를 가능하게 해 주는 제도이다.

⑤ 조합원이든 조합원이 아니든 모든 종업원으로부터 조합비를 징수하는 제도이다.

✎ 해설 ⑤는 agency shop의 설명이다.

16 다음 중 부당노동행위에 속하지 않는 것은?

① 직장폐쇄   ② 개별근로자에 대한 황견계약

③ 노조와의 단체교섭 거부   ④ 개별근로자에 대한 불이익 대우

⑤ 노조에의 개입 및 자금 원조

17 다음 중 부당노동행위에 해당하지 않는 경우는?

① 노동자가 노동조합을 조직·가입하려고 한 것을 이유로 해고 또는 불이익한 대우를 하는 행위

② 노동자가 노동조합에 가입하지 아니할 것, 또는 탈퇴할 것을 고용조건으로 하는 행위

③ 노조에 개입하기 위하여 노동조합의 운영비를 원조하는 행위

④ 노동조합이 전체노동자를 대표하고 있을 경우 근로자가 그 조합원이 될 것을 고용조건으로 하는 단체협약의 체결

⑤ 노동조합사무소 제공

✎ 해설 ① 불이익 대우,
　　　　② 황견계약(yellow-dog contract),
　　　　③,⑤ 노조에 지배·개입·자금원조, 단 최소한의 규모의 노동조합사무소 제공은 예외조항으로 허용된다.

18 다음 중 쟁의행위에 해당되지 않는 것은?

① sabotage   ② boycott   ③ lock-out

④ lay-off   ⑤ strike

✎ 해설 ① 태업, ② 불매운동, ③ 직장폐쇄(사용자측의 쟁의 행위), ⑤ 파업
　　　　위의 ①, ②, ⑤ 외에 노동조합의 쟁의행위에는 picketing(시위)이 있다.
　　　　④는 일시해고를 말한다.

19 노동위원회의 쟁의조정방법 중 가장 강력한 것은?

① 당사자 간의 조정　　　　　　　② 알선(conciliation)

③ 조정(mediation)　　　　　　　④ 긴급조정(emergency adjustment)

⑤ 중재(arbitration)

✎ 해설　②, ③, ⑤는 노동위원회의 쟁의조정방법으로는 중재 > 조정 > 알선 순으로 강력하다.

20 다음의 쟁의조정방법 중에서 강제성을 띠는 것만을 고르면?

a. 알 선	b. 조 정	c. 중 재	d. 긴급조정

① a, b　　　　　　　② b, c　　　　　　　③ c, d

④ d, a　　　　　　　⑤ b, d

✎ 해설　a, b는 권고의 차원, c, d는 반드시 따라야 함

21 다음 중 성격이 다른 용어는?

① 단체교섭　　　　　　② 스트라이크　　　　　③ 직장폐쇄

④ 중 재　　　　　　　⑤ 고정처리

✎ 해설　①～④는 협약의 체결과정에서 나타나는 개념이고, ⑤는 협약의 관리과정에서 나타나는 개념이다.

22 다음 중 단체교섭과 구별되는 노사협의회의 특징이 아닌 것은?

① 근로조건 협의　　　　　　　② 비조합원 포함

③ 노사 간의 공통이익 추구　　　④ 평화적 처리

⑤ 노사합동기구

✎ 해설　① 노사협의회는 근로조건 이외의 문제를 협의하는 단체이다.

23 다음 중 경영참가제도의 문제점이 아닌 것은?

① 경영권 침해　　　　　　　② 노동귀족의 형성

③ 조합 약체화　　　　　　　④ 근로자의 경영참가 능력 미비

⑤ 쟁의권 남발

✎ 해설　⑤ 경영참가제도에서는 쟁의권을 인정치 않는다.

정답　19 ⑤　20 ③　21 ⑤　22 ①　23 ⑤

제**6**편

마케팅관리

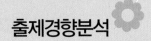

1. 출제빈도분석

마케팅관리론에서는 매년 20%~25% 정도의 문제가 출제되어 왔으며, 주로 마케팅관리의 기본개념, 목표시장선정(시장세분화), 4P활동 중 제품관리와 유통경로관리등에서 많은 문제들이 다루어졌음을 알 수 있다.

	분야	출제내용 및 연도	출제문항수
선행적마케팅	1장 마케팅관리와 기업전략	마케팅기능[1992(2문제)], 마케팅의사결정(1992), 마케팅관리의 과제(1989, 1992, 1995, 1997, 1999), 메가마케팅(1999), 관리마케팅(1999), SBU(1993), BCG matrix(1996, 2002, 2003, 2007), GE matrix(2002, 2007), 집약성장전략(2005, 2006) 통합성장전략(1995, 1997), 다각화(1999, 1997, 2006), 시장매력도 평가기준(2008)	14(19)
	2장 시장기회분석	경쟁자 분석(2007), 1차자료수집방법(1991, 2004), 구매의사결정과정(1998, 2008), 소비자행동분석(2004, 2005, 2006, 2007), 대안평가 모델(2003, 2008), 다속성 태도모델(2006, 2008), 명목척도(1999), 마케팅조사기법(1999, 2004, 2005), 표본추출방법(2000, 2005)	16
	3장 목표시장의 선정	시장세분화[밀집화전략(1989), 세분화조건(1992, 2002), 세분화의 장·단점(1993), 세분화기준(1991, 2000, 2005), 소비자특성이용(1989), 시장세분화전략(2001, 2004, 2008)], 시장진출대안(1994), 목표시장선정(2005), 시장위치선정(1999, 2001, 2005), 선도기업전략(2001), 니치기업전략(1999, 2004)	16
4P	4장 제품관리	마케팅믹스[고려요인(1991), 4P(1998), 기타(1994)], 상표[브랜드 자산(2007), 협동상표(1996), 상표의 특성(2003), 상표전략(2001, 2004, 2005, 2008), 글로벌브랜드(2004)], 제품[증폭제품(1998), 선매품(2005), 전문품(1994, 2005), 신제품개발과정(1994, 2000), 신제품개발기법(2002, 2005), 제품믹스(1994)], PLC[정의(1993), 특징(1994), 가격전략과의 관계(1995), 성숙기특징(1995)], 서비스 마케팅 전략(2005)	18(25)
	5장 가격관리	가격전략(1998, 2005), 가격선도(1992), 포획제품 가격전략(2004, 2008), 가격경쟁형 전략(1995), 가격관리[상층흡수가격·침투가격(1989, 1994, 1997, 2002, 2005, 2008), 가격차별(2007), 준거가격(2007), 심리적 가격결정(1994, 1997, 2008)], 묶음가격(2003, 2007, 2008), 거래공제(2005)	12(18)
	6장 유통경로관리	유통경로의 의의(1997), 유통경로 선택전략(2003, 2005), 유통기능(2000), 유통경로단계(2001, 2005, 2007)], 유통경로 갈등관리(2005, 2006, 2008), 푸시전략·풀전략(1992), 심비오틱마케팅(1995, 1999), 물적유통[전략(1995), 유닛로드시스템(1996), 물류관리(1996), 소매상(1996, 2004)], 상권분석(2006)	17(19)
	7장 촉진관리	광고매체선택시 고려사항(1989), 광고효과(2005), 광고모델(2007), 광고전략(2002, 2005), 촉진전략(1995, 2004), 촉진믹스(2000, 2005, 2006), 판매촉진(2003, 2008), 인적판매(2004, 2007)	11(13)
기타	8장 인터넷마케팅	인터넷 마케팅(2006)	

※ 출제문항수의 괄호 안의 숫자는 다른 분야와 중복출제된 것을 포함시킨 문항수임.

2. 수험대책

앞으로의 시험준비를 위해서는 마케팅관리의 기본개념과 신개념, 소비자 행동분석 시장조사론, 시장세분화, 4P활동 등에 골고루 관심을 두어야 한다.

또한 최근에는 한 분야에서 집중적으로 출제되기 보다는 여러 분야에 걸쳐 종합적으로 묻는 문제가 늘어나고 있는 추세이므로, 각 분야의 필수적인 내용을 철저히 이해하고 있어야 한다.

마케팅관리

기업전략

포트폴리오 전략 ─┬─ BCG성장/점유율매트릭스(시장성장률, 상대적 시장점유율)
　　　　　　　　└─ GE다변수포트폴리오매트릭스(산업의 매력도, 사업의 강점)

신 사 업 전 략 ─┬─ 집약성장전략 : 시장침투(기존시장, 기존제품), 시장개발(신시장, 기존제품), 제품개발(기존시장,
(＝성장전략)　　│ 　　　　　　　　신제품)
　　　　　　　　├─ 통합성장전략 : 후방통합, 전방통합, 수평통합
　　　　　　　　└─ 다각성장전략 : 집중적(기존시설 이용가능 제품), 수평적(기존고객에게 호소), 복합적(위험분산
　　　　　　　　　　　　　　　　　위해 무관한 사업에)

시장기회분석

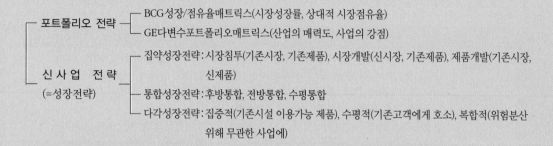

마케팅환경분석 ─┬─ 미시적 : 목표시장에의 적응능력에 미치는 요인(회사內, 공급자, 중간매개상, 고객, **경쟁자**, 대중)
　　　　　　　　└─ 거시적 : 미시적 환경에 영향을 미치는 요인

마케팅시스템 : 내부보고시스템, 마케팅정찰정보시스템, 마케팅조사시스템(탐색조사, 기술조사, 인과조사), 분석적
　　　　　　　마케팅시스템, 고객정보시스템

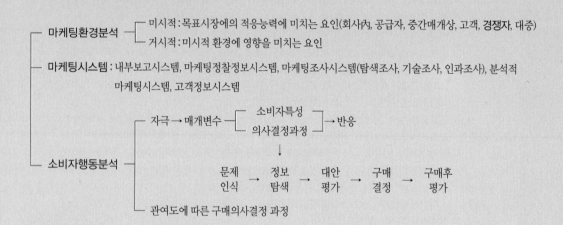

소비자행동분석 ─┬─ 자극 → 매개변수 ─┬─ 소비자특성 ─┬→ 반응
　　　　　　　　│　　　　　　　　　└─ 의사결정과정 ─┘
　　　　　　　　│　　　　　　　　　　　　　↓
　　　　　　　　│　문제　　→　정보　→　대안　→　구매　→　구매후
　　　　　　　　│　인식　　　　탐색　　　평가　　　결정　　　평가
　　　　　　　　└─ 관여도에 따른 구매의사결정 과정

목표시장선정

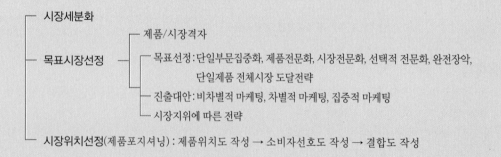

시장세분화

목표시장선정 ─┬─ 제품/시장격자
　　　　　　　├─ 목표선정 : 단일부문집중화, 제품전문화, 시장전문화, 선택적 전문화, 완전장악,
　　　　　　　│　　　　　　단일제품 전체시장 도달전략
　　　　　　　├─ 진출대안 : 비차별적 마케팅, 차별적 마케팅, 집중적 마케팅
　　　　　　　└─ 시장지위에 따른 전략

시장위치선정(제품포지셔닝) : 제품위치도 작성 → 소비자선호도 작성 → 결합도 작성

마케팅전략

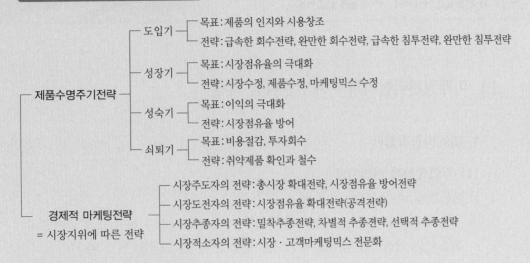

제품수명주기전략
- 도입기
  - 목표 : 제품의 인지와 사용창조
  - 전략 : 급속한 회수전략, 완만한 회수전략, 급속한 침투전략, 완만한 침투전략
- 성장기
  - 목표 : 시장점유율의 극대화
  - 전략 : 시장수정, 제품수정, 마케팅믹스 수정
- 성숙기
  - 목표 : 이익의 극대화
  - 전략 : 시장점유율 방어
- 쇠퇴기
  - 목표 : 비용절감, 투자회수
  - 전략 : 취약제품 확인과 철수

경제적 마케팅전략 = 시장지위에 따른 전략
- 시장주도자의 전략 : 총시장 확대전략, 시장점유율 방어전략
- 시장도전자의 전략 : 시장점유율 확대전략(공격전략)
- 시장추종자의 전략 : 밀착추종전략, 차별적 추종전략, 선택적 추종전략
- 시장적소자의 전략 : 시장 · 고객마케팅믹스 전문화

마케팅믹스개발(4P)

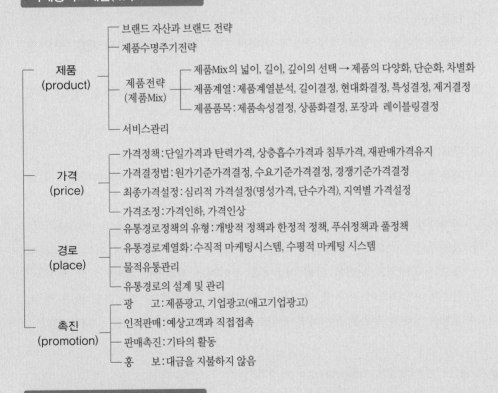

제품(product)
- 브랜드 자산과 브랜드 전략
- 제품수명주기전략
- 제품전략(제품Mix)
  - 제품Mix의 넓이, 길이, 깊이의 선택 → 제품의 다양화, 단순화, 차별화
  - 제품계열 : 제품계열분석, 길이결정, 현대화결정, 특성결정, 제거결정
  - 제품품목 : 제품속성결정, 상품화결정, 포장과 레이블링결정
- 서비스관리

가격(price)
- 가격정책 : 단일가격과 탄력가격, 상층흡수가격과 침투가격, 재판매가격유지
- 가격결정법 : 원가기준가격결정, 수요기준가격결정, 경쟁기준가격결정
- 최종가격설정 : 심리적 가격설정(명성가격, 단수가격), 지역별 가격설정
- 가격조정 : 가격인하, 가격인상

경로(place)
- 유통경로정책의 유형 : 개방적 정책과 한정적 정책, 푸쉬정책과 풀정책
- 유통경로계열화 : 수직적 마케팅시스템, 수평적 마케팅 시스템
- 물적유통관리
- 유통경로의 설계 및 관리

촉진(promotion)
- 광고 : 제품광고, 기업광고(애고기업광고)
- 인적판매 : 예상고객과 직접접촉
- 판매촉진 : 기타의 활동
- 홍보 : 대금을 지불하지 않음

인터넷 마케팅

제1장 ■ 마케팅관리와 기업전략

1.1 마케팅관리철학과 마케팅관리의 과제

1. 마케팅관리철학

(1) 기업중심적 관리철학

1) 생산개념(production concept)

① 수요가 공급을 초과하는 판매자시장에서는, 기업은 생산만 하면 쉽게 판매할 수 있으므로, 생산성을 높이고 생산량을 증대시키는 데 관심을 두게 된다.

② 기업이 생산성 향상에만 주력하다 보면 제품차별화는 관심 밖의 일이 된다.

2) 제품개념(product concept)

① 제품개념이란 치열한 경쟁상황에 대처하고자 경쟁자와 **차별화된 제품, 좋은 품질의 제품**을 공급하여 구매자를 유인하겠다는 관리철학을 말한다.

② 제품개념에서의 기업의 초점은 생산성 향상보다 제품 자체의 특징, 성능, 품질 등에 맞추어진다.

3) 판매개념(selling concept)

① 제품개념으로도 시장에 대처할 수 없을 만큼 경쟁이 치열해지면 판매개념이 나타나게 된다. → 즉, 경쟁상황에서 좋은 제품을 갖고 있더라도 원하는 만큼 쉽게 판매하기 어려운 경우 기업은 **판매 및 촉진활동**에 관심을 갖게 되는 것이다.

② 판매개념은 이와 같이 공급이 수요를 초과하는 경우 경쟁에서 이기기 위하여 광고나 판매원의 노력을 통해 매출액을 높이려는 관리철학이다.

③ 판매개념에 의하여 판매 및 촉진을 늘려 매출이 향상되었다 하더라도 판매 및 촉진상의 상대적 우위를 상실하면 곧바로 심각하게 매출이 감소되는 문제가 있다.

● 도표 1-1 마케팅개념(marketing concept)의 발전과정

생산개념 → 제품개념 → 판매개념 → 마케팅개념 → 사회지향적 마케팅개념

(2) 고객지향적 관리철학 - 마케팅개념

1) 마케팅개념의 의의

① 치열한 경쟁에 적절히 대처하기 위한 최선의 방법으로는 기업이 임의로 생산한 제품이나 서비스를 판매하려는 것보다, 그 기업이 대상으로 하는 목표시장의 욕구를 파악하여 그 욕구를 충족시키는 것이 필요한데, 이를 마케팅개념(marketing concept)이라 한다.

② 마케팅개념이 표방하는 것은 바로 고객욕구충족 내지 고객지향이라 할 수 있으며, 기업중심 관리철학이 기업의 기존제품에서 출발하는데 비해 고객지향적 관리철학은 고객의 욕구에 초점을 두게 된다.

③ 그러므로 마케팅개념은 고객지향, 전사적 노력 및 고객만족을 통한 이익실현 등의 활동이 필요하다.

2) 전사적 마케팅

① 기업들의 여러 기능들 중 고객과 직접 상대하는 기능은 마케팅기능이지만, 고객의 욕구충족은 기업의 모든 부문과 모든 종업원들이 고객지향적 사고를 가짐으로써 실현될 수 있다.

② 마케팅적 사고가 기업 전반에 확산될 때 이를 전사적 마케팅(total marketing)이라고 부른다.

3) 내부마케팅

① 내부마케팅(internal marketing)은 고객에게 충분히 봉사할 수 있는 자질을 갖춘 종업원을 선발하고 교육·훈련시키고 모티베이션을 부여하는 것이다.

② 외부마케팅(external marketing), 즉 고객지향적 마케팅의 실현을 위해서는 **내부마케팅이 선행되어야** 한다. → 즉, 기업의 종업원이 고객에게 훌륭한 서비스를 제공하기 위해서는 그 준비가 갖추어져야 하는 것이다.

4) 고객의 획득과 유지

① 자사의 기존고객으로 하여금 다음 번에도 자사의 상품을 구입하게 만드는 것을 유지(retention)라 하고, 자사고객이 아닌 자를 다음번에 자사상품을 구입하게 만드는 것을 획득(acquisition)이라 한다.

② 일반적으로 **고객유지비용이 고객획득비용보다** 적다.

◈ 마케팅 컨셉트
① 고객지향성
② 경쟁지향성 : 현재·잠재 경쟁자 분석 및 행동예측
③ 통합성=전사적 마케팅

◈ 만족 = 성과 - 기대

◈ 만족도가 높아질수록 애호도가 높아지며, 이것은 유지율을 높이게 된다.

● 도표 1-2 고객유지방법

```
                 ┌ 소극적 방법 ─ 전환장벽(switching barrier) 구축
   고객유지방법 ┤
                 │               ┌ 충성도(loyalty : 애호도)증진 프로그램 실시
                 └ 적극적 방법 ┤
                                 └ 고객 만족도 향상
```

 경영사례 ▶ 교차판매

교차판매란 기존 고객에게 유사한 상품을 판매하는 일을 말한다. 예를 들어 신발가게에서 고객에게 신발 구입을 먼저 권한 다음, 효과적으로 양말도 판매하는 것이다. 생명보험을 구입한 고객에게 자매사에서 자동차보험을 팔거나 자매은행에서 주택대출을 제공하는 것도 비슷한 사례.

판매회사 쪽에서 보면 교차판매는 효과 대비 비용이 확실히 저렴하다. 또 실행에 옮기기가 쉽다.

베인이 전 세계적으로 실시한 연구조사에 따르면, 기존고객 대상 판매가 신규고객 획득보다 30% 저렴하고 효과가 높다는 결과가 나왔다. 즉, 기존고객과 거래 기간 동안 올린 교차판매 수익이 신규고객 대상 판매보다 5배나 많았다.

5) 생애가치=고객자산(customer equity)

① 생애가치(lifetime value)란 어떤 고객으로부터 얻게 되는 이익흐름의 현재가치를 말한다.

② 생애가치는 고객을 획득하고 유지하는 데 지출되는 비용과 획득 및 유지시의 이익을 이용하여 구하게 된다.

③ 어떤 기업이 고객을 확보한 후 지속적으로 자사고객으로 유지할 수 있다면, 고객의 가치를 분석할 때 한 번 거래에서 나오는 이익보다, 생애가치를 고려하는 것이 더 바람직하다.

(2005 CPA)
★ 출제 Point
20/80룰의 의미

④ 또한 생애가치가 높은 소수의 고객들이 기업이익의 대부분을 차지한다(20/80룰)는 조사결과에 비추어보면 이들에 집중하는 마케팅전략도 중요하다.

⑤ 어떤 기업이 고객의 생애가치를 극대화 하기 위해서는 **획득비용과 유지비용을 적절하게 지출**할 수 있어야 한다.

('98 CPA)
★ 출제 Point
관계마케팅의 의의 및 데이터베이스 마케팅과의 관계

6) 고객유지를 위한 관계마케팅(CRM)

① 마케팅은 고객창조와 유지를 통하여 기업의 존속을 가능케 하고 장기적으로 그 목적달성에 공헌한다.

② 고객창조

　고객의 창조는 기존의 제품과 매우 다른 혁신제품을 개발함으로써 새로운 시장을 창조하거나, 기존제품시장에서 차별적 우위를 확보함으로써 가능하다.

③ 고객유지

　ⓐ 기업이 목표시장에서 가급적 많은 고객을 확보하기 위한 또 하나의 방법은 기존의 고객을 계속적으로 자사의 고객으로 남아 있도록 하는 것이다.

　ⓑ 이를 위해서는 기존고객과의 우호적 관계를 계속적으로 유지함으로써 자사의 고객으로 남아 있도록 하는 관계마케팅(relationship marketing)이 필요하다.

　ⓒ 관계마케팅의 실현을 위해서는 전통적인 제품관리자가 아닌 **고객관리자**가 필요하다.

　ⓓ 고객관리자는 계속적인 관계를 유지할 '평생'고객들의 욕구와 선호를 충족시키고 그들의 문제를 해결하기 위해 필요한 제품을 개발하고 준비해야 한다.

　ⓔ 그러므로 관계마케팅 관리자는 진정한 마케팅컨셉(marketing concept)을 수용하고 실행하는 관리자라고 할 수 있다.

◈ 대개 새로운 고객의 창조보다 훨씬 적은 비용과 노력으로 기존고객을 유지시킬 수 있다.

7) 데이터베이스 마케팅과 인터넷 마케팅

① 데이터베이스 마케팅(database marketing)이란 시장의 1차자료를 직접 수집·분석하고 그것을 기초로 마케팅전략을 수립하는 것을 말한다.

② 데이터베이스 마케팅의 성공요건으로 치밀한 고객관리, DBMS(database management system)의 지원이 필요하다.

③ 일대일 마케팅(one to one marketing)이 가능한 데이터베이스 마케팅의 한 예로 쌍방향 커뮤니케이션을 통해 마케팅활동을 하는 인터넷 마케팅(internet marketing)을 들 수 있다.

● 도표 1-3 기업중심적 관리철학과 고객지향적 관리철학의 비교

관리철학	출발점	수　단	목　적
기업중심	기업의 기존제품	판매와 촉진	판매량 증대에 의한 이익실현
고객지향	고객의 욕구	전사적 노력	고객만족을 통한 이익실현

(3) 사회지향적 관리철학 – 사회지향적 마케팅

1) 사회지향적 마케팅의 필요성

① 개인소비자의 단기적 욕구충족이 장기적으로는 소비자 전체, 즉 사회의 복지와 상충되는 경우도 있다(**예** 합성세제의 등장으로 깨끗한 의복에 대한 소비자의 욕

구는 충족시켰지만 수질이 오염되고 자연이 황폐하게 됨).

② 이러한 이유 때문에 기업이 마케팅활동을 수행함에 있어서 마케팅활동의 결과가 장기적으로 그리고 사회 전체적으로 어떠한 영향을 미칠 것인가에 대한 관심을 가져야 하며, 가급적 부정적 결과를 야기시키지 않도록 하여야 한다는 사회지향적 마케팅(social marketing concept)의 필요성이 대두되었다.

③ 기업은 그 기업이 속한 사회에 봉사할 수 있을 때 존속·번영할 수 있으므로 사회지향적 마케팅은 **기업의 사회적 책임**이 강조되는 오늘날 가장 바람직한 관리철학이 된다.

2) 사회지향적 마케팅의 실례 – 그린 마케팅

① 사회지향적 마케팅과 관련된 개념으로 그린마케팅(green marketing)이 있다.

② 그린마케팅은 기업의 마케팅활동이 자원의 보존, 환경보호, 생태계의 균형 등 환경을 고려하여 수행되고 관리되어 궁극적으로 인간의 삶의 질(quality of life)을 증진시키는 데 공헌하여야 한다는 관리이념이다.

③ 그러므로 그린마케팅은 사회지향적 마케팅의 구체적 실천방안이라고 할 수 있다.

2. 마케팅관리의 과제

● 도표 1-4 수요의 상황에 따른 마케팅관리의 과제

수 요 상 황	과 제	명 칭
① **부정적 수요**(negative demand) 잠재적 시장의 대부분이 구매를 꺼리는 상황이다.	**수요의 전환**(reverse demand) 부정적 수요를 긍정적 수요로 전환시켜 공급수준과 동일한 수준까지 수요를 끌어올린다.	전환적 마케팅 (conversional marketing)
② **無수요**(no demand) 잠재적 시장의 대부분이 기호와 관심을 가지고 있지 않은 상황이다.	**수요의 창조**(create demand) 환경의 변화나 제품에 관한 충분한 정보의 유포를 통하여 수요를 창조한다.	자극적 마케팅 (stimulational marketing)
③ **잠재적 수요**(latent demand) 아직 존재하지 않는 제품이나 서비스에 대해 소비자들이 강한 욕구를 가지고 있는 상황이다.	**수요의 개발**(develop demand) 잠재적 수요가 실제수요가 될 수 있도록 수요를 개발한다.	개발적 마케팅 (developmental marketing)
④ **감퇴적 수요**(faltering demand) 수요가 하락하거나 침체되어 있는 상황이다.	**수요의 부활**(revitalize demand) 수요가 하락하거나 침체 이전과 같이 불러일으킨다.	再마케팅 (remarketing)
⑤ **불규칙적 수요**(irregular demand) 수요시기가 계절성을 띠고 있거나 현재의 공급시기와 차질이 심한 상황이다.	**수요와 공급의 시기 일치화** (synchronize demand) 불규칙적 수요의 평준화를 모색하며, 수요와 공급의 시기를 일치시키도록 한다.	동시화마케팅 (synchro marketing)

수 요 상 황	과 제	명 칭
⑥ 완전수요(full demand) 현재의 수요수준과 시기가 기업의 소망과 일치하는 상황이다.	수요의 유지(maintain demand) 일상적 마케팅활동의 효율적 수행, 수요잠식요인에의 주의 집중을 통한 수요수준을 유지한다.	유지적 마케팅 (maintenance marketing)
⑦ 초과수요(overfull demand) 수요수준이 공급자의 공급능력이나 기대공급수준을 초과하는 상황이다.	수요의 감소(reduce demand) 가격인상이나 마케팅활동의 감소를 통해 일시적 또는 영구적으로 억제한다.	逆마케팅 (demarketing)
⑧ 불건전한 수요(unwholesome demand) 수요가 소비자, 사회, 기업의 복지면에서 볼 때 바람직하지 않다고 여겨지는 상황이다.	수요의 파괴(destroy demand) 이러한 제품이나 서비스에 대한 수요를 파괴한다.	대항적 마케팅 (counter marketing)

> **○ 참 고** ('99 CPA)
>
> 기타 마케팅 관련 용어
> ① 아이디어 마케팅(=사회마케팅) : 금연, 환경보존 등 사회적인 '아이디어'나 명분 등을 목표집단이 수용하도록 계획하고 실행·통제하는 프로그램
> ② 감성마케팅 : 고객의 특정 제품에 대한 심리상태를 중시하고, 그때의 기분과 욕구에 적합한 상품개발을 목표로 하는 마케팅으로, 소비자의 감성에 호소하기 때문에 기준도 수시로 바뀌고, 다품종 소량생산방식을 취하게 된다.
> ③ 터보(turbo)마케팅 : 마케팅 활동에서 시간을 중요한 변수로 보고, 이를 경쟁자보다 효과적으로 관리하여 우위를 확보하고자 하는 활동

3. 마케팅기능

마케팅의 기능은 미시적 마케팅기능과 거시적 마케팅기능으로 나누어진다.

(1) 미시적 마케팅

1) 의 의

미시적 마케팅(micro marketing)은 개별기업의 목표를 달성하기 위한 수단으로 수행하는 마케팅활동이다.

2) 분 류

미시적 마케팅은 선행적 마케팅과 후행적 마케팅으로 나눌 수 있다.
① 선행적 마케팅 : 생산이 이루어지기 전에 수행되는 마케팅기능으로 마케팅조사

('92 CPA)
★ 출제 Point
선행적 마케팅의 의미

◆ 선행적 마케팅을 강조
하는 개념을 저압적 마케
팅(low pressure mar-
keting) 또는 순환형 마케
팅이라고도 한다.

활동(판매예측), 마케팅계획활동(제품계획) 등을 포함한다.

② **후행적 마케팅** : 생산이 이루어진 후 또는 일정한 제품이 생산된다는 전제하에
서 수행되는 마케팅기능으로 경로, 가격, 촉진, 물적유통활동 등을 포함한다.

(2) 거시적 마케팅

1) 거시적 마케팅(macro marketing)은 생산자와 소비자 간의 경제적 분리현상을
연결·조정하기 위하여 수행되는 **유통경제상의 마케팅활동**을 말한다.

2) 거시적 마케팅기능은 소비자가 재화와 서비스를 필요로 할 때 희망하는 장소에
서 이를 구매하여 소유할 수 있도록 유통기능, 유통기구 및 유통능률 등을 향상시키
고자 하는 경제적 기능을 말한다.

1.2 기업전략의 수립

1. 기업전략과 마케팅전략의 관계

(1) 의 의

기업은 일반적으로 기업수준(corporate level)과 사업단위수준(business level)의 두
가지 전략을 갖게 된다.

(2) 기업수준전략

기업수준전략이란 여러 제품군들(product classes) 모두를 포괄하는 기업 전체의
것을 말한다.

(3) 사업단위수준전략

1) 사업단위수준전략은 각 제품군에 대해 영위된다.

2) 사업단위수준전략은 재무, 생산, 마케팅, 인사조직 등과 같은 기능에 따라 나누
어질 수 있다.

3) 사업단위수준전략이란 일반적으로 마케팅기능에 중심을 둔 마케팅전략을 뜻
한다.

4) 마케팅전략(marketing strategy)은 사업단위의 제품군에 대한 마케팅목표의 수
립과 목표달성을 위한 활동들, 즉 시장세분화/목표시장결정/제품포지셔닝과 아울러
목표시장 내에서의 마케팅믹스 관리를 그 내용으로 한다.

5) 이러한 마케팅전략은 상위전략인 기업수준전략에 영향을 주기도 하고 받기도
한다.

Key Point 전략적 사업단위(SBU)

기업은 하나 또는 두 개 이상의 사업단위를 가질 수 있다. 사업단위(business unit)란 고유한 사업개념(business mission)을 가지고, 특정 제품시장(product market)에서, 특정(specific) 경쟁자들과의 경쟁 속에서, 특정 고객집단을 확보하기 위해, 특정 제품이나 서비스를 취급하는 독립단위로서, **독자적 목표와 의사결정권**을 갖는다. 이러한 사업단위는 기업전략수립계획과 관련해특히 전략적 사업단위(SBU : strategic business unit)라고 불리기도 한다.

2. 기업전략수립과정

● 도표 1-5 기업전략수립과정

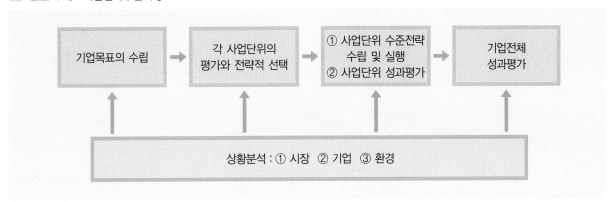

(1) 상황분석

1) 상황분석의 분류

상황분석은 크게 세 가지로 나누어진다.

① **시장분석**은 기존의 제품시장 혹은 새로이 고려되는 제품시장의 수요의 특징과 추이, 그리고 경쟁여건을 분석하는 것을 가리킨다.

② **기업분석**에서는 제품시장에 있어서 경쟁기업에 비한 자사의 강점과 약점이 분석된다.

③ **환경분석**에서는 사회문화적 변화나 법제도적 구조와 같은 거시적 환경과 각 제품시장에 있어서 납품업자나 유통업자 기타 서비스 제공업자 등의 제도적·행태적 특징들이 분석된다.

(2) 시장분석 및 경쟁구조분석

일반적으로 경쟁구조는 ① 제품군(product class), ② 제품형태(product type), ③ 브랜드(brand) 등 크게 세 가지 수준에서 살펴볼 수 있다.

1) 먼저 경쟁은 제품군끼리 벌어질 수 있다. → 예를 들면, 운동경기 후 동료들과 음료수 마시기를 원하는 사람에게 스포츠음료와 콜라는 서로 경쟁하게 된다.

2) 또한 경쟁은 제품형태의 수준에서도 나타난다. → 가령, 콜라를 마시기로 결정한 사람이 일반콜라와 라이트콜라 중에서 어느 것을 마실 것인지 망설인다면 두 가지 제품형태는 서로 경쟁을 하고 있는 것이다. → 이 경쟁을 제품형태의 수준에서 나타나는 경쟁이라고 말한다.

3) 만약 그 사람이 일반콜라를 마시기로 결정했다면, 이 때 또 하나의 경쟁이 벌어진다. → 즉, 코카를 택할 것인지 아니면 펩시를 택할 것인지를 고려하게 된다. → 이와 같은 경쟁을 브랜드 수준의 경쟁이라 한다.

● 도표 1-6 세 가지 수준의 경쟁

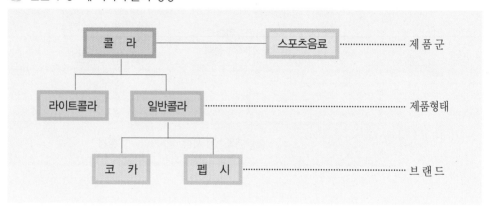

(3) 거시적 환경분석과 메가마케팅

거시적 환경은 대개 ① 사회문화적 환경, ② 경제적 환경, ③ 기술적 환경, ④ 공공정책적 환경 등 네 개의 부문으로 구분될 수 있다.

1) 사회문화적 환경

사회문화적 환경(socio-cultural environment)은 때로 사업단위수준전략에 매우 큰 영향을 발휘한다.

① 최근 환경공해에 대한 인식이 고조됨에 따라 **그린마케팅**(green marketing)이라는 개념과 활동이 사업단위수준전략에서 강조되고 있다.

② **소비자주의**(consumerism)의 부각에 따라 사업단위수준전략에 있어서 서비스 개선이나 구매 후 고정처리는 매우 중요하게 되었다.

③ 인구통계적인 요인들이 사업단위수준전략에 미친 영향의 예로써 **실버산업**(silver industry)의 성장을 들 수 있다. → 인구가 고령화됨에 따라 노인시장이 증대하고 그에 따라 이 시장을 겨냥한 사업단위수준전략이 두드러지고 있다.

2) 경제적 환경(economic environment)

불황기에 소비자들은 가격에 민감해진다. 이 결과 상표가 없는 **무상표 제품**(generic brand)이나 판매점포이름이 붙은 **유통업자상표**(store brand, private brand)제품의 출현이 촉진되었다.

3) 기술적 환경(technological environment)

① 컴퓨터와 커뮤니케이션 네트워크의 발달은 POS시스템(point-of-sale system)을 가능하게 했다.

② 그리하여 기업은 자신이 행한 신제품도입이나 촉진활동의 성과를 즉각적으로 파악하고 이에 따라 신속히 대응할 수 있게 되었다.

4) 공공정책적 환경

① 공공정책적 환경은 정부나 관련기관이 기업에 법제도나 각종 규제를 가함으로써 생겨난다.

② 공공정책적 환경은 소비자보호에 관한 것과 기업 간의 공정거래에 관한 것으로 구분할 수 있다.

    ⓐ 소비자보호에 관한 대표적인 법제도로서 1986년에 제정된 「**소비자보호법**」이 있다.

    ⓑ 공정거래에 관한 대표적인 법제도에는 1980년에 제정된 「**독점규제 및 공정거래에 관한 법률**」이 있다.

③ 이 밖에 자연환경의 보호와 관련한 공공정책적 규제가 강화되었다. → 이같은 추세의 반영으로 1990년에 「**환경정책법**」이 제정되었다.

5) 메가마케팅(Megamarketing) – 환경요소의 통제

① 최근에는 마케팅관리자의 노력에 따라 일반적으로 통제 불가능한 것으로 받아들여지는 환경요인들에 대하여 어느 정도 영향을 미칠 수 있게 되었다.   ('99 CPA)

② 전통적 4P에다 새로운 2P, 즉 정치(politics)와 여론형성(public opinion formation)를 추가하여 이러한 마케팅믹스 변수들을 적극적으로 사용하는 것을 메가마케팅이라고 부른다.

3. 사업단위의 전략

(1) 사업단위의 전략적 선택의 의의 및 분류

1) 기업수준에서 전략적으로 행해지는 가장 중요한 의사결정은 기업목표의 수립과 함께 사업단위의 평가와 선택에 관한 것이다.

2) 사업단위의 전략적 선택은 기존사업단위에 대한 선택과 신규사업단위에 대한

선택으로 구분하여 생각할 수 있다.

(2) 사업단위의 전략적 선택

기존사업단위에 대한 선택에는 ① 유지전략(hold), ② 육성전략(build), ③ 회수전략(harvest), ④ 철수전략(divest)이 있으며, 신규사업단위에 대한 선택에는 ① 개발전략(develop), ② 인수전략(acquisition)이 있다.

1) 기존사업단위에 대한 선택 결정

① **유지전략**(hold)
    ⓐ 기존에 영위하고 있던 사업단위를 현재수준으로 유지시키는 것을 말한다.
    ⓑ 이 때 해당 사업단위에 대한 투자는 현상유지수준에서 이루어진다.

② **육성전략**(build)
    ⓐ 적극적으로 사업단위를 성장시키는 전략이다.
    ⓑ 이로 인해 사업단위의 시장점유율이 경쟁자보다 상대적으로 더 큰 폭으로 늘어나도록 하기 위하여 많은 투자가 필요하다.

③ **회수전략**(harvest)
    ⓐ 사업단위에 대한 투자를 극소화하거나 중단하여 사업단위를 경쟁자에 비해 상대적으로 축소시키는 것을 말한다.
    ⓑ 회수전략에 따라서 해당 사업단위는 궁극적으로 시장에서 사라지게 된다.

④ **철수전략**(divest)
    ⓐ 사업단위를 즉각적으로 제거하는 것을 의미한다.
    ⓑ 철수전략에 따라 사업단위는 타기업으로 매각되거나 해체된다.

Key Point ▶ **회수전략과 철수전략의 공통점과 차이점**

회수전략과 철수전략은 궁극적으로 시장에서 떠난다는 공통적인 성격을 갖고 있다.
그러나 양자 간에는 아주 현격한 차이가 있다. 회수전략을 택하는 경우 사업단위는 비교적 상당한 기간 동안 영위되고 그에 따라 수익을 창출한다. 더욱이 이 수익은 추가적인 투자가 없는 상태에서 산출되므로 기업은 회수전략을 통해 자금을 축적할 수 있다. 그러나 사업단위 유지 자체가 기업에 상당한 자금압박을 초래한다면 철수전략을 택할 수 있는데, 철수전략은 즉각적인 것으로서 타기업에 매각하는 경우 일시에 상당한 자금유입이 가능하다.

---

2) 신규로 고려중인 사업단위에 대한 선택 결정

① 미래에 영위대상으로 고려되는 사업단위에 대해서는 개발전략이나 인수전략이 적용된다.

② 개발전략은 투자를 통해 기업 스스로가 사업단위를 만드는 것이다.

③ 인수전략은 타기업의 기존사업단위를 구매함을 의미한다.

④ 사업단위의 개발에 많은 시간적, 인적, 금전적 투자가 필요하거나 또는 법제도
나 그 밖의 여러 요인들에 의한 장애가 현실적으로 있을 때 개발전략보다는
인수전략이 선호될 수 있다.

(3) 사업단위의 전략적 평가

1) 사업단위의 전략적 평가에는 일반적으로 사업포트폴리오모형(Business Portfolio
Model)이 많이 이용된다.

2) 가장 전형적인 포트폴리오모형

① 보스턴컨설팅그룹(BCG)의 성장-점유모형(growth-share matrix)

② 제네럴일렉트릭(GE)사와 매킨지사가 공동으로 개발한 시장매력도-사업경쟁력
모형(market attractiveness-business strength model)

● 도표 1-7 시장매력도와 경쟁력

시장매력도	높음	사업단위(Ⅰ)	사업단위(Ⅲ)
	낮음	사업단위(Ⅱ)	사업단위(Ⅳ)
		높음	낮음
		경쟁력	

※ 사업단위 전략 평가는 시장매력도(market attractivenss)와 경쟁력(competitive position)의 두 차
원으로 이루어진다.
(Ⅰ), (Ⅱ) : 유지
(Ⅲ) → (Ⅰ) : 전환시도
(Ⅳ) : 제거

4. BCG의 성장-점유모형(Growth-Share Matrix) : BCG matrix

(1) 성장-점유모형의 의의

1) 성장-점유모형에서 시장매력도는 시장성장률로, 경쟁력은 상대적 시장점유율로
각각 반영된다.

2) 이 두 변수를 높은 수준과 낮은 수준으로 나누면 ① 고성장/저점유(Question
Mark), ② 고성장/고점유(Star), ③ 저성장/고점유(Cash Cow), ④ 저성장/저점유(Dog)
등의 네 부분으로 나눌 수 있게 된다.

◈ 시장성장률이 높은 산업
① 상표애호도가 아직 형
성되지 않은 신규사용
자들로 구성
② 시장 점유율을 늘리기
가 상대적으로 용이
③ 수요가 공급을 초과
④ 높은 가격과 이익창출
가능

3) 제품수명주기(product life cycle)와 관련지워 보면 고성장의 시장은 성장기(혹은 도입기)에 해당하고, 저성장의 시장은 성숙기(혹은 쇠퇴기)에 해당한다고 할 수 있다.

(2) 성장-점유모형의 가정 및 구조

1) 가 정

① 상대적 시장점유율이 클수록 사업단위는 자금(cash)을 더 많이 유입한다. → 이는 경험곡선효과(experience curve effect) 때문이다.

② 저성장시장보다 고성장시장에서 시장점유율을 늘리고자 할 때 자금은 더 많이 사용된다. → 이는 시장성장률이 높을수록 점유율을 향상시키기 위해서는 보다 많은 시설투자, 제품의 개발 및 개선, 촉진 및 유통노력이 필요하기 때문이다.

③ ①과 ②의 결과로 한 사업단위가 거두어들이는 순자금(net cash)의 수준은 시장성장률, 시장점유율, 그리고 시장점유율에 대한 기업의 전략에 달려 있다.

④ 시장성장 정도는 기업의 마케팅활동에 별다른 영향을 받지 않는다.

2) 구 조

(2002 CPA)
★ 출제 Point
BCG 매트릭스의 구조

① 성장-점유모형에서 점유율은 보통 상대적 시장점유율(relative market share)로서 표시되는데, 상대적 시장점유율은 자사의 시장점유율을 시장점유율이 가장 큰 경쟁자의 점유율로 나눈 값이다.

② 상대적 시장점유율의 낮고 높음을 구분하는 기준은 통상 1.0이 된다. → 그러나 이 기준도 기업의 경쟁전략적 입장이나 시장환경에 따라 얼마든지 변할 수 있다.

③ 각각의 사업단위는 원으로 표시된다. → 원의 위치는 사업단위가 활동하고 있는 시장의 성장률과 그 시장에서의 상대적 시장점유율에 의해 결정된다.

④ 원의 크기는 해당 사업단위의 매출액을 나타낸 것이다. → 매출액이 크면 클수록 그에 비례해 원의 크기도 커진다.

◎ 도표 1-8 성장-점유모형

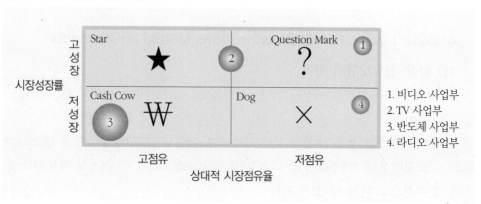

(3) 전략적 선택

1) Question Mark(? : 개발사업)

① 개발사업은 고성장시장에 있으면서 점유율이 상대적으로 낮은 사업단위이다.

② 보통 다른 기업이 창조한 제품시장이 성장하게 되면 다수의 기업들이 이에 진입한다. → 따라서 기업의 많은 사업단위들이 Question Mark로서 시작한다.

③ 만약 기업에 투자여력이 있다면 생산시설의 확충, 가격인하, 그리고 촉진비 증대 등과 같은 계속적인 지원에 의하여 시장점유율 확대전략(build)을 취할 수 있다. → 시장점유율 증대에 따라 Star가 되거나 Star에 가까이 갈 수 있다.

④ Question Mark영역에 있는 사업단위를 지원하기 위한 자금은 Cash Cow로부터 지원될 수 있지만, 그러한 여력이 없다면 제거할 수도 있다. → 이 때 기업은 회수전략(harvest)에 따라 Question Mark영역에 있는 사업단위에 투자를 중단하게 되며, 그 결과 Question Mark영역에 있는 사업단위는 시장에서 경쟁력을 잃고 점차 떠나게 된다.

⑤ 경우에 따라 Question Mark영역에 있는 사업단위를 신속히 제거하는 것이 좋다고 판단하면 철수전략(divest)을 택할 수도 있다. → 이 경우 사업단위를 매각한다면 자금이 기업에 일시에 유입될 수 있다.

('96 CPA)
★ 출제 Point
BCG matrix의 4영역 구분

2) Star(★ : 성장사업)

① 성장사업은 고성장시장에 있으면서 시장점유율 1위의 사업단위로서 시장성장의 기회가 좋은데다 경쟁우위가 있기 때문에 계속적인 지원이 바람직하다.

② 시장점유율이 매우 큰 Star에는 유지전략(hold)이 사용되나, 매우 크지 않은 경우에는(1.0에 가까운 경우) 확대전략(build)이 사용된다.

③ Star는 높은 시장점유율로 인한 경험곡선효과에 의하여 마진이 증대되는데, 이 결과 많은 자금유입(cash inflow)이 가능하게 된다.

④ 그러나 성장하는 시장에서 시장점유율을 유지하거나 늘리려면 많은 자금이 필요하다. → 따라서 Star가 유입하는 자금 중 상당부분은 자체 재투자를 위해 소모된다

⑤ 특히 시장성장률이 아주 높고 경쟁력이 그리 강하지 못한 Star의 경우 자금유입보다 자금소모가 더 많을 수도 있다.

⑥ 보다 경쟁력이 강한 Star일수록 많은 자금을 유입하므로 자금유입의 주요 원천이 된다.

⑦ 또한 시장성장률이 둔화되어 Cash Cow가 되면 자금유입의 주요 원천으로서 공헌하게 된다.

(2002, 2007 CPA)
★ 출제 Point
BCG 매트릭스의 4영역의 특징

3) Cash Cow(₩ : 수익주종사업)

◆많은 수의 'Cash Cow'를 보유하여 question mark 사업을 유지하기 위한 자금 이상을 창출하고 있다면, 일부 'cash cow'를 매각하는 것도 고려할 수 있다.

① 수익주종사업은 저성장시장에서 높은 점유율을 가진 사업단위로서 **유지전략**(hold)이 적용된다.

② 저성장시장이므로 Cash Cow에 대한 적극적인 확대전략(build)은 바람직하지 않다.

③ 그러나 경쟁자의 시장점유율 잠식에는 적절히 대응해야 한다. → 그리하여 높은 시장점유수준으로부터 얻어지는 이익을 향유할 수 있다.

④ 투자의 필요성은 상대적으로 작은 반면 이익은 크므로 Cash Cow는 기업에다 자금을 가져다 준다(cash inflow).

⑤ Cash Cow에 의해 유입되는 자금은 유망한 Question Mark 혹은 Star나 새로운 사업단위를 개발 혹은 인수하는 데 이용된다.

4) Dog(× : 사양사업)

◆Dog에 있는 사업부는 투자를 위한 자금수요도 높지 않기 때문에 자체적인 운영이 가능하다.

① 사양사업은 저성장시장에서 약한 경쟁력을 가진 사업단위로서 이에 대하여 기업이 기본적으로 취하는 전략은 장기적 혹은 단기적으로 제거하는 것이다.

② Dog은 저성장시장에 있으므로 대개 기존시장점유율의 유지노력이 그다지 의미가 없으며 따라서 더 이상 투자지원을 하지 않게 된다.

③ 그러므로 장기적인 제거의 차원에서 회수전략(harvest)을 취하거나 사업단위의 보유 자체가 기업에 자금압박을 초래한다면 단기적인 입장에서 철수전략(divest)을 택한다.

④ 철수전략을 취할 때 한꺼번에 유입되는 자금을 다른 사업단위에 지원하거나 새로운 사업단위를 개발·인수하는 데 사용할 수 있다.

(2003 CPA)
★ 출제 Point
BCG 매트릭스의 최적 현금 경로

⑤ Dog은 다른 사업단위와의 보완관계나 그 밖의 여러 이유들에서 유지될 수도 있다. → 예를 들어, 반도체 칩 사업단위의 경우 그 자체의 경쟁력은 약하더라도 기업의 다른 사업단위, 예를 들어 컴퓨터 사업단위의 자체적 사용을 위해 유지시킬 수 있다.

(2002 CPA)
★ 출제 Point
BCG 매트릭스의 전략

● 도표 1-9 BCG의 성장-점유모형에 따른 주요 사업단위 전략

사업단위의 유형	수 익	현금흐름	주요전략의 유형
Question Mark	낮고 불안정함	(−)	확대전략(build), 회수전략(harvest), 철수전략(divest)
Star	높고 안정적임	중립적	유지전략(hold), 확대전략(build)
Cash Cow	높고 안정적임	높고 안정적	유지전략(hold), 회수전략(harvest)
Dog	낮음	중립적 혹은 (−)	회수전략(harvest), 철수전략(divest)

① 사업부 : 개발사업 → 성장사업 → 수익주종사업
② 현금흐름 : 수익주종사업 → 개발사업

(4) BCG매트릭스의 유용성과 한계

1) 유용성

BCG매트릭스는 단순한 두 개의 축으로 현재 사업부들의 상황을 평가하고 전략을 제시하므로 시장상황을 쉽게 이해하게 한다.

2) 한 계

두 개의 축의 구성요인이 지나치게 단순하여 포괄적이고 정확한 사업부의 평가가 불가능한 문제가 있다.

5. GE/McKinsey의 시장매력도-사업경쟁력모형 : GE matrix

(1) GE/McKinsey모형의 구조

1) GE/McKinsey모형은 산업의 매력도(industrial attractiveness)와 사업의 강점 (business strength)의 두 차원들로 구성되어 있다.

2) GE/McKinsey모형은 성장-점유모형에 사용된 시장성장률과 상대적 시장점유율 이외의 많은 변수들을 사용해 사업단위의 해당 시장에서의 기회와 경쟁력을 평가함 으로써 성장-점유모형이 갖고 있는 장점들 이외의 더 많은 전략적 유용성을 가지고 있다.

◆ GE모형을 다변수포트폴 리오 매트릭스라고도 한다.

(2002, 2007 CPA)
★ 출제 Point
GE 매트릭스의 구조

● 도표 1-10 GE/McKinsey모형

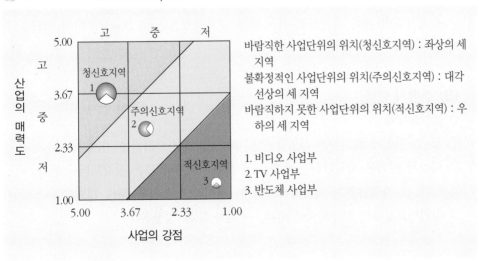

바람직한 사업단위의 위치(청신호지역) : 좌상의 세 지역

불확정적인 사업단위의 위치(주의신호지역) : 대각 선상의 세 지역

바람직하지 못한 사업단위의 위치(적신호지역) : 우 하의 세 지역

1. 비디오 사업부
2. TV 사업부
3. 반도체 사업부

(2) GE/McKinsey모형의 주요변수 및 특징

1) 주요변수 및 가중치 결정

◈ 산업의 매력도나 사업의 강점을 구성하는 변수들은 반드시 고정된 것이 아니며, 각 기업의 실정에 따라 수정될 수 있다.

① **산업의 매력도**를 나타내는 주요 변수들에는 제품시장의 크기, 성장률, 수익률, 경쟁치열정도, 요구되는 기술수준, 인플레이션 취약성과 제품시장에 대한 기술적, 사회적, 정치적, 법제도적 영향 등이 있다.

② **사업의 강점**은 시장점유율, 점유율의 성장률, 제품품질, 브랜드 평판, 유통망, 촉진의 효과성, 생산능력, 생산성, 단위당 비용, 원자재공급의 확보 등과 같은 변수들로 측정된다.

③ GE/McKinsey모형을 사용하기 위해서 각 변수별로 평가치와 가중치가 결정되어야 한다.

④ 그리고 이 평가치와 가중치에 기초해 산업의 매력도와 사업의 강점이 산정된다.

> **Key Point**
>
> GE/McKinsey모형을 사용함에 있어서 각 변수별 점수와 가중치를 결정하는 것은 매우 중요하다. 그러나 이런 결정에 일반적으로 사용되는 원칙이란 존재하지 않으며, 그런 결정은 대부분 각 기업의 주관적인 경험에 의거한다. 따라서 각 기업은 점수나 가중치를 효과적으로 결정하기 위해서 GE/McKinsey모형의 변수들과 관련한 자신의 경험을 늘 일관성 있게 계량적으로 축적하여야만 한다.

(2002, 2007 CPA)
★ 출제 Point
GE 매트릭스의 특징

2) GE모형의 특징

① GE/McKinsey모형에서 각 사업단위에 해당하는 원의 크기는 해당 제품시장의 크기를 나타낸다.

② 원에서 빗금(또는 색)으로 표시된 부분은 해당 사업단위의 시장점유율을 나타낸다.

③ 사업단위의 원이 차지하고 있는 위치는 자금흐름(cash flow)이 아닌 투자수익률(ROI)과 연관되어 평가된다.

(3) 전략적 선택

1) 청신호지역

① 청신호지역에 위치하는 사업단위일수록 높은 투자수익률을 가져다준다.

② 따라서 이러한 사업단위는 투자를 통해 유지되거나 또는 성장되어야 한다.

③ 만약 그 사업단위가 미래에 고려되는 것이라면 투자를 통해 개발되거나 또는 타기업으로부터 인수되어야 한다. → 투자 또는 성장전략

2) 적신호지역

① 적신호지역에 위치하는 사업단위일수록 낮은 투자수익률을 창출한다.

② 따라서 투자를 줄이면서 낮은 수익을 얻거나 아니면 매각을 통해 포기하고, 이로부터 나오는 자원은 높은 투자수익률을 보장하는 다른 사업단위에 투자되어야 한다. → 회수 또는 제거전략

3) 주의신호지역

주의신호지역에 놓이는 사업단위들은 투자를 통해 대각선의 위로 옮겨져 높은 수익률을 창출케 되거나 아니면 투자감소를 통해 점차 사라지거나 매각된다.

→ 선택 또는 획득전략(경쟁력있는 사업단위만 선별해서 투자하고, 가능한 현금흐름을 증가시킴)

(4) GE matrix의 유용성과 한계

1) 유용성

GE 매트릭스는 포괄적이고 다양한 변수를 사용하여 각 사업부들의 현재 상황을 파악하고 전략을 제시하는 데 도움을 준다.

◈ GE matrix의 주관성을 극복하기 위해 여러 사람에게 중복평가시키는 것이 유리하다.

2) 한 계

많은 변수들이 경영자의 주관적 판단에 의해 평가되므로 완전한 객관성을 확보할 수 없는 문제가 있다.

6. 사업포트폴리오모형의 한계점

(1) 가정의 비현실성

1) BCG 성장-점유모형에서는 시장점유율이 클수록 경험곡선효과에 의하여 보다 많은 자금을 유입하는 것으로 가정한다. → 그러나 제품시장에 따라 경험곡선효과보다 다른 요인이 더 중요할 수도 있다.

2) 예를 들어, 기술혁신(technological innovation)이나(하이테크산업), 제품의 다양한 변화(패션산업)가 더 중요할 수도 있다. → 이러한 경우 한 가지 제품의 장기적 대량생산은 의미가 없다.

(2007 CPA)
★ 출제 Point
BCG의 문제점

◈ 경험효과가 낮은 산업
제약산업, 화학산업

(2) 사업단위들 간의 상호 의존성

1) 사업단위들 간의 관련성이 매우 낮은 경우 각 사업단위별로 시장매력도와 경쟁력의 정도에 따라 유지 혹은 제거를 결정할 수 있다. → 그러나 사업단위들 간의 관련성이 높은 경우 각 사업단위의 유지 혹은 제거 결정을 위해서는 그 사업단위와 다른 사업단위의 관련성을 고려해야 한다.

◈ 각 사업단위의 자율성을 지나치게 강조함

2) 예를 들어, 이를 고려하지 않고 한 사업단위(예, 메모리 칩)의 여건만을 고려하여 제거한다면 다른 사업단위(예, 컴퓨터)에게 상당한 부정적 결과를 초래할 수 있다.

(3) 자원의 제약성

사업포트폴리오모형은 대체로 전략적 결정에 있어서 외부자원조달의 가능성을 배제하고 있다. → 그러나 현실적으로 한 기업이 추가로 필요한 자금을 자본시장으로부터 조달하는 경우는 가능하다.

(4) 차원의 조작화

1) 시장매력도와 사업단위경쟁력의 조작변수로서 BCG모형에서는 시장성장률과 상대적 시장점유율을 사용한다. → 그러나 시장성장률이 시장매력도를, 그리고 점유율이 경쟁력을 반영하는 데는 커다란 한계가 있다.

2) GE/McKinsey모형의 경우 다수의 변수들을 사용함으로써 이러한 한계를 상당히 극복할 수 있으나, 각 변수에 대한 가중치를 어떻게 주느냐에 따라 사업단위의 위치가 매우 달라질 수 있다.

3) 또한 BCG모형의 경우 고성장과 저성장, 그리고 고점유와 저점유를 구분하는 기준이 분석자에 따라 달리 설정될 수 있으며, 이에 따라 역시 사업단위의 위치가 달라질 수 있다.

(5) 제품시장의 정의

1) 사업포트폴리오모형에 있어서 각 사업단위의 위치는 기본적으로 제품시장 매력도와 그 제품시장에서의 경쟁력에 의해 결정된다. 그러므로 제품시장을 명확히 정의하는 것은 매우 중요하다. → 그러나 제품시장을 정의하는 방식은 여러 가지가 있을 수 있다.

2) 따라서 사업포트폴리오 분석에 따라 전략수립의 지침을 얻고자 할 때 그 기업의 여건에 따라 가장 합리적인 방식으로 제품시장을 정의해야 한다.

(6) 기 타

각 사업단위를 너무 단순하게 평가하고, 단순한 전략을 수립하게 함으로써 창의적인 전략적 사고를 저해한다.

1.3 신사업전략 → 성장전략

신사업전략(new business strategy)은 성장전략(growth strategy)이라고도 하는데 집약성장전략, 통합성장전략, 다각성장전략 등으로 나눌 수 있다.

집약성장(intensive growth)	통합성장(integrative growth)	다각성장(diversification growth)
· 시장침투 · 시장개발 · 제품개발	· 후방통합 · 전방통합 · 수평적 통합	· 집중적 다각화 · 수평적 다각화 · 복합적 다각화

1. 집약성장전략

① 집약성장전략(intensive growth strategy)은 기업이 현재 수행하고 있는 사업들의 범위 내에서 성과의 개선과 성장을 모색하는 방법이다.

② 시장침투전략, 시장개발전략, 제품개발전략으로 나눌 수 있다.

(2006 CPA)
★ 출제 Point
교차판매 전략과 집약성장전략

(1) 시장침투전략

1) 시장침투전략(market penetration strategy)은 기존제품으로 기존시장에서 매출액을 높이기 위한 전략이다.

2) 시장이 고성장시 시장점유율을 높이기 위하여 현재의 제품에 대한 고객을 유지하면서, 다른 상표를 구매하는 고객을 유인하고자 한다.

3) 고객들로 하여금 더 많이, 더 자주 구입하게 하는 전략이다.

4) 주요 수단으로 가격인하, 광고확대, 소매상의 수 증대 등을 이용한다.

(2) 시장개발전략

1) 시장개발전략(market development strategy)은 기존의 제품으로 새로운 시장에 진출하는 전략이다.

2) 사용 상황 : ① 기존시장이 침체에 빠졌을 때, ② 자사의 시장점유율이 더 이상 높일 수 없을 정도로 높을 때, ③ 경쟁회사의 경쟁력이 너무 강력할 때 등에 사용된다.

3) 주요 수단으로는 새로운 지역 또는 새로운 고객에 접근할 수 있는 유통채널의

● 도표 1-12 제품/시장 확장격자 : Ansoff

(2005, 2006 CPA)
★ 출제 Point
제품/시장격자의 분류 및 의의

	기존제품	신제품
기존시장	시장침투 전 략	제품개발 전 략
신 시 장	시장개발 전 략	(다각화전략)

확보를 들 수 있다.

(3) 제품개발전략

1) 제품개발전략(product development strategy)은 기존시장에서 현재의 고객에게 새로운 제품을 제공하는 전략이다.

◈ 주요관심
① 시장침투전략 : 우리 고객, 경쟁자 고객
② 시장개발전략 : 미사용자, 새로운 세분시장

2) 사용 상황 : ① 제품의 진부화로 인한 매출액 감소를 회복하기 위하여, ② 변화된 소비자의 필요와 욕구에 맞추기 위하여, ③ 새로운 경쟁적 제품에 대항하기 위하여, ④ 그리고 신기술의 활용을 위하여 사용된다.

3) 주요 수단으로는 포장변경, 용기변경, 상표의 다양화, 신제품개발 등이 있다.

2. 통합성장전략

(1) 분 류

통합성장전략(integrative growth strategy)은 후방통합전략, 전방통합전략, 수평적 통합전략으로 나눌 수 있다.

('95 CPA)
★ 출제 Point
수평적 통합과 수직적 통합의 정의

(2) 수직적 통합전략

1) 후방통합전략(backward integration strategy)

① 현 사업의 앞 단계에 있는 활동을 통합하는 전략이다.

② 제조업자가 원재료 공급업자를 통합하면 후방통합이다.

('97 CPA)
★ 출제 Point
수평적 통합과 전방통합전략

◈ 후방통합과 전방통합을 합하여 수직적 통합전략이라 할 수 있다.

2) 전방통합전략(forward integration strategy)

① 현 사업의 뒷 단계에 있는 활동을 통합하는 전략이다.

② 유통업자를 통합하면 전방통합이다.

3) 수평적 통합전략(horizontal integration strategy)

현 사업과 같은 단계에 있는 경쟁자를 통합하는 전략이다.

3. 다각성장전략

(1) 의 의

('93 CPA)
★ 출제 Point
다각화전략의 분류

① 다각성장전략(diversification growth strategy)은 새로운 제품을 새로운 시장에 판매하는 전략이다.

② 다각성장은 성장한계를 극복하고 새로운 성장기회를 포착하기 위한 것이다.

(2) 종 류

1) 집중적 다각화전략(concentric diversification strategy) 또는 시너지스틱 다각화전략(synergistic diversification strategy)

기존 제품의 생산시설이나 기술, 유통채널 등을 이용할 수 있는 제품으로 다각화하는 전략이다.

2) 수평적 다각화전략(horizontal diversification strategy)

기술적으로는 기존 제품과 관계 없으나 기존 고객에게 호소할 수 있는 제품으로 다각화하는 전략이다.

3) 복합적(집성적) 다각화전략(conglomerate diversification strategy) 또는 컨글로머리트 다각화전략

① 기존의 기술, 제품, 시장 등과는 전혀 관계가 없는 사업으로 다각화하는 전략이다.
② 주로 경제적 변동에 대한 위험을 분산할 목적으로 수행된다.

Key Point ▷ 성장목표와 수확목표

성장목표는 단기적으로 수익성이 나빠지더라도 매출액이나 시장점유율의 확대를 목표로 하는 것으로 시장침투전략, 제품개발전략, 시장개발전략을 예로 들 수 있다. 반면 수확목표는 단기적으로 매출액이나 시장점유율이 낮아지더라도 수익성 향상을 목표로 하는 것으로 비용절감전략, 가격인상 · 판매믹스개선 등을 통한 매출액 증대전략을 예로 들 수 있다.

1.4 이상적인 진입시장의 선택

(1) 이상적 시장의 요건
① 높은 매력도   ② 높은 경쟁우위   ③ 높은 적합성

(2) 각 요건의 평가방법

1) 매력도
① 매력도란 해당 시장의 잠재이익의 크기를 말한다.
② 매력도는 외형적, 구조적, 환경적 요인을 분석하여 평가한다.

2) 경쟁우위
① 각 시장에서의 핵심성공요인(key success factor : KSF)을 파악하고, 이를 가중치에 반영하여 평가한다.

② 경쟁우위분석에서는 ⓐ 경쟁자 파악, ⓑ 경쟁자의 목표와 전략파악, ⓒ 자사와 경쟁자의 강점·약점 파악, ⓓ 경쟁자의 미래행동예측의 단계를 따른다. → 자세한 내용은 제2장 참조.

3) 적합성

자사와 특정(진출예정)시장과의 적합성 분석은 ① 기업의 문화/사명과의 적합성, ② 기존 고객들과의 적합성, ③ 기존 마케팅믹스와의 적합성 등으로 나누어 하게 된다.

🔵 도표 1-13 시장매력도 평가기준 및 매력도와의 관계

(2008 CPA)
★ 출제 Point
시장매력도 평가기준

요 인	세 부 항 목	매 력 도
외형적 요인	① 자사규모대비 현재 시장규모(↑) ② 시장잠재력*(↑) ③ 성장률**(↑) ④ 상품수명주기 단계 ⑤ 판매의 주기성 또는 계절성***(↑) ⑥ 현재의 수익성(↑)	높 다 높 다 높 다 성장기(높다), 도입·쇠퇴기(낮다) 낮 다 높 다
구조적 요인 (5-force model 이용)	잠재적 진입자로부터의 위협(↑) 구매자의 교섭력으로부터의 위협(↑) 공급자의 교섭력으로부터의 위협(↑) 대체품으로부터의 위협(↑) 현재 시장 내에서의 경쟁(↑)	모든 경우 매력도는 낮다.
환경적 요인	인구통계적 환경, 경제적 환경, 사회적 환경, 기술적 환경, 법률적 환경	

* ┌ 시장잠재력 : 특정 시장에서 특정 기간 동안 이상적 조건에서 특정 산업 내 모든 회사의 최대매출가능액(현재 상황하에서)
  └ 판매잠재력 : 시장잠재력 중 자사의 최대매출가능액(현재 상황하에서)
** 성장률 = 시장예측 : 미래상황하에서 특정 시장 전체의 기대매출액(단, 판매예측 : 미래상황하에서 자사의 기대매출액)
*** 주기성은 1년 이상 기간, 계절성은 1년 이내의 기간에 대한 것이다.
    장치산업처럼 주기성(호황과 불황의 반복)이 높은 경우 불황기에 치열한 가격경쟁 가능

기출문제

01 다음 중 특정 상품의 수요를 감소시켜 시장점유율을 낮추려는 전략으로 볼 수 있는 것은?

('89. CPA)

① 제품포지셔닝전략　　　② 사회적 반응전략　　　③ 의존전략

④ 디마케팅전략　　　　　⑤ 경쟁기업과의 화해전략

✎ 해설　④ 디마케팅(＝역마케팅)은 수요수준이 공급자의 공급능력을 초과했을 때 마케팅활동을 통해 수요를 일시적 또는 영구적으로 억제하는 활동이다.

02 마케팅문제의 해결을 위한 의사결정 순서를 바르게 배열한 것은?　　('92. CPA)

① 기회인식(문제의 정의) → 목표의 설정 → 전제조건의 확인 → 모형의 설정 → 모형의 타당성 검증 → 해의 도출 → 해의 이용

② 목표의 설정, 전제조건의 확인, 기회인식(문제의 정의) → 모형의 설정 → 모형의 타당성 검증 → 해의 도출 → 해의 이용

③ 기회인식(문제의 정의) → 전제조건의 확인 → 모형의 설정 → 모형의 타당성 검증 → 목표의 설정 → 해의 도출 → 해의 이용

④ 모형의 설정 → 모형의 타당성 검증 → 기회인식(문제의 정의) → 목표의 설정 → 전제조건의 확인 → 해의 도출 → 해의 이용

⑤ 전제조건의 확인 → 기회인식(문제의 정의) → 목표의 설정 → 모형의 설정 → 해의 도출 → 모형의 타당성 검증 → 해의 이용

✎ 해설　이 문제는 모든 의사결정에 공통되는 것이다. 의사결정시 우선 문제를 정의하고 목표를 설정한 후 전제조건을 고려하여 모형을 설정하고, 이 모형이 타당하면 해를 도출하게 되는 것이다.

03 마케팅에 관련된 설명으로 적절하지 않은 것은?　　('92. CPA)

① 마케팅믹스는 목표시장에서 기업의 목적을 달성하기 위하여 통제 가능한 마케팅 변수를 적절하게 배합하는 것이다.

② 선행적 마케팅기능은 생산이 이루어지기 전에 수행되는 마케팅으로서 여기에는 마케팅조사활동과 마케팅계획활동이 포함된다.

정답 1 ④　2 ①　3 ⑤

③ 제품관리는 기업의 마케팅목표를 가장 효과적으로 실현하기 위하여 특정 제품이나 서비스를 적절한 시기와 장소에 적절한 가격과 수량으로 판매하는 데 포함된 계획과 통제활동이다.

④ 경로, 가격, 판매촉진, 유통관리 활동은 후행적 마케팅기능에 포함된다.

⑤ 디마케팅은 공급이 수요를 초과하는 경우에 자원의 생산적 이용을 유도하기 위하여 적용되는 마케팅과업이다.

✎ 해설 ⑤ 디마케팅은 수요가 공급을 초과하는 경우 적정수준으로 수요를 줄이려는 마케팅과업이다.

04 다음 중 전략사업부(SBU : strategic business unit)의 특징이라 할 수 없는 것은?
('93. CPA)

① 단일제품을 생산하여 단일시장에서 판매하는 하나의 사업부가 존재하여야 한다.

② 각 사업부에는 책임 있는 경영자가 있어야 한다.

③ 각 사업부는 독자적으로 사업계획을 수립할 수 있어야 한다.

④ 특정한 사명 또는 목표를 가지고 있다.

⑤ 경쟁자가 있어야 한다.

✎ 해설 ① 전략사업부는 제품군 또는 제품단위로 나누어진 주요사업단위를 의미하므로 다수의 제품과 다양한 시장이 존재해야 한다.

05 기업이 신제품을 개발하여 새로운 시장에 내놓은 마케팅과업은?
('93. CPA)

① 시장개발   ② 시장침투   ③ 시장개척

④ 제품다각화   ⑤ 제품개발

✎ 해설 Ansoff의 제품/시장격자에 의하면 신제품을 신시장에 진출시키는 전략은 제품의 다각화전략이다.

06 BCG매트릭스에서 상대적 시장점유율이 높고, 시장성장률이 낮은 곳은?
('96. CPA)

① STAR(★)   ② Question Mark(?)

③ dog(×)   ④ problem children(문제사업)

⑤ cash cow(₩)

✎ 해설 ① 성장사업(star) : 고성장/고점유율 사업
② 개발사업(question mark) : 고성장/저점유율 사업
③ 사양사업(dog) : 저성장/저점유율 사업
④는 개발사업(question mark)의 다른 이름이다.
⑤ 수익주종사업(cash cow) : 저성장/고점유율 사업

7 수요상황에 따른 적절한 마케팅 방식으로 전환적 마케팅, 자극적 마케팅, 개발적 마케팅, 재마케팅, 동시화 마케팅, 유지적 마케팅, 역마케팅, 대항적 마케팅 등이 제시되고 있다. 다음 중 수요상황과 마케팅방식을 올바르게 연결한 것은?   ('97. CPA)

① 부정적 수요－개발적 마케팅   ② 불규칙적 수요－동시화 마케팅

③ 완전수요－재마케팅   ④ 잠재적 수요－자극적 마케팅

⑤ 초과수요－유지적 마케팅

✎ 해설 ① 전환적 마케팅, ③ 유지적 마케팅, ④ 개발적 마케팅, ⑤ 역마케팅

8 기업의 성장전략에는 후방통합전략, 전방통합전략, 다각화전략 등이 있다. 이에 대한 설명 중 옳지 않은 것은?   ('97. CPA)

① 메모리 반도체 제조회사가 반도체장비 제조업에 진출하는 것은 수직적 통합전략이다.

② 메모리 반도체 제조회사가 컴퓨터 제조업에 진출하는 것은 전방통합전략이다.

③ 철강제련업체가 영화산업에 진출하는 것은 수평적 다각화이다.

④ 오토바이제조업체가 엔진기술을 바탕으로 자동차 제조업에 진출하는 것은 집중적 다각화이다.

⑤ 사업다각화의 목적은 시너지를 창출하는 것이다.

✎ 해설 ③ 다각화 성장은 현재의 사업분야와는 별개의 분야에서 성장하고자 하는 전략으로 집중적 다각화, 수평적 다각화, 복합적 다각화 등 3가지 형태가 있다. ③과 같은 경우는 기존의 기술, 제품, 시장과 전혀 관계없는 사업으로 다각화하는 전략으로 복합적 다각화라 한다.

9 다음 중 관계마케팅(relationship marketing)에 대한 설명으로 가장 거리가 먼 것은?   ('99. CPA)

① 고객과의 신뢰형성을 강조한다.

② 데이터베이스 마케팅(database marketing)을 주요한 수단으로 활용한다.

③ 신규고객의 유치를 강조한다.

④ 장기적인 마케팅 성과를 지향한다.

⑤ 고객과의 지속적인 거래관계를 유지하고자 한다.

✎ 해설 ③ 관계마케팅은 신규고객의 유치보다는 기존고객의 유지를 위해 이용되는 마케팅이다.

10 사업 포트폴리오 분석 방법인 BCG 매트릭스와 GE/McKinsey 매트릭스에 관한 다음의 서술 중 가장 적절한 것은? (2002. CPA)

① BCG 매트릭스는 시장성장률(market growth rate)과 절대적 시장점유율(absolute market share)이라는 두 변수를 양축으로 사업의 매력도를 평가한다.

② BCG 매트릭스 분석결과로서 각 사업단위에 적용될 수 있는 전략으로는 확대(build), 철수(divest), 유지(hold), 수확(harvest) 전략이 있다.

③ BCG 매트릭스 상에서 수익성이 낮고 시장전망이 어두워 철수가 요망되는 영역은 별(star)이다.

④ GE/McKinsey 매트릭스는 산업매력도(industry attractiveness)와 제품의 질(product quality)을 기준으로 구분한 9개의 영역으로 구성된다.

⑤ GE/Mckinsey 매트릭스 상에서 원의 크기는 각 사업단위가 진출한 시장에서의 시장점유율을 나타내며, 원내에 진하게 된 표시된 부분의 크기는 원가상의 우위를 나타낸다.

✎ 해설 ① 절대적 시장점유율 → 상대적 시장점유율
③ dogs 지역에 대한 설명임
④ 제품의 질 → 사업의 강점, 9개 영역 → 3개 영역
⑤ GE 매트릭스에서 원의 크기는 각 사업부가 진출한 시장의 크기를 나타내며, 원내에 진하게 표시된 부분의 크기는 자사 사업부의 시장점유율을 나타낸다.

11 BCG 점유율-성장 매트릭스에서 최적 현금흐름(cash flow)의 방향으로 가장 적합한 것은? (2003. CPA)

① star → question mark   ② star → cash cow

③ cash cow → question mark   ④ dog → question mark

⑤ dog → cash cow

✎ 해설 BCG 매트릭스에서 바람직한 사업부의 이동경로(→) 및 최적 현금흐름의 방향(┄►)

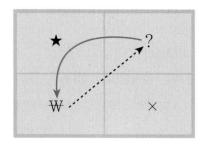

12 요즘 기업들은 고객관계관리(Customer Relationship Management)의 일환으로 고객 데이터베이스를 이용하여 교차판매(cross-selling) 전략을 많이 사용하고 있다. 교차판매전략이 속한다고 볼 수 있는 가장 적절한 성장전략은 어느 것인가? (2006. CPA)

① 제품개발전략　　　　② 시장침투전략　　　　③ 시장개발전략
④ 관련 다각화 전략　　⑤ 비관련 다각화 전략

> 🖊 **해설** 교차판매란 기존시장에 있는 고객에게 타사가 개발한 신제품이나 기존제품을 추가로 판매하고자 하는 전략으로, 제품개발전략이나 시장침투전략이 모두 해당될 수 있다. 또한 엄밀히 보면 수평적 다각화도 교차판매의 범주에 넣을 수 있다. 하지만 가장 적절한 것을 고르라면, 문제의 취지상 제품개발전략이 적절하다.

13 기업의 기존 사업단위의 전략적 평가와 선택을 위해 사업 포트폴리오 모형(Business Portfolio Model)이 많이 사용된다. 사업 포트폴리오 모형에 대한 다음 설명 중 가장 옳지 않은 것은? (2007. CPA)

① BCG 성장-점유(BCG Growth-Share Matrix)모형의 두 축은 제품시장의 매력도를 나타내는 성장률과 제품시장의 경쟁력을 나타내는 상대적인 시장점유율이다.
② BCG 모형에서 자금흐름(cash flow)은 별(Star-고성장률, 고점유율 사업부)에서 가장 많이 생긴다.
③ GE/Mckinsey 모형은 제품시장 매력도(market attractiveness)와 사업단위 경쟁력(business strength)의 두 차원으로 구성된다.
④ GE/Mckinsey 모형에서는 자금흐름보다는 투자수익률(ROI)을 더 중시한다.
⑤ BCG 모형은 제품시장에서 경험곡선효과가 중요한 것으로 가정하나, 어떤 제품시장에서는 경험곡선보다 기술혁신이 더 중요할 수 있다.

> 🖊 **해설** ② Star → Cash cow

▪연습문제▪

01 다음과 같은 내용을 기본요소로 하는 개념은?

> ㉠ customer orientation(고객지향) ㉡ integrated company effort(통합적 노력)
> ㉢ competitor orientation(경쟁지향)

① the production concept ② the product concept
③ the selling concept ④ the marketing concept
⑤ the social marketing concept

🖊️ **해설** ④ 마케팅개념(marketing concept)은 소비자들이 생산자보다 자신의 욕구를 더 잘 알고 있다는 가정하에, 목표시장의 욕구를 파악하고 그 욕구를 충족시켜 줄 수 있도록 조직을 적응시키는 것으로 고객지향, 경쟁지향, 통합적 활동이 주요 내용이 된다.

02 마케팅개념과 고객관리에 대한 설명 중 옳지 않은 것은?

① 이익은 2차적인 목표이다.
② 고객은 평등하지 않다.
③ 지속적으로 경쟁자를 분석하여 경쟁자가 제공하는 가치보다 더 큰 가치를 제공해야한다.
④ 고객 만족감을 높이기 위해 성과수준을 높인다.
⑤ 고객 만족감을 높이기 위해 기대수준을 높인다.

🖊️ **해설** ①, ②, ③ 마케팅개념에서는 생애가치가 높은 고객(80/20룰)에게 경쟁자보다 더 큰 가치를 제공하는 것을(경쟁지향) 기업의 사명으로 삼고, 이익은 이러한 사명을 달성했을 때 자연적으로 달성되는 것(이익은 2차목표)으로 믿는다.
④, ⑤ 고객만족감을 높이려면 성과수준을 높이고, 기대수준은 적절히 관리해야 한다.

03 다음 중 마케팅활동의 발달과정 순서가 틀린 것은?

① 수동적 마케팅 → 능동적 마케팅
② 가격 경쟁 → 비가격 경쟁

---

③ 저압적 마케팅 → 고압적 마케팅

④ 판매자 시장 → 구매자 시장

⑤ 생산한 것을 판매 → 팔릴 수 있는 것을 생산

✏️ 해설 ⑤ 수요예측이 선행되고 그 결과에 의해 총괄생산계획을 수립하는 것이다.

〈마케팅활동의 발전과정〉

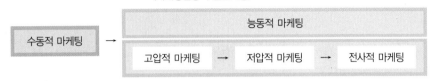

〈수동적 마케팅과 능동적 마케팅〉

	수동적 마케팅	능동적 마케팅
의 의	생산의 확충에만 전념하고 마케팅활동은 수동적·소극적으로 수행한다.	공급초과로 인한 재고압박문제의 해결을 위하여 마케팅활동을 능동적·적극적으로 수행한다.
시장 성격	판매자시장(seller's market)	구매자시장(buyer's market)
기업 성격	생산지향적	마케팅지향적

04 수요상황과 그에 따른 마케팅과제를 연결한 것 중 옳은 것은?

① 부정적 수요-수요의 감소   ② 무수요-수요의 개발

③ 잠재적 수요-수요의 창조   ④ 불규칙적 수요-수요의 유지

⑤ 감퇴적 수요-수요의 부활

✏️ 해설 ① 부정적 수요-수요의 전환   ② 무수요-수요의 창조
　　　③ 잠재적 수요-수요의 개발   ④ 불규칙적 수요-수요와 공급시기의 일치

05 수요의 상태와 그에 적절한 마케팅활동을 가장 바르게 설명한 것은?

① 수요가 아직 잠재되어 있는 상황 : 디마케팅(demarketing) 활동

② 수요가 감퇴하는 상황 : 동시화 마케팅(synchro marketing) 활동

③ 수요가 대단히 미미한 상황 : 대항적 마케팅(counter marketing) 활동

④ 수요가 공급을 초과하는 상황 : 전환적 마케팅(conversional marketing) 활동

⑤ 수요가 공급능력 내에서 왕성한 상황 : 유지적 마케팅(maintenance marketing) 활동

✏️ 해설 ① 개발적 마케팅, ② 재마케팅, ③ 자극적 마케팅, ④ 역마케팅(=디마케팅)

06 다음 중 공급이 수요를 초과하는 상태에서의 마케팅 과업은?

① countermarketing ② demarketing ③ unselling

④ maintenance marketing ⑤ stimulational marketing

✎ 해설 수요보다 공급이 많을 경우 수요를 창조해야 한다. ∴ 자극적 마케팅이 필요하다.
① 대항적 마케팅, ② 역마케팅, ④ 유지적 마케팅, ⑤ 자극적 마케팅

07 다음 중 사회지향적 마케팅개념에서만 나타나는 마케팅과제라 할 수 있는 것은?

① 전환적 마케팅 ② 대항적 마케팅 ③ 개발적 마케팅

④ 역마케팅 ⑤ 고압적 마케팅

✎ 해설 ② 대항적 마케팅은 사회적으로 불건전한 수요를 소멸시키고자 하는 마케팅개념이다.
⑤ 고압적 마케팅(high pressure marketing)[= 선형마케팅(linear marketing)]은 생산된 제품을 시장에 밀어내는 마케팅을 말하며, 소비자의 욕구를 파악하여 그에 맞는 제품을 생산하고 판매하고자 하는 저압적 마케팅[= 순환형 마케팅(cyclical marketing)]과 상대되는 개념이다.

〈수동적 마케팅과 능동적 마케팅〉

	고압적 마케팅	저압적 마케팅	전사적 마케팅
의 의	기업의 입장에서 소비자가 원하는 제품을 가정하여 생산가능한 제품을 생산하고, 강압적·고압적으로 판매한다.	소비자의 욕구를 파악하고, 그에 알맞는 제품을 생산·판매한다.	마케팅을 중심으로 기업의 모든 활동을 전사적으로 통합·조정하여 수행한다.
중점활동	후행적 마케팅활동	선행적 마케팅활동	모든 마케팅 활동 및 기업활동

08 다음의 상황에 적합한 마케팅 전략은?

a. 주간 전화수요의 폭주 → 주간요금 고가로 인상 → (A)
b. 야간 전화공급이 수요초과 → 야간요금 저가로 인하 → (B)

	A	B
①	디마케팅	동시화 마케팅
②	디마케팅	전환적 마케팅
③	동시화 마케팅	디마케팅
④	동시화 마케팅	재마케팅
⑤	역마케팅	디마케팅

정답 6 ⑤ 7 ② 8 ①

09 전략사업단위를 성장-점유율 매트릭스로 표시할 경우 틀린 설명은?

① 고성장-고점유율은 현재 성장기에 달해 있는 제품계열이 해당된다.

② 고성장-저점유율은 장기적인 성장가능성이 높은 개발사업의 제품이다.

③ 저성장-고점유율은 이미 성숙기에 다달은 수익주종제품으로 자금유입을 담당한다.

④ 저성장-저점유율은 이제 막 도입기에 있는 신제품이 해당된다.

⑤ 고성장-저점유율은 점유율 증대를 위하여 자금수요가 가장 많이 필요한 사업이다.

해설 ④ 저성장−저점유율은 현금투하량에 관계없이 수익성이 낮거나 손실이 나는 사양산업에 해당하므로 회수 또는 철수전략을 사용해야 한다.

10 BCG매트릭스와 GE매트릭스에 대한 다음의 설명 중 옳지 않은 것은?

① BCG매트릭스에서 수평축은 상대적 시장점유율을 나타내는데 로그(log)값으로 표시한다.

② BCG매트릭스에서 'dogs'와 'question mark'가 너무 많거나 'star'나 'cash cow'가 너무 적다면 불균형적인 포트폴리오로 본다.

③ 회수(harvest)전략은 전망이 없는 성장사업, 개발사업, 사양사업에 사용된다.

④ GE매트릭스에서 주의신호 영역에서는 선택 또는 획득전략이 사용된다.

⑤ GE매트릭스에서 원의 크기는 시장규모를 나타낸다.

해설 ③ 회수(harvest)전략은 장기적 효과와 관계없이 단기 현금회수를 노리는 전략으로 전망이 없는 수익주종사업, 개발사업, 사양사업에 적합한 전략이다.

11 BCG매트릭스와 GE매트릭스에 관한 다음의 설명 중 옳지 않은 것은?

① 상대적 시장점유율은 시장선도기업의 경쟁적 포지션이 하위기업보다 얼마나 강하며, 하위기업들은 선도기업에 비해 얼마나 약한가를 보여준다.

② 만약 'question mark'에 해당하는 사업부가 여러 개일 경우 모든 사업부보다는 유망한 소수의 사업부에 집중적으로 투자하는 것이 효과적이다.

③ 'cash cow'에서 산출되는 이익들은 상대적으로 많은 현금흐름이 필요한 'star', 'question mark', 'dogs'에 속한 사업으로 지원·배분된다.

④ GE매트릭스는 사용변수와 현금흐름 간의 관계가 확실하지 않다는 단점이 있다.

⑤ GE매트릭스는 BCG매트릭스보다 더 포괄적이고 다양한 변수를 사용한다.

해설 ④는 BCG매트릭스의 단점으로 BCG매트릭스는 두 개의 변수에만 의존하고 이들 변수와 현금흐름 간의 관계가 확실치 않다는 문제가 있다. 이를 보완하기 위한 방법이 GE매트릭스이다.

12 신사업전략에 관한 다음의 연결 중 옳지 않은 것은?

① 자사제품을 더 많이 더 자주 구입하게 함 – 시장침투전략

② 경쟁자의 고객을 이탈시킴 – 시장개발전략

③ 기존고객에게 새로운 상품을 구입하게 함 – 제품개발전략

④ 구입하지 않는 사람을 설득하여 구입하게 함 – 시장개발전략

⑤ 포장이나 용기를 변경하고 상표를 다양화 함 – 제품개발

✎ 해설 ②는 시장침투전략에 해당된다.

13 기술적으로는 기존의 제품계열과 관계가 없지만, 기존의 고객에게 호소할 수 있는 제품으로 다각화하는 전략은?

① 수직적 다각화

② 컨글로머리트 다각화

③ 시너지스틱 다각화

④ 수평적 다각화

⑤ 차별적 다각화

✎ 해설 ③ 시너지스틱 다각화는 집중적 다각화를 의미한다.

14 기존의 기술이나 제품 및 시장과 전혀 관련이 없는 사업으로 주로 경제적 변동에 대한 위험 분산 목적으로 다각화하는 전략은?

① 시너지스틱 다각화

② 집중적 다각화

③ 집성적 다각화

④ 후방통합 다각화

⑤ 차별적 다각화

✎ 해설 ③ 집성적 다각화는 복합적 다각화라고도 한다.

15 사업포트폴리오 모형의 한계에 대한 다음의 설명 중 옳지 않은 것은?

① 각 사업단위의 자율성을 지나치게 무시함

② 분석자에 따라 사업단위의 위치가 달라질 수 있음

③ 각 사업단위에 대해 너무 단순한 전략을 수립하게 함

④ 전략수립 시 외부자원 조달가능성을 배제하고 있음

⑤ 시장에 따라 경험곡선효과가 나타나지 않을 수 있음

✎ 해설 ① 각 사업단위의 자율성을 지나치게 강조함

제2장 ■ 시장기회분석

2.1 마케팅환경분석 : 경쟁 및 자사분석

1. 경쟁분석

(1) 경쟁분석의 의의

1) 경쟁분석은 자사가 영업을 하는 시장 내의 경쟁기업을 중심으로 한 경쟁환경분석이다.

2) 경쟁은 기업에게 수익성 구조를 악화시키는 작용을 하지만 다음과 같은 이유로 이익을 주기도 한다.

① 시장의 규모를 확대시키고 시장구조를 개선시켜, 시장의 매력도를 증가시킨다.

② 자사제품을 차별화시키고 경쟁력을 강화시켜 경쟁우위를 가져온다.

③ 잠재적 진출기업의 진입을 저지시켜 준다.

④ 기술적 표준으로의 지위를 확보하게 한다.

◆ 시장기회분석
① 마케팅 환경분석
② 마케팅조사분석
③ 소비자행동분석

◆ 대체가능성이 있는 것은 모두 경쟁자이다.

◆ 마케팅근시(myopia)
같은 형태나 같은 종류의 제품만 경쟁자로 고려하는 것

(2) 경쟁분석의 유형

1) 경쟁분석의 요건

경쟁분석을 위해서는 다양한 경쟁유형에 대해서 파악하고 경쟁범위를 결정해야 한다.

(2007 CPA)
★ 출제 Point
수준별 경쟁분석

2) 경쟁유형은 다음의 기준 등을 고려하여 확인할 수 있다.

① 고객지향적 기준 : 고객의 사용 가능한 예산, 제품사용시기, 추구효익

② 마케팅지향적 기준 : 광고, 유통, 가격

③ 자원지향적 기준 : 원재료, 종업원, 재무적 자원

④ 지리적 기준

3) 고객지향적인 경쟁분석

고객지향적 기준에 의할 때 경쟁의 범위는 네 가지 수준에 따라 규정지워질 수 있다.

① **예산(budget) 경쟁**

ⓐ 가장 포괄적이고 넓은 의미의 경쟁은 소비자가 예산을 어떤 제품이나 서비

スに 사용할 것인가에 관한 것이다.

ⓑ 예산경쟁은 소비자의 **한정된 예산을 확보하기 위하여 경쟁하는** 모든 제품과 서비스들이 경쟁관계에 있다고 파악하는 것이다.

ⓒ 장점 : 이 관점은 경쟁이라는 개념파악에 유용하기는 하다.

ⓓ 단점 : 너무 많은 수의 경쟁관계가 존재하기 때문에 마케팅전략에 응용하기는 어렵다.

◆ 예산경쟁은 거시환경분석에 의해 어느 정도 확인될 수 있으며, 성공적인 예산경쟁의 확인은 기업의 장기적인 방향설정에 도움이 된다.

② **본원적 효익**(intrinsic benefit)**에 의한 경쟁 = 욕구별 경쟁**

◆ 소비자의 욕구에 기초한 경쟁관계의 파악은 장기적인 관점에서 기업이 위협을 회피하고 기회를 잡는 데 핵심적인 역할을 할 수 있다.

ⓐ 본원적 효익에 의한 경쟁은 본질적으로 좀 더 장기적이고 제품 범주를 대체할 수 있는 대체품들에 초점이 맞추어져 있다.

ⓑ 소비자의 **동일한 욕구를 충족**시키는 제품이나 서비스 모두를 경쟁관계에 있다고 보는 관점이다.

ⓒ 예를 들어, 갈증해소라는 소비자들의 욕구에 초점을 맞춘다면 청량음료의 경쟁제품은 주스, 생수, 맥주 등이 될 수 있다.

◆ 코카콜라와 가까이 있을수록 대체가능성이 높은 (즉, 보다 위협적인) 경쟁상대이고, 멀리 있을수록 대체가능성이 낮은(즉, 덜 위협적인) 경쟁상대이다.

● 도표 2-1 경쟁수준 : 코카콜라의 예

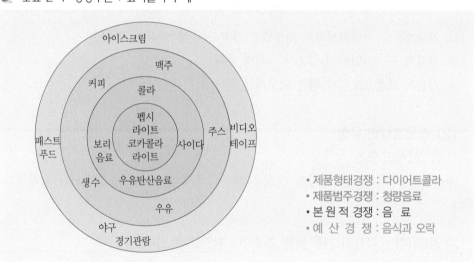

• 제품형태경쟁 : 다이어트콜라
• 제품범주경쟁 : 청량음료
• **본 원 적 경 쟁** : 음 료
• 예 산 경 쟁 : 음식과 오락

● 도표 2-2 코카콜라 라이트의 경쟁자

경쟁수준	경쟁제품	경쟁기업	추구효익
제품형태	다이어트 콜라	펩시콜라	저칼로리, 비알콜, 콜라향이 있는 탄산음료
제품범주	청량음료	롯데칠성	비알콜 탄산음료
본원적 효익	음식과 음료수	해태음료 진로석수 맥도날드	음식과 음료
예　　산	음식과 오락	야구경기	즐거움

③ **제품범주(product category)에 의한 경쟁**

　　ⓐ 제품 범주에 의한 경쟁은 유사한 속성을 보유한 제품이나 서비스를 경쟁자로 파악하는 방법이다.

　　ⓑ 마케팅관리자들은 이 수준의 경쟁을 가장 일반적으로 경쟁집합이라고 생각하고 있다.

　　ⓒ 예를 들어, 청량음료시장에서 콜라, 사이다, 생수, 보리음료, 우유탄산음료 등은 제품범주에서의 경쟁을 하고 있는 것이다.

④ **제품형태(product form) 및 상표에 의한 경쟁**

　　ⓐ 동일한 제품형태에 의해 발생하게 되는 경쟁은 경쟁을 가장 좁게 보는 관점이다.

　　ⓑ 이 경쟁을 흔히 상표에 의한 경쟁(brand competition)이라고 하며 동일한 세분시장 내에서 현재의 주요 경쟁자가 누구인가를 파악하는 것이다.

◈ 제품범주에 의한 경쟁은 제품형태에 의한 경쟁보다는 포괄적이지만, 시장을 정의하는 데는 단기적인 관점이다.

(3) 경쟁집합의 규정

1) 경쟁집합은 위의 네 가지 수준에 따라 상이하게 결정될 수 있다.

2) 마케팅관리자들은 경쟁집합을 제품형태나 제품범주에 의해 결정하는 것이 일반적이다.

3) 경쟁집합을 잘못 규정하는 경우 장기적인 마케팅계획의 성공에 다음과 같은 치명적인 악영향을 미치게 된다.

① 제품형태나 제품범주에 의해 경쟁의 범위를 좁게 파악하면, 기업의 성공에 중요한 경쟁적 위협을 간과하게 된다.

② 경쟁에 대한 모호한 정의는 마케팅전략을 수립하는 데 불확실성을 야기시키게 된다. → 즉, 시장점유율과 같은 시장 관련 통계치를 불확실하게 만드는 역할을 하게 된다.

③ 제품형태나 제품범주에 의해 경쟁자를 파악할 경우 경쟁자의 수가 너무 많을 수 있다.

◈ 경쟁자 파악은 전체시장수준보다는 세분시장수준에서 파악하는 것이 유리하다.

2. 경쟁우위분석

(1) 경쟁자파악

1) 기업중심적인 방법

기업중심적으로 경쟁자를 파악하는 방법으로는 ① 제품/시장 매트릭스, ② 기술적 대체가능성, ③ 표준산업분류를 이용하는 방법이 있다.

● 도표 2-3 경쟁우위분석

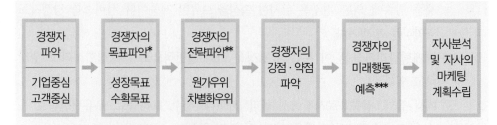

```
┌──────────┐   ┌──────────┐   ┌──────────┐   ┌──────────┐   ┌──────────┐   ┌──────────┐
│ 경쟁자   │   │ 경쟁자의 │   │ 경쟁자의 │   │ 경쟁자의 │   │ 경쟁자의 │   │ 자사분석 │
│ 파악     │→ │ 목표파악*│→ │ 전략파악**│→│ 강점·약점│→ │ 미래행동 │→ │ 및 자사의│
│          │   │          │   │          │   │ 파악     │   │ 예측***  │   │ 마케팅   │
│ 기업중심 │   │ 성장목표 │   │ 원가우위 │   │          │   │          │   │ 계획수립 │
│ 고객중심 │   │ 수확목표 │   │ 차별화우위│  │          │   │          │   │          │
└──────────┘   └──────────┘   └──────────┘   └──────────┘   └──────────┘   └──────────┘
```

* 성장목표를 갖고 있는 회사가 수확목표 갖고 있는 회사보다 더 공격적이다.
** ① 자사와 같은 전략 쓰고 있는 회사가 다른 전략 쓰고 있는 회사보다 더 큰 위협이 된다.
　 ② 차별화경쟁보다는 가격경쟁이 벌어지는 시장에서 더 경쟁이 치열하다.
　 ③ 차별화요소가 많아질수록 더 많은 수의 경쟁자가 공존할 수 있고 경쟁은 덜 치열해진다.
*** 경쟁자의 미래 마케팅 전략 예측방법으로는 추세연장법, 인과관계법, 시뮬레이션(role play) 등이 있다.

● 도표 2-4 경쟁자 파악을 위한 제품/시장 매트릭스

		상 품	
		기존상품	신상품
시 장	기존시장	제품형태수준경쟁자	① 본원적 효익에 의한 경쟁자 ② 잠재적 진입자
	신시장	타목표시장에서의 경쟁	잠재적 진입자

2) 고객중심적인 방법

고객중심적으로 경쟁자를 파악하는 방법은 ⓐ 고객지각에 기초한 방법(지각도, 제품제거, 사용상황별대체)과 ⓑ 고객행동에 기초한 방법(상표전환매트릭스, 수요의 교차탄력성)이 있다.

① 지각도(perceptual map)는 2(3)차원 공간에 여러 제품의 위치를 나타낸 그림을 말하며 인지도라고도 한다.

② 제품제거(product deletion)란 여러 상품 중 가장 선호하는 제품을 제거하게 하고, 나머지 중 무엇을 살 것인지를 선택하게 해, 첫째 제품과 둘째 제품 간의 대체가능성 또는 경쟁관계를 파악하는 것이다.

③ 사용상황별대체(substitution in-use)는 어떤 상품의 다양한 사용상황별로 대안이 될 수 있는 상품들을 파악하는 방법이다.

(2) 경쟁전략

경쟁자를 몰아내거나 타격을 입히려는 win-lose전략을 구사하면, 경쟁자의 강력한

반격으로 모두에게 손해가 날 수 있으므로, 경쟁자와 공존할 수 있는 win-win전략이 바람직하다.

3. 자사분석

1) 자사분석 과정
① 자사의 강·약점 및 자사가 직면한 외부시장 기회와 전략적 기회에 대한 규명 및 평가
② 현 사업전략과 기능별 전략의 효율성 여부 규명
③ 자사와 자사사업의 독특한 전략적 쟁점 및 문제점을 도출

2) 자사분석기법
자사분석에서는 성과분석, 원가분석, 강점과 약점분석, 기업능력의 분석, 과거와 현재의 전략에 대한 분석 등이 이루어진다.

2.2 마케팅조사

1. 마케팅정보시스템

마케팅정보시스템(Marketing Information system)은 상호 밀접한 관계를 가지고 있는 5개의 하부시스템으로 구성되어 있다.

1) 내부보고시스템
① 일별, 월별, 연도별 업무보고나 특수한 마케팅문제가 발생했을 때 이루어지는 내부자료로 이루어진 시스템이다.
② 이것은 조직 내의 정보전달을 위한 정보검색과 보고수단에 관한 영역에 해당된다.

(2005 CPA)
★ 출제 Point
마케팅의사결정 지원시스템과 마케팅정찰정보시스템의 차이점

2) 마케팅정찰정보시스템
① 변화하는 **외부환경**에 대한 **정보**를 입수하는 정보원과 그 정보입수의 절차와 관련된 영역이다.
② 조직의 외부에서 활동하고 있는 판매원의 보고나 유통채널로부터 들어오는 정보 등으로 경쟁가격의 변화와 신제품에 관한 정보를 입수하게 된다.
③ 각종 업계에서 발간하는 자료나 통계, 학술지 등에서 외부정보를 얻을 수 있다.

3) 고객정보시스템
고객 개개인에 대한 정보를 축적하고자 하며, 이를 통해 데이터베이스마케팅

● 도표 2-5 마케팅정보시스템의 구조

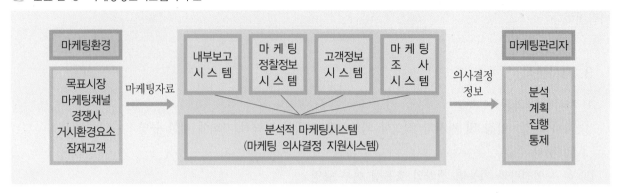

(database marketing : DB 마케팅)의 도입이 가능하게 되었다.

◈ 마케팅조사시스템은
1차자료 수집을 위해 도입
된다.

4) 마케팅조사시스템

특수한 마케팅문제를 해결하기 위하여 마케팅조사를 통하여 자료를 수집하는 것과 관련된 영역이다.

5) 분석적 마케팅시스템

통계시스템을 활용하여 입수된 정보를 소비자와 시장에 대한 2차적인 정보로 변형하는 것과 관련된 영역이다.

2. 마케팅조사 및 마케팅조사의 절차

마케팅조사(marketing research)는 기업이 당면한 특정 마케팅 의사결정에 필요한 정보를 제공하기 위하여 자료를 수집하고 분석하는 것이다.

(1) 조사문제의 정의와 조사목적의 결정

1) 조사문제의 정의

① 마케팅조사의 첫 단계는 조사문제를 파악하는 것이다.

② 조사문제를 정의할 때는 조사범위에 주의해야 한다.

③ 조사범위가 너무 넓으면 긴 조사기간, 적시성 부족, 비용과 인력의 낭비를 초래하며, 너무 좁으면 관련성이 높은 분야를 제외하게 되어 잘못된 의사결정을 할 수 있다.

2) 조사목적의 결정

① 조사문제를 명확히 설정하기 위해서는 조사목적도 결정되어야 한다.

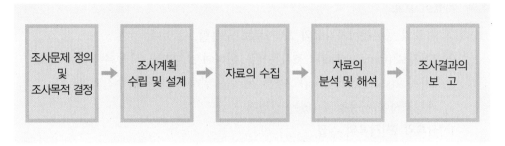

● 도표 2-6 마케팅조사의 절차

| 조사문제 정의 및 조사목적 결정 | → | 조사계획 수립 및 설계 | → | 자료의 수집 | → | 자료의 분석 및 해석 | → | 조사결과의 보고 |

② **탐색조사**

ⓐ 조사목적 결정을 위해 우선 **탐색조사**(exploratory research)가 실시된다.

ⓑ 탐색조사(탐험조사)는 문헌조사나 전문가의견조사, 사례조사 등을 통해 실시된다.

ⓒ 전문가의견조사는 당면한 조사문제(research subject)와 관련하여 지식과 경험이 있는 사람들로부터 의견을 청취하는 것이다.

ⓓ 탐색조사는 문제가 불명확한 경우에 실시되는 방법이다.

③ **기술조사**(descriptive research)

ⓐ 조사문제와 관련하여 자료를 수집하고 그 결과를 기술하는 것이다.

ⓑ 대부분의 마케팅조사가 여기에 해당한다.

④ **인과관계조사**(causal research)

ⓐ 두 개 이상 변수들 간의 인과관계를 조사하는 것이다.

ⓑ 인과관계조사에 의하여 광고비 지출이나 가격변동이 구체적으로 매출에 미치는 영향을 조사할 수 있다.

⑤ **각 기법의 차이점**

ⓐ 문제를 명확히 규정하기 위하여 실시되는 탐색조사는 자료수집방법에 융통성이 있으며, 그리 정형화되지 않을 수 있다.

ⓑ 문제가 명확히 규정되어 이를 밝히고자 할 때 실시되는 기술조사나 인과관계조사는 자료수집방법이 보다 구체적이고 정형화되는 차이점이 있다.

ⓒ 그러므로 기술조사나 인과관계조사를 위해서는 세밀한 조사계획이 수립되어야 한다.

(2) 조사계획 수립 및 설계

조사계획수립단계에서는 조사문제의 해결을 위하여 수집되어야 할 자료의 종류, 수집방법 및 분석방법에 관한 계획이 수립되어야 한다.

◈ 탐색조사는 조사문제를 찾거나 분석대상에 대한 아이디어나 가설을 도출하기 위해 실시된다.

(2004 CPA)
★ 출제 Point
탐색조사, 기술조사의 의의

◈ 문제가 명확할 경우 실시되는 조사로서 기술조사와 인과관계조사가 있다.

('91 CPA)
★ 출제 Point
1차자료 수집방법

◈ 1차자료의 장점
① 자료의 정확성, 적합성, 시의 적절성이 높다.
② 자료수집방법을 탄력적으로 사용할 수 있다.
③ 조사결과의 비밀을 유지할 수 있다.

(2004 CPA)
★ 출제 Point
1차자료와 2차자료의 의의

1) 자료의 종류

① 자료의 분류

ⓐ 자료의 종류는 1차자료와 2차자료로 구분할 수 있다.

ⓑ 1차자료(primary data) : 조사목적을 위하여 조사자가 직접 수집하는 자료

ⓒ 2차자료(secondary data) : 다른 목적을 위하여 기존에 수집되었으나 본 마케팅조사에 사용될 수 있는 간접적 자료

② 1차자료와 2차자료의 수집

ⓐ 보통 자료 수집시 2차자료를 먼저 수집하는데, 2차자료는 1차자료에 비하여 자료수집이 용이할 뿐만 아니라 수집비용과 시간을 절약할 수 있기 때문이다.

ⓑ 그러나 2차자료는 경우에 따라 해당 조사목적에 부적합하거나, 너무 오래되었거나, 정확하지 않을 수도 있다.

ⓒ 따라서 2차자료를 사용하고자 할 때는 그 자료가 조사목적에 적합한지, 시의적절한지, 공정한지, 그리고 정확한지를 검토하여야 한다.

● 도표 2-7 1차자료 수집시 주요 고려사항

조사방법	접촉방법	표본추출계획	측정도구
관찰법	우편조사	표본추출단위	설문지
표적집단면접법	전화면접	표본추출방법	기 계
심층면접법	직접면접	표본크기	
서베이법			
실험법			

2) 척도의 형태

◈ 척도의 형태에 따라 자료의 조작과 분석에 제한이 가해진다.

① 의 의

ⓐ 측정은 숫자의 형태로 정보를 얻는 과정이다.

ⓑ 측정대상에 부여된 숫자들이(측정하고자 하는 속성들 간의 관계에) 어떠한 의미를 부여해 주느냐에 따라 명목척도, 서열척도, 등간척도 및 비율척도의 네 가지 행태로 구분된다.

② 명목척도

('99 CPA)
★ 출제 Point
명목척도의 분석수단

ⓐ 명목척도(nominal scale)는 측정대상의 특성을 분류하거나 확인할 목적으로 숫자를 부여하는 경우이다.

ⓑ 명목척도에 의해서 얻어진 척도값은 네 가지 척도의 형태 중에서 가장 적은 양의 정보를 제공한다.

특성 척도	분류(category)	순위(order)	등간격(equal interval)	절대영점(absolute zero)
명목척도	○	×	×	×
서열척도	○	○	×	×
등간척도	○	○	○	×
비율척도	○	○	○	○

(○ : 존재함, × : 존재하지 않음)

ⓒ 명목척도를 이용한 분석방법은 교차분석, 부호검정, 캔달의 일치도검정, 비율계산, 최빈값, 이항분포검정, 카이자승 검증(χ^2 test) 등으로 제한되어 있으나 마케팅조사에서 많이 이용되고 있는 척도다.

③ 서열척도

ⓐ 서열척도(ordinal scale)는 측정대상 간의 순서관계를 밝혀주는 척도이다.

ⓑ 서열척도는 주로 정확하게 정량화하기 어려운 소비자의 태도, 선호도 등의 측정에 이용된다.

ⓒ 서열척도로 얻어진 자료로는 중앙값, 서열상관관계, 서열 간의 차이분석 등을 행할 수 있으나, 산술평균이나 표준편차와 같은 산술계산은 불가능하다.

④ 등간척도

ⓐ 등간척도(interval scale)는 속성에 대한 순위를 부여하되 순위 사이의 간격이 동일한 척도를 말한다.

ⓑ 등간척도에 의해서 얻어진 측정치는 양적인 정도의 차이를 나타내준다.

ⓒ 해당 속성이 전혀 없는 상태인 절대적인 원점은 존재하지 않고 임의적인 원점은 존재한다. → 그러나 임의적인 원점만으로는 측정치 간의 비율계산은 무의미하다.

⑤ 비율척도

ⓐ 비율척도(ratio scale)는 등간척도가 갖는 특성에 추가적으로 측정값 사이의 비율계산이 가능한 척도이다.

ⓑ 비율계산이 가능한 이유는 측정하고자 하는 속성이 전혀 존재하지 않은 상태가 0인 절대영점이 존재하기 때문이다.

ⓒ 비율척도로부터 얻어진 자료는 어떠한 형태의 통계적 분석도 적용이 가능하다.

⑥ 척도의 특징과 척도 간의 관계

ⓐ 명목척도, 서열척도, 등간척도, 비율척도 순으로 각 척도로부터 얻어진 자료가 담고 있는 정보의 수준이 높아지며, 보다 정교한 분석방법이 적용될 수

◆ 명목척도에서는 그 숫자가 측정대상특성의 양적인 크기를 나타내거나 산술적인 계산을 할 수 있는 것이 아니다.

◆ 서열척도는 측정대상 간의 해당 속성의 양적인 비교를 할 수 있는 정보는 제공해주지 못한다. 즉 선호의 정도는 알 수 없고 단지 순위만을 나타낼 뿐이다.

◆ 등간척도는 주로 물가지수나 생산성지수와 같은 지수의 측정에 잘 이용된다.

◆ 명목척도와 서열척도로부터 얻어진 자료로는 극히 제한된 분석방법을 적용할 수밖에 없으므로, 되도록 등간척도 이상의 자료를 얻도록 노력해야 한다.

있다.

ⓑ 비율척도로부터 얻어지는 자료는 거의 모든 분석방법에 적용될 수 있어서 비율척도를 적용하는 것이 자료의 분석상 유리하지만, 측정하고자 하는 속성에 따라 적용 가능한 척도가 제한되어 있는 경우가 있다.

● 도표 2-9 척도별 자료의 분석방법 및 예

척 도	비교방법 (숫자부여방법)	평균의 측정	적용가능분석방법	예
명목척도	확인, 분류	최빈값	빈도분석, 비모수통계, 교차분석	성별 분류, 상품유형별 분류, 시장세분구역분류, 존재유무
서열척도	순위비교	중앙값	서열상관관계, 비모수통계	상표선호순위, 상품품질 등위, 사회계층
등간척도	간격비교	산술평균	모수통계	온도, 광고인지도, 상표 선호도, 주가지수
비율척도	절대적 크기비교	기하평균, 조화평균	모수통계	시장점유율, 가격, 소비자 의 수, 생산원가, 매출액, 구매확률, 무게, 소득, 나이

(3) 1차자료의 수집

('99, 2004 CPA)
★ 출제 Point
마케팅 조사기법의 분류

1) 관찰법

① 관찰법(observation method)은 조사자가 소비자의 행동이나 기타 조사대상을 직접 혹은 기계를 이용하여 관찰함으로써 자료를 수집하는 방법이다.

② 관찰법은 비교적 탐색조사를 위한 자료수집을 위하여 많이 이용된다.

③ POS제도(point-of-sale system)도 소비자의 구매패턴변화 조사를 위한 관찰법으로 볼 수 있다.

◈ 관찰법에 쓰이는 기계장치
① galranometer
② eyecamera
③ people meter
④ optical scanner

④ 장점

ⓐ 정확한 자료를 수집할 수 있다.

ⓑ 조사대상자가 응답을 거부하거나 회피하는 경우 필요한 정보를 획득할 수 있다.

⑤ 단점

조사대상자의 내면적인 것, 즉 어떤 행동을 유발한 태도나 동기를 파악할 수 없다. → 그러므로 다른 자료수집방법과 함께 사용되기도 한다.

즉 POS제도는 관찰대상 소비자집단(소비자패널)이 쇼핑을 하고 자신의 고유카드를 계산원에게 제시하면 scanner를 이용해 브랜드, 크기, 가격 등 구매와 관련된 모든 정보를 기록하는 것으로, 회사는 이러한 정보를 이용하여 전략수립에 사용할 수 있다.

2) (표적집단)면접법과 심층면접법

① 표적집단 면접법

　ⓐ 표적집단면접법(focus-group interview : FGI)은 보통 8명 내외의 면접대상자들을 한자리에 모이도록 하고 어떤 주제를 제시하여 그 주제와 관련된 **토론을 하도록 함**으로써 자료를 수집하는 것이다.

　ⓑ 이 때 진행자는 조사문제나 목적을 명확히 이해하고 있어야 하며 토론을 적절히 이끌어 갈 수 있도록 숙련된 테크닉이 필요하다.

　ⓒ 표적집단면접법은 가설의 도출이나 **탐색조사를 위해** 비교적 많이 이용된다.

　ⓓ 단점 : 조사대상자가 너무 적기 때문에 조사결과를 전체 시장에 적용시켜 해석해서는 안 된다.

② 심층면접법

　ⓐ 심층면접법은 조사자와 응답자 간에 1대 1 대면접촉에 의해 질문과 응답을 하는 방법이다.

　ⓑ 질문항목이 미리 정해져 있지 않으며 응답자의 응답에 따라 달라질 수 있다.

　ⓒ 심층면접법은 일반설문조사로 밝히기 어려운 소비자의 잠재욕구나 동기를 파악하기 위해 사용된다.

3) 서베이법

① 서베이법(survey method)은 조사대상자에게 설문조사를 하여 자료를 수집하는 방법이다.

② 가장 널리 사용되는 자료수집방법이며 **기술적 조사에** 많이 이용된다.

4) 실험법

① 실험법(experimental method)은 **인과관계조사를 위하여** 많이 이용되는 방법이다.

② 실험대상자들을 둘 혹은 몇 개의 집단으로 나눈 후 인과관계의 원인이라고 추정되는 변수를 각 집단에 다르게 조작하여 그 결과가 집단들 간에 다르게 나타나는지를 봄으로써 변수들 간의 인과관계를 규명하게 된다.

③ 이 때 주의할 점은 결과변수에 영향을 미칠 수 있으나 조사설계에 포함되지 않는 변수, 즉 외생변수를 통제하여야 한다는 것이다.

● 도표 2-10 표본추출(sampling)방법의 비교

비확률 표본추출 (조사대상의 표본추출 확률을 모르는 상태에서의 추출방법으로, 추출된 표본의 대표성이 약하며 분석결과의 일반화가 어렵다)	편의표본추출	조사자의 편의대로 표본을 선정
	판단표본추출	조사목적에 적합할 것으로 판단되는 특정집단을 표본으로 선정
	할당표본추출	모집단의 특성(예, 나이)을 기준으로 이에 비례하여 표본을 추출
확률 표본추출 (조사대상이 표본으로 추출될 확률을 미리알고 있는 경우의 추출방법으로, 추출된 표본의 대표성이 있어 분석결과를 일반화할 수 있다)	단순무작위 표본추출	각 표본이 동일하게 선택될 확률을 가지도록 선정된 표본목록에서 각 표본에 일련번호를 부여하고 난수표를 이용하여 무작위로 추출
	층화표본추출	모집단을 통제변수에 의해 배타적이고 포괄적인 소그룹으로 구분한 다음 각 소그룹별로 단순무작위로 추출
	군집표본추출	모집단을 동질적인 여러 소그룹으로 나눈 다음 특정 소그룹을 표본으로 선택하고 그 소그룹 전체를 조사하거나 일부를 표본추출

2.3 소비자 행동 분석

1. 소비자 행동의 기본모형

(2004 CPA)
★ 출제 Point
소비자행동에 영향주는 요인

(2006 CPA)
★ 출제 Point
산업재 구매자 행동

1) 소비자는 특정 욕구를 충족시킬 수 있는 여러 대안들 중 자신에게 가장 큰 만족을 줄 수 있다고 생각하는 특정 대안을 구매한다.

2) 마케팅 관리자는 잠재구매자가 여러 경쟁브랜드들 중에서 자사의 브랜드를 선택하도록 하기 위해서 구매에 선행하는 요인들이 무엇인지, 즉 어떤 과정을 거쳐서 또 어떠한 영향을 받아서 구매결정을 하는지를 이해하여야 한다.

◆ AIDMA model
① attention(주의)
↓
② interest(관심)
↓
③ desire(욕구)
↓
④ memory(기억)
↓
⑤ action(행동)

● 도표 2-11 소비자행동의 기본모형

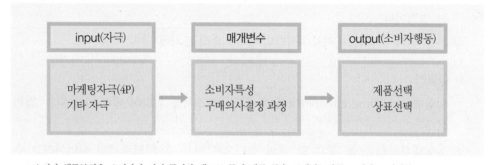

* 소비자 행동분석은 소비자가 어떤 동기와 태도로 특정 제품 등을 구매하는가를 규명하는 것이다.

2. 소비자 의사결정과정

(1) 문제의 인식

1) 소비자가 욕구를 인식하는 단계이다.

2) 이 단계에서 마케팅관리자의 임무는 ① 욕구의 종류를 분석하고, ② 문제발생의 원인을 분석하며, ③ 욕구가 어떻게 소비자로 하여금 특정 제품에 관심을 갖도록 하는지에 대해 분석하는 것이다.

(2) 정보의 탐색

1) 욕구를 충족시켜 줄 수 있는 제품에 대한 각종 정보를 탐색하는 것이다.

2) 이 단계에서 마케팅관리자의 임무로는 ① 정보원천의 종류와 각 정보원천의 특성을 분석하며, ② 각 정보원천이 소비자에게 미치는 영향을 분석한다.

(3) 대안의 평가

1) 탐색한 정보를 이용하여 최종적인 상표선택에 이르는 과정이다.

2) 소비자들의 대안평가시의 주요 요소들은 제품의 특성, 중요성, 상표신념, 효용함수 등이 있다.

도표 2-12 소비자 의사결정과정

3) 소비자의 대안평가 모델 - 보완적 방식
① 보완적 방식의 기초개념
   ⓐ 보완적 방식(compensatory rule)에는 기대가치모델(expected value model)이 대표적이다.
   ⓑ 이 방식은 소비자가 모든 욕구기준을 고려하여 상표를 평가하는 것으로 각 상표속성에 각기 다른 가중치를 부여하여 상표를 선택한다.
   ⓒ Fishbein의 다속성태도모델은 보완적 방식에 속한다.

(2008 CPA)
★ 출제 Point
소비자 의사결정과정

◈ 소비자는 시간의 제약 때문에 시장에 나와 있는 모든 대안들에 대해 정보를 탐색하지 않고, 소수의 대안들만을 고려대상에 넣고 정보를 수집하게 되는데, 고려대상에 포함된 상품이나 브랜드를 고려상품군(consideration set)이라 한다.

◈ 사람들은 일반적으로 각 속성에 대하여 효용함수를 가지고 있다고 가정할 수 있다.

◈ 구매에 대한 관여도가 높아질수록 구매의사결정과정이 길어지며, 관여도가 낮아질수록 구매의사결정이 짧아진다.

(2005 CPA)
★ 출제 Point
보완적 방식의 특성

◈ 보완적 방식은 소비자가 여러 가지 중요한 속성에 걸쳐 각 상표대안들을 종합적으로 비교·평가하는 것이나, 현실적으로 소비자는 보다 간단한 비보완적 방식에 의하여 상표를 평가하는 경향이 있다.

$$A_0 = \sum_{i=1}^{n} b_i \, e_i$$

A_0 : 대상에 대한 태도(attitude)

b_i : 속성 i에 대한 소비자의 신념의 강도(strength of belief)

e_i : 속성 i에 대한 소비자의 평가(evaluation)

◈ 소비자는 각 상표별로 한 속성의 약점을 다른 속성의 강점에 의해 보완하여 전반적 평가를 할 수 있는데 이를 보완적 방식에 의한 평가라고 한다.

● 도표 2-13 보완적 방식의 예

속성별 중요도 (e_i)	각 상표에 대한 신념(b_i)		
	A	B	C
경제성 40	8	3	5
성 능 30	5	3	7
스타일 20	5	5	5
승차감 10	3	7	5
평가점수(태도점수)	600	380	560

● 도표 2-14 확장된 Fishbein모델

② **확장된 Fishbein모델** : Fishbein & Ajzen

ⓐ 합리적 행동이론(theory of reasoned action)을 토대로 초기 태도모델을 수정하였다.

ⓑ 행동에 선행하는 것은 행동의도(behavioral intention)이다.

ⓒ 행동의도는 개인적 요인과 사회적 요인에 의해 결정된다.

ⓓ 개인적 요인은 '그 행동에 대한 태도(attitude toward the behavior : A_B)'이다. → 행동에 대한 태도는 행동으로부터 개인이 얻을 수 있는 결과에 대한 신념(b_i)과 결과에 대한 평가(e_i)에 의해 결정된다.

ⓔ 사회적 요인은 주관적 규범(subjective norm : SN)이다.

i) 주관적 규범은 규범적 신념과 순응동기에 의해 결정된다.

ii) 규범적 신념(normative belief : NB)은 준거집단이 자신의 행동을 지지 혹은 반대할 것인지에 대한 개인의 생각이다.

iii) 순응동기(motivation to comply : MC)는 준거집단의 의견을 어느 정도 수용하는가의 정도이다.

4) 소비자의 대안평가 모델 – 비보완적 방식

① 비보완적 방식의 의의

비보완적 방식(noncompensatory rule)은 한 속성의 약점이 다른 속성의 강점에 의하여 보완이 되지 않는 것이다.

② 비보완적 방식의 기법

ⓐ 사전편집식(lexicographic rule)

i) 이는 소비자가 자신이 가장 중요시 여기는 속성에서 최상으로 평가되는 상표를 선택하는 방식이다.

ii) 이 때 최상의 상표가 2개 이상이면 두번째 중요시 여기는 평가기준에 의하여 선택한다.

ⓑ 연속제거식(sequential elimination rule)

i) 이는 소비자가 중요하게 생각하는 각각의 속성에 대한 평가점수가 최소 어느 정도는 되어야 한다는 수용기준(cut-off point)을 설정하고 모든 속성에서 이 수용기준을 만족시키는 상표를 선택하는 방식이다.

ii) 소비자는 각 속성별로 이 수용기준을 만족시키지 못하는 상표를 연속적으로 제거하고 남는 상표를 선택한다.

(2003, 2008 CPA)
★ 출제 Point
대안평가모델의 보완적 방식과 비보완적 방식의 구분

◈ 사전편집식 : 소비자가 가격을 가장 중요시 여기고 디자인을 다음으로 중요시 여긴다면 A상표를 선택하게 될 것이다.

◈ 연속제거식 : 소비자가 수용기준을 각 속성에 대하여 2점으로 둔다면 상표 B와 C 중에서 한 가지를 선택하게 된다. 이 두 가지 상표 중 어느 것을 선택할 것인가의 문제는 소비자가 이 시점에서 어떠한 평가 방식을 다시 취하는가에 달려 있다.

🔵 도표 2-15 비보완적 방식의 예

속 성	각 상표에 대한 평가점수			
	A	B	C	D
가 격	4	4	3	3
디자인	3	2	3	1
안전성	1	2	2	5

ⓒ 결합식(conjunctive rule)

이는 소비자가 중요하게 생각하는 각각의 속성에 대하여 최소한 어느 정도는 되어야 한다는 수용기준을 정하고 모든 속성에서 이 수용기준을 만족시키는 상표를 선택하는 방식이다.

◈ 결합식 : 가격속성은 4점 이상이면서 디자인 속성은 3점 이상인 상표를 택한다면 A상표가 선택된다.

ⓓ 분리식(disjuntive rule)

이는 특히 중요하다고 느끼는 한두 가지의 속성에서 최소한의 수용기준을 설정하여 상표별로 평가하는 방식이다.

5) 소비자 정보처리과정

① 의 의

ⓐ 소비자가 마케팅 자극에 노출되어 주의를 기울이고 내용을 지각하여 제품에 대한 신념과 태도를 형성하기까지의 과정을 정보처리과정이라 한다.

ⓑ 정보처리과정을 통해 형성된 신념과 태도는 제품의사결정을 위한 대안 평가에 즉시 이용되기도 하고, 기억해 두었다가 차후 관련 의사결정을 위해 이용되기도 한다.

● 도표 2-16 소비자 정보처리과정

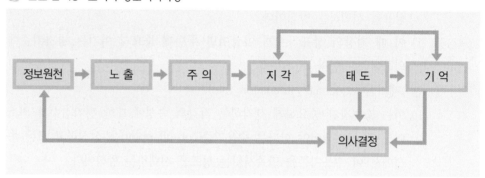

② 노 출

ⓐ 의도적 노출(intentional exposure) : 목적지향적 노출
소비자가 문제해결을 위하여 자신을 의도적으로 마케팅 정보에 노출시키는 것

ⓑ 우연적 노출(accidental exposure)

ⓒ 선택적 노출(selective exposure) : 소비자가 필요하고 관심있는 정보에만 자신을 노출시키는 지각적 메커니즘

③ 감지(sensation) : 자극의 강도가 어느 정도 강해 감각기억(Sensory memory)이 알아차리는 것

ⓐ 절대적 식역(absolute threshold) : 감각기관이 자극을 감지할 수 있기 위한 자극에너지의 최소한의 강도 → 예) 벨소리의 크기

ⓑ 차이식역(differential threshold) : 초기 자극의 변화를 감지할 수 있게 하는 최소한의 차이 → just noticeable difference (JND)

ⓒ 식역하 지각(subliminal perception) : 절대적 식역수준에 미치지 못하는 낮은 자극을 무의식중에 감지하는 것

차이식역에 도달하기 위해 필요한 자극의 최소 변화치는 초기자극의 강도에 비례한다.

④ 주의(attention) : 유입정보 중 정보처리를 위해 일부를 선택하게 되는 메커니즘
  ⓐ 관여도에 따른 주의 : 지각적 경계(perceptual vigilance)
    자신과의 관련성이 높은 정보에는 주의를 기울이고, 그렇지 않은 정보에는 주의를 기울이지 않는다.

(2005 CPA)
★출제 Point
지각적 경계의 의의

(2005 CPA)
★출제 Point
소비자의 지각과 자극

Key Point 지각적 경계와 두려움 소구

자사제품에 대한 소비자의 자아관련성을 높이기 위해서는 ① 표적소비자와 유사한 모델의 사용, ② TV광고의 드라마화, ③ 공포심 유발 광고 등이 효과적이다.

  ⓑ 환기(arousal : 각성)와 주의 : 환기는 정신을 바짝 차리고 있는 정도를 의미하는데, 환기수준과 주의의 정도는 역-U의 관계이다.

● 도표 2-17 환기와 주의

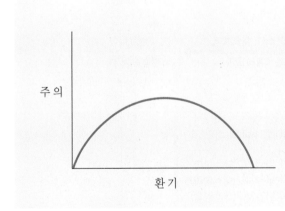

환기 수준이 매우 낮을 때와 매우 높을 때는 정보처리를 위해 사용할 수 있는 인지적 자원의 양이 매우 적어진다.

(4) 구매(purchase)결정

1) 소비자는 각 대안들의 비교·평가과정을 거쳐 가장 호의적인 태도를 갖는 대안 즉, 가장 마음에 드는 대안을 구매한다.

2) 구매는 의사결정 이후 곧바로 이루어지기도 하고 상당기간 후에 이루어지기도 한다.

3) 의사결정 이후 오랜 기간이 지나 구매가 이루어지면 소비자의 태도는 구매로 이어지지 않을 수도 있다.

(5) 구매후 평가(postpurchase evaluation)

1) 의 의

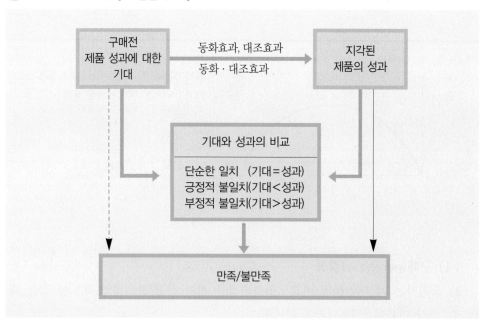

('98 CPA)
★ 출제 Point
인지부조화와 구매의사결정단계

① 소비자는 제품을 구매할 때 자신의 평가와 지불하는 금액에 따라 제품성과에 대한 기대를 하게 된다.

② 제품구매·사용 이후에 소비자가 지각하는 제품성과가 구매 이전의 기대수준과 같거나 더 큰 경우 자신이 구매한 제품에 대해 만족을 할 것이고, 그렇지 않은 경우 불만족을 하게 된다.

2) 기대-성과 불일치 모형

① 만족/불만족에의 영향요인

◈ 만 족＝성과＞기대
   불만족＝성과＜기대

◈ 만족과 불만족은 기억 속에 저장되어 자신의 다음 구매와 타인의 구매결정에 긍정적 혹은 부정적 영향을 미치게 된다.

◈ 마케팅관리자는 고객의 만족도를 계속 감시하여야 하며 불만족한 소비자들이 쉽게 불평을 할 수 있도록 클로버시스템이나 수취인 부담엽서 등의 장치를 마련할 필요가 있다.

ⓐ 일치/불일치 : 단순한 일치(기대＝성과), 긍정적 불일치(기대＜성과), 부정적 불일치(기대＞성과)

ⓑ 지각된 성과 : 제품성과에 대한 소비자의 지각

ⓒ 기대 : 소비자가 구매 이전에 예상하는 제품성과수준

🔵 도표 2-18 기대-성과 불일치 모형

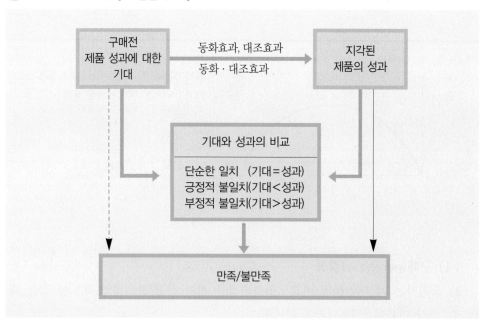

출처 : Richard L. Oliver, "A Cognitive Model of the Antecedents Consequences of Satisfaction Decision," *J of Marketing*, 11, 1980.

② 기대가 지각된 성과에 미치는 영향

    ⓐ 동화효과(assimilation effect) : 성과가 기대와 다를 경우 성과를 기대에 동화시키는 것 → 기대의 방향으로 지각

    ⓑ 대조효과(contrast effect) : 성과가 기대에 미치지 못하는 경우 성과를 실제보다 더 낮게, 성과가 기대를 초과하는 경우 성과를 실제보다 더 높게 평가하는 것

    ⓒ 동화 - 대조효과 : 소비자의 불일치에 대한 허용범위 내에 있으면 동화하고, 허용범위를 초과하면 대조하는 효과

(2006 CPA)
★ 출제 Point
동화이론 및 대조이론의 정의

3) 불만족의 처리

① 불만족을 느낀 소비자들 중 다수는 기업에 직접 불평을 하지 않고 그 제품을 다시 구매하지 않거나 타인에게 부정적으로 전한다.

② 그러나 불만족한 소비자들 중 일부는 기업에 불평을 하는데, 이에 따라 그들의 문제를 해결해 줌으로써 재구매와 긍정적 구전을 하도록 할 뿐만 아니라 고객의 불평을 제품개선이나 기타 마케팅업무에 반영할 수 있다.

4) 구매 후 부조화

① 의　의

    ⓐ 소비자는 구매 이후 자신이 선택한 대안이 과연 선택하지 않은 대안보다 더 나은 것인가에 대한 심리적 불안감을 느낄 수 있는데, 이를 구매 후 부조화(postpurchase dissonance)라 부른다.

    ⓑ 불만족은 제품성과가 기대에 미치지 못하는 것이라는 판단에서 나오는데 비해, 구매 후 부조화는 자신의 의사결정이 과연 잘한 것인가 하는 일종의 의구심(doubt)이므로 불만족과는 그 성격이 전혀 다른 것이다.

    ⓒ 구매 후 부조화는 특히 고관여 의사결정 이후 그리고 대안들의 매력도가 비슷하게 느껴질 때 더욱 크다.

② 영　향

    ⓐ 소비자는 구매 후 부조화를 느끼게 되면 자연히 부조화 해소를 위해 노력을 하게 된다.

      ⅰ) 자신이 선택한 대안의 장점을 더욱 부각시켜 생각하고 단점을 축소시킴으로써 부조화를 해소할 수 있다.

      ⅱ) 자신의 구매를 지지하는 정보를 찾는 노력을 할 수도 있다. → 즉, 자신이 구매한 브랜드의 광고에 노출되면 이에 다시 관심을 갖기도 하고, 혹은 타인들과의 대화를 통해 자신의 선택을 지지받으려고도 한다.

    ⓑ 구매 후 부조화가 긍정적인 방향으로 해소되면 만족으로 이어질 것이고 그

◈ 제품 A를 구매한 사람의 경우 자신이 선택하지 않은 제품 B의 성능이 A보다 우수하다는 생각 때문에 부조화가 발생할 수 있다.

렇지 못하면 불만족으로 이어질 것이다.

③ 마케팅에의 활용

대체로 고가격, 내구재, 기타 고관여 제품에 해당하는 제품의 마케팅관리자는 제품을 판매한 이후 소비자에게 거래 후 서신이나 전화를 이용하여 감사의 뜻과 함께 소비자의 선택이 현명하였음을 주지시킴으로써 구매 후 부조화 해소를 도와 줄 필요가 있다.

3. 관여도

(1) 의의 및 중요성

1) 소비자의 의사결정과정과 정보처리과정은 소비자의 제품관여도에 따라 달라진다.

2) 따라서 소비자행동을 이해하기 위해서는 관여도 개념에 대한 이해가 필수적이다.

3) 관여도는 여러 의미를 내포하는 다소 복잡한 개념인데, 대체로 소비자가 어떤 대상을 중요시 여기는 정도나 대상에 대해 관심을 갖는 정도를 말한다.

(2005 CPA)
★ 출제 Point
관여도의 특성

(2) 관여도에 따른 구매의사결정과정

1) 관여도를 결정하는 변수

소비자의 제품에 대한 관여도의 크기는 절대적인 것이 아니라 상대적인 개념으로 서, 개인마다 다르고, 제품마다 다르며, 상황에 따라서도 달라진다.

① 재무적 위험

소비자의 소득 수준을 제품 가격과 함께 고려한 개념으로, 같은 가격대의 제품 이라도 소비자의 소득 수준에 따라 관여도가 달라진다.

② 심리적 위험과 사회적 위험

관여도는 자아 표현의 중요성(심리적 위험)이나 다른 사람의 부정적 평가(사회적 위험)에도 영향을 받는다.

🌑 도표 2-19 관여도의 영향변수와 결과변수

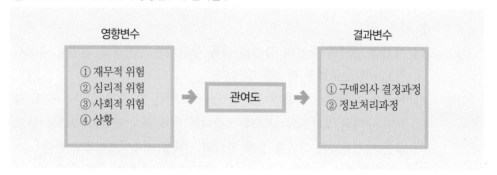

③ 상 황

  같은 제품이라도 본인이 사용하기 위한 경우와 남에게 선물하기 위한 경우에 따라 관여도는 달라질 수 있다.

2) 관여도의 분류

① 관여도의 크기에 따라서는 고관여도와 저관여도로 나눌 수 있다.
② 관여도는 특정 제품군에 대하여 오랜기간 지속적으로 관심을 갖는 **지속적 관여도**와 선물 구매와 같이 어떤 대상에 대해 일시적으로 관심을 갖는 **상황적 관여도**로 나눌 수 있다.
③ 광고메시지에 대한 관심동기에 따라 동기가 실용적인 경우의 인지적 관여와, 쾌락적/상징적인 경우의 감정적 관여로 나눌 수 있다.

3) 소비자 의사결정 과정 = 문제 해결 과정

① 포괄적 문제 해결(고관여)

  소비자가 상상한 시간과 노력을 투입하여 수집한 정보를 근거로 여러 대안들을 신중하게 평가하여 최종 선택하는 것이다.

② 제한적 문제해결(중간)

  상대적으로 적은 시간과 노력을 투입하는 것이다.

③ 일상적 문제해결(저관여)

  여러 대안들에 대한 구체적인 평가를 거치지 않고, 과거에 구매한 대안을 반복적으로 구매하는 것이다.

● 도표 2-20 관여도와 구매의사결정과정

	문제인식	정보탐색	대안평가	구매	구매후 행동
포괄적 문제해결 (고관여)	○	내적탐색 외적탐색	다수의 대안 다양한 기준 복잡한 평가방법	○	구매후 부조화 복잡한 평가
제한적 문제해결	○	내적탐색 제한적 외적탐색	소수의 대안 단순한 기준 간단한 평가방법	○	구매후 부조화 없음 단순한 평가
일상적/회상적 문제해결(저관여)	○	제한적 내적탐색	×	○	구매후 부조화 없음 아주 단순한 평가

● 도표 2-21 관여도에 따른 소비자의 반응순서

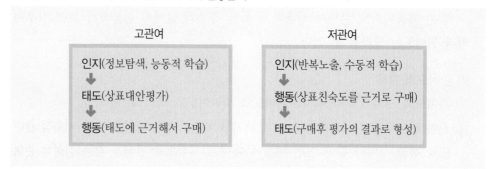

● 도표 2-22 관여도에 따른 소비자 구매행동 및 마케팅관리기법

		고관여	저관여
각 상품간 제품 특성의 차이	클 때	복잡한 구매행동 (→ 정보수집 및 평가에 의해 구매) • 긴 문구의 지면광고를 통해 자사제품의 차별적 편익 강조 • 판매원들을 충분히 동기부여시킴 • 구매자 주변인들에 대한 촉진	다양성추구 구매행동 (→ 상표전환이 빈번) • 시장선도자 : 넓은 진열, 반복광고, 재고보유로 습관적 구매유도 • 시장추종자 : 낮은 가격, 할인쿠폰, 무료샘플을 통해 사용창조 및 상품전환유도
	작을 때	부조화감소 구매행동 (→ 가격이나 구매용이성에 우선적 반응) • 소비자구매후 구매에 대한 확신을 갖도록 촉진	습관적 구매행동 (→ 상표친숙도에 의해 구매) • 상품의 친숙도를 높이기 위해 짧은 문구 광고 자주 반복 • 시험구매 유도 위해 가격할인이나 판촉

● 도표 2-23 포괄적 문제해결과 제한적 문제해결 과정

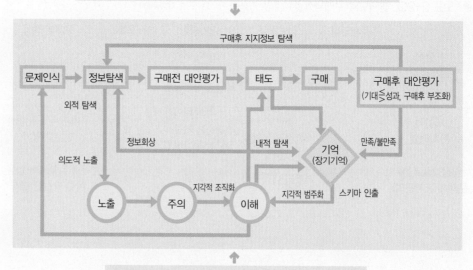

(3) 정교화 가능성 모델(ELM)

(2006 CPA)
★ 출제 Point
정교화가능성 모델의 정의

1) 의 의
① 설득적 메시지에 노출된 소비자의 태도형성과정을 설명하는 모델이다.
② 정교화 가능성(elaboration likelihood)은 노출된 메시지 정보에 주의를 기울이며 자신의 욕구와 관련지어 정보를 처리하려는 노력의 정도를 의미한다.
③ 정교화 가능성 모델(ELM)에 의하면 소비자의 태도형성 경로는 두 가지이다.

2) 정교화 가능성이 높을 때
① 태도는 주로 제품정보(즉, 중심단서)에 영향을 받아 형성된다. → 중심경로(central route)를 통해 형성
② 주로 고관여 소비자의 경우에 나타난다.

3) 정교화 가능성이 낮을 때
① 태도는 주로 광고모델, 음악 등 실행적 단서(즉, 주변단서)에 영향을 받아 형성된다. → 주변경로(peripheal route)를 통해 형성
② 주로 저관여 소비자의 경우에 나타난다.

4. 대리적 학습(모델링)

(1) 의 의
실제로 자기가 하는 것이 아니라 남(학습모델)이 하는 것을 관찰하면서 이 행동을 따라 하는 것을 의미한다.

(2005, 2007 CPA)
★ 출제 Point
학습이론

(2007 CPA)
★ 출제 Point
대리적 학습의 의의

(2) 종 류
1) 외재적(공개적) 모델링 : 모델의 행동을 직접 관찰하게 하여 개인의 행동을 변화시키려는 시도 → **예** 음주운전의 비참함을 보여줌으로써 음주운전을 하지 않도록 유도
2) 내재적(비공개적) 모델링 : 실제행동이나 결과를 제시하지 않고 상상하도록 유도 → **예** 라디오광고
3) 언어적 모델링 : 보여 주지도 않고 상상해 주지도 않으나 다른 사람들이 비슷한 상황에서 어떠한 행동을 했을까 들려줌으로써 학습을 유도하는 것 → **예** 기부금 요청 시, 보험 상품 판매 시

01 마케팅 시장조사에서 1차자료를 수집하기 위한 방법 중 적당하지 않은 것은? ('91. CPA)

① 현재의 여러 현상을 관찰함으로써 정보를 수집한다.

② 여러 가지 변수의 조건화(통제)를 통한 결과의 차이를 분석한다.

③ 신속하고 경제적으로 정보를 이용하기 위하여 정부의 통계나 언론매체 등의 자료를 수집한다.

④ 조사목적에 맞는 여러 가지 유형의 질문이 포함되도록 질문서를 만들어 조사한다.

⑤ 마케팅조사의 목적에 관련된 자료를 기계장치에 의해 수집한다.

✎ 해설 ① 관찰법은 탐색조사에 적합하여 2차자료 수집에도 쓰인다.

② 실험법의 설명으로 주로 인과관계조사에 사용된다.

③ 조사의 목적에 도움을 주기 위하여 관찰 등을 통해 수집하는 기존의 모든 자료(예를 들면, 정부의 통계, 언론매체 등)를 2차자료라 한다.

④ 질문법의 설명으로 주로 기술조사에 사용된다.

02 인지적 부조화설은 무엇을 설명하기 위한 이론인가? ('98. CPA)

① 구매욕구에 관한 개인차이　　　② 구매의사결정 시점의 갈등

③ 충동적 구매행동　　　　　　　④ 정보수집 및 분석능력의 한계

⑤ 구매후 만족

✎ 해설 ⑤ 인지부조화이론은 주로 '구매후 평가'에서 나타난다.

03 마케팅조사과정에서 측정된 척도가 명목척도(nominal scale)인 경우 분석수단으로 부적절한 것은? ('99. CPA)

① 표준편차(standard deviation)　　② 이항분포검증(binomial test)

③ 최빈값(mode)　　　　　　　　④ 카이자승 검증(χ^2 test)

⑤ 교차분석(cross tabulation)

✎ 해설 일반적으로 측정에 사용되는 도구를 척도라 하며, 이 척도는 명목척도, 서열척도, 등간척도, 비율척도로 분류된다. 명목척도는 측정대상의 특성을 분류하거나 확인할 목적으로 숫자를 부여하는 것으로 주로 교차분석, 부호검정, 최빈값, 이항분포검정 등에 이용된다. 한편, 표준편차는 등간척도의 경우에 이용될 수 있다.

정답 1 ③　2 ⑤　3 ①

4 마케팅문제에 대한 가설설정이 이루어지지 않은 상황에서 마케팅조사를 실시하고자 한다. 이 때 활용될 수 있는 마케팅 조사방법으로 가장 거리 가 먼 것은?　('99. CPA)

① 관찰법(observational research)　② 실험법(experimental research)

③ 심층면접법(depth interview)　④ 탐색조사(exploratory research)

⑤ 표적집단면접법(FGI: focus group interview)

✏ 해설　가설설정이 이루어지지 않은 상황에서 실시되는 탐색조사는 주로 문헌조사, 전문가의견조사, 사례조사 등이 이용된다. 전문가의견조사에는 심층면접법 등이 사용된다.
실험법은 주로 인과조사에서 사용되는 방법이다.

5 A시에 거주하고 있는 소비자를 대상으로 B제품에 대한 고객만족도를 조사하고자 한다. 동일한 규모의 표본을 추출할 때 대표성은 높으나 시간과 비용이 가장 많이 드는 표출방법은?　(2000. CPA)

① 판단표출(judgement sampling)

② 편의표출(convenience sampling)

③ 할당표출(quota sampling)

④ 단순무작위표출(simple random sampling)

⑤ 목적표출(purposive sampling)

✏ 해설　④ 무작위추출은 '닥치는대로' 추출하는 것이 아니라, 모집단을 구성하는 개체들이 선택될 기회가 동등한 가운데 표본을 만드는 것으로, 우선 모집단을 확정하고 표본프레임을 작성한 후, 각 표본에 고유번호를 부여하고, 표본을 추출해야 하는 등 시간과 비용이 많이 들게 되는 확률표본추출방법이다. 또한 층화추출보다는 대표성이 낮을 가능성도 있지만 문제에서 'A시에 거주하는 소비자를 대상으로 B제품에 대한 고객만족도를 조사하고자' 하는 의도에 비추어 보면 모집단을 이질적 집단으로 볼 필요가 없으므로 굳이 층화추출을 하지 않고 무작위추출을 하더라도 대표성에 별 손실이 없다.
①, ②, ③ 판단표출과 편의표출, 할당표출은 비확률표본추출방법으로 시간과 비용을 적게 들게 하기 위해 전문가의 판단이나 직관에 의존하는 방법이다. 물론 3개의 방법 중 3번 할당표출방법이 대표성이 높기는 하지만, 시간·비용이 많이 든다고 볼 수 없고, 대표성으로 본다면 확률표본추출방법 중에 층화표출이나 군집표출이 훨씬 높으므로 우선 답에서 멀어진다.

6 소비자가 대안적인 브랜드들을 평가할 때, 특정 브랜드의 여러 가지 속성(attribute) 중 뛰어난 속성이 취약한 속성을 상쇄하지 못하는 비보상적인(non-compensatory) 방법이 아닌 것은?　(2003. CPA)

① 다속성 태도(multi-attribute attitude) 모형

② 사전적(lexicographic) 모형

③ 순차적 제거(elimination by aspect) 모형

④ 결합적(conjunctive) 모형

⑤ 분리적(disjunctive) 모형

✎ 해설 ① 다속성 태도 모델은 보상적 방식(보완적 방식)에 해당한다.

07 마케팅조사에 관한 다음의 설명 중 옳은 것은?   (2004. CPA)

① 기술적 조사(descriptibe research)는 조사문제를 정의하고 가설을 제시하는 데 도움이 되는 개괄적인 정보를 수집하기 위한 조사이다.

② 2차자료(secondary data)는 주로 현안의 특정 조사목적을 달성하기 위하여 수집하는 정보이다.

③ 전화설문기법(telephone survey technique)은 표본 범주(sample categories)를 통제하기가 용이하다.

④ 통상적으로 1차자료수집(primary data collection)은 조사과업을 수행하는 최선의 출발점이다.

⑤ 온라인 조사(online research)는 정밀하게 실행하기가 어렵고, 비용이 많이 들어 실효성이 의문시된다.

✎ 해설 ① 탐색조사에 대한 설명
② 1차자료에 대한 설명
④ 보통 자료수집시 2차자료를 먼저 수집한다.
⑤ 온라인 조사는 시간과 비용이 낮게 드는 장점이 있으나, 표본의 대표성에는 의문이 있다.

08 소비자행동에 관한 다음 설명 중 옳은 것은?   (2004. CPA)

① 사회계층(social class)은 통상적으로 소득이라는 단일요인에 의하여 결정된다.

② 소비자행동 모델에서 소위 소비자의 '블랙박스(black box)' 내부에 존재하는 두 개의 구성요소는 소비자 특성과 소비자 반응이다.

③ 소비자의 개인 행동에 영향을 미칠 수 있는 전형적인 심리적 요인(psychological factors)은 준거집단, 가족, 역할, 지위 등이다.

④ 소비자행동 연구에서 마케팅 관리자의 핵심적 질문은 "자사가 구사할 수 있는 다양한 마케팅 노력들에 대하여 소비자들이 어떻게 반응할 것인가" 하는 것이다.

⑤ 라이프스타일이란 가족이나 다른 중요한 사회기관으로부터 습득한 기본적 가치, 지각, 욕구, 행동의 집합체이다.

✎ 해설 ① 사회계층은 사회 안에서 비슷한 가치, 관심, 행동양식 등을 공유하고 있는 사람들로 구성된 집단을 말하며, 주로 권력, 재산, 지식 등의 원천으로부터 형성된다.
② 소비자 반응 → 구매의사결정 과정
③ 소비자 행동에 영향을 미치는 심리적 요인으로는 동기, 지각, 학습, 신념과 태도 등을 들 수 있다.

정답 7 ③ 8 ④

⑤ 문화에 대한 설명임

라이프 스타일은 한 개인의 생활 패턴으로 개인의 행동, 관심, 의견 등을 표현하는 것을 말한다.

09 마케팅 전략 수립에 필요한 내용에 관한 설명 중 가장 올바른 것은? (2005. CPA)

① 생활용품 회사가 자사제품 기존 소비자의 사용빈도와 1회 소비량을 증가시키기 위한 마케팅전략 아이디어를 찾고 있다면 이는 Ansoff 매트릭스 중 시장개발전략에 해당한다.

② 지각과정에서 최초의 자극이 강할수록 자극간 차이를 인식시키기 위해서는 차별화와 변화의 폭이 충분히 커야 된다는 법칙을 지각적 경계법칙이라 한다.

③ 판매사원, 유통업자 등을 교육훈련시킴으로써 현장에서 일상적으로 접할 수 있는 정보를 수집하려는 목적을 가진 마케팅 정보시스템을 마케팅 의사결정지원시스템이라고 한다.

④ 차별화 전략에 수반되는 위험에는 차별화요소에 대한 고객인지도 하락과 차별화의 지나친 강조로 시장을 상실할 가능성 등이 있다.

⑤ 모집단을 서로 상이한 소집단으로 분류한 후에 각 소집단으로부터 단순 무작위표본추출을 하는 방법을 군집표본추출방법이라 한다.

🖋 해설 ① 시장개발전략 → 시장침투전략
② 지각적 경계법칙 → 웨버의 법칙
③ 마케팅 의사결정지원시스템 → 마케팅정찰정보시스템
⑤ 군집표본추출방법 → 층화표본추출방법

10 다음 소비자행동이론에 관한 설명 중 가장 옳지 않은 것은? (2005. CPA)

① 소비자지각과 관련하여 이점이 불분명하고 세분시장이 특정되지 않은 경우에는 모호한 자극이 유리하다.

② 소비자는 지각적 방어에 의해 두려운 자극을 회피하는 경향이 강하므로 두려움 소구는 효과적이지 못하다.

③ 보상모형을 사용하여 대안평가를 할 경우에 총효용점수가 같다고 해서 두 제품의 실제적인 특성이 동일하다고 할 수 없다.

④ 관여도는 제품에 따라 달라지지만 개인이나 상황에 따라서도 달라진다.

⑤ 소비자 학습이론에서 반복과 인접성을 통한 연상을 이용하여 학습시키는 방법은 고전적 조건화이다.

🖋 해설 ② 두려움 소구는 너무 강하거나 너무 약하지 않으면 효과적일 수 있다.
③ 보상모형 = 보완적 방식

11 산업재는 소비재와 달리 독특한 특징을 가지고 있다. 산업재와 산업재 구매자 행동의 특성에 가장 맞지 않은 것은? (2006. CPA)

① 보통 산업재시장에서 구매결정은 조직의 구매센터(buying center)에서 이루어진다.

② 산업재에 대한 구매수요는 최종소비재의 수요에 기인하는 파생수요(derived demand) 의 특성이 있다.

③ 산업재구매자와 판매자는 서로 각자가 생산한 제품을 판매하고 구매해주는 상호구매 가 많다.

④ 대부분의 산업재구매자는 문제를 총체적으로 해결해 줄 대안을 가진 판매자를 찾기 때문에 시스템적 구매와 판매의 특성이 있다.

⑤ 산업재 구매자는 구매해야 할 제품의 규모가 크고, 기술적으로 복잡한 경우가 많아 광 범위한 유통망을 통하여 간접구매를 하는 것이 일반적이다.

✍ 해설 ⑤ 광범위한 유통망 → 제한된 유통망
　　　　　 간접구매 → 직접구매

12 다음 소비자의 태도이론에 관한 설명 중 가장 옳지 않은 것은? (2006. CPA)

① 다속성태도모델(multi-attribute attitude model)에 의하면, 대상에 대한 태도(attitude toward an object)는 대상이 특정 속성을 갖는다는 신념의 강도와 특정 속성에 대한 평가에 의해 결정된다.

② 동화이론(assimilation effect)에 의하면, 고관여 소비자는 수용영역 내에 커뮤니케이션 메시지가 속하게 되면 실제보다 더 긍정적으로 받아들이는 경향이 있다.

③ 정교화가능성모델(elaboration likelihood molel)에 의하면, 소비자의 태도변화는 제시 된 논점에 대한 사고의 결과로서 설득이 되는 중심경로(central route)와 제시된 논점 과는 별 상관이 없는 광고모델의 매력성, 메시지의 재미 등의 주변경로(peripheral route)에 의해 일어난다.

④ 피쉬바인의 확장모델(Fishbein's extended model)에 의하면, 소비자의 구매의도는 소 비자의 특정대상(예 : 상표)에 대한 태도(attitude toward an object)와 소비자의 행동에 대해 다른 사람들이 어떻게 볼 것인가와 관련된 주관적 규범(subjective norm)에 의해 결정된다.

⑤ 대조이론(contrast effect)에 의하면, 고관여 소비자는 거부영역 내에 커뮤니케이션 메 시지가 속하게 되면 실제보다 더 부정적으로 받아들이는 경향이 있다.

✍ 해설 ④ 특정대상에 대한 태도 → 행동(구매결과)에 대한 태도

정답 11 ⑤ 12 ④

13 다음 경쟁(자)에 대한 설명 중 가장 옳지 않은 것은?　　　　　　　(2007. CPA)

① 일반적으로 코카콜라나 펩시콜라 간의 경쟁처럼 같은 상품형태(product form) 수준의 경쟁이 가장 치열하다.

② 상품범주(product category) 수준의 경쟁이란 코카콜라나 칠성사이다처럼 상품형태는 다소 다르지만 기본적으로 같은 범주(예 : 청량음료 범주)에 속하는 상품들 간의 경쟁을 말한다.

③ 휴대폰의 보급으로 청소년들의 통신비가 급증하면서 다른 부문(예 : 놀이공원)에 대한 지출이 줄어드는 것도 상품간 경쟁이라 볼 수 있다.

④ 어떤 시장에서 비슷한 전략을 쓰는 기업들의 집단, 즉 전략군(strategic group) 내에서는 경쟁이 약하다.

⑤ 상품의 형태나 종류에 관계없이 대체 가능성이 있는 것은 모두 경쟁자로 볼 수 있다.

✎ 해설　④ 약하다 → 강하다

14 소비자들이 좋아하는 음악을 상품광고에 등장시키는 것은 소비자들이 이 음악에 대해 가지는 좋은 태도가 상품에 대한 태도로 이전되기를 기대하기 때문이다. 이를 가장 잘 설명하는 학습이론은 무엇인가?　　　　　　　(2007. CPA)

① 내재적 모델링(covert modeling)

② 작동적 조건화(operant coditioning)

③ 수단적 조건화(instrumental conditioning)

④ 대리적 학습(vicarious learning)

⑤ 고전적 조건화(classical conditioning)

✎ 해설　①, ④ 대리적 학습은 모델링이라고 하며, 공개적(외재적) 모델링, 비공개적(내재적) 모델링, 언어적 모델링으로 나눌 수 있다.

01 마케팅 조사 방법 중 다음과 같은 조사를 실시하는 것은?

- 자사브랜드와 경쟁브랜드에 대한 속성별 소비자평가
- 특정잡지 구독자의 사회경제적 및 인구통계적 특성
- 자사제품을 취급하는 유통기관의 분포의 수

① 탐색조사   ② 기술조사   ③ 인과관계조사
④ 전문가의견조사   ⑤ 문헌조사

✎해설 ② 기술조사는 조사문제와 관련하여 자료를 수집하고 그 결과를 기술하는 것으로 대부분 마케팅조사가 여기
에 해당한다.
      ① 탐색조사는 전문가의견조사나 문헌조사에 의한다.

02 1차 자료 수집방법 중 다음과 같이 수집하는 것은?

- H음료는 슈퍼마켓에 조사자를 보내서 경쟁자의 소매가격이나 자사의 브랜드가 어느 정
도 진열되어 있는지를 조사한다.
- 편의점을 운영하는 K마트는 새로운 지역에 출점하기 위하여 가능한 여러 지역에 조사자
를 파견하여 통행인구와 경쟁점포들의 위치를 조사한다.

① 관찰법   ② 표적집단 면접법   ③ 실험법
④ 서베이법   ⑤ 전화면접법

✎해설 보기는 관찰법의 설명으로 조사자가 소비자의 행동이나 기타 조사대상을 직접 혹은 기계를 이용하여 관찰함
으로써 자료를 수집하는 것이다.

정답 1② 2①

03 다음 보기 중 절대적인 크기(absolute magnitudes)를 비교할 수 있는 척도로 묶인 것은?

a. 명목척도(nominal scale)
b. 서열척도(ordinal scale)
c. 등간척도(interval scale)
d. 비율척도(ratio scalea)

① a, b, c, d
② b, c, d
③ c, d
④ c
⑤ d

✏ 해설 a. 명목척도는 관찰대상을 범주로 분류하기 위해 숫자를 사용하는 척도이다.
b. 서열척도는 관찰대상의 속성에 따라 순위를 결정할 수 있는 척도이다.
c. 등간척도는 측정대상 사이의 거리를 비교할 수 있는 척도이다.
d. 비율척도는 위의 세 척도에 비율개념까지 부가된 척도이다.

04 1차자료 수집시 조사대상자의 접촉방법은 우편조사, 전화조사, 면접 등이 있다. 이에 대한 설명으로 옳지 않은 것은?

① 우편조사는 면접을 허락하지 않는 피면접자에게 도달하는 데 가장 좋은 방법이다.
② 우편조사는 응답자의 응답내용이 면접자에 의해 왜곡되거나 편견이 주어지지 않는 장점이 있다.
③ 가장 융통성이 있는 방법은 면접법이다.
④ 면접은 시간과 비용을 줄이기 위해 소규모표본을 사용하므로 그 결과를 일반화하기가 어려울 수도 있다.
⑤ 전화조사는 응답률이 우편조사보다 낮지만 응답자 개인당 비용이 더 적게 든다는 장점이 있다.

✏ 해설 ⑤ 전화조사는 우편조사보다 응답률이 높지만 응답자 1인당 비용이 많이 드는 문제가 있다.
② 전화조사는 면접자의 편견이 개입될 가능성이 있다는 단점이 있다.
①, ② 우편조사는 응답률이 낮으며, 응답자가 설문을 이해하지 못할 때 보충설명이 어려워 부정확한 자료가 수집되는 문제가 있다. 그러므로 설문지 발송전 전화로 사전허락을 받거나 설문지와 함께 답례품을 제공하여 응답률과 응답의 질적 수준을 높이는 것이 중요하다.

〈세 가지 서베이방법의 장·단점〉

특 징	우편조사	전화면접	직접면접
비 용	낮 음	중 간	높 음
속 도	늦 음	즉 시	늦 음
응 답 률	낮 음	중 간	높 음
지역적융통성	뛰 어 남	좋 음	낮 음
면접원오류	없 음	중 간	문제있음
면접원감독	불 가 능	쉬 움	어 려 움
응 답 의 질	제 한 적	제 한 적	뛰 어 남

05 Y제약은 마시는 피로회복제만을 생산하고 있다. 피로회복제에는 마시는 제품 이외에도 알약, 붙이는 약 등이 있는데 이들을 생산하는 기업은 Y제약의 입장에서 볼 때 어떤 경쟁자에 해당되는가?

① 욕구별 경쟁자　　　　② 속별 경쟁자　　　　③ 제품형태별 경쟁자
④ 상표별 경쟁자　　　　⑤ 상품별 경쟁자

✎ 해설　경쟁자는 구매자의 유도과정에 따라 대개 5가지의 유형으로 나눌 수 있는데, 예산별 경쟁자 → 욕구별 경쟁자 → 속별 경쟁자 → 제품형태별 경쟁자 → 상표별 경쟁자 등이 있으며, 마시는 유형, 붙이는 유형 등은 제품형태별 경쟁자에 해당된다.

06 마케팅에서 인지적 부조화감은 주로 어떤 문제와 관련하여 언급되는가?

① 비교과정　　　　② 구매 전 행동　　　　③ 구매 후 행동
④ 대체안 평가　　　　⑤ 구매의사결정

✎ 해설　구매 후에 인지적 부조화감을 느낀 소비자들은 부조화감을 두 가지 방법으로 줄이려고 애쓴다. 하나는 그 제품을 버리거나 반품을 하는 방법이고, 또 하나는 그 제품에 대해 높은 가치를 확신시켜 주는 정보를 탐색하거나 낮은 가치를 확신시켜 주는 정보를 회피하는 방법이다.

07 기업은 전반적인 시장구조하에서 대개 4가지 형태의 경쟁상황에 직면한다. 이에 대한 설명으로 옳지 않은 것은?

① 독점적 경쟁 – 시장진입의 용이성 – 쉽다
② 순수경쟁 – 차별적 우위 – 없음
③ 독점적 경쟁 – 주요 마케팅과업 – 모든 요인들의 차별화
④ 순수경쟁 – 주요 마케팅과업 – 가능한 넓은 유통망
⑤ 과점 – 차별적 우위 – 비가격적 마케팅요인들

✎ 해설

〈경쟁구조 요약표〉

경쟁형태 / 속성	경쟁구조			
	독점	과점	독점적 경쟁	순수경쟁
경쟁자 수	하나	소수	여러 개	아주 많음
시장점유율	한 기업이 100%	소수가 높은 점유율 획득	각각의 기업이 낮은 점유율 획득	각각의 기업이 매우 낮은 점유율 획득
시장진입 용이성	어려움	어려움	쉬움	쉬움
차별적 우위	제품/서비스의 유일한 제공자	비가격적 마케팅 요인들	모든 마케팅 요인들	없음
주요 마케팅과업	독점적 위치 고수	비가격적 요인들의 차별화	모든 요인들의 차별화	가능한 한 넓은 유통망, 저가 공급에 대한 보장

정답 5 ③ 6 ③ 7 ④

08 다음의 설명 중 구매 후 부조화가 발생할 가능성이 낮은 경우는?

① 구매 결정을 취소할 수 없을 때

② 선택한 대안이 갖지 않은 장점을 선택하지 않은 대안이 가지고 있을 때

③ 마음에 드는 대안이 여러 개 있을 때

④ 관여도가 높을 때

⑤ 타인의 의견에 의존해 대안을 선택했을 때

✎ 해설 ①~④ 및 소비자 자신이 전적으로 자기의사에 따라 결정했을 때 구매후 부조화가 발생할 가능성이 높다.

09 Fishbein의 다속성 태도 모델에 대한 설명 중 옳지 않은 것은?

① 신념(belief)은 특정 제품의 속성과 관련하여 가지고 있는 소비자의 주관적 의견이다.

② 신념의 강도는 소비자의 과거경험, 외부정보, 혹은 추론에 의해 결정된다.

③ 속성에 대한 평가는 어떤 대상이 특정 속성을 가진다는 사실이 소비자에게 얼마나 바람직한가를 반영한다.

④ 속성에 대한 평가는 특정 상표에 관한 것인데 반해, 신념의 강도는 제품군에 관한 것이다.

⑤ 속성만족도-중요도 모델은 Fishbein의 변수를 속성에 대해 소비자가 갖는 만족도와 그 속성에 대해 중요시 여기는 정도로 수정하였다.

✎ 해설 ④ 신념의 강도는 특정 상표에 대한 것, 속성에 대한 평가는 제품군에 관한 것

10 소비자 의사결정과정에 관한 다음의 설명 중 가장 적절하지 않은 것은?

① 소비자의 고려 대상에 포함된 상품이나 브랜드들을 고려상표군(consideration set)이라 하며, 고려상표군에서 제외된 대안들이 구매될 가능성은 거의 없다.

② 관여도(involvement)가 높아서 소비자가 상당한 시간과 노력을 들여 신중하게 의사결정하는 경우를 포괄적 문제해결(extensive problem solving)이라 한다.

③ 소비자로 하여금 행동을 취하도록 만들기에 충분할 정도로 강한 욕구를 동기(motive)라 한다.

④ 소비자가 여러 가지 자극들을 조직화하고 전체적으로 의미를 부여하는 과정을 지각(perception)이라 한다.

⑤ 소비자가 자신이 가장 중요시 여기는 속성을 기준으로 최상으로 평가되는 상표를 선택하는 의사결정규칙을 보완적 방식(compensatory rule)이라 한다.

✎ 해설 ⑤ 자신이 가장 중요시 여기는 속성을 기준으로 상표를 선택하는 의사결정규칙은 비보완적 방식이다.

제3장 ■ 목표시장의 선정

3.1 시장세분화와 제품포지셔닝

1. 시장세분화

대부분의 경쟁적인 시장에서 세분화는 경쟁적 우위를 찾고 유지하는 데 있어서 필수적이고 중요한 도구이다.

(1) 시장세분화의 개념

1) 시장세분화는 특정 제품군에 대한 태도, 의견, 구매행동 등에서 비슷한 성향을 가진 사람들을 다른 성향을 가진 사람들의 집단과 분리하여 하나의 집단으로 묶는 과정이다.
2) 세분시장 상호간에는 이질성이 극대화되어야 하고, 세분시장 내에서는 동질성이 극대화되어야 한다.

(2) 시장세분화의 효과

시장세분화는 ① 고객의 욕구를 더 잘 충족시킬 수 있으므로 경쟁우위를 빨리 확

('93, 2002, 2008 CPA)
★ 출제 Point
시장세분화의 장·단점 및 특징

◈ 일대일(one-to-one) 마케팅 : 고객 개개인을 위한 맞춤상품을 제공

◈ 대량(mass)마케팅 : 단일제품을 대량생산하여 최소비용으로 소비자에 접근

◈ 제품차별화마케팅 : 구매자에게 다양성을 주기 위해 제품의 종류를 늘림

◈ 목표(target)마케팅 : 전체시장을 시장부문으로 구별하고 각 시장부문에 적합한 제품을 개발

('99, 2004 CPA)
★ 출제 Point
매스마케팅의 특징

(2001 CPA)
★ 출제 Point
일대일 마케팅

🔵 도표 3-1 세분시장마케팅전략의 수립단계

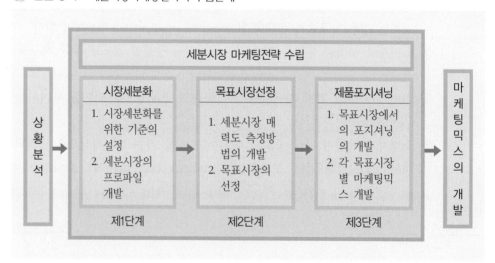

보하게 하고, ② '평균적 고객'만 보아서는 발견되지 않았을 마케팅 기회를 발견하게 하며, ③ 차별화를 통하여 가격경쟁을 줄이는 효과가 있다(국지점 독점이 가능).

→ 이는 특히 중소기업에 중요한 경쟁력을 제공하며 틈새(niche)마케팅을 가능하게 한다.

(3) 시장세분화 변수

1) 시장세분화를 위해 사용될 수 있는 기준에는 ⓐ 구매행동변수(사용상황변수, 추구효익변수 등), ⓑ 고객특성변수(인구통계학적 변수, 심리분석적 변수 등) 등이 있다.

① **구매행동변수**에는 사용기회, 사용경험, 사용량, 상표애호도 등이 있다.

② **고객특성변수**

　　ⓐ **인구통계학적 변수**에는 연령, 성별, 지역, 소득, 종교 등이 있다.

　　ⓑ **심리분석적 변수**에는 사회계층, 라이프 스타일, 개성 등이 있다.

2) 이러한 변수들을 사용하여 시장을 세분화할 때에는 변수 하나만을 사용하여 세분화하는 것보다는 세분시장의 특성 모두를 설명할 수 있도록 여러 변수들을 조합하여 사용하는 것이 효율적이다.

3) 각 세분시장은 측정가능성, 규모, 접근가능성, 차별적 반응신뢰성, 실질성, 수행가능성, 유효성·정당성 등의 요건을 보유하고 있어야 한다.

('91, 2000, 2008 CPA)
★ 출제 Point
시장세분화 기준

◆ 전략대안별 세분화 변수
① 시장침투전략 : 사용량, 편익, 애호도
② 제품개발전략 : 편익
③ 시장개발전략 : 사용여부

('89, '92, 2002 CPA)
★ 출제 Point
시장세분화 조건

(2005, 2008 CPA)
★ 출제 Point
시장세분화 변수 및 적용 기법

> **Key Point** 　**시장부문**
>
> 시장부문(market segment)이란 일정한 마케팅 자극에 대해서 유사한 방법으로 반응하는 소비자집단을 말한다. → 즉, 공통된 특성을 지닌 세분시장을 의미

◆ 시장세분화를 효과적으로 하려면 먼저 구매행동변수를 이용하여 시장을 세분한 다음, 다음 고객특성변수를 이용하여 세분시장 각각의 전반적인 특성을 파악해야 한다.

● 도표 3-2 제품/시장 격자

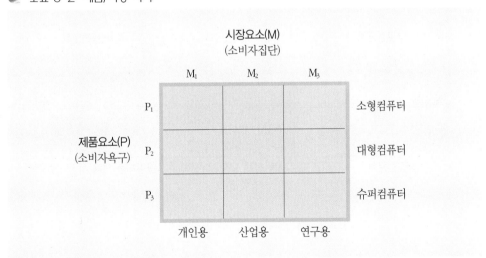

(4) 세분시장의 프로파일 작성

1) 기준변수를 이용하여 시장을 세분화하고 나면 각 세분시장에 대한 정확하고 자세한 프로파일을 작성한다.

2) 프로파일 작성시에는 시장을 세분화할 때 사용하지 않았던 변수들을 이용하여 각 세분시장을 설명하게 된다.

3) 이 때 효율적인 프로파일 작성을 위해서 세분시장의 측정, 규모, 접근가능성 등의 파악이 쉬운 인구통계학적 변수는 반드시 사용하도록 한다.

(2001 CPA)
★ 출제 Point
시장포지셔닝

(2001, 2004 CPA)
★ 출제 Point
시장세분화 전략

◆ 세분시장평가기준
① 세분시장의 규모와 성장률
② 세분시장의 구조
③ 기업의 목표와 자원

2. 목표시장의 선정

(1) 의 의

1) 마케팅관리자는 각 세분시장을 평가한 후 진입할 가치가 있는 시장 및 그 범위를 결정하고, 선정한 목표시장에 대한 제품포지셔닝을 결정해야 한다.

2) 세분시장의 매력도평가를 통해 하나 이상의 매력적인 세분시장을 발견할 수 있는데, 이 때 어느 세분시장에 그리고 얼마나 많은 세분시장에 진출할 것인지를 결정하여야 한다.

3) 기업이 진입할 세분시장과 그 범위를 결정하는 방법에는 전체시장 도달전략과 부분시장 도달전략이 있으며 구체적으로는 6가지 가능한 형태가 있다.

('89 CPA)
★ 출제 Point
목표시장선정시의 고려요인

● 도표 3-3 시장커버리지 전략 유형

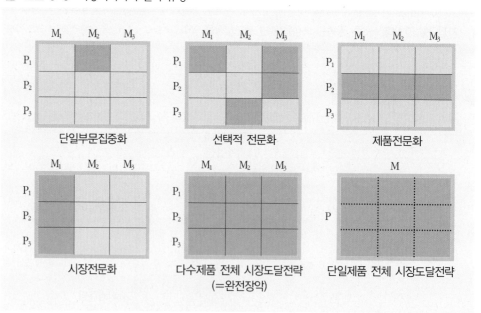

(2) 전체시장 도달전략

(2005 CPA)
★ 출제 Point
목표시장선정

이 전략은 모든 시장을 소구대상으로 선택하는 것을 의미하며, 자원이 풍부한 대규모 기업들만이 선택할 수 있다.

1) 단일제품 전체시장 도달전략 → 비차별적 마케팅

① 이 전략은 시장을 하나의 통합체로 파악하고, 모든 계층의 소비자로부터 공통적인 욕구를 발견하여, 이를 충족시킬 수 있는 단일제품과 단일마케팅프로그램을 개발하여 전체시장에 소구하는 전략이다.

② 마케팅관리자가 시장을 **동질적 선호성**으로 파악하거나 선호가 분리되어 있다 하더라도 **완전히 분산된 선호성**으로 파악할 때 선택하는 전략이다.

◈ 이 전략의 근거는 대량 유통경로, 대량광고매체, 대량생산체제의 이용으로 마케팅비용의 경제성을 추구하는 데 있으며, 표준화를 통해 최소의 비용과 최저의 가격을 책정하여 대량의 잠재시장을 개발하는 것이다.

ⓐ 동질적 선호성인 경우에는 하나의 제품으로 전체시장을 소구하는 것에는 문제점이 없으나, 분산된 선호성인 경우에 모든 소비자의 욕구를 충족시키기 위해서는 극단적으로 전체 소비자의 수와 같은 제품이 개발되어야 하고 막대한 비용이 수반된다.

ⓑ 따라서 마케팅관리자는 소비자들의 가장 공통적인 욕구를 추출하여 하나의 제품으로 전체시장에 소구하여 마케팅비용 절감을 시도한다.

③ 이 전략은 경쟁전략에서 **원가우위전략**과 상당히 유사한 면을 보이고 있다.

④ 단일제품에 의한 전체시장 도달전략은 제품수명주기단계상의 **도입기에서 주로 선택**되는 전략이다.

⑤ 장점 : 도입기에는 시장이 완전히 개발되지 않았고 소비자들의 욕구가 세분되지 않았기 때문에 단일제품에 의한 전체시장의 소구가 비용면에서 효율적이다.

⑥ 단점 : 이 전략을 시행하는 기업은 대체로 시장에 대한 욕구파악을 경시하게 됨으로써 시장변화를 예측하지 못하는 경우가 발생하여 경쟁에서 뒤지는 경우가 많아 차별화나 집중화전략의 필요를 느끼게 된다.

2) 다수제품 전체시장 도달전략 → 차별적 마케팅

① 다수제품 전체시장 도달전략은 시장을 세분화한 후 모든 세분시장을 목표시장으로 선정하여 각 부문에 적합한 제품과 마케팅믹스를 투입하는 전략이다.

② 이 전략을 선택하는 마케팅관리자는 시장이 **밀집선호성**으로 구성되어 있어 소비자들의 욕구가 몇 개의 소집단으로 분리될 수 있고, 이들 소집단 각각의 욕구에 적합한 제품개발과 마케팅프로그램이 가능하다고 보는 관점이다.

('99 CPA)
★ 출제 Point
밀집선호와 시장세분화

③ 이 전략은 일반적으로 소비자들의 욕구가 분리되기 시작하고 경쟁이 격화되어 가는 제품수명주기상의 **성장후기나 성숙기에 사용**되는 전략이다.

④ 장점 : 이 전략이 합리적으로 실행될 경우 단일제품 전체시장 도달전략에 비해 각각의 세분시장에 적합한 제품으로 소구하므로 매출액의 증가를 가져올 가능

성이 크다.

⑤ 단점 : 이 전략은 제품개발비, 생산비, 관리비, 재고관리비, 촉진비용 등의 비용 증대를 초래한다.

(3) 부분시장 도달전략 → 집중적 마케팅

부분시장 도달전략은 시장을 세분화한 후에 모든 세분시장에 진출하지 않고 일부 의 세분시장만을 목표시장으로 선정하는 전략을 의미한다.

('99 CPA)

◆ 단일시장집중화전략은 주로 기업의 자금 및 능력이 제한되어 있거나, 새로운 시장진입시 추가적인 세분시장의 확장을 위해 교두보로 특정한 세분시장을 사용하려고 할 때 이용된다.

1) 단일시장 집중화전략

① 단일제품으로 단일세분시장에 소구하는 전략으로 가장 단순한 형태이다.

② 장점

ⓐ 이 전략을 이용하는 기업은 집중화된 마케팅을 통해 세분시장의 욕구에 대한 많은 지식과 특별한 명성 때문에 세분시장에서의 강력한 지위를 확보할 수 있다.

ⓑ 생산, 유통, 촉진에의 전문화를 통해 높은 경제성을 추구할 수 있다.

ⓒ 경쟁자가 없는 니치시장(niche market)이라면 높은 투자수익률도 얻을 수 있다.

③ 단점 : 하나의 단일시장만을 소구하므로 목표세분시장의 소비자의 욕구가 변화하거나 새로운 경쟁자가 진입하게 되면 위험분산이 되지 않아 상당한 위험이 수반된다.

2) 시장전문화 전략

① 이는 특정고객집단의 다양한 욕구를 충족시키기 위해 다양한 제품을 판매하기 위한 전략이다.

② 장점 : 이 전략을 선택하는 기업은 특정고객집단에 있어 강력한 명성을 획득할 수 있다.

③ 단점 : 소구하고 있는 특정고객집단의 구매가 갑작스럽게 급격히 감소하는 경우 위험분산이 되지 않는다.

3) 제품전문화 전략

① 이 전략은 다양한 세분시장에 단일제품으로 소구하는 유형이다.

② 제품은 단일제품이지만 품목이나 디자인, 색상을 다양하게 하여 소비자의 선택의 폭을 넓힐 수 있다.

③ 장점 : 이 전략을 이용하는 기업은 특정제품영역에서 강력한 명성을 얻을 수 있다.

④ 단점 : 현재의 기술을 완전히 대체할 수 있는 혁신적인 기술개발이 되었을 때는 심각한 위협이 발생하게 된다.

4) 선택적 전문화 전략

① 이 전략은 세분시장 중에서 매력적이고 기업목표에 적합한 몇 개의 세분시장에 진입하는 전략이다.

② 이 전략의 선택 근거는 순수하게 위험을 분산시키려는 의도이다. → 따라서 이 전략은 위험을 분산시킨 복수의 단일세분 집중화전략의 의미를 갖는다.

③ 단점 : 이 전략은 소구하고자 하는 각 세분시장마다 제품 및 전략이 상이하기 때문에 시너지효과가 낮으며 상당한 제품개발 및 마케팅비용이 수반된다.

(4) 시장진출대안

('94 CPA)
★ 출제 Point
시장진출대안의 비교

1) 비차별적 마케팅

① 시장을 전체로 취급하여 고객들의 욕구차이보다는 공통점에 관심을 두는 전략이다.

② 장점 : 비차별적 마케팅은 제품계열의 단순화, 생산의 표준화로 대량생산이 가능하고 원가절감이 되는 장점이 있다.

③ 단점 : 동일산업의 여러 기업이 이런 전략을 사용하면 경쟁이 극심해지고, 소외된 시장이 나타나는 문제가 있다.

2) 차별적 마케팅

① 각 시장부문에 대하여 각각 다른 제품과 마케팅프로그램을 개발하려는 전략이다.

② 장점 : 매출액이 증대될 가능성이 있다.

③ 단점 : 비용이 증대되는 문제가 있다.

3) 집중적 마케팅

① 하나 혹은 적은 시장부문에 진출하고자 하는 전략이다.

② 장점

    ⓐ 진출하는 시장부문에서 강력한 시장지위를 누릴 수 있다.

    ⓑ 생산·유통면에서 전문화로 운영상의 경제성이 높아진다.

③ 단점 : 특정 시장에만 전적으로 의존하므로 위험이 높다.

(5) 시장세분화의 예외

1) 혁신적인 신상품의 경우 시장세분화가 시기상조일 수 있다.

2) 지나친 세분시장마케팅은 수익성을 악화시킨다.

3) 도전자는 역세분화를 하는 것이 바람직할 수 있다.

('89, '97 CPA)
★ 출제 Point
시장위치선정의 주요 고려사항

◆ 제품포지셔닝은 경쟁기업들과 효과적으로 경쟁하기 위하여 소비자의 의식에 제품의 정확한 위치를 심어주는 과정이다.

('94, 2001 CPA)
★ 출제 Point
포지셔닝전략의 정의

(2005 CPA)
★ 출제 Point
시장위치선정의 유형

◆ 포지셔닝 맵의 유형은 제품의 물리적인 특성을 사용한 제품 위주의 포지셔닝 맵과 소비자의 지각을 통해 작성하는 인지도(perceptual map)가 있다.

3. 제품 포지셔닝

(1) 제품 포지셔닝의 개념

1) 마케팅관리자는 자사제품이 경쟁제품과는 다른 차별적인 특징을 보유하여 목표시장 내 소비자들의 욕구를 보다 잘 충족시킬 수 있다는 것을 소비자들에게 인식시켜야 한다.

2) 이 과정을 제품 포지셔닝(product positioning)이라고 한다.

(2) 포지셔닝 전략의 절차

1) 소비자분석과 경쟁자의 확인

① 소비자분석은 목표시장 내의 소비자들이 그 제품군에서 **추구하는 혜택과 기존제품에 대한 불만족 원인**을 파악하는 과정이다.

② 이 때 소비자들의 인구통계적 특성이나 구매행동, 라이프 스타일 등도 분석하여야 한다.

③ 포지셔닝의 기본개념은 경쟁제품에 대비한 자사제품의 위치를 결정하는 것이므로, 효과적인 포지셔닝이 되기 위해서는 먼저 자사제품의 **경쟁제품을 구체적으로 파악**하여야 한다.

2) 경쟁제품의 포지션 분석

① 구체적인 경쟁제품들이 확인되면 이러한 경쟁제품들이 소비자들에 의해 어떻게 지각되고 평가되어 있는지를 파악하여야 한다.

② 이 때 **요인분석이나 MDS(다차원척도법), 컨조인트 분석**(자세한 설명은 3.2에서) 등의 통계적인 방법을 통하여 포지셔닝 맵을 작성하면 경쟁제품들에 대한 소비자들의 지각을 파악할 수 있다.

③ 포지셔닝 맵이란 소비자의 마음속에 있는 자사제품과 경쟁제품들의 위치를 2차원 또는 3차원의 도면으로 작성한 것이다.

🌑 도표 3-4 포지셔닝전략의 절차

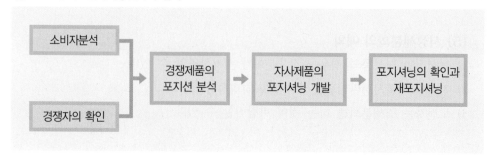

3) 자사제품의 포지셔닝 개발

① 이 과정은 소비자분석과 경쟁제품 포지션 분석에 의한 정보를 근거로 하여 경쟁자에 비하여 소비자의 욕구를 더 잘 충족시킬 수 있는 적합한 자사제품의 포지션을 결정하는 과정이다.

② 이 과정에서 ⓐ 포지셔닝 맵을 통해 소비자들이 경쟁제품과 자사제품에 대해 어떻게 인식하고 있는가를 파악하는 것이 선행되면, ⓑ 마케팅관리자는 소비자들의 현재 충족되지 않은 욕구가 무엇인가를 비롯하여 현재의 세분시장에서 경쟁제품의 강·약점이 무엇인가를 파악할 수 있다.

③ 따라서 마케팅관리자는 이러한 정보를 근거로 경쟁사에 비해 자사제품이 경쟁적 우위를 확보할 수 있는 포지션을 결정하여야 한다.

4) 포지션의 확인과 재포지셔닝

① 자사제품의 포지셔닝 전략이 실행된 이후에도 소비자의 욕구와 경쟁을 포함한 여러 가지 환경은 시간의 흐름에 따라 지속적으로 변화되므로, 마케팅관리자는 계속적인 조사를 통하여 자사의 제품이 목표한 위치에 적절하게 포지셔닝이 되었는지를 확인하여야 한다.

② 또한 초기에는 적절한 포지셔닝이었다고 하더라도 위와 같은 환경변화 때문에 자사제품의 포지셔닝이 소비자의 욕구와 경쟁제품에 비추어 보아 적절하지 않은 포지션으로 변화될 수도 있다.

③ 이와 같은 현상이 발생하게 되면 마케팅관리자는 포지셔닝전략의 절차를 반복 시행하여 자사제품의 목표 포지션을 다시 설정하고 적절한 포지션으로 이동시키는 재포지셔닝(repositioning)이 필요하다.

◆ 효과적인 포지셔닝의 확인과 재포지셔닝을 위해서 마케팅관리자는 정기적으로 포지셔닝 맵을 작성하여 자사제품과 경쟁제품들의 변화추이를 분석하는 동태적인 포지셔닝 분석(dynamic positioning analysis)이 필요하다.

● 도표 3-5 자동차 배기량과 가격에 의한 포지셔닝 맵

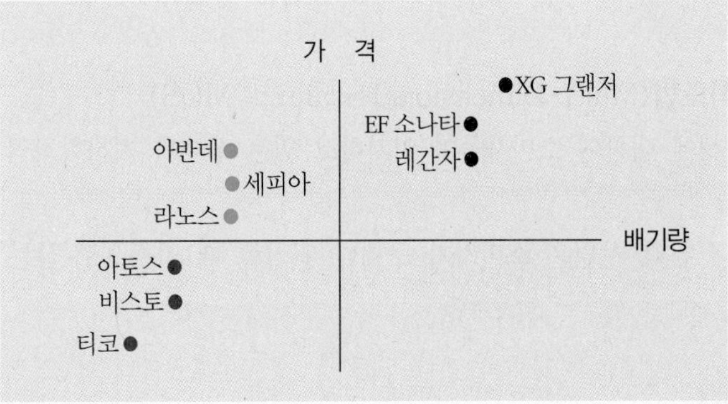

5) 자사제품 포지셔닝의 전제
① 포지셔닝 맵상의 이상적인 위치에 해당하는 속성을 지닌 제품을 생산할 수 있어야 한다.
② 생산된 제품을 소비자들이 수용할 수 있는 가격에 제공할 수 있어야 한다.

3.2 제품 포지셔닝기법의 분석

1. 질적 방법

(1) 질적 기법의 분류

1) 관찰법
소집단으로 모여진 소비자들이 대체제품의 포지션에 대해 어떻게 느끼는지 관찰한다.

2) 목표집단면접법(FGI)
목표집단 내의 주요 고객으로부터 경쟁사 서비스에 대한 반응을 경청한다.

(2) 질적 방법의 문제점

1) 소비자 반응에 대한 조사자의 해석에 지나치게 의존한다.
2) 소비자 집단으로부터 유용한 반응은 조사자의 효과적인 역할에 의존한다.

2. 양적 방법

(1) 소비자 태도와 의도에 관한 설문조사법

소비자에게 다양한 제품개념(물리적 속성, 성능상의 특징, 가격의 범위 등)을 제시하고, 그들의 선호도와 구매의도를 파악하여 제품 개념을 정립한다.

(2) 다차원척도법(Multi-Dimensional Scaling : MDS)

1) 제품의 특성에 대하여 소비자들이 인지하고 있는 상태를 기하학적인 공간에 표시하는 기법이다.
2) 이 공간 내의 각 차원은 소비자가 구매나 인식할 때 기준으로 삼는 중요한 속성을 의미한다.

(3) 컨조인트분석

1) 다양한 제품 특성의 상대적인 매력도를 측정하는 기법이다.

2) 다차원척도법과는 달리 관리적 관점에서 통제 가능한 물리적 속성들만으로 평가한다.

3) 그러므로 컨조인트분석(conjoint analysis)은 특정 제품 개념에 적합한 최적의 제품설계를 할 수 있도록 도움을 준다(최적의 제품속성을 발견할 수 있으므로).

(4) MDS와 컨조인트분석의 비교

다차원척도법(MDS)은 제품개념의 규명을 도와주고, 컨조인트분석은 제품개념을 제품속성으로 연결시키는 데 필요한 통찰력을 준다.

🔵 도표 3-6 MDS와 컨조인트분석의 비교

다차원 척도법 :	제품개념의 규명		
컨조인트 분석 :	제품속성 A	제품속성 B	제품속성 C

3.3 시장지위전략

(1) 기초개념

1) 마케팅전략의 하나로 기업이 시장에서 차지하고 있는 시장지위에 따른 마케팅전략이 있다.

2) 시장지위는 시장선도자, 도전자, 추종자 및 적소자가 있고, 이러한 각 유형의 시장지위에 따라 기업이 선택할 수 있는 전략적 행위들은 상이하다.

3) 이러한 시장지위에 따른 전략은 시장도달전략과 완전히 일치하지는 않지만 깊은 관련성이 있다.

(2001 CPA)
★ 출제 Point
시장선도자의 전략

(2) 시장지위에 따른 전략

1) 시장선도자 전략

① 시장선도자는 관련제품시장에서 가장 높은 시장점유율을 가지고 있는 기업이다.

② 가격변화와 신제품의 도입, 유통범위, 촉진의 강도에 있어 다른 기업을 선도하고 있다.

③ 이러한 지배적 기업이 취할 수 있는 전략으로는 총시장수요의 증대, 현재시장점유율의 유지, 시장점유율 확대 등이 있다.

2) 시장도전자 전략

① 시장도전자는 한 시장에서 2, 3위 혹은 그보다 낮은 위치에 있는 기업들이다.

② 시장도전자의 전략은 시장점유율을 확보하기 위하여 적극적으로 선도기업이나 경쟁자를 공격하는 전략을 말한다.

③ 대부분의 시장도전자가 추구하는 전략목표는 **시장점유율을 증대**하는 것이며, 그 이유는 시장점유율이 더 많은 수익성을 초래한다고 믿기 때문이다.

④ 도전자가 취할 수 있는 전략의 유형

ⓐ 시장선도자를 공격

ⓑ 사업활동을 잘못하거나 자금압박을 받는 동일한 규모의 기업을 공격

ⓒ 사업활동을 잘못하며 또한 자금압박을 받는 소규모 현지법인이나 지역기업을 공격

3) 시장추종자 전략

① 시장추종자 전략은 시장선도자에게 도전하지 않고 **선도자와 공존**하며 현재의 위치에 만족하여 현 상황을 그대로 유지하는 전략이다.

② 추종자는 도전기업의 주요 공격표적이 되므로 낮은 생산원가, 높은 품질과 서비스를 유지해야 한다.

③ 선도자를 추종한다는 것은 수동적이지만 선도기업을 모방하는 것과는 다르다.

④ 추종기업은 성장방향을 설정해야 하며 그것이 경쟁상의 보복을 유발하지 않아야 한다.

⑤ 추종전략의 유형

ⓐ 완전모방기업(완전 추종) : 선도기업의 제품, 유통경로, 광고 등을 모방

ⓑ 모방기업(차별적 추종) : 선도기업으로부터 일부분은 모방하지만, 포장, 광고, 가격 등에서 어느 정도 차별화를 유지

ⓒ 적응기업(선택적 추종) : 선도기업의 특정 제품을 선택하여 개선

('99, 2004 CPA)
★ 출제 Point
니치기업의 마케팅 전략

4) 니치기업의 전략

① 니치기업의 전략은 전체시장이나 해당 시장의 커다란 세분시장을 추구하지 않고 규모가 작은 세분시장을 표적으로 하여 마케팅활동을 하는 것이다.

② 니치세분시장의 표적화는 소규모 기업들이 채택하게 되는데, 그 이유는 자원이 제한되어 있기 때문이다.

③ 전체시장에서 시장점유율이 작은 기업들도 훌륭한 니치전략을 통해 높은 수익을 획득할 수 있다.

④ 이상적인 니치시장의 요건

ⓐ 수익성을 높일 수 있도록 충분한 규모와 구매력을 가지고 있을 것

ⓑ 성장잠재력이 있을 것

ⓒ 주요 경쟁자들에 의해 무시되고 있을 것

ⓓ 효과적으로 활동할 수 있도록 필요한 기술과 자원을 보유하고 있을 것

ⓔ 소비자와의 선호를 구축하여 주요 경쟁자의 공격으로부터 자신을 방어할 수 있도록 할 것

● 도표 3-7 시장지위와 시장도달 전략과의 관계

시장선도자	전체시장 도달전략
시장도전자	부분시장 도달전략
시장추종자	부분시장 도달전략
시장적소자	단일시장 집중화전략

기출문제

01 시장세분화의 한 형태인 밀집화 전략에 대한 다음의 설명 중 옳지 않은 것은? ('89. CPA)

① 미니마케팅전략이라고도 볼 수 있다.

② 자사의 시장점유율 확대를 위하여 타사제품과의 비차별화를 꾀하려는 전략이다.

③ 밀집화된 각 시장부문에 알맞는 제품을 고안하거나 마케팅계획을 수립하는 전략이다.

④ 밀집화의 결과 비용이 상승되고 따라서 이윤이 감소될 경우에는 이 전략의 포기가 오히려 바람직하다.

⑤ 밀집화된 시장부문에 속한 소비자들에게 해당제품과 회사의 이미지를 강화하는 데 유리한 전략이다.

✎ 해설 ② 시장점유율 확대를 위해서는 차별적 마케팅을 실시해야 한다.

02 다음 마케팅전략 가운데 소비자들의 라이프스타일의 특성이 가장 적게 이용되고 있다고 생각되는 것은? ('89. CPA)

① 시장세분화를 위한 전략　　　　② 제품 리포지셔닝을 위한 전략

③ 적절한 상표선정을 위한 전략　　④ 적절한 광고매체선정을 위한 전략

⑤ 신제품 표적시장의 확인을 위한 전략

✎ 해설 소비자들의 라이프스타일이 상표선정에 미치는 영향은 비교적 적다.

03 버스운전사가 회수권을 내는 학생에게 학생증의 제시를 요구하였다. 이는 시장세분화기준으로 보아 어디에 속하는가? ('91. CPA)

① 지리적 세분화　　　　② 생활스타일 세분화　　　　③ 인구동태별 세분화

④ 소비자개성 세분화　　⑤ 상표개성 세분화

✎ 해설 시장세분화에 영향을 미치는 변수로는 지리적 세분화, 인구동태적 세분화, 심리분석적(예를 들면, 생활스타일, 개성 등) 세분화, 행동적 세분화(상표애호도 등) 등을 들 수 있다. 이 문제에서 회수권은 일반인과 학생을 구분하여 학생에게만 파는 제품이므로 인구동태별로 세분화한 것임을 알 수 있다.

정답 1 ② 2 ③ 3 ③

04 기업은 효율적으로 마케팅활동을 하기 위하여 여러 가지 특성에 따라 시장을 세분화하고, 알 맞는 마케팅전략을 전개한다. 다음 중 목표시장의 선정을 위한 시장세분화의 조건으로 적절하지 못한 것은? ('92. CPA)

① 측정가능성   ② 접근가능성   ③ 유효 · 정당성
④ 실질성   ⑤ 공공성

✎ 해설   시장세분화를 위해서는 측정가능성, 접근가능성, 실질성, 수행가능성, 신뢰성, 유효성 · 정당성 등이 전제되어야 한다. 이 때 실질성은 세분된 각 시장부문이 별개의 시장으로 개척할 수 있을 정도로 규모가 충분히 크고 수익성이 존재해야 함을 말한다. 또한 유효 · 정당성은 각 세분화된 시장 사이에 특징이 존재해야 하는 것으로 차별적 반응을 요건으로 한다.

05 시장세분화의 장점이라고 보기 어려운 것은? ('93. CPA)

① 시장의 세분화를 통하여 마케팅기회를 탐지할 수 있다.
② 제품 및 마케팅활동이 목표시장의 요구에 적합하도록 조정할 수 있다.
③ 규모의 경제가 발생한다.
④ 시장세분화의 반응도에 근거하여 마케팅자원을 보다 효율적으로 배분할 수 있다.
⑤ 소비자의 다양한 욕구를 충족시켜 매출액의 증대를 꾀할 수 있다.

✎ 해설   규모의 경제는 생산량의 크기에 따라 나타나는 현상이므로 시장세분화와 관련이 없다. 일반적으로 한정된 시장을 세분화하면 각 세분시장의 수요가 더 작아질 것이므로 규모의 경제가 나타나지 않을 것이다.

06 다음 보기 중 시장목표선정과 관련하여 옳은 것으로만 짝지어진 것은? ('94. CPA)

> a. 차별화 마케팅은 다량생산이나 생산의 표준화에 적절하다.
> b. 비차별화 마케팅은 전체시장을 포괄한다.
> c. 집중화 마케팅은 운영상의 경제성은 높으나 상대적으로 높은 위험성이 있다.

① a, b   ② b, c   ③ a, c
④ a, b, c   ⑤ a

✎ 해설   a. 다량생산이나 생산의 표준화에 적합한 방법은 비차별적 마케팅이다.

07 시장위치선정(Market Positioning)에 대한 설명 중 옳지 않은 것은? ('97. CPA)

① 어떤 세분시장에 진출할 것인가를 결정한 후 위치를 선정한다.
② 소비자의 마음속에서 경쟁제품과 비교하여 우위에 있는 위치를 선정한다.

③ 선택한 위치를 표적세분시장에 효과적으로 전달한다.

④ 소비자들이 제품을 평가할 때 고려하는 속성 중 모든 제품에 대해 유사하다고 느끼는
속성을 선택한다.

⑤ 소비자의 욕구 및 경쟁자의 전략이 변해감에 따라 위치를 점검하고 수정한다.

✎ 해설 ④ 차원결정시 소비자가 모든 제품에 동일하다고 느끼는 속성은 인지도상에서 각 제품의 위치가 거의 동일
하게 표시된다는 것을 의미하므로 인지도의 차원으로서는 가치가 없다.

08 다음 중 주요 기업들이 소홀히 다루고 있는 특정 세분시장에 특화하기 위하여 비교적 소규
모의 기업들이 추구하는 마케팅전략은?   ('99. CPA)

① 대중마케팅(mass marketing)

② 정위화 전략(positioning strategy)

③ 니치마케팅(niche marketing)

④ 제품차별화 전략(product differentiation)

⑤ 직접마케팅(direct marketing)

09 C사는 치약시장을 충치예방, 미백효과, 청결유지, 향기를 추구하는 시장으로 세분화했다. 이
와 같은 시장세분화는 다음 중 어떤 세분화 기준을 적용한 경우인가?   (2000. CPA)

① 행동적 변수–효용(benefit)   ② 심리분석적 변수–효용(benefit)

③ 행동적 변수–사용상황   ④ 심리분석의 변수–사용상황

⑤ 인구통계적 변수–사용상황

✎ 해설 ① 시장세분화의 변수란 고객특성변수(인구통계적 변수, 심리분석적 변수), 구매행동변수(사용상황변수, 추구
효익변수) 등이 있다. 치약시장은 충치예방, 미백효과, 청결유지, 향기추구 시장으로 세분화했다면 추구효
익(benefit)변수와 구매행동변수(구매행태, 소비행태, 사용기회, 사용경험, 상표애호도)에 의해 세분화한
것으로 볼 수 있다.

10 다음 중 제품의 구매나 사용이 사회적 관계 속에서 갖는 상징적(symbolic) 의미를 강조하려
는 경우에 가장 적합한 포지셔닝 유형은?   (2001. CPA)

① 제품속성에 의한 포지셔닝   ② 제품가격에 의한 포지셔닝

③ 제품사용자에 의한 포지셔닝   ④ 경쟁에 의한 포지셔닝

⑤ 제품군(群)에 의한 포지셔닝

정답 8 ③ 9 ① 10 ③

11 시장세분화의 전제조건이 모두 충족된 것으로 가정할 때, 1 대 1 대응형(또는 원자형, atomized) 세분화전략이 가장 적합한 경우는? (2001. CPA)

① 경쟁이 치열하고 선호가 동질적인 시장
② 경쟁이 치열하고 선호가 분산된 시장
③ 경쟁이 없고 선호가 동질적인 시장
④ 경쟁이 없고 선호가 분산된 시장
⑤ 경쟁이 없고 선호가 밀집된 시장

✎ 해설 경쟁이 치열할 경우 소비자의 각 선호에 맞는 1 : 1 대응형 세분화전략을 쓰는 것이 바람직하다.

12 다음 전략 중 일반적인 시장선도기업(market leader)들이 활용하기에 가장 적합하지 않은 것은? (2001. CPA)

① 전체시장 도달전략   ② 시장총수요 증대전략
③ 시장점유율 확대전략   ④ 시장점유율 유지전략
⑤ 틈새시장 집중화전략

✎ 해설 틈새시장 집중화전략은 시장적소자에게 적합한 전략이다.

13 시장세분화에 관한 다음의 서술 중 가장 적절하지 않은 것은? (2002. CPA)

① 효과적인 시장세분화를 위해서는 세분시장의 규모가 측정 가능해야 한다.
② 제품 사용상황, 사용량, 추구편익(benefit sought)은 행동적(behavioral) 세분화 기준변수에 속한다.
③ 시장세분화에서는 동일한 세분시장 내에 있는 소비자들의 이질성이 극대화되도록 해야 한다.
④ 하나의 특정한 시장세분화 기준변수가 모든 상황에서 가장 효과적인 것은 아니다.
⑤ 시장세분화를 통해 소비자들의 다양한 욕구를 보다 잘 만족시킬 수 있다.

✎ 해설 ③ 세분시장 내에서는 동질성이 극대화 되어야 하고, 세분시장 상호간에는 이질성이 극대화 되어야 한다.

14 표적시장 선정 및 포지셔닝에 관한 다음의 설명 중 옳지 않은 것은? (2004. CPA)

① 틈새시장 공략 마케팅 기업(niche marketers)들은 자사가 틈새시장 소비자들의 욕구를 매우 잘 이해하고 있기 때문에 고객들이 자사제품에 대하여 고가격을 기꺼이 지불할 것이라고 가정한다.

정답 11 ② 12 ⑤ 13 ③ 14 ⑤

② 현지화 마케팅(local marketing)의 단점은 규모의 경제효과를 감소시켜 제조 및 마케팅 비용을 증가시킨다는 점이다.

③ 소비자들은 독특한 욕구를 가지고 있기 때문에 각각의 소비자는 잠재적으로 별개의 시장이다.

④ 표적 마케팅 과정의 주요 첫 단계는 시장세분화이다.

⑤ 오늘날 시장환경의 변화에 발맞추어 대다수의 기업은 매스 마케팅전략으로 이행하고 있다.

✎ 해설 ⑤ 매스 마케팅 → 일대일 마케팅

15 (주)가나빙과는 아이스크림전문점에서의 아이스크림판매 현황을 조사한 결과, 판매되는 여러 제품 가운데 어린이들이 선호하는 초코맛 시장과 청소년층이 선호하는 메론맛 시장이 당사에 가장 적합한 시장임을 알아냈다. 당사는 이 두 세분시장을 표적으로 초코바와 메론바를 각각 생산하기로 하고, 광고의 초점을 고유의 맛을 지닌 아이스 바라는 개념으로 정하여 맛이 다르다는 점으로 소비자에게 소구(appeal)할 계획이다. (주)가나빙과의 표적시장선정 전략과정(시장세분화변수, 표적시장선정전략, 시장포지셔닝유형)에 관한 설명 중 가장 적합한 것은?

(2005. CPA)

구 분	시장세분화변수	표적시장선정전략	시장포지셔닝유형
①	추구되는 효익, 연령	차별적 마케팅	속성포지셔닝
②	추구되는 효익, 연령	비차별적 마케팅	속성포지셔닝
③	개성, 연령	차별적 마케팅	이미지포지셔닝
④	제품특성, 연령	집중적 마케팅	이미지포지셔닝
⑤	제품특성, 연령	차별적 마케팅	사용용도포지셔닝

연습문제

01 시장세분화에 대한 다음의 설명 중 옳지 않은 것은?

① 새로운 세분시장 평가시 기존 세분시장과는 독립적으로 평가해야 한다.

② 시장을 세분화할 때는 세분시장 특성 모두를 설명할 수 있는 여러 변수를 조합하여 사용해야 한다.

③ 프로파일 작성시에는 시장세분화 당시 사용되지 않았던 변수를 이용하여 설명한다.

④ 시장세분화 변수로 추구효익을 사용할 때는 세분시장의 규모나 접근가능성을 측정하기 어렵다.

⑤ 과도한 시장세분화는 무리한 개발비용을 초래하여 기업에 악영향을 줄 수 있다.

✎ 해설 ① 세분시장 평가시에 기업은 기존 세분시장과의 조화 여부를 검토하여야 한다. 즉, 특정 세분시장이 독립적으로는 수익을 올릴 수 없다 하더라도 기존에 소구하고 있는 시장들과 시너지효과가 있다면 표적세분시장으로 선정될 수 있을 것이다. 이와 반대로 특정 세분시장이 매력적이라 하더라도 기업이 소구하고 있는 다른 세분시장에 좋지 않은 영향을 미친다면 표적세분시장으로서의 가치는 상실될 것이다.

④ 세분화기준 변수들에 의한 세분시장특성의 설명력

		세분시장의 특성			
		측정가능성	규 모	접근가능성	차별적 반응
변수	인 구 통 계	○	○	○	×
	심 리 분 석	○	×	×	△
	구 매 행 동	○	△	×	△
	사 용 상 황	○	△	○	○
	추 구 효 익	○	×	×	○

02 목표시장선정 전략 중 다음과 같은 시장커버리지 전략에 해당되는 것은?

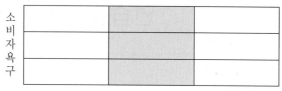

① 단일부문 집중화   ② 제품전문화   ③ 시장전문화

④ 선택적 전문화   ⑤ 완전장악

✎ 해설 소비자욕구별로 나누는 것은 제품요소이고 소비자집단으로 나누는 것은 시장요소이다.

03 다음의 설명 중 옳지 않은 것은?

① 단일제품 전체시장 도달전략은 주로 PLC상 도입기에서 주로 선택된다.

② 시장의 선호가 분리되어 있다 하더라도 완전히 분산된 선호성으로 파악되면 단일제품 전체시장 도달전략이 선택된다.

③ 제품전문화 전략은 단일제품이지만 품목이나 디자인 등을 다양화하여 소비자 선택의 폭을 넓힐 수 있다.

④ 시장전문화 전략은 특정 고객집단의 구매가 갑자기 감소하는 경우 위험할 수 있다.

⑤ 선택적 전문화 전략은 시너지효과가 높다.

✎ 해설 ⑤ 선택적 전문화 전략은 세분시장 중에서 매력적이고 기업목표에 적합한 몇 개의 세분시장에 진입하는 전략을 의미한다. 이 전략은 소구하고자 하는 각 세분시장마다 제품 및 전략이 상이하기 때문에 시너지효과가 낮으며 상당한 제품개발 및 마케팅비용이 수반된다.

04 다음의 경쟁적 마케팅의 전략에 대한 설명 중 틀린 것은?

① 시장주도자는 전체 시장의 약 40% 정도를 점유하는 기업으로서 총시장 확대전략, 시장점유율 방어 또는 확대전략을 구사한다.

② 시장도전자는 시장점유율의 확대를 위해 적극적 · 공격적 전략을 구사한다.

③ 시장추종자는 시장주도자와 비슷한 전략을 사용하여 시장점유율의 안정화를 꾀한다.

④ 시장적소자의 핵심적 아이디어는 전문화이다.

⑤ 경쟁적 위치는 시장점유율과 기업규모에 따라 달리 정해진다.

✎ 해설 ⑤ 경쟁적 위치(포지션)는 시장점유율과 기업의 이미지, 명성도의 함수이고, 경쟁사에 대한 전략은 경쟁적 위치와 기업규모의 함수이다.

정답 2 ③ 3 ⑤ 4 ⑤

05 인지도(perceptual map)는 소비자가 각각의 제품에 대해 지각하고 있는 차원을 선별하여 도면으로 작성하는 방법을 의미한다. 다음 중 인지도에 대한 설명으로 틀린 것은?

① 인지적 포지셔닝 맵은 제품에 대해 소비자가 실제 지각하고 있는 차원을 대상으로 도면을 작성하므로 소구대상인 소비자를 정확히 파악할 수 있다는 장점이 있다.

② 인지도 작성시 차원의 결정이 어렵다는 단점이 있다.

③ 인지도를 작성하는 방법 중 프로파일 차트(profile chart)에 의한 방법은 두 개의 제품을 선별하여 이들을 다양한 속성으로 측정하여 프로파일 차트를 작성한 후에 두 제품을 비교하는 방법이다.

④ 인지도는 소비자들이 제품을 평가·선택할 때 제품의 물리적 속성을 기준으로 하면 유용하나, 소비자들이 다른 기준을 사용하게 되면 큰 의미를 가지지 못한다.

⑤ 인지도 작성하는 방법으로는 프로파일 차트이용법, 요인분석법, MDS법 등이 있다.

✎ 해설   포지셔닝 맵의 유형은 제품의 물리적 특성을 사용한 제품 위주의 포지셔닝 맵과 소비자의 지각을 통해 작성하는 인지도가 있다. ④는 물리적 특성에 의한 포지셔닝 맵 작성법의 설명으로 공급자의 입장에서 본 포지셔닝에 해당된다.

06 다음 중 포지셔닝 맵 작성전략의 특성이 아닌 것은?

① 시장의 빈 곳의 파악이 가능하다.

② 자사제품의 현 위치 파악이 가능하다.

③ 경쟁강도의 파악이 가능하다.

④ 이상점(ideal point)의 파악이 가능하다.

⑤ 잠재적 경쟁자의 파악이 가능하다.

✎ 해설   ③, ④ 포지셔닝 맵상에서 자사제품의 위치와 근접한 타사의 제품은 1차적 경쟁자임을 알 수 있다. 즉, 인지도상에서의 거리가 가까울수록 직접적인 경쟁자이고 멀수록 직접적 경쟁을 하지 않는다.
⑤ 포지셔닝 맵상에서 잠재적 경쟁자의 파악은 어렵다.

4.1 마케팅 믹스

('91, '94 CPA)
★ 출제 Point
마케팅 믹스 개발시 고려
사항

('98 CPA)
★ 출제 Point
마케팅 믹스의 구성

1) 마케팅 믹스(marketing mix)란 기업의 목표를 달성하기 위하여 통제 가능한 마케팅 변수를 적합하게 배합하는 것을 말한다.

2) 마케팅 믹스의 구성요소로는 제품(product), 가격(price), 경로(place), 촉진(promotion) 등이 있으며 이들을 4P라 한다.

4.2 제품의 차원

◈ 대부분의 제품은 유형적인 요소와 무형적인 요소를 함께 갖고 있다.

('98 CPA)
★ 출제 Point
증폭제품의 개념

(2005 CPA)
★ 출제 Point
제품의 종류별 특성

제품은 세 가지 차원에서 개념화 될 수 있다.

1) 핵심제품(core product)
① 가장 기초적인 차원으로 소비자들이 제품을 구매할 때 추구하는 편익(benefits)이다.
② 소비자의 욕구(needs)를 충족시키는 본질적 요소라고 할 수 있다.

● 도표 4-1 제품의 세 가지 차원

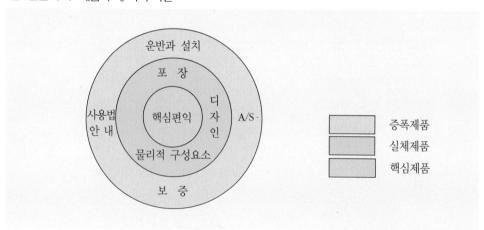

2) 실체(유형)제품(actual product)

① 그 편익을 실현하기 위한 물리적 요소들의 집합이다.

② 대체로 가시적인(visible) 것들이다.

③ 물리적 원자재들의 결합, 포장(package), 상표명, 디자인 등이 여기에 속한다.

3) 증폭(확장)제품(augmented product)

① 물리적 제품에 대한 추가적인 것들이다.

② 운반과 설치, 보증, 사용법 안내, A/S가 이에 해당한다.

◈ 제품의 분류
① 소비재(편의품, 선매품, 전문품)
② 산업재(자재, 부품, 자본재, 소모품)

(2005 CPA)
★ 출제 Point
제품개념의 의미

4.3 상 표(brand)

1. 브랜드의 의의 및 종류

(1) 의 의

1) 브랜드

① 브랜드(brand)는 어떤 제품의 독특한 이름, 상징물, 로고(logo) 혹은 이들의 결합을 가리킨다.

② 생산자, 유통업자, 그리고 소비자들은 브랜드에 의하여 한 제품을 **경쟁제품과 구분**할 수 있다.

③ 브랜드에 의하여 고객들은 그 제품의 생산자(경우에 따라서는 유통업자)를 알 수 있으며, 고객들과 생산자들은 유사하게 보이는 경쟁제품들로부터 보호받을 수 있다.

(2003 CPA)
★ 출제 Point
브랜드의 특징과 역할

◈ 강력한 상표의 역할
① 소비자의 상표애호도 높임 → 경쟁상표로의 상표전환 저지
② 중간상의 협조 획득이 용이
③ 신제품 도입비용 절감

● 도표 4-2 브랜드의 계층구조

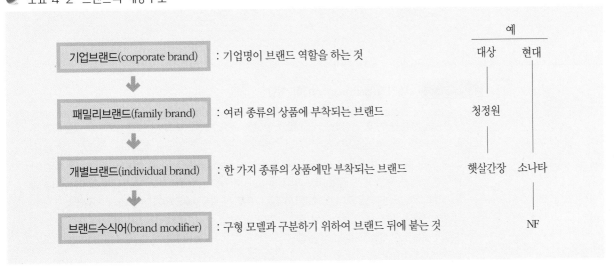

2) 등록상표

기업은 자사의 브랜드에 대한 **배타적 사용권**을 확보하고 **법률적인 보호**를 받기 위해 브랜드를 특허청에 등록할 수 있다. → 이를 등록상표라고 한다.

(2004 CPA)
★ 출제 Point
글로벌 브랜드의 특징

◆ 브랜드 전쟁
대형 소매상들의 중간상 브랜드 개발 노력으로 인해 제조업자 브랜드와 경쟁이 치열해 지는것

◆ 복합브랜드(co-brand)를 두 개 이상의 유명기업이 양사의 브랜드를 함께 붙이는 경우로 설명하는 경우도 있다.

('96 CPA)
★ 출제 Point
공동브랜드의 특징 및 장·단점

(2) 제조업자 브랜드와 유통업자 브랜드

1) 전통적으로 제품의 브랜드는 제조업자에 의해 결정되었으나 최근에 이르러 백화점, 할인점, 기타 유통업체들이 자체 브랜드를 개발하고 있다.

2) 제조업자 브랜드(manufacturer's brand)는 제조업자가 자사제품에 대하여 브랜드를 결정하는 것이다.

3) 유통업자 브랜드(distributer's brand)는 유통업자가 자체적으로 제품기획(product planning)을 하고 제조(혹은 위탁제조)하여 브랜드를 결정하는 것을 말하는데, 이는 PB(private brand)라고 불린다.

(3) 공동브랜드

1) 공동브랜드(co-brand)는 두 개 이상의 기업들이 연합하여 공동으로 사용하기 위하여 개발된 브랜드를 말한다.

2) 국내의 경우 특히 브랜드 파워가 약한 중소기업들이 조합을 통하거나 기업간 연합형태로 개발하는 경우가 많다.

◆ 개별상표 : 각 제품에 서로 다른 상표 붙임
◆ 공동상표 : 모든 제품에 기업명 등의 같은 상표 붙임

📗 도표 4-3 상표의사결정

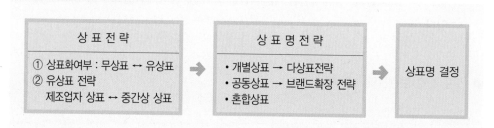

상표 전략	상표 명 전략	상표명 결정
① 상표화여부 : 무상표 ↔ 유상표 ② 유상표 전략 제조업자 상표 ↔ 중간상 상표	• 개별상표 → 다상표전략 • 공동상표 → 브랜드확장 전략 • 혼합상표	상표명 결정

▶ Key Point 패키징(packaging)의 역할

패키지는 제품을 담고 포장하는 기능뿐만 아니라 특정 브랜드를 다른 브랜드로부터 구분시켜 주고 레이블에 의하여 상표명, 제조업자명, 제품속성 등에 대한 정보를 제공하는 중요한 기능을 갖는다. 점차 많은 소비자들이 수퍼마켓과 할인점 등에서 셀프서비스로 제품을 선택함에 따라 패키지의 역할은 보다 커지고 있다. 소비자들이 구매계획이 없었더라도 패키지에 자극을 받아 충동구매가 유발되는 경우도 결코 드물지 않다. 이러한 측면에서 패키지는 마케팅 관리자가 소비자에게 영향을 미치는 최후수단이 될 수 있다. 요약해 보면, 패키지는 제품에 있어서 ① 제품의 보관과 운반수단, ② 정보제공수단, ③ 다른 브랜드로부터 차별화시켜 주는 수단, 그리고 ④ 촉진수단으로서 중요한 의미가 있다.

2. 브랜드 자산과 신제품 브랜드 전략

(1) 브랜드 자산

1) 의 의

① 브랜드 자산(brand equity)이란 어떤 브랜드를 가진 제품이 브랜드가 없는 경우에 비하여, 그 브랜드가 부착됨으로써 획득하게 되는 차별적 마케팅효과를 말한다.

② 차별적 마케팅효과란 마케팅노력에 대한 소비자 반응의 차이로서 ⓐ 브랜드 애호도(brand loyalty), ⓑ 브랜드 인지도(brand awareness), ⓒ 지각된 품질(brand association), ⓓ 브랜드 연상에 의해 나타난다.

◈ 브랜드 이미지(연상)는 소비자에게 호의적이고, 강력하고, 독특해야 한다.
→ 브랜드 아이덴티티의 수립

(2007 CPA)
★ 출제 Point
브랜드 자산의 구성요소

2) 브랜드 자산의 원천

① 브랜드 자산은 브랜드 인지도와 브랜드 이미지로 구성되어 있다.

  ⓐ 브랜드 이미지가 형성되기 위해서는 먼저 브랜드를 인지시켜야 한다.

  ⓑ 브랜드 인지도는 브랜드 자산의 필요조건이지 충분조건은 아니다.

    → 인지도가 높다는 것은 강력한 브랜드가 되기 위한 필요조건임

② 브랜드 이미지는 유리하고, 독특하고, 강력해야 한다.

③ 특정 브랜드와 관련된 이미지들은 방사형으로 연결되어 있는데, 이를 브랜드 연상(brand associations)이라 한다.

◈ 브랜드 아이덴티티
특정 브랜드에 대하여 고객 마음 속에 심어 주고자 하는 이미지들의 집합

3) 브랜드 자산의 관리 과정

① 브랜드의 현재상태 분석: 자사 브랜드에 대한 인지도 및 이미지를 경쟁브랜드와 비교 분석한다.

② 브랜드 아이덴티티(BI) 수립: 브랜드에 대한 비전을 수립하는 것이며, 특히 기업브랜드의 경우 BI가 필요하다.

③ 브랜드 포지셔닝 : BI 중 한두 가지에 집중해야 한다.

④ 실행

⑤ 브랜드 자산의 정기적 측정

(2008 CPA)
★ 출제 Point
브랜드 전략

(2) 신제품 브랜드 전략

1) 기존제품 범주

① 기업이 기존제품의 성분, 형태 등을 약간 변경하거나 매우 유사한 제품을 새로 개발하는 경우, 브랜드 결정대안으로 계열확장과 다상표전략이 있다.

② 계열확장(line extension) 또는 라인확장

  ⓐ 의의 : 기존 브랜드 자산의 선호도나 인지도가 높다고 판단되는 경우 신제품에 그 브랜드명을 그대로 사용하는 것이다.

(2007 CPA)
★ 출제 Point
라인확장의 의의

ⓑ 종류

　　ⅰ) 수직적 라인확장 : 기존 제품보다 가격이 낮거나(하향확장), 높은(상향확장) 경우

　　ⅱ) 수평적 라인확장 : 기존 제품과 유사한 가격대에서 다른 세분시장을 목표로 삼는 것

ⓒ 장점

　　ⅰ) 고객의 다양한 욕구에 부응할 수 있다.

　　ⅱ) 초과생산시설을 이용할 수 있다.

　　ⅲ) 적은 비용으로 매출 및 수익성을 높일 수 있다.

(2007, 2008 CPA)
★ 출제 Point
라인확장의 단점

ⓓ 단점

　　ⅰ) 하향확장의 경우 기존브랜드의 고급이미지를 희석시키거나(희석효과= dilution effect), 기존의 고가제품의 매출을 낮추는(자기잠식=cannibalization) 문제가 있을 수 있다.

　　ⅱ) 기존 브랜드가 신상품의 특성을 잘 나타내지 못할 위험이 있다.

　　ⅲ) 상향확장의 경우, 프리미엄 이미지 구축에 실패할 가능성이 있다.

　　ⅳ) 같은 브랜드 제품이 다른 유통경로로 판매될 때 경로간 갈등이 초래될 수 있다.

(2001 CPA)
★ 출제 Point
상표전략

③ 다상표전략(multibrand strategy)은 신제품에 전적으로 새로운 브랜드를 부착하는 것이다.

2) 신규 제품범주

(2004, 2008 CPA)
★ 출제 Point
신제품 브랜드 전략의 선택

(2008 CPA)
★ 출제 Point
카테고리 확장의 정의

① 브랜드 확장(brand extension) 또는 카테고리 확장

ⓐ 의의: 성공적인 상표명을 다른 제품범주의 신제품에 사용하는 것이다.

ⓑ 장점

　　ⅰ) 즉각적인 높은 인지도 달성 및 낮은 비용으로 신상품의 성공 가능

　　ⅱ) 브랜드 확장 성공시 더 높은 신뢰감을 얻고 브랜드 자산이 높아짐

　🌑 도표 4-4 신제품 브랜드 전략

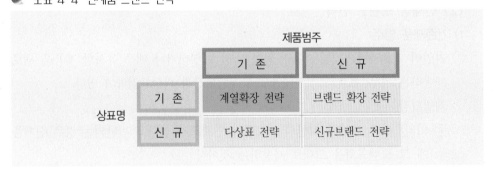

ⓒ 단점

ⅰ) 두 제품 범주 간에 유사성이 낮은 경우 브랜드확장은 실패할 수 있다.

ⅱ) 기존 브랜드가 특정 상품범주와 밀접하게 연결되어 있을 때 실패할 가능성이 있다.

ⅲ) 브랜드 확장 실패시 브랜드 자산이 손상되어 원래 제품 판매에 타격을 주는 상호작용효과(reciprocal effect)가 나타난다.

3. 패밀리 브랜드

(2005 CPA)
★ 출제 Point
패밀리 브랜드전략의 의미

1) 한 기업의 두 개 이상의 제품이 동일한 브랜드를 사용하게 되는 경우 이러한 브랜드를 패밀리 브랜드 또는 공동 브랜드(family brand 또는 umbrella brand)라고 한다.

2) 패밀리 브랜드는 두 가지 방향에서 이루어진다.

① 한 브랜드가 성공하는 경우 이 브랜드를 다른 제품에 적용시키는 수평적인 패밀리 브랜드 전략으로 계열확장과 브랜드확장이 이에 해당한다.

② 기업명을 모든 제품에 적용시키거나 크게 성공한 브랜드명을 기업명으로 하는 수직적 패밀리 브랜드 전략이 있다.

Key Point

- **중간상 상표의 등장배경**
  ① 많은 소비용품이 PLC상 성숙기 → 특성차이는 적고 가격경쟁이 치열해짐
  ② 잉여 생산능력 보유기업이나 마케팅 능력 낮은 기업 이용 → 저원가 제품 조달 가능
- **중간상의 경쟁우위**
  ① 소매업자는 진열공간을 직접 통제할 수 있다.
  ② 저가격에 공급할 수 있어 가격민감도가 높은 고객에 소구할 수 있다.
  ③ 유통업체의 PB제품 비중 확대로 제조업자 진열공간 확보가 어렵다.

4.4 신제품 개발전략과 과정

1. 신제품 개발전략

(2005 CPA)
★ 출제 Point
신제품개발전략의 비교

1) 신제품 개발전략은 선제전략과 대응전략으로 구분할 수 있다.

2) 선제전략(proactive strategy)은 신제품을 경쟁자보다 먼저 개발하는 것이다.

3) 대응전략(reactive strategy)은 타기업의 신제품 개발에 대응하여 모방하거나 나은 제품을 개발하는 것이다.

('94, 2000 CPA)
★ 출제 Point
신제품 개발과정

2. 신제품 개발과정

아이디어 창출 → 아이디어 평가 → 제품개념 개발 → 사업성 분석 → 제품개발 → 시험마케팅 → 출시

(2002 CPA)
★ 출제 Point
신제품 개발 컨셉 분석

3. 신제품의 확산

1) 신제품의 확산은 전체시장에 신제품이 받아들여지는 과정을 말한다.
2) 신제품 확산은 시간이 지남에 따라 대칭형의 정규분포형태를 보이는 것이 일반적이다.
3) 신제품 확산 현상이 나타나는 이유는 소비자의 혁신성향의 차이와 구전효과 때문이다.

● 도표 4-5 신제품의 확산형태

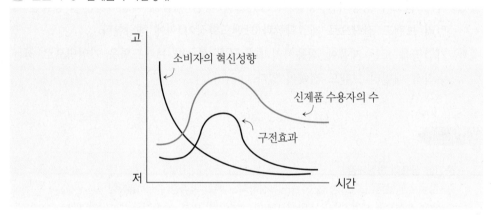

4.5 제품수명주기

1. 제품수명주기의 개념

제품수명주기(product life cycle)는 일반적으로 ① 제품이 시장에 처음 출시되는 도입기, ② 매출액이 급격히 증가하는 성장기, ③ 제품이 어느 정도 소비자들에게 확산되어 성장률이 둔화되는 성숙기, ④ 그리고 매출이 감소하는 쇠퇴기의 4단계로 구분할 수 있다.

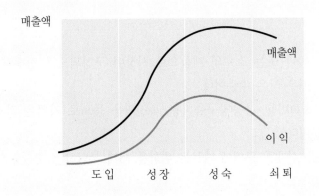

● 도표 4-6 제품의 수명주기

2. 제품수명주기와 확산모형의 관계

('93 CPA)
★ 출제 Point
제품수명주기의 정의

1) 제품수명주기는 소비자들의 혁신성 정도에 따라 제품의 판매가 증가되는 제품 공급 측면을 강조한 것이다.

2) 소비자 수용과 확산은 소비자의 혁신성 정도에 따라 신제품을 수용하는 과정을 설명하는 소비자 측면을 강조하는 것이다.

3) 일반적으로 PLC단계에서 도입기에는 혁신층, 성장기에는 조기수용층과 초기다수층의 일부, 성숙기에는 초기다수층과 후기다수층, 쇠퇴기에는 최종수용층의 순으로 제품을 구매하게 된다.

4) 확산모형과 PLC곡선이 완전히 일치하지 않는 이유는 재구매 때문이다.→ 그러나 제품이 완전 내구재인 경우에 소비자들의 제품구매가 1회에 그치므로 확산모형과 PLC곡선은 완전히 일치할 것이다.

● 도표 4-7 제품수명주기와 확산모형

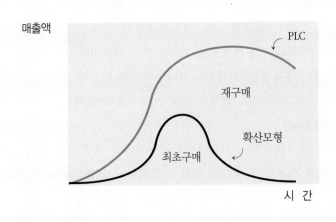

3. 제품수명주기의 단계별 전략

(1) 도입기

1) 특 성

① 도입기는 하나 또는 소수의 제품으로 시장이 구성되므로 경쟁자가 거의 없고, 판매량은 매우 낮은 수준이다.

② 막대한 R&D비용, 유통망구축비용, 촉진비용 등으로 기업은 적자를 나타내는 것이 보통이다.

③ 소비자들은 신제품 구매에 따르는 위험을 쉽게 부담하는 혁신층을 중심으로 이루어져 있다.

④ 도입기에서는 소비자들의 욕구는 아직 분화되지 않은 상태이고 목표집단의 소비자들도 한정되어 있기 때문에 시장세분화의 필요성은 거의 없다.→따라서 무차별전략이 유용하다.

2) 목 적

① 도입기의 마케팅목적은 소비자의 제품에 대한 인지 증대와 소비자들에게 제품을 한번 사용해 보게 하는 것이다.

② 기업의 마케팅노력의 초점은 1차 수요를 유발시키는 데 있다. → 즉, 제품이 제공하는 효익과 유용성과 대체품에 비해 어떠한 차별적 우위가 있는가를 알려야 한다.

3) 구체적인 마케팅믹스 전략

① 제품(product) : 소비자의 욕구를 만족시켜 주는 기초적 수준의 제품을 제공하게 된다.

② 가격(price)
 ⓐ 가격결정은 제조가격에 부대비용을 더해가는 원가가산가격방식을 취하게 된다. → 이는 다른 제품과 비교할 수 없기 때문이다.
 ⓑ 제품이 소비자 욕구를 다른 제품으로부터 대체하는 신제품이라면 대체하는 제품의 가격을 비교대상으로 가격설정이 가능하다.

③ 유통(place) : 유통망은 신제품의 성공 여부를 확신할 수 없고, 주요 목표인 혁신적 소비자도 적으므로 선택적 유통망을 사용하게 된다.

④ 촉진(promotion)
 ⓐ 촉진의 초점은 개별상표에 대한 촉진보다는 제품의 유형에 관한 정보를 소비자에게 제공하여 제품에 대한 기본적인 수요를 창출하는 데 있다.
 ⓑ 소비자들이 시범적으로 사용할 수 있는 기회를 넓힐 수 있는 여러 가지 판매촉진수단을 이용해야 한다.

(2) 성장기

1) 특 성
① 성장기의 시장상황은 급속한 판매성장과 경쟁자의 등장으로 특징지워진다.
② 소비자의 대부분은 조기수용자와 초기 다수층 일부가 도입기에 이루어진 촉진과 **구전효과**(word of mouth effect : WOM)에 의해서 신제품에 대한 정보를 얻어서 주요한 구매계층이 된다.
③ 매출액의 증가는 이 제품을 처음 사용하는 새로운 소비자와 이전에 제품을 구입했던 소비자들의 재구매 비율의 급격한 증가로 이루어지게 된다.
④ 매출액의 증가로 산업 전체의 이익이 발생하고 경쟁자들은 점차 이 시장을 매력적인 시장으로 평가하고 진입하게 되며 따라서 유사한 제품이 많이 출현하게 된다.
⑤ 성장기부터는 시장세분화를 시도하여야 한다. → 일반적으로 성장기에서 경쟁자들이 진입하게 되므로 자사제품이 경쟁적 우위를 확보할 수 있는 세분시장을 찾아야 한다.

2) 목 적
① 성장기 마케팅전략의 목적은 시장점유율 확대이다.
② 마케팅노력의 초점은 도입기의 기본적 수요를 유발시키는 데에서 경쟁제품과 대비하여 자사상표를 구매하도록 하는 선택적 수요를 유발하는 데 있다.

3) 구체적인 마케팅믹스 전략
① **제품**(product) : 경쟁이 치열해짐에 따라 각 기업은 일반적으로 제품에 사후 서비스 제공을 강화하게 된다.
② **가격**(price) : 대부분의 기업들이 빠른 시장점유율의 확대를 위해서 시장침투가격을 사용한다.
③ **유통**(place) : 집중적인 유통망의 사용으로 유통망을 광범위하게 구축하려고 시도한다.
④ **촉진**(promotion)
　　ⓐ 촉진의 주요한 목표는 시장에서 자사제품에 대한 인지도를 증가시키는 데 있다.
　　ⓑ 전체적인 소비자 수요의 증가로 판촉은 도입기 단계보다 많이 감소한다.

● 도표 4-8 제품수명주기의 단계별 특징·마케팅 목적·마케팅전략

〈특 징〉

	도 입 기	성 장 기	성 숙 기	쇠 퇴 기
매출액	저	급속 성장	최대	감소
고객당비용	고	중간	저	저
이 익	적자	증대	고	감소
고 객	혁신층	조기수용층	중간다수층	지연수용층
경쟁자	소수	점차 증대	점차 감소	감소

〈마케팅목적〉

마케팅목적	제품의 인지와 사용(試用)창조	시장점유율의 극대화	이익의 극대화와 시장점유율 방어	비용절감과 투자회수
중점활동	제품(품질)관리 1차수요의 자극	촉진(광고)관리 선택적 수요의 자극	가격관리, 브랜드의 경쟁우위 확보	제품철수, 전략적 의사결정 1차수요의 유지

〈마케팅전략〉

제 품	기본제품의 제공	제품확대, 서비스·보증제공	상품(상표)과 모형의 다양화	취약제품의 폐기
가 격	원가가산가격 상층흡수 가격전략	시장침투가격	경쟁자대응가격	가격인하
유 통	선택적 유통 좁은 유통커버리지	집약적 유통 유통커버리지 확대	좀더 집약적인 유통 유통커버리지 최대화	선택적 유통 유통경로 일부 폐쇄
광 고	조기수용층과 중간상의 제품인지 형성	대중시장에서의 인지와 관심형성	상표차이와 효익강조	상표충성도가 강한 고객의 유지에 필요한 만큼
판 촉	사용확보를 위한 강력한 판촉	수요확대에 따라 판촉 감소	상표전환의 유도 위해 판촉증대	최저수준으로 감소
시장세분화	무차별	시장세분화의 시작	시장세분화의 극대화	역세분화
브랜드전략	브랜드 구축	브랜드 강화	브랜드 재활성화	

(3) 성숙기

1) 특 성

① 성숙기는 성장기에 진입한 많은 경쟁자들로 인해서 잠재적으로 그 제품을 사용할 의향이 있었던 소비자들은 대부분 제품을 수용한 상태이다.

② 소비자들의 대다수를 이루는 초기 및 후기다수층이 주요 고객이 된다.

③ 따라서 산업 전체의 매출액은 어느 단계보다도 높은 상태이지만 제품 판매성장률은 점차로 감소하고 어느 시점에 이르면 수요는 정체 및 감소하게 된다.

('96 CPA)
★ 출제 Point
성숙기의 특징 및 전략

④ 성숙기를 크게 구분하면 판매성장률이 감소하기 시작하는 초기성숙기와 판매액이 감소하기 시작하는 후기성숙기로 구분할 수 있다.

⑤ 성숙기 초기에서 가장 중요한 전략은 계속적으로 시장세분화를 적용하는 것이다.→ 시장이 안정적이 되고 경쟁자들이 많을 경우 시장세분화에 의한 표적시장의 선정은 필수적이 되기 때문이다.

2) 목 적

① 성숙기에는 판매성장률이 감소하게 되므로 성장기에 확대된 기업들의 과잉생산능력으로 경쟁이 치열해진다. → 따라서 마케팅관리자는 시장점유율을 확대하려 하기보다는 이윤을 극대화시켜서 쇠퇴기를 대비하게 된다.

② 이 단계에서의 마케팅목표는 이익의 극대화와 경쟁기업에 대해 자사의 시장점유율을 유지시키는 데 있다.

3) 구체적인 마케팅믹스 전략

① **제품**(product) : 치열한 경쟁에 대응하기 위해 많은 상표와 다양한 모델의 제품을 개발하여야 한다.

② **가격**(price) : 성숙기 단계에서는 제품 제조기술이 표준화되므로 가격경쟁이 가장 일반적인 형태의 경쟁유형이 된다. → 따라서 가격인하는 필수적이다.

③ **유통**(place) : 시장점유율을 방어하기 위해서 더욱 광범위한 유통망 구축을 지향하게 된다.

④ **촉진**(promotion)
　ⓐ 광고는 경쟁상표제품과 자사상표제품과의 차이와 이점을 강조한다.
　ⓑ 경쟁제품 사용자의 상표전환을 유도하기 위해서 판촉을 적극적으로 실시한다.

(4) 쇠퇴기

1) 특 성

① 쇠퇴기에는 새로운 기술개발로 인하여 동일한 욕구를 만족시켜 주거나, 성능이 동일하고 가격이 싼 신제품이 등장했거나, 제품에 대한 소비자의 욕구가 사라지게 된다.

② 소비자의 대부분은 최종수용층이다.

③ 그 제품의 산업전체 매출과 이익이 점차로 감소하게 된다.

④ 그러나 쇠퇴기에서는 마케팅전략에 따라 상당한 이익을 창출할 수 있다. → 즉, 경쟁기업들이 시장에서 철수하고 있는 상황에서 잔류기업이 시장에서 독점적인

지위를 차지할 수 있고, 쇠퇴기의 진행속도를 늦출 수 있다면 성장기나 성숙기에 못지 않은 이익을 창출할 수 있다.

2) 목 적
① 이 시기의 마케팅목표는 비용절감과 투자비의 회수이다.
② 마케팅노력의 초점은 대체품이나 소비자 기호의 변화에 따라 제품 전체의 수요가 감소하므로 도입기와 마찬가지로 1차적 수요 유지에 있다.

3) 구체적인 마케팅믹스 전략
① 쇠퇴기 전략의 방안으로는 철수전략과 잔존전략이 있다.
② 철수전략을 시행하려고 하면 철수장벽이 어느 정도인가, 자사의 시장점유율, 가격, 원가 등을 분석하여 단기간 내에 시장에서 최대한의 이익을 창출한 뒤에 시장에서 철수하게 된다.
③ 그러나 잔존하기로 결정한 기업의 마케팅관리자는 비용을 최소한도로 감소시키는 방향으로 활동해 간다.

◈ 쇠퇴기에 접어든 제품의 수명주기를 다시 성장기로 되돌려 놓는 것을 재활성화(reactivation)라 한다.

ⓐ 이를 위해 이 시기에는 최대한으로 확장시켰던 유통의 커버리지를 줄여 비용을 절감한다.
ⓑ 광고도 자사의 제품이 아직도 시장에 있다는 상기광고만 하여 그 제품을 사용하는 잔존 소비자들에게만 소구하게 된다.
ⓒ 또한 제품의 생산과 관리를 소규모의 다른 기업에 맡김으로써 상표 인지도를 이용한 유통에만 전념하여 경비를 최소한으로 줄여나가는 방법을 사용한다.

4. 제품수명주기의 한계

1) PLC가 마케팅전략의 운용에 따른 종속변수일 가능성도 있다. → 즉, 일반적으로 PLC를 독립변수로 보아 PLC단계에 따라 사용할 수 있는 마케팅전략이 제시되고 있으나, 실제적으로는 기업의 마케팅전략에 따라 PLC단계와 기간이 상이하게 달라진다는 것이다.
2) PLC단계상에서의 제시되는 마케팅전략은 유일의 최적전략이 아니다. → PLC단계상에서 제시되고 있는 전략은 제품특성, 시장상황, 경쟁상황, 기업능력의 차이를 무시하고 있으므로 효율적으로 PLC를 사용하려면 이에 대한 고려가 필수적이다.
3) PLC는 동질적이고 구매자의 혁신정도에 따라 세분화가 가능하다고 보고 있으나 현실적으로는 초기단계에서부터 이질적인 세분시장이 존재할 수 있다.→따라서 PLC는 소비자의 특성에 따라 기업이 시장에 순차적으로 진입하는 가능성을 무시하고 있다.

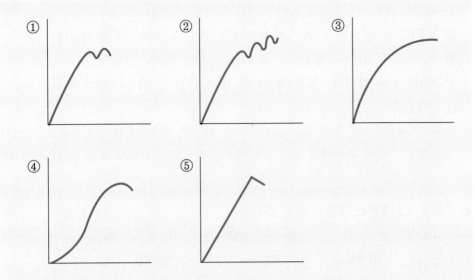

● 도표 4-9 여러 형태의 제품수명주기

① 주기-재주기형 : 성장기에 일단 들어선 이후 매출이 낮아졌다가 다시 시장의 환경변화나 기업의 마케
    팅노력으로 수요가 증가하는 경우로 패션산업을 예로 들 수 있다.
② 파장성장형, 연속형, 피라미드 유형으로 제품의 사용이 급격히 증가하여, 일정 시점에 이를 때마다 지
    속적으로 수요가 증가하는 경우로 나일론을 예로 들 수 있다.
③ 도입기와 성장기를 거쳐 성숙기의 수준이 일정하게 지속되는 형태를 나타내는 유형으로 생활필수품을
    예로 들 수 있다.
④ 일반적 PLC(S형)
⑤ 소비자들의 호응을 받다가 급속히 쇠퇴기로 접어드는 형태로 보리음료를 예로 들 수 있다.

4) S곡선 이외의 다양한 PLC유형이 존재하고 있고 모든 제품이 동일한 PLC단계를
   거치는 것은 아니다. → 따라서 제품과 시장특성에 대한 고려가 필요하다.
5) 특정제품의 단계예측이 어렵고, 각 단계의 기간예측도 어렵다.

4.6 제품전략

1. 제품믹스(제품구색)

(1) 의의 및 구성요소

1) 한 기업이 가지고 있는 모든 제품의 집합을 제품믹스라 한다.

2) 이 제품믹스는 제품라인들이 모여 구성된다.

3) 제품라인(또는 제품계열)이란 한 기업이 보유한 제품믹스 중 물리적 특징이나
사용상의 용도 또는 유통경로가 비슷해 동일한 마케팅 전략을 적용시킬 수 있는 제품
의 집합을 말한다.

◆ 제품믹스 구성 이유
① 욕구의 이질성
② 고객의 다양성 추구 성
    향
③ 가격민감도 차이 이용
    →가격차별화
④ 경쟁자 진입 저지

◈ 한 기업의 제품들이 각기 모여 제품라인을 구성하고, 이 제품라인을 다시 합하면 이것이 제품믹스가 된다.

◈ 제품라인의 길이 : 제품라인 안에 들어 있는 제품(브랜드)의 개수

(2) 제품믹스의 구조

1) 제품믹스는 각기 넓이와 길이 그리고 깊이를 가진다.

2) 제품믹스의 넓이란 '기업이 가지고 있는 전체 제품라인 수'를 말한다.

3) 제품믹스의 길이란 '제품믹스 내에 있는 전체 제품의 수'를 뜻한다.

4) 제품믹스의 깊이란 '특정 제품라인 내에 있는 한 제품이 창출해내는 품목의 수'를 의미한다.

5) 한편 제품믹스의 일관성(consistency)은 다양한 제품계열들이 최종용도, 생산시설, 유통채널, 기타의 측면에서 얼마나 밀접하게 관계되어 있는가 하는 정도를 말한다.

● 도표 4-10 제품믹스의 넓이, 길이, 깊이

	제품믹스의 넓이			계
	제품계열 1	제품계열 2	제품계열 3	
제품라인의 길이	품목 1 품목 2 품목 3	품목 1 품목 2 품목 3 품목 4	품목 1 품목 2 품목 3 품목 4 품목 5	
계	3	4	5	12

↑ 제품믹스의 길이

품목 3
1.
2.
3.
→ 제품믹스의 깊이

Key Point 제품믹스와 제품정책

① 넓이의 확대 → 제품다양화
② 넓이의 축소 → 제품단순화
③ 깊이의 확대 → 제품차별화

2. 제품믹스에 관한 전략

(1) 제품라인 추가전략

◈ 너무 적은 제품라인→매출↓, 점유율↓
◈ 너무 많은 제품라인→수익성 악화

1) 제품라인을 추가한다는 것은 새로운 사업부를 추가하는 것을 말하며 두 가지 형태가 있다.

2) 제품개발전략 : 기업이 현재 소구하고 있는 시장에 새로운 제품라인을 추가하는 것을 말한다.

3) 다각화전략 : 기업이 현재 생산하고 있는 제품과는 관련이 없는 제품라인을 추가하는 것을 말한다.

(2) 제품라인 제거전략

1) 여러 개의 제품라인을 보유한 기업이나 사업부는 포트폴리오 분석을 통해 수익성이 낮거나 성장가능성이 없는 제품라인을 제거할 수 있다.

2) 제품라인이 자사의 목표에 부적합해졌거나 다른 제품라인들과 조화가 이루어지지 않는 경우 제품라인의 시장철수를 결정할 수 있다.

3) 그러나 현재 수익성이 낮기는 하지만 다른 제품라인과의 시너지효과가 있어 라인을 제거하게 되면 제품믹스 전체의 매출액이 감소하는 경우와, 제품라인을 제거했을 때 기업 이미지에 심각한 영향을 줄 수 있는 경우에는 제품라인을 유지시켜야 한다.

◈ 신상품이 경쟁사의 제품보다 자사의 다른 제품의 판매를 잠식하는 현상을 자기잠식(cannibalization)이라 한다.

(3) 제품라인의 분할 및 통합전략

1) 단일 제품라인이 지나치게 커지거나 작아져 제품라인의 효율적인 관리가 불가능해지면 기존의 제품라인들을 분할하거나 통합하게 된다.

2) 현재 생산되는 제품들은 변하지 않고 단지 제품라인의 수를 줄이거나 늘리는 것이다.

3) 지나치게 커진 제품라인은 분할하고 작아진 제품라인들은 통합하게 된다.

◈ 계열내 품목수 적으면
→매출기회 상실
◈ 계열내 품목수 많으면
→수익성 감소

(4) 제품계열의 길이 결정

1) 고점유·고성장 추구시에는 제품계열의 길이를 확장한다.
① 하향확장전략 : 초기에는 고품질·고가제품 출시→확장시 저가 신제품 추가
② 상향확장전략 : 초기에는 저품질·저가제품 출시→확장시 고가 신제품 추가
③ 쌍방확장전략 : 초기에는 중간정도 제품 출시→확장시 고가·저가 신제품 추가
④ 제품확충전략 : 기존의 제품계열 내에서 품목추가
2) 고수익성 추구시에는 길이를 축소한다.

3. 계획적 진부화(planned obsolescence)

기존제품이 제품으로서의 기능을 충분히 수행함에도 불구하고, 고의적으로 내용연수를 단축시켜 대체수요를 유발하고자 하는 전략을 말한다.

4.7 서비스 관리

1. 서비스의 유형

1) 서비스를 시간단계별로 구분하면 ① 사전서비스(before services), ② 서비스제공(in services), ③ 애프터서비스(after services)로 나눌 수 있다.

2) 자동차 수리를 하고자 하는 고객의 시간낭비를 방지하기 위하여 예약을 받는 것은 사전서비스이며, 직접 수리를 하는 행위는 서비스 제공이며, 수리 후 결함이 있을 때 무료로 재수리를 해주는 것은 애프터 서비스에 해당한다.

2. 서비스의 특징

1) 무형성(intangibility)

2) 생산과 소비의 동시성(inseparability)

3) 서비스 질의 이질성(heterogeneity)

4) 서비스 잠재력의 소멸성(perishability)

(2005 CPA)
★ 출제 Point
서비스 품질평가의 특성

5) 고객과의 관계

서비스 제공자가 자신의 고객을 계속 유지하기 위해서는 관계마케팅(relationship marketing)이 필요하다.

6) 품질평가의 어려움

품질의 종류를 품질평가의 어려움 정도에 따라 구분하면 세 가지로 나눌 수 있다.

① 탐색품질(search quality)은 소비자가 구매이전 정보탐색 과정에서 평가할 수 있는 품질이다. 대부분의 유형제품은 탐색품질에 있어서 높은 경향이 있다.

② 경험품질(experience quality)은 소비자가 제품 혹은 서비스를 소비·사용함으로써 평가할 수 있는 품질이다.

③ 신뢰품질(credence quality)은 소비·사용 이후에도 평가가 어려운 품질을 가리킨다.

> **Key Point**
>
> 대부분의 서비스는 유형제품에 비하여 경험품질과 신뢰품질에 있어서 높다(즉 품질평가가 어렵다). 따라서 소비자들은 유형제품 구매보다 서비스 구매시 위험(risk)을 더욱 느끼게 된다.

3. 서비스 기업의 마케팅 전략

(2005 CPA)
★ 출제 Point
서비스 마케팅 전략

1) 고객만족을 위한 사원만족

2) 표적마케팅 전략(Target marketing)

3) 차별화 전략(Differentiation)

4) 서비스 품질의 관리(Managing Servise Quality)

서비스 제공자는 서비스 질에 대한 표적 고객의 욕구와 기대를 파악하고 이를 충족시킬 수 있어야 한다. 이를 위해서는 표적소비자가 구매시 중요하게 고려하는 속성(salient attributes)을 파악하여야 한다.

5) 생산성 관리(Managing Productivity)

6) 서비스 마케팅 믹스

전통적으로 마케팅 믹스 요소는 4P's(product, price, place/distribution, promotion)로 표현된다. 서비스 마케팅 믹스의 요소는 유형 제품에 적용되는 이러한 요소들에 세 가지의 통제가능한 요소들, 즉 people, physical evidence, process를 추가하여 7P's로 나타낼 수 있다.

① 대부분의 서비스는 사람들에 의해 제공되므로 사원의 선발, 교육/훈련, 동기부여는 고객만족에 커다란 영향을 미친다.

② 서비스는 무형의 것이며 품질을 미리 평가하기가 어려워 소비자들은 관련 시설물이나 경우에 따라 사원들의 외모나 복장에 의해 서비스 품질을 추론하는 경우가 많다. 따라서 서비스 기업은 적절한 실체(physical evidence)로서 고객들에게 자사 서비스의 품질을 알리고 신뢰감을 심어주어야 한다.

③ 서비스 기업은 서비스 제공을 위하여 여러 대안 과정들(different processes) 중에서 한 가지를 선택한다. 예를 들어, 음식점의 경우 일반음식점, 패스트푸드음식점, 카페테리아 등이 있는데, 기업은 자사가 전달하고자 하는 서비스의 품질과 가격에 맞추어 적절한 과정을 선택해야 한다.

● 도표 4-11 서비스 분류

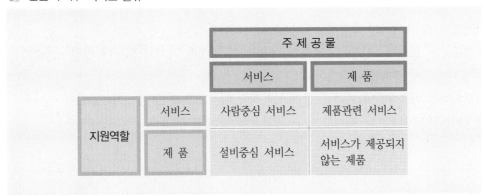

기출문제

01 마케팅결정변수의 효율적인 배합은 마케팅활동의 차이를 고려하여 결정된다. 다음 중 마케팅믹스의 개발시 고려하여야 할 사항이 아닌 것은? ('91. CPA)

① 마케팅활동을 수행하기 위한 자금조달원

② 마케팅믹스를 구성하는 변수들에 배분되는 가중치

③ 개인의 선호도, 창의성, 판단 등

④ 지역별 특징에 따른 차이

⑤ 마케팅활동에 투입되는 총금액

✎ 해설 ① 마케팅활동을 수행하기 위한 자금조달원은 재무관리 측면에서 자금조달의 문제와 관련된 것으로 마케팅믹스개발에는 영향을 미치지 않는다. 그러나 ⑤ 마케팅활동에 지출되는 총금액은 영향을 미친다.

02 제품수명주기(Product life cycle)의 정의를 가장 잘 내린 것은? ('93. CPA)

① 제품개발에서부터 소비자에게 전달될 때까지의 기간을 말한다.

② 신제품이 시장에 도입되어 쇠퇴할 때까지의 기간을 말한다.

③ 고객이 만족할 때까지 계획에서부터 판매 이후까지도 포함되는 개념이다.

④ 제품개발에서부터 고객의 욕구가 충족될 때까지의 기간을 말한다.

⑤ 제품이 시장에 도입되어 소비자가 제품으로부터 효용을 얻게 될 때까지를 말한다.

03 다음 마케팅믹스의 내용 중 틀린 것은? ('94. CPA)

① 전문품은 상점에 나가기 전에 그 제품이나 내용 등에 대하여 잘 알고 있으며, 구매과정에서 상당한 노력을 한다.

② 마케팅리더는 비공식마케팅경로에서 중요한 역할을 한다.

③ 수명주기는 도입기·성장기·성숙기·쇠퇴기의 과정을 거치게 되는데 성장·성숙기는 특히 매출액이 증가하는 시기이다.

④ 침투가격은 매출수량이 가격에 민감하게 작용하는 경우에 그 효과가 크다.

⑤ 제품믹스란 유사용도나 특성을 갖는 제품군을 말한다.

정답 1 ① 2 ② 3 ⑤

해설 ⑤ 제품믹스란 특정 판매자가 구매자에게 판매할 수 있는 제품계열 또는 제품품목의 집합을 말한다.
⑤는 제품계열에 대한 설명이다.

04 신제품의 개발과정은 다음 보기와 같은 일련의 단계로 이루어진다. ㈎, ㈏, ㈐에 해당되는 내용이 바르게 나열된 것은? ('94. CPA)

> 신제품 아이디어의 창출 → 아이디어 스크리닝 및 평가 → ㈎ → ㈏ → ㈐ → 시장생산

	㈎	㈏	㈐
①	사업타당성 분석	제품개발	시험마케팅
②	사업타당성 분석	시험마케팅	제품개발
③	시험마케팅	사업타당성 분석	제품개발
④	시험마케팅	제품개발	사업타당성 분석
⑤	제품개발	시험마케팅	사업타당성 분석

05 최근 동종제품을 생산하는 여러 기업들이 협동상표를 개발하여 사용하는 경우가 늘고 있다. 다음의 설명 중 옳은 것은? ('96. CPA)

① 협동상표전략을 택하고 있는 경우에도 제품·품질의 통제는 각 기업 고유의 관리영역이다.
② 협동상표전략은 중소기업 고유업종으로 지정된 업종만 가능하다.
③ 대기업의 진출에 대항하기 위해 중소기업들이 택할 수 있는 유효한 전략의 하나이다.
④ 협동상표전략은 공예품 같이 제품차별성이 큰 경우에 특히 유용하다.
⑤ 협동상표전략은 생산자들이 공동작업장이나 공동생산설비를 갖고 있는 경우에만 채용할 수 있다.

해설 여러 기업들이 공동으로 개발하여 사용하는 상표를 '협동상표 또는 공동상표(cooperative brand)'라 한다.
협동상표는 브랜드자산을 한 기업이 독자적으로 구축하기 힘들 경우 취하는 방식으로 주로 중소기업들이 실시한다.
① 협동상표제품의 질이 제조회사마다 다르다면 상표의 신뢰도가 낮아질 것이다.
② 협동상표는 이론적으로 중소기업에만 한정되지는 않는다.
④ 협동상표전략은 제품이 표준화될 수 있는 경우에 유용하다.
⑤ 협동상표전략은 각 개별기업이 상표만 공동으로 사용하는 것이다.

06 제품수명주기 중 성숙기의 특징에 해당되는 것은? ('96. CPA)

① 치열한 경쟁　　　② 이익률 증가　　　③ 판매성장률 증가

④ 판촉비 감소   ⑤ 제품의 인지를 위한 광고

✎ 해설 ②, ③ 성장기의 특징인데, 성장기는 매출액이 급속히 증가하고 단위당 제조원가는 규모의 경제에 의해 낮아
지는 단계이므로 이익률이 급속히 증가한다.
④ 판촉비의 감소는 성장기와 쇠퇴기에서 나타난다.
⑤ 도입기는 제품에 대한 소비자의 인지도가 매우 낮으므로 제품의 인지를 위한 광고전략이 사용된다.

07 흔히 '마케팅 믹스'라고 하면 4P를 일컫는데 이에 해당되지 않는 것은?   ('98. CPA)

① 제품(product)   ② 촉진(promotion)   ③ 경로(place)
④ 포장(package)   ⑤ 가격(price)

08 다음 중 배달과 외상, 보증, 판매 후 서비스 등을 포함하는 제품 개념은?   ('98. CPA)

① 핵심 제품   ② 실체 제품   ③ 증폭 제품
④ 편의 제품   ⑤ 전문 제품

09 신제품 개발과정에 관한 다음의 내용 중에서 올바른 것을 고르시오.   (2000. CPA)

---

a. 아이디어 창출단계에서는 많은 수의 아이디어 창출에 중점을 둔다.
b. 사업성 분석은 제품컨셉트 테스트 다음에 이루어진다.
c. 제품컨셉트 개발단계에서 시제품(prototype)을 만든다.
d. 시장 테스트(market test)는 제품출시 시판 후에 소규모로 실시된다.

---

① a, b   ② a, d   ③ b, c
④ b, d   ⑤ c, d

✎ 해설 ① 신제품개발 과정은 다음과 같다.
1. 아이디어 창출 : 되도록 많은 수의 아이디어를 창출해 내는 데 관심이 있다. 그러므로 보기의 a는 옳은 설
명임.
2. 아이디어의 평가 : 아이디어를 축소하는 데 목적이 있으며 관리적 측면과 경제적 측면이 주로 고려된다.
3. 제품개념(concept)개발과 시험 : 아이디어를 제품개념화하고 표적시장에서 소비자를 대상으로 테스트를
해본다. 물론, 이 때 실제 제품으로 하는,것은 아니고 위의 제품개념을 소비자에게 묻고 그 느낌을 정리하
는 것이다. 그러므로 보기에서 c는 틀림.
4. 사업성 평가(분석) : 위의 계획안을 매출액, 비용, 이익추정을 통하여 검토하는 것을 말한다. 3과 4에 의해
보기의 b는 맞음.
5. 제품개발.
6. 시험마케팅 : 신제품을 시장에 출시하기 전에 실시하는 것이 보통이다. 왜냐하면, 시장시험(또는 시험마케
팅)은 막대한 비용이 소요되는 본격적인 시장도입 이전에 잠재적인 문제점 파악 및 추가적으로 필요한 정
보가 무엇인지 알아보기 위해 일부 한정된 시장을 선정하여 실시되는 것이기 때문이다.
7. 상업화.

정답 7 ④ 8 ③ 9 ①

10 상표전략에 대한 다음의 서술 중 가장 옳은 것은? (2001. CPA)

① 일반적으로 무상표전략보다 유상표전략을 사용하는 경우에 원가부담이 더 낮다.

② 소형유통기관일수록 제조업자상표보다 유통업자상표를 사용하는 것이 유리하다.

③ 개별상표전략은 각 제품에 대한 시장의 규모가 작을수록 더 적합하다.

④ 복수상표전략은 경쟁사의 시장진입을 방해하는 한 방법이다.

⑤ 상표확장전략은 소비자가 인지하는 상품간 생산기술상의 관련성이 높을수록 실패할 가능성이 높다.

✎ 해설 ① 무상표전략이 원가부담이 더 낮다.

② 소형유통기관의 경우 제조업자상표를 사용하는 것이 더 유리하다.

③ 개별상표전략은 각 제품에 대한 시장의 규모가 클수록 더 적합하다.

⑤ 상표확장전략은 소비자가 인지하는 상품간에 관련성이 높을 때 쓰는 전략이다.

11 다음의 마케팅 분석방법 중 소비자가 제품을 구매할 때 중요시하는 제품속성(product attribute)과 속성수준(attribute level)에 부여하는 가치를 산출해냄으로써 최적 신제품의 개발을 지원해주는 분석방법은? (2002. CPA)

① 시계열분석(time series analysis) ② 상관관계분석(correlation analysis)

③ 군집분석(cluster analysis) ④ SWOT분석

⑤ 컨조인트분석(conjoint analysis)

✎ 해설 ① 시계열분석은 자료의 추세를 이해하고, 이를 통해 미래의 추세를 예측하기 위한 것으로, 보통 자료의 추세를 시간의 함수로 나타낸다. 시계열 분석은 수요나 판매예측과 같은 미래 현상의 예측에 주로 사용되는 기법이다.

② 상관관계분석은 변수들 간의 관련성을 분석하기 위해 사용된다. 즉 어떤 변수(예를 들어 광고량)가 다른 변수(예를 들어 상표인지도)와 관련은 있는지, 그리고 그 관련성은 어느 정도 강한지를 분석할 때 사용하는 기법이다. 상관관계 분석은 두 변수 간의 공분산과 상관계수 그리고 결정계수 등을 이용하여 분석하게 된다.

③ 군집분석은 다양한 특성을 지닌 대상들을 동질적인 집단으로 분류할 때 이용하는 기법이다. 군집분석은 대상들을 분류하기 위한 명확한 기준이 없거나, 기준을 모를 때 유용한 방법이다. 대상을 분류하는 방법으로 요인분석 중 Q-type 분석이나 다차원 척도법도 사용될 수 있으며, 이미 나누어진 집단의 특성을 분석하고자 하는 판별분석과는 구분되어야 한다. 군집분석을 위해서는 각 대상이 얼마나 비슷한가를 나타내는 유사성 척도를 구한 후, 유사성이 높은 대상들을 묶어서 군집화하고 각 집단의 특징을 파악하게 된다.

④ 컨조인트분석은 소비자의 욕구를 파악하기 위해 개발된 기법으로, 소비자가 제품을 선택할 때 고려하는 여러 효용들간의 상대적 중요성과 이러한 효용들의 가장 이상적인 조합으로 이루어진 제품을 알려주어, 신제품 도입시나 제품개발시에 활용하게 하는 분석방법이다. 즉, 2개 이상의 독립변수들이 종속변수에 대한 순위(order)나 가치를 부여하는 데 어느 정도 영향을 미치는가를 분석하게 된다.

12 브랜드에 관한 다음 설명 중 적합하지 않은 것은? (2003. CPA)

① 소비자가 상품을 게쉬탈트(gestalt), 즉 전체적으로 떠오르는 이미지로 인식하는 데 도움을 준다.

② 자산(equity)으로서 가치를 가질 수 있다.

③ 소비자의 충성도(loyalty)를 높이는 중요한 요소이다.

④ 기업이 실행하는 상품, 가격, 유통, 촉진 등의 마케팅 활동의 대상이 된다.

⑤ 소비자가 구매의 대상이 되는 상품들을 평가하는 사고비용(thinking cost)을 증가시킨다.

✎ 해설 ⑤ 브랜드가 소비자에게 강력하게 인지된 상태에서는 상품에 대한 평가 노력 및 시간을 대폭 감소시켜 선택하게 되므로 사고비용(thinking cost)은 감소한다.

13 기업이 채택할 수 있는 제품 및 브랜드전략 중 소비자의 다양성 추구 욕구 충족, 기업의 잉여생산설비 활용, 소매상의 진열대 점유확대를 목적으로 상대적으로 낮은 비용과 낮은 위험을 부담하면서 구사하는 전략은? (2004. CPA)

① 이중브랜드(duo brand)   ② 라인확장(line extension)

③ 신상표(new brand)   ④ 브랜드확장(brand extension)

⑤ 다상표(multibrand)

✎ 해설 낮은 비용과 낮은 위험을 부담하려면 기존 상표를 사용하는 것(라인 확장 또는 브랜드 확장)이 유리하고, 기존 잉여 설비 활용이나, 소비자의 다양성 욕구 충족, 진열대 점유확대를 위해서는 기존 범주내의 확장(라인확장)이 유리하다.

14 세계적인 글로벌브랜드(global brand)가 가지는 규모의 경제(economices of scale)에 관한 다음의 설명 중 옳지 않은 것은? (2004. CPA)

① 규모의 경제는 개발비용, 생산, 유통, 촉진 등에서 두루 나타난다.

② 기업의 성장전략 추구에 있어서 글로벌브랜드가 로컬브랜드(local brand)보다 유리하다.

③ 촉진의 측면에서 더 넓은 마케팅기회를 포착할 수 있다.

④ 글로벌브랜드는 구매선택과 관련하여 소비자의 지각된 위험(perceived risk)을 증가시킨다.

⑤ 일반적으로 글로벌브랜드를 가진 기업은 특정 제품 범주(product category)에 마케팅의 초점을 맞추고 있다.

✎ 해설 ④ 증가 → 감소

15 제품에 관한 전략적 의사결정 사항을 설명하는 내용 중 가장 올바른 것은? (2005. CPA)

① 마케팅 담당자들이 제품을 여러 가지 기준에 의하여 분류(편의품, 선매품, 전문품 등)하는 가장 큰 이유는 시장수요 예측과 원재료의 수급 등을 편리하게 하기 위해서이다.

② 성공한 제품의 상표명이나 그 일부를 다른 제품군이나 추가되는 제품에 확장하여 사용하는 전략을 공동상표전략(family brand strategy)이라 한다.

③ 유통경로 상의 구성원들에 대하여 상당한 영향력을 가지고 있을 때에는 신제품개발전략 중 선제전략(preemptive strategy)을 사용하는 것이 유리하다.

④ 제품이란 상징적 효용, 물리적 효용, 심리적 효용 중 고객의 욕구를 충족시킬 수 있는 어느 한 가지 효용으로 이루어진 물체(objects)를 의미한다.

⑤ 낮은 유통원가와 대량노출, 대량광고 등이 가장 중요한 마케팅 전략 수단이 되는 제품은 선매품(shopping goods)이다.

✒ 해설 ① 원재료 수급은 아님
④ 세 가지 효용의 결합체
⑤ 선매품 → 편의품

16 서비스마케팅 전략 수립에 필요한 내용에 관한 설명 중 가장 올바른 것은? (2005. CPA)

> a. 시장점유율보다는 고객점유율을 높이기 위하여 고객데이터베이스를 이용하여 기존고객과의 상호작용을 강화하려는 마케팅활동은 관계마케팅에 해당한다.
> b. 서비스를 제품개념으로 볼 때 서비스는 탐색적 속성, 경험적 속성, 신뢰적 속성 중에서 탐색적 속성이 강한 제품에 속한다.
> c. 서비스 기업이 고객에게 서비스를 판매하기 위하여 종업원을 훈련시키고 동기부여하는 종업원관리활동은 서비스마케팅활동 중 내부마케팅(internal marketing) 활동에 속한다.
> d. 서비스품질을 측정하기 위하여 개발된 SERVPERF모형은 서비스 기대치와 성과치의 차이를 측정하는 방법이다.
> e. 서비스는 유형제품에 비하여 가격차별화가 용이하기 때문에 가격차별화(price discrimination)를 통하여 이익을 올릴 수 있는 가능성이 상대적으로 높다.

① a, b, c   ② a, c, d   ③ a, c, e
④ a, d, e   ⑤ b, c, d

✒ 해설 b. 서비스는 탐색적 속성보다는 경험적 속성이나 신뢰적 속성이 강하다.
d. SERVPERF모형은 기대를 구할 수 없는 경우에 사용하는 기법으로 성과만 가지고 측정하는 방법이다.

17 브랜드 자산(brand equity)에 대한 다음 설명 중 올바른 것으로만 구성된 것은? (2007. CPA)

> a. 브랜드 자산이 형성되려면 독특하거나, 강력한 브랜드 이미지가 있어야 한다.
> b. 높은 브랜드 인지도는 브랜드 자산의 필요조건이자 충분조건이다.
> c. 기존 브랜드와 다른 상품범주에 속하는 신상품에 기존 브랜드를 붙이는 것을 라인 확장(line extension)이라고 한다.
> d. 라인 확장된 신상품이 기존 브랜드의 이미지 또는 브랜드 자산을 약화시키는 것을 희석효과(dilution effect)라 한다.

① a, b　　　　② a, c　　　　③ a, d
④ b, c　　　　⑤ c, d

✎ 해설　b. 높은 브랜드 인지도는 브랜드 자산의 필요조건이기는 하지만 충분조건은 아니다.
　　　　c. 라인 확장 → 브랜드 확장

18 다음은 기업이 신제품을 개발할 때 고려할 수 있는 브랜드 전략에 관하여 기술한 것이다. 가장 적절하지 않은 것은? (2008. CPA)

① 기존의 브랜드자산이 크다고 판단되는 경우 기존의 제품범주에 속하는 신제품에 그 브랜드명을 그대로 사용하는 것을 계열확장 혹은 라인확장(line extension)이라 한다.

② 기존의 제품범주에 속하는 신제품에 완전히 새로운 브랜드를 사용하는 것을 다상표전략(multi-brand strategy)이라 한다.

③ 하향 확장(downward line extension)의 경우 기존 브랜드의 고급 이미지를 희석시켜 브랜드자산을 약화시키는 희석효과(dilution effect)를 초래할 수 있다.

④ 기존 브랜드와 다른 제품범주에 속하는 신제품에 기존 브랜드를 사용하는 것을 브랜드확장(brand extension) 혹은 카테고리확장(category extension)이라 하며, 우리가 '신상품'이라고 부르는 것의 대부분이 이 전략이 적용된 것이다.

⑤ 같은 브랜드의 상품이 서로 다른 유통경로로 판매될 경우 경로간의 갈등(channel conflict)을 일으킬 위험이 있다.

✎ 해설　④ 우리가 '신상품'이라고 부르는 것의 대부분은 다상표 전략이나, 신규브랜드 전략이 적용된 것이다.

연습문제

01 제품계열과 상표전략에 대한 다음의 설명 중 옳지 않은 것은?

① 하나의 제품계열에 속한 많은 품목들에 다양한 상표를 개별적으로 붙이는 전략을 다상표전략(multibrand strategy)이라 한다.

② 다상표전략을 사용하는 경우 상표제살깍기(brand cannibalization) 현상이 나타날 수 있다.

③ 상표제살깍기 현상은 제품계열에 악영향만 준다.

④ 하나의 제품계열에 속한 많은 품목들에 동일한 상표를 붙이는 전략을 공동상표전략(family brand strategy)이라 한다.

⑤ 공동상표전략은 제품계열내에 각각의 제품들이 시너지효과를 얻기 위해 사용된다.

✎ **해설** ② 상표제살깍기는 동일한 시장에 한 기업이 많은 상표를 출시할 경우, 다른 기업제품들과의 경쟁이 아니라 자사제품들 간의 경쟁이 발생하는 것을 의미한다.

③ 상표제살깍기는 자사상표의 경쟁으로 인해 개별제품들의 시장점유율이 감소하는 현상이 나타날 수 있으나, 반면에 자사의 많은 상표들이 시장의 빈 곳을 선점하여 경쟁자의 진입을 저지할 수 있으므로 제품계열 전체의 관점에서 많은 이점이 있다.

02 상표관리에 대한 다음의 설명 중 옳지 않은 것은?

① 상표연장전략을 사용하면 우호적인 이미지를 가진 기존상표를 신제품에 적용하여 신제품의 시장진입을 쉽게 해준다.

② 비효과적인 상표연장은 신제품뿐만 아니라 기존의 원래 상표에도 피해를 줄 수 있다.

③ 상표연장전략은 연장하고자 하는 제품이 PLC상 도입기에 있는 경우에 사용하는 것이 유리하다.

④ 신제품의 상표연장이 성공적으로 이루어지면 기존의 상표이름도 강화되어 시장에서 더 확고한 지위를 누릴 수 있게 된다.

⑤ 상표 재포지셔닝을 위해서는 제품의 품질을 변화시키는 질적인 수정이 필요하다.

✎ **해설** ③ 상표연장전략은 연장하고자 하는 제품이 PLC상 성숙기 제품인 경우에 사용하는 것이 유리하다. 일반적으로 성숙기에 새로운 상표를 가지고 진입하게 되면 많은 경쟁상표로 인해 자사상표를 소비자가 인식하기까지는 오랜 시간과 비용이 들게 된다. 따라서 소비자에게 확실히 인식된 기존제품의 상표명을 사용하게 되면 새로운 상표명을 인식시키는 데 필요한 비용과 시간을 절감할 수 있다.

정답 1 ③ 2 ③

반면에 제품이 PLC상 도입기에 있을 때에는 일반적으로 경쟁상표가 거의 없으므로 연장된 상표보다는 독자적인 상표가 효과적이다.

⑤ 위의 지문 외에 제품의 기능을 변화시키는 기능적 수정, 디자인이나 상표명을 변화시키는 스타일 수정 등이 필요하다.

03 다음 중 PLC상 도입기와 관련이 깊은 것은?

a. 광고활동이 중점	b. 시장점유율의 극대화가 목표
c. 품질관리가 중점	d. 제품의 기본적 수요를 자극
e. 강력한 판촉활동	f. 비용절감
g. 가격관리	h. 원가가산가격

① c, d, e, h   ② a, c, d, h   ③ b, c, d, e
④ d, e, f, g   ⑤ a, b, g, h

✎ 해설 도입기에는 제품의 인지와 사용창조가 목표가 되고, 품질관리를 중점적으로 행한다. 가격은 원가가산가격으로 설정하며 고객은 혁신층이 된다.

04 다음의 내용과 가장 관계가 깊은 제품수명주기상의 단계는?

a. 고객은 조기수용층	b. 시장점유율의 극대화 목표
c. 제품확대	d. 시장침투가격

① 도입기   ② 성장기   ③ 성숙기
④ 포화기   ⑤ 쇠퇴기

✎ 해설 성장기에는 경쟁자가 나타나므로 시장점유율의 극대화가 목표가 된다. 조기수용층에 의해 소비가 되며 가격은 시장침투가격으로 결정한다.

05 제품수명주기상 성숙기에 대한 설명으로 옳지 않은 것은?

① 새로운 경쟁자의 출현으로 매출액의 성장률이 점차 둔화되기 시작한다.

② 마케팅활동의 목표는 이윤극대화 및 시장점유율의 방어가 된다.

③ 가격은 경쟁자 대응가격으로 결정하며, 대체수요개발 및 각종 비용통제를 실시해야 한다.

④ 시장수정, 제품의 신용도 개발이나 개선, 마케팅믹스의 수정 등을 통하여 매출액 증가를 유도한다.

⑤ 상품의 다양화를 통한 새로운 고객의 모색보다는 구고객의 사용빈도와 사용률을 높이는 마케팅전략이 필요하다.

✎ 해설 ① 새로운 경쟁자의 출현은 성장기에 나타난다.

06 제품수명주기상의 성장기에 관한 설명 중 타당성이 없는 것은?

① 상품충성도(brand loyalty)를 높이기 위해 제품차별화전략을 사용한다.
② 판매경로를 확대시키고 풀 전략(pull strategy)을 활용한다.
③ 거래점에 대한 구매시점광고와 거래점 원조를 강화한다.
④ 실질적인 경쟁이 시작되는 경우가 많다.
⑤ 높은 광고, 판매촉진비, 제품개선, 새로운 유통경로, 세분시장의 개척 등으로 계속 많은 비용이 지출되어 아직 이익을 기대할 수 없다.

✎ 해설 ⑤ 성장기에서는 전체적인 소비자 수요의 증가로 판매촉진이 도입기보다 감소하며, 광고는 자사제품과 경쟁사 제품의 차이를 강조하고, 이익이 발생한다.

07 제품믹스에 관한 다음의 설명 중에서 잘못된 것은?

① 제품믹스(product mix)는 제품계열과 제품품목들의 집합이다.
② 제품계열(product line)은 기능, 소비자, 유통, 가격범위 등에서 서로 밀접한 관련이 있는 제품의 집합이다.
③ 제품품목(product item)은 제품계열 내에서 크기, 가격, 형태, 기타의 특성에 의해서 명확히 구별될 수 있는 단위이다.
④ 제품믹스의 일관성(consistency)은 다양한 제품들이 최종용도 등의 측면에서 제품계열들이 얼마나 밀접하게 관련되어 있는가 하는 정도이다.
⑤ 제품다양화는 제품믹스의 깊이(depth)와, 제품차별화는 제품믹스의 넓이(width)와 관계가 있다.

✎ 해설 ⑤ 제품다양화는 제품믹스의 넓이를 확대하는 것이고, 제품차별화는 제품믹스의 깊이를 확대하는 것이다.

제5장 ■ 가격관리

5.1 가격관리의 기초 개념

(1) 가격의 전략적 중요성

1) 마케팅 믹스의 요소들 중 가격(price)은 경쟁에 가장 민감하게 반응하는 특징이 있다. 즉, 제품이나 유통에 비해 가격은 즉각적인 대응이 가능하다. 또한 소비자의 반응도 신속하고 민감하여 즉각적인 효과를 볼 수 있다.

2) 그러나 경쟁자의 즉각적인 모방이 가능하고 한 번 인하된 가격을 다시 올리기 힘들다는 문제가 있다.

● 도표 5-1 가격결정과정

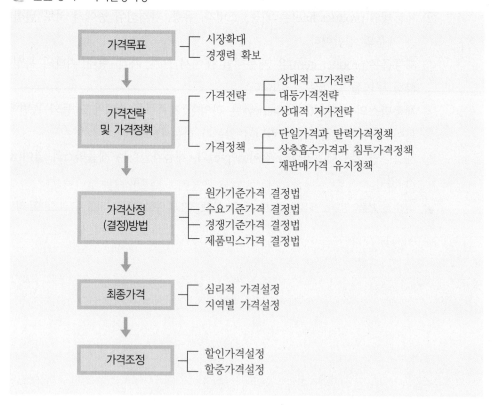

5.2 가격전략

1) 기업은 자사제품의 가격결정시 무엇보다도 경쟁상황을 고려하여 고가로 출시할
것인가, 혹은 저가로 출시할 것인가의 기본적인 가격전략 방향을 결정해야 한다.

2) 이 경우 가격이 단순히 고가, 중가, 저가라는 말은 기업의 마케팅전략상 큰 의
미가 없으며 경쟁기업의 전략 등과 같은 경쟁상황을 고려할 때 상대적으로 높은 가
격, 비슷한 가격, 상대적으로 낮은 가격으로 구분지어 생각하는 것이 바람직하다.

('95 CPA)
★ 출제 Point
제품수명주기와 가격전략
의 관계

(1) 상대적 고가격전략

1) 의 의

① 상대적 고가격전략은 자사의 제품이 독특하거나 그 시장에서 명성이 높은 기업
일 경우에 사용 가능한 전략이다.

② 이러한 전략은 이미지를 중시하는 고가의류제품이나 전문품 혹은 귀중품 등에
서 흔히 나타나며, 소비자가 가격에 의해 제품의 품질을 평가하는 경향이 강하
거나 제품이 개인의 사회적 지위나 명예, 건강 등의 상징적 의미를 갖는 경우
에 잘 사용하는 가격전략이다.

③ 고가격전략을 사용하는 기업들은 보통 직접적인 경쟁자가 존재하지 않는 시장
에 신제품을 출시할 때 주로 사용한다.

④ 만약 자사제품의 품질이 우수하고 경쟁사 제품보다 우월한 효용이나 독특한 서
비스로 차별화할 수 있다면 이 전략이 성공적으로 수행될 수 있다.

⑤ 그러므로 고가격전략을 사용하려면 현재 자사제품에 대한 구매의사를 가진 구
매자의 수가 충분해야 하고, 제품의 이미지가 우수해야 한다.

2) 고가격전략이 적합한 경우

① 수요의 탄력성이 높지 않을 경우

② 진입장벽이 높아 경쟁기업의 진입이 어려운 경우

③ 규모의 경제효과를 통한 이득이 미미할 경우

④ 높은 품질로 새로운 소비자층을 유인하고자 할 경우

(2) 대등가격전략

1) 의 의

① 기업이 경쟁사의 제품가격과 같거나 거의 비슷한 수준으로 가격을 정하는 것을
대등가격전략이라고 한다.

② 기업이 대등가격전략을 시행할 때에는 마케팅전략에서 가격이 차지하는 비중이

그만큼 줄어들고 제품, 유통, 판촉과 같은 다른 마케팅믹스요소들이 보다 중요한 역할을 하게 된다고 볼 수 있다.

③ 이러한 전략을 사용하게 되는 경우는 시장의 수요가 가격에 대해 탄력적이지 않고, 대부분의 기업들이 경쟁사의 가격인하에 대해 언제라도 동일한 수준의 가격으로 대응할 준비가 갖추어져 있을 때이다.

2) 대등가격전략이 적합한 경우
① 시장의 수요가 비탄력적일 경우
② 경쟁기업에 대해 확고한 원가우위를 가지지 못할 경우
③ 규모의 경제를 통해 예상되는 이득이 전혀 없을 경우
④ 가격책정의 목표가 경쟁기업과 대등한 경쟁력을 갖는 데 있을 경우

(3) 상대적 저가격전략

1) 의 의

('98 CPA)
★ 출제 Point
상대적 저가전략이 적합한 상황

① 상대적 저가격전략은 경쟁사보다 낮은 가격을 책정함으로써 철저하게 생산규모와 판매량을 늘리는 데 목적이 있다.

② 이 전략은 수요의 탄력성이 높아 소비자가 가격에 대해 민감한 반응을 보일 때이거나 기업이 진출하려고 하는 시장에 경쟁기업의 수가 많을 경우에 사용될 수 있는 전략이다.

③ 저가격전략을 사용하려면 경쟁기업에 비해 일정한 원가구조상의 우위를 가지고 있어야 한다.

2) 저가격전략이 적합한 경우
① 시장수요의 가격탄력성이 높을 때
② 원가우위를 확보하고 있어 경쟁기업이 자사 가격만큼 낮추기 힘들 때
③ 시장에 경쟁자의 수가 많을 것으로 예상될 때
④ 소비자들의 본원적인 수요(primary demand)를 자극하고자 할 때

3) 장 점
① 한 기업이 저가격으로 넓은 시장점유율을 확보하고 나면 경쟁기업이 그 시장에 진입하기가 어려워진다.
② 경쟁기업의 입장에서 보면 낮은 단위당 가격은 그만큼 낮은 이윤으로 이어질 것이므로 그 시장은 이들 경쟁기업에게 그다지 매력적인 시장이 못된다.

4) 단 점
① 기업이 저가격을 사용했을 경우에는 고가격을 사용하는 기업이 가격을 낮추거

나 할인하는 것에 비해 가격을 높여 받기가 상대적으로 더 어렵기 때문에 기업으로 하여금 마케팅활동상의 운신폭을 좁게 만든다.
② 또한 저가격이라는 것만으로 차별화를 하였을 경우, 경쟁자가 같이 저가격으로 대응해옴으로써 가격차별화에 의한 우위를 계속 지키지 못하면 실패하게 된다.

5.3 가격정책

(1) 신제품에 대한 가격정책

1) 상층흡수가격정책 : 선고가후저가정책

① 상층흡수가격정책(skimming pricing policy)은 신제품을 시장에 도입하는 초기에 먼저 고가격을 설정함으로써 가격에 비교적 둔감한 고소득층을 흡수하고, 그 뒤 차차 가격을 인하시킴으로써 가격에 민감한 저소득층에게 침투하고자 하는 정책이다.

② 생산비의 조기회수를 위한 경우나 수요의 가격탄력성이 작은 제품인 경우에 많이 사용된다.

2) 침투가격정책 : 선저가후고가정책

① 침투가격정책(penetration pricing policy)은 신제품을 시장에 도입하는 초기에 저가격을 설정함으로써 별다른 판매저항 없이 신속하게 시장에 침투하여, 시장을 확보하고자 하는 정책이다.

② 대중적인 제품이나 수요의 가격탄력성이 높은 제품에 많이 사용된다.

(2) 재판매가격 유지정책

1) 재판매가격 유지정책은 유표품(branded goods)의 제조업자가 도매상 및 소매상과의 계약에 의하여 자기회사제품의 도·소매가격을 사전에 설정해 놓고, 이 가격으로 자사제품을 재판매하게 하는 전략이다.

2) 유표품이 도·소매상의 손실유인상품(loss leader)으로 이용되는 것을 방지하여, 가격안정과 명성유지를 도모하고자 하는 정책이다.

> **Key Point** 가격주도제
>
> 가격주도제(price leadership)란 시장주도자(market leader)가 공표한 가격을 다른 기업이 그대로 수용하여 가격을 결정하는 것을 말한다.

('89, '97 CPA)
★ 출제 Point
가격정책 방식의 비교

(2002, 2008 CPA)
★ 출제 Point
skimming pricing의 적용기준

(2005 CPA)
★ 출제 Point
상층흡수가격정책과 침투가격정책의 비교

('92, 2005 CPA)
★ 출제 Point
침투가격전략의 의의 및 적용기준

('92 CPA)
★ 출제 Point
가격선도제

5.4 가격산정방법의 결정

(1) 가격산정의 의의

(2005 CPA)
★ 출제 Point
원가기준가격결정의 근거

1) 가격전략의 방향이 설정되고 나면 이어서 어떤 방식으로 가격을 산정할 것인가를 정하게 된다.

2) 이는 특정 기준에 따라 가격을 결정하는 것으로 자사제품의 가격범위를 어느 정도로 할 것인가에 관한 문제이다.

(2) 가격산정의 기준

1) 가격결정시 마케팅관리자가 중시하는 대표적인 결정방법으로 원가기준, 소비자기준, 경쟁기준이 있다.

2) 원가는 가격의 하한선을, 수요는 상한선을, 경쟁은 비교기준을 나타내기 때문에 중요한 기준이 된다.

(3) 가격산정 방법

1) 원가기준으로는 원가에 이폭을 가산하는 '원가가산법'과, 원가에 목표이익률을 반영하는 '목표가격결정법'이 있다.

('89, '94 2007 CPA)
★ 출제 Point
가격차별

◆ 가격차별의 예
① 직접법 : 학생할인, 수량할인, 이중요율(기본요금+사용요금),
할인시간가격, 할인쿠폰
② 간접법 : 소프트웨어 버전업, 제품라인 가격정책

2) 소비자(또는 수요)를 기준으로 '소비자의 지각가치에 따라 결정하는 방법'과, '가격차별법'이 있다.

3) 경쟁기준은 자사제품의 원가추정이 어렵거나 경쟁사의 반응이 불확실할 때 사용되는데, '경쟁대응가격결정법(going rate pricing)'과 '입찰가격결정법(sealed-bid pricing)'이 있다.

5.5 최종가격의 설정

1) 가격산정단계에서 가격의 범위를 정하고 나면 기업은 그 범위를 근거로 소비자에게 제시할 수 있는 최종적인 가격을 결정하여야 한다.

2) 이 때 기업은 자사제품 소비자의 지각적 특성을 고려할 수도 있고, 공장지역으로부터 소비자까지의 거리에 따른 운송비를 고려한 지역별 가격결정을 생각해 볼 수도 있다.

(1) 소비자 지각에 기초한 가격결정
1) 관습가격
① 관습가격(customary price)이란 사회에서 소비자들이 관습적으로 그러하다고

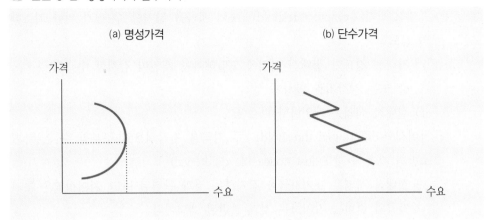

● 도표 5-2 명성가격과 단수가격

(a) 명성가격

가격

수요

(b) 단수가격

가격

수요

인정하는 가격으로서 기업이 자발적으로 가격을 결정하는 것이 아니라 일반적인 사회관행에 의해 용인된 가격을 따르게 되는 경우를 말한다.

② 관습가격은 대부분 저가의 제품에서 나타나므로 특정 기업이 관습가격을 깨고 높은 가격의 제품을 출시하여 소비자들에게 인정받을 수 있다면, 높은 수익을 획득할 수 있다.

2) 명성가격(prestige pricing)

가격-품질 연상효과를 이용하여 가격을 설정하는 방법이다.

3) 단수가격

① 소비자들은 제품의 가격이 1,000원, 10,000원 등과 같이 천단위, 만단위로 정확히 끝나는 것보다 그 수준에서 약간 모자란 금액으로 끝나면 더 싸다고 생각하는 경향이 있다. 이를 단수가격(odd price)이라 한다.

② 이러한 단수가격은 소비자에게 제품가격이 최하의 가능선에서 결정되었다는 인상을 주어 판매량을 증가시킬 수 있으며, 실제로 가격차이는 얼마 나지 않지만 심리적으로는 상당히 저렴하다는 인상을 소비자들에게 심어줄 수 있다.

③ 또한 기업의 입장에서 보면 가격을 일정 금액 이상을 넘지 않게 설정했을 경우 세금혜택을 볼 수 있기 때문에 과세대상에 포함되지 않으면서 그 한도 내에서 최고의 가격을 제시하기 위해 단수가격을 설정하기도 한다.

4) 로스어버전과 웨버의 법칙

① 구매자들은 이득(가격인하)보다 손실(가격인상)에 더 민감하게 반응하는 경우가 있는데, 이를 로스어버전(loss aversion)이라 부른다.

② 구매자의 가격변화에 대한 지각이 가격 수준에 따라 달라지는 법칙을 웨버의

('94, '97 CPA)
★ 출제 Point
심리적 가격결정법

◆ 준거가격(reference price)
구매자가 가격이 비싼지 싼지를 판단하는 데 기준으로 삼는 가격

(2007 CPA)
★ 출제 Point
준거가격

(2008 CPA)
★ 출제 Point
로스어버전의 의의

법칙(Weber's law)이라 한다.

ⓐ 절대적 식역(absolute threshold) : 초기 자극을 감지할 수 있기 위한 최소한의 강도

　ⅰ) 자극의 강도가 절대적 식역에 도달해야만 개인이 감지할 수 있음 → 노출 또는 감각기관 활성화

　ⅱ) 절대적 식역은 개인마다 다르다.

ⓑ 차이식역(differential threshold) : 두 자극을 지각적으로 구분할 수 있는 최소한의 차이 → JND(just noticeable difference)

　ⅰ) 절대적 식역은 초기자극을 감지하는 것과 관련된 반면, 차이식역은 초기자극의 변화를 감지하는 것과 관련된 개념이다.

　ⅱ) 일반인에 비해 맛감별을 직업으로 하는 사람들의 차이식역이 더 작다.

ⓒ 웨버의 법칙 : 차이식역에 도달하기 위해 필요한 자극의 최소 변화치는 초기 자극의 강도에 비례

$$K = \frac{\Delta I}{I}$$

I : 초기자극의 수준
ΔI : 차이식역
K : 상수

ⓓ 식역하 지각(subliminal perception) : 자극의 강도가 미세하여 절대적 식역에 미치지 못한 경우에도 무의식적으로 감지하는 것 → 식역하 광고는 증식효과이론(incremental effect theory)에 의해 효과가 나타나는 경우가 있다.

5) 프로스펙트 이론 : 불확실성하의 의사결정, Kahneman & Tversky

① 가 정

ⓐ 주관적 확률 대신 의사결정 가중치를 사용

ⓑ 효용함수 대신 가치함수(value function)를 사용

② 특 징

ⓐ 가치함수 : 준거점을 중심으로 이득영역에서는 오목함수, 손실영역에서는 볼록함수를 갖는다. → 즉, 전통적 효용이론에서 소비자의 효용은 절대적 부의 수준에 의해서 좌우된다(모든 부의 수준에서 일관성 있는 효용함수)고 보는 데 반해, 프로스펙트 이론(prospect theory)에서는 소비자의 준거점(reference point)을 어디에 두는가에 의해 평가대상의 가치가 결정된다고 본다.

ⓑ 손실회피(loss aversion) : 일반적으로 사람들은 같은 액수의 이득보다는 손실을 더 크게 느끼므로 손실영역에서 더 가파른 모양을 갖는다.

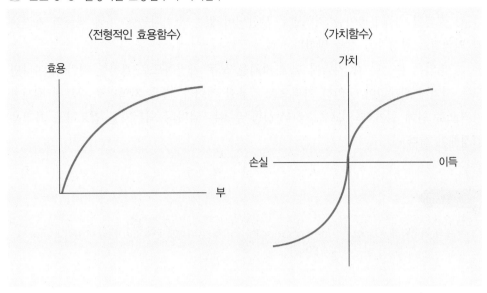

● 도표 5-3 전형적인 효용함수와 가치함수

〈전형적인 효용함수〉

효용

부

〈가치함수〉

가치

손실   이득

● 경영사례 ▶ 프로스펙트이론과 준거점

기업에서 소비자에게 제시하는 '권장소매가격(suggested retail price)'은 소비자에게 준거점의 역할을 하게 된다. 예컨대 권장소매가격이 10,000원이라면 소비자가 이에서 '할인된' 가격(9,000원)에 상품을 구입하는 경우 그 소비자는 권장소매가격이 제시되지 않은 채로 그 상품을 정가 9,000원에 구입한 경우에 비해 싸게 수입했다는 느낌을 갖게 된다. 이는 권장소매가격 10,000원이 준거점이 되므로 9,000원에 구입하게 되면 마치 1,000원의 이득이 있었다고 느끼게 되지만, 권장소매가격이 제시되지 않는 경우에는 그런 느낌을 갖지 않을 것이기 때문이다.

6) 소비자심리관련 기타 가격개념

① 가격단계화(price lining)는 구매자가 가격에 큰 차이가 있는 경우에만 이를 인식한다고 가정하여, 선정된 제품계열에 한정된 수의 몇 가지 가격만을 설정하는 방법이다.

② 촉진가격(promotional pricing)은 고객의 유인을 위하여 특정 품목의 가격을 대폭 낮게 설정하는 것을 말한다.

③ 유보가격(reservation price)은 구매자가 어떤 상품에 대해 지불할 용의가 있는 최고가격을 말한다.

④ 최저수용가격은 구매자들이 품질을 의심하지 않고 구매할 수 있는 최저가격을 말한다.

('97 CPA)
★ 출제 Point
촉진가격의 정의

(2007 CPA)
★ 출제 Point
유보가격과 가격차별

(2) 지역별 가격결정

1) 지역별 가격결정이란 지역별로 분산되어 있는 소비자들에 대해 제품의 가격을 각 지역별로 결정하는 것을 말한다.

2) 기업은 분산된 각 지역에 대해 가격을 모두 차별적으로 결정할 것인가, 아니면 모든 지역에 관계없이 동일한 가격으로 적용할 것인가, 혹은 지역별로 다르게 제시한 가격으로 인해 원거리의 고객층을 상실할 우려는 얼마나 되는지를 검토하고 가격을 결정해야 한다.

> **Key Point**
>
> 우표식 가격결정(postage stamp pricing policy) : 고객의 위치에 관계없이 동일한 가격과 운송비를 모든 고객에게 부담시키는 정책이다.

5.6 가격조정

(1) 가격인하

1) 현금할인(cash discount) : 판매대금을 신속히 지급하여 주는 구매자에 대한 가격할인

2) 수량할인(quantity discount) : 대량구매업자에 대한 가격할인

3) 거래할인(trade discount) → 업자할인 : 도·소매상 등의 경로구성기관에 대한 가격할인

4) 계절할인(seasonal discount) : 비성수기에 구매하는 경우의 할인

5) 공 제

(2005 CPA)
★ 출제 Point
중고품교환공제

① 중고품교환공제(trade-in allowance) : 신제품 판매시 구제품을 회수하고, 그 대가만큼 가격할인

② 촉진공제 : 광고활동이나 판촉활동에 참여한 거래점에 보상하기 위한 공제

(2) 가격인상

가격인상은 ① 원재료·임금의 인상으로 제품원가 상승시, ② 자사제품 재포지셔닝시 원래의 기능이나 속성보다 개량된 경우, ③ 시장이 쇠퇴기일 때 경쟁기업의 철수로 독점적 지위를 누릴 경우에 실시할 수 있다.

① 유인가격결정(loss leader)
② 특별행사가격(special sales price)
   특정 계절이나 기간에 한하여 판매업자가 임의로 부여한 촉진적 가격이다.
③ 묶음가격(price bundling)
   소매점, 백화점 등에서 대량구매를 촉진하기 위해 제품을 몇 개씩 묶어 하나로 상품화한 다음
   이 묶음에 별도로 정한 가격(개별제품의 합보다 싼 가격)이다.
④ 가격층(price lining)
   선매품 가격결정시 많이 이용되며 가장 잘 팔리는 가격대를 층화한다.

(2003 CPA)
★ 출제 Point
묶음가격의 특징

5.7 가격전략

1. 개별 가격의 결정(3C)

어떤 상품의 가격을 결정할 때 고려하는 주요 요인으로 고객(customer), 자사의
원가와 목표(company), 경쟁사의 원가와 가격(competitor)의 세 가지가 있다.

(1) Customer : 고객의 심리와 행동

1) 준거가격
① 준거가격(reference price)은 구매자가 가격이 비싼지 싼지를 판단하는 데 기준
   으로 삼는 가격을 말하며, 유보가격(Max)과 최저 수용가격(Min)의 사이에 존재
   한다.
② 단수가격도 준거가격의 한 예로 볼 수 있으며, 빈번한 가격인하는 구매자들의
   준거가격을 낮출 위험이 있으므로 조심해야 한다.

2) 기 타
준거가격 외에 로스어버전, 웨버의 법칙, 가격-품질 연상, 미래 가격에 대한 기대,
구매자·소비자·의사결정자의 불일치(의사결정자가 값을 지불하지 않을 때는 가격에 둔감
함) 등을 고려한다.

(2) 기본적인 가격결정 방법

가장 기본적인 가격결정 방법은 원가기준법, 목표이익률기준법, 경쟁기준법, 지각
된 가치기준법 등이 있으며, 이 중 지각된 가치기준법이 가장 바람직하다.

('94 CPA)
★ 출제 Point
지각가치가격 결정법

● 도표 5-4 지각된 가치기준법의 흐름

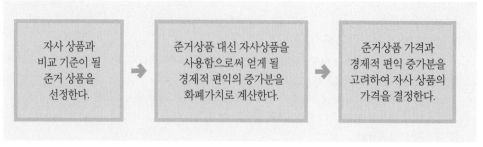

＊자사상품 가격의 상한 = 준거상품 가격 + 경제적 편익의 증가분
＊자사상품 가격의 하한 = 준거상품 가격

2. 가격구조의 결정

1) 개별 제품의 가격결정 후에는 가격구조의 결정문제가 남는다.

2) 가격구조의 문제는 고객, 상품, 시간을 3가지 축으로 하여 결정하게 된다.

3) 고객축에서는 가격차별을, 상품축에서는 Captive product 가격과 묶음가격을, 시간축에서는 스키밍(Skimming)과 침투가격을 다룬다.

(1) 고객별 가격 결정 : 가격차별

1) 의 의

① 같은 상품에 대해서 개별 고객마다 또는 세분 시장마다 다른 가격을 받는 것을 가격차별이라고 한다.

② 대개 유보가격이 높은 집단이나 상품에 높은 가치를 느끼는 집단 그리고 가격 민감도가 낮은 집단에는 높은 가격을, 반대 집단에는 낮은 가격을 받을 수 있다.

③ 가격차별이 중요한 이유는 모든 고객들에게 같은 가격을 받는 것보다 다르게 받는 것이 더 높은 이익을 창출할 수 있기 때문이다.

2) 가격차별이 성공하기 위한 조건

① 고객들이 싼 값에 사서 비싼 값에 팔 수 없어야 한다.

② 고객들이 가격차별에 대해 나쁜 감정을 갖지 말아야 한다.

③ 제값을 낼 의향이 있는 고객에게는 할인하지 말아야 한다.

④ 법률에 저촉되지 않아야 한다(예 : 도매상에의 공급가격 차별은 불법).

3) 가격차별의 종류

① 직접적 가격차별

　　ⓐ 똑같은 상품에 가격차별을 실시하는 것이다.

ⓑ 학생할인, 항공요금, 수량확인, 이중요율(예 : 전화요금), 할인시간 가격, 할인
쿠폰 등을 예로 들 수 있다.

② 간접적 가격차별

ⓐ 상품을 조금 다르게 한 다음 가격 차별을 실시하는 것이다.

ⓑ 소프트웨어(업그레이드버전과 풀버전의 차이), 상품라인 가격정책 등을 예로
들 수 있다.

(2) 상품라인 가격 결정 : 대체재와 보완재

1) 의 의

① 상품을 축으로 한 가격 구조의 예로 제품라인 가격결정을 들 수 있다.

② 제품라인 내의 상품들이 대체재인 경우는 간접적 가격차별의 성격이 있다.

③ 제품라인 내의 상품들이 보완재인 경우의 가격구조는 Captive product pricing
과 묶음가격(bundling)을 대표적인 사례로 볼 수 있다.

ⓐ captive product pricing : 일단 어떤 제품을 싸게 판 다음 그 상품에 필요한
소모품이나 부품을 비싸게 파는 정책

ⓑ 묶음가격

(2003, 2007 CPA)
★ 출제 Point
묶음가격의 특징

ⅰ) 묶음가격은 여러 개의 상품을 묶어서 판매하는 가격정책을 말하며, 대개
보완재의 경우에 많이 실시한다.

(2004, 2007, 2008 CPA)
★ 출제 Point
captive product pricing

ⅱ) 묶음가격은 상품 하나 하나에 대하여 고객들이 지각하는 가치가 너무나
이질적이어서, 각 상품에 대해 가격을 매기는 것이 어려울 때 흔히 쓰
게 된다.

ⅲ) 묶음가격은 개별적인 상품은 팔지 않고 묶음으로만 판매하는 순수묶음가
격과 개별적인 상품도 파는 혼합묶음가격으로 나눌 수 있는데, 후자가
더 많은 이익을 내는 것으로 알려져 있다.

(3) 시간의 흐름에 따른 가격 결정 : 스키밍과 침투가격

01 다음은 제품의 특성과 이에 적합한 판매가결정의 방식을 연결시킨 것이다. 적절히 짝지어지지 않은 것은? ('89. CPA)

① 경쟁이 심한 제품 – 현행가격채택정책
② 지역에 따라 수요탄력성이 다른 제품 – 차별가격정책
③ 가구, 의류 등의 선매품 – 가격층화정책
④ 수요의 탄력성이 높은 제품 – 상층흡수가격정책
⑤ 단위당 생산비가 저렴한 제품 – 침투가격정책

✎ 해설 ④ 수요의 탄력성이 높은 제품은 침투가격정책을 사용해야 한다.

02 가격선도(price leadership)에 관한 설명 중 옳은 것은? ('92. CPA)

① 전문품에만 존재하는 가격의 흐름이다.
② 가격선도기업이 설정한 가격을 다른 기업이 받아들이는 것이다.
③ 현대적인 시장위치사고화에 부합되는 가치결정개념이다.
④ 수요와 가격과의 탄력성을 무시한 가격결정법이다.
⑤ 성장률 및 점유율증대를 위하여 제품도입 초기에 저가로 설정하였다가 시장점유율의 증대에 따라 점차 고가로 가격을 인상하는 것을 말한다.

✎ 해설 ⑤ 침투가격정책

03 마케팅에서 가격산정방법에는 원가 중심, 수요 중심, 경쟁 중심, 심리적 가격결정방법이 있다. 다음 보기 중 심리적 가격결정방법에 해당되는 것만을 골라 묶은 것은? ('94. CPA)

a. 지각가치가격결정법	b. 차별가격결정법
c. 단수가격결정법	d. 촉진가격결정법

① a, c   ② b, c   ③ c, d
④ a, d   ⑤ b, d

정답 1④ 2② 3③

해설 심리적 가격결정법에는 위의 c, d 이외에 명성가격결정법, 가격단계화 등이 있다.

a, b는 소비자기준 혹은 수요기준 가격산정방식에 해당된다.

04 유통부문에서 가격파괴현상이 요즘 일어나고 있는데, 가격경쟁형 마케팅전략의 전제조건이 될 수 있는 것은?   ('95. CPA)

① 제품의 수명주기상 성숙기에 있는 경우
② 제품차별화가 이루어지고 있는 경우
③ 수요의 가격탄력성이 낮은 경우
④ 소비자의 구매행동면에서 선택적, 부가적 평가기준에 따른 구매가 이루어지고 있는 경우
⑤ 과점적 지위에 있는 중심적인 기업의 경우

해설 ① 성숙기에서는 가격관리가 중점활동이 된다.

②, ③, ④ 제품차별화가 이루어지고 있거나, 수요의 가격탄력성이 낮거나, 소비자의 구매패턴이 선택적·부가적 평가기준에 의할 경우 가격정책은 실효를 거둘 수 없다.

⑤ 과점적 지위에 있는 중심기업은 주로 가격 설정자가 되고, 추종자들이 그 가격을 따르게 되므로 가격경쟁이 발생하지 않는다.

05 가격관리와 관련된 설명 중 옳지 않은 것은?   ('97. CPA)

① 명성가격결정법(prestige pricing)은 가격이 높으면 품질이 좋은 것이라고 느끼는 효과를 이용하여 수요가 많은 수준에서 고급상품의 가격결정에 이용된다.
② 상층흡수가격정책(skimming pricing policy)은 신제품을 시장에 도입하는 초기에 고소득층을 대상으로 높은 가격을 받고, 그 뒤 차차 가격을 인하하여 저소득층에 침투하는 것이다.
③ 침투가격정책(penetration pricing policy)은 신제품을 도입하는 초기에 저가격을 설정하여 신속하게 시장에 침투하는 전략으로 수요가 가격에 대해 민감하지 않은 제품에 많이 사용된다.
④ 탄력가격정책(flexible pricing policy)은 한 기업의 제품이 여러 제품계열을 포함하는 경우 품질, 성능, 스타일에 따라 서로 다른 가격을 결정하는 것이다.
⑤ 촉진가격결정법(promotional pricing)은 기업이 일시적으로 고객을 유인하기 위하여 특정품목의 가격을 정가 이하 또는 원가 이하로 결정하는 것이다.

해설 ③ 침투가격정책은 수요가 가격에 대해 민감할 때 쓰이는 방법이다.

06 상대적 저가전략이 적합하지 않은 상황은?

① 소비자 등의 본원적인 수요를 자극하고자 할 때
② 규모의 경제를 통한 이득이 미미할 때
③ 시장의 형태가 완전경쟁에 근접할 때
④ 원가의 우위를 확보하고 있어 경쟁기업이 자사 가격만큼 낮추기 힘들 때
⑤ 시장수요의 가격 탄력성이 높을 때

✎ 해설 ② 규모의 경제를 통한 이득이 미미할 때는 '상대적 고가전략'이 적합하다.

07 다음 중 신제품의 가격책정 방법으로 초기 고가전략(skimming pricing)이 적절한 상황을 모두 선택하시오.

(2002. CPA)

> a. 특허에 의해 신제품의 독점판매권이 보호될 때
> b. 대체품에 비하여 신제품의 기술적 우수성이 탁월할 때
> c. 신제품의 확산속도가 매우 느릴 것으로 예상될 때
> d. 표적시장의 규모가 작아 규모의 경제 실현이 어려울 때
> e. 경쟁자들의 시장 진입이 용이할 때

① a, c   ② a, b, c   ③ a, c, d
④ a, b, c, d   ⑤ a, b, c, d, e

✎ 해설 a, b : 경쟁자의 시장진입 가능성이 낮을 때
　　　　c : 시장규모가 작고, 쉽게 성장하지 않을 때
　　　　d : 대량생산의 이점이 적을 때
　　　　위 외에 가격이 비싸면 품질도 높을 것으로 소비자가 생각할 때, 단위당 제품원가가 높을 때 등을 들 수 있다.
　　　　e의 경우에는 시장침투가격전략을 택해야 한다.

08 묶음가격(price bundling)에 관한 다음 설명 중 옳지 않은 것은?

(2003. CPA)

① 다른 종류의 상품을 몇 개씩 묶어 하나로 상품화 하고 여기에 부여한 가격을 말한다.
② 묶음가격은 개별상품에 대해 소비자가 평가하는 가치가 동질적인 때 더 효과적이다.
③ 묶음가격에는 순수묶음과 혼합묶음가격이 있다.
④ 기업은 묶음가격을 통하여 매출과 이익을 증대시킬 수 있다.
⑤ 묶음가격은 제품뿐 아니라 서비스에서도 적용된다.

✎ 해설 ② 동질적 → 이질적

  묶음가격은 상품 하나 하나에 대하여 소비자들이 지각하는 가치가 너무나 이질적이어서, 기업이 각 상품
  마다 가격을 매기는 것이 어려울 때 흔히 쓰는 가격정책으로 대개 보완재의 경우에 많이 사용되지만, 반
  드시 그런 것 만은 아니다.

  ③ 순수 묶음가격은 상품을 개별적으로 팔지 않고 묶음으로만 판매하는 것을 말하고, 혼합묶음 가격은 상품
  을 개별적으로도 팔고 묶음으로도 파는 것을 말한다.

09 세계시장에서 게임 관련 하드웨어 및 소프트웨어 분야의 대표적 기업인 닌텐도사가 게임기
를 저렴한 가격으로 판매한 후, 이에 필요한 게임 소프트웨어를 높은 가격으로 판매하여 이
익을 올리는 전략을 추구한다면 이는 다음 중 어느 가격전략에 해당하는가? (2004. CPA)

① 최적제품 가격전략(optimal product pricing)

② 제품라인 가격전략(product line pricing)

③ 부산품 가격전략(by-product pricing)

④ 포획제품 가격전략(captive product pricing)

⑤ 참조 가격전략(referral pricing)

10 제품가격 의사결정에 필요한 내용에 관한 설명 중 가장 옳지 않은 것은? (2005. CPA)

① 신형모델의 제품을 구입하려는 소비자가 사용하던 구형모델을 반환할 경우에 일정 금
  액을 보상해주고 신형모델을 판매하는 할인 가격전략을 거래공제(trade-in allowance)
  라 한다.

② (주)가나전자가 신형컴퓨터의 가격을 업계 최고 가격으로 결정했다면 일반적으로 이
  기업의 가격목표는 품질선도자 위치 확보에 있다고 할 수 있다.

③ 가격에 대해 비탄력적인 수요함수 하에서는 초기고가전략을 사용하고, 탄력적인 수요
  함수 하에서는 침투가격전략을 사용하는 것이 이론적으로 바람직하다.

④ 학습곡선(경험곡선)의 효과로 장기적으로 생산비의 하락을 가져올 수 있는 경우에는
  시장침투가격을 사용하는 것이 경쟁을 배제하는 데 이론적으로 바람직하다.

⑤ 원가기준 가격결정 시에 기업에서 극단적으로 허용할 수 있는 최저가격의 기준이 되
  는 것은 총제조원가이다.

✎ 해설 ⑤ 총제조원가 → 변동제조원가

11 가격전략에 관한 다음 설명 중 올바른 것으로만 이루어진 것은? (2007. CPA)

---

a. 프린터를 싸게 판 다음, 잉크토너 등 관련 소모품을 비싸게 파는 가격정책을 혼합묶음가격전략(mixed bundling pricing)이라 한다.

b. 가격차별(price discrimination)이란 유보가격이 높은 세분시장에서는 높은 가격을 받고, 가격민감도가 높은 세분시장에서는 낮은 가격을 받는 것을 말한다.

c. 손익분기점(break-even point)은 고정비용을 공헌마진(contribution margin)으로 나누어 계산한다.

d. 프로스펙트 이론(prospect theory)에 따르면 사람들은 손실회피(loss aversion) 경향이 강한데, 예를 들면 소비자는 가격 10% 인상보다는 가격 10% 인하에 더 민감하게 반응한다는 것이다.

e. 준거가격(reference price)은 구매자가 가격이 비싼지 싼지를 판단하는 기준으로 삼은 가격으로 구매자에 따라 달라질 수 있다.

---

① b, c, e   ② a, b, c   ③ b, c, d
④ c, d, e   ⑤ b, d, e

✎ 해설   a. 묶음가격전략 → 포획제품가격전략(captive product pricing), d. 10% 인하보다는 10% 인상에 더 민감

12 가격전략에 관한 다음 설명 중 옳은 것으로만 구성된 것은? (2008. CPA)

---

a. 여러 가지 상품을 묶어서 판매하는 가격정책을 캡티브 프로덕트 가격전략(captive product pricing)이라 한다.

b. 신상품이 처음 나왔을 때 아주 낮은 가격을 매긴 다음, 시간이 흐름에 따라 점차 가격을 올리는 가격정책을 스키밍 가격전략(market skimming pricing)이라 한다.

c. 구매자들은 가격인하(이득)보다는 가격인상(손실)에 더 민감하게 반응하는 경향이 있으며 이것을 심리학에서는 손실회피(loss aversion)라 부른다.

d. 가격변화에 대한 지각은 가격수준에 따라 달라진다는 법칙을 웨버의 법칙(Weber's Law)이라 한다.

e. JND(just noticeable difference)란 가격변화를 느끼게 만드는 최소의 가격변화폭을 의미한다.

---

① a, b, c   ② b, c, d   ③ c, d, e
④ b, c, e   ⑤ a, d, e

✎ 해설   a. 여러 가지 상품을 묶어서 판매하는 가격정책을 묶음가격전략이라 한다.
      b. 신상품이 처음 나왔을 때 아주 낮은 가격을 매긴 다음, 시간이 흐름에 따라 점차 가격을 올리는 가격정책을 침투가격전략이라 한다.

정답   11 ①   12 ③

연습문제

01 가격결정에 대한 다음의 설명 중 옳지 않은 것은?

① 가격-품질연상효과가 나타나는 이유는 소비자의 정보부족 때문이다.

② 원가기준 가격결정법은 결정된 가격이 객관적으로 보일 수 있어 판매자, 구매자 모두 쉽게 수용하는 장점이 있다.

③ 제품수명주기상 가격관리에 많은 전략적 변화가 요청되는 시기는 성장기이다.

④ 제품 Mix 내의 제품들이 서로 대체재인 경우 한 제품의 가격을 낮추면 자기시장잠식 (canniballization)의 우려가 있다.

⑤ 제조업자의 교섭력이 약해지면 유통업자와의 협상에 의해 가격을 결정할 수밖에 없다.

✎ 해설   ③ 성숙기가 되면 성장기까지 수행된 가격관리활동에 근본적인 변화가 요구된다. 왜냐하면 성숙기에는 경쟁이 매우 심화되고 제품차별화도 어려워지기 때문이다. 이 때는 촉진활동을 늘리기보다 가격경쟁을 적극적으로 하여 시장점유율을 지키는 것이 더 효과적이다.

02 침투가격 전략과 스키밍가격 전략에 대한 아래의 설명 중 옳은 것은?

	영향요인	침투가격전략	스키밍가격전략
①	경험곡선효과	낮 음	높 음
②	수요의 가격탄력성	낮 음	높 음
③	경쟁자의 진입가능성	낮 음	높 음
④	가격-품질연상효과	낮 음	높 음
⑤	시장점유속도	낮 음	높 음

✎ 해설   스키밍가격(skimming price)전략이란 상층흡수가격전략을 말하는 것으로, 위의 표에서 ④를 제외하고는 모두 반대로 설명되었다.

03 다음 중 경쟁이 치열한 제품의 가격결정방법으로 유용하다고 생각되는 것은?

① penetration pricing policy ② skimming pricing policy

③ going-rate pricing policy ④ prestige pricing policy

⑤ perceived-value pricing policy

정답 1③ 2④ 3③

해설 ① 침투가격정책 ② 상층흡수가격정책 ③ 경쟁대응가격결정법
④ 명성가격결정법 ⑤ 지각가치가격결정법

04 제품의 최종가격을 설정할 때 구매자의 심리를 이용하는 심리적 가격결정(psychological pricing)이 아닌 것은?

① 긍지가격(prestige price)
② 단수가격(odd price)
③ 기점가격(basing-point price)
④ 관습가격(customary price)
⑤ 단계화(층화) 가격(lining price)

해설 ③ 기점가격은 실제의 선적지(출발지)와는 무관하게 미리 선정된 기점으로부터 목적지까지의 운송비를 추가로 부담시키는 방법이다.
④ 관습가격(customary price)은 사회에서 소비자들이 그러하다고 인정하는 가격으로서 기업이 자발적으로 가격을 결정하는 것이 아니라 일반적인 사회관행에 의해 용인된 가격을 따르게 되는 경우를 말한다.

05 제품의 특성과 가격정책을 연결한 것 중 옳지 않다고 생각되는 것은?

① 경쟁이 치열한 제품 - 입찰가격정책
② 구두, 가구 등의 선매품 - 가격층화정책
③ 운송비 균일부담 제품 - 우표식 가격정책
④ 제품계열 판매촉진목적의 제품 - 모방가격정책
⑤ 가격·품질연상제품 - 명성가격정책

해설 ④ 모방가격정책 → 재판매 가격유지정책
제품계열 판매촉진 목적의 제품을 loss leader(손실유인상품)라고 한다.

06 소비자 계층이 가격과 품질간의 관계를 잘못 인식하고 가격을 바탕으로 품질을 평가하려는 경향이 강할 때에 쓰는 가격설정방법은?

① 위신가격정책(prestige pricing)
② 관습적 가격정책(customary pricing)
③ 원가중심가격정책(cost-plus pricing)
④ 단수가격정책(odd-price strategy)
⑤ 경쟁입찰가격정책(competitive bid pricing)

해설 ①은 명성가격이라고도 한다.

정답 4 ③ 5 ④ 6 ①

07 다음의 개념들과 가장 밀접한 관계에 있는 가격설정방법은?

- 수직적 가격고정화(vertical price fixing)
- 기업, 상품의 이미지 실추 방지
- 지시가격, 권장가격

① 가격카르텔(price cartel)
② 가격단계화(price lining)
③ 공장인도가격설정법
④ 재판매가격유지
⑤ 촉진공제

✎ 해설 이 가격설정법은 당사의 제품이 loss leader로 이용되는 것을 방지하고자 하는 것이다.
⑤ 촉진공제는 광고활동이나 판촉활동에 참여한 거래점에 보상하기 위한 공제로 가격인하의 수단으로 쓰인다.

08 현대적인 시장위치사고(market positioning thinking)에 적합한 가격결정방법은?

① markup pricing
② prestige pricing
③ perceived value pricing
④ price lining
⑤ sealed-bid pricing

✎ 해설 ③ 지각가치가격결정법은 소비자들의 지각을 염두에 두고 특정목표시장을 대상으로 제품을 개발하는 방식이다. 그러므로 시장지향적 사고방식이라 할 수 있다.
① 원가가산가격결정법
⑤ 입찰가격결정법

09 다음 중 유통업자의 가격결정기법에 해당되지 않는 것은?

① 유인가격결정
② 특별행사가격
③ 묶음가격
④ 재판매가격유지정책
⑤ 가격층

✎ 해설 ① 유인가격(loss leader)
③ 묶음가격(price bundling) : 소매점, 백화점 등에서 대량구매를 촉진하기 위해 제품을 몇 개씩 묶어 하나로 상품화한 다음 이 묶음에 별도로 정한 가격을 말한다.
⑤ 가격층(price lining) : 선매품 가격결정시 많이 이용되며 가장 잘 팔리는 가격대를 층화하게 된다.

정답 7 ④ 8 ③ 9 ④

제6장 ■ 유통경로관리

6.1 유통경로전략의 중요성

('97, 2000 CPA)
★ 출제 Point
유통의 기본적 기능

1) 유통경로(channel 또는 place)는 다른 마케팅 믹스와는 달리 가장 낮은 탄력성을 보유하고 있다. → 즉, 한번 결정된 유통경로는 다른 유통경로로 전환이 용이하지 않다.

2) 각 나라의 특성에 따라 고유한 유통경로가 존재하여 각 나라마다 서로 다른 유통전략을 필요로 한다.

3) 유통경로상에 중간상이 존재하면 **총거래수 최소의 원칙**이나 분업의 원리 등에 의해 유통을 원활하고 효율적으로 달성할 수 있다.

4) 그러므로 유통전략은 자사뿐만 아니라 중간상의 관리에도 초점을 맞추어야 한다.

6.2 유통경로전략의 결정

(2001 CPA)
★ 출제 Point
유통경로의 단계수

(1) 유통경로전략 결정의 단계

기업이 유통경로전략을 선택할 때에는 2단계의 의사결정이 요구되어진다.

● 도표 6-1 유통경로전략의 선택과정

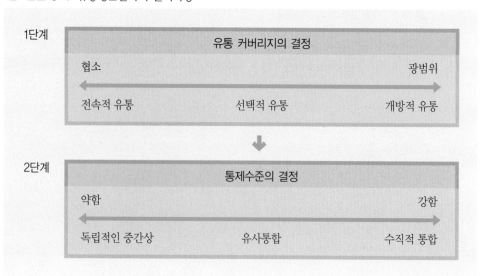

1) **1단계 의사결정** : 기업이 소구하려는 유통커버리지의 결정

① 이같은 유통커버리지의 정도에 따라 전속적(배타적) 유통전략(exclusive channel), 선택적(중점적) 유통전략(selective channel)과 개방적(집중적) 유통전략(intensive channel)으로 구분이 가능하다.

② 이러한 유통커버리지에 대한 결정이 이루어지면 기업은 유통경로에서의 중간상 수를 결정할 수 있다.

2) **2단계 의사결정** : 중간상에 대한 통제수준(control level) 결정

① 유통경로에 대한 통제수준이 증가할수록 기업은 유통경로에 대한 수직적 통합 의 정도를 증가시키게 된다.

② 통제수준을 최저로 하는 경우에는 독립적인 중간상을 이용하게 되고, 통제수준 을 최고로 하는 경우에는 기업이 중간상을 완전 소유하게 되는 것을 의미한다.

(2003, 2005, 2007 CPA)
★ 출제 Point
유통경로의 선택기준 및 거래비용이론

◈ 유통커버리지의 결정은 소비자측면의 의사결정이 고, 통제수준의 결정은 선택된 유통경로를 효율적 으로 관리하기 위한 기업 의 관리적 측면의 의사결 정이다.

(2) 유통커버리지의 정도에 따른 유통전략

유통전략의 첫번째 주요 의사결정은 소매점의 수를 몇 개로 정할 것인가에 대한 의사결정으로, 이는 기업이 소구하려는 시장의 범위가 어느 정도인가에 따라 결정되어진다. → 즉, 소매점의 밀집도에 관한 의사결정을 의미하는 것이다.

1) 개방적(집중적) 유통경로

① 가장 높은 시장커버리지를 획득할 수 있는 유통경로로서 제조회사가 자사의 제 품이나 서비스를 취급하는 소매점을 최대한 확보하는 유통전략이다.

② 장점 : 소비자에 대해 제품의 노출수준을 최대화하여 소비자의 구매 편의성을 제고시켜 판매량의 증대를 가져올 수 있다.

③ 단점 : 유통비용의 증가와 유통경로에 대한 통제력의 약화를 가져올 수 있다.

◈ 개방적 유통경로를 사 용하는 제품은 주로 편의 품이다.

2) 전속적(배타적) 유통경로

① 전속적 유통경로란 일정한 상권 내에 자사의 제품만을 취급할 수 있는 제한된 수의 소매점을 가지는 유통경로를 의미한다.

② 장점 : 소매점에 대한 통제를 확보할 수 있어 소매점과의 긴밀한 협조체제가 형 성되므로 거래비용의 감소와 제품이미지 제고가 가능하다.

◈ 전속적 유통경로를 사 용하는 제품은 주로 전문 품과 선매품이다.

(2008 CPA)
★ 출제 Point
전속적 유통과 푸시전략

3) 선택적(중점적) 유통경로

① 선택적 유통경로란 개방적 유통경로와 전속적 유통경로의 중간적 형태로서 제 조회사가 일정지역에서 중간상의 일정수준 이상의 이미지, 입지, 경영능력을 가 지는 소매점을 선별하여 이들에게만 자사의 제품을 취급할 수 있는 권리를 부 여하는 방식의 유통경로이다.

◈ 선택적 유통경로를 사 용하는 제품은 일반적으로 선매품이다.

	개방적 유통경로	선택적 유통경로	전속적 유통경로
상점의 수	가능한 많이	다소 제한	하나 또는 매우 제한
제 품	편의품	선매품	전문품과 선매품
전속 여부	비전속	비전속	전속
경쟁전략	가격선도	차별화	집중화
유통기관의 시장범위	좁 다 ◀━━━━━━━━━━▶ 넓 다		
유통기관으로부터의 지원	적 다 ◀━━━━━━━━━━▶ 많 다		
유통기관에 대한 통제	낮 다 ◀━━━━━━━━━━▶ 높 다		

(2005 CPA)
★ 출제 Point
선택적 유통경로 정책의
특성

② 전속적 유통경로와 선택적 유통경로의 차이점은 선택적 유통경로의 중간상이 다른 회사의 제품을 취급할 수 있는 점에서 차이가 난다.

③ 장점 : 전속적 유통경로에 비해서는 제품 이미지를 저하시키지 않고도 제품의 노출수준을 높일 수 있고, 개방적 유통경로에 비해서는 상대적으로 소수의 소매점들과 거래하므로 유통경로비용이 절감된다.

(3) 유통경로 통합수준에 따른 유통전략

1) 기업의 유통커버리지가 결정되면, 기업은 수직적 통합에 관한 의사결정을 하여야 한다. → 즉, 여러 단계로 구성되어 있는 유통경로에서 어느 수준까지 기업이 자사의 소유로 하느냐를 결정하는 단계이다.

2) 이러한 수직적 통합에 관한 의사결정은 유통경로를 통합하느냐 하지 않느냐의 결정과, 유통경로를 통합한다면 어느 수준까지 통합하느냐에 관심이 있다.

6.3 푸시경로정책과 풀경로정책

('92, 2008 CPA)
★ 출제 Point
푸시전략과 풀전략의
비교

1) 유통경로정책은 제조업자와 소비자 간의 수요·공급관계가 어떤 방향에서 형성되는가에 따라 푸시경로정책과 풀경로정책으로 나눌 수 있다.

2) 푸시경로정책(push channel strategy)은 제조업자가 광고에는 많은 노력을 기울이지 않고, 판매원에 의한 인적 판매를 통하여 그 제품을 소비자에게 밀어붙이면서 판매하는 경로정책을 말한다.

3) 풀경로정책(pull channel strategy)은 제조업자의 광고를 통하여 이미지가 형성된 소비자가 스스로 그 제품을 지명구매하도록 하는, 즉 잡아당기면서 구매하도록 하는 경로정책을 말한다.

6.4 유통경로의 계열화

1) 유통경로의 계열화란 전통적인 유통경로상에 있어서 발생되는 문제점을 해소하고 유통경로활동의 효율화를 위해서 미리 계획된 판매망을, 전문적이고 일관적인 관리체계로 형성하여 만든 유통경로를 의미한다.

2) 유통경로의 계열화에는 수직적 마케팅시스템(vertical marketing system)과 수평적 마케팅시스템(horizontal marketing system)이 있다.

(1) 수직적 마케팅시스템(VMS)

1) 수직적 마케팅시스템(VMS)은 제품이 제조업자에서부터 소비자에게로 흐르는 과정의 수직적 유통단계를 전문적으로 관리하고 집중적으로 계획한 유통망을 의미한다.

2) 수직적 통합을 통해 무질서하게 산재된 도소매상들의 연계관계를 형성시키고, 경로 내의 **유통기관에 대한 통제력을 강화**하여 최대의 시장영향력을 발휘할 수 있도록 하여 유통기능 수행의 경제성을 달성하게 된다.

3) 장 점
① 거래비용의 절감
② 원재료 등의 공급안정
③ 혁신적 기술능력의 보유
④ 높은 진입장벽의 구축

4) 단 점
① 전·후방 통합시 막대한 자본이 소요
② 각 단계의 생산규모의 불균형
③ 융통성과 전문성 감소

5) 종 류
① 법인적 VMS : 생산자가 유통기관을 법적으로 완전히 소유하고 관리
② 관리적 VMS : 유통경로상에서 규모나 명성이 우월한 기업이 전체유통망을 관리
③ 계약적 VMS : 독립적인 유통기관들을 계약에 의해 통합

(2) 수평적 마케팅시스템(HMS)

1) 새로운 마케팅기회를 개발하기 위하여 동일한 경로단계에 있는 두 개 이상의 개별적인 기업이 자원과 프로그램을 결합하는 것을 수평적 통합(horizontal integration)이라고 한다.

2) 이러한 수평적 마케팅시스템(HMS)은 각 기업이 단독으로 효과적인 마케팅활동을 수행하는 데 필요한 자본, 노하우, 마케팅자원 등을 보유하고 있지 않을 때 수평적

(2007 CPA)
★출제 Point
관리적 VMS의 특징

('95, '99 CPA)
★출제 Point
심비오틱 마케팅의 의의

통합을 통해 시너지효과를 얻을 수 있게 한다.

　　3) 수평적 통합은 공생적 마케팅(symbiotic marketing)이라고도 한다.

6.5 물적유통관리

('95, '96 CPA)
★ 출제 Point
물적유통관리의 의의 및
기법

1) 중요성
기업활동 중 생산원가의 절감의 한계로 마케팅분야의 비용절감이 더 필요하게 되었고, 물적유통비가 총원가에서 차지하는 비중의 증대로 인해 물적유통관리(logistics management)는 어느 때보다 더욱 중요해졌다.

(2005 CPA)
★ 출제 Point
물적유통관리의 목표

2) 장 점
효율적인 물적유통관리는 경쟁기업과의 차별화를 가능하게 하고, 고객에 대한 서비스수준의 증대로 만족감을 줄 수 있다.

3) 새로운 유통활동의 필요
최근 노동력의 부족으로 인간중심에서 기계중심으로의 유통방식이 바뀌고 있으며, 수송·하역상의 기술혁신으로 새로운 형태의 유통활동이 필요하게 되었다.

4) 새로운 유통방식
① 새로운 유통방식으로 '단위수송방식'과 '일괄협동수송방식'이 있다.
② 단위수송방식
　　ⓐ 다수의 제품을 일정한 롯트(lot)단위로 묶어 수송하는 방식이다.
　　ⓑ 콘테이너를 이용한 수송이 대표적 예이다.
③ 일괄협동수송방식
　　ⓐ 둘 이상의 수송방식을 결합하여 수송하는 형식이다.
　　ⓑ piggyback방식(철도＋트럭), fishyback방식(수로＋트럭) 등이 대표적인 예이다.

6.6 유통기구

(1) 소매상
유통경로에서 소매상은 제품구색과 제품의 제공, 정보의 제공, 상품저장 및 가격결정과 지불, 최종 소비자와의 거래를 완결하는 것 등의 기능을 담당한다.

1) 소매상의 유형
① 편의점(CVS : convenience store) : 소규모 매장으로 24시간 영업을 하고, 재고

회전이 빠른 한정된 제품계열을 취급

② 슈퍼마켓(supermarket) : 규모가 크고, 원가가 낮고, 마진이 낮으며, 많은 물량과 셀프서비스를 함

③ 전문점(specialty store) : 취급하는 제품계열이 한정되어 있으나 해당 제품계열 내에서는 매우 다양한 제품들을 취급하며, 취급하는 제품계열의 폭의 정도에 따라 세분화가 가능

④ 백화점(department store)

⑤ 할인점(discount store) : 박리다매의 원칙으로 일반 상점보다는 할인된 가격으로 표준화된 제품을 판매한다. 할인점의 특성은 저렴한 가격, 유명상표 판매, 소규모시설과 셀프서비스, 건물임대료가 싼 지역에 위치, 기능적인 내부시설을 들 수 있다.

⑥ 대중양판점(general merchandising store) : 의류 및 생활용품을 다품종 대량판매하는 대형양판 소매점으로 점포의 형태 및 상품구성은 백화점과 거의 유사하지만 대량매입과 다점포화, 자체상표(PB : Private Brand)개발 등으로 가격면에서 백화점보다 저렴하다는 특징이 있다.

⑦ 기타 : 연금매장, 수퍼스토아(superstore), 하이퍼마켓(hypermarket) 등이 있고, 무점포 소매상으로는 다이렉트 마케팅(DM), 자동판매기, 통신판매, 방문판매, 다단계마케팅(multi-level marketing : MLM) 등이 있다.

('96 CPA)
★ 출제 Point
편의점의 특징

(2004 CPA)
★ 출제 Point
소매업의 변화추세

2) 소매상의 전략

① 소매상들은 표적시장의 소비자 욕구를 만족시키기 위해 소매점 마케팅믹스를 개발하여야 한다.

② 소매상 마케팅전략은 소비자들이 소매점에서 기대하는 경로 서비스 수준에 맞추어 소매상 마케팅믹스를 개발하는 것이다.

   ⓐ 소비자들이 소매점에 대해 기대하는 서비스는 공간과 시간의 편리성, 상점 분위기, 상품, 가격, 정보와 상호작용, 서비스 등이 있다.

   ⓑ 소매업 믹스변수에는 입지, 머천다이징, 마진과 저장, 촉진, 서비스, 납품업자와의 관계 등이 있다.

Key Point ▶ **소매업의 수레바퀴 이론**

소매업에 새로 들어오는 업태는 저원가, 저마진, 저가격으로 시작하여 점차 고원가, 고마진, 고가격으로 옮겨간다. 이때 이 공백을 메우기 위해 새로운 소매업태가 더 낮은 원가, 저마진, 저가격으로 진입하게 된다.

   소매업의 수레바퀴이론(Wheel of retailing)이란 이러한 사이클이 마치 수레바퀴처럼 돌면서 소매업이 진화하게 된다는 이론이다.

(2) 도매상

1) 도매상은 재판매 또는 사업을 목적으로 구입하는 자에게 제품이나 서비스를 판매하는 개인이나 조직체를 말한다.

2) 도매상은 판매와 촉진, 구매와 구색, 대량구매와 소량판매, 보관, 운송, 금융 위험부담, 정보제공 등의 기능을 담당한다.

6.7 수직적 마케팅 시스템과 프랜차이즈 조직

1. 수직적 마케팅 시스템의 위치 및 선택 전략

(1) VMS의 특성

수직적 마케팅 시스템(VMS)은 독립적 유통경로(독립 중간상)와 통합적 유통경로(수직적 통합)의 중간에 위치하며, 두 경로의 장점을 살리기 위하여 만들어진 절충 형태이다.

(2) 통합적 경로를 택해야 하는 경우

① 생산자가 이미 통합적 유통경로를 갖고 있는 경우

② 그 상품을 취급할 수 있는 다수의 유능한 중간상들이 존재하지 않는 경우

③ 중요한 영업비밀이 있는 경우

④ 그 상품을 판매하는 데 요구되는 서비스 수준이 높은 경우

⑤ 규격화된 상품을 판매하는 것보다는 구매자의 요구에 맞춰주는 것(product customization)이 중요한 경우

⑥ 품질보증이 중요한 경우

⑦ 운반이나 보관절차가 복잡한 경우

⑧ 한 번에 판매되는 양이 많고 자주 판매되는 상품인 경우

⑨ 전국적으로 폭넓게 유통시키는 것이 중요하지 않은 경우

⑩ 한 곳에서 여러 상품을 구입할 수 있는 것(즉, one-stop shopping)이 구매자에게 중요하지 않은 경우

⑪ 경쟁상품들 간에 가격경쟁보다는 차별화 경쟁이 많이 일어나는 경우

	독립적 경로	VMS	통합적 경로
통제가능성	낮 음	중 간	높 음
투자소요액	낮 음	중 간	높 음
유연성	높 음	중 간	낮 음
정보의 흐름	낮 음	중 간	높 음

Key Point

가격경쟁이 치열할 때는 독립적인 경로가 낫고, 차별화경쟁이 치열할 때는 통합적인 경로가 낫다.

(3) VMS와 프랜차이즈 조직의 관계

VMS는 관리적 VMS, 계약적 VMS, 법인적(기업형) VMS로 나눌 수 있으며, 계약적 VMS 내에 프랜차이즈 조직의 형태가 존재한다.

◈ 법인적 VMS
= 통합적 유통경로

2. 프랜차이즈 조직

프랜차이즈 조직(franchise organization)은 흔히 '체인점'이라고 불리는데, 본부(franchisor)가 가맹점(franchisee)에 대하여 제품, 서비스, 상점관리의 노하우 등을 제공하는 대가로 계약금이나 로열티(royalty) 등의 수입을 얻는 계약에 의하여 운영되는 유통경로를 가리킨다.

(2007 CPA)
★ 출제 Point
프랜차이즈 시스템의 특징

(1) 본부 입장의 장점

① 사업 의욕이 높은 많은 사람들을 가맹점으로 참여시킴으로써, 점포 확보에 요구되는 투자비가 줄어들고, 프랜차이즈 조직의 성과와 지명도가 높아짐에 따라 광범위한 지역에 걸쳐서 단시간에 판매망을 확보할 수 있다.

② 가입비와 로열티 등의 수입을 통하여 안정적으로 사업을 수행할 수 있다.

③ 가맹점의 점포 스타일, 판매원의 유니폼 등을 통일시킴으로써, 소비자와 업계 전반에 일관된 이미지를 줄 수 있다.

④ 상품의 안정적인 판매망을 확보할 수 있다.

⑤ 가맹점의 영업상황, 본부체제, 환경변화에 따라 가맹점 모집속도를 조절함으로써 유연성있는 경영을 할 수 있다.

● 도표 6-4 수직적 마케팅 시스템

(2) 본부 입장의 단점

① 가맹점에 대한 지도 및 지원을 위해 지속적인 투자가 요구된다.

② 가맹점이 급증하는 경우 본부가 효과적으로 통제하기 어려울 수도 있다.

③ 가맹점이 본부에 수동적으로 의존하는 경우, 프랜차이즈 조직 전체의 경쟁력이 낮아질 수 있다.

④ 어떤 시장에서는 가맹점보다는 직영점을 운영하는 것이 더 높은 투자수익률을 달성할 수 있다.

⑤ 가맹점으로부터 부실채권이 발생할 가능성이 크다.

6.8 유통경로의 설계 및 관리

1. 유통경로의 설계

유통경로의 설계 과정은 ① 고객 욕구 파악 → ② 경로 목표 설정 → ③ 경로 구성원의 유형, 구조, 수 결정 → ④ 경로 구성원 선정의 4단계로 이루어진다.

(1) 고객의 욕구 파악

일반적으로 고객이 중시하는 속성(위치, 시간, 상품구색, 양, 가격)들 중 목표시장 고객들이 중시하는 것이 무엇인지를 발견하려는 단계이며 컨조인트 분석 등을 이용한다.

(2) 경로목표의 설정

1) 목표시장의 욕구를 충족시킬 수 있도록 구체적인 목표 수준을 설정하는 단계로,

목표시장 내의 유통경로에 대한 욕구가 상이할 경우 **복수유통경로**를 이용하기도 한다.

2) 복수유통경로는 다양한 고객층에 도달할 수 있고, 상품노출을 최대화 할 수 있지만, 경로멤버 간의 갈등이나 가격차별로 인한 소비자 저항이 나타날 수도 있다.

(2005 CPA)
★ 출제 Point
유통경로의 길이 결정

(3) 경로구성원의 유형, 구조, 수 결정

1) 경로구성원의 유형은 도매상 또는 소매상을 결정하는 것이다.

2) 경로구성원의 구조는 독립적 · VMS · 통합적 경로 등을 결정하는 것이다.

3) 경로구성원의 수는 집약적 · 전속적 · 선택적 유통 중의 하나를 결정하는 것이다.

(2005 CPA)
★ 출제 Point
유통경로 형태의 선택

(4) 경로구성원의 선정

유통경로는 한번 선정되고 나면, 변경이 어렵기 때문에 장기적인 관점에서 선정되어야 하고, 다른 마케팅 믹스 요소들과의 일관성도 고려되어야 한다.

2. 유통경로의 관리

(1) 동기부여

1) 경로구성원들의 협조를 얻기 위해서는 준거적 파워, 전문적 파워, 합법적 파워, 보상적 파워 순으로 사용하는 것이 바람직하다.

2) 강압적 파워는 사용하지 않는 것이 좋다.

(2006, 2008 CPA)
★ 출제 Point
유통경로상의 영향전략

(2) 갈등 처리

1) 유통경로상에서는 유통경로 내의 다른 레벨에 있는 구성원 간에 발생하는 **수직적 갈등**과, 같은 레벨에 있는 구성원 간에 발생하는 **수평적 갈등**이 발생할 수 있다.

2) 갈등 해결을 위한 방법

① 갈등 당사자들이 갖고 있는 목표보다 더 상위의 목표를 도입

② 제3자의 중재에 맡기는 **초조직적 방법**

③ 경로구성원들이 상대에게 인력을 파견하는 **상호침투**

④ 거래상대방의 의사결정에 자신의 대표를 참여시키는 **호선**(cooptation)

⑤ 갈등 당사자 사이의 연락관 역할을 맡는 **경계인** 등의 방법을 사용

(2005, 2008 CPA)
★ 출제 Point
유통경로상의 갈등관리

6.9 상권분석

(1) 상권의 분류

1) 상권(trading area)은 가장 큰 범주의 고객수용력을 가진 것부터 지역(general) 상권, 지구(district)상권, 개별점포(individual)상권으로 나눌 수 있다.

2) 모든 상권은 다시 일차(primary)상권, 이차(secondary)상권, 한계(fringe)상권으로 나눌 수 있다.

① 1차상권 : 점포 고객의 50~80%를 포함하는 지역

② 2차상권 : 1차상권 바깥 지역으로 점포고객의 나머지 15~25%를 포함하는 지역

③ 한계상권 : 나머지 모든 고객을 포함하는 지역

(2) 신규점포에 대한 상권분석 이론

1) 기술적 방법(descriptive method)에 의한 상권분석

① Checklist 방법

ⓐ Checklist법은 상권의 규모에 영향을 미치는 요인들을 수집하여 이들에 대한 평가를 통해 시장잠재력을 측정하는 방법이다.

ⓑ 상권의 범위에 영향을 미치는 요인은 크게 상권 내의 제반입지 특성, 상권 고객 특성, 상권경쟁구조로 나누어진다.

ⓒ 기업은 이들에 관한 정보를 수집하여 상권의 시장잠재력을 평가한다.

② 유추법 : Applebaum

ⓐ 유추법(analog method)은 자사의 신규점포와 특성이 비슷한 유사점포를 선정하여 그 점포의 상권범위를 추정한 결과를 자사점포의 신규입지에서의 매출액(상권규모)을 측정하는 데 이용하는 방법이다.

ⓑ 유추법에 의한 상권규모의 측정은 CST(customer spotting)map의 기법을 이용하여 이루어진다.

ⓒ CST기법은 자사점포를 이용하는 거주지를 지도상에 표시한 후 자사점포를 중심으로 서로 다른 거리의 동심원을 그림으로써 자사점포의 상권규모를 시각적으로 파악할 수 있는 방법이다.

2) 규범적 모형(normative model)에 의한 상권분석

① 중심지이론(central place theory) : Christaller의 모형

ⓐ 한 지역 내 거주자들은 상업중심지로부터 중심기능(최적 구입가격으로 상품을 구입하는 것)을 제공받을 수 있다.

ⓑ 중심지기능의 최대도달거리(range)란 중심지가 수행하는 상업적 기능이 배후지에 제공될 수 있는 최대(한계)거리를 말한다. → 즉 배후지에 거주하는 소비자가 상품을 구매하기 위해 중심지까지 움직이는 최대거리를 의미

ⓒ 최소수요충족거리(threshold)는 상업중심지의 정상이윤 확보에 필요한 최소한의 수요를 발생시키는 상권범위, 즉 (상업)중심지의 존립에 필요한 최소한의 고객이 확보된 배후지의 범위를 말한다.

ⓓ Christaller는 중심지의 최대도달거리(range)가 최소수요충족거리(threshold)

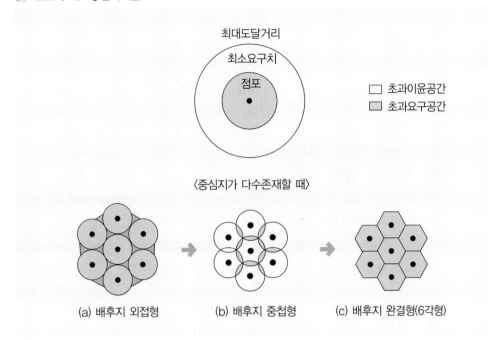

● 도표 6-5 중심지이론

최대도달거리

최소요구치

점포

□ 초과이윤공간
▨ 초과요구공간

〈중심지가 다수존재할 때〉

(a) 배후지 외접형   (b) 배후지 중첩형   (c) 배후지 완결형(6각형)

보다 커야 상업시설이 입지할 수 있다고 주장하였다.

ⓔ 상업중심지들 간에 안정적인 시장균형을 얻을 수 있는 이상적인 상권모형은 원형 대신에 정육각형의 형상을 가질 때이다.

ⓕ 정육각형의 상권모형에서는 최대도달거리와 최소수요충족거리가 일치한다.

(2006 CPA)
★ 출제 Point
중심지이론의 특성

② Reilly의 소매중력법칙(law of retail gravitation)

두 경쟁도시가 그 중간에 위치한 소도시로부터 끌어들일 수 있는 상권규모 (proportion of retail trade)는 그들의 인구에 비례하고, 각 도시와 중간(위성) 도시 간의 거리자승에 반비례한다.

(2006 CPA)
★ 출제 Point
소매중력법칙의 정의

$$\frac{R(A)}{R(B)} = \frac{P(A)}{P(B)} \times \left(\frac{D(B)}{D(A)}\right)^2$$

단, $R(A)$: 도시 A의 상권규모

$R(B)$: 도시 B의 상권규모

$P(A)$: 도시 A의 인구

$P(B)$: 도시 B의 인구

$D(A)$: 도시 A로부터 중간도시까지의 거리

$D(B)$: 도시 B로부터 중간도시까지의 거리

③ 컨버스의 모형

Railly의 소매중력법칙은 Converse가 개발한 breaking-point(분기점, 무차별점)공 식으로 나타낼 수 있으며, 이는 두 도시 간의 상권경계를 계산하는 데 이용된다.

◆ 컨버스 모형은 레일리 의 소매인력법칙의 정확한 분기점을 찾는 것이다.

분기점(무차별점)은 두 도시의 상대적인 상업매력도가 같은 지점이다.

$$D(B) = \frac{d}{1 + \sqrt{\dfrac{P(A)}{P(B)}}}$$

단, $D(B)$: B도시 상권의 한계점
d : A도시와 B도시 사이의 거리

3) 확률적 모형에 의한 상권분석

① **확률적 점포선택 모델의 특징**

ⓐ 확률적 점포선택 모델은 소비자의 점포선택이 결정적(deterministic)이 아니라 확률적인 현상으로 보고 있다.

ⓑ 확률적 점포선택 모델에서는 특정 점포의 효용(utility) 또는 매력도(attraction)가 다른 경쟁점포보다 높을수록 그 점포가 선택될 확률이 높다고 가정한다.

ⓒ 어떤 소비자가 점포 j를 선택할 확률은 그가 고려하는 점포대안들의 개별효용의 총합에 대한 점포 j의 효용의 비율에 의해 결정된다.

(2006 CPA)
★ 출제 Point
후프모형의 정의

② **Huff모형**(Huff Model)

ⓐ 소비자의 점포에 대한 효용은 점포의 매장면적이 클수록 증가하고, 점포까지의 거리가 멀수록 감소한다.

ⓑ 특정 점포에 대한 선택확률은 상권 내에서 소비자가 방문을 고려하는 점포대안들의 효용(매력도)의 총합에 대한 해당 점포의 효용(매력도)의 비율로 표시된다.

$$P_{ij} = \frac{S_j T_j^{-2}}{\sum S_j T_j^{-2}}$$

단, P_{ij} : 소비자 i가 점포 j를 선택할 확률
S_j : 점포 j의 매장 크기
T_{ij} : 소비자 i가 점포 j까지 가는 데 걸리는 시간(또는 거리)

01 소비자의 욕구를 확인하고 이에 알맞는 제품을 개발하며, 적극적인 광고전략 등에 의해 소비자가 스스로 자사제품을 선택구매하도록 하는 것과 관련되는 마케팅전략은? ('92. CPA)

① 푸시전략   ② 풀전략   ③ 머천다이징

④ 선형 마케팅   ⑤ 고압적 마케팅

✎ 해설   ①은 ②와 상대되는 개념으로 제조업자가 광고보다는 인적 판매를 통해 제품을 시장에 밀어 붙이는 방식을 말한다.

          ③ 상품화계획(merchandising) : 머천다이징은 생산 이후에 고객의 수요에 적응시키는 활동으로 소비자로 하여금 그들이 원하는 시기에, 원하는 장소에서, 원하는 수량을, 적절한 가격으로 구입할 수 있도록 하는 것이다. 그러므로 생산 이전단계는 포함하지 않는 개념이다.

          ④, ⑤ 선형 마케팅(linear marketing) = 고압적 마케팅(high pressure marketing) 능동적 마케팅의 한 종류로 생산된 제품을 시장에 밀어내는 방식이다.

02 물적유통에 대한 설명 중 옳지 않은 것은? ('95. CPA)

① 자재, 완제품의 생산시점에서 소비시점에 이르는 물적흐름계획과 실행에 관련된다.

② 물적유통결정시 비용극소화, 고객서비스극대화의 상충관계를 고려해야 한다.

③ 물적유통에 대한 결정은 재고수준, 수송방식, 공장, 창고입지 등의 결정과 통합하여 이루어진다.

④ 물적유통활동, 경로흐름의 전문화를 위해 거래유통활동과 통합한다.

⑤ 단위수송방식, 컨테이너시스템 등이 물적유통혁신수단이다.

✎ 해설   ①, ②, ③은 물적유통에 대한 일반적 내용

          ④ 물적유통활동, 경로흐름의 전문화를 위해서는 거래유통활동과 분화를 하게 된다. 분업을 통해 중간상 등이 추가되면 총거래의 수는 감소한다.

          ⑤ 단위수송방식은 다수의 소량화물을 일정한 롯트(lot)로 묶어 단위화하여 일괄적으로 수송하는 방법이다. 그러므로 단위수송방식과 컨테이너시스템 등은 물적유통혁신수단이 된다.

03 마케팅에 관한 다음 설명 중 틀린 것은? ('95. CPA)

① 수평적 통합 − 관련업종이나 이질업종을 연결하는 전략이다.

② 수직적 통합 − 생산업자가 도매상·소매상을 연결하는 전략이다.

③ symbiotic marketing − 단기보다는 장기에 적합하다.

④ 디마케팅 − 수요를 일시적 혹은 영구적으로 감소시킨다.

⑤ 사회적 마케팅은 사회적 이념과 일치해야 한다.

✎ 해설 ③ symbiotic marketing은 두.개 이상의 기업들이 새로운 마케팅 기회를 개발하기 위하여 재원이나 프로그램을 결합하고자 하는 것으로 단기적 혹은 영구적으로 함께 일할 수도 있고 새로운 기업을 설립하기도 한다. 그러므로 장·단기를 구분할 필요는 없다.

04 물류관리시스템의 하나인 유니트로드시스템(unit load system)에 대한 설명으로 옳은 것은? ('96. CPA)

① 물류의 효율화를 도모하기 위해 한 수송매체에 동일품목만 일정 단위씩 적재하여 수송하는 시스템이다.

② 적시조달과 리드타임을 극소화하기 위해 궁극적으로 한 단위씩의 수송을 지향하는 물류시스템이다.

③ unit load system을 적용하면 전체물류비용이 감소하나 수송횟수가 증가하여 수송비용이 높아진다.

④ unit load system을 활성화하기 위하여 수송매체의 용량을 수송물품의 규격에 따라 차별화시켜 조정할 필요가 있다.

⑤ 물품을 일정한 중량이나 크기로 단위화시켜 기계화된 하역작업과 일관된 수송방식으로 물품을 생산지에서 소비지까지 이동시키는 시스템이다.

✎ 해설 ①, ② 유니트로드시스템이란 단위수송방식을 의미하며, 이는 다품종의 물건을 일정한 롯트로 묶어서 일괄적으로 수송하는 것을 의미한다.
　　　　③ unit load system을 적용하면 수송횟수도 줄어든다.
　　　　④ unit load system은 수송매체의 용량을 변화시키는 것이 아니라, 수송물품을 단위화시키기 위해 그 크기를 변화시킨다.

05 다음 중 물류관리에 대한 설명으로 옳지 않은 것은? ('96. CPA)

① 물류관리가 발전함에 따라 기업은 직접판매망을 구축하여 소비자에게 전달하는 자기 대리점망의 구축을 보편화하게 된다.

② 마케팅활동의 일부로서 판매물류에 한정되었던 물류의 개념이 최근에는 조달물류, 생산물류, 판매물류를 포함하는 로지스틱스의 개념으로 확장되고 있다.

③ 물류관리의 주요 목적으로 물류표준화를 들 수 있는데, 이는 물류의 기계화를 촉진할 뿐 아니라 물류공동화의 필수조건이다.

④ 물류개념이 확장되는 주요 이유 중 하나로 수요의 다양화와 제품수명주기의 단축을 들 수 있다.

⑤ 물류관리의 주요목적 중의 하나인 상·물분리란 영업활동과 물류업무를 분리함으로써 업무의 효율성을 높이기 위한 것이다.

✎ 해설 ① 유통활동을 제조업자가 직접 수행하게 되면 전문성이 결여되므로 생산만을 전담할 때보다 비효율적일 수 있다. 그러므로 물류관리가 발전함에 따라 유통은 전문화된 유통기관이 맡는 것이 경제적이고 능률적이다.
⑤ 흔히 '경쟁은 시장에서 물류는 공동으로'라는 말이 의미하듯이 최근의 교통상황에서는 기업간 물류의 공동화, 특히 수송에서의 공동화(공동배송)를 추구하는 것(즉, 상·물분리)이 일반적이다.

06 1989년 세븐일레븐(7-eleven)이 국내에 처음으로 올림픽선수촌에 등장한 이래 급성장을 거듭하여 1991년 155개, 1992년 말에는 710개로 늘었다. 긴 영업시간, 다양한 상품구색, 직장여성의 증가, 소비생활의 다양화, 소득향상의 요인으로 이 소매상의 유형이 급속히 파급되고 그 이용이 증가하였다. 이 소매상의 유형은? ('96. CPA)

① 편의점(convenience store)

② 수퍼마켓(supermarket)

③ 전문점(specialty store)

④ 백화점(department store)

⑤ 대중양판점(general merchandising store)

✎ 해설 세븐일레븐은 편의점(CVS)으로 편의점은 주로 주거지역 근처에 위치하며, 연중무휴로 장시간에 걸쳐(24시간 영업) 식료품 등 일용잡화를 취급하고, 수퍼마켓의 영업시간 제한에 따른 소비자들의 욕구를 충족시킨다.

07
유통경로에 대한 설명 중 옳지 않은 것은?   ('97. CPA)

① 유통경로는 생산자로부터 소비자에게 제품이 전달되는 과정이다.

② 유통경로의 구성원들은 재화를 수송·운반하고 저장하며 정보를 수집한다.

③ 유통경로의 길이는 중간상 수준(level)의 수를 말한다.

④ 중간상들은 생산자가 생산한 제품의 구색을 소비자가 원하는 구색으로 전환시켜주는 역할을 한다.

⑤ 유통경로는 서비스나 아이디어의 생산자들에게는 큰 의미가 없다.

✎ 해설 ⑤ 유통경로는 소비자들에 대한 서비스제공차원에서 대단히 중요한 경로가 된다. 또한 유통경로의 존재로 고객의 정보를 서비스나 아이디어의 생산자들에게 원활히 전달할 수 있다.

〈참고〉 유통경로의 기능

유통경로는 ① 교환과정의 촉진, ② 거래의 표준화, ③ 제품구색의 불일치 완화, ④ 소비자와 판매자의 연결, ⑤ 고객서비스의 제공 등의 역할을 담당한다.

08
점차 전문화되고 있는 산업구조하에서 기업간에는 경쟁과 협력이 동시에 요구되고 있다. 이러한 상황하에서 여러 기업들이 마케팅자원을 공동으로 활용하거나 마케팅프로그램을 공동으로 수행하는 경우, 이 전략을 무엇이라고 하는가?   ('99. CPA)

① 메가-마케팅   ② 집중적 마케팅

③ 공생적 마케팅   ④ 디마케팅

⑤ 사회마케팅(social marketing)

✎ 해설 공생적 마케팅(symbiotic marketing)은 두 개 이상의 독립된 기업들이 시장개척, 판매경로 등의 마케팅활동이나 자원활용을 공동으로 함으로써, 각 기업이 개별적으로는 얻을 수 없는 이익을 얻고, 각 기업의 마케팅문제를 보다 쉽게 해결하며, 마케팅관리를 효율적으로 수행하고자 하는 활동이다.

09
마케팅의 기능을 상적(商的) 유통기능, 물적(物的) 유통기능, 조성(助成)기능으로 구분할 때 물적 유통기능과 가장 관련이 깊은 것을 두 가지만 고르시오.   (2000. CPA)

a. 시간효용 창조 기능	b. 금융기능	c. 소유(권)효용 창조 기능
d. 위험부담 기능	e. 장소효용 창조 기능	

① a, c   ② b, c   ③ a, e

④ b, d   ⑤ c, e

✎ 해설 ③ 물적유통기능은 시간효용창조, 장소효용창조의 기능을 담당한다.

10 다음 중 일반적으로 유통경로의 단계수가 증가하는 경우는?　　　(2001. CPA)

① 고객의 최소판매단위(lot size)에 대한 유통서비스 요구가 높을수록

② 고객의 상품정보제공(product information)에 대한 유통서비스 요구가 높을수록

③ 고객의 배달기간(delivery time)에 대한 유통서비스 요구가 낮을수록

④ 고객의 공간적 편의성(spatial convenience)에 대한 유통서비스 요구가 낮을수록

⑤ 고객이 대형유통업체를 선호할수록

✎ 해설　소비자가 최소판매단위(즉, 낱개로)로 사길 원한다면, 유통경로의 단계수가 증가할 수밖에 없다.

11 유통경로의 선택을 설명하는 거래비용 분석의 주요개념이 아닌 것은?　　　(2003. CPA)

① 자산특유성　　　② 거래빈도　　　③ 유통마진

④ 제한된 합리성　　　⑤ 기회주의

✎ 해설　시장 거래비용이론(market transaction cost theory)은 유통경로 길이의 결정을 설명하는 이론이다. 이 이론에서는 수직적 통합(내부화)에 드는 비용과 시장거래에서 발생하는 비용간의 상대적 크기에 따라 경로 길이의 범위가 결정된다고 보았다.
내부화가 추구된다면 유통경로의 길이가 짧아지는데, 이는 시장 실패(market failure)가 주요 원인이며, 구체적으로 살펴보면 다음과 같다.
① 유통 시장에 소수 거래자만 참가
② 자산의 특수성(asset specificity 또는 거래 특유재산)
③ 경로 구성원 간에 기회주의적 행동 발생시

12 국내외의 최근 소매업의 변화추세를 설명하는 것이 아닌 것은?　　　(2004. CPA)

① 소매업 업태 중 전문점, 편의점, 백화점 실패율의 상대적 증가

② 다른 유형의 소매업체간 경쟁 격화

③ 무점포 소매업의 증가

④ 초대형 소매점의 증가

⑤ 소매업 경영에 있어서 정보통신기술의 중요성 증대

✎ 해설　① 증가 → 감소

13 제품유통 의사결정에 필요한 내용에 관한 설명 중 가장 옳지 않은 것은? (2005. CPA)

① 중간상의 자질에 관한 문제나 유통마진의 크기에 관한 문제 등으로 경로구성원들 사이에서 발생하는 갈등을 목표불일치에 의한 수직적 갈등이라 할 수 있다.

② 물적유통의 목표는 고객만족을 극대화할 수 있도록 적절한 상품을 적시적소에 최소비용으로 배달하는 것이라고 할 수 있다.

③ 선택적 유통경로정책은 소비자들에게 제품의 노출을 선택적으로 제한함으로써 제품의 명성을 어느 정도 유지하면서 적정수준의 판매량을 확보하고자 할 때 사용할 수 있다.

④ 기술수준이 높은 상품의 유통경로 길이는 사후서비스의 편리성 등을 고려할 때 짧게 하는 것이 바람직하다.

⑤ 경로형태선택 시에 판매원을 이용한 직접판매는 대리상을 이용한 판매에 비하여 매출량에 비례해서 늘어나는 변동비는 비교적 많으나 고정비는 상대적으로 적다는 점을 고려하여야 한다.

✎ 해설 ⑤ 변동비는 비교적 많으나 → 변동비는 비교적 적으나,
고정비는 상대적으로 적다는 → 고정비는 상대적으로 많다는

14 영향전략(influence strategies)이론에 따르면, 유통경로 구성원들은 힘의 원천(sources of power)을 행사할 때 정보교환(information exchange), 추천(recommendation) 등의 비강압적 영향전략과 약속(promise), 위협(threat), 요청(request), 법적 제소(legal plea) 등의 강압적 영향전략을 사용한다. 다음 설명 중에서 가장 옳지 않은 것은? (2006. CPA)

① 약속은 강압적 전략으로 분류되기는 하지만, 실제로 그 효과는 비강압적 전략과 동일하게 나타난다고 한다.

② 일반적으로 비강압적 영향전략은 경로구성원들간의 상호이해를 촉진하여 잠재갈등(latent conflict)의 수준을 낮추고, 반면에 강압적 영향전략의 활용은 경로구성원간의 목표와 현실인식에서의 양립가능성을 감소시켜 잠재갈등을 증가시킬 것이다.

③ 정보교환, 추천 같은 비강압적 영향전략에 필요한 힘의 원천은 합법력(legitimate power)이다.

④ 공급자와 유통업자의 상호의존성이 높아 힘이 균형을 이루고 있는 경우, 쌍방은 강압적 전략의 활용을 자제하고 비강압적 전략을 보다 많이 사용한다.

⑤ 강압적 영향전략이나 비강압적 영향전략이나 모두 표출된 갈등(manifest conflict)을 증가시킬 수 있다.

✎ 해설 ③ 합법력 → 준거력

15 상권분석에 관한 다음 설명 중 가장 올바른 것은? (2006. CPA)

> a. 1차상권(primary trading area)이란 전체 점포이용고객의 대략 50~70%를 흡인하는 지역 범위를 말한다.
> b. Christaller의 중심지이론(Central Place Theory)에 의하면 한 지역 내 거주자들이 모든 상업중심지로부터 중심기능(최적 구입가격으로 상품을 구입하는 것)을 제공받을 수 있고 상업중심지들 간에 안정적인 시장균형을 얻을 수 있는 이상적인 상권모형은 원형이다.
> c. Reilly의 소매인력법칙(Law of Retail Gravitation)에 의하면 두 경쟁도시가 그 중간에 위치한 소도시로부터 끌어들일 수 있는 상권규모는 그들의 인구에 비례하고, 각 도시와 중간도시간의 거리자승에 반비례한다.
> d. Huff의 공간적 상호작용모델에 의하면 소비자의 점포에 대한 효용은 점포의 입지에 비례하고, 점포까지 걸리는 시간이나 거리에 반비례한다.
> e. Applebaum의 유추법(Analog Method)은 자사의 신규점포와 특성이 비슷한 유사점포를 선정하여 그 점포의 상권범위를 추정한 결과를 자사 점포의 신규입지에서의 매출액 또는 상권규모를 측정하는 데 이용하는 방법이다.

① a, c, d　　② b, c, e　　③ a, d, e　　④ a, c, e　　⑤ b, d, e

✎ 해설　b. 원형 → 6각형
　　　　d. 점포의 입지에 비례하고 → 점포의 크기에 비례하고

16 유통경로구조의 설계 및 관리에 대한 설명 중 올바른 것으로만 구성된 것은? (2007. CPA)

> a. 관리형 수직적 경로구조의 구성원들은 자율적인 상호이해와 협력에 의존하지만 협력해야 할 계약이나 소유권에 구속을 받지 않는다.
> b. 거래비용이론(Transaction Cost Analysis)에 따르면, 거래특유자산(transaction-specific assets)은 경로구성원의 대안교체를 쉽게 함으로써 기회주의적 행동을 유발한다고 한다.
> c. 경로구성원간의 정보밀집성(information impactedness)이 존재할 때 수직적 통합은 기회주의를 감소시켜 거래비용을 줄일 수 있다.
> d. 프랜차이즈 시스템은 계약형 수직적 경로구조로서 주로 강권력(coercive power)에 의해 운영된다.

① a, b　　② a, c　　③ b, c　　④ b, d　　⑤ c, d

✎ 해설　b. 거래특유자산은 경로구성원의 대안교체를 어렵게 하므로 기회주의적 행동을 유발한다.
　　　　d. 계약형 VMS는 강권력보다는 합법력(legitimate power)에 의해 운영하는 것이다.

정답　15 ④　16 ②

01 최근 마케팅환경에서는 유통경로관리가 중시되고 있다. 이러한 이유에 대한 설명으로 옳지 않은 것은?

① 제조업자 상표수의 증가로 인한 경쟁의 심화

② 유통업체의 고객정보수집의 용이성 증가

③ 상표선택보다 매장선택이 선행되는 소비자의 행태

④ 유통경로의 높은 탄력성

⑤ 지역별로 고유한 유통경로의 존재

✎ 해설 ④ 유통경로는 다른 마케팅믹스 수단보다 탄력성이 가장 낮다. 그러므로 유통경로의 선정이 기업의 성공에 상당한 영향을 준다.

02 수직적 마케팅시스템의 형성방법에 따른 구분과 그 원인 중 가장 적절한 것은?

	법인적 VMS	관리적 VMS	계약적 VMS
①	상 법	계 약	소유권
②	규모나 명성	소유권	자금관계
③	소유권	규모나 명성	계 약
④	규모나 명성	계 약	소유권
⑤	계 약	거래관계	규모나 명성

03 생산이나 유통활동에 있어서 독립적인 기관들이 상호 경제적 이익을 얻기 위하여 계약을 체결하고, 계약에 따라 통합하는 것을 무엇이라 하는가?

① 계약적 VMS   ② 법인적 VMS   ③ 관리적 VMS

④ VMS   ⑤ HMS

✎ 해설 VMS : 수직적 마케팅시스템, HMS : 수평적 마케팅시스템

정답 1④ 2③ 3①

04 물적유통관리(PDM)와 관련된 설명으로 옳지 않은 것은?

① 소비자의 욕구 충족을 목표로 생산단계로부터 소비단계에 이르기까지 재화의 이동 및 취급을 관리하는 과정을 말한다.

② 마케팅 병참관리라고도 하는데 물적유통활동 중 가장 비중이 높은 것은 수송이다.

③ PDM의 목적은 유통비용의 절감 및 고객에 대한 만족 극대화에 있다.

④ 물적유통의 혁신수단에는 palletization, containerization, cold chain 등이 있다.

⑤ 형태효용 및 소유효용의 창조를 통한 수요 창출기능을 수행한다.

✎ 해설 ④에 있는 혁신수단은 모두 단위수송방식의 예인데, 단위수송방식이란 다수의 소량화물을 일정한 lot별로 묶어서 일괄 수송하는 방식을 말한다.
⑤ 물적유통관리는 형태나 소유의 효용을 창조하지는 못하고, 시간, 장소의 효용을 창조한다.

05 유통경로설계에 대한 설명 중 틀린 것은?

① 전속적 유통경로는 시장의 노출정도를 적절히 유지시키면서 선택된 중간상들에 대한 판매노력과 통제를 강화할 수 있다는 장점이 있다.

② 유통경로의 설계는 주어진 마케팅 환경하에서 고객이 구매를 기대하는 장소에, 경쟁기업보다 효율적으로 제품을 공급할 수 있는 방식을 결정하는 것이다.

③ 기업규모, 재무능력, 유통경로관리능력, 과거의 경로이용경험, 전사적 마케팅정책 등 특정기업이 갖고 있는 모든 특성이 유통경로의 설계에 영향을 미친다.

④ 유통경로 설계전략이란 경로 구성원들의 선택, 책임과 직무의 할당, 유통단계별 상호의존 및 협력관계의 확보, 표준화된 협상과정의 개발 등을 실시하는 것이다.

⑤ 유통경로의 개방수준결정은 제품의 노출정도를 어느 정도의 수준으로 할 것인가에 관한 결정이다.

✎ 해설 ① 전속적 유통경로(= 배타적 유통경로)는 특정 판매점만 자사제품을 판매하도록 하는 정책으로 상품의 노출정도는 낮고, 경로의 통제권은 강하다.

제7장 ■ 촉진관리

7.1 촉진의 의의 및 구성요소

촉진 또는 마케팅 커뮤니케이션이란 기업의 제품이나 서비스를 소비자들이 구매하도록 유도할 목적으로 해당 제품이나 서비스의 성능에 대해서 실제 및 잠재고객을 대상으로 정보를 제공하거나 설득하는 마케팅노력의 일체를 말한다.

1. 촉진믹스의 구성요소

(2000 CPA)
★ 출제 Point
촉진믹스의 종류

마케팅관리자가 활용할 수 있는 촉진수단은 매우 다양하나 일반적으로 광고, 판매촉진, 인적판매, PR(홍보)의 네 가지 요소로 구분될 수 있다.

(1) 광 고

1) 의 의

(2004 CPA)
★ 출제 Point
마케팅커뮤니케이션 기법의 비교

광고란 기업이 돈을 지불하고 제품, 서비스, 아이디어를 비인적 매체를 통해 널리 알리고 촉진하는 모든 형태의 커뮤니케이션 수단을 말한다.

2) 장 점

① 광고는 다수의 대중을 대상으로 짧은 시간에 접근할 수 있다.
② 고객 1인당 비용도 비교적 저렴하다.

● 도표 7-1 촉진믹스의 특징

	범 위	비 용	장 점	단 점
광고	대　중	보 통	신　속 메시지 통제 가능	효과측정의 어려움 정보의 양이 제한
인적판매	개별고객	고 가	정보의 양과 질 즉각적인 피드백	높은 비용 느린 촉진속도
판촉	대　중	고 가	주의 집중 즉시적 효과	제품의 비하 모방이 쉬움
PR	대　중	무 료	신뢰도가 높음	통제가 곤란 간접적 효과

3) 단 점

① 고객에게 전달할 수 있는 정보의 양이 제한된다.

② 소구하는 고객 모두에게 동일한 문안이 제시되므로 고객에 따라 개별화할 수가 없다.

③ 광고를 통해서 받는 정보는 고객 모두에게 정보의 양과 종류 면에서 만족을 시킬 수 없을 가능성이 있다.

(2) 판매촉진

1) 의 의

판매촉진이란 기업이 제품이나 서비스의 판매를 증가시키기 위해 단기간에 중간상이나 최종 소비자를 대상으로 벌이는 광고, 인적판매, PR 이외의 모든 촉진활동을 말한다.

2) 특 징

① 판매촉진은 비인적 수단이며 구체적으로 샘플의 제공, 점포진열, 경품제공, 할인권 제공, 상품전시회 개최 등을 포함한다.

② 판촉의 가장 중요한 특징은 구매시점에서 구매를 유도하기 위하여 사용되며, 단기적이고 직접적인 촉진수단이라는 점이다.→특히 구매시점 촉진은 충동구매를 유발시키는 역할을 한다.

③ 일반적으로 마케팅관리자들은 강하고 신속한 반응을 유도하기 위하여 판매촉진을 사용한다.

3) 단 점

판촉의 효과는 단기적이어서 장기적인 상표 애호도를 증진시키는 데에는 부적절하다.

(3) PR

1) 의 의

PR이란 비인적 매체로 하여금 제품, 서비스, 기업 등을 뉴스나 논설의 형태로 다루게 함으로써 수요를 자극하는 것을 의미한다.

2) 장 점

PR의 특징은 다른 촉진수단과는 달리 기업이 비용을 부담하지 않고, 기업이 아닌 독립적인 제3자인 신문, 방송에 의해 시행되므로 높은 신뢰성을 갖는다.

◆ 판매촉진의 수단
① 소비자판촉(할인쿠폰, 리베이트, 조기구매, 보너스팩, 보상판매, 세일, 샘플, 사은품)
② 중간상판촉(중간상공제, 대금지급조건 완화, 판촉물제공,반품, JIT 재고)

(2003 CPA)
★ 출제 Point
쿠폰의 유형 비교

(2005, 2008 CPA)
★ 출제 Point
각 판매촉진 수단의 정의 및 효과

3) 단 점

이러한 높은 신뢰도 때문에 촉진효과가 매우 크나 기업이 통제하기가 곤란하다.

4) 중요성

마케팅관리자들은 PR을 과소평가하여 다른 촉진믹스의 보조수단으로 사용하기 쉬우나 비용이 들지 않고 신뢰성이 높기 때문에 보다 많은 관심이 필요하다.

(4) 인적판매

1) 의 의

(2004 CPA)
★ 출제 Point
인적판매의 수단

인적판매란 판매원이 고객을 직접 만나(personal confrontation) 대화를 통해 자사의 상품을 구매하도록 권유하는 활동을 의미한다.

2) 특 징

(2007 CPA)
★ 출제 Point
인적판매의 특성

① 인적판매란 판매원을 매개로 하는 촉진수단을 의미한다.

② 인적판매를 촉진수단으로 사용할 때는 광고 사용시와 정반대의 효과가 있다.

③ 인적판매는 구매과정상 정보탐색과 광고노출 이후의 단계에서 특히 구매자의 선호, 확신 및 행동을 유발시키는 데 가장 효과적인 수단이다. → 그 이유는 인적판매가 인적대면, 유대관계 형성, 즉각적 반응 등의 특징이 있기 때문이다.

3) 장 점

① 고객에게 필요한 정보를 정확히 제공할 수 있다.

② 융통성 있는 대응이 가능하다.

③ 산업재 판촉이나 중간상 판촉에 적합하다.

4) 단 점

① 촉진의 속도가 매우 느리다.

② 고객 1인당 촉진비용이 고가이다.

③ 많은 대중을 상대로 하는 제품에는 적합치 않다.

2. 촉진믹스의 결정

(1) 제품/시장의 유형

('95, 2005 CPA)
★ 출제 Point
촉진믹스 전략

1) 소비재

① 광고 → 판매촉진 → 인적판매 → PR의 순으로 자사의 촉진예산을 분배한다.

② 소비재는 다수의 일반대중을 소구대상으로 하기 때문에 광범위한 접촉범위를 갖는 광고가 가장 중요한 역할을 수행할 수밖에 없다.

2) 산업재

① 인적판매가 가장 중요하고 그 다음으로 판매촉진, 광고, PR의 순으로 구성된다.

② 산업재는 일반적으로 고가이고, 기술적으로 복잡하며, 위험부담이 높고, 규모가 큰 소수의 고객으로 구성되었기 때문에 인적판매가 가장 효과적인 촉진수단으로 작용한다.

(2007 CPA)
★ 출제 Point
제품특성별 촉진믹스 사용전략

(2) 촉진전략의 방향

마케팅관리자가 촉진전략의 기본방향을 푸시전략(push strategy) 또는 풀전략(pull strategy)을 선택하느냐에 따라 촉진믹스의 구성이 상이해진다.

1) 푸시전략

① 푸시전략이란 제조업자가 중간상을 대상으로 적극적인 촉진전략을 사용하여 도매상, 소매상들이 자사의 제품을 소비자에게 적극적으로 판매하도록 유도하는 방법이다.

② 제조업자가 이 전략을 사용하면 인적판매와 중간상 판촉(trade promotion)의 중요성이 증가하게 되고, 최종소비자를 대상으로 하는 광고의 중요성은 상대적으로 감소하게 된다.

2) 풀전략

① 풀전략이란 제조업자가 최종소비자를 대상으로 적극적인 촉진을 사용하여 소비자가 자사의 제품을 적극적으로 찾게 함으로써 중간상들이 자발적으로 자사 제품을 취급하게 만드는 전략이다.

② 이 전략을 사용하면 최종소비자를 대상으로 하는 광고와 소비자 판촉(consumer promotion)의 중요성이 증가하게 된다.

(3) 제품수명주기단계

1) 도입기

① 도입기에서의 커뮤니케이션의 목표는 가능한 다수의 사람에게 제품의 존재를 알리고 제품의 시험구매를 유도하는 것이 주목적이다.

② 따라서 이 시기에는 제품인지도를 높이기 위한 광고와 PR, 그리고 시험구매를 유도하기 위한 판촉이 중요한 역할을 수행한다.

2) 성장기

① 성장기에서는 광고의 비중이 상대적으로 증가하고 판촉과 홍보의 중요성은 상대적으로 감소한다.

② 판촉의 중요성이 감소하는 이유는 시험구매를 유도하기 위한 판매자극제를 제

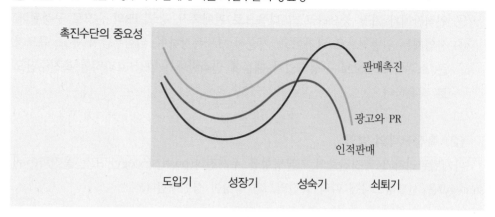

● 도표 7-2 제품수명주기의 단계에 따른 촉진수단의 중요성

공할 필요성이 도입기보다 적기 때문이다.
③ 그러나 중간상을 대상으로 하는 인적판매의 활동은 강화되어야 한다.

3) 성숙기

성숙기에서는 인적판매의 비중이 상대적으로 증가하고, 광고는 주로 소비자들에게 제품의 존재를 상기시키는 역할을 한다.

4) 쇠퇴기

쇠퇴기에서 광고는 소비자들이 제품의 존재를 잊지 않을 정도로 계속되지만, 인적판매의 비중은 감소하고 판매촉진의 중요성은 다시 증가하게 된다.

(4) 구매자 의사결정과정

1) 구매자의 준비상태에 따라 촉진수단별로 원가의 효율성이 상이하다.
2) 광고와 PR은 구매자 의사결정과정의 초기단계에서 투입하는 것이 가장 효과적이며, 후기단계로 갈수록 판매촉진과 인적판매의 중요성이 증가한다.

7.2 광고전략

1. 광고관리의 절차

마케팅관리자는 효율적인 광고관리를 위하여 광고프로그램을 개발실행하여야 한다.

(1) 광고 프로그램

광고 프로그램은 ① 먼저 상황분석과 마케팅전략에 적합한 광고목적을 설정하고, ② 이에 따라 예산을 결정하여 메시지를 설계하고, ③ 매체믹스를 결정하여 실제광고를 집행한 후, ④ 광고효과를 평가하는 것 등에 대한 내용으로 구성된다.

(2) 광고메시지 설계

1) 광고목적과 광고예산이 결정되면 목표고객에게 소구할 메시지가 설계되어야 한다.

2) 효과적인 메시지는 바람직성, 독특성, 신뢰성이 포함된 것으로, 메시지는 광고문안으로 나타내어 진다.

(2000, 2002 CPA)
★ 출제 Point
광고전략

(3) 광고매체 선정

1) 광고메시지가 선정되면 이를 전달할 광고매체를 선정해야 한다.

2) 마케팅관리자는 광고목적을 성취하는 데 필요한 도달범위와 빈도 그리고 효과강도를 결정하고 이에 맞는 핵심매체유형을 선정하여, 원가면에서 가장 유리한 매체수단을 선택한다.

3) 매체가 선정되면 광고전달의 구체적인 시기를 결정한다.

('89 CPA)
★ 출제 Point
광고매체선택시의 고려사항

(4) 광고효과 측정

1) 광고가 실행된 후에 마케팅관리자는 광고의 효과에 대해서 조사하여야 한다.

2) 광고효과는 직접평가, 포트폴리오 테스트, 실험법, 회상테스트, 재인식테스트, 의견조사법 등의 방법을 사용하여 측정되는 **커뮤니케이션 효과**와 과거의 자료나 실험자료가 분석되어 측정되는 **판매효과**가 있다.

(2005 CPA)
★ 출제 Point
광고효과 기법의 비교

(2007 CPA)
★ 출제 Point
광고모델과 광고효과

2. PLC단계에 따른 광고유형

1) 도입기

정보전달형 광고(informative advertising)는 제품 도입기에 주로 이용되며, 일차수요(primary demand)를 촉발시키기 위한 것이다.

(2005 CPA)
★ 출제 Point
제품수명주기상 광고전략

2) 성장기

설득광고(persuasive advertising)는 경쟁기업들이 출현한 단계에서 중요성이 부각되며 선택적 수요(selective demand)를 자극하는 데 목적이 있다.

3) 성숙기

① 설득광고에서 한단계 더 나가면 비교광고(comparative advertising)가 되는데, 이것은 특정의 상표를 다른 상표들과 비교하여 우월성을 직·간접적으로 입증하려는 광고이다.

② 국내의 경우에는 법적으로 비교광고가 금지되어 있다.

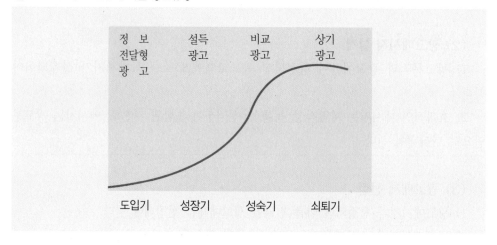

● 도표 7-3 PLC에 따른 광고유형

```
정 보        설득        비교        상기
전달형       광고        광고        광고
광 고
```

도입기   성장기   성숙기   쇠퇴기

4) 쇠퇴기

① 상기광고(reminder advertising)는 성숙·쇠퇴기에 소비자들로 하여금 그 제품을 계속 기억속에 유지시키는 데 있다.

② 이와 비슷한 형태로 강화광고(reinforcement advertising)가 있는데, 이것은 소비자들로 하여금 만족한 구매에 대한 확신을 심어주는 것이다.

(2006 CPA)
★ 출제 Point
소비자 구매의사결정단계별 효과적인 촉진믹스 수단

● 도표 7-4 구매의사결정단계별 촉진믹스 요소의 효과

	광 고	PR	판매촉진	인적판매
문제인식	●	●		
정보탐색	●	●		
대안평가	●	●		
구 매			●	●
구매후 행동	●	●		●

1) Philip Kotler, Marketing Management (Prentice-Hall, 1997), p.626.
2) Robert J. Lavidge and Gray A. Steiner, "A Model for Predictive Measurements of Advertising."

(2007 CPA)
★ 출제 Point
효과계층단계와 인적판매

● 도표 7-5 효과계층단계별 촉진믹스 요소의 효과

	광 고	PR	판매촉진	인적판매
인 지	●	●		
지 식	●	●		
호 감	●	●		
선 호	●	●		
확 신				●
구 매			●	●

01 기업의 광고매체선택은 여러 가지 요소들에 의존하여 행해져야 한다. 다음에 열거한 이들 요소 가운데 가급적 고려대상에서 제외되어도 상관없다고 생각되는 것은? ('89. CPA)

① 광고매체별 비용의 상대적 평가 ② 광고매체의 효과성 평가
③ 제품자체의 특성 ④ 광고대상자들의 매체에 대한 관습
⑤ 광고매체의 수

✎해설 ⑤ 광고매체의 수는 매체선택시 고려대상에서 제외되어도 된다. 위 외에 소비자의 구매시기, 장소, 광고매체의 발행부수 등을 고려한다.

02 촉진전략에 관한 설명 중 틀린 것은? ('95. CPA)

① 광고란 광고주에 의한 아이디어, 상품 및 서비스를 비인적 방식에 의해 제시하는 것이다.
② 상품에 따라 촉진믹스의 성격이 달라진다.
③ 불황기에는 촉진활동보다 경로 및 가격설정전략이 주효하다.
④ 마케팅 커뮤니케이션은 기업커뮤니케이션과 연계되어 있다.
⑤ 촉진의 본질은 소비자에 대한 정보의 전달에 있다.

✎해설 ③ 불황기에서 시장의 규모가 크지 않기 때문에 가격전략은 유효하지 않다.

03 마케팅에서 촉진(promotion)의 정의를 고려할 때 다음 중에서 촉진믹스(promotion mix)에 해당되지 않은 것을 모두 고르시오. (2000. CPA)

a. 제 품	b. 가 격	c. 광 고
d. 인적 판매	e. 장소효용 창조 기능	f. 홍보 · PR

① a, b, d ② a, b, e ③ b, c, e
④ d, e ⑤ e, f

✎해설 ② 촉진은 4P활동(가격, 유통, 제품, 촉진) 중 하나이며, 광고, 인적판매, 홍보 · PR, 판매촉진 등으로 구성된다.

정답 1 ⑤ 2 ③ 3 ②

04 기업의 중요한 마케팅 수단인 광고에 관한 다음의 서술 중 가장 적절하지 않은 것은?

(2000. CPA)

① 소비자의 광고제품에 대한 관여도가 낮을수록 해당광고에 대한 인지적 반응(cognitive reponse)의 양이 많아진다.

② 광고모델이 매우 매력적일 경우에 모델자체는 주의를 끌 수 있으나 메시지에 대한 주의가 흐트러질 가능성이 있다.

③ 광고의 판매효과를 측정하기 힘든 이유로 광고의 이월효과(carryover effect)를 들 수 있다.

④ 광고목표 설정 시 표적시장 및 비교기준(benchmark)을 명확하게 규정해야 한다.

⑤ 소비자가 광고에 접할 때 발생하는 유머(humor) 및 온정(warmth)의 감정은 소비자의 광고상표에 대한 태도에 영향을 준다.

> ✎ 해설 ① 광고 제품에 대한 관여도가 낮을 경우 해당 광고에 대한 인지적 반응의 양은 적어진다.
> ③ 광고의 이월효과(carryover effect)
> 과거(현재)에 이루어진 광고의 효과가 누적되어 현재(미래)의 매출에 영향을 미치는 것을 광고의 이월효과라 한다.
> 미국에서 시행된 연구 결과에 따르면, 광고가 매출액에 미치는 효과의 90%는 광고를 한지 3~9개월 동안에 발생하는 것으로 나타났다.

05 다음 쿠폰의 유형 중 소비자를 유지하고 구매량을 증가시키기 위하여 가장 효과적인 것은?

(2003. CPA)

① 즉석 쿠폰　　　　② 매체(media)쿠폰　　　　③ 계산대 스캐너 쿠폰
④ 상품포장 내(in-pack)쿠폰　⑤ 우편물 쿠폰

> ✎ 해설 할인 쿠폰의 사용률에 관한 미국에서의 연구 결과를 보면, 신문이나 매체에 끼어서 배포하는 쿠폰의 사용률은 2%에 지나지 않으며, 우편의 경우는 4%, 상품에 넣거나 부착하는 경우는 9%인 것으로 알려져 있다.

06 마케팅 커뮤니케이션에 관한 다음의 설명 중 옳지 않은 것은?　　(2004. CPA)

① 판매를 목적으로 휴대폰이나 인터넷을 통하여 커뮤니케이션 하는 것은 직접 마케팅(direct marketing)의 한 형태이다.

② 인적판매(personal selling)는 판매 프리젠테이션, 카탈로그 판매, 인터넷 판매, 팩스를 통한 판매 메시지의 발송 등을 포함한다.

③ 커뮤니케이션 모델에서 잡음(noise)이란 계획하지 않았던 커뮤니케이션 과정상의 왜곡을 의미한다.

④ 마케팅 커뮤니케이션 과정은 표적고객들과 자사 및 자사 제품간의 모든 잠재적 상호

정답 4 ① 5 ④ 6 ②

작용을 검토하는 것에서 출발해야 한다.

⑤ 촉진예산 결정기준의 하나인 지불능력 기준법(affordable method)은 촉진이 매출에 미치는 영향을 완전히 무시하는 방법이다.

✎ 해설 ② 인적 판매는 소비자들과의 대면 접촉이 있어야 한다. 카달로그, 인터넷, 팩스 등은 비인적 매체임

07 제품촉진 의사결정에 필요한 내용에 관한 설명 중 가장 올바른 것은? (2005. CPA)

① 제조업자가 최종소비자보다는 인적판매와 중간상에 대한 촉진에 집중함으로써 유통경로상의 다음 단계 구성원들에게 영향력을 행사하여 매출을 늘리려는 전략을 촉진믹스(promotion mix)전략이라 한다.

② 제품수명주기상 도입기에 1차수요를 창출할 목적으로 제품에 관한 상세한 정보를 제공하는 광고를 상기광고(reminder advertising)라 한다.

③ 판매원의 고객관리방법으로 파레토최적 또는 20/80법칙이란 20%의 고객이 구입금액의 80%를 자사제품에서 구입할 수 있도록 관리해야 한다는 것을 의미한다.

④ 광고는 매출액에 영향을 주는 한 요인일 뿐 아니라 장기간에 걸쳐서 그 효과가 나타나기 때문에 특수한 경우를 제외하고는 광고목표설정시에 매출목표보다는 커뮤니케이션목표가 적합한 경우가 많다.

⑤ 쿠폰이나 무료샘플 같은 판매촉진수단은 주로 단기적인 목적으로 사용되나 비순환적이고 상표전환자를 유인하는 데는 부적합하다.

✎ 해설 ① 촉진믹스전략 → 푸시전략
② 상기광고 → 정보전달형 광고
③ 파레토 법칙 또는 20/80 법칙이란, 상위 20%의 우수한 고객이 자사매출액의 80%를 차지한다는 법칙을 말한다.
⑤ 쿠폰이나 샘플 같은 판매촉진수단은 주로 비순환적이고 상표전환자를 유인하는 데 적합한 방식이다.

08 소비자의 구매의사 결정단계는 문제인식, 정보탐색, 대안평가, 구매, 구매 후 행동의 다섯 단계로 이루어진다. 그 중 소비자의 구매의사결정에 가장 효과적인 촉진믹스로 이루어진 것은? (2006. CPA)

a. 광고	b. PR	c. 판매촉진	d. 인적판매

① a, c   ② b, d   ③ c, d
④ a, b   ⑤ a, d

09 촉진믹스(광고, PR, 판매촉진, 인적판매) 중 '인적판매(personal selling)'에 관한 설명이다. 다음 항목 중 올바른 것으로만 구성된 것은? (2007. CPA)

> a. 인적판매는 효과계층모형(hierachy-of-effects model)의 여섯 단계(인지-지식-호감-선호-확신-구매) 중 인지와 지식 단계에 가장 큰 영향을 미친다.
> b. 촉진믹스 중에서 인적판매는 산업재 시장에서 촉진예산의 가장 높은 비중을 차지한다.
> c. 인적판매는 전형적인 풀(pull) 촉진정책이다.
> d. 인적판매는 혁신적인 신제품 도입에 효과적인 촉진수단이다.
> e. 인적판매는 고객 1인당 비용은 매우 많이 드나, 목표시장에 효율적으로 자원을 집중할 수 있다.

① a, c, e   ② b, c, e   ③ b, d, e
④ a, b, c   ⑤ a, d, e

✎ 해설　a. 인지와 지식단계 → 확신과 구매단계
　　　　c. 풀 → 푸시(push)

10 광고모델의 효과에 대한 다음 설명 중 가장 옳지 않은 것은? (2007. CPA)

① 광고모델이 신뢰성(credibility)을 갖고 있다고 생각하면 소비자들은 내면화(internalization) 과정을 거쳐 메시지를 수용할 수 있다.

② 신뢰성이 낮은 모델이 전달하는 메시지에는 시간이 지난 다음에 그 효과가 나타나는 수면효과(sleeper effect)가 발생하기도 한다.

③ 광고모델의 매력(attractiveness)은 동일시(identification)과정을 거쳐 소비자를 설득시킬 수 있다.

④ 저관여 상품의 경우 유명한 모델이 아닌 소비자와 유사한 일반모델을 사용한 증언형(testimonial)광고는 효과가 없다.

⑤ 일반적으로 광고모델의 매력은 유사성(similarity), 친근감(familiarity), 호감(likability)을 포함하는 개념으로 본다.

✎ 해설　④ 저관여도 상품에 대해 소비자는 자신과의 관련성이 높은 정보에는 주의를 기울이고, 그렇지 않은 정보에는 주의를 기울이지 않는 지각적 경계 현상이 나타나므로 표적 소비자와 유사한 모델을 사용할 때, 보다 깊게 정보처리를 하게 되어 효과가 높다.

01 다음 중 인적판매의 특징이 아닌 것은?

① 고객반응 파악
② 촉진활동과 동시에 판매의 완결
③ 예상고객 적중으로 낭비 최소화
④ 강력한 주의력
⑤ 교화양성

✎ 해설 ④ 판매촉진의 특성

02 광고와 홍보의 차이에 대한 설명으로 옳지 않은 것은?

① 광고는 대금을 지불하지만, 홍보는 무료이다.
② 광고는 광고주의 이름이 나타나지만, 홍보는 나타나지 않는다.
③ 광고는 주로 감정에 호소하지만, 홍보는 대중의 이성에 호소한다.
④ 광고는 각색이 가능하지만, 홍보는 불가능하다.
⑤ 홍보는 광고보다 훨씬 적은 비용으로 인지도를 높일 수 있다.

✎ 해설 ④ 광고와 홍보는 모두 각색이 가능하다.

03 다음 촉진전략에 관한 설명 중 옳은 것은?

① 산업재일수록 광고의 비중을 늘리고, 소비재일수록 인적 판매의 비중을 늘려야 한다.
② 광고전략은 기업의 마케팅전략과 별도로 독자적인 영역을 형성하여 기업특유의 하위 시스템을 이루어야 한다.
③ 광고예산설정법 가운데에서 경쟁자기준설정법은 과거의 역사적 자료와 마케팅코스트를 고려할 수 있는 장점을 가진 예산 설정법이다.
④ 광고효과를 측정하는 방법 중 커뮤니케이션효과는 판매효과에 비하여 광고의 직접적인 영향을 측정할 수 있는 반면, 측정방법에 있어서 외생변수를 통제할 수 없다는 단점을 가지고 있다.
⑤ 홍보는 광고와는 달리 광고료와 전파료를 부담하되 교육적 목적보다는 판매목적에 더 중점을 두고 있다.

정답 1④ 2④ 3④

04 최적 촉진믹스를 결정하기 위하여 고려하여야 할 요소에 대한 설명 중 옳지 않은 것은?

① PLC상 도입기에서는 광고와 홍보가 효과적이며 판매촉진도 시용을 장려하기 위해 실시된다.

② PLC상 성장기에서는 판매촉진보다는 인적 판매가 유용하다.

③ PLC상 성숙기에서는 판매촉진보다는 광고가 유용하다.

④ PLC상 성장기에서는 판매촉진의 효과가 감소하고, 쇠퇴기에서는 유용하다.

⑤ 시장의 범위가 넓을 때는 광고가, 좁을 때는 인적 판매가 유용하다.

해설 ③ 성숙기에서는 광고보다는 판매촉진의 역할이 증대된다.

05 정보원천(광고모델)이 수신자(소비자)의 광고메시지 수용도에 미치는 영향에 대한 다음의 설명 중 옳지 않은 것은?

① 모델이 신뢰성(credibility)있고 매력적(attractive)이며 권위적일수록 소비자들의 수용도가 높다.

② 정보원천이 권위적이면 순응화(compliance) 과정을 통해 수용도가 높아진다.

③ 광고모델의 신뢰도 효과는 제품에 대한 관여도가 낮은 소비자가 높은 소비자에 비해 더 강하게 나타난다.

④ 소비자가 광고메시지를 처리할 능력이 있고 강한 동기부여가 되어있다면, 모델의 매력도 보다는 신뢰성이 브랜드 태도형성에 더 효과적이다.

⑤ 유명인을 광고모델로 이용한 광고는 광고메시지를 적극적으로 처리하려는 소비자의 동기부여가 높을 때 특히 효과적이다.

해설 높은 때 → 낮을 때

모 델	소비자반응(태도)	수용도	광고모델 요건	해당모델
신뢰성 ↑	내면화 (internalization)	수용도 ↑	전문성, 진실성	전문가 모델 진실성확인 모델, CEO 모델
매력도 ↑	일체화 (identification)	수용도 ↑	유사성, 친숙성, 호감도	일반인 모델 유명인 모델
권위적 ↑	순응화(compliance)	수용도 ↑		

06 광고의 기술적 효과를 측정하는 방법 중 광고전 측정법에 해당되는 것은?

① recognition test   ② opinion test   ③ portfolio test

④ recall test   ⑤ experimental design

✏ 해설   광고의 기술적 효과 = 커뮤니케이션 효과
- ① 광고 전 측정법
  - ⓐ 직접평가법 : 소비자패널에게 광고를 보여주고 평가를 요청함
  - ⓑ 포트폴리오테스트 : 여러 광고물을 나누어 주고 일정시간 후에 기억하게 함
  - ⓒ 실험법 : 소비자의 맥박, 혈압 등 심리반응을 측정하기 위해 기계를 사용함
- ② 광고 후 측정법
  - ⓐ 회상테스트(recall test) : 광고물별 기억능력을 알아봄
  - ⓑ 재인식테스트(recognition test)
  - ⓒ 의견조사법(opinion test) : 잠재적 고객들에게 광고를 제시한 후 가장 흥미있는 광고를 고르게 함

07 광고효과의 측정방법에 대한 아래의 표의 빈칸에 해당하는 것은?

측정대상 ＼ 측정시기	사 전	사 후
커뮤니케이션효과	(A)	(B)
판매효과	(C)	(D)

	(A)	(B)	(C)	(D)
①	포트폴리오테스트	회상테스트	통계기법	시장실험법
②	직접평가	재인식테스트	시장실험법	통계기법
③	통계기법	의견조사법	시장실험법	직접평가
④	실험법	시장실험법	통계기법	의견조사법
⑤	재인식테스트	포트폴리오테스트	회상테스트	시장실험법

✏ 해설   A : 직접평가, 포트폴리오테스트, 실험법   B : 회상테스트, 재인식테스트, 의견조사법
        C : 시장실험법   D : 통계기법

08 구매의사결정 단계별 촉진믹스 요소의 효과를 측정했을 때 판매촉진의 효과가 가장 크게 나타나는 단계는?

① 문제인식   ② 정보탐색   ③ 대안평가

④ 구매   ⑤ 구매 후 행동

정답   6 ③   7 ②   8 ④

제8장 ▪ 인터넷마케팅

8.1 인터넷마케팅의 기초개념

(1) 인터넷마케팅의 의의

1) 인터넷마케팅 용어

① 전통적 마케팅 방식 : 오프라인마케팅, 브릭앤모타(brick-and-mortar)

② 인터넷마케팅 방식 : 온라인마케팅, e-marketing, 사이버마케팅, 클릭앤모뎀 (click-and-modem)

③ 온라인과 오프라인의 통합방식 : 클릭앤모타(click-and-mortar)

2) 인터넷시장의 유형

① B2B(business-to-business) : 기업간 거래가 이루어지는 시장 → 기업이 정부기관에 납품할 경우 B2G(business-to-government)

② B2C(business-to-consumer)

③ P2P(peer-to-peer) : 일반 소비자 간에 거래가 이루어지는 시장 → 경매, 벼룩시장, 구인 · 구직사이트 등이 있으며 eBay와 같이 제3자가 관여하게 된다.

④ C2B(consumer-to-business) : 소비자가 수요를 창출하여 그들의 요구 조건에 맞는 기업을 찾아 거래하는 경우로 역경매, 공동구매 등을 예로 들 수 있다.

● 도표 8-1 인터넷시장의 유형

		거래의 출발	
		기업(B)	소비자(C)
판매대상	기업(B)	B2B	C2B
	소비자(C)	B2C	P2P

● 도표 8-2 B2C와 B2B의 4P전략

	B2C	B2B
제 품	표준화	주문생산
가 격	정찰제	협상 or 입찰
유 통	중간상 활용	직접유통
촉 진	광고 중심	인적판매 중심

3) 인터넷 마케팅의 특징
① 시간-공간-정보의 무제한성
② 상호작용성
③ 측정 가능성
④ 경제성

(2) 마케팅 패러다임의 변화

1) 마케팅 목표 : 시장점유율(market share) → 고객점유율(customer share)
① 인터넷시장에서 시장점유율의 유지는 매우 어렵다.
   → 소비자의 전환비용이 매우 낮고, 인터넷시장의 진입장벽이 높지 않기 때문
② 기업에 이윤을 보다 많이 가져다주는 고객점유율이 더 중요하다.
   → 신규고객 유치보다는 기존고객 유지가 비용도 적고 이익도 높음
2) 마케팅 전략 : 대중/표적(mass/target) 마케팅 → 일대일(one to one) 마케팅
3) 마케팅 프로세스 : 거래(transaction) 마케팅 → 관계(relationship) 마케팅
4) 마케팅 커뮤니케이션 : 일방향(one-way) 커뮤니케이션 → 양방향(two-way) 커뮤니케이션

(3) 인터넷 마케팅의 성공요인(KSF) : Mohammed

1) 소비자 중심적인 철학
2) 통합적 마케팅 활용
3) 균형된 사고
4) 사업가 정신과 정열
5) 모험정신

8.2 인터넷마케팅의 환경분석

(1) 경제환경

1) 디지털경제의 특성

① 융합기능(convergence) : 여러 커뮤니케이션 기능들이 하나로 결합

② 네트워크 효과 : 한 경제주체의 산출가치가 다른 경제주체들의 수가 증가함에 따라 같이 증가

(2006 CPA)
★ 출제 Point
인터넷마케팅의 특징

③ 수확체증의 법칙(increasing return to scale) : 투입요소가 증가함에 따라 오히려 산출물이 증가 → 생산량의 증가에 따라 필요한 생산요소의 투입량이 점점 적어짐

2) 인터넷이 경제에 미치는 영향

① 성장 촉진

② 진입장벽의 완화

③ 비용 절감

④ 수요 증대

⑤ 물가 하락

⑥ 고용 증대

⑦ 소비형태의 변화

⑧ 개발도상국의 성장기회

(2) 기술적 환경

1) 통합정보시스템 : e-biz시스템과 기업의 기존 전산시스템을 연결하는 역할을 한다. → ERP, EDI, CALS 등

2) 보안기술 : 인증기술, 암호기술, 방어벽기술, 접근제어기술

3) 상거래지원기술 : 전자지불수단, 전자인증서

4) 전송기술

5) 컨텐츠 표현 기술 : XML(extensible markup language)

8.3 인터넷마케팅 전략

(1) 인터넷을 이용한 사업

1) 인터넷 서비스 사업(internet service provider : ISP)

2) 포털서비스 사업

3) 인터넷 관련 소프트웨어 사업

4) 컨텐츠 사업

(2) 인터넷마케팅 조사

1) 인터넷 정보시스템과 데이터베이스마케팅

인터넷 정보시스템은 정보수집, 정보보관, 정보분석, 정보활용 등의 기능을 담당한다.

🌑 도표 8-3 인터넷 정보시스템의 주요 분야

	온라인 조사	데이터베이스 마케팅	데이터 마이닝 OLAP	e-CRM
정보수집	○			
정보보관		○		
정보분석			○	
정보활용				○

2) 인터넷마케팅 조사

① 클릭스트림(click-stream) : 소비자들이 자사사이트에 들어와서 어떻게 활동하는지를 기록하는 것 → 로그파일에 담겨 있음

② 쿠키(cookie) : 소비자의 각 방문에 대한 상세한 자료를 기록한 파일로서 소비자의 재방문시, 소비자의 행태나 특성에 따라 차별적인 정보를 보여줌

🌑 도표 8-4 인터넷마케팅 조사기법

	인터넷 활용	인터넷 활용하지 않음
온라인 기업	클릭스트림, 쿠키, 문헌조사, 온라인 서베이, 온라인 표적집단 면접	오프라인 서베이, 표적집단 면접
오프라인 기업	온라인 서베이, 온라인 표적집단 면접	오프라인 서베이, 표적집단 면접

8.4 인터넷마케팅 4P 전략

(1) 제품관리

디지털 상품의 특징은 비소멸성, 수정용이성, 재생산용이성을 들 수 있다.

● 도표 8-5 물리적 상품과 디지털 상품의 비용구조

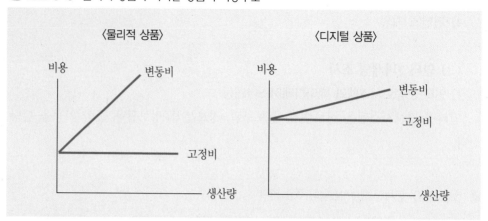

(2) 유통관리

1) 유통구조의 변화

① 주문생산시스템

② 중간상 배제와 새로운 중간상 등장

2) 인터넷 유통채널 갈등의 해소방안

① 채널기능의 차별화

② 표적시장의 차별화

③ 고객가치의 차별화

④ 채널 구성원 간의 협조

(3) 광고관리

1) 인터넷 광고의 유형

① 배너광고

② 리치미디어 광고 : 풍부한 스테레오 사운드와 멀티미디어를 적극 활용하고 광고주의 웹사이트로 연결되는 하이퍼링크를 가지는 광고

◈ 인터스티셜은 틈새를 의미한다.

③ 팝업광고

　　ⓐ 인터스티셜(interstitial) : 웹페이지가 바뀌는 중간에 삽입된 광고

　　ⓑ 수퍼스티셜(superstitial) : 이용자가 홈페이지에 접속시 광고를 컴퓨터의 임시 기억장치에 저장했다가 다른 홈페이지로 이동할 때 화려하게 나타나게 함

④ 스폰서십 광고

　　ⓐ 브랜드 콘텐츠형 광고 : 광고주의 브랜드가 어떤 사이트나 그의 일부를 후원

　　ⓑ 이벤트 프로모션형 광고 : 웹사이트가 실시하는 이벤트를 특정 광고주가 후원

　　ⓒ 애드버토리얼(advertorials)형 광고＝기사형 광고

ⓓ 소형 사이트(microsites)형 광고＝웹사이트의 콘텐츠들과 조화를 이루는 광
고물
⑤ 인터넷 액세스형 광고
ⓐ 이메일광고
ⓑ 채팅광고
ⓒ 키워드광고

2) 인터넷 광고효과 측정
① 히트(hit) : 방문자가 요청한 각 인터넷 페이지나 그래픽의 총 수
② 비지터/유저
ⓐ 비지터(visitor) : 사이트를 방문하는 각 개인
ⓑ 유저(user) : 적어도 한 번 이상 사이트를 방문한 사람
③ 비지트/세션(session) : 한 사용자가 특정 사이트에서 여러 페이지를 연속적으로
접속했을 때 이를 하나의 비지트 혹은 세션이라 함.
④ 페이지뷰, 익스포저, 임프레션
ⓐ 페이지뷰(page view) : 사이트가 방문자에게 제공한 페이지의 총 수
ⓑ 익스포저(exposure) : 각 방문자가 배너광고와 접촉한 횟수
ⓒ 임프레션(impression) : 웹 페이지에 게시된 배너광고에 노출된 방문자 수
⑤ 애드클릭, 클릭률, 클릭쓰루율, 듀레이션 타임
ⓐ 애드클릭(ad click) : 사용자들이 배너광고를 클릭한 총 횟수
ⓑ 클릭률(click rate) : 배너광고 페이지 본 사용자 중 광고 클릭한 사람의 비율
ⓒ 클릭쓰루율(click through rate, CTR) : 배너광고 포함 페이지 본 사용자 중
광고클릭하여 광고주 웹사이트로 옮겨간 사용자 수
ⓓ 듀레이션 타임 : 사용자가 특정 사이트에 머문 평균시간

(4) 판촉, PR관리
1) 판촉도구
① 샘플, 쿠폰, 가격할인, 리베이트, 보너스팩, 사은품, 경연과 추첨, 이벤트
② 공동마케팅
③ 체험마케팅
ⓐ 감각마케팅
ⓑ 감성마케팅
ⓒ 지성마케팅
ⓓ 행동마케팅
ⓔ 관계마케팅

④ 바이러스마케팅 : 소비자들의 구전(WOM)을 활용한 판매촉진
⑤ 커뮤니티 마케팅

2) PR의 주요수단
① 뉴스공지, 회견, 다양한 링크, 웹진, 온라인 커뮤니티, 공공 캠페인 활동
② 문화마케팅
    ⓐ 문화예술상품 마케팅
    ⓑ 소비자들의 문화예술활동 후원
③ PPL(products in placement)

(5) 가격관리

1) 인터넷 상품 가격에 대한 두 견해
① **오프라인보다 저렴해야 한다는 주장**
    ⓐ 고객들이 인터넷을 통해 많은 정보 수집을 하면 가격에 민감해진다.
    ⓑ 인터넷을 통한 직거래는 간접비를 줄이므로
    ⓒ 인터넷 상거래에서는 판매자와 구매자의 정보수준이 동일하기 때문
② **오프라인보다 비쌀 수 있다는 주장**
    ⓐ 인터넷은 고객에게 편리함이라는 부가가치를 제공하므로
    ⓑ 인터넷을 유통채널로 볼 때 고객의 구매 성향에 따라 유통채널마다 차별화
        된 가격을 책정할 수 있으므로

2) 가격민감도에의 영향요인

① 가치독특성효과 : 제품의 독특성은 가격민감도를 떨어뜨린다.
② 대체재인지효과 : 자사제품과 유사제품이 있을 경우 가격민감도는 높아진다.
③ 지불자 효과 : 지불자와 제품선택자가 다를 경우 선택자의 가격민감도는 떨어진다.
④ 가격-품질효과
⑤ 전환비용효과 : 전환비용이 높은 경우 가격민감도는 떨어진다.

3) 인터넷 고유의 변동가격전략
① **주문방식 가격제＝동적 가격제＝실시간 가격제**
    ⓐ 경매, 역경매, 주문제품제, 협상가격제, 공동구매제
    ⓑ 수확관리(yield management) 가격제 : 사용량에 따라 가격을 매김
② **차별화가격전략**
    ⓐ 세분화(segmented) 가격전략 : 소비자에 따라 가격 다르게 책정
    ⓑ 제품차별화(versioning) 가격전략 : 제품 차별화시켜서 가격 다르게 책정 →
        프리미엄가격전략

01

인터넷 마케팅에 관한 다음 설명 중 올바른 것으로만 구성된 것은?　　　(2006. CPA)

> a. 인터넷 마케팅의 발달로 실질적인 매스 카스터마이제이션(mass customization)이 가능하게 되었다.
> b. 인터넷 제품은 경험적 속성을 가진 정보제품이 주종이므로 수확체증의 법칙(returns to scale)이 발생한다.
> c. 인터넷쇼핑몰에서는 전환비용이 낮아 가격에 민감하기 때문에 저렴한 가격이 항상 유효한 가격전략이다.
> d. 인터넷 유통경로에서는 생산자와 소비자가 직접 거래를 하기 때문에 중간상 배제(disintermediation) 현상은 나타나지만 중간상 재창출(reintermediation) 현상은 나타나지 않는다.
> e. 인터넷광고와 촉진수단 못지 않게 인터넷 구전(word of mouse)의 효과가 커지고 있다.

① b, c, d　　　　　② a, b, e　　　　　③ c, d, e

④ a, d, e　　　　　⑤ b, c, e

✎ 해설　c. 인터넷쇼핑몰은 제품에 대한 충분한 정보를 제공할 수 있어, 고관여도 제품이나 차별화된 제품의 공급도 가능하다.
　　　　d. 인터넷 유통경로에서도 전문화된 다양한 site의 출현으로 중간상 재창출 현상이 나타나고 있다.

01 인터넷 마케팅에 관한 다음의 설명 중 옳지 않은 것은?

① 브릭앤모타에서 클릭앤모타로 개념이 바뀌었다.

② 마케팅 목표가 시장점유율에서 고객점유율로 바뀌었다.

③ 인터넷을 이용한 C2B 시장의 예로 역경매를 들 수 있다.

④ 디지털 상품의 특성은 소멸성, 수정 및 재생산의 곤란을 들 수 있다.

⑤ 디지털 상품은 물리적 상품에 비해 고정비가 높고 변동비가 낮다.

✎ 해설   ④ 디지털 상품의 특성은 비소멸성, 수정용이성, 재생산용이성을 들 수 있다.

02 인터넷 상품의 가격에 대한 다음의 설명 중 옳지 않은 것은?

① 가치독특성 효과 : 제품의 독특성은 가격민감도를 높인다.

② 대체재인지 효과 : 자사제품과 유사제품이 있을 때 가격민감도는 높아진다.

③ 지불자 효과 : 지불자와 선택자가 다를 경우 선택자의 가격민감도는 떨어진다.

④ 전환비용 효과 : 전환비용이 높을 경우 가격민감도는 떨어진다.

⑤ 수확관리 가격제 : 사용량에 따라 가격을 매기는 것이다.

✎ 해설   ① 제품의 독특성은 가격민감도를 떨어뜨린다.

제 **7** 편

경영정보시스템

경영정보시스템

출제경향분석

1. 출제빈도분석

그 동안의 기출문제를 살펴보면 경영정보시스템의 기초부분과 기업경영관련부분, 정보시스템 개발등이 다루어졌고, 깊이 있는 내용보다는 기본적인 분류나 순서 등이 출제되었다.

분 야	출제내용 및 연도	출제문항수
경영정보시스템의 기초	경영정보시스템의 의의(1993), 경영정보시스템의 구성요소 (1998), 소프트웨어의 분류(2000), 정보시스템의 변천과정 (1996), 관계형 데이터 모델(2007)	5
기업경영과 정보기술	DSS(1998), 전문가시스템(1997)	2
정보시스템개발	시스템개발수명주기(1996)	1

2. 수험대책

경영정보시스템분야는 정보기술적인 개념을 자세히 공부하기보다는 경영학 측면에서의 응용이 나, 경영학에의 공헌 · 영향 등에 초점을 두고 관련분야를 가볍게 준비하고, 중요 용어들을 정 리해두면 좋을 것이다.

경영정보시스템

기업경영과 정보기술

- 데이터베이스시스템
  - 구성요소 : 데이터베이스, DBMS, 데이터사전, 응용프로그램, 사용자

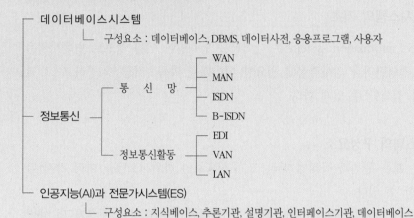

- 정보통신
  - 통 신 망
    - WAN
    - MAN
    - ISDN
    - B-ISDN
  - 정보통신활동
    - EDI
    - VAN
    - LAN

- 인공지능(AI)과 전문가시스템(ES)
  - 구성요소 : 지식베이스, 추론기관, 설명기관, 인터페이스기관, 데이터베이스

기업경영과 정보시스템

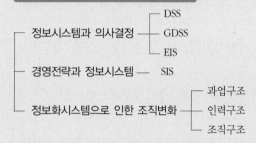

- 정보시스템과 의사결정
  - DSS
  - GDSS
  - EIS
- 경영전략과 정보시스템 ─ SIS
- 정보화시스템으로 인한 조직변화
  - 과업구조
  - 인력구조
  - 조직구조

정보시스템 개발

- 시스템개발 수명주기(SDLC)방법
  - 과 정 : 시스템 분석 → 시스템 설계 → 시스템 구현 → 시스템 지원
  - 문제점
- 정보공학(IE)
- 프로토타이핑방식
- 최종사용자 컴퓨팅(EUC)

정보시스템 평가

- 비용효과 분석
- 소프트웨어 품질평가 : ISO 9000-3

경영정보시스템

1. 경영정보시스템의 기초

정보시스템(IS : information system)은 데이터를 입력받아 이를 정보로 변화시키는 시스템이다. 즉, 경영관리나 의사결정에 필요한 데이터를 획득·저장·가공하고 그 결과를 제시하거나 검색할 수 있게 한다.

('98 CPA)

(1) 정보시스템의 구성요소

정보시스템은 보는 관점과 목적에 따라 그 구성요소인 하위시스템을 여러 가지 다른 형태로 분류할 수 있다.

1) 경영시스템의 하위시스템으로서의 분류 : 하드웨어, 소프트웨어, 사용자 및 개발자, 데이터베이스
2) 정보기술별 분류 : 하드웨어, 소프트웨어, 응용시스템, 통신시스템, 데이터베이스 시스템
3) 경영기능별 분류 : 마케팅정보시스템, 생산정보시스템, 인사정보시스템, 재무정보시스템, 회계정보시스템 등
4) 경영활동별 분류 : 거래처리시스템, 경영정보시스템, 중역정보시스템, 의사결정지원시스템, 전략정보시스템 등
5) 유용한 정보의 생산을 위한 정보시스템으로서의 분류 : 업무방식, 조직구성원, 정보기술

(2) 경영계층에 따른 정보시스템

1) 거래처리시스템

① 거래처리시스템(TPS : transaction processing system)은 조직의 정보처리시스템을 구성하는 가장 기본적인 정보시스템으로서 기업활동의 가장 기본적인 업무인 거래를 처리하며, 거래처리로부터 발생하는 데이터를 저장·관리한다.

② 거래처리시스템은 주로 일선업무를 수행하는 조직구성원이나 거래업무에 책임을 지는 하위관리층에 의해 사용된다.

③ 거래처리시스템은 표준화된 운영절차에 따라 데이터처리업무를 수행할 뿐, 문제해결이나 새로운 기회의 추구와 같은 의사결정을 지원하는 용도로는 사용되지

정보시스템의 종류	기　능	지원 업무의 정형화 정도	전형적인 사용자
TPS	거래처리를 통해 발생되는 데이터를 획득하고 저장	일상적인 업무로 표준화된 절차와 규정이 존재	거래처리를 담당하는 실무자와 하위관리층
MIS	경영관리에 필요한 정보를 제공	일상적인 성과측정 등의 구조화된 업무와 즉흥적인 정보요구와 같이 비정형적인 업무도 지원	중간관리층
EIS	최고경영자의 전략기획 업무를 지원	전략수립, 신사업타당성 조사 등과 같은 비정형화된 업무를 지원	최고경영층

않는다.

④ 거래처리시스템은 거래처리의 자동화를 통한 업무의 개선에 중점을 두었기 때문에 업무처리의 효율성을 높였지만, 정보를 종합하고 요약하며 보고서를 작성하는 경영관리 업무에는 큰 도움을 주지 못하였다.

2) 경영정보시스템

① 하위관리층의 업무를 감독하고 통제하며, 최고경영층의 의사결정에 필요한 정보를 제공하는 **중간관리층**의 경영관리 업무를 지원하는 정보시스템을 경영정보시스템이라 한다.

② 경영정보시스템(MIS : management information system)의 가장 기본적인 목적은 관리정보의 제공에 있다.

③ 즉, MIS는 각 부서별 업무현황 등과 같이 실무부서의 활동들을 관리하고 통제하기 위한 관리정보를 만들어 내며, 최고경영층에 보고될 주요 정보를 위한 기본자료를 제공한다.

('93 CPA)
★ 출제 Point
MIS의 정의 및 역할

3) 중역정보시스템

① 중역정보시스템(EIS : executive information system)은 **최고경영층**의 전략적 기획과 각종 의사결정과 같은 **경영활동에 필요한 정보**를 제공하는 시스템이다.

② 일반적으로 최고경영층은 회사의 전략적인 목적을 수립하는 역할을 담당하기 때문에 상세한 업무 데이터보다는 필요에 의해 걸러지고 요약된 정보, 즉 조직의 전략적 목적을 달성할 수 있는 결정적인 요인들에 관한 정보를 제공한다.

('96 CPA)
★ 출제 Point
기업정보시스템의 변천과정

정보에 대한 인식	정보시스템	지원업무의 정형화 정도
필요악 (1950~60년대)	TPS	거래와 업무처리에 발생한 데이터 처리의 효율성 증대
보고 및 통제의 수단 (1960~70년대)	MIS	효과적인 경영관리를 위한 효율적인 정보 보고
의사결정의 기본자료 (1970~80년대)	DSS	효과적인 의사결정에 필요한 정보의 제공
전략적 자원, 경쟁무기 (1980~90년대)	SIS	경쟁우위의 획득과 유지 전략경영의 지원

(3) 의사결정지원시스템(DSS)과 전략정보시스템(SIS)

1) 의사결정지원시스템

('98 CPA)
★출제 Point
DSS의 의의 및 주요내용

① 필요성 : 기업경영에 있어서 컴퓨터의 활용은 단순한 업무의 자동화나 필요정보의 제공이라는 차원을 넘어 경영관리자의 **의사결정을 도와주는 영역으로까지** 확대되고 있다. → 이러한 정보시스템을 의사결정지원시스템(DSS : decision support system)이라 한다.

② DSS는 의사결정에 필요한 계량적인 기법이나 통계적인 기법을 컴퓨터에 저장하여 의사결정 대안들을 비교·검토하거나 의사결정에 필요한 정보를 제공하고자 하는 것이다.

2) 전략정보시스템

① 정보기술을 조직의 **전략수행이나 경쟁우위 확보를 위해 활용**하고자 하는 정보시스템을 전략정보시스템(SIS : strategic information system)이라 한다.

② 즉 SIS는 정보시스템의 활용가치를 전략적인 시각에서 조명하여 목표달성과 경쟁우위의 획득 및 유지를 위해 정보시스템을 실행수단으로 활용하고자 하는 것이다.

(4) 정보화 투자의 증가로 야기되는 문제점

◈ 기업은 능력과 환경에 적절한 투자계획을 수립하여 무분별한 투자낭비를 피할 수 있는 노력을 기울여야 한다.

최근 각 기업들은 경쟁력을 유지하기 위한 방법으로 과감한 정보화 투자를 행하고 있다. 그러나 이러한 정보화 투자의 증가는 기업으로 하여금 과다한 고정투자비용을 야기하게 되고 오히려 경쟁력에 위협을 주는 요소로 작용하게 되기도 한다.

사용자	응용프로그램	데이터사전	데이터베이스 관리시스템	데이터베이스
최 종 사용자	프로그램 #1	데이터 요 소 사 전	데이터 정 의 언 어	
	프로그램 #2			
	프로그램 #3		데이터 처 리 언 어	데이터
	·	절 차 사 전		
데이터 베이스 관리자	·			
	·			
	프로그램 #N	개 발 사 전	질의어	

2. 기업경영과 정보기술

(1) 데이터베이스시스템

1) 전통적인 파일처리방식

① 의 의

ⓐ 데이터를 저장하고 필요한 형태로 처리하는 기술로는 데이터베이스 시스템 이외에 좀더 전통적인 방법으로서 파일처리방식이 있다.

ⓑ 전통적인 파일처리방식에서는 정보시스템을 설계·구현할 때 기업, 혹은 기타 조직의 각 부서에서 필요한 데이터처리에 초점을 맞추어, 각각의 고유업무에 따라 별개의 데이터파일을 구축한다.

② 문제점

따라서 데이터의 중복, 일관성 없는 데이터, 경직성, 데이터 공유의 제한, 표준화 결여, 프로그래머 생산성 저하, 그리고 프로그램 유지보수의 어려움 등의 단점을 갖고 있다.

2) 데이터베이스 방식

① 데이터베이스(DB)

ⓐ 데이터베이스(database)란 데이터의 **중복성**을 **최소화**하면서, 조직에서의 다양한 정보요구를 충족시킬 수 있도록 상호관련된 데이터를 모아놓은 데이터의 통합된 집합체를 말한다.

ⓑ 데이터베이스는 파일처리방식에서 각 프로그램에 의해 독립적으로 관리되던 파일들을 통합하여 응용프로그램과 독립적으로 구성하므로 **다양한 사용자와 응용프로그램들이 데이터를 공유**할 수 있도록 한다.

② 데이터베이스관리시스템(DBMS)
ⓐ 데이터베이스의 독립성과 다양한 사용자에 의한 공유는 데이터베이스관리시스템(DBMS : database management system)이라는 소프트웨어를 통해 가능하다.
ⓑ 데이터베이스관리시스템은 데이터를 입력하고, 처리하며, 출력하는 과정을 간단하면서도 표준화된 체계와 자연어에 가까운 고급언어로 지원하며, 그 외 데이터베이스의 유지 및 관리에 필요한 기능을 수행한다.
③ 데이터베이스시스템의 구성요소
데이터베이스시스템은 ⓐ 데이터를 요구하고 관리하는 '사용자', ⓑ 데이터를 사용자의 요구에 맞게 처리하여 주는 '응용프로그램', ⓒ 데이터에 대한 정보를 저장하는 '데이터사전', ⓓ 데이터베이스를 관리하는 소프트웨어인 '데이터베이스관리시스템(DBMS)', 그리고 ⓔ 데이터가 물리적으로 저장되는 '데이터베이스'로 구성된다.

3) 데이터베이스의 설계
① 개념적 설계
ⓐ 기업모형(enterprise model) : 기업의 주요 비즈니스 프로세스들을 정의
ⓑ 개체관계도 : 비즈니스 프로세스에 속한 비즈니스 개체들 간의 관계를 정의
ⓒ 논리모형(logical data model) : 데이터 요소들의 정의 및 데이터 요소들 간의 관계를 정의
② 물리적 설계

4) 논리적 데이터 모형
① 계층형(hierarchical) 데이터 모형

('2007 CPA)
★ 출제 Point
논리형 데이터
모형의 비교

ⓐ 데이터 요소들 간의 관계가 나무와 유사한 모형으로 표현된다.
ⓑ 가장 단순한 데이터 구조이다.
ⓒ 각 데이터 레코드가 한 개 이상의 자식노드를 가질 수 있으나 부모노드는 오직 한 개만 갖는다.
② 망형(network) 데이터 모형
ⓐ 계층형과 매우 유사하지만 더 복잡한 구조이다.
ⓑ 하나 이상의 부모노드를 허용한다.
ⓒ 장점 : 기업의 복잡한 비즈니스 관계를 유연성 있게 표현할 수 있다.
ⓓ 단점 : 데이터의 중복성 및 데이터 열람이 늦어지는 문제가 있다.
③ 관계형(relational) 데이터 모형
ⓐ 데이터가 모두 2차원적인 표(table)로 표현된다.

ⓑ 행과 열이 만나는 곳에 데이터 값을 표시하는 구조이다.

ⓒ 대부분 기업들에 의해 사용되는 가장 보편적인 모형이다.

ⓓ 장점 : 데이터의 조작과 열람이 용이하다.

ⓔ 단점 : 전반적인 설계와 구현이 복잡하고, 열람도 느려질 수 있으며, 데이터 무결성 문제가 대두될 수 있다.

④ 객체 지향형(object-oriented) 데이터 모형

ⓐ 객체의 캡슐화(encapsulation) 특성이 있다.

ⓑ 캡슐화란 데이터 값들과 데이터를 대상으로 처리 방법을 함께 저장하는 것을 말한다.

ⓒ 데이터 조작실행에 필요한 데이터와 처리절차가 모두 한 객체 안에 존재하므로 멀티미디어 환경에 적합하다.

Key Point ▶ 객체 지향형 데이터베이스

관계형 데이터베이스는 서로 다른 표의 데이터를 함께 결합시켜 복잡한 질의어에 대한 정보를 찾으므로 처리시간이 많이 소요되지만, 객체지향형 데이터베이스는 복잡한 데이터 구조들도 객체로 취급하여 상호 연결이 가능하기 때문에 데이터 관리의 효율성이 높다.

● 도표 7-4 계층형 데이터 모형과 망형 데이터 모형

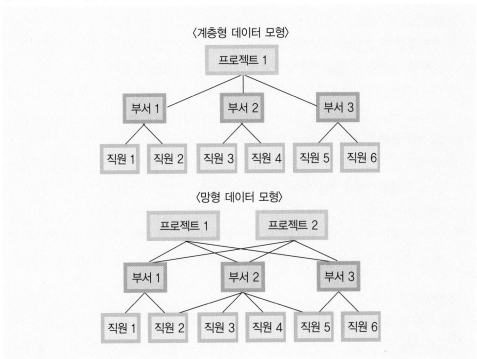

ⓓ 객체지향형 데이터 모형에 의존하는 데이터베이스로는 멀티미디어 데이터베이스와 하이퍼미디어 데이터베이스가 있다.

5) 데이터 웨어 하우징 : 데이터 분석에 대한 새로운 기법을 통해 새로운 비즈니스 기회를 모색하려는 전략적 도구
① 데이터 웨어하우스(data warehouse)는 전사적 관점에서 다양한 데이터들을 통합함으로써 데이터 분석을 가능하게 하는 것이다.
② 데이터 마트(data mart)는 데이터 웨어하우스의 하위 개념으로 각 부서에 데이터 웨어하우스 개념을 적용하는 것이다.
③ 데이터 마이닝은 데이터를 분석하고 그 분석 결과에 기초하여 비즈니스 기회를 탐색하는 것이다.

(2) 정보통신

1) 정보통신의 개념과 발전과정

정보통신이란 정보의 수집, 가공, 처리, 전달에 관련된 일련의 과정으로 ① 전화와 같이 음성의 전달을 위한 전기통신, ② 컴퓨터에서 생성하는 데이터의 교환을 위한 데이터통신, ③ 컴퓨터 간의 상호연결을 통하여 자원을 공유하고 업무의 분산적인 처리를 가능하게 하는 컴퓨터통신, ④ 컴퓨터와 통신기술의 발전과 결합으로 다양한 형태의 정보를 고속, 대용량으로 전달하는 고도의 정보통신으로 발전하고 있다.

2) 정보통신의 역할

① 정보통신은 값비싼 정보자원의 공유를 가능하게 하여 정보시스템에 대한 투자가치를 높여주고 정보자원의 효율적인 활용을 가능하게 한다.
② 데이터베이스나 컴퓨터와 같은 기기들이 통신망에 연결되므로, 일부 기기가 고장나더라도 다른 경로를 통하여 다른 데이터베이스에 접근하거나 다른 컴퓨터의 처리능력을 이용할 수 있게 한다.
③ 컴퓨터 등 정보처리기기에 비해 정보통신회선의 사용비용이 상대적으로 저렴하므로 정보통신망을 활용하여 정보처리비용을 절감할 수 있다.
④ 통신망은 조직 내의 수평적 · 수직적 의사소통을 원활하게 한다.
⑤ 업무의 처리에 있어서 거리와 시간상의 지연에 의한 제약을 감소시킴으로써 업무의 효율성과 효과성을 높여주며 궁극적으로 경쟁적 우위를 확보하게 해준다.

3) 통신망의 종류

전송거리가 멀거나 통신상대가 많은 경우 가능한 전송경로를 모두 통신회선으로 직접 연결하게 되면 많은 비용과 장비가 소요된다. 이런 문제를 해결하기 위해 통신망(communication network)을 구성하고 통신을 원하는 주체들은 모두 통신망에 접속

시켜 통신을 매개하게 된다.

통신망은 분류기준에 따라 다양하게 나눌 수 있으며, 기술의 발전에 따라 새로운 개념의 통신망이 나타나고 있다.

대표적인 통신망으로는 LAN(근거리통신망 : local area network), WAN, MAN, ISDN 등이 있다.

① 원거리 통신망(WAN : wide area network)

근거리 통신망(LAN)과 대비하여 보다 넓은 지역에 걸쳐 구현된 통신망을 말하며, 근거리 통신망을 서로 연결하거나 근거리 통신망과 공중통신망을 연결하여 구현된다.

② 광대역지역 정보통신망(MAN : metropolitan area network)

근거리 통신망의 보급이 점차 확산되면서 지역적으로 산재한 근거리 통신망을 상호 접속하기 위하여 탄생한 새로운 개념의 통신망이다.

③ ISDN

ⓐ 전화를 포함한 다양한 종류의 서비스를 디지틀 전송방식으로 통합하여 제공하고자 하는 새로운 개념의 통신망을 종합정보통신망(ISDN : integrated services digital network)이라 한다.

ⓑ ISDN은 통신망에서의 정보전송과 처리를 디지틀화하기 때문에 정보전송의 신속성과 신뢰성을 향상시킬 수 있으며, 날로 다양화되어 가는 통신서비스(즉, TV, 전화 Fax, 컴퓨터 등)를 하나의 통신망에 의해 종합적으로 제공할 수 있는 장점이 있다.

④ 광대역 종합정보통신망(B-ISDN : broadband integrated services digital network)

기존의 전화망, 사설망, 방송망 그리고 ISDN에서 제공하는 기능을 포괄하면서 고속의 광대역 영상통신서비스까지 제한없이 처리할 수 있는 통합된 통신망을 말한다.

4) 정보통신의 활용

과거 워드프로세싱이나 간단한 종류의 업무처리용에 머물던 소형컴퓨터가 통신기술과 결합되어 적은 비용으로 조직의 정보자원을 공유할 수 있게 되었다. 그리고 많은 시간과 비용을 요하는 출장업무들이 원격영상회의로 대체되고 있다. 심지어 업무를 수행하기 위해서는 반드시 회사에 출근해야 한다는 개념도 바뀌고 있다. 통신기술을 활용함으로써 재택근무가 가능해졌기 때문이다. 사람이나 서류가 직접 오가던 고객이나 공급처와의 거래 또한 통신매체를 이용하여 자동화되고 있다. 이러한 정보통신의 활동은 지금까지의 기업활동방식은 물론 조직구성원의 의식과 조직의 형태까지 변화시키고 있다.

기업경영에 적용되고 있는 정보통신기술의 대표적인 활용예로는 EDI, VAN, LAN 등을 들 수 있다.

● 도표 7-5 기업경영에서 정보통신의 활용

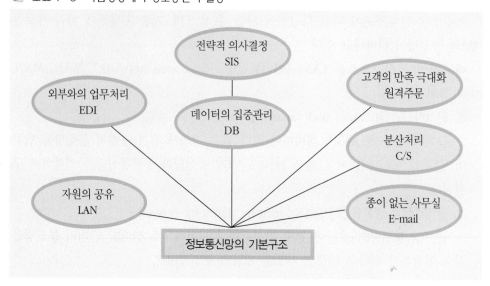

① **전자문서교환**(EDI : electronic data interchange)
  ⓐ EDI란 기업간에 교환되는 거래서식을 컴퓨터로 작성하고 통신망을 이용하여 직접 전송하는 정보교환방식을 의미한다.
  ⓑ EDI를 이용하면 지금까지 종이형태의 문서에 기록하고 서명한 다음, 우편을 통해 전달되던 각종주문서, 송장, 지불명세서 등이 데이터통신망을 통해 전자적으로 전송되고 처리된다.
  ⓒ EDI가 이루어지기 위해서는 거래문서에 대해 통용될 수 있는 표준양식이 정해져야 하며, 이를 통해 전달되는 데이터의 형식이 통일되어야 한다.
  ⓓ EDI를 도입함으로써 얻을 수 있는 이점으로는 **기존의 문서교환방식에서 발생하던 전달의 지연과 우편배달상의 불확실성을 제거**할 수 있다는 것을 들 수 있다.

② **부가가치통신망**(VAN)
  ⓐ 부가가치통신이란 회선을 직접 보유하거나 통신사업자의 회선을 임차하여 음성 혹은 데이터 정보의 축적, 가공, 전송, 처리 등의 서비스를 제공하는 것을 말한다.
  ⓑ 즉 기존의 통신망을 이용하여 일반 국민이나 기업들에게 정보 전송이나 처리 등을 대신 해주는 사업을 부가가치통신, 혹은 부가통신이라고 하며, **데이터의 전송에만 사용되던 통신망의 가치를 높인다**는 의미에서 부가가치통신망(VAN : value added network)이라고 부른다.
  ⓒ 기업의 정보시스템 구축시에 먼거리에 있는 본사와 지사를 연결해야 하는 경우 자체망을 구축하는 것은 매우 많은 자원이 소요되며, 그렇게 많은 양

의 정보가 교환되지 않는다면 투자에 대한 효용이 크지 않을 수 있다. →
더 나아가 기업은 정보시스템의 핵심만을 직접 유지·관리하고 나머지 부분
은 부가통신망에 위탁할 수 있게 된다.

ⓓ 그리하여 기업이 정보관리부분의 비대화를 방지할 수 있으며, 기업은 본래
의 업무를 수행함으로써 많은 부분에서 업무의 효율성을 얻을 수 있다.

③ **근거리통신망**(LAN : local area network)

ⓐ LAN이란 큰 건물이나 인접된 지역 내에서 다수의 독립된 컴퓨터들이 서로
정보를 교환할 수 있도록 구성한 통신망을 말한다.

ⓑ 즉 부문단위에서 개별적으로 사용되던 여러 대의 컴퓨터들을 서로 연결함으
로써 프린터나 모뎀 등과 같은 하드웨어는 물론 프로그램이나 데이터와 같
은 소프트웨어 자원을 공유할 수 있도록 하여 효율성을 증가시키게 된다.

(3) 인공지능과 전문가시스템

1) 인공지능

① 지능을 기계로 실현하고자 하는 연구분야를 인공지능(AI : artificial intelligence)
이라 한다.

② 인공지능은 컴퓨터언어로 프로그래밍되어 컴퓨터에 구현되어야 하므로 일반 소
프트웨어의 개발과 마찬가지로 컴퓨터언어와 언어의 구현환경을 기본도구로 하
며, 연구분야는 기초연구분야와 활용연구분야로 구분된다.

ⓐ 기초연구분야는 지능의 기계화에 필요한 기본개념과 이론을 제공하는 분야
를 말한다.

ⓑ 활용분야로는 경영의사결정, 의료진단, 화학, 교육, 수학, 게임 등에서의 교육

● 도표 7-6 인공지능의 연구영역

적 지식을 응용하는 분야와 언어나 영상인식 등과 같이 본능적 지식을 응용하는 분야가 있다.

2) 전문가시스템

① 인공지능의 활용분야 중 기업경영에 있어서 가장 성공적인 분야로는 전문가시스템이 있다.

② 전문가시스템(ES : Expert System)은 특정 전문분야에서 전문가의 축적된 경험과 전문지식을 시스템화하여 의사결정을 지원하거나 자동화하는 정보시스템을 말한다.

('97 CPA)
★ 출제 Point
전문가시스템의 구성요소

③ 전문가시스템은 ⓐ 전문지식을 컴퓨터가 이해할 수 있는 형태로 표현하고 저장하는 지식베이스(KB : knowledge base), ⓑ 저장된 지식에 근거하여 추론을 수행하는 추론기관(IE : inference engine), ⓒ 추론과정을 설명하는 설명기관(explanation unit), ⓓ 사용자와 시스템 간의 인터페이스를 가능하게 해주는 인터페이스기관(UIU : user interface unit), 그리고 ⓔ 데이터베이스로 구성된다.

④ **장 점**

  ⓐ 전문가시스템을 구현하게 되면, 과학적 방법이나 경험적 지식만으로는 해결되지 못했던 문제나, 해결하기 어려웠던 문제를 해결할 수 있으며 여러 전문가나 전문가 집단의 전문성을 시스템으로 보존하기 때문에, 한 두명의 전문가보다는 더 좋은 의사결정의 성과를 거둘 수 있다.

  ⓑ 또한 신속하고, 논리적이고, 일관성이 있으며, 여러 명의 전문가의 지식을 보유할 수 있고 과로나 스트레스에 영향을 받지 않는다.

● 도표 7-7 전문가시스템의 구성

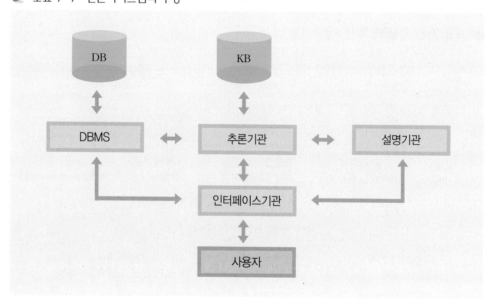

© 그리고 전문가의 지식을 보존할 뿐만 아니라 재생산할 수도 있어 조직의 전문성을 향상시키고 확산하는 데 기여한다. → 즉 전문가시스템을 새로운 조직구성원의 훈련도구로 활용하여 조직에 빨리 적응하도록 도와줄 수 있다.

3. 기업경영과 정보시스템

(1) 정보시스템과 경영관리

1) 경영관리란 기업의 목적달성을 위해 제한된 인적 · 물적자원을 효율적으로 활용하고자 하는 노력으로 plan → do → see의 순환과정을 거친다.

2) 경영관리를 계층별로 나누어 보면 전략기획, 관리통제, 운영통제로 나눌 수 있는데, 계층별 경영관리를 지원하는 정보시스템으로는 중역정보시스템(EIS), 경영정보시스템(MIS), 거래처리시스템(TPS) 등이 있다.

(2) 정보시스템과 의사결정

1) DSS

최근 기업경영에 있어서 컴퓨터의 활용은 단순한 업무의 자동화나 필요정보의 제공 차원을 넘어 경영관리자의 의사결정을 도와주는 영역으로까지 확대되고 있는데, 이러한 정보시스템을 **의사결정지원시스템**(DSS : decision support system)이라 한다.

('98 CPA)
★ 출제 Point
DSS의 의의 및 주요내용

2) GDSS

① 필요성

ⓐ 효과적인 관리기능을 수행하는데 있어서 개별적인 의사결정자를 지원하는 것도 중요하지만 경영환경의 복잡성으로 인해 많은 경우 전문성을 가진 집

● 도표 7-8 경영관리수준과 의사결정 유형에 따른 업무와 정보시스템의 예

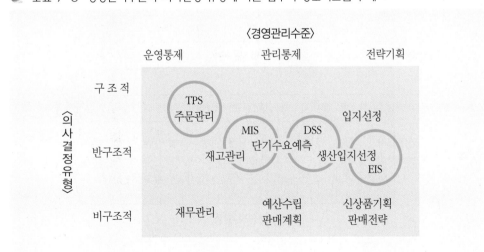

단에 의하여 의사결정이 이루어지므로 이들을 어떻게 효과적으로 지원하는 가가 중요한 문제로 대두되고 있다.

  ⓑ 현대의 기업이 처한 의사결정환경의 복잡성과 불확실성으로 인하여 정보의 공유가 절대적으로 필요하게 되고, 그러한 회의에 요구되는 시간은 급증하고 있지만 경영관리활동에 할애할 수 있는 경영관리자의 시간은 점차 감소되고 있다. → 이러한 시간활용의 불균형 해소와 집단의 의견조율을 위해서는 정보기술을 이용한 새로운 의사결정 도구가 요구된다.

② **목 적**

  집단의사결정지원시스템(GDSS : group decision support system)은 2인 이상의 구성원으로 이루어진 집단의 의사결정을 지원하는 것을 목적으로 하고 있다.

③ **의 의**

  GDSS는 집단이 회의를 함에 있어서 의사소통시 발생하는 일반적인 장애요소들을 제거하고, 의사결정에 필요한 각종 분석기법을 제공하며, 토론의 양상과 내용의 방향을 체계적으로 정리하고 통제하기 위해서 통신, 컴퓨터, 그리고 의사결정기술이 통합된 시스템이라고 정의할 수 있다.

3) EIS

① 기업의 성과에 절대적인 기업 내·외부의 정보를 중역이 쉽게 접근하여 의사결정에 활용할 수 있도록 설계한 정보시스템을 **중역정보시스템**(EIS : executive information system)이라 한다.

② 중역정보시스템은 사용하기 쉽고, 이해하기 쉬우며, 내용을 분석적으로 검토할 수 있는 기능을 제공할 수 있어야 한다.

● 도표 7-9 가치사슬과 정보기술의 전략적 활용

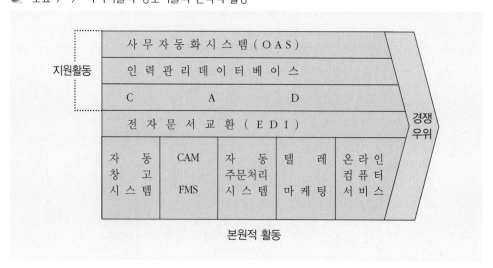

③ 키보드보다는 마우스를, 복잡한 명령문보다는 쉬운 메뉴방식을, 표보다는 그래 프로, 단편적인 내용보다는 문제점과 원인을 분석할 수 있는 정보제공체계를 갖추는 것이 요구된다.

(3) 경쟁전략과 정보시스템

1) 정보기술을 조직의 전략수행이나 경쟁우위확보를 위해 활용하고자 하는 정보시 스템을 **전략정보시스템**(SIS : strategic information system)이라 한다.

2) 즉, 정보시스템의 활용가치를 전략적인 시각에서 조명하여 목표달성과 경쟁우위 의 획득 및 유지를 위해 정보시스템을 실행수단으로 활용하고자 하는 것이다.

3) SIS는 기업의 경쟁우위를 확보하기 위해 각 가치활동별로 다양한 정보시스템이 활용될 수 있다.

(4) 정보시스템으로 인한 조직의 변화

1) 과업구조와 정보시스템

① 정보시스템의 도입은 과업구조와 경영관리과정에 상당한 영향을 미치게 된다.

② 정보시스템이 도입되면 복잡한 과정을 거쳐 수행되던 업무는 보다 **단순화되고, 표준화되며, 통합화**된다.

③ 또한 정보시스템은 조직구성원이 담당하는 과업의 처리방식에 변화를 가져옴으 로써 궁극적으로 조직의 과업구조를 변화시킨다.

④ 과업구조의 변화는 크게 두가지 형태로 이루어지는데 ⓐ 단순반복적인 과업이 감소되며, ⓑ 대인접촉보다는 컴퓨터접촉을 주로 하는 업무가 증가한다.

2) 인력구조와 정보시스템

① 정보시스템의 도입은 특히 중간관리계층의 인력구조에 많은 영향을 미친다.

● 도표 7-10 경영계층에 따른 정보시스템의 비교

구 분	경영정보시스템	전략정보시스템
기본적 사고	관리적 사고	전략적 사고
기술적 개념	정보기술	정보기술과 경쟁전략의 결합
시스템 범위	내부시스템 중심	외부시스템과의 연결
투자개념	비용 지출형	자본 투자형
투자기대	저위험, 저수익	고위험, 고수익
시스템 개발사고	업무처리 중심	정보중심
시스템 목적	효율성	효과성
기대효과	경비절감, 인력절감	경쟁우위확보, 부가가치 창출
추진주체	시스템 개발자 및 사용자 중심	전략개발자 중심
최고책임자	시스템부문 책임자	정보담당임원

② 일선업무의 감독과 경영층에 대한 정보의 제공과 같은 기능이 정보시스템에 의해 대체되거나 훨씬 효율적으로 지원되면서 **점차 중간관리자의 역할과 기능이 줄어들게 된다.** → 이런 경우 중간관리자의 수가 줄어들거나 전문화되어 라인으로부터 이탈하는 인력구조의 변화가 발생한다.

3) 조직구조와 정보시스템

조직구조에 대한 영향으로는 크게 조직계층의 수평화, 전문화, 집권화 또는 분권화로 나누어 볼 수 있다.

① 조직계층의 수평화란 정보시스템이 도입됨으로써 상당부분의 정보처리가 컴퓨터로 처리되고, 상위층과 하위층간의 의사소통이 향상됨에 따라 중간관리자의 역할이 축소됨으로써 조직계층은 보다 수평적으로 변화됨을 의미한다.

② 전문화란 정보시스템이 도입되면 조직구성원의 단순반복 업무는 시스템으로 대체되고 조직구성원은 좀더 창의적이고 전문적인 업무에 치중하게 된다는 것이다.

③ 그리고 정보시스템의 도입으로 업무의 중앙집중처리가 가능해져 집권화가 강화된다는 견해와, 정보시스템을 통해 조정과 통제가 효과적으로 이루어질 수 있게 됨에 따라 분권화가 강화된다는 상반된 견해가 존재한다.

4. 정보시스템의 개발

(1) 시스템개발 수명주기(SDLC) 방법

1) SDLC 방법의 의의

① 정보시스템에 대한 개발계획이 경영층에 의해 승인되고 우선순위에 따라 시스템개발이 추진될 때, 기업은 어떠한 방식으로 시스템을 개발한 것인지를 결정해야 한다.

② 조직 차원에서 비교적 정형화된 업무를 위해 정보시스템을 개발하는 경우 가장 많이 이용되는 방법으로 시스템개발 수명주기(SDLC : system development life cycle) 방법론을 들 수 있다.

2) SDLC 방법의 과정

① SDLC는 일반적으로 ⓐ 필요한 시스템의 사양을 파악하는 시스템 분석(system analysis)과정, ⓑ 요구된 사항들을 시스템으로 구현하기 위한 시스템 설계(system design)과정, ⓒ 설계된 시스템 내역을 프로그램으로 개발하는 시스템 구현(system implementation)과정, 그리고 ⓓ 개발된 시스템을 유지보수하고 개선하는 시스템 지원(system support)과정으로 구성된다.

('96 CPA)
★ 출제 Point
SDLC의 과정

② 각 단계에서 완성해야 할 작업이 있고, 그 작업의 결과는 다음 단계의 입력요소로 활용된다.

● 도표 7-11 SDLC의 단계별 과정

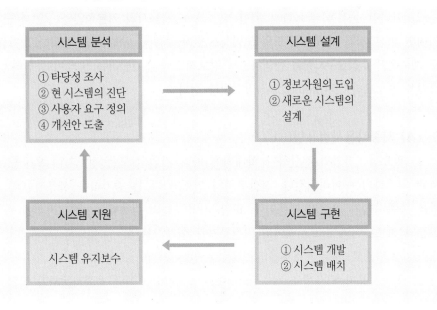

3) SDLC 방법의 문제점

① SDLC 방식은 개발과정의 연속, 장시간의 개발기간, 과다한 비용, 많은 인력이 소요되는 문제가 있다.

② 또한 개발대상업무도 조직의 기본적이고 **정형화된 업무만을 대상으로** 하기 때문에 많은 한계를 가지고 있다.

(2) 정보공학(IE)

1) 필요성 : 기존의 SDLC 방식은 업무 프로세스를 대상으로 하는 개발방법론이다. 그러나 기업의 업무는 환경과 전략의 변화에 따라 계속적으로 변화하게 되어 개발된 시스템의 과다한 유지보수 비용을 유발하게 된다.

◈ 정보공학은 기업전략을 기반으로 정보시스템을 기획, 분석, 설계, 구현하는 통합적인 개발방법론이다.

2) 이에 따라 **업무 프로세스보다는 정보를 중심으로 한 새로운 개발기법이** 소개되고 있는데, 이 중의 하나가 정보공학(IE : information engineering)이다.

(3) 프로토타이핑 방식

1) 필요성 : SDLC 방식에서는 요구내용을 수정하거나 개발과정의 전단계에서 발생한 문제점을 수정하기 위해 현재의 개발단계까지 수행하여 온 많은 개발노력을 되풀이하여야 한다. 이러한 문제는 개발기간을 지연시키고 개발비용을 증가시키는 중요한 요인으로 SDLC의 단점으로 지적되고 있다.

특히, 복잡하거나 계속적으로 변화하는 업무를 대상으로 시스템을 개발하는 경우나 사용자가 요구사항을 정확하게 표현하지 못하여 개발 중 수정의 가능성이 높은 경우 이런 문제는 더욱 심각하게 발생한다.

   2) 이러한 문제를 극복하기 위한 방법으로, **사용자의 기본적인 요구만을 반영하여 최대한 빠른 시간 내에 소규모의 모형시스템(prototype system)을 개발하고 이를 토대로 계속적인 수정요구사항을 반영하면서 정보시스템을 개발하는 방식**이 등장하였다. 이 방식을 프로토타이핑(prototyping)방식이라 한다.

(4) 최종사용자컴퓨팅(EUC)

   1) 필요성 : 기업의 전산화가 확대됨에 따라 기업의 모든 정보처리 요구를 전산부서에 의존하기는 어려워졌다. 전산부서의 인력만으로는 증가하는 사용자들의 요구사항을 충족시키기 어렵기 때문이다. 또한, 사용자들의 컴퓨터에 관한 지식이 증가하고 컴퓨터 하드웨어와 소프트웨어도 비전문가가 쉽게 사용할 수 있도록 개발되어 사용자 스스로가 필요로 하는 시스템을 개발할 수 있는 환경이 조성되고 있다.

   2) 최종사용자 컴퓨팅(EUC : end-user computing)이란 **최종사용자가 직접 필요한 응용시스템을 개발하여 사용하고 이를 계속적으로 개선해 나가는 시스템 개발방식**을 말한다.

5. 정보시스템의 평가

(1) 의 의

   정보시스템의 평가란 정보시스템의 개발 및 도입, 운영 그리고 정보자원의 관리에 관한 업무들이 사전에 설정된 목표 또는 계획대로 수행되고 있는가를 확인하고 분석하는 것을 말한다.

(2) 기 법

   1) 정보시스템의 평가는 주로 **비용효과분석과 소프트웨어 품질의 평가**를 통해 실시된다.

   2) 비용효과분석(cost benefit analysis)

   ① 투자에 따르는 비용과 투자의 결과 얻게 되는 이익이나 효과를 비교분석하는 계량화된 기법을 말한다.

   ② 정보시스템 평가에서의 비용효과분석은 투자대상인 정보시스템을 구축하고 운용하는 데 소요되는 비용과 정보시스템 구축으로 인한 경영성과의 향상효과를 측정하고 비교하는 것을 말한다.

   3) 소프트웨어 품질의 평가

   ① 정보시스템을 구성하는 요소 중 소프트웨어는 표준화가 가장 어렵고 이에 따라 평가 또한 일관성 있는 방법을 적용하기가 어려운 분야로 인식되고 있다. →

그러나 최근 산업 생산품의 표준화를 위해 국제표준기구에서는 ISO 9000시리즈를 통해 표준화된 품질관리 체계의 정립을 요구하고 있다.

② 소프트웨어의 품질평가에 대한 체계적인 지침으로서 ISO 9000-3이 이용된다.

　ⓐ ISO 9000-3은 소프트웨어를 개발하고, 공급하며, 유지·보수하는 조직이 품질경영시스템을 구축하는 데 필요한 표준지침으로 ISO 9001을 소프트웨어 산업에 맞게 변형한 표준규약을 말한다.

　ⓑ 이 지침은 소프트웨어의 구매자가 공급자에게 소프트웨어의 품질을 보증할 수 있는 능력의 실증을 요구하는 경우 필요한 지침을 제공하며, 개발에서부터 유지보수에 이르는 전 과정에서 발생 가능한 품질의 부적합성을 사전에 방지하는 것을 목표로 한다.

01 다음 중 경영정보시스템(MIS : management information system)에 대한 설명으로 적절하지 않은 것은? ('93. CPA)

① 최고경영자의 의사결정을 지원하는 역할을 수행한다.

② 기계가 인적요소를 완전히 대체하는 시스템이다.

③ 구성요소로는 하드웨어, 소프트웨어, 데이터베이스 등이 있다.

④ 기업경영에 필요한 정보를 적시에 제공할 수 있도록 미리 정보를 수집, 보관하였다가 필요할 때에는 즉시 검색, 분석, 처리하여 제공하는 전사적 시스템이다.

⑤ 경영정보를 신속, 정확하게 처리한다.

02 기업정보시스템의 변천과정을 바르게 나타낸 것은? ('96. CPA)

단, DSS = Decision Support System
MIS = Manangement Information System
SIS = Strategic Information System
TPS = Transacton Processing System

① TPS − DSS − MIS − SIS
② MIS − SIS − TPS − DSS
③ TPS − MIS − DSS − SIS
④ SIS − MIS − DSS − TPS
⑤ MIS − TPS − SIS − DSS

03 정보시스템 도입을 위한 시스템 개발방법의 하나인 시스템 개발 수명주기(System development life cycle)방법론의 절차를 바르게 나타낸 것은? ('96. CPA)

① 시스템 설계 − 시스템 분석 − 시스템 유지 · 보수 − 시스템 개발

② 시스템 설계 − 시스템 분석 − 시스템 개발 − 시스템 유지 · 보수

③ 시스템 분석 − 시스템 설계 − 시스템 유지 · 보수 − 시스템 개발

④ 시스템 분석 − 시스템 설계 − 시스템 개발 − 시스템 유지 · 보수

⑤ 시스템 설계 − 시스템 개발 − 시스템 유지 · 보수 − 시스템 분석

정답 1 ② 2 ③ 3 ④

4 다음 중 전문가시스템(Expert System)을 구성하는 요소가 아닌 것은? ('97. CPA)

① 근거리 통신망(Local Area Network) ② 지식 베이스(Knowledge base)

③ 추론기관(inference engine) ④ 설명단위(explanation unit)

⑤ 사용자 인터페이스 단위(user interface unit)

✎ 해설 전문가 시스템이란 특정전문분야에서 전문가의 축적된 경험과 전문지식을 시스템화하여 의사결정을 지원하거나 자동화하는 정보시스템으로, 전문지식을 컴퓨터가 이해할 수 있는 형태로 표현하고 저장하는 지식베이스, 저장된 지식에 근거하여 추론을 수행하는 추론기관, 추론과정을 설명하는 설명단위, 사용자와 시스템간의 인터페이스를 가능하게 해주는 인터페이스단위, 그리고 데이터베이스 시스템으로 구성된다.

5 다음 중 경영정보시스템의 주요 구성요소가 아닌 것은? ('98. CPA)

① 컴퓨터통신망 ② 소프트웨어 ③ 처리절차

④ 하드웨어 ⑤ 데이터베이스

✎ 해설 경영정보시스템은 기업경영에 필요한 정보를 적시에 제공할 수 있도록 미리 정보를 수집, 보관하였다가 필요할 때는 즉시 검색, 분석, 처리하여 제공하는 전사적 시스템으로, 주요 구성요소로는 하드웨어, 소프트웨어, 데이터베이스, 컴퓨터 통신망 등을 들 수 있다.

6 DSS(Decision Support System)의 설명 중 옳지 않은 것은? ('98. CPA)

① DSS는 의사결정을 위한 지원체이다.

② DSS는 의사결정과정의 효율성 제고에 초점을 둔다.

③ DSS는 컴퓨터를 기반으로 한다.

④ Gorry와 Scott Morton 등이 DSS에 관한 이론적 토대를 마련하였다.

⑤ Sprague와 Carlson은 DSS의 유형을 3가지로 구분하였다.

✎ 해설 ① DSS는 조직 내에서 발생하는 정형화되지 않은 문제들에 관해 의사결정자가 효과적인 의사결정을 할 수 있도록 지원하는 정보시스템이다.
② DSS는 정보를 효율적으로 수집하고, 저장하고, 분배하기 위한 시스템이 아니라 경영관리자의 의사결정을 지원하여 의사결정의 효과성을 향상시키기 위한 정보시스템이다.
③ DSS는 컴퓨터의 이용을 전제로 하고 있다.
④ Scott Morton은 1970년대 초에 의사결정지원에 대한 개념으로 'management decision system'이란 용어를 사용하였고, 1978년에 Keen과 Scott Morton의 저서에서 'Decision Support System'이라는 용어가 처음으로 사용되었다. Gorry도 DSS에 대한 초기 연구에 많은 공헌을 하였다.
⑤ Sprague와 Carlson의 저서(1980, 1982년)에서 보면 DSS의 기술수준에 따라 특정의 DSS(specific DSS), DSS 생성기(DSS Generator), DSS 개발도구(DSS Tools) 등의 세 가지로 나누어 DSS를 설명하고 있다.

정답 4 ① 5 ③ 6 ②

07 소프트웨어는 그 역할에 따라 시스템 소프트웨어와 응용 소프트웨어로 분류된다. 다음 중 응용 소프트웨어의 영역으로 포함하기에 가장 적절하지 않은 것은? (2000. CPA)

① 워드 프로세싱 소프트웨어

② 유틸리티 프로그램 소프트웨어

③ 데이터베이스 관리시스템 소프트웨어

④ 통신 소프트웨어

⑤ 그래픽 소프트웨어

✏️ 해설

```
                    ┌─ 시스템 소프트웨어 ─┬─ 운영체제
         소프트웨어 ─┤                    └─ 시스템개발 소프트웨어
                    └─ 응용 소프트웨어 ──┬─ 전용 소프트웨어
                                        └─ 범용 소프트웨어
```

분류	운영체제 소프트웨어	시스템개발 소프트웨어	전용소프트웨어	범용소프트웨어
기능	컴퓨터시스템의 동작을 제어	시스템구축 갱신시 분석가 및 프로그래머 지원	구매 재고 등의 특정업무에 대한 자동화 지원	문서작성 표계산 등의 일반업무에 대한 자동화 지원
소프트웨어의 예	운영체제 유틸리티 프로그램	언어번역기 CASE도구	청구서발송, 재고관리, 구매관리, 고객관리	워드프로세서 스프레드쉬트 데이터베이스 관리시스템

08 다음 중 관계형(relational) 데이터모델에 대한 설명으로 올바른 항목으로만 구성된 것은?

(2007. CPA)

> a. E. F. Codd가 이론적인 기초를 제안하였다.
> b. 현재 가장 널리 이용되고 있다.
> c. 계층형이나 네트워크형 데이터모델에 비해 이론적인 기반이 잘 정립되어 있다.
> d. 계층형이나 네트워크형 데이터모델에 비해 처리속도가 빠르다.
> e. 멀티미디어 데이터베이스의 개발에 적합하다.

① a, b, c   ② b, c, d   ③ a, d, e

④ b, d, e   ⑤ c, d, e

✏️ 해설   d. 빠르다 → 느리다
       e. 멀티미디어 데이터베이스 개발에 적합한 것은 객체지향형 데이터모델임

정답 7 ② 8 ①

.연습문제.

01 소프트웨어는 그 역할에 따라 시스템 소프트웨어와 응용 소프트웨어로 분류할 수 있으며, 시스템 소프트웨어는 운영체제 소프트웨어와 시스템개발 소프트웨어로, 응용 소프트웨어는 전용 소프트웨어와 범용 소프트웨어로 나눌 수 있다. 다음 중 운영체제 소프트웨어의 기능을 바르게 설명한 것은?

① 구매 · 재고 등의 특정업무에 대한 자동화 지원

② 문서작성 · 표계산 등의 일반업무에 대한 자동화 지원

③ 시스템 구축, 갱신시 분석가 및 프로그래머 지원

④ 프로그래밍언어로 작성된 프로그램을 기계어 명령코드로 번역

⑤ 컴퓨터 사스템의 동작을 제어

✎ 해설 ① 전용 소프트웨어　　　　　　② 범용 소프트웨어
　　　　③ 시스템개발 소프트웨어　　　④ 언어번역기 소프트웨어로 시스템개발 소프트웨어에 해당된다.

〈소프트웨어의 분류〉

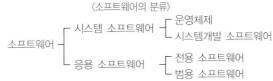

분류	전용 소프트웨어	범용 소프트웨어	시스템개발 소프트웨어	운영체제 소프트웨어
기　　능	구매 · 재고 등의 특정 업무에 대한 자동화지원	문서작성 · 표계산 등의 일반업무에 대한 자동화 지원	시스템구축 · 갱신시 분석가 및 프로그래머 지원	컴퓨터시스템의 동작을 제어
소프트웨어의 예	청구서발송, 재고관리, 구매관리, 고객관리	워드프로세서, 스프레드쉬트, 데이터베이스 관리시스템	언어번역기, CASE 도구	운영체제, 유틸리티 프로그램

〈소프트웨어의 구성체계〉

범　　용 소프트웨어	전　　용 소프트웨어
	시스템개발 소프트웨어

운　영　체　제

컴퓨터 하드웨어

정답 1 ⑤

02 기업의 데이터를 저장관리하는 방법으로 전통적인 파일처리방식과 데이터베이스방식이 있다. 전통적 파일처리방식의 문제점에 대한 설명으로 옳지 않은 것은?

① 통제된 데이터의 중복   ② 표준화 결여

③ 프로그램 유지보수의 어려움   ④ 데이터파일의 경직성

⑤ 일관성 없는 데이터

✎ **해설** ①은 데이터베이스방식에 대한 설명이다.

데이터베이스방식에서는 모든 데이터파일이 논리적으로 통합된 하나의 데이터베이스를 구성하므로, 이상적으로는 하나의 데이터는 데이터베이스의 오직 한 곳에만 저장된다.

그러나, 데이터베이스를 사용한다고 해서 데이터의 중복성을 완전히 제거할 수 있는 것은 아니며, 처리의 효율을 높이거나 혹은 데이터의 유효성을 점검해야 하는 경우와 같이 특별한 경우에는 의도적으로 데이터를 중복하여 저장하기도 한다.

② 파일처리방식에서는 시스템 설계, 구축 및 운영이 각 부서로 분산되어 독립적으로 이루어지므로, 데이터를 구성하는 각 항목에 이름을 부여할 때 혹은 데이터를 입력할 때, 동음이의어(homonym) 및 동의어(synonym) 등과 같은 표준화(standardization) 문제가 발생하게 된다.

03 데이터베이스방식은 데이터의 일관성유지, 데이터의 통합, 데이터의 공유, 데이터의 독립성 등의 장점이 있다. 다음 중 데이터베이스방식의 문제점이 아닌 것은?

① 데이터베이스 전문인력의 필요

② 데이터백업의 필요

③ 조직내 갈등

④ 유지보수비용의 증가

⑤ 데이터 공유체계를 유지하기 위한 장치의 필요

✎ **해설** ① 데이터베이스시스템을 구축하는 조직은 데이터베이스와 관련된 소프트웨어를 다룰 수 있고, 데이터베이스를 설계할 수 있으며, 데이터베이스관리에 필요한 여러 가지 기능을 수행할 수 있는 전문인력을 필요로 하게 된다. 데이터관리자(DA : data administrator), 혹은 데이터베이스관리자(DBA : database administrator)라 불리우는 이러한 전문인력은 데이터베이스시스템의 성공적인 구축과 관리에 필수적이므로, 조직이 감수해야 하는 가장 기본적인 비용요소이다.

② 데이터를 집중저장하고 중복을 최소화하는 데이터베이스방식은 별도의 데이터 백업(backup)을 보유하지 않는 경우 조직에 심각한 피해를 줄 수 있다. 즉 조직이 같은 내용의 데이터를 중복하여 저장·관리하고 있지 않으므로, 집중저장된 데이터가 손상되면 원래의 데이터를 복원할 수 없게 되며, 이로 인해 조직은 정보미비에 따른 경영활동의 제약을 받게 된다. 또한, 주요한 데이터의 경우 중복하여 저장함으로써 얻을 수 있는 상호검증의 효과를 기대할 수 없다. 이러한 문제를 극복하기 위해 일반적으로 데이터베이스시스템은 데이터의 백업과 복원(recovery)을 지원하는 기능을 보유하여 데이터의 집중관리에 따른 피해를 최소화한다.

④ 데이터베이스에 한 번 저장된 데이터는 새로운 데이터의 입력, 데이터의 갱신, 그리고 삭제 등과 같은 과정을 통해 계속적인 변화를 겪게 된다. 데이터베이스방식에서는 앞서 설명한 데이터의 표준화, 중복의 최소화, 독립성, 그리고 유연성과 편리성 등의 이점으로 인해 정보시스템의 유지보수 비용이 현저히 줄어든다. 시스템개발 비용 중 가장 많은 비중을 차지하는 유지보수 비용을 줄임으로써 전체 정보시스템에 대한 예산을 절감할 수 있다.

04 데이터베이스시스템은 기업의 내부능력, 기업활동의 성과, 경영환경의 주요지표 등과 같은 경영활동에 필요한 데이터와 정보를 체계적으로 저장·관리하여 조직구성원에게 제공하는 역할을 담당한다. 다음 중 데이터베이스시스템의 구성요소가 아닌 것은?

① 데이터베이스   ② 사용자   ③ 데이터모델

④ 데이터사전   ⑤ 응용프로그램

> ✎ **해설**   데이터베이스시스템의 구성요소는 위의 ①, ②, ④, ⑤ 외에 데이터베이스관리시스템(DBMS)이 있다.
> ② 사용자
>   데이터베이스시스템의 사용자들로는 데이터를 최종적으로 사용하는 최종사용자(enduser), 데이터의 정의 및 표준화 등을 책임지는 데이터관리자, 그리고 데이터베이스의 설계, 운영 등 기술적인 관리 기능을 수행하는 데이터베이스 관리자가 있다. 데이터 관리자와 데이터베이스 관리자가 최종사용자의 데이터 요구를 충분히 반영하여 데이터베이스를 구현하고, 이를 잘 관리할 때 성공적인 데이터베이스시스템이 구축될 수 있다.
> ③ 데이터모델이란 사용자의 데이터 요구를 명확히 이해하고, 이를 데이터베이스로 효과적으로 구축하기 위해 조직 내에서 필요로 하는 데이터의 내역과 데이터간의 관계를 표현한 모델을 말한다.

05 정보사회의 기반구조로서의 정보통신은 기업의 정보시스템에도 매우 중요한 역할을 담당한다. 다음 중 정보통신의 특징이 아닌 것은?

① 값비싼 정보자원의 공유   ② 자원에 대한 신뢰도의 향상

③ 정보처리비용의 증대   ④ 수평적·수직적 의사소통의 원활화

⑤ 업무의 효율적 처리

> ✎ **해설**   ③ 컴퓨터와 같은 정보처리기기에 비해 정보통신회선의 사용비용이 상대적으로 저렴해짐에 따라 정보통신망을 활용하여 정보처리비용을 절감할 수 있다. 즉, 대규모의 컴퓨터시스템을 여러 대 도입하는 것보다는 상대적으로 저렴한 소규모의 컴퓨터들을 통신망으로 연결하여 분산처리함으로써 적은 비용으로 정보를 처리할 수 있다.

06 정보통신망에 대한 다음의 설명 중 옳지 않은 것은?

① 기업체나 학교 등 한정된 지역내에서 고속의 데이터 전달을 목적으로 발전해 온 사설망은 주로 LAN의 형태로 구현된다.

② 통신망은 정보를 목적지에 보내는 방식에 따라 교환망과 방송망으로 구분할 수 있다.

③ 교환망은 교환장비와 전송매체를 어떤 방식으로 연결하느냐가 매우 중요하며 이를 망구조(topology)라 한다.

④ 공중망은 전화통신망, 데이터통신망, 종합정보통신망의 형태로 발전하고 있다.

⑤ 종합정보통신망(ISDN)은 기존의 전화망을 기본으로 통신망에서의 정보전송과 처리를 아날로그화하기 때문에 정보전송의 신속성과 신뢰성을 향상시킬 수 있다.

> ✎ **해설**   ⑤ 종합정보통신망(ISDN : integrated services digital network)은 통신망에서 정보전송과 처리를 디지털화하기 때문에 정보전송의 신속성과 신뢰성을 향상시킬 수 있게 되는 것이다.

정답   4 ③   5 ③   6 ⑤

07 정보통신의 활용에 대한 다음의 설명 중 옳지 않은 것은?

① EDI가 이루어지기 위해서는 교환되는 거래문서에 대해 통용될 수 있는 표준양식이 정해져야 한다.

② EDI의 도입시 내부의 정보가 제3자에 의해 변환 처리되므로 정보의 유출가능성을 배제할 수 없다.

③ 기업은 정보시스템의 핵심만을 직접 유지·관리하고 나머지 부분은 부가가치통신망에 위탁할 수 있다.

④ VAN은 관련 있는 기업간에 거래를 용이하게 하기 위해 사용될 수도 있다.

⑤ LAN은 일반적으로 사설망을 이용하는 원거리통신망(WAN)에 대조되는 개념으로 개별 기업이나 부서단위로 구성되는 공중망이다.

✎ 해설　③ 기업의 정보시스템 구축시 먼 거리에 있는 본사와 지사를 연결해야 하는 경우 자체망을 구축하는 것은 매우 많은 자원이 소요되며, 그렇게 많은 양의 정보가 교환되지 않는다면 투자에 대한 효용이 낮아질 수 있다. 이 때 기업은 정보시스템의 핵심만을 보유하고 나머지 부분은 부가가치통신망(VAN)에 위탁할 수 있는데 이렇게 되면 기업의 정보관리부분의 비대화를 방지할 수 있으며, 기업은 본래 업무만을 수행함으로써 많은 부분에서 업무의 효율성을 얻을 수 있게 된다.
　　　④ 부가가치통신망(VAN)은 관련된 기업간에 정보교환을 원활하게 하고 거래를 용이하게 하기 위해서도 사용될 수 있다. 즉 공급업자와 판매업자 등의 이해관계자간에 정보교환을 위하여 자체망을 구축하는 것은 많은 비용이 소모될 뿐만 아니라 서로 다른 기종으로 인하여 통신이 어려우므로, 가격이 저렴하고 원활한 통신을 가능하게 해주는 VAN을 이용하는 것이 매우 유리하게 된다.
　　　⑤ LAN(근거리통신망)은 개인이나 개별기업이 직접 설치하여 사용하는 비교적 소규모의 통신망으로 사설망(privatenetwork)에 해당된다.

08 최근에는 정보통신기술 등의 이용이 급증하여 기업활동방식은 물론 조직구성원의 의식과 조직의 형태까지도 변화되고 있다. 다음 중 정보통신기술의 대표적인 활용예가 아닌 것은?

① EDI　　　　　　② RAM　　　　　　③ VAN
④ LAN　　　　　　⑤ MAN

✎ 해설　① EDI(Electronic Data Interchange, 전자문서교환)는 기업 간에 교환되는 거래서식을 컴퓨터로 작성하고 통신망을 이용하여 직접 전송하는 정보교환방식이다.
　　　② RAM(Random Access Memory, 램)은 소형컴퓨터의 기억장치이다.
　　　③ VAN(Value Added Network, 부가가치통신망)은 회선을 직접 보유하거나 통신사업자의 회선을 임차하여 음성 혹은 데이터 정보의 축적, 가공, 전송, 처리 등을 하는 것이다.
　　　④ LAN(Local Area Network, 근거리통신망)은 큰 건물이나 인접된 지역내에서 다수의 독립된 컴퓨터 등이 서로 정보를 교환할 수 있도록 구성하는 통신망이다.
　　　⑤ MAN(Metropolitan Area Network, 광역지역정보통신망)은 근거리통신망의 보급이 확산되면서 지역적으로 산재한 근거리통신망을 상호 접속하기 위해 탄생한 통신망이다.

09 전문가시스템에 대한 다음의 설명 중 옳지 않은 것은?

① 전문가시스템은 인공지능의 연구영역 중 가장 대표적인 분야로 꼽힌다.

② 전문가시스템은 지식베이스, 추론기관, 설명기관, 사용자 인터페이스기관 등으로 구성된다.

③ 전문가시스템은 고도의 확정적인 시스템으로 개발된 이후에는 유지·보수가 거의 필요없다.

④ 전문가시스템은 새로운 조직구성원의 훈련도구로 쓰일 수 있다.

⑤ 지식베이스는 전문가로부터 제공되는 지식을 사실(facts)과 if-then식의 규칙의 형태로 저장한다.

> **해설** ② 전문가시스템은 전문지식을 컴퓨터가 이해할 수 있는 형태로 표현하고 저장하는 지식베이스, 저장된 지식에 근거하여 추론을 수행하는 추론기관, 추론과정을 설명하는 설명기관, 사용자와 시스템 간의 인터페이스를 가능하게 해주는 인터페이스기관, 그리고 데이터베이스시스템으로 구성된다.
> ③ 전문가시스템을 개발하는 것은 일반적인 소프트웨어를 개발하는 것과 유사한 과정을 거친다. 그러나 전문가시스템은 계속적인 보완을 요하는 지식베이스의 특성때문에 처음에는 적은 노력으로 빠른 시간내에 프로토타입시스템을 개발하고 현장에서 사용하면서 끊임없는 유지·보수를 통해 개선해 간다.

10 경영계층에 따른 정보시스템은 거래처리시스템(TPS), 경영정보시스템(MIS), 중역정보시스템(EIS)으로 나눌 수 있다. 다음 중 TPS의 특징이 아닌 것은?

① 의사결정이 거의 없음 ② 많은 양의 상세한 데이터

③ 일상적인 거래처리 ④ 종합·요약된 정보

⑤ 업무처리의 효율성 증대

> **해설** ① 의사결정이 거의 없음 : 거래처리시스템은 표준화된 운영절차를 따라 데이터처리업무를 수행할 뿐, 문제해결이나 새로운 기회의 추구와 같은 의사결정을 지원하는 용도로 사용되지 않는다.
> ② 많은 양의 상세한 데이터 : 거래처리시스템은 상대적으로 짧은 시간내에 많은 양의 데이터를 처리한다. 그리고 기업의 일선에서 일어나는 업무를 처리하고 그에 따른 데이터를 취급하므로 조직 내에서 가장 상세한 데이터를 보유하게 된다.
> ③ 일상적인 거래처리 : 거래처리시스템은 매일매일의 일상적인 업무와 거래를 컴퓨터로 처리한다. 이러한 데이터는 일상적이고 반복적으로 발생하기 때문에 운영절차나 처리방법이 정형화되고 표준화되어 있다.
> ⑤ 업무처리의 효율성 증대 : 거래처리시스템은 거래처리의 자동화를 통한 업무의 개선에 중점을 두었기 때문에 업무처리의 효율성은 높였지만, 정보를 종합하고 요약하며 보고서를 작성하는 경영관리업무에는 도움을 주지 못하였다.
> ④는 경영정보시스템(MIS)의 특징이다. 경영정보시스템의 특징은 다음과 같다.
> ⅰ) 관리정보의 제공 : 경영정보시스템의 가장 기본적인 목적은 관리정보의 제공에 있다. 즉 각 부서별 업무현황 등과 같이 실무부서의 활동들을 관리하고 통제하기 위한 관리정보를 만들어내며, 최고경영층에 보고될 주요 정보를 제공한다.
> ⅱ) 자료의 통합저장 : 경영정보시스템은 조직 내의 다양한 데이터를 종합하고 요약하여 경영관리를 위한 정보를 만들어내야 하므로 통합된 데이터베이스와 같은 통합정보 관리체계를 필요로 한다.
> ⅲ) 종합·요약된 정보 : 경영관리자의 주요 임무 중의 하나는 조직내 각 부서별, 업무별 성과를 비교·분석하고 평가하는 것인데, 이러한 업무에는 상세한 내용의 데이터보다는 다양한 데이터의 종합·요약된 정보가 필요하다.

11 기업에서 활용되는 여러 가지 정보시스템 중 다음과 같은 특징을 가지고 있는 것은?

> a. 경영자가 당면한 문제 중심의 정보제공
> b. 요약된 정보의 제공
> c. 상용화된 패키지의 사용

① TPS   ② MIS   ③ DSS
④ EIS   ⑤ GDSS

✎ **해설**   a. EIS는 경영자가 당면하게 될 문제들을 예상하여 이의 해결에 필요한 정보를 제공하거나, 예상치 못한 문제가 발생하는 경우 사태의 분석과 이에 따른 가장 합리적인 의사결정을 행할 수 있도록 필요한 정보와 분석기법을 제공한다.
       b. 최고경영층은 회사의 전략적인 문제를 해결하기 위한 업무를 수행하므로 대량의 거래자료보다는 필요에 맞게 걸러지고 요약된 전략적인 정보를 제공한다.
       c. 중역정보시스템은 다양한 문제와 상황에 맞는 분석기법과 데이터의 저장관리기능을 필요로 하지만 신속하게 개발되어 경영자의 요구에 부응할 수 있어야 하므로 주로 상용화된 패키지를 이용하거나 이를 개선한 형태로 제공된다.

12 다음 중 중역정보시스템(EIS) 및 그 이점에 대한 설명으로 옳지 않은 것은?

① 전형적인 사용자는 최고경영층   ② 통제의 폭의 감소
③ 의사소통의 향상   ④ 불확실성의 감소
⑤ 비정형화된 업무의 지원

✎ **해설**   ① 중역정보시스템이란 최고경영층의 전략적 기획과 각종 의사결정에 필요한 정보를 제공하는 시스템을 말한다.
       ② 통제의 폭의 증가 : 중역정보시스템의 가장 중요한 기능 중의 하나는 경영자들이 복잡한 조직 내에서 주도권을 가질 수 있도록 도와주는 것이다. 실제로 대부분의 경영자들이 자신의 생각대로 조직을 움직이지 못하기 때문에 실패하는 경우가 많다. 특히, 중간계층의 관리자들이 최고경영자들의 생각과는 다르게 이해하고 실행하는 경우가 많다. 이런 경우, 중역정보시스템은 최고경영자들로 하여금 조직성과를 실제로 확인할 수 있게 도와줌으로써 통제의 범위(span of control)를 확대하고 더욱 효과적인 경영을 가능하게 한다.
       ③ 의사소통의 향상 : 최고경영자는 중역정보시스템을 통해 조직 내·외부의 정보를 원활히 공급받음으로써 조직 내·외의 변화를 정확하게 이해할 수 있을 뿐만 아니라, 이를 경영관리에 반영함으로써 조직의 의사소통을 증진시킨다.
       ④ 불확실성의 감소 : 중역정보시스템은 경영자에게 필수적인 정보를 제공함으로써 불확실성을 감소시켜 준다.
       ⑤ 경영계층은 최고경영층, 중간관리층, 하위관리층의 세 가지 계층으로 구분되는데 대체로 상위층으로 갈수록 비정형적인 업무를 담당한다.

13 기업의 성과에 절대적인 기업 내·외부의 정보를 중역이 쉽게 접근하여 의사결정에 활용할 수 있도록 설계한 정보시스템을 중역정보시스템(EIS)이라 한다. 다음 중 중역정보시스템의 특성으로 옳지 않은 것은?

① 전략적인 정보나 예외적인 정보를 요약된 형태로 제공한다.

정답 11 ④   12 ②   13 ⑤

② 기업 전체의 관리적인 정보보다는 경영자가 당면하는 문제 중심의 정보를 제공한다.

③ 컴퓨터 사용이 서툰 경영자라 할지라도 쉽게 조작하고 이해할 수 있는 형태로 개발한다.

④ 정보는 주로 표와 그래프를 이용하여 짧은 시간에 쉽게 이해할 수 있는 형태로 제공한다.

⑤ 각 회사의 특성에 맞는 의사결정지원을 위해 프로그램을 자체개발하여 사용한다.

🖋 해설 ② 일상적인 기업현황에 대한 정보도 필요하지만 경영자가 당면하게 될 문제들을 예상하여 이의 해결에 필요한 정보를 제공하거나, 예상치 못한 문제가 발생하는 경우 사태의 분석과 이에 따른 합리적인 의사결정을 행할 수 있도록 필요한 정보와 분석기법을 제공한다.
⑤ 중역정보시스템은 다양한 문제와 상황에 맞는 분석기법과 데이터의 저장관리기능을 필요로 하지만, 신속하게 개발되어 경영자의 요구에 부응할 수 있어야 하므로 주로 상용화된 패키지를 이용하거나 이를 개선한 형태로 사용한다.

14 다음 중 정보시스템으로 인한 조직의 변화를 잘못 설명한 것은?

① 대인접촉보다는 컴퓨터접촉을 주로 하는 업무가 증가한다.

② 중간관리자의 역할이 강화된다.

③ 조직계층이 수평화된다.

④ 기능중심의 라인조직보다는 전문적인 스텝조직이 강화된다.

⑤ 복잡한 과정을 거쳐 수행되던 업무가 단순화, 표준화, 통합화된다.

🖋 해설 ② 정보시스템의 도입은 특히 중간관리계층의 인력구조에 많은 영향을 미친다. 일선업무의 감독과 경영층에 대한 정보의 제공과 같은 기능이 정보시스템에 의해 대체되거나 훨씬 효율적으로 지원되면서 점차 중간관리자의 역할과 기능이 줄어들게 된다. 이런 경우 중간관리자의 수가 줄어들거나 전문화되어 라인으로부터 이탈하는 인력구조의 변화가 발생한다.

15 정보시스템과 조직의 변화에 대한 다음의 설명 중 옳지 않은 것은?

① 중간관리층이 담당했던 비구조적 의사결정은 점차 최고경영층으로 이관된다.

② 카리스마적 리더십보다는 전문지식을 갖춘 리더십이 요구된다.

③ 경영관리에 있어 집권화보다는 분권화가 촉진된다.

④ 정보시스템의 도입에 의한 조직변화에 대해 저항하는 조직구성원이 나타난다.

⑤ 시스템을 자발적으로 사용하는 사람의 경우 시스템사용회피의 형태로 저항하게 된다.

🖋 해설 ① 조직계층의 수평화에 대한 설명이다. 즉 정보시스템이 조직에 도입되면 정보처리의 상당부분은 컴퓨터에 의해 처리되기 때문에 조직체내의 각 부서의 수는 감소하고 계층 수도 줄어들게 된다. 또한 정보시스템을 이용하여 하위층에서 경영층으로 혹은 경영층에서 하위층으로 직접적인 의사소통이 가능해짐에 따라 중간관리계층의 역할은 보다 축소되고, 조직계층은 보다 수평적으로 될 것이다. 특히 중간관리층이 담당했던 구조적이고 일상적인 업무는 자동처리되고, 비구조적 의사결정은 점차 최고경영층으로 이관됨으로써 조직계층이 보다 수평적으로 될 가능성이 높다.

정답 14 ② 15 ③

② 정보시스템은 리더십 스타일에도 영향을 준다. 오늘날의 경쟁환경에서는 성장 위주의 환경에서 불가피했던 카리스마적인 리더십보다는 국제적 감각과 전문지식을 갖춘 리더십이 필요하다. 필요에 따라서는 첨단 정보시스템을 활용하여 스스로 정보를 분석하고, 의사결정을 하며, 하위구성원보다 전문성면에서도 뛰어난 능력을 갖춘 리더십이 요구된다. 이러한 리더십의 변화는 정보시스템으로 지원될 수 있다.

③ 정보시스템 도입으로 인한 분권화의 정도는 서로 상반된 견해가 존재하는데, 분권화가 촉진된다는 견해와 집권화가 강화된다는 견해가 그것이다.

집권화가 강화된다는 견해에 의하면, 정보시스템이 조직구조의 한 부분으로 도입되면서

ⅰ) 막강한 정보처리능력을 통해 중앙집중적인 업무처리가 가능하게 되고,

ⅱ) 중간관리층이 담당하던 구조적이고 일상적인 업무가 자동화로 대체되고, 정보시스템을 통한 경영층과 일선 실무층과의 직접적인 의사소통이 가능해짐에 따라 최고경영자가 더욱 쉽게 조정과 통제기능을 수행할 수 있게 되며,

ⅲ) 전문스탭과 정보시스템의 지원을 받는 최고경영자의 의사결정기능이 더욱 강화될 수 있기 때문에 집권화가 강화된다는 것이다.

반면, 분권화가 강화된다는 견해에 의하면, 신속한 의사결정과 책임경영관리를 위해서는 권한과 책임의 분권화가 이루어져야 하는데, 분산정보처리, 데이터베이스, 의사결정지원시스템, 그리고 경영정보시스템 등과 같은 정보시스템을 통해 조정과 통제가 효과적으로 이루어질 수 있게 됨에 따라 분권화가 가속화되리라는 것이다.

④, ⑤ 정보시스템의 도입과 관련하여 나타날 수 있는 권한과 권력의 변화, 부서 간의 갈등, 의사소통 패턴의 변화는 이와 관련된 조직구성원의 반발을 유발하고, 이는 정보시스템에 대한 저항으로 나타난다. 따라서 정보시스템을 도입하기에 앞서 조직구성원의 저항에 대한 문제를 검토하는 것이 매우 중요하다.

조직구성원의 저항은 시스템을 자발적으로 사용하는 사람의 경우 시스템 사용의 회피로 나타나며, 수동적으로 시스템을 사용하는 사람의 경우 방해, 오류율 증가, 의도적 태업, 혹은 이직의 형태로 나타난다.

16 정보시스템 조직에 대한 설명으로 옳지 않은 것은?

① 전문기술자로 구성된 스텝의 성격을 지닌 집단이다.

② 조직 내 다른 부서와 이질적 문화를 가지게 된다.

③ 지원부서이면서 전략부서의 역할을 담당한다.

④ 전통적인 정보시스템 조직은 주로 시스템 개발조직과 시스템 운영조직으로 구성된다.

⑤ 정보자원관리중심의 정보시스템 조직은 기능식 조직의 형태로 구성된다.

✎ 해설 ① 정보시스템 조직은 정보기술과 관련된 전문지식과 기술을 보유한 프로그래머, 시스템분석가, 데이터베이스관리자 등 전문가들로 구성되어 있으며 전통적인 기능중심의 조직이라기보다는 특정 전문분야에 대한 서비스를 제공하는 스텝의 성격을 가진다.

② 이질적 문화 : 정보시스템 조직의 구성원은 일반적으로 전문가로서의 독자적인 업무수행과 책임, 그리고 권한에 있어서의 자율성을 최대한 보장받기를 원한다. 이러한 조직구성원의 특성은 조직내 다른 부서와는 다른 문화를 가지게 된다.

③ 지원부서이면서 전략부서 : 정보시스템 조직은 기업활동을 더욱 효율적으로 수행하는 데 필요한 시스템을 개발하는 지원부서로 인식되어 왔다. 그러나 최근에는 기업정보화의 중요성이 강조되면서 정보시스템 조직의 전략적인 역할이 요구되고 있다.

⑤ 전통적인 시스템 개발 및 운영 외에 정보기술과 관련된 서비스를 추가적으로 제공하는 조직을 정보자원관리 중심의 정보시스템 조직이라 한다. 정보자원관리 중심의 정보시스템 조직은 전통적인 기능식 조직보다는 팀제와 같은 보다 유연하고 전문화된 형태로 구성된다.

17 전통적인 SDLC방식에 대비되는 새로운 시스템의 개발기법에 대한 다음의 설명 중 옳지 않은 것은?

① 정보공학은 전략과의 연계, 정보중심, 자동화 도구의 지원 등의 특성이 있다.

② 프로토타이핑 방식은 사용자의 요구사항을 최대한 반영하기 위하여 장시간에 걸쳐 구축하는 것이 일반적이다.

③ 프로토타이핑 방식은 DSS나 전문가시스템과 같이 비구조적인 업무의 정보시스템 개발에 적절히 이용될 수 있다.

④ 최종사용자 컴퓨팅은 일반적으로 개인이나 작은 규모의 집단을 대상으로 하고 있다.

⑤ 최종사용자 컴퓨팅은 사용자의 변경에 따라 시스템이 불안정할 수 있다는 문제가 있다.

✏ 해설 ②,③ 프로토타이핑 방식이란 적은 비용으로 사용자의 기본적인 요구사항을 충족하는 모형시스템을 신속히 개발하여 최종사용자에게 제시하고, 사용자들이 직접 시스템을 사용해 봄으로써 사용상의 불편사항이나 추가적인 요구사항을 계속적으로 개선하고 보완해가는 방식을 말한다.

프로토타이핑에서는 사용자가 정보요구사항을 정확히 규정하기 어렵고, 문서화된 시스템 명세를 정확히 파악하기 어렵다고 가정한다. 그러므로 시스템 개발의 주요 초점은 사용자의 요구사항을 최대한 반영하는 시스템을 단기간 내에 구축하는 것이다.

한편, 프로토타이핑 방식은 의사결정지원시스템이나 전문가시스템과 같이 비구조적인 업무나 제한된 영역의 복잡한 문제를 해결하기 위한 정보시스템을 개발하는 경우 적절히 이용될 수 있다.

18 새로운 시스템 개발기법에 대한 다음의 설명 중 옳지 않은 것은?

① 프로토타이핑 방식은 복잡한 계산이나 까다로운 논리절차를 필요로 하는 단순한 정보시스템의 개발에 적절하다.

② 프로토타이핑 방식은 많은 양의 데이터를 처리하는 조직의 기간시스템의 개발에는 사용할 수 없다.

③ 프로토타이핑 방식은 주로 개인을 대상으로 하는 작은 규모의 시스템을 개발하는 데 적절한 방식이다.

④ 최종사용자 컴퓨팅은 시스템 개발요구의 적체현상이나 정보기술에 대한 사용자의 수준향상에 따라 나타나게 되었다.

⑤ 최종사용자 컴퓨팅의 정착으로 인해 전산부서에는 업무처리의 컴퓨터화에 필요한 시스템의 개발 및 운영에 대한 역할이 점점 더 강조되고 있다.

✏ 해설 ①,②,③ 프로토타이핑 방식은 모든 종류의 응용시스템 개발에 활용될 수는 없다는 문제점이 있다. 즉 복잡한 계산이나 까다로운 논리절차를 필요로 하는 단순한 정보시스템의 개발에는 적절하지만, 많은 양의 데이터를 처리하는 조직의 기간시스템의 개발에는 사용할 수 없다. 조직의 기간시스템은 조직 전체의 관점에서 시스템에 대한 구조를 파악하고 개발해야 하는데, 조직의 기간시스템의 개발에 프로토타이핑 방식을 이용하면 많은 시행착오로 인한 과다한 유지보수노력이 요구되는 문제가 심각하게 나타나게 될 것이다. 따라서 프로토타이핑 방식은 주로 개인을 대상으로 하는 작은 규모의 시스템을 개발하는 데 적절한 방식이다.

⑤ 기업활동의 대부분이 전산화로 자동화되면서 전산부서에 대한 새로운 역할이 요구되고 있다. 즉, 업무처리의 컴퓨

터화에 필요한 시스템을 개발하고 운영하는 역할보다는 기업이 필요로 하는 정보를 관리하고 정보기술의 활용과 관련된 각종 서비스를 제공하는 역할이 증대되고 있다.

이 때 전산부서는 사용자에게 시스템 개발에 필요한 각종 전산자원을 제공하고, 교육 및 훈련을 실시하며, 개발과 정에서 야기되는 문제해결을 위한 전문적인 자문기능을 수행한다. 그리고 최종사용자는 시스템의 개발과 관리에 대한 권한과 책임을 부여받으며 이에 필요한 각종 서비스를 전산부서에 요구할 수 있다.

19 정보시스템의 개발방법 중 다음과 같은 특성을 가지고 있는 것은?

> a. 반복적인 사용자 요구의 명확화
> b. 설계에 사용자의 참여 증진
> c. 최종시스템의 일부를 빠른 시간 내에 완성
> d. 시스템의 완전성과 유지보수에 대한 신뢰도 저하

① SDLC 방식
② 정보공학(IE) 개발 방식
③ 프로토타이핑 방식
④ 최종사용자 컴퓨팅(EUC) 방식
⑤ 응용패키지 구입

✎ 해설

〈각 시스템 개발방식의 장·단점〉

개발방식	장 점	단 점
SDLC 방식	• 개발과정의 체계화 • 표준화에 따른 품질강화 • 일관된 시스템의 구축과 유지보수가 용이	• 문서화정도가 과다 • 수정에 따른 비용발생이 과다 • 장시간의 개발기간이 소요 • 많은 인력과 비용이 투입
정보공학 개발방식	• 시스템과 데이터의 통합 • 자동화된 도구에 의한 생산성 향상 • 체계적이고 일관성 있는 문서화와 표준화	• 통합 CASE 도구의 부재 • 개발자의 새로운 도구에 대한 적응 노력 요구 • 개발도구에 대한 추가적인 투자요구
프로토타이핑 방식	• 반복적인 사용자 요구의 명확화 • 설계타당성의 검증 가능 • 최종시스템의 일부를 빠른 시간 내에 완성	• 고급수준의 프로그래머 요구 • 시스템의 완전성과 유지보수에 대한 신뢰도 저하
최종사용자 컴퓨팅방식	• 정보시스템 부서와의 갈등이나 지연 현상이 감소 • 사용자의 응용업무 통제와 변화에 대한 대응능력	• 사용자의 능력에 따라 정보시스템의 수준이 제약됨

시스템 개발주기에 의한 정보시스템의 개발은 개발자로 하여금 많은 시간과 노력을 요구한다. 또한 시스템의 개발 단계별로 결과물의 표준화가 결여되어 산출물간의 연계가 미비하고, 문서가 미비되거나 개발생산성이 떨어지는 경우가 발생하기도 한다. 이러한 여러 가지의 한계점을 개선하기 위해 시스템개발과정을 자동화한 도구가 개발되고 있는데 이를 CASE(computer aided software engineering)라 한다.

20 정보시스템의 평가에 대한 다음의 설명 중 옳지 않은 것은?

① 정보시스템의 평가대상으로는 시스템 투자, 시스템 개발, 시스템 운영·관리, 시스템 조직 등이 있다.

② 정보시스템의 평가시 효과성, 효율성 두 측면을 모두 고려하여야 한다.

③ 비용효과분석은 계량화된 평가기법으로 객관적인 평가가 가능하다.

④ 과정중심적인 평가방법은 주로 시스템 개발과정이 얼마나 합리적인 체계로 관리되는 지를 평가한다.

⑤ 소프트웨어 품질의 평가는 ISO 9002가 이용된다.

✎ 해설 ② 정보시스템의 기본목표는 최대의 효율성으로 주어진 효과를 달성하는 것이다. 그러므로 효율성, 효과성 두 측면을 모두 고려해야 한다.
   효율성이란 자원을 얼마나 능률적으로 사용하고 있는가를 나타내는 것으로 정보의 비용, 정확성, 적시성과 관련된다. 반면에 효과성이란 정보시스템이 조직의 목표달성에 기여하는 정도로서, 조직에 대한 전반적이고 경제적인 공헌을 측정하려는 것을 말한다.
   ③ 비용효과분석(cost benefit analysis)이란 투자에 따르는 비용과 투자의 결과 얻게 되는 이익이나 효과를 비교분석하는 계량화된 기법을 말한다. 정보시스템 평가에서의 비용효과분석은 투자대상인 정보시스템을 구축하고 운용하는 데 소요되는 비용과 정보시스템 구축으로 인한 경영성과의 향상 효과를 측정하고 비교하는 것을 말한다.
   비용효과분석은 계량화된 지표를 이용하므로 객관적인 평가가 이루어질 수 있지만, 중요한 평가항목을 계량화하기 어려운 경우 완전한 평가를 기대할 수 없는 단점이 있다.
   ④ 과정중심적 방법은 주로 시스템 개발과정이 얼마나 합리적인 체계로 관리되는지를 평가하는 것이다. 반면, 결과중심적인 방법은 시스템 개발결과 시스템이 사용자의 업무수행능력과 조직의 성과를 얼마나 향상시켰는지에 대해 평가하는 것을 말한다.
   ⑤ 소프트웨어 품질의 평가에는 ISO 9000−3이 이용된다.

2008년 공인회계사 경영학 기출문제 및 해설

01 미국 경영학의 발전과정 중 나타난 용어와 설명의 관계가 적절하지 않은 것은?

① 시스템이론 : 조직을 여러 구성인자가 유기적으로 상호 작용하는 결합체로 봄.

② 행동과학이론 : 인간관계를 중시하며 비공식 조직의 존재와 그 기능을 밝힘.

③ 과학적 관리 : 과업관리(task management)의 목표는 높은 임금·낮은 노무비의 원리로 집약됨.

④ 구조조정(restructuring)이론 : 리엔지니어링, 벤치마킹, 아웃소싱 등의 기법이 있음.

⑤ 포드 시스템(Ford system) : 봉사주의와 저가격·고임금의 원리를 중심으로 하는 경영이념을 가짐.

✎ 해설 ②는 인간관계론의 설명

02 어떤 사람들(내재론자)은 세상살이의 여러 가지 일들 대부분을 자기가 통제할 수 있다고 믿는 반면, 또 다른 사람들(외재론자)은 자기가 할 수 있는 것은 극히 적고 남이나 운명에 달려 있다고 믿는다. 이들에 대한 설명으로 다음 중 가장 적절하지 않은 것은?

① 내재론자는 외재론자보다 동기의 수준이 높다.

② 외재론자에 비해 내재론자는 성과를 결정짓는 것이 자신의 노력이라고 생각한다.

③ 내재론자는 외재론자보다 걱정을 더 많이 하는 경향이 있다.

④ 외재론자에 비해 내재론자는 업무와 관련된 문제해결이나 학습에서 높은 성과를 보인다.

⑤ 단순 노동이나 규정대로만 해야 하는 직무, 완전 통제 하에서 움직여야 하는 조직에서는 외재론자가 더 효과적일 수 있다.

✎ 해설 ③ 일반적으로 내재론자보다 외재론자가 걱정을 더 많이 하는 경향이 있다.

03 사람의 행동이나 태도(attitude)를 이해하기 위해 그 사람의 가치관(values)을 이해하는 것이 중요하다. 가치관과 태도에 관한 다음 설명 중 가장 적절하지 않은 것은?

① 태도가 구체적인 개념이라면 가치관은 보다 광범위하고 포괄적인 개념이다.

② 어떤 두 사람의 태도가 같다고 해도 그것은 각각 다른 가치관에서 비롯될 수 있다.

③ 태도와 가치관은 모두 장기적이며 고정적인 특성을 갖지만 태도보다는 가치관이 더 안정적이다.

④ "내 상사가 이런 태도를 보이는 것은 이러이러한 가치관을 가졌기 때문이야"라고 말할 수 있으며, 이것은 역으로도 성립된다.

⑤ 어떤 가치관이 조직구성원들 사이에 지속적으로 존재하게 될 때 그것은 하나의 문화적 요소가 될 수 있다.

✎ 해설 ④ 태도란 광범위하고 포괄적 개념인 가치관에 의해 형성된 구체적인 개념이다.

04 기업에서 필요한 인력의 풀(pool)을 구성하는 방식에는 크게 내부모집(internal recruit)과 외부모집(external recruit)이 있다. 내부모집과 외부모집의 특성에 관한 설명으로 다음 중 가장 적절하지 않은 것은?

① 내부모집은 내부인 끼리의 경쟁이라서 선발에 탈락되어도 불만이 적으며 과당경쟁도 거의 없다.

② 내부모집의 경우 이미 지원자들에 대해 많은 정보를 가지고 있어서 정확한 평가와 결정을 내릴 수 있다.

③ 내부모집은 내부인들 개인이 경력개발을 위해 계획을 세우고 실천하도록 함으로써 사내직원 전체의 능력향상을 도모할 수 있다.

④ 외부모집은 외부인이 자기직무에 잘 적응하기까지의 적응 비용과 시간이 많이 든다.

⑤ 외부모집을 통해 기업은 조직 내부의 분위기에 신선한 충격을 줄 수 있다.

✎ 해설 ① 내부모집은 내부인 끼리의 경쟁이라서 선발에 탈락되면 불만이 많으며 과당경쟁도 많은 문제가 있다.

05 핵크맨(R. J. Hackman)과 올드햄(G. R. Oldham)의 직무특성이론(job characteristics theory)에서 5대 핵심 직무특성과 직무수행자의 심리적 상태에 관한 설명으로 다음 중 가장 적절한 것은?

① 기술다양성(skill variety)은 업무수행에 요구되는 기술이 얼마나 여러 가지인가를 뜻하며, 다양성이 높은 직무에서 수행자는 책임감(responsibility)을 느끼게 된다.

② 과업정체성(task identity)은 업무내용이 시작부터 끝까지 전체에 관한 것인지 아니면 일부에만 관여하도록 되어있는지에 관한 것으로, 정체성이 높은 직무에서 수행자는 수행결과에 대한 지식을 얻게 된다.

③ 과업중요성(task significance)은 수행업무가 조직 내 · 외에서 타인의 삶과 일에 얼마나 큰 영향을 미치는가에 관한 것으로, 중요성이 큰 직무에서 수행자는 업무에 대한 의미성(meaningness)을 느끼게 된다.

④ 자율성(autonomy)은 업무수행에서 개인에게 부여된 자유와 재량권 정도로서, 자율성이 큰 직무에서 수행자는 업무에 대한 의미성(meaningness)을 느끼게 된다.

⑤ 피드백(feedback)은 업무자체가 주는 수행성과에 대한 정보의 유무를 뜻하며, 수행자가 인지하는 상황의 불확실성을 가중시킨다.

✎ 해설 ① 기술다양성(skill variety)이 높은 직무에서 수행자는 의미감(meaningness)을 느끼게 된다.
② 과업정체성(task identity)이 높은 직무에서 수행자는 의미감(meaningness)을 느끼게 된다.
④ 자율성(autonomy)이 큰 직무에서 수행자는 업무에 대한 책임감(responsibility)을 느끼게 된다.
⑤ 피드백(feedback)이 높은 직무에서 수행자는 수행결과에 대한 지식을 얻게 된다.

06 툭크맨(B. W. Tuckman)은 집단 발전의 과정을 5단계로 설명하였다. 마지막 단계인 해체기(adjourning)를 제외한 나머지 발전의 단계들이 가장 적절한 순서로 연결된 것은?

① 격동기(storming) – 형성기(forming) – 규범기(norming) – 성과수행기(performing)

② 격동기(storming) – 규범기(norming) – 형성기(forming) – 성과수행기(performing)

③ 형성기(forming) – 규범기(norming) – 격동기(storming) – 성과수행기(performing)

④ 형성기(forming) – 격동기(storming) – 규범기(norming) – 성과수행기(performing)

⑤ 규범기(norming) – 격동기(storming) – 성과수행기(performing) – 형성기(forming)

07 집단에서 함께 일을 하다보면 무임승차 또는 편승(social loafing)하려는 사람이 생기게 마련이다. 개인이 혼자 일할 때보다 집단으로 일하면 노력을 덜 하려는 이 같은 현상을 줄이기 위한 방안으로서 가장 적절하지 않은 것은?

① 과업을 전문화시켜 책임소재를 분명하게 한다.

② 개인별 성과를 측정하여 비교할 수 있게 한다.

③ 팀의 규모를 늘려서 각자의 업무 행동을 쉽게 관찰할 수 있게 한다.

④ 본래부터 일하려는 동기 수준이 높은 사람을 고용한다.

⑤ 직무충실화를 통해 직무에서 흥미와 동기가 유발되도록 한다.

✎ 해설 ③ 팀의 규모를 늘릴 경우 각자의 업무 행동을 쉽게 관찰할 수 없게 되며, 무임승차 또는 편승(social oafing)하려는 유인이 커지게 된다.

08 팀 인센티브(team incentive plan)에 관한 설명으로 다음 중 가장 적절하지 않은 것은?

① 팀 인센티브는 팀 차원의 계획수립과 문제해결을 지원함으로써 팀 문화를 공고히 한다.

② 일반적으로 분배방식이 간단하여 구성원들은 팀 인센티브에 관해서 이해하기가 쉽다.

③ 팀의 개별 구성원들은 팀의 성공이나 인센티브 보너스를 받는 데에 자신의 노력이 별로 기여하지 못한다고 생각할 수 있다.

정답 6 ④ 7 ③ 8 ②

④ 개별 구성원들의 기여는 팀 협력에 따라 달라진다.

⑤ 팀 인센티브는 순환적 직무훈련(cross-training)과 새로운 대인적 역량 (interpersonal competencies)의 습득을 장려한다.

✎ 해설　② 팀 인센티브(team incentive plan)제도는 팀별로 성과가 다를 경우 팀 간 인센티브의 크기가 달라져야 하며, 또한 팀 내의 개별 구성원들의 기여도를 반영할 수 있는 기준(즉, 분배방식)이 합리적이어야 한다. 그리고 이를 이해한 각 팀원들을 자극하는 동기부여의 기능이 있어야 하는데, 이를 위한 제도화가 어렵다.

09 성과관리를 위한 평가에는 흔히 특성, 행동(역량), 그리고 결과를 평가하는 방법이 있다. 평가 방법에 대한 설명 중 가장 적절하지 않은 것은?

① 특성 평가법은 개발비용이 적게 들고 활용하기 쉬우나 평가오류의 가능성이 높다.

② 행동(역량) 평가법은 피드백을 제공하는 데에 유용하다.

③ 결과 평가법은 비교적 객관적이어서 조직 구성원들의 수긍도가 높다.

④ 행동(역량) 평가법은 개발과 활용에 있어서 시간과 비용이 많이 든다.

⑤ 결과 평가법은 주로 장기적인 관점을 지향하므로 개발과 활용에 있어서 시간이 적게 든다.

✎ 해설　⑤ 결과 평가법은 주로 단기적인 관점을 지향한다.

10 시장 매력도를 평가하는 기준들에 대한 다음의 설명 중 가장 적절하지 않은 것은?

① 시장의 매력도에 영향을 미치는 외형적 요인에는 현재 시장규모, 시장 잠재력, 시장 성장률, 상품수명주기단계, 판매의 주기성 또는 계절성, 현재의 수익성 등이 있다.

② 전반적인 경제의 성장률을 예측하는 데 이용되는 선행지수들을 이용하여 시장규모를 예측하는 기법을 지수평활법(exponential smoothing)이라 한다.

③ 시장의 환경적 요인들은 기업들이 통제할 수 없는 요인들로, 어떤 시장이 환경적 요인의 변화에 민감한 영향을 받는다면 그 시장은 그다지 매력적인 시장이 되지 못한다.

④ 시장의 매력도는 시장참여자(market player)들이 어떤 행동을 보이는가에 의해서도 영향을 받는데 이는 흔히 구조－행동－성과(structure-conduct-performance) 패러다임으로 설명된다.

⑤ 어떤 시장 내에서 일정기간 동안에 이상적인 조건 하에서 우리 회사와 경쟁 회사들이 달성할 수 있는 최대 매출액을 시장잠재력이라 한다.

✎ 해설　②는 선행지수법의 설명

11 소비자 의사결정과정에 관한 다음의 설명 중 가장 적절하지 않은 것은?

① 소비자의 고려 대상에 포함된 상품이나 브랜드들을 고려상표군(consideration set)이라 하며, 고려상표군에서 제외된 대안들이 구매될 가능성은 거의 없다.

② 관여도(involvement)가 높아서 소비자가 상당한 시간과 노력을 들여 신중하게 의사결정하는 경우를 포괄적 문제해결(extensive problem solving)이라 한다.

③ 소비자로 하여금 행동을 취하도록 만들기에 충분할 정도로 강한 욕구를 동기(motive)라 한다.

④ 소비자가 여러 가지 자극들을 조직화하고 전체적으로 의미를 부여하는 과정을 지각(perception)이라 한다.

⑤ 소비자가 자신이 가장 중요시 여기는 속성을 기준으로 최상으로 평가되는 상표를 선택하는 의사결정규칙을 보완적 방식(compensatory rule)이라 한다.

✍ 해설 ⑤ 자신이 가장 중요시 여기는 속성을 기준으로 상표를 선택하는 의사결정규칙은 비보완적 방식이다.

12 다속성 태도모형(multi-attribute attitude model)에 대한 다음의 설명 중 옳은 것으로만 구성된 것은?

> a. 하이브리드 마케팅 시스템(hybrid marketing system)은 유통경로 기능들 중의 일부는 제조기업이 수행하고, 나머지는 유통기업이 수행하는 유통경로를 말한다.
> b. 중간상이 제조기업에 대해 일체감을 갖고 있거나 갖게 되기를 바라기 때문에 발생하는 파워를 준거적 파워(referent power)라 한다.
> c. 유통경로 갈등의 원인 중 동일한 사실을 놓고도 경로구성원들이 인식을 다르게 하는 경우 발생하는 갈등의 원인을 지각 불일치(perceptual differences)라 한다.
> d. 경로 커버리지 전략 중 전속적 유통(exclusive distribution)은 중간상의 푸쉬(push)보다는 소비자의 풀(pull)에 의해서 팔리는 상품(예컨대 저가의 생활용품)에 적합하다.
> e. 유통은 바톤 패스(baton pass)와 유사하다. 즉 제조기업이 유통기업에게 바톤을 넘기듯이 모든 유통기능을 맡기는 것이 적절하다.

① a, b, c   ② a, c, d   ③ b, c, d

④ c, d, e   ⑤ a, d, e

✍ 해설 a. 피시바인의 다속성 태도모델임
　　　b. 이 모형은 각 제품에 대한 소비자의 태도를 이해하게 함으로써 마케팅 관리자에게 유용한 정보를 제공해 준다.(b는 e의 설명과 모순)

13 다음은 기업이 신제품을 개발할 때 고려할 수 있는 브랜드 전략에 관하여 기술한 것이다. 가장 적절하지 않은 것은?

① 기존의 브랜드자산이 크다고 판단되는 경우 기존의 제품범주에 속하는 신제품에 그 브랜드명을 그대로 사용하는 것을 계열확장 혹은 라인확장(line extension)이라 한다.

② 기존의 제품범주에 속하는 신제품에 완전히 새로운 브랜드를 사용하는 것을 다상표전략(multi-brand strategy)이라 한다.

③ 하향 확장(downward line extension)의 경우 기존 브랜드의 고급 이미지를 희석시켜 브랜드자산을 약화시키는 희석효과(dilution effect)를 초래할 수 있다.

④ 기존 브랜드와 다른 제품범주에 속하는 신제품에 기존 브랜드를 사용하는 것을 브랜드확장(brand extension) 혹은 카테고리확장(category extension)이라 하며, 우리가 '신상품'이라고 부르는 것의 대부분이 이 전략이 적용된 것이다.

⑤ 같은 브랜드의 상품이 서로 다른 유통경로로 판매될 경우 경로간의 갈등(channel conflict)을 일으킬 위험이 있다.

✎ 해설 ④ 우리가 '신상품'이라고 부르는 것의 대부분은 다상표 전략이나, 신규브랜드 전략이 적용된 것이다.

14 가격전략에 관한 다음 설명 중 옳은 것으로만 구성된 것은?

> a. 여러 가지 상품을 묶어서 판매하는 가격정책을 캡티브 프로덕트 가격전략(captive product pricing)이라 한다.
>
> b. 신상품이 처음 나왔을 때 아주 낮은 가격을 매긴 다음, 시간이 흐름에 따라 점차 가격을 올리는 가격정책을 스키밍 가격전략(market skimming pricing)이라 한다.
>
> c. 구매자들은 가격인하(이득)보다는 가격인상(손실)에 더 민감하게 반응하는 경향이 있으며 이것을 심리학에서는 손실회피(loss aversion)라 부른다.
>
> d. 가격변화에 대한 지각은 가격수준에 따라 달라진다는 법칙을 웨버의 법칙(Weber's Law)이라 한다.
>
> e. JND(just noticeable difference)란 가격변화를 느끼게 만드는 최소의 가격변화폭을 의미한다.

① a, b, c   ② b, c, d   ③ c, d, e

④ b, c, e   ⑤ a, d, e

✎ 해설 a. 여러 가지 상품을 묶어서 판매하는 가격정책을 묶음가격전략이라 한다.
　　　 b. 신상품이 처음 나왔을 때 아주 낮은 가격을 매긴 다음, 시간이 흐름에 따라 점차 가격을 올리는 가격정책을 침투가격전략이라 한다.

정답 13 ④ 14 ③

15 시장세분화에 관한 다음 설명 중 옳은 것으로만 구성된 것은?

> a. 혁신적인 신상품의 경우에는 시장세분화가 시기상조일 수 있다.
> b. 지나친 세분시장 마케팅은 수익성을 악화시킬 수 있다.
> c. 세분된 시장을 통합하여 여러 세분시장을 동시에 공략할 수 있는 상품을 내놓는 것을 역세분화(counter-segmentation)전략이라 하며 도전자는 역세분화를 하는 것이 바람직할 수도 있다.
> d. 효과적인 시장세분화가 되기 위한 조건으로 같은 세분시장에 속한 고객끼리는 최대한 다르고, 서로 다른 세분시장에 속하는 고객끼리는 최대한 비슷하게 세분화되는 것이 좋다.
> e. 시장세분화의 기준변수가 불연속적인 경우에는 세분화를 위해서 군집분석을, 기준변수가 연속적인 경우에는 교차테이블 분석을 이용할 수 있다.

① a, b, c   ② b, c, e   ③ a, b, e
④ b, d, e   ⑤ c, d, e

✎ 해설 d. 효과적인 시장세분화가 되기 위한 조건 : 같은 세분시장에 속한 고객끼리는 최대한 비슷하고, 서로 다른 세분시장에 속하는 고객끼리는 최대한 다르게 세분화되는 것이 좋다.
　　　 e. 시장세분화의 기준변수가 불연속적인 경우에는 세분화를 위해서 교차테이블 분석을, 기준변수가 연속적인 경우에는 군집분석을 이용할 수 있다.

16 판매촉진에 관한 다음의 설명 중 가장 적절하지 않은 것은?

① 소비자에 대한 판매촉진 중 사은품(premium)이란 일정한 기간 동안 어떤 상품을 구입한 사람들에게 다른 상품을 무료 또는 낮은 가격으로 제공하는 것을 말한다.
② 소비자에 대한 판매촉진 중 콘테스트(contests)란 소비자들에게 상당한 지식이나 기술을 요하는 문제를 낸 다음, 이를 맞춘 사람들에게 상을 주는 것을 말한다.
③ 중간상에 대한 판매촉진 중 광고공제(advertising allowances)란 소매기업이 자신의 광고물에 어떤 상품을 중점 광고해주는 대가로 제조기업이 상품 구매가격의 일정 비율을 공제해주는 것을 말한다.
④ 중간상에 대한 판매촉진 중 진열공제(display allowances)란 소매기업이 점포 내에 어떤 상품을 일정 기간 동안 눈에 잘 띄게 진열해 주는 대가로 제조기업이 상품 구매가격의 일정 비율을 공제해주는 것을 말한다.
⑤ 중간상에 대한 판매촉진 중 고정고객우대(patronage awards) 프로그램이란 소매기업이 신상품을 취급해주는 대가로 제조기업이 소매기업에게 일정 액수의 현금을 지불해주는 것을 말한다.

✎ 해설 ⑤ 중간상에 대한 판매촉진 중 입점공제(slotting allowances)가 소매기업이 신상품을 취급해주는 대가로 제조 기업이 소매기업에게 일정 액수의 현금을 지불해주는 것이다.

17

유통경로의 설계 및 관리에 관한 다음의 설명 중 옳은 것으로만 구성된 것은?

> a. 하이브리드 마케팅 시스템(hybrid marketing system)은 유통경로 기능들 중의 일부는 제조기업이 수행하고, 나머지는 유통기업이 수행하는 유통경로를 말한다.
> b. 중간상이 제조기업에 대해 일체감을 갖고 있거나 갖게 되기를 바라기 때문에 발생하는 파워를 준거적 파워(referent power)라 한다.
> c. 유통경로 갈등의 원인 중 동일한 사실을 놓고도 경로구성원들이 인식을 다르게 하는 경우 발생하는 갈등의 원인을 지각 불일치(perceptual differences)라 한다.
> d. 경로 커버리지 전략 중 전속적 유통(exclusive distribution)은 중간상의 푸쉬(push)보다는 소비자의 풀(pull)에 의해서 팔리는 상품(예컨대 저가의 생활용품)에 적합하다.
> e. 유통은 바톤 패스(baton pass)와 유사하다. 즉 제조기업이 유통기업에게 바톤을 넘기듯이 모든 유통기능을 맡기는 것이 적절하다.

① a, b, c   ② b, c, d   ③ c, d, e
④ a, c, e   ⑤ b, d, e

✍ 해설   d. 경로 커버리지 전략 중 집약적 유통(intensive distribution)은 중간상의 푸쉬(push)보다는 소비자의 풀(pull)에 의해서 팔리는 상품에 적합하다.
     e. 유통은 바톤 패스(baton pass)가 아니다. 즉 제조기업이 유통기업에게 바톤을 넘기듯이 모든 유통기능을 맡기지 말고, 누가 어떤 기능을 수행하는 것이 가장 적절한지 검토해야 한다.

18

공급사슬관리(supply chain management)에 관한 다음의 설명 중 가장 적절하지 않은 것은?

① 공급사슬 성과측정치 중 하나인 재고회전율은 연간매출원가를 평균 총 재고가치로 나눈 것이다.
② 공급사슬의 효과적인 설계와 운영을 위해 제품의 수요와 공급에 관한 여러 특성들을 고려하는 것이 바람직하다.
③ 다른 모든 조건이 동일하다면, 수요의 불확실성이 높고 제품의 수명주기가 짧은 제품일수록 적기 공급보다 신속한 공급이 더 중요하게 강조되어야 한다.
④ 공급사슬에 속한 기업들간의 기본적 관계는 공급자와 구매자간의 관계로서, 공급사슬은 공급자와 구매자간의 관계가 연달아 이어지는 관계의 사슬이라고도 볼 수 있다.
⑤ 정보와 물류의 리드타임이 길수록 공급사슬내의 채찍효과(bullwhip effect)로 인한 현상은 감소한다.

✍ 해설   ⑤ 정보와 물류의 리드타임이 길수록 공급사슬내의 채찍효과(bullwhip effect)로 인한 현상은 증가한다.

정답   17 ①   18 ⑤

19 생산능력에 관한 다음의 기술 중 가장 적절하지 않은 것은?

① 규모의 경제(economies of scale)는 생산량의 증가 등으로 인해 단위 당 고정비가 줄어 단위 당 평균원가가 감소하는 현상을 의미한다.

② 규모의 비경제(diseconomies of scale)는 과도한 설비규모가 복잡성, 커뮤니케이션의 장애, 운영초점의 상실 등을 초래하여 단위당 평균원가가 상승하는 현상을 의미한다.

③ 여유생산능력(capacity cushion)은 평균가동률이 100% 이하로 떨어진 정도를 의미하며 다른 조건이 동일하다면 수요의 변동이 큰 업종일수록 여유생산능력을 크게 유지하는 것이 바람직하다.

④ 유효생산능력(effective capacity)이란 정상적이고 일반적인 제약 하에서 경제적으로 지속가능한 최대 산출량으로서, 실제산출량이 일정하다면 생산능력의 효율성은 유효생산능력이 클수록 커진다.

⑤ 다른 조건이 동일하다면 자본집약도가 높은 기업일수록 여유생산능력을 적게 유지하는 것이 바람직하다.

✎ 해설   ④ 실제산출량이 일정하다면 생산능력의 효율성은 유효생산능력이 클수록 작아진다.

20 입지선정기법들에 관한 다음의 기술 중 가장 적절한 것은?

① 입지손익분기분석(locational break-even analysis)은 입지별로 입지와 관련된 비용을 장기 비용요소와 단기 비용요소로 구분 한 뒤, 입지별 예상생산수량과 비교하여 최종입지를 결정하는 분석을 말한다.

② 운송모형(transportation model)은 고객시장을 기준으로 수익을 최대화 할 수 있는 입지를 선정하는 기법이다.

③ 요소분석방법(factor rating method)은 입지결정과 관련된 요인들에 가중치를 부여하여 평가하는 분석을 말한다.

④ 무게중심분석방법(center of gravity method)은 한정된 후보지들을 대상으로 하는 입지선정 시 효과적이다.

⑤ 입지에 관한 분석 시 직각거리(rectilinear distance)를 이용한 분석은 두 지점사이의 직선거리 또는 가장 짧은 거리를 이용하여 입지선정에 활용하는 방법이다.

✎ 해설   ① 입지손익분기분석(locational break-even analysis)은 입지별로 입지와 관련된 비용을 고정 비용요소와 변동 비용요소로 구분 한 뒤, 입지별 조업도 변화에 따른 비용의 변화 과정을 비교하여 최종입지를 결정하는 분석을 말한다.
② 운송모형(transportation model)은 총운반비를 최소화 할 수 있는 입지를 선정하는 기법이다.
④ 무게중심분석방법(center of gravity method)은 여러 지방에 흩어져 있는 창고나 유통센터간의 운반비를 최소화 할 수 있는 입지를 선정하는 기법이다.
⑤ 입지에 관한 분석 시 유클리트 거리를 이용한 분석은 두 지점사이의 직선거리 또는 가장 짧은 거리를 이용하여 입지선정에 활용하는 방법이다.

21 수요예측과 재고관리에 관한 다음의 설명 중 가장 적절하지 않은 것은?

① 재주문점(reorder point)의 설정을 위해서 주문간격(order interval)동안에 예측되는 수요의 평균과 표준편차가 사용된다.

② 단일기간재고모형(single-period model)에는 단일기간 동안에 예측되는 수요의 분포가 사용된다.

③ 생산계획과 재고통제 기법인 MRP(material requirement planning)에 필요한 수요자료에는 완제품의 수요예측으로부터 산정되는 종속수요의 개념이 사용된다.

④ 안전재고의 설정을 위해서 안전재고가 필요한 기간 동안에 예측되는 수요의 표준편차가 사용된다.

⑤ 고정주문간격(fixed order interval) 재고관리시스템에서 주문간격이 길수록 목표재고(target inventory)의 양이 증가한다.

✎ 해설 ① 재주문점(reorder point)의 설정을 위해서는 조달기간동안에 예측되는 수요의 평균과 안전재고가 사용된다.

22 통계적 품질관리에 관한 다음의 설명 중 가장 적절한 것?

① 통계적 품질관리를 위한 관리도(control chart)를 작성하기 위해서는 생산되는 모든 제품의 전수조사가 필요하다.

② p-관리도는 길이, 넓이, 무게와 같이 계량적으로 측정 가능한 연속적 품질 측정치를 이용하는 관리도이다.

③ R-관리도는 프로세스의 변동성이 사전에 설정한 관리상한선과 관리하한선 사이에 있는가를 판별하기 위해 사용된다.

④ 프로세스능력비율(process capability ratio)은 프로세스의 평균이 규격상한선과 규격하한선 사이에 있는가를 판별하는 데 사용된다.

⑤ 관리도는 통계적 기법을 통해 품질문제의 원인을 직접 파악 할 수 있도록 하는 데 그 목적이 있다.

✎ 해설 ① 통계적 품질관리를 위한 관리도(control chart)를 작성하기 위해서도 샘플링만 해도 된다.
② p-관리도는 불량품의 개수와 같은 불연속적 품질 측정치를 이용하는 관리도이다.
④ 프로세스능력비율(process capability ratio)은 공정이 규격을 충족시킬 수 있는 능력이 어느 정도인지를 측정하는 데 사용된다.
⑤ 관리도는 통계적 기법을 통해 품질문제의 원인이 우연원인에 의한 것인지, 이상원인에 의한 것인지의 여부를 파악할 수 있도록 하는 데 그 목적이 있다.

23 다음 중 프로젝트 네트워크 분석에 관해 올바른 설명들로 구성된 것은?

> a. 주경로(critical path)는 모든 경로들 중 소요시간이 가장 긴 경로를 의미하며, 하나 이상의 경로가 주경로가 될 수 있다.
>
> b. 프로젝트가 예상 완료시간에 끝나기 위해서는 모든 경로상의 활동들이 지체 없이 이루어져야만 한다.
>
> c. 주경로상에 있는 활동들의 활동여유시간은 모두 0이 되며, 주경로에 속하지 않는 활동들의 활동여유시간은 0보다 크다.
>
> d. 프로젝트의 소요시간을 단축(crashing)하는 과정에서, 단축시간 대비 비용효과가 가장 큰 활동을 선택하기 위하여 주경로상의 활동들을 우선적으로 단축하여야 한다.
>
> e. 프로젝트 네트워크를 작성하고 분석하기 위해서는 활동들의 목록, 활동들의 소요시간, 활동들의 활동여유시간에 관한 정보들이 사전에 준비되어야 한다.

① a, b, c   ② a, c, d   ③ a, d, e
④ b, c, d   ⑤ c, d, e

✎ 해설   b. 프로젝트가 예상 완료시간에 끝나기 위해서는 주경로상의 활동들이 지체 없이 이루어져야만 한다.
　　　　 e. 프로젝트 네트워크를 작성하고 분석하기 위해서는 활동들의 목록, 활동들의 소요시간에 관한 정보들이 사전에 준비되어야 하며, 활동들의 활동여유시간에 관한 정보는 프로젝트 네트워크를 작성한 후 주경로를 구하기 위해 계산되는 것이다.

24 벤처회사인 (주)한국개발은 최근 게임용 소프트웨어를 개발하였다. 이 회사는 개발된 제품을 자체적으로 생산하는 것을 고려하고 있으며, 이를 위해 자동생산공정, 반자동생산공정 또는 수동생산공정을 고려하고 있다. 각 생산공정의 원가구조와 생산능력은 다음과 같다.

생산공정	연간 고정생산비	단위당 변동생산비	단위당 생산시간
자　동	70,000,000원	25,000원	2시간
반 자 동	30,000,000원	30,000원	3시간
수　동	20,000,000원	40,000원	5시간

회사는 각 공정을 연간 300일, 하루 16시간 운영할 수 있으며 생산된 제품은 사용된 공정에 상관없이 단위당 50,000원에 판매하려 한다. 제품의 연간시장수요가 2,500개로 예상된다고 할 때, 어떤 공정(들)이 경제적 타당성이 있다고 할 수 있는가

① 자동, 반자동   ② 반자동, 수동   ③ 자동
④ 반자동   ⑤ 수동

✎ 해설   1) 연간 가용시간 = 300일 × 하루 16시간 = 4,800시간
　　　　 2) 세 방법의 손익 비교

정답 23 ② 24 ④

생산공정	단위당 생산시간	연간 생산가능 수량 (a)	단위당 판매가	단위당 변동생산비	단위당 공헌이익 (b)	연간 고정생산비 (c)	손익 (a×b−c)
자 동	2시간	4,800÷2=2,400개	50,000원	25,000원	25,000원	70,000,000원	−10,000,000원
반 자 동	3시간	4,800÷3=1,600개	50,000원	30,000원	20,000원	30,000,000원	2,000,000원*
수 동	5시간	4,800÷5 = 960개	50,000원	40,000원	10,000원	20,000,000원	−10,400,000원

3) 위의 세 가지 공정 중 자동생산공정과 수동생산공정은 손해가 나고, 반자동생산공정만 이익이 나므로, 반자동생산공정만 경제적 타당성이 있다.

25 프로세스 선택과 설비배치에 대한 다음의 설명 중 가장 적절하지 않은 것은?

① 정유공정이나 제철공정과 같이 고도로 표준화된 제품을 생산하기 위해서는 연속생산 프로세스와 제품별 배치가 바람직하다.

② 중장비나 선박용 부속품과 같은 제품의 생산을 위해서는 배치생산프로세스와 공정별 배치가 바람직하다.

③ 시장에서의 반응이 아직 확인되지 않은 신제품의 경우에는 배치프로세스와 제품별 배치가 바람직하다.

④ 제품의 수명주기에서 성숙기에 속하는 자동차의 생산을 위해서는 조립생산프로세스와 제품별 배치가 바람직하다.

⑤ 표준화의 정도가 매우 낮고 주문별로 개별작업이 필요한 경우에는 주문생산프로세스와 공정별 배치가 바람직하다.

✎ 해설 ③ 시장에서의 반응이 아직 확인되지 않은 신제품의 경우에는 공정별 배치가 바람직하다.

정답 25 ③

[저자약력]

신일 고등학교 졸업
고려대학교 영어교육과 졸업
고려대학교 대학원 경영학과 졸업(경영학 석사)
고려대학교 대학원 경영학과 박사과정 수료
고려대학교 기업경영연구원 선임연구원
고려대학교 경영대학 경영학과 강사
동덕여자대학교 경영학과 강사
강원대학교 경영학과 강사
서울시립대학교 경영학과 강사
방송대학교 경영학과 강사
웅지세무대학 강사
서울디지털대학교 겸임교수
현, 공기업 전문학원 조이캠퍼스 대표
　　한성회계학원 강사

[저 서]

경영학원론, 법문사, 이필상 · 이만우 · 정순진 공저
공사경영학, 다산다움
공기업논술, 다산다움
PSAT 실전연습, 다산다움

경영학연습 (제6판 증보)

1995년　10월　25일　제1판　발행
1997년　10월　15일　제2판　발행
1999년　 9월　15일　제3판　발행
2001년　10월　20일　제4판　발행
2004년　10월　15일　제5판　발행
2008년　 1월　11일　제6판　발행
2008년　 7월　30일　제6판　증보 발행
2014년　 1월　 3일　제6판　증보 5쇄 발행

저　자	정　　순　　진
발행인	배　　효　　선

발행처　도서출판　法文社

413-120 경기도 파주시 회동길 37-29
등　록　1957년 12월 12일 제2-76호(윤)
전　화　(031)955-6511, FAX(031)955-6528
e-mail(영업) : bms@bobmunsa.co.kr
　　(편집) : edit66@bobmunsa.co.kr
홈페이지 http://www.bobmunsa.co.kr
조　판　한　미　문　화　사

정가 48,000원　　　　ISBN 978-89-18-12144-4

[저자연락처]　joyedu@naver.com,　love-wish@daum.net
[강 의 문 의]　www.joycampus.co.kr / www.joyuniv.co.kr
　　　　　Ⓣ 1644-0479